Handbuch der Demographie 2

Anwendungen

Springer
Berlin
Heidelberg
New York
Barcelona
Hongkong
London
Mailand
Paris
Singapur
Tokio

U. Mueller · B. Nauck · A. Diekmann
Herausgeber

Handbuch der Demographie 2

Anwendungen

Mit 114 Abbildungen
und 107 Tabellen

Springer

Prof. Dr. Ulrich Mueller
Universität Marburg
Institut für Methodenwissenschaften
und Gesundheitsforschung,
Fachbereich Humanmedizin
Bunsenstrasse 2
D-35033 Marburg

Prof. Dr. Bernhard Nauck
Technische Universität Chemnitz
Institut für Soziologie
Reichenhainerstrasse 7
D-09126 Chemnitz

Prof. Dr. Andreas Diekmann
Universität Bern
Institut für Soziologie
Unitobler
Lerchenweg 36
CH-3000 Bern 9

Gedruckt mit Unterstützung des Förderungs- und Beihilfefonds Wissenschaft der VG Wort.

ISBN 3-540-66108-5 Springer-Verlag Berlin Heidelberg New York

Die Deutsche Bibliothek – CIP-Einheitsaufnahme
Handbuch der Demographie / Hrsg.: Ulrich Mueller ... – Berlin; Heidelberg; New York; Barcelona; Hongkong; London; Mailand; Paris; Singapur; Tokio: Springer
Bd. 2. – (2000)
ISBN 3-540-66108-5

Umschlaggestaltung: Erich Kirchner, Heidelberg

SPIN 10732926 42/2202-5 4 3 2 1 0 – Gedruckt auf säurefreiem Papier

Inhaltsverzeichnis Band II
Anwendungen

Inhaltsverzeichnis Band I
Modelle, Theorien und Methoden

III. Methoden

IV. Anwendungen

17

Fertilitätsentwicklung: Trends, Erklärungen und empirische Ergebnisse

Paul B. Hill und Johannes Kopp

Einleitung

Die Entwicklung der Geburtenzahlen gehört sicher zu den wichtigsten Themen der sozialwissenschaftlichen Forschung, die auch immer wieder die öffentliche Diskussion tangiert. Die Aufmerksamkeit, der sich das Thema erfreut, hat dabei nachvollziehbare Gründe. Einerseits haben Veränderungen in der Fertilität in allen Gesellschaften und insbesondere in solchen mit ausgeprägten (sozial-)staatlichen Leistungen direkte Konsequenzen für eine Vielzahl von Politikfeldern: Schule und Ausbildung, Kranken- und Rentenversicherung, Kindergeld und Ausbildungsförderung, Arbeitsrecht und vieles mehr. Doch nicht nur im öffentlichen Raum, sondern auch in der privaten Sphäre ist die Entscheidung für oder gegen Kinder von größter Tragweite. Fast immer verändert die Familiengründung wesentlich die Gestaltungsmöglichkeiten sowohl von individuellen Biographien als auch von Partnerschaftsbeziehungen. Der Alltag von Familien unterscheidet sich deutlich von dem in Ehen, kinderlosen nicht ehelichen Gemeinschaften oder als Single: Die gesamte Zeit- und Ressourcenverwendung ist im Normalfall auf die Anforderungen der Kinder hin zu disponieren.

Aus der makrosoziologischen Sicht sind die Reproduktion der Bevölkerung und die Sozialisation des Nachwuchses vielleicht die wichtigsten Aufgaben der Familie überhaupt. In keiner bekannten Gesellschaft konnte sich ein entsprechendes funktionales Äquivalent etablieren und die Aufgaben der Eltern insbesondere in der ersten Lebensphase vollständig übernehmen. Familie, als eine soziale Gruppe besonderer Art, ist bei einer von verschiedenen gesellschaftlichen Ebenen ausgehenden Betrachtungsweise auf einer Mesoebene zwischen Individuen und Gesellschaft angesiedelt. Die individuellen Entscheidungen von Akteuren zu heiraten, oder eine andere auf Dauer angelegte Verbindung einzugehen, sind somit der erste Schritt bei der Rekonstruktion des makrosoziologischen Phänomens der Geburten- und Bevölkerungsentwicklung. Auf der Paarebene fallen die Fertilitätsentscheidungen und entsprechend haben Familien-, Sozial- und Bevölkerungspolitik – sofern sie gestaltend intervenieren wollen – ihre Förderungen und Maßnahmen hier anzusetzen. Voraussetzung ist dabei allerdings, dass Fertilität individuell steuer- und planbar ist. Nicht in allen gesellschaftlichen Entwicklungsstadien kann diese Entkoppelung von Sexualität und Fertilität unterstellt werden; ist sie selbst über weite Strecken ein Produkt der Moderne, die eine Familienplanung als Resultat bewusster Entscheidungsakte ermöglicht. Dies bedeutet jedoch keineswegs, dass nichtmoderne Gesellschaften zu einer ungebremsten exponentiellen Reproduktion neigen, sondern es gibt ganz im Gegenteil wohl keine Gesellschaft, die eine derartige Entwicklung tolerieren würde. Allerdings sind die Regulierungsmechanismen in solchen Gesellschaften nicht unbedingt in individuellen Willensakten zu suchen (Harris 1989: 105 ff.).

Bereits in ihren Ursprüngen thematisierten Soziologie und Nationalökonomie auch Fragen der Familienverfassung und des Bevölkerungsstandes. So kann man die nach Ende des Dreißigjährigen Krieges verstärkt einsetzenden Bemühungen um eine möglichst genaue Erfassung der Bevölkerung als eine wichtige Wurzel der empirischen Sozialforschung und Bevölkerungsstatistik ansehen (Pfister 1994; Schnell et al. 1995: 16). Informationen über die Größe der Bevölkerung, Altersaufbau, Geschlechterverteilung, Ernteerträge und auch Besitzverhältnisse waren von großer Nützlichkeit für die (absolutistischen) Herrscher, die auf dieser Grundlage eine Optimierung der Bevölkerungsgröße und damit ihres militärischen Potentials anstrebten; Bolte et al. (1980: 40) sprechen hier von der Zeit der "zielbewussten Menschenökonomie", die Kinderreichtum und Migration förderte. Weniger von solch pragmatischen Ansinnen geleitet entwickelte sich aber auch schon im 18. Jahrhundert ein vorwiegend wissenschaftliches Interesse an bevölkerungstheoretischen Fragestellungen. Es begann eine rege Suche nach den Gesetzmäßigkeiten auf der Makroebene, denen die Bevölkerungsdynamik unterliegt (Bolte et al. 1980; Pfister 1994). Für Deutschland sind hier vor allem Johann Peter Süssmilch und Caspar Naumann zu nennen, die den politischen Arithmetikern zugerechnet werden.[1] Einen ersten wissenschaftlichen Eckpfeiler errichtet zweifelsfrei Thomas Robert Malthus (1798) mit seinen allgemeinen Bevölkerungsgesetzen. Ohne hier auf die vielfältigen Verästelungen der frühen Diskussion im Einzelnen einzugehen, kann mit Loy (1981) aber festgestellt werden, dass zumindest in dieser Phase ganz eindeutig eine makrosoziologische Orientierung vorherrschte, die nach Verbindungen zwischen der Fertilität und anderen Makrophänomenen, wie Industrialisierung, verfügbaren Nahrungsmitteln oder Urbanisierung, suchte. Ganz in dieser makrosoziologischen Tradition hat auch Durkheim (1921) sein Kontraktionsgesetz der Familie entwickelt, welches zwar nicht primär auf die Geburten- und Bevölkerungsentwicklung zielt, aber (leider) das (soziologische) Bild der Familienrealität im 19. Jahrhundert reichlich verzerrt präsentiert (Rosenbaum 1982: 488 ff.; Laslett 1976; Mitterauer 1981). Das Durkheimsche Kontraktionsgesetz postulierte die Schrumpfung der erweiterten Familien zu Kernfamilien unter dem Einfluss der Industrialisierung:

---

1 Für eine kurze vertiefende Darstellung der historischen Entwicklung und auch der unterschiedlichen Einschätzungen der Arbeiten von Malthus vgl. Bolte et al. (1980: 24 f.). Für den Zeitraum zwischen 1500 bis etwa 1800 vgl. Pfister (1994).

"La famille conjugale résulte d'une contraction de la famille paternelle. Celle-ci comprenait le père, la mère, et toutes les générations issues d'eux, sauf les filles et leurs descendants. La famille conjugale ne comprend plus que le mari, la femme, les enfants mineurs et célibataires" (Durkheim 1921: 2).

Bei Durkheim (und nicht nur beim ihm) wurde davon ausgegangen, dass die Familie typischerweise unter dem Einfluss der Industrialisierung von einer kinderreichen, durchweg drei Generationen umfassenden und auch weitere verwandte Personen integrierenden Einheit zur isolierten Kleinfamilie konvergierte. Diese erweiterte Familie, die quasi von der Moderne zerschlagen wurde, scheint jedoch keineswegs die vorherrschende Familienkonstellation im Westeuropa vor der Industrialisierung gewesen zu sein. Im Gegenteil lässt sich vermuten, dass das Fehlen "großfamilialer" Bindungen den Industrialisierungsprozess begünstigt hat (Laslett 1976). Die historische Familienforschung hat reichlich Material zusammengetragen, das die typische Familienkonstellation in Westeuropa vom Ende des 18. bis etwa Mitte des 19. Jahrhunderts anders aussehen lässt, als die romantisierenden Darstellungen nahe legen. Die damals durchweg übliche Einheit von Haushalt und existenzsichernder Produktionsstätte scheint in der Beobachtersicht nicht selten zu einer Gleichsetzung von Haushalts- und Familienmitgliedern geführt zu haben. Ohne hier zweifellos vorhandene Varianzen in der Familienkonstellation zu unterschätzen, scheinen die Familien im Allgemeinen nicht wesentlich umfänglicher gewesen zu sein als im 20. Jahrhundert. In den bäuerlichen Familien und auch bei den Handwerkern waren zwei bis drei Kinder üblich (Rosenbaum 1982: 64 f., 136 f., 422 ff.; Sieder 1987: 116; van Dülmen 1990: 80 ff.). Es sind vor allem zwei Faktoren, die diese Familiengröße bedingen. Zum einen das eher hohe Heiratsalter und zum anderen die ausgeprägte Säuglingssterblichkeit. Da die Ehe und Familiengründung im Regelfall an ökonomische Unabhängigkeit und Sicherheit gebunden, also an die Übernahme des Hofes oder eines Handwerksbetriebes gekoppelt war, wurde erst relativ spät geheiratet und der Ledigenanteil war relativ groß. Hinsichtlich der Säuglingssterblichkeit zeigt Marschalck (1984: 165), dass in Deutschland im Zeitraum von 1817–1824 nur 65,4% der männlichen und 70,1% der weiblichen Neugeborenen ihren ersten Geburtstag erlebten. Nur 49,4% der Männer und 55,0% der Frauen überlebten bis zu ihrem 15. Geburtstag. Fünfzig Jahre später hatte sich die Situation zwar verbessert, aber immer noch starben 25,3% beziehungsweise 21,7% der Neugeborenen während des ersten Lebensjahres (Rosenbaum 1982: 64 f.; Imhof 1990). Der seit dem Beginn des 19. Jahrhunderts nachweisbaren Verkleinerung der Haushalte liegt mit großer Wahrscheinlichkeit keine nennenswerte Veränderung in der Fertilität zu Grunde, sondern eher die Ausgliederung des Gesindes (Hubbard 1983: 67 f.; Mitterauer 1989: 182).[2]

Nach ethnologischen Befunden ist auch in nichteuropäischen Garten- und Ackerbaugesellschaften aus verschiedenen Gründen nicht mit dreigenerationalen Großfamilien zu rechnen (Harris, Ross 1987; Andorka 1978: 41 ff.). Insgesamt scheint die Dreigenerationenfamilie in Westeuropa – die, wenn überhaupt, auf Grund biologi-

---

2 Wall (1995) gibt einen Überblick über die historische Variabilität und die Veränderungstendenzen der Haushaltsstruktur (Kuijsten 1995). Hierbei wird auch gezeigt, dass lineare Trendaussagen wenig haltbar und vor allem Veränderungen der ökonomischen Situation bei der Erklärung der Entwicklungen und Unterschiede zu berücksichtigen sind.

scher Restriktionen nur von kurzer Dauer sein konnten – in Verbindung mit einer hohen Fertilität keineswegs der Regelfall gewesen zu sein (Lenz 1982; Höhn 1988; Mitterauer 1991; Lauterbach 1995). Trotzdem haben sich aber gerade im 18. und 19. Jahrhundert deutliche Veränderungen im Bevölkerungsbestand ergeben. Die zunehmende Industrialisierung hatte eine ständig wachsende Nachfrage nach Arbeitskräften zur Folge. Durch die Lohnarbeit wurde die Einheit von Haushalt und Produktionsstätte nachhaltig aufgelöst. Und wie Laslett (1976) formulierte, hatten die damaligen jungen Leute gute Gründe diese Arbeitsplätze außerhalb der ständischen Strukturen nachzufragen. Seit der Industrialisierung hat sich eine "demographische Revolution" ereignet, die nachhaltig die Geburtenrate und den Bevölkerungsumfang steigen ließ (Felderer, Sauga 1988; Easterlin, Crimmins 1985). Seit Ende des 19. Jahrhunderts sinkt dann die durchschnittliche Anzahl der Geburten je Frau bei verringerter Säuglingssterblichkeit wieder (Birg, Koch 1987). Diese Entwicklung um die Jahrhundertwende – steigender Wohlstand und sinkende Fertilität – war mit der Theorie von Malthus natürlich nicht vereinbar und stimulierte, wie der demographische Umbruch insgesamt, die theoretische Auseinandersetzung mit der Fertilität sehr stark. Aus dieser Phase wirkten insbesondere die Überlegungen der Wohlstandstheoretiker, zu deren wichtigsten Vertreter Lujo Brentano (1909, 1910) zählt, bis in die Gegenwart nach. Spätestens mit ihm wurde aber auch die makrosoziologische Betrachtungsweise nachhaltig in Frage gestellt und mikrotheoretische Überlegungen rückten ins Zentrum der Debatte.

Zusammenfassend lässt sich festhalten, dass trotz der demographischen Revolution einige Strukturmerkmale – wie etwa der Zahl der überlebenden Kinder und die generationale Zusammensetzung der Familien – im Zeitverlauf eine erstaunliche Konstanz aufweisen. Es sollte aber keineswegs der Eindruck entstehen, dass Familienstruktur und -leben letztlich unverändert geblieben sind – im Gegenteil hat im Zuge der Industrialisierung und Modernisierung ein wesentlicher Wandel stattgefunden. Diese Veränderung betrifft neben der Ausdifferenzierung von Produktion und Familie, den veränderten intrafamilialen Strukturen und familialen Funktionen vor allem das Fertilitätsverhalten, auch wenn sich das äußere Erscheinungsbild etwa hinsichtlich der Familiengröße zuerst kaum verändert hat. So verringerte sich die Zahl der Geburten – vor allem höherer Ordnung – kontinuierlich. Ebenso wandelte sich die ökonomische, soziale und psychische Funktion von Kindern. Die Zahl der Geburten unterschied sich zudem noch entsprechend der jeweiligen sozialstrukturellen Position. Verbesserungen der ökonomischen Lage führten aber in späteren Zeiträumen auch zu einer Erhöhung der Zahl der Geburten. Offensichtlich ist es kaum möglich entsprechende allgemeine lineare Trends oder Fertilitätsgesetze zu formulieren.

Im Folgenden soll nun zunächst die Entwicklung der Fertilität in der jüngeren Geschichte skizziert werden, wobei zwischen dem internationalen und nationalen Trend differenziert werden muss. Im Anschluss sollen dann die wichtigsten Erklärungsansätze und einige neuere Forschungsergebnisse zur Fertilität dargestellt werden. Dabei ist immer zu beachten, dass die Beobachtung des Fertilitätsverhaltens sich auf verschiedene Aspekte und Dimensionen beziehen kann: etwa die Geburtenrate pro Jahr, den Anteil kinderloser Frauen über die Geburtsjahrgänge hinweg, Wandlungstendenzen hinsichtlich der Parität der geborenen Kinder, Muster von Timing und Spacing der Geburten und anderes. Die diversen Indikatoren repräsentieren jeweils verschiedene Aspekte, die auch einer theroretisch unterschiedlichen Modellierung bedürfen (Shryock 1976: 273 ff.; Esenwein-Rothe 1982: 294 ff.). Obwohl diese Prozesse empirisch häufig stark korrelieren, ist es sinnvoll, zwischen den einzelnen Kennzahlen und Trends deutlich zu unterscheiden. Auch demographische Analysen müssen in diesem Sinne zunächst ihre Fragestellung und ihr Explanandum eindeutig klären.

17.1 Eine kurze Skizze der Geburtenentwicklung

Betrachtungen der Geburtenentwicklung konstatieren typischerweise je nach dem Aggregationsniveau der Daten sehr verschiedene Problemlagen und zeigen unterschiedliche Ergebnisse. Aus der globalen Perspektive wird zunächst die einzigartige Zunahme der Geburten deutlich, die auch eine Ursache für die so genannte Bevölkerungsexplosion darstellt. In der Menschheitsgeschichte war über Jahrtausende hinweg eine nahezu konstante Populationsgröße zu verzeichnen, die bis ins Mittelalter bei kaum 500 Mio. Menschen lag (Campbell 1987: 218 ff.). Erst danach ist eine starke Dynamik in der Bevölkerungszunahme zu erkennen, die derzeit noch kaum gebrochen ist. Prognosen schätzen die Weltbevölkerung im Jahr 2025 auf etwa 8,5 Mrd. Menschen; 1950 waren es noch 2,5 und 1990 waren es 5,3 Mrd. (Otto 1993; Lenski und Lenski 1987: 415 ff.). Diese Entwicklung der Geburten und des Bevölkerungsbestandes hat zweifelsfrei kaum zu überschätzende soziale, ökonomische und ökologische Konsequenzen (Heer, Grisgby 1992; Felderer, Sauga 1988). Durch sie entwickelt sich eine enorme Nachfragesteigerung hinsichtlich verschiedenster Güter mit entsprechenden ökologischen Folgen sowie ein starkes Wanderungspotential vorwiegend in Richtung wohlhabenderer Länder. Das Wachstum kommt aber auf Grund völlig verschiedener nationaler Tendenzen zu Stande, wie in Tab. 1 zu sehen ist. Sie zeigt die Entwicklung der Zahl der Lebendgeborenen je 1.000 Einwohner für einige ausgewählte Länder.[3] Dabei wird deutlich, dass in den letzten Jahren die Bundesrepublik Deutschland – zusammen mit einigen wenigen Ländern wie etwa Italien, Schweden oder Japan – eine Ausnahmestellung eingenommen hat, insofern hier ein extrem niedriges Geburtenniveau erreicht wurde (Day 1992).

Allgemein belegen die Zahlen einen Rückgang der Fertilitätsraten mit zunehmender Modernisierung (Sorrentino 1990; Chesnais 1992), wobei jedoch einerseits auch zwischen den verschiedenen modernen Gesellschaften erhebliche Unterschiede zu bemerken sind und andererseits in vielen Schwellenländern ebenfalls ein merklicher Fertilitätsrückgang zu beobachten ist. Vor allem in den afrikanischen Staaten bleibt bislang das hohe Geburtenniveau ohne nennenswerte Veränderung. Seit den Sechzigerjahren weisen die afrikanischen Staaten weltweit die höchsten Wachstumsraten

3 Sicherlich stellt dieser Indikator nicht das beste Maß für die Entwicklung der Geburten dar, da er selbst stark von der Bevölkerungsstruktur, etwa der Alterszusammensetzung, abhängt (Namboodiri 1996: 100). Andererseits ist diese Maßzahl jedoch für einen längeren Zeitraum und über viele Nationen hinweg verfügbar. Die in der Tab. 1 wiedergegebenen Daten wurden aus verschiedenen Jahrgängen des von den Vereinten Nationen herausgegebenen United Nations Statistical Yearbook sowie aus Keyfitz und Flieger (1990) zusammengestellt. Vor allem bei den Angaben zu den Jahren 1990 und 1995 handelt es sich häufig um Durchschnittswerte mehrerer Jahre oder um Angaben von kurz davor liegenden Zeitpunkten. Die Angabe für das Jahr 1995 in der DDR bezieht sich selbstverständlich auf die fünf neuen Bundesländer.

auf, die aber ab den Neunzigerjahren erstmal rückläufig sind (Otto 1993). Im Jahre 2025 wird sich die Bevölkerung Afrikas im Vergleich zu 1992 verdoppelt haben und 19% der Weltbevölkerung ausmachen, die Europäer stellen dann noch etwa 6% dar (Otto 1993: 327).

Tab. 1: Entwicklung der Zahl der Geburten je 1.000 Einwohner im internationalen Vergleich

	1950	1960	1970	1980	1990	1995
Australien	23,3	22,4	20,0	15,3	15,4	14,5
USA	23,9	23,7	18,3	15,9	16,7	15,3
BRD	16,2	17,4	13,4	10,1	11,5	10,3
DDR	16,5	17,0	13,9	14,6	11,1	5,4
Frankreich	19,8	18,1	16,8	14,9	13,3	12,5
Großbritannien	15,9	18,2	16,3	13,4	13,8	12,6
Schweden	16,6	14,0	13,7	11,7	14,5	11,7
Italien	18,6	18,3	16,8	11,4	9,8	9,2
Spanien	20,1	21,5	19,5	15,3	10,2	9,1
Mexiko	45,7	42,3	42,3	31,9	29,0	31,2
Brasilien	44,6	42,0	33,7	30,6	28,6	16,1
China	43,6	37,8	30,6	21,0	21,2	17,8
Pakistan	49,5	48,4	47,5	50,3	30,3	30,4
Indien	44,1	42,0	38,2	34,7	29,9	28,6
Japan	25,6	17,2	18,5	13,5	9,9	9,5
Südkorea	37,0	39,6	28,8	21,3	14,5	16,0
Ägypten	48,6	45,4	38,4	39,7	37,9	29,7
Kenia	52,8	52,8	52,9	53,9	47,0	37,5
Somalia	49,3	48,3	48,3	53,9	50,1	50,2
Nigeria	50,1	51,6	51,3	50,4	48,5	45,4

Verengt man den Blickwinkel auf die europäischen und amerikanischen Industrieländer, so verschiebt sich die Problemlage deutlich (Day 1992). In der Bundesrepublik und in anderen Industrieländern bestimmen die Folgen der rückläufigen Fertilität die sozialpolitische Debatte. Auch hier kann auf die Zahl der Lebendgeborenen je 1.000 Einwohner zurückgegriffen werden, die als "simplest and commonest measure of natality" (Shryock 1976: 276) gilt. Abb. 1 zeigt den Verlauf dieser Kennziffer von 1841–1996. Die Angaben beziehen sich dabei bis 1945 auf das Deutsche Reich und danach auf die Bundesrepublik. Die Entwicklung für die DDR beziehungsweise ab 1990 für die fünf neuen Bundesländer sind durch die gestrichelte Linie gekennzeichnet.[4]

4 Die Daten wurden für die Zeit bis 1970 aus einer Zusammenstellung des Statistischen Bundesamtes entnommen (Statistisches Bundesamt 1972). Für die Zeit danach finden sich die entsprechenden Angaben in den Statistischen Jahrbüchern.

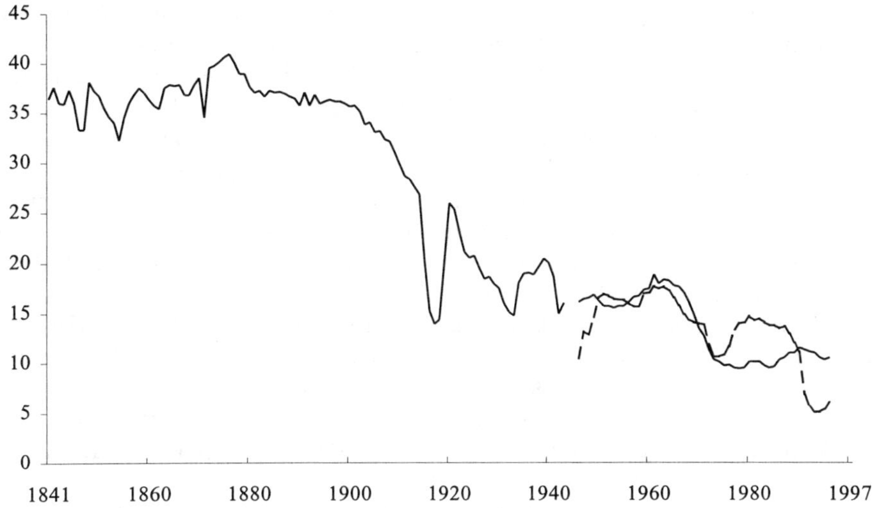

Abb. 1: Lebendgeborene je 1.000 Einwohner ab 1841 (Deutsches Reich und Bundesrepublik beziehungsweise DDR)

Neben den auch hier auftretenden kriegsbedingten Schwankungen ist vor allem der erste dramatische Rückgang der Geburtenziffern zu Beginn des 20. Jahrhunderts zu beachten. Nach dem Ersten Weltkrieg macht sich ein deutlicher Nachholeffekt bemerkbar, der dann in den Zwanzigerjahren jedoch wieder einem Rückgang weicht. Generell lässt sich jedoch ab der Jahrhundertwende bis in die Dreißigerjahre ein deutlicher und fast linearer Rückgang der Geborenenziffer beobachten. Die nationalsozialistische Familienpolitik dürfte für das erneute Anwachsen der Fertilität in den Dreißigerjahren mitverantwortlich gewesen sein. Nach den erneuten kriegsbedingten Schwankungen kommt es in den Fünfzigerjahren zu einem abermaligen leichten Anstieg der Geborenenziffer, dem so genannten baby-boom. Bei der hier gewählten längerfristigen Perspektive wird auch deutlich, wie gering dieser baby-boom im historischen Vergleich ausfällt. Seit 1963 sank dann die Zahl der Lebendgeborenen bis Mitte der Achtzigerjahre auf ein nie gekanntes Niveau ab (Marschalck 1984). Zur ähnlich verlaufenden internationalen Entwicklung vgl. Rindfuss und Sweet (1977), Cherlin (1981), Saporiti (1989). Der leichte Anstieg in den Neunzigerjahren ist auf die Alterszusammensetzung der Bevölkerung zurückzuführen; die geburtenstarken Jahrgänge erreichen nun selbst die Familiengründungsphase. In der DDR lag die Geborenenziffer ab den Siebzigerjahren deutlich über den Zahlen für die Bundesrepublik (Schott 1992), verringerte sich aber – wie auch die Eheschließungsziffern – ab 1989 in einem historisch einmaligen Maße. Als Ursache für diese Entwicklung sind wohl die deutlich schlechteren Erwerbsmöglichkeiten vor allem für Frauen (Wagner, Witte 1993) und der Wegfall familienstützender Sozialeinrichtungen auszumachen (Mau 1994; Kopp, Diefenbach 1994). Obwohl auch die Geborenenziffer von der Bevölkerungszusammensetzung und ihrer Altersstruktur abhängt, kann man trotzdem deutlich den dramatischen Rückgang des generativen Verhaltens im Laufe der Zeit erkennen. Andere demographische Maßzahlen – wie die Entwicklung der Nettoreproduktionsrate oder der Gesamtfruchtbarkeitsziffern – belegen diese langfristige Entwicklung (Marschalck 1984). Jedoch sind innerhalb dieser Entwicklung verschiedene Effekte zu trennen: Es lassen sich neben den Veränderungen der durchschnittlichen Geburtenzahl auch Variationen im Timing der einzelnen Geburten feststellen. So findet bei den bis zur "Mitte bis Ende der vierziger Jahre geborenen Frauen eine ständige Vorverlagerung der Geburten im Lebensverlauf statt, wohingegen erst die jüngeren Kohorten ihre Kinder wieder wesentlich später bekommen" (Klein 1993: 288). Allein auf Grund der so verringerten fertilen Periode lässt sich ein Teil des Rückgangs der Geburtenzahlen erklären. Desweiteren gibt es Belege dafür, dass auch zusätzlich die Wahrscheinlichkeit, überhaupt Kinder zu bekommen, sinkt (Brüderl, Klein 1993; vgl. Dinkel, Milenovic 1992). Die Ergebnisse einer kohortenspezifischen Analyse der Geburt eines ersten Kindes unterstützen diese Aussagen. Hierzu wurde für ausgewählte Geburtskohorten auf die Familiensurveys zurückgegriffen, die 1988 und 1994 für die Bundesrepublik durchgeführt wurden (Bertram 1991; Bien 1996). Hier sind nur Informationen von Frauen berücksichtigt;[5] das Thema "Vaterschaft" ist zumindest demographisch ein weitgehend unerforschtes Gebiet.[6]

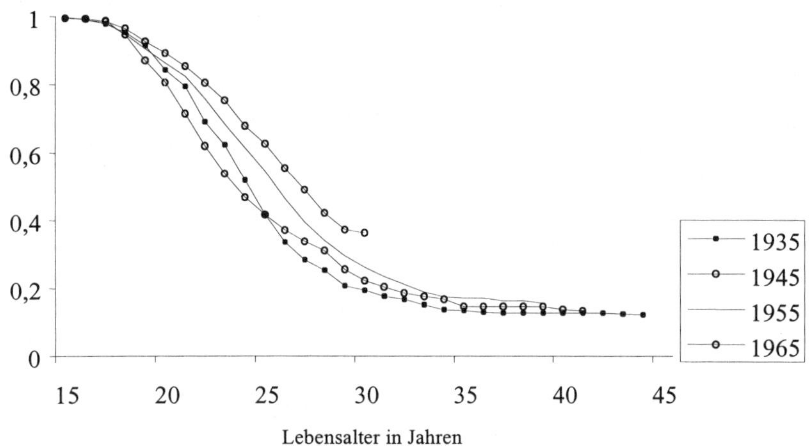

Abb. 2: Anteil von Frauen ohne Geburt im Lebensverlauf

5 Das Familiensurvey 1988 enthält Informationen von über 10.000 Personen aus der Bundesrepublik, die zum Befragungszeitpunkt zwischen 18 und 55 Jahren alt waren. Das Familiensurvey 1994 enthält – neben einer Stichprobe für die neuen Bundesländer – eine Wiederholungsbefragung von fast 5.000 Personen und eine Zusatzerhebung von 2.000 Personen, die zwischen 18 und 30 Jahren alt waren. Für die Abb. 2 wurden alle verfügbaren Informationen für die einzelnen Geburtsjahrgänge zusammengespielt. Es wurden dabei nur die Daten für die alten Bundesländer analysiert, wobei immer drei Geburtsjahrgänge zusammengefaßt wurden. Dargestellt wurden jeweils die Überlebensfunktionen einer product-limit-Schätzung (Diekmann, Mitter 1984). Das Familiensurvey wird durch das Bundesministerium für Familie, Senioren, Frauen und Jugend gefördert. Die Daten sind über das Zentralarchiv für empirische Sozialforschung, Köln, erhältlich.

6 Eine Ausnahme bilden dabei die Studien von Huinink (1988) und Dinkel und Milenovic (1992). Griswold (1993) gibt einen Überblick über die sozialnormative Geschichte der Vaterschaft in den Vereinigten Staaten, Marsiglio (1995) über die Rolle und Funktion von Vätern in der Familie und Loss-Hesselbart (1987) über die Entwicklung von Geschlechtsrollen.

Die Abb. 2 zeigt nun für die ausgewählten Geburtskohorten den Anteil von Frauen ohne Geburt in Abhängigkeit vom Lebensalter. Für alle Kohorten zeigt sich ein typischer Verlauf, bei dem der Anteil von Frauen ohne Geburt zuerst rasch abfällt und dann auf einem relativ stabilen Wert ab etwa dem 35. Lebensjahr verbleibt. Die Analyse der entsprechenden Übergangswahrscheinlichkeiten zeigt einen glockenförmigen Verlauf. Deutlich werden aber auch kohortenspezifische Variationen. So zeigen zwar die Geburtskohorten 1935 und 1945 recht ähnliche Verhaltensmuster, abgesehen von einem etwas späteren, dafür dann jedoch steileren Abfall der Kurve für die Kohorte von 1935.[7] Danach verschiebt sich aber das Alter, in dem das erste Kind geboren wird, deutlich nach hinten. Die Zahl der Frauen ohne Geburt im Alter von 40 Jahren unterscheidet sich jedoch – bei einer entsprechenden Analyse der Sterbetafeln – zwischen den Kohorten 1935, 1945 und 1955 nicht signifikant. Erst bei der Geburtskohorte 1965 finden sich signifikante Unterschiede hinsichtlich der Zahl der (noch) kinderlosen Frauen im Alter von 30 Jahren (Höpflinger 1991).

Die Ergebnisse bleiben auch stabil, wenn man eine feinere Differenzierung der Kohortenfolge vornimmt. Aus Gründen der Übersichtlichkeit wurde hier jedoch darauf verzichtet, mehr als vier Kurven abzutragen. Analysen, die mithilfe historisch weiter zurückreichender Daten auch das Fertilitätsverhalten der 1900 geborenen Frauen untersuchen, kommen zu dem Ergebnis, dass sich für diese Kohorten relativ ähnliche Muster wie für die 1960 und später geborenen Frauen ergeben. Es scheint also, dass das golden age of marriage in den Sechzigerjahren und das Verhalten der entsprechenden Kohorten eher eine historische Ausnahme darstellt und dass man zumindest aus der demographischen Perspektive für die jüngeren Kohorten nicht unbedingt von einer Krise der Familie sprechen muss (Hill, Kopp 1997a; 1997b).

Mit dieser Analyse werden jedoch nur die Übergänge zu einer ersten Geburt – und damit gleichzeitig der Anteil der auf Dauer kinderlosen Frauen – betrachtet. Die Veränderungen im Fertilitätsverhalten betreffen jedoch nicht nur die Geburt des ersten Kindes. Theoretische Modelle lassen vielmehr vermuten, dass vor allem Familien mit Kindern hoher Parität an Attraktivität verlieren und deshalb systematisch seltener gewählt werden (vgl. unten). Entsprechende Analysen zeigen dabei, dass für die Kohorten bis 1940 ebenfalls der Anteil der Frauen mit einer zweiten Geburt ansteigt. Danach sinken auch diese Anteilswerte. Die Geburten von dritten, vierten oder weiteren Kindern nehmen hingegen fast kontinuierlich ab (Dinkel, Milenovic 1992; Birg et al. 1990). "Der Geburtenrückgang in den Jahren nach 1965 setze bei den Geburten vierter und höherer Ordnung ein und breite sich stufenweise auf die Geburten niedrigerer Ordnung aus" (Birg et al. 1990: 28). Dieser Prozess wird sich jedoch wohl nicht linear weiterentwickeln. Es lassen sich neuerdings Anzeichen dafür finden, dass sich eher Polarisierungen zwischen kinderlosen Ehen und Familien mit zwei Kindern etablieren (Huinink 1989).

Für den hier untersuchten Bereich der Fertilität ergeben sich somit in der historischen Betrachtung deutliche Veränderungen, die – wie die Kohortenanalysen zei-

7 Ein entsprechender Test (Blossfeld, Rohwer 1995: 72 ff.) ergibt keinen signifikanten Unterschied zwischen den beiden Verläufen der Geburtskohorten 1935 und 1945. Dahingegen finden sich überzufällige Unterschiede hinsichtlich des gesamten Verlaufes zwischen diesen und den beiden anderen Kohorten sowie bei einem Vergleich der Geburtskohorten 1955 und 1965.

gen – nicht auf die Schwankungen in der Bevölkerungsstruktur und deren Effekt auf die benutzten Kenngrößen zurückzuführen sind, sondern als substanzielle Verhaltensänderung interpretiert werden müssen.[8]

17.2 Zur Erklärung des Fertilitätsverhaltens

Oben wurde festgestellt, dass sich im Laufe der Geschichte und insbesondere in den letzten hundert Jahren, mit einer kurzen Ausnahme während der fünfziger und Sechzigerjahre, ein langfristiger und wohl auch langanhaltender Trend zur Verringerung der Kinderzahlen finden lässt. Wie lässt sich dieser deutliche und langanhaltende Rückgang erklären? Welche Ursachen können für das diesem Rückgang zugrunde liegende veränderte Verhalten angeführt werden? Die Familienforschung liefert hierfür die verschiedensten Erklärungen, die sich allerdings – wie zu zeigen ist – recht gut integrieren lassen. Bei der Diskussion des fertilen Verhaltens stehen zwei Fragen im Mittelpunkt des Interesses: Wie lassen sich erstens die langfristige Entwicklung und vor allem der langfristige Rückgang der Geburtenzahlen, der sich im Laufe der Modernisierung überall beobachten lässt (Coale, Trendway 1986; Huinink 1990), erklären? Wie kommt es zweitens zu den deutlichen Unterschieden zwischen den Geburtenzahlen innerhalb einer Gesellschaft? Mithilfe einer allgemeinen Theorie der Fruchtbarkeit können beide Problemstellungen beantwortet werden.

17.2.1 Von Malthus zur Theorie konkurrierender Genüsse

Erste Überlegungen zu einer Theorie der Fruchtbarkeit und den daraus entstehenden Folgerungen für die Bevölkerung finden sich schon in der Abhandlung über das Bevölkerungsgesetz von Thomas Robert Malthus aus dem Jahre 1798. Er zeichnet hierbei ein sehr pessimistisches Szenario für die Zukunft der Menschheit.

Seine grundlegende Idee war, “dass die Bevölkerung sich unwandelbar vermehrt, wenn die Subsistenzmittel zunehmen” (Malthus 1924: 484). Die Bevölkerung wächst jedoch immer schneller als die zur Verfügung stehenden Lebensmittel. Mithilfe zweier demographischer checks oder Hemmnisse wird diese ungleiche Entwicklung wieder korrigiert: Die so genannten positiven oder repressiven checks wie Krieg, Hunger und Seuchen führen zu einer Erhöhung der Sterberaten; die präventiven

8 Bei einer rein demographischen Analyse des Geburtenverhaltens werden zwei Punkte, die auch in der öffentlichen Diskussion immer wieder thematisiert und gerne als Indikatoren für eine Krise der Familie interpretiert werden, leicht übersehen. So ist einerseits darauf hinzuweisen, dass eine relativ konstante Zahl an Kindern nichtehelich geboren werden. Aufgrund der generell eher sinkenden Geburtenzahlen führt dies jedoch zu einem Anstieg der Quote der nichtehelich Geborenen. In der DDR stieg aber nicht nur der Anteil, sondern auch die Gesamtzahl dieser Geburten. In den neunziger Jahren ergeben sich hier Anteile von über 40% nichtehelich Geborener (Statistisches Bundesamt 1995: 100 ff.). Andererseits findet sich eine doch relativ große Zahl von Schwangerschaftsabbrüchen. So kamen im Jahre 1992 auf etwa 800.000 Geburten im gesamten Bundesgebiet rund 75.000 Schwangerschaftsabbrüche. In den Vereinigten Staaten liegt der Anteil, auch wenn er sich für die einzelnen ethnischen Gruppen erheblich unterscheidet, deutlich über dem Niveau in der Bundesrepublik (Gelles 1995: 267).

Checks bestehen in der bewussten Begrenzung der Fertilität durch sittliche Beschränkungen oder "lasterhafte Verhaltensweisen", wie der Verwendung von Verhütungsmitteln (Felderer, Sauga 1988: 54). "Diese Hemmnisse und jene, welche die übermächtige Bevölkerungskraft zurückdrängen und ihre Wirkungen auf dem Niveau des Nahrungsmittelspielraums festhalten, lassen sich alle in sittliche Enthaltsamkeit, Laster und Elend auflösen" (Malthus 1924: 33 f.). Eine Verbesserung der sozialen Situation für die breite Bevölkerung ist nach Malthus auch nicht durch eine Sozialgesetzgebung zu erwarten, da diese nur zu einem Anstieg der Bevölkerung und damit wiederum zu einer Verschlechterung der jeweiligen Lage führt. Im Einzelnen wird dabei folgender Zusammenhang unterstellt: Löhne, die oberhalb des Existenzminimums liegen, führen zu einer erhöhten Heiratsneigung sowie zu einer größeren Zahl von Kindern. Eine steigende Bevölkerungszahl stellt automatisch eine Erhöhung des Arbeitsangebots dar und erhöht somit die Konkurrenz auf dem Arbeitsmarkt. Dies hat wiederum eine Verringerung des Reallohns und damit eine tendenzielle Verelendung zur Folge. Hierdurch verzögert sich im Schnitt die Eheschließung und somit die Familienbildung. Auf Grund dieser skizzierten Mechanismen ergibt sich, dass die Bevölkerungszahl um einen bestimmten Optimalwert herum schwankt.

Der Erklärungsansatz von Malthus ist unterschiedlich bewertet worden, wobei besonders der proklamierte Zusammenhang von Bevölkerung und Wirtschaftsentwicklung kritisiert wird (Felderer, Sauga 1988). Es bleibt aber festzuhalten, dass Malthus den Wunsch nach Kindern als allgemein gegeben ansieht und die Verwirklichung dieses Wunsches nur durch die ökonomische Lage begrenzt betrachtet. Die Entwicklung der Bevölkerung wird hiernach mit dem Wachstum der Nahrungsgrundlage einhergehen.

Die historische Entwicklung widerspricht dieser Vermutung von Malthus jedoch eindeutig. In vielen modernen Gesellschaften hat eine Entwicklung stattgefunden, die als demographischer Übergang bezeichnet wird (Hirschman 1994). Ausgangspunkt dieser Überlegung ist eine in vielen Gesellschaften zu beobachtende Regelmäßigkeit der Entwicklung von Geburten- und Sterbeziffern. Diese Transformation lässt sich dabei in drei Phasen unterteilen (Felderer, Sauga 1988: 38 f.; Bolte et al. 1980: 46 f.).

In einer prätransformativen Phase liegen sowohl Geburten- wie auch Sterbeziffern auf einem sehr hohen Niveau. Viele Kinder werden geboren, auf Grund der hohen (Kinder-)Sterblichkeit bleibt die Bevölkerungszahl jedoch relativ stabil. In der Transformationsphase sinken zuerst die Sterbeziffern auf Grund der verbesserten Lebensbedingungen, einer verbesserten medizinischen Versorgung und hygienischen Kenntnissen sowie einer erhöhten und sicheren Lebensmittelversorgung, während die Geburtenzahlen stabil sind oder sogar leicht ansteigen. Hier wächst auf Grund der steigenden Differenz von Geburten und Sterbefällen die Bevölkerung rasch an. Erst mit einiger Verzögerung sinkt nun auch die Geburtenrate, und das Bevölkerungswachstum schwächt sich ab. In der so genannten posttransformativen Phase liegen beide Kennziffern auf einem niedrigen Niveau. Diese Beschreibung skizziert die Logik der demographischen Entwicklung und die empirischen Veränderungen in einer Vielzahl von Ländern recht gut. Bei der These des demographischen Übergangs wird davon ausgegangen, dass auch in modernen Gesellschaften Sterbe- und Geburtenraten ungefähr auf dem gleichen Niveau liegen und somit die Bevölkerungsgröße relativ stabil bleibt. Empirisch scheint diese These jedoch nicht zuzutreffen. Die Geburrtenziffern in der Bundesrepublik liegen deutlich unter der für eine stabile Bevölkerung notwendigen Größenordnung. Es kommt also zu einer Abnahme der Bevölkerungszahl, die das Modell des demographischen Übergangs nicht erfassen kann.

Es stellt sich jedoch die Frage, wie sich diese Entwicklungen und vor allem die Änderungen der Fertilität erklären lassen. Ein erster Ansatz wurde von Gerhard Mackenroth vorgestellt, indem er das Konzept der Bevölkerungsweise einführte. Das gesamte demographische Verhalten – altersspezifische Sterblichkeiten, die Heiratshäufigkeiten, das Heiratsalter, die inner- und außereheliche Fruchtbarkeit sowie der durchschnittliche Generationenabstand – variierten nicht zufällig, sondern ist miteinander verbunden und bildet eine einzelne generative Struktur:

"Eine Bevölkerungsweise ist also ein Sinnzusammenhang, in dem alle Elemente eines generativen Verhaltens aufeinander in sinnvoller Weise abgestimmt sind: Familienverfassung, Heiratshäufigkeit, Fruchtbarkeit usw., alle diese einzelnen "patterns of behavior" bilden zusammen in ihrer Abgestimmtheit aufeinander eine Struktur" (Mackenroth 1953: 326).

Der demographische Übergang ist dann als Wechsel zwischen verschiedenen Bevölkerungsweisen zu verstehen. Mackenroth versucht dabei, die jeweiligen Muster mit den institutionellen und sozialstrukturellen Gegebenheiten zu verknüpfen. Vorindustrielle Agrargesellschaften mit ihrer typischen Produktionsordnung, ihrem Abgabensystem und ihren technologischen Entwicklungen sowohl im Bereich der Arbeitstechnik als auch des Gesundheitswesens zusammen mit institutionellen Vorgaben hinsichtlich bestimmter Heiratsregeln oder der gesellschaftlichen Diskriminierung außerehelicher Geburten führten zwangsläufig zu einer Bevölkerungsweise mit sowohl hohen Sterbe- als auch Geburtenzahlen (Mackenroth 1955; Handl 1988). Durch die Auflösung der Heiratsbeschränkungen und die Senkung der Sterbeziffern ist der Bevölkerungsanstieg zu erklären, der erst allmählich durch die Bevölkerungsweise des Industriesystems gebremst wird. Die Heirat wird zu einer Konstanten. "Innerhalb der Familie hören Heiratsalter und Heiratshäufigkeit auf, soziologische Variable zu sein, sie bekommen den Charakter von Konstanten, d. h. jeder, der überhaupt zur Heirat ansteht, heiratet auch und heiratet relativ früh" (Mackenroth 1955: 11). Innerhalb der Ehe findet nun ein Rationalisierungsprozess statt, in dem eine auf einen Lebensplan ausgerichtete Fortpflanzungsnorm erfüllt wird, die deutlich unter dem physiologisch Möglichen liegt (Mackenroth 1955: 12). Der demographische Übergang ist dann der Wechsel zwischen zwei generativen Strukturen.

Obwohl bei diesen Überlegungen von einer bewussten Geburtenbeschränkung gesprochen wird, werden die erklärenden Mechanismen nicht explizit gemacht. Es bleibt immer noch die Frage offen, warum diese neue Bevölkerungsweise übernommen wird. Ohne eine Antwort hierauf geht der Ansatz Mackenroths nicht über eine Beschreibung der historischen Veränderungen hinaus, auch wenn wesentliche Rahmenbedingungen und Motive angedeutet werden. "Die bewusste Geburtenbeschränkung in den Ehen erfolgt nach Mackenroth, weil die Aufwandsnorm und die Aufwandskonkurrenz sich als Mittel sozialer Platzierung durchgesetzt haben und weil Krisenerlebnis und Unsicherheit der Einkommen innerhalb der kapitalistischen Produktionsweise eine Entscheidung für wenige Kinder nahe legen" (Handl 1988: 300).

Ein wichtiger Schritt bei der Entwicklung einer allgemeinen Theorie der Fertilität lässt sich in Folge des massiven Rückgangs der Fertilität um die Jahrhundertwende in

Deutschland beobachten. Als Reaktion darauf wurde die Wohlstandstheorie und die These der konkurrierenden Genüsse entwickelt. Diese Überlegungen gehen vor allem auf Lujo Brentano (1909, 1910) und dessen Schüler Paul Mombert zurück (Loy 1981; Zimmermann 1988, 1989). Beide greifen zunächst die Theorie von Malthus auf, der die Ursache des Bevölkerungswachstums in einem Fortpflanzungstrieb sah. Innerhalb der Wohlstandstheorie wird diese Annahme jedoch bestritten:

"Es gibt aber keinen Fortpflanzungstrieb. Nicht um die Art zu erhalten, erzeugen Menschen Nachkommen. Dieses Motiv findet sich höchstens bei Dynasten- und Adelsgeschlechtern und auch da nur in seltenen Fällen (...). Die enorme Mehrzahl der Menschen erzeugt Kinder nicht um eines abstrakten Zieles willen, wie dies die Erhaltung der Gattung wäre; zwei höchst konkrete Bedürfnisse sind es, was zur Zunahme der Bevölkerung führt, das Geschlechtsbedürfnis und die Kinderliebe" (Brentano 1909: 579).

Durch diese Trennung zwischen Fortpflanzungs- und Geschlechtstrieb kann zuerst gezeigt werden, dass kein analytischer Zusammenhang zwischen Heiratsneigung und Fertilität besteht: "Was mit zunehmendem Wohlstand abgenommen hat, ist (...) der Zeugungswille" (Brentano 1909: 602). Die Fertilität wird also als eine willentliche Entscheidung betrachtet. Brentano sieht im Wesentlichen zwei Ursachen für den Rückgang der Geburtenzahlen: "Die Geburtenziffer kann aus zwei Ursachen geringer werden, infolge einer Abnahme der Heiraten und infolge einer Abnahme der Zahl der Geburten pro Ehe" (Brentano 1909: 583). Beide Mechanismen sind nun im weiteren zu betrachten, um die Ausgangsfrage zu beantworten. Zur Verringerung der Heiratsneigung schreibt Brentano (1909: 588): "Von großem Einfluss auf die Abnahme der Heiratsziffer in den höheren Klassen erscheint die veränderte Stellung der Frau". Hierunter fallen sowohl die Veränderung in der Rolle der Frau in der Ehe als auch ihre zunehmende Erwerbsarbeit. Brentano (1909: 589) beschreibt dabei die Funktionsveränderung der Ehe hin zu einer partnerschaftlichen Verbindung. Ein äquivalentes Argument kann für den Rückgang der Zahl der Geburten pro Ehe angeführt werden: "Das aber, was die Abnahme des Zeugungswillens hervorgerufen hat, sind die Zunahme der Konkurrenz der Genüsse und eine Verfeinerung im Gefühl der Kinderliebe" (Brentano 1909: 602). Der Rückgang der Fertilität wird also auf die Zunahme alternativer Verwendungen der individuellen Ressourcen zurückgeführt. Dabei betreffen die hier zu findenden Argumente vor allem die Entscheidungssituation der Frauen: Sie wollen sich nicht durch eine Geburt die neu errungenen Lebenschancen wieder beschränken. In den Worten Brentanos:

"Sie will nicht von allen Freuden der Jugend und allen Genüssen, zu denen ihr Reichtum die Möglichkeit bietet, durch Schwangerschaften abgeschnitten werden, von denen die eine die andere ablöst. (...). Andere, welche erwerbstätig sind, fühlen sich durch die Mutterschaft in der Beschaffung von Mitteln beeinträchtigt, welche ihnen den Zugang zu anderen Genüssen eröffnen sollen" (Brentano 1909: 602 f.).

Hinzu kommt die Verfeinerung der Kinderliebe, wodurch Kinder besser auf den sie erwartenden Konkurrenzkampf vorbereitet werden. Ein größerer Erbteil oder eine qualifizierte Ausbildung sind hier zu erwähnen. Durch diese bessere Ausstattung der einzelnen Kinder ist gleichzeitig eine Verringerung der Kinderzahl bedingt. In der Wohlstandstheorie wird die Fertilitätsentscheidung als eine rationale und den situationalen Umständen angepasste Abwägung verstanden. Fertilität ist also keine vorgegebene Größe, sondern ist zumindest in gewissem Rahmen zu steuern. Mit diesen Überlegungen wurde ein erster wichtiger Schritt zu einer theoretischen Erklärung des Fertilitätsverhaltens und somit der Bevölkerungsweisen und der demographischen Entwicklungen getan.

Innerhalb demographischer Überlegungen zur Fertilität findet sich ein Ansatz, der die Ideen der Wohlstandstheorie – wenn auch mit einer anderen Terminologie und vor einem differierenden theoretischen Hintergrund – weiter verfolgt: die Theorie der biografischen Festlegung (Birg, Koch 1987; Birg et al. 1991). Ausgangspunkt ist hierbei die Überlegung, dass sich die individuelle Biographie aus einer relativ kleinen Zahl von Teilbiographien zusammensetzt, wobei die Wohn-, Erwerbs- sowie die Reproduktions- beziehungsweise Familienbiographie die wichtigsten Elemente darstellen. Jede dieser Einzelbiographien wiederum setzt sich aus einer Zahl einzelner biografischer Grundbausteine zusammen. In der Kombination der verschiedenen Bausteine und der verschiedenen Teilbiographien ergibt sich nun eine Vielfalt biografischer Abläufe. In realen Biographien bestimmen jedoch vorherige Festlegungen den weiteren Möglichkeitsraum:

"Schon bei einer kleinen Zahl von biografischen Grundbausteinen ist die kombinatorische Mannigfaltigkeit der Sequenzen, die sich aus ihrer alternativen zeitlichen Reihung ergibt, so groß, dass jeder Mensch, der im Bewusstsein der Freiheit lebt, aus einem Universum von alternativen Lebensläufen eine Wahl treffen zu können bzw. zu müssen, sich bei jeder Wahl mit der Möglichkeit konfrontiert sieht, eine unrichtige Entscheidung zu treffen, sich in den Zielen zu irren, ungeeignete Wege einzuschlagen" (Birg et al. 1991: 18).

Nun stellt aber kaum eine Entscheidung eine so bedeutsame Einschränkung der weiteren Möglichkeiten dar wie die Familiengründung, wobei dies vor allem wieder für die biografischen Möglichkeiten von Frauen gilt. Die Vermutung, sich durch eine frühzeitige Festlegung auf eine bestimmte familiale Rolle wichtige Opportunitäten zu nehmen, ist aber erst dann von Bedeutung, wenn es nennbare alternative Biographieentwürfe gibt. Es ist davon auszugehen, dass sich derartige Alternativen im Laufe der historischen Entwicklung verstärkt finden lassen. Als Folge davon werden diese Festlegungen durch biografische Entscheidungen zeitlich verschoben und führen ceteris paribus insgesamt zu einer Verringerung der Geburtenzahlen. Neben diesem wichtigen Hinweis auf die zunehmenden biografischen Alternativen wird hier ein zweiter bedeutsamer Punkt angesprochen: Fertilitätsentscheidungen werden wie alle biografischen Entscheidungen nicht ein für alle Mal zu einem bestimmten Zeitpunkt getroffen, sondern die bisherigen biografischen Erfahrungen spielen bei weiteren Entscheidungen eine besondere Rolle. Die Geburt eines ersten Kindes verändert die Handlungsoptionen in einer Ehe und damit die Entscheidungssituation für oder gegen ein zweites Kind deutlich. Unklar an diesen Überlegungen ist jedoch, nach welchem Mechanismus die individuellen biografischen Entscheidungen getroffen werden.

17.2.2 Zu ökonomischen Theorien der Fertilität

Viele der geschilderten Ideen der Wohlstandstheorie finden sich auch in der ökonomischen Theorie der Fertilität, die – wie der ökonomische Ansatz insgesamt – versucht, menschliches Handeln als die rationale Allokation knapper Mittel auf verschiedene Güter mithilfe eines handlungstheoretischen Ansatzes zu erklären, wobei sowohl Mittel als auch Güter nicht in einem eingeengten Sinne zu verstehen sind. Vielfach wird zwischen verschiedenen ökonomischen Ansätzen unterschieden. Trotz aller Unterschiede lassen sich diese Ideen jedoch relativ problemlos in Einklang bringen. Die Grundidee aller Analysen lässt sich folgendermaßen formulieren: "The basic idea behind our theory is that motivations with respect to family size are, to a considerable extent, rational: that, on the whole, parents want an extra child if the satisfactions to be derived from that child are greater than the ‚costs' that are involved – where ‚costs' are to be interpreted rather broadly" (Leibenstein 1957: 159).

Ausgangspunkt der Überlegungen Beckers zur Entwicklung einer ökonomischen Theorie der Fertilität stellt ein Beitrag aus dem Jahre 1960 dar. "For most parents, children are a source of psychic income or satisfaction, and, in the economist's terminology, children would be considered a consumption good" (Becker 1960: 210). Kinder werden also als langfristiges Konsumgut – und wenn sie ein eigenes Einkommen in den Haushalt einbringen: als Produktionsgut – betrachtet.

"It may seem strained, artificial, and perhaps even immoral to classify children with cars, houses, and machinery. This classification does not imply, however, that the satisfactions or costs associated with children are morally the same as those associated with other durables. The satisfaction provided by housing, a "necessity", is often distinguished from that provided by cars, a "luxury", yet both are treated as consumer durables in demand analysis. Abstracting from the kind of satisfaction provided by children makes it possible to relate the "demand" for children to a well-developed body of economic theory" (Becker 1960: 210 f.).

Da Kinder nun als normale Güter betrachtet werden, ist entsprechend der ökonomischen Standardmethode damit zu rechnen, dass auch hier ein positiver Einkommenseffekt zu finden ist. Dies bedeutet im einfachsten Fall, dass mit steigendem Einkommen auch die Zahl der Kinder steigt (Becker 1960: 217). Nun sind aber zwei Beobachtungen mit dieser einfachen These nicht vereinbar: Erstens zeigen etliche Studien, dass mit dem Einkommen die Kinderzahl eher sinkt, und zweitens ist auch im Laufe der historischen Entwicklung festzuhalten, dass das Einkommen gestiegen, die Kinderzahl jedoch deutlich gesunken ist.

Diese Beobachtung einer negativen Korrelation zwischen Einkommen und Kinderzahl führt Becker zuerst noch auf unterschiedliche Kenntnisse über Verhütungsmöglichkeiten zurück. So kann er zeigen, dass bei einer Kontrolle dieser Kenntnisse die Zahl der Kinder mit dem Einkommen steigt (Becker 1960). Die gegenläufige historische Entwicklung zwischen Einkommen und Geburtenzahlen wird auf einen Rückgang der Kindersterblichkeit, ein Anwachsen der kontrazeptiven Kenntnisse sowie eine Steigerung der Kosten von Kindern zurückgeführt. Becker selbst (1981: 99) stellt jedoch später fest, dass mithilfe des unterschiedlichen Verhütungswissens wohl nicht die grundlegenden Veränderungen im fertilen Verhalten zu erklären sind. Stattdessen betont er hier das Zusammenspiel von Quantität und Qualität – einen Zu-

sammenhang, der bereits in der Wohlstandstheorie als Kinderliebe bezeichnet wurde. Das Hauptargument lautet, dass mit steigendem Einkommen zwar die Ausgaben für Kinder ansteigen, diese Ausgaben jedoch sowohl von der Zahl der Kinder als auch von den Kosten je Kind – etwa für Ausbildung, Gesundheitsvorsorge und materielle Ausstattung – abhängen. Da nun Qualität und Quantität bis zu einem gewissen Grade Substitute darstellen und ein endogener Preiseffekt vorliegt, kann man zeigen, dass bereits eine geringe exogen bedingte Erhöhung der Qualität oder Verringerung der Quantität einen Interaktionsprozess in Gang setzt, der zu einer starken Verminderung der Quantität und einer starken Erhöhung der Qualität führt (Becker 1981: 103 ff.). Historisch könnte dieser Startpunkt etwa durch die verringerte Kindersterblichkeit und die daraus folgende geringere Geburtenzahl bedingt sein. Dies führt zu einer Erhöhung der Ausgaben für jedes einzelne Kind, sodass wiederum die potenziellen Kosten für weitere Kinder gesteigert werden. Dieser endogene Preiseffekt kann zu einer weiteren Verringerung der Kinderzahl führen, womit ein weiterer Anreiz für eine nochmalige Erhöhung der Qualität einhergeht. Dieser Interaktionsprozess kann ein relativ starkes Ausmaß annehmen (Becker 1981: 113 ff.).
Weiterhin ist zu berücksichtigen, dass neben der Erwerbsarbeit auch die Hausarbeit Zeit in Anspruch nimmt und somit einen beachtenswerten Kostenfaktor darstellen kann. "However, for a number of products and services, market prices alone do not provide sufficient information on their theoretically relevant opportunity costs. (...) It is the opportunity cost of time which is most likely to be overlooked in the specification of relevant prices in demand functions" (Mincer 1963: 67 f.). Häufig wird in den Analysen zum Zusammenhang von Einkommen und Fertilität der Einfluss des Familieneinkommens auf die Kinderzahl untersucht. Hierbei wird jedoch häufig übersehen, dass sich das Haushaltseinkommen aus dem Einkommen des Mannes und der Frau zusammensetzt. Mincer trennt die Effekte dieser beiden Komponenten und vermutet, dass für Männer der theoretisch zu erwartende positive Einkommenseffekt zu finden sein wird, während bei Frauen eine Prognose nur schwer möglich ist. Denn einerseits ist auch hier damit zu rechnen, dass Einkommenseffekte vorliegen, während andererseits mit höherem Einkommen auch, bedingt durch die Opportunitätskosten, die Preise für Kinder steigen, wenn man davon ausgeht, dass die Mütter zumindest einen gewissen Teil ihrer Zeit nun nicht mehr mit der Erwerbsarbeit, sondern mit der Kinderpflege verbringen. Das Einkommen der Frau hat also theoretisch sowohl einen positiven Einkommenseffekt als auch einen negativen Opportunitätskosteneffekt. Empirische Analysen (Mincer 1963: 77 f.) zeigen, dass der Opportunitätskosteneffekt deutlich überwiegt. Somit lässt sich nun zumindest in Querschnittsuntersuchungen erklären, warum zwischen dem sozioökonomischen Status und der Kinderzahl häufig eine negative Korrelation existiert. Auf Grund der immer wieder zu findenden starken sozialen Homogamie ist damit zu rechnen, dass in Familien mit hohem Status auch das (potenzielle) Einkommen der Ehefrau und damit eben die Opportunitätskosten relativ hoch sind.

Während die new home economics gerade davon ausgehen, dass die (grundlegenden) Präferenzen der Menschen gleich und stabil sind (Stigler, Becker 1977), versucht Richard Easterlin durch die Einbeziehung soziologischer Überlegungen die Erklärungskraft der theoretischen Modelle zu erweitern und behandelt dabei auch die Frage, wie Präferenzen entstehen und sich zwischen verschiedenen Generationen auch unterscheiden können (Easterlin 1961, 1966, 1973). Easterlin geht dabei von einem intergenerativen Sozialisationskonzept aus, bei dem die Erwartungen der Menschen durch die Erfahrungen während ihrer Sozialisationsphase geprägt werden:

"The basic idea is that if young men – the potential breadwinners of households – find it easy to make enough money to establish homes in the style desired by them and their actual or prospective brides, then marriage and childbearing will be encouraged. On the other hand, if it is hard to earn enough to support the desired style of life, then the resulting economic stress will lead to deferment of marriage and, for those already married, to the use of contraceptive techniques to avoid childbearing, and perhaps also to the entry of wives into the labor market" (Easterlin 1973: 181).

Easterlin geht dabei davon aus, dass die Einschätzungen der jeweiligen Situationen und das Anspruchsniveau von den Sozialisationserfahrungen abhängen. "Thus young persons who have been raised in households where goods were abundant are likely to have developed relatively high standards of consumption" (Easterlin 1973: 181). Wenn nun – bedingt durch externe Faktoren wie etwa Kriege – eine Geburtskohorte relativ klein ist und dies nicht etwa durch Migration ausgeglichen wird (Easterlin 1961), besitzt sie dadurch relativ gute Marktchancen und kann einen hohen Lebensstandard und eine hohe Kinderzahl realisieren. Die so groß gewordenen Kinder sehen sich nun einem doppelten Nachteil gegenüber: Einerseits ist die Kohortengröße auf Grund der relativ guten ökonomischen Situation der Eltern hoch, sodass die ökonomischen Chancen der Kinder relativ schlechter sind. Andererseits sind die Ansprüche an den Lebensstandard relativ stark ausgeprägt. Beide Effekte – geringe Ressourcen und hohe Ansprüche – führen nun zu einer geringeren eigenen Fertilität. Die daraus folgende geringe Kohortenbesetzung stellt nun einen wichtigen Startparameter für die dritte Generation dar. Aus diesen Überlegungen folgert Easterlin nun, dass die Geburtenrate sich zyklisch auf- und abbewegt. Offen bleibt jedoch die Frage nach einer Erklärung des langfristigen Geburtenrückgangs.

Hierzu stellt Easterlin (Esterlin 1975; Easterlin, Crimmins 1985) ein einfaches Modell vor, das im Wesentlichen drei Determinanten der Fertilität betrachtet:

"1. The demand for children, the number of surviving children parents would want if fertility regulation is costless. (...). 2. The supply of children, the number of surviving children a couple would have if they made no deliberate attempt to limit family size. This reflects both a couple's natural fertility and the chances of child survival. (...) 3. The costs of fertility regulation" (Easterlin, Crimmins 1985: 14).

Easterlin geht davon aus, dass über einen relativ langen Zeitraum auf Grund nicht willentlich beeinflusster Faktoren die natürliche Fertilität unter der gewünschten Fertilität lag. Dies kann man als sozial kontrollierte Fertilität bezeichnen.

Mit der Berücksichtigung der natürlichen Fertilität schließt Easterlin indirekt an die Arbeit von Kingsley Davis und Judith Blake (1956) an, die eine Reihe von Faktoren einführen, die die Fertilität beeinflussen. Diese Faktoren lassen sich in drei Gruppen einteilen: Faktoren, die die Wahrscheinlichkeit des Geschlechtsverkehrs beeinflussen, Größen, die auf die Empfängniswahrscheinlichkeit wirken, sowie schließlich natürliche Fötussterblichkeit und Abtreibung (Davis, Blake 1956: 212; Schmid 1976: 177 ff.). All diese Variablen werden durch soziale Institutionen selbst wiederum beeinflusst. Genau auf derartige Faktoren stellt Easterlin nun aber die natürliche Fertilität ab: "Natural fertility depends partly on physiological or biological factors and partly on cultural practices" (Easterlin 1975: 56). So ordnet etwa Easterlin freiwillige sexuelle Abstinenz der Nachfrage zu, sexuelle Enthaltsamkeit auf Grund kultureller Tabus jedoch der natürlichen Fertilität. Vor dem Hintergrund dieser Überlegung ist es auch verständlich, warum die teilweise sehr biologischen Ausführungen von Davis und Blake häufig als soziologische Theorie der Fertilität bezeichnet werden.

Erst wenn der Kinderwunsch von den Möglichkeiten der Realisation übertroffen wird, kann von einer individuell kontrollierten Fertilität gesprochen werden. Dann ist damit zu rechnen, dass individuelle Faktoren – wie das Einkommen, die Opportunitätskosten und ähnliches – einen Einfluss auf die Kinderzahl besitzen. Anhand verschiedener idealtypischer Verläufe lässt sich nun die Größe des Handlungsbedarfs skizzieren. Bei all diesen Verläufen geht Easterlin (1975: 60) jedoch immer davon aus, dass die Nachfrage nach Kindern und damit auch die realisierte Geburtenzahl im Laufe der Zeit stetig abgenommen hat. Als Erklärungsansatz wird dabei angeführt, dass im Laufe der Modernisierung einerseits durch die Erhöhung der formalen Erziehung sowie die Urbanisierung die Kosten der Fertilitätsregulierung gesunken sind, andererseits aber die gleichen Faktoren die Kosten der Kinder ansteigen lassen. Die effektive Nachfrage setzt sich aber aus der Differenz zwischen Nachfrage, Regulierungskosten und Angebot zusammen (Easterlin, Crimmins 1985: 20 f.). Für die historischen Veränderungen und die sinkende Nachfrage nach Kindern werden hier also einerseits die Opportunitätskosten und andererseits die Veränderungen im Laufe der Modernisierung und Urbanisierung angesprochen. Reichen diese skizzierten Argumente jedoch schon aus, um die Revolution des Fertilitätsverhaltens hinreichend zu erklären? Harvey Leibenstein (1957, 1974) arbeitet diese Ideen weiter aus. Insgesamt lassen sich die verschiedensten Faktoren aufführen, die im Laufe der Modernisierung zu einer Verringerung der Fertilität und somit zu einer Anpassung der Entwicklungen im Zuge des demographischen Übergangs führten. Leibenstein nennt insgesamt elf Punkte, von denen hier nur die wichtigsten Aspekte dargelegt werden:

"1) the rise in the education of women and the consequent change in their role structure; 2) the increase of female participation in the non-agricultural labor force and the consequent reduction of the importance of children; (...); 4) a decline in traditional religious beliefs which supported high fertility norms; 5) urbanization with its secularizing influences (...); 6) the increase in compulsory education and the decrease in the use and value of child labor; 7) increases in the rights of women and changes in their roles outside the home; (...); 10) the development of old age and other security systems outside the family" (Leibenstein 1974: 459).

In seiner Arbeit von 1957 versucht Leibenstein allgemein, verschiedene Nutzen- und Kostenkomponenten, die mit Kindern verbunden sind, zu klassifizieren (Leibenstein 1957: 159 ff.). Dabei führt er drei Nutzen- und zwei Kostentypen an: Der Kinderwunsch kann entweder dadurch bedingt sein, dass Kinder an sich als positives Gut aufgefasst werden – Leibenstein nennt dies den Konsumptionsnutzen: "The utility to be derived from a child as a "consumption good", namely, as a source of personal pleasure to the parents" (Leibenstein 1957: 161). Zudem können Kinder als Arbeitskraft oder Einkommensquelle gesehen werden oder schließlich der (Alters-) Sicherung dienen. Die Kosten sind in die direkt durch die Kinder entstehenden Aufwendungen und die Opportunitätskosten zu trennen. Mithilfe dieser Überlegungen lassen sich nun die beiden angesprochenen Explananda – der häufig zu findende negative Zusammenhang zwischen Kinderzahl und Einkommen und dann auch der historische Rückgang der Fertilitätszahlen – leicht erklären. Zudem ist es möglich, die oben genannten gesellschaftlichen Veränderungen systematisch mit Variablen einer allgemeinen Handlungstheorie zu verbinden.

Leibenstein geht davon aus, dass der Konsumptionsnutzen von Kindern nicht von den Einkommensverhältnissen beeinflusst wird. Aber es lässt sich vermuten, dass der Nutzen, den Kinder als Arbeitskraft erzeugen, mit zunehmendem Einkommen zurückgeht. Dies ist dadurch begründet, dass die Einkommen mit dem technologischen Entwicklungsstand zusammenhängen und dass man vermuten kann, geringere Einkommen eher in agrarischen Strukturen zu finden. Hier ist jedoch der Arbeitsnutzen von Kindern höher als in industrialisierten Bereichen. Zudem vermutet Leibenstein auch einen negativen Zusammenhang zwischen dem Versicherungsnutzen von Kindern und dem Lebensstandard der Eltern. Schließlich variieren natürlich auch die Opportunitätskosten mit dem Einkommenspotential in der schon beschriebenen negativen Weise.

Aus diesen Hypothesen über den Zusammenhang der verschiedenen Nutzen und Kostenarten mit dem Einkommen kann man folgern, dass ein negativer Zusammenhang von Kinderzahl und Einkommen besteht. Einerseits erhöhen sich die Kosten, andererseits verringert sich der Nutzen. Mithilfe dieser Argumentation ist es dann aber auch verständlich, dass man im Laufe der historischen Entwicklung eine Verringerung der Fertilitätszahlen feststellen kann. Gerade im Rahmen der gesellschaftlichen Entwicklung, bei zunehmender Veränderung der gesellschaftlichen Grundstrukturen weg von einer Agrargesellschaft, der Entstehung sozialer Sicherungssysteme, der Zunahme der gewerblichen Arbeit von Frauen sowie der allgemeinen Wohlstandssteigerung, verschieben sich die Kosten und Nutzenargumente immer weiter in die beschriebene Richtung (Leibenstein 1974: 460).[9]

Es lässt sich in diesem Zusammenhang fragen, ob der Rückgang der Fertilitätszahlen vielleicht gänzlich auf einen Struktureffekt zurückzuführen ist. Der Grundgedanke bei diesen Überlegungen ist dann, dass es zur Erklärung der historischen Veränderungen gar keines Wandels des individuellen Fertilitätsverhaltens bedarf, sondern dass sich im Laufe der gesellschaftlichen Modernisierung allein die Größe der relevanten sozioökonomischen Gruppen verändert hat: “So ergibt sich etwa bei unterschiedlicher Fruchtbarkeit von städtischer und ländlicher Bevölkerung bei zunehmender Verstädterung ein Geburtenrückgang, auch wenn das generative Verhalten in den beiden Gruppen sich nicht verändert (also bei unveränderter gruppenspezifischer Fertilität)” (Handl 1988: 303). Bei einer Analyse der vorhandenen amtlichen Daten zeigt sich zwar auch ein Effekt veränderten individuellen Fertilitätsverhaltens; vor allem lassen sich jedoch Hinweise auf einen starken Struktureffekt finden (Handl 1988).

Obwohl bereits Brentano davon ausging, dass sich für Männer und Frauen unterschiedliche Aspekte bei der Fertilitätsentscheidung in den Vordergrund schieben, so

9 Innerhalb einer eher sozialpsychologisch ausgerichteten Forschungstradition zeigt der value-of-children-Ansatz (Hoffman und Hoffman 1973; Arnold et al. 1975, Kagitcibasi 1982; Nauck 1989), dass diese drei Dimensionen – ökonomisch-utilitaristischer Nutzen, psychischer Nutzen durch primäre Bindungen und Affekte sowie ein sozial-normativer Nutzen – auch empirisch zu finden sind.

wurde dieser Punkt doch in vielen theoretischen Modellen bislang vernachlässigt. So geht etwa die new home economics davon aus, dass ein Haushaltsnutzen maximiert wird und dementsprechend die familialen Entscheidungen und eben auch die Fertilitätsentscheidung unter diesem Aspekt getroffen wird. Nicht erst soziologische Untersuchungen über die eheliche Machtverteilung lassen Zweifel an einer derartigen Modellierung aufkommen (Ben-Porath 1974: 306).

Innerhalb der new home economics wird die geschlechtsspezifische Arbeitsteilung über komparative Kostenvorteile erklärt, wobei immer unterstellt wird, dass auf der Haushaltsebene ein innerfamilialer Konsens über diese Lösung existiert (Ott 1989: 97). Die Fertilitätsentscheidung wird dann durch einen Vergleich des Haushaltsnutzens getroffen. Wenn der zusätzliche Nutzen die entstehenden Opportunitätskosten übertrifft, ist mit einer positiven Entscheidung zu rechnen. Realistischerweise ist jedoch davon auszugehen, dass eher individuelle Kalküle eine Rolle spielen. Die Fertilitätsentscheidung stellt nun, wie schon betont, eine sehr langfristige Festlegung dar. Mithilfe spieltheoretischer Verhandlungsmodelle kann gezeigt werden, dass gerade in modernen Gesellschaften vermehrt Situationen zu finden sein werden, in denen das mit der Entscheidung verbundene Risiko einseitig zulasten der Frau verteilt ist (Ott 1989). Unter Berücksichtigung dieser Risiken erscheint es dann zumindest für Frauen nicht mehr vorteilhaft, (weitere) Kinder zu bekommen. Gerade die relative Verbesserung der Position der Frau bringt sie also in eine Situation, in der sie durch einseitige Investitionen ausbeutbar würde.

Die bisher vorgestellten Modelle und Erklärungen zusammenfassend betrachtend, stellt man etliche Gemeinsamkeiten fest: In fast allen Überlegungen wird die Fertilitätsentscheidung als eine vernünftige Anpassung an sozialstrukturell bedingte Veränderungen gesehen. Unterschiede zwischen verschiedenen Gruppen und historische Entwicklungen sind vor allem durch strukturelle Unterschiede und Veränderungen der Handlungsparameter bestimmt. Dabei spielt jedoch auch die Erosion der kulturellen Selbstverständlichkeit, der festen Lebenspläne und der Verbindlichkeit kultureller Muster eine wichtige Rolle. Der Rückgang der Geburtenzahlen ist dann eine vernünftige Reaktion auf die zunehmende Konkurrenz der Genüsse oder auf die Vielfalt der individuellen Lebensbiographieoptionen. Heirat, Schwangerschaft und Familienbildung haben grundlegende Änderungen für die Handlungsoptionen – vor allem für Frauen – zur Folge. Eine Veränderung der individuellen Motive und Präferenzen – wie sie sich in (sozial-)psychologischen Untersuchungen immer wieder zeigen – lässt sich zwar ebenfalls konstatieren; der Wandel des Fertilitätsverhaltens ist jedoch weniger das Ergebnis stiller Revolutionen der Wertehierarchie, sondern viel eher Konsequenz veränderter gesellschaftlicher Rahmenbedingungen. Obwohl sicher keine der vorgestellten Theorien allein die historischen Prozesse und aktuellen Unterschiede hinreichend erklären kann, so scheint eine Erklärung mithilfe einer Kombination der verschiedenen Ideen durchaus möglich.

17.3 Empirische Arbeiten zum Fertilitätsverhalten

In neuerer Zeit findet sich eine Vielzahl von Studien, die versuchen, die hier skizzierten theoretischen Überlegungen zur Analyse des Fertilitätsverhaltens auch empirisch zu testen (vgl. als Überblick Miller 1987; Huinink 1990; Diekmann, Weick 1993). Einer der zentralen Diskussionspunkte ist dabei die Überprüfung der Thesen der new home economics. Aus diesen Überlegungen folgt, dass eine erhöhte Bildung und damit bessere Erwerbschancen für Männer und Frauen unterschiedliche Effekte auf die Fertilitätsentscheidung haben sollen. Während bei Männern ein positiver Effekt erwartet wird, da sich mit einer höheren Bildung auch das Einkommen erhöht – und ein hohes Einkommen mit einer hohen Kinderzahl verbunden sein kann (Andorka 1978: 234 ff.) –, ist bei Frauen eher mit einem negativen Effekt einer höheren Bildung auf die Fertilität auf Grund der gestiegenen Opportunitätskosten zu rechnen. Es wird also davon ausgegangen, dass Bildung einen Effekt auf das Niveau der Fertilität besitzt. Sowohl für Männer als auch für Frauen wird vermutet, dass während der jeweiligen Ausbildung die Fertilität aufgeschoben wird. Hier wird von einem Institutioneneffekt gesprochen.

Blossfeld und Jaenichen (1990) kommen in ihrer Analyse dieser beiden Effekte zu dem Ergebnis: "Wiederum hat die Beteiligung im Bildungssystem einen signifikant negativen Effekt auf die Eintrittsrate in die Mutterschaft" (Blossfeld, Jaenichen 1990: 469). Neben diesem Institutioneneffekt lässt sich hier jedoch kein Humankapitaleffekt für Frauen nachweisen. Nach dieser Analyse hat die Bildungsexpansion also nur einen aufschiebenden, aber keinen fertilitätsverringernden Effekt. "Der nichtmonotone Verlauf des Alters bei der Geburt des ersten Kindes über die Kohorten hinweg lässt sich schließlich gänzlich durch die Unterschiede des Heiratsalters unterschiedlicher Geburtsjahrgänge erklären" (Blossfeld, Jaenichen 1990: 472). Das veränderte Bildungsverhalten führt demnach also nicht zu einer Verringerung der Geburtenzahlen, sondern diese Abnahme der Geburtenzahl wird durch das veränderte Heiratsverhalten bedingt.

Dieser erste Aufsatz von Blossfeld und Jaenichen hat zu einer lebhaften Diskussion innerhalb der deutschen Familienforschung geführt (Brüderl, Klein 1991, 1993; Blossfeld et al. 1993; Brüderl, Diekmann 1994). Brüderl und Klein (1991) kommen mithilfe eines veränderten Modellierungsansatzes zu dem Ergebnis, dass sehr wohl ein Bildungsniveaueffekt zu finden ist. Zu berücksichtigen ist auch, ob generell nur der Prozess der Familiengründung oder auch die Geburt weiterer Kinder analysiert wird. Hier lassen sich teilweise unterschiedliche theoretische Argumente und empirische Befunde finden (Klein 1989). In weiteren Arbeiten (Blossfeld et al. 1993; Brüderl, Klein 1993) wurde die Diskussion um verschiedene Modellierungsfragen fortgesetzt, ohne dass eine endgültige Lösung der Problematik vorliegt. Insgesamt bleibt jedoch festzuhalten, dass die gesellschaftlichen Modernisierungsprozesse, vermittelt über die Bildungsexpansion, einen bedeutsamen Beitrag zum Rückgang der Fertilität besitzen (Klein 1993) – sei es nun allein über den Institutioneneffekt, über einen zusätzlichen Niveaueffekt oder nur indirekt über eine wiederum gut erklärbare Veränderung im Heiratsverhalten.

Neben dieser Diskussion werden eine Fülle weiterer Einflussfaktoren empirisch untersucht (Andorka 1978; Tuma, Huinink 1987; Huinink 1990: 257 ff.). Einer der bedeutsamsten Effekte kommt dabei der Rolle der Frau und insbesondere ihrer verstärkten Beteiligung an der Erwerbsarbeit zu (Lehrer, Nerlove 1986; Gustafson 1991). Dies lässt sich theoretisch nicht nur als Humankapitaleffekt verstehen. Erwerbsarbeit bietet die Chance auf ein selbstbestimmtes Leben (Beck-Gernsheim 1983). “Perhaps the most obvious, and important, is the major change in women’s roles, particularly in the workplace. For legal, economic, and social reasons, women's labor force participation has become easier, more necessary, and recently more rewarding” (Rindfuss et al. 1988: 228). Schon oben wurde skizziert, welche Konsequenzen die Frauenerwerbstätigkeit für die intrafamiliale Verhandlungen zwischen den Ehepartnern haben kann (Ott 1989). Dort wurde ebenfalls gezeigt, wie die generationsspezifischen Arbeitsmarktchancen die Fertilitätsrate beeinflussen (Easterlin 1961, 1966, 1973; Pampel 1993). Dabei sind jedoch nicht nur die durch die jeweilige Kohortenstärke verursachten Veränderungen zu berücksichtigen, sondern vor allem auch die allgemeinen wirtschaftlichen Bedingungen und Entwicklungen (Huinink 1990: 259). So lassen sich in der Bundesrepublik in den Fünfzigerjahren deutliche historische oder Periodeneffekte als Reaktion auf die ökonomische Situation finden. Auch dem Heiratsverhalten kommt ein fast nicht zu überschätzender Faktor bei der Erklärung des Fertilitätsniveaus zu (Andorka 1978). Lange Zeit war die Eheschließung die einzig legitime Möglichkeit zur Aufnahme sexueller Kontakte – und damit die notwendige Vorbedingung für Schwangerschaften oder zumindest einer ehelichen Geburt. Untersuchungen zu nicht ehelichen Lebensgemeinschaften zeigen, dass auch heute wieder ein enger Zusammenhang zwischen Kinderwunsch und Heirat besteht (Vaskovics, Rupp 1995), auch wenn sich die individuelle Motivlage wohl deutlich verändert haben dürfte.

Daneben kommt jedoch auch dem sozialen Status der Herkunftsfamilie sowie anderen strukturellen Faktoren, wie etwa der Geschwisterzahl, eine gewisse Bedeutung zu (Andorka 1978: 251 ff.; Huinink 1987). Die Religionszugehörigkeit und die Religiosität verlieren zwar an Bedeutung, beeinflussen aber weiterhin das Timing der Geburten (Huinink 1990: 257; McLaughlin et al. 1988: 133 ff.; Andorka 1978: 298 ff.). Des Weiteren lassen sich vielfältige und deutliche regionale Unterschiede – etwa entsprechend des Urbanisierungsgrades – in der Geburtenhäufigkeit feststellen (Andorka 1978: 279), die jedoch zumindest in der Bundesrepublik teilweise auf selektive Wanderungsprozesse zurückzuführen sind (Huinink, Wagner 1989).

Bei all diesen Analysen zeigt sich, dass durch eine systematische Berücksichtigung von spezifischen Randbedingungen des Handelns auch im Bereich des Fertilitätsverhaltens gute und hinreichende Erklärungen mithilfe der vorgestellten theoretischen Argumente möglich sind. Mithilfe einer Theorie der rationalen Wahl lassen sich sowohl die kurzfristigen empirischen Ergebnisse wie auch die langfristige Entwicklung erklären.

18

Mortalität

Charlotte Höhn

Einleitung[1]

Mit der Analyse der Sterblichkeit beginnt bevölkerungswissenschaftliches Forschen. Das älteste demographische Modell ist die Sterbetafel. John Graunt veröffentlichte 1662 in seiner Arbeit "Natural and Political Observations Made upon the Bills of Mortality" erste empirische Befunde über die Bevölkerungsentwicklung von London, darunter auch eine Vorform der Sterbetafel. Graunt arbeitete dabei eng mit seinem Freund William Petty zusammen, dessen Werk "Political Arithmetick" (1690) für die Entwicklung der Bevölkerungswissenschaft wesentlich ist. Die erste Sterbetafel, die recht genau den heute noch gebräuchlichen methodischen Aufbau bietet, ist Edmund Halley (1693) zu verdanken.

Während des 18. Jahrhunderts breitete sich das in England entstandene Interesse an der demographischen Methode, nämlich der quantitativen Messung von Bevölkerungsvorgängen, auch in Frankreich und Deutschland und anderen europäischen Ländern aus. Der erste deutsche Demograph ist Johann Peter Süssmilch. Süssmilch war Feldprediger unter Friedrich dem Großen. Sein Werk von 1741 trägt den als bevölkerungswissenschaftliche Theorie deutbaren Titel "Die Göttliche Ordnung in den Veränderungen des Menschlichen Geschlechts aus der Geburt, dem Tode und der Fortpflanzung desselben erwiesen". Süssmilch erblickt in den Regelhaftigkeiten der Fertilität und der Mortalität, die er mittels einer Sterbetafel untersucht, einen Ausdruck der göttlichen Ordnung. In der Tat waren im 18. Jahrhundert keine fallenden Trends in der Sterblichkeits- und Fertilitätsentwicklung, sondern nur gelegentliche starke Schwankungen um ein konstantes – die Demographen nennen es stationäres – Niveau feststellbar, wie es in einem Stadium vor Einsetzen des demographischen Übergangs (der Sterblichkeitsrückgang beginnt in Deutschland erst im Verlauf des 19. Jahrhunderts, der Geburtenrückgang im letzten Viertel des 19. Jahrhunderts) üblich ist. Hauptgründe für die Schwankungen der Sterblichkeit bis ins 19. Jahrhundert waren Epidemien, Hungersnöte infolge von Missernten und Kriegen. Das im Durchschnitt niedrige Niveau der Lebenserwartung (die Lebenserwartung im antiken Griechenland 400 v. Chr. wird auf 30 Jahre, im Europa des 18. Jahrhunderts auf 35–40 Jahre und um 1850 in Nordamerika, West- und Nordeuropa auf 40 Jahre geschätzt;

---

1 Geschichte der Mortalitätsforschung; vgl. United Nations (1973, 1978).

vgl. United Nations 1973: 110 f.) ist besonders durch die sehr hohe Säuglings- und Kindersterblichkeit bedingt. Mangelnde Hygiene bei der Geburt und Infektionskrankheiten sowie Mangelernährung waren die Hauptursachen für diese frühe Sterblichkeit. Das hatte auch schon Süssmilch festgestellt, als er die Sterbewahrscheinlichkeiten der Sterbetafel für Preußen zu Beginn des 18. Jahrhunderts beschreibt: "Die erste Kindheit hat den größten unter allen, jedoch ebenso, wie alle nachfolgenden Züge, einen regelmäßigen Verlust. Im ersten Jahre stirbt eins von 3 bis 4, im 5ten eins von 25, im 7ten eins von 50, im 10ten eins von 100 und im 14ten und 15ten eins von etwa 200 usw.. Dieser Abgang in der Kindheit ist bei den Knaben etwas größer als bei den Mägdens. Vom 1sten bis zum 14ten steigen die, aus welchen jährlich einer stirbt, von 4 bis 200; vom 15ten bis zum 20ten Jahre fällt es wieder von 200 bis 100, von denen sodann einer davonmuss. Ginge nun dieses in der Abnahme mit eben der Geschwindigkeit fort, so würde die Dauer des ganzen Fortgangs etwa 30 bis 35 Jahre währen. Höher würde man nicht viel sein Leben bringen. So aber kommt es nun zu einer proportionierlichen und langsamen Abnahme dergestalt, dass um das 25ste Jahr einer von 70, um das 30ste einer von 60, um das 35ste einer von 50, um das 40ste einer von 44, um das 45ste einer von 35, um das 50ste einer von 30, um das 55ste einer von 25, um das 60ste einer von 20, um das 65ste einer von 15, um das 70ste einer von 10, um das 75ste einer von 7 und endlich um das 80ste einer von 5 bis 4 verstirbt; bis denn nach und nach keiner mehr zum Sterben übrig ist, und sich sodann fast keine Proportion mehr mit einiger Genauigkeit bestimmen lässt" (Süssmilch 1972: 20 f.).

Süssmilch kannte also die Form der Sterbewahrscheinlichkeitsfunktion, er wusste, dass eine Lebenserwartung von gut 30 Jahren nicht bedeutete, dass niemand älter als 30 Jahre wird, er war sich der Unsicherheit kleiner Ereigniszahlen im hohen Alter bewusst, und er hatte auch schon festgestellt, dass die Sterblichkeit des männlichen Geschlechts höher war als die des weiblichen. Auffällig und erhellend für die unglaublich hohe Säuglingssterblichkeit ist, dass erst die 80-Jährigen ein ähnlich hohes Sterberisiko hatten, nämlich ein Viertel bis ein Fünftel, wie Säuglinge im ersten Lebensjahr. Heute lässt sich die Säuglingssterblichkeit kaum mehr als anschaulicher Anteil darstellen, sie beträgt weniger als 1 von 100 und ein ähnlich "hoher" Wert wird erst von den 60-Jährigen erreicht. Das Sterblichkeitsniveau ist in den letzten hundert Jahren enorm gesunken. Die Form der Sterblichkeitsfunktion ist aber immer noch U-förmig mit einer hohen Sterbewahrscheinlichkeit im ersten Lebensjahr, einem starken Rückgang des Sterberisikos bis zu den 12-Jährigen, einem vorübergehenden Anstieg der Sterbewahrscheinlichkeiten bis zu den 20–23-Jährigen (dieser Anstieg ist gegenüber Süssmilchs Zeiten neu, er hat sich im Zuge der Motorisierung herausgebildet, wobei die Sterblichkeit infolge von Straßenverkehrsunfällen die jungen Männer stärker trifft als die jungen Frauen), dem ein leichter Rückgang oder ein flacher Verlauf bis zu den 30-Jährigen und schließlich ein beschleunigter Anstieg der Sterberisiken folgt (in halblogarithmischer Darstellung stellt sich die Sterbefunktion zwischen dem 30. und dem 80. Lebensjahr als Gerade dar). Für die 80-Jährigen ergibt sich heute ein Sterberisiko von etwa "einem von 8 bis 10". Gegenüber Süssmilchs Zeiten hat sich die Sterblichkeit im Alter um 10 Jahre hinausgezögert, d. h., das Sterberisiko eines 70-Jährigen Mitte des 18. Jahrhunderts wird heute erst von einem 80-Jährigen erreicht.

Die Mortalitätsforschung wurde im 19. Jahrhundert insbesondere in den statistischen Ämtern weitergeführt. Durch die Einrichtung von Standesämtern wurde die Datengrundlage bezüglich der Sterbefälle verbessert und mit den Volkszählungen die Bezugsbevölkerung nach Alter und Geschlecht ermittelt. Seit Gründung des Deutschen Reichs hat das Kaiserliche Statistische Amt bzw. das Statistische Reichsamt in unregelmäßigen Abständen Allgemeine Sterbetafeln berechnet, so für 1871/81, 1891/1900, 1901/10, 1910/11, 1924/26 und 1932/34. Karl Becker und Gustav Zeuner (Geburtsjahrmethode), Johannes Rahts (Sterbejahrmethode) und Richard Böckh (Kalenderjahrmethode) entwickelten im Kaiserlichen Statistischen Amt neue Methoden zur Berechnung einjähriger Sterbewahrscheinlichkeiten (näheres zu den Konzepten bei Esenwein-Rothe 1982: 241 ff.), die die empirische Basis jeder Sterbetafelberechnungen sind. Die Methoden von Becker und Zeuner bzw. von Rahts fanden von der Allgemeinen Sterbetafel 1871/81 bis zu der Allgemeinen Sterbetafel 1960/62 für die Bundesrepublik Deutschland Anwendung (Esenwein-Rothe 1982: 244 ff.). Danach wurden auch so genannte abgekürzte Sterbetafeln (abgekürzt, weil ohne Glättung der einjährigen Sterbewahrscheinlichkeiten) routinemäßig im Statistischen Bundesamt berechnet, wobei zur Berechnung der einjährigen Sterbewahrscheinlichkeiten die Methode, die William Farr 1864 für England entwickelte, Anwendung fand. Die Farr'sche Methode ist eine einfache Umrechnung von Sterbeziffern in Sterbewahrscheinlichkeiten, während die Methoden nach Becker und Zeuner bzw. nach Rahts zur Berechnung der Sterbewahrscheinlichkeiten eine ziemlich aufwändige Datengrundlage der Gestorbenen und der Bevölkerung nach Alters- und Geburtsjahren erfordert. Insbesondere bereitet die Ermittlung der Risikobevölkerung der gleichzeitig ein bestimmtes Alter erreichenden Überlebenden statistische Probleme. Das Modell der Sterbetafel geht nämlich von 100.000 gleichzeitig Geborenen aus, die in der Folge entweder im Verlauf eines Altersjahres sterben oder gemeinsam den nächsten Geburtstag erleben. Tatsächlich verteilen sich aber sowohl die Geburten als auch die Sterbefälle mit saisonalen Schwankungen über jedes Kalenderjahr, d. h., die Gleichzeitigkeit muss über statistische Umrechnungen erreicht werden. Vergleichsrechnungen der drei Methoden nach Becker et al., die anlässlich der Aufstellung der Allgemeinen Sterbetafel 1970/72 durchgeführt wurden, ergaben jedoch, dass die Farr'sche Methode völlig ausreichende Ergebnisse erbringt, vor allem, wenn ein modernes Glättungsverfahren angewandt wird (Statistisches Bundesamt 1976: 6 f.).

Die Mortalitätsstatistiken und insbesondere die Ergebnisse aus Sterbetafelberechnungen, die hier besonders interessieren sollen, beruhen in aller Regel auf Periodensterbetafeln. Demographische Periodenbetrachtungen der Sterblichkeit hatten zu Zeiten von Süssmilch durchaus ihre Berechtigung, da das Sterblichkeitsniveau sich mittelfristig kaum veränderte. Nachdem es aber zu einem Rückgang der Sterblichkeit kam, war es an der Zeit, auch Kohortenberechnungen der Sterblichkeit nach Geburtsjahrgängen anzustellen. Hierzu können ebenfalls Sterbetafeln für Generationen aufgestellt werden, was aber einerseits statistisches Material für mindestens 100 Jahre voraussetzt, um mehrere Generationen miteinander vergleichen zu können, andererseits Zuschätzungsverfahren für jüngere Generationen erfordert. In den 20er-Jahren wurden in England erstmals Generationen-Sterbetafeln aufgestellt, in der Bundesrepublik Deutschland ist die erste Kohortensterbetafel Karl Schwarz (1963) zu verdanken; der Kohortenansatz wurde von der Verfasserin 1984 erneut aufgegriffen (Höhn 1996: 45 ff.). Weitere methodische Verfeinerungen des Kohortenansatzes sind seitdem dokumentiert (Dinkel et al. 1996). "Aus Vergleichen wissen wir, dass Perioden- und Kohortenmessung seit mindestens 100 Jahren ein deutlich verschiedenes Bild erbringen und zumindest in diesem Zeitraum die tatsächliche Lebenserwartung in Kohortenmessung deutlich höher lag als die Periodenmessung in dem Kalenderjahr, in dem der (die) betrachtete Lebendgeborene zur Welt kam. Selbstverständlich gibt es nicht "die richtige" oder "die falsche" Methode der Sterblichkeitsmessung. Es kommt entscheidend auf die Fragestellung an, welche Messmethode angemessen ist. Geht es alleine um eine möglichst komprimierte Darstellung der Sterblichkeit in einem bestimmten Moment (im Jahr x), dann ist die Periodensterbetafel die richtige Antwort. Geht es um die Beurteilung echter zeitlicher Verläufe, dann kann nur die Kohortensterbetafel die richtige Antwort geben" (Dinkel 1996: 28). Da, wie oben bereits erwähnt, die verfügbaren Statistiken in der Regel nicht für Kohorten aufbereitet sind, muss für die empirische Untersuchung der Sterblichkeitsentwicklung seit 1950 in der Bundesrepublik Deutschland, der DDR, in Österreich und der Schweiz eine Periodenbetrachtung gewählt werden.

Neben der Entwicklung von statistischen Methoden zur Messung der Sterblichkeit, deren Bedeutung für die demographische Methodenlehre nicht zu gering eingeschätzt werden sollte, trat – spätestens, nachdem ein nennenswerter Sterblichkeitsrückgang zu beobachten war – die Frage nach den Gründen. Schon 1925 meinte der englische Demograph Carr-Saunders: "There is no mystery about the fall in the death rate. It was due to improved sanitary conditions and the advances in the study of medicine" (zitiert bei Schmid 1984). Schmid ist recht zu geben, wenn er hierzu 1984 kommentiert: "Diese Bündigkeit wird heute nicht mehr akzeptiert. Die historische Demographie ist in die Erforschung vorindustrieller Sterbeursachen eingestiegen und konnte auf der einen Seite Ernährungskrisen (oder Subsistenzkrisen), auf der anderen Seite Epidemien (oder Mortalitätskrisen) feststellen; oft bedingten sich Hungertod und Seuchentod gegenseitig" (zitiert bei Schmid: 1984: 89). Die Beantwortung der Frage nach den Gründen ist unter anderem wegen mangelhafter historischer Datenquellen über Todesursachen außerordentlich schwierig. Was über die historische Entwicklung der Mortalität in Westeuropa und ihre Determinanten bekannt ist, soll im folgenden Abschnitt behandelt werden.

18.1 Der Sterblichkeitsrückgang als epidemiologischer Übergang

"Unter epidemiologischem Übergang versteht man den allmählichen Wandel der Krankheitsformen und Sterbeursachen während des demographischen Übergangs. Er bildet das langfristige, aber stetige Absinken der Sterbewerte ab. Er konnte konzipiert werden, als eine Verschiebung in der Häufigkeit gewisser Todesursachen festgestellt wurde: Infektionskrankheiten wurden zurückgedrängt, während so genannte degenerative und in der modernen Lebensweise begründete Formen der Morbidität und Mortalität in der Rangliste der Todesursachen aufrücken. Diese Beobachtung rechtfertigt, von einem "epidemiologischen Übergang" zu sprechen" (Schmid 1984: 90).

Der Sterblichkeitsrückgang in Westeuropa lässt sich für Deutschland eindrucksvoll belegen. Die Lebenserwartung im Kaiserreich betrug auf Grund der Sterbetafel

1871/81 35,58 Jahre für männliche Neugeborene und 38,58 Jahre für weibliche Neugeborene. Binnen 100 Jahren (Sterbetafel 1986/88 für die Bundesrepublik Deutschland) verdoppelte sich die Lebenserwartung bei der Geburt auf 71,7 Jahre (männlich) und 78,03 Jahre (weiblich). Diese Verdopplung der Lebenserwartung ergibt sich zunächst aus einer erfreulich starken Reduzierung der Säuglingssterblichkeit. Während 1871/81 noch 25,3% der neugeborenen Jungen und 22,7% der neugeborenen Mädchen vor Erreichen des ersten Lebensjahrs starben, waren es 1924/26 nur noch 11,5% (männlich) und 9,4% (weiblich), 1949/51 (Bundesrepublik Deutschland) 6,2% (männlich) und 4,9% (weiblich) und 1986/88 9,4 Pro*mille* (männlich) und 7,1 Pro*mille* (weiblich); und die Säuglingssterblichkeit sinkt weiter. Der Rückgang der Kindersterblichkeit ist ähnlich eindrucksvoll; da aber die Sterberisiken der 1–12-Jährigen viel geringer sind als die Säuglingssterblichkeit (diese ist 100–150fach höher als die Sterblichkeit der 12-Jährigen, die aktuell dem niedrigsten Sterberisiko unterliegen), schlagen sie nicht ähnlich stark auf die Lebenserwartung bei der Geburt durch.

Auch die Sterblichkeit der Erwachsenen und insbesondere der Senioren ist stark gesunken, doch hat sich deren Lebenserwartung in den betrachteten 100 Jahren nicht verdoppelt. So stieg die fernere Lebenserwartung 30-jähiger Männer (Frauen) von 31,41 (33,07) Jahren (1871/81) auf 43,41 (48,15) Jahre (1986/88) und die fernere Lebenserwartung 70-jähriger Männer (Frauen) von 7,34 (7,6) Jahren (1871/81) auf 10,65 (13,5) Jahre (1986/88). Andererseits erleben mittlerweile sehr viel mehr Menschen den 30. bzw. den 70. Geburtstag. Von 100.000 Lebendgeborenen erlebten unter den Sterblichkeitsbedingungen der Jahre 1871/81 51.815 Männer und 57.566 Frauen den 30. Geburtstag und 17.750 Männer und 21.901 Frauen den 70. Geburtstag. Hundert Jahre später (1986/88) erleben dagegen 97.172 Männer und 98.393 Frauen den 30. Geburtstag und 64.284 Männer und 80.383 Frauen den 70. Geburtstag.

Um den enormen Rückgang der Säuglings- und Kindersterblichkeit zu dokumentieren, ist es nützlich zu zeigen, welches Alter die Hälfte aller Lebendgeborenen erreichte. Von 100.000 Lebendgeborenen erlebten unter den Sterblichkeitsbedingungen der Jahre 1871/81 gut die Hälfte der Männer (51.815) den 30. Geburtstag und 51.576 Frauen den 40. Geburtstag. Bereits nach der Sterbetafel 1924/26 konnte gut die Hälfte der Männer (52.715) erwarten, 65 Jahre alt zu werden, während knapp die Hälfte der Frauen (47.255) 70 Jahre alt wurde. Und 1986/88 erlebten knapp die Hälfte der Männer (49.844) das 75. Lebensjahr und gut die Hälfte der Frauen (54.189) das 80. Lebensjahr. Der Sterblichkeitsrückgang vollzieht sich in drei Phasen. In der ersten Phase, die in Westeuropa von Mitte/Ende des 19. Jahrhunderts bis in die 20er-Jahre dieses Jahrhunderts reicht, sinkt zunächst die Säuglings- und Kindersterblichkeit (und übrigens auch die Fertilität), wodurch sich bemerkenswerte Zunahmen der Lebenserwartung bei der Geburt und der Überlebenschancen bis zum Erwachsenenalter ergeben. In der zweiten Phase sinken alle Sterbewahrscheinlichkeiten, die Zugewinne bei der Lebenserwartung bei der Geburt sind jedoch nicht mehr so groß, wie in der ersten Phase. In einer dritten Phase, die bei Erreichen einer Lebenserwartung von 70 Jahren beginnt (das ist in der Bundesrepublik Deutschland bei den Männern um 1980 bzw. bei den Frauen um 1955, in der DDR bei den Männern in den 80er-Jahren und bei den Frauen um 1960, in Österreich bei den Männern in den 80er-Jahren und bei den Frauen um 1955 und in der Schweiz bei den Männern um 1970 und bei den Frauen um 1950), sinkt dann insbesondere auch die Alterssterblichkeit. Allerdings sinkt auch immer noch die Säuglingssterblichkeit, sogar stärker als die Alterssterblichkeit, es sei denn, es seien bereits sehr niedrige Werte erreicht worden (Gärtner 1995/1: 101 ff., insb. Tab. 4 und 108 ff.). In dieser dritten Phase hat die Sterblichkeit der 25–50-Jährigen bereits so niedrige Werte erreicht, dass es gelegentlich sogar zu leichten Erhöhungen ihrer altersspezifischen Sterblichkeit kommen kann. Wegen der Höhe der altersspezifischen Sterbewahrscheinlichkeiten in der dritten Phase (diese sind bis etwa zum 60. Lebensjahr sehr niedrig und steigen erst danach steil an) bestimmt die Geschwindigkeit, mit der die Alterssterblichkeit sinkt, den weiteren Anstieg der Lebenserwartung. Jedenfalls steigt die Lebenserwartung weiter an, wobei die Frauen, die ohnehin eine höhere Lebenserwartung haben als die Männer (hiervon gibt es in Vergangenheit und Gegenwart weltweit kaum Ausnahmen[2]), mehr von der sinkenden Alterssterblichkeit profitieren als die Männer.

Welches sind nun die Gründe für den Sterblichkeitsrückgang? Zunächst wäre hierzu eine Analyse der Todesursachenstruktur hilfreich. Bedauerlicherweise ist die Datenlage für die Vergangenheit sehr dürftig. Darüber hinaus ist die statistische Vergleichbarkeit von Todesursachen über die Zeit und von Land zu Land recht problematisch zu beurteilen. Fortschritte bei der Diagnose der Todesursache, unterschiedliche ärztliche Praktiken bei der Diagnose und unterschiedliche Kodierungsweisen sind zu bedenken. Bei einer groben Gruppierung der Todesursachen können solche Bedenken aber zurückgestellt werden. Jedenfalls haben die Demographen der Bevölkerungsabteilung der Vereinten Nationen unter Verwendung von historischen und neueren Daten der Industrieländer und von Daten aus Entwicklungsländern ein Modell entwickelt, das die Prozentverteilung von 5 Todesursachengruppen für unterschiedliche Lebenserwartungsniveaus von 40 bis 76 Jahren in einer Standardbevölkerung (Altersaufbau der Weltbevölkerung im Jahr 1960) ermittelt (United Nations 1969: 578 ff.).

Dieses Modell beschreibt den epidemiologischen Übergang, wie er sich im historischen Europa und Nordamerika[3] vollzog und sich für die Entwicklungsländer anbahnt bzw. zu erwarten ist. Der Anteil der Todesursachengruppe 1 (Infektiöse und parasitäre Krankheiten, Grippe und Lungenentzündung und Bronchitis unter 5-Jähriger) fällt von einem Anteil von fast der Hälfte der Todesfälle bei einer Lebenserwartung von 40 Jahren (wie sie in Deutschland um 1870/80 zu beobachten war) auf wenige Prozent bei einer Lebenserwartung von 76 Jahren zurück. Der Rückgang betrifft naturgemäß alle Altersgruppen, die jüngsten und jüngeren allerdings stärker als die sehr alten Menschen. In der Tat wird der Sterblichkeitsrückgang ja in der ersten Phase vor allem von einem Rückgang der Säuglings- und Kindersterblichkeit getragen. Jedenfalls ist der Sterblichkeitsrückgang der Bekämpfung der Infektionskrankheiten ganz wesentlich zu verdanken. Bei der Frage, welche Faktoren nun aber für die erfolgreiche Bekämpfung der Infektionskrankheiten maßgeblich sind, gehen die Meinungen für die historische Entwicklung immer noch weit auseinander.

2 Ausnahmen sind zur Zeit noch Indien und Pakistan.

3 Die historischen Daten beziehen sich überwiegend auf England und Wales und die USA.

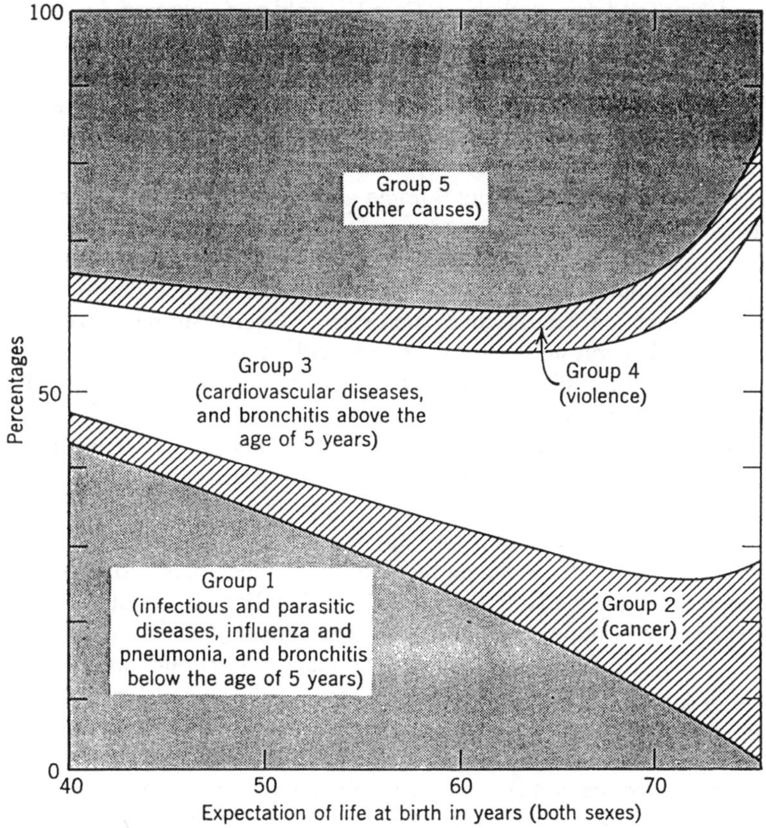

Abb. 1: Modell des epidemiologischen Übergangs (Sterbefälle an Todesursachengruppen in Prozent aller Sterbefälle bei einer Lebenserwartung bei der Geburt von 40 bis 76 Jahren)

(Quelle: United Nations, Recent Trends of Mortality in the World, Population Bulletin, No. 6, 1962 (New York: United Nations, 1964), nach Bogue, 1969, Ab. 16–9, S. 585)

Zu den Erklärungen (Bogue 1969: 580 ff.). gehören neben der bereits von Carr-Saunders (zitiert nach Schmid 1984: 4) benannten verbesserten Hygiene und den medizinischen Fortschritten so diverse Aspekte der Industrialisierung bzw. Modernisierung wie Ausbau der Infrastruktur mit folglich der Erschließung abgelegener Gegenden, dem gehobenen Lebensstandard und ausgewogenerer Ernährung oder die allgemeine Verbreitung von Seife oder bessere Wohnverhältnisse mit Trinkwasserversorgung, Kanalisation und Abfallbeseitigung dazu. Medizinische Fortschritte, wie die Entdeckung von Antibiotika und von Impfstoffen reichen zur Erklärung jedenfalls nicht aus, da im historischen Europa die Sterblichkeit an einigen Infektionskrankheiten schon vor diesen medizinischen Entwicklungen sank. Die historischen Demographen bemühen sich immer noch, die Gründe für die Bekämpfung der Infektionskrankheiten zu ermitteln, was in Anbetracht einer anzustrebenden erfolgreichen Senkung der Infektionskrankheiten in den Entwicklungsländern, wo diese heute noch dominant sind, dringend erforderlich ist. Eine Vielzahl von Faktoren der Modernisierung wird in der historischen Demographie (Schofield 1991) als Determinanten des Beginns eines epidemiologischen Übergangs diskutiert.

Die zweite große Todesursachengruppe sind die bösartigen Neubildungen. Deren Anteil an allen Sterbefällen nimmt im epidemiologischen Übergang zu und steigt jenseits einer Lebenserwartung von 60 Jahren beschleunigt an (s. Abb. 1). Zunächst muss daran erinnert werden, dass die Summe aller Anteile von Todesursachengruppen an allen Sterbefällen, unabhängig vom Niveau der Lebenserwartung, immer 100% ist. Ein Anstieg eines Anteils bedeutet bei steigender Lebenserwartung/sinkender Sterblichkeit daher nicht unbedingt einen Anstieg der todesursachenspezifischen Sterblichkeit. Hierzu muss man standardisierte Sterbeziffern berechnen, was später hier auch vorgestellt wird. Zur Entwicklung des Anteils an Krebssterbefällen ist zweierlei zu bedenken. Zum einen handelt es sich um eine Krankheit, die im Wesentlichen ältere Erwachsene betrifft. Überleben nun aber wegen der erfolgreichen Bekämpfung der Säuglings- und Kindersterblichkeit mehr Menschen bis zum 50. Lebensjahr und weiter, so steigt infolge dieses Altersstruktureffekts auch die Zahl von Sterbefällen an bösartigen Neubildungen. Zum anderen darf man davon ausgehen, dass Krebs als Erkrankung und als Todesursache in früheren Zeiten oft nicht erkannt worden war. Es ist also auch ein methodischer Aspekt der besseren Diagnostik zur Erklärung des steigenden Anteils von Krebssterbefällen zu beachten.

Die Todesursachengruppe 3 umfasst Herz-Kreislauf-Krankheiten und Bronchitis der über 5-Jährigen. Auch dieser Anteil steigt zunächst allmählich und jenseits einer Lebenserwartung von 70 Jahren beschleunigt an (s. Abb. 1). Mittlerweile sind Herz-Kreislauf-Krankheiten mit über der Hälfte aller Sterbefälle die dominante Todesursachengruppe. Zwar kann auch hierbei ein Altersstruktureffekt erklärend für den Anstieg angeführt werden, da es sich um Sterblichkeit im höheren Altersbereich handelt. Wesentlicher aber ist, dass Herz-Kreislauf-Krankheiten als degenerative oder Zivilisationskrankheiten aufgefasst werden, die durch die modernen Lebensweisen (Stress) und persönliche Verhaltensweisen (Übergewicht infolge zu reichlicher und ungesunder Ernährung, Bewegungsmangel, Rauchen und Alkoholkonsum) erheblich mitbestimmt werden. Eine frühe Sterblichkeit an Herz-Kreislauf-Krankheiten ist daher auch als vermeidbar einzustufen. Männer sterben übrigens sehr viel häufiger an Herz-Kreislauf-Krankheiten als Frauen, was zu fast drei Vierteln die höhere Lebenserwartung der Frauen erklärt.

Die relativ kleine Todesursachengruppe "Unnatürliche Todesursachen" verringert sich im Zuge des epidemiologischen Übergangs im Anteil nur geringfügig. Während häusliche und Arbeitsunfälle mit tödlichem Ausgang infolge besserer Sicherheitsstandards und medizinischer Betreuung sinken, steigen die tödlichen Straßenverkehrsunfälle zunächst an und sinken erst, wenn die Sicherheit der Straßen und Fahrzeuge ausgereift ist und sich vor allem ein vernünftigeres Fahrverhalten herausbildet. Mord und Totschlag und Selbstmord nehmen nur geringfügig an Bedeutung ab. Die Demographen der Vereinten Nationen haben in ihrer historischen Analyse, die hier interpretiert wird, die kriegsbedingte Sterblichkeit als Sondereinflüsse weggelassen[4]. In der letzten hier definierten Todesursachengruppe befinden sich eine Vielzahl von

4 Zum Einfluß der beiden Weltkriege auf die Kohortensterblichkeit in Deutschland vgl. Höhn (1996).

verschiedenen Ursachen, wie z. B. Diabetes, Gastritis, Enteritis, Appendizitis, Leberzirrhose, Komplikationen vor, während und nach der Geburt und Geburtsschäden sowie "Altersschwäche" und andere schlecht bezeichnete Todesursachen. Der Anteil dieser Todesursachengruppe sinkt erst jenseits einer Lebenserwartung von 65 Jahren beschleunigt (s. Abb. 1). Maßgeblich sind Fortschritte in der medizintechnischen Kontrolle und Versorgung von Erkrankungen der Verdauungsorgane und des Stoffwechsels, in der Perinatalmedizin und bei der Diagnose der Todesursache älterer Menschen.

18.2 Sterblichkeitsrückgang in Deutschland, Österreich und der Schweiz

Im Folgenden wollen wir zunächst die Entwicklung der Lebenserwartung bei der Geburt seit dem letzten Viertel des 19. Jahrhunderts in Deutschland, Österreich und der Schweiz betrachten. Während der Gebietsstand der Schweiz unverändert blieb, bereiten die Gebietsstandsveränderungen in Deutschland und Österreich einige statistische Probleme. Für das Deutsche Reich wurde der jeweilige Gebietsstand (bis 1918 mit, danach ohne Elsass und Lothringen) zu Grunde gelegt, was im Hinblick auf die Robustheit des synthetischen Maßes der Lebenserwartung gegenüber regionalen Unterschieden vertretbar erscheint. Für das k. und k. Österreich liegen Sterbetafelberechnungen vor, die sich auf Ober- und Niederösterreich, Wien, die Steiermark, Kärnten, Salzburg, Vorarlberg und Tirol (einschl. Südtirol), also ohne das Burgenland erstrecken; für die angegebenen Zeiträume danach ist der Gebietsstand der heutige. Für das geteilte Deutschland ist selbstverständlich ein Nachweis für die alte Bundesrepublik Deutschland und die DDR angezeigt. Für das vereinigte Deutschland wurde der getrennte Nachweis wegen der anhaltenden Sterblichkeitsunterschiede beibehalten.
Die Schweiz hatte schon im letzten Viertel des 19. Jahrhunderts ein höheres Lebenserwartungsniveau erreicht als Deutschland und Österreich und konnte diesen Vorsprung bis heute halten. Österreich hatte leicht niedrigere Lebenserwartungswerte als Deutschland, hat aber 1995 mit Westdeutschland gleichgezogen. 1970 hatten in der DDR männliche Lebendgeborene vorübergehend eine höhere Lebenserwartung und weibliche Lebendgeborene eine fast genauso hohe Lebenserwartung wie die in der alten Bundesrepublik Deutschland. 1995 ist der Vorsprung in Westdeutschland gegenüber Ostdeutschland größer als Anfang der 50er-Jahre. Für die folgenden Analysen[5] wurden WHO-Daten (Gestorbene nach Alter, Geschlecht und Todesursache, Bevölkerung nach Alter und Geschlecht) verwendet. Die statistischen Zentralämter aller Länder liefern diese Daten regelmäßig an die WHO, und die WHO stellt sie auf Anfrage zur Verfügung. Daten liegen bis 1995 für das frühere Bundesgebiet ab 1952, für die ehemalige DDR ab 1969, für Österreich ab 1955 und für die Schweiz ab 1951 (nur bis 1994) vor.

---

5 Auch für die Berechnung der Lebenserwartungen 1970 und 1995 (Schweiz 1951, 1970, 1994) in Tab. 1.

Tab. 1: Entwicklung der Lebenserwartung bei der Geburt seit dem letzten Viertel des 19. Jahrhunderts

	Lebenserwartung bei der Geburt (in Jahren)			
	männlich		weiblich	
Deutsches Reich				
1871/81	35,6		38,5	
1910/11	47,4		50,7	
1932/34	59,9		62,8	
	früheres Bundesgebiet	ehemalige DDR	früheres Bundesgebiet	ehemalige DDR
1949/51	64,6	63,9[1)]	68,5	68,0[1)]
1970	67,2	68,1	73,5	73,3
1995	73,7	71,2	80,1	78,7
Österreich[2)]				
1879/82	33,4		36,7	
1909/12	43,5		46,8	
1930/33	54,5		58,5	
1949/51	61,9		67,0	
1970	66,3		73,3	
1995	73,5		80,1	
Schweiz				
1877/81	40,6		43,2	
1908/13	50,7		53,9	
1939/44	62,7		67,0	
1951	66,2		70,9	
1970	70,0		76,2	
1994	75,1		81,9	

[1)] 1952; [2)] 1879/82 und 1909/12: Ober- und Niederösterreich, Wien, Steiermark, Kärnten, Salzburg, Tirol und Vorarlberg; danach heutiger Gebietsstand

(Quelle: Bis 1949/51 (Schweiz bis 1939/44): Findl 1991; Hagmann 1991; Höhn 1991. Ab 1970 (Schweiz ab 1951): eigene Berechnungen mit WHO-Daten)

Infolge der eigenen Berechnungen mit WHO-Daten, die im Hinblick auf weiter unten vorgestellte, vertiefende Analysen mit dem Programmpaket LIFETIME sinnvoll erschienen,[6] gibt es Abweichungen zu den Veröffentlichungen der statistischen Ämter, die aber unbedeutend sind und vernachlässigt werden können. Sie kommen dann zu Stande, wenn ein statistisches Amt einen mehrjährigen Zeitraum für die Berechnung

6 Zu einer kurzen Erläuterung des Programmpakets LIFETIME (es wurde von John H. Pollard für die WHO entwickelt und kann bei ihm bestellt werden) vgl. Höhn und Pollard (1990: 356 f.). Für die Berechnungen mittels LIFETIME der im folgenden verwendeten Ergebnisse danke ich Frau Dipl. Mathematikerin Karla Gärtner sehr herzlich.

von Sterbetafeln zu Grunde legt[7] oder die Sterbewahrscheinlichkeiten einem Glättungsverfahren unterzieht.[8] In unseren Berechnungen haben wir auf eine Glättung der Sterbewahrscheinlichkeiten verzichtet und für jedes Kalenderjahr, für das uns Daten vorliegen, eine Sterbetafel erstellt.

Abb. 2a: Entwicklung der Lebenserwartung bei der Geburt (männlich), 1955 - 1995

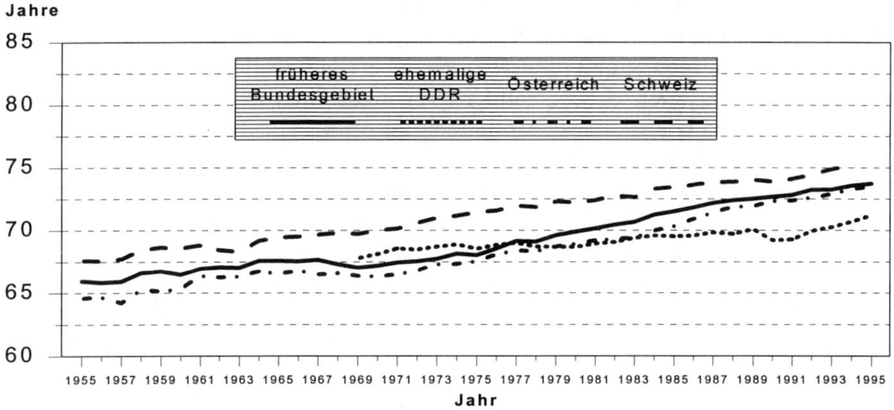

Quelle: WHO - Daten; eigene Berechnungen mit LIFETIME

Abb. 2b: Entwicklung der Lebenserwartung bei der Geburt (weiblich), 1955 - 1995

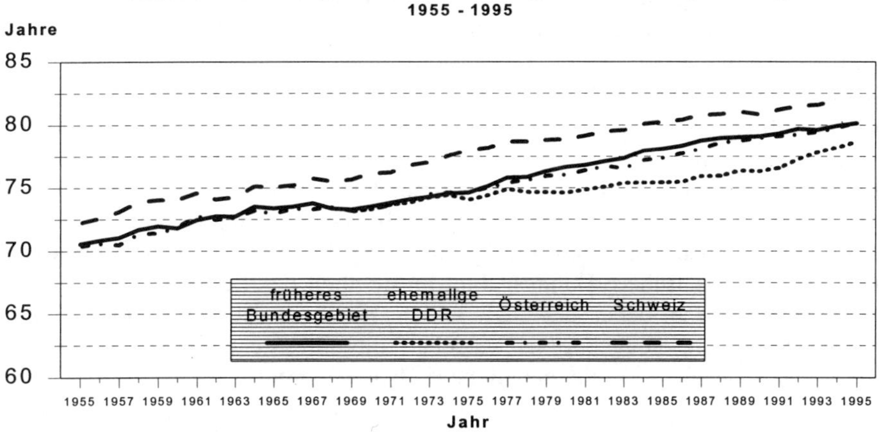

Quelle: WHO - Daten; eigene Berechnungen mit LIFETIME

---

7 So berechnet das Statistische Bundesamt in der Regel einen Durchschnitt von 3 Kalenderjahren sowohl für Allgemeine Sterbetafeln rund um ein Volkszählungsjahr als auch für abgekürzte Sterbetafeln routinemäßig als gleitenden 3-Jahresdurchschnitt.

8 Das Statistische Bundesamt glättet nur die Sterbewahrscheinlichkeiten in den Allgemeinen Sterbetafeln. Die "abgekürzten" Sterbetafeln werden wegen des Verzichts auf ein Glättungsverfahren als abgekürzt bezeichnet.

In den Abb. 2 bis 4 (jeweils a und b für männlich und weiblich) ergeben sich infolge der Berechnung für einzelne Kalenderjahre einige auffällige Schwankungen, die bei der Berücksichtigung eines breiteren Stützbereichs von 3 Jahren durch das statistische Gesetz von den großen Zahlen sehr viel geringer würden.

Ein Vergleich der Abb. 2a und 2b macht zunächst deutlich, dass die Lebenserwartung weiblicher Neugeborener höher ist als die männlicher und dass die Werte für weibliche Lebendgeborene näher beieinander liegen.

Die Entwicklung der Lebenserwartung männlicher Lebendgeborener (s. Abb. 2a) im früheren Bundesgebiet und in Österreich nähert sich im Verlauf der Jahre an, insbesondere seit den 80er-Jahren. Seitdem verringert sich auch der Abstand zu den schweizerischen Werten, ohne diese jedoch zu erreichen. Sowohl in Österreich als auch im früheren Bundesgebiet sind in den 60er-Jahren eine Stagnation, ja sogar gelegentlich kleine Rückgänge der Lebenserwartung männlicher Neugeborener eingetreten. Dadurch lagen in der DDR von 1969–1976 die Lebenserwartungswerte höher als im früheren Bundesgebiet und bis 1978 höher als in Österreich. In der DDR stagnierten die Lebenserwartungswerte männlicher Lebendgeborener aber in den 70er und 80er-Jahren. Nach dem Fall der Mauer und der Währungsunion sank dann in Ostdeutschland die Lebenserwartung männlicher Neugeborener, was im Wesentlichen auf Straßenverkehrsunfälle infolge der stark zunehmenden Motorisierung bei noch schlechten Straßen zurückzuführen ist. Danach nähert sich aber die Lebenserwartung in der ehemaligen DDR der im früheren Bundesgebiet, sodass mittelfristig mit einer Angleichung an das westdeutsche Niveau gerechnet wird. Eine ausführliche Analyse der Veränderungen der Sterblichkeit im früheren Bundesgebiet und der ehemaligen DDR seit 1980 bis 1993 legte Gärtner vor (Gärtner 1995: 339 ff.), mit einer vergleichenden Analyse der Sterblichkeitsunterschiede 1976 und 1986 befassten sich Höhn und Pollard (1990).

Aus der Abb. 2b wird ersichtlich, dass die Lebenserwartung weiblicher Neugeborener im früheren Bundesgebiet, in Österreich und der DDR bis Mitte der 70er-Jahre sehr nah beieinander lag, mit in den meisten Jahren einem leichten Vorsprung in Westdeutschland. Dieser hebt sich gegenüber Österreich erst 1994 und 1995 auf. Nach 1974 stagniert die Lebenserwartung weiblicher Lebendgeborener in der DDR bei nur leicht steigendem Trend. Infolge eines ungebrochen positiven Trends ziehen Österreich und das frühere Bundesgebiet hinsichtlich der Lebenserwartung weiblicher Neugeborener an denen der DDR vorbei. Nach der deutschen Einheit hat sich die Lebenserwartung neugeborener Mädchen allerdings schneller an das westdeutsche Niveau angenähert als die männlicher Lebendgeborener.

Wie bereits mehrfach betont, wird das Niveau der Lebenserwartung bei der Geburt in erheblichem Maße von der Säuglingssterblichkeit bestimmt. Wie die Abb. 3a und 3b zeigen, ist es in den 90er-Jahren zu einer bemerkenswerten Konvergenz der Säuglingssterblichkeit in den 4 betrachteten Gebieten gekommen. In der Schweiz war die Säuglingssterblichkeit 1955 bereits sehr viel niedriger als in Österreich und im früheren Bundesgebiet, was sich in der höheren Lebenserwartung in der Schweiz widerspiegelt. Für die höhere Lebenserwartung in der Schweiz in den 90er-Jahren hat die Säuglingssterblichkeit aus diesem Grunde – wegen der erfolgten Annäherung der Werte – keinen bedeutenden Erklärungswert mehr. Der Rückgang der Säuglingssterblichkeit in der Schweiz ist im Übrigen geringer, was bei einem einmal erreichten niedrigen Niveau typisch ist.

Abb. 3a: Entwicklung der Säuglingssterblichkeit (männlich), 1955 - 1995

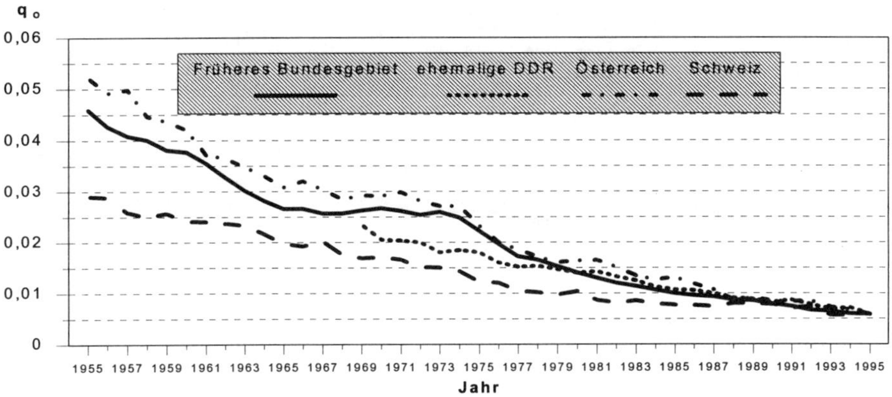

Quelle: WHO-Daten; eigene Berechnungen mit LIFETIME

Abb. 3b: Entwicklung der Säuglingssterblichkeit (weiblich), 1955 - 1995

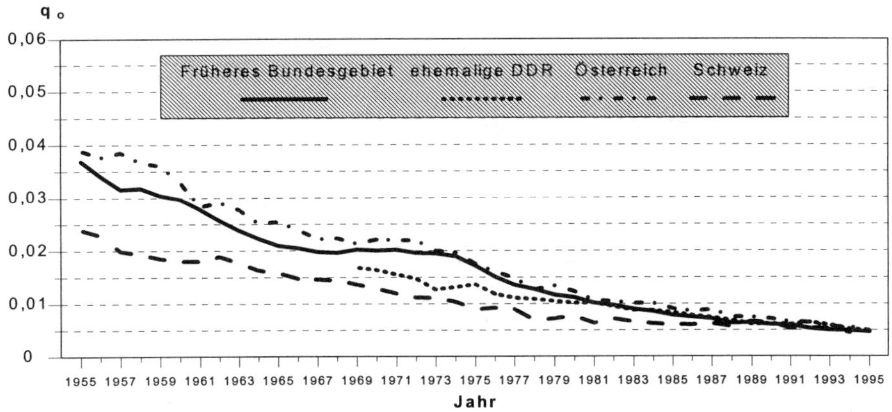

Quelle: WHO-Daten; eigene Berechnungen mit LIFETIME

Die Sterblichkeit im ersten Lebensjahr ist in Österreich höher als im früheren Bundesgebiet und in der ehemaligen DDR. Erhellend für die unterschiedliche Entwicklung der Lebenserwartung bei der Geburt ist, dass die Säuglingssterblichkeit in der DDR von 1969 bis 1980 (für das männliche Geschlecht stärker als für das weibliche) niedriger war als im früheren Bundesgebiet. Bemerkenswert ist auch die Stagnation der Säuglingssterblichkeit im früheren Bundesgebiet in den 60er und frühen 70er-Jahren. Die damals gehegte Befürchtung, man habe ein unteres Niveau der Säug-

Säuglingssterblichkeit erreicht, erwies sich aber als gegenstandslos.

Abb. 4a: Entwicklung der ferneren Lebenserwartung 60jähriger Männer, 1955 - 1995

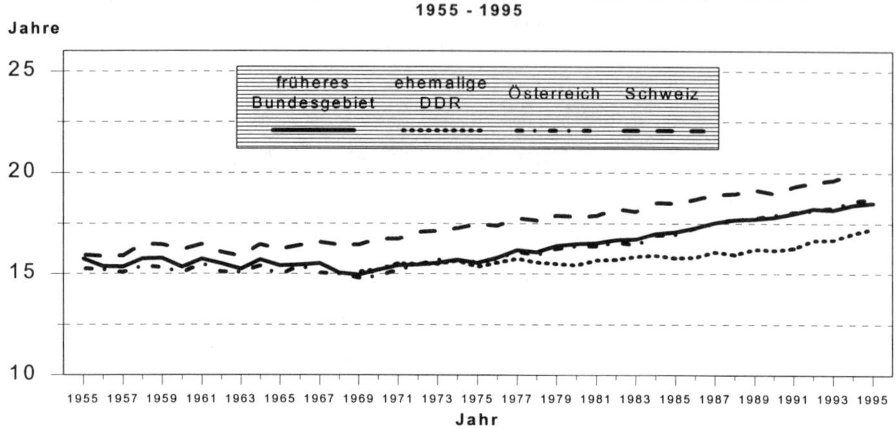

Quelle: WHO - Daten; eigene Berechnungen mit LIFETIME

Abb. 4b: Entwicklung der ferneren Lebenserwartung 60jähriger Frauen, 1955 - 1995

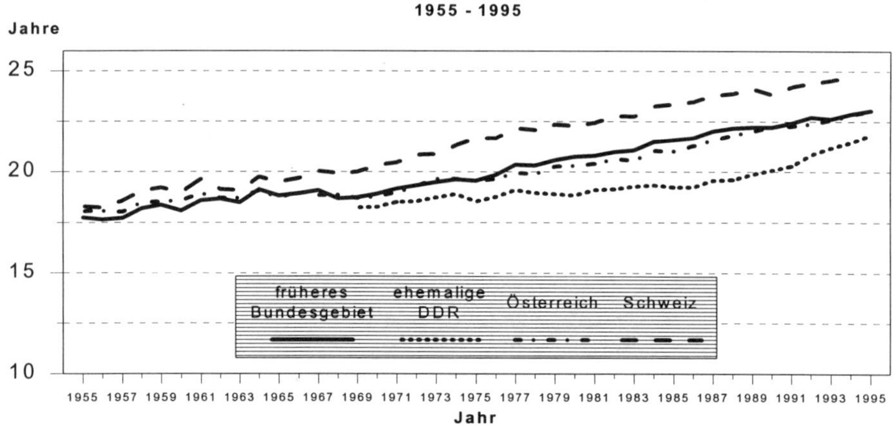

Quelle: WHO - Daten; eigene Berechnungen mit LIFETIME

Während in den Abb. 3a und 3b eine Konvergenz der Säuglingssterblichkeitswerte konstatiert wird, zeigen die Abb. 4a und 4b für die Entwicklung der ferneren Lebenserwartung 60-jähriger Männer bzw. Frauen genau das Gegenteil, nämlich die Öffnung einer Schere. Wie bei allen Sterblichkeitsmaßen, haben Frauen eine niedrigere Sterblichkeit. Bei der Lebenserwartung sind die geschlechtsspezifischen Unterschiede bei der Geburt allerdings am größten und nehmen mit zunehmendem Alter ab. Da aber wiederum die Lebenserwartung bei der Geburt, aber auch die fernere Lebenserwartung 60-Jähriger bei den Frauen stärker steigt als bei den Männern, wird der geschlechtsspezifische Sterblichkeitsvorsprung der Frauen im Zeitablauf größer.

In unserer theoretischen Einführung haben wir bereits erwähnt, dass jenseits einer Lebenserwartung von 70 Jahren eine weitere Mortalitätssenkung einem Rückgang der Alterssterblichkeit zu verdanken ist, während bis dahin die Entwicklung der Säuglingssterblichkeit für die Lebenserwartung dominant ist. Tatsächlich beginnt die Lebenserwartung 60-jähriger Männer (als Maß der Alterssterblichkeit) (s. Abb. 4a) in der Schweiz ab Ende der 60er-Jahre, im früheren Bundesgebiet und in Österreich seit etwa 1970 und in der ehemaligen DDR seit den 80er-Jahren zu steigen. Während im früheren Bundesgebiet und in Österreich (die Werte sind nahezu identisch) der Anstieg sehr stark ist, ist er in der ehemaligen DDR verhaltener. Bei den Frauen (s. Abb. 4b) ist das Muster ähnlich. Allerdings beginnt der Anstieg der Lebenserwartung 60-jähriger Frauen früher – schließlich überschritten sie ja auch die Lebenserwartung bei der Geburt von 70 Jahren früher. Der Vorsprung der westdeutschen Frauen gegenüber den Österreicherinnen ist von 1976 bis 1992 größer als bei den Männern. Andererseits lagen die österreichischen Frauen bis 1964 vor den westdeutschen, während es sich bei den Männern genau umgekehrt verhielt. Schließlich haben ostdeutsche Frauen nach der Vereinigung Deutschlands sehr viel schneller ihre Lebenserwartung 60-Jähriger erhöht als die ostdeutschen Männer. Bevor eine vertiefende Analyse der Todesursachenstruktur und deren Veränderungen zur Erklärung der gerade beschriebenen Sterblichkeitstrends und -unterschiede Zuwendung findet, wird kurz der Einfluss der demographischen Alterung auf die Zahl der Sterbefälle bzw. der rohen Sterbeziffer quantifiziert. Die rohe Sterbeziffer ist zwar nur ein unzulängliches Maß der Sterblichkeit (das ideale Maß ist die Lebenserwartung oder standardisierte Sterbeziffern), sie ist aber für das Bevölkerungswachstum von großer Bedeutung. In einer alternden Bevölkerung gibt es mehr Menschen, die wegen ihres Alters einem höheren Sterberisiko unterliegen als jüngere Menschen. Die rohe Sterbeziffer wird daher im demographischen Übergang steigen, was nicht mit einem Anstieg der Sterblichkeit verwechselt werden darf. Kitagawa (Kitagawa 1955: 1168 ff.) hat eine Methode entwickelt, mit der man die rohe Sterbeziffer in die 2 Komponenten "Einfluss der Altersstruktur" und "Veränderung der Sterblichkeit" zerlegen kann.[9]

Die rohe Sterbeziffer ist im früheren Bundesgebiet von 1955 bis 1975, in Österreich von 1955 bis 1965 für die männliche Bevölkerung, von 1955 bis 1975 für die weibliche Bevölkerung und von 1975 bis 1985 gestiegen. Die Veränderung der Altersstruktur durch eine demographische Alterung hat bzw. hätte eine Erhöhung der rohen Sterbeziffer zur Folge. Lediglich von 1975 bis 1985 hat bei den Männern in der DDR dieser Altersstruktureffekt zum Rückgang der rohen Sterbeziffer beigetragen. Maßgeblich hierfür sind die schwach besetzten Geburtsjahrgänge infolge des Geburtenausfalls im Ersten Weltkrieg und die Ausreise von Rentnern aus der DDR nach Westdeutschland. Der Altersstruktureffekt ist bei den Frauen größer als bei den Männern, da Frauen länger leben. In Westdeutschland und in Österreich (in der DDR in schwächerem Maße wegen der Ausreise von Rentnern vor der Vereinigung) ist der Einfluss des Altersstruktureffekts auch wegen des Fehlens der im 2. Weltkrieg gefallenen Männer größer als für diese. Dagegen zeigt Tab. 2, dass die Sterblichkeit in allen untersuchten Zeiträumen gesunken ist. Die Frauen haben stärker von diesem Sterblichkeitsrückgang profitiert als die Männer. Nach 1975 vermag der Sterblich-

9 Wir führen diese Zerlegung hier mit Hilfe von LIFETIME durch.

keitsrückgang die ungünstigen Altersstruktureffekte (außer von 1975 auf 1985 in der Schweiz) überzukompensieren, sodass die rohe Sterbeziffer trotz demographischer Alterung sinkt.

Tab. 2: Zerlegung der rohen Sterbeziffern nach der Kitagawa-Methode

Zeitraum	Absolute Veränderung der rohen Sterbeziffer		davon: Einfluss der Altersstruktur		Veränderung der Sterblichkeit	
	Männer	Frauen	Männer	Frauen	Männer	Frauen
	Früheres Bundesgebiet					
1955/65	+0,6	+0,8	+0,9	+2,5	–0,3	–1,7
1965/75	+0,2	+1,0	+0,3	+2,0	–0,1	–1,0
1975/85	–1,1	–0,1	+1,3	+2,9	–2,5	–3,0
1985/95	–1,3	–0,5	+0,6	+1,4	–1,9	–1,9
	Ehemalige DDR					
1975/85	–1,4	–0,1	–0,8	+1,3	–0,6	–1,4
1985/95	–1,6	–2,5	+0,5	+1,8	–2,1	–4,2
	Österreich					
1955/65	+0,5	+1,0	+0,9	+2,3	–0,4	–1,3
1965/75	–0,8	+0,3	+0,1	+1,6	–0,8	–1,3
1975/85	–1,6	–0,4	+0,6	+1,8	–2,2	–2,2
1985/95	–2,0	–1,5	+0,5	+1,2	–2,5	–2,6
	Schweiz					
1955/65	–0,5	–0,7	+0,4	+1,0	–0,9	–1,7
1965/75	–0,6	–0,7	+0,9	+1,5	–1,5	–2,2
1975/85	+0,2	+0,6	+1,6	+2,2	–1,3	–1,7
1985/95	–0,7	0,0	+0,7	+1,2	–1,4	–1,2

(Quelle: WHO-Daten, eigene Berechnungen mit LIFETIME)

18.3 Einfluss der Todesursachenstruktur auf die Sterblichkeit in Deutschland, Österreich und der Schweiz

Es sprengt den Rahmen jedes Aufsatzes oder Beitrags zu einem Buch, sämtliche einzelnen Todesursachen zu untersuchen, insbesondere, wenn mehrere Länder über einen längeren Zeitraum miteinander verglichen werden sollen. Bei einem Zeitvergleich sind darüber hinaus die Veränderungen in der Systematik der Kodierung der Todesursachen ein Hindernis, obwohl die WHO mit der ICD (International Classification of Diseases) in mehreren Revisionen (zurzeit gilt die 10. Revision) gerade diese Vergleichbarkeit ermöglichen will. Ein Vergleich ist dagegen für die großen Hauptgruppen möglich. Für unseren Vergleich haben wir 7 Todesursachengruppen gewählt. Dabei wurden gegenüber der historischen Analyse der Vereinten Nationen, über die oben zum epidemiologischen Übergang berichtet wurde, 2 Kategorien aus der Restgruppe hinzugefügt, nämlich Chronische Leberkrankheit und -zirrhose sowie Krankheiten der Verdauungsorgane (ohne Chronische Leberkrankheit und -zirrhose). Die separate Betrachtung der Sterblichkeit an Chronischer Leberkrankheit und -zirrhose erschien insbesondere im Hinblick auf die deutsch-deutschen Sterblichkeitsunterschiede wichtig, weil Höhn und Pollard hier bemerkenswerte Diskrepanzen fanden. Der Beginn ist ein Vergleich der Entwicklung der standardisierten Sterbeziffern untergliedert nach 7 Todesursachengruppen für 1955, 1975 und 1995. Der direkte Vergleich zwischen den Ländern und über die Zeit ist durch die Standardisierung auf die europäische Standardbevölkerung (Waterhouse et al. 1976) gewährleistet. Durchgängig haben Frauen niedrigere Sterblichkeitswerte als Männer. Es sei daran erinnert, dass unsere Schilderung des epidemiologischen Übergangs nicht mit standardisierten Sterbeziffern, sondern mit der Verschiebung der prozentualen Anteile an allen Sterbefällen erfolgte. Die Zunahme eines Anteils muss nicht Zunahme der Sterblichkeit an dieser Todesursachengruppe bedeuten, vor allem dann nicht, wenn die Lebenserwartung steigt. Ein Rückgang des Anteils muss aber eigentlich dann auch einen Rückgang der Sterbeziffer bedeuten. Der 1955 noch recht hohe Stand der Sterblichkeit an infektiösen und parasitären Krankheiten mag erstaunen, passt aber in das Modell des epidemiologischen Übergangs. Hier fügt sich auch der sehr starke Rückgang bis 1995 ein, wenngleich der Wiederanstieg in der Schweiz 1994 verwundert. Infektiöse und parasitäre Krankheiten spielen für das Sterblichkeitsniveau heute kaum noch eine Rolle. Die Analyse der Sterblichkeit an bösartigen Neubildungen bietet ein unterschiedliches Bild. Für die Frauen zeigt sich – außer in der ehemaligen DDR – ein Rückgang der Krebssterblichkeit. Auch die Männer in der ehemaligen DDR unterliegen einer steigenden Krebssterblichkeit. Die westdeutschen, österreichischen und schweizerischen Männer verzeichnen nach einem vorübergehenden Anstieg von 1955 bis 1975 dagegen einen Rückgang der Sterblichkeit an bösartigen Neubildungen. Allerdings ist hervorzuheben, dass der Anstieg der Krebssterblichkeit bei den westdeutschen Männern von 1955 bis 1975 bedeutend und der Rückgang danach eher bescheiden ist, sodass das 1955 im Vergleich niedrigste Niveau noch nicht wieder erreicht wurde, während bei österreichischen und schweizerischen Männern der Anstieg bis 1975 gering ist und der Rückgang danach deutlich unter das Niveau von 1955 führt. Die gewichtigste Todesursachengruppe sind die Krankheiten des Kreislaufsystems. Auch hier zeigen sich – mit Ausnahme der schweizerischen Frauen – Anstiege der Sterblichkeit von 1955 bis 1975, denen allerdings bis 1995 erhebliche Rückgänge folgen. Diese Zurückdrängung der Sterblichkeit an Krankheiten des Kreislaufsystems ist wesentlich erfolgreicher als die der Krebssterblichkeit. Allerdings haben die westdeutschen Männer auch hier noch nicht das 1955 günstigste Niveau wieder erreicht. Auch die österreichischen Männer haben 1995 noch nicht die 1955 beobachtete Sterblichkeit unterschritten. Am ausgeprägtesten sind die Rückgänge in der Schweiz, wo 1955 im Vergleich zu den anderen betrachteten Ländern das Sterblichkeitsniveau an Krankheiten des Kreislaufsystems am höchsten, 1995 aber, wie auch bei der Krebssterblichkeit, am niedrigsten ist. Die standardisierten Sterbeziffern an Krankheiten der Verdauungsorgane sind in Tab. 3 unter Ausschluss der Sterblichkeit an chronischer Leberkrankheit und -zirrhose berechnet worden. Für beide Geschlechter können erhebliche Sterblichkeitsrückgänge festgestellt werden. Für die ehemalige DDR sind die Rückgänge jedoch verhaltener.

Die Sterblichkeit an Leberkrankheiten und darunter insbesondere an Leberzirrhose verdient eine gesonderte Betrachtung wegen ihres relativen Gewichts und wegen der vermuteten Einwirkung von Alkoholverbrauch. Einer rückläufigen Sterblichkeit erfreuen sich nur die schweizerischen Männer. Bei den schweizerischen Frauen gab es von 1955 bis 1975 einen leichten Anstieg, danach bis 1995 einen Rückgang. Bei den westdeutschen und den österreichischen Männern verdoppelte sich die Sterblichkeit an Leberkrankheiten von 1955 bis 1975, bei den westdeutschen und österreichischen Frauen nicht ganz so stark, gefolgt von einem Rückgang, der aber noch nicht auf das 1955 erreichte Niveau zurückführte. Am ungünstigsten ist die Entwicklung in der ehemaligen DDR, wo für Männer und Frauen ein erheblicher Anstieg zu verzeichnen ist. Für 1975 ist anzumerken, dass die Sterblichkeit an chronischer Leberkrankheit und -zirrhose in der DDR erstaunlich niedriger war als im früheren Bundesgebiet; dies kann (muss aber nicht) auf unterschiedliche Kodierungspraktiken zurückzuführen sein.[10] Der erhebliche Anstieg 1995 in Ostdeutschland könnte auf ehrlicherer Kodierungspraxis beruhen, aber auch Ausdruck von Frustration (Griff zur Flasche) sein. Eine Klärung der Ursachen ist mit Statistiken allein aber nicht möglich.

Eine weitere wichtige und interessante Kategorie sind die unnatürlichen Todesursachen. Hier ist die Sterblichkeit in Ost- und Westdeutschland und in der Schweiz – verstärkt seit 1975 – rückläufig. Am günstigsten ist der Sterblichkeitsrückgang im früheren Bundesgebiet verlaufen, am verhaltensten bei den schweizerischen Frauen. 1995 verzeichneten die schweizerischen Frauen im Vergleich zu den anderen Frauen das höchste Sterblichkeitsniveau. In Österreich gab es von 1955 auf 1975 einen vorübergehenden Anstieg, dem bis 1995 ein beachtlicher Rückgang folgte.

Unter "Restgröße" sind die übrigen und unbekannten Todesursachen/ohne Angabe subsumiert. Darunter befindet sich neben den perinatalen Todesursachen auch die unspezifische Diagnose "Altersschwäche", die mit zunehmender Verbesserung der Diagnose seltener gestellt wird, ohne völlig ihre Berechtigung zu verlieren. So sinken denn hier die zunächst erstaunlich hohen standardisierten Sterbeziffern (infolge des Rückgangs der Säuglingssterblichkeit) durchweg rapide, haben aber auch 1995 noch ein beachtliches Gewicht. Das mag mit der zunehmenden Alterung der Bevölkerungen zusammenhängen; bei hochbetagten Menschen ist Tod infolge von Altersschwäche nämlich oft eine treffendere Diagnose als Herzstillstand.

Die standardisierten Sterbeziffern "Zusammen" (d. h., an allen Todesursachen) ist durchweg rückläufig. Bei der Betrachtungen der standardisierten Sterbeziffern an einzelnen Todesursachengruppen hat es aber durchaus hier und da Anstiege gegeben, denen bei anderen Todesursachen Rückgänge gegenüberstehen und diese Anstiege überkompensieren. Für das Verständnis des Sterblichkeitsrückgangs müssen diese strukturellen Veränderungen unbedingt analysiert werden.

---

10 Diese Vermutung stellen Höhn und Pollard (1990) an. Die Sterblichkeit an Leberzirrhose war und ist in den früher sozialistischen Ländern deutlich höher als in den westlichen. Für 1986 hat das statistische Amt der DDR übrigens keine Daten für diese Todesursache Leberzirrhose mehr an die WHO gemeldet.

Tab. 3: Entwicklung der standardisierten Sterbeziffern (je 100.000) nach Todesursachengruppen (Europäische Standardbevölkerung)

	Männer			Frauen		
	1955	1975	1995[1]	1955	1975	1995[1]
	1: Infektiöse und parasitäre Krankheiten					
Früheres Bundesgebiet	39,5	14,9	12,4	19,3	7,2	5,5
Ehemalige DDR	–	12,1	4,6	–	5,7	2,1
Österreich	57,6	14,5	2,8	31,1	4,9	1,2
Schweiz	43,8	13,1	20,1	25,6	6,8	7,8
	2: Bösartige Neubildungen					
Früheres Bundesgebiet	215,6	260,7	256,6	180,1	167,0	151,6
Ehemalige DDR	–	220,7	271,8	–	141,0	151,2
Österreich	264,5	266,4	245,3	187,1	165,6	148,1
Schweiz	242,8	250,0	220,6	168,5	139,8	120,5
	3: Krankheiten des Kreislaufsystems					
Früheres Bundesgebiet	347,7	620,4	405,7	266,7	402,5	237,5
Ehemalige DDR	–	744,1	539,7	–	559,5	320,8
Österreich	440,9	661,8	447,0	335,9	437,5	273,9
Schweiz	457,3	503,0	307,7	367,5	316,3	171,5
	4: Krankheiten der Verdauungsorgane (ohne 5)					
Früheres Bundesgebiet	53,5	43,7	20,4	43,7	29,1	14,3
Ehemalige DDR	–	45,5	25,3	–	33,8	16,5
Österreich	65,4	45,5	18,5	51,7	29,9	11,7
Schweiz	41,7	26,6	13,6	33,1	18,5	8,9
	5: Chronische Leberkrankheit und -zirrhose					
Früheres Bundesgebiet	19,5	42,3	25,8	8,1	14,0	10,8
Ehemalige DDR	–	16,8	49,4	–	6,6	17,3
Österreich	24,0	53,0	38,2	7,9	13,9	12,5
Schweiz	25,1	21,7	12,7	5,2	5,8	4,7
	6: Verletzungen und Vergiftungen					
Früheres Bundesgebiet	121,1	103,7	53,2	53,1	52,0	21,3
Ehemalige DDR	–	109,1	86,0	–	57,6	29,8
Österreich	135,4	142,0	83,2	53,6	55,1	26,3
Schweiz	128,4	103,0	81,0	49,8	45,5	33,6
	Restgröße[2]					
Früheres Bundesgebiet	682,9	325,4	179,9	559,7	198,1	99,3
Ehemalige DDR	–	298,6	169,8	–	171,9	89,0
Österreich	570,6	250,1	116,7	429,7	162,3	67,5
Schweiz	461,9	188,4	164,3	381,4	119,7	95,0
	Zusammen					
Früheres Bundesgebiet	1.479,8	1.411,1	954,0	1.130,6	870,0	540,4
Ehemalige DDR	–	1.446,8	1.146,7	–	976,1	626,7
Österreich	1.558,3	1.433,2	951,6	1.096,9	869,2	541,2
Schweiz	1.401,0	1.105,8	820,0	1.031,0	652,5	442,0

[1] Schweiz: 1994, [2] Übrige und unbekannte Todesursachen; ohne Angabe

(Quelle: WHO-Daten, eigene Berechnungen mit LIFETIME)

Für die folgenden Abschnitte untersuchen wir mithilfe von LIFETIME den Beitrag verschiedener Altersgruppen und der verschiedenen Todesursachengruppen zur Zunahme der Lebenserwartung sowie zum Unterschied in der Lebenserwartung 1995 zwischen dem früheren Bundesgebiet im Vergleich zu den neuen Ländern bzw. zu Österreich bzw. zu der Schweiz. Das statistisch-mathematische Zerlegungsverfahren wurde von Pollard (1988) entwickelt (Pollard 1988: 265 ff.) und in die Software LIFETIME als nützliche Ergänzung von einschlägigen Mortalitätsanalysen umgesetzt.[11]

18.4 Beiträge der Altersgruppen zur Zunahme der Lebenserwartung

In Tab. 4 werden für die 4 Zehnjahresintervalle von 1955 bis 1995 (für die ehemalige DDR auf Grund der Datenlage nur von 1975 bis 1995) die Beiträge der Säuglingssterblichkeit, die die Lebenserwartung bei der Geburt während des ersten Sterblichkeitsrückgangs bedeutend beeinflusst, der Kleinkindersterblichkeit (1–4), der Kindersterblichkeit (5–14), der Sterblichkeit der Jugendlichen (15–29), der Sterblichkeit der jungen Erwachsenen (30–49), der Sterblichkeit der älteren Erwachsenen (50–69, also einschl. der im amerikanischen so genannten "young old") und der Sterblichkeit der älteren Senioren (70+; "old old"), deren Rückgang nach gängiger Theorie für eine Zunahme der Lebenserwartung zunehmend dominant wird, zur Zunahme der Lebenserwartung bei der Geburt untersucht. Die Darstellung ist in Jahren; ein Minuszeichen zeigt eine Abnahme der Lebenserwartung infolge eines Sterblichkeitsanstiegs in der betreffenden Altersgruppe an. Diese Abnahmen sind als potenzielle Verluste an Lebensjahren zu deuten.

Der Beitrag des Rückgangs der Säuglingssterblichkeit zur Zunahme der Lebenserwartung bei der Geburt nimmt im Verlauf der letzten 4 Dekaden ab, ohne jedoch unbedeutend zu werden. Am deutlichsten ist dieser Beitrag im früheren Bundesgebiet und in Österreich im Jahrzehnt 1955/65, während er in der Schweiz (wegen der bereits höheren Lebenserwartung) niedriger ist. Aber auch in der Schweiz ist er 1955/65 bei den Männern größer als der Beitrag jeder anderen Altersgruppe.

Der Beitrag der Senkung der Kindersterblichkeit (1–4 und 5–14) ist vergleichsweise gering und rückläufig. Das Niveau (und damit das Gewicht für die Lebenserwartung bei der Geburt) der Kindersterblichkeit ist glücklicherweise bereits sehr niedrig, und es sinkt aber weiter.

Aufschlussreich ist die Entwicklung bei der Sterblichkeit der 15–29-Jährigen, wo Straßenverkehrsunfälle als Todesursache dominieren. Wir erinnern daran, dass die Sterblichkeit der jungen Männer deutlich höher ist als die der jungen Frauen. Es überrascht also nicht, dass für die jungen Männer die Veränderungen größer sind als für die jungen Frauen (einzige Ausnahme im Zeitraum 1985/95 in der ehemaligen DDR). Beachtlich ist der negative Beitrag für beide Geschlechter im Zeitraum 1965/75 im früheren Bundesgebiet, Österreich und der Schweiz. Im Zuge zunehmenden Wohlstands wurden auch jüngere Leute damals schon Autofahrer oder -besitzer, oft ohne die für das Autofahren erforderliche Erfahrung und Gelassenheit aufzuweisen. Insbesondere die jungen Männer (dabei verstärkt in Österreich) waren davon betroffen. Nach 1975 sank aber die Sterblichkeit, im Jahrzehnt 1975/85 stärker als im

[11] s. Fußnote 7.

Folgenden. 1985/94 war der Beitrag in der Schweiz Null.
Bei den Älteren gibt es dann nur noch vereinzelt bei den Männern negative Beiträge zur Lebenserwartung zu beobachten. Die Frauen bauten also ihren Vorsprung bei der Lebenserwartung weiter aus. Bei den 30–49-jährigen Männern gab es Verschlechterungen der Sterblichkeitsverhältnisse im früheren Bundesgebiet im Jahrzehnt 1965/75, in der ehemaligen DDR im Jahrzehnt 1985/95, in Österreich von 1955 bis 1975 und in der Schweiz sogar 1985/94. Andererseits gab es aber bei den 30–49-jährigen Männern auch mehrfach stärkere Verbesserungen als bei den gleichaltrigen Frauen, nämlich im früheren Bundesgebiet und in Österreich nach 1975 und in der Schweiz von 1965 bis 1985, was sich dann freilich im letzten Zeitraum in der Schweiz drastisch umkehrte.

Bei den 50–69-Jährigen gab es nur bei den westdeutschen Männern von 1955 bis 1965 einen negativen Beitrag zur Zunahme der Lebenserwartung bei der Geburt. Im Übrigen steigen die positiven Beiträge über die Jahrzehnte tendenziell an, was die zunehmende Bedeutung des Rückgangs der Alterssterblichkeit unterstreicht. Ausnahmen gibt es nur im letzten betrachteten Jahrzehnt in Westdeutschland und bei den österreichischen und den schweizerischen Frauen. Größere Beiträge der 50–69-jährigen Männer als der Frauen sind im früheren Bundesgebiet von 1975 bis 1995, in Österreich von 1965 bis 1975 und von 1985 bis 1995 und in der Schweiz seit 1975 zu beobachten. Die Männer holen dadurch hinsichtlich der gesamten Zunahme der Lebenserwartung stärker als die Frauen in Westdeutschland und in Österreich seit 1975, in der Schweiz seit 1985 auf.

Bei den über 70-jährigen Männern ergaben sich im früheren Bundesgebiet von 1965 auf 1975 und in Österreich von 1955 bis 1965 negative Beiträge zur Zunahme der Lebenserwartung. Ansonsten sind auch in diesem Altersbereich die positiven Beiträge über die Jahrzehnte tendenziell steigend. Ausnahmen, d. h., leichte Rückgänge der positiven Beiträge, waren im früheren Bundesgebiet und in der Schweiz bei den Frauen von 1985 bis 1995 zu verzeichnen. Die Frauen haben in diesem Altersbereich der über 70-Jährigen fast durchweg höhere Beiträge an Lebensjahren als die 50–69-Jährigen. Bei den Männern gilt das nur in der ehemaligen DDR.

Über den gesamten Altersbereich betrachtet überwiegt der Rückgang der Säuglingssterblichkeit alle anderen altersspezifischen Verbesserungen nur von 1955 bis 1965 im früheren Bundesgebiet, in Österreich und bei den schweizerischen Männern, danach noch bei den westdeutschen und österreichischen Männern von 1965 bis 1985, bei den ostdeutschen Männern von 1975 bis 1985. Die Bedeutung der Säuglingssterblichkeit für die Erhöhung der Lebenserwartung sollte also nicht unterschätzt werden. Nach 1965 trägt bei den Frauen, nach 1985 dann auch bei den Männern überwiegend der Rückgang der Alterssterblichkeit zur Zunahme der Lebenserwartung bei der Geburt bei.

Tab. 4: Beiträge der verschiedenen Altersgruppen zur Zunahme der Lebenserwartung (in Jahren)

	Alter															
Zeitraum	0		1–4		5–14		15–29		30–49		50–69		70+		Zusammen	
	M	F	M	F	M	F	M	F	M	F	M	F	M	F	M	F
Früheres Bundesgebiet																
1955/65	1,34	1,18	0,16	0,14	0,07	0,07	0,21	0,17	0,08	0,24	–0,24	0,35	0,02	0,69	1,63	2,84
1965/75	0,30	0,29	0,08	0,07	0,07	0,03	–0,06	–0,01	–0,10	0,14	0,26	0,40	–0,09	0,35	0,47	1,25
1975/85	0,87	0,72	0,11	0,09	0,14	0,08	0,37	0,16	0,47	0,31	0,83	0,78	0,69	1,32	3,48	3,47
1985/95	0,30	0,26	0,04	0,05	0,05	0,05	0,09	0,04	0,17	0,11	0,79	0,46	0,80	1,07	2,24	2,03
Ehemalige DDR																
1975/85	0,51	0,40	0,02	0,05	0,08	0,06	0,09	0,02	0,01	0,13	0,07	0,25	0,20	0,47	0,98	1,38
1985/95	0,34	0,26	0,07	0,07	0,09	0,04	0,01	0,07	–0,21	0,12	0,48	0,91	0,91	1,77	1,69	3,24
Österreich																
1955/65	1,46	1,00	0,17	0,15	0,15	0,12	0,31	0,28	–0,07	0,33	0,02	0,39	–0,08	0,33	1,96	2,60
1965/75	0,52	0,59	0,12	0,08	0,03	0,04	–0,21	–0,04	–0,02	0,14	0,48	0,44	0,10	0,44	1,02	1,69
1975/85	0,71	0,65	0,09	0,11	0,13	0,09	0,21	0,12	0,40	0,20	0,61	0,67	0,62	0,88	2,78	2,72
1985/93	0,52	0,33	0,06	0,05	0,06	0,04	0,20	0,08	0,38	0,20	0,97	0,65	0,98	1,42	3,18	2,77
Schweiz																
1955/65	0,65	0,61	0,17	0,20	0,10	0,08	0,26	0,14	0,24	0,40	0,30	0,72	0,16	0,68	1,87	2,82
1965/75	0,54	0,53	0,08	0,09	0,08	0,01	–0,15	–0,02	0,23	0,19	0,65	0,88	0,58	1,30	2,01	2,99
1975/85	0,33	0,23	0,08	0,03	0,06	0,05	0,11	0,04	0,24	0,10	0,62	0,53	0,54	1,22	1,98	2,21
1985/94	0,15	0,13	0,03	0,04	0,05	0,05	0,00	0,00	–0,14	0,06	0,94	0,33	0,68	1,07	1,71	1,68

(Quelle: WHO-Daten, eigene Berechnungen mit LIFETIME)

18.5 Beiträge der Todesursachengruppen zur Zunahme der Lebenserwartung

Für Tab. 5 wird die gleiche Gruppierung der Todesursachen wie schon für Tab. 3 verwendet. Auch hier bedeuten negative Vorzeichen einen potenziellen Verlust an Lebenserwartung bei der Geburt infolge der Sterblichkeitsentwicklung an der betreffenden Todesursachengruppe.

Es passt in das Modell des epidemiologischen Übergangs, dass der Beitrag des Sterblichkeitsrückgangs an infektiösen und parasitären Krankheiten im Jahrzehnt 1955/65 am größten war und tendenziell im Zeitablauf sinkt. Doch gibt es einige bemerkenswerte Abweichungen, nämlich den größeren Beitrag bei den westdeutschen Männern im Jahrzehnt 1975/85 und insbesondere den negativen Beitrag in Westdeutschland und noch stärker in der Schweiz im letzten betrachteten Jahrzehnt.

Negative Beiträge durch eine Erhöhung der Krebssterblichkeit traten von 1955 bis 1975 bei den westdeutschen Männern, 1975/85 bei den ostdeutschen Männern und Frauen, 1955/65 bei den österreichischen Männern und 1965/75 bei den schweizerischen Männern auf. Erst im letzten Jahrzehnt werden die positiven Beiträge aus dem Rückgang der Sterblichkeit an bösartigen Neubildungen quantitativ bedeutend, schließlich handelt es sich anteilsmäßig um die zweitgewichtigste Todesursachengruppe.

Bei der quantitativ gewichtigsten Todesursachengruppe Krankheiten des Kreislaufsystems ist der Beitrag über die Jahrzehnte hinweg steigend (Ausnahme sind die schweizerischen Frauen 1985/94). Aber auch hier gibt es keine gradlinige Entwicklung. Negative Entwicklungen/Beiträge sind für die Westdeutschen und die Österreicher von 1955 bis 1975 (wo bei den Frauen die zunächst positive in eine negative Entwicklung umschlägt), für die ostdeutschen Männer von 1985 bis 1995 und für die Schweizer von 1955 bis 1975 (bei den Frauen sogar stärker als bei den Männern) zu beobachten. Im früheren Bundesgebiet und in der Schweiz erzielten die Männer im letzten Jahrzehnt sogar stärkere positive Beiträge zur Zunahme der Lebenserwartung bei der Geburt. Die in den letzten ein bis zwei Jahrzehnten bei der Senkung der Sterblichkeit an Krankheiten des Kreislaufsystems erzielten Erfolge sind beachtlich und stehen in engem Zusammenhang mit dem Rückgang der Alterssterblichkeit.

Die Beiträge des Sterblichkeitsrückgangs an Krankheiten der Verdauungsorgane (ohne Leberkrankheit und -zirrhose) sind nur im Jahrzehnt 1975/85 (in der Schweiz 1965/75) gestiegen und werden danach gering. Ein negativer Einfluss ergab sich nur für die ostdeutschen Männer von 1985 bis 1995.

Tab. 5: Beiträge der verschiedenen Todesursachengruppen zur Zunahme der Lebenserwartung (in Jahren)

Zeitraum	Infektiöse und parasitäre Krankheiten		Bösartige Neubildungen		Krankheiten d. Kreislaufsystem		Krankheiten d. Verdauungsorgane[1)]		Chronische Leberkrankheit und -zirrhose		Verletzungen u. Vergiftungen		Restgröße		Zusammen	
	M	F	M	F	M	F	M	F	M	F	M	F	M	F	M	F
Früheres Bundesgebiet																
1955/65	0,31	0,28	–0,20	0,04	–0,42	0,26	0,07	0,11	–0,12	–0,06	0,24	–0,01	1,75	2,21	1,63	2,84
1965/75	0,09	0,00	–0,06	0,19	–1,09	–1,24	0,13	0,15	–0,16	–0,04	0,01	–0,06	1,55	2,25	0,47	1,25
1975/85	0,87	0,08	0,11	0,05	0,14	0,97	0,37	0,19	0,47	0,03	0,83	0,41	0,69	1,74	3,48	3,47
1985/95	–0,09	–0,01	0,24	0,21	1,30	1,22	0,07	0,06	0,10	0,03	0,36	0,24	0,27	0,29	2,24	2,03
Ehemalige DDR																
1975/85	0,07	0,05	–0,45	–0,26	–0,22	0,19	0,21	0,23	–0,14	–0,06	0,71	0,48	0,80	0,75	0,98	1,38
1985/95	0,04	0,04	0,17	0,25	1,50	2,35	–0,02	0,01	–0,37	–0,16	–0,45	–0,12	0,82	0,88	1,69	3,24
Österreich																
1955/65	0,41	0,40	–0,08	0,10	–0,06	0,42	0,30	0,27	–0,16	–0,04	0,17	0,09	1,38	1,37	1,96	2,60
1965/75	0,25	0,14	0,14	0,22	–1,09	–1,17	0,10	0,16	–0,16	–0,05	–0,26	–0,09	2,04	2,50	1,02	1,69
1975/85	0,07	0,05	0,00	0,05	0,60	0,84	0,28	0,20	0,05	–0,01	0,56	0,26	1,22	1,33	2,78	2,72
1985/95	0,07	0,02	0,29	0,26	1,26	1,32	0,10	0,14	0,13	0,04	0,54	0,31	0,79	0,69	3,18	2,77
Schweiz																
1955/65	0,41	0,32	0,04	0,22	0,00	0,61	0,14	0,09	–0,02	–0,02	0,19	0,04	1,10	1,55	1,87	2,82
1965/75	0,09	0,06	–0,10	0,20	–0,31	0,02	0,14	0,22	0,06	0,00	0,20	–0,03	1,94	2,52	2,01	2,99
1975/85	0,07	0,07	0,08	0,07	0,91	1,37	0,13	0,12	0,03	0,01	0,28	0,09	0,48	0,48	1,98	2,21
1985/94	–0,33	–0,14	0,41	0,33	1,10	1,00	0,03	0,06	0,08	0,01	0,23	0,24	0,20	0,19	1,71	1,68

[1)] ohne chronische Leberkrankheit und -zirrhose

(Quelle: WHO-Daten, eigene Berechnungen mit LIFETIME)

Bei den Todesursachen Chronische Leberkrankheit und -zirrhose fallen die negativen Auswirkungen auf die Zunahme der Lebenserwartung auf, und zwar in Westdeutschland und Österreich von 1955 bis 1975 (bei den Österreicherinnen bis 1985), in der ehemaligen DDR seit 1975 bei den Männern und seit 1985 bei den Frauen[12] und in der Schweiz 1955/65. In der Schweiz ist der Beitrag dieser Todesursachen am unbedeutendsten, der positive Beitrag vergrößert sich aber 1985/94 (so auch in Österreich). Die Verschlechterung der Sterblichkeit an Leberkrankheiten in der ehemaligen DDR gibt ebenso Anlass zu Besorgnis[32] wie die Verlangsamung bzw. Stagnation der Verbesserung in Westdeutschland.

Bei den unnatürlichen Todesursachen ist die Entwicklung uneinheitlich. Negative Beiträge traten 1955 bis 1975 bei den westdeutschen Frauen, 1965/75 bei den Österreicherinnen und Schweizerinnen und 1985/95 in der ehemaligen DDR auf. Das Jahrzehnt 1975/85 brachte in allen betrachteten Ländern die stärksten Verbesserungen.

Bei der Restgröße gibt es tendenziell abnehmende Beiträge, die aber in der ehemaligen DDR und in Österreich auch nach 1975 noch ein wesentliches Gewicht für die Zunahme der Lebenserwartung darstellen.

18.6 Alters- und todesursachenspezifische Beiträge zum Unterschied in der Lebenserwartung

Abschließend widmen wir uns einem Vergleich der Sterblichkeitsverhältnisse in den betrachteten Ländern. Wir beschränken uns dabei auf das Jahr 1995 und auf einen Vergleich in Bezug auf das frühere Bundesgebiet. Die Tab. 6 bis 8 schlüsseln den kombinierten alters- und todesursachenspezifischen Beitrag zum Unterschied in der Lebenserwartung zwischen 2 Ländern auf, wobei das Land mit der höheren Lebenserwartung das Referenzland ist. Negative Beiträge bedeuten daher, dass das Land mit der höheren Lebenserwartung insgesamt in jenem spezifischen Bereich ein höheres Sterblichkeitsniveau aufwies. Für die Tab. 6 bis 8 haben wir übrigens die Altersgruppe der 1–14-Jährigen zusammengezogen, weil es sonst zu viele Null-Beiträge gegeben hätte.

Die Bevölkerung des früheren Bundesgebiets hatte 1995 eine um 2,53 (männlich) bzw. 1,45 (weiblich) Jahre höhere Lebenserwartung bei der Geburt als die der neuen Länder.

Die höhere Lebenserwartung der männlichen Neugeborenen in Westdeutschland resultiert insbesondere aus der niedrigeren Sterblichkeit an Krankheiten des Kreislaufsystems (1,18 Jahre), wobei die stärksten Beiträge bei den über 70-Jährigen (0,59 Jahre) und den 50–69-jährigen Männern (0,45 Jahre) erzielt werden. Deutlich niedrigere Sterblichkeit ist auch bei den unnatürlichen Todesursachen im Altersbereich 15–69 Jahre gegeben (insgesamt 0,76 Jahre) sowie an chronischer Leberkrankheit und -

---

12 Dies kann auch ein statistisches Artefakt durch adäquatere Diagnostik bzw. Verschlüsselung sein (s. Pollard 1988: 265-276).

13 Der Zeitvergleich ist nicht ganz korrekt, da für die Schweiz bei der WHO nur Daten bis 1994 vorliegen. Eine Anfrage beim schweizerischen Bundesamt für Statistik wegen der 95er Daten blieb unbeantwortet.

zirrhose, wo es bei den 30–49-Jährigen einen Lebenserwartungsbeitrag von 0,23 Jahren und bei den 50–69-Jährigen von 0,19 Jahren gibt. Es gibt aber auch negative Beiträge infolge höherer Sterblichkeit der westdeutschen Männer an infektiösen und parasitären Krankheiten ab dem 15. Lebensjahr sowie bei den übrigen Todesursachen der unter 1-Jährigen, der 15–29-Jährigen und der über 70-Jährigen.
Zur höheren Lebenserwartung neugeborener westdeutscher Mädchen trägt wiederum die niedrigere Sterblichkeit an Krankheiten des Kreislaufsystems, insbesondere der über 70-jährigen Frauen (0,98 Jahre) und der 50–69-Jährigen (0,25 Jahre), an Verletzungen und Vergiftungen in allen Altersklassen (0,22 Jahre) und an chronischer Leberkrankheit und -zirrhose bei den 30–69-Jährigen bei. Negative Auswirkungen ergeben sich aus der Sterblichkeit an den übrigen Todesursachen, insbesondere der über 70-jährigen Frauen und (wie bei den Männern) an infektiösen und parasitären Krankheiten ab dem 15. Lebensjahr.

Es bliebe noch zu erwähnen, dass Unterschiede in der Säuglingssterblichkeit nahe Null sind. In den Abb. 3a und 3b hatten wir ja eine Konvergenz der Säuglingssterblichkeit festgestellt.

Die Lebenserwartung bei der Geburt lag 1975 in Westdeutschland im Vergleich zu Österreich nur um 0,24 Jahre (männlich) bzw. 0,01 Jahre (weiblich) höher. Man könnte also meinen, ein Vergleich von Unterschieden lohne überhaupt nicht. Dies ist aber nicht der Fall, wie die Tab. 7 zeigt. Der Vorsprung bei der Lebenserwartung der männlichen Neugeborenen ergibt sich, weil die positiven todesursachenspezifischen Beiträge (1,31 Jahre) die negativen (1,07 Jahre) übertreffen. Die altersspezifischen Kompensationen sind weniger spektakulär. Die größten positiven Beiträge ergeben sich bei den unnatürlichen Todesursachen, insbesondere bei den 15–29-Jährigen (0,29 Jahre) und den 30–49-jährigen Männern (0,22 Jahre).

Von Bedeutung sind auch die niedrigere Sterblichkeit an Krankheiten des Kreislaufsystems, insbesondere bei den über 70-jährigen Männern (0,19 Jahre) und den 50–69-jährigen Männern (0,14 Jahre). Aber auch aus der niedrigeren Sterblichkeit an chronischer Leberkrankheit und -zirrhose, insbesondere der 50–69-jährigen Westdeutschen, ergibt sich ein potenzieller Vorsprung. Allerdings sind in Westdeutschland die Sterblichkeitsverhältnisse an den übrigen Todesursachen der über 50-jährigen Männer so groß, dass sie insgesamt den Vorsprung aus der Sterblichkeit an Verletzungen und Vergiftungen ausgleichen. Negative Beiträge ergeben sich des Weiteren aus infektiösen und parasitären Krankheiten und bösartigen Neubildungen ab dem 15. Lebensjahr.

Tab. 6: Beiträge der differentiellen Sterblichkeit nach Alter und Todesursache zum Unterschied in der Lebenserwartung bei der Geburt (in Jahren) im früheren Bundesgebiet und in den neuen Ländern (einschl. Ostberlin) 1995

Ursachengruppe	Alter 0		1–14		15–29		30–49		50–69		70+		Zusammen	
	M	F	M	F	M	F	M	F	M	F	M	F	M	F
Infektiöse und parasitäre Krankheiten	0,00	0,00	0,00	0,00	–0,01	–0,01	–0,07	–0,02	–0,03	–0,01	–0,02	–0,03	–0,13	–0,07
Bösartige Neubildungen	0,00	0,00	0,00	0,01	0,01	0,00	0,01	–0,02	0,17	0,00	0,03	0,00	0,23	–0,01
Krankheiten des Kreislaufsystems	0,00	0,00	–0,01	0,00	0,00	0,01	0,14	0,03	0,45	0,25	0,59	0,96	1,18	1,25
Krankheiten der Verdauungsorgane[1)]	0,00	0,00	0,00	0,00	0,00	0,00	0,05	0,01	0,04	0,03	0,00	0,01	0,09	0,04
Chronische Leberkrankheit und –zirrhose	0,00	0,00	0,00	0,00	0,01	0,00	0,23	0,08	0,19	0,07	0,00	0,00	0,42	0,15
Verletzungen und Vergiftungen	0,02	0,01	0,05	0,03	0,25	0,06	0,30	0,05	0,11	0,04	0,03	0,04	0,76	0,22
Restgröße	–0,02	0,02	0,00	–0,01	–0,02	0,00	0,06	0,01	0,02	–0,01	–0,08	–0,14	–0,03	–0,13
Zusammen	0,00	0,03	0,06	0,01	0,25	0,06	0,72	0,15	0,95	0,36	0,56	0,84	2,53	1,45

[1)] Ohne chronische Leberkrankheit und -zirrhose (Quelle: WHO-Daten, eigene Berechnungen mit LIFETIME)

Tab. 7: Beiträge der differentiellen Sterblichkeit nach Alter und Todesursache zum Unterschied in der Lebenserwartung bei der Geburt (in Jahren) im früheren Bundesgebiet und in Österreich 1995

Ursachengruppe	Alter 0		1–14		15–29		30–49		50–69		70+		Zusammen	
	M	F	M	F	M	F	M	F	M	F	M	F	M	F
Infektiöse und parasitäre Krankheiten	0,00	0,00	0,00	0,00	–0,02	0,01	–0,09	0,02	–0,04	0,02	–0,03	0,04	–0,17	0,09
Bösartige Neubildungen	0,00	0,00	0,00	0,00	–0,01	0,00	–0,03	0,00	–0,07	0,04	–0,04	0,02	–0,16	0,07
Krankheiten des Kreislaufsystems	0,00	0,00	0,00	0,00	0,01	0,00	0,05	–0,03	0,14	–0,07	0,19	–0,49	0,39	–0,58
Krankheiten der Verdauungsorgane[1)]	0,00	0,00	0,00	0,00	0,00	0,00	0,00	0,00	0,00	0,01	–0,02	0,03	0,00	0,04
Chronische Leberkrankheit und -zirrhose	0,00	0,00	0,00	0,00	0,00	0,00	0,06	0,00	0,11	–0,02	0,02	–0,01	0,19	–0,03
Verletzungen und Vergiftungen	0,00	0,00	0,05	–0,01	0,29	–0,03	0,22	–0,04	0,13	–0,04	0,03	–0,01	0,73	–0,14
Restgröße	–0,01	–0,02	–0,01	0,01	–0,04	0,03	–0,11	0,06	–0,26	0,16	–0,30	0,32	–0,74	0,56
Zusammen	0,00	–0,02	0,02	0,01	0,23	0,01	0,10	0,01	0,02	0,09	–0,13	–0,09	0,24	0,01

[1)] Ohne chronische Leberkrankheit und -zirrhose

(Quelle: WHO-Daten, eigene Berechnungen mit LIFETIME)

Tab. 8: Beiträge der differentiellen Sterblichkeit nach Alter und Todesursache zum Unterschied in der Lebenserwartung bei der Geburt (in Jahren) in der Schweiz 1994 und im früheren Bundesgebiet 1995

Ursachengruppe	Alter 0		1–14		5–29		30–49		0–69		0+		Zusammen	
	M	F	M	F	M	F	M	F	M	F	M	F	M	F
Infektiöse und parasitäre Krankheiten	–0,03	–0,02	–0,01	0,00	–0,05	–0,03	–0,15	–0,06	0,00	0,01	0,01	0,01	–0,24	–0,11
Bösartige Neubildungen	0,00	0,00	0,01	0,02	0,01	0,02	0,09	0,11	0,30	0,19	0,11	0,31	0,52	0,64
Krankheiten des Kreislaufsystems	0,00	0,00	0,00	0,00	0,01	0,00	0,07	0,05	0,53	0,30	0,54	0,86	1,14	1,21
Krankheiten der Verdauungsorgane[1]	0,00	0,00	0,00	0,00	0,00	0,00	0,01	0,01	0,03	0,03	0,04	0,06	0,08	0,11
Chronische Leberkrankheit und –zirrhose	0,00	0,00	0,00	0,00	0,00	0,00	0,07	0,04	0,11	0,06	0,03	0,03	0,21	0,13
Verletzungen und Vergiftungen	0,00	0,00	–0,04	–0,02	–0,27	–0,08	–0,16	–0,07	–0,07	–0,04	–0,07	–0,09	–0,60	–0,31
Restgröße	0,05	0,04	–0,03	0,00	0,01	0,01	0,14	0,01	0,14	–0,01	0,00	0,05	0,30	0,10
Zusammen	0,02	0,01	–0,07	–0,01	–0,28	–0,08	0,06	0,09	1,04	0,53	0,65	1,23	1,41	1,78

[1] Ohne chronische Leberkrankheit und -zirrhose

(Quelle: WHO-Daten, eigene Berechnungen mit LIFETIME)

Bei den Frauen ist im Vergleich zu den Männern fast alles umgekehrt. Die Österreicherinnen haben eine niedrigere Sterblichkeit an Krankheiten des Kreislaufsystems (0,58 Jahre), insbesondere bei den über 70-Jährigen (0,49 Jahre), aber auch an unnatürlichen Todesursachen (0,14 Jahre). Dagegen schneiden westdeutsche Frauen bei den übrigen Todesursachen besser ab (0,56 Jahre), wiederum insbesondere bei den über 70-Jährigen (0,32 Jahre), und auch bei den infektiösen und parasitären Krankheiten (0,09 Jahre) und bei den bösartigen Neubildungen (0,07 Jahre).Die Lebenserwartung bei der Geburt ist in der Schweiz[14] im Vergleich zu Westdeutschland um 1,41 Jahre (männlich) bzw. 1,78 Jahre (weiblich) höher.

Bei den Männern haben die Schweizer insbesondere ab dem Alter von 50 Jahren eine günstigere Sterblichkeit an Krankheiten des Kreislaufsystems (1,14 Jahre), die sich fast zu gleichen Teilen von über einem halben Jahr für die Altersgruppen 50–69 und 70+ ergeben. Ein bedeutender Beitrag resultiert aus der niedrigeren Krebssterblichkeit der 50–69-Jährigen (0,3 Jahre) und der über 70-jährigen Männer (0,11 Jahre). Weitere positive Effekte ergeben sich aus der niedrigeren Sterblichkeit an chronischer Leberkrankheit und -zirrhose (0,21 Jahre) und an den übrigen Todesursachen (0,3 Jahre), hier insbesondere zwischen 30 und 69 Jahren. Die westdeutschen Männer schneiden dagegen bei Verletzungen und Vergiftungen (0,6 Jahre), insbesondere bei den 15–29-Jährigen (0,27 Jahre) und den 30–49-Jährigen (0,16 Jahre) besser ab, wie auch hinsichtlich der Sterblichkeit an infektiösen und parasitären Krankheiten (0,24 Jahre), insbesondere bei den 30–49-Jährigen (0,15 Jahre).

Die Schweizerinnen verdanken ihren Vorsprung in der Lebenserwartung bei der Geburt ganz besonders der niedrigeren Sterblichkeit an Krankheiten des Kreislaufsystems (1,21 Jahre), insbesondere bei den über 70-Jährigen (0,86 Jahre) und den 50–69-Jährigen (0,3 Jahre), aber auch bei der Krebssterblichkeit (0,64 Jahre), hier auch bei den über 70-Jährigen (0,31 Jahre), aber auch schon bei den 30–69-Jährigen. Vorteile gibt es des Weiteren aus der niedrigeren Sterblichkeit an Krankheiten der Verdauungsorgane (0,11 Jahre), der chronischen Leberkrankheit und -zirrhose (0,1 Jahre) und den übrigen Todesursachen (0,1 Jahre). Allerdings haben die westdeutschen Frauen leicht günstigere Sterblichkeitswerte an infektiösen und parasitären Krankheiten (0,11 Jahre), und bei den unnatürlichen Todesursachen (0,31 Jahre).

18.7 Schlussfolgerungen

Demographische Untersuchungen geben Anhaltspunkte über Möglichkeiten der Verbesserung der medizinischen Forschung und Betreuung. Die beachtlichen Vorsprünge in der Senkung der Alterssterblichkeit in der Schweiz, insbesondere bei der Bekämpfung der Krankheiten des Kreislaufsystems und der bösartigen Neubildungen, die heute die wichtigsten Killer geworden sind, geben Anlass zu der Hoffnung, dass auch die anderen hier betrachteten Länder weitere wesentliche Erfolge bei der Senkung der Alterssterblichkeit erzielen können.

Die Unfallsterblichkeit bei den jungen Männern lässt ebenfalls Verbesserungs-

---

[14] Der Zeitvergleich ist nicht ganz korrekt, da für die Schweiz bei der WHO nur Daten bis 1994 vorliegen. Eine Anfrage beim schweizerischen Bundesamt für Statistik wegen der 95er Daten blieb unbeantwortet.

möglichkeiten zu, wozu zweifelsohne auch vernünftigeres, verantwortungsvolles Verkehrsverhalten gehört. Auch der Alkoholismus gehört hier, aber auch bei der Leberzirrhose, angesprochen.

Der Wiederanstieg an Infektionskrankheiten sowohl in der Schweiz als auch in Westdeutschland muss bedenklich stimmen. Auch wenn es sich um eine in den Industrieländern relativ seltene Todesursache handelt, so passt dieser Anstieg nicht in das Bild des epidemiologischen Übergangs. In den heutigen Entwicklungsländern sind Infektionskrankheiten noch die dominante Todesursachengruppe, die es zu bekämpfen gilt. In einigen der ärmsten Länder nehmen Infektionskrankheiten, sogar solche, die man für ausgerottet hielt, wieder zu. Hinzu kommt die Bedrohung durch AIDS. Obwohl in den meisten Ländern Malaria und Cholera, Diphtherie und Tuberkulose ungleich größere Killer sind, wird AIDS zu Recht als unheimliche Krankheit ernst genommen. Die Forschung zur Bekämpfung von Infektionskrankheiten darf also nicht nachlassen.

19

Allgemeine Epidemiologie

Dankmar Böhning

Einleitung

Die Epidemiologie wird als die Methode der Public Health angesehen. Folgerichtig spielt sie bei der in Deutschland erfolgenden Einrichtung von Studiengängen zur Public Health eine zentrale Rolle. Dabei ist es bemerkenswert, dass trotz ihrer zentralen Bedeutung zwar eine Vielzahl von fachspezifischen Einzelpublikationen in der deutschen Epidemiologie vorliegen, jedoch kaum breit angelegte Einführungstexte zur Verfügung stehen. In diesem Handbuchartikel soll nun eine solche, breitere Einführung vorgelegt werden. In der allgemeinen Epidemiologie werden die Vorgehensweisen und Methoden der Epidemiologie diskutiert, die allen Epidemiologien gemeinsam ist oder gemeinsam sein könnte. Sehr häufig sind dies methodische Elemente. Daher stehen in diesem Beitrag auch methodische Betrachtungen im Vordergrund.

19.1 Was ist Allgemeine Epidemiologie?[1]

19.1.1 Krankheiten und ihre Verteilungen in Populationen

Die Epidemiologie beschäftigt sich mit der Verbreitung von Krankheiten in der Bevölkerung und Faktoren, die mit ihrer Verbreitung in Verbindung stehen. Dazu wird ihre Verbreitung gemessen und das Resultat dieser Messung, ihre Verteilung untersucht. Zum Beispiel kann von Interesse sein, wieviele Frauen im Jahre 1992 in der Bundesrepublik Deutschland an Lungenkrebs erkrankt sind. Diese grundlegenden epidemiologischen Informationen sind sicherlich in vielen Zusammenhängen wichtig, beispielsweise kann es für Planungsaufgaben im Gesundheitswesen wichtig sein, zu wissen, mit wievielen AIDS-Fällen man im Jahre 2010 zu rechnen haben wird. Schon diese recht elementare Fragestellung macht deutlich, dass eine solche Prognose nicht nur in der Angabe einer konkreten Zahl bestehen kann, sondern mindestens einen Bereich ausweisen müsste, mit wievielen Fällen günstigstenfalls und mit wie-

---

[1] Das Wort hat die drei griechischen Stämme: *epi* = über, *demos* = das Volk, *logos* = Lehre, bedeutet also wörtlich übersetzt: „die Lehre über das Volk" und weist auf den engen Bezug zu einer anderen Lehre, die den *demos*-Stamm enthält: die Demographie.

vielen Fällen schlimmstenfalls zu rechnen ist. Dieses Beispiel macht deutlich, dass die Erarbeitung schon einfacher epidemiologischer Kenntnisse die Berücksichtigung des Zufalls unbedingt erfordert. Die Wissenschaft, die sich mit der Rolle des Zufalls und seiner Kontrolle beschäftigt, ist die Statistik, und in dem Maße, wie sie sich mit medizinischen Fragestellungen befasst, die medizinische Statistik und Biometrie. Diese Tatsache hat oft den Eindruck hervorgerufen, dass die Allgemeine Epidemiologie quasi Teil der Medizinischen Statistik ist. Dies ist ohne Zweifel nicht so, da letztere formal auf die Entwicklung des Methodenapparates wie z. B. geeignete Messinstrumente, diagnostische und statistische Tests o. ä. ausgerichtet ist bzw. substantiell auch empirische Untersuchungsformen enthalten, die primär nicht der Epidemiologie zuzurechnen sind wie die randomisierte klinische Therapiestudie. Auf der anderen Seite wird oft der Versuch unternommen, methodisch-statistische Konzepte aus der Epidemiologie zu verbannen, oft unter dem Deckmantel einer deutschen Version der medizinischen Epidemiologie. Legt man internationale Maßstäbe zugrunde, und hier dient als Messlatte oft immer noch der anglo-amerikanische Raum, so findet man, dass stochastische Konzepte aus der Epidemiologie nicht wegzudenken sind (Ahlboom, Norell 1991; Breslow, Day 1980). Nach Auffassung des Autors sind die Grenzen zwischen Allgemeiner Epidemiologie und Medizinischer Statistik fließend, wobei je nach wissenschaftlichem Standpunkt die eine oder andere Seite nuancierter Gewichtung bekommt. Man kann sich beide Gebiete in einem Schaubild vielleicht so vorstellen, wobei sich der schraffierte Teil in einer besonders lebhaften Entwicklung befindet, wie das ja häufig bei wissenschaftlichen Grenzgebieten der Fall ist.

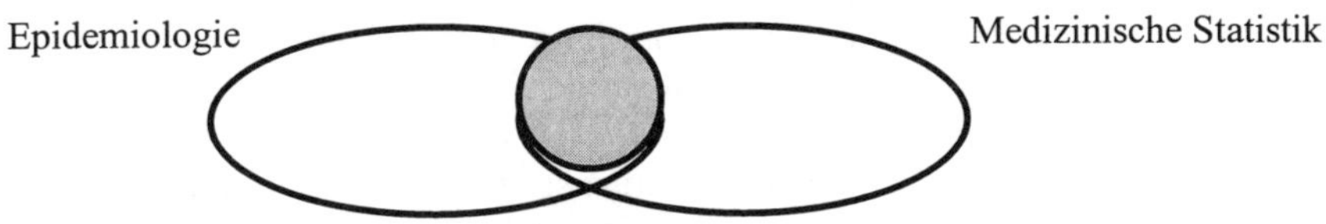

Abb. 1: Abgrenzung der Gebiete Epidemiologie und Medizinische Statistik

Nach Auffassung des Autors sollte die Einheit des wissenschaftlichen Standpunktes und Vorgehens Betonung finden, der das Gemeinsame und Verbindende der wissenschaftlichen Idee hervorhebt und Grenzen zu überwinden sucht. So kann, um ein Beispiel zu geben, ein Epidemiologe sich nicht erfolgreich um die Entwicklung eines geeigneten Studientypes zur Beantwortung epidemiologischer Fragen bemühen, ohne dabei gleichzeitig die Frage zu betrachten, wie im Rahmen der Studie epidemiologische Maßzahlen, wie z. B. das Relative Risiko, richtig geschätzt werden können.

Unter diesen Vorzeichen ist der vorliegende Beitrag entstanden, der ausgehend von typischen epidemiologischen Fragestellungen, über die jeweiligen Studientypen auf die jeweils typische statistische-epidemiologische Inferenz führt. Dies soll unter *Allgemeiner Epidemiologie* verstanden werden, im Gegensatz etwa zu den Einzeldisziplinen der Epidemiologie wie die Epidemiologie der Herzkreislauferkrankungen, der Krebsepidemiologie, der Epidemiologie der Erkrankungen des Bewegungsapparates, der Epidemiologie der Geschlechtskrankheiten und HIV-Infektionen, der Epidemiologie der Verkehrsunfälle usw.. Für eine kurzübersichtliche Einführung in diese Einzeldisziplinen sei auf das jüngst erschienene Lehrbuch von Brennecke und Schelp (1993) verwiesen.

Häufig wird noch in *deskriptive* und *analytische* Epidemiologie unterschieden. Diese Unterscheidung zielt meist auf ein unterschiedliches methodisches Vorgehen bei der Behandlung eines bestimmten Themas ab (Pflanz 1973: 2). Trotz fließender Übergänge hat die deskriptive Epidemiologie mehr die Beschreibung der Verteilung von Krankheiten in Populationen im Auge, während sich die analytische Epidemiologie mehr mit der Untersuchung von gezielten Hypothesen zu Zusammenhängen von Krankheiten und deren möglicher Determinanten beschäftigt.

19.1.2 Krankheitsentstehung, Expositionen und Risiko/ Präventivfaktoren

Damit ist der Übergang zu der zweiten, vielleicht interessanteren und wichtigeren Seite der Epidemiologie erreicht. Diese wendet sich der Frage zu, welche Faktoren die Krankheitsentstehung beeinflussen. Das epidemiologische Forschen nach Krankheitsursachen hat eine lange Tradition und war zu Beginn der epidemiologischen Wissenschaft hauptsächlich auf Infektionskrankheiten ausgerichtet. Berühmt ist Snow's Studie 1855 zur Cholera in London[2] und die dazugehörige Karte (Pflanz 1973: 134), in der neben den Krankheitsfällen die verschiedenen Trinkwasserbrunnen im Golden-Square-Distrikt von London eingezeichnet sind. Es ist eine deutliche Klumpung der Cholera-Fälle um den kontaminierten Brunnen zu erkennen, der zwischen Brauerei und Armenhaus gelegen ist.
Die Epidemiologie war in ihrer frühen Phase dominiert von der Untersuchung der Infektionskrankheiten, also den Epidemien. Man stellte fest, dass die Verbreitung ansteckender Infektionskrankheiten in auffälliger Weise variierte, ja sogar manchmal zyklischen Verläufen zu gleichen schien, mit drastischen Maximalwerten, den Epidemien. Es wurde erkannt, dass Menschen die Kontakt zu Erkrankten hatten, oft selbst erkrankten, und dass die wieder Gesundeten selten wieder erkrankten. Epidemien hatten in Europa gewaltige Ausmaße angenommen und die Bevölkerungen manchmal drastisch dezimiert. Im Laufe des medizinischen Fortschritts konnten viele Infektionskrankheiten erfolgreich bekämpft werden. Bedeutsam war das Modell von Koch über das Zusammenspiel von Wirt, Agens und Umwelt, auch als das Kochsche Dreieck bekannt.[3] Danach kann es nur dann zu einer Erkrankung kommen, wenn alle drei Bedingungen zur gleichen Zeit am gleichen Ort zusammenkommen. Etwa bei der Cholera muss das Vorhandensein des Agens, des Bakterium Vibrio cholerae mit der Beschaffenheit der Umwelt, etwa der Möglichkeit zur Kontaminierung des Trinkwassers, mit einem entsprechenden Zustandes des Wirtes, etwa einer geschwächten Immunitätslage des Menschen zusammenkommen. Die Bekämpfung der Krankheitsausbreitung kann an allen drei Ecken des Kochschen Dreiecks ansetzen.

---

[2] Sie gilt heute auch als eine der historischen Wurzeln der kartografischen Epidemiologie, die mit Hilfe von Krankheitskarten Risikoquellen auf die Spur kommen will.

[3] Manchmal muss es noch durch eine vierte Ecke (den Vektor) ergänzt werden, wie etwa bei der Malaria.

So können, um beim Beispiel der Cholera zu bleiben, als prophylaktisch wirksame Maßnahmen sowohl die Aufbereitung des Trinkwassers als auch die richtige Entsorgung der Fäkalien als auch die Verbesserung der körperlichen Verfassung der Bevölkerung angesehen werden. Die allgemeinen Theorien über die Ausbreitung von infektiösen Krankheiten und ihre Bekämpfung beinhalten theoretische Modelle, die in ihren elaboriertesten Formen nicht ganz leicht zu verstehen sind. In den Industrienationen ist aufgrund eines relativ hohen Standards von Prophylaxe und Therapie die Bedeutung infektiöser Erkrankungen zurückgegangen. Teilweise hatte man sogar die Hoffnung, dass es gelingen würde, manche Infektionskrankheiten ganz von der Erde zu verbannen, was sich in vielen Fällen als nicht möglich gezeigt hat, wie etwa bei der Malaria. Im Jahre 1994 trat eine Epidemie[4] von Lungenpest in Indien auf, die von großem öffentlichen Interesse und teilweise emotionalen, panischen Überreaktionen begleitet war, das sich auch in einem entsprechenden Medieninteresse niederschlug.

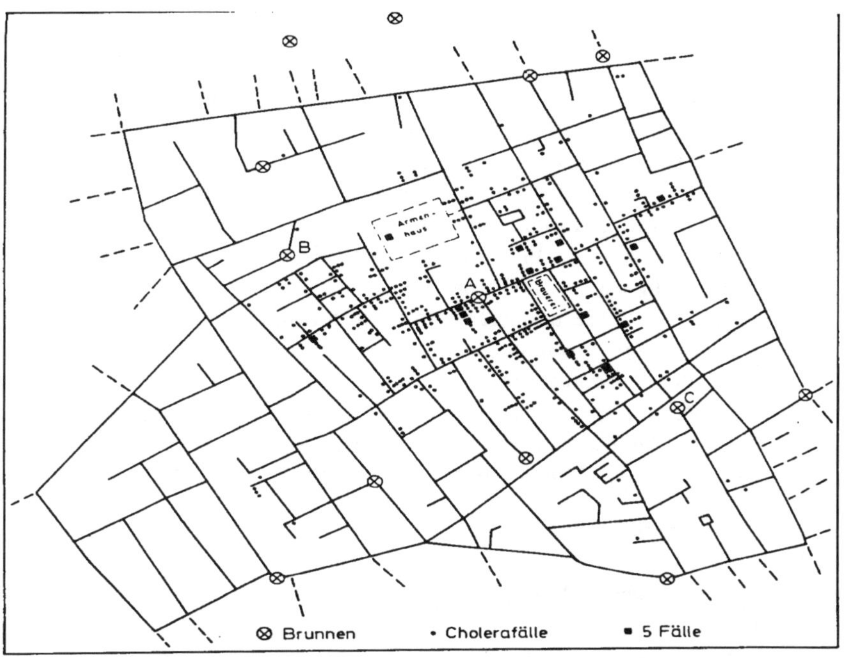

Abb. 2: Der Ausbruch der Cholera im Golden-Square-Gebiet von London im August und September 1854 (nach Pflanz 1973: 134)

[4] Allerdings wurde von offiziellen Stellen immer wieder darauf verwiesen, dass es sich um keine eigentliche „Epidemie" handele – geprägt von dem Wunsch der Gesundheitsbehörden die auftretenden Panikreaktionen zu dämpfen.

Neue Infektionskrankheiten wie AIDS sind hinzu gekommen, so dass Kenntnisse über die Allgemeine Epidemiologie infektiöser Erkrankungen weiterhin zu einem wichtigen Bestandteil epidemiologischen Wissens gehören.

In den letzten Jahrzehnten richtete sich das Interesse zunehmend auf die Epidemiologie *nicht-infektiöser* Erkrankungen, wie die der malignen Erkrankungen. So konnte die Bedeutung des Rauchens bei der Entstehung des Lungenkrebses gefunden werden. Andere Studien wiesen auf die Bedeutung ionisierender Strahlen oder chemischer Substanzen bei der Entstehung mancher Krebsarten hin. Ein weiteres großes Anwendungsgebiet der Epidemiologie sind die kardiovaskulären Erkrankungen. Der Herzinfarkt ist zu einer der führenden Todesursachen in den Industrienationen geworden. In der Epidemiologie wird nun untersucht, welche *Faktoren* oder *Expositionen* mit der jeweiligen Erkrankung zusammenhängen. Häufig ist nicht nur ein Faktor relevant, sondern ein ganzes Spektrum von Faktoren, man spricht auch von einer *multifaktoriellen* Erkrankungsursache. Für die kardiovaskulären Erkrankungen ist dies das Spektrum „Lebensstil", hinter dem sich Faktoren wie Stress, geringe körperliche Aktivität, hohe Kalorienzufuhr und hoher Anteil gesättigter Fettsäuren in der Nahrung verbergen (Ahlbohm, Norell 1991: 9).

Faktoren oder Expositionen, bei deren Vorhandensein die Erkrankungswahrscheinlichkeit erhöht ist, werden *Risikofaktoren* genannt. Ein wichtiges Ziel epidemiologischen Vorgehens ist das Auffinden solcher Risikofaktoren. Die Kenntnis solcher Risikofaktoren ermöglicht erst die sinnvolle Ausarbeitung präventivmedizinischer Konzepte. Oft wird die Epidemiologie als die *Basismethode* der Sozialmedizin, jedenfalls dort, wo sie sich als Präventivmedizin versteht, bezeichnet (Keil 1986). Unter Präventivmedizin versteht man nach Keil (1986) alle medizinischen und sozialen Anstrengungen, die Gesundheit zu fördern und Krankheit und Unfälle sowie deren Folgen zu verhüten. In ähnlicher Intention definieren Brennecke und Schelp (1993: 9) das Ziel der *Sozialmedizin* die „effektive und effiziente Vermeidung oder Bewältigung gesundheitlicher Probleme und deren soziale Folgen bei Einzelnen und in der Bevölkerung". Ähnlich räumen sie der Epidemiologie die Bedeutung *der* Methode der Sozialmedizin ein. Man kann sich dies schematisch so vorstellen:

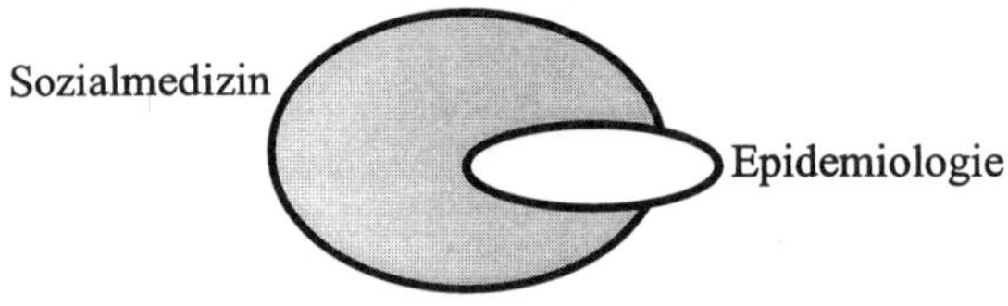

Abb. 3: Abgrenzung der Gebiete Sozialmedizin und Epidemiologie

Präventivmedizinische Konzepte haben in viele Bereiche unseres gesellschaftlichen Lebens Eingang gefunden. Es seien die Trinkwasserfluoridierung, die Warnungen vor dem Zigarettenrauchen, die Elimination von kanzerogenen Stoffen am Arbeitsplatz, die Geschwindigkeitsbegrenzungen im Straßenverkehr oder die Einführung von Krankheitsfrüherkennungsuntersuchungen erwähnt. Aber nicht nur bei der Etablierung eines Risikofaktors (der sog. Epidemiologischen Beweisführung und ihrer verschiedenen Stadien) spielen epidemiologische Methoden eine große Rolle, auch bei der Begleitung präventiv-medizinischer Maßnahmen übernimmt die Epidemiologie eine wichtige Funktion. Dies trifft nicht nur für nicht-infektiöse Erkrankungen zu, bei denen man in der Regel durch geeignete Vergleichsgruppen recht zuverlässige Effektschätzungen erhalten kann, sondern insbesondere auch für Interventionsprogramme wie Impfungen zur Bekämpfung infektiöser Erkrankungen. Hier hat man in der Regel keine geografisch und zeitlich verfügbare Vergleichsgruppe, in der man der Epidemie „freien Lauf" gelassen hat. Diese Situation stellt hohe Anforderungen an die Modellbildung in der Epidemiologie, da es auch gerade hier auf eine Effektivitätsanalyse ankommt. Allein aus einem etwaigen Rückgang der Neuerkrankungsraten auf einen Erfolg des Präventionsprogrammes zu schließen, ist angesichts des zyklischen Verlaufes vieler Epidemien auch bei keinerlei Intervention äußerst bedenklich.

In der Prävention wird die *primäre* von der *sekundären* und *tertiären* unterschieden. Unter der primären Prävention versteht man „die Förderung der Gesundheit und die Verhütung von Krankheit durch Beseitigung eines oder mehrerer ursächlicher Faktoren, Erhöhung der Resistenz von Individuen und Veränderung von Umweltfaktoren, die ursächlich oder als Überträger an der Krankheitsentstehung beteiligt sind" (Keil 1986: 89). Unter sekundärer Prävention versteht man Krankheitsfrüherkennung und nachfolgende Behandlung, während die tertiäre Prävention die Aufgabe hat, bei eingetretener Krankheit ein Fortschreiten bzw. Rezidivbildung zu verhüten. Bei der primären Prävention wird weiterhin zwischen Maßnahmen *spezifischer* und *unspezifischer* Art unterschieden. Unspezifische Maßnahmen der primären Prävention dienen allgemein der Gesundheit des Einzelnen und der Bevölkerung, ohne dass sie auf die Prävention einer *spezifischen* Krankheit ausgerichtet sind. Zu solchen Maßnahmen zählen etwa gute Ernährung, adäquate Wohnverhältnisse oder Kleidung, ausreichender Erholungsurlaub, o. ä. Zu den spezifischen präventiven Maßnahmen zählen etwa Impfungen (gegen Masern, Pocken, Poliomyelitis, Tetanus, usw.). Die weltweite Ausrottung der Pocken ist als großer Erfolg spezifischer, primärer Prävention zu nennen. Bei den nicht-infektiösen Krankheiten können als Beispiele primäre Prävention alle die Maßnahmen genannt werden, die zu einer Senkung des Risikofaktors bzw. der Exposition bis hin zur Nicht-Exposition führen, wie etwa das Einstellen des Rauchens (Reduktion des Lungenkrebsrisikos), die Reduktion des Alkoholkonsums (Reduktion des Risikos für Leberzirrhose) oder das Anlegen des Sicherheitsgurtes im Straßenverkehrs (Dämpfung der Verletzungsfolgen aufgrund eines Verkehrsunfalles).

Diese Beispiele mögen genügen, um auf die enge Verknüpfung von epidemiologischen Modellen der Krankheitsentstehung (Risikofaktormodell) und Krankheitsprävention zu verweisen.[5]

---

5 In diesem Zusammenhang wird in der Literatur an manchen Stellen darauf hingewiesen, dass es wenig Sinn macht, *unveränderliche* Faktoren wie das Geschlecht oder die Hautfarbe als Riskofaktoren zu bezeichnen, da sie ja nicht verändert werden können. Dieser Ansicht soll sich hier nicht angeschlossen werden, da es durchaus einen präventivmedizinischen Sinn macht, etwa hellhäutige Menschen vor einer direkten Sonneneinstrahlung zu warnen, um hier Hautkrebsrisiko zu senken (wie auch die unangenehmen Folgen des Sonnenbrandes).

19.2 Epidemiologische Grundlagen

19.2.1 Epidemiologische Studientypen und epidemiologische Studienplanung

Die Wahl des Studientyps ist der Kern einer geplanten epidemiologischen Studie. Diese Wahl hängt von vielerlei Gesichtspunkten ab, insbesondere der Art der Fragestellung und der Qualität der zu untersuchenden Hypothesen, so dass im Einzelnen zu prüfen ist, welcher Studientyp bei der gegebenen Fragestellung angemessen und auch durchführbar ist. Im folgenden sollen nun einige Prototypen epidemiologischer Studientypen vorgestellt werden.

Bei *Querschnittsstudien* wird zu einem bestimmten Zeitpunkt bzw. in einer bestimmten Zeitspanne die Population oder Teile davon, im Idealfalle mit einer *repräsentativen* Stichprobe untersucht. Dabei bedeutet *repräsentativ*, dass die Verteilung der relevanten Merkmale der Stichprobe mit denen der Population übereinstimmt. Eine häufige Methode der Herstellung einer repräsentativen Stichprobe ist die *Zufallsstichprobe*, deren wesentliches Kennzeichen ist, dass jedes Element der Grundgesamtheit die gleiche Wahrscheinlichkeit besitzt, in die Stichprobe aufgenommen zu werden, und dass die Auswahl unterschiedlicher Stichprobenelemente unabhängig voneinander geschieht.[6] Die Querschnittsstudie wird häufig in der Epidemiologie zur Schätzung der *Prävalenz* verwendet. Die *Prävalenz* bezeichnet die Anzahl der Erkrankungsfälle zu einem *bestimmten Zeitpunkt* (Punktprävalenz) bzw. in einem *bestimmten Zeitabschnitt* (Periodenprävalenz)[7] bezogen auf die betrachtete Grundgesamtheit. Querschnittsstudien erlauben auch zu einem gewissen Maß die Untersuchung von Zusammenhängen von Expositionen und Erkrankungen. Die aus solchen Untersuchungen hervorgehenden Schätzungen des Relativen Risikos werden auch Prävalenz-Relatives-Risiko bzw. Prävalenz-Odds-Ratio (Kap. 19.3 u. 19.4) genannt. Es ist jedoch oft nicht möglich, in dieser Form von Studientyp eine zeitliche Abfolge von Exposition und Erkrankung zu rekonstruieren; bei den meisten Erkrankungen spielt überdies die *Dauer* der Exposition eine zentrale Rolle, die mit diesem Studientyp nur unzureichend analysiert werden kann. Die Vorteile dieser Studie liegen in ihrer leichten Praktikabilität, Durchführbarkeit, und logistischen Handhabbarkeit.

Bei der *Kohorten- (oder prospektiven)* Studie werden Gruppen bzw. Stichproben aus der *nicht-erkrankten* Population betrachtet, die sich im Allgemeinen hinsichtlich verschiedener Expositionen unterscheiden, und stellt dann fest, wieviele der Personen unter Risiko[8] im Studienzeitraum (z. B. 12 Monate, 5 Jahre usw.) an der interessierenden Erkrankung erkranken. Die epidemiologische Maßzahl wird hier oft die *Inzi-*

---

6 Häufig liegt der Zufallsstichprobe die Vorstellung des Urnenprinzips zugrunde. Alle Mitglieder einer Population werden durchnumeriert und die entsprechenden Zahlen in eine Urne gelegt, aus der dann sooft gezogen wird, wie der Umfang der Stichprobe erfordert. Nach jeder Ziehung ist zur Herstellung gleicher Chancen sorgfältig zu mischen. Heute bieten fast alle statistischen Programmpakete wie *Statgraphics* oder *Minitab* Möglichkeiten zur Realisierung solcher Zufallsstichproben.

7 Welche Form der Prävalenz man wählen wird, hängt von der Form der betrachteten Erkrankung ab: bei chronischen, langdauernden Erkrankungen wird man eher die Punktprävalenz, bei akuten, kurzzeitigen Erkrankungen eher die Periodenprävalenz wählen.

8 Dies sind die Personen, die zu Beginn der Kohortenstudie vorhanden waren.

denz (Kap. 19.2.2) sein. Am Ende der Kohortenstudie steht die Möglichkeit, das Erkrankungsrisiko in allen Kohorten direkt zu schätzen und miteinander in Beziehung zu setzen. Von allen epidemiologischen Studientypen wird diesem die höchste Überzeugungskraft zugeschrieben. Sie hat jedoch auch eine Reihe von Nachteilen, die in dem oft langen Studienzeitraum (z. B. gibt es Kohortenstudien mit einem Studienzeitraum von einem halben Jahrhundert) und dem komplexen Studienverlauf (Mobilität der Teilnehmer, „Drop-Out"-Problematik, Wechseln der Exposition, usw.) zu sehen sind. Häufig versterben auch die mit der Durchführung betrauten Arbeitsgruppen. Die Kosten und die Aufwendungen von Kohortenstudien sind im Allgemeinen hoch.

Fall-Kontrollstudien beginnen mit *erkrankten* Personen, die nachträglich auf das Vorliegen einer interessierenden Exposition untersucht werden. Dies wird in einem zweiten Schritt an einer Gruppe oder Stichprobe von *Kontrollpersonen* in analoger Weise durchgeführt. Es gehört zu den bemerkenswerten Resultaten der Epidemiologie, dass auch mit diesem Studientyp das relative Erkrankungsrisiko (zumindest approximativ) geschätzt werden kann (Kap. 19.4). Der Vorteil dieses Studientypes (insbesondere im Vergleich zur Kohortenstudie) liegt in der kurzen Studiendauer, in der Eignung für Erkrankungen mit langer Latenzzeit und geringer Inzidenz, dem kleinen personellen und finanziellen Aufwand. Das häufige Problem der Fall-Kontrollstudien ist die fehlende Repräsentativität der Kontrollstichprobe, da oft auf Krankenhauspatienten als Kontrollpopulation zurückgegriffen wird. Man unterscheidet noch, ob die Fall-Kontrollstudie *unter Paarbildung* durchgeführt wird. Beide Prinzipien habe Vor- und Nachteile wie in Kap. 19.5 ausgeführt werden wird. Wie auch immer entschieden wird, mit oder ohne Paarbildung die Studie durchzuführen, es muss beim weiteren methodischen Vorgehen berücksichtigt werden.

Ein weiterer Studientyp, der häufig in der Epidemiologie Verwendung findet, ist die *ökologische* Studie. Hier dient als statistische Einheit nicht die Person, sondern ganze Gruppen von Personen bilden die Basis, auf die sich die Informationen beziehen. Häufig werden eine ganze Reihe von Daten auf der Basis bestimmter Aggregierungen gesammelt. So stehen oft Informationen auf Kreis oder Regierungsbezirksebene in der Bundesrepublik zur Verfügung oder werden von den Statistischen Ämtern zur Verfügung gestellt. So kann auf Kreisebene nicht nur die Rate der Lungenkrebstodesfälle sondern auch der Raucheranteil, der durchschnittliche Alkoholkonsum, die durchschnittliche Luftverschmutzung im TSP (total suspended particle), Jahresmittel o. ä. ermittelt werden. Es liegt nun nahe, diese aggregierten Daten weiter zu analysieren. Dabei wird immer wieder vor dem *ökologischen Fehlschluss* gewarnt. Dieser wird in der Abb. 4 verdeutlicht.

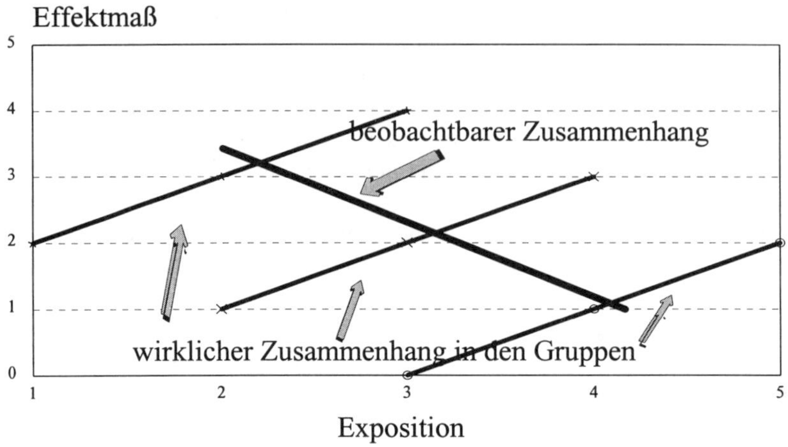

Abb. 4: Möglicher Fehlschluss in der ökologischen Studie

Während in den Individualdaten ein positiver Effekt mit der Exposition zu erkennen ist, kehrt sich dieser ins Negative um, wenn man nur Expositionsmittelwerte betrachtet. Trotzdem erfreut sich dieser Ansatz großer Beliebtheit, weil er wenig aufwendig und mit relativ elementaren Mitteln zu verwirklichen ist. Man sollte ökologische Studien nicht von vornherein aus dem Repertoire epidemiologischer Studientypen ausschließen, da sie durchaus eine wichtige Funktion bei der Untersuchung und Generierung epidemiologischer Hypothesen übernehmen können. Gefundene Zusammenhänge müssen jedoch mit der gerade hier gebotenen Zurückhaltung interpretiert werden.

Nach Bestimmung des Studientyps sollte der *Studienplan* gewählt werden. Hier wird die Studienpopulation definiert, sowie Ort und Zeit der Durchführung der Studie. Die Beobachtungseinheiten (z. B. Patienten, Probanden, Haushalte, Kliniken oder Regionen) werden festgelegt und die Ein- und Ausschlusskriterien angegeben. Es soll möglichst präzise definiert werden, welche Krankheit mit welchen diagnostischen Kriterien untersucht wird. Es sind die Zielvariablen (z. B. Auftreten von Lippenkrebs), die zu untersuchenden Einflussfaktoren (z. B. Sonnenexposition) wie auch mögliche Störgrößen (z. B. Rauchen, Alter ...) anzugeben bzw. zu definieren. Für alle zu betrachtenden Variablen müssen die Messmethoden genannt werden. Die Entwicklung von geeigneten Messmethoden ist ein eigenes Gebiet, das vom jeweils zu untersuchenden Gegenstandsbereich her angegangen werden sollte. Zu ihm gehören Fragebogen- und Interviewverfahren unter Umständen zur Konstruktion quantitativer Skalen, medizinische Untersuchungen, Laboruntersuchungen, Screening-Verfahren, diagnostische Verfahren. Es ist darauf zu achten, das die Messmethoden standardisiert angewendet werden, also z. B. muss eine Schulung von Interviewern erfolgen, insbesondere wenn die Studie an verschiedenen Orten durchgeführt wird. Es müssen geeignete Programme zur Datenerfassung, -eingabe, -editierung, und -haltung herangezogen werden und Schulungsprogramme des Personals für die sachgerechte Bedienung dieser Verfahren sind in vielen Fällen unumgänglich. Es ist darauf zu achten, dass die eingesetzte Software zur Datenerfassung und -haltung hinreichend flexibel ist, um verschiedene Datenquellen zusammenzuführen und danach den Einsatz von Software zur statistisch-epidemiologischen Auswertung zu gestatten. Kontrollstichproben zur Abschätzung der Datenfehler sind oft ratsam. Diese erwähnten Details (zusätzlich noch der zu diskutierend statistisch-epidemiologischen Verfahren nebst Angabe der Art angestrebten Stichprobenziehung und ihres Umfangs) werden in einem *Studienprotokoll vor Beginn* und Durchführung der Studie festgelegt, in die auch die organisatorischen Fragen, die Erklärung über Verantwortlichkeiten (insbesondere wenn es zu Abweichungen vom Studienprotokoll kommt), Rechte über die erhobenen Daten und der sich daraus ergebenen Publikationsmöglichkeiten aufgenommen werden sollten. Ein hilfreicher Leitfaden zur Abfassung von Studienanträgen mit allgemeinen Überlegungen für die Planung und Durchführung epidemiologischer Studien ist von Wichmann und Lehmacher (1991) zusammengestellt worden.

19.2.2 Die epidemiologischen Maßzahlen: Prävalenz, kumulative Inzidenz und die Inzidenzdichte

Mit der Prävalenz, oder genauer der Prävalenzrate versucht man den Anteil der Personen, die in einem bestimmten Zeitraum und einem gegebenen Gebiet an einer spezifischen Erkrankung erkrankt sind, zu charakterisieren. Präzise definiert man die

$$\text{Prävalenzrate } p = \frac{\text{Anzahl der erkrankten Personen}}{\text{Anzahl der Personen unter Risiko}} \tag{1}$$

Im Nenner von (1) taucht der Begriff Personen unter Risiko auf. Darunter sind die Personen zu verstehen, die prinzipiell die Erkrankung erhalten können.

*Beispiel: I*n einem waldreichen Gebiet im nordöstlichen Thailand ist Malaria prävalent. Auf 1.000 Personen findet man 50 Malariafälle in einem Jahr (Daten sind fiktiv). Daraus ergibt sich eine Prävalenzrate von Malaria $p = 50/1.000 = 0{,}05$.

Beispiel: In einer Studie im Zusammenhang mit AIDS findet man in einer Hochrisikogruppe von 1.000 Männern 200 HIV-positiv. Man berechnet die Prävalenzrate von HIV+ als $p = 200/1.000 = 0{,}20$.

Für die Aufgaben der Epidemiologie, insbesondere zur Erkennung von substantiellen Veränderungen im Krankheitsgeschehen, ist häufig noch ein anderes Maß von Interesse: die Inzidenz. Mit diesem Maß versucht man die Neuerkrankungsrate zu charakterisieren, insbesondere ist hier die kumulative Inzidenzrate CIR von Interesse. Sie ist definiert als

$$\text{CIR} = \frac{\text{Anzahl der Neuerkrankungen im Studienzeitraum}}{\text{Anzahl der Personen unter Risiko zu } \textit{Beginn der Studie}} \tag{2}$$

Die Bildung der kumulativen Inzidenzrate wird in Abb. 5 veranschaulicht. Fünf Personen befinden sich in den Studienzeitraum, allerdings ist die vierte Person schon zu Studienbeginn erkrankt. Zwei Personen erkranken innerhalb des Studienzeitraumes, daher CIR = 2/4. Man beachte, dass hier die Prävalenz bezogen auf den Studienzeitraum als 2/5 berechnet würde.[9]

Man beachte, dass es nicht nötig ist, den Beginn des Studienzeitpunktes für alle Personen als identisch zu fordern. Dies veranschaulicht die Abb. 6, in der eine Erkrankung eines Neugeborenen innerhalb der ersten 12 Lebensmonate betrachtet wird. Dann rechnet der Studienzeitraum von dem Geburtszeitpunkt an bis zur Vollendung des ersten Lebensjahres. Dann lässt sich die kumulative Inzidenzrate für eine spezifische Erkrankung etwa *aller im Jahre 1994 geborener Kinder* betrachten.

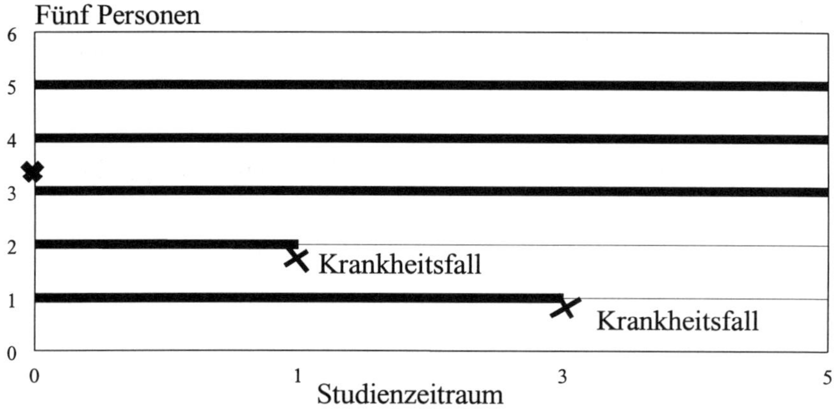

Abb. 5: Veranschaulichung der Neuerkrankungsrate, hier CIR=2/4

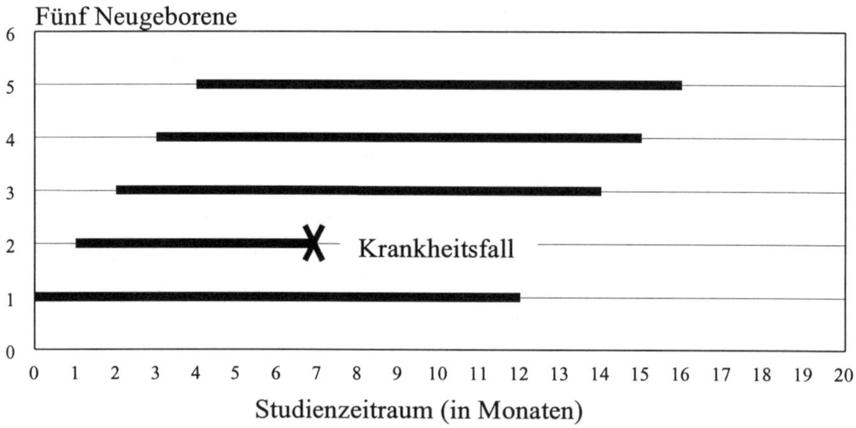

Abb. 6: Veranschaulichung der Neuerkrankungsrate mit flexiblen Studienbeginn am Beispiel einer Infektionserkrankung bei Neugeborenen innerhalb der ersten 12 Monate, CIR=1/5

9 Manchmal wird zwischen der *Punktprävalenz,* die sich auf einen einzigen Zeitpunkt bezieht, und der *Intervallprävalenz* unterschieden. Letztere bezieht sich auf einen ganzen Zeitraum und ist hier gemeint.

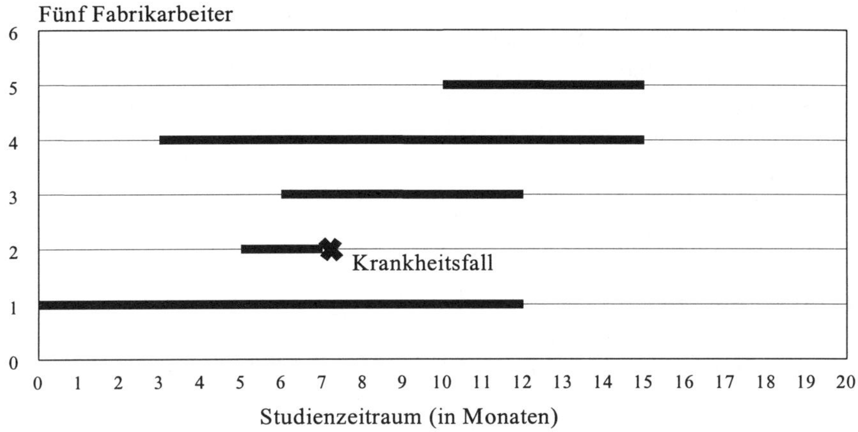

Abb. 7: Veranschaulichung der Inzidenzdichte am Beispiel von 5 Arbeitern mit verschiedenen Beschäftigungszeiten, ID = 1/37

Ein anderes, ganz wichtiges Maß für die Morbiditätsbeschreibung ist die Inzidenzdichte. Bei der Bildung dieser Maßzahl versucht man der Tatsache Rechnung zu tragen, dass verschiedene Personen unterschiedlich lange im Studienzeitraum unter Risiko stehen. Beispielsweise sind Arbeiter in einem Betrieb ganz unterschiedlich lange beschäftigt und daher auch ganz unterschiedlich lange unter Risiko, die betreffende Krankheit z. B. eine Erkrankung der Atemwege zu erlangen. Dies veranschaulicht die Abb. 7. Hier werden fünf Fabrikarbeiter dargestellt, wobei der erste 12 Monate, der zweite 2 Monate (mit anschließendem Krankheitsfall), der dritte 6 Monate, der vierte 12 Monate und der fünfte 5 Monate unter Risiko stand. Bei der Bildung der Inzidenzdichte ID relativiert man nun die Anzahl der aufgetretenen Krankheitsfälle an der Gesamtpersonenzeit unter Risiko, das ist die Zeitensumme, in der als Einzelsummanden die Risikozeiten der einzelnen Personen eingehen. Im obigen Beispiel sind dies 12+2+6+12+5 = 37 Monate. Ist T_i die Zeit unter Risiko der i-ten Person in der Studie, dann ist die Inzidenzdichte definiert als

$$\text{Inzidenzdichte ID} = \frac{\text{Anzahl der Krankheitsfälle im Studienzeitraum}}{\text{Gesamtpersonenzeit unter Risiko T}} \tag{3}$$

wobei die Gesamtpersonenzeit unter Risiko $T = T_1+T_2+...+T_n$ bei einer Gesamtzahl von n Personen gegeben ist. Im obigen Beispiel ist die Inzidenzdichte ID = 1/37. Zur weiteren Diskussion dieser Begriffe vergleiche man Ahlbohm und Norell (1991: 13 ff.). Während die Prävalenz und kumulative Inzidenz als *Raten* Anteilswerte darstellen und damit als *Risiken* interpretierbar sind, ist die Inzidenzdichte *keine* Rate in dem Sinne, dass der Zähler ein *Teil* des Nenners wäre. Sie ist als Morbiditätskraft interpretierbar. Neben diesen grundlegenden Maßzahlen gibt es eine Reihe weiterer Maßzahlen, die zum Fundament epidemiologischen Vorgehens gehören. Da sich das epidemiologische Interesse oft auf die *vulnerablen* gesellschaftlichen Gruppen richtet (und dies sind oft die ganz jungen und ganz alten Menschen), können diese weiteren

Maßzahlen nach *geburtsbezogenen* und *todesfallbezogenen* unterschieden werden.[10] Es werden nun einige dieser Maßzahlen angegeben und für eine tiefere Diskussion wird auf Rimm et al. (1980: 282) verwiesen.

Geburtsbezogen:[11]

rohe Geburtsrate

$$= \frac{\text{Anzahl der Geburten}}{\text{Anzahl der Gesamtpopulation}} \times 1.000$$

Fruchtbarkeitsrate*

$$= \frac{\text{Anzahl der Geburten}}{\text{Anzahl der Frauen zwischen 15 und 44 Jahren}} \times 1.000$$

Säuglingssterblichkeitsrate

$$= \frac{\text{Anzahl der Todesfälle unter einem Jahr}}{\text{Anzahl der Geburten in der Population}} \times 1.000$$

perinatale Sterblichkeitsrate

$$= \frac{\text{Anzahl der Totgeburten u. Todesfälle in den ersten 7 Lebenstagen}}{\text{Anzahl der Geburten u. Totgeburten in derPopulation}}$$

neonatale Sterblichkeitsrate

$$= \frac{\text{Anzahl der Todesfälle unter 28 Lebenstagen}}{\text{Anzahl der Geburten in der Population}} \times 1.000$$

Todesfallbezogen:

rohe Sterberate

$$= \frac{\text{Anzahl der Todesfälle}}{\text{Anzahl der Gesamtpopulation}} \times 1.000$$

proportionale Sterberate

$$= \frac{\text{Anzahl der Todesfälle aufgrund einer spezifischen Erkrankung}}{\text{Anzahl aller Todesfälle}} \times 100$$

Müttersterblichkeitsrate

$$= \frac{\text{Anz. Todesfälle v. Frauen an den Folg. von Komplik. d. Schwangersch.}}{\text{Anzahl der Geburten in der Population}} \times 100.000$$

---

10 Zur Vermeidung führender Nullen nach dem Komma werden diese Raten oft mit einer geeigneten Zahl (häufig 1.000) multipliziert.

11 Es sei darauf hingewiesen, dass es sich bei einigen der folgenden Maßzahlen um keine Raten in dem strengen Sinne handelt, dass der Zähler ein Teil des Nenners ist. Diese werden mit einem * gekennzeichnet.

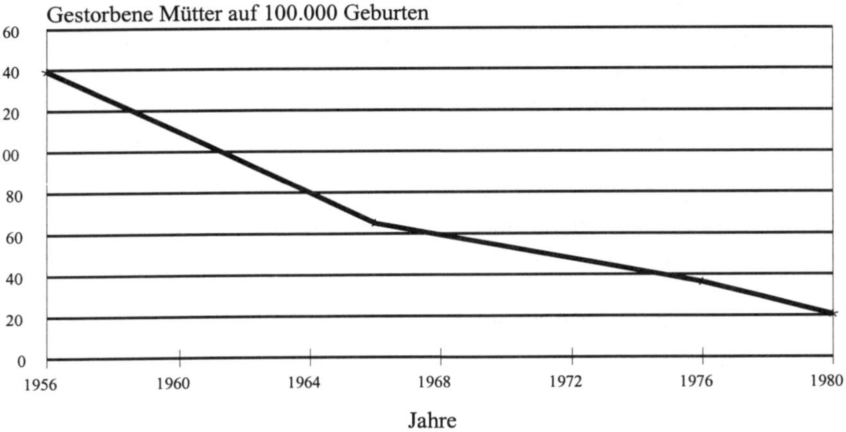

Abb. 8: Entwicklung der Müttersterblichkeit in den alten Bundesländern, 1956–1980, nach Pschyrembel (1980)

Oft werden diese Raten zur Diagnostik zeitlicher Trends grafisch veranschaulicht. Die Entwicklung der Müttersterblichkeit in der Bundesrepublik Deutschland wird in der Abb. 8 dargestellt (Abbildungskonstruktion nach Pschyrembel Klinisches Wörterbuch 1990: 1087). Zwei Tendenzen werden sichtbar. Zunächst gibt es eine allgemeine, lineare Verbesserung mit einem abflachenden Knick im Jahre 1966. Von 1956 bis 1966 senkt sich die Müttersterblichkeitsrate von 140 auf 65 Todesfälle auf 100.000 Geburten pro Jahr, das sind 7,5 Todesfälle weniger, dann von 1966 mit 65 bis 1980 mit 20 Todesfällen auf 100.000 Geburten pro Jahr, das sind 3,2 Todesfälle pro Jahr weniger. Für eine weitere Diskussion dieser und anderer bevölkerungsrelevanter Maßzahlen sei auf Mueller (1993) verwiesen.

19.2.3 Epidemiologische Diagnostik: Sensitivität und Spezifität eines diagnostischen Tests, Bias-Korrektur der Prävalenzschätzung

Häufig wird in Felduntersuchungen ein diagnostischer Test verwendet, sei es zu Screeningzwecken oder zur Prävalenzschätzung. Bezeichnet man mit T den Test (+ Test ist positiv, – Test ist negativ), mit D das Vorliegen der Krankheit bzw. mit ND ihr Nichtvorliegen, so lassen sich die Zusammenhänge prinzipiell in dem folgenden Schema der Tab. 1 anordnen.

Tab. 1: Testergebnis und Krankheitsstatus

	D	ND
T+	α	$1-\beta$
T-	$1-\alpha$	β

Dabei sind: α = Pr(T+/D), die bedingte Wahrscheinlichkeit, dass der Test positiv wird, wenn Krankheit vorliegt, die Sensititvität; β = Pr(T-/ND), die bedingte Wahrscheinlichkeit, dass der Test negativ wird, wenn keine Krankheit vorliegt, die Spezifität. Der Anteil der Erkrankten in der Population, die Prävalenz wird wie bisher mit p = Pr(D) bezeichnet. Der Anteil der Testpositiven mit p′ = Pr(T+) und mit PV = Pr(D/T+) die bedingte Wahrscheinlichkeit für das Vorliegen der Erkrankung bei positivem Testergebnis, der prädiktive Wert.

Diese Begriffe sollen an einem Beispiel zur Früherkennung des Prostatakarzinoms veranschaulicht werden, das dem Lehrbuch von Brennecke und Schelp (1993: 31) entnommen ist. Die Daten wurden in einer multizentrischen Studie gewonnen und beziehen sich auf Männer der Altersgruppe von 55 bis 70 Jahren. Sie sind in der Tab. 2 wiedergegeben.

Tab. 2: Digitale rektale Untersuchung und Prostata-Karzinom

	D	ND	zusammen
T+	33	86	119
T-	24	2.216	2.240
zusammen	57	2.302	2.359

Daraus ergibt sich die Sensitivität α = 33/57 = 0,579 und die Spezifität β = 2.216/2.302 = 0,963. Für den Anteil der Testpositiven erhält man p′= Pr(T+) = 119/2.359 = 0,05 und für die Prävalenz des Prostatakarzinoms p = 57/2.359 = 0,024. Interessant ist noch der prädiktive Wert, der die Wahrscheinlichkeit des Vorliegens der Krankheit bei positivem Testausgang beschreibt: PV = 33/119 = 0,227, der ähnlich der Sensitivität eher gering ausfällt.[12] Es ist noch festzuhalten, dass die Eigenschaften des diagnostischen Tests allein durch die Sensitivität und Spezifität beschrieben werden. Die Positivität und der prädiktive Wert hängen neben Sensitivität und Spezifität von der Prävalenz ab, die vom Test ohne Zweifel unabhängig ist.

Welche Zusammenhänge bestehen nun zwischen Prävalenz und Sensitivität, Spezifität und Testpositivität? Dazu betrachtet man die Testpositivität p′= Pr(T+), die man wegen $T+ = T+ \cap (D \cup ND) = (T+ \cap D) \cup (T+ \cap ND)$[13] schreiben kann als

$$\Pr(T+) = \Pr(T+ \cap D) + \Pr(T+ \cap ND)$$

$$= \frac{\Pr(T+ \cap D)}{\Pr(D)} \Pr(D) + \frac{\Pr(T+ \cap ND)}{\Pr(ND)} \Pr(ND)$$

$$= \Pr(T+/D)\Pr(D) + \Pr(T+/ND)\Pr(ND)$$

12 Sensitivität und Spezifität bedingen einander oft, so dass nicht erwartet werden kann, beide diagnostischen Wahrscheinlichkeiten simultan optimal zu erhalten. Hatte man eine hohe Sensitivität – wie in diesem Beispiel – führt dies zu einer geringen Spezifität.

13 $\cap$, $\cup$ sind die Ereignisoperatoren „und" bzw. „oder".

wobei die Formel für bedingte Wahrscheinlichkeiten benutzt wurde.[14] Wegen Pr(T+/ND) = 1 - Pr(T-/ND) = 1- β und Pr(ND) = 1-Pr(D) = 1-p erhält man zusammenfassend das Ergebnis

$$p' = \alpha\, p + (1-\beta)(1-p) \qquad (4)$$

(4) lässt sich auch so in Worte fassen: Die Testpositivität ist die Summe von Sensitivität × Prävalenz und (1-Spezifität) × (1-Prävalenz). Sind nun Sensitivität α und Spezifität β des als Eigenschaften des Tests bekannt, so kann eine die Prävalenz aus (4) entnommen werden als

$$p = \frac{p'-(1-\beta)}{\alpha-(1-\beta)} \qquad (5)$$

Liegt nun eine Stichprobe vor mit einer Rate von Testpositiven von $\hat{p}'$, so kann nach (5) eine Prävalenzschätzung $\hat{p} = \frac{\hat{p}' - (1-\beta)}{\alpha - (1-\beta)}$ angegeben werden. Dies wird auch als *Biaskorrektur* der Prävalenzschätzung mit einem diagnostischen Test bezeichnet (Ahlbohm, Norrell 1991: 32).

Beispiel: (Ahlbohm, Norrell 1991: 32). Eine Untersuchung über die Prävalenz des Bluthochdruckes, definiert als diastolischer Blutdruck über 90 mmHg, soll diese Vorgehensweise verdeutlichen. Von den untersuchten Personen wurden bei 25% Blutdruckwerte über 90 mmHg gemessen. Von der zur Blutdruckmessung verwendeten Methode war aus früheren Untersuchungen eine Sensitivität von 93% und eine Spezifität von 91% bekannt. Nach der Formel (5) erhält man die biaskorrigierte Prävalenzschätzung $\hat{p}$ = (0,25-0,09)/(0,93-0,09) = 0,19, die sich doch deutlich von der ursprünglichen Schätzung von 0,25 unterscheidet.

Es ist noch zu erwähnen, dass diese Form der Biaskorrektur auch gewisse Konsequenzen für die epidemiologisch-statistische Inferenz hat.

Wegen $\mathrm{Var}(\hat{p}) = \mathrm{Var}(\hat{p}')/(\alpha-(1-\beta))^2$ vergrößert sich die Varianz der biaskorrigierten Prävalenzschätzung um den Faktor $1/(\alpha-(1-\beta))^2$, der in dem o. g. Beispiel einer Screeninguntersuchung für das Prostatakarzinom unter Benutzung der digitalen rektalen Untersuchung, die einen Sensititvitätswert α von 0,579 und einen Spezifitätswert β von 0,963 besitzt, einen Wert von 3,4 annimmt. Man nennt dieses Phänomen auch *Varianzinflation*. Sie hat Konsequenzen im Hinblick auf die Konfidenzintervalle (die größer werden) und auch auf die Wahl der Stichprobengröße (mehr Personen in der Studie). Zu diesem Aspekt vergleiche man auch Rogan und Gladen (1978).

---

[14] Sind A, B Ereignisse, wird als bedingte Wahrscheinlichkeiten $\Pr(A/B) = \Pr(A \cap B)/\Pr(B)$ definiert.

19.3 Das Kohortenmodell

19.3.1 Das Design der Kohortenstudie und das Relative Risiko

Bei einer Kohortenstudie werden unterschiedliche Gruppen (Kohorten) gebildet, die über einen definierten Zeitraum beobachtet werden. Im einfachsten Fall, der in Tab. 3. dargestellt ist, hat man zwei Kohorten, die durch eine Exposition bzw. Nicht-Exposition gekennzeichnet sind. Expositionen können sein z. B. Rauchen, Kaffeegenuss, Radfahren ... oder auch Hautfarbe, Geschlecht, Alter .... Letztere sind pro Person konstante Charakteristika, die erstgenannten sind veränderliche Größen.

Man stellt nun fest, wieviele Personen im Beobachtungszeitraum erkranken, um auf diese Weise eine Schätzung der kumulativen Inzidenzrate CIR = p zu erhalten.

Tab. 3: Grundschema einer Kohortenstudie

Krankheitsstatus / Exposition	nicht erkrankt	erkrankt (Fall)	
nicht-exponiert	$(1-p_0)\ (n_0-k_0)$	$p_0\ k_0$	n_0
exponiert	$(1-p_1)\ (n_1-k_1)$	$p_1\ k_1$	n_1

Das Schema der Tab. 3 besagt nun folgendes: Von n_i Personen erkranken im Beobachtungszeitraum k_i (Fälle), i=0,1. Die Verteilungen der beiden Kohorten stellen jeweils Binomialverteilungen (Hogg, Tanis 1988) dar:

(nicht-exp.) Pr{Anzahl der Erkrankten $Y_0 = k_0$ }=

$$\binom{n_0}{k_0} p_0^{k_0} (1-p_0)^{n_0-k_0} \tag{6a}$$

(exponiert) Pr{Anzahl der Erkrankten $Y_1 = k_1$ }=

$$\binom{n_1}{k_1} p_1^{k_1} (1-p_1)^{n_1-k_1} \tag{6b}$$

Wegen seiner grundlegenden Bedeutung sei noch einmal die Form des Stichprobenmodells betont. Man wählt aus der Population der Nicht-Exponierten Personen eine Stichprobe vom Umfang n_0 sowie davon unabhängig aus der Population der Exponierten eine Stichprobe vom Umfang n_1. Daher ist die Wahrscheinlichkeit für die Tab. 3 die Daten zu beobachten wie sie tatsächlich beobachtet wurden, der sog. Likelihood, das Produkt der beiden binomialen Likelihoods: (6a) × (6b). Das Stichprobenmodel heißt von daher Produkt-Binomial.

Nach Kap. 19.2 ist $\hat{p}_i = k_i/n_i$ eine gute Schätzung der kumulative Inzidenzrate p_i, und die Varianz $Var(\hat{p}_i) = p_i(1-p_i)/n_i$, jeweils für i=0,1, also die Kohorten der Exponierten und Nicht-Exponierten.

Ein Maß von fundamentalen epidemiologischem Interesse ist das *Relative Risiko RR*. Es setzt die Erkrankungswahrscheinlichkeit in der exponierten Kohorte mit der der nicht-exponierten Kohorte in Beziehung:

$$RR = \frac{p_1}{p_0}$$

Das Relative Risiko gibt an, um wieviele Male das Risiko in der exponierten Gruppe erhöht ist, gegenüber dem Erkrankungsrisiko in der nicht-exponierten Gruppe. Findet man z. B. ein Relatives Risiko bei Rauchern von 10, an Lungenkrebs zu erkranken, so heißt das, dass das Risiko bei Rauchern 10 mal so hoch ist im Vergleich zu Nichtrauchern. Ein Relatives Risiko von 10 ist sicherlich ein sehr großer Effekt, während bei einem Wert von RR=1 überhaupt kein Effekt vorhanden ist. Findet man einen Wert kleiner als 1, so spricht man bei der zugehörigen Exposition von einer *präventiven* Wirkung. Während in der logarithmischen Skala exponierende und präventive Effekte eine gleichgewichtige Darstellung erhalten, wird der Risikoeffekt auf der untransformierten Skala stark überbetont. Von daher sollten Effekte, gemessen im Relativen Risiko immer logarithmisch dargestellt werden. Das logarithmische Relative Risiko ist gegeben durch $\log(RR) = \log(p_1) - \log(p_0)$.

Die bisherigen Ausführungen sollen einmal an einem konkreten Datenbeispiel erläutert werden. In einer onkologischen Studie zum Einfluss der Strahlungsexposition in der frühen Kindheit auf die Entwicklung nicht-maligner Tumore wurden zwei Kohorten gebildet, eine die der Exposition ausgesetzt war, und eine andere ohne eine solche Exposition. In der nicht-exponierten Gruppe entwickeln von 5.049 Personen sechs einen Tumor. In der exponierten Gruppe erkranken von 2.872 Personen 52 an einem Tumor. Das Erkrankungsrisiko wird daher in der nicht-exponierten Gruppe mit $\hat{p}_0$=6/5.049 und in der exponierten Gruppe mit $\hat{p}_1$=52/2.820 geschätzt.

Tab. 4: Strahlungsexposition und Tumorentwicklung

Krankheitsstatus / Exposition	nicht erkrankt	erkrankt (Fall)	
nicht-exponiert	5.043	6	5.049
exponiert	2.820	52	2.872

Daraus schätzt sich das Relative Risiko als $\hat{RR} = \hat{p}_1/\hat{p}_0 = 15{,}25$ und $\log(\hat{RR}) = 2{,}72$.

19.3.2 Konfidenzintervalle und Tests für das Relative Risiko

Für die Gewinnung eines Konfidenzintervalls für das Relative Risiko ist es notwendig, den Standardfehler von $\hat{RR} = \hat{p}_1/\hat{p}_0$ bzw. von $\log(\hat{RR}) = \log(\hat{p}_1) - \log(\hat{p}_0)$ zu kennen. Die Prüfgröße $Z = \frac{\log \hat{RR} - \log RR}{\sqrt{Var(\log \hat{RR})}}$ ist nämlich approximativ standard normalverteilt, so dass als Konfidenzintervall für das logarithmische Relative Risiko log(RR) folgt: $\log(\hat{RR}) \pm z_{1-\alpha/2} \sqrt{Var(\log \hat{RR})}$. Es bleibt, den Standardfehler des Logarithmus des Relativen Risiko-Schätzers zu ermitteln. Obwohl die Aufgabe, den Standardfehler, also die Wurzel aus der Varianz, anzugeben, recht elementar anmutet, können exakte Ausdrücke *nicht* leicht angegeben werden. Relativ einfach ist es jedoch, eine Varianzschätzung zu finden, die auf der δ-Methode beruht, die z. B. in Hogg und Tanis (1988) skizziert wird. Zunächst ist wegen der Unabhängigkeit der Stichproben in exponierter und nicht-exponierter Kohorte $Var[\log(\hat{p}_1) - \log(\hat{p}_0)] = Var \log(\hat{p}_1) + Var \log(\hat{p}_0)$, und dieses nun $\frac{1}{p_1^2} p_1(1-p_1)/n_1 + \frac{1}{p_0^2} p_0(1-p_0)/n_0$, mittels der δ-Methode), wobei benutzt wurde, dass die binomiale Varianz durch $p(1-p)/n$ gegeben ist und die Ableitung des Logarithmus $\log'(x) = 1/x$. Man erhält damit den Ausdruck

$$Var[\log(\hat{p}_1) - \log(\hat{p}_0)] = \frac{1-p_1}{p_1 n_1} + \frac{1-p_0}{p_0 n_0} \tag{7}$$

Leider enthält (7) die unbekannten Parameter p_1, p_0, so dass man eine Schätzung der Varianz durchführen muss, indem man p durch die Stichprobenschätzungen $\hat{p}=k/n$ ersetzt:

$$\hat{Var}[\log(\hat{p}_1) - \log(\hat{p}_0)] = \frac{1-k_1/n_1}{k_1} + \frac{1-k_0/n_0}{k_0} = 1/k_1 - 1/n_1 + 1/k_0 - 1/n_0. \tag{8}$$

Man ist nun leicht in der Lage ein (1-α)100iges Konfidenzintervall für log(RR) anzugeben:

$$\log(\hat{RR}) \pm z_{1-\alpha/2} \sqrt{\hat{Var}[\log(\hat{p}_1) - \log(\hat{p}_0)]}$$

$$= \log(\hat{RR}) \pm z_{1-\alpha/2} \sqrt{1/k_1 - 1/n_1 + 1/k_0 - 1/n_0}$$

oder, wenn man das Konfidenzintervall wieder auf der Skala des Relativen Risikos betrachtet:

$$\hat{RR} \times \exp\{ z_{1-\alpha/2} \sqrt{1/k_1 - 1/n_1 + 1/k_0 - 1/n_0} \} \tag{9}$$

Man nennt (9) auch das Taylorreihenkonfidenzintervall aufgrund der angewandten Methode der Taylorreihenentwicklung 1. Ordnung.

Beispiel: Einige Daten sollen diese Formeln illustrieren. In Tab. 4 wurde der Zusammenhang zwischen Strahlungsexposition und Entwicklung eines nicht-malignen Tumors betrachtet und ein Relatives Risiko von $\hat{RR}$=15,25 gefunden, bzw. log($\hat{RR}$) = 2,72. Man berechnet nach (8) die Var log($\hat{RR}$) = 0,185, woraus sich das 95%ige Konfidenzintervall für log(RR) als [1,88, 3,57] bzw. für RR [6,56, 35,47]. Man beachte, dass das Konfidenzintervall nach (8) symmetrisch ist, während das Konfidenzintervall für das Relative Risiko nach (9) asymmetrische Struktur aufweist, wie Abb. 9 deutlich für die Daten der Tab. 4 zeigt.

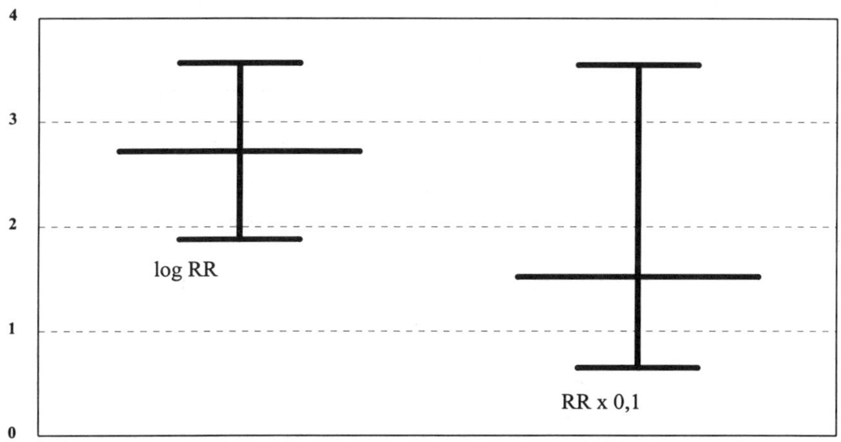

Abb. 9: RR und log RR mit 95%igen Konfidenzintervallen (die Werte für das nicht-logarithmisierte Relative Risiko sind in der Darstellung mit dem Faktor 0,1 multipliziert)

Zur Schätzung der Hypothese, dass das Vorhandensein eines bestimmten Merkmals der Personen oder ihrer Umwelt ein Risikofaktor ist, wird oft ein statistischer Test herangezogen. Dazu wird eine *Nullhypothese* H_0: RR=1 (log (RR) = 0) formuliert, sowie eine *Alternativhypothese* H_1: RR $\neq$ 1 (log(RR) $\neq$ 0).[15] Es kann dann erneut die Prüfgröße $Z = \frac{\log \hat{RR} - \log RR}{\sqrt{Var(\log \hat{RR})}}$ zur Konstruktion eines solchen statististischen Tests herangezogen werden. Unter der Nullhypothese ist $Z = \frac{\log \hat{RR}}{\sqrt{Var(\log \hat{RR})}}$ approximativ standard normalverteilt.

[15] Oft wird noch zwischen der beidseitigen Alternativhypothese RR≠0 wie hier unterschieden und der *einseitigen* Alternative RR>1 (oder RR<1).

Daher wird man die Nullhypothese verwerfen, wenn $|Z| > z_{1-\alpha/2}$, oder $|\log(\hat{RR})| > z_{1-\alpha/2}\sqrt{\mathrm{Var}(\log(\hat{RR}))}$, oder $|\log(\hat{RR})| > z_{1-\alpha/2}\sqrt{1/k_1-1/n_1+1/k_0-1/n_0}$ unter Benutzung von (3.3).

Beispiel: Für die Daten der Tab. 4 erhält man $\log(\hat{RR}) = 2{,}72$, der sehr viel höher ausfällt als der kritische Wert $1{,}96 \times .\sqrt{0.185} = 0{,}8430$ bei einem sbeidseitigem Niveau des Tests von 5% ($z_{1-\alpha/2}$=1,96). Gerne wird auch der sogenannte P-Wert mit angegeben. Dies ist die Wahrscheinlichkeit, dass – bei Gültigkeit der Nullhypothese – der empirische Wert der Prüfgröße oder ein größerer als dieser hat auftreten können: $\Pr\{\,|Z| \geq z\,\}$.

In dem vorliegenden Falle ist dies: $\Pr\{|Z| \geq z = \dfrac{2{,}72}{\sqrt{0{,}185}} = 6{,}324\} = 2{,}56^{-10}$, also sehr, sehr klein. Man kann diese Wahrscheinlichkeit als Verträglichkeitsindex interpretieren, d. h., inwieweit die Daten der Stichprobe mit der jeweiligen Nullhypothese verträglich sind. Stichprobenprüfgrößen mit P-Werten unterhalb von 0,01 werden als wenig verträglich mit der Nullhypothese angesehen. Dies trifft auch für die Situation unseres Beispiels zu, so dass man guten Grund hat, die Nullhypothese zu verwerfen.

Zur Allgemeinheit des Modells: Zunächst ist festzuhalten, dass das Schema der Tab. 3 allgemeiner ist als man zunächst glauben mag. So wird in der Praxis oft der Einwand erhoben, dass eine Einteilung in „exponiert“ und „nicht-exponiert“ nur in den seltensten Fällen den medizinischen Sachverhalt richtig abbildet. Zum ist eine einfache Einteilung in „Nichtraucher“ und „Raucher“ viel zu grob, besser wäre eine Differenzierung in „Dauer des Rauchens (in Jahren)“ und „Stärke des Rauchens (in Anzahl der Schachteln pro Tag)“. Hier helfen sich Epidemiologen so, dass eine Kombination z. B. multiplikativer Art von beiden Variablen konstruiert wird, so dass man dann etwa in dem Beispiel eine Variable „Zigarettenschachteljahre“ als Maß für die kumulative Dosis erhält, in die dann Stärke und Dauer der Exposition Eingang gefunden haben. Darüberhinaus können dann Einteilungen in Expositionsstufen $E_1,\dots,E_k$ vorgenommen werden. Das entsprechende Schema zeigt Tab. 5.

Wird nun jede der Expositionen E_j ($j=1,\dots,k$) in Bezug zu E_0 gesetzt, entsteht wieder das Grundschema einer Vierfeldertafel wie in Tab. 3 entworfen, und alle entwikkelten methodischen Werkzeuge wie Tests und Konfidenzintervalle können nun hierauf angewendet werden.

Tab. 5: Grundschema einer Kohortenstudie mit mehreren Expositionsstufen

Krankheitsstatus / Exposition	nicht erkrankt	erkrankt (Fall)	RR	$\hat{RR}$
nicht-exponiert E_0	$(1-p_0)\ (n_0-k_0)$	$p_0\ k_0$	1	1
exponiert E_1	$(1-p_1)\ (n_1-k_1)$	$p_1\ k_1$	p_1/p_0	$\dfrac{k_1/n_1}{k_0/n_0}$
exponiert E_k	$(1-p_k)\ (n_k-k_k)$	$p_1\ k_k$	p_k/p_0	$\dfrac{k_k/n_k}{k_0/n_0}$

Ein anderer Einwand, der sich gegen die Allgemeinheit des Schemas der Tab. 3 wendet, besagt das folgende: In der Regel ist nicht nur eine Expositionsvariable von Interesse, sondern eine Vielzahl. Dies sei an dem Beispiel des Zusammenhangs der Innenraumluftverschmutzung und des Auftretens der chronischen Bronchitis vor allem in Entwicklungsländern[16] verdeutlicht. Im Expositionsbereich sind eine Vielzahl von Faktoren von Interesse wie z. B. die Lage der Hausküche, ihre Größe, die Anzahl der Türen, die Anzahl der Fenster, ihre jeweilige Größe, die Fläche der Küche, ihr Rauminhalt, usw.. Alle diese Faktoren sind von Interesse, da sie die Ventilationsbedingungen in der Hausküche beschreiben und letztlich wird man versuchen, diese verschiedenen Indikatoren zu einem Index zusammenzufassen. Die im Zusammenhang der Indexbildung benutzte Technik des Risikoscores wird in einem der nachfolgenden Kapitel beschrieben. Hat man einen solchen Index erhalten, kann dieser anhand eines Schwellenwertes in „Exposition" und „Nicht-Exposition" unterteilt werden, etwa in dem Beispiel „Ventilationsbedingungen: gut" bzw. „Ventilationsbedingungen: schlecht" was dann wieder auf das Schema der Tab. 3 führt.

19.3.3 Kohortenstudien vom Inzidenzdichte-Typ[17]

Hat man bei einer Kohortenstudie Beobachtungszeiträume, die von Person zu Person variieren, so ist es besser, die beobachteten Fälle O zu der Personenzeit T, also die Summe der Zeiten , die die Teilnehmer der Studie unter Risiko gestanden haben, in Relation zu setzen: man erhält die Inzidenzdichte ID = λ. In Tab. 6 finden sich die expositionsspezifischen Parameter λ, erkrankte Fälle O und Gesamtpersonenzeit T.

Tab. 6: Grundschema einer Kohortenstudie im Falle der Inzidenzdichte

Krankheitsstatus / Exposition	Inzidenzdichte	erkrankt (Fälle)	Personen-Zeit
nicht-exponiert	λ_0	k_0	T_0
exponiert	λ_1	k_1	T_1

Tab. 6 besagt folgendes: Aus einer Gesamtpersonenzeit T_i erkranken im Beobachtungszeitraum k_i (Fälle), $i = 0,1$. Für beide Kohorten können Poissonverteilungen (Hogg, Tanis 1988) mit der Indzidenzdichte als Parameter angenommen werden:

$$\text{(nicht-exp.)}\Pr\{\text{Anzahl der Erkrankten } Y_0 = k_0\} =$$

$$\frac{e^{-\lambda_0 T_0}(\lambda_0 T_0)^{k_0}}{k_0!} \tag{10a}$$

[16] Der Hintergrund ist der, dass in vielen Ländern Asiens und Afrikas Kochstellen mit offenen Feuer in Hausküchen existieren, die überhaupt keinen oder nur einen unzureichenden Abzug besitzen.

[17] Auch „Kohortenstudien mit variierenden Beobachtungszeiträumen" genannt.

(exponiert)Pr{Anzahl der Erkrankten $Y_1 = k_1$ }=

$$\frac{e^{-\lambda_1 T_1}(\lambda_1 T_1)^{k_1}}{k_1!} \tag{10b}$$

Auch hier wird davon ausgegangen, dass die beiden Stichproben, der Exponierten und Nicht-Exponierten unabhängig voneinander sind. Daher ist die Wahrscheinlichkeit für die Tab. 6, die Daten zu beobachten, wie sie tatsächlich beobachtet wurden, der sog. Likelihood, das Produkt der beiden Poisson Likelihoods: (10a) × (10b). Das Stichprobenmodel heißt von daher Produkt-Poisson.

Nach Hogg und Tanis (1988) ist $\hat{\lambda}_i = Y_i/T_i$ eine gute Schätzung der Inzidenzdichte λ_i, und die $\mathrm{Var}(\hat{\lambda}_i) = \lambda_i/T_i$, jeweils für i=0,1, also die Kohorten der Exponierten und Nicht-Exponierten.

Das *Relative Risiko* RR setzt die Inzidenzdichte in der exponierten Kohorte mit der der nicht-exponierten Kohorte in Beziehung:

$$RR = \frac{p_1}{p_0}$$

Als Schätzung für das Relative Risiko RR erhält man $RR = \frac{\hat{\lambda}_1}{\hat{\lambda}_0} = \frac{Y_1 / T_1}{Y_1 / T_0}$ bzw. auf der logarithmischen Skala

$$\log \hat{RR} = \log (Y_1/T_1) - \log (Y_0/T_0). \tag{11}$$

Varianz von (11): Wegen der Unabhängigkeit der beiden Kohorten ergibt sich die Varianz von $\log \hat{RR}$ als Var log (Y_1/T_1) + Var log (Y_0/T_0). Somit ist es hinreichend, einen Ausdruck für die Varianz von log(Y/T) herzuleiten. Nach der δ-Methode ist die Varianz einer transformierten Zufallsvariablen g(X) annähernd der Varianz von X multipliziert mit der 1. Ableitung der Transformation (hier des Logarithmus) an der Stelle des Erwartungswertes EX, also $\mathrm{Var}\log(Y/T) \approx \frac{1}{\lambda^2}\mathrm{Var}(Y/T) = \frac{1}{\lambda^2}\lambda/T = \frac{1}{\lambda T}$, und somit als Formel für die Gesamtvarianz

$$\mathrm{Var}\log(\hat{RR}) \approx \frac{1}{\lambda_0 T_0} + \frac{1}{\lambda_1 T_1}$$

und da λ_0 und λ_1 unbekannt sind, als Schätzung der Gesamtvarianz

$$\hat{\mathrm{var}}\log(\hat{RR}) \approx \frac{1}{\hat{\lambda}_0 T_0} + \frac{1}{\hat{\lambda}_1 T_1} = \frac{1}{Y_0} + \frac{1}{Y_1} \tag{12}$$

Offenbar hat sich die Personenzeit herausgekürzt, d. h., die Varianz (12) ist unabhängig von der jeweiligen Personenzeit der Kohorte und hängt nur von der Anzahl der aufgetretenen Fälle ab. Anders ausgedrückt, man kann nicht erwarten, dass sich die Präzision der Schätzung durch eine Erhöhung der Personenzeit verbessern lässt.[18] Die Formel (12) für die Varianz bildet die Grundlage für die Konstruktion von Konfidenzintervallen und Tests. Man kann nun leicht ein (1-α) 100%iges Konfidenzintervall für das logarithmische Relative Risiko log(RR) angeben:

$$\log(\hat{RR}) \pm z_{1-\alpha/2}\sqrt{1/Y_0+1/Y_1} \tag{13}$$

bzw. nach Umkehr der logarithmischen Transformation

$$\hat{RR} \times \exp\{\pm z_{1-\alpha/2}\sqrt{1/Y_0+1/Y_1}\} \tag{14}$$

Ein Datenbeispiel soll diese theoretischen Betrachtungen illustrieren. Dazu wird als Exposition „Rauchen" und als Erkrankung die Entwicklung einer koronaren Herzerkrankung betrachtet.

Tab. 7: Grundschema einer Kohortenstudie im Falle der Inzidenzdichte

Krankheitsstatus / Exposition	erkrankt (Fälle)	Inzidenzdichte $\hat{\lambda}$	Personen-Zeit
Nichtraucher	28	$\frac{28}{5.710} = 0{,}004904$	5.710
Raucher	206	$\frac{206}{2.8612} = 0{,}00720$	28.612

Damit erhält man als Relatives Risiko $\hat{RR}$ = 0,0049/0,0072 = 1,47 bzw. als log $\hat{RR}$ = 0,385. Nach (3.7) ist die Varianz des logarithmisierten Relativen Risikos 0,0406 und als 95%ige Konfidenzintervalle ergibt sich (–0,0107, 0,778) für log(RR) und (0,989, 2,18) für RR nach (13) und (14).

19.3.4 Stichprobengröße

Die Frage nach der Stichprobengröße, also wie viele Studienteilnehmer in der Studie benötigt werden, gehört zu den viel gestellten Fragen in der epidemiologischen Beratungspraxis. Die Beantwortung dieser Frage hängt von vielen Faktoren ab, u. a. auch entscheidend von der Art der Fragestellung und dem geplanten Studientyp. Hier wird davon ausgegangen, dass ein Effekt nachgewiesen werden soll, etwa durch eine Differenz $\delta = p_1 - p_0$ in der kumulativen Inzidenz.

[18] Indirekt natürlich schon, nämlich dadurch, dass bei einer Erhöhung der Personenzeit auch mehr Fälle zu erwarten sein werden. Formal geht jedoch die Personenzeit nicht in die Berechnung der Varianz ein.

Tab. 8: Grundschema einer Kohortenstudie mit gleicher Anzahl von Studienteilnehmern in beiden Kohorten

Krankheitsstatus / Exposition	nicht erkrankt	erkrankt (Fall)	
nicht-exponiert	$(1-p_0)$	p_0	n
exponiert	$(1-p_1)$	p_1	n

Man legt also eine Nullhypothese

$$H_0: p_1=p_0 \text{ oder } RR=1 \text{ oder } \delta=0 \tag{15}$$

zugrunde, die gegen eine Alternativhypothese

$$H_1: p_1 \neq p_0 \text{ oder } RR \neq 1 \text{ oder } \delta \neq 0 \tag{16}$$

getestet werden soll. Als geeignete Prüfgröße kann

$$W = \frac{(\hat{p}_1 - \hat{p}_0) - (p_1 - p_0)}{\sqrt{p_1(1-p_1)/n + p_0(1-p_0)/n}} \tag{17}$$

angesehen werden. Zur Gewinnung von (17) wurde nur benutzt, dass $Var(\hat{p}) = p(1-p)/n$ ist, also $Var(\hat{p}_1 - \hat{p}_0) = p_1(1-p_1)/n + p_0(1-p_0)/n$, da die beiden Kohorten als statistisch unabhängig angesehen werden. Nach dem zentralen Grenzwertsatz ist (17) annähernd standard normal verteilt (Hogg, Tanis 1988). Der statistische Test auf der Basis von (17) wird nun so konstruiert, dass zunächst eine Wahrscheinlichkeit α für den Fehler 1. Art[19] fixiert wird, z. B. α=0,05, und dann das $(1-\alpha/2)$-Quantil der Standardnormalverteilung $z_{1-\alpha/2}$ gefunden wird.[20] Man beachte, dass W bei Gültigkeit der Nullhypothese $\delta=p_1-p_0=0$ die Gestalt

$$Z= \frac{(\hat{p}_1 - \hat{p}_0)}{\sqrt{p_1(1-p_1)/n + p_0(1-p_0)/n}} \tag{18}$$

annimmt. Ist nun $-z_{1-\alpha/2} \leq Z \leq z_{1-\alpha/2}$, so entscheidet der Test für H_0 andernfalls für H_1. Mit dieser Konstruktion wird erreicht, dass $Pr\{-z_{1-\alpha/2} \leq Z \leq z_{1-\alpha/2}, | H_0\}$ als $1-\alpha$ eingehalten wird.[21] Man kann den Annahmebereich des Testes, $-z_{1-\alpha/2} \leq Z \leq z_{1-\alpha/2}$, äquivalent durch multiplizieren mit dem Nenner von (18) auch so schreiben:

---

19 Dies ist die Wahrscheinlichkeit der (Fehl-)Entscheidung für H_1, wenn H_0 Gültigkeit hat.

20 Das α-Quantil ist der Wert z_α mit $Pr\{Z \leq z_\alpha\}=\alpha$.

21 Allerdings ist diese Aussage nur asymptotisch richtig.

$$z_{1-\alpha/2}\sqrt{p_1(1-p_1)/n + p_0(1-p_0)/n} \leq \hat{p}_1 - \hat{p}_0 \leq$$

$$z_{1-\alpha/2}\sqrt{p_1(1-p_1)/n + p_0(1-p_0)/n} \qquad (19)$$

Aus dieser Darstellung erkennt man sofort, dass mit größer werdendem Stichprobenumfang n dieser Annahmebereich immer enger wird. Liegt nun ein – noch so geringer – Effekt δ vor, wird er bei zunehmenden Stichprobenumfang mit immer größer werdender Wahrscheinlichkeit erkannt. Es gibt nämlich beim statistischen Testen noch eine zweite relevante Größe: die Macht des Tests, definiert als die Wahrscheinlichkeit der Entscheidung für die Alternative bei Gültigkeit einer Effektdifferenz δ in der Population. Für $\delta=0$ ist dies genau die Wahrscheinlichkeit für einen Fehler 1.Art. Für $\delta\neq0$ möchte man, dass diese Wahrscheinlichkeit besonders groß wird, d. h., es soll möglichst häufig für die Alternative entschieden werden, wenn diese Gültigkeit besitzt. Bei festen Stichprobenumfang n ist mit der Konstruktion der Entscheidungsgrenze auch die Macht des Tests festgelegt. Zum Beispiel ist für $n=100$ und $p_1=0{,}6$ und $p_0=0{,}5$, also $\delta=0{,}1$, die Wahrscheinlichkeit der Entscheidung für die Alternative, also

$$\Pr\{-z_{1-\alpha/2}\sqrt{p_1(1-p_1)/n + p_0(1-p_0)/n} \leq \hat{p}_1 - \hat{p}_0 \leq z_{1-\alpha/2},$$

$$\sqrt{p_1(1-p_1)/n + p_0(1-p_0)/n}\,\} = 0{,}28,$$

für n=1.000 ist sie schon 0,99! Diese Zusammenhänge zeigen die Abb. 10 und 11 grafisch.

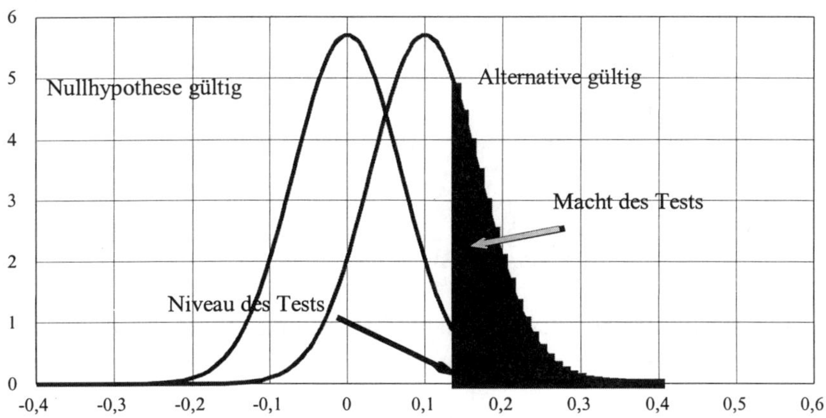

Abb. 10: Niveau und Macht des Tests (19) für n = 100

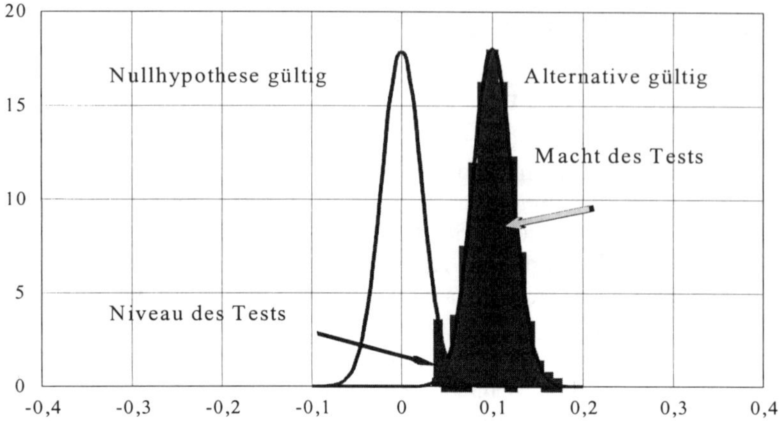

Abb. 11: Niveau und Macht des Tests (19) für n = 1.000

Wie aus der Abb. 11 deutlich wird, nimmt die Macht des Tests mit zunehmenden Stichprobenumfang zu. Das Prinzip der Wahl der Stichprobengröße orientiert sich an der Macht des Tests. Man legt eine zu erzielende Macht, oft mit (1–β) bezeichnet, fest, und wählt den Stichprobenumfang n derart, dass die Macht (1-β) erreicht wird. Wie kann die Macht des Tests (19) konkret angegeben werden? Die Macht des Tests (19) ist durch Pr{Test entscheidet für $H_1|H_1$ ist gültig} gegeben. „Test entscheidet für H_1" bedeutet $z_{1-\alpha/2}, < Z$ oder $Z<-z_{1-\alpha/2}$. Nun ist zu beachten, dass Z bei Gültigkeit von H_1 nicht standardnormalverteilt ist, da $p_1-p_0 \neq 0$, man kann sogar ohne Beschränkung der Allgemeinheit $p_1-p_0>0$ annehmen. Nun ist die Macht des Tests

$$\Pr\{Z>z_{1-\alpha/2},\}=\Pr\{\frac{(\hat{p}_1-\hat{p}_0)-(p_1-p_0)}{\sqrt{p_1(1-p_1)/n+p_0(1-p_0)/n}}>z_{1-\alpha/2}-$$

$$\frac{p_1-p_0}{\sqrt{p_1(1-p_1)/n+p_0(1-p_0)/n}}\}=$$

$$\Pr\{W>z_{1-\alpha/2}-\frac{p_1-p_0}{\sqrt{p_1(1-p_1)/n+p_0(1-p_0)/n}}\} \quad (20)$$

Da W eine standardnormalverteilte Variable ist, kann die Wahrscheinlichkeit leicht einer entsprechenden Tabelle entnommen werden. Ist z. B. n=100 und $p_1 = 0{,}60$, $p_0 = 0{,}50$, so erhält man $z_{1-\alpha/2}-\frac{p_1-p_0}{\sqrt{p_1(1-p_1)/n+p_0(1-p_0)/n}}$ = 1,96 - 1,4286 = 0,5324, und die entsprechende Wahrscheinlichkeit Pr{W>0,5314} = 0,2976.

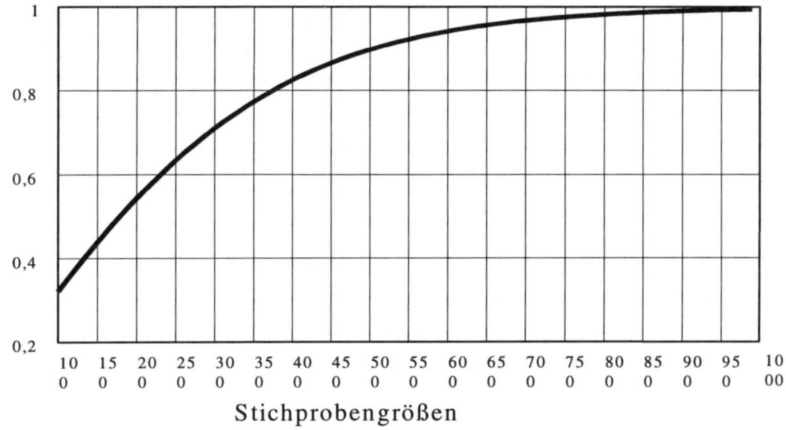

Abb. 12: Macht des Tests in Abhängigkeit von der Stichprobengröße

Die zweite Wahrscheinlichkeit ergibt sich als $\Pr\{Z<-z_{1-\alpha/2},\} =$

$$\Pr\{\frac{(\hat{p}_1-\hat{p}_0)-(p_1-p_0)}{\sqrt{p_1(1\text{-}p_1)/n+p_0(1\text{-}p_0)/n}}<-z_{1-\alpha/2}-\}=$$

$\Pr\{W<-z_{1-\alpha/2}-\frac{p_1-p_0}{\sqrt{p_1(1\text{-}p_1)/n+p_0(1\text{-}p_0)/n}}\}$, für die obigen Daten von n=100, p_1 =0,60, p_0 =0,50, ergibt sich $\Pr\{W<-1{,}96-1{,}4286\}=\Pr\{W<-3{,}3886\}=0{,}0004$ und kann vernachlässigt werden. Den Zusammenhang zwischen Stichprobengröße n und Macht des Tests zeigt die Abb. 12. Zu einer vorgegebenen Macht $(1-\beta)$ kann man die entsprechende Stichprobengröße aus der Abb. 12 ablesen. Ist z. B. $(1\text{-}\beta)$ = 0,80 erwünscht, findet man ca. n=380 auf der Abszisse. Ein strengeres, analytisches Vorgehen wäre: Da einerseits nach (20) die Stichprobengröße n so gewählt werden soll, dass $\Pr\{W>z_{1-\alpha/2}-\frac{p_1-p_0}{\sqrt{p_1(1\text{-}p_1)/n+p_0(1\text{-}p_0)/n}}\}=1-\beta$ ist, andererseits, da das β-Quantil der Standardnormalverteilung so bestimmt wird, dass $\Pr\{W>z_\beta\}=1-\beta$, können beide Gleichungen nur erfüllt sein, wenn

$$z_{1-\alpha/2}-\frac{p_1-p_0}{\sqrt{p_1(1\text{-}p_1)/n+p_0(1\text{-}p_0)/n}}=z_{1-\beta} \qquad (21)$$

Wird (21) nach n aufgelöst, ergibt sich

$$n=(z_{1\text{-}\alpha/2}-z_\beta)^2[p_1(1\text{-}p_1)+p_0(1\text{-}p_0)]/(p_1-p_0)^2 \qquad (22)$$

*Beispiel: I*st α=0,05 und soll, bei Populationswerten in beiden Kohorten von p_0=0,50 und p_1=0,60, eine Macht von $(1\text{-}\beta)$=0,80 erreicht werden, so ist $z_{1\text{-}\alpha/2}$ = 1,96 und $z_\beta = -0{,}8416$. Werden die Werte von p_1 und p_0 in (22) eingesetzt, findet man eine Stichprobengröße von n=385, die in jeder der beiden Kohorten zu erreichen ist, um eine vorhandene Effektdifferenz von 0,10 mit einer Macht von 80% zu entdekken.

19.3.5 Konfounderprobleme

Die Konfounder Problematik ist ein zentrales Problem der Allgemeinen Epidemiologie. Es können sich erhebliche Verzerrung im Effektmaßschätzer, z. B. dem Relativen Risiko ergeben, wenn gewisse - dann Konfounder genannte - Variablen unberücksichtigt bleiben. Diese Aussage soll an einem Beispiel verdeutlicht werden.

Tab. 9: Exposition und Erkankung, unstratifiziert

Krankheitsstatus / Exposition	Nicht erkrankt	erkrankt (Fall)	
nicht-exponiert	3.100	1.501	4.601
exponiert	1.100	60	1.160

In der nicht-exponierten Kohorten ist der Risikoschätzer $\hat{p}_0 = 1.501/4.601 = 0{,}326$, in der exponierten Kohorten $\hat{p}_1 = 60/1.160 = 0{,}052$, daher das Relative Risiko $\widehat{RR} = 0{,}326/0{,}052 = 0{,}158$, die Exposition wirkt also ca. sechsfach präventiv. Kann man es nun bei diesem Ergebnis belassen? Dazu wird angenommen, es seien bei dieser Kohortenstudie eine Reihe weiterer Variablen erfasst worden z. B. Alter, Geschlecht, Einkommen, Bildungsstand oder Ähnliches, die eine *Stratifizierung* der Daten erlauben, d. h., einer Einteilung in Gruppen oder Strata, wie in diesem Fall gesagt wird. Dabei seien die folgenden zwei Strata-Tabellen entstanden, für Männer und Frauen.

Tab. 10a: Exposition und Erkankung, Stratum 1

Krankheitsstatus / Exposition	Nicht erkrankt	erkrankt (Fall)	
nicht-exponiert	3.000	1.500	4.500
exponiert	100	50	150

Tab. 10b: Exposition und Erkankung, Stratum 2

Krankheitsstatus / Exposition	Nicht erkrankt	erkrankt (Fall)	
nicht-exponiert	100	1	4.601
exponiert	1.000	10	1.160

Zunächst ist festzustellen, dass sich Tab. 9 aus den Tab. 10a und 10b durch Addition der korrespondieren Tabellenzellen ergibt, z. B. sind im ersten Stratum 50 Personen erkrankt und exponiert, im zweitem Stratum sind dies 10, zusammen also 60 Personen, die man auch in der unstratifizierten Tab. 9 findet. Interessant ist nun folgendes: Werden die Relativen Risiken in den beiden Strata betrachtet, so verschwinden die präventiven Effekte völlig. Man findet, dass $\widehat{RR} = \frac{1.500/4.500}{50/150} = 1$ für das erste Stratum, und $\widehat{RR} = \frac{10/1.010}{1/101} = 1$ für das zweite Stratum. Die Exposition ist also möglicherweise doch kein präventiv wirkender Faktor, sondern könnte nur so *erscheinen,* wenn die Stratumsvariable nicht berücksichtigt wird. Voraussetzung dafür ist, dass eine kasuale Abhängigkeit der Erkrankungswahrscheinlichkeit von der Stratumsvariablen vorliegt.[22] Wie kann es nun zu einem solchem *Bias* (Konfounding) kommen? Auffällig ist, dass sich die Stratumsverteilungen in beiden Kohorten deutlich unterscheiden. Dies zeigt auch Abb. 13 augenfällig. Offenbar erhält in der nicht-exponierte Kohorte das Stratum 1 sehr viel mehr Gewicht als das Stratum 2, während dies für die exponierte Kohorte genau umgekehrt ist. Präzise gesprochen findet man in der nicht-exponierten Kohorte:

$$p_0^{(1)} \times \frac{4.500}{4.601} + p_0^{(2)} \times \frac{101}{4.601} = 0{,}326 \; (= p_0)$$

$$p_1^{(1)} \times \frac{150}{1.160} + p_1^{(2)} \times \frac{1.010}{1.160} = 0{,}052 \; (= p_1)$$

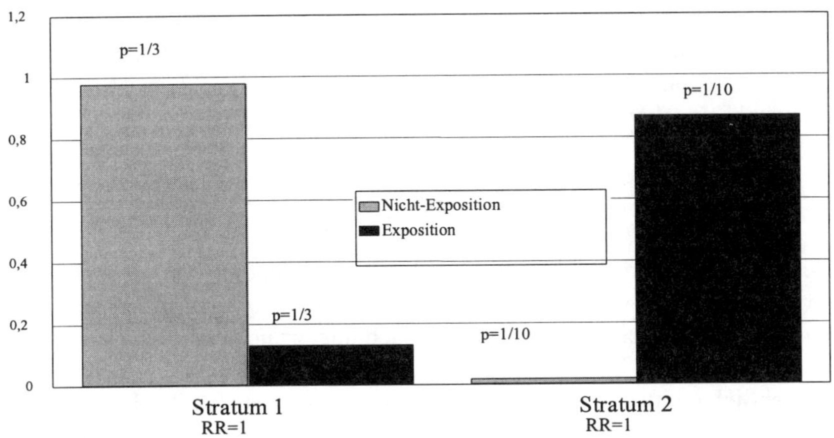

Abb. 13: Stratumsverteilungen mit den jeweiligen Risiken

22 Hier könnte die Stratumsvariable der eigentliche Risikofaktor sein: in Stratum 1 ist das Risiko 1/3 (unabhängig davon ob exponiert oder nicht), während in Stratum 2 das Risiko 1/10 beträgt (ebenso unabhängig davon, ob exponiert oder nicht), also $\widehat{RR} = 3{,}33$.

Hierbei bezeichnet der obere Index (j) das jeweilige Stratum. Man erkennt, dass in der nicht exponierten Kohorten fast das gesamte Gewicht auf $p_0^{(1)}=1/3$ geht, während in der exponierten Kohorte fast das gesamte Gewicht auf $p_1^{(2)}=1/10$ fällt, so dass es zu dem erheblichen Unterschied zwischen p_1 und p_0 kommt. Es sei beachtet, dass sich p_1 und p_0 in den Strata nicht unterscheiden, während $p^{(1)}$ und $p^{(2)}$ in den beiden Expositionsgruppen erhebliche Unterschiede aufweisen (1/3 zu 1/10).

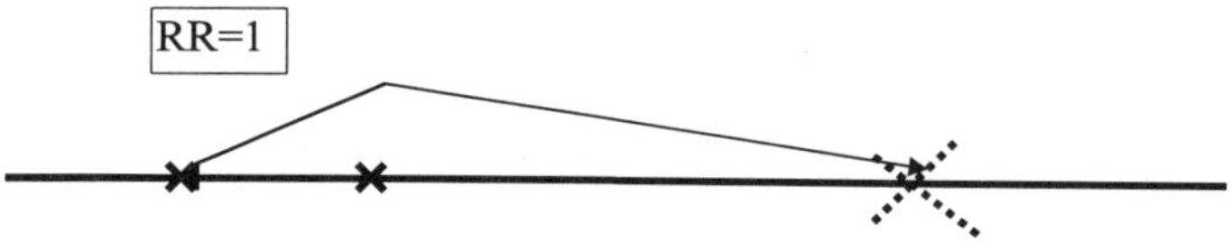

Abb. 14: Konfounding (durchgezogene Kreuze: stratumsspezifische Relative Risiken, unterbrochene Kreuze: unstratifiziertes Relatives Risiko)

Man kann sich den Vorgang des Konfounding auch so vorstellen, dass in den Strata – von zufälligen Abweichungen einmal abgesehen – homogene Relative Risiken vorliegen, während das unstratifizierte oder rohe Relative Risiko weit außerhalb des Bereiches liegt, der von den stratifizierten Relativen Risiken abgedeckt wird (Abb. 14).

Es gilt festzuhalten:

- Konfounding bezeichnet den Bias (Verzerrung) im Relativen Risiko als Maßzahl des Effekts von Exposition und Erkrankung, der durch eine oder mehrere zusätzliche Variablen hervorgerufen wird, die bei der Analyse unbeachtet gebliebenen sind;
- Dieser Bias verschwindet, wenn eine stratifizierte Betrachtung der Relativen Risiken vorgenommen wird;
- Als diagnostische Indikation für das Vorliegen von Konfounding kann eine unterschiedliche Stratumsverteilung in den einzelnen Expositionskohorten angesehen werden. Anders ausgedrückt, sind die Stratumsverteilungen identisch in den Expositionskohorten, kann es nicht zu Konfounding kommen.

19.3.6 Adjustierung des Relativen Risikos

Auf welche Weise kann eine Verzerrung durch Konfounding vermieden werden? Wie im vorigen Kapitel gesehen wurde, konnte eine nicht verzerrte Schätzung des Relativen Risikos durch eine stratifizierte Betrachtung erreicht werden. Oft ist jedoch eine Angabe der Risiken in einer Vielzahl von Strata nicht wünschenswert, da sie z. B. unübersichtlich oder auch gar nicht von primären Interesse ist. Auch kann es sein, dass die Risiken in den einzelnen Strata nur ungenau geschätzt werden, da die Besetzung der Strata zu schwach wird. Vielmehr ist in der epidemiologischen Praxis häufig eine zusammenfassende Betrachtung gefragt, die Auskunft über die Frage gibt, ob der betreffende Faktor einen Risikofaktor darstellt oder nicht. Daher liegt das Interesse bei der Entwicklung eines geeigneten, zusammenfassenden Effektmaßes, welches die *unverzerrten* Effektmaße (Relativen Risiken) in den Strata erhält. Naheliegend ist daher die Betrachtung von Linearkombinationen der stratumsspezifischen Relativen Risiken $\widehat{RR}_i$,bzw. der logarithmierten Relativen Risiken $\widehat{RR}_i$, i=1,...,k:

$$\log \widehat{RR}_{ad} = w_1 \log \widehat{RR}_1 + ... + w_k \log\widehat{RR}_k \qquad (23)$$

mit $w_1 + ... + w_k = 1$, $w_i \geq 0$ für i=1,...,k. Solche Linearkombinationen werden deshalb betrachtet, weil sie wegen der Linearität die Unverzerrtheit des Schätzers (23) erhalten.[23] Es stellt sich nur noch die Frage, welche Gewichte $w_1,...,w_k$ gewählt werden sollen. Ein intuitiv sinnvolles Kriterium für die Wahl der Gewichte ist die Präzision eines Schätzers, die in der Statistik bei unverfälschten Schätzern durch die Varianz gemessen wird. Man erhält:

$$\mathrm{Var}(\log \widehat{RR}_{ad}) = w_1^2 \mathrm{Var}(\log \widehat{RR}_1) + ... + w_k^2 \mathrm{Var}(\log \widehat{RR}_k) \qquad (24)$$

$$= w_1^2\sigma_1^2 + ... + w_k^2\sigma_k^2$$

mit $\sigma_i^2 = \mathrm{Var}(\log \widehat{RR}_i)$ für die Strata i=1,...,k. Es kann gezeigt werden, dass (24) minimal wird für $\hat{w}_j = 1/\sigma_j^2 \,/\, (1/\sigma_1^2 + ... + 1/\sigma_k^2)$. Es nun leicht möglich, die Varianz von $\log \widehat{RR}_{ad}$ anzugeben. Nach (24) ist

$$\mathrm{Var}(\log \widehat{RR}_{ad}) = \hat{w}_1^2\sigma_1^2 + ... + \hat{w}_k^2\sigma_k^2 = \sum_{i=1}^{k} \frac{\sigma_i^2}{\sigma_i^4} \Big/ \Big[\sum_{i=1}^{k} \frac{1}{\sigma_i^2}\Big]^2 = 1 \Big/ \sum_{i=1}^{k} \frac{1}{\sigma_i^2} \qquad (25)$$

Als zentrales Ergebnis kann nun festgehalten werden, dass sich die Varianz des adjustierten Schätzers als der Kehrwert der Summe der Kehrwerte der stratumsspezifischen Varianzen ergibt.

Anwendung: Dieses Ergebnis kann direkt auf die unterschiedlichen Effektmaße der Kohortenstudie angewendet werden. Liegt als Effektmaß das logarithmisierte Relative Risiko in Form der *kumulierten Inzidenz* vor, also $RR=p_1/p_0$, so findet man nach (7) die Varianz von $\log(\widehat{RR}_i)$ als $\frac{1-p_1^{(i)}}{p_1^{(i)} n_1^{(i)}} + \frac{1-p_0^{(i)}}{p_0^{(i)} n_0^{(i)}}$, geschätzt durch $1/k_1 - 1/n_1 + 1/k_0 - 1/n_0$. Hierbei bezieht sich der obere Index $^{(i)}$ auf das Stratum i. Liegt das Relative Risiko als Verhältnis zweier *Inzidenzdichten* vor, so ergibt sich nach (12) die Varianz von $\log(\lambda_1^{(i)}/\lambda_0^{(i)})$ im i-ten Stratum als $\frac{1}{\lambda_0^{(i)} T_0^{(i)}} + \frac{1}{\lambda_1^{(i)} T_1^{(i)}}$, geschätzt durch $1/Y_0^{(i)} + 1/Y_1^{(i)}$.

---

23 Wegen $E(\widehat{RR}_{ad}) = w_1 E(\widehat{RR}_1) + ... + w_k E(\widehat{RR}_k) = (w_1 + ... + w_k)\, RR = RR$ bleibt die in den Strata gefundene Unverzerrtheit der stratumsspezifischen Schätzer erhalten.

Beispiel: Wir betrachten den in der Tab. 11 dargestellten Zusammenhang von Kaffeegenuss und dem Auftreten einer koronaren Herzerkrankung (CHD).

Tab. 11: Kaffeegenuss und Auftreten einer koronaren Herzerkrankung, unstratifiziert

Krankheitsstatus / Exposition	nicht erkrankt	erkrankt (Fall)	
nicht-exponiert	950	50	1.000
exponiert	800	200	1.000

Die nicht stratifizierte Analyse ergibt $\hat{p}_0$=5/100, $\hat{p}_1$=20/100 und ein Relatives Risiko $\widehat{RR}$ = 4. Betrachtet man jedoch diesen Zusammenhang stratifiziert nach Rauchern und Nichtrauchern, so findet man für die Raucher $\hat{p}_0$=21/100, $\hat{p}_1$=22/100 und das Relative Risiko für CHD bei Kaffeegenuss wird zu $\widehat{RR}$ = 1.

Tab. 12a: Kaffeegenuss und Auftreten einer koronaren Herzerkrankung, *Raucher*

Krankheitsstatus / Exposition	nicht erkrankt	erkrankt (Fall)	
nicht-exponiert	79	21	100
exponiert	705	195	900

Tab. 12b: Kaffeegenuss und Auftreten einer koronaren Herzerkrankung, *Nichtraucher*

Krankheitsstatus / Exposition	nicht erkrankt	erkrankt (Fall)	
nicht-exponiert	871	29	900
exponiert	95	5	100

Für die Nichtraucher erhält man $\hat{p}_0$=3,7/100, $\hat{p}_1$=5/100 und $\widehat{RR}$ = 1,56, also ein stark verringertes Relatives Risiko. Nach der Formel (7) erhält man $\hat{\sigma}_1^2 = \text{Var}(\log \widehat{RR}_1)$ = 0,42 und $\hat{\sigma}_2^2 = \text{Var}(\log \widehat{RR}_2)$ = 0,22 und unter Benutzung von (23) $\log \widehat{RR}_{ad}$ = 0,095, also $\widehat{RR}_{ad}$ = 1,1. Mit der Konfidenzintervallformel $\log \widehat{RR}_{ad} \pm 1{,}96 \sqrt{1 / \sum_{i=1}^{k} 1/\sigma_i^2}$ (nach 25) erhält man (-0,27, 0,46) als das 95%ige Konfidenzintervall für log RR und demzufolge durch Exponieren ($e^{-0,27}$, $e^{0,46}$) = (0,76, 1,59) als Konfidenzintervall für RR. Man beachte, dass damit kein statistisch signifikanter Zusammenhang mehr zwischen Kaffeetrinken und CHD besteht, dass die *Eins* im Konfidenintervall enthalten ist. Man sagt in diesem Fall, dass die Assoziation von *Kaffeegenuss* und *CHD* durch den Faktor *Rauchen* durch einen *Konfounding-Bias* verfälscht wird.

19.3.7 Mantel-Haenszel-Schätzung des Relativen Risikos

Eine auf einen Vorschlag von Mantel und Haenszel (1959) zurückgehende Berechnungsformel lautet

$$\widehat{RR}_{MH} = \frac{\sum_{i=1}^{k} k_1^{(i)} n_0^{(i)} / n^{(i)}}{\sum_{i=1}^{k} k_0^{(i)} n_1^{(i)} / n^{(i)}} \qquad (26)$$

Hier ist $n^{(i)} = n_0^{(i)} + n_1^{(i)}$. Die stratifizierte Schätzung (26) bietet eine ganze Reihe von Vorteilen. Am häufigsten wird wohl die *Robustheitseigenschaft* der Formel (26) genannt. Die Stratifizierung bringt den gewaltigen Nachteil mit sich, dass mit zunehmender Anzahl der Strata die Besetzung der Zellen geringer wird, wenn nicht sogar in verschiedenen Strata null Fälle auftreten. Dann ist in diesem Stratum der stratumsspezifische Risikoschätzer nicht berechenbar. (26) reagiert stabil auf das Auftreten von Nullen, es sei denn, in *allen* Strata sind keine Erkrankungen in der Nicht-Exposition aufgetreten. Darüber hinaus sieht man sofort, dass $\widehat{RR}_{MH}$ auch eine gewichtete Summe der stratumsspezifischen $\widehat{RR}_i$ ist: Wird nämlich $w_j = k_0^{(j)} n_1^{(j)} / n^{(j)} / \sum_{i=1}^{k} k_0^{(i)} n_1^{(i)} / n^{(i)}$ gewählt, so ist $w_1 \frac{k_1^{(1)} n_0^{(1)}}{k_0^{(1)} n_1^{(1)}} + \ldots + w_k \frac{k_1^{(k)} n_0^{(k)}}{k_0^{(k)} n_1^{(k)}} = \widehat{RR}_{MH}$.

Trotzdem bleiben einige Fragen offen. Die Feststellung, dass der MH-Schätzer etwas stabil und robust berechnet, sagt noch nichts darüber aus, ob er auch etwas sinnvolles und richtiges schätzt. Hier soll nun versucht werden, eine befriedigendere Rechtfertigung des Mantel–Haenszel–Schätzers zu geben.

Wie man zeigen kann, ist in der Situation der unstratifizierten Kohortenstudie der sog. *Profil-Log-Likelihood* durch $k_1 \log RR - (k_0 + k_1) \log(n_0 + RR\, n_1)$ gegeben. Sind die Daten stratifiziert, wird aus diesem Profil-Log-Likelihood eine Summe der k stratumsspezifischen Profil-Log-Likelihoods

$$\sum_{i=1}^{k} k_1^{(i)} \log RR - (k_0^{(i)} + k_1^{(i)}) \log(n_0^{(i)} + RR\, n_1^{(i)}) \qquad (27)$$

wobei i=1,...,k den jeweiligen Stratumsindex angibt. Eine grundlegende Regel zur Konstruktion von guten Schätzverfahren ist die Maximum-Likelihood Regel (Hogg, Tanis 1988). Danach wählt man einen Schätzer $\widehat{RR}_{MLE}$ derart, dass (27) maximal wird. Fasst man (27) als Funktion L(RR) vom Relativen Risiko – Parameter RR auf, so ist das $\widehat{RR}_{MLE}$ zu finden mit der Eigenschaft, dass die 1. Ableitung nach RR, also

$\frac{dL}{d\,RR}(\widehat{RR}_{MLE}) = 0$ ist. Es ist leicht zu sehen, dass $\frac{dL}{d\,RR} = \sum_{i=1}^{k} k_1^{(i)}/RR - (k_0^{(i)}+k_1^{(i)})n_1^{(i)}$ $/(n_0^{(i)}+RR\,n_1^{(i)}) = \sum_{i=1}^{k} W^{(i)} \frac{1}{RR}\{k_1^{(i)}n_0^{(i)} - RR\,k_0^{(i)}n_1^{(i)}\}$, mit $W^{(i)} = \frac{1}{n_0^{(i)} + RR\,n_1^{(i)}}$. Man beachte, dass diese Gewichte $W^{(i)}$ vom Relativen Risiko RR abhängen. Setzt man nun $\frac{dL}{d\,RR} = 0$, erhält man die *Schätzgleichung*

$$RR = \frac{\sum_{i=1}^{k} W^{(i)} k_1^{(i)} n_0^{(i)}}{\sum_{i=1}^{k} W^{(i)} k_0^{(i)} n_1^{(i)}} \tag{28}$$

(28) ist die definierende Gleichung für den Profil-Maximum-Likelihood-Schätzer $\widehat{RR}_{MLE}$. Man beachte, dass (28) keine *geschlossene* Formel für $\widehat{RR}_{MLE}$ darstellt, da die Gewichte $W^{(i)}$ selbst wieder von RR abhängen. Man kann jedoch, (28) als Konstruktionsvorschrift für den Maximum-Likelihood-Schätzer auffassen. Hierzu beginnt man mit einem beliebigen Startwert für RR, z. B. RR = 1, und berechnet die Gewichte $W^{(i)} = \frac{1}{n_0^{(i)} + RR\,n_1^{(i)}} = \frac{1}{n_0^{(i)} + n_1^{(i)}}$, und mit diesen Gewichten nach (28) ein neues RR_1. Danach berechnet man wieder die Gewichte $\frac{1}{n_0^{(i)} + RR_1\,n_1^{(i)}}$ neu, und daraus nach (28) ein neues RR_2. Diesen Prozess setzt man solange fort, bis sich zwei aufeinanderfolgende Werte RR_{i+1} und RR_i keine Unterschiede mehr aufweisen. Man spricht auch von *der Konvergenz* des Verfahrens. Der Wert von RR_i bei Konvergenz ist der Maximum-Likelihood-Schätzer $\widehat{RR}_{MLE}$. Es ist nun folgendes bemerkenswert: *vergleicht man die erste Iteration nach (28) mit der Formel (26) für $\widehat{RR}_{MH}$, so sieht man, dass beide identisch sind. Man kann also den Mantel-Haenszel Schätzer als eine Ein–Schritt–Approximation des Maximum-Likelihood-Schätzers auffassen.*

Eine Anwendung: Diese theoretische Analyse soll an den Daten der Tab. 12 verdeutlicht werden. Als $\widehat{RR}_{MH}$ findet man $\widehat{RR}_{MH}$= 1,100917 und für das Vorgehen nach (28) wird die Iteration nach ca. 10 Schritten abgebrochen, da sich die Werte im Rahmen der Rechnergenauigkeit nicht mehr unterscheiden. Man findet $\widehat{RR}_{MLE}$ = 1,105889. Beide Werte unterscheiden sich nicht sehr viel. Dies kann jedoch anders sein, für solche Situationen, in denen der Wert des Relativen Risikos sehr von 1 verschieden ist. Betrachtet man für die gleichen Daten *Rauchen* als Exposition und *Kaffeegenuss* als potentiellen Konfounder, so erhält man als $\widehat{RR}_{MH}$ = 5,*1892* und als voll iterierten Maximum–Likelihood–Schätzer $\hat{RR}_{MLE} = 5{,}8616$ mit einer schon deutlicheren Differenz zwischen beiden Schätzern.

Noch interessanter als die Darstellung des Mantel-Haenszel-Schätzer als Ein-Schritt-Approximation des Maximum–Likelihood–Schätzers sind die Möglichkeiten, die der Likelihood–Ansatz zur Konstruktion eines Varianzschätzers bieten. Es vergingen etwa 20 Jahre nach der Publikation der Arbeit von Mantel und Haenszel (1959), ehe begonnen wurde, diese Frage zu untersuchen (Kuritz, Landis, Koch 1988). Benutzt man nämlich die Formel $Var(\hat{RR}_{MH}) = w_1^2\ Var(\hat{RR}_1) + ... + w_k^2\ Var(\hat{RR}_k)$, mit $w_j = k_0^{(j)} n_1^{(j)}/n^{(j)} / \sum_{i=1}^{k} k_0^{(i)} n_1^{(i)}/n^{(i)}$, so sieht dies rein formal betrachtet ordentlich aus, ist aber in vielen Fällen noch nicht einmal ein sinnvoller Ausdruck, da er gar nicht definiert ist, wenn ein $k_0^{(j)} = 0$ auftritt. Alternativ kann daran erinnert werden, dass die Varianz des Maximum–Likelihood–Schätzers als Inverse der negativen zweiten Ableitung gefunden werden kann – die sog. Rao–Cramér Schranke. Dies ist in unserem Fall

$$\frac{d^2 L}{(d\,RR)^2} = \sum_{i=1}^{k} [-k_1^{(i)} / RR^2 + (k_0^{(i)}+k_1^{(i)}) n_1^{(i)\,2} / (n_0^{(i)} + RR\ n_1^{(i)})^2] \tag{29}$$

d. h. als Varianzschätzer

$$Var(\hat{RR}_{MLE}) = 1/ \sum_{i=1}^{k} [k_1^{(i)} / RR^2 - (k_0^{(i)}+k_1^{(i)}) n_1^{(i)\,2} / (n_0^{(i)} + RR\ n_1^{(i)})^2].$$

Daraus ergibt sich als Schätzung der Varianz selbst

$$\hat{V}ar(\hat{RR}_{MLE}) =$$

$$1/ \sum_{i=1}^{k} [k_1^{(i)} / \hat{RR}_{MLE}^{\,2} - (k_0^{(i)}+k_1^{(i)}) n_1^{(i)\,2} / (n_0^{(i)} + \hat{RR}_{MLE}\ n_1^{(i)})^2] \tag{30}$$

Diese Darstellung macht deutlich, dass (30) unanfällig gegenüber dem Auftreten von Nullen ist und es sich deshalb um eine robuste Varianzschätzung handelt.

Beispiel: Für die Daten der Tab. 12 ergibt sich $\hat{RR}_{MH} \pm 1{,}96 \sqrt{Var(\hat{RR}_{MH})} = (0{,}73,\ 1{,}47)$, wobei der Ausdruck $Var(\hat{RR}_{MH}) = w_1^2\ Var(\hat{RR}_1) + ... + w_k^2\ Var(\hat{RR}_k)$, mit $w_j = k_0^{(j)} n_1^{(j)}/n^{(j)} / \sum_{i=1}^{k} k_0^{(i)} n_1^{(i)}/n^{(i)}$ zur Varianzberechnung benutzt wurde. Außerdem ergibt sich $\hat{RR}_{MLE} \pm 1{,}96 \sqrt{Var(\hat{RR}_{MLE})} = (0{,}64,\ 1{,}58)$, mit der Varianzberechnung nach

(30). Beide Konfidenzintervalle unterscheiden sich, wobei zu erwarten ist, dass das letztere die besseren Eigenschaften besitzt. Detaillierte Aussagen hierüber sprengen jedoch den Rahmen dieses Textes.

Abschließend sei noch auf den Fall eingegangen, dass die Risiken durch *Inzidenzdichten* geschätzt werden, d. h., man hat in der jeweiligen Kohorte Y Fälle und eine Personenzeit von T. Liegen die Daten nun stratifiziert vor, ergeben sich nun ganz analoge Resultate, die hier aus Platzgründen nur vom Ergebnis her wiedergegeben werden. Die leichte Herleitung sei dem Leser überlassen. So findet man für den Mantel-Haenszel-Schätzer bzw. Maximum-Likelihood-Schätzer

$$RR_{MH} = \frac{\sum_{i=1}^{k} Y_1^{(i)} T_0^{(i)} / (T_0^{(i)} + T_1^{(i)})}{\sum_{i=1}^{k} Y_0^{(i)} T_1^{(i)} / (T_0^{(i)} + T_1^{(i)})}, \quad RR_{MLE} = \frac{\sum_{i=1}^{k} W^{(i)} Y_1^{(i)} T_0^{(i)}}{\sum_{i=1}^{k} W^{(i)} Y_0^{(i)} T_1^{(i)}} \tag{31}$$

mit $W^{(i)} = T_0^{(i)} + RR_{MLE}\, T_1^{(i)}$. Ein Varianzschätzer kann analog zu (30) entwickelt werden.

19.4. Das Modell der Fall-Kontrollstudie

19.4.1 Krebsepidemiologie und die Fall-Kontrollstudie

In Kap. 19.3 wurde das Modell der Kohortenstudie eingeführt und erläutert. Die Kohortenstudie hat jedoch gewisse Nachteile. So ist bei Erkrankungen mit geringer Inzidenz eine große Stichprobengröße pro Kohorte erforderlich. Ist z. B. die Inzidenz einer Erkrankung bei 1 pro 100.000 bezogen auf einen 5Jahreszeitraum, so werden mindestens 100.000 Personen in jeder Kohorte benötigt, damit ein Fall erwartet werden kann. Zum zweiten ist die Kohortenstudie sehr zeitaufwendig, wenn Erkrankungen mit einer langen Latenzzeit betrachtet werden. Die Kohortenstudie hat bei Beginn des Studienzeitraumes erkrankungsfreie Personen in den Kohorten. Hat man nun z. B. eine Erkrankung mit einer Latenzzeit von 20 Jahren vorliegen, so ist klar, dass mit einer langen Studiendauer zu rechnen sein wird. Dies bedeutet, dass erst nach Ablauf einer langen Frist die Ergebnisse der Studie vorgewiesen werden können. Von daher ist es naheliegend, nach alternativen Studientypen zu suchen.

Die Entwicklung der *Fall-Kontrollstudie* in ihrer Breite als allgemeiner Studientyp ist wohl nicht vor den 50er Jahren anzusiedeln und ist eng mit den Untersuchungen des Zusammenhangs von Zigarrettenrauchen und Lungenkrebs verbunden (Doll 1995). In der Tat hat es vorher nur einige wenige Ansätze zu Fall-Kontrollstudien gegeben, wie der von Stocks und Karn (1933) zum Zusammenhang verschiedener Krebserkrankungen mit dem Verzehr von Gemüse und Brot, der in dieser Studie als schwach negativ ausgewiesen wurde. Seit den 20er Jahren fiel der außergewöhnliche Anstieg in der Mortalität des Lungenkrebs auf. Auch wurde darauf verwiesen, dass es einen Anstieg im Zigarettenrauchen gegeben habe. Allerdings konnte in Tierexperimenten kein Nachweis der Kanzerogenität des Zigarrettenteers geführt werden, mit Ausnahme der Studien von Roffo (1937, 1939) in Argentinien, die jedoch weitgehend abgelehnt wurden aus unterschiedlichen Gründen wie z. B. einer viel höheren Verbrennungstemperatur beim Tierexperiment im Vergleich zu der beim Rauchen enstehenden Temparatur (Doll 1995). Anfang der 50er Jahre führten Doll und Hill (1952) eine Studie durch, in der Ärzte in 20 Krankenhäusern in London (England) gebeten wurden, Patienten mit der Diagnose Krebs der Lunge, des Magens oder des Dickdarms zu melden, einem Sozialarbeiter die Erlaubnis zu einem Interview dieses Patienten und eines weiteren Patienten zu geben, der nicht aufgrund dieser Diagnose zur Behandlung war. Patient und Kontrollpatient wurden gleich gewählt hinsichtlich des Geschlechts, des Alters und des Krankenhauses. Als Ergebnis dieser Fall-Kontrollstudie wurde festgestellt, dass „smoking is a factor, and an important factor, in the production of carcinoma of the lung" (zitiert nach Doll 1995). Das geschätzte Relative Risiko war bedeutsam und hoch. Es war naheliegend, die gefundene Hypothese in einer Kohortenstudie zu überprüfen. Im Jahre 1951 wurde eine solche Kohortenstudie begonnen, die als Population britische Ärzte zugrunde legte. Diese Population erwies sich als äußerst geeignet für die Zwecke dieser epidemiologischen Untersuchung, insbesondere das „Follow-Up" seiner Mitglieder, die zeitliche Nachverfolgung der Mitglieder der Kohorte stellte sich als recht unproblematisch heraus. Die Studie wird noch heute weitergeführt (Doll 1995). Schon 2½ Jahre nach Beginn der Kohortenstudie konnten erste Auswertungen vorgenommen werden, die die Ergebnisse der Fall-Kontrollstudie völlig bestätigten (s. Abb. 15). Diese Ergebnisse sowie ähnliche Ergebnisse aus den USA, die in einer Kohortenstudie über 200.000 Amerikaner durch Hammond und Horn (1954, 1958) erzielt wurden, überzeugten die meisten Wissenschaftler über die Gültigkeit der epidemiologischen Beweisführung. Es gehört zu den Anekdoten der Epidemiologiegeschichte, dass bedeutende Vertreter der statistischen Wissenschaft, unter ihnen Berkson und Sir Ronald Fischer, den Resultaten dieser epidemiologischen Studien äußerst skeptisch gegenüber standen.

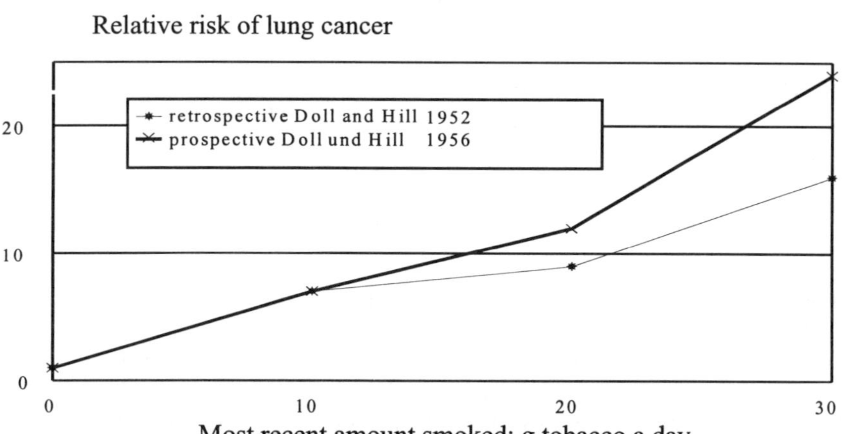

Abb. 15: Übereinstimmende Ergebnisse von Fall-Kontroll- und Kohortenstudie zum Zusammenhang von Rauchen und Lungenkrebs (nach Doll 1995)

19.4.2 Das Design der Fall-Kontrollstudie und die Nicht-Schätzbarkeit des Relativen Risikos

Im Gegensatz zur Kohortenstudie wird bei der Fall-Kontrollstudie die Gruppe der erkrankten Personen (die Fälle) mit einer Gruppe nicht-erkrankter Personen (die Kontrollen) verglichen. In jeder der Gruppen ist die Verteilung einer spezifischen Exposition von Interesse und ihre vergleichende Analyse. Im einfachsten Fall, der in Tab. 13 dargestellt ist, hat man zwei Gruppen, in den jeweils die Exposition vorhanden oder nicht vorhanden ist. Expositionen sind genau wie bei der Kohortenstudie z. B. Rauchen, Kaffeegenuss, Radfahren ... oder auch Hautfarbe, Geschlecht, Alter .... Eine Schwierigkeit bei der Fall-Kontrollstudie ist häufig dadurch gegeben, dass die Exposition schwieriger exakt zu messen ist, wie z. B. die Stärke des Rauchens vor zwanzig Jahren.

Tab. 13: Grundschema einer Fallkontrollstudie

Exposition / Krankheitsstatus	nicht exponiert	exponiert	
Kontrolle	$(1-q_0)$ (m_0-k_0)	q_0 (k_0)	m_0
Fall	$(1-q_1)$ (m_1-k_1)	q_1 (k_1)	m_1

Im Idealfall wird davon ausgegangen, dass eine Stichprobe des Umfangs m_0 aus der nichterkrankten Population (der Kontrollpopulation) vorliegt, ebenso eine Stichprobe vom Umfang m_1 aus der Population der Fälle. Das Schema der Tab. 13 besagt nun folgendes: Von m_i Personen sind k_i Personen exponiert, und dies geschieht mit einer Wahrscheinlichkeit q_i i=0,1. Anders ausgedrückt, die Exposition ist in der Kontrollpopulation mit einer Proportion von q_0, in der Fallpopulation mit einer Proportion q_1 vertreten. Analog zu den Ausführungen des Kap. 19.3.1 stellen die Verteilungen der beiden Gruppen jeweils Binomialverteilungen dar:

$$\text{(Kontrollen) Pr}\{\textit{Anzahl der Exponierten } Y_0 = k_0\} = \binom{m_0}{k_0} \cdot q_0^{k_0}(1-q_0)^{1-k_0}$$

$$\text{(Fälle) Pr}\{\textit{Anzahl der Exponierten } Y_1 = k_1\} = \binom{m_1}{k_1} \cdot q_1^{k_1}(1-q_1)^{m_0 k_1}$$

Wegen seiner grundlegenden Bedeutung sei noch einmal die Form des Stichprobenmodells betont. Man wählt aus der Population der nicht-erkrankten Personen eine Stichprobe vom Umfang m_0 sowie davon unabhängig aus der Population der Fälle eine Stichprobe vom Umfang m_1. Daher ist die Wahrscheinlichkeit für die Tab. 13, die Daten zu beobachten wie sie tatsächlich beobachtet wurde, der sog. Likelihood, das Produkt der beiden binomialen Likelihoods. Das Stichprobenmodel heißt von daher Produkt-Binomial. Nach Hogg und Tanis (1988) ist $\hat{q}_i = k_i/m_i$ eine gute Schätzung der Expositionswahrscheinlichkeit q_i, und die $Var(\hat{q}_i) = q_i(1-q_i)/m_i$, jeweils für i=0,1, also der Gruppe der Nicht-Erkrankten und der Gruppe der Fälle.

Wie in Kap. 19.2 ausgeführt wurde, ist das Relative Risiko ein Maß von fundamentalen epidemiologischem Interesse. Es setzt die Erkrankungswahrscheinlichkeit in der exponierten Kohorte mit der nicht-exponierten Kohorte in Beziehung: $R = \frac{p_1}{p_0}$. Nun sind aber die Erkrankungswahrscheinlichkeiten p_1 und p_0 in der Fall-Kontrollstudie *nicht* schätzbar, damit auch nicht das Relative Risiko. Ein anderes, allerdings weniger bedeutendes Relatives Risiko ist dagegen schätzbar: das Relative Risiko für Exposition in der Gruppe der Fälle im Vergleich zur Gruppe der Nicht-Erkrankten. Es soll hier mit RR_e bezeichnet werden und ist definiert als der Quotient der Expositionswahrscheinlichkeiten in Fall- und Kontrollgruppe: q_1/q_0. Im Allgemeinen sind RR und RR_e *grundverschieden* und die Schätzbarkeit von RR_e in der Fall-Kontrollstudie allein hat keinen Einfluss auf die Schätzbarkeit des Relativen Risikos RR.

Beispiel (ein Gedankenexperiment): Im folgenden wird eine fiktive Population vom Umfang 1.000.000 betrachtet. Von Interesse ist der Zusammenhang von Blasenkrebs und Rauchen. Exposition und Erkrankung verteilen sich nach Tab. 14.

Tab. 14: Zusammenhang von Blasenkrebs und Rauchen in einer fiktiven Population

Krankheitsstatus / Exposition	Gesund	Blasenkrebs	Total
Nichtraucher	799.500	500	800.000
Raucher	199.500	500	200.000
Total	999.000	1.000	1.000.000

Nach der Tab. 14 findet man ein Relative Risiko von $RR = \frac{500/200.000}{500/800.000} = 4$, während $RR_e = \frac{500/1.000}{199.500/999.000} = 2,503$. In einer *Kohortenstudie* mit 200.000 Nichtrauchern und 100.000 Rauchern kann man im Idealfall[24] 125 erkrankte Nichtraucher und 250 erkrankte Raucher erwarten. Die entsprechenden Anzahlen fasst die Tab. 15 zusammen.

24 Im Idealfall bedeutet, dass es sich um Zufallsstichproben aus den jeweiligen Kohortenpopulationen handelt. Die erwarteten Häufigkeiten ergeben sich als Erwartungswerte bezogen auf die in der Population gültigen Wahrscheinlichkeiten. In der exponierten Gruppe der Rauchen ist die Erkrankungswahrscheinlichkeit 500/200.000 = 1/400, also ergibt sich für die Kohortenstudie ein Erwartungswert von „Erkrankungswahrscheinlichkeit × Personen unter Risiko" = 1/400 × 100.000 = 250.

Tab. 15: Erwartete Fälle von Blasenkrebs in einer Kohortenstudie

Krankheitsstatus / Exposition	Gesund	Blasenkrebs	Total
Nichtraucher	199.875	125	200.000
Raucher	99.750	250	100.000

Man berechnet leicht das – in diesem Fall der Kohortenstudie schätzbare – Relative Risiko $\hat{RR} = \frac{250/200\,000}{125/100\,000} = 4$, welches auch dem Populationswert RR = 4 entspricht.

In einer *Fall–Kontrollstudie* werde von 500 Fällen und 500 Kontrollen ausgegangen. In der Population hat man in der erkrankten Gruppe eine Expositionwahrscheinlichkeit von q_1=0,50, während man in der nicht-erkrankten Population eine Wahrscheinlichkeit für einen Raucher von 1/5 hat. Im Idealfall findet man also 100 Raucher in der Kontrollstichprobe, während man 250 Raucher in der Stichprobe der Fälle erwarten kann. Im einzelnen stellt die Tab. 16 die Daten zusammen.

Tab. 16: Erwartete Fälle von Rauchern in einer Fall-Kontrollstudie

Krankheitsstatus / Exposition	Kontrolle	Fall
Nichtraucher	400	250
Raucher	100	250
Total	500	500

Aus den Daten der Tab. 16 lässt sich nun das – epidemiologisch weniger bedeutsame, aber methodisch sinnvolle – Relative Risiko für Exposition errechnen:

$$RR_e = \frac{250/500}{100/500} = 2{,}5,$$

das recht gut das entsprechende Relative Populationsrisiko trifft. Das substantiell interessante Relative Risiko RR berechnet sich *rein formal* zu $\frac{250/350}{250/650} = 1{,}85$, was das tatsächliche Relative Risiko von 4 völlig unterschätzt. Das Relative Risiko ist aus Fall-Kontrollstudien *nicht* direkt schätzbar. Dies liegt im wesentlichen daran, dass aus Fall-Kontrollstudien nur die Expositionswahrscheinlichkeit q und *nicht* die Erkrankungswahrscheinlichkeit p geschätzt werden kann.

19.4.3 Das Odds-Ratio und das Fundamentaltheorem der Epidemiologie

Trotzdem gehört die Fallkontrollstudie mit zu den effektiven und effizienten Studientypen der Epidemiologie. Dies liegt zu einem großen Teil daran, dass auch sie die Schätzung des Relativen Risikos erlaubt, allerdings mittels eines kleinen methodischen Umweges, nämlich über die Schätzung des sogenannten Odds-Ratios, im Deutschen manchmal mit dem Verhältnis der Relativen Chancen bezeichnet. Odds sind so definiert:. Ist p die Wahrscheinlichkeit eines Ereignisses, so sind p/(1-p) die Odds dieses Ereignisses. Ist p=1/2, so sind die Odds=1; ist p=1/3, so sind die Odds=1/2, ist p=2/3, so sind die Odds=2. Aus den Odds eines Ereignisses lässt sich die Wahrscheinlichkeit dieses Ereignisses angeben: p=Odds/(1+Odds). Sind die Odds eines Ereignisses 5, so ist die Wahrscheinlichkeit dieses Ereignisses p=5/6.

Offenbar sind die Begriffe „Wahrscheinlichkeit" und „Odds" gleichwertig. Allerdings ist es – jedenfalls im deutschen Sprachraum – eher ungewohnt in Begriffen wie „Odds" zu denken. Weshalb existiert nun ein so großes Interesse an den Odds? Die Antwort liegt im sogenannten *Fundamentaltheorem der Epidemiologie* begründet. Dies enthält im Grunde *zwei* Aussagen. Die erste bezieht sich auf das Odds-Ratio. Beim Relativen Risiko wird die Erkrankungswahrscheinlichkeit p_1 in der exponierten Kohorte mit der Erkrankungswahrscheinlichkeit p_0 in der nicht exponierten Kohorte in Beziehung gesetzt. Ähnlich können die Erkrankungsodds $p_1/(1-p_1)$ in der exponierten Kohorte mit den Erkrankungsodds $p_0/(1-p_0)$ in der nicht exponierten Kohorte in Beziehung gesetzt werden: dies ist das *Odds-Ratio* $OR=\frac{p_1/(1-p_1)}{p_0/(1-p_0)}$. Beim Relativen Risiko wurde in Kap. 19.4.2 gezeigt, dass $RR= p_1/p_0 \neq q_1/q_0 = RR_e$. Ähnlich kann nun ein Verhältnis der Expositions-Odds definiert werden, $OR_e = \frac{q_1/(1-q_1)}{q_0/(1-q_0)}$, welches die Expositions-Odds in der Fallpopulation mit den Expositions-Odds in der Kontrollpopulation in Beziehung setzt. Die erste Aussage des Fundamentaltheorems besagt nun, dass $OR=OR_e$, also dass das Odds-Ratio *invariant* gegenüber dem Studientyp ist. Diese Aussage gilt unbedingt. Die zweite Aussage hat zum Gegenstand, dass das Odds-Ratio eine gute Approximation des Relativen Risikos darstellt, wenn die Krankheitsprävalenz gering ist.

Fundamentaltheorem der Epidemiologie

a) $OR=\frac{p_1/(1-p_1)}{p_0/(1-p_0)}$ *(Kohortenstudie)* $= OR_e = \frac{q_1/(1-q_1)}{q_0/(1-q_0)}$ *(Fallkontrollstudie)*

b) Ist die Erkrankungsprävalenz p gering, so gilt weiterhin:

$$RR \sim OR \qquad (30)$$

Auf einen Beweis diesen Satzes wird an dieser Stelle aus Platzgründen verzichtet. Die Bedeutung dieses Satzes liegt insbesondere darin, dass in einer Fallkontrollstudie die Expositionswahrscheinlichkeiten q_i durch k_i/m_i für i=0,1 schätzbar sind, damit eine Schätzung des OR_e möglich ist, das wiederum mit dem OR identisch ist, das man aus einer Kohortenstudie gewinnen würde. Kann darüberhinaus noch mit einer geringen Erkrankungsprävalenz gerechnet werden, so liefert $\hat{OR} = \frac{k_1/m_1 / (1-k_1/m_1)}{k_0/m_0 / (1-k_0/m_0)}$ zusätzlich eine Schätzung des Relativen Risikos.

Tab. 17: Berechnungsschema des Odds-Ratio in einer Fallkontrollstudie

Exposition / Krankheitsstatus	nicht exponiert	exponiert	
Kontrolle	(m_0-k_0)	k_0	m_0
Fall	(m_1-k_1)	k_1	m_1

In der Praxis ist die Berechnung des Odds-Ratios recht einfach. Wegen $\hat{OR} = \frac{k_1/m_1 / (1-k_1/m_1)}{k_0/m_0 / (1-k_0/m_0)} = \frac{k_1\,(m_0-k_0)}{k_0\,(m_1-k_1)}$ braucht man nur die Produkte der beiden Diagonalelemente durcheinander zu teilen. Wegen dieser einfachen, kreuzweisen Berechnungsart hat sich für das Odds-Ratio auch der Name *Kreuzprodukt* entwickelt.

Beispiel: Für das fiktive Beispiel dieses Kapitels ist $m_0=m_1=500$, $k_0=100$, $k_1=250$. Daher ist $\hat{OR} = 250 \times 400/(100 \times 250) = 4$, was exakt dem Relativen Risiko der Population entspricht.

Oft wird die Frage nach dem Teil b) des Fundamentaltheorems der Epidemiologie dahingehend gestellt, was denn *„geringe Prävalenz p"* bedeutet. Präzise ausgedrückt gilt ja die Gleichheit von Relativem Risiko und Odds Ratio nur, wenn der Prävalenzparameter p gegen Null geht. Trotzdem hat sich die Faustregel eingebürgert, dass man die Bedingung im Teil b) erfüllt sieht, wenn p kleiner als 10% ist. Einige, präzisere Illustrationen gibt die Tab. 18.

Ist das Relative Risiko RR=1, also $p_1=p_0$, dann ist auch zwingend OR=1. Dies bedeutet, dass mit geringer werdendem Effekt, die Differenz von Relativem Risiko und Odds Ratio verschwindet, unabhängig von der Größe der Prävalenz. Nur bei einem großem Effekt ist die Prävalenz von Bedeutung, wie auch die Tab. 18 deutlich zeigt. Da bei den meisten heutigen epidemiologischen Untersuchungen eher geringere Effekte untersucht werden, kann in den meisten Fällen mit einer Interpretation des Odds-Ratios als Relatives Risiko gearbeitet werden.[25]

[25] Im Prinzip ist es möglich, eine exakte Darstellung des Relativen Risikos aus den schätzbaren Größen q_1 und q_0 der Fall-Kontrollstudie zu geben. Es ist nur erforderlich, das Bayessche Prinzip vollständig anzuwenden: nach (32) ist $RR = p_1/p_0 = \frac{q_1\,p}{q_1 p + q_0(1-p)} / \frac{(1-q_1)\,p}{(1-q_1)\,p + (1-q_0)(1-p)}$, so dass RR aus einer Fall-Kontrollstudie geschätzt werden kann. Man benötigt allerdings noch eine Schätzung der Prävalenz p.

Tab. 18: Vergleich von Relativem Risiko und Odds Ratio in Abhängigkeit von der Prävalenz

p_1	p_0	RR	OR	p_1	p_0	RR	OR
0,001	0,0002	5	5,004	0,001	0,0007	1,5	1,501
0,006	0,0012	5	5,024	0,006	0,004	1,5	1,503
0,011	0,0022	5	5,045	0,011	0,007	1,5	1,506
0,016	0,0032	5	5,065	0,016	0,011	1,5	1,508
0,021	0,0042	5	5,085	0,021	0,014	1,5	1,511
0,061	0,0122	5	5,259	0,061	0,041	1,5	1,532
0,066	0,0132	5	5,283	0,066	0,044	1,5	1,535
0,071	0,0142	5	5,306	0,071	0,047	1,5	1,538
0,076	0,0152	5	5,329	0,076	0,051	1,5	1,541
0,081	0,0162	5	5,353	0,081	0,054	1,5	1,544
0,086	0,0172	5	5,376	0,086	0,057	1,5	1,547
0,091	0,0182	5	5,400	0,091	0,061	1,5	1,550
0,096	0,0192	5	5,425	0,096	0,064	1,5	1,553

Beispiel: In einer Fall-Kontrollstudie zum Zusammenhang von Sonnen-Exposition und dem Auftreten von Lippenkrebs bei einer Population 50–69-jähriger Männer sind die Daten der Tab. 19 entstanden. Man berechnet leicht die Schätzung des Odds Ratios $\widehat{OR} = 66 \times 15 / (27 \times 14) = 2{,}62$.

Tab. 19: Fall-Kontrollstudie zum Zusammenhang von Sonnen-Exposition und dem Auftreten von Lippenkrebs bei einer Population 50–69-jähriger Männer

Krankheitsstatus / Exposition	Kontrolle	Fall
Keine Sonne	15	27
Sonne	14	66
Total	29	93

19.4.4 Tests und Konfidenzintervalle

Wenn ein Effekt im Odds-Ratio von 2,62 gefunden wird, so ist er von seiner Größe her durchaus relevant, d. h., ein bedeutsamer Effekt, der die Gesundheit eines Menschen nachhaltig beeinflussen kann. Es ist jedoch noch zu prüfen, ob dieser Effektschätzer auch signifikant ist. Jeder Schätzer ist zufälligen Einflüssen unterworfen und wird bei einer weiteren Fall-Kontrollstudie die Schätzung wiederholt, so wird sie nur in seltenen Fällen übereinstimmen. Es gilt also zu untersuchen, welche Zufallsvariation mit diesem Schätzer einhergeht. Im Allgemeinen wird die Zufallsvariation, die Präzision des Schätzers durch die Varianz angegeben, die sich so berechnet:

Dazu sei zunächst beachtet, dass $\log(\hat{OR}) = \log(\hat{q}_1/(1-\hat{q}_1)) - \log(\hat{q}_0/(1-\hat{q}_0))$. Da beide Schätzer $\hat{q}_1$ und $\hat{q}_0$ unabhängig voneinander sind (als Konsequenz der Stichprobenmodells der Fallkontrollstudie), erhält man die Varianz von $\log(\hat{OR})$ als Summe der Einzelvarianzen. Es genügt daher die Varianz von $\log(\hat{q}/(1-\hat{q}))$ zu bestimmen. Durch Anwendung der δ-Methode erhält man:

$$\text{Var}\log(\hat{q}/(1-\hat{q})) \approx \left(\frac{1}{q}+\frac{1}{1-q}\right)^2 \text{Var}\,\hat{q} = \frac{1}{[q(1-q)]^2}\, q(1-q)/m = \frac{1}{q(1-q)m} \tag{33}$$

Wird nun die unbekannte Expositionswahrscheinlichkeit q durch k/m geschätzt, erhält man

$$\hat{\text{var}}\log(\hat{q}/(1-\hat{q})) \approx \frac{1}{k/m(1-k/m)m} = \frac{m}{k(m-k)} = \frac{1}{k}+\frac{1}{m-k} \tag{34}$$

Wird nun (34) auf die Stichprobe der Fälle und die Stichprobe der Kontrollen angewendet, so erhält man

$$\text{Var}\log(\hat{OR}) = \text{Var}\log(\hat{q}_1/(1-\hat{q}_1)) + \text{Var}\log(\hat{q}_0/(1-\hat{q}_0))$$

$$= \frac{1}{k_0}+\frac{1}{m_0-k_0}+\frac{1}{k_1}+\frac{1}{m_1-k_1} \tag{35}$$

Diese Varianzformel für die Varianz des log-Odds-Ratio ist besonders einprägsam. Man braucht nur die Inversen der vier Häufigkeiten der Vierfeldertafel zu addieren. (35) geht zurück auf Woolf (1955).

Eine häufige Anwendung von (35) wird in der Konstruktion eines 95%igen[26] Konfidenzintervalls liegen:

$$\log\hat{OR} \pm 1.96\sqrt{\frac{1}{k_0}+\frac{1}{m_0-k_0}+\frac{1}{k_1}+\frac{1}{m_1-k_1}} \tag{36a}$$

bzw. nach Umkehrung der logarithmischen Transformation

$$\hat{OR}\exp\left[\pm 1.96\sqrt{\frac{1}{k_0}+\frac{1}{m_0-k_0}+\frac{1}{k_1}+\frac{1}{m_1-k_1}}\,\right] \tag{36b}$$

Beispiel: Für die Daten der Tab. 16 findet man:

[26] Allgemeiner wird man ein (1-α)100%-iges Konfidenzintervall betrachten. Der zugehörige Perzentilwert ist dann $z_{1-\alpha/2}$ statt 1.96 bei einem 95%-igen Intervall.

$\hat{OR} = 4$, $\log \hat{OR} = 1{,}39$ sowie $\mathrm{Var} \log \hat{OR} = \frac{1}{k_0} + \frac{1}{m_0-k_0} + \frac{1}{k_1} + \frac{1}{m_1-k_1} = \frac{1}{100} + \frac{1}{400} + \frac{1}{250} + \frac{1}{250} = 0{,}021$. Als 95%iges Konfidenzintervall für den log-Odds-Ratio ergibt sich:

$$\log \hat{OR} \pm 1{,}96 \sqrt{\frac{1}{k_0} + \frac{1}{m_0-k_0} + \frac{1}{k_1} + \frac{1}{m_1-k_1}} = (1{,}11,\ 1.66)$$

bzw. für das Odds-Ratio OR: (exp(1,11), exp(1,66)) = (3,02, 5,30). Es liegt also hier kein Zufallseffekt, da das Konfidenzintervall den Nulleffekt OR=1 nicht enthält.

Es wird nun die Möglichkeit betrachtet, die statistische Signifikanz eines in einer Fall-Kontrollstudie geschätzten OR mittels eines statistischen Testes zu prüfen. Dazu wird eine *Nullhypothese* H_0: OR=1 (log (OR) = 0) formuliert, sowie eine *Alternativhypothese* H_1: OR ≠ 1 (log(OR) ≠ 0).[27] Es kann die Prüfgröße $Z = \frac{\log \hat{OR} - \log OR}{\sqrt{\mathrm{Var}(\log \hat{OR})}}$ herangezogen werden, die unter der Nullhypothese $Z = \frac{\log \hat{OR} - \log OR}{\sqrt{\mathrm{Var}(\log \hat{OR})}}$ approximativ standard normalverteilt ist. Man wird die Nullhypothese verwerfen, wenn $|Z| > z_{1-\alpha/2}$, oder $|\log(\hat{OR})| > z_{1-\alpha/2}\sqrt{\mathrm{Var}(\log(\hat{OR}))}$, oder $|\log(\hat{OR})| > z_{1-\alpha/2}\sqrt{\frac{1}{k_0} + \frac{1}{m_0-k_0} + \frac{1}{k_1} + \frac{1}{m_1-k_1}}$ unter Benutzung von (35).

Beispiel: Für die Daten der Tab. 16 erhält man $\log(\hat{OR}) = 1{,}39$, der sehr viel höher ausfällt als der kritische Wert $1{,}96 \times \sqrt{\mathrm{Var} \log \hat{OR}} = 1{,}96 \times \sqrt{0.021} = 0{,}1449$ bei einem beidseitigem Niveau des Tests von 5% ($z_{1-\alpha/2}=1{,}96$). Gerne wird auch der sogenannte *P-Wert* mit angegeben. Dies ist die Wahrscheinlichkeit, dass – bei Gültigkeit der Nullhypothese – der empirische Wert der Prüfgröße oder ein größerer als dieser hat auftreten können: $\Pr\{ |Z| \geq z \}$. In dem vorliegenden Falle ist dies: $\Pr \{|Z| \geq z = \frac{1{,}39}{\sqrt{0{,}021}} = 9{,}59 \} = 0$. Man kann diese Wahrscheinlichkeit als Verträglichkeitsindex interpretieren, d. h., inwieweit die Daten der Stichprobe mit der jeweiligen Nullhypothese verträglich sind. Stichprobenprüfgrößen mit P-Werten unterhalb von 0,01 werden als wenig verträglich mit der Nullhypothese angesehen. Dies trifft auch für die Situation unseres Beispieles zu, so dass man die Nullhypothese verwerfen kann.

---

[27] Oft wird noch zwischen der beidseitigen Alternativhypothese OR≠0 wie hier unterschieden und der *einseitigen* Alternative OR>1 (oder OR<1).

19.4.5 Wahl der Stichprobengröße

In Kap. 19.3 wurde für die Kohortenstudie (Tab. 20) die Wahl der Stichprobengröße n in Ahhängigkeit von der Macht des Tests der Hypothese H_0: $p_1=p_0$ oder äquivalent H_0: RR= $p_1/p_0=1$ diskutiert. Für die Fallkontrollstudie geht es um die Wahl der Stichprobengröße m, in Tab. 21 einmal als identisch für Fälle und Kontrollen gewählt.[28] Man möchte auch hier die Hypothese H_0: RR=1 testen. Das Relative Risiko ist in diesem Studientyp nur indirekt durch das Odds Ratio OR schätzbar, weshalb die Hypothese H_0: OR=1 oder äquivalent $q_1=q_0$ getestet wird.

Tab. 20: Grundschema einer Kohortenstudie

Krankheitsstatus / Exposition	nicht erkrankt	erkrankt (Fall)	
Nicht-exponiert	$1-p_0$	p_0	n
Exponiert	$1-p_1$	p_1	n

Tab. 21: Grundschema einer Fallkontrollstudie

Exposition / Krankheitsstatus	nicht exponiert	exponiert	
Kontrolle	$1-q_0$	q_0	m
Fall	$1-q_1$	q_1	m

Nun kann ganz analog zu Kap. 19.3.4 die Stichprobengöße in Abhängigkeit des gewählten Signifikanzniveaus α und der Macht des Tests (1−β) abgeleitet werden:

$$m = (z_{1-\alpha/2} - z_\beta)^2[q_1(1-q_1)+q_0(1-q_0)]/(q_1-q_0)^2$$

Dies ist der Ausdruck (22), wobei nur die Erkrankungswahrscheinlichkeit p durch die Expositionswahrscheinlichkeit q ersetzt wurde. Für ein $\alpha=0{,}05$ und eine Macht $(1-\beta)=0{,}8$ hat man $z_{1-\alpha/2} = 1{,}96$ und $z_\beta = -0{,}8416$. Für eine Expositionswahrscheinlichkeit von $q_1=0{,}6$ in der Fallpopulation und eine Expositionswahrscheinlichkeit $q_0=0{,}5$ in der Kontrollpopulation ergibt das eine Stichprobengröße von m = 385, die in jeder der beiden Gruppen zugrunde gelegt werden müsste. Während man vielleicht noch davon ausgehen kann, Expositionswahrscheinlichkeiten in der Kontrollpopulation zu kennen (häufig sind ja eine Reihe von statistischen Informationen über die Bevölkerung erfasst), so ist kaum anzunehmen, dass die Expositionswahrscheinlichkeit q_1 in der erkrankten Bevölkerung bekannt sein wird. Daher drückt man q_1 zu-

[28] Im Prinzip ist auch die Betrachtung unterschiedlicher Stichprobengrößen für Fälle und Kontrollen möglich (Bock, Toutenbourg 1991).

nächst mittels des OR= $\frac{q_1/(1-q_1)}{q_0/(1-q_0)}$ aus: $q_1 = \frac{ORq_0/(1-q_0)}{1+ORq_0/(1-q_0)}$. Ist q_0=0,7 und OR = 2, so findet man q_1=0,823. Es handelt sich also nur um eine andere Parametrisierung, die allerdings in substantiellen Anwendungen leichter zu handhaben ist. Mit der Festlegung von q_0 und dem OR liegt dann auch nach der obigen Formel die Stichprobengröße m fest. Gegen den Einwand, dass das Odds Ratio OR ja erst in der Studie geschätzt werden soll, und man an dieser Stelle die Effektgröße noch gar nicht kennt, ist sagen, dass es sich bei der Wahl des Odds Ratios in der Stichprobengrößenformel um einen *minimal zu entdeckenden Effekt* handelt. Man muss sich an dieser Stelle entscheiden, welchen minimalen Effekt, gemessen im Odds-Ratio, man noch entdecken will. Wird z. B. OR=1,5 gewählt, so können bei einer Wahl der Stichprobengröße $m = (z_{1-\alpha/2} - z_\beta)^2[\frac{ORq_0/(1-q_0)}{1+ORq_0/(1-q_0)}(1-\frac{ORq_0/(1-q_0)}{1+ORq_0/(1-q_0)})+q_0(1-q_0)]/(\frac{ORq_0/(1-q_0)}{1+ORq_0/(1-q_0)}-q_0)^2$ auch alle Effekte größer als OR=1,5 mit dieser Stichprobengröße und der gewählten Macht von (1-β) entdeckt werden, und zwar weil m – als Funktion vom Odds Ratio OR aufgefasst – eine *monoton fallende Funktion* ist (s. Abb. 16). Für größere Effekte reicht die gewählte Stichprobengröße aus.

Man kann noch die Tatsache nutzen, dass die binomiale Varianz q(1-q) ihren Maximalwert ¼ für q= ½ annimmt. Dies führt dann auf $m = ½ (z_{1-\alpha/2} - z_\beta)^2 /(q_1-q_0)^2 = ½ (z_{1-\alpha/2} - z_\beta)^2 / (\frac{ORq_0/(1-q_0)}{1+ORq_0/(1-q_0)}-q_0)^2$. Es ist leicht zu sehen, dass m eine monoton fallende Funktion von q_1 ist (bei festem Wert von q_0). q_1 ist als Funktion vom Odds Ratio OR *monoton steigend:* $\frac{d}{dOR} q_1 = \frac{d}{dOR}[\frac{OR\,c}{1+OR\,c}] \frac{c(1+ORc)-ORc^2}{(1+ORc)^2} = c/(1 + OR\,c)^2 > 0$, mit $c= q_0/(1-q_0)$. Nimmt man beide Aussagen zusammen, so ist die Stichprobengröße m(q1(OR)) als Funktion vom Odds Ratio OR monoton fallend.

Beispiel: Es soll in einer Fall-Kontrollstudie eine Stichprobengröße gewählt werden, für ein Odds-Ratio von OR=2 als minimal zu entdeckenden Effekt. In der nichterkrankten Population ist die Expositionswahrscheinlichkeit q_0 = 0,7. Die minimal zu entdeckenden Effektdifferenz ist daher $\delta=q_1-q_0$ = 0,823- 0,7 = 0,123. Wird α=0,05, $1-\beta$=0,8 gewählt, findet man $z_{1-\alpha/2}$=1,96 und z_β= –0,85. Daher ist $m = (1{,}96+0{,}85)^2[0{,}7(1-0{,}7) + 0{,}823(1-0{,}823)]/0{,}123^2 = 186$. Wird die obere Schranke für die binomiale Varianz benutzt, so ergibt sich $m = ½ (1{,}96+0{,}85)^2 / 0{,}123^2 = 261$.

Stichprobengröße m

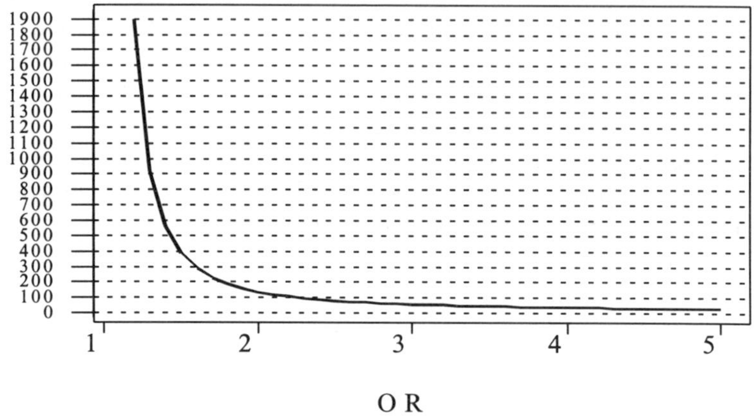

Abb. 16: Stichprobengröße m als monoton fallende Funktion des Odds Ratios OR; $q_0 = 0{,}5$

Die Stichprobengröße ist ein wichtiges Kriterium bei der Entscheidung zwischen dem Studiendesign Fall-Kontroll oder Kohorte. In Tab. 22 kann man die jeweils erforderlichen Stichprobengrößen für Kohorten- und Fall-Kontrollstudie für ein Signifikanzniveau α=0,05 und eine Macht von $(1-\beta)$=0,80 ablesen. Es zeigt sich insbesondere für die *Kombination von seltener Erkrankungen und verbreiteter Exposition* die Überlegenheit des Fall-Kontrollansatzes.

Tab. 22: Vergleich der Stichprobenumfänge für Kohorten- und Fall-Kontrollstudie

Odds Ratio OR	p_0 (Kohorte)	q_0 (Fall-Kontr.)	δ_p[29]	δ_q	n (Kohorte)	m (Fall-Kontr.)
1,2	1/1.000	½	0,0002	0,045	98.701.192	1.911
2	1/1.000	½	0,001	0,167	3.948.049	142
4	1/1.000	½	0,003	0,3	438.672	44
1,2	1/100	½	0,002	0,045	987.012	1.911
2	1/100	½	0,01	0,167	39.481	142
4	1/100	½	0,03	0,3	4.387	44
1,2	1/10	½	0,02	0,045	9.870	1.911
2	1/10	½	0,1	0,167	395	142
4	1/10	½	0,3	0,3	44	44

29 $\delta_p = p_1 - p_0$ bzw. $\delta_q = q_1 - q_0$.

19.4.6 Konfounderprobleme und Mantel-Haenszel Schätzung des Odds-Ratio

Auch Fall-Kontrollstudien bleiben von der Konfounderproblematik nicht unberührt. Dies soll zunächst an einem Beispiel verdeutlicht werden. Man betrachte die Daten der Tab. 23 (identisch mit Tab. 19).

Tab. 23: Fall-Kontrollstudie zum Zusammenhang von Sonnen-Exposition und dem Auftreten von Lippenkrebs bei einer Population 50–69-jähriger Männer (unstratifiziert)

Krankheitsstatus / Exposition	Kontrolle	Fall
Keine Sonne	15	27
Sonne	14	66
Total	29	93

In der Kontrollgruppe ist der Expositionsrisikoschätzer $\hat{q}_0 = 14/29 = 0{,}48$, in der Fallgruppe $\hat{q}_1 = 66/93 = 0{,}71$, daher der Schätzer des Odds-Ratio $\widehat{OR} = 66 \times 15/(14 \times 27) = 2{,}62$. Die Exposition wirkt also ca. zweieinhalbfach das Risiko erhöhend. Kann man es nun bei diesem Ergebnis belassen? Dazu wird angenommen, es seien bei dieser Fall-Kontrollstudie weitere Variablen erfasst worden z. B. Rauchen, die zu der folgenden Stratifizierung geführt haben:

Tab. 24a: Fall-Kontrollstudie zum Zusammenhang von Sonnen-Exposition und dem Auftreten von Lippenkrebs bei einer Population 50–69-jähriger Männer (Raucher)

Krankheitsstatus / Exposition	Kontrolle	Fall
Keine Sonne	10	24
Sonne	6	51
Total	16	75

Tab. 24b: Fall-Kontrollstudie zum Zusammenhang von Sonnen-Exposition und dem Auftreten von Lippenkrebs bei einer Population 50–69-jähriger Männer (Nichtraucher)

Krankheitsstatus / Exposition	Kontrolle	Fall
Keine Sonne	5	3
Sonne	8	15
Total	13	18

Zunächst ist festzustellen, dass sich Tab. 23 aus den Tab. 24a und 24b durch Addition der korrespondieren Tabellenzellen ergibt, z. B. sind im ersten Stratum 51 Personen erkrankt und exponiert, im zweitem Stratum sind dies 15, zusammen also 66 Personen, die man auch in der unstratifizierten Tab. 23 findet. Interessant ist nun folgendes: Werden die Odds Ratios in den beiden Strata betrachtet, so verstärken sich die Effekte drastisch. Man findet, dass $\hat{OR} = \frac{51 \times 10}{24 \times 6} = 3{,}54$ für das erste Stratum, und $\hat{OR} = \frac{15 \times 5}{3 \times 8} = 3{,}125$ für das zweite Stratum. Der Risikofaktor „Sonnenexposition" wird durch die unstratifizierte Betrachtungsweise in seiner Wirkung abgemildert geschätzt.

Analog zur Situation bei der Kohortenstudie bezeichnet „Konfounding" den *Bias* (Verzerrung) im Odds Ratio als Maßzahl des Effekts von Exposition und Erkrankung, der durch eine oder mehrere zusätzliche Variablen hervorgerufen wird, die bei der Analyse unbeachtet gebliebenen sind. Dieser Bias verschwindet, wenn eine stratifizierte Betrachtung der Odds Ratios vorgenommen wird. Auch hier dient als diagnostische Indikation für das Vorliegen von Konfounding eine unterschiedliche Stratumsverteilung in Fall- und Kontrollstichprobe. Sind die Stratumsverteilungen identisch in Fall- und Kontrollstichprobe, kann es *nicht* zu Konfounding kommen.

Auf welche Weise kann eine Verzerrung durch Konfounding vermieden werden? Wie in Kap. 19.3 gesehen wurde, konnte eine nicht verzerrte Schätzung des Relativen Risikos durch eine stratifizierte Betrachtung erreicht werden. Auch hier hilft eine stratifizierte Betrachtung, die auf eine zusammenfassende Betrachtung zielt in der Absicht, Auskunft über die Frage zu geben, ob der betreffende Faktor eine Exposition darstellt oder nicht, unabhängig davon, in welchem Stratum dieser Faktor gerade betrachtet wird. Daher liegt das Interesse in der Entwicklung eines geeigneten, zusammenfassenden Effektmaßes, welches die *unverzerrten* Effektmaße (hier Odds Ratios) in den Strata erhält. Naheliegend ist daher wiederum die Betrachtung von Linearkombinationen der stratumsspezifischen Odds Ratios $\hat{OR}_i$, bzw. der logarithmierten Odds Ratios $\hat{OR}_i$, i=1,...,k:

$$\log \hat{OR}_{ad} = w_1 \log \hat{OR}_1 + \ldots + w_k \log \hat{OR}_k \tag{37}$$

mit $w_1 + \ldots + w_k = 1$, $w_i \geq 0$ für i=1,...,k. Solche Linearkombinationen werden deshalb betrachtet, weil sie wegen der Linearität die Unverzerrtheit des Schätzers (37) erhalten.[30] Es stellt sich nur noch die Frage, welche Gewichte $w_1,\ldots,w_k$ gewählt werden sollen. Ein intuitiv sinnvolles Kriterium für die Wahl der Gewichte ist die Präzision eines Schätzers, die in der Statistik bei unverfälschten Schätzern durch die Varianz gemessen wird. Man erhält:

$$\mathrm{Var}(\log \hat{OR}_{ad}) = w_1^2 \,\mathrm{Var}(\log \hat{OR}_1) + \ldots + w_k^2 \,\mathrm{Var}(\log \hat{OR}_k) \tag{38}$$

$$= w_1^2\sigma_1^2 + \ldots + w_k^2\sigma_k^2$$

30 Wegen $E(\hat{OR}_{ad}) = w_1 E(\hat{OR}_1) + \ldots + w_k E(\hat{OR}_k) = (w_1 + \ldots + w_k)\, OR = OR$ bleibt die in den Strata gefundene Unverzerrtheit der stratumsspezifischen Schätzer erhalten.

mit $\sigma_i^2 = \mathrm{Var}(\log \hat{OR}_i) = \frac{1}{k_0^{(i)}} + \frac{1}{m_0^{(i)}-k_0^{(i)}} + \frac{1}{k_1^{(i)}} + \frac{1}{m_1^{(i)}-k_1^{(i)}}$ für die Strata i=1,...,k. Es kann wiederum gezeigt werden, dass (38) minimal wird für $\hat{w}_j = 1/\sigma_j^2 \,/\, (1/\sigma_1^2 + \ldots + 1/\sigma_k^2)$. Es ist nun leicht möglich, die Varianz von $\log \hat{OR}_{ad}$ anzugeben:

$$\mathrm{Var}(\log \hat{OR}_{ad}) = \hat{w}_1^2\sigma_1^2 + \ldots + \hat{w}_k^2\sigma_k^2 = \sum_{i=1}^{k} \frac{\sigma_i^2}{\sigma_i^4} \,/\, [\sum_{i=1}^{k} \frac{1}{\sigma_i^2}]^2 = 1 \,/\, \sum_{i=1}^{k} \frac{1}{\sigma_i^2}$$

wobei σ_i^2 durch (35) im i-ten Stratum gegeben ist.

Als zentrales Ergebnis kann nun festgehalten werden, dass sich die Varianz des adjustierten Schätzers als der Kehrwert der Summe der Kehrwerte der stratumsspezifischen Varianzen ergibt.

Als Konsequenz ergibt sich das 95%ige Konfidenzintervall für den Log-Odds-Ratio als

$$\log \hat{OR} \pm 1{,}96 \,/\, \sqrt{\sum_{i=1}^{k} \frac{1}{\sigma_i^2}}$$

bzw. für das Odds-Ratio

$$\hat{OR} \exp[\pm 1{,}96 \,/\, \sqrt{\sum_{i=1}^{k} 1/\sigma_i^2}\,].$$

Beispiel: Man betrachte man wiederum die Daten der Tab. 24 zum Zusammenhang von Lippenkrebs und Sonnenexposition. Für die Tab. 24a erhält man: $\mathrm{Var} \log \hat{OR}_1 = 1/51 + 1/24 + 1/6 + 1/10 = 0.328$ und für die Tab. 24b hat man $\mathrm{Var} \log \hat{OR}_2 = 1/15 + 1/3 + 1/8 + 1/5 = 0{,}725$. Dies führt auf einen gewichteten Log Odds Ratio von $\log \hat{OR}_{ad} = 1{,}23$. Dieser hat die geschätzte Varianz $1/\{1/0{,}328 + 1/0{,}725\} = 0{,}2285$. Das 95%ige Konfidenzintervall für das Log Odds Ratio ergibt sich damit als $1{,}23 \pm 1{,}96 \times \sqrt[0]{2285} = (0{,}294,\ 2{,}16)$ bzw. für das Odds Ratio 3,41 (1,34, 8,67). „Rauchen“ ist hier also ein Konfounder des Zusammenhangs von Lippenkrebs und Sonnenexposition. Die zusammenfassend-adjustierende Berechung des Odds-Ratio nach (37) wirkt unproblematischer als sie ist. Bei einer Vielzahl von Strata ist es leicht möglich, dass eine Zellenbesetzung 0 wird. Schon dann ist (37) nicht mehr definiert. Eine auf einen Vorschlag von Mantel und Haenszel (1959) zurückgehende Berechnungsformel lautet

$$\widehat{OR}_{MH} = \frac{\sum_{i=1}^{k} k_1^{(i)}(m_0^{(i)}-k_0^{(i)})/m^{(i)}}{\sum_{i=1}^{k} k_0^{(i)}(m_1^{(i)}-k_1^{(i)})/m^{(i)}} \tag{39}$$

Hier ist $m^{(i)} = m_0^{(i)} + m_1^{(i)}$. Die stratifizierte Schätzung (39) bietet eine ganze Reihe von Vorteilen. Am häufigsten wird wohl die *Robustheitseigenschaft* der Formel (39) genannt. Die Stratifizierung bringt ja den gewaltigen Nachteil mit sich, dass mit zunehmender Anzahl der Strata die Besetzung der Zellen geringer wird, wenn nicht sogar in verschiedenen Strata überhaupt keine Fälle auftreten. Dann ist in diesem Stratum der stratumsspezifische Odds-Ratio-Schätzer nicht berechenbar. (39) ist völlig unbeindruckt von dem Auftreten von Nullen, es sei denn, in *allen* Strata sind keine Expositionen in der Kontrollstichprobe aufgetreten. Ähnlich wie in Kap. 19.3.8 sieht man sofort, dass $\widehat{OR}_{MH}$ auch eine gewichtete Summe der stratumsspezifischen $\widehat{OR}_i$ von der Form (37) ist mit $w_j = \frac{k_0^{(j)}(m_1^{(j)}-k_1^{(j)})/m^{(i)}}{\sum_{i=1}^{k} k_0^{(i)}(m_1^{(i)}-k_1^{(i)})/m^{(i)}}$. Die rechentechnische Anwendung ist besonders anschaulich. Im Beispiel der Daten der Tab. 21 ergibt sich $\widehat{OR}_{MH} = \frac{51 \times 10/91 + 8 \times 3/31}{6 \times 24/92 + 3 \times 8/31} = \frac{8{,}02}{2{,}36} = 3{,}40$, der sich nicht viel von dem nach (37) gewichteten Schätzer unterscheidet $\widehat{OR}_{ad} = \exp\{w_1 \log \widehat{OR}_1 + w_2 \log \widehat{OR}_2\} = 3.41$, mit $w_i = 1/\sigma_i^2 /[1/\sigma_1^2 + 1/\sigma_2^2]$. Der Vorteil des Mantel-Haenszel-Schätzer wird deutlicher, wenn die Zellenbesetzungen in den einzelnen Strata ausdünnen. Die Stabilitätseigenschaft des Mantel-Haenszel-Schätzers überträgt sich leider *nicht* in so einfacher Weise auf die Berechnung seiner Varianz, die sich bis heute in der Diskussion befindet. Im nächsten Kapitel wird diese Frage noch einmal aufgegriffen, hier soll nur gesagt werden, dass natürlich die Möglichkeit besteht, (38) für die Berechnung der Varianz zu nutzen. Es ergibt sich unter Anwendung der δ-Methode

$$\mathrm{Var}(\widehat{OR}_{MH}) = \sum_{i=1}^{k} w_i^2 \,\mathrm{var}(\widehat{OR}_i) = \sum_{i=1}^{k} w_i^2 \,\mathrm{var}(\exp(\log \widehat{OR}_i))$$

$$\approx \sum_{i=1}^{k} w_i^2 \widehat{OR}_i^2 \,\mathrm{var}\log(\widehat{OR}_i) = \frac{\sum_{i=1}^{k} [k_1^{(i)}(m_0^{(i)}-k_0^{(i)})/m^{(i)}]^2 v_i}{\sum_{i=1}^{k} [k_0^{(i)}(m_1^{(i)}-k_1^{(i)})/m^{(i)}]^2},$$

$$\text{mit } w_j = \frac{k_0^{(j)}(m_1^{(j)}-k_1^{(j)})/m^{(j)}}{\sum_{i=1}^{k} k_0^{(i)}(m_1^{(i)}-k_1^{(i)})/m^{(i)}} \quad \text{und} \quad v_i = \frac{1}{k_0^{(i)}} + \frac{1}{m_0^{(i)}-k_0^{(i)}} + \frac{1}{k_1^{(i)}} + \frac{1}{m_1^{(i)}-k_1^{(i)}} .$$

Dieses Resultat, das im Allgemeinen Hauck (1979) zugeschrieben wird (Schlesselmann 1982: 184), ist recht brauchbar, solange keine Zellenbesetzung 0 wird (dann ist nämlich v_i undefiniert).

19.5. Das Modell der Fall-Kontrollstudie mit Paarbildung

19.5.1 Das Prinzip der Paarbildung und sein „Für-und-Wider"

Ein wesentlicher und häufiger Kritikpunkt epidemiologischer Studien, speziell der Fall-Kontrollstudie, ist die fehlender Vergleichbarkeit von Fall- und Kontrollstichprobe. So kann z. B. eine Exposition wie Kaffeetrinken schon allein deswegen ein Risikofaktor für „Herzinfarkt" sein, weil in der Gruppe der Fälle ein hoher Anteil von Rauchern zu finden ist, in der Kontrollstichprobe dagegen relativ wenig Raucher vertreten sind. Da nun „Raucher" auch häufig „Kaffeetrinker" sind, und „Rauchen" einen etablierten Risikofaktor darstellt, führt diese Kette zwangsläufig dazu, dass auch „Kaffeetrinken" zum Risikofaktor wird. Dieses Störprinzip wurde in Kap. 19.3 wie auch in Kap. 19.4 schon ausführlich diskutiert. Offenbar kommt es dadurch zustande, dass sich Fälle und Kontrollen nicht nur hinsichtlich der interessierenden Exposition unterscheiden, sondern auch hinsichtlich einer Reihe weiterer Variablen wie z. B. Alter, Geschlecht, Sozialer Schicht. Man kann nun – ähnlich wie in Kap. 19.3 und 19.4 geschehen – mithilfe stratifiziert-statistischer Verfahren versuchen, den Einfluss dieser Störvariablen zu eleminieren. Ein andere Möglichkeit, die in der Praxis häufig Anwendung findet und die in diesem Kapitel entwickelt werden soll, besteht darin, einem jeden Fall eine (manchmal auch mehrere) Kontrolle zuzuordnen, die sich hinsichtlich möglichst vieler Charakteristika wie Alter, Geschlecht, Bildungsstand, o. ä. gleichen (Abb. 17). Dabei hängt es sehr vom epidemiologischen Untersuchungsgegenstand ab, was nun potentielle Störvariablen sein können, deren Einfluss man durch Paarbildung (Matchen) dann einzudämmen sucht.

Zum Beispiel kann es in einer Krebsstudie der Gegenstand sein, die Störvariable „genetische Disposition" zu kontrollieren, so dass man zu den Fällen die Kontrollpatienten aus dem Familienumfeld der Fälle wählt. Die Kontrolle des Einflusses der potentiellen Störvariablen „geografische Lage" kann durch das Matchen von Fällen zu Kontrollen aus der Nachbarschaft der Fälle erreicht werden. Oder es kann von Interesse sein, ob das „Wohnen unter oder in der Nähe von Hochspannungsleitungen (WHS)" einen Risikofaktor darstellt. WHS wird aber sicherlich mit dem Einkommen bzw. der Sozialen Schicht korreliert sein, da Familien mit höheren Einkommen dazu neigen, ihre Wohnungen nicht in der Nähe solcher Hochspannungsleitungen zu suchen. Hier wäre dann als Paarungsvariable das Einkommen der Familie denkbar. In den meisten Fällen wird jedoch hinsichtlich des Geschlechtes und/oder des Alters gepaart. Bei kategorialen Paarungsvariablen ist die praktische Durchführung klar; bei kontinuierlichen Variablen wie Alter müssen Intervalle gebildet werden, z. B. beim Alter in 5Jahresintervallen, innerhalb derer dann die Paarung vorgenommen wird.

Abb. 17: Das Prinzip der Paarbildung

Häufig wird der Epidemiologe in der Beratungspraxis gefragt, ob nun besser eine gepaarte oder besser eine ungepaarte Fallkontrollstudie angestrebt werden soll. Diese Frage kann nicht klar beantwortet werden, obwohl manche Autoren hier deutliche Präferenzen haben. „Im Idealfall werden zu jedem Fall eine oder mehrere Kontrollen zugeordnet" (Brennecke, Schelp 1993: 15). Andere Autoren bevorzugen die statistische Kontrolle der Störvariablen, so dass die „Paarbildung" als prinzipielles methodisches Instrument an Bedeutung eingebüßt hat. Vor- und Nachteile der Paarbildung halten sich die Waage. Bei Paarbildung können beispielsweise für gegebenen Stichprobenumfang genauere Schätzungen für Odds Ratios, d. h., mit kleineren Konfidenzintervallen erzielt werden. Es handelt sich auch um ein gut verstehbares methodisches Vorgehen, welches hilfreich bei der methodischen Rechtfertigung einer Studie.ist[31] Sind eine Vielzahl von Störgrößen bei der Paarbildung berücksichtigt worden wie etwa bei Geschwister- oder Zwillingsstudien, so ist dies ein gutes Argument dafür, dass auch andere *unbeobachtete Störgrößen* bei diesem Vorgehen kontrolliert wurden. Gerade dies ist auch ein gutes Argument dafür, Fall-Kontrollstudien mit Paarbildung noch weiterhin einen breiten Raum einzuräumen. So wird ja oft von Kritikern des Paarungsansatzes der Einwand erhoben, dass ja alle Störgrößen mittels statistischer Verfahren kontrolliert werden könnten und ihnen nicht durch einen speziellen Studientyp besonders Rechnung getragen werden müsste. Dabei wird vergessen, dass sich diese Aussage nur auf beobachtete bzw. beobachtbare Störgrößen beziehen kann. Häufig bereiten dem Epidemiologen jedoch die (noch) unbekannten Konfounder (engl. *residual confounding*) die größeren Probleme. Außerdem setzen die statistischen Verfahren zur Kontrolle der Störgrößen i.A. bestimmte Modellannahmen voraus, deren Gültigkeit nie mit letzter Gewissheit nachprüfbar ist. Ein Nachteil der Paarbildung kann im sog. *Overmatching* bestehen, das bedeutet, dass durch die Paarbildung zwar Fall und Kontrolle sehr ähnlich hinsichtlich der Konfounder geworden sind, sich aber auch leider hinsichtlich der Exposition kaum noch unterscheiden, so dass *vorhandene* Effekte kaum noch nachgewiesen werden können. Das ist insbesondere dann der Fall, wenn eine Match-Variable stark mit der Exposition assoziiert ist, aber nur eine schwache oder keine kausale Abhängigkeit der Erkrankungswahrscheinlichkeit von dieser Variablen gegeben ist. In einer Beratungssituation ist daher zunächst zu ergründen, ob in der epidemiologischen Studie „Neuland" betreten wird. Dann ist zu vermuten, dass kaum alle Störgrößen bekannt sein werden. Eine ungepaarte Fall-Kontrollstudie liefe Gefahr, dass wichtige Störvariablen nicht erhoben werden, einfach deshalb, weil man sie nicht kennt. In diesem Falle kommt es zu *Konfounding*. Man wird daher eher eine Studie mit *Paarbildung* anstreben. Ist dagegen der epidemiologische Gegenstand gut bekannt inklusive einer Vielzahl von Störvariablen und geht es darum, nachzuweisen, ob eine Exposition ein Risikofaktor ist oder nicht, so wird man eine *ungepaarte* Fall-Kontrollstudie planen. Würde man hier die gepaarte Fall-Kontrollstudie mit Paarbildung aufgrund einer Vielzahl von potentiellen Störgrößen wählen, so läuft setzt man Gefahr, zu „overmatchen", und damit einen existierenden Effekt zu unterschätzen. Beide Vorgehen haben ihre Risiken. Bei der gepaarten Fall-Kontrollstudie kann durch Overmatching der Effekt *unterschätzt* werden, bei der ungepaarten Fall-Kontrollstudie können wichtige Störgrößen unbeachtet bleiben und es kann daher zu *Konfounding* kommen. In der Praxis stellt sich diese Frage häufig unscharf, und es wird eher zu entscheiden sein, nach wieviel Variablen gematcht werden soll und wieviele potentielle Konfounder mit statistischen Methoden kontrolliert werden sollen.

Für welchen Studientyp man auch immer sich entscheidet, es ist für das weitere methodische Vorgehen von großer Bedeutung, welchen Studientyp man vor sich hat.[32] So kann die Nicht-Beachtung der Paarbildung zu einem völlig verzerrten Effektschätzer führen. Dies soll an einer gepaarten Studie zum Zusammenhang von As-

---

[31] Dabei bleibt in der Diskussion oft völlig außer Acht, dass es ganz präzise darauf ankommt, mit welchen Störgrößen die Paarbildung durchgeführt werden konnte.

[32] Es gehört zum epidemiologsichen Feuilleton, dass häufig aufwendig gepaarte Fall-Kontrollstudien durchgeführt werden, wobei die Paarbildung in der weiteren Analyse völlig unbeachtet bleibt.

pirineinnahme und dem Reye-Syndrom[33] exemplarisch ausgeführt werden. Die folgenden Daten sind Greenberg (1993: 104) entnommen. Generell werden die Daten bei einer gepaarten Fall-Kontrollstudie wie in Tab. 25 dargestellt.

Tab. 25: Grundschema einer Fallkontrollstudie mit Paarbildung

(Fall, Kontrolle)	Kontrolle (exponiert)	Kontrolle (nicht exp.)	
Fall (exponiert)	a	b	k_1
Fall (nicht exponiert)	c	d	$m-k_1$
	k_0	$m-k_0$	m

In den Feldern dieser Vierfelderttafel finden sich nun die Anzahl der Paare wieder für die 4 Kombinationen: (Fall exponiert, Kontrolle exponiert), (Fall exponiert, Kontrolle nicht-exponiert), (Fall nicht exponiert, Kontrolle exponiert), (Fall nicht-exponiert, Kontrolle nicht-exponiert).

Tab. 26: Gepaarte Fall-Kontrollstudie vom Umfang 100 zum Zusammenhang von Aspirineinnahme und dem Reye-Syndrom

(Fall, Kontrolle)	Kontrolle (Aspirin)	Kontrolle (kein Aspirin)	
Fall (Aspirin)	132	57	189
Fall (kein Aspirin)	5	6	11
	137	63	100

Im nächsten Kapitel wird hergeleitet, dass für die gepaarte Fall-Kontrollstudie das Odds-Ratio durch

$$\hat{OR}_{paar} = b/c$$

geschätzt wird also hier $\hat{OR}_{paar} = 57/5 = 11{,}4$. Im Fall der ungepaarten Fall-Kontrollstudie war ja der Odds Ratio Schätzer als $\frac{k_1(m_0-k_0)}{k_0\,(m_1-k_1)}$ hergeleitet worden. Würde man in diesem Fall die Paarung missachten, erhielte man $\frac{k_1(m_0-k_0)}{k_0\,(m_1-k_1)} = \frac{189 \times 63}{11 \times 137} = 7{,}9$. Dieser Wert weicht doch erheblich vom „richtigen“ Schätzer ab und unterschätzt den Effekt deutlich.

[33] Akute Enzephalopathie in Kombination mit fettiger Degeneration der Leber (Pschyrembel Klinisches Wörterbuch 1990: 1444).

Entscheidet man sich für eine gepaarte Fall-Kontrollstudie, so ist zu beachten, dass die Variable, die für das Matching benutzt wird, eine ähnliche, wenn nicht sogar identische Verteilung für Fälle und Kontrollen aufweisen wird. Daher kann der Einfluss dieser Variablen auf die Erkrankungswahrscheinlichkeit nicht weiter untersucht werden.[34]

19.5.2 Das Odds-Ratio und seine Schätzung

Man mag sich an dieser Stelle fragen, welche Begründung es für die Schätzung b/c gibt, die die Zellen mit den Besetzungen a und d völlig außer acht lässt, und wieso dies eine Schätzung des Odds-Ratios OR darstellt. Die erste Frage soll zunächst mit einem hypothetischen Beispiel untersucht werden.

In einem Langstreckenschwimmwettbewerb rivalisieren zwei Mannschaften A und B in der Weise miteinander, dass immer zwei Schwimmer (jeweils einer von der Mannschaft A und einer von der Mannschaft B) gegeneinander antreten.

Nun können die folgenden vier Situationen eintreten:

i) beide Schwimmer meistern die Strecke erfolgreich;
ii) keiner der beiden Schwimmer beendet die Strecke;
iii) nur der Schwimmer von der Mannschaft A beendet die Strecke erfolgreich;
iv) nur der Schwimmer von der Mannschaft B beendet die Strecke erfolgreich.

Nur die Situationen iii) und iv) sagen etwas darüber aus, welche Mannschaft die stärkere von beiden ist.[35] Als vergleichende Maßzahl wird man hier das Verhältnis der Anzahlen zugrunde legen, in denen iii) und in denen iv) eingetreten ist. Ist b/c größer als 1, ist Mannschaft A besser, ist b/c kleiner als 1, ist Mannschaft B die bessere.

Tab. 27: Hypothetisches Beispiel zur Illustration der Schätzung des Odds-Ratio bei Paarbildung: Schwimmmannschaften A und B im Langstreckenvergleich

(A, B)	Team B (erfolgreich)	Team B (nicht erfolgreich)
Team A (erfolgreich)	a	b
Team B (nicht erfolgreich)	c	d

Es sei zur Situation epidemiologischer Daten zurückgekehrt. Nach den Vereinbarung des Kap. 19.4 bezeichnet q_1 die Expositionswahrscheinlichkeit in der Fallpopulation, während q_0 die Expositionswahrscheinlichkeit in der Kontrollpopulation darstellt. Infolgedessen ist unter der Annahme, dass die Auswahl von Kontroll- und Fallstich-

34 Zur weiteren Diskussion der Vor- und Nachteile sei auf die umfangreiche Diskussion in Kleinbaum et al. (1982: 377) verwiesen.

35 Man mache sich dies durch die Extremsituationen klar, dass nur i) oder nur ii) in allen Fällen eingetreten sei. Im ersten Falle kann nur gesagt werden, dass die Strecke für beide Mannschaften zu leicht, im zweiten Falle für beide Mannschaften zu schwer ist.

probe unabhängig voneinander erfolgt, die Wahrscheinlichkeit für das Ereignis „Fall exponiert, Kontrolle nicht-exponiert": $q_1\ (1-q_0)$, und für das Ereignis „Fall nicht-exponiert, Kontrolle exponiert": $(1-q_1)q_0$. Daher ergibt sich die Wahrscheinlichkeit für ein diskordantes Paar, also für „Fall exponiert, Kontrolle nicht-exponiert oder Fall nicht-exponiert, Kontrolle exponiert" als $q_1\ (1-q_0) + (1-q_1)q_0$. Infolgedessen ist die bedingte Wahrscheinlichkeit[36] von „Fall exponiert, Kontrolle nicht-exponiert" unter der Bedingung das Paar ist diskordant durch den Zusammenhang

$$\pi = \Pr\,(\text{„Fall exponiert, Kontrolle nicht-exponiert"}/\text{„Paar diskordant"})$$

$$= \frac{q_1\,(1-q_0)}{q_1\,(1-q_0) + (1-q_1)q_0} = \frac{\dfrac{q_1\,(1-q_0)}{(1-q_1)q_0}}{\dfrac{q_1\,(1-q_0)}{(1-q_1)q_0} + 1} = \frac{OR}{OR+1}$$

gegeben. Die bedingte Wahrscheinlichkeit π und das Odds-Ratio OR hängen also eng zusammen:

$$\pi = OR/(OR+1) \text{ oder } OR = \pi/(1-\pi) \tag{40}$$

Die Binomialverteilung gilt als eine der grundlegenden Verteilungen der Epidemiologie. Sie ergibt sich in der folgenden Situation: $X_1,\ldots,X_n$ ist eine Stichprobe von Nullen oder Einsen, also $X_i = \begin{cases} 1 & \text{falls Erkrankung vorliegt} \\ 0 & \text{sonst} \end{cases}$. Dann ist die Wahrscheinlichkeit $\Pr\,(\sum_{i=1}^{n} X_i = k) = \binom{n}{k} p^k(1-p)^{n-k}$. Dies kann hier wie folgt angewendet werden und bildet die Grundlage für die statistische Inferenz. Wird p als die konditionale Wahrscheinlichkeit Pr („Fall exponiert, Kontrolle nicht-exponiert"/„Paar diskordant"), n als die Anzahl der diskordanten Paare b+c gewählt und $X_i = 1$, falls das Paar vom Typ „Fall exponiert, Kontrolle nicht-exponiert" ist, andernfalls $X_i=0$., dann ist $\Pr\,(\sum_{i=1}^{n} X_i = b) = \binom{b+c}{b} \pi^b(1-\pi)^{(b+c)-b} = \binom{b+c}{b} \pi^b(1-\pi)^c$. Nach den Resultaten des Kap 19.2 wird $p=\pi$ durch $\hat{\pi} = k/n = b/(b+c)$ geschätzt. Das heißt, nach (40) als Odds-Ratio ausgedrückt:

$$\hat{OR}_{paar} = \frac{\hat{p}}{1-\hat{p}} = \frac{b/(b+c)}{1 - b/(b+c)} = b/c \tag{41}$$

[36] Die bedingte Wahrscheinlichkeit von A gegeben B ist definiert als $\Pr(A/B) = \Pr(A \text{ und } B)/\Pr(B)$.

Der gepaarte Odds-Ratio-Schätzer als Ergebnis der Mantel-Haenszel Analyse: Hier wird nun eine dritte und letzte Rechtfertigung des gepaarten Odds-Ratio-Schätzers gegeben. Eine konventionelle Analyse, in der die Matchingvariable als Stratifizierungsvariable angesehen wird, führt auch zu dem Ergebnis (41). Man hat genauso viele Strata wie es Paare gibt, d. h., jedes Stratum hat genau zwei Elemente: einen Fall und die dazu gematchte Kontrolle. Es können dann grundsätzlich vier Situationen unterschieden werden:

a)

	E	NE
Fall	1	0
Kon	1	0

b)

	E	NE
Fall	1	0
Kon	0	1

c)

	E	NE
Fall	0	1
Kon	1	0

d)

	E	NE
Fall	0	1
Kon	0	1

Offenbar kann in einem Paar der Fall exponiert oder nicht-exponiert sein, ebenso die Kontrolle. Dies führt auf die vier oben aufgeführten Konstellationen, von denen es in der Häufigkeit a für die Konstellation I, b für die Konstellation II, usw. gibt. Nach der Formel (39) für den Mantel-Haenszel-Schätzer aus ungepaarten Fall-Kontrollstudien ist hier

$$\hat{OR}_{MH} = \frac{\sum_{i=1}^{k} k_1^{(i)}(m_0^{(i)}-k_0^{(i)})/m^{(i)}}{\sum_{i=1}^{k} k_0^{(i)}(m_1^{(i)}-k_1^{(i)})/m^{(i)}}$$

$$= \frac{a \times 1 \times 0/2 + b \times 1 \times 1/2 + c \times 0 \times 0/2 + d \times 0 \times 1/2}{a \times 1 \times 0/2 + b \times 0 \times 0/2 + c \times 1 \times 1/2 + d \times 0 \times 1/2}$$

$$= b/c = \hat{OR}_{paar}.$$

Man bezeichnet dieses Resultat auch als die *Übereinstimmung* des Maximum-Likelihood-Schätzers $\hat{OR}_{paar}$ mit dem Mantel-Haenszel-Schätzer der ungepaarten Analyse.

19.5.3 Zwei Versionen von McNemar's Test

In der gepaarten Fall-Kontrollstudie wie eigentlich bei allen epidemiologischen Grundsituationen wird häufig die Hypothese zu testen sein:

$$H_0\text{: OR=1 gegen } H_1\text{: OR} \neq 1 \qquad (42)$$

Nach (40) kann die Nullhypothese (42) auch als $\pi = OR/(1+OR) = ½$ formuliert werden. In Kap. 19.2 wurde diskutiert, dass

$$Z = \frac{\hat{p} - p}{\sqrt{p(1-p)/n}} \tag{43}$$

approximativ standardnormal verteilt ist bzw. Z^2 approximativ χ^2 verteilt mit 1 Freiheitsgrad. Es gibt nun zwei Möglichkeiten die Nullhypothese $p=\pi=\frac{1}{2}$ im Nenner von (43) einzubringen. Die bekanntere ist, den Wert von $\pi = \frac{1}{2}$ unter der Nullhypothese einzusetzen:

$$Z_1 = \frac{\hat{\pi} - \frac{1}{2}}{\sqrt{\frac{1}{2}\,\frac{1}{2}\,/(b+c)}} = \sqrt{b+c}\,(2\,\hat{\pi} - 1) = \sqrt{b+c}\,\left(\frac{2b}{b+c} - \frac{b+c}{b+c}\right)$$

$$= \frac{b-c}{\sqrt{b+c}} \tag{44}$$

Das Quadrat $Z_1^2 = \frac{(b-c)^2}{b+c}$ ist die nach *McNemar* benannte Teststatistik. Will man einen Test zum Niveau 5% erhalten, so wird als kritischer Wert 3,84 der χ^2-Tabelle bei einem Freiheitsgrad entnommen.

Es ist aber auch möglich, $p=\pi$ durch den Schätzer $b/(b+c)$ zu ersetzen:

$$Z_2 = \frac{\hat{\pi} - \frac{1}{2}}{\sqrt{\hat{\pi}\,(1-\hat{\pi})\,/(b+c)}} = \frac{\frac{b}{b+c} - \frac{1}{2}}{\sqrt{\frac{b}{b+c}\,\frac{c}{b+c}\,\frac{1}{b+c}}} = \frac{b - \frac{1}{2}\,(b+c)}{\sqrt{\frac{bc}{b+c}}}$$

$$= \frac{\frac{1}{2}\,(b-c)}{\sqrt{\frac{bc}{b+c}}} \tag{45}$$

Das Quadrat von (45) ist $Z_2^2 = \frac{1}{4}\,(b-c)^2(b+c)/bc$ und besitzt ebenso wie Z_1^2 eine χ^2-Verteilung mit 1 Freiheitsgrad.

Beispiel: Für die Daten der Tab. 26 ergibt sich das Odds Ratio $\widehat{OR}_{paar} = 57/5 = 11{,}4$. Es sind: $Z_1^2 = \frac{(b-c)^2}{b+c} = \frac{(52)^2}{62} = 43{,}61$, $Z_2^2 = \frac{1}{4}\,(b-c)^2(b+c)/bc = \frac{1}{4}\,52^2 \times 62/(5 \times 57) = 147{,}06$. Beide Teststatistiken sind hochsignifikant, unterscheiden sich jedoch beträchtlich.

Bisher wurde die *zweiseitige* Alternativhypothese H_1: $OR \neq 1$ ($\pi \neq \frac{1}{2}$) betrachtet. Oft wird es interessiert es jedoch zunächst nur, ob es einen positiven Effekt gibt, d. h., man wird gegen die *einseitige Alternative* H_1: $OR > 1$ ($\pi > \frac{1}{2}$) testen. In diesen Fällen ist die Nullhypothese nur abzulehnen, wenn Z_1 bzw. Z_2 *größer* als der kritische Wert ausfällt. Die Quadrate dieser Teststatistiken sind hier nicht zu benutzen.

Der exakte Test: Häufig wird heute der Anspruch erhoben, sog. exakte Verfahren bei der statistischen Inferenz zu benutzen. Damit ist gemeint, nicht auf approximative, auf der Normalverteilung basierende Verfahren auszuweichen, sondern die ursprüngliche Verteilung, hier die Binomialverteilung zu benutzen. Obwohl nach Auffassung des Autors sich nicht hier die entscheidenden methodischen Fehler einschleichen, die dazu führen, dass die Ergebnisse der statistisch-epidemiologischen Inferenz in der *Dimension* falsch sind, soll an dieser Stelle einmal ausgeführt werden, wie bei einem *exakten Test* verfahren wird. Wenn B die Variable bezeichnet *Anzahl der Paare mit „Fall exponiert, Kontrolle nicht-exponiert"*, so wurde oben ausgeführt, dass $Pr(Y=b)=\binom{b+c}{b}\pi^b(1-\pi)^c$ ist. Testet man nun die Nullhypothese H_0: $\pi=\frac{1}{2}$ (OR=1) gegen die einseitige Alternative, so erhält man leicht den exakten P-Wert[37] als

$$Pr(Y\geq b)=\sum_{i=b}^{b+c}\binom{b+c}{i}\pi^i(1-\pi)^{c+b-i}=\sum_{i=b}^{b+c}\binom{b+c}{i}\tfrac{1}{2}^{c+b}.$$

Beispiel: Diese Betrachtungen sollen an einigen Daten veranschaulicht werden. Dazu wird die Tab. 28 herangezogen, die eine Untersuchung zum Zusammenhang vom systolischen Blutdruck und dem Herzinfarkt darstellt.

Tab. 28: Gepaarte Fall-Kontrollstudie zum Zusammenhang vom systolischen Blutdruck und Herzinfarkt

(Fall, Kontrolle)	Kontrolle (>140)	Kontrolle (≤ 140)
Fall (>140)	17	13
Fall (≤ 140)	11	15

Man berechnet leicht den Odds-Ratio-Schätzer als $\widehat{OR}_{paar}$ = 13/11 = 1,18. Der P-Wert aufgrund der Binomialverteilung ergibt sich als

$$\sum_{i=b}^{b+c}\binom{b+c}{i}\tfrac{1}{2}^{c+b}=\sum_{i=13}^{24}\binom{24}{i}\tfrac{1}{2}^{24}=0{,}42.$$

Für Z_1 (Z_2) erhält man den Wert 0,4082 (0,4096), der einem P-Wert von 0,34 entspricht. Für keine der betrachteten Teststatistiken ist der Odds-Ratio-Schätzer signifikant.

37 Der P-Wert ist die Wahrscheinlichkeit, dass die Teststatistik einen Wert gleich oder größer dem in der Stichprobe vorgefundenen Wert annimmt.

19.5.4 Konfidenzintervalle

Bei der Konstruktion eines geeigneten Konfidenzintervalls kann wieder auf die Binomialverteilung zurückgegriffen werden. Für den Anteilswert p kann mit der Formel $\hat{p} \pm z_{1-\alpha/2} \sqrt{\hat{p}(1-\hat{p})/n}$ ein (1-α)100%iges Konfidenzintervall angegeben. werden. Ersetzt man nun $\hat{p}$ durch $\hat{\pi} = b/(b+c)$ sowie n durch (b+c), erhält man ein entsprechendes Konfidenzintervall für π:

$$\hat{\pi} \pm z_{1-\alpha/2} \sqrt{\hat{\pi}(1-\hat{\pi})/(b+c)} \qquad (46)$$

Ein Konfidenzintervall für OR wird durch die Transformation $OR = \frac{\pi}{1-\pi}$ erreicht:

$$\frac{\hat{\pi} \pm z_{1-\alpha/2} \sqrt{\hat{\pi}(1-\hat{\pi})/(b+c)}}{1 - \left(\hat{\pi} \pm z_{1-\alpha/2} \sqrt{\hat{\pi}(1-\hat{\pi})/(b+c)}\right)} \qquad (47)$$

In Böhning (1988) wurde auch die verbesserte Konfidenzintervallformel

$$\hat{p} + z^2/2n \pm z\sqrt{\hat{p}(1-\hat{p})/n + \frac{z^2}{4n^2}} \,/\, (1+z^2/n)$$

für einen Anteilswert oder eine Rate p erwähnt. Dieses Konfidenzintervall hat vor allem bessere Überdeckungswahrscheinlichkeiten, d. h., es ist näher am anzustrebenden Niveau 1-α, z steht hier abgekürzt für $z_{1-\alpha/2}$. Auch diese Formel lässt sich ohne weiteres auf den hier vorliegenden Fall übertragen, indem $\hat{p}$ durch $\hat{\pi} = b/(b+c)$ sowie n durch (b+c) ersetzt werden:

$$\hat{\pi} + z^2/2(b+c) \pm z\sqrt{\hat{\pi}(1-\hat{\pi})/(b+c) + \frac{z^2}{4(b+c)^2}} \,/\, (1+z^2/(b+c)) \qquad (48)$$

Bezeichnet man die mit Ausdruck (48) erhaltenen zwei Grenzen des Konfidenzintervalls mit $\hat{\pi}_L$ für die linke und $\hat{\pi}_R$ für die rechte Intervallgrenze, so kann wiederum mit der Transformation $OR = \frac{\pi}{1-\pi}$ ein Konfidenzintervall für das Odds-Ratio erhalten werden:

$$\widehat{OR}_{L,R} = \hat{\pi}_{L;R} / (1 - \hat{\pi}_{L;R}) \qquad (49)$$

Beispiel: Für die Daten der Tab. 28 ist b=13, c=11, b+c=24. $\widehat{OR}_{paar} = 1{,}18$ mit einem 95%igen Konfidenzintervall (z=1,96) nach (47) von (0,52, 2,86) bzw. nach (49) von (0,73, 4,57).

19.5.5 Wahl der Stichprobengröße

Bei der Wahl der Stichprobengröße m = b+c = Anzahl der diskordanten Paare wird man sich wieder orientieren an der Macht eines geeigneten Tests der Hypothesen

$$H_0: OR = 1 \text{ oder } \pi = ½$$

gegen

$$H_1: OR > 1 \text{ oder } \pi > ½$$

Nach den Ausführungen in Kap.19.5.3 und 5.4 ist $Z = \sqrt{m}\,\frac{\hat{\pi} - ½}{\sqrt{\pi(1-\pi)}}$ approximativ standard normalverteilt, so dass der Test ablehnt, wenn $Z \geq z_{1-\alpha}$. Hier ist $z_{1-\alpha}$ definiert als $\Phi(z_{1-\alpha}) = 1-\alpha$, z. B. $\alpha=0{,}025$ führt auf $z_{1-\alpha} = 1{,}96$.

Die *Macht* des Tests ist definiert als Pr { $Z \geq z_{1-\alpha}$. / π gültig }. Letztere, als Funktion φ von π aufgefasst, $\varphi(\pi)$ = Pr { $Z \geq z_{1-\alpha}$. / π gültig }, heißt die *Gütefunktion des Tests*. Die Berechnung der Macht geschieht wie folgt: $\varphi(\pi) = \Pr\{\sqrt{m}\,\frac{\hat{\pi} - ½}{\sqrt{\pi(1-\pi)}} \geq z_{1-\alpha}\} = \Pr\{\sqrt{m}\frac{\hat{\pi} - \pi}{\sqrt{\pi(1-\pi)}} \geq z_{1-\alpha} + \sqrt{m}\,\frac{½ - \pi}{\sqrt{\pi(1-\pi)}}\} = 1 - \Phi(z_{1-\alpha} + \sqrt{m}\,\frac{½ - \pi}{\sqrt{\pi(1-\pi)}})$, da $\sqrt{m}\frac{\hat{\pi} - \pi}{\sqrt{\pi(1-\pi)}}$ nun standard normal verteilt ist. Die Gütefunktion ist für m=50 und m=500 in der Abb. 18 zu sehen. Offenbar nimmt bei festem π mit zunehmenden m die Macht zu.

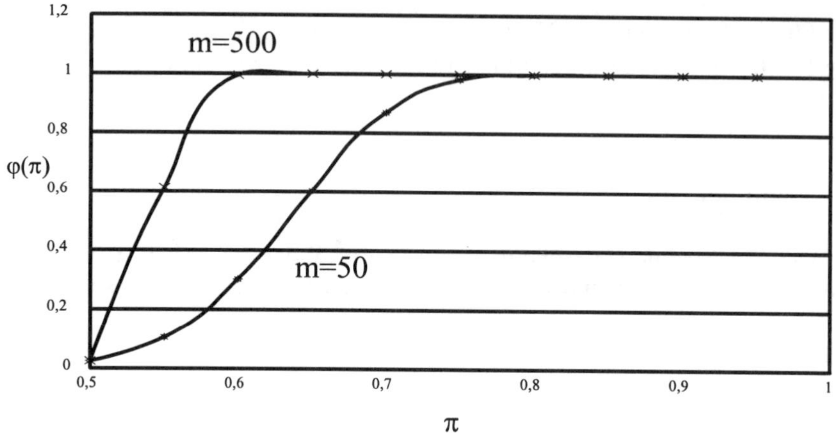

Abb. 18: Gütefunktion φ für m=50 und m=500

Die Idee ist nun einfach. Man fixiert die Macht auf einen bestimmten Wert $1-\beta$ (z. B. 80%) und löst nach m auf. Es ist:

$$1 - \Phi\left(z_{1-\alpha} + \sqrt{m}\,\frac{\frac{1}{2} - \pi}{\sqrt{\pi(1-\pi)}}\right) = 1-\beta$$

oder

$$z_{1-\alpha} + \sqrt{m}\,\frac{\frac{1}{2} - \pi}{\sqrt{\pi(1-\pi)}} = \Phi^{-1}(\beta) = z_\beta .$$

Man erhält die Stichprobengröße der Anzahl der diskordanten Paare m als

$$m = \frac{(z_{1-\alpha} - z_\beta)^2\, \pi(1-\pi)}{(\frac{1}{2} - \pi)^2} \tag{50}$$

Beispiel: In einer gepaarten Fall-Kontrollstudie mit Signifikanzniveau 2,5% und einer Macht von 80% (also $z_{1-\alpha} = 1{,}96$ und $z_\beta = -0{,}85$) soll ein *minimal auffindbares* Odds Ratio von OR = 2 zugrunde gelegt werden. Wegen der Monotonie der Gütefunktion (s. Abb. 18) ist dann auch jeder größere Effekt mit mindestens dieser Macht auffindbar. Mit der Transformation $\pi = OR/(1+OR)$ erhält man als minimal auffindbares $\pi = 2/(1+2) = 2/3$. Daher ist nach (50) $m = \frac{(1.96 + 0.85)^2\, 2/3 \times 1/3}{(\frac{1}{2} - 2/3)^2} = 70$, d. h., man müsste 70 diskordante Paare als Stichprobengröße zugrunde legen.

Zur weiteren und vertiefenden Diskussion sei auf den Übersichtsartikel von Royston (1993) verwiesen.

19.6 Logistische Regression

Eine Darstellung der Logistischen Regression ist Standardbestandteil aller modernen Lehrbücher der Epidemiologie geworden, weil immer häufiger epidemiologische Untersuchungen durchgeführt werden, in denen eine Vielzahl von Expositionen und Konfoundern, allgemein auch Kovariate genannt, gleichzeitig berücksichtigt werden sollen. Mit den konventionellen Verfahren hat man hier schnell das Problem erreicht, dass selbst bei gröbster Klassifikation der Kovariablenwerte (2 Stufen) in vielen Zellen die Besetzungen klein oder gar 0 sind. Mit der Logistischen Regression ist es auch in solchen Fällen oft noch möglich, die Effekte der Vielzahl von Kovariaten zu schätzen und zu analysieren. In der aktuellen Forschungsliteratur der Epidemiologie wird die Logistische Regression fast durchgängig angewandt.

Wenn nun so viele Argumente für die Logistische Regression sprechen, ist es dann nötig, eine detaillierte Darstellung der konventionellen epidemiologischen Verfahren zu leisten, und wäre es nicht günstiger, diesen Buchbeitrag mit der Logistischen Regression zu beginnen? In der Tat, bei manchen Darstellungen hat man diesen Eindruck (z. B. Breslow, Day 1980). Der Autor dieses Textes ist jedoch durchaus der Auffassung, dass die konventionellen Techniken durchaus ihre Berechtigung haben, vor allem auch deswegen, weil sie ihrem Wesen nach *nicht-parametrisch* sind, während bestimmte Formen der logistischen Regression *parametrisch* sind, die – sind diese parametrischen Annahmen unbegründet – zu epidemiologischen Fehlschlüssen führen können. Dies wird noch an Beispielen zu belegen sein. In den nicht-parametrischen Formen der Logistischen Regression ist sie nahezu identisch den konventionellen Verfahren (etwa der Mantel-Haenszel-Analyse).[38] In diesen Fällen wird man, zumindest bei der Repräsentation der Ergebnisse, schon aus Verständlichkeitsgründen oft bei den klassischen Methoden bleiben. Es gibt eine Vielzahl weiterführender Literatur zur Logistischen Regression. Hier sei auf den methodisch tiefer gehenden Text von Hosmer und Lemeshow (1989) verwiesen wie auch auf die elementar gehaltene Einführung von Kleinbaum (1994).

19.6.1 Einführung

Die Darstellung wird begonnen mit dem Kohortenmodell.

Tab. 29: Grundschema einer Kohortenstudie

Krankheitsstatus / Exposition	nicht erkrankt	erkrankt (Fall)
nicht-exponiert	$(1-p_0)$	p_0
exponiert	$(1-p_1)$	p_1

38 Im Prinzip geht es um folgendes: Den Verlust der Schätzbarkeit in der konventionellen Analyse durch die zunehmenden Zahl der Expositionen und Gruppierungen verhindert man in der Logistischen Regression durch bestimmte Annahmen über die (lineare) Form der Effekte, die begründet sein mögen oder auch nicht.

Zunächst wird im einfachsten Fall das Schema der Tab. 29 zugrunde gelegt.

Definitionsgemäß ist das Odds Ratio als OR = $\frac{p_1/(1-p_1)}{p_0/(1-p_0)}$ gegeben, wobei p_1 = Pr(Y=1/Exposition vorhanden) die Erkrankungswahrscheinlichkeit bei gegebener Exposition bezeichnet, analog p_0 = Pr(Y=1/Exposition nicht vorhanden) die Erkrankungswahrscheinlichkeit bei nicht-vorhandener Exposition. Betrachtet man den Log-Odds-Ratio, so ergibt sich $\log(OR) = \log\left(\frac{p_1}{1-p_1}\right) - \log\left(\frac{p_0}{1-p_0}\right) = \text{logit}\ p_1 - \text{logit}\ p_0$, wobei logit p = log p/(1-p) die Log Odds sind. Setzt man nun diese Differenz $\log(OR) = \text{logit}\ p_1 - \text{logit}\ p_0 = \beta$, oder

$$\text{logit}\ p_1 = \text{logit}\ p_0 + \beta.$$

Setzt man logit p_0 als α, so ergibt sich das logit-Modell in der einfachsten Form:

$$\text{logit}\ p_0 = \alpha$$

$$\text{logit}\ p_1 = \alpha + \beta$$

Dies kann noch kompakter geschrieben werden als

$$\text{logit}\ p_x = \alpha + \beta\, x \qquad (51)$$

mit dem Indikator[39] x für das Vorhandensein der Exposition, also x=1 falls die Exposition vorliegt, sonst 0. (51) ist ein logistischer Regressionsansatz in Logitform oder kurz Logitmodell, β wird darin der zu x gehörige Effektparameter oder kurz Effekt genannt. Wegen $\beta=\log(OR)$ und $OR = e^{\beta}$ ist im Logitmodell (51) der Effektparameter das bereits in den klassischen Analyseverfahren verwendete Log-Odds-Ratio.

Tab. 30: Strahlungsexposition und Tumorentwicklung

Krankheitsstatus / Exposition	nicht erkrankt	erkrankt (Fall)	
nicht-exponiert	5.043	6	5.049
exponiert	2.820	52	2.872

Zur Illustration sollen die Daten aus Tab. 30 verwendet werden. Man erhält für diese Daten als Schätzung für das Odds Ratio $\widehat{OR}$ = 15,49 und log($\widehat{OR}$)=2,74. Dies ist aber genau das Ergebnis, welches man mit einem Programm zur logistischen Regressionsanalyse erhält, wenn man als einzige Kovariable die Indikatorvariable der Expo-

39 Solche Variablen werden auch häufig (trotz ihrer Nützlichkeit) *Dummy*variablen genannt.

sition verwendet (hier das Ergebnis der Logistischen Regression durchgeführt mit dem Programmpaket LOGRESS):

```
PRODUCED BY DAN MCGEE, CENTERS FOR DISEASE CONTROL
     DEPENDENT VARIABLE: Skin_Tumuor
     TOTAL POPULATION=     7923      NUMBER OF CASES=      58
INDEPENDENT VARIABLE                                 COEFFICIENT      STD. ERROR
Z
Sun                                                   2.7400384       .431504
6.35
CONSTANT                                             -6.7339958       .408180
*****
```

Hier ist die Datenmatrix einfach durch $\begin{pmatrix} 1\ 1\ k_1 \\ 1\ 0\ k_0 \\ 0\ 1\ n_1\text{-}k_1 \\ 0\ 0\ n_0\text{-}k_0 \end{pmatrix}$ gegeben, wobei sich die erste Spalte auf die Fälle bezieht, die zweite auf die Exposition, und die dritte auf die Anzahl der Häufigkeiten, mit der die Kombination in den ersten beiden Spalten aufgetreten ist, z. B. 1×0 ist k_0 mal vorgekommen.

19.6.2 Das Modell mit mehreren Expositionen

Auch die konventionellen Analyseverfahren für Expositionen mit mehreren Ausprägungen lassen sich als Spezialfälle der Logistischen Regression ansehen. Man betrachte wieder das Grundschema der Kohortenstudie.

Tab. 31: Grundschema einer Kohortenstudie mit mehreren Ausprägungsmöglichkeiten für die Exposition

Krankheitsstatus / Exposition	nicht erkrankt	erkrankt (Fall)	OR
nicht-exponiert	$(1\text{-}p_0)$	p_0	$OR_0=1$
Exposition E_1	$(1\text{-}p_1)$	p_1	$OR_1 = \frac{p_1/(1-p_1)}{p_0/(1-p_0)}$
Exposition E_2	$(1\text{-}p_2)$	p_2	$OR_2 = \frac{p_2/(1-p_2)}{p_0/(1-p_0)}$
Exposition E_r	$(1\text{-}p_r)$	p_r	$OR_r = \frac{p_r/(1-p_r)}{p_0/(1-p_0)}$

Analog zu den Ausführungen des vorhergehenden Kapitels hat man nun:

$$\log(OR_1) = \text{logit } p_1 - \text{logit } p_0 = \text{logit } p_1 - \alpha$$

$$\log(OR_2) = \text{logit } p_2 - \text{logit } p_0 = \text{logit } p_2 - \alpha$$

$$\ldots$$

$$\log(OR_r) = \text{logit } p_r - \text{logit } p_0 = \text{logit } p_r - \alpha$$

oder

$$\text{logit } p_1 = \alpha + \beta_1 x_1$$

$$\text{logit } p_2 = \alpha + \beta_2 x_2$$

$$\ldots \tag{52}$$

$$\text{logit } p_r = \alpha + \beta_r x_r$$

mit $\beta_j = \log(OR_j)$ und $x_j = \{\}$, dies für $j=1,...,r$. Man beachte, dass bei dieser speziellen Definition von x_j aus $x_j = 1$ folgt, dass $x_k=0$ für $k \neq j$. Deshalb kann man (52) wieder als einen einfachen logistischen Regressionsansatz – jetzt mit r Effekten – schreiben.

$$\text{logit } p_x = \alpha + \beta_1 x_1 + \beta_2 x_2 + ... + \beta_r x_r \tag{53}$$

Beispiel: Diese Prinzipien sollen einmal an einer konkreten Studie zum Passivrauchen verdeutlicht werden. In der NHANES I (National Health and Nutrition Examination Survey)-Studie (Matanoski et al. 1995) werden u. a. Charakteristiken von 3.896 nichtrauchenden Frauen untersucht im Hinblick auf das Rauchverhalten („Waren Sie jemals mit einem Mann verheiratet, der Zigaretten geraucht hat?") der Ehemänner. In dieser Publikation findet sich die Tab. 32:

Tab. 32: Beziehung des Alters zum Raucherstatus der Ehemänner in der NHANES I Studie über 3.896 nichtrauchende Frauen[40]

Ehemann raucht / Alter	nein	ja	OR
<40	489	707	$OR_0 = 1$
40–59	391	777	$OR_1 = 1{,}37$
≥ 60	513	940	$OR_2 = 1{,}27$

Um diese Daten mit einer Logistischen Regression zu analysieren, definiert man zunächst geeignete Indikatorvariablen analog zu (53): logit $p_x = \alpha + \beta_1 x_1 + \beta_2 x_2$, wobei x_1 = AGE1 = 1 nur dann ist, wenn das Alter zwischen 40 und 59 Jahren liegt, und x_2 = AGE2 = 1 nur dann ist, wenn das Alter gleich oder über 60 Jahre ist. Die Datenmatrix hat dann die folgende Gestalt:

$$\begin{bmatrix} 0 & 0 & 0 & 489 \\ 0 & 0 & 1 & 707 \\ 1 & 0 & 0 & 391 \\ 1 & 0 & 1 & 777 \\ 0 & 1 & 0 & 513 \\ 0 & 1 & 1 & 940 \end{bmatrix}$$

wobei die dritte Spalte den Raucherstatus des Ehemannes beschreibt und die vierte Spalte die zugehörigen Zellenbesetzungen. Das Ergebnis der Logistischen Regression reproduziert die konventionell berechneten Odds Ratios. Danach haben offenbar Frauen in der mittleren Alterskategorie das höchste Risiko, dem Passivrauchen ausgesetzt zu sein.

```
PRODUCED BY DAN MCGEE, CENTERS FOR DISEASE CONTROL
    DEPENDENT VARIABLE: Smoke
    TOTAL POPULATION=    3817      NUMBER OF CASES=   2424


ODDS RATIOS AND 95% CONFIDENCE INTERVALS
DEPENDENT VARIABLE                        ODDS RATIO        LOWER
UPPER
AGE1                                        1.3745          1.1625
1.6251
AGE2                                        1.2674          1.0825
1.4838
```

[40] Die Odds Ratios weichen geringfügig ab, da in der genannten Publikation adjustierende Verfahren benutzt wurden.

Diese hier vorgestellte Technik lässt sich natürlich auch ohne weiteres auf mehrere Expositionen mit mehreren Ausprägungen übertragen. Zum Beispiel wird in der erwähnten Untersuchung unterschieden, ob die Frauen in der Stadt oder auf dem Lande wohnen. Es gibt dann statt 3 Expositionsstufen nun 6, beginnend etwa mit „Alter jünger als 40 und auf dem Land lebend" als Nullkategorie und endend bei „Alter gleich oder über 60 und in der Stadt lebend". Für jede der Expositionen wird eine Indikatorvariable definiert, z. B. „AGE1S" ist die Indikatorvariable für „Alter zwischen 40 und 59" und „in der Stadt lebend" oder „AGE2L" für „Alter gleich oder über 60" und „auf dem Lande lebend" oder „AGE0S" für „Alter unter 40 und in der Stadt lebend". Komplett lauten die fünf Indikatorvariablen „AGE1L", „AGE2L", „AGE0S", „AGE1S", „AGE2S". Man beachte, dass höchstens eine Variable den Wert 1 annehmen kann. Sind alle fünf Variablen 0, entspricht das der Referenzkategorie „unter 40 Jahre alt und auf dem Lande lebend". Die vollständige Datenmatrix hat hier die folgende Gestalt:

000000 n_{000000}
000001 n_{000001}
100000 n_{100000}
100001 n_{100001}
010000 n_{010000}
010001 n_{010001}
001000 n_{001000}
001001 n_{001001}
000100 n_{000100}
000101 n_{000101}
000010 n_{000010}
000011 n_{000011}

wobei n_x die Zellenbesetzung der Zelle x bezeichnet.

19.6.3 Mantel-Haenszel-Analyse als Logistische Regression: Homogenität (Konfounding) und Interaktion (Effektmodifikation)

In diesem Kapitel soll versucht werden, das Logistische Regressionsmodell in Analogie zur Mantel-Haenszel-Analyse zur Prävention des Konfounding zu entwickeln. Dazu wird zunächst das einfachste stratifizierte Modell zugrunde gelegt.

Tab. 33: Grundschema einer Kohortenstudie mit Stratifizierung

Stratum 1 mit OR_1		
Krankheitsstatus / Exposition	nicht erkrankt	erkrankt (Fall)
nicht-exponiert	$(1\text{-}p_0)^{(1)})$	$p_0^{(1)}$
exponiert	$(1\text{-}p_1)^{(1)}$	$p_1^{(1)}$
Krankheitsstatus / Exposition	nicht erkrankt	erkrankt (Fall)
nicht-exponiert	$(1\text{-}p_0)^{(2)}$	$p_0^{(2)}$
exponiert	$(1\text{-}p_1)^{(2)}$	$p_1^{(2)}$

Legt man nun in jedem Stratum i ein stratumspezifisches Modell der Form

$$\text{logit } p_x^{(i)} = \alpha^{(i)} + \beta^{(i)}x$$

mit x=1 für den Fall, dass Exposition vorliegt, und 0 sonst, zu Grunde, so können ganz beliebige Odds Ratios modelliert werden, da wegen $\log(OR_i) = \text{logit } p_0^{(i)} - \text{logit } p_1^{(i)} = \beta^{(i)}$ keine Restriktionen den $\beta^{(i)}$ und infolgedessen den OR_i auferlegt sind.

Das Modell der *Homogenität* sieht nun vor, dass die Odds-Ratios über die Strata identisch sind, d. h.,

$$OR_1 = OR_2 = \ldots Or_k$$

oder

$$\log(OR_1) = \text{logit } p_1^{(1)} - \text{logit } p_0^{(1)} = \beta_1$$

$$= \log(OR_2) = \text{logit } p_1^{(2)} - \text{logit } p_0^{(2)} = \beta_2$$

....

$$\log(OR_k) = \text{logit } p_1^{(k)} - \text{logit } p_0^{(k)} = \beta_k$$

Mit anderen Worten kann das Homogenitätsmodell als ein spezifisches logit-Modell

$$\text{logit } p_x^{(i)} = \alpha^{(i)} + \beta\, x \tag{54}$$

geschrieben werden mit stratumsunabhängigen Expositionseffekt β (x=1 Exposition vorhanden, x=0 Exposition nicht vorhanden) bzw. mit gemeinsamen Odds Ratio e^{β}. Die stratumsspezifischen $\alpha^{(i)}$ Werte bezeichnet man auch als die Niveauhöhen in den Strata. Anschaulich bedeutet das Homogenitätsmodell, dass zu den spezifischen Niveauhöhen in den Strata ein gleicher additiver Effekt hinzu kommt, je nach Vorhandensein der Exposition. Dies zeigt die Abb. 19.

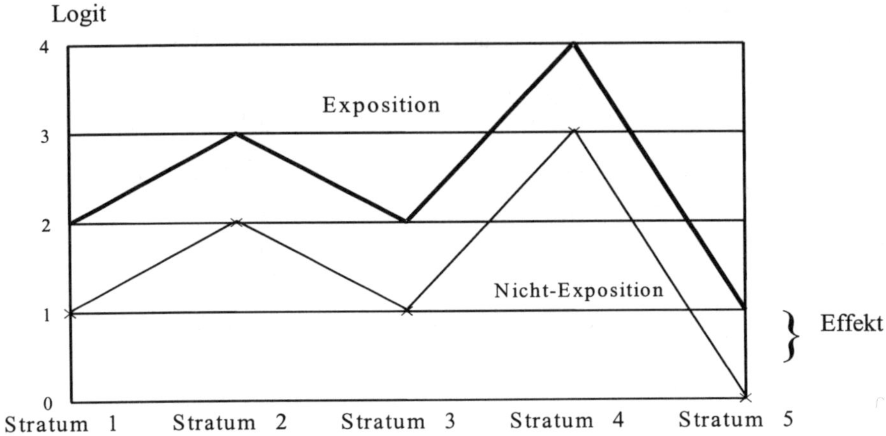

Abb. 19: Homogenitätsmodell in Logit-Form

Modelltechnisch könnte man bei k Strata die Stratumszugehörigkeit durch (k-1) Indikatoren modellieren, die mit S_1 , S_2 , ..., S_{k-1} bezeichnet werden. Dann führt

$$\text{logit}\, p_{x,s} = \alpha + \beta\, x + \alpha_1\, S_1 + \beta_1\, x\, S_1 + \ldots .+ \alpha_{r-1} S_{r-1} + \beta_{r-1}\, x\, S_{r-1} \qquad (55)$$

wobei s die Zughörigkeit zum Stratum s bezeichnet, für das dann $S_s=1$ ist und $S_j=0$, für $j \neq s$. Mit $\alpha_i+\alpha = \alpha^{(i)}$ und $\beta_i+\beta = \beta^{(i)}$ sind (55) und (54) identische Modelle. Setzt man in (55) $\beta_1 = \beta_2 = ...=\beta_{k-1} = 0$, so ist man im Homogenitätsmodell. Der Vorteil der Schreibweise (55) ist jedoch der, dass nun leicht die entsprechenden Modellanalysen (z. B. Schätzung des Odds Ratios ohne Restriktionen bzw. als Mantel-Haenszel-Odds-Ratio) durchgeführt werden können. Diese theoretischen Betrachtungen sollen wiederum an einem Beispiel veranschaulicht werden.

Beispiel: Dieses Beispiel greift die Konfounderproblematik des Kap. 19.3 erneut auf. Es wurde dort an einem fiktiven Beispiel (s. Tab. 9 u. 10) das Entstehen eines Effektartefaktes beschrieben, der verschwindet, wenn die Tabelle in die beiden Strata zerlegt wird. Die Tabellen sind hier noch einmal als Tab. 34a und 34b wieder gegeben.

Tab. 34a: Exposition und Erkrankung, Stratum 1

Krankheitsstatus / Exposition	nicht erkrankt	erkrankt (Fall)	
nicht-exponiert	3.000	1.500	4.500
exponiert	100	50	150

Tab. 34b: Exposition und Erkrankung, Stratum 2

Krankheitsstatus / Exposition	nicht erkrankt	erkrankt (Fall)	
nicht-exponiert	100	1	4.601
exponiert	1.000	10	1.160

Zunächst wird das einfache Modell ohne Berücksichtigung der Strata betrachtet:

$$\text{logit } p_x = \alpha + \beta x$$

Man erhält als Ergebnis des Programms LOGRESS die Schätzung des Effektes $\hat{\beta}$ als -2,18, also $\hat{OR} = e^{-2,18} = 0,1127$, was genau dem unstratifizierten, konventionell berechneten Odds-Ratio als $\hat{OR} = 60 \times 3.100/(1.100 \times 1.501) = 0,11$ entspricht.

```
PRODUCED BY DAN MCGEE, CENTERS FOR DISEASE CONTROL
    DEPENDENT VARIABLE: Erkrankung
    TOTAL POPULATION=    5761     NUMBER OF CASES=   1561
INDEPENDENT VARIABLE                                 COEFFICIENT    STD. ERROR
Exposition                                          -2.1832765      .135115
CONSTANT                                             -.7252706      .031445
ODDS RATIOS AND 95% CONFIDENCE INTERVALS
DEPENDENT VARIABLE                              ODDS RATIO        LOWER
UPPER
Exposition                                          .1127         .0865
.1468
```

Als nächstes Modell wird die Stratumsvariable als Indikatorvariable mit homogenem Risiko über die beiden Strata mit einbezogen:

$$\text{logit } p_{x,s} = \alpha + \beta x + \alpha_1 S_1$$

Man sieht, dass $\hat{\beta} = 0,00$ geschätzt wird ($\hat{OR} = 1$): der Effekt der Exposition verschwindet.

```
PRODUCED BY DAN MCGEE, CENTERS FOR DISEASE CONTROL
    DEPENDENT VARIABLE: Erkrankung
    TOTAL POPULATION=     5761      NUMBER OF CASES=   1561
INDEPENDENT VARIABLE                                 COEFFICIENT     STD. ERROR
Stratum                                              -3.9120230      .340548
Exposition                                             .0000000      .173662
CONSTANT                                              -.6931472      .031609
ODDS RATIOS AND 95% CONFIDENCE INTERVALS
DEPENDENT VARIABLE                           ODDS RATIO           LOWER
UPPER
Stratum                                          .0200            .0103
.0390
Exposition                                      1.0000            .7115
1.4055
```

Als drittes Modell kommt nun das volle Modell (55) in Frage:

$$\text{logit } p_{x,s} = \alpha + \beta\, x + \alpha_1\, S_1 + \beta_1\, x\, S_1$$

mit x=1, wenn Exposition vorliegt, und 0 sonst, sowie S_1=1 wenn der jeweilige Datensatz zum Stratum 2 gehört und 0 sonst. Der Effekt des Produktes $x*S_1$ wird als $\hat{\beta}_1 = 0$ geschätzt: der Term fällt weg wegen *Homogenität des Effektes* über die Strata.

```
PRODUCED BY DAN MCGEE, CENTERS FOR DISEASE CONTROL
    DEPENDENT VARIABLE: Erkrankung
    TOTAL POPULATION=     5761      NUMBER OF CASES=   1561
INDEPENDENT VARIABLE                                 COEFFICIENT     STD. ERROR
Stratum                                              -3.9120230     1.005485
Exposition                                             .0000000      .176068
Stratum*Exposition                                     .0000000     1.068644
CONSTANT                                              -.6931472      .031623

ODDS RATIOS AND 95% CONFIDENCE INTERVALS
DEPENDENT VARIABLE                           ODDS RATIO           LOWER
UPPER
Stratum                                          .0200            .0028
.1435
Exposition                                      1.0000            .7082
1.4121
Stratum*Exposition                              1.0000            .1231
8.1217
```

Es wird noch die diesem Beispiel entsprechende Datenmatrix gegeben:

```
0 0 0 0  3000
0 0 0 1  1500
0 1 0 0  100
0 1 0 1  50
1 0 0 0  100
1 0 0 1  1
1 1 1 0  1000
1 1 1 1  10
```

Die fünf Spalten entsprechen der Reihenfolge nach: Stratum, Exposition, Stratum*Exposition, Erkrankung, Anzahl der Beobachtungen.

Beispiel: In einer Fall-Kontrollstudie[41] zum Zusammenhang von Passivrauchen und Lungenkrebs bringen Kabat et al. (1995) die folgende Tab.:

Tab. 35: Zusammenhang von Rauchen des Ehepartners mit Lungenkrebs (nach Kabat et al. 1995) in einer krankenhausbasierenden Fall-Kontrollstudie in den USA, 1983-1990

Stratum 1, Frauen			
Krankheitsstatus / Exposition	Kontrolle	Fall	OR
Ehepartner raucht nicht	71	26	1
Ehepartner raucht	102	41	1,10
Stratum 2, Männer			
Krankheitsstatus / Exposition	Kontrolle	Fall	OR
Ehepartner raucht nicht	79	28	1
Ehepartner raucht	19	11	1,63

Es werde sogleich das volle Modell betrachtet:

$$\text{logit } p_{x,s} = \alpha + \beta\, x + \alpha_1\, S_1 + \beta_1\, x\, S_1$$

mit x=Spouse-smoking=1, wenn der Ehepartner raucht, und 0 sonst, sowie S_1=SEX=1, wenn der Patient zum Stratum 2 (Männer) gehört und 0 sonst. Das Programmpaket LOGRESS liefert:

41 Man wird in Kap. 19.6.7 erkennen, dass die Logistische Regression gleichermaßen zur Analyse von Fall-Kontrollstudien herangezogen werden kann.

```
PRODUCED BY DAN MCGEE, CENTERS FOR DISEASE CONTROL
    DEPENDENT VARIABLE: Lung-Cancer
    TOTAL POPULATION=      377      NUMBER OF CASES=     106

INDEPENDENT VARIABLE                   COEFFICIENT    STD. ERROR       Z
SEX                                       .0326600       .317677    -.10
Spouse-smoking                            .0931826       .294517     .32
SEX*Spouse_SMOKE                          .3975170       .527872     .75
CONSTANT                                -1.0045833       .229229   -4.38
```

Mit diesen Analyseergebnissen lässt sich leicht die Tab. 35 rekonstruieren. In Stratum 1 (S_1=0) ist der Effektschätzer exp $\hat{\beta} = e^{0,0932}$ =1,0977, abgerundet auf zwei Stellen nach dem Komma 1,10; also der Wert des Odds Ratios in der Tab. 35 Stratum 1, Frauen. In Stratum 2 (S_1=1) ist der Effektschätzer $\exp(\hat{\beta} + \hat{\beta}_1) = e^{0,0932+0,3975}$ = 1,63346, abgerundet auf zwei Stellen 1,63; also der Wert des Odds Ratios in der Tab. 35 Stratum 2, Männer. Der Effekt des Produktes x^*S_1 wird als $\hat{\beta}_1 \neq 0$ geschätzt, was bedeutet, dass der Effekt des Passivrauchens über die beiden Strata unterschiedlich ist, also für Männer anders ist als für Frauen (in diesem Fall die Männer das höhere Risiko besitzen). Das *Homogenitätsmodell* ist also in diesem Falle verletzt. Man spricht auch von *Effektmodifikation.* Es ist noch zu prüfen, ob diese Effektmodifikation signifikant, also überzufällig ist und mit einiger Sicherheit kein Artefakt ist. Hypothesentests werden im Kap. 19.6.5 diskutiert. Die Effektmodifikation wird in anderen Anwendungsgebieten der Statistik auch Interaktion genannt.

Interaktion: Es soll zunächst der einfachere Fall zweier Expositionsvariablen x_1 und x_2 betrachten werden, wobei x_i = 1 jeweils bedeutet, das Exposition vorliegt und x_i = 0, dass die Exposition nicht vorliegt. Zum Beispiel können x_1 eine Passivrauchen-Exposition und x_2 eine bestimmte Art des Wohnortes (Stadt/Land) anzeigen. In diesem Fall gibt es vier Odds Ratios wie in der Tab. 36 beschrieben ist:

Tab. 36: Odds Ratios bei zwei Expositionen x_1 und x_2

	nicht exponiert	exponiert (x_1=1)
nicht exponiert	OR_{11}(= 1)	OR_{12}
exponiert (x_2=1)	OR_{21}	OR_{22}

Das Logit-Modell hat dann die Form

$$\text{logit } p_{\mathbf{x}} = \alpha + \beta_1 x_1 + \beta_2 x_2 + \beta_{12} x_1 x_2 \tag{56}$$

mit $\mathbf{x} = \begin{pmatrix} x_1 \\ x_2 \end{pmatrix}$.Ist der Parameter β_{12} von Null verschieden, so heißt (56) *Zweifaktor-Modell* mit Interaktion. Denn: ist die erste Exposition vorhanden (x_1=1), so ist logit $p_{\mathbf{x}} = \alpha + \beta_1$, ist die zweite Exposition vorhanden, so ist logit $p_{\mathbf{x}} = \alpha + \beta_2$. Sind beide

Expositionen vorhanden, so ist logit $p_x = \alpha + \beta_1 + \beta_2 + \beta_{12}$, und nicht nur $\alpha+\beta_1+\beta_2$. Das Modell (56) stellt eine vollständige und kanonische alternative Logit-Form des Odds Ratio in Tab. 36 dar. Wegen $0 = \log(1) = \log(OR_{11}) = \text{logit } p_{00} - \text{logit } p_{00}$ ist

$$\log(OR_{12}) = \text{logit } p_{10} - \text{logit } p_{00} = \alpha + \beta_1 - \alpha = \beta_1$$

$$\log(OR_{21}) = \text{logit } p_{01} - \text{logit } p_{00} = \alpha + \beta_2 - \alpha = \beta_2$$

$$\log(OR_{22}) = \text{logit } p_{11} - \text{logit } p_{00} = \alpha + \beta_1 + \beta_2 + \beta_{12} - \alpha = \beta_1 + \beta_2 + \beta_{12}$$

Man benötigt also immer den Interaktionsterm x_1x_2, um die völlig identische Logistische Regressionsform der traditionellen Analyse zu erhalten. Mehr Terme in das Modell (56) aufzunehmen, führt zu einer Überparametrisierung. Allerdings kann geprüft werden, ob nicht auch das Modell ohne Interaktion die Daten ausreichend beschreibt. Diese Analogien lassen sich auf mehr als zwei Expositionen anwenden. Bei *drei* Expositionen hat man 8 Odds Ratios, wobei das Odds Ratio, das sich auf die Nicht-Exposition aller drei Faktoren bezieht, üblicherweise gleich 1 gesetzt wird. Es sind also maximal 7 Effekte möglich.

Tab. 37: Odds Ratios bei drei Expositionen x_1, x_2, x_3

$x_3=0$		
Exposition x_1 / Exposition x_2	nicht exponiert	Exponiert ($x_1=1$)
nicht exponiert	$OR_{111}(=1)$	OR_{121}
exponiert ($x_2=1$)	OR_{211}	OR_{221}
$x_3=1$		
Exposition x_1 / Exposition x_2	nicht exponiert	Exponiert ($x_1=1$)
nicht exponiert	OR_{112}	OR_{122}
exponiert ($x_2=1$)	OR_{212}	OR_{222}

Das zugehörige Logit-Modell lautet:

$$\text{logit } p_x = \alpha + \beta_1x_1 + \beta_2x_2 + \beta_3x_3 + \beta_{12}x_1x_2 + \beta_{13}x_1x_3 + \beta_{23}x_2x_3 + \beta_{123}x_1x_2x_3 \quad (57)$$

mit $\mathbf{x} = \begin{pmatrix} x_1 \\ x_2 \\ x_3 \end{pmatrix}$. Zum Beispiel ist dann $\log(OR_{122}) = \beta_2+\beta_3+\beta_{23}$. Auf diese Weise lassen sich ohne größere Schwierigkeiten die bei den konventionellen Verfahren betrachteten Odds Ratio in Logistische Regressionsmodelle überführen und umgekehrt. Man nennt die Terme mit Produkten aus zwei Expositionsvariablen *Interaktionen erster Ordnung,* während der Ausdruck $x_1x_2x_3$ *Interaktion zweiter Ordnung* genannt wird. Je mehr Expositionsvariablen betrachtet werden, desto mehr und höhere Interaktionen sind notwendig, um eine vollständige Parametrisierung des konventionellen Ansatzes zu erreichen. Dabei ist jedoch häufig folgendes zu beobachten. Während bei zwei Expositionen der Interaktionsterm fast immer benötigt wird, sind bei mehr als zwei Expositionen die höheren Interaktionen oft gar nicht nötig. Im Allgemeinen beschränkt man sich auf sog. *hierarchische* Modelle, d. h., Modelle, in denen angenommen wird, dass mit dem Verschwinden niedriger Interaktionsterme auch die entsprechend höheren verschwinden, also z. B. wenn $\beta_{12} = 0$, dann auch $\beta_{123}=0$.[42]

In der Praxis wird man zunächst mit einfachen Modellen beginnen, die die Effekte $\beta_1,\beta_2,\ldots$ enthalten, dann Interaktionen erster Ordnung β_{12}, $\beta_{13},\ldots$ hinzunehmen, und erst dann Interaktionen zweiter Ordnung studieren, bis schließlich die vollständige Parametrisierung erreicht ist.

Bisher wurden „nur“ Logistische Regressionsformen studiert, die Alternativen konventioneller epidemiologischer Analysenformen darstellten. Insofern beinhalteten sie *keine* Annahmen über das Logistische Regressionsmodell. Sie soll daher die *kategoriale Form* der Logistischen Regression heißen.

Im folgenden Kapitel werden Logistische Regressionsformen studiert, die die quantitative Natur der Exposition berücksichtigen und explizit in die Modellierung des Zusammenhangs zur Erkrankungswahrscheinlichkeit mit einbeziehen.

19.6.4 Das Modell mit quantitativer Exposition

Es wird nun der Fall zugelassen, dass die Exposition x ein quantitativer Faktor ist, d. h., eine Variable, die im Prinzip jede (reelle) Zahl annehmen kann. Solche Faktoren sind z. B. Alter, Körpergröße, Körpergewicht, der Body-Mass-Index, Haushaltseinkommen, Geburtsgewicht und ähnliches. Hier spielt es vor allem eine Rolle, dass Abstände zwischen Zahlen interpretiert werden können. So ist das Einkommen von Haushalt A mit einem Einkommen von 1.500 ECU um 500 ECU geringer als das von Haushalt B mit 2.000 ECU, und dieses um genausoviel weniger als das von Haushalt C mit 2.500 ECU. Auf der Einkommensskala liegen Haushalt A und C gleichweit entfernt von Haushalt B. Im Gegensatz kann bei einer kategorialen Exposition nur die Gleichheit zweier Objekte entschieden werden. Wird beispielsweise die Variable Haarfarbe fortlaufend 1,2,3 ... kodiert, ist die Betrachtung von Differenzen zwar rechentechnisch möglich, macht jedoch substantiell keinen Sinn. Messkonzepte sind ein weites Feld und insbesondere in den Sozialwissenschaften häufig Gegenstand des

---

42 Es ist allerdings erlaubt, dass zwar $\beta_{12} = 0$, aber $\beta_{13} \neq 0$.

Interesses und der Forschung. Es sei für die Epidemiologe auf das Kap. 7 in Pflanz (1973: 21) verwiesen. Hier wird im folgenden davon ausgegangen, dass die Exposition in dem Sinne quantitativ ist, dass Differenzenbildung sinnvoll möglich ist.[43]

Im einfachsten Fall einer quantitativen Exposition x lautet das Logit-Modell der Logistischen Regression

$$\text{logit } p_x = \alpha + \beta x \tag{58}$$

Das Modell (58) besagt, dass der Zusammenhang zwischen den Log Odds für die Erkrankung und der Exposition ein linearer ist, noch präziser, durch eine Gerade mit Steigung β und Y-Achsenabschnitt α beschrieben wird.

Die Gerade ist um so steiler, je größer der Wert von β ist. Für die Beurteilung des Effektes der Exposition ist also sein Koeffizient von zentraler Bedeutung. Ist β=0, so ist *kein* Effekt vorhanden. Je größer der Wert von β, desto stärker der Effekt. In der Epidemiologie werden häufig kategoriale Variablen (wie z. B. *Rauchen* ja/nein) in quantitative Expositionen transformiert durch die Betrachtung der korrespondierenden Dosis-Variable (wie lange und in welcher Menge die qualitative Exposition aufgetreten ist). Beim Rauchen wird gefragt, wie lange wieviele Zigrattenschachteln geraucht wurden, z. B. 1½ Schachteln durchschnittlich am Tag 15 Jahre lang. Die entsprechende quantitative Rauchexposition hat dann die Dimension „Zigarettenschachteljahre“. Dies unterstreicht die Bedeutung der quantitativen Exposition.

Im nächsten Kapitel wird ausführlich auf das Problem der Schätzung der Parameter α und β eingegangen. An dieser Stelle soll zunächst noch auf ein anderes Problem eingegangen werden. Während im Kapitel zuvor das Modell der Logistischen Regression keine Annahmen enthielt, die über die der konventionellen Analyse hinausgehen würden, kann das Modell der Gerade (58) sehr wohl zutreffen oder auch nicht. Es ist daher eine Annahme mit unter Umständen recht weitgehenden Konsequenzen. Die weitgehend automatisierte Form Logistischer Regressionsanalysen hat dazu geführt, dass oft Software blindlings angewandt wird, ohne zu untersuchen, ob ein Modell der Form (58) tatsächlich angebracht ist. Eine häufiger Fehler ist eine *mögliche Nichtmonotonie in der Dosis-Wirkungs-Beziehung.* Dies skizziert die Abb. 20.

Es ist zu sehen, dass hier zunächst das Risiko zunimmt und nach Erreichen des Maximums wieder abnimmt. Wird nun ein (falsches) Geradenmodell für die Logits zugrunde gelegt, ist es möglich, dass die Gerade horizontal geschätzt wird, also β=0,

---

43 Es ist oft noch eine Mischform von Interesse, die sog. *ordinal-skalierte* Exposition. Dabei spielt neben der Gleichheit zweier Objekte noch die *Ordnung* eine Rolle: es kann entschieden werden ob die Objekte gleich sind, oder das eine größer (kleiner, schwerer, stärker,...) als das andere. Z. B: wird in Befragungen häufig so vorgegangen, dass gefragt wird, ob eine bestimmte Aussage zutrifft (sehr = 2, weniger =1, überhaupt nicht). Hier können zwar auch keine Differenzen interpretiert werden, aber Ordnungsrelationen können ge-nutzt werden. Solche Expositionen nennt man auch *kategorial-ordinal.* Im Gegensatz zu *katergorial-numerischen* Variablen, bei denen auch nur *diskrete* Werte möglich sind (typisch 0,1,2,3,..), aber Differenzen durchaus interpretierbar sind. Beispiele sind üblicherweise Anzahlvariablen wie *Anzahl der Kinder, Anzahl der Haushaltsmitglieder,* usw. Kategorial–numerische Expositionen können wie quan-titative behandelt werden, während die Behandlung von Modellen mit kategorial-ordinaler Exposition mit den Modellen des Kap. 19.6.3 durchgeführt werden kann.

gleichbedeutend mit keinem Effekt. Ein Effekt ist jedoch deutlich vorhanden, nur eben nicht-linear.

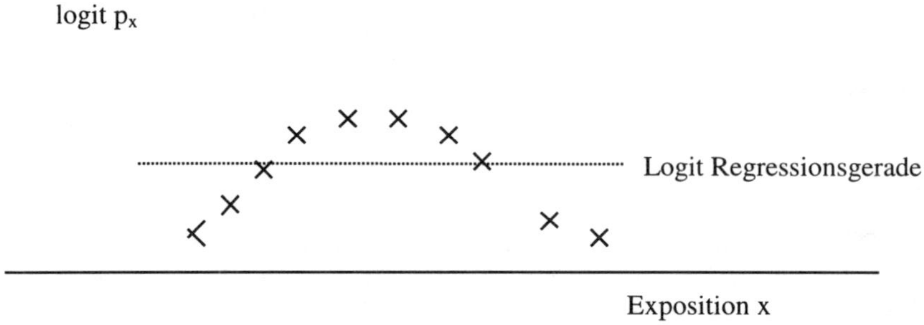

Abb. 20: Nichtlinearer Verlauf der Logits und potentieller Bias bei *falschem* Geradenmodell

19.6.5 Anwendung auf Fall-Kontrollstudien

Es wurde schon verschiedentlich darauf hingewiesen und auch genutzt, dass das Logistische Regressionsmodell für Fall-Kontrollstudien gleichermaßen verwendet werden kann. Eine Rechtfertigung steht noch aus. Sie wird hier gegeben, wobei im Grunde nur der Bayessche Satz[44] benutzt wird. In einer Fall-Kontrollstudie wird von einer Stichprobe von Fällen und einer Stichprobe von Kontrollen ausgegangen, so dass man die Verteilung der Exposition **x** bei gegebenen Krankheitsstatus („y=1" Fall, „y=0" Kontrolle) beobachtet. Sei S eine Variable, die beschreibt, ob eine Person in die Stichprobe aufgenommen wird. Ist S=1, so heißt dies „Aufnahme in die Studie", ist S=0, so heißt dies „keine Aufnahme in die Studie". Mit $\tau_1 = \Pr(S=1/Y=1)$ wird die Wahrscheinlichkeit bezeichnet, in die Studie aufgenommen zu werden, wenn Erkrankung vorliegt, während mit $\tau_0 = \Pr(S=1/Y=0)$ die Wahrscheinlichkeit bezeichnet wird, in die Studie aufgenommen zu werden, wenn keine Erkrankung vorliegt. Oft wird τ_1 sehr viel größer sein als τ_0. Man kann nun die Verteilung der Exposition bei gegebenen Erkrankungsstatus studieren: $\Pr(\mathbf{x}/y,S=1)$. Der volle Likelihood ist, bei m_1 Fällen und m_0 Kontrollen:

$$\prod_{i=1}^{m_1} \Pr(x_i / y_i = 1, S_i = 1) \times \prod_{i=1}^{m_0} \Pr(x_i / y_i = 0, S_i = 1) \tag{59}$$

Leider ist die bedingte Wahrscheinlichkeit $\Pr(\mathbf{x}/y,S=1)$ für eine bestimmte Exposition **x** bei gegebenen Erkrankungsstatus nicht das, was den Epidemiologen interessiert. Von Interesse ist die im Kohortenmodell schätzbare konditionale Wahrscheinlichkeit $\Pr(y=1/\mathbf{x})$ für Erkrankung bei einer gegebenen Exposition **x**. Allerdings kann nun die bedingte Wahrscheinlichkeit $\Pr(\mathbf{x}/y,S=1)$ mit Hilfe des Satzes von Bayes (Hogg, Ta-

---

44 Pr(A/B) = Pr(B/A) Pr(A) / P(B) = Pr(B/A) Pr(A) / {Pr(B/NA) Pr(A) + Pr(B/ nicht A)(1-Pr(A)) } für Ereignisse A und B; NA ist das zu A komplementäre Ereignis, das genau dann eintritt, wenn A nicht eintritt. Es hat die Wahrscheinlichkeit Pr(NA) = 1-Pr(A).

nis 1988) in Pr(y/**x**) ausgedrückt werden. Man setzt A=**x** und B=„y=1“. Dann ist ein typisches Element aus dem ersten Produktteil in (59) ausdrückbar als

$$\Pr(\mathbf{x}/y=1, S=1) = \Pr(y=1 / \mathbf{x}, S=1) \Pr(\mathbf{x}, S=1)/\Pr(y=1 / S=1) \tag{60}$$

Kann angenommen werden, dass die Stichprobenziehung unabhängig von der Exposition erfolgt, ist Pr(**x**, S=1) = Pr(**x**), also unabhängig von der Aufnahme in die Stichprobe. Insbesondere trägt Pr(**x**) keine Information über den Zusammenhang der Erkrankungsvariablen y mit der Exposition **x**. Der Ausdruck Pr(y=1 / S=1) im Nenner von (60) kann wiederum mit Hilfe des Satzes von Bayes als Pr(y=1 / S=1) = Pr(S=1/y=1)Pr(y=1) /{ Pr(S=1/y=1)Pr(y=1) + Pr(S=1/y=0)Pr(y=0) = τ_1 p/{τ_1 p + τ_0 (1-p)}, wobei die Erkrankungsprävalenz bedeutet. Man sieht, dass auch hier keine Information über den Zusammenhang der Erkrankungsvariablen y mit der Exposition **x** enhalten ist. Es bleibt der Term Pr(y=1 / **x**, S=1) in (60). Nun wird –wiederum mit Hilfe des Satzes von Bayes – die Rollen von A = „y=1“ und B = „S=1“ vertauscht:

$$\Pr(y=1 / \mathbf{x}, S=1) =$$

$$\frac{\Pr(S=1 / \mathbf{x}; y=1) \Pr(y=1 / \mathbf{x})}{\Pr(S=1 / \mathbf{x}; y=1) \Pr(y=1 / \mathbf{x}) + \Pr(S=1 / \mathbf{x}, y=0) \Pr(y=0 / \mathbf{x})}$$

$$= \frac{\tau_1 \Pr(y=1 / \mathbf{x})}{\tau_1 \Pr(y=1 / \mathbf{x}) + \tau_0 \Pr(y=0 / \mathbf{x})} \tag{61}$$

Jetzt ist man schon fast am Ziel. In (61) tauchen die bedingten Wahrscheinlichkeiten auf, die im Kohortenmodell mit der logistischen Regression modelliert wurden:

$$\Pr(y=1/\mathbf{x}) = p_{\mathbf{x}} = \exp(\alpha+\beta^T\mathbf{x})/\{1+ \exp(\alpha+\beta^T\mathbf{x})\}$$

Setzt man in (61) ein, so fällt der gemeinsame Faktor $1/\{1+ \exp(\alpha+\beta^T\mathbf{x})\}$heraus und man erhält

$$\frac{\tau_1 \exp(\alpha+\beta^T\mathbf{x})/\{1+ \exp(\alpha+\beta^T\mathbf{x})\}}{\tau_1 \exp(\alpha+\beta^T\mathbf{x})/\{1+ \exp(\alpha+\beta^T\mathbf{x})\}+\tau_0\, 1/\{1+ \exp(\alpha+\beta^T\mathbf{x})\}}$$

$$= \frac{\tau_1 \exp(\alpha+\beta^T\mathbf{x})}{\tau_1 \exp(\alpha+\beta^T\mathbf{x})+\tau_0} = \frac{\tau \exp(\alpha+\beta^T\mathbf{x})}{\tau \exp(\alpha+\beta^T\mathbf{x})+1}, \text{ mit } \tau = \tau_1 / \tau_0 \tag{62}$$

Offenbar ist (62) wieder ein logistisches Regressionsmodell, und zwar ein solches, in dem sich die Effektparameter nicht verändert haben. Nur der Wert der Konstante hat sich geändert unter Aufnahme der Stichprobenwahrscheinlichkeiten τ_1 und τ_0 zu $\alpha^*=\alpha +\log(\tau)$. Zusammenfassend erhält man:

$$\Pr(y=1 \,/\, \mathbf{x}, S=1) = \frac{\exp(\alpha^*+\beta^T\mathbf{x})}{\exp(\alpha^*+\beta^T\mathbf{x})+1} \tag{63}$$

also das Modell, das in der Kohortenstudie zugrunde gelegt wird, bis auf den konstanten Parameter. α^* und α werden im Allgemeinen verschieden sein, jedenfalls wenn die Aufnahmewahrscheinlichkeit für Fälle größer ist als die für die Kontrollen, was meistens bei Fall-Kontrollstudien gegeben sein wird. Die Konstante ist daher bei Analysen, die sich auf Fall-Kontrollstudien beziehen, nicht zu interpretieren.[45]

Es sei an dieser Stelle betont, dass das Ergebnis (63) nur bei Benutzung der Logistischen Regression erhalten wird, es ist quasi eine *universelle* Eigenschaft der *expit*–Funktion, dass das Modell bei Wechsel des Stichprobentyps von Kohorten- zu Fall-Kontrollstudien *invariant* bleibt. Anders ausgedrückt, wird statt mit der Logistischen Regression z. B. mit der Probit-Regression[46] gearbeitet, ändern sich beim Wechsel des Studientypes *auch* die Effektparameter. Dies macht gerade die Logistische Regression so nützlich für die Epidemiologie. Nach besten Wissen des Autors geht dieses gar nicht so alte Resultat auf Prentice und Pyke (1979) zurück.

Insgesamt ist also der Likelihood der Fall-Kontrollstudien gleich dem Likelihood für eine Kohortenstudie bis auf einen vom Expositionseffekt unabhängigen Faktor. In der Praxis können also Fall-Kontrollstudien so ausgewertet werden, als wären die Daten aus einer Kohortenstudie hervorgegangen.

Logistische Regression für gepaarte Fall-Kontrollstudien: In Kap. 19.5 wurde die Situation der Fall-Kontrollstudie bei Paarbildung beschrieben. Auch für diesen Fall gibt es eine Variante der Logistische Regression, in die sich die in Kap. 19.5 enthaltenen Aussagen einbetten lassen. In Kap. 19.5 war Grundlage der Inferenz das Stichprobenmodell, das sich auf die Anzahl diskordanter Paare bezieht. Danach ist die Wahrscheinlichkeit Pr(*Anzahl der Paare mit „Fall exponiert, Kontrolle nicht-exponiert“*=b / bei einer Anzahl von (b+c) diskordanten Paaren) = $\binom{b+c}{b}\pi^b(1-\pi)^{(b+c)-b} = \binom{b+c}{b}\pi^b(1-\pi)^c$, wobei π =Pr{(Fall exponiert,Kontrolle nicht exponiert)/Paar ist diskordant }. In Kap. 19.5 wurde gezeigt, dass π= OR/(1+OR). Im Logit Modell ist das Odds Ratio durch OR = e^β gegeben, also $\pi = e^\beta/(1+ e^\beta)$. Daher wird der vom Parameter abhängige Teil des Likelihoods durch $\text{expit}(\beta)^b(1-\text{expit}(\beta))^c = \text{expit}(\beta)^b\text{expit}(-\beta)^c$ dargestellt. Im Allgemeinen ist der Likelihood gegeben durch

$$\prod_{i=1}^{n} \exp(\mathbf{x}_i{}^{*T}\beta)/\{1 + \exp(\mathbf{x}_i{}^{*T}\beta)\} = \prod_{i=1}^{n} \text{expit}(\mathbf{x}_i{}^{*T}\beta)\} \;, \tag{64}$$

---

[45] Dies ist im Grunde auf höheren Niveau die Aussage, dass bei Fall-Kontrollstudien keine Prävalenzaussagen möglich sind.

[46] Das Probit-Modell ist durch $p_\mathbf{x} = \Phi(\alpha+\beta^T\mathbf{x})$ gegeben, wobei Φ die kumulative Normalverteilung bezeichnet.

wobei $\mathbf{x}_i^* = \mathbf{x}_i^{Fall} - \mathbf{x}_i^{Kontrolle}$ die Differenz des Expositionsvektors des i-ten Paares bezeichnet (Tab. 38).
Der Likelihood (64) wird daher $(\frac{1}{2})^{a+d}\,\mathrm{expit}(\beta)^b \mathrm{expit}(-\beta)^c$. Daher ist der Likelihood nach (64) identisch mit dem vom Parameter abhängigen Teil des binomialen Likelihoods des Kap. 19.5. Technisch gesehen, können Logistische Regressionsanalysen leicht mit Standardsoftware durchgeführt werden. Dazu definiert mit y* als der Differenz zwischen der Erkrankungsvariable y bei Fällen, y=1, und der Erkrankungsvariablen y bei Kontrollen, y=0, die Konstante mit Wert 1, so dass $\prod_{i=1}^{n} \mathrm{expit}(\mathbf{x}_i^{*T}\boldsymbol{\beta})\}^{y_i^*}$ $(1-\mathrm{expit}(\mathbf{x}_i^{*T}\boldsymbol{\beta})^{1-y_i^*}$ identisch mit (64) wird. Es ist nur noch y* als die abhängige Variable in den entsprechenden Programmpaketen zu spezifizieren, nebst den Expositionsdifferenzen **x***, und die Konstante $\alpha=\beta_0$ auf Null zu fixieren.

Tab. 38: Logistische Regression für gepaarte Fall-Kontrollstudie bei einfacher Exposition x

Anzahl	x^{Fall}	$x^{Kontrolle}$	$x^* = x^{Fall} - x^{Kontrolle}$	y^{Fall}	y^{Kon}	$y^* = y^{Fall} - y^{Kon}$
a	1	1	0	1	0	1
b	1	0	1	1	0	1
c	0	1	−1	1	0	1
d	0	0	0	1	0	1

20

Bevölkerungsgeographie

Jürgen Bähr

Einleitung

Die Darstellung erhebt nicht den Anspruch, einen Überblick über das Gesamtgebiet der Bevölkerungsgeographie zu geben. Dazu sei auf die einschlägigen Lehrbücher verwiesen (insbesondere Bähr et al. 1992). Vielmehr wird versucht, in historischer Rückschau den Wandel der Fragestellungen und Forschungsschwerpunkte herauszuarbeiten und die Bevölkerungsgeographie sowohl von anderen Teilbereichen der Geographie abzugrenzen als auch in eine umfassende Bevölkerungswissenschaft einzuordnen. Die daran anschließenden Kapitel zu Bevölkerungsverteilung und -dichte, Bevölkerungsstruktur, natürliche Bevölkerungsbewegung sowie Wanderung und Zirkulation konzentrieren sich auf die Diskussion grundlegender Begriffe und theoretischer Konzepte, soweit sie in geographischen Untersuchungen eine Rolle spielen, sowie spezifischer raumbezogener Arbeitsweisen und Darstellungsformen. Die zur Verdeutlichung genannten Beispiele können nicht erschöpfend behandelt werden.

20.1 Entwicklung und Stellung im System der geographischen Wissenschaft

Als Teilgebiet der Geographie des Menschen (Anthropogeographie) kann die Bevölkerungsgeographie auf eine lange *Forschungstradition* zurückblicken. Standen zunächst fast ausschließlich Fragen der Bevölkerungsverteilung und -dichte im Mittelpunkt des Interesses, so dominieren heute Untersuchungen zur Bevölkerungsdynamik in ihrer räumlichen Differenzierung. Eine systematische *Sammlung, Auswertung und kartographische Darstellung* weltweiter Bevölkerungsdaten wird seit Mitte des 19. Jahrhunderts betrieben. 1833 erarbeitete George J.D.P. Scrope eine erste Karte der Weltbevölkerungsverteilung, und 1859 entwarf August Petermann eine "Skizze zur Übersicht der Bevölkerung in den verschiedenen Teilen der Erde". Seit 1866 enthalten die "Geographischen Jahrbücher" regelmäßige Zusammenstellungen zur Bevölkerungsstatistik, die ab 1872 von den jährlichen Berichten zur "Bevölkerung der Erde" in den Ergänzungsheften zu "Petermanns Geographische Mitteilungen" abgelöst wurden. Diese Tradition ist in jüngerer Zeit von Witthauer (z. B. 1969) fortgesetzt worden.

Wesentlich länger dauerte es, bis durch Friedrich Ratzel, dem Begründer einer wissenschaftlichen Anthropogeographie, ein erstes *theoretisches und methodisches Grundgerüst* der Bevölkerungsgeographie gelegt wurde. Im Hauptwerk Ratzels, seiner "Anthropogeographie" aus dem Jahre 1891, nehmen Bevölkerungsverteilung und deren Erklärung einen wichtigen Platz ein, wobei es ihm in erster Linie um die Analyse des Beziehungsgeflechtes zwischen Mensch und Umwelt geht. Trotz aller Betonung der Prägung des Menschen durch Naturgegebenheiten hat Ratzel jedoch nie von direkten, kausalen Beziehungen zwischen Natur und Mensch im Sinne von Ursache und gesetzmäßiger Wirkung gesprochen, sondern auch die wirtschaftlichen und gesellschaftlichen Verhältnisse mit berücksichtigt (Bartels 1968: 127 ff.; Thomale 1972: 22 ff.). In der Auseinandersetzung mit dem Ratzel'schen Gedankengebäude entwickelten französische Geografen der Schule um Vidal de la Blache die Lehre vom geographischen Possibilismus, in der der Mensch nicht mehr nur als Reagens auf seine Umwelt, sondern auch als aktiv eingreifendes Agens gesehen wird (Thomale 1972: 42). Bei einem solchen Ansatz kommt naturgemäß Fragen der Bevölkerungsverteilung und der Bevölkerungsdichte, aber auch der Wanderungsbewegungen eine besondere Bedeutung zu. Einer der Leitbegriffe Vidal de la Blaches, das Konzept der Lebensformgruppe (*genre de vie*), wurde später auch in die deutsche Geographie übertragen (Bobek 1948).

Trotz einer solchen vom Menschen ausgehenden Betrachtungsweise haben sich daraus keine unmittelbaren Impulse für die weitere Ausformung der Bevölkerungsgeographie ergeben, weil man sich in der Folgezeit weniger der Bevölkerung selbst, sondern in erste Linie den *kulturlandschaftlichen Auswirkungen* menschlicher Aktivitäten zuwandte. So wird der Bevölkerungsgeographie von Otto Schlüter, dessen Konzept einer "Morphologie der Kulturlandschaft" zu Beginn unseres Jahrhunderts die Ausrichtung der Anthropogeographie vor allem in Deutschland entscheidend bestimmte, ein nur sehr begrenztes Aufgabenfeld zugewiesen. Die bevölkerungsgeographischen Forschungen der damaligen Zeit beschränkten sich im Wesentlichen auf die räumlich quantitative Analyse von Bevölkerungsverteilung und -dichte sowie deren kartographische Darstellung. In diesen Rahmen lässt sich auch die Diskussion um die *Tragfähigkeit* bzw. *Bonitierung* der Erde einordnen. Albrecht Penck hatte dazu entscheidende Anstöße gegeben und die damit verbundenen Fragen als das "Hauptproblem der physischen Anthropogeographie" bezeichnet (Penck 1925). Allerdings endete die Diskussion um die räumliche Tragfähigkeit damals noch sehr häufig in der "Sackgasse des physisch-geographischen Determinismus", und die gesellschaftlichen und wirtschaftlichen Voraussetzungen und Kräfte wurden unterschätzt (Schöller 1970: 36). Seit dem Bericht des Klub of Rome zur Lage der Menschheit sind Tragfähigkeitsüberlegungen wieder aktuell geworden und haben sich zu einem interdisziplinären Forschungsfeld entwickelt (Ehlers 1984; Manshard 1984). Ebenfalls auf die 20er-Jahre gehen wichtige Grundlagen und Anregungen für eine kleinräumige Analyse der Bevölkerungs- und Sozialstruktur zurück. Die von der Chicagoer Soziologenschule um Robert E. Park, Ernst W. Burgess und Roderick D. McKenzie begründete "Humanökologie" hat namentlich die Ausrichtung der US-amerikanischen Geographie entscheidend beeinflusst und bereits 1923 Harlan H. Barrows dazu veranlasst, im Titel eines Aufsatzes von "Geografy as Human Ecology" zu sprechen. In

Deutschland wurde das *sozialökologische Konzept* und insbesondere das inzwischen entwickelte methodische Instrumentarium erst nach dem Zweiten Weltkrieg aufgegriffen und in die Geographie integriert (Bähr 1977). Zwar hat sich in den 30er-Jahren in der deutschen Geographie eine "anthropogeographische Wende" (Schultz 1980: 127) im Sinne einer völkisch variierten anthropozentrischen Sichtweise vollzogen, zentraler Bezugspunkt blieb aber auch weiterhin die Kulturlandschaft, die man als "völkische Tat", als "Spiegel einer völkischen Kultur" (Schultz 1980: 205) sah, wobei eine enge Beziehung zwischen "Volk" und "Rasse" hergestellt wurde. Eine vom Menschen selbst ausgehende Betrachtung war damit nicht verbunden, und somit änderte sich auch an der eher *randlichen Stellung der Bevölkerungsgeographie* kaum etwas. Als deren Hauptfrage nannte Hettner (1947: 295, postum veröffentlicht) "das Verhältnis der Bevölkerung zu ihrem Lebens- und Nahrungsspielraum oder, anders ausgedrückt, zur Bevölkerungskapazität des Landes".

Als entscheidender Wendepunkt in der Entwicklung der Bevölkerungsgeographie wird allgemein die *presidential address* von Glenn T. Trewartha vor der "American Geographical Society" angesehen, die in ein Plädoyer für eine stärkere Beachtung und Förderung der Bevölkerungsgeographie einmündete. Seiner Auffassung nach nimmt die Bevölkerungsgeographie als *Verbindungsglied zwischen Kultur- und Naturgeographie* eine herausgehobene Stellung innerhalb der geographischen Wissenschaft ein (Trewartha 1953; vgl. Abb. 1). Im deutschsprachigen Bereich ist Paffen (1959) diesem Konzept am nächsten gekommen und hat eine umfassend verstandene Bevölkerungsgeographie vertreten. Dabei unterscheidet er zwischen einer "Bevölkerungsgeographie im engeren Sinne", die sich mit der zahlenmäßigen Verteilung und Entwicklung der Bevölkerung befasst, und einer "Bevölkerungsgeographie im weiteren Sinne", die zusätzlich die "Physische Anthropogeographie" als die Lehre vom Naturwesen Mensch und die "Sozialgeographie" als die Lehre von den Sozialgruppen und ihren Verhaltensweisen im geographischen Raum einschließt (Abb. 1). Allerdings hat sich dieses Konzept nicht durchgesetzt, und es blieb bei der verhältnismäßig engen Abgrenzung des *bevölkerungsgeographischen Aufgabenfeldes*. Stellvertretend für diese Auffassung ist in Abb. 1 der Vorschlag von Schöller (1968) wiedergegeben. Hier steht die Bevölkerungsgeographie gleichrangig neben der Sozialgeographie; beide zusammen bilden mit der Wirtschaftsgeographie, der Handels- und Verkehrsgeographie sowie der Siedlungsgeographie die fünf großen Teilgebiete der Anthropogeographie. Davon widmet sich die Bevölkerungsgeographie den biogeographischen Grundlagen der Kulturgeographie, die Sozialgeographie analysiert deren sozialgeographische Grundlagen und Kräfte, und die drei anderen Teildisziplinen untersuchen das landschaftliche Wirkungsgefüge selbst. Allerdings sind gerade die Übergänge zwischen Bevölkerungs- und Sozialgeographie fließend, und eine scharfe Abgrenzung erscheint nicht sinnvoll, denn schon die Verteilung und Zusammensetzung der Bevölkerung und erst recht die Bevölkerungsveränderungen durch Geburten- und Sterbefälle oder Wanderungsvorgänge können nicht ohne Blick auf die sozialen Grundbedingungen und Verflechtungen verstanden werden (Schymik 1980: 45).

Der eindringliche Aufruf Trewarthas hat ohne Zweifel zu einer vermehrten und intensiveren Beschäftigung mit bevölkerungsgeographischen Problemen beigetragen. Diese Entwicklung begann im *französischen und angelsächsischen Sprachraum* früher als in Deutschland. In Frankreich veröffentlichte Pierre George schon 1951 eine "Introduction á l'Etude Géographique de la Population du Monde", die als erste Zusammenfassung geographischer Aspekte der Bevölkerungsforschung gewertet werden kann.

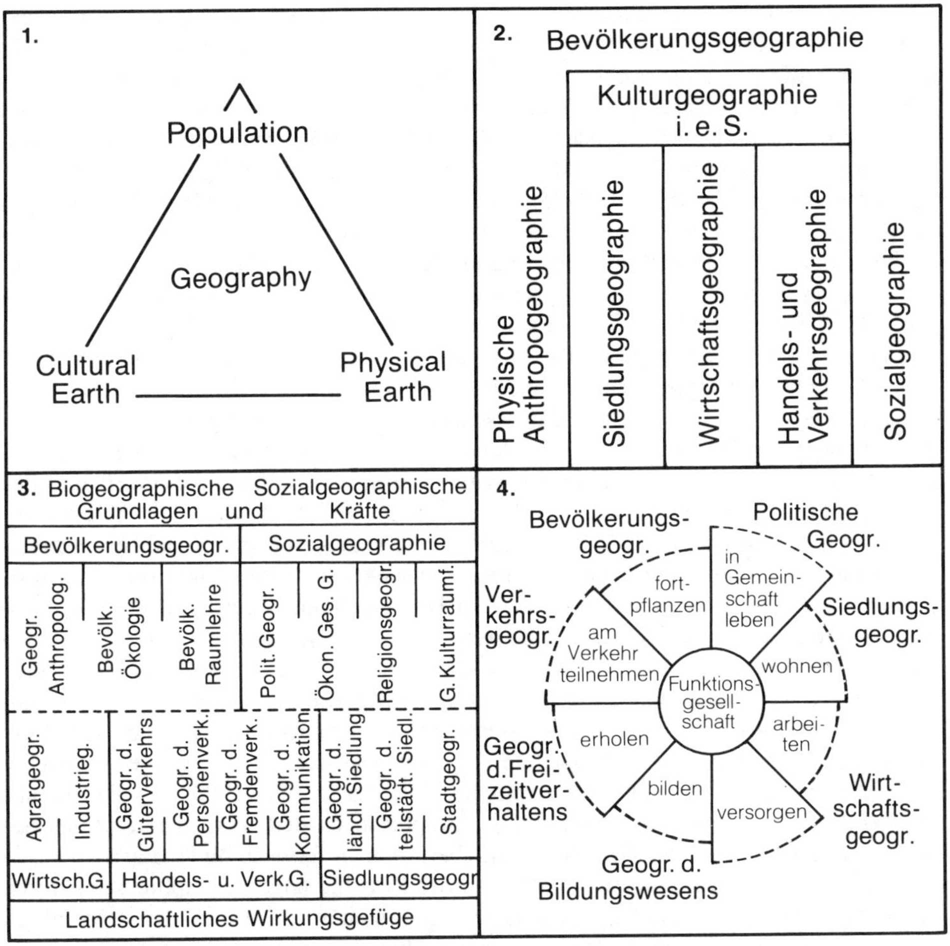

Abb. 1: Stellung der Bevölkerungsgeographie im System der geographischen Wissenschaft (1. Trewartha 1953; 2. Paffen 1959; 3. Schöller 1968; 4. Ruppert, Schaffer 1969)

(Quelle: Bähr 1997)

Weitere Gesamtdarstellungen folgten von Beaujeu-Garnier (1956/58), erneut von George (1965) und zuletzt von Noin (1979). Aus dem angelsächsischen Sprachraum sind namentlich die frühen Einführungen in die Bevölkerungsgeographie von Clarke (1965), Zelinsky (1966) sowie Trewartha (1969) zu nennen, die in jüngerer Zeit von Woods (1979) und Jones (1981) erweitert und ergänzt wurden.

Eine besonders starke Stellung konnte die Bevölkerungsgeographie in der *ehemaligen Sowjetunion* gewinnen. Da hier seit den Säuberungsaktionen der 30er-Jahre eine eigenständige Demographie nicht existierte, nutzte die Geographie diese "Forschungsnische" (Kosinski 1984).

Hingegen hat es in *Deutschland*, von wenigen Ausnahmen abgesehen, bis in die 60er und 70er-Jahre kaum Fortschritte in der bevölkerungsgeographischen Forschung gegeben. Diese Stagnation hatte im Wesentlichen zwei Gründe (Kuls 1982: 1): Während der nationalsozialistischen Gewaltherrschaft stand die Bevölkerungswissenschaft wie kaum ein anderer Wissenschaftszweig unter dem *Einfluss rassistischen Gedankengutes* und einer menschenverachtenden Bevölkerungspolitik, wenn auch der Weg dazu schon vorher bereitet worden war. Jede Beschäftigung mit Bevölkerungsfragen war deshalb nach 1945 ideologisch belastet und wurde weitgehend gemieden. Im Falle der Bevölkerungsgeographie sind insbesondere Überlegungen zum Problem der Tragfähigkeit und Bevölkerungsdichte von den Nationalsozialisten zur "wissenschaftlichen" Begründung geopolitischer Doktrinen missbraucht worden (Schöller 1970: 37). Aber auch von der fachspezifischen Entwicklung in den 50er und 60er-Jahren sind wenig Impulse ausgegangen, denn nicht nur das Ganzheitskonzept der Landschaftsgeographie, sondern auch die Anthropozentrierung der Vorkriegszeit fanden in der spezifisch deutschen *Konzeption der Sozialgeographie* ihre Fortsetzung und Weiterentwicklung (Schultz 1980: 237). Dabei kamen die Hauptvertreter der sozialgeographischen Richtung zu einer vollständigen Neuordnung des anthropogeographischen Systems (Abb. 1: Ruppert, Schaffer 1969): Die objektbezogenen Teildisziplinen sind gänzlich aufgehoben, stattdessen treten sich überschneidende Funktionsfelder auf. Zwar gehören Teilaspekte der Grundfunktion "Sich fortpflanzen und in Gemeinschaft leben" zum Untersuchungsgegenstand der Bevölkerungsgeographie, insgesamt bildete sie aber unter sozialgeographischem Vorzeichen einen eher untergeordneten Forschungszweig (Wirth 1977: 170 f.). Das hängt auch damit zusammen, dass sich die deutsche Sozialgeographie lange Zeit vor allem auf diejenigen sozialen Prozesse konzentrierte, die sich landschaftlich niederschlagen: Die Landschaft wurde als "Prozessfeld" gesehen, das die Aktivitäten verschiedener Sozialgruppen widerspiegelt. Mit Recht hat daher Schymik (1980: 42) die damals weit verbreitete Auffassung, die Sozialgeographie habe den Aufgabenkreis der Bevölkerungsgeographie nahezu vollständig übernommen, kritisch hinterfragt.

Aus ganz anderen Gründen billigte man der Bevölkerungsgeographie auch in der *ehemaligen DDR* nur eine begrenzte Eigenständigkeit zu. Wie in anderen sozialistischen Ländern wurde sie dort der Ökonomischen Geographie zugeordnet, um dadurch zum Ausdruck zu bringen, dass die Gründe für räumlich unterschiedliche Bevölkerungsstrukturen nicht so sehr im Menschen selbst, sondern in erster Linie in den sozialen und wirtschaftlichen Bedingungen zu suchen sind (Weber 1970). Erst unter dem Eindruck zunehmender Probleme der Bevölkerungsverteilung und Bevölkerungsentwicklung auf regionaler wie nationaler und internationaler Ebene und der damit einhergehenden vermehrten Diskussion von Bevölkerungsfragen in Wissenschaft und Öffentlichkeit bahnte sich ein allmählicher Wandel an, und auch in der Geographie wandte man sich verstärkt Fragen der Bevölkerung zu. Ein Schwerpunktprogramm der Deutschen Forschungsgemeinschaft (1969–74) hat dazu vielfältige Anregungen gegeben. In diesem Rahmen sind mehr als 30 wissenschaftliche

Projekte finanziell unterstützt worden. Vor allem im *methodischen Bereich* konnten so größere Fortschritte erzielt werden, kamen doch jetzt erstmals vermehrt quantitative Arbeitstechniken zur Anwendung, die die Möglichkeit eröffneten, große Datenmengen zu verarbeiten und Zusammenhänge mittels mathematisch-statistischer Verfahren zu analysieren. Während zunächst den Ursachen und Folgen regionaler Mobilitätsprozesse besondere Aufmerksamkeit geschenkt wurde, kamen in jüngerer Zeit Untersuchungen über räumliche Unterschiede der natürlichen Bevölkerungsbewegung und ihrer Auswirkungen hinzu. 1980 erschien eine erste Einführung in das Gesamtgebiet der Bevölkerungsgeographie (Kuls 1980), der innerhalb kurzer Zeit weitere Lehrbücher (Bähr 1983; Leib, Mertins 1983; de Lange 1991; Börsch 1993) und später auch ein umfangreiches Handbuch (Bähr et al. 1992) folgten.

20.2 Untersuchungsgegenstand und Beziehung zu Nachbardisziplinen

Die Beschäftigung mit Bevölkerungsfragen stellt das gemeinsame Anliegen verschiedener Disziplinen dar (Schymik 1980). Insbesondere weist die Bevölkerungsgeographie vielfältige Berührungspunkte mit einer umfassend verstandenen Bevölkerungswissenschaft auf.

Eine solche “Demographie im weiteren Sinne” lässt sich nach Jürgens (1975: 7) als “Lehre vom Wesen, den Ursachen und den Wirkungen der Bevölkerungsvorgänge” umschreiben. Ihr steht die “Demographie im engeren Sinne” oder “formale Demographie” als die “Lehre von den formalen Verfahren zur Ermittlung von Bevölkerungsvorgängen” gegenüber (Caldwell 1996). Die *enge Beziehung zwischen Bevölkerungsgeographie und Demographie* bedeutet einerseits, dass sich bevölkerungsgeographische Untersuchungen grundlegender demographischer Arbeitsmethoden und Kennziffern bedienen müssen (Esenwein-Rothe 1982; Mueller 1993), daraus folgt andererseits aber auch, dass man durch die Berücksichtigung der räumlichen Dimension zu einem vertieften Verständnis und zur weiterführenden Erklärung von Bevölkerungsvorgängen kommen kann. Ein solcher interdisziplinärer Ansatz ist vor allem von Robert Woods mit seinem 1979 erschienenen Lehrbuch in die deutsche Geographie hineingetragen worden. Der Ansatz von Woods basiert darauf, aus räumlichen Unterschieden und Ausbreitungsmustern demographischer Phänomene Erklärungshypothesen und Begründungszusammenhänge für eine beobachtete Bevölkerungsentwicklung und die sie bestimmenden Komponenten abzuleiten. Ausgangspunkt dafür bildet die sog. *demographische Grundgleichung*, nach der die Bevölkerungsentwicklung eines Raumes durch das Zusammenspiel von natürlichen Bevölkerungsbewegungen (Geburten, Sterbefälle) und Wanderungen bestimmt wird:

$$B_{t+n} = B_t + G_n - S_n + (ZW_n - AW_n)$$

t = beliebiger Zeitpunkt	G = Geburten
n = beliebige Zeitspanne	S = Sterbefälle
B = Bevölkerung	ZW = Zuwanderung
	AW = Abwanderung

An die demographische Grundgleichung anknüpfend, formuliert Woods (1979: 3) als zentrale Aufgabe der Bevölkerungsgeographie die räumlichen Unterschiede und raumzeitlichen Veränderungen von Mortalität, Fertilität und Migration zu analysieren und zu erklären, oder – anders ausgedrückt – die räumliche Perspektive auf die Analyse demographischer Strukturen anzuwenden. In dieser Sichtweise wird Bevölkerungsgeographie zur *demographic geografy*, und die Unterschiede zur *spatial demography* verwischen. Ohne Zweifel sind von der Forderung Woods' (1979: 3) "population geografy should become more demographic" wesentliche Anregungen zur Überwindung bestehender Forschungsdefizite ausgegangen. So wurde insbesondere die lange Zeit vernachlässigte Analyse der natürlichen Bevölkerungsbewegung aus geographischer Sicht dadurch stärker in den Blickpunkt gerückt. Allerdings bringt ein so verengter Aufgabenbereich den Nachteil mit sich, dass viele "klassische Forschungsfelder" der Bevölkerungsgeographie ausgeklammert bleiben, zumindest jedoch in den Hintergrund treten (Findlay, Graham 1991). Das wird in einer jüngeren Arbeit auch von Woods (1986: 16 f.) eingeräumt und die enge *Definition der Bevölkerungsgeographie* durch eine breite Definition ergänzt, in der zusätzlich die schon von Zelinsky (1966: 5 f.) genannten Hauptarbeitsgebiete berücksichtigt werden:

1. Die Beschreibung räumlicher Bevölkerungsverteilungen und -strukturen (*the where?*);
2. Die Erklärung dieser Verteilungsmuster (*the why where?*).

Eine ähnliche Auffassung wird in allen neueren deutschsprachigen Lehrbüchern der Bevölkerungsgeographie vertreten und entspricht auch der französischen Forschungstradition. Danach ließe sich Bevölkerungsgeographie in einem umfassenderen Sinne wie folgt definieren (Bähr 1988: 8): "Die Bevölkerungsgeographie analysiert auf verschiedenen Maßstabsebenen die räumliche Differenzierung und raumzeitlichen Veränderungen der Bevölkerung nach ihrer Zahl, ihrer Zusammensetzung und ihrer Bewegung; sie versucht, die beobachteten Strukturen und Prozesse zu erklären und zu bewerten sowie ihre Auswirkungen und räumlichen Konsequenzen in Gegenwart und Zukunft zu erfassen". Der jeweils gewählte Maßstab spielt nicht nur für die zu beleuchtenden Sachverhalte und die anzuwendenden Untersuchungsmethoden eine entscheidende Rolle, auch der *theoretische Bezugsrahmen* und die daraus entwickelten Modelle sind maßstabsabhängig. Woods (1986: 13 ff.) unterscheidet dabei zwischen drei Theorieebenen (und entsprechenden Modelltypen):

1. Die umfassenden Theorien (*grand theories*), die grundlegende Veränderungen im sozialen, wirtschaftlichen und demographischen Bereich zu erklären versuchen;
2. Die Theorien mittlerer Reichweite (*middle range theories*), bei denen Bevölkerungsgruppen und ihre Aufgliederung in einzelne Kategorien betrachtet werden;
3. Die Mikrotheorien (*micro-theories*), die sich auf Individuen, Familien oder Haushalte beziehen.

Im forschungsgeschichtlichen Rückblick lässt sich sagen, dass bis in die 70er-Jahre *makroanalytische Konzepte* – insbesondere auf der mittleren Theorieebene – dominierten und überwiegend aggregierte Daten zur Hypothesenüberprüfung herangezogen wurden, während in jüngerer Zeit verhaltens- und handlungsorientierte Ansätze einen stärkeren Zugang zur *mikroanalytischen Betrachtungsweise* und der Arbeit mit Individualdaten eröffneten. Ein Beispiel für die erste Gruppe bildet das von Stewart (1948) entwickelte Konzept der "sozialen Gravitation", mit dem aus der Physik übernommene Vorstellungen auf Wanderungsvorgänge und andere Arten menschlicher Interaktionen übertragen werden. Stellvertretend für die zweite Gruppe sei der bekannte Aufsatz von Wolpert (1965) zur Erklärung von Wanderungsentscheidungen genannt, der als einer der "Grundpfeiler" einer verhaltensorientierten Geographie gelten kann. Heute spielt allerdings die Bevölkerungsgeographie in der Theoriediskussion des Faches keine führende Rolle mehr, sodass White und Jackson (1995) im Titel eines kürzlich erschienenen Aufsatzes die Forderung nach "(Re)theorising Population Geografy" erheben.

Räumlich differenzierende Aussagen, wie sie die Bevölkerungsgeographie anstrebt und wie sie für eine sachgerechte Planungs- und Daseinsvorsorge mehr denn je nötig sind, stellen besondere Anforderungen an *Art und Qualität des Datenmaterials*. Dafür ist nicht nur eine detaillierte sachliche Aufschlüsselung, sondern auch eine weit reichende räumliche Unterteilung wichtig. Die wenigsten Statistiken erfüllen jedoch beide Anforderungen in gleicher Weise. Vor allem Stichprobenerhebungen geraten hier schnell an die Grenzen ihrer Auswertungsmöglichkeiten und Aussagefähigkeit. Hinzu kommt, dass die Abgrenzung der Raumeinheiten, für die Auszählungen vorgenommen werden, häufig recht willkürlich ist oder sich zwischen einzelnen Erhebungen ändert und somit die Vergleichbarkeit der Ergebnisse eingeschränkt ist. Ein weiteres Problem liegt in der meist wenig homogenen Bevölkerungszusammensetzung innerhalb der ausgewiesenen Teilräume und ihrer oftmals sehr unterschiedlichen Flächenausdehnung bzw. Einwohnerzahl. Daraus ist zu ersehen, dass Umfang und Qualität der für bevölkerungsgeographische Auswertungen zur Verfügung stehenden Zahlenangaben sowohl in zeitlicher Hinsicht als auch nach Regionen und Ländern erheblich schwanken können. Das gilt sowohl für die Statistik des Bevölkerungsstandes als auch der Bevölkerungsbewegungen.

20.3 Bevölkerungsverteilung und -dichte

Eines der ältesten und bis heute sehr wichtigen Anliegen der Bevölkerungsgeographie kann in der Beschreibung und Erklärung der räumlichen Bevölkerungsverteilung und -dichte gesehen werden. Beide Begriffe sind zwar eng miteinander verwandt, jedoch nicht vollkommen identisch. Während mit der ersten Bezeichnung die Streuung der Bevölkerung im Raum nach ihrer absoluten Zahl oder auch nach ihren Wohnplätzen gemeint ist und damit das Distanzmoment im Mittelpunkt der Betrachtung steht, bezieht sich der zweite Begriff auf das Verhältnis der Bevölkerung zur Fläche und ist demnach eine Relativzahl, mit der die "Belastung" des Raumes durch die in ihm wohnenden Menschen zum Ausdruck gebracht wird (Boustedt 1975: 73 f.).

In Abb. 2 sind vier *Grundformen räumlicher Bevölkerungsverteilung* dargestellt, die zur Einordnung und Typisierung beobachteter Raummuster dienen können. Bei einer "Bevölkerungsdispersion" liegt eine mehr oder weniger systematische Streuung der Bevölkerung vor. Die Spanne möglicher Verteilungsformen reicht hier von der zufälligen bis zur völlig gleichmäßigen Anordnung. Bei einer "Bevölkerungskonzentration" oder "Verdichtung" kommt es dagegen zu einer Häufung von Menschen oder Wohnstandorten auf einer relativ begrenzten Fläche. Dabei ist es denkbar, dass eine solche Verdichtung einen deutlich erkennbaren Kern aufweist. In diesem Fall spricht man auch von "Zentralisation" oder "Ballung" und stellt sie der "dezentralen Konzentration" gegenüber. Abbildung 2 kann zugleich als Beispiel für die *kartographische Darstellung von Bevölkerungsverteilungen* dienen. Diese basieren meist auf der sog. Punktmethode, die in reiner oder abgewandelter Form zur Anwendung kommt. Dabei repräsentiert ein Punkt eine bestimmte Anzahl von Menschen und wird möglichst lagerichtig in die Karte eingetragen. Bei ausgeprägten Bevölkerungskonzentrationen in einem Raum arbeitet man nicht nur mit gleichwertigen, sondern auch mit ungleichwertigen Mengensignaturen, sei es mit feststehenden oder mit proportional zur jeweiligen Bevölkerung anwachsenden Größenwerten (meist Kreise oder Quadrate; vgl. die Beispiele in Bähr et al. 1992: 42 ff.).

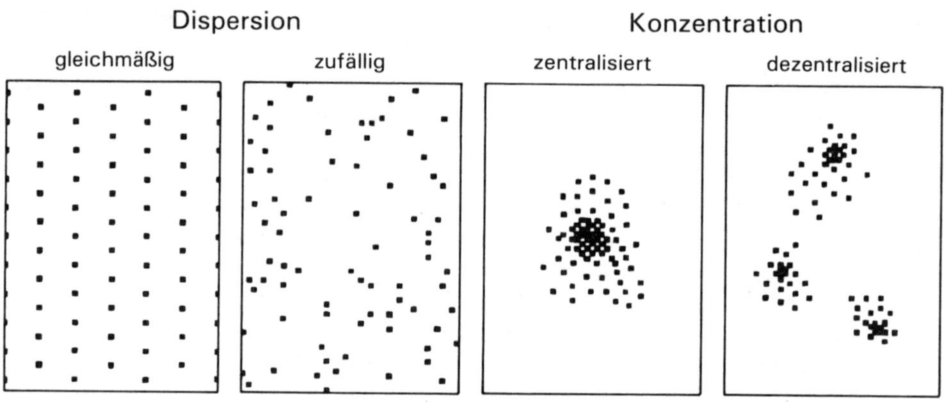

Abb. 2: Grundformen räumlicher Bevölkerungsverteilungen

(Quelle: Bahrenberg, Giese 1975; Boustedt 1975)

Statistische Konzentrationsmaße, oft verbunden mit Diagrammdarstellungen, dienen dazu, das Ausmaß der Bevölkerungskonzentration zu quantifizieren. Am bekanntesten sind die "Lorenzkurve" und daraus abgeleitete Konzentrationsindizes (Abb. 3). Bei einer völlig gleichmäßigen Bevölkerungsverteilung würde die Lorenzkurve mit der Diagonalen des Diagramms zusammenfallen, die deshalb auch als "Gleichverteilungsgerade" bezeichnet wird. Je weiter die erhaltene Kurve von der Gleichverteilungsgeraden abweicht, desto größer ist die Bevölkerungskonzentration im betreffenden Gebiet (vgl. Abb. 3 für das Beispiel Deutschland).

Aus der Lorenzkurve lassen sich verschiedene statistische Konzentrationsmaße ableiten (Güßefeldt 1996: 176 ff.), wie z. B. der Konzentrationskoeffizient nach Gini (Gini-Index), der gerade dem (mit 100 multiplizierten) Quotienten aus der Fläche zwischen der Diagonalen und der Kurve sowie der Fläche zwischen der Diagonalen und den beiden Achsen entspricht.

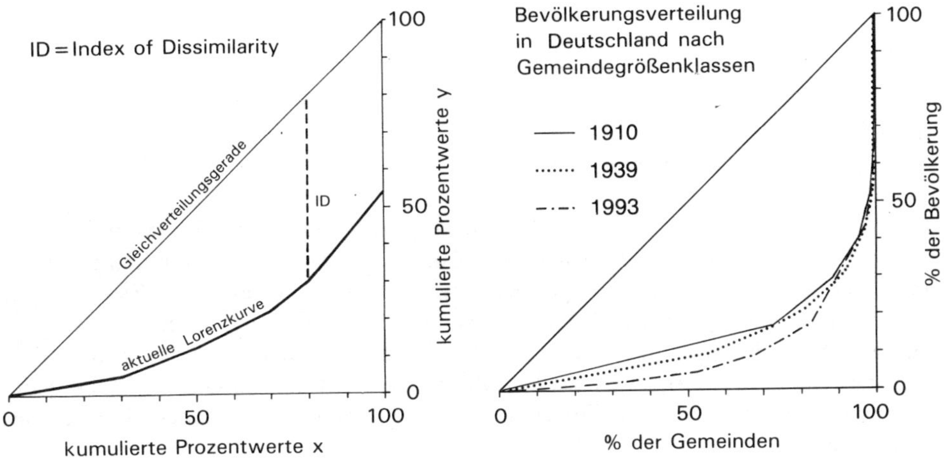

Abb. 3: Konstruktionsprinzip und Anwendungsbeispiel der Lorenzkurve

(Quelle: Winship 1977; Statistische Jahrbücher für das Deutsche Reich bzw. die Bundesrepublik Deutschland)

Heute findet der Gini-Index nicht zuletzt auf Grund des recht langwierigen Berechnungsvorganges nur noch selten Anwendung, stattdessen zieht man meist den sehr einfach zu bestimmenden Index of Dissimilarity (ID) heran. Er stellt die maximale Differenz zwischen den kumulierten Prozentwerten X und Y oder, geometrisch gesprochen, die maximale vertikale Distanz zwischen der Diagonalen und der Lorenzkurve dar (Abb. 3). Die Berechnung erfolgt nach der Formel:

$$ID = \frac{1}{2}\sum_{i=1}^{k}|x_i - y_i|$$

x_i, y_i = unkumulierte Prozentwerte für Fläche bzw. Bevölkerung.

Beispielhaft seien die für Deutschland kennzeichnenden Indexwerte genannt: 1910=50,1; 1939=60,3; 1993=65,2. Bei allen raum-zeitlichen Vergleichen ist allerdings zu bedenken, dass sowohl Lorenzkurve als auch die genannten Konzentrationskoeffizienten nicht unabhängig von Zahl und Größe der zugrunde liegenden Raumeinheiten sind. Die feinere Untergliederung eines Raumes führt unter sonst gleichen Bedingungen zu höheren Konzentrationswerten. Um Konzentrationserscheinungen gegenüber zufälligen oder regelmäßigen Verbreitungsmustern (Abb. 2) abzugrenzen, bedient man sich *Nearest Neighbour-Methoden* (Güßefeldt 1996: 413 ff.). Im einfachsten Fall wird für jede Bevölkerungseinheit (Punkt) die lineare Distanz zum "nächsten Nachbarn" bestimmt. Dem empirischen Mittelwert, d. h., dem arithmetischen Mittel ($\bar{d}$) aller gemessenen Distanzen, wird ein theoretischer Mittelwert ($\bar{d}_t$) gegenübergestellt, der sich bei zufälliger Platzierung der Punkte ergeben würde. Dieser berechnet sich wie folgt:

$$\bar{d}_t = \frac{1}{2 \cdot \sqrt{n/F}}$$

n= Anzahl der Punkte
F= Fläche des betrachteten Gebietes

Bei Zufallsverteilung ist $\bar{d} = \bar{d}_t$; bei $\bar{d} < \bar{d}_t$ liegt eine mehr oder weniger starke Konzentration vor; bei $\bar{d} > \bar{d}_t$ besteht eine Tendenz in Richtung regelmäßiger Anordnung. Mithilfe von *Nearest Neighbour*-Techniken sind insbesondere Siedlungsverteilungen untersucht worden (Dacey 1962). Dabei war das Hauptinteresse meist darauf gerichtet, die Hypothese einer regelmäßigen Anordnung zu überprüfen. Folgt man Duncan (1957: 34), so ist das Verfahren in erster Linie für diesen Zweck geeignet, da es keine ausreichende Differenzierung zwischen verschiedenen "Konzentrationsmustern" erlaubt.

Zur zusammenfassenden Charakterisierung von Bevölkerungsverteilungen können auch *zentrographische Maße* (Lageparameter) und darauf bezogene Streuungsmaße dienen. In Analogie zum arithmetischen Mittelwert, dem Median und dem Modus eindimensionaler Verteilungen spricht man im Falle von Arealverteilungen vom (arithmetischen) Mittelzentrum oder Mittelpunkt (*mean center/point*), vom Medianpunkt (*median point*) und vom Modalpunkt (*modal point*). In der Bevölkerungsstatistik spielt vor allem die erste Maßzahl eine Rolle; sie wird in diesem speziellen Anwendungsbereich auch als "Bevölkerungsschwerpunkt" bezeichnet. Seine Berechnung erfolgt in ganz ähnlicher Weise wie im Falle eindimensionaler Größen, indem das arithmetische Mittel getrennt für die x- und die y-Koordinaten der n betrachteten Bevölkerungseinheiten (Punkte) bestimmt wird (gegebenenfalls gewichtet nach Einwohnerzahlen). Die sich ergebenden Mittelwerte x und y stellen die Koordinaten des Bevölkerungsschwerpunktes dar. Der Bevölkerungsschwerpunkt bietet sich besonders an, großräumige Bevölkerungsbewegungen über einen längeren Zeitraum zu verfolgen. So ging die schrittweise Erschließung und Besiedlung des amerikanischen Westens mit einer auffälligen Verlagerung des Schwerpunktes einher. Während er 1790 noch recht küstennah auf der Höhe des 76. Längenkreises bei Baltimore lag, "wanderte" er bis 1980 um ca. 15 Längengrade nach Westen und ist heute südwestlich von St. Louis im Staate Missouri zu lokalisieren (Abb. 4). Der Bevölkerungsschwerpunkt ist nicht mit dem "Distanzminimumspunkt" identisch, d. h., dem Punkt, zu dem die Summe aller Entfernungen ein Minimum ist. Seine exakte Berechnung ist in der Regel nicht möglich; mithilfe von Iterationsverfahren kann jedoch eine Näherungslösung erreicht werden (Bahrenberg, Giese 1975: 36 f.). Rutz (1979) hat diesen Punkt und weitere "Bevölkerungszentren" für die ganze Erde bestimmt. Heilig und Büttner (1990) gingen von einem ähnlichen Konzept aus, indem sie für ausgewählte deutsche Großstädte die mittlere Distanz zu allen übrigen Land- und Stadtkreisen der Bundesrepublik einschließlich der neuen Bundesländer (gewichtet nach ihrer Bevölkerungszahl) berechneten. Diese beträgt beispielsweise für Berlin 370 km, für Köln 279 km, für Frankfurt jedoch nur 247 km und für Kassel gar nur 230 km.

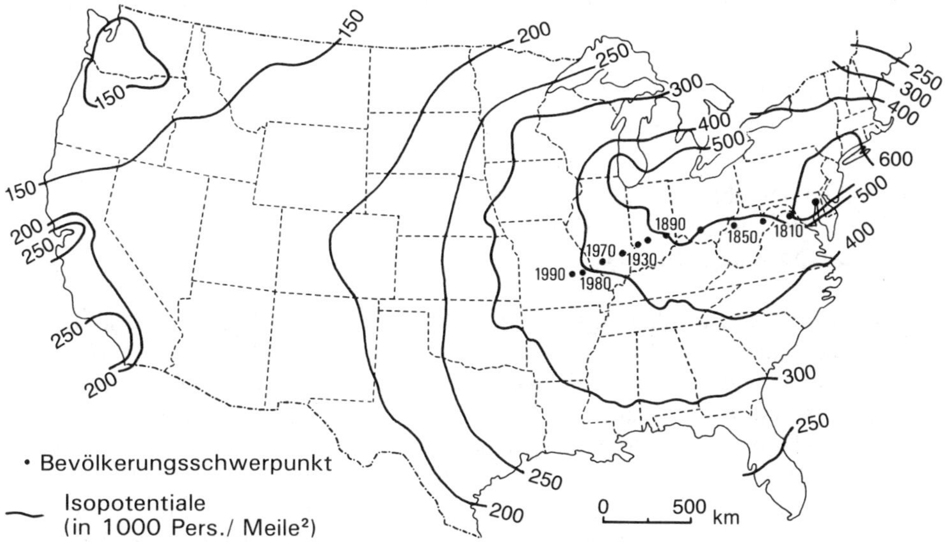

Abb. 4: Bevölkerungspotential 1960 und Bevölkerungsschwerpunkt 1790–1990 der USA

(Quelle: Bahrenberg, Giese 1975; Boustedt 1975, ergänzt)

Über solche großräumigeren Betrachtungen hinaus hat der Distanzminimumspunkt – vor allem wenn er nicht nur für die Gesamtbevölkerung, sondern auch für ausgewählte Teilgruppen berechnet wird – eine große praktische Bedeutung, z. B. bei der Standortbestimmung von Schulen, Krankenhäusern und anderen öffentlichen Einrichtungen (Bahrenberg 1974). Für planerische Zwecke wäre es allerdings günstiger, nicht auf die Luftlinienentfernung zurückgreifen zu müssen, sondern die tatsächlichen Wege oder Reisezeiten berücksichtigen zu können ("Vialpunkt" nach Flaskämper 1962: 122). Vom Prinzip her bereitet ein solches Vorgehen keine Schwierigkeiten, wohl aber ist die Festlegung der konkreten Wege oder Zeiten außerordentlich aufwändig, sodass man meist darauf verzichtet und sich mit dem Punkt kleinster Entfernungssummen begnügt. Bei eindimensionalen Größen ist es üblich, eine Häufigkeitsverteilung nicht nur durch die Angabe des Mittelwertes zu charakterisieren, sondern diesem noch ein Streuungsmaß zur Seite zu stellen. Dadurch soll der Tatsache Rechnung getragen werden, dass sich auch bei sehr unterschiedlichen Verteilungsbildern ganz ähnliche Mittelwerte ergeben können. Dieses Konzept lässt sich ebenfalls auf den räumlichen Fall übertragen. An die Stelle der "Standardabweichung" tritt dann die "Standarddistanz" (Bachi 1963), die als mittlere quadratische Abweichung vom arithmetischen Mittelzentrum (Bevölkerungsschwerpunkt) definiert wird.

Zur Charakterisierung räumlicher Bevölkerungsverteilungen kann auch das aus dem physikalischen Gravitationsgesetz abgeleitete Konzept des *Bevölkerungspotentials* dienen. Die Stärke möglicher Beziehungen (Interaktionen) bzw. die Anziehungskraft zwischen einzelnen Bevölkerungseinheiten (Orten) wird dabei als proportional zur Größe ihrer Bevölkerung und als umgekehrt proportional zur dazwischenliegenden Distanz angesehen. Für einen beliebigen Ort i ergeben sich danach die Interaktionsmöglichkeiten mit allen anderen Orten des betrachteten Raumes wie folgt:

$$V_i = \sum_{j=1}^{n} \frac{P_j}{d_{ij}^b} \quad \text{für } i = 1 \ldots n$$

P_j=Bevölkerungszahl des Ortes j
d_{ij}=Distanz zwischen den Orten i und j
b=Distanzexponent (meist = 1)

V_i selbst wird als "Bevölkerungspotential" des Ortes i bezeichnet und lässt sich als Maß für die Nähe des betrachteten Ortes zu allen anderen einbezogenen Orten bzw. als ein Maß der aggregierten Erreichbarkeit interpretieren. Abwandlungen des Potentialkonzeptes sind in der Weise denkbar, dass die Bevölkerungszahlen durch Angaben zum Einkommen (Einkommenspotential) oder zu den Arbeitsplätzen (Arbeitsplatzpotential) ersetzt werden. Berechnet man das Potential für eine größere Anzahl von Punkten des jeweiligen Untersuchungsgebietes, so kann man Punkte gleichen Potentials durch Isolinien verbinden und kartographisch als "Isopotentiale" darstellen (Abb. 4; für Deutschland vgl. Kemper et al. 1979).

Den Begriff der *Bevölkerungsdichte* hat Stöckl (1952) ausführlich diskutiert und seine Vorzüge gegenüber anderen, auf den gleichen Sachverhalt bezogenen Bezeichnungen (z. B. Volksdichte) betont. Die arithmetische Dichte gibt die Zahl der Einwohner pro Flächeneinheit an (meist pro km^2). Gelegentlich wird aber auch umgekehrt die Fläche (meist in ha) durch die Zahl der dort wohnenden Personen dividiert; man spricht dann von der "Arealitätsziffer". Diese vermittelt eine Vorstellung von der Flächengröße, die bei gleichmäßiger Bevölkerungsverteilung auf jeden Einwohner entfallen würde. Beide Kennziffern ermöglichen einen schnellen Vergleich von unterschiedlich großen Räumen mit verschiedenen Einwohnerzahlen. Ergänzend kann auch noch die sog. Abstandsziffer (Proximität) herangezogen werden, die sich unter der Annahme einer gleichmäßig über die Fläche verteilten Bevölkerung (jeweils im Mittelpunkt von Sechsecken gedacht) wie folgt errechnet (Ableitung bei Esenwein-Rothe 1982: 44):

$$A\,(m) = 1{,}0746 \cdot \sqrt{\frac{\text{Fläche } (m^2)}{\text{Bevölkerung}}}$$

Vor jeder *Berechnung von Dichtemaßen* müssen zunächst drei Fragen geklärt werden:

1. Welche räumlichen Einheiten sollen als Bezugsbasis dienen?;
2. Sollen bestimmte Teilflächen eines Gebietes bei der Berechnung unberücksichtigt bleiben?;
3. Sollen die Kennwerte für die Gesamtbevölkerung oder einzelne Teilgruppen ermittelt werden?

In den meisten Fällen werden die Bevölkerungszahlen nur für administrative Einheiten vorliegen. Je nach Fragestellung wird man dann zu entscheiden haben, ob die Berechnung für Gemeinden, Kreise oder für Länder und Staaten erfolgen soll. Zur Veranschaulichung innerstädtischer Dichteunterschiede kommen auch Stadtbezirke oder sogar einzelne Baublöcke in Frage. Im Vergleich dazu ist die Ermittlung von Dichtewerten für natur- oder wirtschaftsräumliche Einheiten mit einem erheblich größeren Aufwand verbunden, da hier die in der amtlichen Statistik angeführten Zahlen zunächst entsprechend umgeordnet und neu aggregiert werden müssen. Als Beispiel seien die Berechnungen von Leitner (1959) für die "natürlichen Landschaften" der Steiermark oder diejenigen von Meynen und Hammerschmidt (1967) für die "naturräumlichen Einheiten" der Bundesrepublik Deutschland genannt. Auch bei der Verwendung von Gitternetzsystemen als Berechnungsgrundlage sind meist umfangreiche Vorarbeiten zu leisten. Dafür bieten Planquadrate und ähnlich schematische Unterteilungen den Vorteil einheitlich großer und neutraler Bezugsflächen und erleichtern den Einsatz elektronischer Datenverarbeitungsanlagen. Angesichts der Tatsache, dass bei solchen allgemeinen Dichtemessungen die unterschiedliche Beschaffenheit des Merkmals Fläche nicht beachtet wird, sind für Spezialuntersuchungen verschiedene Möglichkeiten vorgeschlagen worden, bestimmte Teile der Bodenfläche von der Ermittlung der Dichtewerte auszuschließen. Als bekanntestes Beispiel für diese Vorgehensweise kann die Berechnung der "physiologischen Bevölkerungsdichte" dienen, bei der nur die wirklich besiedelten und genutzten Areale eines Staates oder einer anderen Raumeinheit berücksichtigt werden. Ähnlich verfährt man auch bei der Bestimmung der "Nettowohndichte" für einzelne Stadtviertel. Diese gibt die Einwohnerzahl je ha Bauland ohne Straßen und öffentliche Wege an.

Gelegentlich wird nicht nur die Bezugsfläche reduziert, sondern es bleiben auch einzelne Bevölkerungsgruppen außer Betracht. So basiert die Berechnung der "Agrardichte" nur auf den in der Landwirtschaft tätigen Personen einschließlich ihrer Familienangehörigen, welche im Allgemeinen auf die landwirtschaftliche Nutzfläche bezogen werden (Lendl 1954/55). Aus der Diskussion um die Abgrenzung von Verdichtungsräumen ist die Einwohner-Arbeitsplatzdichte hervorgegangen, wobei zur Wohnbevölkerung die Zahl der Arbeitsplätze außerhalb der Landwirtschaft addiert und die Summe zur jeweiligen Gemarkungsfläche in Beziehung gesetzt wird. Beziehungen zwischen Fläche und Bevölkerung lassen sich mithilfe von *Bevölkerungsdichtekarten* gut veranschaulichen. Diese geben die durchschnittliche Bevölkerungsdichte pro Flächeneinheit (meist in km^2) und zusammengefasst in Dichtestufen für größere oder kleinere Raumeinheiten wieder. Die Bevölkerungsdichte ist dabei in gewisser Weise ein fiktiver Begriff, denn sie wird in flächenhafter Verbreitung abgebildet, obwohl eine gleichmäßige Verteilung der Menschen im Sinne der errechneten Dichte nirgends vorhanden ist (Beispiele in Bähr et al. 1992:80 ff.).

Eine andere Möglichkeit, die unterschiedlich dichte Besiedlung verschiedener Raumeinheiten zum Ausdruck zu bringen, bieten "isodemographische Karten". Dabei werden die einzelnen Teilräume des Untersuchungsgebietes (z. B. Staaten, Provinzen) nicht maßstabsgetreu entsprechend ihrer Fläche, sondern proportional zu ihrer Einwohnerzahl oder anderen demographischen Größen dargestellt. Gebräuchlich sind nach dieser Methode gezeichnete Weltkarten, die auf eindrucksvolle Weise eine Vorstellung von der höchst unterschiedlichen Bevölkerungsverteilung auf der Erde vermitteln (Beispiele in Müller 1988; Kuls, Kemper 1993: 26; Birg 1996: 119). Einfacher zu entwerfen sind "Flächen-Bevölkerungsdiagramme", die dadurch entstehen, dass auf der x-Achse die Einwohnerzahlen und auf der y-Achse die entsprechenden Flächen jeweils in logarithmischem Maßstab abgetragen werden. Punkte gleicher Bevölkerungsdichte liegen dadurch auf parallel verlaufenden Geraden (Abb. 5). Zur Analyse innerstädtischer Bevölkerungsdichten bietet sich die Berechnung und zeichnerische Darstellung von *Dichtegradienten* an. Aus Vergleichsuntersuchungen in sehr vielen Städten lässt sich ein recht enger Zusammenhang zwischen Bevölkerungsdichte und Entfernung vom Stadtzentrum ableiten. Erstmals hat Clark (1951) diese Beziehung in mathematisch exakter Formulierung beschrieben:

$$d_x = d_o \cdot e^{-bx}$$

d_x = Bevölkerungsdichte in der Distanz x vom Stadtzentrum
d_o = (extrapolierte) Bevölkerungsdichte im Stadtzentrum
b = Dichtegradient

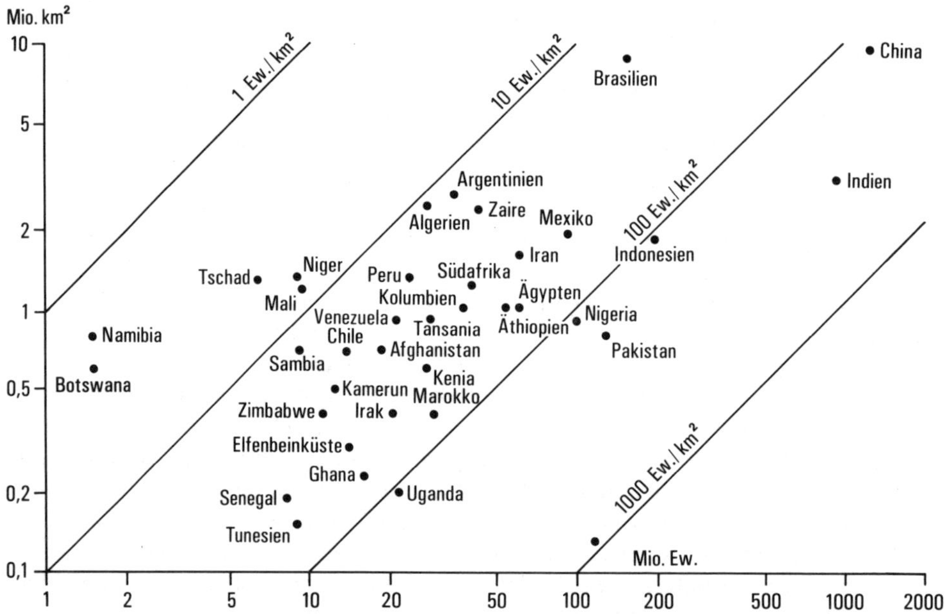

Abb. 5: Flächenbevölkerungsdiagramm für ausgewählte Staaten der Dritten Welt 1995

(Quelle: Population Reference Bureau 1995)

Der mithilfe von Regressionsansätzen (log (oder:ln) d_x = log d_o-bx) bestimmbare Parameter d_o, die "zentrale Dichte", ist dabei ein Maß für die Bevölkerungskonzentration in einer Stadt, der Parameter b, der "Dichtegradient", kennzeichnet ihre Kompaktheit. Die in Abb. 6 gegebenen Beispiele machen deutlich, dass sich weitergehende

Folgerungen vor allem aus einem zeitlichen und kulturräumlichen Vergleich ergeben (Bähr 1997: 97 ff.). In der englischsprachigen Literatur wird häufig zwischen der Bevölkerungsdichte im engeren Sinne (*density*) und dem nur schwer übersetzbaren Begriff des *crowding* unterschieden, mit dem ein mehr oder weniger starkes “sich Drängen” von Menschen auf begrenztem Raum gemeint ist. Dabei definiert man *density* meist als die Zahl der Personen bezogen auf eine beliebige Flächeneinheit und *crowding* als die Dichte innerhalb einer Wohnung bzw. pro Wohnraum. Clarke (1960) hat solche Berechnungen (*persons per room*) für Großbritannien durchgeführt und auffällige regionale Unterschiede feststellen können, die er in Beziehung zu anderen Merkmalen, wie z. B. “Haustyp” und “Haushaltsgröße”, setzte. Von *overcrowding* spricht Clarke, wenn im statistischen Mittel mehr als zwei Personen auf einen Raum entfallen.

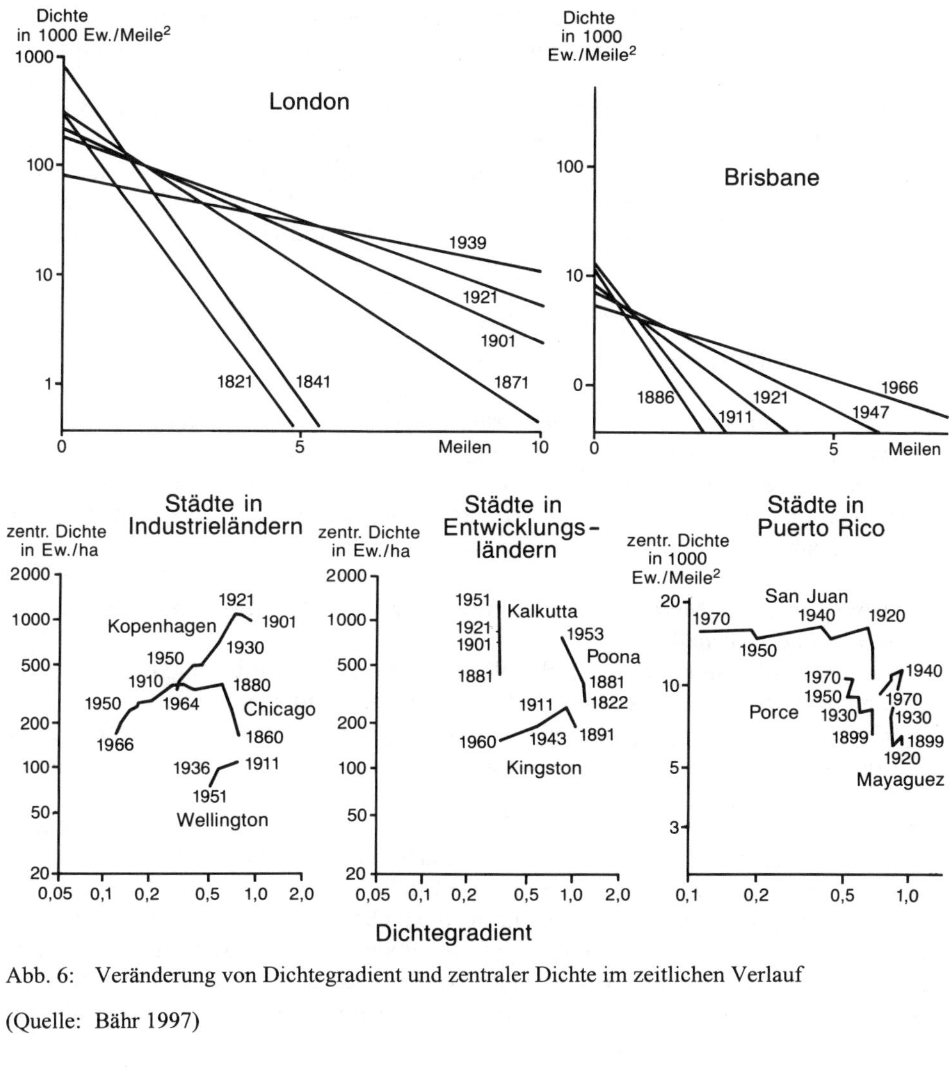

Abb. 6: Veränderung von Dichtegradient und zentraler Dichte im zeitlichen Verlauf

(Quelle: Bähr 1997)

Boots (1979), der sich um eine Systematisierung der verschiedenen Dichtebegriffe bemühte, möchte den von Clarke untersuchten Sachverhalt mit der Bezeichnung *internal density* belegt wissen. Mit dem Begriffspaar *external* und *internal density* würde damit zum einen Bezug genommen auf den Raum, der außerhalb der Wohnung zur Verfügung steht, zum anderen auf die Wohnungsgröße selbst. Von *crowding* sollte man demgegenüber nur sprechen, wenn Dichte als unerwünscht oder unangenehm empfunden wird. Stokols (1972) unterscheidet zusätzlich zwischen *social (personal)* und *non-social (neutral) crowding*. Im ersteren Fall wird die *crowding*-Erfahrung durch die Anwesenheit anderer Menschen, sei es in der Wohnung oder in der Wohnumgebung, verursacht, mit dem zweiten Begriff sind solche Situationen gemeint, in denen das Gefühl des "beschränkten Raumes" durch andere Faktoren, wie z. B. eine zu dichte Bebauung, verursacht wird.

Die Zusammenhänge zwischen Bevölkerungsdichte, *crowding* und menschlichem Verhalten sind von geographischer Seite bislang kaum untersucht worden. Die wenigen Fallstudien gehen meist von aggregierten Daten aus und befassen sich mit Koinzidenzbeziehungen zwischen Dichtewerten und verschiedenen *disorder*-Variablen, wie Kriminalitäts- und Selbstmordraten, Auftreten bestimmter Krankheiten etc. (Booth et al. 1976; Dunstan 1979). Als methodisches Hilfsmittel werden in der Regel Korrelations- und Regressionsanalysen herangezogen. Vielfach ergeben sich dabei zwar hohe "ökologische Korrelationen", die jedoch noch keinen Nachweis kausaler Beziehungen erbringen können, sodass die meist auf Individualebene formulierten Hypothesen auf diese Weise nicht überprüfbar sind (Boots 1979: 43).

20.4 Bevölkerungsstruktur

Zur Kennzeichnung der *Bevölkerungsstruktur* gehört die Aufgliederung einer Bevölkerung nach einzelnen Attributen und die Analyse der zwischen ihnen bestehenden Relationen. Häufig wird der Begriff allerdings auch in weniger umfassendem Sinne verstanden und synonym mit "Bevölkerungszusammensetzung" verwandt. Es empfiehlt sich dabei, von drei Merkmalsgruppen auszugehen:

1. Demographische Merkmale (insbesondere Geschlecht, Alter, Familienstand, Familien- und Haushaltstyp);
2. wirtschaftliche und soziale Merkmale (insbesondere Erwerbstätigkeit, Beschäftigung nach Wirtschaftszweigen, Stellung im Beruf, Bildungsstand);
3. ethnisch-rassische und kulturelle Merkmale (insbesondere Staatsangehörigkeit, Konfession, völkische und sprachliche Gliederung).

Unter den *demographischen Merkmalen* nehmen Geschlecht und Alter als fundamentale, unveränderliche Gliederungsmerkmale einer Bevölkerung eine Sonderstellung ein. Deshalb werden sie auch als "natürliche demographische Merkmale" bezeichnet und damit sowohl gegen die übrigen angeborenen Merkmale, wie z. B. Rasse oder Hautfarbe, als auch gegen die "sozio-demographischen Merkmale", wie z. B. Familienstand, abgegrenzt. Im Folgenden werden nur diese etwas ausführlicher behandelt. Grundlegende Forschungsansätze einer *geografy of gender* und einer *geo-*

grafy of ageing, die z. T. weit über bevölkerungsgeographische Fragestellungen im engeren Sinne hinausgehen, werden in den Forschungsberichten von Monk und Momsen (1995) bzw. Harper und Laws (1995) diskutiert.

Zur Charakterisierung der *Geschlechtsgliederung* einer Bevölkerung verwendet man im Allgemeinen die Sexualproportion. Diese gibt an, wie viele männliche Personen auf je 100 oder 1.000 weibliche kommen. In einzelnen Statistiken sind Zähler und Nenner auch vertauscht, d. h., die männliche Bevölkerung tritt an Stelle der weiblichen als Bezugsgröße auf. Die Sexualproportion lässt sich nicht nur für die Gesamtbevölkerung, sondern auch für einzelne Altersstufen oder andere (z. B. ethnische) Teilgruppen berechnen.

Bei einer weltweiten Betrachtung dieses Kennwertes fallen wesentliche *Unterschiede zwischen Industrie- und Entwicklungsländern* auf (Abb. 7). Einem höheren Anteil von Männern in den weniger entwickelten Staaten (103:100) steht ein geringerer in den übrigen Ländern gegenüber (95:100; vgl. UN 1995). Diese Mittelwerte werden von einigen Staaten zum Teil weit über- oder unterschritten. Extreme Sexualproportionen sind immer dann gegeben, wenn die Sterblichkeit bei Frauen überdurchschnittlich hoch ist (z. B. Indien 108, Pakistan 109), Ein- oder Auswanderungen einen größeren Umfang einnehmen (z. B. Kuwait 132, Portugal 93) oder durch Kriege besonders große Bevölkerungsverluste bei den Männern aufgetreten sind (z. B. Bundesrepublik Deutschland 92, Russland 88) (UN 1995; vgl. Bähr 1994). In jüngerer Zeit wird häufiger von geschlechtsspezifischen Abtreibungen auf Grund einer Sohnpräferenz berichtet (für China vgl. Zeng Yi et al. 1993). In Südkorea soll sich dadurch die Sexualproportion der Geborenen von 107 (1983) auf 116 (1993) erhöht haben; in einzelnen Großstädten wurde der nationale Mittelwert schon 1990 deutlich überschritten und reichte (für die 0–1jährigen) bis zu 124 (Park, Cho 1995).

Noch weit stärkere Unterschiede ergeben sich bei *kleinräumigen Analysen*. Diese beruhen hauptsächlich auf selektiven Wanderungsprozessen.

Besonders bemerkenswert waren lange Zeit die sehr gegensätzlichen Verhältnisse in afrikanischen und asiatischen Großstädten einerseits und lateinamerikanischen Ballungsgebieten andererseits. Auf Grund von Wanderungsreglementierungen bestand während der Kolonialzeit in den Städten Tropisch-Afrikas ein erhebliches Übergewicht der Männer (z. B. Daressalam 141 im Jahre 1948 gegenüber 115 im Jahre 1978 nach Sporrek 1985). Dagegen überwiegen in fast allen lateinamerikanischen Städten seit jeher weibliche Zuwanderer, die hier – hauptsächlich als Hausangestellte – eher als Männer einen Arbeitsplatz finden können (z. B. Santiago de Chile 91 im Jahre 1992). Wie stark sich die Sexualproportion in Abhängigkeit von den Beschäftigungsmöglichkeiten ändern kann, hat Husa (1986) für Bangkok gezeigt. Hier wurde für die Zuwanderer der Jahre 1971–73 noch ein Wert von 103 registriert. Dieser ist bis 1980–82 auf nur 65 abgesunken, bedingt durch einen starken Zustrom junger Frauen, die Erwerbsmöglichkeiten in der Textilindustrie, in Haushalten und im Vergnügungsgewerbe fanden. Zur Beurteilung der *Altersstruktur* einer Bevölkerung reicht es meist nicht aus, sich lediglich auf das "mittlere Alter" oder "Medianalter" zu beziehen. Hinzu treten sollte die Bestimmung von Prozentanteilen für ausgewählte Jahrgangsgruppen.

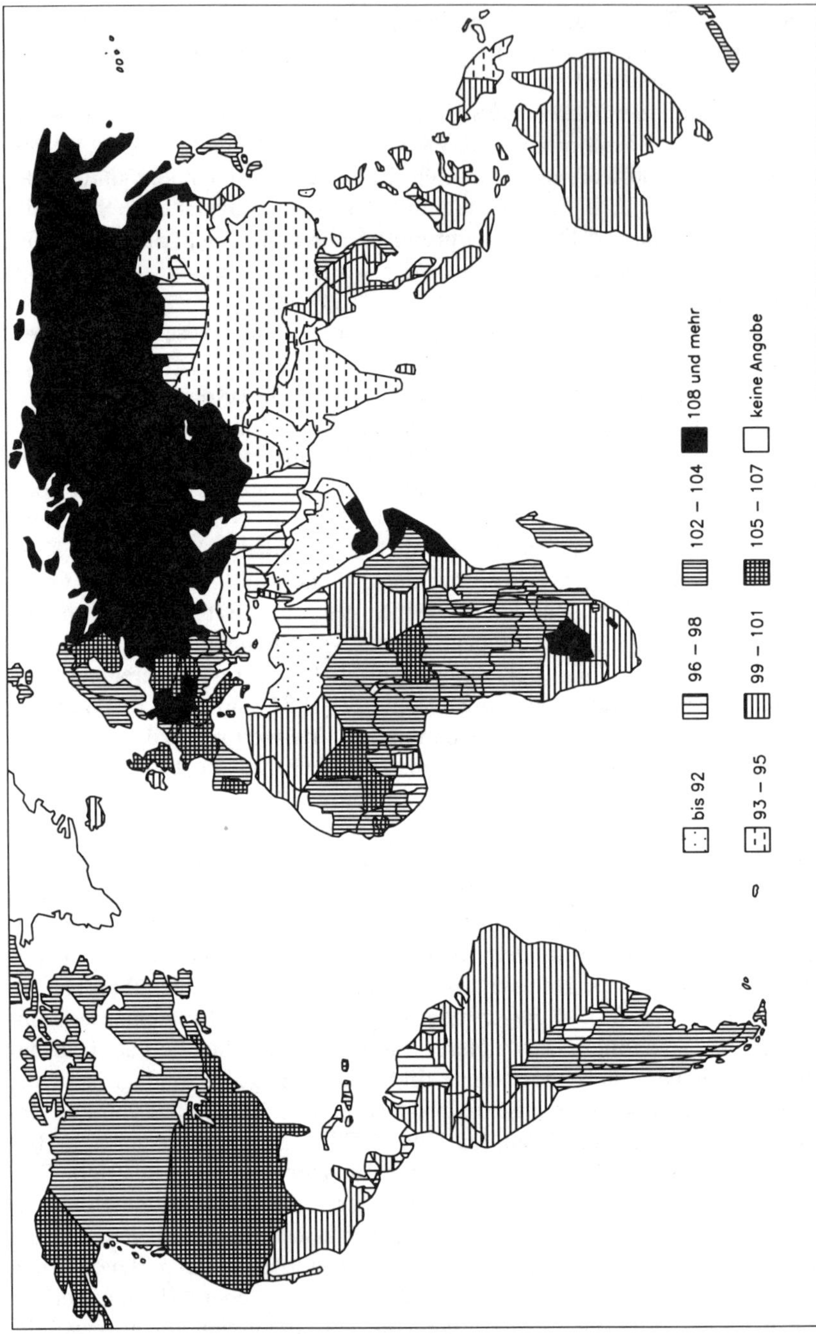

Abb. 7: Sexualproportion in den Ländern der Erde um 1990

(Quelle: Bähr 1994)

Für eine erste Übersicht ist es international gebräuchlich, zwischen den Kindern und Jugendlichen (meist 0–14 oder 0–19 Jahre), den Erwachsenen bzw. den Personen im erwerbsfähigen Alter und den alten Menschen (meist 60 bzw. 65 Jahre und älter) zu unterscheiden. Als graphische Darstellungsform bietet sich bei dieser Art der Einteilung das Dreiecksdiagramm an (Witthauer 1970). Setzt man einzelne Altersgruppen zueinander in Beziehung, so ergeben sich verschiedene Möglichkeiten einer Indexbildung. Neben den "einfachen" Prozentzahlen (z. B. Anteil Jugendlicher an der Gesamtbevölkerung) sind folgende Indizes gebräuchlich:

1. Index für die "Jugendlichkeit einer Bevölkerung": Zahl der Kinder und Jugendlichen auf 100 alte Menschen oder auf 100 Erwachsene;
2. Altersindex: Zahl der alten Menschen auf 100 Kinder und Jugendliche bzw. auf 100 Erwachsene;
3. Abhängigkeitsindex (Belastungsquote): Zahl der Kinder und Jugendlichen sowie der alten Menschen auf 100 der Bevölkerung im erwerbsfähigen Alter.

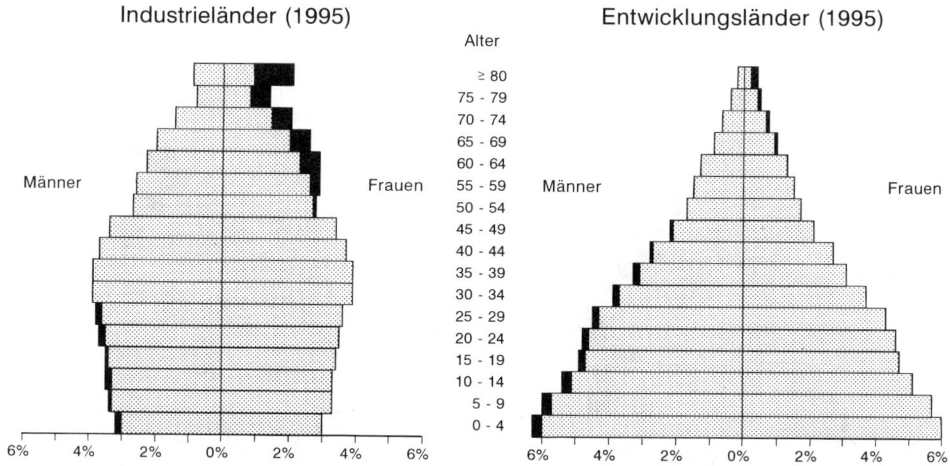

Abb. 8: Alterspyramiden für Industrie- und Entwicklungsländer 1995

(Quelle: United Nations 1994)

Genauere Einsichten in die Alters- und Geschlechtsgliederung einer Bevölkerung, als sie durch die Verwendung von Indexwerten möglich sind, lassen sich durch eine Auswertung und Interpretation von *Alterspyramiden* gewinnen. Abbildung 8 und 9 bieten Beispiele für räumliche und zeitliche Vergleiche der Altersstruktur mittels Alterspyramiden. Die für die weniger entwickelten Gebiete unserer Erde charakteristische Häufigkeitsverteilung entspricht angenähert einer Pyramide, während für die Industrieländer ein Übergang von der Bienenkorb- zur Urnenform typisch ist (Abb. 8). Bedingt durch einen länger andauernden Geburtenrückgang nähert sich die Alterspyramide Deutschlands noch stärker dem Urnentyp, sieht man von den Geburtenausfällen der Weltkriege, dem "Baby-Boom" in den 60er-Jahren und dem ausgeprägten Frauenüberschuss bei den älteren Menschen ab (Abb. 9).

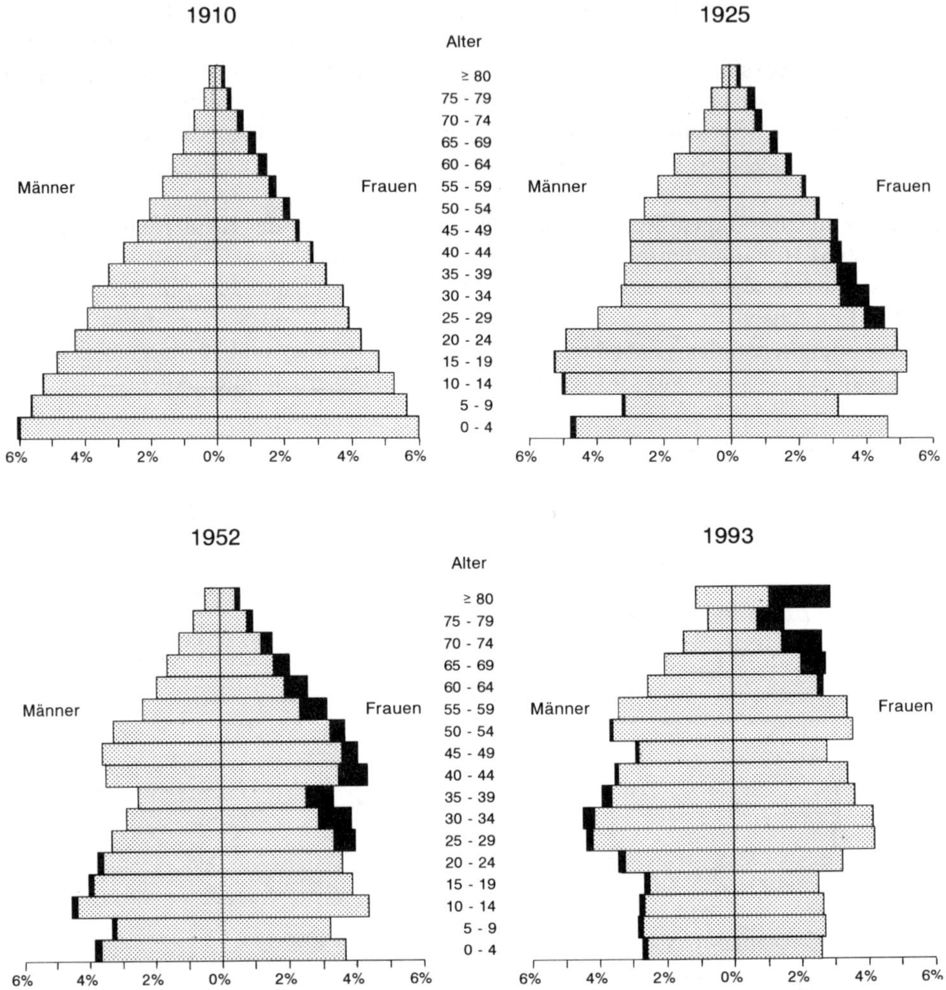

Abb. 9: Alterspyramiden für Deutschland 1910, 1925, 1950 und 1993

(Quelle: Statistische Jahrbücher für das Deutsche Reich bzw. die Bundesrepublik Deutschland)

Auf Alterspyramiden beruht auch die Entwicklung komplizierter Indikatoren (vgl. z. B. die regressions- bzw. faktor-analytisch oder mithilfe eines Entropie-Maßes bestimmten Indizes bei Coulson 1968, Foggin, Bissonnette 1976 sowie Forrest, Johnston 1981). Die Bezeichnung "Pyramide" beschreibt die bei einer derartigen Darstellung auftretende Formenvielfalt allerdings nur unzureichend, vielmehr sind mindestens drei Grundtypen zu unterscheiden, die in den meisten Ländern auch als eine Entwicklungsabfolge interpretiert werden können: die Pyramiden- oder Dreiecksform, die Bienenkorb- oder Glocken- sowie die Urnen- oder Zwiebelform. Extreme Verschiebungen zwischen den einzelnen Jahrgangsklassen, die auch mit den genannten Grundformen der Alterspyramiden nicht hinreichend erfasst werden können, sind immer dann festzustellen, wenn außergewöhnliche Einwirkungen auf Sterblichkeit und Geburtenhäufigkeit (z. B. Kriege) oder selektive Wanderungsvorgänge einen erheblichen Einfluss auf die Zusammensetzung einer Bevölkerung haben. Besonders bei einer kleinräumigen Analyse kommt dieser Gesichtspunkt stärker zum Tragen. Die weltweiten altersstrukturellen Unterschiede sind das Ergebnis eines längeren *demographischen Prozesses*. Sie hängen eng mit dem zunächst in Europa einsetzenden Übergang von hohen zu niedrigen Geburten- und Sterberaten zusammen. In zeitlicher Phasenverschiebung dazu vollzog sich eine globale Diffusion des *demographic ageing* (Warnes 1990: 30 ff.). Vergleicht man die Alterszusammensetzung, wie sie heute in den Entwicklungsländern gegeben ist, mit derjenigen in den Industriestaaten zu Beginn des vorigen Jahrhunderts, so sind die Kontraste sehr viel weniger klar zu erkennen.

Deutschland bildet ein besonders gutes Beispiel für den entgegengesetzten Kurvenverlauf des Anteils ganz junger und ganz alter Personen (Abb. 9). Während vor 100 Jahren noch etwa 35% aller Deutschen jünger als 15 Jahre waren und nur knapp 5% über 64 Jahre, liegen heute die entsprechenden Prozentwerte bei etwas über bzw. unter 16% (1995).

Noch stärker als in großräumiger Betrachtung treten altersmäßige Disparitäten gewöhnlich auf *regionaler oder innerstädtischer Ebene* auf. Das ist neben Fruchtbarkeitsunterschieden vor allem darauf zurückzuführen, dass das "natürliche Altern" der Bevölkerung einerseits durch die Abwanderung junger oder die Zuwanderung alter Menschen verstärkt, andererseits durch umgekehrt gerichtete Wanderungsvorgänge ganz oder teilweise kompensiert werden kann (für die Bundesrepublik Deutschland vgl. Friedrich 1994a; für die USA vgl. Treas 1995).

Regionale Vergleiche der Altersstruktur sind zum einem als Querschnitts-, zum anderen als Längsschnittsbetrachtung möglich. Bezogen auf die Gruppe älterer Menschen (65 Jahre) haben Rogers und Woodward (1992) dazu folgende Kenngrößen vorgeschlagen und auf die Bundesstaaten der USA angewandt:

1. Anteil der alten Bevölkerung an der Gesamtbevölkerung einer Region i zum Zeitpunkt t:

$$\frac{P_i^{(t)}(65+)}{P_i^{(t)}(0+)}$$

2. Anteil der alten Bevölkerung einer Region i an der Gesamtbevölkerung dieser Gruppe zum Zeitpunkt t:

$$\frac{P_i^{(t)}(65+)}{P^{(t)}(65+)}$$

3. Geschwindigkeit der altersmäßigen Konzentration in einer Region (mit r = jährliche Wachstumsrate in einer betrachteten Zeitspanne):

$$r_i (65+) - r_i (0+)$$

4. Geschwindigkeit der räumlichen Konzentration der alten Bevölkerung:

$$r_i (65+) - r (65+)$$

Abbildung 10 zeigt den Anteil älterer Menschen in den Raumordnungsregionen der Bundesrepublik Deutschland. Wenn auch die regionalen Konzentrationserscheinungen weniger ausgeprägt als in den USA sind (Graff, Wiseman 1990), so sind auch hier unterschiedliche Gebietstypen einer Überalterung festzustellen, die sich in das Spektrum von *ageing-in-place* bis zu *immigration of elderly* einordnen lassen.
Zur Kennzeichnung *kleinräumiger Segregationserscheinungen* – nicht nur von Altersgruppen – wird häufig der aus dem Index of Dissimilarity abgeleitete Index of Segregation herangezogen. Allgemein ausgedrückt, prüft der Dissimilaritätsindex den Grad der Ähnlichkeit in der räumlichen Verteilung zweier Populationen (neben Altersklassen wären auch verschiedene Sozialschichten oder ethnische Gruppen denkbar). Berechnet man diesen Kennwert für eine beliebige Teilgruppe (Minderheit) einer Bevölkerung und die verbliebene Restbevölkerung, so hat man einen Segregationsindex. Für raum-zeitliche Vergleiche gelten die bei der Einführung der Lorenzkurve genannten und weitere von Cortese et al. (1976) diskutierten Vorbehalte und Einschränkungen, aus denen sich modifizierte Indizes ableiten lassen (Blasius 1988).

Auch die von Duncan und Duncan (1955: 211) gegebene Interpretation des Dissimilaritätsindex als Anteil der betreffenden Minderheit, die ihren Wohnstandort wechseln müsste, um eine Gleichverteilung zu erreichen, führt leicht zu Missverständnissen und sollte daher näher erläutert werden. Gemeint ist nämlich nicht ein Austausch von Minderheits- und Mehrheitsbevölkerung, sondern eine "Umsiedlung" ohne entsprechenden Ersatz. Es ist aber wirklichkeitsnäher bei der Beurteilung von Segregationserscheinungen vom Umfang des Bevölkerungsaustausches auszugehen, der für eine Gleichverteilung nötig wäre. Bezeichnet man den Quotienten aus Minderheits- und Gesamtbevölkerung mit q, so errechnen sich hier folgende Vertauschungsindizes: (1-q) * ID als Prozentsatz der Minderheitsbevölkerung, q * ID als Prozentsatz der Mehrheitsbevölkerung und 2 * q * (1-q) * ID als Prozentsatz der Gesamtbevölkerung, die ihren Wohnstandort wechseln müsste (Cortese et al. 1976: 635).

Im Allgemeinen ergeben sich für die altersmäßige Segregation – im Vergleich zur Segregation von fremdvölkischen, unterprivilegierten oder auch an der Spitze einer sozialen Rangskala stehenden Gruppen – relativ niedrige, allenfalls mittlere Indexwerte. Das zeigt auch der systematische Vergleich von 12 Städten der Bundesrepublik Deutschland durch Vaskovics (1990). Dabei sind generell die Werte für die über 64-jährigen am höchsten: Ende der 70er, Anfang der 80er-Jahre schwankten sie zwischen 31,1 in Erlangen und 19,0 in Heidelberg. Die zweithöchsten Werte erreichten die 0–15jährigen (zwischen 21,9 und 15,7), während die mittleren Altersgruppen am wenigsten segregiert waren.

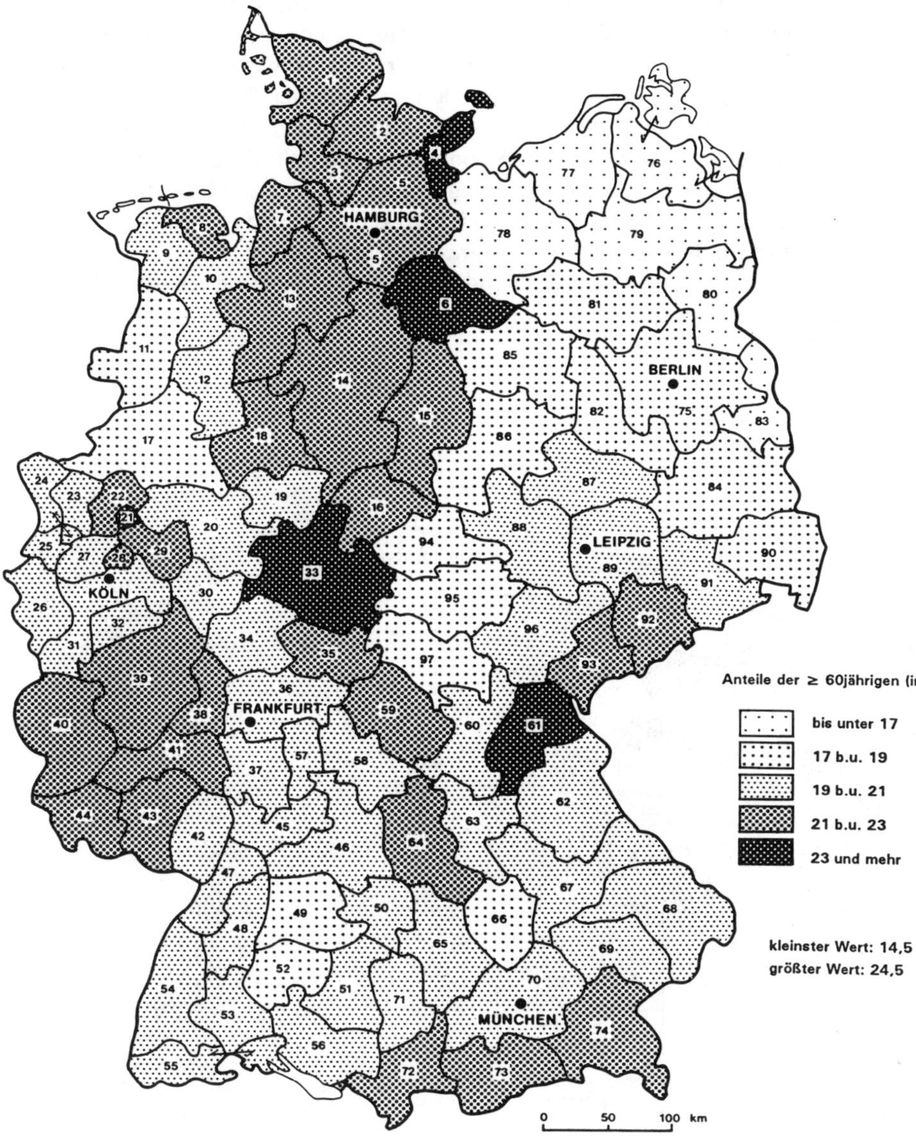

Abb. 10: Anteil älterer Menschen (≥ 60 Jahre) in den Raumordnungsregionen der Bundesrepublik Deutschland 1990

(Quelle: Stolarz et al. 1993)

Es bestätigt sich hier die auch in anderen Untersuchungen herausgefundene u-förmige Verteilung der altersspezifischen Segregation (Dangschat 1985; Schütz

1985).

Die Berechnung von Indexwerten vermag zwar einen ersten Überblick zur altersmäßigen Segregation städtischer Bevölkerungen zu geben, sagt jedoch über das *räumliche Verteilungsbild* im Einzelnen nichts aus. Hier kann eine von Coulson (1968) entwickelte Analysemethode weiterführen (zur Anwendung auf deutsche Städte vgl. Böhm 1985). Um die Altersgliederung einzelner Stadtbereiche zusammenfassend charakterisieren zu können, konstruierte er einen "Altersstrukturindex". Dieser unterscheidet sich von anderen Kennziffern dadurch, dass zur Berechnung nicht nur einige wenige Anteilswerte herangezogen werden, sondern die gesamte, nach 5-Jahrgangsgruppen aufgegliederte Häufigkeitsverteilung Berücksichtigung findet. Das gelingt Coulson mithilfe der Regressionsrechnung.

Das räumliche Verteilungsmosaik der Indizes zeigt im Falle von Kansas City eine klare zentral-periphere Abfolge (Abb. 11).

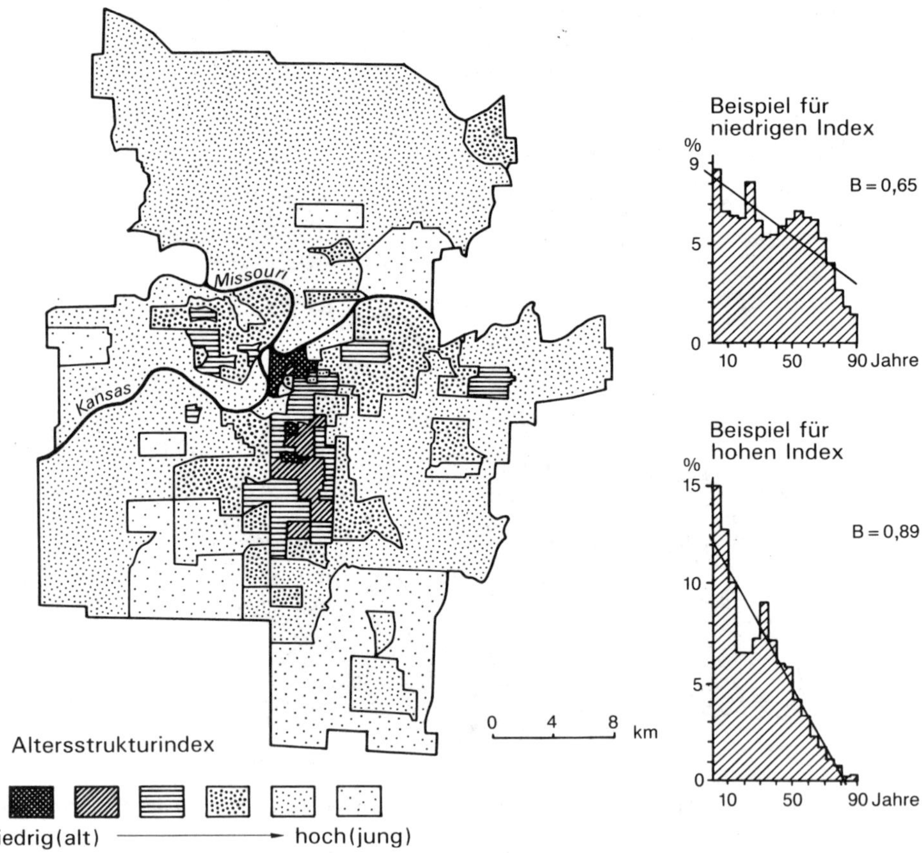

Abb. 11: Altersstrukturindex am Beispiel von Kansas City

(Quelle: Coulson 1968)

Einem Übergewicht alter Menschen in den zentralen Stadtteilen, das seinen Ausdruck in niedrigen Indexwerten entlang einer Nord-Süd verlaufenden Zone südlich des Missouri findet, steht ein jugendlicher Altersaufbau mit entsprechend höheren Kennziffern in allen Vororten gegenüber.
Zur Erklärung dieses Raumbildes werden von Coulson eine ganze Reihe von Hypothesen formuliert und anschließend unter Verwendung einfacher und multipler Korrelationsanalysen getestet. Die engsten Beziehungen zum Altersstrukturindex weisen einzelne Merkmale zur Familien- und Haushaltsstruktur auf (z. B. Anteil Verheirateter, Zahl der Kinder), signifikante Korrelationen errechnen sich auch für Wanderungsdaten und für Angaben zum Wohnungseigentum. Weniger gut erkennbar ist der Einfluss sozio-ökonomischer Faktoren (z. B. Einkommen, Erwerbstätigkeit).

Die von Coulson gefundenen räumlichen Regelhaftigkeiten werden von Kemper und Kosack (1988) für eine deutsche Stadt (Bonn) im generellen bestätigt. Die Ausgliederung von Gebieten gleicher Altersstruktur erfolgt hier mittels Clusteranalyse auf der Basis von 5-Jahres-Altersgruppen. Es ergibt sich eine fast modellhafte Abfolge der einzelnen Zonen in Form von konzentrischen Kreisen, nur stellenweise wird das Bild von anderen Raummustern überlagert und damit verwischt. Dabei kommt insbesondere dem Nord-Süd-Gegensatz eine größere Bedeutung zu, der eng mit der Funktion Bonns als (ehemaliger) Bundeshauptstadt und der Entstehung eines Regierungsviertels im Süden des alten Stadtkerns zusammenhängt.

Zur Erklärung der alters- und haushaltsmäßigen Viertelsbildung innerhalb großstädtischer Agglomerationen, wie sie exemplarisch aufgezeigt wurde, sei auf den Zusammenhang zwischen räumlicher Mobilität und einer *Veränderung im Familienlebenszyklus* hingewiesen (Kemper 1985). Zahlreiche empirische Untersuchungen konnten belegen, dass ein Wechsel in der demographischen Struktur einer Familie bzw. eines Haushalts sehr häufig eine Wanderungsentscheidung auslöst, um den gewandelten Wünschen und Ansprüchen an Wohnung und Wohnstandort gerecht zu werden. Die Beziehungen zwischen Lebenszyklus und Wanderungsverhalten besitzen dadurch eine räumliche Komponente, dass sich junge Ein- und Zweipersonenhaushalte, unter denen sich besonders viele neu in die Stadt zugezogene Menschen befinden, bevorzugt eine Wohnung nahe dem Stadtkern suchen. Haushalte mit Kindern dagegen beziehen größere Wohnungen in weniger dicht bebauten und ruhigeren Stadtvierteln an der Peripherie, und Erwachsenen-Haushalte, aus denen die Kinder ausgezogen sind, streben teilweise wieder die Nähe des Stadtzentrums an (Böhm et al. 1975: 2 f.). Dieses modellhaft skizzierte Wanderungsmuster wird durch den Einfluss zusätzlicher Steuerungsfaktoren modifiziert. Zum einen führt eine starke Neubautätigkeit in bestimmten Stadtbereichen hier vorübergehend zu vermehrten Zuzügen, zum anderen ergeben sich deutliche sozialgruppenspezifische Präferenzen und Unterschiede.

20.5 Natürliche Bevölkerungsbewegungen

Um das Zusammenwirken von Mortalität und Fertilität in raum-zeitlicher Differenzierung genauer analysieren und verschiedene Entwicklungsabläufe miteinander vergleichen zu können, haben die amerikanischen Bevölkerungswissenschaftler Thompson und Notestein seit den 20er-Jahren das "*Modell des demographischen Übergangs*" entwickelt. Es beschreibt in idealtypischer Weise die in den westlichen Industrieländern im zeitlichen Verlauf festgestellten Veränderungen von Sterblichkeit und Fruchtbarkeit (Kirk 1996).

Allgemein anerkannt ist die Beschreibungs- und Klassifikationsfunktion dieses auf induktivem Weg gewonnenen Modells. Umstritten ist hingegen seine Theorie- und Prognosefunktion und damit auch seine Anwendung auf die Situation in den Ländern der Dritten Welt. Hier ist die Scherenöffnung im Allgemeinen sehr viel größer, als es je in den Industrieländern der Fall war, und die Übergangsphase dauert außergewöhnlich lang, wie die Gegenüberstellung von Belgien und Indien in Abb. 12 unterstreicht. Namentlich Afrika südlich der Sahara wird vielfach als ein Sonderfall angesehen (Gould, Brown 1996).

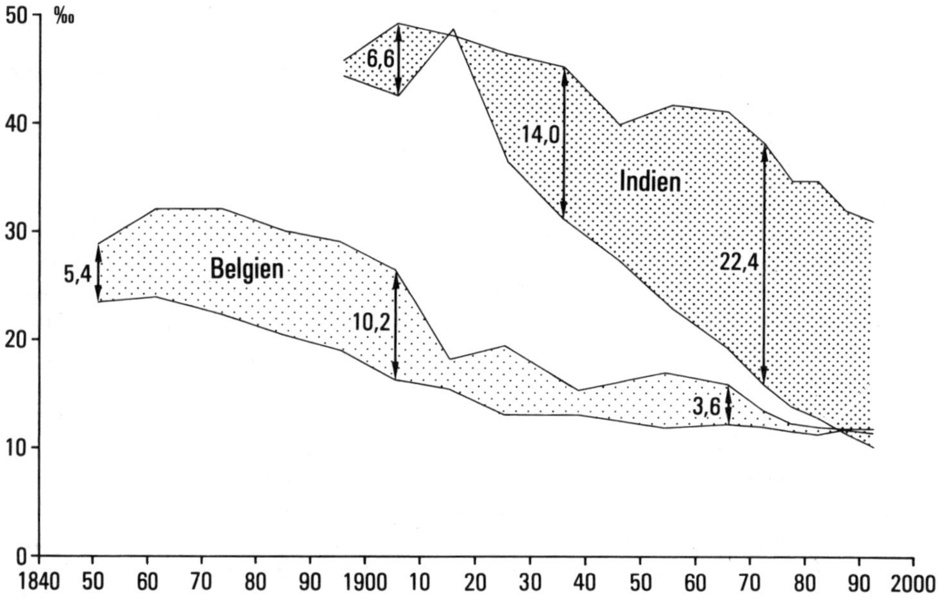

Abb. 12: Vergleich des demographischen Übergangs in Belgien und Indien

(Quelle: Domrös 1984; Bähr, Gans 1990, ergänzt)

Das postulierte Ablaufschema trifft empirisch für Europa und die europäisch geprägten Neusiedlerländer in Übersee weitgehend zu. Daneben haben noch Japan und bis zu einem gewissen Grade auch Argentinien und Uruguay sowie einige kleinere Staaten diesen Prozeß vollständig durchlaufen. Im allgemeinen dauerte der Übergang von einem Zustand hoher Mortalität und Fertilität zu niedrigen Sterblichkeits- und Fruchtbarkeitswerten um so länger, je früher der Umschwung einsetzte. England/Wales benötigte dazu etwa 200 Jahre, Dänemark ca 160 Jahre, Schweden ca. 130 Jahre, die Niederlande 100 Jahre, Deutschland 70 Jahre und Japan lediglich 40 Jahre. In Frankreich verliefen Mortalitäts- und Fertilitätsrückgang parallel zueinander, so daß es keine Öffnung der Bevölkerungsschere gab (Dangschat, Friedrichs und Mariak 1986). Woods (1982) hat versucht, solche "Abweichungen" in einem "variablen Übergangsmodell" zu berücksichtigen (Abb. 13). Der Verlauf im Sonderfall Frankreich wird durch die Kurven g' und s' wiedergegeben, während Deutschland eher dem "Normalfall" (Kurven g" und s") entspricht. Auf Länder der Dritten Welt angewandt liesse sich etwa durch die Kombination der Kurven s"" und g"" ein schneller Abfall der Mortalität bei stark verzögertem Fertilitätsrückgang modellieren.

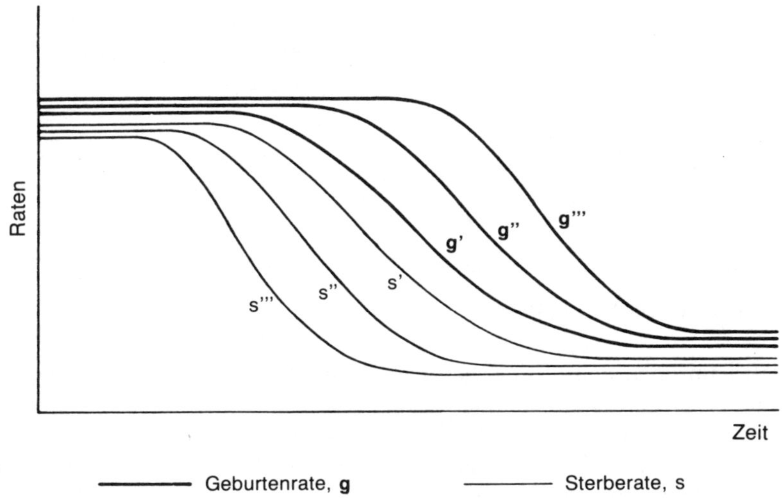

Abb. 13: Variables Modell des demographischen Übergangs

(Quelle: Woods 1982)

Das an historischen Längsschnittanalysen gewonnene Ablaufschema kann auch auf Querschnittsbetrachtungen Anwendung finden. Abbildung 14 bietet eine Übersicht für die Großräume der Erde. Die Sonderstellung des tropischen Afrikas ist klar erkennbar. Eine Zeitreihenanalyse für alle Staaten der Erde hat Chung (1970) vorgenommen. Er unterschied drei Stadien des demographischen Übergangs und zeigte, dass nach 1900 erst wenige Staaten in Nord- und Westeuropa neben Nordamerika und Australien das erste Stadium durchlaufen hatten (Casetti, King 1975). 1960 waren nur die Industrieländer sowie Argentinien und Uruguay dem dritten Stadium zuzuordnen.

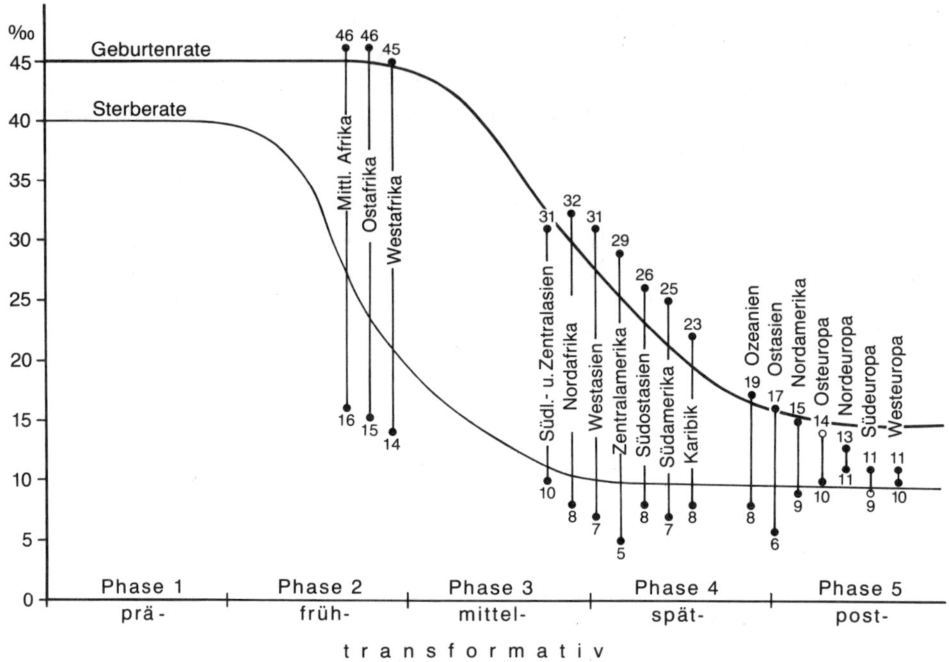

Abb. 14: Stellung der Großräume im demographischen Übergang um 1995

(Quelle: Population Reference Bureau 1995)

Die meisten afrikanischen und auch zahlreiche asiatische Länder befanden sich damals noch in der ersten, die Mehrzahl lateinamerikanischer Staaten im zweiten Stadium (Abb. 15). Die Fortschreibung der Datenreihe bis 1980 lässt weit reichende Veränderungen im nordafrikanisch-vorderasiatischen Raum und in China erkennen, während die meisten Länder des tropischen Afrikas in der ersten Stufe des Übergangs verharren. Gegenwärtig sind auch fast alle lateinamerikanischen Staaten in das dritte Stadium und viele afrikanische Länder in die Übergangsphase eingetreten (Abb. 15). Nicht mit dem modellhaften Ablauf vereinbar ist die Kombination aus verhältnismäßig hohen und ansteigenden Sterbe- und niedrigen Geburtenraten, wie sie verschiedene osteuropäische Staaten aufweisen. Russland und Lettland sind deshalb den drei Typen der Abb. 15 gar nicht mehr zuzuordnen.

Eine *Erklärung des demographischen Übergangs* liefert das Modell nicht. Dazu sind vielmehr Mortalitäts- und Fertilitätstransformation getrennt zu betrachten und die den jeweiligen Ablauf bestimmenden Faktoren herauszuarbeiten. Dabei bietet es sich an, mit den historischen Erfahrungen der Industrieländer zu beginnen und erst im Anschluss daran die Frage nach der Übertragbarkeit auf die Dritte Welt zu stellen.

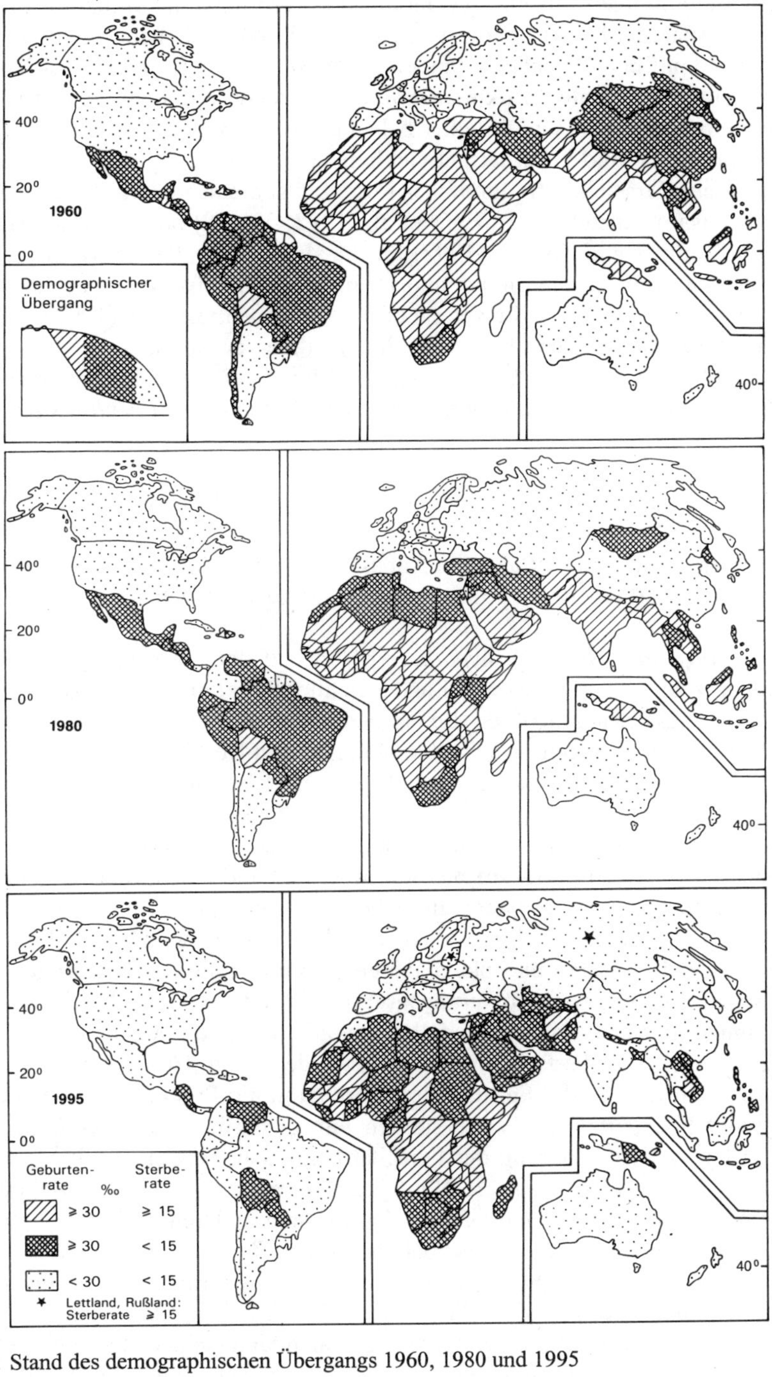

Abb. 15: Stand des demographischen Übergangs 1960, 1980 und 1995

(Quelle: Chung 1970; Bähr 1983; Population Reference Bureau 1995)

Unter den Bemühungen um eine Erklärung der Fertilitätstransformation in Europa während des späten 19. und beginnenden 20. Jahrhunderts haben "regionale Ansätze", aufbauend auf den Datensammlungen des "European Fertility Projects" der University of Princeton (Coale, Watkins 1986), eine besondere Bedeutung erlangt. Diese sollen deshalb hier etwas ausführlicher behandelt werden. Eine umfassende Diskussion der Mortalitäts- und Fertilitätsentwicklung sowie diesbezüglicher Theorien wird nicht angestrebt. Hinsichtlich räumlicher Mortalitätsunterschiede und deren Analyse sei auf die Zusammenstellung in Bähr et al. (1992: 338 ff.) sowie die neueren Fallstudien von Kemper und Thieme (1992) für die alten Bundesländer der BRD, Theurl (1991) für Österreich, Rychtaríková und Dzúrová (1992) für die Tschechoslowakei, Aase (1992) für Norwegen, Lützeler (1994) für Japan, Brehm (1992) für West-Malaysia, Wood und de Carvalho (1988) für Brasilien verwiesen.
Ausgangspunkt der weiteren Überlegungen bilden zwei von Carlsson schon 1966 diskutierte, grundlegende *Erklärungsansätze der historischen Fertilitätstransformation*:

1. Der Fertilitätsrückgang ist durch die Innovation und Diffusion kontrazeptiver Ideen und Techniken bedingt;
2. Der Fertilitätsrückgang ist als eine Anpassung an gewandelte Verhältnisse im sozialen, wirtschaftlichen und politischen Bereich zu verstehen.

Die *Innovations- und Diffusionshypothese* beruht auf der Überlegung, dass die Bevölkerung einzelner Teilräume eines Landes in aller Regel nicht gleichzeitig von weit reichenden Veränderungen ihrer Lebensbedingungen betroffen wird und nicht gleichzeitig mit neuen Ideen und Wertvorstellungen in Berührung kommt. Im Allgemeinen sind Veränderungen wirtschaftlicher, technischer und gesellschaftlicher Art von Zentren ausgegangen und haben sich von dort weiter verbreitet. Nach dieser Auffassung ist Familienplanung eine "Erfindung" des 19. Jahrhunderts, die von den Metropolen ausging, von dort auf das jeweilige Umland sowie andere Städte übergriff und schließlich auch periphere ländliche Räume erreichte. Damit verbunden war eine soziale Diffusion in dem Sinne, dass zunächst Angehörige der Mittel- und Oberschicht zu einer bewussten und planmäßigen Geburtenkontrolle übergingen und ihnen erst später die übrigen Bevölkerungsgruppen folgten.

Das raumzeitlichen Diffusionsmodells kann an einem von Woods (1979) entworfenen idealtypischen Ablaufschema überprüft werden (Abb. 16a und 16b).

Danach ist zu Beginn der Fertilitätstransformation die Fruchtbarkeit in allen Teilräumen recht hoch, und die Werte streuen nur geringfügig um das Gesamtmittel (Zeitpunkt t_1). Die Reduzierung der Fertilität beginnt in einzelnen "führenden" Gebieten. Die Varianz nimmt zu, die Häufigkeitsverteilung wird schief(Zeitpunkt t_2). Später gehen die Fertilitätsraten auch in den meisten anderen Regionen zurück und bleiben nur in einigen *lagging areas* hoch; zu diesem Zeitpunkt (t_3) streuen die Werte besonders stark. Zum Zeitpunkt t_4 ist die Fertilitätstransformation weitgehend beendet. Zum Zeitpunkt t_5 hat sich die Geburtenbeschränkung und damit ein neuer Gleichgewichtszustand mit geringen interregionalen Unterschieden durchgesetzt.

Eine empirische Überprüfung des Modells wird in Abb. 16a für die Tschechoslowakei (Fialová et al. 1990) und Italien (Livi-Bacchi 1977); in Abb. 16b für die

Schweiz (Fux 1989) sowie Tirol und Vorarlberg in Österreich (Kytir 1986) vorgenommen. Die gute Übereinstimmung deutet darauf hin, dass eine gewisse Beziehung zwischen Informationsausbreitung und Verhaltensänderung besteht.

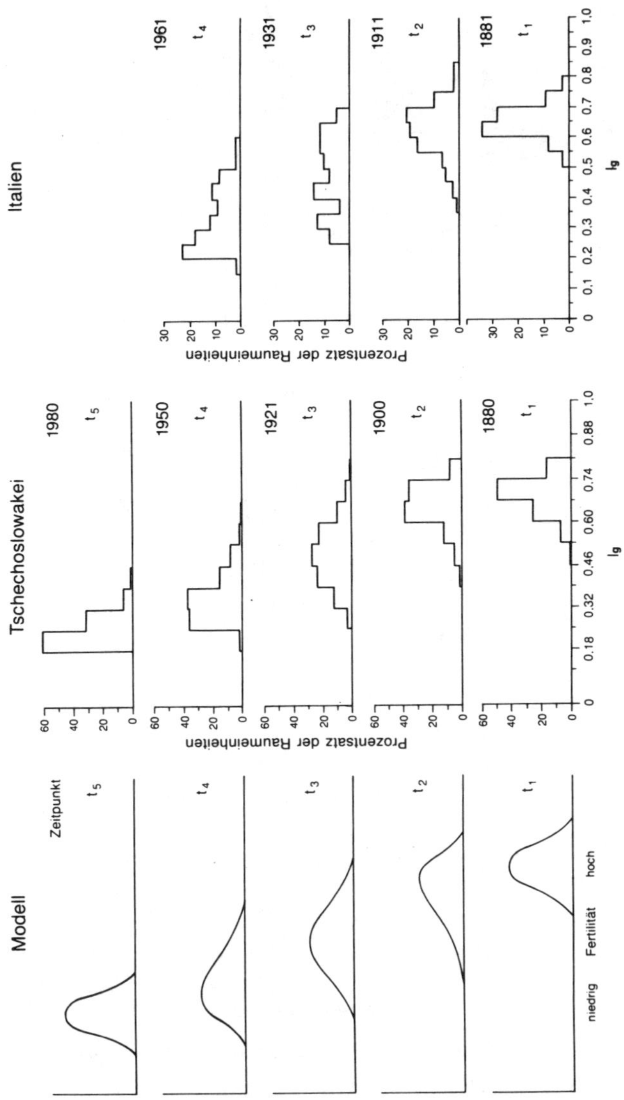

Abb. 16a: Modellhafter Ablauf der Fertilitätstransformation und empirische Befunde für die Tschechoslowakei und Italien

(Quelle: Woods 1979; Fialová et al. 1990; Livi-Bacchi 1977; Fux 1985; Kytir 1980)

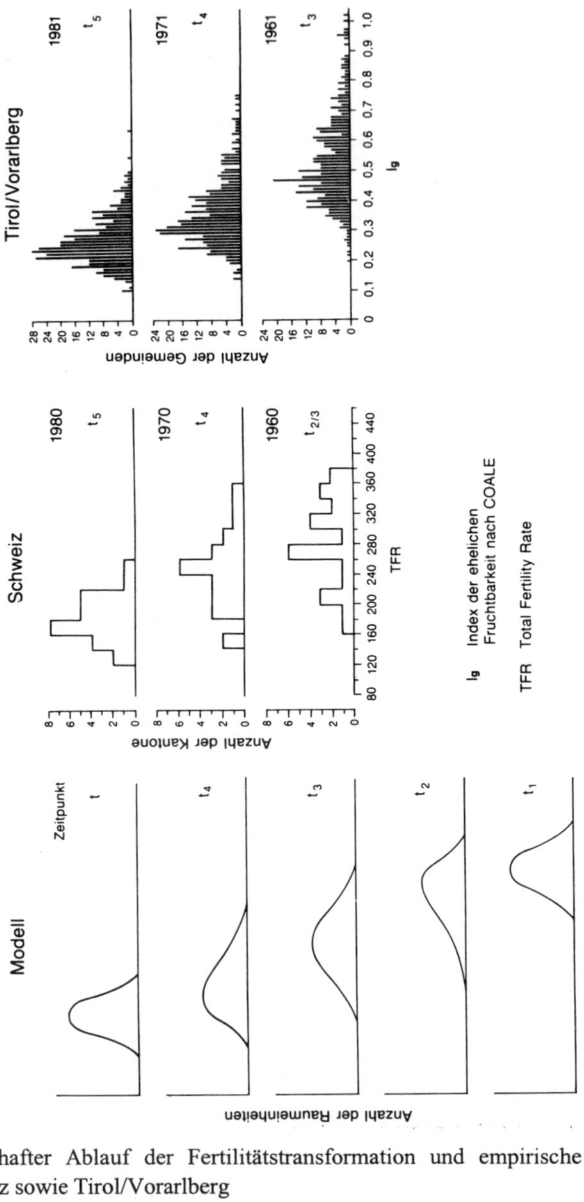

Abb. 16b: Modellhafter Ablauf der Fertilitätstransformation und empirische Befunde für die Schweiz sowie Tirol/Vorarlberg

(Quelle: Woods 1979; Fialová et al. 1990; Livi-Bacchi 1977; Fux 1985; Kytir 1980)

Dies allein vermag die Fertilitätstransformation nicht zu erklären, denn schon in vorindustrieller Zeit hat es ausgeprägte räumliche (wie auch sozialgruppenspezifische) Unterschiede gegeben, die sich oft während der Transformation nicht ausgeglichen, sondern teilweise bis heute erhalten haben. Ergänzend müssen also *Zusammen-*

hänge zwischen wirtschaftlichen und sozialen Strukturmerkmalen und dem Fertilitätsübergang herausgearbeitet werden. Auch dabei geht man von kleinräumlichen Unterschieden der Fruchtbarkeit aus und versucht, die dafür maßgeblichen Determinanten herauszufinden.

Kuls (1979) in Anlehnung an Knodel (1974) hat eine Kartenfolge der ehelichen Fruchtbarkeit im Deutschen Reich auf der Basis von ca. 70 "Provinzen" (Regierungsbezirke und vergleichbare Raumeinheiten) entwickelt. Abb. 17 gibt die Situation für 1908/12 wieder. Mögliche Erklärungshypothesen sind dem von Lesthaeghe (1977) am Beispiel Belgiens entwickelten Schema zu entnehmen (Abb. 18). Als statistisches Hilfsmittel zur Analyse eines solchen Beziehungsgeflechts bieten sich Korrelations- und Regressionsmodelle an. Die Ergebnisse derartiger Berechnungen werden hier nicht näher diskutiert. Wie schon die Interpretation der für Deutschland gezeichneten Karten (Abb. 17) nahe legt, kann es keine monokausale Erklärung der Fetilitätstransformation geben. Es ist vielmehr davon auszugehen, dass der Wandel im generativen Verhalten unter sehr verschiedenen Bedingungen eingetreten ist und sich kein Faktor isolieren lässt, dem die Hauptursache zuzuschreiben wäre. Offenbar war jedoch die wirtschaftliche Ausgangssituation weniger wichtig als sozio-kulturelle Faktoren (Schmid 1984: 97).

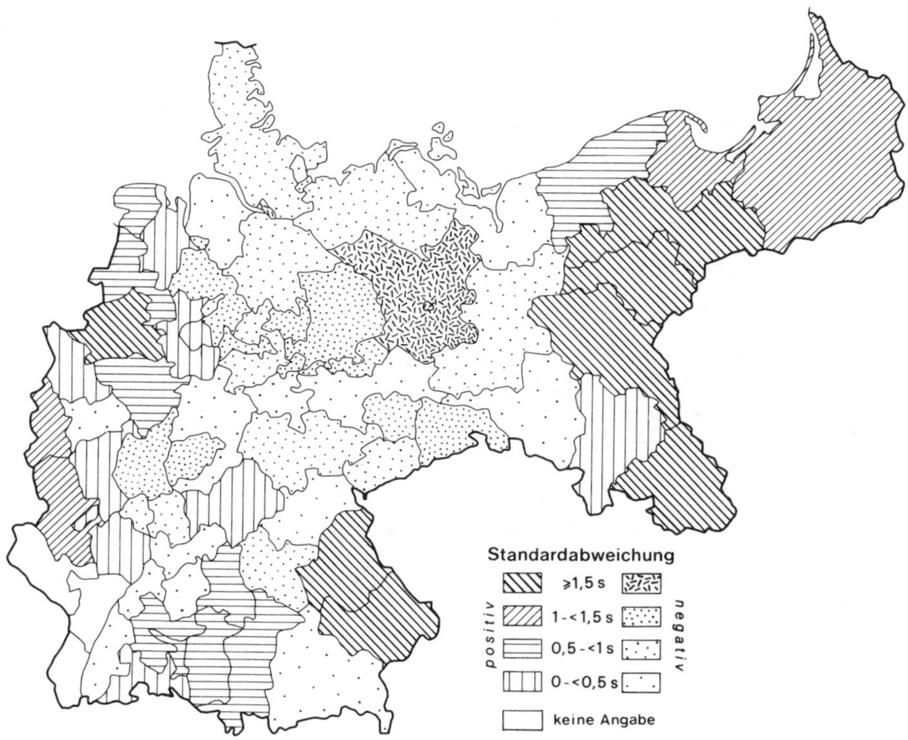

Abb. 17: Eheliche Fruchtbarkeit in Deutschland 1908/12

(Quelle: Kuls 1979)

In vielen Ländern bestehen regionale Fruchtbarkeitsunterschiede bis in die Gegenwart fort. Auch in diesem Fall haben statistische Analysen, wie sie Rückert und Schmiedehausen (1975) oder (für Nordrhein-Westfalen) Müller (1984) durchgeführt haben, kein klares Ergebnis erbracht. Verschiedene sozio-ökonomische Strukturen haben danach nur einen verhältnismäßig geringen Einfluss, ebensowenig wie konfessionelle Unterschiede. Nur für Indikatoren zur Wohn- und Siedlungsweise ließ sich eine recht enge Beziehung zur Zielgröße feststellen. Strohmeier (1989) wies nach, dass sich dieser Zusammenhang durch selektive Wanderungsprozesse verstärkt. Großstadt-Land-Wanderer sind deutlich mehr an traditionellen Familienleitbildern orientiert und kinderreicher als die in der Stadt verbliebenen Personen; umgekehrt sind die in die Großstadt gewanderten Frauen weniger familienbezogen als die auf dem Lande (und kleinen Städten) verbliebenen.Dass regionale Fruchtbarkeitsunterschiede auch bei statistischer Kontrolle gängiger Erklärungsvariablen signifikant bleiben, weist auf die große Bedeutung von "Regionalfaktoren" hin, die nur mithilfe kleinräumig angelegter Erhebungen herauszuarbeiten sind (Laux 1982; Linde 1988).

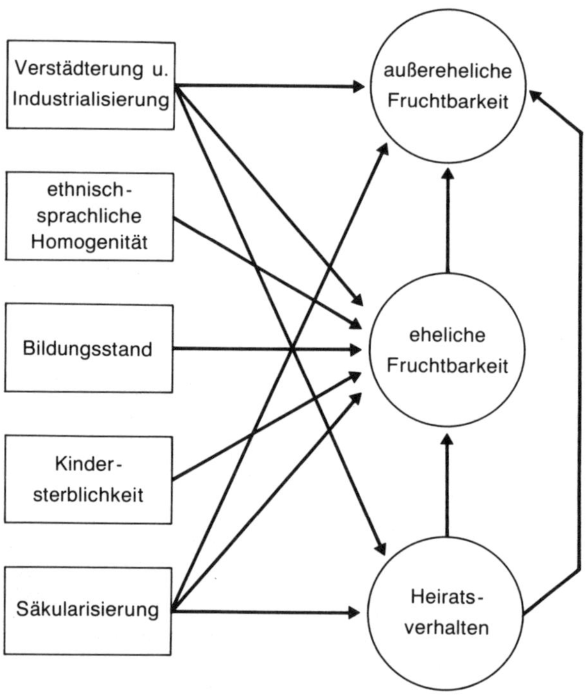

Abb. 18: Schematische Darstellung der Determinaten von Fruchtbarkeit und Heiratsverhalten

(Quelle: Lesthaeghe 1977)

Modellvorstellungen und Hypothesen zur regionalen Differenzierung der Fertilität, die auf der historischen Erfahrung der Industriestaaten beruhen, lassen sich nur schwer am Beispiel von *Ländern der Dritten Welt* überprüfen, wegen oft ungenügender Datenlage, aber auch deshalb, weil der Fertilitätsübergang gerade erst begonnen hat., Die Verallgemeinerbarkeit der Befunde aus den Beispielen ist deshalb oft unsicher. Das trifft auch für die Anwendung des diskutierten Diffusionsmodells auf Costa Rica und Sri Lanka zu (Abb. 19).

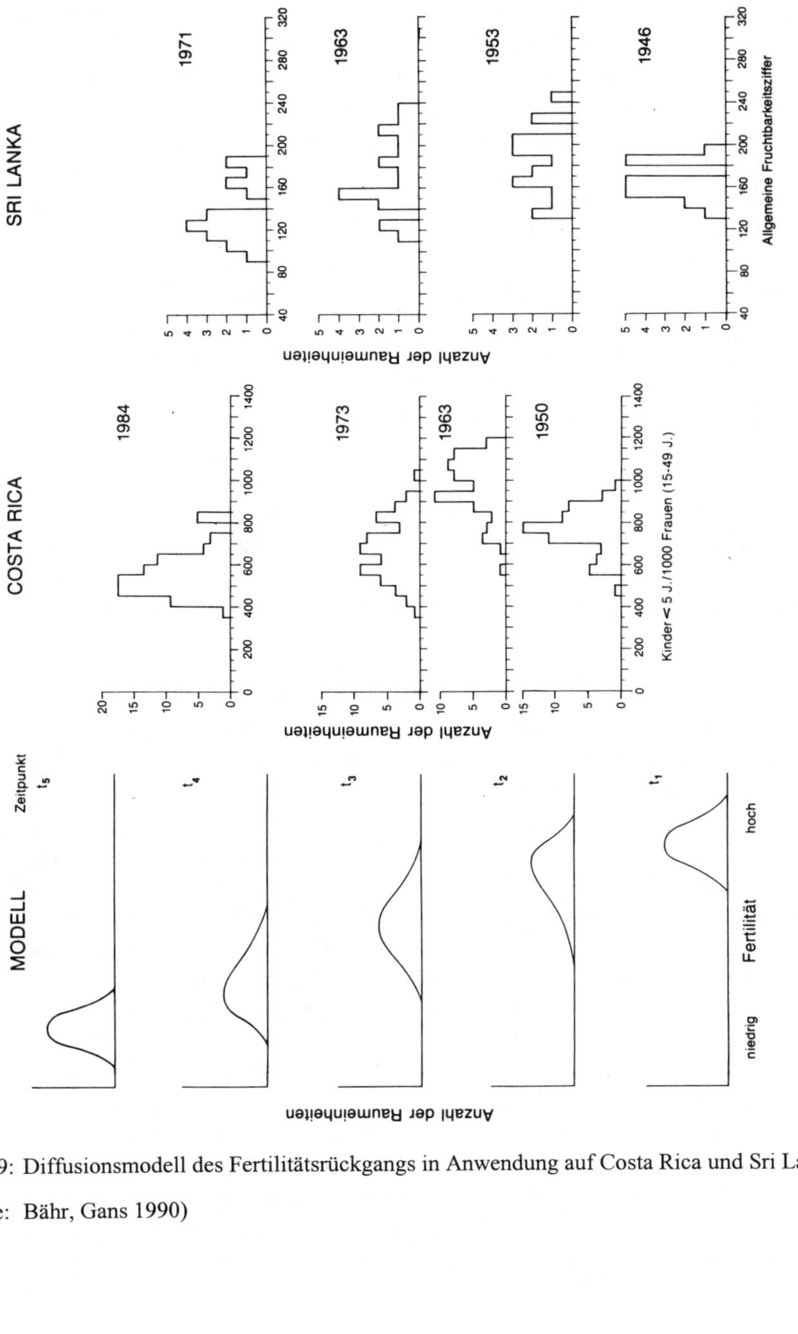

Abb. 19: Diffusionsmodell des Fertilitätsrückgangs in Anwendung auf Costa Rica und Sri Lanka

(Quelle: Bähr, Gans 1990)

Im Falle von Costa Rica ist die Ausgangssituation (Zeitpunkt t_1) nicht dokumentierbar; die Diagramme der Jahre 1950–84 zeigen jedoch verhältnismäßig gute Übereinstimmungen mit den Zeitpunkten t_2 bis t_4 (insbesondere den Wandel in der Schiefe der Häufigkeitsverteilung und die Zunahme der Streuung). Für Sri Lanka ist die Zahl der Raumeinheiten wesentlich geringer (n=19), und damit erhöht sich der Einfluss einzelner Extremwerte auf die Parameter der Verteilung. Doch sind eine Zunahme der regionalen Unterschiede während des Übergangs und das Zurückbleiben einzelner Regionen in einer fortgeschrittenen Phase auch hier gut zu erkennen.
Wenn auch die genannten und weitere von Hirschman und Guest (1990) und Noin (1991) zusammengestellten asiatischen Beispiele sowie die Fallstudien von Gans und Tyagi (1994) für Indien und VanderPost (1992) für Botswana für eine räumliche (und soziale) Diffusion des Fruchtbarkeitsrückgangs sprechen, der in der Regel von den großen Städten seinen Ausgang nimmt, so gibt es doch zahlreiche Belege für auffällige Abweichungen von einem solchen allgemeinen Trend. Einerseits lassen sich diese aus sozio-ökonomischen und demographischen Strukturmerkmalen einzelner Regionen erklären, andererseits werden aber auch sozio-kulturelle und gesellschaftliche "Regionalfaktoren" wirksam, die in statistischen Analysen meist nur unzureichend erfasst werden können.

Im Rahmen des erstgenannten Erklärungsansatzes konzentrieren sich die Bemühungen insbesondere auf die Analyse der folgenden Zusammenhänge:

1. Beziehungen zwischen Fertilität und wirtschaftlichen Faktoren;
2. Beziehungen zwischen Fertilität und Modernisierungsindikatoren (z. B. Schulbildung, Verstädterung);
3. Beziehungen zwischen Fertilität und Familienplanungsprogrammen.

Meist kommen dabei – ganz ähnlich wie im European Fertility-Project – multiple Regressions- und Korrelationsanalysen, z. T. als statische, z. T. auch als dynamische Modelle, zur Anwendung. Zu den mit aggregierten Daten arbeitenden Analysen treten umfangreiche Befragungen, durch die man tiefere Einblicke in unterschiedliche Motivationsstrukturen gewinnen möchte.

Als zusammenfassendes Ergebnis lässt sich feststellen, dass ökonomischen Faktoren nicht die entscheidende Bedeutung für die Fertilitätsentwicklung beizumessen ist. Einen höheren Erklärungsanteil weisen gewöhnlich "Modernisierungsindikatoren" auf. Besonders enge Beziehungen bestehen dabei zwischen Geburtenniveau und Schulbildung (Cleland, Rodríguez 1988). Vor allem Frauen mit einer abgeschlossenen Grundschulausbildung und jene, die weiterführende Schulen besucht haben, heiraten gewöhnlich später, sind den Argumenten für eine kleine Familie eher zugänglich und besser über Verhütungsmittel informiert als Frauen mit sehr kurzem oder fehlendem Schulbesuch. Der Zugang zu Familienplanungsprogrammen kann den Fruchtbarkeitsrückgang beschleunigen, ihre Wirkung ist jedoch dort am besten, wo die sozio-ökonomische Entwicklung schon relativ weit fortgeschritten ist.

Ein Beispiel für den Einfluss der zweiten, oben angesprochenen Faktorengruppe, der sozio-kulturellen und gesellschaftlichen Merkmale bildet die Entwicklung in *Kerala/Südindien*. Hier ist ein beachtlicher Fertilitätsrückgang auch bei verhältnismäßig geringem Durchschnittseinkommen gelungen. Noch in den 50er-Jahren war die natürliche Wachstumsrate Keralas mit 23‰ wesentlich höher als der indische Durchschnittswert (18‰); dagegen lag 1991 die Ziffer für Kerala mit 12‰ deutlich unter dem für ganz Indien errechneten Mittel (20‰; Gans, Tyagi 1994: 295). Für die Abnahme der Kinderzahlen haben regionale Besonderheiten, die z. T. auch für andere Staaten im Süden Indiens gelten, eine maßgebliche Rolle gespielt. Dazu zählen die traditionelle Außenorientierung der Bevölkerung, die relativ ausgewogene Zusammensetzung aus religiösen Gruppen, der frühe Ausbau des Erziehungs- und Gesundheitswesen eine radikale Landreform u. a. (vgl. im einzelnen Mahadevan, Sumangala 1987; Zachariah et al. 1994).

20.6 Räumliche Bevölkerungsbewegungen (räumliche Mobilität)

Versteht man unter "Mobilität" den Wechsel eines Individuums zwischen definierten Einheiten eines Systems, so umfasst die *"räumliche (regionale, geographische) Mobilität"* jeden Positionswechsel zwischen den verschiedenen Einheiten eines räumlichen Systems, ganz gleich ob sich diese Bewegung über weite oder geringe Distanzen, als einmaliger Vorgang oder in regelmäßigem Turnus vollzieht. Die Abgrenzung der räumlichen Einheiten ist zum einen von der jeweiligen Fragestellung abhängig, zum anderen spielt auch die Verfügbarkeit regionalstatistischer Daten eine wichtige Rolle. Die Spanne der Möglichkeiten reicht von einzelnen Wohngrundstücken über Baublöcke, Stadtbezirke und Gemeinden bis hin zu Ländern oder Kontinenten. Dabei repräsentieren die verschiedenen Abgrenzungskriterien jeweils unterschiedliche (räumliche) Mobilitätsvorgänge (Mackensen et al. 1975: 9).

Es bietet sich an, die verschiedenen Formen räumlicher Mobilität ebenfalls in zwei große Gruppen zu untergliedern, je nachdem, ob damit ein Wohnsitzwechsel verbunden ist oder nicht, und im ersten Fall von *"Wanderung"* (Migration), im zweiten von *"Zirkulation"* (zirkuläre Mobilität) zu sprechen. Die zuletzt genannte Gruppe beinhaltet im wesentlichen Bewegungsabläufe zwischen Wohnung und Arbeits- oder Ausbildungsstätte (Pendelverkehr), versorgungsorientierte Raumbewegungen sowie solche in Zusammenhang mit Freizeit- oder Urlaubsaktivitäten (vgl. dazu ausführlich Bähr et al. 1992: 817 ff.), wobei häufig Bewegungen, die unterschiedlichen Zwecken dienen, miteinander verknüpft werden (Kopplung). Eine strenge Trennung zwischen Wanderung und Zirkulation ist allerdings nicht möglich. Als Übergangsformen sind saisonale oder gar noch längerfristige Bewegungen anzusehen, wie sie etwa von Hirten oder Händlern durchgeführt werden. Ebenso können "Pilgerwanderungen", die sich manchmal über Monate oder gar Jahre hinziehen, in diese Gruppe fallen.

Auch wenn man sich auf eine *Wanderungsdefinition* im oben skizzierten Sinn festlegt und darunter mit Albrecht (1972: 23) "die Ausführung einer räumlichen Bewegung, die einen vorübergehenden oder permanenten Wechsel des Wohnsitzes bedingt", versteht, bleiben noch zahlreiche Fragen offen. Insbesondere besteht keine Einigkeit darüber, ob jeder Wohnsitzwechsel unabhängig von der dabei zurückgelegten Distanz oder vom Überschreiten einer administrativen Grenze als Wanderung zu bezeichnen ist. Üblicherweise werden in der amtlichen Wanderungsstatistik Wohnsitzverlagerungen innerhalb der kleinsten administrativen Bezugseinheiten nicht erfasst und nur gelegentlich als "Umzüge" getrennt ausgewiesen.

Das Überschreiten der Gemeindegrenze stellt ein recht willkürliches und häufig wenig befriedigendes Abgrenzungskriterium dar, denn dadurch können ganz ähnlich strukturierte und motivierte Wohnsitzverlagerungen, wie z. B. Umzüge aus der Innenstadt an die Peripherie diesseits oder jenseits der administrativen Stadtgrenze, in einem Fall zu den Wanderungen gerechnet werden, während sie im anderen Fall von vornherein ausgeklammert bleiben. Ebenso führen kommunale Neugliederungen zu Verzerrungen; so ist z. B. der Rückgang der Wanderungen zwischen den Gemeinden der Bundesrepublik Deutschland von 3,66 Mio. im Jahre 1970 auf 2,53 Mio. im Jahre 1984 größtenteils auf Gebietsreformen zurückzuführen.

Art und Umfang räumlicher Bevölkerungsbewegungen haben sich im Laufe der Menschheitsgeschichte erheblich gewandelt. Diese Wandlungen sind jedoch nicht in allen Teilen der Erde in gleicher Weise und mit gleicher Intensität abgelaufen, sodass man bis heute ausgeprägte Unterschiede zwischen den einzelnen Ländern und Großräumen feststellen kann. So lassen sich die Erscheinungsformen räumlicher Mobilität, wie sie gegenwärtig in den Industriestaaten Europas und Nordamerikas zu beobachten sind, nicht mit denjenigen in den Entwicklungsländern und auch nicht mit jenen vergangener Zeiträume vergleichen. Ausgehend von den Veränderungen, die sich in den hoch entwickelten Staaten in Zusammenhang mit dem Industrialisierungs- und Modernisierungsprozess vollzogen haben, formulierte Zelinsky (1971) in Analogie zum Modell des demographischen Übergangs die *Hypothese der Mobilitätstransformation*. Der Grundgedanke seiner empirisch-induktiven Theorie besagt, dass mit unterschiedlichem sozio-ökonomischen Entwicklungsstand auch ein unterschiedliches Mobilitätsverhalten einhergeht. Die von ihm herausgearbeiteten vier bzw. mit Blick in die Zukunft fünf Phasen der *mobility transition* und ihre Beziehung zur *vital transition* lassen sich wie folgt charakterisieren (Abb. 20):

1. In vorindustriellen, traditionellen Gesellschaften (*premodern traditional society*) spielen alle Formen räumlicher Mobilität nur eine verhältnismäßig geringe Rolle. Wenn man von den Migrationen ganzer Völker oder Stämme einmal absieht, so ist der Bewegungsradius der Menschen sehr klein. Gleichzeitig bleibt die absolute Bevölkerungszahl, bedingt durch eine hohe Mortalität bei ebenfalls hoher Fertilität, recht stabil;
2. Als Folge der Scherenöffnung zwischen Geburten- und Sterbeziffern und des dadurch ausgelösten Bevölkerungsdrucks gewinnen die Migrationen in der frühen Transformationsphase (*early transitional society*) erheblich an Bedeutung. Durch Auswanderungen werden die letzten noch nicht oder nur dünn besiedelten Regionen der Erde erschlossen; gleichzeitig setzt eine massive Land-Stadt-Wanderung ein, und die Binnenkolonisation wird ebenfalls vorangetrieben;
3. Mit dem allmählichen Abklingen des schnellen natürlichen Bevölkerungswachstums geht eine Veränderung des bisherigen Mobilitätsverhaltens einher. Die für die frühe Übergangsphase charakteristischen Wanderungsvorgänge dauern zwar auch in der späten Transformationsphase (*late transitional society*) noch an, umfangmäßig nehmen sie jedoch ab, und andere Formen räumlicher Mobilität, wie Wanderungen zwischen oder innerhalb von Städten und zirkuläre Bewegungen, treten erstmals stärker in Erscheinung;

4. Die modernen Gesellschaften (*advanced society*), in denen der demographische Transformationsprozess zum Abschluss gekommen ist, sind gleichzeitig hochmobile Gesellschaften, d. h., die räumliche Mobilität erreicht ein vorher nicht gekanntes Maß. Hingegen haben sich die vorherrschenden Typen der Raumbewegungen im Vergleich zu früher erneut verändert. Bestimmend sind nun nicht mehr Auswanderungen nach Übersee (mit Ausnahme einer kleinen Zahl von Experten) und Land-Stadt gerichtete Migrationen; an ihre Stelle sind Zuwanderungen ungelernter ausländischer Arbeitskräfte und Wanderungen zwischen verschiedenen Städten sowie innerstädtische Umzüge getreten. Parallel dazu dehnen sich die Pendlereinzugsbereiche der großen Ballungsräume immer weiter aus, d. h., Wanderungen werden z. T. durch Pendelfahrten ersetzt. Mit wachsendem Wohlstand gewinnen zusätzlich alle freizeitorientierten Mobilitätsformen an Bedeutung;
5. Erst in der zukünftigen nachindustriellen Gesellschaft (*superadvanced society*) ist eine Abschwächung einzelner Formen der räumlichen Mobilität zu erwarten. Eine Verbesserung der Kommunikationssysteme wird einen Teil der heutigen Raumbewegungen überflüssig machen und zu einer Reduzierung der Wanderungen und des Pendelverkehrs führen. Hingegen dürften freizeitorientierte Mobilitätsformen auch weiterhin zunehmen. Rückläufige Bevölkerungszahlen werden möglicherweise durch verstärkte Zuwanderung von Gastarbeitern ausgeglichen.

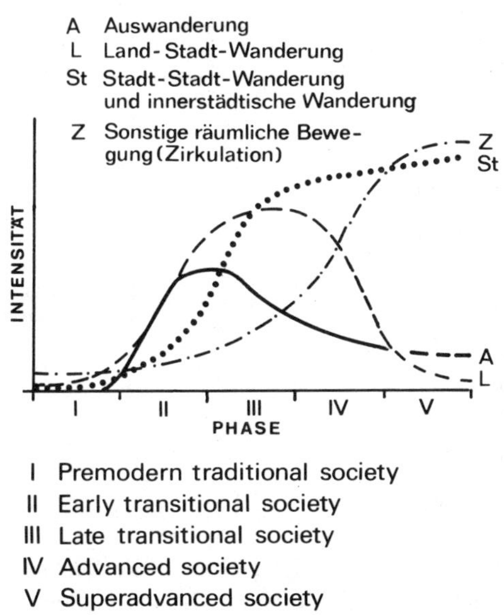

Abb. 20: Schematische Darstellung der Mobilitätstransformation

(Quelle: Zelinsky 1971, verändert)

Ähnlich wie für das Modell des demographischen Übergangs gilt auch für die Theorie Zelinskys, dass sie weit stärker eine Beschreibung und Systematisierung historischer Vorgänge bietet, als dass sie abgelaufene Veränderungen erklärt. So ist insbesondere ihre Übertragbarkeit auf Länder der Dritten Welt nur mit Einschränkungen möglich, wie Skeldon (1990) ausführlich diskutiert hat.

Zur *Erklärung von Wanderungen* und anderen Formen räumlicher Mobilität auf einer mittleren Maßstabsebene dominierten lange Zeit deterministische, auf der Aggregatsebene argumentierende Modelle, die erst seit den 60er-Jahren mehr und mehr von verhaltens- und handlungstheoretischen, auf die Individualebene bezogenen Konzepten abgelöst wurden. In jüngster Zeit gehen die Anstrengungen dahin, beide Ansätze zusammenzuführen (Abb. 21; vgl. dazu auch den auf die Bundesrepublik Deutschland bezogenen Forschungsbericht von Kemper 1991).

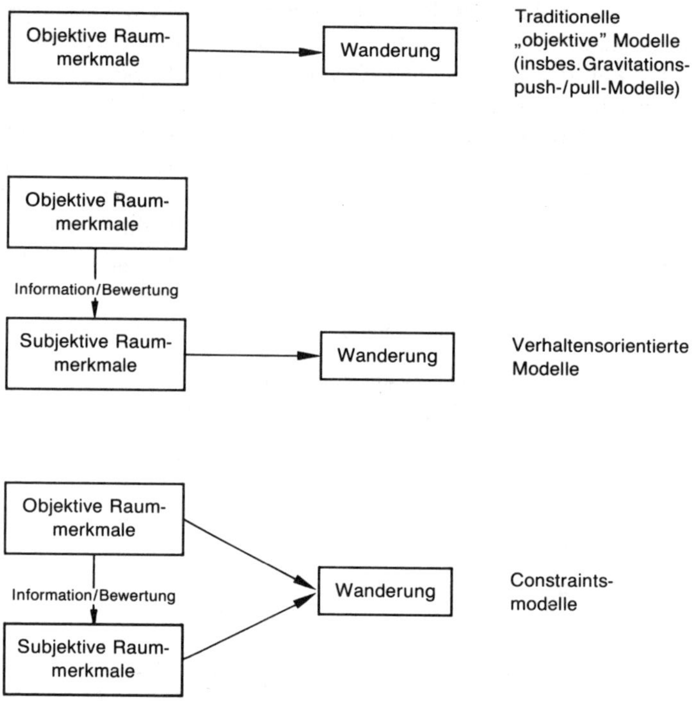

Abb. 21: Typen von Mobilitätsmodellen

(Quelle: Desbarats 1983, verändert)

Als Beispiel für deterministische Modelle können die Distanz- und Gravitationsmodelle gelten. Diese stellen die Beziehungen zwischen Distanz und bestimmten Mobilitätsformen in den Mittelpunkt. Zur mathematischen Beschreibung von *Mobilitätsfeldern* (z. B. Wanderungs- und Pendelverflechtungen) hat sich die Pareto-Funktion

$$y = ax^{-b}$$

y= Mobilitätsintensität
x= Distanz (metrische, zeitliche, soziale etc.)

als besonders geeignet erwiesen (Kant 1946; Saviranta 1970). Beispiele für die Abhängigkeit der Pendelintensität von der Entfernung zum Zielort gibt Abb. 22.

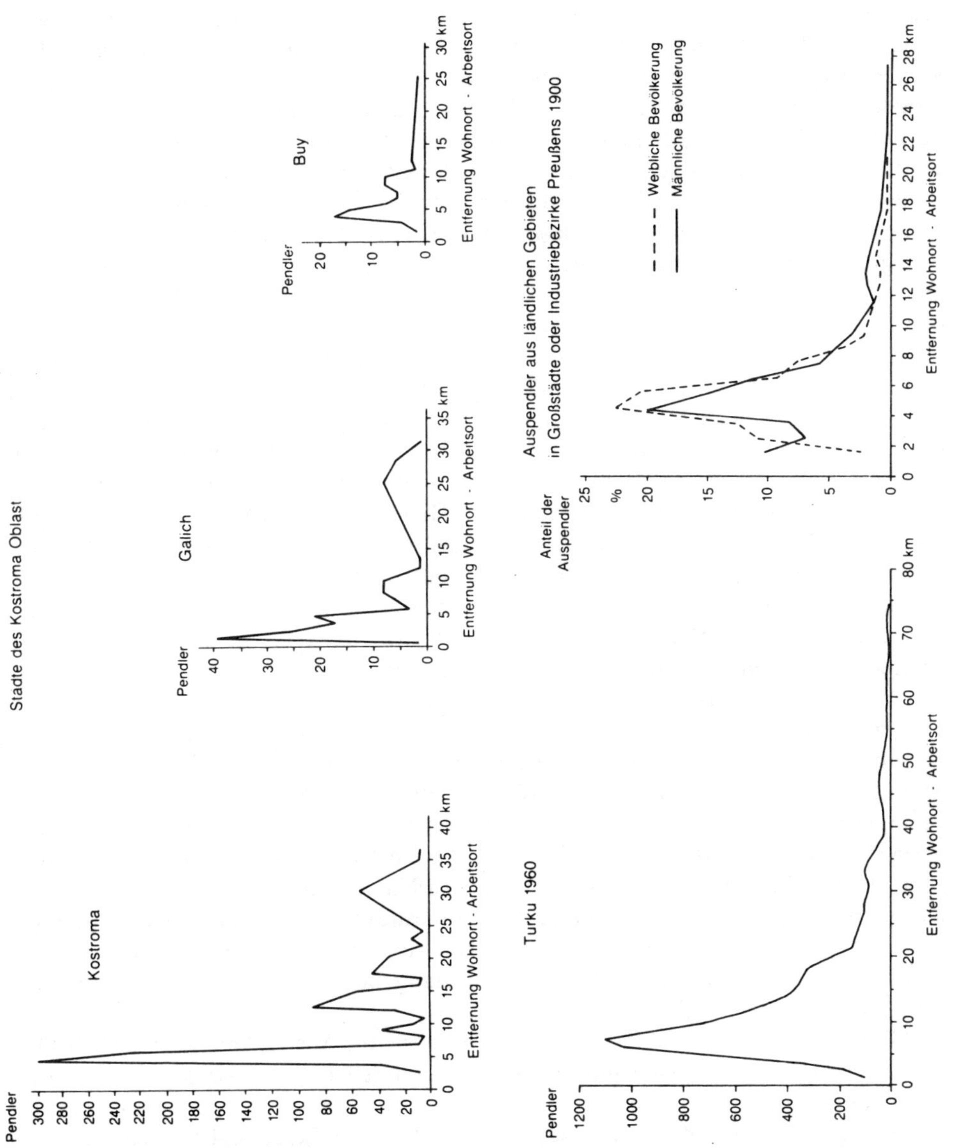

Abb. 22: Beispiele für die Pendelintensität in Abhängigkeit von der Distanz zum Zielort

(Quelle: Saviranta 1970; Böhm 1979; Khorev, Likhoded 1983)

Die Bestimmung des Distanzexponenten b und der Konstanten a erfolgt dabei mithilfe der linearen Einfachregression, in die die Mobilitätsraten als abhängige und die Entfernung als unabhängige (erklärende) Variable eingehen.
Gegenüber komplizierteren Modellen liegt der Vorteil dieses Ansatzes darin, dass der Exponent b einer einfachen Interpretation zugänglich ist und ein Maß für den Barriere-Effekt der Distanz darstellt. Mithilfe der Pareto-Funktion lassen sich daher ohne größeren Aufwand zeitliche Entwicklung und räumliche Unterschiede von Migrations- oder Pendelfeldern verfolgen und die Distanzparameter für verschiedene Bevölkerungsgruppen einander gegenüberstellen (Helvig 1990).
Eine Erweiterung dieses Ansatzes stellt das *Gravitationsmodell* dar. Von der Annahme eines Minimalkostenprinzips und bestimmten Randbedingungen ausgehend, wird die Hypothese aufgestellt, dass sich jede Art von Interaktionen zwischen zwei Orten oder Gebieten durch eine demographische Abwandlung des Newtonschen Gravitationsgesetzes beschreiben lässt. Stewart (1948) spricht deshalb auch von *social gravitation*. Prinzipiell ist dieser Ansatz auf alle Formen räumlicher Mobilität anwendbar; insbesondere ist er zur Analyse von Wanderungs- und Pendelverflechtungen herangezogen worden (Schweitzer, Müller 1979; Lynch 1971).

Allerdings können die bei hoch aggregierten Daten oft recht hohen Bestimmtheitsmaße – z. B. B=0,76 bei Wanderungen zwischen den Raumordnungsregionen der BRD (Birg et al. 1993: 86) – nicht darüber hinwegtäuschen, dass die in das Modell eingehenden Variablen noch theoretisch ausgefüllt bzw. untermauert werden müssen, wenn das Gravitationskonzept einen wirklichen Erklärungsbeitrag liefern soll. Denn es ist unmittelbar einsichtig, dass Distanz und Einwohnerzahlen allenfalls indirekt wirksam sind und damit nur als Indikatoren für bestimmte mobilitätshemmende oder -fördernde Faktoren aufgefasst werden können.

Diese Überlegung führt unmittelbar zu den sog. *push-pull-Modellen*, d. h., Mobilität wird durch abstoßene Kräfte der Herkunftsregion und anziehende Kräfte der Zielregion determiniert. Vor allem in der Wanderungsforschung haben derartige Erweiterungen des Gravitationsmodells vielfache Anwendung gefunden, wobei vorwiegend wirtschaftliche Faktoren (z. B. Einkommensunterschiede, Angebot und Nachfrage nach Arbeitskräften) in das Modell eingehen (Bähr et al. 1992: 581 ff.). Man spricht auch von *cost-benefit models*, weil mögliche Kosten und erwarteter Nutzen einer Wanderung miteinander verglichen werden und der Wohnstandort nur dann verlagert wird, wenn der Nutzen größer als die Kosten ist (Nutzenmaximierungskonzept). In der Regel werden sich die erwarteten Nutzeffekte erst längerfristig einstellen. Wanderungen können deshalb auch als Investitionen in Humankapital angesehen werden (*human capital models*). Auf der Theorieebene wird dabei in der Regel mikroökonomisch argumentiert, in der Anwendung überwiegen dagegen gesamtwirtschaftliche Ansätze (Siebert 1995).

Als Beispiel kann ein von Genosko (1995) auf die Wanderungen zwischen Ost- und Westdeutschland angewandtes Regressionmodell dienen. Als Erklärungsvariablen werden (um einen Monat verzögerte) Arbeitslosenquoten und Einkommensniveaus berücksichtigt. Zwar sind beide Parameter signifikant und weisen auch das richtige Vorzeichen auf, das sehr geringe Bestimmtheitsmaß lässt jedoch den Schluss zu, dass weitere Determinanten einen Einfluss auf die Wanderungsentscheidung haben (vgl. dazu auch die übrigen Beiträge in Gans, Kemper 1995).

Eine Fortentwicklung einfacher Regressionsansätze stellt die Erarbeitung eines dynamischen Modells durch Weidlich und Haag (1988) dar. Die Master-Gleichung dieses Modells stammt ursprünglich aus der Physik und fand dort bei der Analyse der Bewegung von Teilchen Verwendung. Bei der Übertragung auf interregionale Wanderungen wurden die raum-zeitlich variierende Größen des Grundmodells zu Faktoren der sozio-ökonomischen Entwickung in Beziehung gesetzt und an den Wanderungen zwischen den Ländern der Bundesrepublik empirisch geprüft.

Bezug nehmend auf Außenwanderungen, haben Heller und Bürkner (1995) vorwiegend wirtschaftlich argumentierenden und bilateral ausgerichteten push-pull-Konzepten global orientierte theoretische Ansätze gegenübergestellt, wobei vor allem den sich verstärkenden Globalisierungs- und Internationalisierungstendenzen Rechnung getragen wird. Dazu zählen der Weltgesellschaftsansatz, der Weltsystemansatz, der Ansatz "Neue Internationale Arbeitsteilung" und auch der Ansatz "Migrantennetzwerke" (vgl. auch Massey et al. 1993; Bähr 1995; Hoffmann-Nowotny 1995).

Im Gegensatz zu deterministischen, vorwiegend mit ökonomischen Größen arbeitenden Modellen heben *verhaltenstheoretische Konzepte* auf den Entscheidungsprozess selbst ab und greifen dazu Ergebnisse der Wahrnehmungs- und Lernpsychologie auf. Dabei steht das Bemühen im Vordergrund, den Menschen nicht so sehr als streng rational handelndes Wesen zu begreifen, sondern sein Verhalten durch Berücksichtigung von Größen, wie Risiko, Unsicherheit oder unvollständige Information, zu erklären (Wolpert 1965). Wesentliche Impulse zu einer solchen veränderten Betrachtungsweise sind vor allem vom Studium kleinräumiger und insbesondere innerstädtischer Wanderungsprozesse ausgegangen, hatte es sich doch gezeigt, dass gerade auf dieser Maßstabsebene die bisherigen Konzepte weitgehend versagt haben.
In der verhaltenstheoretischen Argumentation spielt der Begriff des *Aktionsraumes* (oder Aktionsfeldes) eine zentrale Rolle; zugleich werden dadurch Wanderungen in Zusammenhang mit den gesamten menschlichen Bewegungen im Raum gesehen. Unter Aktionsraum (*activity space*) versteht man "die Lokalisation aller 'funktionierenden Stätten', die der Mensch zur Ausübung seiner Grundfunktionen aufsucht" (Dürr 1972: 74). Er umfasst somit alle sich wiederholenden und für eine Lebensphase typischen Tätigkeiten einer Person in ihrer zeiträumlichen Verortung (Klingbeil 1978: 117). Roseman (1971) spricht in diesem Zusammenhang von *weekly movement cycle*, der für eine Person oder einen Haushalt alle üblicherweise im Laufe einer Woche vorgenommenen reziproken Bewegungen umfasst, während er Wege zu weniger gewohnten Zielen nicht berücksichtigt. Dabei tritt die häusliche Wohnung als "Gravitationszentrum" auf; Arbeitsstätte, Schule oder Einkaufszentrum bilden die einzelnen Knoten (Abb. 24).

Ein Schwerpunkt der aktionsräumlichen Forschung beschäftigt sich mit der Umsetzung von Handlungszielen im zeiträumlichen Tätigkeitsmuster, wobei besonderes Gewicht auf die Transformation von objektiven Raumstrukturen zu subjektiven Landkarten (*mental maps*) gelegt wird. Die empirische Analyse von Aktionsräumen ist recht aufwändig, setzt sie doch umfangreiche Stichprobenerhebungen oder gar Tagebuchauswertungen voraus.

In jüngerer Zeit ist die Frage nach spezifischen Aktionsräumen im Lebensverlauf stärker in den Blickpunkt gerückt (Friedrichs 1990, 1990a). In Anwendung auf die Gruppe der alten Menschen haben Friedrich (1994b, 1995) und Jürgens (1993) dafür

Beispiele gegeben. Abb. 23 macht deutlich, dass Aktionsräume nicht nur von der Stellung im Lebenszyklus abhängen, sondern auch ausgeprägte kulturraumspezifische Unterschiede auftreten.

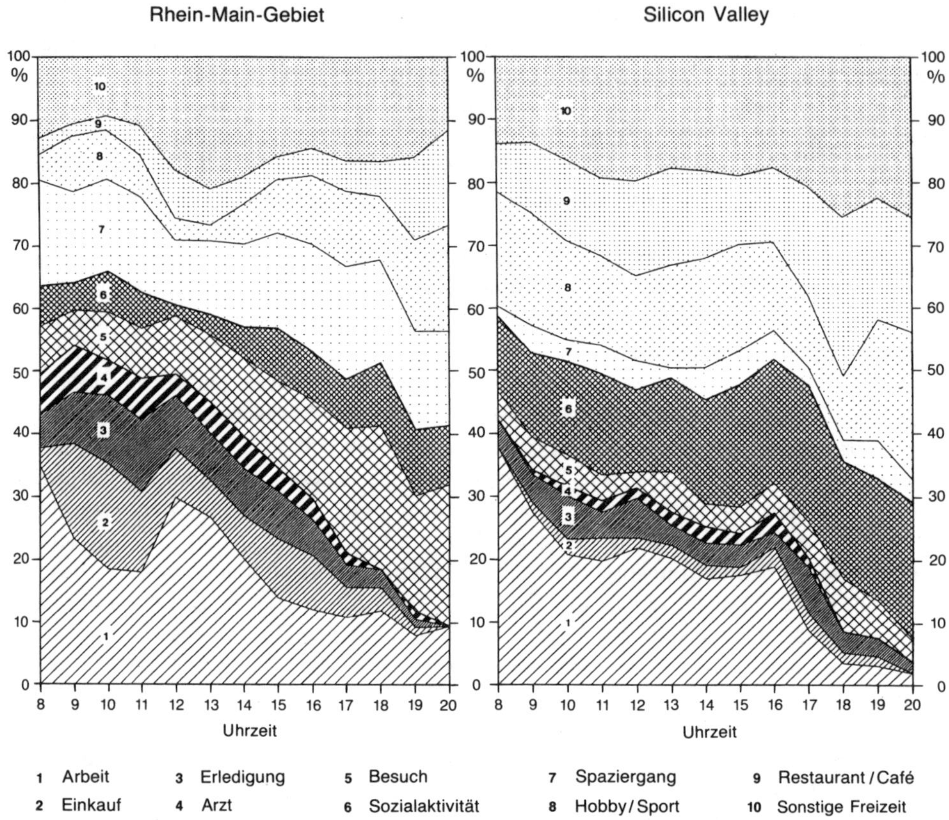

Abb. 23: Werktägliche Aktionsprofile älterer Menschen (≥ 60 Jahre) im Rhein-Main-Gebiet und im Silicon Valley

(Quelle: Friedrich 1994b)

Konkretisiert man das Handlungsziel als "Verbesserung der Standortfaktoren des gegenwärtigen Aktionsfeldes", so lässt sich daraus ein "*Allgemeines Entscheidungsmodell von Wanderungen*" ableiten (Abb. 24). Danach wird jede Wanderungsentscheidung von individuellen Verhaltensweisen gesteuert. Wie diese Entscheidung ausfällt, ist nicht nur vom Anspruchsniveau abhängig, sondern auch von der Art und Weise der Informationsbeschaffung und -verarbeitung über alternative Möglichkeiten zur Erfüllung dieser Ansprüche. Im Mittelpunkt dieses Konzeptes steht daher in besonderem Maße das Such-, Wahrnehmungs- und Bewertungsverhalten der einzelnen Entscheidungsträger im Vorfeld der Wanderung. Dabei wird sich die Wahrnehmung und Bewertung bestimmter Standorteigenschaften im Verlauf des Lebenszyklus mehrfach ändern, was vor allem im Großstadtbereich zu regelhaften Wanderungsmustern (Abb. 25) und damit verknüpften altersstrukturellen Unterschieden (Abb. 11) führt.

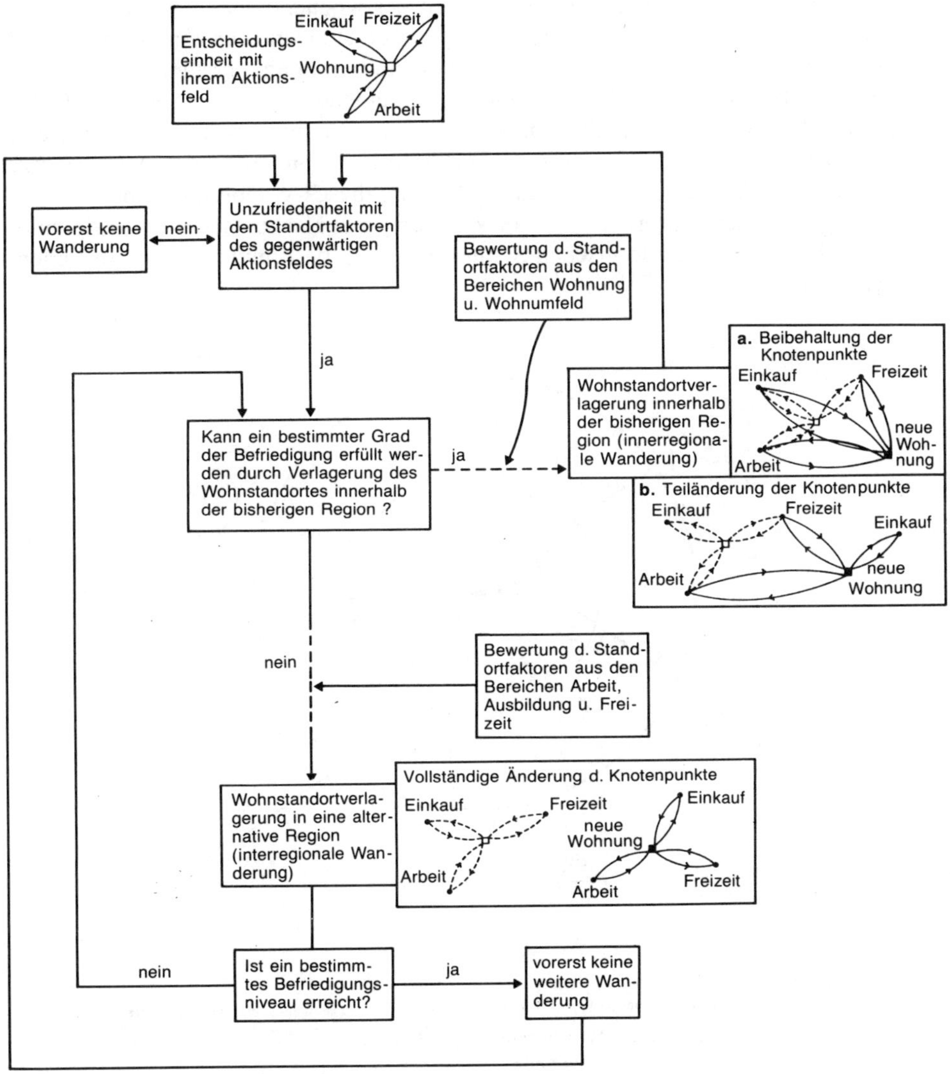

Abb. 24: Allgemeines Entscheidungsmodell von Wanderungen

(Quelle: Roseman 1971; Gatzweiler 1975; Nipper 1975)

Von dem in Abb. 24 dargestellten Schema ausgehend, sind zwei Formen von Wanderungen denkbar:

1. Wanderungen, die mit einer vollständigen räumlichen Änderung des wöchentlichen reziproken Bewegungsmusters verbunden sind (Wanderungen mit völliger Ortsveränderung; interregionale Wanderungen);
2. Wanderungen, bei denen sich nur ein Teil der wöchentlichen reziproken Bewegungen verändert (Wanderungen mit teilweiser Ortsveränderung; innerregionale Wanderungen).Diese Einteilung kann zu einem vertieften Verständnis für die mit einer Verlagerung des Wohnstandortes verbundenen Entscheidungsabläufe beitragen. Ein Wohnungswechsel innerhalb des bisherigen wöchentlichen Bewegungszyklus wird normalerweise nicht mit einer Veränderung des Arbeitsplatzes einhergehen. Schlüsselvariablen zur Erklärung dieses Wanderungstyps sind vielmehr gewandelte Anforderungen an Wohnung und Nachbarschaft, wie sie einem bestimmten sozio-ökonomischen Status bzw. einer bestimmten Phase im Lebenszyklus entsprechen.

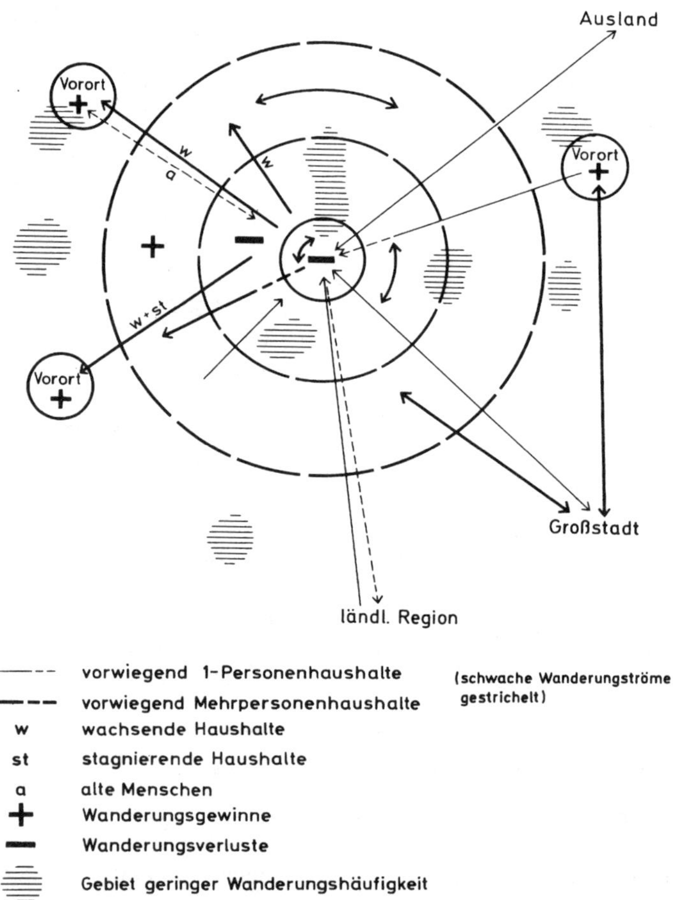

Abb. 25: Schema typischer Wanderungsvorgänge im Großstadtbereich

(Quelle: Kuls 1980, verändert)

Im Gegensatz dazu ist mit Verlagerungen des Wohnstandortes, bei denen sich der bisherige wöchentliche Bewegungszyklus vollständig ändert, gewöhnlich ein Wechsel des Arbeitsplatzes verbunden. Deshalb werden in diesem Fall überwiegend arbeitsplatzbezogene Faktoren für den Wanderungsentschluss ausschlaggebend sein. Als sekundäre Erklärungsvariable kann die "Attraktivität" einer Region im kulturellen und sozialen Bereich bzw. hinsichtlich ihrer Klimagunst oder ihres Freizeitwertes hinzutreten. Bei der Wanderung älterer Menschen können diese Gründe sogar dominant werden. Daneben dürfte indirekt auch die räumliche Distanz zwischen altem und neuem Wohnstandort eine Rolle spielen, nicht nur, weil die Transportkosten und damit zusammenhängende Aufwendungen mit wachsender Entfernung steigen, sondern auch, weil gleichzeitig die Möglichkeiten abnehmen, bisherige Bindungen zu Freunden oder Familienangehörigen aufrechtzuerhalten.

So sehr verhaltenstheoretische Ansätze zur Erklärung räumlicher Mobilität zum vertieften Verständnis der damit verbundenen Entscheidungsabläufe auch sein mögen, so schwierig gestaltet sich eine empirische Ermittlung der diskutierten Einflussgrößen (Tzschaschel 1986: 55 ff; Weichart 1987: 70 ff.). Wenn überhaupt, kann das nur mithilfe von Befragungen auf Stichprobenbasis erfolgen. Beispiele dafür sind die Analyse der Wohnmobilität in Ost- und Westdeutschland mittels Logit-Modellen (Grundlage: Repräsentativbefragung der Bundesforschungsanstalt für Landeskunde und Raumordnung) durch Kemper (1995) sowie die Untersuchung der Migration von Ost- nach Westdeutschland mithilfe eines sequenziellen Probitmodells (Grundlage: Sozio-Oekonomisches Panel) durch Büchel und Schwarze (1994).

Kritik an derartigen Modellen ist jedoch nicht nur aus methodischen Gründen geübt worden. Auch ihr Grundaxiom, eine vollständige oder doch sehr weitgehende Wahlfreiheit, ist in jüngster Zeit vermehrt in Frage gestellt worden (Wirth 1981; Heller, Bürkner 1995). Die Migrationsforschung hat an vielen Beispielen nachgewiesen, dass das Verhalten des einzelnen in nicht unerheblichem Maße von den gesellschaftlichen Rahmenbedingungen beeinflusst wird. Das gilt sicher stärker für historische Wanderungsformen, die zu wesentlichen Teilen Zwangswanderungen oder doch stark reglementierte Wanderungen waren (z. B. Sklaven- und Kuliwanderung; Abb. 26). Aber auch in der Gegenwart werden Wanderungen vielfach von äußeren Zwängen bestimmt; man denke nur an die Flüchtlingsströme unserer Tage (Wood 1994). Selbst innerstädtische Migrationen sind in der Regel nicht frei von äußeren Einflussgrößen, wie der Struktur des jeweiligen Wohnungsmarktes (Kreibich 1979; Ipsen 1981; Gans 1984). Das aber heißt, so Weichart (1993: 109), Wanderungen – wie menschliche Handlungen überhaupt – können nur im Kontext des umgebenden sozialen Systems interpretiert werden. Im Vergleich zu "Verhalten" wird "Handlung" in einem solchen *"handlungszentrierten Konzept"* als zielgerichtete menschliche Tätigkeit begriffen, bei deren Konstitution "sowohl sozialkulturelle, subjektive wie auch physisch-materielle Komponenten bedeutsam sind". Dabei ist zwischen verfügbaren und nicht verfügbaren Mitteln zur Zielerreichung zu unterscheiden. Letztere werden als "Zwänge" erfahren, die sogar Ziele "vernichten" können (Werlen 1995: 520). Meist wirken die Zwänge jedoch dahingehend, dass der Handlungsspielraum eingeschränkt ist (zur Anwendung auf die Wanderungsforschung vgl. Rolfes 1996).

Modelle, die diesem Gesichtspunkt Rechnung tragen, werden hier als *"constraints-Modelle"* bezeichnet (Abb. 21). Sie unterscheiden sich von "reinen" entscheidungs-theoretischen Konzepten dadurch, dass sowohl "objektive" als auch "subjektive" Merkmale sowie deren wechselseitige Verflechtungen einbezogen werden. Dabei bilden die objektiven Merkmale zum einen den Hintergrund für den Wahrnehmungs- und Bewertungsprozess der Entscheidungseinheit, zum anderen wirken sie als *constraints* direkt auf das Wanderungsgeschehen ein.

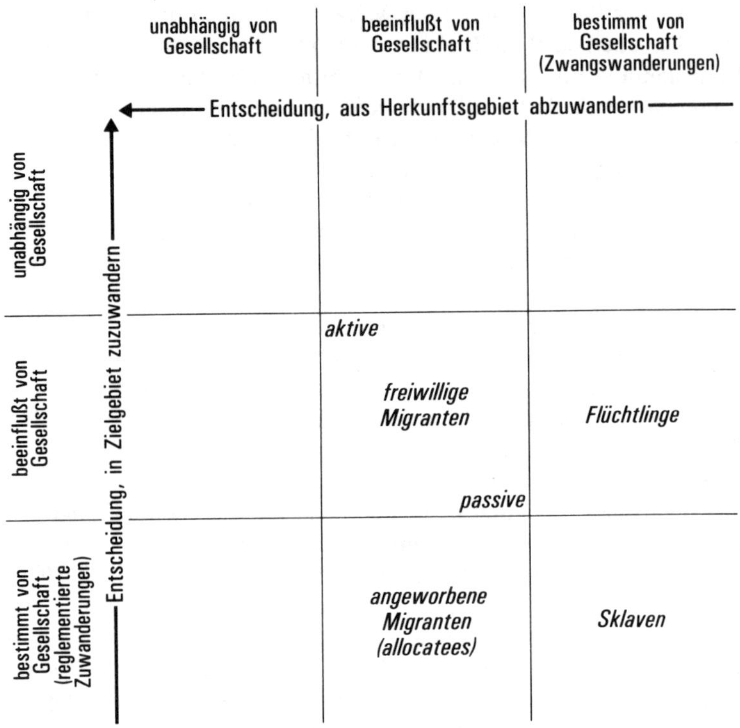

Abb. 26: Typologie internationaler Wanderungen

(Quelle: Bähr 1995)

Es ist allerdings nicht einfach, auch methodisch die Konsequenz aus der damit vollzogenen Verknüpfung struktur- und individualtheoretischer Modellentwürfe zu ziehen. Im Hinblick auf Wanderungsanalysen hat Desbarats (1983) vorgeschlagen, Individualdaten nach *constraints*-Typen zu aggregieren. Dies ist jedoch vor allem deshalb schwer umsetzbar, weil dazu aufwändige Erhebungen erforderlich sind. Ähnliches gilt für die von Cadwallader (1989) gewählte Verknüpfung der beiden Ebenen, indem mit zwei Variablensätzen (Daten der amtlichen Statistik und Befragungsergebnisse zu den gleichen Sachverhalten) gearbeitet und daraus ein Modell aufgebaut wird, das sowohl objektive wie subjektive Variablen enthält. Die auf Lebensverlaufsdaten beruhende Migrationsanalyse von Wagner (1989) bemüht sich ebenfalls um eine Verbindung von Mikro- und Makroebene. Der Schwerpunkt liegt dabei auf einer retrospektiven Erfassung von "Familien- und Wohngeschichten" unter Berücksichtigung sozialstruktureller Bedingungen mittels repräsentativer Befragung dreier Geburtenkohorten. In ähnlicher Weise dienen biographische Erhebungen auch Birg et al. (1993) zur Vertiefung makroanalytischer Befunde.

Allein aus Datengründen wird man meist den umgekehrten Weg gehen müssen, d. h., die auf der Makroebene unter Verwendung der amtlichen Wanderungsstatistik festgestellten Beziehungen als deduktive Konsequenzen von Beziehungen auf der Mikroebene zu formulieren. Ansatzpunkte dafür bilden zum einen *gruppenspezifische Wanderungsmodelle* (insbesondere Lebenszyklusgruppen), weil man dabei annehmen kann, dass Präferenzen und – wenigstens teilweise – äußere Zwänge in ähnlicher Weise wirksam sind (Gatzweiler 1975), zum anderen *probabilistische Modelle*, weil man dabei explizit berücksichtigen kann, dass sich das Verhalten einzelner Personen in Entscheidungssituationen nicht völlig rational erfassen läßt (Gans 1983; O'Loughlin, Glebe 1984 sowie die jüngst vorgelegte Übersicht des Forschungsstandes von Courgeau 1995). Eine Weiterentwicklung dieser Modelltypen könnte dazu beitragen, verhaltenstheoretische Konzepte in formalisierte Strukturen zu überführen und so den Gegensatz zwischen mikro- und makroanalytischen Forschungsansätzen zu überwinden.

21

Wanderungen: Formen und Vorkommen

Jürgen H.P. Hoffmeyer-Zlotnik

Einleitung

Wanderungen sind Bewegungen von Menschen im engeren oder weiteren geographischen Raum (Beijer 1969: 1261). Dieses kann man unter zwei Gesichtspunkten betrachten: unter dem Gesichtspunkt des Individuums und unter dem Gesichtspunkt der Gesellschaft. Mit Blick auf das Individuum bedeutet Wanderung die Bewegung von einer definierten Einheit eines räumlichen Systems zu einer anderen definierten Einheit desselben Systems (Franz 1984: 24; Mackensen et al. 1975: 8), z. B. der Umzug von einer Einheit A zu einer Einheit B. Einheit kann hierbei für Stadtteil, Ort, Gemeinde, Bezirk, Land, Staat und andere definierte Raumeinheiten stehen. Bewegen sich viele Individuen von einer Einheit A zu einer Einheit B, so ist für den Soziologen vor allem die Betrachtung des Aggregats der individuellen Wanderungen von Interesse, denn mit Blick auf die Gesellschaft erhält räumliche Mobilität besonderes Gewicht, wenn viele Individuen sich an einem Wanderungsprozess von einer Einheit A zu einer Einheit B beteiligen. Solche räumlichen Bevölkerungsbewegungen bedeuten immer auch sozialen Wandel, unabhängig davon, welches die die Wanderungen dieser Gruppen auslösenden Gründe sein mögen. Wanderung stellt allerdings nicht nur einen Positionswechsel im physischen, sondern auch im sozialen Raum dar (Bacon 1971: 132). Hierbei stellt sich die Frage nach dem Zusammenhang zwischen geographischer Mobilität, vertikaler Mobilität und horizontaler Mobilität.

Eine Analyse von Wanderungsprozessen wird push- und pull-Faktoren in der bzw. den betroffenen Gesellschaft(en) identifizieren, die damit verbundene oder erwartete soziale Mobilität herausheben und sozialen Wandel belegen. Eine Umverteilung von Bevölkerungsgruppen im Raum ist nicht isoliert zu betrachten, sondern bewirkt immer auch Veränderungen im gesellschaftlichen Gefüge und Veränderungen in der räumlichen Struktur und der Ausstattung des Raumes. Am einfachsten lässt sich dieses nachvollziehen im Bereich der Außenwanderungen, der grenzüberschreitenden Wanderungen. Außenwanderungen setzen in der Regel, soweit diese nicht mit politischer und/oder militärischer Vertreibung einhergehen, heute ein wirtschaftliches Gefälle voraus. Handelt es sich um eine freiwillige Wanderung, so beabsichtigt der Wanderer im Zielland seine Arbeitskraft oder seine erlernten Fertigkeiten einzusetzen, um damit seine wirtschaftliche und, in Folge davon, seine soziale Position zu verbessern. Handelt es sich um eine erzwungene Wanderung, so wird der Wanderer entweder gegen seinen Willen als Arbeitskraft missbraucht, die wirtschaftliche Situation derer, die die Arbeitskräfte einsetzen, zu verbessern, oder er wird als Flüchtling vom lokalen-, regionalen-, nationalen Arbeitsmarkt ausgeschlossen. Betrachtet man Wanderungen historisch, so setzen diese Wanderungen sowohl ein wirtschaftliches Gefälle als auch ein Machtgefälle voraus: Man wanderte, wenn es durch eine anhaltende Rezession die wirtschaftliche Situation erforderte und man konnte die neuen Siedlungs- oder Wirtschaftsräume behaupten, wenn man militärisch oder politisch die Macht dazu hatte.

Aber auch im Bereich der Binnenwanderung sind Wanderungsprozesse über große Distanzen oft ökonomisch bedingt. Wanderungsprozesse, wie die mit der beginnenden Industrialisierung einsetzende Land-Stadt-Wanderung, unterscheiden sich hinsichtlich der push-pull-Faktoren nur unwesentlich von grenzüberschreitender Auswanderung oder Arbeitsmigration. Auch heute setzen, auf die Bundesrepublik Deutschland bezogen, das mit dem Niedergang der alten und dem Aufstieg der neuen Industrien verbundene Süd-Nord-Gefälle und das durch die unterschiedliche Entwicklung in den beiden deutschen Nachkriegsstaaten entstandene und durch die Vereinigung zum tragen gekommene West-Ost-Gefälle, entsprechende Wanderungsmotive voraus, wie die der grenzüberschreitenden Arbeitsmigration oder der europäischen oder asiatischen Auswanderungswellen z. B. nach Nordamerika.

Wanderungen im lokalen Raum sind dagegen häufig mit sozialem Wandel (z. B. die Stadt-Umland-Wanderung) oder mit dem Interesse der Wandernden, durch den Wohnortwechsel einen Statuswechsel zu dokumentieren (Prozesse der sozialräumlichen Differenzierung innerhalb eines Siedlungsraumes), verbunden.

In manchen Fällen scheint eine sinnvolle Unterscheidung zwischen Außen- und Binnenmigration nicht sinnvoll, nämlich dann, wenn Völker, wie z. B. in Afrika, durch die aktuellen politischen Grenzen über mehrere Nationalstaaten verstreut leben und sich bei ihren Wanderungen innerhalb des Stammesgebietes wenig um moderne Staatsgrenzen sorgen. In anderen Fällen, wie z. B. im ehemaligen Jugoslawien, waren dort Wanderungen nur schwer als Außen- oder Binnenwanderungen zu klassifizieren, wo nach dem Grundsatz gehandelt wurde, lieber im eigenen ethnischen Siedlungsbereich zur Mehrheit als im ethnisch fremden Siedlungsbereich zur Minderheit zu gehören. In Ex-Jugoslawien folgten auf das Abtreten des starken und integrativen Präsidenten (Tito) relativ schnell Teilungen und Grenzziehungen entlang ethnischer und historischer Siedlungsgebiete, sowie, dann grenzüberschreitend, eine gewaltsame ethnische Entmischung. Dennoch sollen die folgenden Ausführungen zunächst nach Außen- und Binnenwanderung unterteilt und dann entsprechend einer Typisierung der Wanderung betrachtet werden.

21.1 Außenwanderungen: Internationale Wanderungen

Außenwanderungen sind Wanderungen im weiteren geographischen Raum. Die hierbei zu betrachtenden Einheiten des räumlichen Systems sind die Nationalstaaten. Damit soll unter dem Begriff der Außenwanderung die Wanderung verstanden werden, die das Individuum über die Grenzen des Nationalstaates, dem das betrachtete

Individuum angehört, hinaus bringt. International unterscheidet die amtliche Statistik die Außenwanderer in vier Gruppen, wobei als zusätzliche Merkmale der Definition, neben dem räumlichen System, auch eine zeitliche Limitierung und die Richtung der Wanderung herangezogen werden (Flaskämper 1962: 421):

a) Als Auswanderer, als “permanent emigrants” gelten jene Personen, die einerseits in einem Land anwesend waren, egal ob als Inländer im Sinne von Staatsbürgern oder als Ausländer im Sinne von Staatsbürgern eines anderen Landes, und die andererseits dieses Land ihres Wohnsitzes für länger als ein Jahr verlassen wollen.

Hiergegen unterschieden werden:

b) die “immigrants”, Personen, die im Zielland eine Beschäftigung aufnehmen. Diese Gruppe lässt sich unterteilen in zwei Untergruppen:
ba) die “temporary immigrants”, Personen, die für weniger als ein Jahr Dauer im Zielland eine Beschäftigung aufnehmen;
bb) die “permanent immigrants”, Personen, die für länger als ein Jahr Dauer im Zielland eine Beschäftigung aufnehmen;
c) die “visitors”, Personen die, ohne eine Beschäftigung gegen Entlohnung auf zunehmen, kürzer als ein Jahr im Zielland bleiben wollen;
d) Die vierte Gruppe sind die “residents”, Personen die das Land ihres Wohnsit zes für weniger als ein Jahr verlassen und dann wieder zurückkehren wollen.

Diese vierte Kategorie wird in der deutschen Aus- und Einwanderungsstatistik nicht berücksichtigt (sie soll auch in diesem Beitrag nicht berücksichtigt werden). Die Statistik der Bundesrepublik Deutschland unterscheidet auch nicht in permanente und temporäre Auswanderer, da die Auswanderer über entsprechend ausgefüllte Abmeldeformulare bei den Einwohnermeldeämtern, d. h. über die Aufgabe ihres Wohnsitzes im Inland, ermittelt und damit definiert werden. Hierbei bleibt der vom Individuum anvisierte Zeitraum der Auswanderung unberücksichtigt. Die wandernden Gruppen werden in der Statistik der Bundesrepublik Deutschland unterschieden in:

a) “deutsche” Staatsbürger;
b) “Ausländer”, nicht-deutsche Staatsbürger, aufgegliedert nach Herkunftsländern;
c) “Aussiedler”, das sind “deutsche Staats- und Volkszugehörige, die nach Abschluss der allgemeinen Vertreibungsmaßnahmen, d. h. ab 1951, aus osteuropäischen Gebieten zugezogen sind” (Statistisches Jahrbuch für die Bundesrepublik Deutschland, 3.0 Vorbemerkung);
d) “Übersiedler”, hierunter wurde bis zur Vereinigung der Bundesrepublik Deutschland mit der Deutschen Demokratischen Republik (DDR) jener Personenkreis verstanden, der als deutscher Staatsbürger im Sinne des Grundgesetzes der Bundesrepublik Deutschland von der DDR in die Bundesrepublik Deutschland übersiedelte.

Eine eher soziologische Typisierung könnte unterscheiden (Cohen 1995: 6) nach:

a) erzwungener oder freiwilliger Wanderung;
b) Wanderung als Siedler oder als Arbeitsmigrant;
c) Wanderung zwecks temporärem oder permanentem Aufenthalts;
d) illegale oder legale Wanderungen;
e) geplante oder auf Flucht und Vertreibung fußende Wanderung.

Und selbstverständlich muss solch eine soziologische Typisierung vor dem Hintergrund gesellschaftlicher und ökonomischer Bedingungen in unterschiedlichen historischen Epochen betrachtet werden. Da eine Vielzahl von möglichen Kombinationen der einzelnen Typen möglich ist, werde ich im Folgenden nur auf die großen Richtungen vor dem Hintergrund der Unterteilung nach historischen Epochen eingehen.

21.1.1 Von "Völkerwanderungen" zu "Auswanderungen"

Zur Zeit der Jäger und Sammler befand sich der Mensch auf permanenter Wanderschaft, da dieser dem Wild bzw. einem jahreszeitlich und damit auch räumlich wechselnden Nahrungsangebot hinterher wanderte. Erst als Ackerbauer wurde der Mensch sesshaft und hatte über die Bestellung der Felder des Gemeinwesens und eine lokal gebundene Viehhaltung und Viehzucht oder einen regional durch Jahreszeit und Witterung bestimmten Viehtrieb innerhalb eines angestammten Lebensraumes sein Auskommen. Dieses Auskommen war ein gutes Auskommen solange die Größe der Population und die Menge des Ertrags der Landwirtschaft in einem positiven Verhältnis zueinander standen. Wurde die Population in den "guten" Jahren zu groß oder wurde der Ertrag der Landwirtschaft, durch welche Bedingungen auch immer, zu klein, so war ein mehr oder minder großer Teil der Population gezwungen, sich auf die Wanderschaft zu begeben, um neue Siedlungsgebiete zu suchen und zu erschließen oder zu erobern. In jener Zeit war die Außengrenze definiert als jenseits des Siedlungsgebietes des Clans oder des Stammesverbandes gelegen. Die ersten wanderten, weil wegen zu geringer Anbauflächen und wegen Klimawechsels nicht mehr alle Gruppenmitglieder über die landwirtschaftlichen Produkte aus ihrem Siedlungsgebiet ernährt werden konnten. Es wanderte jedoch nicht das Individuum, sondern es wanderten ganze Stämme oder große Teile derselben. Denn außerhalb des Schutzbereiches seines Stammes hatte das Individuum oder die Kleingruppe keine Überlebenschance. Eine wandernde Gruppe drang am Ende ihrer Wanderung oft in das Gebiet einer anderen Gruppe ein, mit der die Invasoren in eine Auseinandersetzung um das Siedlungsgebiet geraten mussten. Heute nachvollziehen kann man jene Wanderungen, bei denen die Wanderer in den Auseinandersetzungen mit den Alteinwohnern gesiegt haben, um sich in deren Siedlungsgebieten anzusiedeln und jene zu verdrängen oder zu assimilieren. Im Falle der Verdrängung begaben sich die Besiegten ihrerseits notgedrungen auf die Wanderung und damit auf die Suche nach neuem Siedlungsraum (s. auch: Wolfram 1983; Stroheker 1965; Ungern-Sternberg, Schubnell 1950). Welche Bedeutung diese Wanderungen einnehmen zeigt die Tatsache, dass kaum ein Volk in Europa den heute besiedelten Raum seit Beginn seines geschichtlichen Auftretens besiedelt hat. Welcher Stellenwert dem oben gezeichneten Szenario von Völkerwanderung zukommt, sind dessen zentrale, bis heute geltende Motive der Außenwanderung:

a) Bei wachsender Population oder schwindenden Ressourcen begeben sich früher Gruppen und heute Individuen auf die Suche nach neuen Siedlungsgebieten bzw. nach neuen Arbeitsplätzen (vgl. u. a. das isländische Landnahmebuch aus der Zeit um 1200; Pörtner 1987: 412 ff.; McRae 1980: 20 ff.; Colson 1960: 60; Ungern-Sternberg, Schubnell 1950: 462 ff.);
b) Bei militärischer oder politischer Verdrängung findet notgedrungen die Suche nach einem neuen Lebensraum statt (Benz 1995; Pörtner 1987: 51 ff.; Park 1936: 173 ff.).

Wirtschaftliche Not und politische Vertreibung sind auch am Ende des 20. Jahrhunderts als die zentralen Motive für eine Außenwanderung zu sehen (Streibel 1994; Faltin 1987; Marrus 1985; Kritz, Keely 1983; Zolberg 1983; Lucas 1983; Harbach 1979; Albrecht 1972). Weitere Gründe für eine Außenwanderung sind in Zusammenhang mit der räumlichen Expansion von Einflussgebieten zu sehen: Vom Beginn des Mittelalters bis zum Ende der Kolonialisierung von Afrika folgten der kirchlichen und kulturellen Mission:

c) die Besiedelung des neuen Einflussgebietes zu dessen Schutz und um dort die eigene Ordnung dauerhaft zu etablieren (Engel 1983; Bley 1968; Sieber 1949). Seit Beginn der Geschichtsschreibung werden eroberte Gebiete durch die Eroberer verwaltet;
d) Angehörige eroberter Völker von den Eroberern als billige Arbeitskräfte exportiert, verpflichtet der angeworben (Spaich 1981: 169 ff.; Hance 1970: 133 f.).

Ebenfalls in Zusammenhang mit expandierenden Einflussgebieten zu sehen sind von der Frühgeschichte bis zur Moderne:

e) die "fremden" Eliten der Fernhändler in den Handelsniederlassungen (Jankuhn 1986: 126 f.; Friedland 1991; Andrews 1984) und sind heute international einzusetzende Diplomaten, Manager und Wissenschaftler in den multinationalen Institutionen und Konzernen und in den großen, international verbundenen Forschungseinrichtungen.

In einem zentralen Punkt unterscheiden sich die Wanderungen der Völker in früheren Zeiten von einer "Völkerwanderung" heutzutage: Wandern setzt Freizügigkeit voraus und diese ist durch Sitte und Recht bestimmt. In so genannten "primitiven" Gesellschaften herrscht eine enge Stammesverbundenheit, die keine Freizügigkeit des Einzelnen erlaubt. Auf dieser gesellschaftlichen Entwicklungsstufe wandern ganze Völker oder Teile davon. In den Gesellschaften, in denen der weitaus größte Teil der Bevölkerung in Abhängigkeit zu einer herrschenden Klasse lebt, z. B. in Sklaverei, Leibeigenschaft oder Hörigkeit, bedarf ein legales Wandern der Zustimmung des Herren. Erst durch die Proklamierung und Ausgestaltung der Menschen- und Bürgerrechte hat das Individuum jene Freizügigkeit erhalten, die es ihm erlaubt, in individueller Entscheidung zu wandern. In West- und Mitteleuropa war dieser Zustand in der ersten Hälfte des 19. Jahrhunderts erreicht, in weiten Teilen Osteuropas erst in der zweiten Hälfte des 19. Jahrhunderts und in außereuropäischen Regionen teilweise erst Ende des 19. Jahrhunderts (Ungern-Sternberg, Schubnell 1950: 462 f.).

21.1.2 Kolonialismus

Unter Kolonialisierung ist die Unterwerfung und Befriedung von Interessengebieten, aus Gründen der Steigerung von Macht und Streben nach Handelsgewinn (Sieber 1949), zu sehen. Die Bewohner der unterworfenen Interessengebiete lebten auf einer zivilisatorisch (nicht: kulturell) niedrigeren Stufe, in der Regel in den engen Grenzen der Selbstversorgung und der vorkapitalistischen Erzeugung zum Eigengebrauch. Im Gegensatz zu den Unterworfenen verfügten die Kolonisatoren über eine überwältigende militärische und industrielle Macht (Davidson 1966: 279). Die mächtigsten europäischen Kolonialmächte waren: Britannien, die Niederlande, Portugal, Frankreich und Spanien. Zum einen Teil waren die Wanderer in die Kolonien die Vertreter der zumeist europäischen Kolonialmacht: Verwaltungsbeamte und Militärangehörige. Deren Gehälter und Unkosten mussten nach der Grundregel aller kolonialen Tätigkeit aus den örtlichen Steuern aufgebracht werden. Da die Einnahmen niedrig waren und sich der Einsatz der kolonialen Ordnungsmacht rechnen musste (Davidson 1966: 283), blieb die Anzahl der europäischen Beamten klein und ein großer Teil der Dienstleistungen der jeweiligen Regierung wurde an örtliche Mitarbeiter und Vertreter ausgelagert. Zu einem weiteren Teil waren die Wanderer, die in die Kolonien kamen, Händler und Vertreter von zunächst Konzessionsgesellschaften, später dann Experten für Bergbau und Landwirtschaft, die die Ausbeutung der Rohstoffe organisierten und beaufsichtigten. Zum größten Teil waren die Einwanderer in die Kolonien Siedler (Andrews 1984; Cowan 1961; Bley 1968) und "Arbeitskräfte". Soweit es die Plantagenwirtschaft und den Bergbau Amerikas betraf, bestanden die "Arbeitskräfte" zunächst aus Sklaven (Davidson 1966: 218 ff.; Davis 1984: 65 ff.). Ab dem fortschreitenden 19. Jahrhundert, mit dem Ende des Sklavenhandels, bestanden die "Arbeitskräfte", aus angeworbenen Zuwanderern; in Afrika ab dem Ende des 19. Jahrhunderts, aus angeworbenen schwarzen Einwohnern benachbarter Kolonien (Hance 1970: 133 ff.). Betrachtet man die wichtigsten Gruppen der Wanderer in die Kolonien, so waren dieses, in absteigender sozialer Rangfolge und in aufsteigender Gruppenstärke, die Händler, die Siedler und die importierten oder vor Ort angeworbenen Arbeitskräfte. Die Händler waren in ihrer eigenen Wahrnehmung häufig nicht als Auswanderer zu sehen. Da der Handel darauf abgestellt war, Ansehen und Reichtum im Mutterland zu mehren, wobei die in den Kolonien ansässigen Händler das eigene Wohl nicht aus den Augen verloren, fand aus den Kolonien heraus ein Rohstoffexport statt. Hierbei war es egal, ob es sich um Gewürze, Erzeugnisse der Plantagenwirtschaft, Erze, Mineralstoffe oder Öl, Hölzer, Elfenbein oder Arbeitskraft handelte. Hinein in die Kolonien wurde das importiert, was der Siedler europäischer Herkunft zum Leben an industriellen Fertigprodukten benötigte und was zu einer Intensivierung von Landwirtschaft und Bergbau an Geräten wichtig war. Damit fiel dem kolonialen Handel sowohl das Einsammeln und Verschiffen der Exportgüter als auch das Verteilen der Importgüter zu. Der Exportbereich war konzentriert auf entsprechende Stationen oder Siedlungen in den Häfen und unterhielt nur wenige Stationen im Inneren einer Kolonie (Hance 1970; Andrews 1984). Die hier tätigen Personen standen als Agenten oder Angehörige der Handelshäuser und -kompanien des Mutterlandes in einem engen und permanentem Kommunikations- und Kontaktbezug mit dem Mutterland. Der Importbereich, speziell dessen Verteilernetz, da über dieses die eingeführten Waren zu den Siedlern gebracht werden mussten, war dezentral über das Land verstreut und in den letzten Gliedern in der Nähe der Siedler zu finden. In diesem Bereich war keine enge Verbindung mehr mit dem Mutterland aufrechtzuerhalten.

Die Besiedlung eroberter Länder hatte immer damit zu tun, die Erweiterung des Einflussbereiches zu sichern. Daher siedelten die Römer in den eroberten Gebieten Veteranen an. Die Ostbesiedlung der deutschen Kaiser wich zunächst hiervon nicht stark ab (Baumann 1983: 16), galt es doch die neuen Grenzlande zu sichern. In der Zeit der gesellschaftlichen Aufbruchsepoche des 11. bis 13. Jahrhunderts fand eine Ostbesiedlung in größerem Stil statt, die nichts mehr mit der Ansiedlung von Veteranen oder Söldnern zu tun hatte. Die Ostsiedlungsbewegung des 12. und 13. Jahrhunderts bot den Wanderern einen "Ausstieg aus der Unfreiheit". Voraussetzung war eine Freisetzung der Arbeitskraft durch eine veränderte wirtschaftliche Situation. Der Beweggrund für die in diesen zwei Jahrhunderten nach Osten abgewanderten, schätzungsweise 400.000 Siedler waren der Bevölkerungsdruck im Altsiedelland und die Aussicht auf größere Freiheiten und horizontale Mobilität im Neusiedelland (Baumann 1983: 19). Die Ansiedlung der Neusiedler geschah geplant und aus wirtschaftlichen Interessen der Großgrundbesitzer oder Landesherren, die aus ihrem Besitz durch eine intensivere Bewirtschaftung höhere Erträge erzielen wollten. Dafür boten sie den Neuansiedlern besondere Freiheiten und Rechte (Baumann 1983: 20 ff.; Seibt 1983: 47 ff.).

Die Besiedlung der überseeischen Kolonien z. B. in Amerika unterscheiden sich zunächst nicht sehr von der römischen Besiedlung eroberter Territorien: In den römischen Kolonien wurden weite Ländereien den Angehörigen des Militärs zugesagt, in den amerikanischen Kolonien der Briten wurde die Ansiedlung an die Bedingung der Verteidigung geknüpft (Cowan 1961: 3 f.). Und Britannien plante die Besiedlung der Kolonien systematisch um britische Interessensphären zu sichern (und um soziale Probleme im Heimatland abzubauen; vgl. Tinker 1995: 14). Die Devise für die Besiedlung der neuen Kolonien hieß für alle europäischen Kolonialmächte "Verteidigung und Handel". Daher sandten auch Handelsgesellschaften Siedler in die Kolonien, um dort für deren Interessen exportorientiert zu produzieren. Die ersten Siedler in den britischen Kolonien mit gemäßigtem Klima waren respektable Arbeiter, zumeist vom Land, die von der herrschenden Klasse unterdrückt wurden (Tinker 1995: 14). Die ersten französischen Siedler waren Veteranen der Armee, es folgten "Rekrutierungen" von geringfügig Kriminellen und von Arbeitslosen als Kolonisten (Heffernan 1995: 34). Im Gegensatz zur britischen kolonialen Ansiedlung war die französische zunächst sehr gering: Am Anfang des 18. Jahrhunderts betrug die europäische Population der französischen Kolonien 20.000 Personen, am Ende des 17. Jahrhunderts betrug hingegen die europäische Population der englischen Kolonien 250.000

Siedler. Bis zur Mitte des 18. Jahrhunderts stieg die Zahl der europäischen Siedler in den französischen Kolonien auf 55.000 – ein Siedleraufkommen, das von dem britischen allein in Massachusetts überboten wurde (Heffernan 1995: 34). Während es für die Briten schon von Beginn der Besiedlung der Kolonien an um einen Export britischer Lebensart und britischen Denkens ging, begann die Diskussion um die französische Besiedlung der Kolonien als Export französischer Kultur erst gegen Mitte des 19. Jahrhunderts. In neu hinzukommenden Kolonien wurden im 18. und 19. Jahrhundert von allen Kolonialmächten weiterhin aus dem Kriegsdienst entlassene Soldaten (Cowan 1961: 10) und Pioniere aus benachbarten alten Kolonien (Cowan 1961: 11 f.) angesiedelt. Deren Aufgabe war die Verteidigung und die ihnen gemachte Auflage bei der Landverteilung war die Urbarmachung binnen weniger Jahre und die Bewirtschaftung des Landes. Wurde der Bedarf an Siedlern zu groß, so wurden Bauern und Händler als Siedler in den Mutterländern angeworben. Hinzu kamen Flüchtlinge aus den europäischen Kriegen und andere aus politischen oder religiösen Gründen Vertriebene (Taft 1936: 73; Albrecht 1972: 41; Tinker 1995; Heffernan 1995), die einen Neuanfang in den Überseekolonien suchten. Ein Teil der Siedler waren aus der heimatlichen Wirtschaft wegen deren Umstrukturierung freigesetzte bzw. "ausgegliederte" Fischer, Kleinbauern, Pächter oder Landarbeiter. Diese suchten ihre Zukunft in der "neuen Welt" der Überseekolonien. Der Zielhafen war oft abhängig von der Höhe der zu bezahlenden Schiffspassage (Cowan 1961: 20 f., 44). Ein anderer Teil der Siedler, aus Gebieten mit Unterbeschäftigung oder Überbevölkerung kommend, wurde über Agenten angeworben, die ihnen Siedlungsgebiete und Vorräte versprachen und ihnen Schiffspassagen in die Überseekolonien verkauften. Das Motiv für die Siedler ist immer noch dasselbe wie im Mittelalter: Die Ansiedlung in den Kolonien versprach dem Soldaten soziale Sicherheit und bot dem aus Europa Auswanderndem die Chance zu einer Befreiung aus wirtschaftlichen, sozialen oder politischen Zwängen, sowie die Möglichkeit zu sozialem Aufstieg. Das Motiv der Ansiedelnden war die militärische Sicherung der eroberten Gebiete und deren Bewirtschaftung zur Förderung des Wohlstands im Mutterland und in der Kolonie selbst. Hinzu kam eine zusätzliche Sicherung der Kolonie durch den Export der Kultur und rechtlicher, sozialer und politischer Einrichtungen des Mutterlandes.

Der Transfer an Arbeitskräften aus dem Mutterland in die Kolonien war umso größer, je mehr die ökonomische Produktion der Kolonien für das Mutterland an Gewinn abwarf. Gesucht wurden landwirtschaftliche Arbeitskräfte, die oft im städtischen Bereich rekrutiert werden mussten und die abwanderten in der Hoffnung, durch die Wanderung ihren Lebensstandard zu steigern (Constantine 1991: 65 ff.). Und in der Folge dieses Arbeitskräftetransfers und des wirtschaftlichen Aufschwungs der Kolonien bildete sich für die industrielle Produktion des Mutterlandes ein neuer Markt heraus.

Mit der Ausbeutung der Bodenschätze begann ein anderes Kapitel der Besiedlung durch die Anwerbung von Arbeitskräften, die nur zum geringsten Teil aus dem eigenen Mutterland kamen. In Lateinamerika versuchte man zunächst ein Versklavung der einheimischen Indianer. Doch knapp 20 Jahre nach dem ersten Kontakt zwischen den eingeborenen Völkern Lateinamerikas und den europäischen Eroberern hatte sich die Anzahl der "Indianer" von 1.130.000 zur Zeit der Entdeckung auf 11.000 Personen durch Krankheiten und Seuchen reduziert (Davidson 1966: 214). Abhilfe in den

Mienen und Plantagen in Süd- und Nordamerika brachte die Sklaveneinfuhr aus Westafrika (Kap. 21.1.3).

In Afrika selbst wurden im ausgehenden 19., beginnenden 20. Jahrhundert, nach der flächendeckenden Aufteilung des Kontinents unter den europäischen Kolonialmächten, die benötigten Arbeitskräfte, sofern keine weiteren mehr vor Ort zu verpflichten waren, angeworben (Hance 1970: 133 ff.). Zu diesem Zweck wurden Anwerbegesellschaften gegründet (Hance 1970: 134 ff.), die über ein Angebot unterschiedlicher Anreize die benötigten Arbeitskräfte verpflichteten und herbeischafften. Von einem Teil der Entsendeländer wurden Regeln für den Arbeitskräfteexport aufgestellt, die nicht immer nur die wirtschaftlichen Interessen des europäischen Mutterlandes sondern hin und wieder auch die Interessen der Herkunftsgesellschaft berücksichtigten, wie z. B. die Rückkehrpflicht ohne Familie wandernder Arbeitskräfte (Hance 1970: 136). Oft wirkte sich die Wanderarbeit jedoch auf die traditionelle Gesellschaft zerstörend aus, wenn "30–60% der arbeitsfähigen Männer gleichzeitig abwesend sind" (Davidson 1966: 289). Das Mitwandern der Familien war nur in einigen Regionen erlaubt und der Unterhalt der Familie am Arbeitsplatz des Mannes war in der Regel durch die Bemessung der Löhne am Existenzminimum eines Ledigen kaum möglich (Davidson 1966: 289). In den Überseekolonien entwickelte sich nach dem Verbot der Sklaverei ein "neues System der Sklaverei" (Tinker 1974) durch den Import von Arbeitskräften für die Plantagenarbeit aus anderen Kolonien: z. B. von Indern in die Karibik, nach Ost- und Südafrika und auf die pazifischen Inseln und von Chinesen in die Karibik und nach Südamerika (Buchignani 1985; Look 1993). Hinzu kommt eine große Anzahl freiwillig einwandernder Asiaten, vor allem aus China, die mit einem Arbeitskontrakt ihre Passage erkauften und das Heer der notwendigen Arbeitskräfte als "Coolies" oder "Ersatzsklaven auf Zeit" vergrößerten (Tsai 1986; Hui 1995). Betrachtet man den Kolonialismus in der ganzen Breite seines Spektrums, so fallen mit Blick auf einen Bevölkerungsaustausch zwei zentrale Punkte ins Auge:

a) Die in den eroberten Gebieten antreffbare Ressource "Arbeitskraft" wird zu einer wichtigen Ware, zunächst über die Sklaverei, später über die Anwerbung. Ohne diese Ware "Arbeitskraft" lassen sich die Rohstoffe der Kolonien aus Landwirtschaft und Bergbau nicht optimal nutzen;
b) Die in der Heimat überschüssige oder politisch unliebsame Ressource Mensch, inklusive Strafgefangener (Taft 1936: 73) lässt sich Gewinn bringend in die überseeischen Gebiete exportieren und zunächst zum Wohle der Herkunftsländer und zur Sicherung von deren Interessen als Siedler und Soldaten nutzen.

Damit stellt der mit dem Kolonialismus verbundene Bevölkerungsaustausch, bestehend aus einem Import benötigter billiger Arbeitskräfte: der Sklaven, der Zwangsrekrutierten und der Deportierten, und einem Export nicht benötigter, teuerer Arbeitskräfte, so genannter Auswanderer, einen wirtschaftlichen Faktor dar, der dem Kolonialherrn einen profitablen Gewinn bringt, der aber deutliche Spuren in den sozialen Systemen von Entsende- und Empfängerländern zeigt.

21.1.3 Sklaverei

Sklaverei ist nicht an die europäische Kolonialgeschichte gebunden. Schon in den frühen Hochkulturen, in Mesopothamien, im Ägyptischen Reich, im klassischen Griechenland oder im Römischen Imperium besorgte sich die militärisch überlegene Hochkultur ihre Arbeitskräfte durch Zwangsrekrutierung und Versklavung aus dem Bevölkerungspotential der unterworfenen Völker. Diese "fremden" Arbeitskräfte waren in den alten Hochkulturen überwiegend jedoch Arbeitskräfte für Haus und Hof einer Herrschaft und als solche in den betreffenden Haushalt integriert. Die Herren-Sklave-Beziehung in diesem Sinn wird betrachtet als eine "väterliche" Beziehung (Davis 1984: 17) mit allen Problemen, die solch ein Abhängigkeitsverhältnis mit sich bringt. Sklaverei konnte allerdings auch dazu führen, dass aus dem Sklaven ein Familienmitglied werden konnte (Davis 1984: 18). Damit wurde der Fremde nicht nur integriert, sondern absorbiert: der Sklave war nicht nur Arbeitskraft sondern er wurde zu einem Mitglied eines Haushalts. Unter dieser Betrachtungsweise war in der Frühgeschichte das Gegenteil von "Sklaverei" nicht "Freiheit" sondern "Zugehörigkeit zu einem Verbund, zu einem Clan, zu einer Familie". Das zentrale Anliegen der Sklaverei in diesem Sinn war die Eingliederung einer sozialen Nicht-Person in ein neues soziales Gefüge – das des Siegers. Damit solch eine Eingliederung über die Sklaverei gelingen kann, geht dieser zunächst ein sozialer Tod voraus (Patterson 1982: 302), der Sklave wird zum Gegenstand.

Sklaverei ist aber keine einfache Eins-zu-Eins-Beziehung: Sklaven stellen einen kollektiven Körper oder eine "Klasse" dar. Sie besitzen keine soziale Einbindung und keine Rechte. Auch der antike Sklave war de jure ausschließlich ein Handelsgegenstand. Die sklavenbesitzende Gesellschaft wird damit zu einer Klassengesellschaft. Der Sklavenbesitz stellt Prestige und Arbeitskraft dar.

In der Zeit des Frühkapitalismus, vor allem nach der Entdeckung Amerikas, wurde von allen führenden Handelsnationen Sklavenhandel betrieben, der deren Wohlstand erhöhte. Sklaven wurden rekrutiert über Sklavenraub, Verkauf von Kindern durch deren Eltern bei beginnenden Hungersnöten sowie Kriegsgefangenschaften. Der immense Sklavenbedarf auf den Plantagen und in den Bergwerken des neu entdeckten Amerika wurde über die Versklavung und den Export der Bevölkerung des tropischen Afrikas geregelt. Dieser "transatlantische Sklavenhandel war eine der größten, erzwungenen Migrationen der Geschichte" (Brübach 1994: 11; Inkori, Engerman 1992). Vom 16. bis zum 19. Jahrhundert sind schätzungsweise zwischen 10- und 12 Mio. Schwarzafrikaner nach Mittel-, Süd- und Nordamerika als Sklaven verschifft worden (Zoller 1994: 7). Nach Curtin (1969) wurden zwischen 1651 und der Aufhebung der Sklaverei 9,6 Mio. Sklaven in die "Neue Welt" verschifft. Bei einer anzunehmenden Mortalität während der Reise von etwa 25% rechnet Curtin mit einer Gesamtzahl von über 11 Mio. versklavter Schwarzafrikaner. Hierbei wurde der schwarze Afrikaner nur als Arbeitskraft gesehen, die dazu diente, aus den Kolonien in Westindien und in Amerika den größtmöglichen ökonomischen Nutzen zu ziehen.

Die Eckpfeiler der neuen Gesellschaft waren ökonomischer, demographischer und sozialer Natur:

a) *Die ökonomischen Eckpfeiler:* Um billige Arbeitskräfte für die westindische und amerikanische Plantagenwirtschaft zu erhalten, wurden in Europa Manufakturen betrieben und Waren erstellt, mit denen sich im Tauschhandel in Afrika Sklaven kaufen ließen. Die mithilfe der Sklaven produzierten Produkte aus westindischer und amerikanischer Plantagenwirtschaft wurden in Europa und Asien nachgefragt. Ein Gewinn aus diesem Handel war dringend erforderlich, um die auf den europäischen Märkten nachgefragten Luxusgüter Asiens importieren zu können. Manche sehen hier über die Sklavenarbeit den Einstieg in den Welthandel gegeben (Fischer et al. 1986);
b) *Die demographischen Eckpfeiler:* Um billige Arbeitskräfte für die westindische und amerikanische Plantagenwirtschaft zu erhalten, wurden über 11 Mio. Schwarzafrikaner von Landsleuten, die Handelskontakte mit Europäern unterhielten, gefangen, verschleppt, verkauft und nach Amerika verschifft. Der Zwangseinwanderung 10–12 Mio. Schwarzer in der Zeit von 1500 bis 1800 stand eine freiwillige Einwanderung von etwa 6 Mio. Weißen gegenüber. Die amerikanischen Ureinwohner der westindischen Inseln und der Küstengebiete des tropischen Südamerikas waren zuvor versklavt worden und innerhalb von 20 Jahren waren 90% derselben durch Krankheiten und Seuchen ums Leben gekommen (Davidson 1966: 214). Damit war die einheimische Bevölkerung der Ureinwohner bis zur Bedeutungslosigkeit vernichtet und eine Minorität von zugewanderten Weißen herrschte über eine Majorität von zwangsweise zugewanderten Schwarzen;
c) *Die sozialen Eckpfeiler:* Um den Schwarzen als billige Arbeitskräfte für die westindische und amerikanische Plantagenwirtschaft zu halten, wurden rechtliche und soziale Mechanismen einer neuen Klassengesellschaft entwickelt. In dieser neuen Gesellschaftsordnung wurde der Sklave nicht als Mensch sondern als Gegenstand oder Arbeitstier gesehen. Die Herren waren weiß.

Betrachtet man die hohe Anzahl der versklavten und deportierten Schwarzafrikaner, und berücksichtigt man die Tatsache, dass für die Plantagen- und Bergwerksarbeit in der Mehrheit junge Männer benötigt wurden, also Frauen und Alte vermehrt zurückblieben, so zeigt sich, dass diese Arbeitskräfteemigration auch in Schwarzafrika die bestehenden sozialen Gefüge stark beeinträchtigt hat. Damit sind nicht nur die einstigen Sklaven bis heute auf der Suche nach einer neuen, akzeptablen sozialen Position, die sie aus der zugewiesenen, die weißen amerikanischen Gesellschaften unterschichtenden Position herausführen könnte, sondern auch die Schwarzafrikaner sind heute nach Ende des Sklavenmarktes und des Kolonialismus dabei, ihnen adäquate Gesellschaftsordnungen neu zu entwickeln.

21.1.4 Formen der Zwangsmigration

Zwangswanderung umschreibt eine große Anzahl unterschiedlicher Erscheinungen der Wanderung, die von der Sklaverei über die Deportation oder den Landesverweis bis hin zu Vertreibung, Verschleppung und Flucht reichen. Eine erzwungene Migration gibt es seit es Menschen gibt. Generell kann man Zwangsmigration darüber erklären, dass in einem sozialen System ein weitgehender Dissens zwischen der Gruppe, die die aktuellen Werte und damit das System erhalten soll und einer anderen Gruppe, die die Wertmuster oder ihre Integration in das System in Frage stellt, besteht (Albrecht 1972: 40).

21.1.4.1 Deportation und Landesverweis als Teil des Strafrechts

Der Begriff der Deportation steht sowohl für eine juristisch genau bestimmte historische Form der Strafe als auch für "einen rechtlich nicht definierten Vorgang der individuellen oder massenhaften Verschleppung von Personen" (Gestrich et al. 1995: 7). Deportation als Teil des Strafrechts war die "Verbannung an einen bestimmten Ort mit zwangsweiser Hinschaffung und Festhaltung daselbst" (Gestrich et al. 1995: 7). Diese juristische Form der "deportatio" als Verbannung existierte von der Antike bis weit hinein ins 20. Jahrhundert, betraf Individuen und lief nach festen Regeln ab. Deportation in einer weitgefassten Definition bedeutet "die mit staatlichem Zwang erfolgte Verbringung von Menschen an einen weit entlegenen, meistens überseeischen Ort zu längerem oder dauerndem Aufenthalt" (Heimberger 1933: 217). Die Kolonialmächte transportierten ihre Sträflinge, entsprechend diesem Grundsatz, im 19. und 20. Jahrhundert in die überseeischen Kolonien. Großbritannien nutzte die Deportationen zur Kolonisation von Australien. Frankreich etablierte in ungesunden tropischen Regionen kleine Strafkolonien und nahm dabei die hohe Sterblichkeit der Deportierten in Kauf. Die deutschen Staaten versuchten im 19. Jahrhundert, in Ermangelung an eigenen Kolonien, die Deportation von (oft politischen) "Kriminellen" zu delegieren oder heimlich (z. B. nach Amerika) durchzuführen (Voigt 1995: 84 ff.). Hierbei stehen zwei sich widerstreitende Gedankengänge im Vordergrund:

a) Deportation trifft die Personen, die für das Gemeinwesen zur Gefahr geworden sind bzw. werden können. Hiermit trifft Deportation in einem starken Maße auch politische Häftlinge;
b) Deportation geschieht zum Zweck der Kolonisation. Damit kehrt sich das Strafrecht ab von der Strafe und wendet sich hin zu einem Zweckgedanken. Dieser Zweckgedanke ließ sich auch problemlos mit präventiven Maßnahmen verbinden und stellt eine Zwangskolonisierung zum Wohle des Mutterlandes dar (Voigt 1995: 89 ff.).

Eine andere Form der strafrechtlich verankerten Zwangsmigration war der Landesverweis, im römischen Recht die "relegatio". Der Unterschied zur "deportatio" ist darin zu sehen, dass die "relegatio" keinen festen Aufenthaltsort vorschreibt, den Betroffenen also nicht zum Aufenthalt an einem bestimmten Ort verpflichtet (Schnabel-Schüle 1995). Der Landesverweis wurde in der Frühen Neuzeit zu einer Ordnungsmaßnahme gegen Fremde und Fahrende, die von der polizeilichen Ordnungsmacht des Landes verwiesen wurden. Mit Einschränkungen kann man hierunter auch die Ausweisung von abgelehnten Antragstellern politischen Asyls sehen.

21.1.4.2 Deportation zur Um- und Aussiedlung von Bevölkerungsgruppen

Die Zwangswanderungen und Deportationen ganzer Bevölkerungsgruppen sind kein Phänomen des 20. Jahrhunderts, nur haben sich deren Dimensionen, unter dem Vorzeichen "ethnischer Säuberungen" drastisch geändert. Voraussetzung ist ein diktatorisches oder totalitäres Regime. Das Ziel ist die Eliminierung von als "gefährlich" eingestuften Bevölkerungsteilen, in der Regel ethnischer Minderheiten, entweder durch eine ethnische und damit verbunden räumliche Entmischung oder durch eine Zwangsassimilation, die die Auflösung der ethnischen Kolonie bewirkt. Hierbei wird eine Gruppe pauschal zum "inneren Feind" erklärt, wobei eine individuelle Schuldzuweisung jede Bedeutung verliert (Dahlmann 1994: 202). Neben politischen Motiven spielen oft auch ökonomische Motive eine Rolle, da die Umsiedlung die Zwangsrekrutierung von Arbeitskräften beinhalten kann, die dann in Zwangsarbeitslagern interniert werden (Dahlmann 1995). Deportation zur Um- und Aussiedlung von Bevölkerungsgruppen müssen nicht zwangsläufig Staatsgrenzen überschreiten, gehen aber oft einher mit einer politischen Neuordnung von Regionen, wie der Zerfall des Osmanischen Reiches oder der Zerfall Jugoslawiens belegen.

21.1.4.3 Verfolgung religiöser Minderheiten

Betrachtet man die innereuropäischen Wanderungen der Neuzeit, so sind die ersten großen Wanderungen geschlossener Gruppen ausgelöst durch die Verfolgung religiöser Minderheiten:

a) Mit der Aufhebung des Toleranz-Edikt von Nantes 1685 beginnt die Massenflucht der französischen Protestanten, der Hugenotten. Etwa 200.000 Hugenotten emigrieren von Frankreich ins protestantische Ausland nach Holland und Deutschland und finden Aufnahme z. B. in Brandenburg über das Aufnahme-Edikt von Potsdam 1685 oder in hessischen Kleinstaaten über entsprechende Aufnahmeverträge (1685 die "Hessische Freiheitskonzession" von Hessen-Kassel), die eine Einwanderung ermöglichten. Zwischen 1685 und 1705 wanderten etwa 20.000 französische Flüchtlinge in Brandenburg und rund 100.000 französische Flüchtlinge über Frankfurt nach Hessen ein (Spaich 1981: 125 ff.);
b) Die Aufnahme der 1698 vertriebenen savoyer Protestanten, der Waldenser, gestaltete sich schwieriger. 1699 wurden zirka 3.000 Personen dieser dem Ideal der Armut anhängenden Religionsgemeinschaft vorübergehend in Württemberg aufgenommen. Da diese Gruppe aber aus Prinzip arm war und von der Bevölkerung abgelehnt wurde, wurde ein großer Teil derselben 1720 nach Brandenburg-Preußen weitergeschickt. In Brandenburg ebenfalls abgelehnt fanden die Waldenser 1722 in Hessen-Kassel endgültige Aufnahme (Spaich 1981: 128 ff.);
c) Als dritte Gruppe sind die 20.000 Salzburger Protestanten anzuführen, die 1731/32 vom Bischof vertrieben und zu einem großen Teil vom preußischen König in Ostpreußen angesiedelt wurden.

21.1.4.4 Flucht und Vertreibung

Flucht hat seine Ursachen da, wo unversöhnliche politische Kräfte sich gegenüberstehen. Als Flucht soll bezeichnet werden “wenn kraft besonderer Umstände Menschen aus der heimatlichen Staatsgemeinschaft ausscheiden, ohne in eine andere legal eingegliedert zu werden” (Müller 1952: 3).

Flucht hat man unter vier Aspekten zu betrachten (Müller 1952: 3 ff.):

a) *Der moralische Aspekt:* Der Mensch als Individuum hat angeborene, unveräußerliche und unantastbare Rechte und Freiheiten gegenüber staatlichen Eingriffen – die Menschenrechte. Diese gebieten einen Schutz für den Unterdrückten;
b) *Der politische Aspekt:* Die Ursachen von Flucht sind im Missbrauch der staatlichen Gewalt zu sehen, in deren Gefolge es zu einer Missachtung der bürgerlichen Freiheitsrechte gesellschaftlicher Subgruppen oder Individuen kommt;
c) *Der soziale Aspekt:* Die Auswirkungen der Flucht sozialer Subgruppen wirken sich auf das soziale Gefüge sowohl in der Herkunftsgesellschaft als auch in einer aufnehmenden Gesellschaft aus. Besonders gravierend sind die Auswirkungen auf die Herkunftsgesellschaft dann, wenn diese die “Ausgegrenzten” nach einer oder mehrerer Zwischenstationen in der Fremde wieder aufnehmen und integrieren muss, wie die Diskussion um die Rückführung der Bürgerkriegsflüchtlinge aus Ex-Jugoslawien in deren Herkunftsländer zeigt;
d) *Der wirtschaftliche Aspekt*: Die Folgewirkungen von Massenflucht sind mit Blick auf das Herkunftsland ein mehr oder weniger großer Verlust an Arbeitskräften und an Fachwissen und Fertigkeiten für dessen Wirtschaft und mit Blick auf das Aufnahmeland eine wirtschaftliche Belastung bei der Versorgung und der Eingliederung, sodass das wirtschaftliche Gleichgewicht eines in der Regel armen, z. B. afrikanischen oder asiatischen Aufnahmestaates, stark beeinträchtigt wird.

Im Gegensatz zur Flucht, die als temporärer Zustand gesehen wird, und deren Ursachen nach einer Beendigung des Missbrauchs der staatlichen Gewalt nicht mehr existent sein sollten, stellt Vertreibung einen langfristigen Zustand dar: Vertreibung ist eine einseitige staatliche Zwangsmaßnahme zur dauerhaften Aussiedlung ethnischer oder gesellschaftlicher Subgruppen. Vertreibung setzt ein Machtgefälle zwischen den Vertreibern und den Vertriebenen voraus oder sie beruht auf einem staatsrechtlich geregeltem Bevölkerungsaustausch.

Die Vertreibung der Bevölkerung aus eroberten Gebieten oder Städten wird seit dem Altertum praktiziert. Sie hat aber im 20. Jahrhundert Dimensionen angenommen, die die Bevölkerung weiter Landstriche oder vollständiger ethnischer Gruppen betreffen und muss heute als “ethnische Säuberung” in Verbindung mit Ausrottung ethnischer Minderheiten gesehen werden. Eine Trennung zwischen Vertreibung und Flucht ist nicht einfach, da oft das eine mit dem anderen einher geht. Einige der spektakulärsten Vertreibungen dieses Jahrhunderts sind (Beijer 1969: 1267; Fassmann, Münz 1995: 471; Ueberschär 1994: 37; Grotzky 1993: 192 ff.):

a) die Vertreibung der Armenier aus der Türkei während des 1. Weltkriegs;
b) die Vertreibung der Griechen 1921 aus Kleinasien und der in einem Staatsvertrag geregelte griechisch-türkische Bevölkerungsaustausch in den Jahren 1922-1923: vom Bevölkerungsaustausch betroffen waren 1,6 Mio. Griechen und 360.000 Türken (Kaloussis 1935);
c) die Vertreibung der Finnen aus den westkarälischen Gebieten 1940–44: betroffen waren 480.000 Personen;
d) die Vertreibung der Araber aus Palästina: betroffen waren 1 Mio. Personen;
e) die Vertreibung der Deutschen aus den Gebieten östlich der Oder-Neiße-Linie und aus der Tschechoslowakei, aus Ungarn und aus Jugoslawien 1945–1947: betroffen waren 12,8 Mio. Personen (Ueberschär 1994: 37);
f) Flucht und Vertreibung in Zusammenhang der Teilung Indiens 1947 nach Religionszugehörigkeit in zwei Staaten: Indien (hinduistisch) und Pakistan (mohammedanisch): betroffen vom "Bevölkerungsaustausch" waren 16–17 Mio. Personen;
g) ethnische Säuberungen während des Bosnien-Krieges 1992–1995: bis Ende 1993 waren ca. 2,3 Mio. Personen auf der Flucht (Grotzky 1993: 192).

Betrachtet man die europäischen Ost-West-Wanderungen (Tab. 1), die durch die Neuordnung Mitteleuropas mit dem Ende des 2. Weltkriegs 1945 ausgelöst wurden, so betrifft diese nicht nur 12,8 Mio. Deutsche sondern insgesamt 20,1 Mio. Menschen, die bedingt durch neue Grenzziehungen und ethnische Entmischungen grenzüberschreitend wandern. Nicht berücksichtigt sind die innerdeutsche Ost-West-Wanderung und die Umsiedlungsaktionen innerhalb der Sowjetunion.

Zu den Motiven dieser Verschiebungen und Vertreibungen sollte man Churchills Unterhausrede aus dem Dezember 1944 anführen: "Denn die Vertreibung ist, soweit wir in der Lage sind, es zu überschauen, das befriedigendste und dauerhafteste Mittel. Es wird keine Mischung der Bevölkerung geben, wodurch endlose Unannehmlichkeiten entstehen" könnten (Benz 1995: 9). Durch die Nichtberücksichtigung moralischer Aspekte aus Sicht der Betroffenen kann solch ein Bevölkerungsaustausch unemotional als Auflösung möglicher ethnischer Konflikte betrachtet werden: "Reiner Tisch wird gemacht werden" (Churchill 1944, nach: Ueberschär 1994: 26).

Während die Vertriebenen innerhalb ihres ethnischen Zielgebietes relativ schnell assimiliert werden, bleiben die Flüchtlinge über ethnische und Einstellungsunterschiede (mit einer auf temporären Verbleib ausgerichteten Einstellung) Fremdkörper, die häufig noch separiert und in Lagern untergebracht werden.

Weltweit wird die Zahl derer, die als Flüchtlinge ihre Heimatstaaten verlassen haben (Tab. 2), auf 23 Mio. Menschen geschätzt (Stand 1995). Hinzu kommen weitere 25 Mio. Menschen, die als "Displaced Persons" innerhalb ihrer Heimatstaaten umherirren. Der größte Teil der Flüchtlingsströme bleibt in der jeweiligen Region, bewegt sich vom Krisen- oder Kriegsgebiet in eines der Nachbarländern: das sind (Ende 1993) 6,4 Mio. Flüchtlinge in Afrika und 5,2 Mio. Flüchtlinge in Asien (Hausmanns 1996).

Tab. 1: Europäische Ost-West Wanderung 1945–1950*)

Herkunftsland	Zielland	Anzahl
Polen, inklusive ehem. deutsche Ostgebiete	Ost- u. West-Deutschland (hauptsächlich)	7.000.000
Tschechische Rep., Slowakei	Ost- u. West-Deutschland und Österreich	3.200.000
Russland, Weißrussland, Ukraine, Baltikum	Ost- u. West-Deutschland (hauptsächlich)	1.500.000
ehem. Jugoslawien	Ost- u. West-Deutschland und Österreich	360.000
Ungarn	Ost- u. West-Deutschland und Österreich	225.000
Teile von ehem. Jugoslawien	Italien	200.000
Slowakei, Rumänien, ehem. Jugoslawien	Ungarn	315.000
Ungarn	Slowakei	73.000
Russland	Finnland	400.000
Weißrussland, Litauen, Ukraine	Polen	1.496.000
Polen	Weißrussland, Litauen, Ukraine	518.000
Tschechische Rep., Slowakei	Ukraine	50.000
Ukraine	Tschechische Rep., Slowakei	42.000
Deutschland, Österreich	Polen, ehem. Tschechoslowakei, ehem. Jugoslawien, ehem. Sowjetunion	4.700.000
Summe		20.100.000

*) Ethnische Umsiedlungen innerhalb der Sowjetunion sind nicht berücksichtigt

(Quelle: Fassmann, Münz 1995: 471; Daten teilweise geschätzt)

Tab. 2: Flüchtlinge weltweit 1975–1995

Jahr	Anzahl Flüchtlinge
1975	2.400.000
1977	2.800.000
1979	4.600.000
1881	8.200.000
1983	10.400.000
1985	10.500.000
1987	12.400.000
1989	14.800.000
1991	17.200.000
1993	18.200.000
1995	14.400.000

(Quelle: Hausmanns 1996)

21.1.4.5 Politisches Asyl

Die politische Umsetzung der moralischen Konsequenz, die sich aus Verfolgung und Flucht von Individuen und Gruppen für die Staatengemeinschaft ergibt, ist der rechtliche Anspruch des Verfolgten auf Aufnahme an einem Zufluchtsort. Solche Rechte auf (politisches) Asyl existieren seit es Flucht und Vertreibung gibt und sind heute über international akzeptierte Konventionen und nationales Recht geregelt. Das Besondere des politischen Asyls ist der Schutz des politisch oder religiös Verfolgten durch die Nichtauslieferung an das Herkunftsland.

Da sich die großen Flüchtlingsströme der heutigen Zeit in Schwarzafrika und in Asien bewegen und die Flüchtlinge vornehmlich die Nachbarländer ihre Heimatländer aufsuchen, sind es überwiegend die armen Entwicklungsländer, die den Flüchtlingen Asyl gewähren. Hierbei muss, wegen der hohen Zahlen der Asylanten, ein nicht unbeträchtlicher Teil des Bruttosozialprodukts in die Aufnahme und Versorgung der Flüchtlinge investiert werden. Während die Entwicklungsländer von der großen Zahl der Flüchtlinge überrollt werden, Ende 1993 hatten 6,4 Mio. Flüchtlinge in Afrika und 5,2 Mio. Flüchtlinge in Asien die Grenzen Ihrer Herkunftsländer überschritten, schotten sich die reichen Industriestaaten, trotz vergleichsweise geringer Nachfrage mit addiert für 26 Industriestaaten insgesamt 721.000 Anträgen auf politisches Asyl (Hausmanns 1996), immer stärker ab: Die Industriestaaten diskutieren den Unterschied zwischen politischem und Wirtschaftsflüchtling und versuchen den Zuzug der Fremden auf ein Mindestmaß zu reduzieren. Hierbei bilden die klassischen Einwandererländer USA, Kanada und Australien in gewisser Hinsicht noch eine Ausnahme, indem der Zuwandereranteil, der durch die klassischen Einwanderergruppen gegeben ist, hinter den Flüchtlingen und deren Familienangehörigen weit zurücktritt:

a) Von den 904.000 legalen Einwanderern 1993 waren 14% Flüchtlinge und 55% einwandernde Familienangehörige;
b) In Kanada betrug 1992 der Flüchtlingsanteil unter den insgesamt 248.000 Zuwanderern 21% und der Anteil der Familienangehörigen etwa 39%;
c) In Australien betrug der Anteil der Flüchtlinge unter den 110.000 zuwandernden Menschen etwa 10% und der der Familienangehörigen etwa 50% (Hausmanns 1996).

Die europäischen Staaten kehren sich, angesichts eines größer werdenden Potentials an Nachfragern, immer stärker ab von einer einst liberaleren Handhabung des politischen Asyls (Hausmanns 1996):

a) Frankreich versagt Asylbewerbern den Aufenthalt, wenn diese in einem Drittstaat, der die Verfolgten nicht abschiebt, aufgenommen werden könnten;
b) Die Niederlande und Deutschland gewähren in der Regel kein Asyl demjenigen, der über ein sicheres Drittland eingereist ist. Allerdings gibt es in beiden Ländern Ausnahmen, die zu einer etwas liberaleren Handhabung führen;

c) Großbritannien führt eine rigorose Prüfung der Asylanträge durch: 1990 wurden 20% der Anträge genehmigt und nur 20% unmittelbar abgelehnt. 1995 werden 80% der Anträge unmittelbar abgelehnt und nur 4% der Anträge genehmigt.

21.1.4.6 Der Sonderfall der dauerhaften Vertreibung der Roma

Zu Beginn des 15. Jahrhunderts wanderten die Roma in zwei Gruppen über den Balkan und über Nordafrika nach Europa ein. Sie wurden als "Tartaren" und "Zigeuner" zunächst geduldet, aber ab Ende des 15. Jahrhunderts verfolgt. Zwischen 1500 und 1700 gab es über 150 zigeunerfeindliche Edikte, Befehle und Verordnungen (Spaich 1981: 19), die die Roma ständig in Bewegung hielten und von einem Land ins andere trieben. Bis 1563 waren die Zigeuner überall in Europa des Landes verwiesen worden, was die Roma zu einem permanentem Wandern zwang, was sie aber nicht verschwinden ließ. In Rumänien, Ungarn und Siebenbürgen ist eine sämtliche Zigeuner erfassende Sklaverei nachgewiesen (Münster 1969: 158). Mit der Aufhebung der Sklaverei in den rumänischen Fürstentümern um 1860 begann eine europäische Ost-West-Wanderung der Roma. Die industrielle Revolution machte den Roma die Existenzsicherung durch das traditionelle Wandergewerbe immer schwerer – viele zogen in die Städte, um Industriearbeiter zu werden. Die Gesetze zwangen die Roma zum wiederholten Mal und nur mit eingeschränktem Erfolg zur Sesshaftigkeit. Erst die Vernichtungslager des NS-Regimes und, in deren Folge, ein Verlust an Tradition und Kultur, beendeten die große Wanderschaft.

21.1.5 Auswanderung

Im Sinne der Statistik wird ein grenzüberschreitender Wohnortwechsel als "Auswanderung" gesehen, wenn eine Mindestdauer des Aufenthaltes im Ausland überschritten wird.

Für die Definition des Status des Wandernden sind weitere Unterscheidungen notwendig:

a) Um eine permanente Auswanderung von der temporären Auswanderung von Arbeitsmigranten zu unterscheiden, ist einerseits der Wille des Wandernden, Bürger des Aufnahmelandes zu werden und andererseits die rechtliche Situation im Aufnahmeland, dem Wunsch des Wandernden nach dem Erwerb der neuen Staatsbürgerschaft zu entsprechen, wichtig;
b) Um eine legale Auswanderung von einer illegalen zu unterscheiden, muss beachtet werden, ob eine konkrete Wanderung mit der Zustimmung des Aufnahmelandes geschieht und welchen Aufenthaltsstatus die Behörden des Aufnahmelandes dem Wandernden zuerkennen. Damit wird eine akzeptierte Einwanderung zur Bedingung für eine legale Auswanderung.

Einwanderung in diesem Sinne ist eine akzeptierte Wanderung von Menschen, die individuell oder in Familien auf ihre eigene Initiative hin agieren und selbst verantwortlich sind (Fairchild 1925: 30). Die so Wandernden wandern von einem hoch entwickelten, zumeist dicht besiedelten und für ihre Gruppe altem Siedlungsraum in einen oft weniger hoch entwickelten, zumeist lockerbesiedelten, für ihre Gruppe neuen Siedlungsraum. Die Auswanderung in der modernen Zeit begann mit Auswanderungswellen aus den europäischen Staaten in die "Neue Welt" der ehemaligen überseeischen Kolonien, die eine begrenzte oder volle staatliche Autonomie erworben hatten und deren Ökonomie auf Zuwanderer angewiesen war. Beispielhaft für dieses Thema steht die große transatlantische Migration aus Europa nach Nordamerika. Beteiligt an der transatlantischen Migration der Europäer nach Nordamerika waren freie Bürger aus fast allen Regionen Europas.

21.1.5.1 Die transatlantische Migration

Die transatlantische Migration aus Europa begann mit den schwächsten Schichten, den Verlierern des gesellschaftlichen Umbruchs ab Beginn des 19. Jahrhunderts: mit verarmten bäuerlichen Pächtern, Handwerkern, unbegüterten Arbeitern aus den Städten und anderen verdrängten und in der neuen Wirtschaftsordnung nicht mehr benötigten Personenkreisen. Diesen Gruppen folgten die zahlenmäßig großen Gruppen der Kleinpächter und Landarbeiter, die der Armut und dem Hunger entgehen wollten (Coleman 1972; Marschalck 1973; Spaich 1981: 139 ff.). Die bisher benannten Gruppen wanderten im Familienverbund aus, wobei die zuerst aufbrechenden, eher städtischen Wanderer ihre Entscheidung zu wandern noch abwägten (Scally 1995), aber den Letzteren, den in der Landwirtschaft Freigesetzen, sich zum Wandern keine Alternative mehr zeigte. In einer dritten Welle der Auswanderung folgten vermehrt einzelnwandernde Arbeitskräfte, die sich eher wie die heutigen Arbeitsmigranten verhielten (Abbott 1909). Diese Arbeitssuchenden bestanden zu einem großen Teil aus alleinwandernden jungen Menschen, die später die Familie nachzogen oder die Familie im Aufnahmeland gründeten. Außerdem berichten frühe empirische Untersuchungen aus Chicago, dass diese Gruppen sich die Möglichkeit der Remigration zunächst offen hielten.

Berücksichtigt man die Situation in den Herkunftsländern der Wanderer, so wird deutlich, dass dort bestimmte Bedingungen für eine Auswanderung gegeben sein müssen. Solche Bedingungen waren:

a) die Aufhebung der Feudalstrukturen, denn nur freie Menschen können wandern;
b) ein sozialer Wandel, der die bestehende soziale Schichtung der Gesellschaft ändert, neue Oberschichten schafft und für große Gruppen der Gesellschaft einen Ausschluss vom sozialen Aufstieg, oft sozialen Abstieg gepaart mit Verelendung, bedeutet;
c) eine Umstrukturierung der Wirtschaft, wodurch große Bevölkerungsgruppen auf dem Arbeitsmarkt freigesetzt werden.

Vergleicht man nun die Länder Europas nach diesen drei Bedingungen, so zeigt sich, dass die unterschiedlichen Länder die Bedingungen für eine Auswanderung zu unterschiedlichen Zeitpunkten erreicht haben, und dass dieses in Osteuropa zuletzt geschah.

Neben der Auswanderung aus den britischen Königreichen ging eine der frühesten Auswanderungswellen nach Nordamerika von Irland aus. Während die Anzahl der Einwanderer in den ersten Jahren gering blieb, setzte 1847 mit der Hungersnot der große Exodus ein: Über zwei Jahrzehnte wanderten pro Jahr zwischen 30.000 und 100.000 Iren nach Nordamerika (Scally 1995: 81). Eine große Minderheit siedelte in den großen Städten des Ostens, viele aber siedelten an der städtischen Peripherie und lebten von Lohnarbeit und Gemüseanbau (Scally 1995: 83). Die in der deutschen Landwirtschaft durch den Strukturwandel freigesetzten auswandernden Kleinpächter siedelten eher im Mittelwesten und erwarben dort Farmen. Die kurz vor der Jahrhundertwende aus Südeuropa Auswandernden siedelten eher als Industriearbeiter in den stark wachsenden Industriestädten des Ostens und Mittelwestens. Die osteuropäische Auswanderung brachte noch einmal in großer Anzahl neue ethnische Gruppen aus Europa nach Nordamerika: Insgesamt über 4 Mio. Auswanderer wanderten zwischen 1880 und 1914 über den Atlantik, davon etwa 90% nach Nordamerika. Hierbei stellten die Juden mit 1,8 Mio. und die Polen mit etwa 1,2 Mio. die größten Gruppen (Morawska 1995: 97). Diese letzten großen Migrantengruppen verstärkten das Heer der städtischen Industriearbeiter. Die Bevölkerung Chicagos z. B. wuchs mit der Industrialisierung von 4.000 Einwohnern 1870 auf 1,7 Mio. Einwohner im Jahr 1900 (Handlin 1951: 145).

Betrachtet man die Überseewanderungen der Europäer in den letzten zwei Jahrhunderten insgesamt, so sind, vorsichtig geschätzt, zwischen 60 und 70 Mio. Personen gewandert. Hiervon kehrten etwa 25% in ihre Heimat zurück, die anderen 75% der Wanderer verblieben als Einwanderer in einem überseeischen Zielland, davon mehr als die Hälfte in den USA (Davis 1974). Die deutschen Länder stellten für einige Jahrzehnte in der zweiten Hälfte des 19. Jahrhunderts die größte Zahl von Auswanderern: Zwischen 1850 und 1890 waren es in jedem Jahrzehnt weit über 1 Mio. Auswanderer. Dieses änderte sich erst mit der fortschreitenden Industrialisierung im Deutschen Reich.

21.1.5.2 Deutsche Sonderformen: "Aussiedler" und "Übersiedler"

Eine spezielle deutsche Sonderform von grenzüberschreitenden Wanderern sind die "Aussiedler" (Tab. 3). Bedingung für deren Existenz ist das deutsche Konzept von Staatsangehörigkeit, das auf einer ethnischen Definition von Nationalstaat basiert: Die Bundesrepublik Deutschland versteht die Nation als Abstammungsgemeinschaft mit gemeinsamer Kultur und gemeinsamer Geschichte. Hierdurch werden die Zugehörigkeit zur Nation mit der rechtlichen Zugehörigkeit zum politischen Gemeinwesen eng miteinander verknüpft. Weder der Geburtsort ist ausschlaggebend für die Staatsbürgerschaft (ius soli) noch die aktuelle Staatsangehörigkeit des Vaters oder der Mutter (ius sanguinis), sondern die deutsche Staatsangehörigkeit im Sinne des Grundgesetzes der Bundesrepublik Deutschland basiert auf der Abstammungs- und Kulturgemeinschaft (Heckmann 1992: 212).

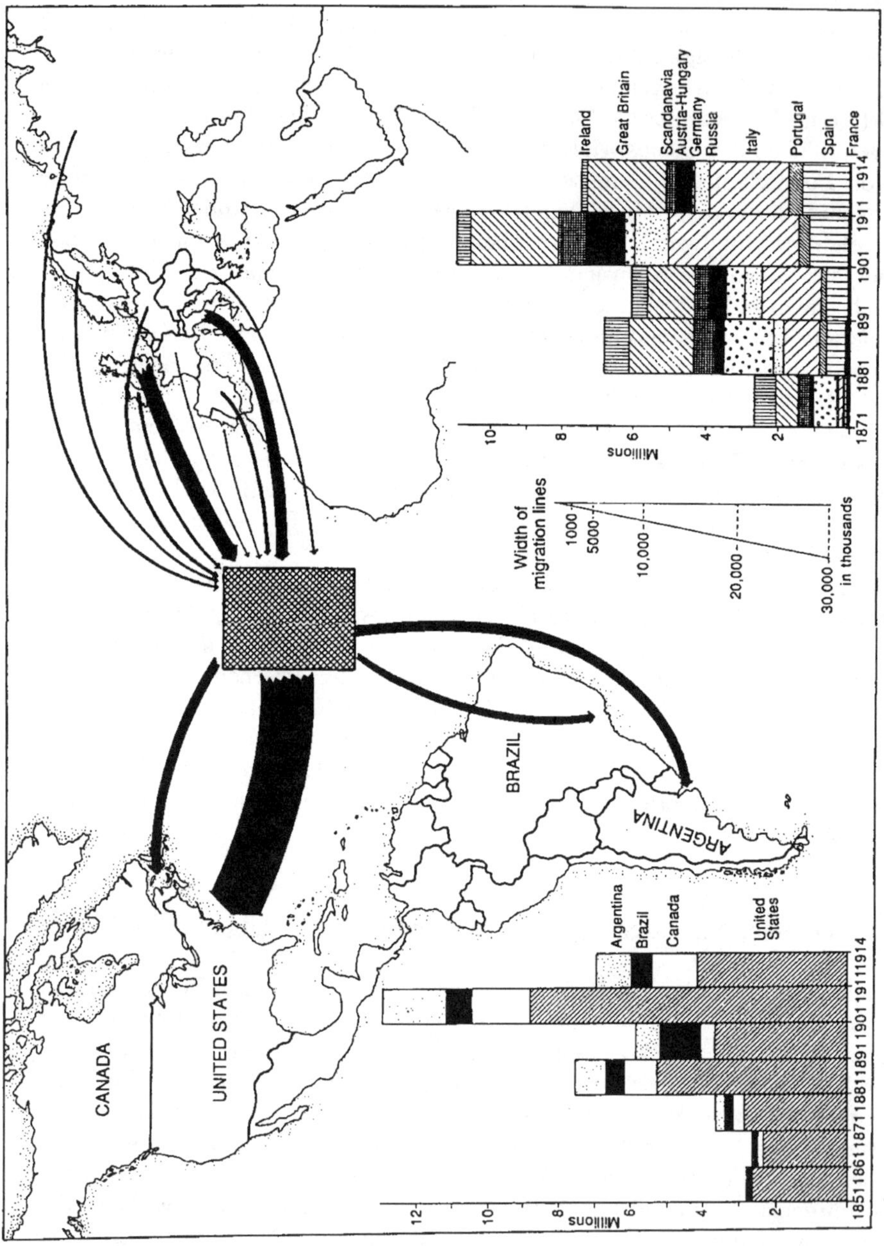

Abb 1: Migration in der Atlantikregion 1871–1914

(Quelle: Kartiert von Norman Pounds; in: Nugent 1992: xii)

Durch diese Verknüpfung von Staatszugehörigkeit und Abstammungsgemeinschaft gelten auch jene Nachkommen von deutschen Staatsbürgern als deutsche Staatsbürger, deren Vorfahren vor mehreren Generationen das Gebiet des politischen Gemeinwesens verlassen haben und die bisher die Rechte als Staatsbürger nicht wahrnehmen können. Kommen diese im ethnischen Sinn als Deutsche zu bezeichnenden Personen als "Aussiedler" aus ihren südost- und osteuropäischen Siedlungsgebieten, in denen ihre Vorfahren teils seit dem 13. Jahrhundert siedelten, in die Bundesrepublik Deutschland, so erhalten diese gleich nach Anerkennung ihres Status alle Rechte und Pflichten eines Staatsbürgers zuerkannt. Obwohl die "Aussiedler" von ihren Motiven her eher Arbeitsmigranten gleichen, teils auch heute als Vertriebene zu betrachten sind, wird ihre Wanderung politisch als "Remigration" gesehen.

Von den Aussiedlern unterschieden werden die Heimatvertriebenen, jene Deutschen, die zwischen 1945 und 1950 aus ihren Siedlungsgebieten von den Siegern des 2. Weltkrieges vertrieben wurden (s. 21.1.4.4). Auch wenn Aussiedler und Gruppen der Heimatvertriebenen der gleichen Grundgesamtheit angehören, so unterscheidet sie ein gewisses Maß an Freiwilligkeit der Wanderung und damit das Wanderungsmotiv oder zumindest die freie Wahl des Wanderzieles.

Eine dritte Gruppe von deutschen Wanderern, die faktisch als Auswanderer, de jure jedoch als Binnenwanderer zu bezeichnen sind, sind die "Übersiedler". "Übersiedler" sind jene Deutschen im Sinne des Grundgesetzes der Bundesrepublik Deutschland, die vor der Vereinigung beider deutscher Staaten im Oktober 1990 von der Deutschen Demokratischen Republik in die Bundesrepublik Deutschland übergesiedelt sind (Schmidt 1992). Hier wurde die Außenwanderung aus der Sicht der Bundesrepublik Deutschland zur Binnenwanderung, indem die Staatsgrenze zur DDR als solche politisch nicht anerkannt wurde, während aus der Sicht der Deutschen Demokratischen Republik die Grenze durchaus als Staatsgrenze existent war und eine diese Grenze überschreitende Wanderungsbewegung den Status von Auswanderung aufwies.

Tab. 3: Zustrom von Übersiedlern (1950–1990) und Aussiedlern (1950–1992) in die Bundesrepublik Deutschland

Herkunftsland	Anzahl
Deutsche Demokratische Republik	5.275.000
Polen	1.430.000
Sowjetunion bzw. GUS-Staaten	746.000
Rumänien	402.000
(ehem.) Tschechoslowakei	105.000
(ehem.) Jugoslawien	90.000

(Quelle: Fassmann, Münz 1995: 473)

21.1.6 Arbeitsmigranten

Arbeitsmigranten sind Wanderer, die aus wirtschaftlichen Gründen ihre Heimatländer verlassen um für einen mehr oder weniger langen Zeitraum zur Aufnahme von Arbeit in eine wirtschaftlich höher entwickelte Gesellschaft zu wandern (Heckmann 1992: 67). Die Arbeitsmigration kann temporär oder dauerhaft erfolgen. Charakteristisch ist, dass die Arbeitsmigranten eine Rückkehr in die Heimatländer beabsichtigen, auch wenn dieser Wunsch für viele bei langfristigem bis dauerhaftem Aufenthalt im Aufnahmeland allmählich irrealwird. Charakteristisch für die Arbeitsmigration ist auch, dass diese Immigration auf einer vom Individuum freiwillig zu fällenden Entscheidung zum Wandern beruht. Unter Arbeitsmigration ist ein breites Spektrum von Wanderungen zu verstehen: Dieses reicht von der Einwanderung über die Vertragsarbeitsmigration zur "Gastarbeiter-", "Wanderarbeiter-" und "Saisonarbeitermigration". Voraussetzung für die Arbeitsmigration sind:

a) die Industrialisierung, die eine Umschichtungen der Arbeitskräfte erfordert und bewirkt;
b) der Ausbau des Nationalstaates, der einerseits eine Tendenz zur ethnischen Abkapselung entwickelt und dem andererseits die Tendenz zur Überwachung und Lenkung des Wirtschaftsgeschehens innewohnt.

Die ersten großen Einwanderungswellen von Arbeitsmigranten in die europäischen Industriestaaten oder die unabhängig gewordenen Kolonien stellte eine Wanderung aus wirtschaftlich weniger entwickelten Gebieten in Gebiete mit höherem wirtschaftlichem Entwicklungsstand dar. Aufseiten des Zielsystems wurde die Wanderungsentscheidung angereizt durch die Notwendigkeit der Ergänzung des eigenen Arbeitsmarktes und aufseiten der Wandernden sind die Motive in der Erwartung einer "günstigeren" Arbeit, die zu mehr Freiheit und/oder zu (einem bescheidenen) Wohlstand führt, zu suchen, oder sind zumindest in der Hoffnung auf eine verbesserte Lebenshaltung zu sehen.

Mit der beginnenden Industrialisierung beginnt die Arbeitsmigration, vor allem in die Gebiete, die durch Schwerindustrie und Bergbau geprägt wurden. Betrachtet man z. B. das Ruhrgebiet, so kamen zunächst die Zuwanderer aus benachbarten deutschen Staaten, z. B. aus dem Rheinland und aus Hessen. Nach einem weiteren Ausbau von Bergbau und Industrie und, damit einhergehend, erneuter Arbeitskräfteverknappung, kamen die Zuwanderer ab den 1870er-Jahren aus den preußischen Ostprovinzen: zunächst Deutsche, später Wanderer polnischer Nationalität. Bis zum 1. Weltkrieg wanderten zwischen 350.000 und 450.000 Polen ins Ruhrgebiet; die polnischen Bergarbeiter im Ruhrgebiet hatten 1911 einen Bevölkerungsanteil von 36% erreicht (Heckmann 1992: 18). In Folge der massiven Ost-West-Wanderung der Arbeitskräfte aus den Gebieten landwirtschaftlicher Großbetriebe in den preußischen Ostprovinzen, kam es daselbst ebenfalls zu einer Arbeitskräfteverknappung, die durch die Zuwanderung polnischer Arbeiter aus Russland kompensiert werden musste.

Die Arbeitsmigration ist mit zunehmender Industrialisierung weiter angestiegen und hat in ganz Europa erst innerhalb der 60er-Jahre ihren Höhepunkt erreicht. Diese bisher letzte im europäischen Raum zu Beginn der 60er Jahre einsetzende "Gastarbeiter"-Wanderung ist mit den großen Arbeitsmigrationen früherer Zeiten nicht mehr ganz zu vergleichen: Regierungen und gesellschaftliche Kräfte der Arbeitsmigranten anwerbenden Industriestaaten sehen im Nachkriegs-Europa die Arbeitsmigration zunächst als eine temporäre Erscheinung zur Förderung des heimischen Wirtschaftswachstums. Die Arbeitsmigranten werden als "Wanderer auf Zeit" gesehen, die als Konjunkturpuffer eine befristete Nachfrage der Wirtschaft nach Arbeitskräften befriedigen, um als temporäre Bedarfsdeckung, die jederzeit wieder rückgängig gemacht werden könne (Leitner 1983: 15), danach in ihre Herkunftsländer zurückzukehren (Niederberger 1982: 32 ff.; Leitner 1983: 14 f.; Arin 1982; Ronzani 1980: 68 ff.). Das Festhalten an dem Rotationsprinzip ermöglicht es dem Aufnahmeland theoretisch durch ein kontrolliertes Öffnen der Grenzen, den Migrationsfluss entsprechend den wirtschaftlichen Notwendigkeiten zu leiten. Das Rotationsprinzip verunsichert allerdings die Wanderer über eine ständige Ungewissheit der Zukunftsentwicklung. Und das Rotationsprinzip gibt den Herkunftsländern die Hoffnung auf die Rückkehr ausgebildeter Arbeitskräfte. Jedoch das Rotationsprinzip über den Familiennachzug ausgehebelt worden: Aus den Einwanderern auf Zeit sind potenziell Einwanderer auf Dauer geworden, die aus den industriell niedriger entwickelten Regionen kommen und aus individueller Sicht wenig Veranlassung haben, vor dem Ausscheiden aus dem Arbeitsleben, dorthin endgültig wieder zurückzukehren. Wie sehr eine Rückwanderung auch mit der Freizügigkeit des Wanderns, die zwischenstaatlich vereinbart ist, zusammenhängt, zeigen deutsche Daten von 1982 (Böhning 1984: 34): Die Rückwanderungsquote der zwischen 1961 und 1976 in die Bundesrepublik Deutschland eingereisten Italiener betrug 92%: allerdings kehren sehr viele von diesen nach einer kurzen bis mittleren Verweildauer in der Heimat wieder in die Bundesrepublik zurück (Breitenbach 1982: 32 ff.); die Rückwanderungsquote der Türken betrug 30%.

Charakteristisch für die "Gastarbeiter"-Wanderung ist deren Einbindung in ein staatliches Kontrollsystem und ein Netz von zwischenstaatlichen Verträgen: Die Voraussetzung für die Anwerbung von Arbeitsmigranten sind Anwerbeverträge, die die Entsendestaaten mit den Empfängerstaaten abschließen. Verträge zwischen Regierung, Unternehmern und Gewerkschaften steuern die Höhe und die regionale und branchenspezifische Verteilung der angeworbenen Kontingente. Ist der Arbeitsmigrant erst einmal im Aufnahmeland, so ist die Voraussetzung für die Aufnahme eines Arbeitsverhältnisses die Arbeitserlaubnis. Unterschiedliche Anwerbe- oder Aufnahmeländer definieren die Rolle der Arbeitsmigranten unterschiedlich:

21.1.6.1 Beispiel: Bundesrepublik Deutschland

In der Bundesrepublik Deutschland zeichnete sich nach dem Wirtschaftsaufschwung der 50er-Jahre ein Mangel an Arbeitskräften ab. Dieses war bedingt durch sozialstrukturelle Veränderungen in der Bevölkerung:

a) Der Anteil der Personen im erwerbsfähigen Alter sank durch den Eintritt geburtenschwacher Jahrgänge in den Arbeitsprozess und durch eine relative Zunahme der aus dem Erwerbsleben ausgeschiedenen Jahrgänge;

b) Der Anteil der Erwerbspersonen sank durch den Aufbau der Bundeswehr;
c) Der Zustrom von jährlich 150.000 bis 300.000 Übersiedlern aus der DDR wurde durch den Mauerbau im August 1961 abrupt beendet.

Temporäre Abhilfe aus dieser Situation der Verknappung von Arbeitskräften in einer Phase des Wirtschaftswachstums versprach man sich durch Anwerbeverträge mit insgesamt 8 Ländern: Italien (1955), Spanien (1960), Griechenland (1960), Türkei (1961), Portugal (1964), Tunesien und Marokko (1965) und Jugoslawien (1968). Die Zahl der ausländischen Arbeiter stieg von 280.000 im Jahre 1960 auf 2,6 Mio. im Jahre 1973 (Heckmann 1992: 21). Die Zuwanderung von über 2 Mio. Arbeitsmigranten führte nur zu einer geringen Zunahme der Erwerbstätigen insgesamt: von 26,3 Mio. auf 26,7 Mio.. In der Wirtschaftskrise 1973 wurde der Anwerbestop verfügt. Die Zahl der ausländischen Arbeitnehmer ging in den folgenden Jahren um etwa 1 Mio. zurück, jedoch die Zuwanderung von Familienangehörigen sorgte trotz Rückwanderung von Arbeitskräften bis zur Wiedervereinigung Deutschlands für eine in etwa konstant bleibende Zahl von (1989) ca. 3,6 Mio. Ausländern aus den Anwerbeländern. Zu Beginn der 90er-Jahre kommen zu den alten südeuropäischen Anwerbeverträgen neue zwischenstaatliche Verträge mit den östlichen Nachbarstaaten hinzu, die primär den Transfer von Saisonarbeitern (wie z. B. in der Bauwirtschaft und in der Landwirtschaft) regeln.

Betrachtet man die Rahmenbedingungen des Aufenthaltes, so versteht sich die Bundesrepublik Deutschland bis heute (1996) nicht als Einwanderungsland. Vielmehr hängen die deutschen Politiker der Idee der Rotation nach: Wenn die Wirtschaft ihn nicht mehr braucht sollte der Arbeitsmigrant in seine Heimat zurückkehren. Bis heute ist Ausländerpolitik in der Bundesrepublik Deutschland in erster Linie Arbeitsmarktpolitik, das Steuerungsinstrument sind die deutschen Arbeitsmarktinteressen; nach diesen richten sich alle Maßnahmen und Konzepte, die die Ausländer betreffen. Konsequenterweise wurde in der Vergangenheit während der Rezessionsphasen viel investiert in Rückkehranreize; zwangsweise allerdings zurückgeschickt wird der Arbeitsmigrant, solange er nicht auffällig wird und/oder die Belange der Bundesrepublik beeinträchtigt, nicht. Echte staatliche Integrationsmaßnahmen gibt es, obwohl viel über Integrationskonzepte geredet wurde und wird, allerdings kaum.

21.1.6.2 Beispiel: Schweiz

Die Schweiz stellt in ihrer politischen Definition kein Einwanderungsland dar, blickt aber auf eine über 100-jährige Tradition der Einwanderung zurück und hat heute (1996) einen Ausländeranteil an der Wohnbevölkerung von 17,6%.

Bis zum 1. Weltkrieg betrieb die Schweiz eine offene Einwanderungspolitik, orientiert an der wirtschaftlichen Entwicklung und seit der Jahrhundertwende wurde über das jus soli die Einbürgerung als Mittel zur Integration benutzt. Während des 1. Weltkrieges und der darauf folgenden Wirtschaftskrise änderte sich die Einstellung zu den Ausländern drastisch: Der Ausländer erschien ab dieser Zeit als ein "gefährliches Element", dass limitiert und reglementiert werden musste, wobei in die drei Gruppen der Saisonarbeiter, der Arbeitsmigranten mit einjähriger Aufenthaltserlaubnis und der Arbeitsmigranten mit Daueraufenthaltserlaubnis unterschieden wurde (Hoffmann-Nowotny 1995: 303). Nach dem 2. Weltkrieg boomte die Schweizer Wirtschaft derart, dass dringend Arbeitskräfte benötigt wurden. Unter dem Postulat der Rotation kamen vornehmlich junge, unverheiratete und beruflich qualifizierte Personen aus Italien. Bis zur Ölkrise 1973 stellten diese Arbeitsmigranten einen Bevölkerungsanteil von 16,7%. Während der Ölkrise verringerte sich die italienische Population durch Remigration um 13%. Nach der Krise erfolgte dann eine Abwendung von der Anwerbung in den Nachbarländern: Stattdessen wurden, ungeachtet der Überfremdungsängste weiter Teile der Bevölkerung, Jugoslawen, Portugiesen und Türken angeworben. Die Schweizer Politik bemüht sich um einen Kurs in der Ausländerpolitik, der zum Wohl der Wirtschaft eine große Anzahl Arbeitsmigranten ins Land holt, ohne dabei die rassistischen Zirkel zu sehr zu beunruhigen. Obwohl die Rassisten nur einen maximalen Ausländeranteil von 10% der Wohnbevölkerung akzeptieren wollen, hat die Schweiz 1992 einen Ausländeranteil von 17,6%.

21.1.6.3 Beispiel: die Niederlande

Auch die Niederlande stellen in ihrer eigenen Definition kein Einwandererland dar. Der Ausländeranteil an der Wohnbevölkerung beträgt heute (1996) etwa 4,2%. In den 50er-Jahren waren sie eher als ein Auswanderungsland zu sehen. Erst seit Beginn der 60er-Jahre gibt es einen positiven Wanderungssaldo. Die Gruppe der Zuwanderer ist sehr differenziert. Sie besteht einerseits aus Zuwanderern aus den (ehemaligen) Überseegebieten, vor allem aus Surinam und sie besteht andererseits aus Arbeitsmigranten, vor allem aus der Türkei und aus Marokko. Seit 1960 wurden zwischenstaatliche Anwerbeverträge mit Italien (1960), Spanien (1961), Portugal (1963), Türkei (1964) und Griechenland (1966), sowie nach der ersten Rezession 1966/67 weitere Anwerbeverträge mit Marokko (1969) und mit Jugoslawien und Tunesien (1970) abgeschlossen. Wie in der Bundesrepublik wurden Arbeitskräfte angeworben, die bei einer sich ändernden Arbeitsmarktsituation entweder in die Heimatländer zurückgeschickt oder neu angeworben werden sollten: man setzte auf ein Rotationssystem (Amersfoort 1995). Nach dem Anwerbestop, während der Ölkrise 1973/74, versagte jedoch das Rotationssystem: Vor allem Türken und Marokkaner blieben und zogen allmählich ihre Familien nach. Die Türken stellen heute die größte Gruppe an Immigranten mit 215.000 Personen, die Marokkaner die zweitgrößte mit ca. 170.000 Personen. Die weiteren Gruppen der Arbeitsmigranten, die drittgrößte Gruppe umfasst noch 17.000 Personen, haben wegen ihrer geringen Gruppengrößen kaum ein Gewicht (Amersfoort 1995). Da ein weiterer Zuzug von Türken und Marokkanern weder als Arbeitsmigrant noch als Asylant möglich ist, findet derzeit legal nur eine geringe Zuwanderung aus diesen Ländern über "Heirats"-Immigration statt.

Betrachtet man die kurze Anwerbezeit für "Gastarbeiter" vor dem Hintergrund des von der Politik propagierten Rotationsprinzips, so hat die Steuerung der temporären Anwerbung von Arbeitskräften versagt – auch in den Niederlanden kamen Einwanderer. Begünstigt wird die Quasi-Einwanderung durch den permanenten Aufenthaltsstatus, der sich automatisch nach einem fünfjährigen Aufenthalt im Land ergibt. Eine Rückwanderung ist für Türken und Marokkaner unattraktiv, da in deren Heimatländern, neben einem hohen Bevölkerungsdruck, politische Spannungen und ökonomische Krisen herrschen. Nur für die EU-Ausländer ist eine Rückwanderung, die in eine Pendelwanderung einmündet, unproblematisch, da diese über das EU-Recht abgesichert sind.

21.1.6.4 Beispiel: Schweden

Eine nennenswerte Einwanderung von Arbeitsmigranten nach Schweden setzte ab 1954 mit der Schaffung des "nordischen Arbeitsmarktes" ein. Der Ausländeranteil an der Wohnbevölkerung erreichte bis zum Ende der 80er-Jahre etwa 7%, hiervon kommen etwa die Hälfte der Arbeitsmigranten aus dem Gebiet des "nordischen Arbeitsmarktes" und die andere Hälfte aus außerskandinavischen Staaten. In ihrer Ausländerpolitik setzt die schwedische Regierung auf eine kontrollierte Einwanderung mit der Maßgabe der Integration der Einwanderer unter den Zielen der "Gleichheit", der "Wahlfreiheit" und der "Anteilnahme" (Boye-Moller 1983):

a) *"Gleichheit"* bedeutet, dass die Einwanderer die gleichen Möglichkeiten und die selben Rechte und Pflichten wie die einheimische Bevölkerung haben. Dieses erlaubt den Migranten auch das Recht auf ihre kulturelle und sprachliche Identität, was gruppenspezifische Gesetze und Regelungen erforderlich macht;
b) *"Wahlfreiheit"* beinhaltet für sprachliche Minderheiten die Möglichkeit zu wählen, inwieweit diese sich in die Kultur des Aufnahmelandes integrieren wollen;
c) *"Anteilnahme"* soll durch gegenseitige Beziehungen zwischen den einzelnen ethnischen Gruppen der Einwanderer und der Majoritätsbevölkerung gefördert werden. Ein Schritt zu diesem Ziel ist das kommunale Ausländerwahlrecht.

Die Qualifikationszeit für den Erwerb der schwedischen Staatsbürgerschaft ist auf 5 Jahre festsetzt.

21.1.6.5 Wanderungsursachen

Fragt man nach den Ursachen der Wanderungen, so ergibt sich immer ein ganzes Set von push- und pull-Faktoren. Diese können ökonomischer, sozialer und demographischer Natur sein. Die ökonomischen Motive setzen voraus, dass der Wandernde seine ökonomischen Bedürfnisse im Herkunftsgebiet nicht (objektiv oder subjektiv) zufrieden stellend befriedigen kann. Aber er weiß oder vermutet, dieses in einem Zielgebiet besser zu können. Bedingung ist allerdings, dass die sozialen Kosten nicht den ökonomischen Gewinn übersteigen. Push-Faktoren entstehen aus der Freisetzung von Arbeitskräften bei der Umstrukturierung der Wirtschaft:

a) über die Mechanisierung und, folgend, die Industrialisierung der Landwirtschaft;
b) über die Einführung des Fließbandes;
c) über die Einführung der Computerchips (bisher bewirkt diese neueste technische Revolution nur eine Freisetzung von Arbeitskräften aber in Ermangelung an hö-

her entwickelten Wirtschaftsgebieten, die Arbeitskräfte benötigen würden, noch keine Wanderung).

Jeder der angeführten Vorgänge stellt nicht nur eine Umstrukturierung der Wirtschaft dar, sondern macht alte Tätigkeiten in großer Anzahl zu Gunsten einer kleinen Anzahl höher qualifizierter, neuer Tätigkeiten überflüssig.

Push-Faktoren entstehen heute durch die Freisetzung von Arbeitskräften durch eine im Rahmen internationaler Arbeitsteilung und -verteilung stattfindende Konzentration oder Dezentralisierung von Arbeitsplätzen. Hinzu kommt die erwartete oder erhoffte Möglichkeit, durch die Wanderung über eine entsprechende (gut dotierte) Tätigkeit die Lebenshaltung und den sozialen Status zu verbessern.

Da sich die Industriestaaten gegen eine unkontrollierte Wanderung so gut wie möglich abschotten und nur Arbeitsmigranten aus bestimmten Herkunftsländern akzeptieren, haben potenzielle Wanderer aus den Armenhäusern der Dritten Welt wenig Chancen die reichen, spätindustriellen oder postindustriellen Nationalstaaten zu erreichen. Über diese Abschottung der reichen Länder entwickelt sich eine Hierarchie der Wanderungen in mehreren Stufen: Die Arbeitsmigranten oder "Armutsflüchtlinge" aus den ärmsten Länder der Welt überrollen die, die schon eine etwas stärker entwickelte industrielle Wirtschaftsstruktur vorweisen. Und die reichen Industriestaaten beziehen ihre Arbeitsmigranten aus einer kleinen Anzahl ausgewählter und vertraglich kontrollierter Länder, die sich am Übergang zur industriellen Gesellschaft befinden. Daneben gibt es allerdings die zahlenmäßig nicht unbeträchtliche illegale Arbeitsmigration dort, wo arme an reiche Staaten angrenzen. Zum Beispiel an der Südgrenze der USA kam es 1993 zu einer Einwanderung von geschätzten 200.000 Illegalen (Hausmanns 1996). Durch die Internationalisierung und, in deren Gefolge, durch die Abwanderung der Arbeit aus den alten Industriestaaten in die Billiglohnländer der ehemaligen Kolonien einerseits und durch die durch Computerchips bedingte Reduktion menschlicher Arbeitskraft in der Produktion andererseits, ist die innereuropäische Arbeitsmigration im hergebrachten Sinn heute nicht mehr von Bedeutung. Bedeutung gewinnt die Migration aus den übervölkerten, armen Ländern der Dritten Welt in die reichen, im Bevölkerungswachstum zumindest stagnierenden Länder Europas und Nordamerikas. Bisher gelingt den Reichen eine weitgehende Abschottung gegen die so genannten "Wirtschaftsflüchtlinge". Eine globale "Süd-Nord"-Migration findet noch nicht statt.

21.1.6.6 Saisonale Wanderungen

Auslöser von Saisonarbeit sind saisonale Schwankungen des Arbeitskräftebedarfs. Bedingt durch eine Zunahme saisonaler Tätigkeiten in Landwirtschaft, Industrie und Tourismus und einer Abnahme eines geeigneten Arbeitskräftereservoirs vor Ort, findet saisonbedingt eine starke, auch grenzüberschreitende temporäre Zu- und Abwanderung zwischen Gebieten mit Saisonarbeitsplätzen und Gebieten mit Arbeitskräfteüberschuss statt. Diese saisonalen Zu- und Abwanderungen wurden nach unregulierten Anfängen immer stärker durch private oder staatliche Arbeitsvermittlungsorganisationen kontrolliert und basieren heute häufig auf zwischenstaatlichen Verträgen über Kontingente befristeter Arbeitsgenehmigungen.

21.2 Binnenwanderung: Innerstaatliche Wanderungen

Binnenwanderungen sind Wanderungen im engeren geographischen Raum. Die hier zu betrachtenden räumlichen Einheiten liegen unterhalb der Ebene der Nationalstaaten. Unter dem Begriff der Binnenwanderung werden damit Wanderungen über unterschiedliche Distanzen verstanden, die in den modernen Gesellschaften die Grenzen von Nationalstaaten nicht überschreiten. Bei primitiven Völkern oder Stämmen, die nicht in Nationalstaaten organisiert sind, wie bei Nomadenvölkern oder bei traditionellen Stammesverbänden (z. B. in Afrika durch die Grenzziehungen der ehemaligen Kolonialherren voneinander getrennt), werden mit Binnenwanderung die Wanderungen innerhalb des angestammten tatsächlichen Lebensraums verstanden. Als Merkmale der Definition werden neben den unterschiedlichen räumlichen Ebenen (national, regional, lokal) die Richtung, die Motive und das Ausmaß herangezogen (Ungern-Sternberg, Schubnell 1950: 499 ff.). Hiernach sind zu unterscheiden:

a) *Land-Stadt-Wanderung*: Mit Land-Stadt-Wanderung werden zunächst jene Wanderungsbewegungen bezeichnet, die aus Regionen mit weitgehend agrarischer Beschäftigungsstruktur in Regionen mit einer Beschäftigungsstruktur überwiegend im industriellen oder im Dienstleistungssektor führen. In der postindustriellen, verstädterten Gesellschaft muss man diesen Begriff erweitern als eine Wanderungsbewegung aus altindustrialisierten Regionen, ohne ausreichende Arbeitsplätze, in Regionen mit neuen Industrien oder in Dienstleistungs- und/oder Verwaltungszentren;

b) *Stadt-Umland-Wanderung*: Hiermit wird jene innerregionale Wanderungsbewegung bezeichnet, die den Städter als Siedler aus der Stadt ins stadtbenachbarte Umland führt;

c) *Ein- und Auspendeln*: Unter Pendeln wird die tägliche Distanzüberbrückung zwischen den verschiedenen Aktionsräumen z. B. "Wohnen" und "Arbeiten" verstanden. Die Richtung ("nach ... herein"/"aus ... heraus") bezieht sich auf das Überschreiten der Umgrenzung des zu betrachtenden Raumes einer Kommune;

d) *Innerstädtische Wanderungen*: Sie spiegeln die Prozesse der sozial-räumlichen Differenzierung wider:

da) *Prozesse der Segregation*: Segregation resultiert aus der Tendenz von Mitgliedern sozio-ökonomisch und/oder ethnisch definierter Teilgruppen unter ihresgleichen in einem potenziellen System sozialer Kontakte bzw. in statusgruppendominant besiedelten Nachbarschaften zu siedeln (Hoffmeyer-Zlotnik 1995: 272);

db) *Prozesse der Invasion-Sukzession*: Mit Invasion wird das Eindringen einer Bevölkerungsgruppe in ein städtisches Teilgebiet bezeichnet, das bisher keine oder nur sehr geringe Anteile dieser Gruppe aufwies; Sukzession bezeichnet den Prozess des Bevölkerungsaustausches, der durch den Invasionsprozess ausgelöst wird (Hoffmeyer-Zlotnik 1979).

21.2.1 Land-Stadt-Wanderung

Die Land-Stadt-Wanderung setzt einen hohen Grad der gesellschaftlichen Arbeitsteilung voraus, sodass ein beträchtlicher Teil der Bevölkerung eines Gemeinwesens aus den Beschäftigungsstrukturen des agrarischen Sektors und der ländlichen Hausindustrien freigesetzt wird. Dieses geschah mit der Ausweitung des Handels zur Weltwirtschaft, die weltweite Absatzmärkte für die heimische Produktion eröffnete, was über den Einsatz von Maschinen sowie anderer technischer Erfindungen und die Einrichtung neuer Arbeitsplätze die Industrialisierung auslöste. Erst jetzt konnte für die wachsende Bevölkerungszahl die notwendige Existenzgrundlage geschaffen werden. Bedingung für die Industrialisierung ist die räumliche Konzentration einer großen Menge von nicht-agrarischen Arbeitskräften in unmittelbarer Nähe der Industriebetriebe, d. h. in Städten. Die Stadt stellt jetzt nicht mehr die Burg, die Residenz und/oder den Markt dar, sondern sie erhält zwei zusätzliche Funktionen: Standort industrieller Produktionsstätten und Wohngebiet der Industriearbeiter. Bedingung für das Stadtwachstum sind einerseits günstige Standortbedingungen für die Industrieansiedlung. Diese bestehen neben politischen und fiskalischen Bedingungen aus einer zentralen Lage mit Anbindung an leistungsstarke Verkehrswege sowie, je nach Branche, der Nähe zu Energierohstoffen: dem Bergwerk. "Die Kräfte, welche die neue Stadt schufen, waren das Bergwerk, die Fabrik und die Eisenbahn" (Mumford 1961: 520). Andererseits ist weder Stadtwachstum noch Industrialisierung ohne das Recht des Individuums auf die freie Wahl des Aufenthaltsortes und die freie Wahl der Beschäftigung möglich. Die Aufhebung der Leibeigenschaft, die Intensivierung der Landwirtschaft, die Zunahme der Bevölkerung und die Freisetzung von Arbeitskräften in der ländlichen Wirtschaft auf der einen Seite, sowie die Industrieansiedlung und das Wachstum auf der anderen Seite, setzen eine massive Land-Stadt-Wanderung in Gang – auf der Suche nach Arbeitsplätzen. Neue, zusätzliche Arbeitsplätze bieten nicht nur die Industrie sondern auch neue Organisationsformen in Handel, Transport und in privater und öffentlicher Verwaltung sowie ein neue Struktur des Dienstleistungssektors (Fourastie 1954). Die Städte wachsen explosionsartig, und mit dem Bevölkerungswachstum expandiert auch die Fläche der Stadt bis zur Bildung der "Megalopolis", wie am Beispiel von Berlin für die Jahre 1785 bis 1925 gezeigt werden soll (Tab. 4).

Mumford (1961: 613) konstatiert, dass "Megalopolis" sich allenthalben durchsetze und die vorherrschende Wirtschaftsform die großstädtische sei, in der es kein leistungsfähiges Unternehmen mehr gäbe, das nicht eng an die Großstadt gebunden sei. Wie die Zahlen für Berlin zeigen, setzt mit Beginn des 19. Jahrhunderts ein vor allem durch Zuwanderungen bedingtes Wachstum der städtischen Bevölkerung ein, in deren Verlauf sich in immer kürzerer Zeit die städtische Bevölkerung zahlenmäßig verdoppelt und das Stadtgebiet durch neu hinzu kommende Vorstädte sukzessive wächst (zwischen 1800 und 1919 in insgesamt 7 Erweiterungen) bis, bei Überschreiten der 2-Millionen-Grenze, 1920 eine massive Stadterweiterung durch großzügige Eingemeindungen der benachbarten Städte und Dörfer durchgeführt wird. In den 30er und 40er-Jahren (in Ost-Berlin bis Ende der 60er-Jahre) durch Zuzugssperren und nach dem 2. Weltkrieg durch die Teilung der Stadt findet bis zur Wiedervereinigung beider Teile Berlins 1990 kein standortbedingtes Wachstum mehr statt.

Tab. 4: Wachstum von Berlin 1785–1925

Jahr	Fläche in ha	Einwohner*)	Einwohner/ha
1785	1.343,66	113.000	84,1
1840	1.415,05	311.491	220,1
1871	5.918,35	800.628	135,3
1890	6.452,57	1.559.198	241,6
1910	6.452,57	2.071.257	321,0
1925	88.347,00	4.024.286	45,6

*) bis 1890: Einwohner als "Zivilbevölkerung"

(Quelle: Schinz 1964: 250 f.)

Das Wachstum der Städte erfordert neue Definitionen für "ländlich" und "städtisch" (Petersen 1975: 470; Dangschat et al. 1985): Während in den frühen amerikanischen Zensen "Stadt" bei einer relativ niedrig angesetzten Mindesteinwohnerzahl beginnt (seit 1980: "ab 4.000 Einwohner", seit 1910: "ab 2.500 Einwohner"), macht zunächst die Definition von "ländlich" Probleme: Reicht eine Definition von "ländlich" über die Obergrenze oder muss der Begriff "ländlich" weiter differenziert werden? Bis 1920 bietet jeder US-Zensus eine neue Unterteilung von "ländlich". Ab 1906 rückt aber eine differenziertere Betrachtung von "Stadt" in den Vordergrund: zunächst klassifiziert nach Einwohnerzahlen, später nach Größe und Bevölkerungsdichte, ab 1940 als Einheit von Kernstadt und Umland. Ab 1960 werden "Standard Metropolitan Statistical Areas" (SMSA) definiert, bestehend aus verstädterten Gebieten, die auf wenigstens eine Kernstadt ausgerichtet sind. Ab 1970 beginnt man mehrere SMSA zu "Standard Consolidated Areas" zu aggregieren: Die Stadt wird zur Stadtlandschaft, die sich tief in das Umland ausdehnt. Anders als in den Ländern, in denen die Industrialisierung im 18. und 19. Jahrhundert begonnen hat, bilden sich in den ehemaligen Kolonien in Afrika und Asien erst seit Mitte des 20. Jahrhunderts durch unkontrollierbare Land-Stadt-Wanderungen "Primate-Cities" heraus. In diesen Ländern konzentriert sich die Zuwanderung in der Regel auf die eine, zentrale Stadt in der Handel, Industrie und Verwaltung konzentriert sind. In welchem Verhältnis die großen Städte wachsen, zeigt ein Vergleich der alten Industrieregionen gegen die "Primate Cities" aus Afrika, Asien und Lateinamerika (Tab. 5). Betrachtet man die prognostizierte Entwicklung bis zum Jahr 2025 (Dogan, Kasarda 1987: 18 f.), dann wird Afrika 36 große Megastädte mit jeweils über 4 Mio. Einwohnern haben; 1985 waren es erst 2 Megastädte mit über 4 Mio. Einwohnern. Lateinamerika wird 21 Megastädte dieser Größenordnung aufweisen, gegenüber 8 im Jahr 1985. Die durchschnittliche Größe dieser 36 afrikanischen und 21 lateinamerikanischen Megastädte wird bei 9 Mio. Einwohnern pro Stadt in Afrika und bei 9,4 Mio. Einwohnern pro Stadt in Lateinamerika liegen. Der Hauptgrund für das Wachstum der großen Städte in den weniger entwickelten Ländern ist die Zuwanderungsflut ländlicher Bevölkerung, die aus einer hohen ländlichen Geburtenrate bei gleichzeitig stagnierender ländlicher Beschäftigungsrate resultiert. In den ländlichen Abwanderungsgebieten in Lateinamerika und Afrika gibt es weder eine Industrieansiedlung, noch eine Erweiterung landwirtschaftlicher Anbauflächen oder eine Intensivierung der Landwirtschaft. Eine Erweiterung der landwirtschaftlichen Nutzflächen und eine Intensivierung der Landwirtschaft werden massiv behindert durch:

a) die bestehenden Strukturen der Bodenverteilung;
b) die Verkarstung des Bodens und die Ausdehnung der Wüsten;
c) die klimatischen Verhältnisse der Tropen: Trockenheit oder Feuchtigkeit oder Feuchtigkeit und Hitze;
d) eine fehlende Mechanisierung der Landwirtschaft;
e) mangelnde Transportmöglichkeiten.

Damit tritt hier der gegenteilige Effekt ein wie in Europa: Der Abwanderungsgrund hier ist in der fehlenden Intensivierung der Landwirtschaft zu suchen. Nicht die Mechanisierung und Intensivierung setzt landwirtschaftliche Arbeitskräfte frei, wie in den hoch entwickelten Regionen Europas, sondern in Afrika und Lateinamerika ernährt die mangelnde Intensivierung der Landwirtschaft die ländliche Bevölkerung nicht mehr und zwingt damit einen Teil derselben zur Abwanderung in die großen Städte, dorthin, wo Hoffnungen auf Arbeit und bessere Lebensbedingungen bestehen.

Tab. 5: Wohnbevölkerung in ausgewählten großen Städten 1950–2000

Stadt	1950	1960	1970	1980	1990	2000
London, UK	10,4	10,7	10,6	10,0	9,5	9,1
Manchester, UK	2,5	2,5	2,5	2,4	2,4	2,3
Rhein-Ruhr, D	6,9	8,7	9,3	9,3	9,1	8,6
Wien, A	1,8	1,8	1,8	1,7	1,7	1,6
Paris, F	5,5	7,2	8,3	8,8	9,0	9,2
Moskau, RUS	4,8	6,3	7,1	8,2	9,2	10,1
New York, USA	12,4	14,2	16,3	15,6	15,2	15,5
Chicago, USA	5,0	6,0	6,8	6,8	6,9	7,2
Detroit, USA	2,8	3,6	4,0	3,8	3,8	3,9
Los Angeles, USA	4,1	6,6	8,4	9,5	10,5	11,2
Kinshasa, DRC	0,2	0,6	1,4	3,2	5,8	8,9
Lagos, WAN	0,4	0,7	1,4	2,8	4,8	8,3
Istanbul, TR	1,0	1,5	2,8	5,3	8,4	11,9
Bagdad, IRQ	0,6	1,0	2,5	5,7	8,9	12,8
Dacca, BD	0,4	0,7	1,5	3,4	6,5	11,2
Bombay, IND	2,9	4,0	5,9	8,5	11,9	16,0
Jakarta, RI	1,8	2,8	4,5	6,7	9,3	12,8
Karachi, PK	1,0	1,8	3,1	5,2	8,2	12,1
Manila, RP	1,6	2,3	3,6	6,0	8,3	11,1
Lima, PE	1,1	1,7	2,9	4,6	6,8	9,1
Mexico City, MEX	3,1	5,2	9,2	15,0	21,3	26,3
Sao Paulo, BR	2,8	4,9	8,3	12,8	18,8	24,0

(Quelle: Dogan, Kasarda 1987: 16 f.)

21.2.2 Stadt-Umland-Wanderung

Das "Umland" einer Stadt ist der Raum, der eine Stadt umgibt und der wirtschaftlich und kulturell direkt auf die Stadt ausgerichtet ist. Die Stadt als "Kernstadt" bietet die Funktionen Arbeit, Versorgung mit städtischen Gütern und kulturellen Leistungen, das hoch verdichtete Umland, in der Regel bestehend aus einer verstädterten Zone und einer Randzone, bietet die Funktionen Wohnen, Freizeit und Versorgung mit gärtnerischen und landwirtschaftlichen Erzeugnissen. Die Expansion der Kernstädte in deren Umland stellt nicht nur neuen Siedlungsraum für die Stadtbevölkerung und damit etwas der Stadterweiterung Vergleichbares dar. In Zusammenhang mit einer Dekonzentration der Kernstädte entstehen im Umland neben neuen, teils sehr hoch verdichteten Wohngebieten, Wohnsuburbs, auch eine Reihe von Suburbs und Zentren mit den Funktionen Produktion, Handel und Dienstleistungen. Die Stadt-Umland-Wanderung ist eine Folge des Wachstums der Städte, das Resultat ist eine zunehmende Verstädterung. Dieser Prozess der Stadt-Umland-Wanderung (Tab. 6) stellt eine zentrale Dimension der Suburbanisierung dar. Mit Suburbanisierung ist jene Entwicklung gemeint, die sich über eine "Verlagerung von Nutzungen und Bevölkerungen aus der Kernstadt, dem ländlichen Raum oder anderen metropolitanen Gebieten in das städtische Umland bei gleichzeitiger Reorganisation der Verteilung von Nutzungen und Bevölkerung in der gesamten Fläche des metropolitanen Gebiets" ergibt (Friedrichs 1977: 170).

Tab. 6: Zuwachsraten der Bevölkerung in Kernstadt und Umland für ausgewählte US-amerikanische Großstadtregionen 1950–1980 in %

Stadtregion	Zuwachsraten 1950–1960	Zuwachsraten 1960–1970	Zuwachsraten 1970–1980
New York			
– Stadt	–2	+1	–19
– Umland	+58	+38	+15
Los Angeles			
– Stadt	+27	+12	–7
– Umland	+70	+41	+26
Chicago			
– Stadt	0	–5	–20
– Umland	+101	+46	+26
Baltimore			
– Stadt	–1	–4	–16
– Umland	+126	+40	+44

(Quelle: Schwab 1992: 309 f.)

Ein Siedeln der Reichen an der städtischen Peripherie hat es immer schon gegeben und einer Peripherieverschiebung folgte eine neue Peripheriewanderung dieser Gruppe. Eine Stadt-Umland-Wanderung breiterer Schichten wurde erst möglich mit der Einführung neuer Transporttechnologien: zunächst dem Ausbau von Nahverkehrsnetzen für Eisenbahn und Stadtbahnen, dann dem Ausbau der Straßen für den Autoverkehr. Vor dem Ausbau des Transportsystems lebte die überwiegende Mehrheit der Städter in unmittelbarer Nähe ihrer Arbeitsplätze, d. h. in fußläufiger Entfernung. Die räumliche Separierung unterschiedlicher sozialer Gruppen unterhalb der oberen Mittelschichten geschah auf engstem Raum, ein soziales Gefälle baute sich auf zwischen Vorderhaus und Hinterhaus, zwischen Erdgeschoss und Dachgeschoss eines mehrgeschossigen Hauses mit mehreren Höfen. Vor 1890 war die Distanz zwischen Innenstadt und peripheren Wohngebieten der oberen Mittelschichten und Oberschichten auf Distanzen für Pferdekraft ausgelegt. Mit dem zunehmenden Ausbau der Stadtbahnen entwickelten sich im großstädtischen Umland neuen Wohnsiedlungen in fußläufiger Nähe zu den Bahnhöfen. Zwischen 1900 und 1910 wuchs die Bevölkerung der Stadt Baltimore um 10% an, die der Umlandsiedlungen um 45%; in dieser Dekade wuchs die Bevölkerung der Stadt Chicago um 29% an, die der Umlandsiedlungen um 88% und in dieser Dekade wuchs die Bevölkerung der Stadt Los Angeles auf das dreifache an und die der Umlandsiedlungen auf 533% (Schwab 1992: 301). In den 20er-Jahren schritt die Suburbanisierung weiter fort: Die amerikanischen Kernstädte wuchsen um 19,4%, der diese umgebende suburbanisierte Raum wuchs hingegen um 39,2% (Tab. 7). Ein Teil der neuen Bewohner der Suburbs waren Stadt-Umland-Wanderer aus den Mittelschichten (Schwab 1992: 302). Wichtig für die fortschreitende Suburbanisierung wurde als Transportmittel das Auto.

Tab. 7: Ausgewählte Strukturmerkmale und Bevölkerungsentwicklung 1970–1987 in ausgewählten Großstadtregionen in %

Stadtregion	Zuwachs-rate 1970-87	Sozialstrukturmerkmale 1987					
		Altersgruppe		Haushaltsgröße		Bildung	Ausl.-
		bis 18 J.	ab 60 J.	Ein-Pers.	4 + Pers.	(Fach)Abi	anteil
Bremen							
– Stadt	–4,3	16,2	22,8	40,5	14,3	17,5	6,1
– Umland	12,1	19,8	19,1	22,0	29,2	12,1	1,9
– Region	1,6	17,6	21,3	34,3	19,3	15,4	4,4
Frankfurt							
– Stadt	–10,0	14,8	22,7	48,0	11,3	24,5	18,6
– Umland	12,3	18,5	19,0	28,3	21,5	18,3	9,0
– Region	3,9	17,3	20,2	35,8	17,6	20,3	12,2
Hamburg							
– Stadt	–11,2	14,9	24,0	46,7	10,9	21,5	9,3
– Umland	18,9	19,0	18,9	28,0	22,1	15,1	3,1
– Region	–0,5	16,6	21,8	35,9	15,0	18,7	6,7
Köln							
– Stadt	–6,5	16,2	20,1	43,2	13,3	21,2	13,5
– Umland	16,5	19,0	18,2	25,8	22,7	18,1	6,8
– Region	1,0	17,3	19,4	37,5	16,4	20,0	11,0
München							
– Stadt	–8,4	13,4	21,2	50,2	9,3	26,1	19,1
– Umland	32,3	19,3	17,1	27,6	23,5	20,0	6,1
– Region	6,0	16,0	19,4	41,9	14,5	23,4	11,1
Stuttgart							
– Stadt	–12,8	15,1	22,2	47,1	13,2	23,4	17,7
– Umland	10,2	19,8	17,6	30,0	23,4	15,6	11,9
– Region	3,8	18,7	18,7	34,7	20,6	17,4	13,3

(Quelle: Friedrichs 1995: 107)

Die Suburbanisierung der Bevölkerung ist heute nicht ein Ausdruck von Stadtflucht sondern durch den regionalen Wohnungsmarkt bedingt: Das Wohnungsangebot im Umland ist vorteilhafter als das in der Kernstadt. Damit orientiert sich der wohnungsuchende Haushalt sehr schnell von einer Wohnungsuche in der Kernstadt zu einer Wohnungsuche im Umland, wie nationale und internationale Studien belegen (Friedrichs 1995: 105). Diejenigen, die aus der Kernstadt ins Umland abwandern sind vor allem jüngere Haushalte mit Kindern und einem überdurchschnittlichem Einkommen. Das Wanderungsmotiv für die Kernstadt-Umland-Wanderung ist zu suchen in den preiswerten Möglichkeiten des Eigenheimerwerbs in einem akzeptablem Umfeld (Friedrichs 1995: 105). Über diese Wanderungsbewegung weisen Kernstadt und Umland unterschiedliche Bevölkerungsstrukturen auf (Tab. 7).

In der Kernstadt ist der Anteil der 1-Personen-Haushalte höher als im Umland, dafür ist im Umland der Anteil der großen Haushalte höher als in der Kernstadt. In der Kernstadt ist die Bevölkerung etwas älter und sie weist etwas häufiger eine höhere Schulbildung auf als im Umland; in der Kernstadt ist der Anteil der Ausländer höher als im Umland.

Bedeutend für die Siedlungsentwicklung ist die Altergruppe der 20-45jährigen. Je stärker die haushalts- und familienbildenden Gruppen sind, desto stärker wird deren Druck auf die Siedlungsbildung eingeschätzt. Besteht in einem Agglomerationsraum eine lokale Flächenknappheit an Bauland im Umlandbereich, so wird diese eine Ausdehnung der Siedlungsfläche in die ländlichen Randregionen des Agglomerationsraumes bewirken.

21.2.3 Mobilität und Mobilitätsabsichten der deutschen Wohnbevölkerung auf der Grundlage der laufenden BfLR-Umfrage

Ausmaß und Richtung räumlicher Mobilität lassen sich gut über Umfragedaten beobachten, denn Umfragen erlauben auch ein Erfassen von Umzugsabsichten und Umzugsgründen. Betrachtet man als Ausgangssituation für eine Mobilitätsanalyse der deutschen Haushalte die Wohndauer der Hauptmieterhaushalte, so belegen die Daten der von der Bundesforschungsanstalt für Landeskunde und Raumordnung jährlich in Auftrag gegebenen Umfragen, dass die deutsche Wohnbevölkerung sehr mobil ist (Tab. 8). Allerdings zeigt sich ein Unterschied zwischen den Haushalten in den alten und denen in den neuen Bundesländern: Obwohl die Umbruchsituation, die durch die Wiedervereinigung Deutschlands im Herbst 1990 gegeben war, eine sehr hohe Bereitschaft zu räumlicher Mobilität förderte, schränkte das geringere Wohnungsangebot in den neuen Bundesländern zunächst die räumliche Mobilität der dort Lebenden stärker ein.

Trotz eingeschränkter Umzugsrealisierung, für die die Voraussetzungen sich seit 1990 verbessern, ist die Umzugsabsicht mit abnehmender Tendenz deutlich höher. Tab. 9 belegt, dass die Umzugsabsichten sowohl in den neuen Bundesländern, wo diese 1990 von 25% aller Befragten benannt, sehr hoch lagen, als auch in den alten Bundesländern von 1990-93 abgenommen haben. Hierbei gilt allerdings, dass Haushalte, die in Mietwohnungen wohnen, deutlich häufiger Umzugsabsichten äußern als Haushalte in Eigentumswohnungen.

Tab. 8: Wohndauer der Hauptmieterhaushalte in den alten Bundesländern 1991 und in den neuen Bundesländern 1993 in %

Wohndauer	alte Bundesländer 1991	neue Bundesländer 1993
über 10 Jahre	37,7	49,2
6-10 Jahre	20,5	17,6
4-5 Jahre	11,5	9,2
2-3 Jahre	16,1	12,3
bis 1 Jahr	12,4	9,0

(Quelle: Bundesforschungsanstalt für Landeskunde und Raumordnung 1994, Heft 10/11: 733, 744; Umfragedaten)

Tab. 9: Umzugsabsichten getrennt nach alten und neuen Bundesländern 1990–1993 in %

Befragungsjahr	alte Bundesländer insgesamt	Mieter	neue Bundesländer insgesamt
1990	20		25
1991	17	23	18
1992	10	13	17
1993	12	18	16

(Quelle: Bundesforschungsanstalt für Landeskunde und Raumordnung 1994, Heft 10/11: 760; Umfragedaten)

Ein Blick auf die geäußerten Umzugsgründe (Tab. 10) zeigt, dass Mängel an der derzeit bewohnten Wohnung, die zu klein oder zu schlecht ausgestattet sei, die häufigsten Umzugsgründe sowohl in den alten als auch in den neuen Bundesländern darstellen. An zweiter Position der Umzugsgründe folgen haushaltsbezogene Umzugsgründe, worunter vor allem in den neuen Bundesländern 1990 noch der Wunsch der Haushaltsgründung und in den folgenden Jahren eher die Haushaltsvergrößerung durch eingetroffenen oder geplanten Familienzuwachs zu verstehen ist. Die beruflichen Umzugsgründe haben im Jahr der Vereinigung 1990 einen sehr hohen Stellenwert und verlieren bis 1993 mit zunehmender Umstrukturierung der Wirtschaft und ansteigender Arbeitslosenquote deutlich an Bedeutung. Im Gegensatz zu abnehmenden beruflichen Umzugsgründen steigen die statusbedingten Umzugsgründe, die als Mängel im Wohnumfeld gesehen und über die Situation im bisher bewohnten Quartier begründet werden. Hierbei stehen in beiden Teilen Deutschlands "Belästigungen" an erster Stelle. Bei den Befragten in den alten Bundesländern wird an zweiter Stelle eine (dem eigenen Status) nicht adäquate Nachbarschaft benannt. Bei den Befragten in den neuen Bundesländern rangiert vor dem Umzugsgrund der nicht statusadäquaten Nachbarschaft noch der Umzugsgrund "mangelndes Grün". Von denen, die mit ihrer Wohnumgebung eindeutig nicht zufrieden sind, äußern 1990 in den alten 39%

und in den neuen Bundesländern 40% der Befragten Umzugsabsichten. Bis 1993 sinkt bei einer abnehmenden Anzahl von denen, die mit ihrer Wohnumgebung nicht zufriedenen sind, auch der Umzugsgrund der "Wohnumgebung" in beiden Teilen Deutschland auf jeweils 30%. Es sinkt allerdings auch die Umzugsbereitschaft der mit dem Wohnumfeld Zufriedenen auf 8% (im Westen) bzw. 10% (im Osten) (Bundesforschungsanstalt für Landeskunde und Raumordnung 1994: 770).

Ein vierter Umzugsgrund, der in den ostdeutschen Bundesländern immer mehr an Gewicht gewinnt, ist die Absicht, Eigentum zu erwerben. Im Gegensatz zu Ostdeutschland bleibt dieser Umzugsgrund bei den westdeutschen Haushalten auf einem konstanten aber relativ niedrigem Niveau.

Tab. 10: Umzugsgründe getrennt nach alten und neuen Bundesländern 1990 und 1993 in %

Umzugsgründe	alte Bundesländer		neue Bundesländer	
	1990	1993	1990	1993
Mängel der Wohnung	35	34	39	36
Bedingungen des Haushalts	22	19	25	12
berufliche Gründe	27	11	21	10
Mängel im Wohnumfeld	7	15	4	16
Erwerb von Eigentum	6	7	6	11

(Quelle: Bundesforschungsanstalt für Landeskunde und Raumordnung 1994, Heft 10/11: 764, 766; Umfragedaten)

Betrachtet man die räumliche Distanz zwischen derzeitigem und anvisiertem neuen Wohnsitz, so wird deutlich, dass nur die berufsbedingte Umzugsabsicht eine eindeutig überregionale Orientierung aufweist: im Osten 1990: 64%, 1993: 74%; im Westen 1990: 57%, 1993: 64%. Der größte Anteil der Umzugswilligen beabsichtigt innerhalb der Gemeinde eine neue Wohnung zu suchen (Tab. 11). Jedoch nimmt die Entscheidung für die Region, d. h. für eine auf das Umland orientierte Mobilität langsam zu, was mit einem in den Kernstädten mangelndem Raum für den Wohnungsneubau zu erklären ist.

Tab. 11: Angestrebter Wohnstandort bei Umzugswillen in %

angestrebter Wohnstandort	alte Bundesländer		neue Bundesländer	
	1990	1993	1990	1993
überregional	21	22	24	15
in den Nahbereich	23	25	21	30
innerhalb Gemeinde	55	52	55	55

(Quelle: Bundesforschungsanstalt für Landeskunde und Raumordnung 1994, Heft 10/11: 767; Umfragedaten)

21.2.4 Innerstädtische Wanderungen

Ausgangsbasis für Prozesse einer differenzierten sozial-räumlichen Verteilung von Bewohnern über den Raum "Stadt" ist die soziale Differenzierung, die auf der gesellschaftlichen Arbeitsteilung beruht. Hierbei definieren sich soziale Gruppen einerseits selbst als separate Statusgruppen; andererseits werden sie auch über eine gesellschaftliche Fremdeinschätzung hinsichtlich ihres Gruppenstatus definiert und zu größeren Einheiten zusammengefasst. Diese Fremdeinschätzung gründet auf Variablen des sozio-ökonomischen Status wie "Status der Herkunftsfamilie", "Bildung", "berufliche Stellung", "Einkommen" etc.; sie berücksichtigt aber auch das "Prestige" einer Statusgruppe (Bolte, Hradil 1984; König 1985) und den ethnischen Status. Daneben kann für eine Festlegung des eigenen Status ein gruppenspezifischer Lebensstil zählen (Blasius 1993). Der einmal über die berufliche oder gesellschaftliche Karriere erreichte Statuswert wird in der Regel über die Wahrnehmung eines spezifischen Lebensstils und durch eine räumliche Abgrenzung auf dem Wohnungsmarkt bzw. durch eine räumliche Separierung dokumentiert (Burgess 1925; Shevky, Bell 1955; Hamm 1979; Hoffmeyer-Zlotnik 1979; 1995).

Sozial-räumliche Differenzierung verläuft zunächst über den Prozess der Segregation. Segregation resultiert vorrangig aus der Tendenz, unter Seinesgleichen in einem potenziellen System sozialer Kontakte zu siedeln. Segregation befördert damit das Herausbilden von statusgruppendominant besiedelten Nachbarschaften oder Milieus. Die räumliche Voraussetzung für Segregation ist eine innere Gliederung der Stadt in Zonen, die sich zumindest idealtypisch charakterisieren lassen und eine ungleichmäßige Verteilung der Nutzungen und der Bevölkerungsgruppen über das städtische Gebiet aufweisen. Segregiertes, statusgruppenspezifisches Wohnen nun wird über einen segmentierten Wohnungsmarkt gestützt und gelenkt (Ipsen 1980). Denn auch in einem marktwirtschaftlich orientierten Industriestaat existiert kein einheitlicher Wohnungsmarkt. Der Wohnungsmarkt untergliedert sich in den größeren Städten in 3-4 gruppenspezifische Wohnungsteilmärkte, welche jeweils für eine definierte Teilpopulation der Gesamtbevölkerung zugänglich sind. Gelenkt und kontrolliert wird das statusgruppenspezifische Siedeln über die Vergabepraxis der privaten oder staatlichen Wohnungsanbieter und deren Agenten (Kreibich 1985). Die oberen Statusgruppen haben auf dem Wohnungsmarkt im Prinzip die größte Wahlfreiheit: Ihnen steht es weitgehend frei, auch in Teilmärkten, die den statusniedrigeren Bevölkerungsgruppen vorbehalten sind, Wohnungen anzumieten. Mit sinkendem sozialem Status aber sinkt auch die Wahlmöglichkeit auf dem Wohnungsmarkt: Die unteren Statusgruppen bleiben auf den ihnen vorbehaltenen Wohnungsteilmarkt beschränkt.

Segregation ist verantwortlich für das Herausbilden homogener Siedlungsteilgebiete, indem die in einem Wohnquartier dominante Gruppe, jene soziale oder ethnische Gruppe die ein Wohnquartier prägt, ihresgleichen anzieht. Das Eindringen von Mitgliedern anderer sozialer oder ethnischer Gruppen, vor allem Mitglieder aus statusniedrigeren Gruppen, versuchen die im Quartier Residierenden abzuwehren. Gelingt dieses Abwehren der statusniedrigeren Gruppen nicht mehr in zufrieden stellendem Ausmaß, so kann soziale Abgrenzung auch in einen Abwanderungsprozess einmünden. Die bedrängte Gruppe dringt in ein statushöheres Wohnquartier ein, womit dann der zweite Prozess der sozial-räumlichen Differenzierung ausgelöst wird: der

Invasions-Sukzessions-Prozess (Duncan, Duncan 1957; Hoffmeyer-Zlotnik 1979). Die durch das Eindringen in ein statushöheres Wohnquartier ausgelöste Sukzession, die über ein Verdrängen der altansäßigen Bevölkerung eines Quartieres bis zur vollständigen Übernahme dieses Quartieres durch die neue, eindringende Bevölkerungsgruppe reicht, geschieht ausschließlich in der Absicht, in erneuter Segregation wieder Gruppendominanz und Statuswert zurückzugewinnen. Ein Invasions-Sukzessions-Prozess findet statt entweder wenn eine neue Gruppe von Wohnungsnachfragern auf dem Wohnungsmarkt auftritt, z. B. Einwanderer, oder wenn sich die Wohnbedürfnisse ändern. Invasion-Sukzession kann in Abhängigkeit zu einem Filtering-Down-Prozess geschehen, wenn ein Wohnquartier durch Qualitätsverlust und Statusverlust in ein niedrigeres Teilmarktsegment abrutscht (Hoffmeyer-Zlotnik 1979). Dieser Prozess kann in Abhängigkeit mit einer Aufwertung der Wohnquartiere durch Modernisierung geschehen und findet dann als Gentrifikation statt (Blasius 1993).

Untersuchungen über räumliche Segregation geben Aufschluss über die sozialen Strukturen einer Gesellschaft:

a) Der Grad der Segregation zwischen unterschiedlichen sozialen Gruppen ist ein guter Indikator für den Grad der sozialen Ungleichheit in dieser Gesellschaft;
b) Der Verlauf des Segregationsprozesses bietet einen Einblick in die sozialökologischen Prozesse, die die inneren Strukturen einer Stadt verändern;
c) Segregation oder Integration von Nachbarschaften führen zu unterschiedlichen Charakteristiken und institutionellen Strukturen, sowie zu unterschiedlichen Verhaltensstrukturen zwischen den Bewohnern einer Stadt.

21.3 Ein- und Auspendeln

In der vorindustriellen Zeit liegen Arbeiten und Wohnen räumlich noch eng beieinander. Zu jener Zeit war die berufliche Tätigkeit eng verbunden mit einer patriachalischen Ordnung, eingebettet in das Leben der Familie und der Nachbarschaft. Erst im Zuge der Industrialisierung ändert sich dieses radikal: Es findet eine völlige Trennung von Haushalt und Betrieb statt, verbunden mit einer sehr hohen Konzentration von Arbeitskräften am Arbeitsort in Bürohäusern und Fabriken, in konzentrierten Produktions-, Verwaltungs- oder Dienstleistungszentren. Die Entwicklung der modernen Verkehrstechnik und ein stetig steigender Anteil an Pkw-Besitzern bietet die Voraussetzung für eine größer werdende Mobilität der Erwerbstätigen. Durch Arbeitsteilung und durch Spezialisierung bedingt, bilden die Erwerbstätigen jeden Morgen aufs neue zeitlich befristete hohe Konzentrationen von Menschen in den Zentren von Produktion, Dienstleistung und Verwaltung und lösen diese nach Arbeitsschluss wieder auf, um unter Benutzung von öffentlichen oder privaten Transportmitteln in ihre Wohnviertel zurückzukehren. Diese Konzentration der Tagbevölkerung geschieht durch das Pendeln. Geschieht das Pendeln Gemeindegrenzen überschreitend, so ist es, je nach dem Ziel und der Richtung, ein Einpendeln, wenn es in die Kernstadt herein geschieht oder ein Auspendeln, wenn es aus der Stadt heraus geschieht.

Die Wanderung der Stadtbewohner an und über die Kernstadtperipherie hinaus ins Umland und das damit verbundene Anwachsen der städtischen Agglomerationsräume bedingt eine stetige Zunahme der Pendelwanderung. Die Dezentralisierung der Funktion "Wohnen" und die Verlagerung der Wohnstätte ins Umland erfordert immer weitere Anfahrtswege, um die Nutzungen "Arbeit" und "Versorgung" wahrzunehmen, denn die Masse der Arbeitsplätze bleibt auf unterschiedliche städtische Zentren konzentriert und auch die Versorgung mit Gütern und Dienstleistungen wird in dezentralen städtischen Zentren mit unterschiedlicher hierarchischer Struktur gebündelt. Damit wird ein zunehmender Ausbau von Verkehrssystemen und Verkehrswegen erforderlich, was wiederum eine Pendelwanderung über noch höhere Distanzen ermöglicht. Dieses hat zur Folge, dass die städtische Tag- und Nachtbevölkerung stark voneinander differiert, dass ein immer größerer Anteil der Bevölkerung "pendelt" (Tab. 12) und dass die Pendelwege immer länger werden (Tab. 13). Nur bei insgesamt 8% der Erwerbstätigen in der Bundesrepublik, vor allem im landwirtschaftlichen Bereich, besteht 1987 keine Aufhebung der Einheit Arbeiten und Wohnen – findet ein Pendeln, egal ob innergemeindlich oder außergemeindlich nicht statt.

Tab. 12: Gemeindegrenzen überschreitende Berufspendler insgesamt auf 100 erwerbstätige Personen 1950, 1961, 1987

Jahr	Pendleranteil
1950	15,2
1961	24,2
1987	36,3

(Quelle: Volkszählungen 1950, 1961, 1987)

Der zunehmende Umfang des Auspendelns lässt sich über die Daten unterschiedlicher Volkszählungen nur schwer abschätzen, da die Gebietsreform in der Bundesrepublik Deutschland ab Beginn der 70er-Jahre die Anzahl der Gemeinden von 24.000 auf 8.500 verringerte. Nimmt man für 1970 die Gemeindegrenzen von 1987 an, so hat sich 1987 das Gemeindegrenzen überschreitende Pendleraufkommen um 63% erhöht (Wedel 1991: 525). Aus diesem Grund muss man bei der Länge des Arbeitsweges die innergemeindlichen Pendler mit berücksichtigen (Tab. 13).

Tab. 13: Pendler nach Zeitaufwand für den Weg zur Arbeitsstätte 1987 in %

Zeitaufwand von ...bis unter Minuten	innergemeindliche Pendler	Auspendler
unter 15	49,3	14,5
15-30	37,2	46,9
30-45	9,5	22,8
45-60	2,8	8,9
60 und mehr	1,2	6,9

(Quelle: Wedel 1991: 527)

Betrachtet man die Quelle-Ziel-Analyse, so zeigt sich, dass ein Gemeindegrenzen überschreitendes Pendeln hauptsächlich ein Einpendeln vom Umland in die unterschiedlichen städtischen Zentren von Produktion, Dienstleistung oder Verwaltung darstellt. Nur ein sehr geringer Anteil der Arbeitspendler pendelt zwischen zwei peripheren Gemeinden (Tab. 14).

Tab. 14: Pendelströme über Gemeindegrenzen 1987 in %

Quelle	Großzentren	Ziel Ober-/Mittel-zentrum	sonstige Gemeinden	insgesamt
Großzentren	5,0	3,7	2.0	10,8
Ober-/Mittelzentren	14,8	11,2	5.9	31,9
sonstige Gemeinden	18,4	26,8	12,1	57,3
insgesamt	38,2	41,8	20.0	100,0

(Quelle: BM für Raumordnung, Bauwesen und Städtebau 1994:52)

Für die Städte ergeben sich aus der hohen Nutzungsdichte der Kernstädte und der extensiven Besiedlung des Umlandes Überlastungserscheinungen insbesondere infolge eines vermehrten Verkehrsaufkommens. So misst man (1990) auf westdeutschen Autobahnen in großstädtischen Agglomerationsräumen eine durchschnittliche tägliche Verkehrsstärke von 50.900 Kraftfahrzeugen, in verstädterten Räumen von 36.800 Kraftfahrzeugen und in peripher ländlichen Räumen von 24.100 Kraftfahrzeugen (BM für Raumordnung, Bauwesen und Städtebau 1994: 51).

Zu den Tagespendlern kommt bei längeren Pendelwegen zunehmend das Fernpendeln hinzu. In diesen Fällen liegen Arbeitsplatz und Familienwohnsitz so weit voneinander entfernt, sodass ein tägliches Pendeln nicht mehr möglich ist, sondern am Arbeitsort eine Zweitwohnung unterhalten werden muss. Da die Gruppe der Fernpendler in der Bundesrepublik erst mit der Wiedervereinigung und dem Wegfallen etwa der Hälfte der ostdeutschen Arbeitsplätze zu einem ernst zu nehmenden Umfang angewachsen ist, sind gesicherte Zahlen über deren Gruppengröße 196 noch nicht zu erhalten: es dürfte sich schätzungsweise um 4-5% der Erwerbstätigen handeln.

22

Entwicklungstendenzen, Erklärungsansätze und Forschungsbefunde zum Heiratsverhalten

Paul B. Hill und Johannes Kopp

Einleitung

Zwischen der Familie, familialen Handlungen, deren Veränderungen sowie der demographischen Entwicklung bestehen vielfältige und enge Zusammenhänge. Die Demographie beschäftigt sich mit der Erfassung von Geburt, Heirat und Tod als auch der Migration, mit den Bestimmungsgrößen sowie – wenn auch in geringerem Umfang – mit den Konsequenzen dieser Ereignisse (Dinkel 1989: 4 ff.; Hobcraft et al. 1982: 4). Viele demographische Entwicklungen und Kenngrößen werden durch familiale Prozesse zumindest mit beeinflusst. Dabei wird die Verkettung zwischen demographischen Entwicklungen und familialem Handeln besonders deutlich, wenn man das Heiratsverhalten und die Fertilität betrachtet. Das gesellschaftlich präferierte Heiratsverhalten, das man über das Heiratsalter und die Heiratsneigung genauer kennzeichnen kann, wirkt sich deutlich auf die Fertilität aus. Ein steigendes Heiratsalter und/oder eine sinkende Heiratsneigung haben im Regelfall eine verringerte Fertilität zur Folge, die wesentlich den Bevölkerungsstand bestimmt. In fast allen agrarischen und industriellen Gesellschaften stellt die Ehe die Legitimation für Kinder dar. Diese in ihrem Kern sozial-normative Koppelung schließt natürlich keine unehelichen Schwangerschaften und Geburten aus. Letztere gab es zu allen Zeiten, auch wenn sie lange Zeit stark negativ sanktioniert wurden. In der Gegenwart hat die Zahl der unehelichen Geburten – insbesondere in den nordeuropäischen Staaten – in Verbindung mit nicht ehelichen Lebensgemeinschaften einen beträchtlichen Anteil erreicht (Hoem und Hoem 1988). Zudem variiert die Stärke der Verbindung von Heirat und Fertilität auch kulturell deutlich. So sind in einigen südamerikanischen Staaten seit längerem nicht eheliche Geburten ein auch quantitativ bedeutsames Phänomen mit gravierenden Konsequenzen insbesondere für die Frauen (Heer, Grigsby 1992: 49; Goode 1993: 186 ff.). Trotzdem bleibt zumindest für den Großteil der modernen Gesellschaften Fertilität eng an das Heiratsverhalten gekoppelt und Letzteres behält somit für die demographische Entwicklung seine große Bedeutung.

Ziel des vorliegenden Beitrags ist es, einen Überblick über die in diesem Zusammenhang wichtigsten Aspekte des Heiratsverhaltens zu geben. Zunächst wird die historische Entwicklung skizziert, wobei insbesondere die Nachkriegsentwicklung thematisiert wird. Dann werden die wichtigsten theoretischen Beiträge zur Erklärung des Heiratsverhaltens vorgestellt, wobei auch auf die regelmäßig zu beobachtende Homogamie und die interne Entwicklung von Partnerschaften eingegangen wird. Abschließend werden ausgewählte Befunde der aktuellen Forschung über das Heiratsverhalten und seine Konsequenzen dargestellt. Vorab erscheinen jedoch einige knappe methodologische und methodische Bemerkungen notwendig.

22.1 Methodologische und methodische Aspekte

Aus methodologischer Sicht bilden individuelle und familiale Entscheidungen den Kern der Erklärung makrosozialer demographischer Entwicklung. Es sind also die individuellen Entscheidungen in der "privaten" Alltagswelt der Akteure und die Regeln, die diese Entscheidungen bestimmen, die letztlich in ihrer Aggregation die makrosozialen oder demographischen Phänomene determinieren (Coleman 1990; Esser 1996). Die mit einer solchen Sichtweise implizite Ablehnung der Suche nach holistischen makrosozialen Gesetzmäßigkeiten hat nicht nur Konsequenzen für die Erklärung von demographischen Phänomenen, sondern auch für die mögliche Steuerung demographischer Prozesse. Sollen entsprechende politische Maßnahmen effizient sein, so müssen sie folglich die Entscheidungssituation der beteiligten Akteure berücksichtigen und deren Handlungskalkül merklich beeinflussen, also Anreize etwa für eine Eheschließung oder für ein Kind schaffen, die in ihrem Ausmaß geeignet sind, entsprechende Handlungsbarrieren zu überwinden. Aus dieser Perspektive erscheinen die auch in der Demographie nicht seltenen Versuche, allgemeine Entwicklungsgesetze zu formulieren, wenig sinnvoll. Familiales Handeln stellte und stellt die vernünftige Antwort auf Alltagsprobleme und Anforderungen dar, wobei Traditionen oder institutionelle Regelungen natürlich von großer Bedeutung sind. Es ist immer in historisch spezifische institutionelle Regelungen und Traditionen eingebettet und zudem auch exogenem Wandel, etwa durch technologische Innovationen oder ökologischen Veränderungen, ausgesetzt. Diese Faktoren bilden gemeinsam die handlungsrelevante Menge von Randbedingungen, deren objektive Ausprägungen und subjektive Interpretationen stark variieren können. Die historizistische Suche nach allgemeinen – hier demographischen – Entwicklungsgesetzen unterstellt eine vorhersehbare, systematische Veränderung dieser Randbedingungen. Dies ist jedoch aus vielfältigen Gründen eine unhaltbare methodologische Vermutung (Popper 1979). Auch im Hinblick auf die Deskription des Heiratsverhaltens oder anderer langfristiger demographischer Entwicklungen sind einige methodische Vorbemerkungen sinnvoll. Denn trotz der zweifellos großen Fortschritte der historischen Demographie und der historischen Familienforschung (vgl. einleitend Imhof 1977; Pfister 1994; Mitterauer 1990) leiden die historischen Analysen an kaum umgehbaren methodischen Problemen. Schon auf Grund der späten Entwicklung der amtlichen Statistik und der deshalb notwendigerweise eingeschränkten methodischen Strategien, wie etwa der Rekonstruktion von Familiengeschichten über Kirchenbücher, hat die Analyse der Entwicklung bis zu Beginn des 20. Jahrhunderts unvermeidlich einen stark selektiven und eher mikroregionalen Charakter. Es handelt sich also fast immer um Einzelfallstudien, die biografisches Material oder regional und inhaltlich deutlich beschränkte demographische

Zählungen zugrundelegen müssen, wodurch die Generalisierungsmöglichkeiten sehr stark eingeschränkt sind. Trotzdem leisten diese Studien einen wertvollen Beitrag zum Verständnis und zur Erklärung des Familienlebens. Dies gilt vor allem dann, wenn man weniger an einer bis ins Letzte exakten Deskription der Entwicklung interessiert ist, sondern eher ein theoretisches Interesse vorliegt, welches zeigen will, dass die allgemeinen Erklärungsargumente auch unter allen historisch höchst variablen gesellschaftlichen Bedingungen anwendbar sind. Bei der Deskription familialen Verhaltens bleiben aber selbst nach der Einführung der amtlichen Statistik weiterhin Probleme bestehen. Zwar sind nun langfristige Zeitreihen über bestimmte Kenngrößen – wie etwa die Zahl der Eheschließungen oder Geburten pro 1.000 Einwohner in einem Jahr – möglich, diese Entwicklungsreihen beruhen jedoch durchweg auf Querschnittsbetrachtungen, die wiederum bei ihrer Interpretation eine Reihe von Schwierigkeiten aufweisen. Die gegebenenfalls zu beobachtenden Veränderungen können auf drei verschiedenen Mechanismen, Alters-, Perioden- und Kohorteneffekten, beruhen (Mayer, Huinink 1990), die jeweils unterschiedliche Kausalmechanismen ansprechen (Hobcraft et al. 1982: 5).

Im vorliegenden Beitrag werden deshalb so weit dies möglich ist, die amtlichen Querschnittstudien durch Hinweise auf entsprechende Kohorten- und damit eine Längsschnittuntersuchungen ergänzt. Obwohl Längsschnittuntersuchungen aus methodischer Sicht generell zu präferieren sind, kann davon ausgegangen werden, dass sich zumindest bedeutsame langfristige demographische Entwicklungen aber auch in entsprechenden Querschnittsanalysen nachweisen lassen. Bei der Darstellung der Entwicklung sind diese methodischen Aspekte immer zu beachten, wobei eine historische Perspektive, die etwa die letzten 300 Jahre umfasst, auf noch fundamentalere Datenprobleme stößt. So liegen für die Zeitspanne von der frühen Neuzeit bis zur Mitte des 19. Jahrhunderts nur stark selektive Berichte der historischen Demographie und der historischen Familienforschung vor, deren Generalisierungsfähigkeit sehr problematisch ist. Wie Imhof (1988: 68 ff.) – mit weit zurückreichenden Daten aus Schweden und England – zeigen konnte, war gerade jene Zeit vor der Industrialisierung durch eine hohe Unsicherheit geprägt, die sich auch in massiven demographischen Schwankungen niederschlug.

22.2 Zur Entwicklung des Heiratsverhaltens

Entwicklungsgeschichtlich gesehen ist das Heiratsverhalten in modernen Gesellschaften erstmals – abgesehen von Jäger- und Sammlergesellschaften (Yorburg 1983: 144 f.) – weitgehend von starren juristischen und ökonomischen Reglementierungen entkoppelt. In agrarischen Stammesgesellschaften existieren zumeist ausgeprägte soziale Reglementierungen, die den Kreis der heiratbaren Personen über Exogamie- und Endogamieregeln stark einschränken. Solche Regelmäßigkeiten kovariieren deutlich mit individuellen und kollektiven Interessen, etwa im Hinblick auf die Sicherung und Vermehrung von ökonomischen Ressourcen, der Herrschaftsstabilisierung und gesamtgesellschaftlichen Zielen wie Friedenssicherung und Förderung der gesellschaftlichen Integration.[1] Derartige Heiratsregeln existierten auch in Deutschland. So bestand z. B. – bis 1868 auch im Preußischen Landrecht verankert (Hubbard 1983: 39 ff.; Bolte et al. 1980: 42 ff.) – ein Heiratsverbot, wenn das Einkommen der Heiratswilligen nicht gesichert war. Es galt das Prinzip: eine Heirat, ein Haushalt. Hierbei war ein Haushalt gleichbedeutend mit einer Erwerbsquelle zumeist in Handwerk oder Landwirtschaft (Laslett 1976). Das familiale Leben und die materielle Existenzsicherung bildeten eine soziale und räumliche Einheit, und die beruflichen und familialen Rollen waren aufs Engste miteinander verbunden. Ohne eine hinreichende Existenzsicherung für die angestrebte Familie war eine Heirat ausgeschlossen. Eine Konsequenz dieser Restriktion ist in der vermutlich hohen Ledigenquote und dem hohen Heiratsalter in der vor-industriellen Zeit zu sehen (Laslett 1976; Mitterauer 1989).

Im Zuge der Industrialisierung und der damit dominant werdenden Lohnarbeit wurde die Familiengründung und das Familienleben strukturell von der Produktionssphäre abgekoppelt. Sowohl im Proletariat, welches sich vorwiegend aus den ländlich-unterbäuerlichen Schichten rekrutierte, wie auch im Bürgertum stellte diese Trennung von Produktion und Reproduktion bzw. Regeneration die Grundlage für eine beginnende tendenzielle Entreglementierung des Heiratsverhaltens dar. In beiden Bevölkerungskreisen war – trotz gravierender Unterschiede in den Lebensbedingungen – erstmals durch die Lohnarbeit, staatliches Entgelt bzw. Gewinn aus kaufmännischen Tätigkeiten eine eigenständige Lebensführung in ökonomischer Hinsicht möglich, die nicht direkt mit dem Besitz der Herkunftsfamilie verbunden war (Rosenbaum 1982; Sieder 1987; Segalen 1990).

In Handwerk und Landwirtschaft waren Heirat und Familiengründung – wenn überhaupt – zumeist nur dann möglich, wenn sich die Eltern weitgehend aus der aktiven Erwerbsrolle zurückzogen, was durchweg erst am – allerdings im Vergleich zu heute: frühen – Lebensende der Fall war und wodurch zugleich deutliche Schwankungen im Heiratsalter zu verzeichnen sind (van Dülmen 1990: 135). Für eine wachsende Zahl von Lohnabhängigen wurde mit der Industrialisierung eine Heirat überhaupt bzw. zu einem früheren Zeitpunkt möglich. Die historische Sozialforschung geht entsprechend diesen Überlegungen für das 19. Jahrhundert davon aus, dass das Heiratsalter zwar allgemein hoch war, sich aber in den verschiedenen sozioökonomischen Gruppen deutlich unterschied.[2] Bei den Handwerkern und Bauern wurde auf Grund der gängigen Übernahme des Betriebes oder Hofes spät geheiratet, wobei nicht wenigen die Heirat ganz verwehrt blieb (Mitterauer 1989: 181). In den bäuerlichen Schichten – und ähnlich im Handwerk – heirateten Frauen mit ungefähr 25 Jahren, Männer um die 30 Jahre (Rosenbaum 1982: 71 ff.), wobei erbrechtliche Regelungen von großer Bedeutung waren. Der Altersunterschied zwischen den Ehepartnern war beträchtlich (Knodel 1978). Im Bürgertum waren die Männer auf Grund der langen

---

1 Aus den hier zu findenden Regelmäßigkeiten entwickelte Claude Lévi-Strauss (1981) eine komplexe, makrostrukturelle Tauschtheorie (vgl. auch Kappelhoff 1993), die sich allerdings auch mikrotheoretisch rekonstruieren läßt (Homans, Schneider 1962).

2 Der Übergang von den unterbäuerlichen Schichten und Heimarbeitern zur Arbeiterschaft des 19. und frühen 20. Jahrhunderts war hinsichtlich der Erwerbsquellen eher sukzessiv. So betrieben viele (Berg-)Ar-beiter noch lange Zeit im Nebenerwerb Landwirtschaft, Kinder trugen zum Familieneinkommen ebenso bei wie die zum allergrößten Teil mitarbeitenden Frauen.

Bildungsphase ebenfalls zumeist um die 30, die Frauen jedoch deutlich jünger (Rosenbaum 1982: 331).

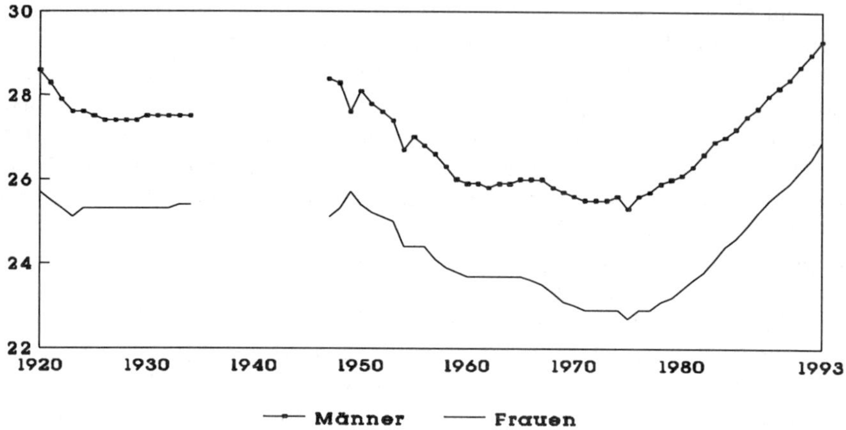

Abb. 1: Heiratsalter zuvor Lediger ab 1920

Die für den überwiegenden Bevölkerungsanteil zumindest bis zur zweiten Hälfte des 19. Jahrhunderts im deutschsprachigen Raum geltende strikte Verknüpfung von materiellen Interessen und Heirat hatte neben dem hohen Heiratsalter vermutlich ebenso auch eine hohe Ledigenquote zur Folge. Die Entbindung der Arbeiterschaft aus der in den anderen Schichten üblichen Verstrickung von materiellen familialen Interessen und Heirat und der Verzicht auf den Nachweis einer sicheren Einkommensbasis ab der Reichsgründung 1871 lässt ein langsames Sinken des Heiratsalters vermuten (Rosenbaum 1982: 429 ff.). Zweifellos stand aber die vielerorts zu beobachtende krisenhafte und oft elende materielle Lage der Arbeiter, die durch die bis Ende des 19. Jahrhunderts legitime Kinderarbeit und die Erwerbstätigkeit der Ehefrauen kompensiert werden musste, einer frühen Heirat ebenfalls entgegen (Sieder 1987). Insofern sind durchaus deutliche regionale und durch die Qualifikation der Arbeiter bedingte Variationen zu vermuten. Mit der massiven Zunahme an industriellen Arbeitsplätzen sowie der vorgängigen Aufhebung der Heiratsbeschränkungen ist ab der Mitte des 19. Jahrhunderts ein deutliches Ansteigen der Verheiratetenquote zu erwarten, welches dann auch die Geburtenquote positiv beeinflusst (Bolte et al. 1980: 50 f.).

Seit dem beginnenden 20. Jahrhundert lässt sich die Entwicklung des Heiratsverhaltens mit Daten der amtlichen Statistik verfolgen. Hierbei stehen verschiedene Möglichkeiten offen, das Heiratsverhalten zu beschreiben (Shryock 1976: 334 ff.; Esenwein-Rothe 1982: 262 ff.). Häufig wird zum einen das durchschnittliche Heiratsalter und zum anderen die Eheschließungsziffer betrachtet. In Abb. 1 wird zuerst die Entwicklung des Heiratsalters zuvor lediger Männer und Frauen ab 1920 dargestellt. Bis zum Jahre 1945 ist das Deutsche Reich Bezugspunkt, danach die Bundesrepublik.

Auch für die Angaben ab 1990 wurden nur die alten Bundesländer berücksichtigt (für die Entwicklung in der DDR vgl. Kopp, Diefenbach 1994).[3]

Das Heiratsalter lag bis in die 30er-Jahre bei Männern zwischen 27 und 28 Jahren und für die Frauen um 25 Jahre, wobei es in den unteren Schichten, insbesondere bei den Arbeitern und einfachen Angestellten, deutlich niedriger als in den gehobenen Schichten war (Kocka et al. 1980). Diese schichtspezifische Variation ist bis heute zu finden und dürfte auf die schichtspezifisch differenzierte Teilnahme am Bildungssystem und die dadurch bedingten Verzögerungseffekte zurückzuführen sein (Diekmann 1993). Zu gravierenden Veränderungen im Heiratsverhalten kommt es in der Bundesrepublik, aber auch in anderen Industriestaaten, erst in den 50er und 60er-Jahren. Das Heiratsalter sinkt zuerst bis Mitte der 70er-Jahre bei den Männern auf etwa 25 Jahre und für die Frauen auf knapp unter 23 Jahre. Ab der zweiten Hälfte der 70er-Jahre steigt es dann kontinuierlich auf ein sehr hohes Niveau an (Heilig 1985). Während für das Absinken des Heiratsalters in den 50er und 60er-Jahren vor allem die wirtschaftliche Entwicklung verantwortlich gemacht wird, ist für den rapiden Anstieg in den letzten 20 Jahren vornehmlich die Bildungsexpansion und der bereits erwähnte Institutioneneffekt ursächlich. Auch die zunehmende Akzeptanz und Verbreitung nicht ehelicher Lebensgemeinschaften kann hier als Erklärung herangezogen werden. Wenn man Ehen und nicht eheliche Lebensgemeinschaften als gleichwertige Lebensformen versteht, lassen sich im Kohortenvergleich nur noch geringe Unterschiede feststellen (Hill, Kopp 1997). Für die DDR finden sich – bei einer Verschiebung um 1-2 Jahre nach vorne – fast parallele Entwicklungen.

Das durchschnittliche Alter bei der Eheschließung gibt jedoch nur einen Eindruck über die Personen, die in einem bestimmten Jahr (zum ersten Mal) heiraten. Eine andere Frage ist jedoch, wie viele Personen überhaupt heiraten. Lassen sich Veränderungen der Heiratsneigung feststellen? Üblicherweise wird hierzu die Entwicklung der allgemeinen Eheschließungsziffer (Bolte et al. 1980: 22) herangezogen, die in Abb. 2 wiedergegeben ist. Die Angaben beziehen sich auch hier bis 1945 auf das Deutsche Reich und danach auf die Bundesrepublik bzw. die alten Bundesländer. Die Entwicklung für die DDR bzw. ab 1990 für die fünf neuen Bundesländer sind durch die gestrichelte Linie gekennzeichnet.

---

3 Sofern nicht anders angegeben wurden die Angaben für die folgenden Abbildungen aus verschiedenen Statistischen Jahrbüchern und Fachserien des Statistischen Bundesamtes zusammengestellt. Die Entwicklung bis 1972 hat das Statistische Bundesamt in einer entsprechenden Dokumentation aufbereitet (Statistisches Bundesamt: 1972).

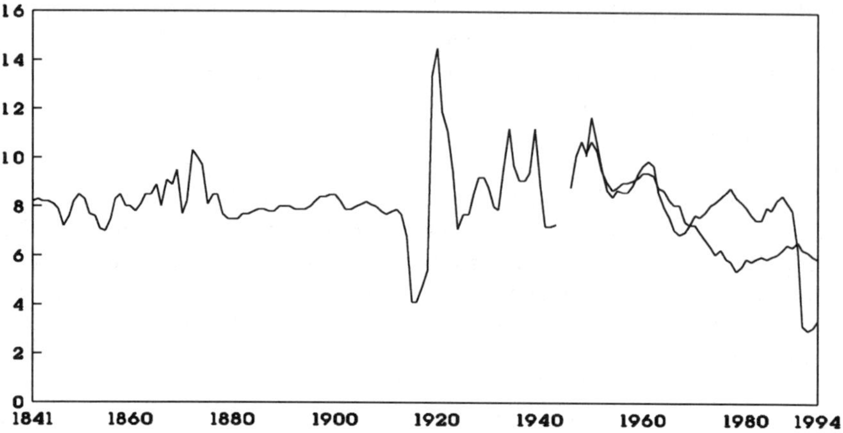

Abb. 2: Eheschließungen je 1.000 Einwohner ab 1841 (Deutsches Reich und Bundesrepublik bzw. DDR)

Bis 1914 spiegelt diese Ziffer eine relativ große Konstanz wider[4] und zeigt danach die Folgen des Ersten Weltkrieges sowie der wirtschaftlichen und politischen Entwicklungen. Die Eheschließungsziffer, die im Nachkriegsdeutschland zunächst relativ hoch war, sinkt in den 60er und 70er-Jahren deutlich ab. Sie erreicht Ende der 70er-Jahre – sieht man von den kriegsbedingten Einbrüchen ab – einen historischen Tiefstand. In den 80er und 90er-Jahren kommt es zu einem kurzfristigen leichten Anstieg, der jedoch vorwiegend auf den Eintritt der geburtenstarken Jahrgänge ins heiratsfähige Alter zurückzuführen ist und weniger eine erneute Trendwende signalisiert.

Für die DDR läuft die Entwicklung bis in die 60er-Jahre erstaunlich parallel. Seit den 70er-Jahren stabilisieren sich die Heiratsziffern – nicht zuletzt auf Grund familienpolitischer Maßnahmen – jedoch auf einem deutlich höheren Niveau als in der Bundesrepublik. Ab 1989 ist ein bemerkenswerter Einbruch der Eheschließungsziffern in den neuen Bundesländern zu verzeichnen, der sich historisch nur mit den kriegsbedingten Schwankungen vergleichen lässt. Diese in ihrem Ausmaß ernorme Veränderung ist keineswegs auf die Zahl der Eheschließungen beschränkt, sondern lässt sich auch hinsichtlich der Fertilität und der Scheidungsrate konstatieren. Die rückläufige Tendenz in allen drei Bereichen zeigt, wie sensibel Akteure in ihrem familialen Verhalten auf einschneidende Veränderungen in den allgemeinen Lebensbedingungen und den ökonomischen Verhältnissen reagieren (Zapf, Mau 1993; Kopp, Diefenbach 1994). Sowohl die Betrachtung des durchschnittlichen Heiratsalters als auch der Eheschließungsziffer ist jedoch mit einigen Problemen behaftet. Die linkssteile Verteilung des Merkmals "Heiratsalter" täuscht darüber hinweg, dass der Großteil der Heiratenden deutlich früher als der Mittelwert signalisiert die Ehe ein-

4 Dies kann jedoch zumindest teilweise als Artefakt angesehen werden, denn in dieser Zeit lag ein relativ hohes Bevölkerungswachstum vor (Bolte et al. 1980: 86 f.), und unter diesen Umständen bedeutet eine konstante Eheschließungsziffer ein Anwachsen der Heiratsneigung und einen Rückgang des Ledigenanteils.

geht.[5] Die hier geschilderten Trends werden dadurch in ihrem Verlauf jedoch kaum tangiert. Andererseits, und dies ist wesentlich bedeutsamer, werden Personen, die nicht heiraten, natürlich nicht in den Analysen berücksichtigt. Auch die Eheschließungsziffer als Maß für die Heiratsneigung ist insofern problematisch, als hier der Altersaufbau der Bevölkerung nicht hinreichend beachtet wird. So kann die Existenz von geburtenstarken oder -schwachen Jahrgängen bei substanziell gleicher Heiratsneigung zu deutlichen Schwankungen dieses Indikators führen. Der hier beschriebene Trend in der Heiratsneigung lässt sich jedoch auch mit anderen methodischen Instrumentarien nachweisen, die die genannten Schwächen zu umgehen suchen (Heilig 1985; Braun, Probsting 1985; Diekmann 1993). Bei beiden Kenngrößen tritt aber auch die schon oben skizzierte Problematik von Querschnittsbetrachtungen ein. Um diesen Problemen zu begegnen, wird in Abb. 3 für ausgewählte Geburtskohorten deren jeweiliges Heiratsverhalten dargestellt, wobei nur die Informationen von Frauen und deren erster Ehe Berücksichtigung finden.[6] Die Ergebnisse dieser kohortenbezogenen Analyse des Heiratsverhaltens sind in Abb. 3 zu sehen. Für die einzelnen Kohorten ist jeweils der Anteil der zu einem bestimmten Lebensalter noch unverheirateten Frauen abgebildet.

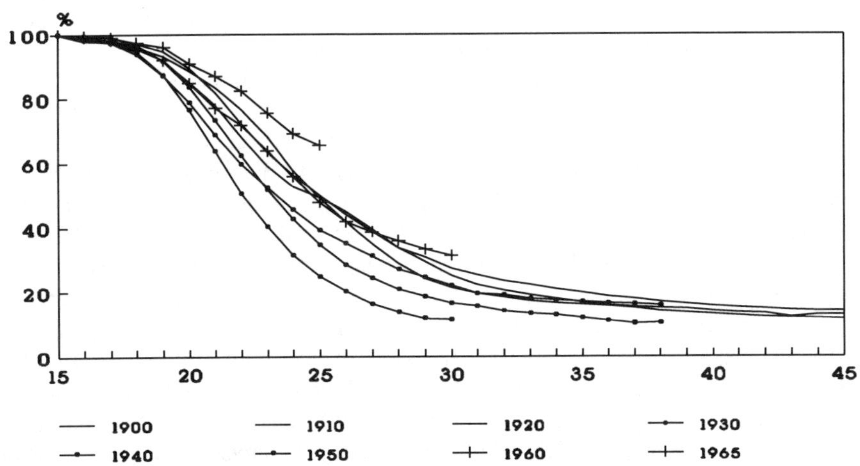

Abb. 3: Anteil unverheirateter Frauen für ausgewählte Geburtskohorten

Die Abb. verdeutlicht, wie sich der Anteil der unverheirateten Frauen über die verschiedenen Kohorten und Lebensverläufe hin entwickelt hat. Zunächst zeigen – soweit dies jetzt schon zu beobachten ist – alle Kohorten den typischen Verlauf der jeweiligen Risikofunktion, die bei allen zu diskutierenden Unterschieden eine "glok-

5 Nach entsprechenden Analysen, die für das Land Baden-Württemberg vorliegen, lag der Modus des Heiratsalters 1970, 1980 und 1985 für die Männer jeweils zwischen 21 und 22, 23-24 und 25-26 Jahren. Für die Frauen liegt er zu denselben Zeitpunkten zwischen 21-22, 21-22 und 23-24 Jahren (Gröner 1987).

6 Hierzu wurden Daten der über das Zentrum für Umfragen, Methoden und Analysen (ZUMA), Mannheim, verfügbaren Volkszählung 1970, sowie aus einem eigenen, durch die Deutsche Forschungsgemeinschaft geförderten Projekt (ES 41 und 6), verwendet (detailierten Darstellung s. Hill und Kopp 1997).

kenförmige Altersabhängigkeit der Heiratswahrscheinlichkeit" (Brüderl, Diekmann 1994: 60) nahe legt. Zwischen den einzelnen Heiratskohorten zeigen sich jedoch vor allem in zwei Punkten bemerkenswerte Unterschiede: dem Timing der Eheschließung und dem Anteil an wohl auf Dauer ledig bleibender Frauen.[7] Nimmt man den Geburtsjahrgang 1900 als Vergleichsgröße, so kann man für die darauf folgenden Geburtskohorten zuerst eine Vorverlagerung der Heirat festhalten. Damit einher geht ein Rückgang der Zahl dauerhaft Lediger. Dieser Trend lässt sich bis zu dem Geburtsjahrgang 1940 beobachten. Danach findet sich wieder eine zeitliche Verschiebung der Eheschließung nach hinten und damit einhergehend auch eine Erhöhung der Ledigenrate. Nimmt man das 30. Lebensjahr als Vergleichspunkt, dann zeigen sich bei der 1900er-Kohorte und der 1960er-Kohorte die geringsten Anteile verheirateter Frauen. Die 1965 Geborenen, für die bei den hier zu Grunde liegenden Daten lediglich Informationen bis zum 25. Lebensjahr vorliegen, scheinen zumindest für dieses Alter eine noch geringere Heiratsneigung zu haben als die 5 Jahre ältere Gruppe. Dies kann auf eine weiter abnehmende Heiratsneigung oder zumindest auf Verschiebung des Heiratsalters in spätere Lebensjahre hindeuten (Diekmann 1993; Cherlin 1990; 1991: 124 ff.). Auffallend ist zudem, dass die Kohorten von 1950 und vor allem 1960 in ihrem Verhalten eine größere Ähnlichkeit zu den ältesten Kohorten aufweisen als zu den 1940 Geborenen. Dies spricht dafür, dass eher die 50er und 60er-Jahre, also das so genannte golden age of the family, hinsichtlich des familialen Verhaltens als historische Ausnahmen zu gelten haben als die heutige Situation (Hill, Kopp 1997).

Eine mögliche Erklärung dieser auch in demographischer Perspektive sehr nachhaltigen Veränderungen dürfte in der immer weiteren Verbreitung der Kohabitation zu finden sein (Bumpass et al. 1991; Niemeyer 1994). Mit dem Begriff der Kohabitation werden all diejenigen Paare umschrieben, die einen gemeinsamen Haushalt führen, aber nicht (miteinander) verheiratet sind. Hierbei ist die Kohabitation von reinen Wohngemeinschaften, aber auch von Paaren mit längerfristig getrennten Haushalten (living apart together) zu unterscheiden. Während sozialwissenschaftliche Forschungen diese Unterscheidung relativ leicht treffen können, ist dies in der amtlichen Statistik auf Grund vor allem rechtlicher Beschränkungen nur "sehr eingeschränkt" (Niemeyer 1994: 505) möglich. Trotz dieser Probleme lassen sich Schätzungen über die zahlenmäßige Entwicklung dieser Lebensform durchführen. Danach ist davon auszugehen, dass sich die Zahl der nicht ehelichen Lebensgemeinschaften von ungefähr 137.000 im Jahr 1972 auf über 1,1 Mio. im Jahr 1992 erhöht hat. Sozialwissenschaftliche Umfragen zeigen, dass sich bei Verheirateten eine stetige Steigerung des Anteils derjenigen, die vor ihrer Ehe bereits mit einem Partner zusammengewohnt haben, abzeichnet (Tölke 1993). Es lässt sich sogar vermuten, dass das nicht eheliche Zusammenziehen immer zur Standardbiographie gehört und dass eine Heirat nur noch ein weiterer Schritt, aber nicht mehr eine gänzlich neue Lebensform darstellt. Ansätze, die die Eheschließung beispielsweise als kindzentriert (Nave-Herz 1994: 9) oder zur

---

7 Empirisch ist von einem engen Zusammenhang zwischen diesen beiden Tatbeständen auszugehen. Generell wäre jedoch auch denkbar, daß etwa im Rahmen der Bildungsexpansion durch einen reinen Institutioneneffekt die Eheschließung nur verschoben, nach dem Abschluß der Ausbildungsphase aber sogar verstärkt geheiratet wird.

Absicherung langfristiger, beziehungsspezifischer Investitionen betrachten, unterstützen diese Überlegungen.

Nicht eheliche Lebensgemeinschaften verteilen sich nicht zufällig über alle Bevölkerungsgruppen, sondern sie werden eher von Personen eingegangen, die noch kinderlos und/oder noch nicht erwerbstätig sind und eine hohe Bildung besitzen (Vaskovics, Rupp 1995). In den Vereinigten Staaten findet sich jedoch ein negativer Zusammenhang zwischen Bildungsniveau und der Wahrscheinlichkeit der Kohabitation (Bumpass, Sweet 1989: 622). In der familiensoziologischen Diskussion ist die theoretische Einordnung von nicht ehelichen Lebensgemeinschaften umstritten: Handelt es sich dabei um eine Vorstufe zur Eheschließung, quasi eine Ehe auf Probe, oder um eine neue eigenständige Lebensform, die auch als dauerhafte Alternative zur Ehe begriffen werden muss (Rindfuss, van den Heuvel 1990)? Empirisch finden sich für beide Interpretationen Argumente. In den USA schätzt man den Anteil der Kohabitationen, die in eine Ehe münden auf etwa 60% (Bumpass, Sweet 1989). In den skandinavischen Ländern hat der Anteil der Kohabitierenden schon seit längerem ein bedeutsames Ausmaß erreicht und kann als Beleg für die These von der eigenständigen Lebensform herangezogen werden. Anders als in den USA und Deutschland unterliegen die Betroffenen (und deren Kinder) hier aber auch familienrechtlichen (Versorgungs-) Regelungen, die durchaus als "eheähnlich" zu betrachten sind.[8] Wieder anders scheint die Situation in einigen Südamerikanischen Ländern zu sein, die ebenfalls einen hohen Anteil Kohabitierender aufweisen (Hoem und Hoem 1988; Goode 1993: 186 ff.). Für die Bundesrepublik lässt sich zeigen, dass der Übergang von nicht ehelichen Lebensgemeinschaften zu Ehen eng mit der (geplanten) Geburt eines Kindes zusammenhängt (Vaskovics, Rupp 1995). Wie immer diese Diskussionen zu bewerten sein mögen, für das Heiratsverhalten in der Bundesrepublik bleibt festzuhalten, dass die auch in historischen Maßstäben erstaunliche Veränderung der Nuptualität für die Geburtskohorten ab Mitte der 50er-Jahre sicher zu einem großen Teil auf diese neue Lebensoption zurückzuführen ist. Ein Rückgang der Heiratszahlen bedeutet also nicht, dass die entsprechenden Personen keine Lebensgemeinschaften mehr eingehen oder gar prinzipiell engere soziale und emotionale Bindungen meiden, eher im Gegenteil lässt sich belegen, dass die jüngeren Kohorten zunehmend mehr (voreheliche) Bindungserfahrung aufweisen (Tölke 1991). Trotzdem sind nicht eheliche Lebensgemeinschaften nicht einfach mit Ehen gleichzusetzen. Ob man deshalb jedoch gleich vermuten muss, dass hierdurch "die Individualisierungstendenzen innerhalb der Gesellschaft zum Ausdruck" gebracht werden (Niemeyer 1994: 504), erscheint fraglich.

22.3 Zur Erklärung des Heiratsverhaltens

Versucht man einen Überblick über Erklärungen des Heiratsverhaltens zu geben, so wird schnell deutlich, dass darunter verschiedene Fragen subsumiert werden, die jeweils spezifischer Antworten bedürfen. So lässt sich fragen, warum Akteure heiraten,

---

8 Womit sich dann jedoch die Frage stellt, ob diese Gemeinschaften in der gegebenen juristischen Situation nicht einer klassischen Ehe näherstehen als einem "alternativen Lebensentwurf".

wann sie heiraten, ob sie es überhaupt tun oder wer wen heiratet. Zudem ergeben sich auf der Makroebene Fragen danach, warum in einer historischen Periode die Eheschließungsrate abnimmt oder der Anteil der homogamen Ehe zunimmt. Zur Beantwortung dieser Fragen werden in den letzten Jahrzehnten vor allem zwei allgemeine Theorien herangezogen: die Austauschtheorie und die ökonomische Theorie der Familie. Beide theoretischen Ansätze stellen einen Argumentationsrahmen bereit, der entsprechend dem konkreten Explanandum zu differenzieren und zu spezifizieren ist. Zudem haben sich einige der oben gestellten Fragen längst zu speziellen Forschungsgebieten entwickelt, in denen eine große Zahl empirischer Arbeiten entstanden ist. Bezüglich des Heiratsverhaltens sind dabei vor allem die Homogamieforschung und die Filter- und Sequenzmodelle der Partnerschaftsentwicklung zu nennen.

22.3.1 Ökonomische Theorie der Familie

Die ökonomische Theorie geht von rational handelnden Akteuren aus, für die eine Heirat einen nutzenmaximierenden Akt darstellt. In Analogie zur ökonomischen Produktionstheorie werden Ehen und Familien als Gemeinschaften gesehen, in denen bestimmte grundlegende Güter oder commodities kostengünstig produziert werden können. Unter commodities werden dabei "children, prestige and esteem, health, altruism, envy, and pleasures of the senses" (Becker 1981: 8), aber auch "recreation, companionship, love" (Becker 1976: 207) verstanden. Diese commodities sind in der Regel nicht auf dem Markt erwerbbar und werden unter Einsatz von Marktgütern, Zeit und Humankapital in Ehe und Familie produziert. Dabei stiften sie Nutzen und die Individuen versuchen diesen Nutzen bzw. ihre Nutzenfunktion, die aus einem Bündel einzelner nutzenstiftender Verhaltensweisen oder Zustände besteht, durch einen optimalen Einsatz ihrer Ressourcen zu maximieren. Da die verfügbaren Ressourcen begrenzt sind, müssen die Individuen ein Maximierungsproblem lösen. Commodities besitzen, da sie eben keine marktfähigen Güter sind, keinen Marktpreis, aber einen Schattenpreis, der ihren Produktionskosten entspricht, wobei der im Haushalt eingesetzten Zeit – respektive ihrer alternativen Verwendung zur Erwerbsarbeit – besondere Bedeutung zukommt (vgl. zu diesem Ansatz Michael, Becker 1973; Becker 1976; 1981; Tommasi, Terulli 1995).

Auf die Frage, warum Personen überhaupt heiraten, verweist die ökonomische Theorie auf zwei Argumente: Ehen und Familien stellen erstens Gemeinschaften dar, in denen bestimmte commodities kostengünstiger produziert werden können als etwa in einem Single-Haushalt. Das Zusammenlegen von Ressourcen und die arbeitsteilige Produktion ermöglichen Spezialisierungen und Investitionen in spezifisches Humankapital, die für beide Partner Gewinn bringend sind. So kann etwa ein Partner erwerbstätig sein und der andere sich auf Erziehungs- und Hausarbeit konzentrieren. Zweitens können vor diesem Hintergrund Ehen als langfristige Vertragsgemeinschaften zur Produktion von Gütern verstanden werden. Zu diesen commodities gehören einerseits Kinder, die einen psychologischen Nutzen spenden können und einen zentralen Heiratsgrund darstellen: "The main purpose of marriage and families is the production and rearing of own children" (Becker 1981: 93). Andererseits ist die Produktion von wechselseitiger Zuwendung, Fürsorge und Vertrauen ebenfalls in einem gemeinsamen Haushalt effektiver: "Persons in love can reduce their cost of frequent contact and of resource transfer between each other by sharing the same household" (Becker 1976: 210). Damit nun aber die Produktion von commodities effizient gestaltet werden kann, ist es notwendig, dass sich Personen zu Paaren verbinden, die hinsichtlich ihrer persönlichen Eigenschaften besonders gut zueinander passen. Aus der Sicht der ökonomischen Theorie sucht sich nun jeder Akteur einen Partner, mit dem er auf Grund seiner und dessen Eigenschaften und Fähigkeiten ein Maximum an commodities und damit Ehegewinn erwirtschaften kann. Dies ist die allgemeine Antwort des ökonomischen Ansatzes auf die Problemstellung der Homogamieforschung.

Nach Becker sind die meisten Eigenschaften Komplemente, durch deren pooling ein positiver Interaktionseffekt für die gemeinsam zu produzierenden Güter entsteht. Als Beispiele für solche Eigenschaften, die positiv korrelieren sollten, nennt Becker Erziehung, Sozialisation, Intelligenz, körperliche Attraktivität, Alter und Vermögenseinkommen. Aber auch substitutive Eigenschaften können sich vorteilhaft auf den Ehegewinn auswirken. Hier hat eine negative Korrelation der Ausprägungen bei den Partnern positive Effekte für den Ehegewinn. Das bedeutsamste Substitut stellt wohl die Fähigkeit zur Erwerbsarbeit dar. Wenn beide Partner etwa ein gleiches Lohneinkommen realisieren können, dann ist der Anreiz zu einer Spezialisierung auf häusliche Tätigkeiten und der entsprechende Spezialisierungsgewinn eher gering (Oppenheimer 1988).[9] Sind die Lohnsätze unterschiedlich, dann ist der Anreiz hoch, dass der Partner mit den geringeren Verdienstmöglichkeiten sich auf die Familien- bzw. Hausarbeit spezialisiert. An diesem Punkt der Argumentation knüpfen eine Reihe von konkreten Erklärungen, etwa für die Fertilität oder das Scheidungsverhalten, an. Die zunehmend höhere Bildung und bessere berufliche Qualifikation von Frauen verändert ihre Handlungsalternativen und ihre Stellung im intrafamilialen Austauschprozess. Spezialisierung auf Hausarbeit ist unter diesen Bedingungen mit hohen Opportunitätskosten verbunden. Die außerhäusliche Tätigkeit gewinnt an Anreiz, da sie ein eigenes Einkommen und damit eine gewisse Selbstständigkeit garantiert. Letztlich aber bleibt die Bestimmung, was Komplemente oder Substitute sind, in der ökonomischen Theorie inhaltlich offen, da diese Frage immer nur im Hinblick auf konkrete Nutzenfunktionen beantwortbar ist. Darüber hinaus kann eine bestimmte Kombination im Hinblick auf ein commodity effizient sein, aber im Hinblick auf ein anderes nicht.

Das Zusammenbringen potenzieller Heiratspartner übernimmt nach der ökonomischen Theorie der Heiratsmarkt (Becker 1974; Freiden 1974; McKenzie, Tullock 1984). Anders als die klassische Ökonomie, geht die ökonomische Familientheorie jedoch nicht von einem perfekten Markt aus, auf dem alle Anbieter und Nachfrager ohne Transaktionskosten und mit vollständigen Informationen ausgestattet agieren. "Participants in marriage markets are assumed to have limited information about the utility they can expect with potential mates, mainly because of limited information about the traits of these mates" (Becker 1981: 220). Für Becker ist die Suche nach einem optimalen Ehepartner durch Unsicherheit über die (oft nicht direkt erkennbaren)

9 Auch wenn die Beispiele in der ökonomischen Theorie so formuliert sind, daß Frauen typischerweise die Hausarbeit übernehmen (vgl. Meyer 1987: 22), ist das Argument prinzipiell geschlechtsneutral. Die Arbeitsteilung sollte so erfolgen, daß das Gesamteinkommen maximiert wird.

Eigenschaften des potenziellen Partners und Suchkosten geprägt. Die Suchkosten tangieren knappe Ressourcen wie Zeit, Geld und persönliches Engagement. Längere Suche und näheres Kennenlernen kann zwar die Unsicherheit reduzieren, aber man schiebt dadurch zumindest partiell auch die Realisierung der angestrebten commodities auf. Vor dem Hintergrund begrenzter Ressourcen lässt sich der Heiratsmarkt wie folgt modellieren: "Each person spends resources selecting a drawing from a frequency distribution of potential mates; each drawing gives the wealth that can be expected from that match" (Becker et al. 1977: 1148). Ein Heiratsangebot wird von Ledigen dann angenommen, wenn der Gewinn des aktuellen Angebotes größer ist als der vermutete, durch ein besseres, zukünftiges Heiratsangebot erzielbare Gewinn, wobei dieser Faktor mit einer gewissen Wahrscheinlichkeit gewichtet werden muss, ein solches Angebot zu erhalten. In Rechnung zu stellen sind dabei auch noch die Suchkosten, die nötig sind, um dieses Angebot zu erhalten. Ein Ansteigen der Suchkosten führt also – ceteris paribus – dazu, dass Heiratsangebote wahrscheinlicher angenommen werden als zuvor – man wird kompromissbereiter –, und damit werden auch Ehen geschlossen, in denen die Eigenschaftskombinationen der Partner nicht optimal sind, was sich in einer verringerten Stabilität dieser Ehen niederschlagen kann.

Die Opportunitäten, die ein Heiratsmarkt bietet, sind auch von den demographischen Strukturen abhängig, wobei insbesondere die Geschlechterproportionen relevant sind. Besteht zwischen Männern und Frauen im üblichen Heiratsalter numerisch ein relevantes Ungleichgewicht, ein marriage squeeze, dann kann dies Konsequenzen für die Partnerwahl, die Zahl nicht ehelicher Geburten, die Heiratshäufigkeit, die eheliche Machtverteilung sowie die Scheidungswahrscheinlichkeit haben (Guttentag, Secord 1983; Pedersen 1991; South, Lloyd 1992; Klein 1993). Generell lässt sich eine Benachteiligung des am Heiratsmarkt überrepräsentierten Geschlechts vermuten. Beispielsweise kann sich ein Frauenüberschuss theoretisch auf verschiedene Art auf das Heiratsverhalten auswirken: das Heiratsalter der Frauen kann steigen, mehr Frauen bleiben Singles, es sei denn sie korrigieren ihre Präferenzen hinsichtlich des Alters der heiratbaren Männer. Frauenknappheit kann die Macht der Frauen innerhalb der Ehe stärken, weil Männer schlechte Alternativen bzw. hohe Suchkosten für eine alternative Partnerin haben. Umgekehrt führt Männerknappheit – etwa in Folge von Kriegen – zu einer Stärkung der innerehelichen Machtposition der Männer.

22.3.2 Austauschtheorie

Obwohl auch die Austauschtheorie von rationalen, nutzenmaximierenden Akteuren ausgeht, setzt sie andere Schwerpunkte in ihrer Argumentation. Der Austausch von Gütern und Leistungen aller Art gehört in allen Gesellschaften zu den zentralen sozialen Handlungskategorien. Die ungleiche Ressourcenverteilung impliziert, dass bestimmte Akteure Ressourcen kontrollieren, die von anderen begehrt werden. Der soziale Austausch stellt einen Mechanismus dar, der zu einem wechselseitig höheren Niveau der Bedürfnisbefriedigung führen kann. Tausch initiiert und stabilisiert soziale Interaktionen. Da soziale Beziehungen auf dem Reziprozitätsprinzip aufbauen, können sie mithilfe der Austauschtheorie beschrieben und analysiert werden (Greenberg 1980). Vor allem die Arbeiten von John W. Thibaut und Harold H. Kelley sowie von George C. Homans und Peter M. Blau haben die mikrosoziologische und sozialpsychologische Ausformulierung der Austauschtheorie entscheidend geprägt. Hier stehen die akteurbezogenen Erwartungen, die Handlungskalküle und die durch den Tausch erfahrenen Belohnungen, die den Antrieb für eine Interaktionsverstetigung darstellen, sowie strategische Abhängigkeiten im Vordergrund des Interesses.

Als zentrale Annahme unterstellt die Austauschtheorie einen subjektiv rationalen Akteur, der mit beschränkten Ressourcen ausgestattet ist und der durch seine Handlungen eine Maximierung seines Nutzens anstrebt. Jede Handlung verursacht Kosten (Aufwand, Input) und erbringt einen Nutzen (Ertrag, Output); die Differenz beider stellt den Gewinn (outcome, Netto-Nutzen) dar, der positiv oder auch negativ sein kann. Inhaltlich bezieht sich die Austauschtheorie auf die Maximierung vielfältigster Güter des sozialen und familialen Lebens, wie etwa soziale Anerkennung, Fürsorge, Liebe, oder Freundschaft. Diese sind im Tausch erwerb- oder maximierbar. Die mit ihrer Realisierung verbundenen Kosten können ebenfalls unterschiedlicher Art sein: der physische und psychische Aufwand, die erforderliche Zeit und die durch die Festlegung auf eine Handlung nicht (gleichzeitig) realisierbaren Alternativen (Opportunitätskosten). Die Bewertung der verschiedenen Alternativen und die Anzahl der Alternativen sind rein subjektiver Art. Die Rationalität der Entscheidung bezieht sich somit auf die rein subjektive Einschätzung eines Akteurs, der in einer gegebenen Situation die vermeintlich beste Option wählt, wobei andere, mit einer anderen Sicht der Dinge, diese Wahl durchaus als "irrational" einschätzen mögen. Nach Thibaut und Kelley werden der Nutzen und die Kosten anhand eines Vergleichsniveaus (comparison level = CL) bewertet. Dieses Vergleichsniveau entspricht den individuellen Erwartungen eines Akteurs. Eine geringere Belohnung hat Unzufriedenheit zur Folge, das Erreichen oder Übertreffen des CL erzeugt hingegen Zufriedenheit. "The location of CL on the person's scale of outcomes will be influenced by all of the outcomes known to the member, either by direct experience or symbolically. It may be taken to be some modal or average value of all known outcomes, each outcome weighted by its ‚salience', or strength of instigation, which depends, for example, upon the recency of experiencing the outcome and the occurrence of stimuli which serve as reminders of the outcome" (Thibaut, Kelley 1959: 21). Die Handlungsentscheidungen werden jedoch durch die zusätzliche Berücksichtigung der Vergleichsniveaus der Alternativen (cl_{alt}) getroffen: "CL_{alt} can be defined informally as the lowest level of outcomes a member will accept in the light of available alternative opportunities. It follows from this definition that as soon as outcomes drop below CL_{alt} the member will leave the relationship. The height of the CL_{alt} will depend mainly on the quality of the best of the member's available alternatives, that is, the reward-cost positions experienced or believed to exist in the most satisfactory of the other available relationships" (Thibaut, Kelley 1959: 21 f.). Das Zusammenspiel der beiden Vergleichsniveaus ist somit letztlich für die Handlungsentscheidung wichtig. Zufriedenheit bedeutet nicht unbedingt Stabilität, und Unzufriedenheit führt nur bedingt zu Instabilität von Austauschbeziehungen (Lewis, Spanier 1979). Wenn die Anfangsinteraktionen zwischen zwei (oder mehr) Akteuren zum beiderseitigen Vorteil verlaufen und keine besseren Alternativen perzipiert werden, dann erscheint es vernünftig, die Interaktion zu wiederholen bzw. auf andere inhaltliche Bereiche auszudehnen, wodurch – bedingt durch die zeitliche Asymmetrie zwischen Geben und Nehmen beim sozialen Tausch –

auch mehr Möglichkeiten zur Begleichung offen stehender Verpflichtungen geschaffen werden. Umgekehrtes gilt für unbefriedigend verlaufende Interaktionen: Die Partner werden die Anfangsinteraktion nicht weiterführen oder bei bereits länger bestehenden Beziehungen zunehmend weniger "investieren". Sie werden andere Tauschalternativen suchen, sich weiteren "Rückzahlungsverpflichtungen" entziehen und damit das Interaktionsgefüge entflechten. Prinzipiell gibt es keinerlei Beschränkungen beim Tausch der verschiedenen Ressourcen, aber empirisch sind durchaus gewisse Restriktionen zu beobachten, die in der Ressourcentheorie von Foa und Foa (1974, 1980) thematisiert werden.

22.3.3 Homogamie

Für die ökonomische Theorie und die Austauschtheorie stellt die immer wieder zu findende Homogamie der Partner somit das Ergebnis einer rationalen Wahl dar. Während die ökonomische Theorie die Produktionseffizienz bei gegebener optimaler Eigenschaftenkombination betont, sind nach der Austauschtheorie vorteilhafte Interaktionen zu erwarten, wenn die Akteure ähnlichen Sozialisationskontexten entstammen und entsprechende Interessen, Lebenserwartungen und Lebensstile hegen. Innerhalb der Homogamieforschung wurde in vielfältigen Studien gezeigt, dass bei der Partnerwahl systematisch wechselseitig Personen zusammenfinden, die hinsichtlich physischer Attraktivität, Bildung und Schichtzugehörigkeit, ethnischer oder regionaler Herkunft, Religion und Alter ähnlich sind (Vandenberg 1972; Rückert et al. 1979; Handl 1988; Kalmijn 1991; Hassebrauck, Niketta 1993; Hendrickx et al. 1994; Laumann et al. 1994: 225 ff.; Gelles 1995: 183 ff.). Vor dem Hintergrund der allgemeinen soziologischen Debatte um eine Theorie moderner Gesellschaften, ist die Tatsache, dass auch in solchen Gesellschaften immer noch eine starke Homogamie zu finden ist, von besonderem Interesse, da für die Perpetuierung von sozialer Ungleichheit – neben der intergenerationalen Statusvererbung – das "assortative mating" den wichtigsten Mechanismus darstellt (Haller 1981). Für den Bereich der Bildung, der mitentscheidend für die soziale Positionierung des Paares und dessen Kinder ist, kommt Mare in seiner Analyse der Heiratskohorten von 1930-1980 in den USA zusammenfassend zu dem Ergebnis, dass die Bildungshomogamie im Laufe der Jahre tendenziell sogar zugenommen hat: "Barriers to marriage between persons with unequal amounts of formal schooling increased between the 1930s and the present. These increases may be the result of well-known trends in average educational attainment, age at leaving school, and age at marriage" (Mare 1991: 30). Da sich die Schul- und Ausbildungszeit deutlich verlängert hat, das Heiratsalter aber nur geringfügig, stellen Bildungseinrichtungen für viele Personen zunehmend den zentralen Heiratsmarkt dar. Für die Bundesrepublik konstatiert Ziegler (1985: 102) ganz ähnlich: "Bildungsexpansion und tendenzielle Egalisierung der Bildungschancen von Männern und Frauen haben also keineswegs die Bildungsbarrieren bei der Partnerwahl generell verringert" (Ziegler 1985: 102; vgl. auch Wirth 1996). Während die Bildungshomogamie also eher steigt als sinkt, scheint die religiöse Homogamie an Bedeutung zu verlieren (Glenn 1982; Kalmijn 1991; Hendrickx et al. 1994). Die zu beobachtende Religionshomogamie scheint zudem weniger Ausdruck einer sozialnormativen Distanz zwischen den Gruppen oder individueller Präferenzen zu sein, sondern vielmehr durch die regionale Konfessionsstruktur bedingt zu werden (Klein 1996). Aber auch auf der Ebene persönlicher Merkmale gibt es systematische Übereinstimmungen. So liegen sozialpsychologische Untersuchungen vor, die einen positiven Zusammenhang zwischen der physischen Attraktivität beider Partner nachweisen. Danach präferieren Personen bei der Partnersuche Personen, die hinsichtlich der physischen Attraktivität ein ähnliches Niveau aufweisen (Feingold 1988; Mikula, Stroebe 1991; Bierhoff, Grau 1993).[10]

Man muss die beobachtbare Homogamie jedoch nicht unbedingt als Ergebnis eines abwägenden rationalen Wahlaktes betrachten, sondern kann sie auch als die Folge der sozialen Strukturiertheit von Handlungskontexten oder Foki auffassen (Feld 1981). Unter Foki werden dabei soziale, psychologische und physische Gebilde verstanden, um die sich die Aktivitäten von Individuen organisieren – wie etwa der Arbeitsplatz, Vereine oder Gaststätten (Whyte 1990: 31 ff.; Lauman et al. 1994: 254 ff.). Sie sind je nach dem Ausmaß, in dem sie Individuen dazu verpflichten, Zeit und Energie innerhalb des Foki zu verbringen, unterschiedlich verbindlich und je nach der Ähnlichkeit der innerhalb von Foki gezeigten Interaktionen und Aktivitäten kompatibel. Die soziale Alltagswelt ist nun weitgehend um solche, durchweg auch räumlich konzentrierte Foki strukturiert. Die sozialen Kontaktchancen und Kontakte von Individuen konzentrieren sich im Wesentlichen auf Personen, mit denen sie Foki gemeinsam haben (Feld 1981). Damit wird zumindest ein Teil der unterschiedlichen Homogamiearten, wie etwa die bezüglich der Bildung, räumlicher Nähe, Ethnie und Religion verständlich.[11] Es ist nicht unbedingt die räumliche Distanz oder die Bildung an sich, die im Zuge eines Wahlaktes einen positiven Effekt auf die Paarbildung hat, sondern beide korrelieren stark mit der Fokimitgliedschaft.Überträgt man diese Überlegungen auf die Wahl von Ehepartnern, kann man festhalten, dass die beobachtbare Homogamie in Bezug auf sozialstrukturelle Merkmale weniger das Ergebnis eines intensiven, weiträumigen Suchprozesses, als vielmehr eine Konsequenz unterlassener bewusster Suche und einfacher Ausschöpfung der Opportunitäts- und Fokusstrukturen ist. Hält man trotzdem an der Idee des Heiratsmarktes fest, so muss man sich diesen wohl zumindest als einen sehr eng begrenzten, sozial drastisch vorstrukturierten Markt vorstellen, der die Wahlmöglichkeiten deutlich beschneidet.

---

10 Ebenso bedeutsam sind auch die geschlechtsspezifischen Unterschiede hinsichtlich der gewünschten Präferenzen bei der Partnersuche. So scheinen Männer und Frauen jeweils unterschiedliche Merkmale in den Vordergrund zu stellen (Howard et al. 1987; Buss 1989). Bei einer Analyse der geschlechtsspezifischen Präferenzen stellte sich heraus, daß Männer größeren Wert auf physische Attraktivität und Jugend legen, während Frauen eher Männer mit höherem Einkommen und einem dauerhaften Arbeitsverhältnis präferieren. Diese Befunde sind mittlerweile in einer Reihe von (interkulturellen) Studien bestätigt worden, die die geschlechtsspezifischen Präferenzen soziobiologisch erklären (Buss 1989; 1994).

11 Unterstellt man realistischer Weise eine, wenn auch innerhalb von Foki eingeschränkte Varianz insbesondere hinsichtlich persönlicher Merkmale, etwa konkreter Einstellungen oder der physischen Attraktivität, verbleibt natürlich auch hier noch ein gewisser, aber deutlich geringerer Spielraum für die Partnerwahl.

22.3.4 Entwicklung von Partnerschaften

Viele ältere austauschtheoretische Überlegungen und auch die ökonomische Theorie der Familie gehen in ihren Überlegungen davon aus, dass sich die Partnerwahl modellhaft als ein einziger Entscheidungsakt abbilden lässt. Wer wen wählt, ist dann im Wesentlichen von der Angebotssituation, dem Suchverhalten und dem Marktwert der eigenen Merkmale abhängig. Die Nicht-Erwiderung einer Wahl oder begonnene und dann abgebrochene Beziehungen sind quasi als fehlgeschlagene (Preis-) Verhandlungen zu interpretieren. Aus sozialpsychologischer und soziologischer Sicht wurde hingegen bereits früh darauf hingewiesen, dass die Partnerwahl eher als ein langfristiger Prozess zu sehen ist, in dessen Verlauf die relevanten Eigenschaften der Partner erst dekuvriert werden und unterschiedliche inhaltliche Zielsetzungen die Interaktion bestimmen (vgl. den Überblick bei Cate, Lloyd 1988; Dallos 1996: 219 ff.). Die verschiedenen Entwicklungsmodelle (Reiss 1960; Kerckhoff und Davis 1962; Murstein 1977; 1986; Levinger und Snoek 1977; Levinger 1983) haben bei allen Verschiedenheiten eine mehr oder weniger explizite austauschtheoretische Basis gemeinsam. Der Entwicklungsprozess kann dann als sukzessive Ausweitung der Handlungsfelder aufgefasst werden, wobei erfolgreiche Interaktionsmuster auf andere Situationen generalisiert werden. Mit der multiplexen Ausweitung der dyadischen Interaktionsfelder und ihrer positiven Belohnung kommt es typischerweise zu einer sukzessiven Offenlegung (self disclosure) von Wünschen, Bedürfnissen und Gefühlen und damit zu einer paarspezifischen Intimität und Abschottung der Beziehung vom weiteren sozialen Kontext (Beach, Tesser 1988). Mit einem solchermaßen zunehmenden Involvement in die Beziehung werden aber zugleich vermeidbare räumliche und zeitliche Trennungen negativ bewertet, da sie belohnende Interaktionen verteuern bzw. den entsprechenden Aufwand erhöhen. Theoretisch kommt es von einem Startpunkt aus vermehrt zu reziproken Tauschhandlungen, wobei die Gratifikationen zum Teil nicht unmittelbar erfolgen, sondern zu einem späteren unbestimmten Zeitpunkt: generalisierte Tauschbeziehungen entstehen. Daraus resultiert aber auch ein Geflecht von Erwartungen auf Rückzahlungen, sozusagen eine Reihe offener Rechnungen, deren Begleichung einerseits legitimerweise erwartet und andererseits als Verpflichtung dem Anderen gegenüber empfunden wird. Mit der zunehmenden Interaktionsverdichtung steigen dann auch die wechselseitigen Verpflichtungen und Vorleistungen, und dies erschwert den Abbruch der Beziehung, sofern dieser auf Grund einer unbefriedigend verlaufenden Interaktion oder auf Grund besserer Alternativen überhaupt erwogen wird. Zudem kann man die Beziehungsintensivierung als einen Investitionsprozess auffassen, in dessen Verlauf die Partner auf der Ebene des Verhaltens, auf der kognitiv-emotionalen Ebene (Hill 1992) und auch in materieller Hinsicht investieren (Rusbult 1980, 1983; Kelley 1983). In diesem Prozess gibt es aber immer wieder Filter oder Entscheidungspunkte an denen – je nach Belohnungswert der bisherigen Interaktion – die Beziehung fortgesetzt oder abgebrochen wird. Welche Bedürfnisse oder Nutzenaspekte innerhalb der Beziehungen relevant und in welcher Reihenfolge sie dominant sind, ist jedoch gesellschaftlich hoch variabel. Trotzdem lassen sich für moderne Gesellschaften mit freier Partnerwahl, bei denen ökonomische Existenz, Partnerwahl und Familienbildung formal entkoppelt sind, gewisse Regelmäßigkeiten beschreiben, die in idealtypischen Ablauf-, Sequenz- oder Filtermodellen nachgebildet werden (Reiss 1960; Levinger, Snoek 1977; Cate, Lloyd 1988). Ein solches Modell stellt die stimulus-value-role theory (SVR-Theorie) von Murstein (1976, 1977, 1986) dar. Dabei wird angenommen, dass sich die Variablen, die den Verlauf einer Beziehung bestimmen, den drei Kategorien Stimulus, Werte und Rollen zuordnen lassen und sich so die jeweils entsprechenden Beziehungsphasen konstituieren. Im Stimulusstadium begegnen sich potenzielle Heiratspartner in einem zumeist bereits über soziale Selektion vorstrukturierten Interaktionsfeld, in dem die Personen eine deutliche soziale Ähnlichkeit aufweisen. Die konkrete Kontaktaufnahme ist dann weitgehend von der physischen Attraktivität der Personen und den erkennbaren Vorausinformationen über deren soziale Eigenschaften abhängig. Erscheint eine Person hinsichtlich ihres Stimuluswertes als belohnend, dann wird eine Kontaktintensivierung angestrebt, anderenfalls wird kein Kontakt aufgenommen oder frühzeitig abgebrochen. Im Wertestadium verlieren die Stimulusvariablen zunehmend an Bedeutung, während die individuellen Interessen, Einstellungen, Ansichten und Bedürfnisse der Partner relevant werden. In dieser Phase werden vorwiegend wechselseitig Informationen über den Partner und sein soziales Umfeld gesammelt und bewertet, wobei jedoch intime persönliche Aspekte noch ausgeklammert bleiben. Wenn die gewonnenen Informationen wechselseitig akzeptiert und die Interaktionen als belohnend erlebt werden, kommt es zu einer kontinuierlichen Verbreiterung und Vertiefung der Kenntnis der anderen Person und dyadischen Interaktion. Im Rollenstadium erfolgt eine weitere Intimisierung der Beziehung und Herstellung einer die Einzelrollen umfassenden Rollenkompatibilität. Während im Wertestadium über verbale Kommunikation die Verträglichkeit der Partner ermittelt werden kann, ist im Rollenstadium zeitintensiveres praktisches Erproben von Rollenhandeln notwendig. Zwar werden bereits im fortgeschrittenen Wertestadium vermutlich einige Personen heiraten, die Mehrzahl wird dies jedoch erst innerhalb des Rollenstadiums tun. Nach Murstein liegt das zentrale Kriterium des Rollenstadiums in den Bewertungen des (Rollen-) Verhaltens von ego und alter in der Beziehung – verglichen mit den Vorstellungen der Akteure über das gewünschte Verhalten (Murstein 1977: 179). Auch hier ist der wechselseitige Belohnungswert für die Fortsetzung oder den Abbruch der Beziehung entscheidend. Die Entscheidung zur Kohabitation oder Heirat ist in diesen Modellen gewissermaßen ein vorläufiger Endpunkt in einer ganzen Reihe von vorgängigen Entscheidungen, die sich je nach dem Stadium der Beziehung auf verschiedene Thematiken beziehen. Verfolgt man diese Idee weiter, dann kann man die Entscheidung zum gemeinsamen Haushalten oder zur Ehe auch als eine unintendierte Konsequenz absichtsvollen Handelns sehen. Unter Umständen spielt der Wunsch nach Ehe und Familie – anders als dies zum Beispiel die ökonomische Theorie unterstellt – über einen längeren Zeitraum der Beziehung bei den Akteuren überhaupt keine Rolle, sondern andere Gründe sind dominant: etwa sexuelle Gratifikationen oder das Erfüllen einer (jugend-) spezifischen Norm, die heterosexuelle Kontakte ab einem gewissen Alter als wünschenswert postuliert. Willard Waller hat bereits in seiner Analyse des rating and dating complex darauf hingewiesen, dass die Belohnungen aus Verabredungen und Fortführung der Beziehung auch nicht unbedingt aus der dyadischen Interaktion entspringen müssen, sondern aus der sozialen Bezugsgruppe, in die die Dyade eingebettet ist, resultieren können (Waller 1937). Lokale Heiratsmärkte, die im Sinne der Fokustheorie auch als Ansammlung von Personen mit ähnlichen Interessen zu betrachten sind, sind dann auch Prestigemärkte.

22.3.5 Veränderungen der Heiratsneigung und des Heiratsalters

Den hier aufgeführten Modellen der Familienökonomie und der Austauschtheorie kommt jedoch nicht nur aus theoriegeschichtlichen Gründen Relevanz zu. Vielmehr stellen sie die Basis für die empirischen Arbeiten der letzten Jahrzehnte dar, die sich vor allem mit dem skizzierten Wandel in der Heiratsneigung und im Heiratsalter beschäftigt und dabei verschiedene Effekte zu isolieren versucht. Als einen reinen Struktureffekt kann man die Auswirkungen des marriage squeeze betrachten. Freiden (1974) kann – theoretisch gestützt auf Beckers theory of marriage – zeigen, dass eine Veränderung des sex ratio auch empirische Konsequenzen auf die Verheiratungsneigung, also die Ledigenquote, besitzt (South, Lloyd 1992). Für die Bundesrepublik hat Klein (1993) den Einfluss der Geschlechterdisproportionalität auf das Heiratsalter und die Ledigenquote geprüft. Auf die Letztere ist ein starker Effekt nachweisbar, für das Heiratsalter jedoch nicht. Der empirische Nachweis derartiger reiner Struktureffekte stellt eine alternative Erklärung zu anderen Erklärungsansätzen dar, die etwa auf veränderte Präferenzen, Wertewandel oder die erweiterte Partizipation der Frauen im Bildungs- und Berufsbereich abzielen. Jedoch lässt sich durch das marriage squeeze sicher nicht die gesamte Veränderung im Heiratsverhalten erklären. Eine weitere Ursache für die skizzierten Veränderungen liegt im vermehrten Auftreten der Kohabitation als einem zumindest teilweise die Ehe ersetzenden Modell (Bumpass, Sweet 1989; England, Kilbourne 1990; Bumpass et al. 1991; Schoen, Weinick 1993). Zum einen nimmt die Heiratsneigung durch die dauerhafte Kohabitation ab, und zum anderen hat die Kohabitation einen Verzögerungseffekt, d. h. das Heiratsalter steigt und auch der Anteil der in der amtlichen Statistik als ledig Geführten nimmt zu. Da Kohabitation als ein weniger verpflichtendes Arrangement betrachtet werden kann, stellt sie eine Alternative zur Ehe dar, die die Vorteile des Zusammenlebens nutzt, ohne zugleich die (Versorgungs-)Risiken einer auch juristisch abgesicherten, dauerhaften Ehe zu implizieren, die besonders in der Übergangsphase zwischen (Hochschul-) Ausbildung und beruflicher bzw. ökonomischer Etablierung rational erscheint. Die Höhe des statistischen Effekts der Kohabitation auf das Heiratsalter bzw. die Ledigenquote ist jedoch davon abhängig, wie viele der Kohabitierenden dies als endgültigen Ersatz für eine Ehe sehen, bzw. für wie viele dies nur eine Vorform der Ehe darstellt. Nach Blossfeld und Huinink (1989: 396) hatte der steigende materielle Wohlstand eine Senkung des Heiratsalters bis Anfang der 70er-Jahre zur Folge, zugleich war Kohabitation kein gesellschaftlich akzeptiertes Verhaltensmuster. Erst Ende der 60er-Jahre diffundierte dieses Muster, wird zunehmend normativ in allen gesellschaftlichen Schichten akzeptiert und führt zu einer Steigerung des durchschnittlichen Heiratsalters. Nach den theoretischen Betrachtungen der Haushaltsökonomie ist jedoch der bedeutsamste Effekt auf das Heiratsalter und die Heiratsneigung von der steigenden Anzahl von Frauen mit hoher Bildung und guten beruflichen Positionen zu erwarten. Insbesondere für diese Gruppe ändert sich damit das persönliche Handlungskalkül deutlich und eine frühe Eheschließung oder eine Heirat überhaupt werden unwahrscheinlicher. Das Anstreben und Verweilen gut ausgebildeter Frauen in der traditionellen Hausfrauenrolle lässt die Schattenpreise oder die Opportunitätskosten für diese Tätigkeiten massiv ansteigen. Entsprechend sehen viele Arbeiten in der Bildungsexpansion die zentrale Ursache für das veränderte Heiratsverhalten ungefähr ab den 70er-Jahren, wobei die zunehmende Kohabitation diesen Trend noch verstärkte. Deskriptiv eindeutig weisen Personen mit Hochschulreife ein um 3-4 Jahre höheres Heiratsalter auf: Entsprechend liegt der Median des Heiratsalters von Frauen mit Hauptschulabschluss bei 22,9 Jahren, Männer mit gleichem Abschluss heiraten am häufigsten mit 26 Jahren. Bei Frauen und Männern mit Abitur liegt der Median hingegen bei 26,8 und 29,4 Jahren (Diekmann 1993: 147; Michael, Tuma 1985; Huinink 1989: 140 f.; Papastefanou 1990). Umstritten ist jedoch die Frage, ob es neben den Auswirkungen der verlängerten Bildungs- oder Ausbildungszeit von Frauen einen eigenständigen Effekt des Bildungsniveaus gibt. Der erste Effekt resultiert ausschließlich aus der Verweildauer im Bildungssystem (Institutioneneffekt), die Heirat wird also nur verschoben (Blossfeld, Huinink 1989; Blossfeld et al. 1993). Der zweite Effekt wäre theoretisch gemäß der Familienökonomie auf die Varianz im Humankapital bzw. in den Opportunitätskosten zurückzuführen (Brüderl, Klein 1991, 1993; Diekmann 1987, 1993; Brüderl, Diekmann 1994; Klein, Lauterbach 1994).

In den letztgenannten Studien wird dem Bildungsniveau neben dem Institutioneneffekt ein eigenständiger Einfluss bescheinigt. Demnach existiert ein starker Interaktionseffekt zwischen Geschlecht, Bildung und dem Heiratsrisiko: Bei Frauen und Männern nimmt das Heiratsrisiko mit steigender Bildung monoton ab, bei Frauen ist dieser Effekt aber deutlich stärker. "Gegenüber der Bezugskategorie ‚Hauptschulabschluss' reduziert sich das Heiratsrisiko der Frauen mit Hochschulreife um 56%, dasjenige der Männer nur um 34%" (Diekmann 1987: 158). Auch Diekmann (1993: 152) kann zeigen, dass sich das Heiratsalter bei Männern mit Hochschulreife gegenüber Männern mit Hauptschulabschluss um ca. 3 Jahre erhöht, bei den Frauen beträgt diese Steigerung jedoch etwa 5 Jahre. Ganz im Sinne der Familienökonomie findet sich hier also auch ein Humankapitaleffekt: Gut ausgebildete Frauen profitieren weniger von der Heirat und Familienbildung als Männer und bewahren sich entsprechend länger ihre (ökonomische) Unabhängigkeit. Zudem lässt sich in dieser Gruppe ein hoher Anteil dauerhaft lediger Frauen erwarten (Diekmann 1987: 160). Da zudem eine höhere Bildung der Frau mit einer geringeren Fertilität einhergeht, Kinder aber ein wesentliches Motiv der Eheschließung darstellen können, lässt sich auch so ein negativer Effekt des Humankapitals auf die Heiratsneigung ableiten. Eine Analyse des Heiratsverhaltens in der Bundesrepublik und den Vereinigten Staaten zeigt, dass sich dieser negative Effekt auch empirisch finden lässt (Brüderl, Diekmann 1994). In der gleichen Untersuchung wird zudem das Heiratsverhalten in der DDR analysiert; die dort festzustellenden Unterschiede lassen sich auf grundlegende Strukturunterschiede der institutionellen Ordnung zurückführen: "Für junge Leute war eine frühe Heirat in der DDR oftmals die einzige Chance, ein Anrecht auf eine eigene Wohnung zu erhalten. Insbesondere Studenten konnten nur durch eine Heirat ein Zusammenleben verwirklichen" (Brüderl, Diekmann 1994: 71). Verschiedene Studien schätzen, dass sich auf Grund der skizzierten Entwicklungen der Anteil der niemals heiratenden Personen in bestimmten soziostrukturellen Kontexten drastisch erhöhen wird (Bennett et al. 1989; Cherlin 1990; Surra 1990). Schon vor dem Hintergrund der Relevanz der

Bildung für das Heiratsverhalten ist auch ein Einfluss der sozioökonomischen Herkunft für das Heiratsverhalten erwartbar. Deskriptiv lässt sich entsprechend eine größere Heiratsneigung und ein geringeres Heiratsalter in den unteren sozialen Schichten beobachten. Kontrolliert man die zentralen Bildungsvariablen für die Übergangswahrscheinlichkeit der Frauen zur Ehe, verringert sich die Bedeutung der sozialen Herkunft, gemessen über den väterlichen Berufsstatus oder die Herkunftsschicht, oder wird völlig unerheblich (Blossfeld, Huinink 1989: 394 ff.; Michael, Tuma 1985: 524). Diekmann (1987: 163) kommt zu dem Schluss, dass der sozioökonomische Status des Elternhauses bei Männern und Frauen das Heiratsrisiko negativ beeinflusst, sich aber positiv auf das Heiratsalter auswirkt. Bei Frauen sind die Effekte jedoch nicht signifikant. Stellt man die unterschiedlichen Modellierungen, Populationen und multivariat berücksichtigten Variablen in Rechnung, was einen Vergleich äußerst erschwert, scheinen die Effekte der sozialen Herkunft insgesamt eher indirekter Art, also eben vorwiegend über die Bildung vermittelt zu sein (Teachman et al. 1987; Diekmann 1987: 163). Wenig konsistent ist auch das Bild hinsichtlich der Bedeutung der Urbanität des Wohnortes und der Religionszugehörigkeit (Diekmann 1987: 162 ff.; Michael, Tuma 1985). Mit steigender Urbanität lässt sich theoretisch ein qualitativ und quantitativ erweiterter Heiratsmarkt erwarten, der die Suchkosten – ceteris paribus – verringert. Eine katholische Konfessionszugehörigkeit könnte vermutlich mit einer längeren Suchphase einhergehen, da eine Scheidung mit höheren sozial-normativen Kosten verbunden ist. Da auch diese Variablen – ebenso wie ethnische Zugehörigkeit – mit der Bildung konfundieren, sind die deskriptiven Differenzen bei einer multivariaten Überprüfung häufig nicht stabil (Teachman et al. 1987: 8 f.). Eine weithin theoretisch und empirisch unberücksichtigte Variable, die Anzahl der bisherigen Partnerschaftserfahrungen, schließt Tölke (1993) in ihre Analyse des Heiratsrisikos ein. Neben dem Einfluss einer vorehelichen Schwangerschaft, die das Heiratsrisiko ebenso deutlich erhöht (Blossfeld, Jaenichen 1993: 184) und der Wirkung einer Erwerbstätigkeit, die insbesondere bei Männern als zentrale Heiratsvoraussetzung anzusehen ist, lässt sich auch ein Effekt der Partnerschaftserfahrung, wenn auch nicht in allen Kohorten – finden: Vorhergehende Partnerschaften verringern demnach tendenziell die Heiratsneigung (Tölke 1993: 131). Als ein weiterer Grund für die Veränderungen im Heiratsverhalten wird häufig der allgemeine Wertewandel in modernen Gesellschaften (Maag 1991; Beaujot 1990) postuliert. "In particular, there is a weakening if the normativ consensus that marriage and childbearing are integral parts of the adult role" (Beaujot 1990: 30). Danach stellt das traditionelle Familienideal und die Ehe keinen Wert an sich mehr dar, sondern werden zunehmend einem Lebensmodell, welches die individuelle Selbstentfaltung und Identitätsfindung präferiert, untergeordnet. Ehe und Familiengründung sind mit diesen Leitbildern jedoch häufig nicht kompatibel (Nave-Herz 1988; Nave-Herz et al. 1990). In der Folge sinkt die Heiratsneigung und bestehende Ehen und Familien werden mit eben diesen Selbstverwirklichungsansprüchen überlastet und scheitern nicht selten daran (Beck 1986; Beck-Gernsheim 1983; Nave-Herz et al. 1990). Empirisch hat das Ideal einer glücklichen Ehe und der Wunsch nach Kindern zumindest in den letzten Jahren jedoch nur wenig an Attraktivität verloren (Nave-Herz 1988). Wie stark der hier postulierte Zusammenhang zwischen Selbstentfaltung und rückläufiger Heiratsneigung und Ehestabilität empirisch ist, bleibt bisher ungeklärt. Es kann jedoch vermutet werden, dass dieser Zusammenhang vorwiegend dort zu finden ist, wo der materielle Lebensstandard und die Bildung (insbesondere der Frauen) ein sehr hohes Niveau erreicht haben.

22.4 Schlussbemerkung

Fasst man die wichtigsten Tendenzen in der Diskussion über das Heiratsverhalten zusammen, so ergibt sich aus theoretischer Sicht eine ganz eindeutige Dominanz individualistischer Erklärungsansätze. Gegenwärtig orientiert sich die empirische Forschung ganz überwiegend an der ökonomischen Theorie der Familie und der Austauschtheorie. Dabei finden nicht selten Argumente aus beiden Traditionen gemeinsam Verwendung, da beide Paradigmen weitgehend auf den gleichen Prämissen aufbauen und im Bezug auf viele Phänomene zu identischen Hypothesen gelangen. Entsprechend werden zumindest in diesem Bereich der Familiensoziologie keine von grundsätzlichen Gegensätzen geprägten Debatten geführt, sondern eher innerhalb des Paradigmas Rätsel gelöst. Inhaltlich sind bezüglich des Heiratsverhaltens in den letzten fast 3 Jahrzehnten gravierende Veränderungen zu beobachten, die oben im Detail beschrieben wurden und die sich nachhaltig auf die demographische Struktur auswirken – und dies zukünftig vielleicht noch stärker als es gegenwärtig zu beobachten ist. Diese Entwicklungen lassen sich bei allen historisch notwendigen Differenzierungen als eine rationale Verhaltensanpassung der betroffenen Frauen und Männer an die spezifischen Lebensbedingungen, denen sie ausgesetzt sind, verstehen und erklären.

Vor dem Hintergrund deutlich veränderter ökonomischer Lebensbedingungen, insbesondere eines rückläufigen durchschnittlichen Lebensstandards sowie Massenarbeitslosigkeit, stellen die stark gestiegene Bildungspartizipation und Erwerbsbeteiligung der Frauen wohl den entscheidenden Faktor zur Erklärung des im Vergleich zu den 50er und 60er-Jahren revidierten Heiratsverhaltens dar. Erst durch die Möglichkeiten einer eigenen Erwerbstätigkeit entstehen für die Frauen Optionen, die eigenen Präferenzen und Vorstellungen zu verwirklichen. Dies gilt freilich nur, wenn die Frauenerwerbstätigkeit nicht aus der schieren ökonomischen Notwendigkeit zur Versorgung der engen (Rest-) Familie geboren wird. In diesem Kontext ist noch auf einen weiteren, parallel verlaufenden Trend im familialen Handeln hinzuweisen: die kontinuierlich ansteigende Instabilität von Ehen und die damit einhergehende Steigerung der Scheidungsraten. Diese Tendenz führt nicht nur dazu, dass sich die Situation auf dem Heiratsmarkt mit dem Alter nicht mehr ständig verschlechtert, sondern zu einer beträchtlichen Vergrößerung der Zahl möglicher (Wieder-) Verheiratungspartner führen kann. So ist schon heute in etwa der Hälfte der nicht ehelichen Lebensgemeinschaften mindestens ein Partner einmal zuvor verheiratet gewesen (Niemeyer 1994: 512). Andererseits führt das zunehmende Ehescheidungsrisiko auch dazu, dass Investitionen in ehespezifisches Kapital immer risikoreicher werden. Zumindest teilweise lassen sich mit diesem Argument die zurückgehenden Geburtenzahlen erklären, denn Kinder stellen das bekannteste Beispiel für ehespezifische Investitionen dar (Diekmann 1994). Die weiteren Veränderungen auf dem Arbeitsmarkt und die zu erwartende zunehmende Beteiligung von Frauen allein auf Grund der Aggregation der Kohorteneffekte lässt vermuten, dass sich diese Effekte noch verstärken werden.

23

Nichtkonventionelle Lebensformen

Norbert F. Schneider, Doris Rosenkranz und Ruth Limmer

Einleitung

Jeder zweite Deutsche im Alter zwischen 25 und 54 Jahren lebte 1996 in einer Lebensform, die strukturell als Kernfamilie, d. h. Haushaltsgemeinschaft eines Ehepaars mit mindestens einem Kind, bezeichnet werden kann. Aber es ist nicht zu übersehen, dass die Zahl derer wächst, die niemals in ihrem Leben eine Kernfamilie gründen und dass sich die Dauer im Lebensverlauf verkürzt, die die Menschen in einer Kernfamilie verbringen. Dieser Rückgang von Prävalenz und Permanenz kernfamilialer Phasen im Lebensverlauf ist unmittelbare Folge sinkender Heiratsneigung, zunehmender Verbreitung dauerhafter Kinderlosigkeit, steigenden Heiratsalters, kürzer werdender Reproduktionsperiode und steigender Scheidungshäufigkeit. Im Zuge dieser Entwicklung haben Alternativen zur und Variationen der Kernfamilie im Lebensverlauf eine größere Verbreitung und einen Bedeutungszuwachs erfahren. Solche Lebensformen jenseits der Kernfamilie werden häufig als alternative oder als nichtkonventionelle Lebensformen bezeichnet. Um welche Lebensformen es sich dabei im Einzelnen handelt und wodurch sie gekennzeichnet sind, bleibt jedoch regelmäßig unklar oder obliegt allein der Einschätzung des Betrachters. Alle Lebensformen jenseits der traditionellen Kernfamilie als *nichtkonventionell* zu bezeichnen, ist für eine systematische Betrachtung jedoch ungeeignet. Am Beginn dieses Beitrags steht daher eine kurze Analyse gesellschaftlicher Prozesse, die zur Differenzierung von Lebensformen in konventionelle und nichtkonventionelle beitragen und eine breitere Diskussion von Kriterien, die Grundlage einer systematisierenden Betrachtung sein können. Im zweiten Teil des Beitrags werden ausgewählte nichtkonventionelle Lebensformen in Deutschland analysiert und, soweit dies die oftmals nur spärlich vorhandenen Daten zulassen, empirisch hinsichtlich ihrer Verbreitung und ihrer jüngsten Entwicklungen untersucht.

23.1. Nichtkonventionelle Lebensformen – Produkt von Konvention und Definition

23.1.1 Grundzüge einer Soziologie der privaten Lebensführung

In jeder Gesellschaft gibt es kulturelle Standards, soziale Normen, gesellschaftliche Konventionen und, bei entsprechendem gesellschaftlichen Differenzierungsgrad, milieuspezifische Erwartungen, die die generelle Zulässigkeit bzw. Unzulässigkeit und das Ausmaß sozialer Akzeptanz von Formen partnerschaftlichen Zusammenlebens regeln. Ein Blick in die Zivilisationsgeschichte der Menschheit zeigt, dass die Formenvielfalt partnerschaftlichen Zusammenlebens beinahe grenzenlos ist. Vielfalt begegnet uns auf der Ebene kultureller Werte in Form sich zumeist ausschließender Prinzipien, selten als Vielfalt von Standards innerhalb einer Kultur. Monogamie, Polyandrie und Polygynie[1] sind dabei die obersten Prinzipien innerhalb derer sich alle nur denkbaren Spielarten von Erscheinungsformen finden lassen. Nichts scheint unmöglich, außer der Gleichzeitigkeit unterschiedlicher Prinzipien. Dies galt in der Vergangenheit und es gilt heute. Variabel ist nicht die Existenz kultureller Standards, sondern der Grad ihrer Institutionalisierung, das Ausmaß sozialer Kontrolle, der Umfang sozialer Sanktionsmöglichkeiten und der Raum für zulässige Variationen.

Die Gegenwart in westlichen Gesellschaften ist dadurch gekennzeichnet, dass der Raum zulässiger Variationen groß, das Ausmaß sozialer Kontrolle und sozialer Sanktionsmöglichkeiten gering und der Institutionalisierungsgrad sozialer Standards vergleichsweise niedrig ist. Dennoch bleiben Standards und Konventionen bedeutsam: Lebensformen, die sich am Rande des Möglichkeitsraums befinden, sind nach wie vor Stigmatisierungen ausgesetzt, wie das Beispiel gleichgeschlechtlicher Partnerschaften zeigt. Außerhalb des definierten Optionsraums liegende Lebensformen sind als unerwünscht erklärt oder bleiben bedingungslos verboten. Beispiele hierfür sind zahlreich: So ist es in Deutschland nicht erlaubt, dass sich lesbische Paare, mit Mitteln der Reproduktionstechnologie, in den Status der leiblichen bzw., im Fall der Partnerin, der sozialen Elternschaft versetzen lassen und polyandrische oder polygyne eheliche Lebensformen werden bekanntlich als Bigamie strafrechtlich verfolgt.

Damit sind kulturelle Standards fixiert, die durch darauf aufsetzende kollektive Definitionsprozesse milieuspezifisch weiter präzisiert und differenziert werden. Im Rahmen dieser Definitionsprozesse werden Lebensformen hinsichtlich ihrer generellen sozialen Akzeptanz und nach ihrer spezifischen sozialen Passung bewertet. Mikrosoziologisch betrachtet findet über diese Bewertungs- und Definitionsprozesse die Sortierung von Lebensformen in konventionelle und nichtkonventionelle statt. Die Bewertungskriterien sind dabei vielschichtig. Primär bedeutsam für die generellen kulturellen Standards und damit ausschlaggebend für die gesellschaftliche Legitimierung von Lebensformen sind v. a. vier Merkmale: *Familienstand, Elternschaft, Haushaltskontext und Verwandtschaftsverhältnisse*. Für die in sozialen Interaktionsbeziehungen bedeutsame soziale Akzeptanz von Lebensformen sind darüber hinaus zahlreiche weitere Merkmale maßgebend. Ob Lebensformen als konventionell oder

[1] Polyandrie: Ehegemeinschaft einer Frau mit mehreren Männern; Polygynie: Ehegemeinschaft eines Mannes mit mehreren Frauen.

als nichtkonventionell angesehen werden, ist Ergebnis kollektiver Definitionsprozesse. Über die im Kontext kultureller Standards bedeutsamen Merkmale hinaus basieren diese Definitionsprozesse auf weiteren Merkmalen von Lebensformen: Der biografischen Platzierung im Prozess der privaten Lebensführung, dem soziokulturellen Milieu der darin lebenden Personen und, soweit von außen wahrnehmbar, den Merkmalen der Binnenstruktur, den Entstehungszusammenhängen der Lebensform, den Motiven ihrer Aufrechterhaltung und den subjektiv an sie herangetragenen Erwartungen und Sinnzuschreibungen. Mit diesen Merkmalen kommt es zur differentiellen Bewertung äußerlich strukturgleicher Lebensformen. Normalitätsvorstellungen über die Ausprägungen dieser Merkmale spielen als Maßstäbe, anhand derer die wahrgenommenen Eigenschaften von Lebensformen bewertet werden, eine bedeutsame Rolle. Die genannten Merkmale bilden nicht nur die Grundlage der kollektiven Definitionsprozesse von Lebensformen, sie sind auch maßgeblich für die subjektive Definition und Bewertung der eigenen Lebensform.

Welche konkreten Merkmale sind für die differentielle Bewertung von Lebensformen besonders bedeutsam? Die *äußeren Strukturmerkmale* betreffend handelt es sich vornehmlich um den Familienstand, die Kinderzahl, die Größe und die Zusammensetzung des Haushalts und um die Verwandtschaftsverhältnisse. Die *Binnenstruktur* betreffend sind solche Merkmale u. a. die Arbeitsteilung zwischen den Geschlechtern, der Altersabstand der Partner oder der Generationenabstand.[2] Größere Abweichungen von Standardmustern können dabei zu einer verminderten sozialen Akzeptanz führen. Damit zu rechnen haben beispielsweise Ehepaare, bei denen die Frau sehr viel älter ist als der Mann oder die einen konsequenten Geschlechtsrollentausch praktizieren, der Mann also nicht berufstätig und für Haushalt und Kindererziehung zuständig und die Frau voll erwerbstätig ist. Nebenbei bemerkt: Die kollektive Bewertung von Lebensformen richtet sich nicht nur auf ihre soziologischen Merkmale. Zum Beispiel können auch körperliche Merkmale für die kollektive Bewertung von Partnerschaften bedeutsam werden. Dies ist etwa dann der Fall, wenn die Frau körperlich deutlich größer als der Mann ist.

Als weiteres Merkmal ist im Rahmen der kollektiven Bewertungsprozesse die *Platzierung der Lebensform im Lebensverlauf (Timing)* von besonderer Relevanz. Hier spielen Normalitätsvorstellungen über den Prozessverlauf der privaten Lebensführung eine große Rolle. Strukturgleiche Lebensformen werden sozial unterschiedlich bewertet, je nachdem in welcher Lebensphase oder in welchem Lebensalter sie platziert sind. Die Gründung und Aufrechterhaltung bestimmter Lebensformen wird für bestimmte Lebensphasen als normal, für andere Lebensphasen tendenziell als abweichend definiert. Beispiele dafür sind zahlreich: Als abweichend vom Normalfall wird beispielsweise häufig, vornehmlich in den alten Bundesländern, die Lebensform Ehepaar mit Kind bewertet – sofern sie von zwei 18-Jährigen gelebt wird.

Auch die *Entstehungszusammenhänge von Lebensformen* können für deren soziale Bewertung eine Rolle spielen. Im Mittelpunkt stehen hier v. a. die (unterstellten)

---

2 Zahlreiche weitere Merkmale sind hier denkbar. Ein Beispiel ist etwa die ethnische Homo- bzw. Heterogenität der Partner, aber auch, im Falle der Adoption, der Eltern und Kinder. So gesehen wäre beispielsweise die Ehe zweier Mitteleuropäer, die ein schwarzafrikanisches Kind adoptiert haben, durchaus als nicht-konventionelle Lebensform zu betrachten.

Motive für die Wahl der Lebensform – man denke hier nur an das Gerede über Frauen, die ihren Mann (angeblich) nur wegen des Geldes geheiratet haben und den Grad der Freiwilligkeit des Zustandekommens der Lebensform. Als Beispiel für eine Abwertung lassen sich hier "Mussehen" anführen. Diese Merkmale einzubeziehen ist v. a. auch deshalb bedeutsam, da die bloße Kenntnis der äußeren Struktureigenschaften einer Lebensform immer weniger über die Lebenssituation der darin lebenden Personen aussagt. Spätestens hier wird deutlich, dass die Sortierung von Lebensformen in konventionelle und nichtkonventionelle nicht per se und auch nicht anhand bestimmter Struktureigenschaften vorgenommen werden kann. Die Entstehung und Verbreitung einer Lebensform in einer bestimmten historischen Periode ist ebenfalls kein eindeutiges Indiz für deren Neuartigkeit und damit ebenso wenig geeignet, um Lebensformen als nichtkonventionell zu klassifizieren. Viele der heute so genannten nichtkonventionellen Lebensformen sind, strukturell betrachtet, nicht neu. Neu sind die Entstehungskontexte und die gesellschaftliche Akzeptanz dieser Formen. Handelte es sich früher um Formen, die infolge ökonomischer und sozialer Umstände häufig als Notlösung entstanden und gesellschaftlich mehr oder weniger toleriert oder sanktioniert wurden, ein Beispiel dafür ist die Onkelehe der 50er-Jahre, entstehen diese Lebensformen heute häufiger infolge einer bedingt freien Wahl und sie sind, zumindest normativ, gegenüber anderen Lebensformen nicht oder nicht mehr im früheren Umfang diskriminiert (Schneider 1996b).

Die Frage, was denn nun konkret konventionelle und nichtkonventionelle Lebensformen sind, muss u. E. aus zwei Perspektiven beantwortet werden. Mikrosoziologisch gesehen sind alle Lebensformen nichtkonventionell, die als solche bewertet werden. Das kann die nicht eheliche Lebensgemeinschaft des konservativen Spitzenpolitikers, die Kernfamilie zweier Soziologiestudenten oder das Singledasein der oberbayerischen Landwirtin sein. Aus makrosoziologischer Perspektive ist die Frage beim gegenwärtigen Forschungsstand nicht abschließend zu beantworten, aber eine erste, vorläufige Antwort könnte sein: Nichtkonventionell sind alle Lebensformen, die historisch neuartig sind, sich nicht zum dominierenden Standardmodell entwikkelt haben und gesellschaftlich gegenüber anderen, traditionellen Lebensformen nicht bevorteilt werden. Für die Situation in der Bundesrepublik trifft dies nur für wenige Lebensformen zu. Nichtkonventionelle Lebensformen in diesem Sinne sind: Gewollt kinderlose Ehen, gleichgeschlechtliche Lebensgemeinschaften und auf längere Dauer angelegte Partnerschaften mit getrennten Haushalten.[3] Dagegen sind Lebensformen, die gerade in der Öffentlichkeit als Prototypen nichtkonventioneller Lebensformen gehandelt werden, aus dieser Perspektive aus unterschiedlichen Gründen keine nichtkonventionellen Lebensformen. Dies gilt z. B. für nicht eheliche Lebensgemeinschaften, eine Lebensform, die sich mittlerweile zur Standardphase im Prozess der privaten Lebensführung vor und nach einer Ehe entwickelt hat.

Die gegenwärtig zu beobachtende Pluralisierung von Lebensformen beruht weniger auf einer wachsenden Vielfalt äußerer Strukturmerkmale als vielmehr auf der zu-

---

[3] Zweifellos sind Umfang und Differenziertheit der potentiell einzubeziehenden Kriterien nicht allgemeingültig festzulegen. Das bereits in Fußnote 2 erwähnte Beispiel zeigt, dass das Kriterium "ethnische Zugehörigkeit der Familienmitglieder" durchaus geeignet wäre, konventionelle und nichtkonventionelle Lebensformen zu differenzieren.

nehmenden Differenzierung von Binnenstrukturen. Tatsächlich gibt es gegenwärtig mehr Variation innerhalb strukturgleicher Lebensformen als Variationen von Strukturformen (Macklin 1986). Dieser Entwicklung konnte weder die Alltags- noch die Wissenschaftssprache folgen. Wir verfügen derzeit nicht über eine geeignete Begrifflichkeit, um die Differenzierungen von Lebensformen sprachlich zum Ausdruck bringen zu können. Die zur Verfügung stehenden Begriffe verschleiern eher, wie im Fall von Familie, Ehe, Elternschaft auf Grund ihrer Einheitlichkeit und ihrer traditionellen Semantik die Vielfalt differentieller familialer Lebensformen (ähnlich auch Ley 1991: 225) oder sind negativ in Abgrenzung zur traditionellen Kernfamilie bestimmt. Dies gilt beispielsweise für die Bezeichnungen "nicht eheliche Lebensgemeinschaft" und "Alleinerziehende". Vor diesem Hintergrund erscheint es sinnvoll, einige Überlegungen zur begrifflichen Klärung anzustellen. Grundlage jeder Lebensform sind private soziale Beziehungen. Eine *private soziale Beziehung* ist die Art und Weise, in der sich eine Person im Prozess der privaten Lebensführung, also jenseits ihres öffentlichen und geschäftlichen Lebens, zu einer anderen in Bezug setzt. Im Rahmen der privaten Lebensführung lassen sich prinzipiell 5 Arten solcher privater sozialer Beziehungen unterscheiden: Partnerschaftliche Beziehungen, Eltern-Kind-Beziehungen, Verwandtschaftsbeziehungen, Freundschaftschaftsbeziehungen und social support Beziehungen. Solche Beziehungen sind zum Teil gesellschaftlich institutionalisiert, wie etwa im Fall der Eltern-Kind-Beziehung oder der Ehegatten-Beziehung, zum Teil existieren keine entsprechenden Institutionalisierungen, etwa im Fall von Freundschaftsbeziehungen. In allen Fällen basieren solche Beziehungen auf dem Ergebnis subjektiver Definitionsprozesse. Konstituierendes Merkmal dieser Beziehungen ist, dass eine wechselseitige Bestätigung des Status, z. B. Freund oder Partner, vorliegt. Die verschiedenen Beziehungsarten sind zumeist von unterschiedlicher subjektiver Signifikanz. Die höchste subjektive Signifikanz haben Eltern-Kind-Beziehungen und Partnerbeziehungen. An ihrer Stelle können, v. a. wenn solche Beziehungen nicht bestehen, andere Beziehungsarten, beispielsweise Freundschaften, treten.

Die *Lebensform* einer Person ist die Art und Weise der Institutionalisierung v. a. der signifikanten privaten sozialen Beziehungen im Rahmen der privaten Lebensführung. Institutionalisierung führt zur relativen Dauerhaftigkeit der Beziehungen und wird hergestellt durch gesellschaftliche Regelungen (z. B. im Zusammenhang mit der Mutterrolle), durch bi- oder multilaterale Regelungen, die in konkreten Interaktionen der betreffenden Personen ausgehandelt werden (z. B. Arbeitsteilung in einer Partnerschaft) und durch Manifestationen individuell überformter gesellschaftlicher Normen (z. B. Fixierung der Rechtspositionen in Partnerschaften durch Partnerschaftsverträge oder im Fall von Ehen durch die Wahl zwischen Zugewinn- und Gütergemeinschaft). Lebensformen sind sowohl kulturelle Symbole, um deren Sinngebung sich gesellschaftliche Normierungs- und Steuerungsprozesse fortlaufend bemühen, als auch subjektive konstruierte Wirklichkeiten, die durch alltägliches Handeln und reflexive Anpassung an sich verändernde Lebenssituationen beständig erzeugt werden. "*Lebensform*" bezeichnet, unabhängig von strukturellen und subjektiv definitorischen Merkmalen, das Gesamtarrangement der privaten sozialen Beziehungen und ihrer individuellen Institutionalisierungen. Lebensformen sind in diesem Sinne beispielsweise sozial isolierte Alleinlebende, als Extremfall von Individuen, die über keine der beschriebenen privaten sozialen Beziehungen verfügen, gleichgeschlechtliche Partnerschaften ohne gemeinsamen Haushalt und bürgerliche Kernfamilien im traditionellen Verständnis, d. h. mit den Struktureigenschaften Vorhandensein von Kindern, Ehelichkeit der Elternbeziehung, gemeinsames Haushalten und Wirtschaften der Familienangehörigen sowie mit dem spezifischen Merkmal der klaren, normativ fundierten, geschlechtstypischen Rollenteilung mit dem Mann als Familienernährer und der Frau als für Erziehung und Haushalt zuständiger Person.

"*Familiale Lebensformen*" sind eine Teilmenge von Lebensformen, deren spezifisches Merkmal das Vorhandensein von Eltern-Kind-Beziehungen ist. Begrifflich zusammengefasst sind damit, neben der klassischen Kernfamilie, nicht eheliche Lebensgemeinschaften mit Kindern, Ein-Eltern-Familien und nicht zusammenwohnende Partner mit Kindern. Die Gesamtarrangements privater sozialer Beziehungen und ihre individuellen Institutionalisierungen sind im Lebensverlauf der meisten Menschen äußerst dynamisch und durch das Hinzu- und Heraustreten von Personen und die Gründung und Auflösung von Lebensformen gekennzeichnet. Lebensverlauf in der Moderne ist nicht als verbindliche Abfolge aufeinander bezogener Zustände zu denken, sondern als zum Teil zufällige, zum Teil geplante, zum Teil milieuspezifisch vorstrukturierte Aneinanderreihung von Zuständen. Die gesamte biografische Abfolge von Lebensformen findet im Kontext von gesellschaftlicher Prägung und individueller Gestaltung statt (Schneider 1994). Der Gesamtprozess der Aufeinanderfolge von Lebensformen erfolgt, soweit er unabhängig von gesellschaftlichen Strukturbedingungen und nicht geplanten Zufälligkeiten ist, individuell in Abstimmung mit der Lebenslage und der Lebenssituation. In modernen Gesellschaften kommt dabei v. a. der Abstimmung mit der Berufsbiographie eine besondere Bedeutung zu. Statuspassagen in der Partnerschaftsbiographie und im Familienentwicklungsprozess finden häufig in engem Bezug zum Berufsverlauf statt. Die biografische Abfolge von Lebensformen, in ihrer gesellschaftlichen Prägung und individuellen Abstimmung auf andere biografische Karrieren, v. a. den Berufsverlauf, wird als *private Lebensführung* bezeichnet. Die Regelmäßigkeiten und Differenzierungen der Prozesse der privaten Lebensführung und ihre Einbettung in die Gegenwartsgesellschaft sind Gegenstand der folgenden Überlegungen.

23.1.2 Nichtkonventionelle Lebensformen im Kontext gesellschaftlicher Entwicklung

Der Wandel von Familie und privater Lebensführung ist Teil des gesellschaftlichen Modernisierungsprozesses und nur im Zusammenhang mit diesem verstehbar. Lebensformen entwickeln und verbreiten sich in bestimmten Epochen nicht zufällig, sondern im Wechselspiel mit dem Wandel der Gesellschaft, und das Gleiche gilt für die Entstehung von Verlaufsmustern der privaten Lebensführung. Lebensformen und Lebensverläufe sind Produkt gesellschaftlicher Strukturen und Ergebnis individueller Wahlhandlungen, die im Kontext gesamtgesellschaftlicher Ressourcen und Restriktionen sowie milieuspezifischer Gelegenheitsstrukturen getroffen werden. Individuen versuchen unter den wahrgenommenen gesellschaftlichen Opportunitätsstrukturen Form und Verlauf ihrer privaten Lebensführung so zu gestalten, dass sie, subjektiv, in möglichst optimaler Weise mit ihren Lebensplänen zu vereinbaren sind (Huinink 1995, 1996). Somit bilden strukturelle Optionen und Restriktionen, kollektive Wahrnehmungs- und Deutungsmuster der gesellschaftlichen Gegebenheiten und individuelle Aspirationen und Werthaltungen Grundlage und Kontext der Gestaltung und des Wandels von Lebensformen und privater Lebensführung. Gegenwärtig ist dieser Wandel, bei allen Brüchen und Diskontinuitäten, durch eine zunehmende Flexibilität der Formen der privaten Lebensführung bei rückläufiger gesellschaftlicher Steuerung gekennzeichnet. Selbstverständlichkeiten, die den Phasenablauf in der Vergangenheit geprägt haben, haben an Bedeutung verloren. An die Stelle relativ stabiler Strukturen und vorgegebener Muster sind Optionsräume getreten, die individuell gestaltet werden müssen. Dies ist eine der Kernaussagen einer individualisierungstheoretischen Betrachtung des Modernisierungsprozesses moderner Gesellschaften (Beck, Beck-Gernsheim 1989). Individualisierung führt dabei jedoch nicht zum uneingeschränkten "anything goes", auch wenn die einzelnen Konstruktionselemente der privaten Lebensführung zunehmend variabler und kontingenter verknüpft werden können, sondern zur Entfaltung differentieller milieu- und geschlechtsspezifischer Gelegenheitsstrukturen, zu neuen Normierungen der Familienkarriere entlang den Stadien der beruflichen Karriere (Kohli 1986; Strohmeier, Schulze 1995a) und damit zu neuen Standardmustern. Lebensverläufe konstituieren sich also nicht in erster Linie infolge zufälliger Ereignisse, viel mehr korrespondieren sie "... to some standard models which we may call normal biographies or standard life courses" (Levy 1996: 90).

Die Verteilung von Lebensformen und Lebensverläufen kann damit als Aggregat individueller Anpassungsleistungen an je spezifische gesellschaftliche und milieutypische constraints, an kulturelle Standards und daraus abgeleitete "Normalitätsvorgaben" der Sozialpolitik und an die wahrgenommenen Vorzüge und Belastungen von Lebensformen verstanden werden (Strohmeier 1994). Orientiert sind diese Anpassungsleistungen an "relativ stabilen Mustern der Organisation des Alltags im Rahmen gegebener Lebenslagen, verfügbarer Ressourcen und getroffener Lebensplanungen" (Zapf et al. 1987: 14).

Die Entstehung und Verbreitung nichtkonventioneller Lebensformen erfolgt zudem im Kontext familien- und haushaltsdemographischer Veränderungen. Zu nennen sind dabei v. a. das gewandelte Heirats-, Scheidungs- und generative Verhalten sowie der Trend zur Verkleinerung und damit zusammenhängend zur Zunahme der Zahl der Haushalte. Dies ist besonders dort von Bedeutung, wo es um die Folgen des Wandels der privaten Lebensführung für andere gesellschaftliche Teilsysteme geht. Anzahl, Größe und Beständigkeit von Haushalten beispielsweise haben unmittelbare Folgen für die Nachfrage nach Konsumgütern und sind ebenso bedeutsam für den Wohnungsmarkt und aus der Schrumpfung verwandtschaftlicher Beziehungen sind, um ein anderes Beispiel zu zitieren, etwa im Bereich der familialen Pflege, unmittelbare Folgen für das Gesundheitssystem zu erwarten.

Ehe und Elternschaft haben sich in den letzten 30 Jahren von einer biografischen Selbstverständlichkeit, im Sinne von unreflektierter Normalität, zu Optionen unter anderen entwickelt. Im Zuge dieser Entwicklung haben sich Lebensformen jenseits der Kernfamilie erheblich verbreitet. Dies wird in lebenslaufbezogener Perspektive besonders deutlich. Die Biografien der meisten nach 1950 geborenen Deutschen sind durch mehr oder weniger lange Phasen in nichtkonventionellen Lebensformen gekennzeichnet. Dieser Prozess ist jedoch nicht von der Auflösung der privaten Lebensführung in seine Bestandteile begleitet, die individuell zu einer Biografie zusammengesetzt werden müssen. Diese Patchwork-Biographien sind nach unserer Einschätzung eher selten. Wir sehen eher eine Entwicklung hin zu neu sich ausbildenden Standardmustern ohne strenge normative Verbindlichkeit, aber mit leitbildhaftem Charakter des Faktischen. Dies gilt ganz besonders für nicht eheliche Lebensgemeinschaften als Normallebensform vor der Heirat – eine Phase, die mittlerweile mehr als 80% der Eheschließenden durchleben (Schneewind et al. 1992). Nur wenige praktizieren dies als befristete Alternative zur Ehe oder im Sinn einer Ehe auf Probe. Für die meisten ist es kaum noch hinterfragte Selbstverständlichkeit, Teil einer neuen Normalität. Die bisherigen Überlegungen machen deutlich, dass Lebensformen und ihr Wandel makrosoziologisch mindestens aus zwei Perspektiven analysiert werden müssen: Mittels Querschnittbetrachtungen sind die Veränderungen der relativen Verbreitung von Lebensformen über bestimmte Zeiträume in bestimmten Gesellschaften festzustellen; noch bedeutsamer ist es aber, den Wandel von Prävalenz, Permanenz und Timing der verschiedenen Lebensformen im Lebensverlauf zu betrachten. Beides soll im zweiten Teil des Beitrags, soweit es auf Grund der Datenlage möglich ist, versucht werden.

An dieser Stelle sollen nur einige generelle Trends hervorgehoben werden: Die Verbreitung nichtkonventioneller Lebensformen in Deutschland hat in den letzten Jahrzehnten erheblich zugenommen. Wie sich dieser Trend im Detail entwickelt hat und wie viele Menschen heute in nichtkonventionellen Lebensformen leben, kann allerdings auf Grund der Datenlage nicht exakt angegeben werden. Weder die amtliche Statistik mit ihren zu sehr am Haushalt orientierten Querschnittbetrachtungen, noch die vorliegenden repräsentativen Survey- und Längsschnittdaten lassen genaue Aussagen zu. Mit den Daten der Amtsstatistik ist es nur möglich, ungefähre Größenordnungen anhand der äußeren Strukturmerkmale anzugeben. Für eine erste Annäherung haben wir versucht, die Situation in Deutschland für die Altersgruppe der 18- bis unter 60-Jährigen auf der Basis des Mikrozensus für das Jahr 1994 zu berechnen. Die nicht durch die Amtsstatistik erfassten gleichgeschlechtlichen Lebensgemeinschaften sind hier auf der Basis von Surveydaten geschätzt. Rechnet man zu nichtkonventionellen Lebensformen für diese Schätzung nicht eheliche Lebensgemeinschaften, Alleinlebende mit und ohne feste Partnerschaft, gewollt kinderlose Ehepaare, Alleinerziehende und gleichgeschlechtliche Lebensgemeinschaften, gelangt man für das Jahr 1994 zu dem Ergebnis, das hier nur als ungefähre Größenordnung angesehen werden kann, dass knapp 30% der Bundesdeutschen in einer der angegebenen Lebensformen leben. In den alten Bundesländern handelt es sich dabei nur bei etwa jeder Siebten um eine familiale Lebensform, in den neuen Bundesländern ist dieser

Anteil mit 39% mehr als doppelt so hoch (Schneider 1996b).[4]

Der Trend zu nichtkonventionellen Lebensformen, wie wir ihn heute beobachten können, basiert auf einigen makrostrukturellen Vorbedingungen. Ohne hier Wert auf Vollständigkeit zu legen seien einige dieser Vorbedingungen angesprochen: Die wachsende Verbreitung nichtkonventioneller Lebensformen setzt die ökonomische Unabhängigkeit der Frau vom Mann voraus. Er ist eng an veränderte Werte und Lebensstile gekoppelt, Stichworte sind hier Autonomie und Selbstverwirklichung, und er hängt zusammen mit dem normativen und ökonomischen Bedeutungsverlust der Ehe. Die Verbreitung nichtkonventioneller Lebensformen ist darüber hinaus auch Folge des Wandels der Sozialstruktur und ihrer sozialen Milieus. Milieus, die auch schon in der Vergangenheit die Chancen zur Lebensführung jenseits der traditionellen Normalbiographie beinhalteten, haben an Verbreitung enorm zugenommen, während traditionelle Milieus, die ihren Mitgliedern auch heute noch wenig Spielräume offen lassen, geschrumpft sind. Nichtkonventionelle Lebensformen sind in erster Linie Optimierungsversuche im Kontext der Lebensumstände und der Lebensorientierungen, Versuche, die häufig Variationen der konventionellen Familie darstellen. Variiert wird hinsichtlich des Familienstands, der Elternschaft, des biografischen Timings und der Dauer von Lebensformen. Nicht variiert wird bis heute bezüglich der Partnerschaft. Obwohl es in der Gegenwartsgesellschaft *keine* konventionellen Lebensformen in dem Sinne gibt, dass man sich an einem bestimmten Leitbild orientieren *muss*, ist dennoch ein weithin ungebrochenes Muster auszumachen – die *dyadische Partnerbeziehung*. Es gibt, abgesehen von den wenigen überzeugten Singles, d. h. den über weite Teile ihres Lebens bewusst partnerlos lebenden Menschen, kaum Versuche, Lebensformen jenseits der Paarbeziehung zu praktizieren. Alternative Lebensformen mit mehr als zwei Partnern werden in modernen westlichen Gesellschaften, trotz der strukturellen Option, praktisch nicht gelebt und Menschen, die ohne Partner leben, tun dies großenteils unfreiwillig und mit der Absicht, möglichst bald einen (neuen) Partner zu gewinnen.

23.1.3 Nichtkonventionelle Lebensformen im Lebensverlauf

Der Lebensverlauf ist das Ensemble von Einzelprozessen, die sich aus den Statuspassagen in verschiedenen Lebensbereichen ergeben. Zu den wichtigsten Einzelprozessen, die den Gesamtlebensverlauf im Wesentlichen konfigurieren, gehören: Bildungsverlauf, Berufsverlauf, Partnerschaftsbiographie und Familienentwicklung, Ge-

4 Mit den Daten des Familiensurveys des Deutschen Jugendinstituts kommt man zu deutlich höheren Anteilen nichtkonventioneller Lebensformen. Danach leben ca. 45% in den alten und 39% in den neuen Bundesländern in einer nichtkonventionellen Lebensform (Quelle: Marbach, Bien, Bender 1996: 29 und eigene Berechnungen). Ähnlich wie im Mikrozensus ist dagegen die Relation familialer und nichtfamilialer nichtkonventioneller Lebensformen: In 20% der nichtkonventionellen Lebensformen in den alten Bundesländern und in 49% in den neuen Bundesländern lebt mindestens ein Kind. Die unterschiedlich hohen Anteile in beiden Datensätzen sind auf die unterschiedlichen Stichprobenkonstruktionen und auf die unterschiedlichen Altersgruppen zurückzuführen. U. E. ist davon auszugehen, dass die Verbreitung nichtkonventioneller Lebensformen mit den Daten des Familiensurveys eher überschätzt und mit dem Mikrozensus eher unterschätzt werden dürfte.

sundheitsbiographie sowie soziale und räumliche Mobilitätsprozesse. Soweit individuell plan- und gestaltbar sind Ereignisse in diesen Lebensbereichen eng aufeinander bezogen. Dies gilt vornehmlich für die Verknüpfung von Bildungs- und Berufsverlauf mit Partnerschaftsbiographie und Familienentwicklung. Auf die je individuellen Muster der Verknüpfung der Karrieren in diesen Lebensbereichen fokussiert das Konzept der "privaten Lebensführung", wie es hier entwickelt und verwendet wird.

Der Verlauf der privaten Lebensführung ist ein "selbstreferentieller Prozess", in dem die gestaltungsoffenen Phasen und Übergänge maßgeblich durch die kumulierten Erfahrungen und Ressourcen der Individuen mit beeinflusst sind (Huinink 1995: 154 f.). Die Gestaltung des Verlaufs der privaten Lebensführung erfolgt in enger Beziehung zu anderen Menschen und im Kontext sozialer Gruppen (Elder, O'Rand 1995). Daher ist es angebracht, neben den individuellen Biografien auch die Paarbiographie und, soweit vorhanden, die Eltern-Kind-Biographie eigens zu berücksichtigen.

Lebensverläufe sind das Produkt makrostruktureller Konstellationen, historischer Ereignisse, kumulierter biografischer Erfahrungen und dadurch geprägter bzw. daran orientierter individueller Handlungen und Entscheidungen. Lebensverläufe konfigurieren sich als Sequenzen von Zuständen und Phasen, deren Auftreten (Prävalenz), biografische Platzierung (Timing) und Dauer (Permanenz) durch individuelle Entscheidungen und strukturelle Gegebenheiten fixiert werden. Eine besondere Bedeutung bei der Strukturierung von Lebensverläufen haben:

- biografische Übergänge (z. B. Heirat, Elternschaft, Berufseintritt, Emigration, Ereignisse mit nachhaltiger Beeinträchtigung des Gesundheitszustandes);
- besondere zeitgeschichtliche Ereignisse (z. B. Kriege, Naturkatastrophen, Wirtschaftskrisen, grundlegende Veränderungen der gesellschaftlichen Ordnung);
- strukturierende Einflüsse gesellschaftlicher Institutionen (z. B. Schulpflicht, Wehrdienst, Ruhestandsregelungen);
- kohorten- und periodenspezifische Gegebenheiten (Mayer 1996) (so hat z. B. Easterlin (1966) gezeigt, dass die Größe von Geburtskohorten einen bedeutsamen Einfluss auf das generative Verhalten der Kohorten hat);
- kollektive Selektions- und Bewertungsprozesse. Als Maßstäbe für die kollektiven Bewertungen von konkreten Lebensverläufen fungieren Standardmuster, im Sinne von Normallebensverläufen, wie sie in den meisten Gesellschaften für bestimmte Sozialmilieus oder geschlechtstypisch institutionalisiert existieren. Im Rahmen individueller Selektionsprozesse bilden diese "Normallebensverläufe" auch eine Orientierungsgrundlage für die Gestaltung des eigenen Lebensverlaufs, sei es im Sinne einer nachahmenden Anpassung oder einer beabsichtigten Abweichung (ähnlich auch Levy 1996).

Im Zuge des gesellschaftlichen Modernisierungsprozesses haben Lebensverlaufmuster und insbesondere auch Standardprozesse der privaten Lebensführung einschneidende Veränderungen erfahren. Eine der wesentlichen Entwicklungen ist der Trend zur Erweiterung der Spielräume für die individuelle Gestaltung des Lebensverlaufs. Lebensverläufe sind dabei flexibler, vielfältiger, aber auch brüchiger geworden. Dies betrifft nicht nur die Prävalenz und Permanenz von Phasen sowie das Timing von

Übergängen, sondern auch (Levy 1996: 99 f.):

- die Optionen der multiplen Partizipation, d. h. die Teilnahmemöglichkeiten in verschiedenen Lebensbereichen innerhalb einer Statuskonfiguration des Gesamtlebenslaufs;
- die Flexibilität und Vielfalt der Sequenzierung von Phasen bzw. Zuständen in einzelnen Lebensbereichen;
- die Art und Anzahl differentieller Stadien in Lebensverlaufmustern;
- das Ausmaß der Chronologisierung von Phasen, d. h. die Stärke der Verkoppelung biografischer Übergänge mit sozialen und biologischen Lebensaltern;
- den Umfang zustandsabhängiger Optionen zur weiteren Lebensplanung, der abhängig ist von den Möglichkeiten der Revidierbarkeit biografischer Entscheidungen und der Offenheit auch in fortgeschrittenen Stadien zwischen differentiellen Lebensverläufen zu wechseln.

Der Verlauf der privaten Lebensführung in der Gegenwart ist im Vergleich zu den 50er und 60er-Jahren dadurch charakterisiert, dass auf Grund des Rückgangs von Familiengründungen und auf Grund häufigerer Auflösungen und Neugründungen von familialen Lebensformen der individuelle Gesamtlebensverlauf weniger eng mit dem Familienentwicklungsprozess korrespondiert. Im Lebensverlauf wird Familie immer häufiger zu einem komplexen Beziehungsgeflecht, in dem Teile aktueller und früherer familialer Lebensformen zusammengefügt werden. Familie wandelt sich dabei von einer Haushaltsgemeinschaft zum Beziehungsnetz, "from location to relation", das sich in einem engen Austausch mit umgebenden Sozialsystemen befindet (Dumon 1993: 17). Im Zuge dieses Wandels werden die Beziehungen zwischen den Generationen zu einem tragenden Bestandteil von Familien (Bertram, Kreher 1996) und Elternschaft tritt, im Vergleich zum Familienstand, als maßgebendes Kriterium des Lebensverlaufs immer stärker in den Vordergrund.

Vor der Hintergrund dieser Überlegungen wird deutlich, dass Familienzyklusmodelle auf Grund ihrer starren Konzeption nicht mehr geeignet sind, Prozesse der privaten Lebensführung in der Moderne abzubilden. Dies gilt nicht nur für die frühen Modelle von Duvall, Glick oder Hill, sondern auch für erweiterte Varianten wie beispielsweise die von Mühlfeld (1976). Selbst die neueren und vielfach zitierten Modelle wie das von Gilly und Enis (1982) sind trotz ihrer vergleichsweise großen Variabilität nicht geeignet, die zunehmende Vielfalt von Prozessen der privaten Lebensführung jenseits der traditionellen Familie befriedigend abzubilden. Im Kern fokussieren sie weiterhin auf den klassischen Familienentwicklungsprozess, während u. a. nicht eheliche Lebensgemeinschaften und Scheidung im Modell nicht enthalten sind.

Weiterführend an dem Modell von Gilly und Enis ist jedoch ein anderer Aspekt, der für unsere weiteren Betrachtungen von entscheidender Wichtigkeit ist. Lebensformen werden hier nicht nur als Strukturformen betrachtet, sondern auch als *Lebensphasen*. Äußerlich strukturgleiche Lebensformen sind, wie bereits erwähnt, qualitativ durchaus unterschiedlich, je nachdem in welchem Lebensalter sie auftreten, aus welchen Phasen heraus sie entstanden sind und wie lange sie schon bestehen. Lebensformen als Lebensphasen zu betrachten ist gerade im Zusammenhang mit der Analyse nichtkonventioneller Lebensformen von besonderer Relevanz, daher soll diese Perspektive, soweit es die Datenlage zulässt, den weiteren Betrachtungen zu Grunde gelegt werden. Versucht man, bei aller empirischen Vielfalt und Verschiedenartigkeit, Lebensverlaufmuster zu rekonstruieren, stehen prinzipiell zwei Methoden zur Verfügung: im Rahmen qualitativer Forschung Verfahren biografischer Rekonstruktion und bei quantitativ angelegten Studien ereignisanalytische Verfahren. Im Mittelpunkt von Ereignisanalysen (Dieckmann, Weick 1993) stehen die Wahrscheinlichkeit und das Timing biografischer Übergänge sowie die Prävalenz und Permanenz der aus den verschiedenen Übergängen begründeten Episoden in Abhängigkeit von sozialstrukturellen und individuellen Bedingungen. Weiterentwicklungen dieser Verfahren (Strohmeier, Schulze 1995b) wurden mit dem Ziel entwickelt, Verlaufsmuster zu identifizieren und ihre Verteilung zu bestimmen. Um den Wandel von Verlaufsmustern erkennbar zu machen, wird dabei in der Regel mithilfe von Kohortenvergleichen gearbeitet.

Soweit ereignisanalytische Verfahren zur Untersuchung von Lebensverlaufmustern angewendet wurden, standen fast ausschließlich individuelle Übergänge und Episoden im Familienzyklus und in der Berufskarriere im Mittelpunkt, während Prävalenz, Permanenz, Timing sowie individuelle und strukturelle Rahmenbedingungen und Abfolgen nichtkonventioneller Lebensformen im Prozess der privaten Lebensführung bisher systematisch kaum untersucht worden sind. Dazu wären Rekonstruktionen von "household event historys" und damit auch von "historys of living arrangements" nötig, was mit den Daten verschiedener europäischer Surveys möglich wäre. Entsprechend ausgearbeitete Konzeptionen liegen bisher aber kaum vor. Ein Versuch, die bisherige Fokussierung auf den individuellen Lebensverlauf konzeptionell zu überwinden, wurde von Courgeau 1995 auf der Basis des französischen "3B-Survey", in dem die Familien-, Berufs- und Mobilitätskarrieren in ihrer wechselseitigen Abstimmung untersucht worden sind und das als eine der aufwändigsten frühen "event history" Studien in Europa gelten kann (Courgeau, Lelièvre 1992), vorgelegt. Mit diesem Konzept können der Pfad der Formation und Auflösung von Haushalten, die Prozesse ihrer Vergrößerung und Verkleinerung sowie die Veränderungen in der Haushaltszusammensetzung im Kontext von Berufs- und Mobilitätsprozessen betrachtet werden. Die vorliegenden Ergebnisse sind bisher aber eher exemplarisch und für umfassende Betrachtungen nicht ausreichend. Da hier keine entsprechenden eigenen Untersuchungen präsentiert werden können, müssen die folgenden Betrachtungen zum großen Teil auf der Grundlage der Ergebnisse von Querschnittuntersuchungen und nicht repräsentativen Studien sowie mittels Plausibilitätsüberlegungen angestellt werden.

Bei aller Vielfalt der Variation im Einzelnen lassen sich nach unserer Auffassung analytisch dennoch einige generelle Verlaufsmuster der privaten Lebensführung fixieren, die danach differenziert sind, ob Lebenszeit in familialen Lebensformen verbracht wird und wie entsprechende Lebensformen gegründet und gegebenenfalls wieder aufgelöst werden. Der lebenslange Prozess der privaten Lebensführung kann dazu in zwei differentielle Abschnitte, die Phase bis zur Ablösung von der Herkunftsfamilie bzw. bis zum Beginn der eigenen Partnerschaftsbiographie und die Phase der Partnerschaftsbiographie bzw. der Familienentwicklung gegliedert werden. In beiden Phasen unterscheiden wir jeweils vier generelle Verlaufsmuster. In der *Kindheits- und Jugendphase* bis zum Beginn der eigenen Partnerschaftsbiographie sind dies ein:

- *Bestandsmuster:* Die gesamte Periode wird zusammen mit beiden leiblichen Eltern, unabhängig ob verheiratet oder nicht, verbracht;
- *Auflösungsmuster:* Innerhalb dieser Periode löst sich die Paargemeinschaft der Eltern durch Tod oder Trennung auf. Danach kommt es entweder zur Neugründung einer oder mehrerer sukzessiver stieffamilialer Lebensformen oder zur Entstehung einer relativ dauerhaften Ein-Eltern-Familie;
- *Erweiterungsmuster:* Die Kindheit beginnt bei einem allein erziehenden Elternteil und im Verlauf der Kindheits- und Jugendphase kommt ein soziales Elternteil hinzu und es erfolgt die Gründung einer Stieffamilie;
- *Nicht-familiales Muster:* Kindheit und Jugend werden außerhalb einer Herkunftsfamilie verbracht (z. B. in Pflegefamilien, Waisenhäusern oder Wohngruppen).

Aktuelle Untersuchungsergebnisse zeigen (Nauck 1993; Nauck, Bertram 1995; Bertram, Kreher 1996), dass das Bestandsmuster bei weitem dominiert. Ca. 3 von 4 Kindern durchleben ihre ersten 18 Lebensjahre nach diesem Muster.[5] Das Auflösungsmuster hat in der jüngeren Vergangenheit eine größere Verbreitung erfahren und heute gestaltet sich die Kindheits- und Jugendphase von etwa 20% nach diesem Muster. Für den Verlauf der *Partnerschaftsbiographie und der Familienentwicklung* sind ebenfalls 4 generelle Muster unterscheidbar:

- *Familienmuster:* Nach einer mehr oder weniger langen Phase der Partnerschaftsbiographie kommt es, unabhängig vom Familienstand der Eltern, durch die Geburt eines Kindes zur Familiengründung und diese Familie besteht bis zum Tod der Eltern;
- *Trennungsmuster:* Eine familiale Lebensform wird durch Trennung oder Tod aufgelöst. Danach kommt es entweder zur Gründung weiterer familialer Lebensformen (Fortsetzungsfamilie) oder nicht;
- *Partnermuster:* Die Partnerschaftsbiographie ist durch eine oder mehrere sukzessive Partnerschaften gekennzeichnet, aber es entsteht keine familiale Lebensform (dauerhafte Kinderlosigkeit);
- *Singlemuster:* Nach der Ablösung vom Elternhaus werden weder partnerschaftliche noch familiale Lebensformen gegründet.

Zur Verbreitung dieser Muster können keine exakten Angaben gemacht werden. Möglich sind nur grobe Schätzungen auf der Basis von Mikrozensus und Surveydaten. Diese ergeben für die Geburtskohorte der um 1950 Geborenen folgende Größenordnungen:

- Familienmuster ~ 60%
- Trennungsmuster ~ 15%
- Partnermuster ~ 20%
- Singlemuster <5%

5 Nach den Ergebnissen von Bertram, Kreher (1996, 21) sind es sogar 86%.

Die beiden angesprochenen Phasen des Familienentwicklungsprozesses sind von unterschiedlicher Dauer. Der Beginn der eigenen Partnerschaftsbiographie erfolgt gegenwärtig im Durchschnitt im Alter von 18 Jahren bei Frauen und im Alter von 20 Jahren bei Männern, wobei über die Geburtskohorten ein Trend zur Vorverlagerung festzustellen ist (Tölke 1993). Der Auszug aus dem Elternhaus und die erste eigenständige Haushaltsgründung findet im Durchschnitt später statt. Über die Kohorten hinweg ist dabei ein deutlicher Aufschub dieses biografischen Übergangs zu beobachten. Der Median der Geburtskohorte 1963–1965 beträgt für Männer ca. 25 und für Frauen 21 Jahre (Weick 1993: 89). Ähnlich sind auch die Daten für die 18- bis 30-Jährigen im Jahr 1994. Das durchschnittliche Auszugsalter beträgt hier 26 Jahre bei Männern und 21 Jahre bei Frauen, wobei beträchtliche Unterschiede bei Männern in den alten (28 Jahre) und neuen (24 Jahre) Bundesländern bestehen (Härtl 1996: 4). Nach diesen konzeptionellen Überlegungen zu einer lebenslaufbezogenen Perspektive der privaten Lebensführung folgen im weiteren einige Betrachtungen zur Bedeutung und zur Platzierung nichtkonventioneller Lebensformen im Verlauf der Partnerschaftsbiographie und der Familienentwicklung.

Generell ist festzustellen, dass die Zahl der Personen, die mindestens eine Phase in nichtkonventionellen Lebensformen in ihrem Lebensverlauf verbringen, stark zugenommen hat. Allein auf Grund der Verbreitung nicht ehelicher Lebensgemeinschaften im Lebensverlauf kann man davon ausgehen, dass von den nach 1954 Geborenen höchstens 15% niemals in einer nichtkonventionellen Lebensformen leben werden. Nichtkonventionelle Lebensformen treten dabei v. a. in drei unterschiedlichen Sequenzen auf: Sie sind erstens kennzeichnend für die Lebensverläufe derer, die *niemals eine familiale Lebensform gründen*. Dies gilt für das dauerhafte Alleinleben im Rahmen des Singlemusters und für das Partnerschaftsmuste, das überwiegend auf der Aneinanderreihung nichtkonventioneller Lebensformen basiert. Zweitens sind nichtkonventionelle Lebensformen kennzeichnend für die Partnerschaftsbiographie *vor* der Gründung einer Familie und drittens sind sie typisch für das Trennungsmuster in den Phasen *nach* der Trennung. Nichtkonventionelle *familiale* Lebensformen sind dagegen, wie bereits an anderer Stelle erwähnt, besonders in den alten Bundesländern vergleichsweise wenig verbreitet und häufig nur von kurzer Dauer. Nur ca. 14% aller Geburten erfolgen hier außerhalb der Ehe und knapp 40% aller nicht ehelich geborenen Kinder erleben die Heirat ihrer leiblichen Eltern in den ersten Lebensjahren.[6]

In den Lebensverläufen von Menschen, die mindestens einmal eine familiale Lebensform gründen, sind v. a. die Sequenzen vor der ersten Heirat bzw. vor der Familiengründung und Phasen nach einer evtl. Trennung durch nichtkonventionelle Lebensformen bestimmt. Gerade in der vorehelichen Phase deuten die jüngsten Entwicklungen darauf hin, dass sich zwei neue Standardverläufe herausgebildet haben, die gegenwärtig, nach den Ergebnissen des Familiensurveys, die voreheliche Partnerschaftsbiographie von mehr als 75% der Ersteheschließenden kennzeichnen (Schneider 1996a). Das erste Muster besteht aus der Sequenz "Partnerschaft mit getrennten Haushalten – nicht eheliche Lebensgemeinschaft – Heirat des ersten Partners" und

6 Quelle: Telefonische Auskünfte des Statistischen Bundesamts für das Jahr 1995. Die Anteile der durch die Heirat ihrer Eltern in den alten Bundesländern entsprechend legitimierten Kinder sind seit längerem relativ konstant und schwanken zwischen 33 und 39%.

das zweite Muster besteht aus der Sequenz "Auflösung der ersten nicht ehelichen Partnerschaft – Partnerschaft mit getrennten Haushalten – nicht eheliche Lebensgemeinschaft – Heirat des zweiten Partners". Eine kaum größere Vielfalt kennzeichnet die Verläufe nach der Auflösung einer Erstfamilie. Hier entsteht entweder eine Fortsetzungsfamilie oder eine längere Phase des partnerlosen Alleinerziehens oder Alleinlebens oder eine neue Partnerschaft. Bei der Neugründung familialer partnerschaftlicher Lebensformen nach einer Trennung entstehen zumeist Stieffamilien, in denen ein leibliches Elternteil durch ein soziales Elternteil ersetzt wird – eine Lebensform, bei der es sich nach unseren Kriterien nicht um eine nichtkonventionelle Lebensform handelt. Die in der Literatur immer wieder beispielhaft benannte (Beck, Beck-Gernsheim 1989), aus Teilen mehrerer Familienreste zusammengesetzte Nachscheidungsfamilie mit mehrfach gebrochenen Verwandtschaftsverhältnissen ist in der Realität nur selten anzutreffen.
Neuere Studien zeigen, dass nichtkonventionelle Lebensformen häufiger eine Lebensform der jüngeren Lebensalter (25–29 Jahre) sind. Verbreitet sind in dieser Altersphase v. a. nicht eheliche Lebensgemeinschaften, Partnerschaften ohne gemeinsamen Haushalt und Singles, wobei gegenwärtig mehr als die Hälfte der Menschen in Deutschland in diesem Alter in einer nichtkonventionellen Lebensform lebt. In der frühen nachelterlichen Phase (45–49 Jahre) trifft dies nur für etwa 25–30% (Federkeil, Strohmeier 1993) zu. Dafür maßgeblich sind Kohorteneffekte – jüngere Geburtskohorten heiraten weniger oft, haben insgesamt weniger Kinder und platzieren eine eventuelle Familiengründung später – und Alters- bzw. Lebenslaufeffekte, wobei die größere Verbreitung nichtkonventioneller Lebensformen in jüngeren Lebensaltern nach unserer Einschätzung stärker auf Lebenslauf- denn auf Kohorteneffekte zurückzuführen sein dürfte.

Nichtkonventionelle Lebensformen werden subjektiv selten als bewusste und dauerhafte Alternative zu konventionellen Formen gelebt. Häufig sind sie als Übergangsphasen konzipiert, sei es, weil sie ein Stück weit ungewollt entstanden sind, sei es, weil sie als optimierende Anpassung an die aktuelle Lebenssituation in ihrem Bestand an die Dauer einer bestimmten Lebensphase geknüpft sind. Nichtkonventionelle Lebensformen haben im Lebensverlauf zumeist den Charakter von Vor-, Nach- oder Zwischenformen zur konventionellen Kernfamilie (Beck-Gernsheim 1994). Nur im Fall der gewollten Kinderlosigkeit bei verheirateten oder nicht verheirateten Paaren, bei gewollt dauerhaft partnerlos lebenden Menschen und bei gleichgeschlechtlichen Partnerschaften und Familien handelt es sich um nichtkonventionelle Lebensformen im Sinne bewusster Alternativen, die eine gewisse Verbreitung gefunden haben.

23.2 Figuren nichtkonventioneller Lebensformen

Lebensformen, so hatten wir festgestellt, sind nicht per se konventionell oder nichtkonventionell. Entsprechend klassifiziert werden sie erst im Rahmen kollektiver Bewertungsprozesse. Als Bewertungskriterien fungieren dabei wahrgenommene und zugeschriebene Merkmale der Lebensformen, die vor dem Hintergrund kollektiver und individueller Normalitätskonstruktionen bewertet werden. Figuren nichtkonventioneller Lebensformen entstehen, wenn Strukturtypen, d. h. von außen als strukturgleich wahrgenommene Lebensformen, kategorisiert werden. Solche Kategorisierungen sind zumeist sehr grober Natur, basieren auf einfachen Strukturmerkmalen und nivellieren bedeutsame Differenzierungen der Lebensformen häufig weitgehend. Auf diese Weise entstehen "Singles", "nicht eheliche Lebensgemeinschaften" oder "Stieffamilien" als sehr undifferenzierte soziale Kategorien. Besonders beim Begriff "Single" ist offenkundig, dass es sich dabei um ein Klischee handelt und er ohne weitere Präzisierung als soziologischer Terminus ungeeignet ist. Dennoch basieren die meisten Klassifizierungen von Lebensformen auf diesen undifferenzierten Kategorien. Soweit sich Klassifizierungen auf die Bewertung von Lebensformen in konventionelle und nichtkonventionelle richten, gelangen diese regelmäßig zu dem Ergebnis, dass es sich bei den Kategorien Singles, nicht eheliche Lebensgemeinschaften, Partnerschaften ohne gemeinsamen Haushalt, kinderlose Ehepaare, gleichgeschlechtliche Partnerschaften und Familien, Alleinerziehende, Familien mit reproduktionstechnologisch erzeugter Elternschaft und bei Wohngemeinschaften um nichtkonventionelle Lebensformen handelt. Einige dieser Strukturtypen werden im Folgenden einer differenzierteren Analyse unterzogen. Im Mittelpunkt dieser Analysen stehen jeweils einige Betrachtungen zur Sozialgeschichte der Lebensform und zum Wandel ihrer sozialen Bewertung, Analysen zur aktuellen Verbreitung und zur haushaltsdemographischen Differenzierung sowie differentielle Untersuchungen der Lebensform bezogen auf ihre Entstehungskontexte und auf ihre Platzierung im Lebensverlauf, also jene Merkmale, die wir oben als relevante Unterscheidungskriterien diskutiert haben. Mit diesem Vorgehen möchten wir Figuren von Lebensformen innerhalb der üblicherweise verwendeten Kategorien herausarbeiten und diskutieren, wie weit bzw. weshalb es sich um nichtkonventionelle Formen handelt.

Die Auswahl der im Folgenden betrachteten Lebensformen ist an mehreren Kriterien orientiert: Zunächst handelt es sich um Lebensformen, für die in ausreichendem Umfang demographische, haushaltsstatistische und auch qualitative Daten vorliegen, sodass eine möglichst differenzierte Betrachtung erfolgen kann. Des Weiteren handelt es sich um Lebensformen, die als Prototypen der modernen Gesellschaft wissenschaftlich diskutiert werden und schließlich soll über die Dimensionen Partnerschaft und Elternschaft eine möglichst breite Streuung der Lebensformen erreicht werden. Auf der Basis dieser Überlegungen bot es sich an, die Lebensformen "Alleinlebend" und, unter dem Stichwort "fragmentierte Elternschaft", Stief-, Pflege- und Adoptivfamilien, sowie infolge reproduktionstechnologisch erzeugter Elternschaft entstandene Familienformen zu untersuchen (vgl. ausführlicher Schneider, Rosenkranz, Limmer 1998).

23.2.1 Die Lebensform "Alleinleben"

Sie wurden als alte Jungfern verspottet und als Hagestolze verhöhnt. Bis zum Ende des 19. Jahrhunderts waren Alleinlebende überwiegend Gegenstand des Spotts und der Karikatur, ihre Lebensform war mit einem negativen Image versehen. In einer Zeit, in der die Ehe überwiegend als eine "fraglose Selbstverständlichkeit des Lebens" (Borscheid 1994: 40) gesehen wurde, hatten die Alleinlebenden wenig Chancen auf gesellschaftliche Anerkennung. Da war es zunächst auch ohne Bedeutung, *warum* jemand alleine lebte. Dabei bestimmten über viele Jahrhunderte externe sozialstrukturelle Faktoren diese Lebensform – Verwitwung, demographisch bedingter Mangel an "Heiratskandidaten", materielle Defizite, die junge Frauen und Männer erst gar nicht zur Ehe kommen ließen. "Es war Schicksal und nicht schick, dahinter stand höhere Gewalt und nicht eigenes Belieben" (Borscheid 1994: 24).

Alleinleben als nichtkonventioneller Lebensentwurf ist ein relativ neues Phänomen, wie der folgende historische Abriss[7] zeigt. Als *nichtkonventionell* bezeichnen wir Alleinlebende dann, wenn diese Lebensform bewusst und freiwillig gewählt wurde und auf relative Dauer angelegt ist. Wir werden jedoch zeigen, dass analog zur historischen Entwicklung auch heute der Großteil der Einpersonenhaushalte als "Schicksal" entsteht, als Konsequenz lebensverlaufstypischer Entwicklungen und nur bedingt freiwilliger Entscheidungen. Zudem leben viele Alleinlebende diese Lebensform als vorübergehende biografische Phase. Die aktuelle Entwicklung,[8] so unser Fazit, kann deshalb nicht im Sinne einer zunehmenden Singularisierung der bundesdeutschen Gesellschaft interpretiert werden. Die Lebensform Alleinleben wird dauerhaft nur zu einem geringen Teil bewusst an Stelle einer anderen Lebensform gewählt. Wir leben – trotz der Zunahme der Einpersonenhaushalte- weiterhin in einer "paarorientierten Gesellschaft" (Krüger 1990).

23.2.1.1 Die historische Situation der Alleinlebenden

Die normative Bedeutung von Ehe und Familie

Die negative gesellschaftliche Bewertung Alleinlebender ist vor dem Hintergrund normativer Regeln zu sehen. Der Absolutheitsanspruch der Ehe bis zum 19. Jahrhundert hatte einen durchaus realen Hintergrund. Bis zur Einführung institutionalisierter Sicherungssysteme (Feuer- und Lebensversicherungen etc.) bot allein der familiale Verbund Schutz und materielle Sicherheit. Die herausragende wirtschaftliche Bedeutung der Familie "war ein wesentlicher Grund für ihre geistige Überhöhung und rechtliche Stellung" (Borscheid 1994: 26). Vor allem in der Agrargesellschaft mit ihren fehlenden technischen Hilfsmitteln, ihrer marginalen Arbeitsteilung und den relativ niedrigen Erträgen musste z. B. die Positionen des "Familienvaters" kontinuierlich besetzt sein, um die bäuerliche Produktion am Laufen zu halten. Eine Einzelperson wäre hier hoffnungslos überfordert gewesen. Auch im städtischen Handwerk findet sich diese starke Fixierung auf das Haus und die Haushaltsgemeinschaft, außerdem wurde diese Haltung von der Kirche gefördert. Gern zitiert wurde der Satz der Schöpfungsgeschichte "Und Gott der Herr sprach: Es ist nicht gut, dass der Mensch

7 Ein historischer Rückblick muß sich aufgrund der Datenlage in erster Linie an einfachen Strukturmerkmalen orientieren wie der Haushaltsgröße oder dem Anteil familienfremder Personen im Haushalt etc..

8 Insgesamt steht die Zunahme der Einpersonenhaushalte in Zusammenhang mit einer generellen Verkleinerung der Haushalte, die vor allem seit 1910 stark beschleunigt ist. Die durchschnittliche Haushaltsgröße hat sich den letzten 150 Jahren von etwa 5 Personen in den 1850er Jahren auf aktuell etwa 2,3 Personen in den alten Bundesländern mehr als halbiert. Generell läßt sich eine Verlagerung von größeren auf kleinere Haushalte feststellen. Bedingt wird dies vor allem durch den starken Rückgang von Haushalten mit 5 und mehr Personen und der Zunahme von Ein- und Zweipersonenhaushalten (Bretz, Niemeyer 1992).

alleine sei". Sozialstrukturell war der Zugang zur Ehe dabei strikt geregelt. Bis zur Industrialisierung konnte in der Regel nur heiraten, wer auch eine Erwerbstätigkeit vorweisen konnte – z. B. einen Bauernhof nach dem Tode des Vaters.

Alleinlebende Senioren

Auch vor dem 19. Jahrhundert stellten Senioren einen großen Teil der Alleinlebenden. Anders als heute stellte die Zeit nach einer Verwitwung eher ein "Durchgangsstadium" dar. Es war eher die Phase der Trauer und der Neuorientierung vor einer Wiederheirat oder vor der Integration in den Haushalt der Kinder oder einer erneuten Erweiterung des Haushalts durch die Aufnahme einer fremden Person als Hilfe.[9] Ältere Arme warteten z. T. auf einen freien Platz im Armenhaus. Im Grunde stellen die historischen Einpersonenhaushalte von Senioren biografische Zäsuren dar, die als kurzzeitig reduzierte Mehrpersonenhaushalte gewertet werden können.

Andererseits waren die verwitweten Alleinlebenden wesentlich jünger als heute. Eine insgesamt geringere Lebenserwartung ließ die Bevölkerungspyramide in den höheren Altersgruppen spitz zulaufen, der Anteil der über 60-Jährigen an der Gesamtbevölkerung blieb konstant gering. Interessant ist, dass die Zahl der Witwen im deutschsprachigen Raum jedoch fast immer die Zahl der Witwer überstieg. Anders als heute war dies vor dem 19. Jahrhundert aber weniger die Folge einer prägnant höheren Lebenserwartung von Frauen, sondern eher die Konsequenz eines deutlichen "marriage squeeze", d. h. eines meist deutlichen Altersabstandes der Ehepartnern und eines deutlich niedrigeren Heiratsalters der Frauen.

Als Folge einer gesellschaftlichen und arbeitsteiligen Ausdifferenzierung und nach den Erfahrungen ökonomischer Deprivation griffen Beamte, Offiziere und Pfarrer durch die Gründung von Witwen- und Waisenkassen zur Selbsthilfe (Borscheid 1994: 34). Nach der Mitte des 18. Jahrhunderts erlebten diese Kassen einen Boom. Auch wenn sie keinen umfassenden materiellen Schutz bei Verwitwung garantieren konnten, ermöglichten sie vor allem Witwen einen größeren Freiraum und die Möglichkeit, die Zeit vor einer erneuten Eheschließung auszudehnen. Damit erhöhte sich neben der Dauer dieser biografischen Phase auch zum ersten Mal die Zahl der Einpersonenhaushalte von Verwitweten. "Notheiraten" während des ersten Jahres der Trauer wurden seltener – eine bewusste Entscheidung zum Alleinleben wurde zumindest in Fragmenten möglich. Von einer nichtkonventionellen Lebensform kann natürlich trotzdem nicht gesprochen werden, zumal sich im ausgehenden 18. Jahrhundert auch die normative Bewertung der Wiederverheiratung wandelte. In dem Maße, in dem Liebe als Basis der Ehe definiert wurde, geriet die Mehrfachheirat in die Nähe der Untreue, entstanden wiederum für die heiratswillige Witwe neue Formen sozialer Kontrolle und Sanktion.

9 Gegen Ende des 19. Jahrhunderts ging der Anteil von "Familienfremden" deutlich zurück. 1910 lebten noch in 26% der Haushalte Familienfremde z. B. zur Untermiete etc.. Nach den Ergebnissen der Volkszählung 1939 machte der Anteil noch 14% aus und aktuell leben in etwa 4% der Privathaushalte "Familienfremde" (Bretz, Niemeyer 1992: 78). Inwieweit es sich dabei auch um verdeckte nichteheliche Lebensgemeinschaften handelt, kann aus den offiziellen Daten nicht geschlossen werden.

Das Problem des Alleinlebens in der jüngeren Generation

Die ledigen Jüngeren, die heute rd. 30%[10] der Einpersonenhaushalte bilden, waren bis weit ins 19. Jahrhundert Teil ihrer Herkunftsfamilie oder sie fanden in den um nicht blutsverwandte Personen erweiterten Haushalten ein neues Zuhause – als Bedienstete, als Lehrlinge im Handwerk, als Knechte und Mägde. Ökonomische Restriktionen machten neben den normativen Zwängen ein Alleinleben weitgehend undenkbar.[11] Erst die Zugehörigkeit zu einem Haushalt eröffnete den Zugang zur Gesellschaft. Wer sich unverheiratet in den Dienst einer Familie stellte, konnte an dieser positiven Bewertung partizipieren. Der "Gesindestatus" oder der "Gesellenstatus" stellten dabei lediglich eine biografische Phase dar, die – idealerweise – einer Eheschließung vorausging, allerdings auch beliebig lange dauern konnte. Borscheid (1994: 31) verweist darauf, dass Personenstandslisten auch vor dem 19. Jahrhundert für eine geringe Zahl junger lediger Personen eigene Haushalte aufweisen. Allerdings war dies eher ein Unterschichtsphänomen, entstanden als Notlösung, wenn junge, mittellose Menschen weder zur Heirat noch zur Ausbildung kamen. Typischer aber war die Untermiete, das Mitwohnen im Familienhaushalt oder später auch der gemeinsame Haushalt von zwei oder mehr Ledigen.

Insgesamt bildete sich im 19. Jahrhundert "ein soziales System heraus, das auf individuelle Autonomie und Privatheit setzte" (Borscheid 1994: 38). Andererseits verschärfte sich jedoch der Zwang zur Familie eher noch. Das Biedermeier sah die Familie als Ort sozialer Intimität. Obwohl sich ein Alleinlebender im Zuge der Industrialisierung – zumindest theoretisch – zunehmend hätte selbst versorgen können, blieben die bürgerlichen Ordnungsregeln und die Bedeutung der Familie bestehen. Alleinleben blieb Folge eines persönlichen Schicksals und wurde weder bewusst noch freiwillig gewählt. Alleinleben blieb bis Ende des 19. Jahrhunderts normalerweise eine Durchgangsphase zum Ideal der Familie oder zumindest zum Leben in einem Mehrpersonenhaushalt.

23.2.1.2 Die aktuelle Verbreitung von Alleinlebenden

Während des Kaiserreichs schwankte der Anteil der Einpersonenhaushalte zwischen 6 und 7% und stieg erst in den 30er-Jahren auf etwa 10% (1939). Im Nachkriegsdeutschland erreichte diese Haushaltsform um 1950 einen Anteil von knapp 20% (Borscheid 1994: 23). Seitdem ist die Zahl der Alleinlebenden deutlich gestiegen. 1979 erreichte der Anteil der Einpersonenhaushalte zum ersten Mal die 30%-Marke in den alten Bundesländern und variiert seitdem um die 35% in den alten und um die 30% in den neuen Bundesländern. Insgesamt lebt aktuell etwa in jedem dritten Haushalt in der Bundesrepublik nur eine Person. Die Zahl der Haushalte darf aber nicht

---

[10] Bezogen auf die unter 35jährigen, Stand: April 1997

[11] Vor allem für Männer richteten Kommunen, Unternehmer oder Vereine im 19. Jahrhundert zunehmend "Ledigenheime" ein. Doch bis zum Ende der Kaiserreichs am Anfang des 20. Jahrhunderts blieben solche Unterkünfte eher suspekt. Borscheid schildert eine Reaktion auf ein 1908 in Berlin eröffnetes Ledigenheim mit 285 Einzelzimmern, das wegen hoher Mietpreise nur für gutverdienende Arbeiter in Frage kam. Dieses Haus sei "anfangs der Schrecken der heiratslustigen Damenwelt gewesen, die glaubten, es würde den Hang zu Ehelosigkeit verstärken helfen" (Deutsche Hausbesitzer-Zeitung, zitiert nach Borscheid 1994).

mit der Bevölkerungszahl verwechselt werden. Nicht jeder dritte Deutsche ist ein Alleinlebender, sondern eben nur jeder dritte Haushalt ist ein Einpersonenhaushalt. Grundsätzlich verbergen sich hinter den Alleinlebenden eine Vielzahl biografischer Phasen. Im Wesentlichen sind dies für verschiedene Altersgruppen insbesondere folgende Gruppen: 1. Ledige Personen, 2. Geschiedene, 3. Verwitwete, 4. Verheiratet Getrenntlebende, 5. Nichteheliche Partner in living-apart-together-Beziehungen. Dazu kommen noch jene, die zwar nicht zu den Alleinlebenden per se zählen, aber einen entsprechenden Lebensstil aufweisen: etwa eheliche Partner in getrennten Haushalten oder Alleinerziehende mit Kindern, die immer wieder für längere Zeit beim anderen Elternteil in einem anderen Haushalt leben.

Tab. 1: Altersstruktur der Alleinwohnen in der Bundesrepublik 1997

Altersstruktur der Alleinlebenden		
im Alter von ... bis unter ... Jahren	Alleinlebender insgesamt (in Tsd.)	davon Anteil Alleinlebender im Alter (in %)
unter 20	114	1
20–25	879	7
25–30	1.446	11
30–35	1.220	9
35–40	857	6
40–45	664	5
45–50	627	5
50–55	625	5
55–60	924	7
60–65	858	6
65–70	990	7
70–75	1.224	9
75 und mehr	2.829	21
Gesamt	13.259	100

(Quelle: Mikrozensus 1997, eigene Berechnungen)

23.2.1.3 Regionale Differenzierungen von Alleinlebenden

Ost-West-Unterschiede

Die Zahl der Alleinlebenden war in der DDR stets deutlich geringer als in den alten Bundesländern. Etwa ein Viertel aller Haushalte in der DDR waren Einpersonenhaushalte. Alleinleben war für junge Menschen in der DDR nur in Ausnahmefällen eine biografische Station. Rentner stellten rd. 60% der Einpersonenhaushalte. Für die relativ geringe Zahl von Einpersonenhaushalte junger Menschen sind verschiedene Gründe verantwortlich. Im Wesentlichen ausschlaggebend waren wohl die Wohnungssituation, die ökonomische Gesamtsituation sowie die Form des Ablöseverhaltens und der Familiengründung in der DDR. "Im Zusammenhang mit wohnungs-, beschäftigungs- und familienpolitischen Regelungen war für die Normalbiographie in der DDR die relative Gleichzeitigkeit von Verlassen der Herkunftsfamilie, Aufnahme einer festen Partnerschaft, Familiengründung und Berufseinmündung kennzeichnend" (Schneider 1994: 121). Interessant sind die deutlichen Unterschiede in der Biografie der Alleinlebenden. In der ehemaligen DDR waren rd. 60% der alleinlebenden Frauen und Männer verwitwet, die Geschiedenen machten einen Anteil von 30% (Frauen) und 40% (Männer) aus. Ledige waren nur zu rd. 7% (Frauen) und 4% (Männer) vertreten.

Stadt-Land-Unterschiede

In der historischen Entwicklung waren es vor allem die städtischen Milieus, die bei der Ausbreitung der Einpersonenhaushalte eine Vorreiterrolle hatten. Die langsame Fragmentierung eines rigiden bürgerlichen Normgefüges, das ein Leben im Familienverband vorsah, wurde etwa ab 1880 durch die Binnenmigration vom Land in die Stadt beschleunigt. In der Folge kam es zu einer Lockerung der Familienverbände und der Generationenbeziehungen. Die relative Anonymität der Großstädte verringerte soziale Kontrolle und Sanktionen und ermöglichte zum ersten Mal im größeren Maß einer jüngeren Generation den Lebensstil Alleinleben in Form einer bewusst gewählten Lebensform. Dies ging einher mit einer antibürgerlichen Wendung im Umgang mit Sexualität. Vor allem die nichtkonventionelle Form des Alleinlebens war also in den Großstädten zu finden, wenn auch bis in die 30er-Jahre vorerst eher intellektuellen Milieus, etwa der fin de siecle-Bewegung, vorbehalten. Doch auch heute noch sind Stadt-Land-Unterschiede dieser Lebensform augenfällig. Während in kleinen Gemeinden bis zu 5.000 Einwohnern die Einpersonenhaushalte etwa 23% aller Haushalte stellen, erreichen sie in manchen Großstädten über 50%. D. h. während insgesamt in der Bundesrepublik etwa jeder dritte Haushalt ein Einpersonenhaushalt ist, lebt in Großstädten fast in jedem zweiten Haushalt heute nur mehr eine Person.[12]

23.2.1.4 Die Vielfalt von Alleinlebenden

Insgesamt sind die Gründe für die starke Zunahme von Einpersonenhaushalten in der westdeutschen Nachkriegszeit vielfältig. Im Überblick stellen sie sich wie folgt dar:

Verzerrungen auf Grund eines methodischen Bias

Alleinlebende sind in der statistischen Erfassung auf den ersten Blick vollkommen unproblematisch: wer alleine lebt, bildet einen Einpersonenhaushalt. Allerdings verbergen sich hinter dieser statistischen Erfassung eine Vielzahl von Problemen. Zum einen besteht das Risiko, dass auf Grund der Erfassung des Hauptmieters vor allem von der offiziellen Statistik auch nicht eheliche Lebensgemeinschaften, Wohnge-

[12] Vgl. Bertram 1994, der die Lebensform der Ledigen im Kontext aktueller gesellschaftlicher Entwicklungen unter der Perspektive "Die Stadt, das Individuum und das Verschwinden der Familie" untersucht und den Einfluß urbaner bzw. ländlicher Gebiete rezipiert.

meinschaften oder vor allem Commuter-Ehen als Einpersonenhaushalte gezählt werden (Mackensen et al. 1988). Der Schluss "wer alleine lebt, ist auch ohne Partner" ist daher nicht zulässig, auch wenn dieses Fazit häufig gezogen wird. So fasst etwa fälschlicherweise z. B. auch das Presse- und Informationsamt der Bundesregierung (1996) die Entwicklung der Einpersonenhaushalte unter der Überschrift "Leben und Wohnen in Deutschland – einsam vor gemeinsam" zusammen. Treten durch die doppelte Haushaltsführung von Pendlerehen bereits Verzerrungen auf, werden Beziehungen von unverheirateten Partnern in getrennten Haushalten – living-apart-together – in der offiziellen Statistik erst gar nicht abgebildet. Dies gilt auch für die statistisch nicht näher quantifizierbaren nicht ehelichen Partnerschaften von verwitweten Senioren, die ihren jeweiligen Haushalt und ihre Lebensform beibehalten, um z. B. ihre Rentenansprüche aus einer früheren Ehe durch eine Wiederheirat nicht zu verlieren. Vaskovics et al. kritisieren deshalb in ähnlichem Kontext zu recht, dass mit einer derartigen Definition private Lebensformen, die über die "institutionalisierte Beziehung und den Haushalt hinausgehen" nicht genug berücksichtigt werden (1994: 50).

Alterspezifische Differenzierungen

– *Die Alleinlebenden im Seniorenalter*

Senioren im Alter 65 Jahre und älter stellen etwa 38% aller Einpersonenhaushalte. Dies ist keine Folge zunehmender bewusster Individualisierung, sondern eher im klassischen Sinne als Folge eines kohortenspezifischen Schicksals zu werten. Hier kommen zwei Faktoren zum Tragen, die bereits ein Blick auf die Altersstruktur der Bundesrepublik deutlich macht. Im Jahr 1997 stellten Frauen über 65 Jahre 32% der Einpersonenhaushalte. Dieser hohe Anteil von alleinlebenden Frauen im Seniorenalter ist zum einen Folge des Ersten und Zweiten Weltkriegs. Vor allem Frauen der Kohorten zwischen ca. 1900 und 1927 kamen durch kriegsbedingte Verluste und des daraus resultierenden Frauenüberschusses entweder nicht zum heiraten, oder sie hatten nach einer Verwitwung kaum Chancen auf eine Wiederheirat. Der Anstieg der Lebenserwartung von knapp 6 Jahren für Männer und über 8 Jahren für Frauen (in den alten Bundesländern) seit 1952 bedingte insgesamt eine Zunahme der Zahl Älterer. Durch die geschlechtsspezifischen Unterschiede in der Lebenserwartung und das im Durchschnitt niedrigere Heiratsalter erhöht sich der Anteil "übrig gebliebener" Frauen noch einmal. Unter den Verwitweten stellen Frauen heute knapp 90% der Einpersonenhaushalte. Ihr Alleinleben ist im Sinne einer "Restfamilie" zu werten, als reduzierter Mehrpersonenhaushalt, wobei heute für Senioren – anders als vor der Industrialisierung – diese Lebensform meist von relativer Dauer ist und nicht nur eine biografische Übergangsphase darstellt.

– *Die jüngeren Alleinlebenden*

Der Anteil der Alleinlebenden bis unter 25 Jahre an allen Einpersonenhaushalten betrug 1997 etwa 7% und "hat sich seit Jahrzehnten kaum verändert" (Hradil 1995: 9). Dass die jüngeren Alleinlebenden nicht einen stärkeren Anteil stellen, liegt insgesamt an den kleiner werdenden Geburtsjahrgängen und einem längeren Verweilen im Elternhaus (Schneider 1994: 119).

– *Die Alleinlebenden im mittleren Lebensalter*

Hradil verweist darauf, dass der "dramatische Anstieg der Alleinlebenden in den letzten Jahren in erster Linie auf die 25- bis unter 45-Jährigen zurückgeht" (1995: 20). Im Jahr 1997 stellten die 25- bis unter 45-Jährigen rd. 32% aller Einpersonenhaushalte in der Bundesrepublik. Mehr als 4 Mio. Menschen lebten in dieser Altersgruppe, nach Angaben des Mikrozensus, allein in einem Haushalt. Mit 2,6 Mio. stellten die 25- bis unter 35-Jährigen 1997ein Fünftel der Alleinlebenden.

Geschlechtsspezifische Differenzierungen

Insgesamt leben mehr Frauen als Männer alleine. 1997 wurden 59% aller Einpersonenhaushalte von Frauen gebildet, davon waren 69% verwitwet oder geschieden. Anders ist das Zahlenverhältnis unter den jüngeren Altersgruppen: bei den Alleinlebenden unter 35 Jahren stellen Frauen 41% der Einpersonenhaushalte. Zum einen ist dies als Folge eines höheren Heiratsalters von Frauen zu sehen, zum anderen ist dies wohl zumindest teilweise auch Ausdruck eines zunehmend emanzipatorischen Lebensstils und schließlich verlassen Frauen ihr Elternhaus deutlich früher als Männer. Vor allem Frauen berichten überwiegend von einer Erhöhung des Lebensstandards gegenüber einer vorhergehenden Partnerschaft. Frauen bewerten das Alleinleben insgesamt positiver als Männer und haben diese Lebensform häufiger freiwillig gewählt (Krüger 1990). Bei beiden Geschlechtern scheint außerdem die Neigung zu einem Wechsel der Lebensform mit steigendem Alter abzunehmen (Pohl 1994) und das dauerhaft angelegte Alleinleben an Attraktivität zu gewinnen. Mit über 67% der Alleinlebenden hatten die Frauen in der ehemaligen DDR ein noch stärkeres Gewicht als im Westen. Dies erklärt sich wohl vor allem aus der Altersstruktur. Bereits 1992 waren 57% der Alleinlebenden in den neuen Bundesländern älter als 60 Jahre, im Westen machte diese Altersgruppe einen Anteil von etwa 41% aus.

Verbreitung der vorehelichen Formen des Alleinlebens

Ledige stellen heute rd. 44% der Einpersonenhaushalte. Dies kann als Folge gesellschaftlicher Ausdifferenzierung, eines Trends hin zu stärkerer Individualisierung, des längeren Verbleibs im Bildungssystem und eines Aufschubs der Familiengründungsphase gesehen werden, die vor allem für die 25- bis unter 35-Jährigen virulent ist. Unter den ledigen Alleinlebenden stellte diese Altersgruppe immerhin 41%. Beeinflusst wurde diese Entwicklung vor allem in den alten Bundesländern auch durch den zunehmenden Wohlstand. Nur wer ökonomisch in der Lage ist, einen eigenen Hausstand zu gründen, eine eigene Wohnung zu finanzieren,[13] kann sich die relativ teure Lebensform des Alleinlebens leisten. Nicht jeder alleinlebende 25- oder 30-Jährige lebt dabei jedoch eine nichtkonventionelle Lebensform. Wie auch in der historischen Situation wählt ein Teil diese Lebensform weder bewusst als Alternative zu anderen Lebensformen noch als freiwillige Entscheidung, sondern als Folge beruflicher Zwänge oder mangelnder Gelegenheiten zur Partnerwahl. Zudem stellt diese Lebensform vor allem für jüngere Personen häufig eine biografische Durchgangsphase dar, die ähnlich wie die Phase des "Gesellenstatus" im 18. Jahrhundert – synchronisiert

---

[13] Oder wer, wie Studenten, eine externe Finanzierung durch Ausbildungshilfen oder Eltern erhält.

mit der beruflichen Konsolidierung – später in eine Heirat oder eine nicht eheliche Lebensgemeinschaft mündet.

Verbreitung der nachehelichen Formen des Alleinlebens

Neben der Verwitwung ist heute zunehmend die Scheidung eine historisch relativ neue Ursache des Alleinlebens. Ökonomische Absicherung und berufliche Unabhängigkeit mindern die Notwendigkeit einer schnellen neuen "Versorgungsbeziehung". Trotzdem gehen viele Geschiedene eine neue Beziehung ein, nicht eheliche Partnerschaften in Form von living-apart-together-Beziehungen sind attraktive Alternativen vor allem für jüngere Alleinlebende. Nach Daten von Diewald haben über 30% der Ledigen unter 35 Jahre und rd. 40% der geschiedenen Alleinlebenden einen festen Lebenspartner (nach Peuckert 1991: 37). Insgesamt ist davon auszugehen, dass ein (Groß-) Teil der Geschiedenen Alleinleben als willkommene oder auch als notwendige Phase der Neuorientierung lebt, als biografische Zäsur unterschiedlicher Dauer. Insgesamt ist diese Phase aber als Übergangsphase zu werten, der andere – partnerschaftliche – Formen der Lebensführung folgen sollen und werden. Alleinleben als bewusste nichtkonventionelle Alternative zu anderen Lebensformen scheint auch nachehelich eher die Ausnahme darzustellen. Die "paarorientierte Gesellschaft" beeinflusst auch das Bindungsverhalten nach einer Ehe.

Verbreitung der dauerhaften Form des Alleinlebens

Wie viele der über 12 Mio. Alleinlebenden diese Lebensform dauerhaft an Stelle einer anderen Lebensform leben, kann auf Grund der bislang verfügbaren Daten nicht beantwortet werden. Auf Grund der besseren Versorgungslage, dem finanziellen Risiko des Rentenverlusts bei erneuter Heirat und v. a. auf Grund der demographischen Situation kann für die Alleinlebenden im Seniorenalter davon ausgegangen werden, dass es sich in den meisten Fällen um eine relativ dauerhafte Lebensform handelt. Vor allem Witwen im höheren Alter haben in der bisherigen Altersstruktur wenig Chancen auf dem Partnermarkt. Ihnen mangelt es auf Grund soziodemographischer Faktoren (geringere Lebenserwartung der Männer etc.) an potenziellen Partnern im gleichen oder höheren Alter. Hradil kommt nach einer Analyse des Sozio-ökonomischen Panels über einen Zeitraum von 8 Jahren zur Einschätzung, "dass ein ganz erheblicher Teil der Singles (25- bis 55-Jährige d. A.) zumindest eine recht lange Lebensphase allein lebt" (1995: 27). 47% dieser Altersgruppe lebten schon mindestens 6 Jahre allein. Für die jüngeren Altersgruppen verweist Peuckert darauf, dass nach Ergebnissen der Lebensverlaufstudie des Berliner Max-Planck-Instituts für Bildungsforschung die Zahl der Langzeit-Alleinlebenden im Zeitverlauf deutlich zugenommen hat. Unter der Geburtskohorte 1949–1951 haben sie demnach einen Anteil von fast 15% erreicht. Etwa jeder dritte Alleinlebende der Altersgruppe 25–45 Jahre in Berlin-West könnte demnach als dauerhafter Single bezeichnet werden (1996). *Fazit*: Alleinlebende bilden eine überaus heterogene Gruppe, bei der bisher die Senioren mit 41% die stärkste Gruppe bilden. Die bisherige Übersicht machte zudem deutlich, dass Alleinleben an sich noch nicht unbedingt eine nichtkonventionelle Lebensform darstellt.

23.2.1.5 Single als Lebensstil

Der "Single"[14] erfreut sich zunehmender Beliebtheit in den Medien, wird modernisierungstheoretisch als unmittelbarer Ausdruck gesellschaftlicher Modernisierung interpretiert (Beck, Beck-Gernsheim 1989). Beklagt wird dann häufig die "Singularisierung" der Gesellschaft. Wie heterogen die Gruppe der Alleinlebenden ist, wird jedoch in vielen Darstellungen nicht berücksichtigt. Der – zu einem starken Teil demographisch bedingte – Anstieg der Einpersonenhaushalte dient als angeblicher Beleg für die wachsende Zahl der Menschen, die sich diese Lebensform selbst aussuchen und Alleinleben als Lebensstil pflegen. Die pauschal unterstellte Freiwilligkeit des Alleinlebens wird mit dem Bedürfnis nach Unabhängigkeit und Selbstverwirklichung in Verbindung gebracht und zugleich mit dem Wunsch nach Rückzugsmöglichkeiten (Meyer, Schulze 1989: 83 f.). Alleinstehende werden damit pauschal in der Bewertung zu einer "Grundfigur der durchgesetzten Moderne" (Gravenhorst, bei Beck, Beck-Gernsheim 1989).

Im Bild sind meist Klischees, mit denen Alleinlebende "gelabelt" werden und die sich offenbar auch publizistisch gut verkaufen lassen. Die typischen Alleinlebenden umfasst demnach "das Spektrum (...) vom unternehmungslustigen Jetset-Typ, vom karriereorientierten Yuppie bis hin zum Chips-knabbernden, fernsehsüchtigen Couch-Potato" etc. (Pohl 1994: 47). Der typische Alleinlebende ist kinder- und partnerlos, wohnt "bevorzugt in den poppigsten Quartieren der Großstädte" (Der Spiegel 43: 96), ist finanziell unabhängig, weiß das feine Leben zu schätzen, weshalb er – gerade wieder von einer seiner zahlreichen Kurzreisen zurückgekommen – hochpreisige Tiefkühlkost[15] und nette Restaurants schätzt. Weil Zeit knapp und sein Ziel die eigene Unabhängigkeit ist, sucht er sich seine Liebschaften als "Swinging Single" – heute hier, morgen da eine Affäre, doch bloß nichts Festes. Wenn es damit gar nicht klappt, bemühen die Alleinlebenden schon mal eine der neuen Freizeitagenturen für organisierten Flirt.[16] Und wie narzisstisch sie sind, sieht man schon daran, dass sie sich "selber Guten Morgen" sagen (Jaeggi 1994). Dabei kann ein Blick auf entsprechende Analysen schnell zeigen, dass derartige Bilder eben meist nichts anderes sind als Klischees. Zwei Beispiele verdeutlichen dies:

Beispiel 1: Sexualität

Sind Alleinlebende tatsächlich promisk, ständig auf der Suche nach neuen sexuellen Erfahrungen, wie es das Klischee glauben macht? Bachmann konnte zeigen, dass "anonyme", gelegentliche Sexualkontakte für Singles zwischen 30- und 40 Jahren nicht typisch sind (1992: 226). Klar präferiert werden sexuelle Kontakte im Rahmen von Partnerschaften. Dem entsprechen auch Ergebnisse zu Zahl und Häufigkeit von

---

[14] Der Begriff "Single" war ursprünglich ein US-Import der 70er Jahre und bedeutet eigentlich nichts anderes als das Gegenteil von "Married", also einzeln, unverheiratet, ledig. In der Alltagssprache waren damit schnell Personen gemeint, die auch freiwillig allein lebten.

[15] Vgl. die aktuellen empirischen Analysen zum Konsumverhalten von Singles und anderen Lebensformen, die zahlreiche Klischees widerlegen (Rosenkrankdz 1998).

[16] Neugegründete Single-Clubs organisieren als Dienstleistungsunternehmen z. Zt. in verschiedenen Dependancen in Hamburg, Berlin, Frankfurt und Bochum Kartenspiele, Sonntagsbrunch und Kontaktangebote. Vgl. Spiegel 38, 96, 68 (Online-Archiv).

Sexualkontakten, die deutlich hinter den Klischees zurückbleiben. So kommt Hradil nach einer Sonderauswertung der Studien "Aids im öffentlichen Bewußtsein" (1987–1990) u. a. zum Ergebnis, dass nur rd. ein Viertel der 25- bis 54-jährigen Alleinlebenden im letzten Jahr mehr als einen Sexualpartner hatten (1995: 42). Nach Michael et al. hatten rd. 23% der alleinlebenden Männer und 32% der alleinlebenden Frauen innerhalb des letzten Jahres überhaupt keinen Geschlechtsverkehr und jeweils ein Viertel gab hier "ein paar Mal im Jahr" an (1994: 149).

Beispiel 2: Einkommenssituation

Meist gelten die Alleinlebenden von vornherein als einkommensstark und gutverdienend (Bachmann 1992). Doch nicht alle Alleinlebenden sind qua Lebensform finanziell gut versorgt. So heterogen wie ihre Zusammensetzung ist selbstverständlich auch ihre Einkommenssituation. Dies wird in der öffentlichen Diskussion um die vermeintlich generellen Vorteile eines "Single-Lebens" häufig nicht beachtet. Doch auch nach Ausschluss der 38% alleinlebenden Senioren, die meist von der Rente leben und wenig mit einem schillernden Einkommenssituation gemeinsam haben, sind die Ergebnisse nicht so gradlinig, wie es das Klischee nahe legt. Hradil (1995: 35) konnte zwar zeigen, dass die 25- bis unter 55-jährigen Alleinlebenden im Hinblick auf die persönlichen Nettoeinkommen an der Spitze aller Lebensformen in dieser Altersgruppe stehen. Schließt man jedoch die Nichterwerbstätigen aus und vergleicht nur die *Erwerbstätigen* unter den Singles und Nicht-Singles zeigt sich für diese Altersgruppe, dass 1. Nicht-Single-Männer mehr verdienen als Single-Männer, 2. Männliche Singles mehr verdienen als weibliche. Eine Ausnahme bilden hier nur die Frauen: Weibliche Singles verdienen mehr als Nicht-Single-Frauen. Dies mag daran liegen, dass alleinlebende Frauen dieser Altersgruppe tatsächlich karriereorientierter und einkommensstärker sind. Zum anderen sind aber z. B. verheiratete erwerbstätige Frauen häufig in Teilzeitjobs oder zu einem geringeren Entgelt beschäftigt, das als "Zusatzeinkommen" angelegt ist und bisher nicht der Existenzsicherung dienen musste.

Interessant ist auch das bedarfsgewichtete Pro-Kopf-Haushaltseinkommen (Äquivalenzeinkommen), das berücksichtigt, wie viele Menschen damit Haus halten müssen. Danach sind die verheirateten und unverheirateten Paare ohne Kinder in dieser Altersgruppe "die Spitzenreiter" in der Einkommenssituation, hinter denen "die Single-Männer knapp, die Single-Frauen deutlich zurückfallen" (Hradil 1995: 35). Dahinter folgen dann Familien mit Kindern unter 16 Jahren und das Schlusslicht bilden die Alleinerziehenden. Klischees über die vermeintlich bewusst gewählte Lebensform "Singles" gibt es genug und viele sind bei differenzierter Betrachtung nicht haltbar. Doch meistens wird "Single" sowieso als Synonym für Alleinlebende insgesamt gewählt, die Definition ist entsprechend unscharf und variiert zwischen den einzelnen Studien beliebig. Bachmann listet im Anhang seiner Studie fast fünfzig Definitionen von "Single" und "Alleinlebenden" auf, die sich zum Teil deutlich unterscheiden und einen Vergleich der Ergebnisse erschweren. Einmal ist der Familienstand "ledig" (Grözinger 1994: 7) zentrales Kriterium, dann wieder das Alter (Hradil 1995) oder die Nichtexistenz einer festen Liebesbeziehung, die sich im Begriff der "Swinging Singles" als Klischee manifestierte.

Wir verwenden in dieser Arbeit eine *enge Begriffsdefinition von "Single":* Alleinlebende bezeichnen wir dann – und nur dann – als Single, wenn diese Lebensform im Sinne eines eigenständigen Lebensstils bewusst und freiwillig eingegangen wurde, die Lebensform auf relative Dauer angelegt ist und keine Partnerschaft außerhalb des eigenen Haushalts besteht. Wie viele aus der heterogenen Gruppe der Alleinlebenden sind aber aktuell tatsächlich nichtkonventionelle Singles? Wie viele sind denn tatsächlich freiwillig und bewusst eingetreten ins relativ dauerhafte "Reich der Solisten"? (Soltau 1993).

Eine empirische Einschätzung der Größe dieser Gruppe ist schwierig – aus verschiedenen Gründen. Da ist zunächst das Problem der *Operationalisierung*. Hradil verweist völlig zu Recht auf die methodischen Probleme des Konzeptes der "Freiwilligkeit", die "objektiv unbestimmbar und subjektiv (...) oft so sehr von Rationalisierungen, Bekundungen mit Blick auf die Erwartungen der Gesellschaft durchtränkt" ist, dass dieses Merkmal in der Forschungspraxis nicht zu operationalisieren sei (Hradil 1995: 8). Ähnlich ist es mit dem Begriff der "Dauerhaftigkeit" dieser Lebensform, die im Grund nur post hoc und auch da nur auf Grund vorgegebener Definitionen beurteilt werden kann. Stellt das einjährige Alleinleben bereits "relative Dauer" dar, oder müssen es 5, 10 oder mehr Jahre sein? Eine differenzierte Forschung, die vor allem diese Aspekte der "Nichtkonventionalität" stärker auch qualitativ zu operationalisieren sucht, wäre dringend notwendig. Dies auch angesichts der wachsenden Stigmatisierung, mit der Alleinlebende häufig pauschal in der aktuellen sozialpolitischen Diskussion konfrontiert sind.

Ein anderes Problem stellt die *Vergleichbarkeit* vorliegender Studien dar, wie folgende Beispiele zeigen. Hradil (1995) führt einen "weiten" Begriff des Single ein und bezeichnet diejenigen als Singles, die "25- bis unter 55 Jahre alt sind und alleine leben und Haus halten". Danach sind rd. 8% der erwachsenen Bevölkerung der Bundesrepublik Singles. Für die Bestimmung des *nichtkonventionellen* Anteils der Alleinlebenden ist das Fehlen einer Partnerschaft jedoch zentrales Kriterium.[17] Eine Eingrenzung des Alters dieser echten Singles, die Alleinleben als Lebensstil leben, scheint uns wenig zielführend, da die Entscheidung für das Alleinleben nicht an ein bestimmtes Alter gebunden ist. Bien und Bender (1995) haben eine Typologie zur Identifikation des "echten" Singles erstellt, die sich auf die deutsche Bevölkerung im Alter 18–80 Jahre bezieht. Insgesamt kennzeichnen demnach folgende vier Eigenschaften den Single. Ein Single ist jemand, der alleine im Haushalt lebt (Alleinlebend), der nicht verheiratet ist (Alleinstehend), der keinen Lebenspartner hat und der keine Familie hat. Personen, auf die keine der Eigenschaften zutrifft, sind sichere Nicht-Singles, der andere Pol kennzeichnet die "sicheren Singles". Für die bundesdeutschen 18- bis 80-Jährigen ergibt sich nach dieser Definition ein Anteil von rd. 3% sicheren Singles.[18] Für unsere Fragestellung ist diese differenzierte Analyse je-

---

17 In der eher deskriptiven Studie von Pohl (1994: 57) ergibt sich nach unseren Berechnungen ein Anteil von ca. 7% der 25–54jährigen, die in Westdeutschland in der Triade von "alleinlebend – kinderlos – ohne feste Partnerschaft" leben.

18 Entgegen des Klischees sind es vor allem die sehr Jungen und die Hochbetagten, die diese Kriterien erfüllen. Immerhin bei rd. 17% treffen noch drei der Kriterien zu – wenngleich diese Gruppe insgesamt bezogen auf Kommunikation, Netzwerkbeziehungen und soziale Kontakte so heterogen ist, dass auch sie nicht pauschal als "die" Singles gelten können.

doch nur zum Teil weiterführend, da u. E. das Kriterium der nichtkonventionellen Lebensform "Single" nicht an das Vorhandensein einer Familienbeziehung geknüpft ist. Auch wer *häufig* Kontakt zu seiner Herkunftsfamilie hat, kann u. E. Single als Lebensstil leben.

Die Datenlage, die sich für unsere Fragestellung heranziehen lässt, ist daher recht spärlich, Aussagen liegen bisher nur für die mittleren Altersgruppen vor. Einen Anhaltspunkt bilden Sekundäranalysen von Hradil. Er führt den Begriff des Single im engeren Sinne (i. e. S.) ein, der folgende Kriterien erfüllt: alleinlebend, 25- bis unter 55 Jahre, ohne festen Partner und "aus eigenem Willen und für längere Zeit" alleinlebend (1995: 9). Danach leben in dieser Altersgruppe in diesem Sinne *maximal 3%* echte Singles. Eine ähnliche Annäherung ermöglichen aktuelle Ergebnissen zur Situation der Alleinlebenden in Österreich. Nach einer Studie[19] des Österreichischen Instituts für Familienforschung leben rd. 9% der Österreicher im Alter 20–54 Jahre in Einpersonenhaushalten. Jeder Zweite gibt an, nicht in einer Partnerschaft zu leben. Rd. *4%* der Österreicher zwischen 20 und 54 Jahre erfüllen zumindest schon zwei zentrale Kriterien unserer Fragestellung (Bauer, Pfeiffer 1997).

Insgesamt gehen wir davon aus, dass der Anteil der Menschen in der mittleren Altersgruppe bis 55 Jahre, die aus Überzeugung Single sind und diesen Lebensstil bewusst gewählt haben, bei etwa 3–4% liegt. Bezogen auf Deutschland würde dies heißen, dass von den etwa 4,7 Mio. Alleinlebenden im Alter 25–54 Jahre weniger als 200.000 Personen diese Lebensform im Sinne eines Lebensstils gewählt haben. Diese Zahl ist solange als *Richtwert* zu verstehen, bis differenzierte empirische Analysen vorliegen. Die Indikatoren "Freiwilligkeit" und relative Dauerhaftigkeit der Lebensform schränken diesen Anteil weiter ein. Deutlich wird jedoch, dass die Zahl der Menschen, die Alleinleben im Sinne eines nichtkonventionellen Lebensstils leben, stark überschätzt wird. Von einer Singularisierung der Gesellschaft zu sprechen, ist u. E. auf Grund der bisher vorliegenden empirischen Ergebnisse unzutreffend.

Insgesamt deuten die vorliegenden Ergebnisse darauf hin, dass in der Mehrheit eine "wirklich freiwillige Partnerlosigkeit zum Selbstverständnis nur der allerwenigsten Alleinlebenden im Familienlebensalter" gehört (Peuckert 1996: 68). Mackensen et al. kommen jedoch zum Schluss, dass "der Einpersonenhaushalt als zeitlich befristeter, über den Lebenszyklus hinweg immer wieder möglicher Haushaltstyp an Bedeutung gewonnen hat" (Mackensen et al. 1988: 37). Als Zwischenform vor und nach anderen Lebensformen hat das Alleinleben einen eigenen Stellenwert erhalten. Alleinleben stellt häufig ein Übergangsstadium zwischen zwei Partnerschaften dar und hat sicher als "flexibel an bestimmte, zeitliche begrenzte Lebensphasen (z. B. Studium) anzupassende Lebensform an Bedeutung gewonnen" (Schneider 1994: 120). Die große Mehrheit der Singles i. e. S. (85%) "möchte für die eigene Zukunft eine (erneute) Partnerbindung nicht ausschließen – auch wenn teilweise mehr oder weniger große Vorbehalte gegen ihre konkrete Realisation bestehen (Bachmann 1992: 139). Angesichts vieler Brüche und Diskontinuitäten im Lebensverlauf wird Alleinleben z. T. auch ganz bewusst als temporäre Phase im Sinne eines Puffers gelebt. Im Sinne einer dauerhaften nichtkonventionellen Lebensform scheint Alleinle-

19 Anhand des Family Fertility Survey wurden 6.120 Österreicher 1996 repräsentativ befragt. Es wurden die Lebensverläufe von der Geburt bis zum Alter von 54 Jahren analysiert.

ben insgesamt jedoch deutlich unattraktiver als partnerschaftliche Lebensformen zu sein. Aus dem Anstieg der Einpersonenhaushalte pauschal auf einen Trend zur nichtkonventionellen Singularisierung im Sinne eines Lebensstils zu schließen, ist ein trügerischer Schluss, der der Realität dieser Lebensform und der Gesellschaft nicht gerecht wird.

23.2.2 Fragmentierte Elternschaft: Stief-, Adoptiv-, Pflege- und Inseminationsfamilien

Spricht man von Eltern, war bislang *die* Mutter und *der* Vater gemeint. Stutzig werden wir, wenn jemand, der auf seine Mutter angesprochen wird, fragt: “Meinst du die Frau, die mich geboren hat oder die Frau, bei der ich aufgewachsen bin?”. Ebenso verwundert es, wenn wir hören, dass jemand einen “Erzeuger” und einen oder gar mehrere soziale Väter hat. Grund für die Irritation ist, dass entsprechend der abendländischen Konzeption der Normalfamilie biologische Elternschaft im Sinne der natürlichen Zeugung und soziale Elternschaft zusammenfallen – es kann nur *eine* Mutter und *einen* Vater geben. Filiation – also die leibliche oder Blutsverwandtschaft zwischen Eltern und ihren Kindern – gilt als ein wesentliches Strukturmerkmal der Kernfamilie. Die kulturelle Bedeutsamkeit dieses Strukturmerkmals bringt König (1946) zum Ausdruck, wenn er von der biologisch-sozialen Doppelnatur der Familie spricht.

Im Folgenden geht es um solche Familien, in denen die Einheit genetischer und sozialer Elternschaft auseinander fällt. Sind in einer Familie ein Elternteil oder beide Eltern nicht genetisch mit dem Kind verwandt, spricht man von *fragmentierter Elternschaft* bzw. von *gebrochener Filiation* (Hoffmann-Riem 1988). Zu den historisch bekannten Formen gebrochener Elternschaft zählen Stief-, Adoptiv- und Pflegefamilien. Im Zuge der Entwicklung neuer reproduktionstechnologischer Behandlungsverfahren sind im Verlauf unseres Jahrhunderts weitere Formen fragmentierter Elternschaft entstanden. Dabei darf nicht übersehen werden, dass die bislang am häufigsten angewandten reproduktionstechnologischen Verfahren keine Auswirkungen auf die Filiationsbeziehung haben. Bei dem, was landläufig unter “Retortenkinder” verstanden wird, handelt es sich in aller Regel um Kinder, die mit den Keimzellen ihrer sozialen Eltern “im Labor” gezeugt wurden und von der leiblichen Mutter ausgetragen werden. Dieser Reproduktionstypus wird als *homologe Insemination* bezeichnet. Von diesen Verfahren ist in unserem Kontext jedoch nicht die Rede. Hier geht es um solche Reproduktionstechniken, bei denen die künstliche Befruchtung damit verbunden ist, die Filiationsbeziehung aufzubrechen. In diesem Zusammenhang sind zwei Verfahrensweisen relevant: Zum einen alle Verfahren, bei denen Keimzellen von außenstehenden Personen – einem Samenspender und/oder einer Eispenderin – bei der künstlichen Befruchtung in Anspruch genommen werden. Es handelt sich um so genannte *heterologe Verfahren.* Zum anderen eine Methode, bei der die befruchtete Eizelle, zwar – im homologen System – aus den Keimzellen der späteren sozialen Eltern hervorgeht, doch nicht von der genetischen Mutter, sondern einer anderen Frau (Leihmutter) ausgetragen wird.

Im Folgenden wollen wir zunächst einen kurzen Überblick über die geschichtliche

Entwicklung fragmentierter Elternschaft geben und danach die gegenwärtigen Formen definieren und auf ihre Verbreitung eingehen. Am Ende des Kapitels wird diskutiert, inwieweit das Strukturmerkmal Blutsverwandtschaft in unserer Gesellschaft noch als Differenzierungsmerkmal zwischen konventionellen und nichtkonventionellen Familienformen herangezogen werden kann.

23.2.2.1 Geschichtliche und rechtliche Aspekte verschiedener Formen fragmentierter Elternschaft

Familienformen, in denen nur *ein* Elternteil oder *gar kein* Elternteil mit dem Kind leiblich verwandt ist, sind in den verschiedenen Kulturräumen seit jeher bekannt. In Form von Adoptions-, Pflege- und Stieffamilien wurde fragmentierte Elternschaft im Verlauf der Humangeschichte zu einer gesellschaftlich akzeptierten Ausnahme von der Regel der Filiation. So reichen die Belege für Adoptivverhältnisse zurück bis zum babylonischen “Codex Hammurabi” (Gross, Honer 1990: 100). Über das römische Recht fand die Adoption Eingang in alle großen europäischen Gesetzeswerke (Oberloskamp 1993: 14 ff.). Im Preußischen Allgemeinen Landrecht von 1794 wurden neben der Adoption auch die Institute der “Pflegkindschaft” und der “Einkindschaft” – Letzteres entspricht der Stiefkindschaft – geregelt. Neben diesen institutionalisierten Formen gibt es immer schon eine “verdeckte” Variante fragmentierter Elternschaft, die dann entsteht, wenn Kinder durch außerehelich gelebte Sexualität ihrer Mütter gezeugt werden und als das gemeinsame Kind der Ehepartner aufwachsen. Entsprechend der Ergebnisse einer dänischen Studie sind aktuell 13–15% der vorgeblich ehelichen Kinder “nicht die genetischen Abkömmlinge des Ehemannes und beide wissen nichts davon, oder das Paar hat sich darauf verständigt, seinem ′gemeinsamen′ Kind nichts davon zu sagen” (nach Bleichrodt 1994: 9; vgl. Engeln 1997: 35). Bei den bisher genannten Familienformen, also Adoptiv-, Pflege- und Stieffamilien, wird der Bruch zwischen leiblicher und sozialer Elternschaft durch Ereignisse wie Tod bzw. Scheidung und anschließender Wiederheirat bedingt, die bei der Zeugung des Kindes in aller Regel nicht antizipiert wurden. Dies hat sich jedoch mit der Entwicklung neuer reproduktionstechnologischer Behandlungsmethoden verändert. Bestimmte Behandlungsverfahren basieren darauf, dass die Filiation im Rahmen einer künstlichen Zeugung des Kindes gebrochen wird. Bei diesen Verfahren werden spezifische Reproduktionsfunktionen – nämlich Eizelle, Samenzelle und/oder Gebärmutter – dritter außenstehender Personen in Anspruch genommen. Im Gegensatz zu traditionellen Formen fragmentierter Elternschaft wird der Bruch der Filiation bei der Zeugung des Kindes mit dem Einverständnis aller Akteure herbeigeführt. Die Fragmentierung ist nicht über soziale Ereignisse, sondern technologisch vermittelt. Erste dokumentierte Belege für die Anwendung eines dieser Verfahren – der künstlichen Befruchtung einer Frau mit Spendersamen im Rahmen der ärztlichen Fertilitätspraxis – datieren auf das Jahr 1884 (Hoffmann-Riem 1988: 219, 231). Neue Reproduktionstechnologien, die in den letzten Jahrzehnten entwickelt wurden, ermöglichen weitere Eingriffe in die menschliche Reproduktion. Samen- und Eizellen als biologische Grundbestandteile der Fortpflanzung sind unabhängig von ihren Trägern verfügbar geworden.[20] Ein reproduktionstechnologisch gezeugtes Kind kann heute im Prinzip drei verschiedene "Mütter" – eine genetische, eine austragende und eine soziale – sowie zwei verschiedene "Väter" – den genetischen und einen sozialen – haben (Snowden et al. 1985). Bezogen auf die biologische Herkunft des Kindes entstehen damit grundsätzlich neue Konzepte der Mutter- und Vaterschaft.[21] Doch wird in der Diskussion häufig übersehen, dass sich auf der Ebene der *Familienstruktur*, die nach der Geburt des Kindes entsteht, keine Unterschiede zu den bisher bekannten Formen der Elternschaft ergeben. So entspricht das Ehepaar Maier, das eine Samen- oder Eispende zur künstlichen Befruchtung in Anspruch nimmt, strukturell einer Stieffamilie. Das Gleiche gilt für das Paar Krause: Hier hat sich Frau Müller als Ersatzmutter zur Verfügung gestellt, die künstlich mit dem Samen von Herrn Krause befruchtet wird und ein Kind austrägt, das nach der Geburt bei Krausens aufwächst. Das Paar Schuster, das sowohl eine Samen- als auch eine Eispende erhält, die genetisch fremde befruchtete Eizelle wird von Frau Schuster ausgetragen, wird als doppelt heterologe Inseminationsfamilie bezeichnet (Delaisi de Parseval, Janaud 1986). Auf der Ebene äußerer Strukturmerkmale ergibt sich kein Unterschied zu Adoptivfamilien: Das Kind ist mit seinen sozialen Eltern nicht genetisch verwandt. Wird für das Austragen einer befruchteten Eizelle eine Leihmutter in Anspruch genommen, unterscheidet sich die Elternschaft vom Zeitpunkt der Geburt des Kindes auf der Ebene der Familienstruktur in keiner Weise von einer konventionellen Familie.

Die Unterschiede zwischen Familie Kraus, Schuster oder Müller und historisch bekannten Familienformen liegen auf der Ebene des Entstehungszusammenhangs: Um den Wunsch nach einem "eigenen" Kind zu erfüllen, wird die Elternschaft – technologisch gestützt – bei der Zeugung fragmentiert.

---

20 Schritte, die die Entwicklung in diesem Bereich markieren: Anfang der 50er Jahre entstehen erste Samenbanken in den USA als Folge der Forschungsarbeiten von Sherman (Delaisi de Parseval, Janaud 1986: 110 ff.); 1978 kommt in England das erste in der Retorte (homolog) gezeugte Kind zur Welt; 1983 wird in Australien eine Frau mittels Eispende, (Ei wurde in-vitro mit Samen des Partners befruchtet) schwanger; ebenfalls 1983 wird in den USA eine Embryonenspende durchgeführt; 1986 Geburt eines Kindes, das aus einer – durch spezielle Verfahren – gelagerten Eizelle in-vitro gezeugt wurde (Winkler 1994: 118 f.). Im Zuge der gentechnologischen Forschung wird der Zugriff auf immer kleinere biologische Grundeinheiten möglich. So verweisen Gross, Honer (1990: 111) darauf, dass die Manipulation am genetischen Code eine weitere Fragmentierung der Elternschaft ermöglichen wird.

21 Wobei neu auszuhandeln ist, was beispielsweise unter Mutterschaft zu verstehen ist. So fand in den USA eine gerichtliche Auseinandersetzung zwischen einer Ersatzmutter und dem "Bestellerpaar" statt. Die Ersatzmutter, die nicht bereit war, das Kind nach der Geburt abzugeben, wurde gerichtlich dazu verurteilt. Insgesamt, so Winkler (1994:131 f.), "bestätigen die Urteile die Tendenz, genetische und biologische (biologisch i. S. der Austrägerschaft, Anm. d. Verf.) Mutterschaft als zweitrangig einzustufen".

Tab. 2.: Mittels Reproduktionstechnologie ausgelagerte Funktionen leiblicher Elternschaft

	Ausgelagerte Funktionen leiblicher Elternschaft[22]
– Samenspender:	Die soziale und genetische Mutter wird künstlich mit Spendersamen befruchtet.
– Eispenderin:	Die soziale Mutter erhält eine "Eispende", das Ei wird mit dem Samen des sozialen Vaters befruchtet und von der sozialen Mutter ausgetragen.
– Leihmutter:	Eine Eizelle der sozialen Mutter wird künstlich mit dem Samen ihres Mannes befruchtet und von einer anderen Frau ausgetragen.
– Ersatzmutter:	Die soziale Mutter "mietet" das Ei und die austragende Funktion einer zweiten Frau. Das Ei wird mit dem Samen des sozialen Vaters künstlich befruchtet.
– Eispenderin und Samenspender:	Die sozialen Eltern erhalten sowohl eine Samen- als auch eine Eispende. Die befruchtete Eizelle wird von der sozialen Mutter ausgetragen.

Das Embryonenschutzgesetz (ESchG) und die berufsethischen Bestimmungen der Landesärztekammern setzen den Rahmen dessen, was von den genannten Möglichkeiten in deutschen Arztpraxen derzeitig umgesetzt werden darf (s. Tab. 2).[23] Eines der wesentlichen Ziele des ESchG besteht darin, die Einheit der leiblichen und sozialen Mutterschaft zu schützen. Die Übertragung einer gespendeten, unbefruchteten Eizelle wird hier ebenso untersagt wie der Fall von Ersatzmutterschaft oder Leihmutterschaft (Günther 1995: 23).[24] Das einzige in der bundesdeutschen Arztpraxis zulässige Verfahren ist – bei entsprechender Indikation – die künstliche Befruchtung einer Frau mit Spendersamen (vgl. Schneider, Rosenkranz, Limmer 1998: 134). Dieses Verfahren bleibt in den meisten Bundesländern jedoch Ehepaaren vorbehalten. Der Bedarf einer breiten Auseinandersetzung darüber, wie die neuen technologischen Optionen in Hinblick auf ihre gesellschaftlichen Folgen zu bewerten sind und welche Verfahren unter welchen Bedingungen eingesetzt werden sollten bzw. dürfen, ist groß (Hoffmann-Riem 1988; Beck-Gernsheim 1988; Gross, Honer 1990; Ernst 1991; Goldschmidt 1995). Auch wenn es geltende Regelungen in Deutschland (noch) nicht zulassen, wächst unter der Hand die Verbreitung reproduktionstechnologisch gebrochener Elternschaft: Paare nehmen jenseits der legalen Pra-

---

22 Bei der Terminologie folgen wir im wesentlichen Schlegel (1990). Gross, Honer (1990) schlagen eine andere Begrifflichkeit vor, an der sich auch Peuckert (1996) orientiert, doch hat sich diese bislang nicht durchgesetzt.

23 Das deutsche Embryonenschutzgesetz gilt seit 1991. Es handelt sich dabei um ein Strafgesetz, das sich in erster Linie an Ärzte und Molekularbiologen wendet. Der Mißbrauch der neuen fortpflanzungsmedizinischen und humangenetischen Möglichkeiten soll damit unterbunden werden (Günther 1995). Schlegel (1996: 116) verweist darauf, dass bislang keine zivilrechtlichen Regelungen im Bereich der künstlichen Befruchtung existieren. D. h. der Arzt wird sanktioniert, nicht aber Ersatzmutter oder Wunscheltern.

24 Die Übertragung einer fremden *befruchteten* Eizelle ist dagegen, so Günther (1995, 25) laut ESchG nicht strafbar. Grund für diese Regelung ist, dass bereits die befruchtete Eizelle unter dem Schutz des ungeborenen Lebens steht. Ein Transfer "′überzähliger′ sonst todgeweihter Embryonen auf eine fremde Frau" soll nicht ausgeschlossen werden.

xis Ersatz- und Leihmütter für sich in Anspruch oder weichen als "Ersatzmuttertouristen" in andere Länder aus[25] (Schlegel 1996). Die technologisch erzeugte Auflösung der "biologisch-sozialen Doppelnatur" gerät, wie die Entwicklung zeigt, trotz restriktiver Regelungen in unserem gesellschaftlichen Alltag immer mehr zur Normalität.

23.2.2.2 Stieffamilien

Bei Stieffamilien handelt es sich um Familien, in denen ein Elternteil nicht leiblich mit dem Kind verwandt ist (Peuckert 1996: 182). Die gebrochene Filiationsbeziehung entsteht durch soziale Ereignisse wie z. B. Tod eines Elternteils oder Scheidung mit anschließender Wiederverheiratung. Was die Struktur betrifft, ist die Stieffamilie eine historisch bekannte Familienform. Auf der Ebene des Entstehungszusammenhangs zeigt sich jedoch, dass in den vergangenen Jahrzehnten ein deutlicher Wandel stattgefunden hat: Die überwiegende Anzahl der Stieffamilien entsteht nicht mehr durch den Tod eines Elternteils, sondern durch Scheidung mit anschließender Wiederheirat (Peuckert 1996: 183). Da das Sorgerecht in aller Regel bei der Mutter verbleibt, ist der Entstehungszusammenhang – Scheidung mit anschließender Wiederheirat – besonders häufig bei Stiefvaterfamilien anzutreffen. Stiefmutterfamilien entstehen dagegen häufiger durch den Tod der leiblichen Mutter und Wiederheirat des Vaters.

Der überwiegende Teil der Stiefkinder erlebt nicht den physischen *Verlust* eines Elternteils, wie es die ursprüngliche Wortbedeutung nahe legt.[26] Im Gegenteil: Es wird zu einem *"elternreichen"* Kind. Die soziale Familie des Kindes wird um ein Stiefelternteil und evtl. auch um die neue Familie des getrennt lebenden Elternteils erweitert (Walper 1993: 430).[27] Vor dem Hintergrund steigender Scheidungs- und Wiederverheiratungsraten entsteht ein Sonderfall der Stieffamilie, die mehrfach fragmentierte Stieffamilie. Bei dieser Familienform verändert sich die Konstellation der Familie durch Scheidung und, oder Tod eines Elternteils und anschließender Wiederverheiratung mehrfach. Hierbei kann eine Konstellation eintreten, in der das Kind mit keinem Elternteil leiblich verwandt ist.

Folgende Formen von Stieffamilien sind zu unterscheiden (Krähenbühl et al. 1986; Peuckert 1996: 182):

---

25 So ist das Geschäft mit der Reproduktion in einigen Staaten der USA zum legalen Dienstleistungsgewerbe geworden: Private Unternehmen führen Samenbanken, die alleinstehende oder homosexuelle Frauen ebenso beliefern wie verheiratete oder unverheiratete Paare. Daneben existieren Agenturen, die Ersatz- und Leihmütter vermitteln (vgl. Henning, 1994: 7).

26 Die etymologischen Bedeutung der Vorsilbe "Stief" geht in unserem Sprachraum auf das Mittelhochdeutsche zurück und hatte dort die Bedeutung von "beraubt" (Friedl 1987: 6 ff.). Aus der Wortbedeutung läßt sich ersehen, dass die Stiefbeziehung ursprünglich nur für Kinder galt, bei denen die Ehe der Eltern durch Tod gelöst wurde (Sandhop 1981: 28 ff.).

27 Angesichts dieser veränderten Form von Stieffamilien wird in der Literatur vorgeschlagen, den Begriff Stieffamilie durch Fortsetzungsfamilie abzulösen (Furstenberg 1987).

- *Stiefmutterfamilie:* Der leibliche Vater heiratet nach Tod der Ehepartnerin oder Scheidung eine Frau, die keine Kinder mit in die Familie bringt;
- *Stiefvaterfamilie*: Die leibliche Mutter heiratet nach Tod des Ehepartners oder Scheidung einen Mann, der keine Kinder mit in die Familie bringt;
- *Legitimierende Stieffamilie:* Die Mutter eines nicht ehelichen Kindes heiratet einen anderen Mann als den leiblichen Vater des Kindes;
- *Nichteheliche Stieffamilie:* Die ledigen Eltern eines Kindes trennen sich, der leibliche Elternteil, der die Sorge für das Kind hat, geht eine neue nicht eheliche Partnerschaft ein;
- *Zusammengesetzte, komplexe Stieffamilie:* Beide Partner bringen Kinder aus einer früheren Ehe in die derzeitige Haushaltsgemeinschaft ein;
- *Mehrfach fragmentierte Stieffamilie:* Die Familienkonstellation verändert sich auf Grund mehrfacher Scheidung bzw. Tod eines Elternteils mit anschließender Wiederheirat mehr als einmal.

Bei diesen Formen von Stieffamilien handelt es sich aus der Perspektive des Kindes durchgängig um *primäre Stieffamilien* – Familien in denen das Kind überwiegend lebt. Als so genannte *sekundäre Stieffamilie* kann die neu gegründete Familie des leiblichen Elternteils, der die vorhergehende Familie nach einer Scheidung oder Trennung verlassen hat, dann in Erscheinung treten, wenn der Kontakt zum Kind erhalten bleibt (Peuckert 1996: 182).

Zur Verbreitung

Stieffamilien sind das quantitativ bedeutsamste Beispiel einer Fragmentierung der Elternschaft (Peuckert 1996: 182). Zwar lassen sich den Amtsstatistiken[28] keine Angaben über die Verbreitung von Stieffamilien entnehmen, doch liegen Schätzungen vor, die Hinweise auf die ungefähre Größenordnung erlauben. Nach einer Schätzung von Schwarz (1984) gab es 1981 in der Bundesrepublik 640.000 eheliche Stieffamilien mit minderjährigen Kindern im Haushalt. Dies entspricht umgerechnet auf alle Familien mit minderjährigen Kindern 1981 einem Anteil von rd. 8%. Entsprechend einer eigenen Berechnung, die auf der Grundlage des DJI Familiensurveys[29] durchgeführt wurde, ist die Verbreitung von Stieffamilien geringer zu veranschlagen (Tab. 3): Die geschätzte Anzahl von Familien, die mit mindestens einem Stiefkind im Haushalt leben, liegt in West- und Ostdeutschland 1994 bei rd. 410.000. Die Zahl der nicht ehelichen Stieffamilien mit mindestens einem Kind im Haushalt liegt 1994 in Deutschland bei schätzungsweise 70.000. Ein Drittel der nicht ehelichen Stieffamilien lebt entsprechend der Ergebnisse des Familiensurveys in den neuen Bundesländern.

---

28 Vom Statischen Bundesamt wird die Familienform wegen erhebungstechnischer Probleme und aus Gründen des Datenschutzes nicht gesondert erfaßt (Peuckert 1996: 183) In den Amtsstatistiken der ehe-maligen DDR finden sich ebenfalls keine Hinweise auf die Verbreitung von Stieffamilien.

29 Die Daten wurden der Befragungswelle 1994, 95 entnommen. Der im Familiensurvey ermittelte pozentuale Anteil von Stieffamilien an der Gesamtzahl der Familien wurde auf der Basis der Angaben des Statistischen Bundesamtes für das Jahr 1994 auf Deutschland umgerechnet.

Tab. 3: Anteil der Stieffamilien nach Familienstand (in %)

	Eheliche Stieffamilien:			Nichtehel. Stieffamilien:
	Anteil an allen Ehepaaren mit Kind	Anteil an allen in 1.Ehe Verheirateten	Anteil an allen in 2. und weiterer Ehe Verheirateten	Anteil an allen nicht-ehelichen Lebensgemeinschaften mit Kind
– Alte Bundesländer	3,0	2,7	12,0	18,5
– Neue Bundesländer	4,7	3,5	16,4	14,6
– Deutschland	3,8	3,0	14,6	16,1

(Quelle: DJI Familiensurvey zweite Erhebung 1994 und eigene Berechnungen)

Im Rahmen des Familiensurveys zeigt sich ferner, dass etwa ein Drittel der Väter, die in einer nicht ehelichen Lebensgemeinschaft mit Kindern leben, mit mindestens einem der Kinder im Haushalt nicht leiblich verwandt sind. Der Anteil von Stiefmüttern, die in nicht ehelichen Lebensgemeinschaften leben, liegt bei rd. 5%. Bei den verheirateten Paaren mit Kindern, sind lediglich 7% aller Ehemänner, die mit Kindern in einem Haushalt leben, Stiefväter. Bei den Ehefrauen liegt der entsprechende Anteil von Stiefmüttern bei knapp 2%. Der im Vergleich zu ehelichen und nicht ehelichen Stiefmutterfamilien höhere Anteil von Stiefvaterfamilien ist darauf zurückzuführen, dass das Sorgerecht für das Kind bei einer Trennung oder Scheidung in aller Regel bei der Mutter bleibt (s.o.). Der besonders hohe Anteil von Stiefvätern an allen Vätern, die in nicht ehelichen Lebensgemeinschaften leben, steht damit in Zusammenhang, dass die Verbreitung nicht ehelicher Lebensgemeinschaften vor einer Heirat sowie nach einer Scheidung zugenommen hat.

23.2.2.3 Adoptivfamilien

Unter Adoption ist entsprechend dem 1976 reformierten Adoptionsgesetz die Annahme eines Kindes unter 18 Jahren[30] "als Kind" durch ein Ehepaar oder eine allein stehende Person zu verstehen. Mit der Adoption erlangt ein Kind in jeder Hinsicht die rechtliche Stellung eines ehelichen Kindes der annehmenden Eltern. Die abgebenden Eltern dagegen verlieren mit der Adoption alle Rechte gegenüber ihrem leiblichen Kind. Diese Form der Adoption wird auf Grund der weit reichenden rechtlichen Konsequenzen auch als Volladoption bezeichnet. In fast allen Fällen der Adoptionsvermittlung findet eine so genannte Inkognito-Adoption statt: Die abgebenden Eltern kennen die aufnehmende Familie nicht. Kontaktwünsche zu den sozialen Eltern des Kindes oder dem Kind[31] selbst sind nicht einklagbar (Klein-Allermann 1992: 253). Seit einigen Jahren gibt es Versuche mit einer offenen Adoptionspraxis,

---

30 Die Annahme Volljähriger erfolgt unter anderen Voraussetzungen (Lüüs 1995a: 234).

31 Im Rahmen des Persönlichkeitsrechtes auf Kenntnis der eigenen Abstammung kann das Kind ab dem 16. Lebensjahr in Erfahrung bringen, wer seine leiblichen Eltern sind und von sich aus eine Kontaktaufnahme initiieren.

d. h. die leiblichen Eltern stehen in Kontakt mit den sozialen Eltern und dem Kind (Schreiner 1993). Die Adoptionsvermittlung erfolgt durch Jugendämter oder freie Träger der Jugendhilfe. Kinder werden im Fall der Fremdadoption bevorzugt an Ehepaare vermittelt. Bei den Adoptionsverhältnissen sind folgende Arten zu unterscheiden (Lüüs 1995a: 236 f.):

- *Fremdadoption:* Keiner der beiden Elternteile steht in einem Verwandtschaftsverhältnis zum Kind;
- *Verwandtenadoption:* Das Kind wird von einer Person oder einem Paar, das mit einem oder beiden leiblichen Eltern verwandt ist, adoptiert;
- *Adoptionen durch Stiefeltern:* Das Kind wird von einem neuen Ehepartner seiner leiblichen Mutter bzw. seines leiblichen Vaters adoptiert.

Zur Verbreitung

Der Amtsstatistik lassen sich keine Hinweise auf die Anzahl von Adoptivfamilien entnehmen. Die Verbreitung dieser Familienform lässt sich nur indirekt über die Anzahl der erfolgten Adoptionen abschätzen. Bevor wir auf die geschätzte Verbreitung eingehen, zunächst zu Häufigkeit und Art der Adoptionen:

Anzahl der Adoptivkinder

Die Zahl der Kinder, die in den alten Bundesländern zur Adoption frei gegeben werden, stieg von rd. 8.000 vermittelten Kindern Anfang der 60er-Jahre auf rd. 11.000 im Jahr 1978[32] (Lüüs 1995a: 234 ff.). Danach fand eine Abnahme der Adoptionshäufigkeit statt, sie liegt derzeit auf einem ähnlichen Niveau wie in den 60ern – 1997 wurden 7.173 Kinder adoptiert (Tab. 4). Diese Abnahme ist nicht auf eine sinkende Zahl von Adoptionsbewerbern zurückzuführen – 1997 kamen auf ein zur Adoption frei gegebenes Kind 13 Bewerber – sondern in erster Linie auf eine abnehmende Zahl von Kindern, die zur Adoption frei gegeben werden. Ein Vergleich zwischen der ehemaligen DDR und der Bundesrepublik hinsichtlich der Verbreitung von Adoptionen ist derzeit nur über das Verhältnis der Gesamtzahl von Minderjährigen zur Zahl der Adoptionen eines Jahres möglich.[33] Für das Jahr 1975 zeigt sich, dass in beiden Teilen Deutschlands der Anteil von Adoptivkindern deutlich unter 1% liegt. Eine Relation, die sich auch 1997 für Ost- und Westdeutschland errechnet.

---

[32] Der Anstieg ist auf das seit 1977 geltende reformierte Adoptionsgesetz zurückzuführen.

[33] Entsprechend einer schriftlichen Mitteilung des Bundesarchivs bestehen derzeit nur sehr eingeschränkte Zugriffsmöglichkeiten auf Daten zur Adoption in der ehemaligen DDR. Das Bundesarchiv konnte uns zumindest Daten für die Adoptionsvermittlung für die Bezirke Cottbus und Berlin für das zweite Halbjahr 1975 zur Verfügung stellen. Diese Angaben erlauben einen Hinweis auf die ungefähre Größenordnung der Adoptionen und können mit der Gesamtzahl der Minderjährigen in Relation gesetzt werden (Statistisches Jahrbuch der Deutschen Demokratischen Republik für 1976). Die entsprechenden Zahlen für die ehemalige Bundesrepublik für 1975: Statistisches Jahrbuch 1977; Statistisches Bundesamt Fachserie 13, Reihe 6: Öffentliche Jugendhilfe. Die Relation für 1997 wurde auf der Grundlage von vorab Tabellen des Statistisches Bundesamts errechnet.

Fremdadoptionen und Stiefelternadoptionen

Bis Ende der 70er-Jahre handelte es sich bei mehr als zwei Drittel aller Adoptionen im früheren Bundesgebiet um Fremdadoptionen. In den darauf folgenden Jahren nahm der Anteil der Fremdadoptionen deutlich ab, während der Anteil von Stiefelternadoptionen kontinuierlich anstieg (Laue 1997: 410). Seit 1988 sind Stiefelternadoptionen die häufigste Adoptionsart (vgl. Tab. 4). Der Anstieg steht im Zusammenhang mit den sich ändernden Familienstrukturen: Steigende Scheidungs- und Wiederverheiratungszahlen sowie eine steigende Anzahl nicht ehelich geborener Kinder, deren Mütter einen anderen Mann als den leiblichen Vater des Kindes heiraten, sind ausschlaggebend für diesen Trend.

Tab. 4: Adoptionen im Jahr 1997

Adoptionen 1997	Deutschland (in %)	Alte Bundesländer (in %)	Neue Bundesländer (in %)
davon:			
– Fremdadoptionen	43	42	48
– Adoption durch Stiefvater oder -mutter	49	49	49
– Verwandtenadoption	8	9	3
Gesamt	100	100	100
Anzahl insgesamt	7.173	6.019	1.160

(Quelle: Statistisches Bundesamt vorab Tabelle und eigene Berechnungen)

Auf der Basis der Angaben des statistischen Bundesamtes schätzen wir die Anzahl aller adoptierten Kinder und Jugendlichen unter 18 Jahren in der Bundesrepublik auf eine Größenordnung von ca. 160.000.[34] Die Zahl der Adoptivfamilien dürfte geringer sein, da in einer Familie mehrere Adoptivkinder leben können.

23.2.2.4 Pflegefamilien

Pflegefamilien unterscheiden sich von Adoptionsfamilien insofern, als das Sorge- und Verfügungsrecht über das Pflegekind bei der Herkunftsfamilie verbleibt und oft vom Jugendamt wahrgenommen wird (Peuckert 1996: 190). Das Pflegeverhältnis kann also jederzeit wieder aufgehoben werden. Dem Begriff "Pflegefamilien" werden verschiedene Formen der Pflegeverhältnisse zugeordnet. Tagespflege- und Vollzeitpflegeverhältnisse sind die beiden Hauptgruppen (Henning 1994: 71 ff.). Wir beschränken uns im Folgenden auf Vollzeitpflegeverhältnisse, da hier im Gegensatz zu anderen Pflegeverhältnissen von einer gewissen Dauerhaftigkeit der Familienkonstellation ausgegangen werden kann. Im Unterschied zu Adoptionsverhältnissen kann der Kontakt zwischen dem Kind und seinen leiblichen Eltern auch während des Pfle-

34 Die Häufigkeit der Adoptionen in den letzten 18 Jahren wird im Mittel mit 9.000 pro Jahr in Ost- und Westdeutschland veranschlagt (Lüüs 1995a: 236).

geverhältnisses aufrecht erhalten bleiben. Es handelt sich daher – wie bei Stieffamilien, die durch Scheidung und Wiederverheiratung entstanden sind – zumeist um "elternreiche" Kinder. Wobei diese Familienstruktur in aller Regel auf der Ebene der Binnenmerkmale mit anderen Belastungen verbunden ist als bei Stieffamilien.

Zur Verbreitung

Wie bei Adoptivfamilien lassen sich der Amtsstatistik auch bei Pflegefamilien keine Hinweise zur Verbreitung entnehmen. Die Jugendhilfestatistik gibt lediglich Aussagen über die Anzahl der Kinder und Jugendlichen, die in Vollzeitpflegefamilien leben.[35] Eine Schätzung der Verbreitung von Pflegefamilien auf dieser Basis unterbleibt, da die Pflegeverhältnisse hinsichtlich Bestandsdauer und Zahl der Pflegekinder zu heterogen sind. Die Anzahl von Pflegeverhältnissen[36] hatte 1980 den Höchstwert von rd. 69.000 erreicht. Zwischen 1980 und 1990 ging die Zahl um rd. die Hälfte zurück. Seit 1990 ist ein Anstieg der Verbreitung von Kindern und Jugendlichen in Pflegefamilien auf rd. 52.000 im Jahr 1997 zu verzeichnen (Auskunft Statistisches Bundesamt).

Als durchschnittliche Aufenthaltsdauer eines Pflegekindes in einer Vollzeitpflegefamilie wurde für 1997 in rd. 32% der Fälle eine Dauer von weniger als einem Jahr ermittelt. Rund 40% der Pflegeverhältnisse bestehen zwischen einem Jahr und 5 Jahren und in ca. 26% der Fälle bleibt das Pflegekind 5 Jahre und länger in einer Pflegefamilie (Auskunft Statistisches Bundesamt).

23.2.2.5 Inseminationsfamilien

"Inseminationsfamilie" ist ein Begriff, der von Delaisi de Parseval, Janaud 1986 für Paare geprägt wurde, deren Nachwuchs mit einer Samen- oder einer Eispende, also im heterologen System, künstlich gezeugt wurde. Das Kind ist nur mit einem Elternteil leiblich verwandt. Die Reglementierung von reproduktionstechnologischen Verfahren ist in Deutschland im Vergleich mit anderen Ländern wie England, den Niederlanden, den USA oder der ehemaligen DDR deutlich restriktiver.[37] Ganz besonders gilt dies für Behandlungsverfahren, die zu einer Fragmentierung der Elternschaft führen (Katzorke 1989: 89 f.). Die in Deutschland greifenden Regelungen haben zum Ziel, die leiblich-soziale Einheit der Elternschaft zu schützen. Nur in einem bestimmten Fall darf diese Einheit gebrochen werden: Ist der Ehemann unfruchtbar oder Träger einer Erbkrankheit kann eine heterologe Insemination mit Spendersamen durchgeführt werden, um den Kinderwunsch des Paares zu erfüllen (Katzorke 1995). Die Behandlungsform wird in den alten Bundesländern vonseiten der Ärzteschaft seit 1970 als zulässig toleriert.

---

[35] Daten über die DDR liegen nicht vor.

[36] Die Altersgrenze von Kindern und Jugendlichen in einer Vollzeitpflegefamilie liegt bei 27 Jahren.

[37] In Ländern wie den Niederlanden oder den USA steht auch ledigen Frauen die Möglichkeit offen, via Insemination mit Spendersamen ein Kind zu bekommen. Auch in der DDR konnten ledige Frauen – zumindest in begründeten Ausnahmefällen – mit Spendersamen inseminiert werden (Günther 1987: 1257).

Zur Verbreitung

Über die Anwendungshäufigkeit der heterologen Insemination in der ärztlichen Praxis der alten Bundesländer liegen lediglich Schätzungen vor. Nach Katzorke (1995: 147) ist davon auszugehen, dass seit 1970 jährlich rd. tausend Kinder infolge einer künstlichen Befruchtung mit Spendersamen geboren werden. Für die ehemalige DDR kann für den Zeitraum 1970–1985 auf der Grundlage des Nationalen ADI Registers[38] die genaue Anzahl der Geburten angegeben werden. Sie liegt bei rd. 1.500 (Zentralblatt für Gynäkologie 1987). Für den Zeitraum bis 1990 wurden nach einer Schätzung von Günther (schriftliche Mitteilung) weitere 1.500 Kinder in Folge einer Inseminationsbehandlung geboren. Auf dieser Datenbasis lässt sich – als grober Anhaltspunkt – für 1998 eine Anzahl von etwa 31.000 Inseminationskindern schätzen. Da ein Paar mehrere Kinder mittels heterologer Insemination bekommen kann,[39] ist anzunehmen, dass die Verbreitung von Inseminationsfamilien etwas niedriger liegt.

Zur rechtlichen Stellung

In den alten Bundesländer sowie im wieder vereinten Deutschland ist die relativ geringe Verbreitung von Inseminationsfamilien, abgesehen von der eng begrenzten Indikation, auch auf die rechtlichen Rahmenbedingungen zurückzuführen. So kann – erstens – selbst mit einer im Vorfeld der Inseminationsbehandlung getroffenen vertraglichen Regelung eine Anfechtung der Ehelichkeit des Kindes durch den sozialen Vater nicht rechtswirksam ausgeschlossen werden.[40] Zweitens kann dem Samenspender nicht zugesichert werden, dass er anonym bleibt. Da das allgemeine Persönlichkeitsrecht auch die Kenntnis der eigenen Abstammung umfasst, muss der behandelnde Arzt den Namen des Samenspenders offen legen, wenn das Kind erfahren möchte, wer sein biologischer Vater ist. Mit dem Recht auf Feststellung der biologischen Vaterschaft steht es dem Kind ferner zu, Unterhalts- und erbrechtliche Ansprüche an den biologischen Vater zu stellen.[41] Diese im bürgerlichen Gesetzbuch fixierten Regelungen lassen den Samenspender zum leiblichen und eigentlichen Vater werden und belegen Inseminationsfamilien mit Risiken.[42] Damit ergibt sich eine auffällige Diskrepanz zur Regelung von Adoptivverhältnissen. Hier wird die soziale gegenüber der biologischen Elternschaft rechtlich besser geschützt. So wird dem Adoptivkind – wie dem Inseminationskind – zwar ein Recht auf Kenntnis seiner genetischen Abstammung eingeräumt, doch leiten sich daraus keine weiteren Forderungen des Kindes an seine leiblichen Eltern ab. Neben den beiden genannten, gibt es noch eine weitere Restriktion: Für Fertilitätsbehandlungen, die im homologen System stattfinden – die genetischen sind auch die sozialen Eltern – werden die Kosten von den Krankenkassen getragen. Für eine heterologe Insemination mit Spendersamen

---

38 ADI: Artefizielle donogene Insemination also eine Reproduktionsbehandlung mit Spendersamen.

39 Zur Häufigkeit von erfolgreichen Wiederholungsbehandlungen liegen uns keine Angaben vor.

40 Dem sozialen Vater steht wie jedem anderen Ehemann nach § 1591 BGB das Recht zu, binnen einer Frist von 2 Jahren die Ehelichkeit des Kindes anzufechten (Katzorke 1989: 9).

41 Das Kind hat das zeitlich unbefristete Recht, seinen genetischen Vater festzustellen und Unterhaltszahlungen sowie Erbansprüche an ihn zu stellen (Katzorke 1989: 89; Berufsordnung für die deutschen Ärzte 1996, 11 f.).

42 Inseminationsfamilien werden unter rechtlichen Gesichtspunkten so behandelt als wäre das Kind – ohne Wissen des sozialen Vaters – durch außerehelichen Geschlechtsverkehr der Mutter gezeugt worden.

muss das jeweilige Paar selbst aufkommen.

Die Rechtslage in der ehemaligen DDR war dagegen für Inseminationsfamilien deutlich günstiger (Günther 1973: 886; Weller et al. 1989: 86 f.): So konnte hier dem Samenspender volle Anonymität zugesichert werden – eine Regelung, die auch in anderen Ländern üblich ist. Diese Handhabung dokumentiert eine Verschiebung der gesellschaftlichen Konstruktion von Elternschaft: Der Samenspender wird aus der Rolle des Vaters entlassen. "Abstammung" und "Filiation" wird damit nicht über die genetische Herkunft, sondern über soziale Zugehörigkeit hergestellt.

23.2.2.6 Die soziale Konstruktion der Filiation im gesellschaftlichen Wandel

Leibliche Verwandtschaft gilt im abendländischen Kulturraum als Grundlage familialer Beziehungen. Doch definiert sich leibliche oder Blutsverwandtschaft in menschlichen Gesellschaften nicht zwangsläufig über die genetische Abstammung. Die Art und Weise, wie Filiation definiert wird, ist letztlich eine gesellschaftliche Konstruktion und, wie der Anthropologe Heitier konstatiert, "in erster Linie eine Angelegenheit der Wahl und der sozialen Anerkennung" (nach Delaisi de Parseval, Janaud 1986: 176). Kulturvergleiche machen sichtbar, wie breit das Spektrum dessen ist, was unter Blutsverwandtschaft verstanden wird: Es reicht von einer streng genetischen Ableitung der Filiation bis dahin, dass eine bestehende genetische Verwandtschaft vollständig entwertet wird und "da etabliert wird, wo sie offensichtlich fehlt" (Delaisi de Parseval, Janaud 1986: 175 f.). Filiation ist auf ein System von Regeln und Ideen gegründet, "das sich seinerseits in den konzeptuellen Rahmen des jeweiligen politischen Systems einfügt" (Meulders nach Delaisi de Parseval, Janaud 1986: 175 f.). Im Umgang mit der Unfruchtbarkeit einer Frau ist beispielsweise in einigen traditionalen Gesellschaften die soziale Norm verbreitet, dass ihr Partner mit einer ihrer Schwestern ein Kind zeugt, das sie nach der Geburt geschenkt bekommt. Der nach westeuropäischen Verständnis leiblichen Mutterschaft der "Schenkerin" kommt keine weitere Bedeutung zu – die Beschenkte wird zur uneingeschränkten Mutter (Delaisi de Parseval, Janaud 1986: 95). Entsprechende Beispiele finden sich auch im Umgang mit männlicher Unfruchtbarkeit. Im afrikanischen Volksstamm der Kotokoli sieht die gesellschaftliche Norm vor, dass die Ehefrau mit einem anderen Mann ein Kind zeugt und dadurch ihren Ehemann zum uneingeschränkten Vater macht. In unserem Kulturraum wird dagegen der Bruch leiblicher Elternschaft dort, wo er sichtbar wird, immer als solcher ausgewiesen: Adoptiv- oder Stieffamilien wurden zwar zu einer normalisierten Ausnahme, aber eben nicht unterschiedslos ins Bild der "Normalfamilie" eingereiht.

Welche Bedeutung hat das Kriterium Blutsverwandtschaft als Strukturmerkmal der konventionellen Familie derzeit in unserer Gesellschaft? Ist die bürgerliche Kernfamilie bei uns nach wie vor genetisch codiert? Ist Blutsverwandtschaft noch geeignet als Kriterium, um konventionelle von nichtkonventionellen Familienformen zu unterscheiden? Diese Fragen können nicht mit ja oder nein beantwortet werden. Wir befinden uns in einer Zeit des Nebeneinanders – leibliche Verwandtschaft gerät einerseits in den Bereich des Belanglosen, andererseits gibt es Entwicklungen, die die genetischen Familienbande erneut bekräftigen. Fest steht jedoch: Die Zeit der ungebrochenen Selbstverständlichkeit darüber, dass familiale Beziehungen im Normalfall über genetische Verwandtschaft gestiftet werden, ist vorbei. Im Folgenden werden wir einige Betrachtungsebenen herausgreifen, um das Nebeneinander der verschiedenen Bedeutungszuweisungen zu illustrieren.

Wählt man die Ebene der *quantitativen Verbreitung* zeigt sich, dass fragmentierte Elternschaft derzeit eine relativ verbreitete Familienform darstellt. Auch wenn die Schätzung von Gross, Honer (1990: 108) – ein Viertel der Eltern-Kind-Beziehungen ist von "genetischen Rissen" durchzogen – vor dem Hintergrund unserer Datenbasis überhöht erscheint,[43] ist die quantitative Bedeutsamkeit dieser Familienformen unabweisbar. Peuckert (1996: 181) nimmt dies zum Anlass, von einer Erosion der biosozialen Einheit der Familie zu sprechen. Ein Wandel des gesellschaftlichen Konsenses darüber, was Familien letztlich "zusammenhält", wird jedoch nicht über die Verbreitung per se angestoßen. Das zeigt sich daran, dass auch in früheren Zeiten, insbesondere in der Folge von Kriegen oder Wochenbettsterblichkeit, fragmentierte Elternschaft in Form von Stieffamilien relativ weit verbreitet waren (Walper 1993: 429). Für den zentralen Stellenwert leiblicher Verwandtschaftsbeziehungen zwischen Eltern und Kindern hatte dies jedoch keine bedeutsamen Auswirkungen – eine Neubewertung im Rahmen einer breiten gesellschaftlichen Diskussion blieb aus.

Richtet man den Blick auf die gegenwärtige *gesellschaftliche Diskussion* werden gegenläufige Positionen deutlich: Mit dem Beschluss des Bundesverfassungsgerichts 1989[44] wurde die Kenntnis der eigenen (biologischen) Abstammung zum Persönlichkeitsrecht. Unmittelbar betroffen von diesem Urteil sind Adoptiv-, aber auch Inseminationsfamilien. Von einigen Experten wird dieses Urteil begrüßt. Nach ihrer Meinung wird damit der Bedeutsamkeit, die der leiblichen Elternschaft in unserem Kulturraum für die Identitätsentwicklung von Kindern zukommt, Rechnung getragen (Hoffmann-Riem 1988; Lempp 1993). Für andere gilt der Rechtsspruch als Schritt in längst vergangen geglaubte Zeiten. Genetische Abstammung wird gegenüber dem eigentlich sozialen Wesen der Elternschaft überbewertet (Katzorke 1989: 89 f.). Wie die Praxis im Zusammenhang mit reproduktionstechnologisch gebrochener Elternschaft zeigt, konnte sich letztgenannte Position in anderen Ländern weitaus stärker etablieren: Der Handel mit Keimzellen wird zur schlichten Dienstleistung – die *soziale* Bindung zwischen Kind, Vater und, oder Mutter zur entscheidenden Determinante der Eltern-Kind-Beziehung.

Geht man der Frage nach, wie fragmentierte Elternschaft aus der *Binnenperspektive* der Betroffenen selbst bewertet wird, spiegeln sich die unterschiedlichen Interpretationen wider, die im gesellschaftlichen Diskurs angeboten werden: Eine Adoptionsstudie von Knoll, Rehn zeigt, dass nur ein vergleichsweise geringer Anteil (10 – 15%) aller befragten Kinder, die um die gebrochene Filiation zu ihren sozialen Eltern wissen, ihrer genetischen Herkunft so viel Bedeutsamkeit beimessen, dass sie sich als Erwachsene auf die Suche nach ihren leiblichen Eltern begeben (nach Klein-

[43] Der Anteil ist u. a. deshalb höher, weil Gross, Honer auch Kinder von Alleinerziehenden einbeziehen. Nach unserem Verständnis von Alleinerziehenden (vgl. Kap. 2.2.2) kann hier jedoch nicht per se von einer Fragmentierung der Eltern-Kind-Beziehung ausgegangen werden.

[44] BverfG Urt. v. 31.1.1989; 1 BvL 17, 87.

Allermann 1992: 263). Der größte Teil der Adoptierten dürfte kein Interesse an seiner Herkunftsfamilie haben, “weil sie eine fraglose und exklusive Bindung an ihre Adoptiveltern entwickelt haben” (Klein-Allermann 1992: 262). Lempp (1996: 11 f.) konstatiert, dass Adoptivfamilien einen selbstbewussteren Umgang mit ihrer Entstehungsgeschichte wählen: “War die Tatsache der Adoption lange ein streng gehütetes Geheimnis gegenüber Bekannten, Freunden, ja selbst gegenüber dem Kinde, so ist man heute offener geworden – nicht nur da, wo die Annahme an Kindes statt auf Grund der anderen Hautfarbe der Kinder ohne Erläuterung offensichtlich ist.” Eine Entwicklung, die darauf verweist, dass Adoptiveltern den Vergleich zur biologisch-sozialen Elternschaft nicht mehr scheuen. Dagegen zeigt sich im Fall der Inseminationsfamilien, dass die Eltern vorhaben, ihr Kind und ihre soziale Umwelt nicht über die gebrochene Filiation zu informieren. Diese Zurückhaltung resultiert nicht aus einer Gelassenheit im Umgang mit der Insemination, sondern zeigt wie bindend die herrschende Norm leiblicher Verwandtschaft nach wie vor ist. Grund für die Geheimhaltung ist für befragte Väter einer Studie von Snowden, Mitchell, Snowden, dass sie fürchten, ihr Kind könne sie ablehnen, wenn es erfährt, dass der leibliche Vater ein anderer ist (nach Hoffmann-Riem 1988: 227).

Forschungsarbeiten über Stieffamilien zeigen, dass Mitglieder dieser Familienform die Lebenssituation und die Persönlichkeit von Familienmitgliedern aus normalen Kernfamilien im Vergleich zu sich selbst positiver bewerten (Fine 1986). Die Einschätzung als “defizitär” ist vermutlich auch darauf zurückzuführen, dass ungebrochene Elternschaft eng mit der Vorstellung einer “heilen Welt” verbunden wird.

Unter *familiensoziologischer Perspektive* informiert die leibliche Abstammung im Fall von Adoptiv- und Inseminationsfamilien lediglich über den – nicht konventionellen – Übergang zur Elternschaft. Darüber hinaus lassen sich anhand dieses Strukturmerkmals keine weiteren Unterschiede herausarbeiten, die auf das Nichtkonventionelle der Familienform schließen lassen. Nur dort, wo soziale Eltern der Abweichung vom Normfall der Elternschaft einen besonderen Status beimessen und ihre Selbstwahrnehmung den Alltag prägt, hat das Strukturmerkmal “blutsverwandt” Aussagekraft. Verbindliche gesellschaftliche Normen weichen bei dieser Statusdefinition auf – sie wird zunehmend zur individuellen Angelegenheit. Empirische Ergebnisse weisen eher darauf hin, dass sich insbesondere Inseminationsfamilien von konventionellen Familien kaum unterscheiden. Dort, wo Unterschiede im Vergleich zur konventionellen Familie festzustellen sind, fallen sie eher durch besondere Normkonformität auf. Dies zeigt sich beispielsweise daran, dass die Scheidungsrate bei Inseminationsfamilien geringer ist als bei “Normalfamilien” (Weller et al. 1989; Katzorke 1995: 146).

Auch im Fall von Stieffamilien spielt Blutsverwandtschaft per se für eine soziologische Analyse keine bedeutsame Rolle. Angesichts der Vielfalt, die sich bei diesen Familienformen präsentieren, sind andere Differenzierungskriterien relevant. Zentral sind beispielsweise die Fragen danach, wie die Familienform entstanden ist, in welcher aktuellen Konstellation sie sich präsentiert und welche Rollen sich herausgebildet haben. Im Zusammenhang mit Filiation sind weniger genetische Tatsachen relevant als die Frage welche subjektive Bedeutung der Fragmentierung beigemessen wird. Auf dieser Grundlage werden deutliche Unterschiede zwischen stieffamilialen Lebensformen erkennbar und eine inhaltliche Abgrenzung gegenüber konventionellen Familienformen partiell möglich. Aus dieser Perspektive kommen wir zu dem Ergebnis, dass Blutsverwandtschaft, definiert über genetische Herkunft, als *essenzielles* Merkmal der Kernfamilie ausgedient hat. Emotionale Bindungen erhalten eine zunehmende Bedeutung für die Bestimmung der Familiengrenzen – "Wahlverwandtschaft" kann an die Stelle von Blutsverwandtschaft treten (Beck-Gernsheim 1994: 131).

23.3 Ausblick – wie könnten zukünftige Entwicklungslinien aussehen?

Es gibt gegenwärtig, so hatten wir an anderer Stelle festgestellt, mehr Variation innerhalb von äußerlich strukturgleichen Lebensformen als Variation von Strukturformen. Um der wachsenden Vielfalt von Gestaltungsformen Rechnung zu tragen, ist eine differenzierte Betrachtung von Lebensformen und Lebensführung erforderlich. Zur Beschreibung und Analyse von Lebensformen sind die bekannten kategoriellen Begriffe (Single, Alleinerziehend etc.) nur sehr bedingt geeignet. Von den "Singles" zu reden, wird der Realität in keiner Weise gerecht. Es ist immer wieder frappierend und unverständlich zugleich, wenn Autoren in Wissenschaft und Medien die Individualisierung oder die Singularisierung der Gesellschaft und die Abkehr von familialen und partnerschaftlichen Lebensformen mit dem Hinweis belegen, dass mehr als 50% der Haushalte in deutschen Metropolen Singles sind, und dabei die äußerst heterogene Vielfalt der Menschen in Einpersonenhaushalten mit einer erstaunlichen Ignoranz übergehen. Den Blick auf die Vielfalt der Gestaltung von Lebensformen zu richten und Kriterien zu entwickeln, mit deren Hilfe angemessene Differenzierungen von Lebensformen vorgenommen werden können, ist ein Anliegen dieses Beitrags. Ein anderes Anliegen ist, zu verdeutlichen, dass Lebensformen nur im Kontext ihrer sozialgeschichtlichen Entwicklung richtig interpretiert werden können. Nur wenige der heute vielfach als modern oder neuartig gefeierten Lebensformen sind als Strukturtypen tatsächlich neu. Neu sind vielfach die Entstehungszusammenhänge, die Sinnzuschreibungen und die gesellschaftlichen Bewertungen dieser Lebensformen. Den Status quo angemessen zu interpretieren, erfordert die Einbeziehung der historischen Entwicklung sowie die Diskussion der Frage nach den zukünftig sich abzeichnenden Entwicklungslinien. Mit einigen Überlegungen zu dieser Frage möchten wir unseren Beitrag abschließen. Entlang welcher Linien werden sich die Modi der privaten Lebensführung in Zukunft entwickeln? Wir denken, dass sich ein großer Kernbestand von Formen und Verläufe der privaten Lebensführung erhalten wird, in dem Menschen ähnlich dem traditionellen Muster Familie leben werden. Vieles spricht dafür, dass es hier keine oder nur sehr wenige Brüche im Prozess der Familienentwicklung geben wird. Partnerschafts- und Elternschaftsbiographie bleiben hier eng und dauerhaft miteinander verknüpft und Ehe und Haushaltsgemeinschaft gehören hier ebenso selbstverständlich zum Lebensentwurf wie Elternschaft.

Jenseits dieses Kernbestandes wird sich die Vielfalt von Lebensformen und Lebensweisen jedoch weiter ausdifferenzieren. Es werden Versatzstücke der Lebensführung kombiniert werden, die heute noch als unvereinbar gelten. Wir erwarten, dass dies in erster Linie für die Verbindung von gleichgeschlechtlicher Partnerschaft und staatlicher Anerkennung gelten wird, wenn auch nicht unbedingt in Form der Ehe; ebenfalls ist u. E. damit zu rechnen, dass sich für Personen in Lebensformen jenseits heterosexueller Dyaden, also z. B. für lesbische Paare, im Rahmen der europäischen Integration die sozial legitimierte Möglichkeit zur artifiziell erzeugten Elternschaft eröffnen wird und wir nehmen an, dass sich neue Formen gemeinsamer Elternschaft jenseits weiterbestehender Partnerschaften entwickeln werden, also Modelle gemeinsamer bzw. einvernehmlich geteilter Sorge und Erziehung. Grenzen, die die weitere Entwicklung auch in absehbarer Zeit nicht überwindet, werden Bestand haben. Dazu zählen wir v. a. die Orientierung an dyadischen Partnerschaften, auch wenn es zunehmend Versuche geben wird, jenseits dieser Schwelle Formen zu praktizieren. Ein Beispiel dafür ist einem Bericht im Spiegel in der Ausgabe 2, 1997 über die Trauung dreier homosexueller Männer, zwei Deutsche, ein Thailänder, zu entnehmen, deren nach buddhistischem Brauch in Thailand geschlossener Verbindung angeblich die offizielle Anerkennung gewährt wurde. Ebenfalls keine dramatischen Entwicklungsschübe erwarten wir bei der Zahl längerer Partnerschaften im Lebensverlauf. Serielle Monogamie wird an Bedeutung gewinnen, aber die "Serie" wird bei den meisten Menschen auch in Zukunft auf den Umfang von zwei oder drei Partnerschaften beschränkt bleiben. Stärker noch als heute werden Ambivalenzen Lebensformen und Lebensverläufe durchdringen. So wird sich im Rahmen sozialstruktureller Einflüsse die Gegenbewegung von Standardisierung und Destandardisierung der Lebensläufe weiter beschleunigen. Wir gehen davon aus, dass sich das Alter beim Übergang zur Erstelternschaft in bestimmten sozialen Milieus, z. B. bei Akademikerinnen auf Grund restriktiver struktureller Bedingungen weiter standardisieren wird, während gleichzeitig die Möglichkeiten der Reproduktionsmedizin eine altersbezogene Verlängerung der Reproduktionsperiode bewirken werden.

Weitere Ambivalenzen in der Entwicklungen vermuten wir auch bei der Vereinbarung von Berufsverlauf und privater Lebensführung. Während die Möglichkeiten und Absichten zur freien und selbstbestimmten Gestaltung der Lebensführung wachsen, werden auch die bestehenden strukturellen Zwänge, z. B. nach flexibler Verfügbarkeit für den Arbeitgeber, zunehmen und die Wahl- und Entscheidungsmöglichkeiten im privaten Bereich weiter beeinträchtigen. Aber nicht nur die Harmonisierung von Erwerbsbiographie und privater Lebensführung wird in Zukunft weiterhin im Mittelpunkt stehen. Anwachsen dürfte, angesichts einer fortschreitenden Entkoppelung, die individuell zu erbringende Koordinierungsleistung zwischen Partnerschafts- und Elternschaftsbiographie. Die Zunahme fragmentierter Elternschaft, hier verstanden als das Auseinanderfallen von leiblicher und sozialer Elternschaft, macht es erforderlich, neue Elternteile ins eigene familiale System zu integrieren und gleichzeitig die sozialen Beziehungen zum leiblichen Elternteil möglichst verträglich zu gestalten. Auch wenn gegenwärtig mehrfach fragmentierte Stieffamilien ein seltenes Phänomen sind, kann erwartet werden, dass diese Konstellationen an Verbreitung zunehmen werden. Die Vielfalt auf der Ebene der äußeren Strukturmerkmale wird sich in den nächsten Jahren nicht wesentlich erhöhen, vielfältiger dürften aber die Variationen der je individuellen Gestaltung der Binnenstrukturen werden. Je mehr sich traditionelle Geschlechtsrollenbestimmungen im privaten Bereich auflösen, ein langsamer aber doch in Bewegung befindlicher Prozess, desto mehr wächst die Notwendigkeit, Verfahrensweisen und Gestaltungsoptionen der gemeinsamen Lebensführung zu verhandeln. Aus dem Anstieg von Verhandlungspartnerschaften resultieren, so kann angenommen werden, neue Erscheinungsformen der Binnenstruktur.

Familie wird auch in Zukunft für die meisten Menschen bedeutsam sein. Was Familie bedeutet, wird aber zunehmend je individuell bestimmt. Verwandtschaftsbeziehungen werden wichtig bleiben, dürften ihren Charakter als Zwangsmitgliedschaften aber weiter einbüßen. An die Stelle gegebener Verwandtschaften werden Wahlverwandtschaften an Relevanz gewinnen und Familie jenseits ihrer traditionellen Zugehörigkeiten einen neuen Charakter verleihen. Ob es sich bei der demographischen Entwicklung in Westdeutschland seit 1994 um einen neuen Modernisierungsschub der privaten Lebensführung handelt, wie er zwischen 1970 und 1985 stattgefunden hat, oder ob langfristig mit einer Konsolidierung der Grundstrukturen der aktuellen Verhältnisse zu rechnen ist, ist schwer zu sagen. Als wahrscheinlich nehmen wir an, dass sich gewisse Muster und Regelmäßigkeiten der privaten Lebensführung nicht auflösen werden. Angesichts der sich verstärkenden Ambivalenzen der prognostizierten Entwicklungen ist eher damit zu rechnen, dass viele Menschen ein Privatleben in flexiblen und gestaltungsoffenen Strukturen anstreben, Strukturen, die auch eine gewisse Sicherheit und Orientierung bieten.

24

Bevölkerungsdynamik und Arbeitsmarkt

Uwe Blien und Wolfgang Meyer[1]

Einleitung

Zwischen demographischen Prozessen und Arbeitsmarktvorgängen bestehen vielfältige Wechselbeziehungen. Veränderungen in der Entwicklung und Zusammensetzung der Bevölkerung sind Determinanten der Angebotsseite des Arbeitsmarktes. Heiratsraten und Kinderzahlen sind kurzfristig für die Erwerbstätigkeit insbesondere von Frauen von zentraler Bedeutung und determinieren langfristig die Reproduktion des gesamten Bestandes an Arbeitskräften. Migrationsvorgänge sind ebenfalls von unmittelbarer Bedeutung für die Angebotsentwicklung. Das Älterwerden der Bevölkerung übt wesentliche Einflüsse auf Arbeitsmarktvorgänge aus, da sich z. B. die Rekrutierung von Arbeitskräften durch Betriebe ändern wird, wenn notwendige Qualifikationen nur noch in geringerem Grade über nachwachsende Kohorten beschafft werden können. Umgekehrt haben viele Arbeitsmarktereignisse Auswirkungen auf demographische Veränderungen. Viele Arbeitskräfte werden ihre Entscheidungen zur Gründung oder Erweiterung ihrer Familie von der Sicherung der Einkommensquelle über ihre Erwerbstätigkeit abhängig machen. Der Erwerb von Qualifikationen, in die für verbesserte Aussichten in der Erwerbsarbeit investiert wird, beeinflusst ebenfalls den Wunsch nach Kindern. Auch Entscheidungen für einen Wohnortwechsel sind häufig berufsbedingt. Die Zusammenhänge von Arbeitsmarkt und Demographie sind derart vielfältig, dass ein Überblick, wie er hier angestrebt wird, notwendigerweise selektiv sein muss. Die Stofffülle erfordert eine Auswahl wichtiger Ideen und Untersuchungen zu dem relevanten Themenbereich, die es gestattet, wenigstens einige Aspekte vertieft zu behandeln. Vollständigkeit der Themen wird nicht angestrebt, für viele Aspekte kann zudem auf andere Artikel zu diesem Handbuch verwiesen werden.

Im vorliegenden Beitrag wird die Integration von Arbeitsmarkt und Demographie zunächst ausgehend von theoretischen Erkenntnissen aufgenommen. Gegenstand ist insbesondere die Entstehung von Arbeitslosigkeit als Folge demographischer Entwicklungen. Verschiedene Ansätze werden vorgestellt (Kap. 24.1.1) und ein makroökonomisches Modell näher betrachtet (Kap. 24.1.2), das konvergierende Ten-

---

[1] Die Autoren danken J. Fuchs, W. Klauder und M. Thon (alle IAB) für wertvolle Hinweise und Kommentare. Jede Verantwortung für die vorgelegte Darstellung verbleibt bei den Autoren.

denzen der aktuellen Theoriediskussion in sich vereint. Anschließend werden die Konsequenzen des durch den Geburtenrückgang vermittelten Alterungsprozesses des Erwerbspersonenpotentials behandelt (Kap. 24.2) und die regionale Dimension von demographischen und Arbeitsmarktprozessen eingeführt (Kap. 24.3). Den Abschluss bildet schließlich ein Überblick zu Ergebnissen der Lebensverlaufsforschung über die Entwicklung der Frauenerwerbstätigkeit im Spannungsfeld zur Welt der Familie (Kap. 24.4).

Wie in anderen Gebieten der Ökonomie und Soziologie ist dem Gegenstand eine Mehrebenenbetrachtung angemessen, bei der Makro- und Mikroanalyse ineinander verschränkt sind. Dies ist in den hier im Überblick präsentierten Forschungsansätzen jedoch nicht durchgängig der Fall, sodass lediglich angestrebt wird, die Makro- durch eine Mikroperspektive zu ergänzen. Zusätzlich wird die Präsentation der Theorie durch die Vorstellung empirischer Ergebnisse ergänzt. Dabei konzentrieren sich die empirischen Bezüge auf die Verhältnisse in der Bundesrepublik Deutschland, um die Vielzahl der relevanten Studien etwas einzugrenzen.

24.1 Zur Integration demographischer Prozesse in die Makroökonomie des Arbeitsmarktes

Die Entwicklung einiger wichtiger makroökonomischer Variablen für den Arbeitsmarkt der alten Bundesrepublik ist in Abb. 1 wiedergegeben. Deutlich wird, dass die Zuwanderung und die relative Zunahme der Beschäftigten nahezu parallel laufen. Von den Zuwanderern sind allerdings nur 50–60% erwerbstätig, der genaue Anteil ist unbekannt. Da sich im betrachteten Zeitraum das inländische Erwerbspersonenpotential erheblich ausgeweitet hat (von 27,5 auf 32,8 Mio. gemäß Berechnungen des IAB nach Angaben des Statistischen Bundesamtes und der Bundesanstalt für Arbeit), ist die gesamte Arbeitslosigkeit im Zeitablauf deutlich (von 1,1 Mio. auf 1,8 Mio.) angestiegen. Dies scheint demographische Prozesse (hier Wanderungen) zumindest als wichtige Quelle von Arbeitslosigkeit nahe zu legen. Dieser Gedanke soll im Folgenden näher untersucht werden.

24.1.1 Arbeitslosigkeit: Demographisch bedingt?

24.1.1.1 Einige grundlegende makroökonomische Ansätze

Es lohnt sich, die relevanten Ansätze der makroökonomischen Theorie zu studieren, um die Wirkungen demographischer Veränderungen zu verstehen. Wie sich noch zeigen wird, ergeben sich teilweise überraschende Resultate, die von erheblicher politischer und ökonomischer Bedeutung sind. Neben der Betrachtung von Effekten auf die gesamtökonomische Entwicklung geht es u. a. darum, welche Wirtschaftssubjekte in welcher Weise von demographischen Prozessen betroffen sind. Wer trägt die Lasten, wer hat die Vorteile? Dies sind die Leitfragen für die folgende Ausarbeitung, die allerdings auf die Heterogenität der makroökonomischen Ansätze Rücksicht zu nehmen hat. In den letzten Jahrzehnten war die Argumentation der Volkswirtschaftslehre vor allem von zwei Grundpositionen bestimmt, die als die neoklassische und die keynesianische bezeichnet werden. Die Art, wie die beiden Positionen konkurrieren, kann an den Wirkungen von autonom eingetretenen Immigrationsprozessen demonstriert werden. Hält man sich an die "naiven" Extremversionen der Theorien, so gilt: In der neoklassischen Theorie senkt das zusätzliche Angebot den relevanten Marktpreis, d. h. hier: den Lohn. Die Beschäftigung hingegen paßt sich an, Arbeitslosigkeit entsteht nicht. Dies entspricht der grundlegenden Sichtweise der Neoklassik, die von flexiblen Preisen ausgeht. Über diese stellt sich, nach einer mehr oder minder langen Anpassungszeit, ein Gleichgewicht her, das durch geräumte Märkte gekennzeichnet ist.

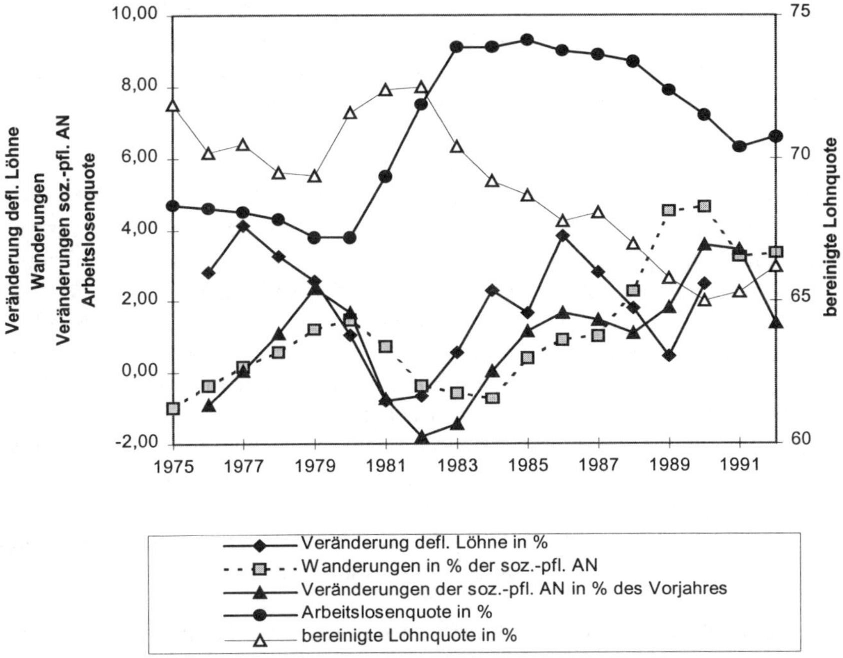

Abb. 1: Makroökonomische Entwicklung in der Bundesrepublik 1975–1992 (nur alte Länder)

Legende:

- Veränderungen der Löhne, deflationiert mit dem Preisindex für die Lebenshaltung gemäß Angaben des Statistischen Bundeamtes;
- Wanderungen (Zu- und Abwanderungen saldiert), berechnet als Prozentsatz bezogen auf alle sozialversicherungspflichtig Beschäftigten (Quelle: Arbeitskräftegesamtrechnung des IAB nach Angaben des Statistischen Bundesamtes);
- Veränderungen der sozialversicherungspflichtig Beschäftigten (Quelle: Amtliche Nachrichten der Bundesanstalt für Arbeit. Jahreszahlen 1993);
- Arbeitslostenquote (Quelle: Amtliche Nachrichten der Bundesanstalt für Arbeit. Jahreszahlen 1993);

- Bereinigte Lohnquote. d. h., Anteil des Einkommens aus unselbstständiger Arbeit am Volkseinkommen bei Konstantsetzung des zahlenmäßigen Verhältnisses von selbstständig und unselbstständig Erwerbstätigen auf den Wert von 1970 (Quelle: Institut der Deutschen Wirtschaft Köln. Zahlen zur wirtschaftlichen Entwicklung der Bundesrepublik Deutschland 1994, Tab. 40, gemäß Angaben des Statistischen Bundesamtes.

In einer einfachen Version traditionell keynesianischer Ansätze kann hingegen als Folge der Steigerung des Arbeitskräfteangebots (zusätzliche) Arbeitslosigkeit auftreten, egal ob Lohnsenkungen stattfinden oder nicht. Die Arbeitslosigkeit wird sich insbesondere dann vergrößern, wenn unausgelastete Produktionskapazitäten festzustellen sind, d. h., in einer ungünstigen Konjunkturlage. In diesem Fall sind die Absatzerwartungen der Unternehmen u. U. derart ungünstig, dass es sich nicht lohnt, zusätzliche Arbeitskräfte auch zu relativ niedrigen Löhnen einzustellen. Dies entspricht der Tendenz der keynesianischen Ansätze, Preisveränderungen für unwirksam zu halten.

Wie sich sogleich zeigen wird, werden die Grundmuster der Beurteilung durch Keynesianer und Neoklassiker in der Ausformulierung der Ansätze erheblich modifiziert. Eine weitere Kategorie von Arbeiten teilen zwar mit den Ansätzen bestimmte Strukturelemente, sind jedoch eher als Spezialentwicklungen u. a. zur Beurteilung demographischer Probleme aufzufassen. Im Folgenden soll zunächst auf eine solche Spezialentwicklung eingegangen werden, die an keynesianische Ansätze anschließt (Kap. 24.1.1.2). Dies ist ein Bilanzierungsansatz zur empirischen Analyse und Prognose des Arbeitsmarktes, wie er insbesondere vom Institut für Arbeitsmarkt- und Berufsforschung (IAB) entwickelt wurde. Besonders konsequent wurde die keynesianische Position in Abhandlungen über demographisch bedingte Arbeitslosigkeit angewandt (Kap. 24.1.1.3). Dazu in Kontrast steht eine neoklassische Sichtweise (Kap. 24.1.1.4). Einige in neuerer Zeit besonders einflussreiche Arbeiten der Ökonomie kümmern sich nicht mehr um die Unterscheidungen zwischen keynesianischen und neoklassischen Ansätzen, zwischen Theorie und empirischer Anwendung (Kap. 24.1.2).

Bei der Behandlung der Ansätze wird von einfachen zu komplexeren Analysen übergegangen. Die Arbeiten beziehen sich auf gesamtwirtschaftliche Vorgänge, fußen aber z. T. und in unterschiedlich ausgeprägtem Grad auf mikroökonomischen Kalkülen, d. h. auf Überlegungen zum Verhalten von Wirtschaftssubjekten, die ihre Interessen verfolgen. In der neoklassischen Theorie geschieht dies, indem Wirtschaftssubjekte betrachtet werden, die ihren (Erwartungs-)Nutzen maximieren.

24.1.1.2 Ein Bilanzierungsansatz

Die im IAB entwickelten Bilanzierungsansätze stellen ein wichtiges methodisches Konzept zur Analyse der Auswirkungen demographischer Vorgänge auf den Arbeitsmarkt dar. Solche Ansätze werden zum Zwecke der kurz- und der langfristigen Prognose und Projektion verwendet (vgl. Autorengemeinschaft 1988; Klauder 1988b). Konzentrieren wir uns auf die langfristigen Projektionen, in denen Angebots-

und Nachfrageseite des Arbeitsmarktes jeweils unabhängig beurteilt werden. Auf der Nachfrageseite wird entsprechend der Logik eines Manpower-Requirement-Ansatzes (Arbeitskräftebedarfsansatz) zunächst von einer trendgemäßen Entwicklung der Volkswirtschaft ausgegangen. Sodann wird daraus die Arbeitskräftenachfrage abgeleitet, indem gemäß Branchen- und Berufsstruktur disaggregiert wird. Einzelne Elemente der Prognosetechnik werden im Kap. 24.2 des vorliegenden Beitrags noch etwas genauer behandelt. Diese Behandlung der Nachfrageseite wird durch eine Analyse des Arbeitskräfteangebots ergänzt, die im Wesentlichen von demographischen Faktoren ausgeht. Das Arbeitskräftepotential ergibt sich aus der Entwicklung der Bevölkerung im erwerbsfähigen Alter, gewichtet mit Erwerbsquoten.[2] Dabei geht nicht nur die natürliche Reproduktion der Bevölkerung mit ein, sondern auch die umfangreichen Wanderungsprozesse und Verschiebungen der Erwerbsbeteiligung. Über die Abschätzung von Trends und von Kohorteneffekten wird eine Projektion der Entwicklung des Arbeitskräfteangebots für längere Zeiträume gewonnen. Da insbesondere die künftigen Veränderungen der Erwerbsbeteiligung und die Wanderungsvorgänge nur mit erheblichen Unsicherheiten vorausgeschätzt werden können, wird der Begriff Prognose vermieden und stattdessen die Ergebnisse als Projektionen bezeichnet (Klauder 1988b), denen in der Regel alternative Annahmen zugrundeliegen.

Von zentraler Bedeutung für den Bilanzierungsansatz ist, dass beide Marktseiten als relativ unabhängig voneinander betrachtet werden. Sie können darum in einem abschließenden Schritt in Form einer Bilanz einander gegenübergestellt werden. Aus dieser Bilanz ergibt sich ein mögliches Defizit von Arbeitplätzen. Es entspricht quantitativ einer Summe von Arbeitslosigkeit und "Stiller Reserve" auf dem Arbeitsmarkt. Unter letzterer Kategorie sind jene Personen zu verstehen, die gerne arbeiten würden, aber nicht als Arbeitslose registriert sind, z. B. weil sie keine Hoffnung haben, eine Arbeitsstelle vermittelt zu bekommen. Die angenommene Unabhängigkeit beider Marktseiten bedeutet den Ausschluss von Preis- und Lohneffekten: Arbeitslosigkeit könnte sich in Lohnverfall äußern, dieser eine Steigerung der Arbeitskräftenachfrage zur weiteren Konsequenz haben. Der Ausschluss derartiger Effekte zeigt, dass eine Verwandtschaft zu keynesianischen Analysen besteht.

Die genannten Effekte sind umso wahrscheinlicher, je länger die für die Anpassung zur Verfügung stehende Frist ist. Dementsprechend sind die langfristigen Arbeitsmarktprojektionen des IAB zunehmend um Rückwirkungen erweitert worden, die von Preisänderungen ausgehen. Die Zusammenarbeit mit der PROGNOS AG in den Achtzigerjahren erbrachte die Einführung der Szenariotechnik (Prognos AG et al. 1985). In jüngerer Zeit wird mit einem komplexen makroökonomischen Modell gearbeitet (Barth, Klauder 1994; Klauder et al.1996), das Preiseffekte mit einschließt und insbesondere bei der Diskussion um Politikansätze zur Halbierung der Arbeitslosigkeit viel öffentliches Aufsehen erregt hat.

---

2 Eine nach Raumordnungsregionen differenzierte Arbeitskräfteangebotsprognose der Bundesforschungsanstalt für Landeskunde und Raumordnung geht in Grundzügen parallel vor (Maretzke, Blach 1994).

24.1.1.3 Ein allgemeines Konzept demographisch bedingter Arbeitslosigkeit

Wird der beschriebene Projektionsansatz verallgemeinert, ergibt sich ein grundlegendes Theoriemuster, das für die Erklärung von Arbeitslosigkeit verwendet wird. Im Rahmen einer dem IAB-Ansatz ähnlichen Gegenüberstellung von Arbeitsangebot und -nachfrage in einer Bilanz können autonome quantitative Veränderungen des Bevölkerungsbestands zu Arbeitslosigkeit führen. “Arbeitslosigkeit ist ... demographisch bedingt, wenn demographische Prozesse dazu führen, dass”

- “das Arbeitsangebot stärker wächst als die Arbeitsnachfrage, oder”;
- “die Arbeitsnachfrage langsamer wächst bzw. stärker schrumpft als das Arbeitsangebot, oder”;
- “bei globaler Gleichheit die Struktur des Arbeitsangebots von der Arbeitsnachfrage abweicht, oder”;
- demographische Prozesse, z. B. Veränderungen “der Altersstruktur, Arbeitskräftefreisetzungen durch technischen Fortschritt und Faktorsubsitution verstärken können” (Hohlstein 1992: 8 f., Wagner 1984: 174 ff.).

Von Hohlstein (1992) werden komplexe theoretische Modelle entwickelt, in deren Rahmen derartige Phänomene so definierter demographischer Arbeitslosigkeit auftreten können.3 Die Modelle setzen wiederum voraus, dass keine Preiseffekte oder andere kompensierende Mechanismen für einen Ausgleich sorgen (Hohlstein 1992: 193). Ein Input-Output-, ein Kreislauf- und ein postkeynesianisches Wachstumsmodell führen jeweils unter bestimmten Umständen, insbesondere bei autonomer Zuwanderung, zu demographischer Arbeitslosigkeit.

Unabhängig von dieser Darstellung sei hier der einfachste Fall demographischer Arbeitslosigkeit diskutiert. Abbildung 2 zeigt Angebot und Nachfrage bei einem Arbeitsmarkt, auf dem der Lohn zum Niveau L (z. B. institutionell) fixiert ist. Die Ausweitung des Arbeitskräfteangebots (durch demographische Entwicklungen) von B auf B’ führt nicht zur Erhöhung der Beschäftigung, sondern zu Arbeitslosigkeit des Umfangs B-B’. Von Franz wird argumentiert, dass der Ansatz der demographisch bedingten Arbeitslosigkeit “vordergründig” sei. Das in den Achtzigerjahren gestiegene Arbeitskräfteangebot “hat den Arbeitsmarkt zweifellos belastet. Die für die Wirtschaftspolitik entscheidende Frage lautet freilich, warum für das erhöhte Arbeitskräfteangebot in den Achtzigerjahren nicht ausreichend Arbeitsplätze geschaffen wurden” (Franz 1995: 14 f.).

---

3 Schulz (1995) hingegen argumentiert eher empirisch mit einer spezifischen Kausalbeziehung zwischen Arbeitslosigkeit und demographischen Entwicklungen. Danach ist das Ansteigen der Erwerbsquote bei gleichzeitigem Nachfrageausfall durch eine nicht mehr wie früher wachsende Bevölkerung die Ursache für die in den letzten beiden Jahrzehnten steigende Arbeitslosigkeit. Empirischer Beleg ist ein Zusammenfallen entsprechender Trendänderungen bei Arbeitsmarkt- und Bevölkerungsentwicklung in den 70er Jahren. Dies erscheint jedoch als zuwenig, um alle Erklärungslast auf die Bevölkerungsentwicklung zu legen. Eine exportorientierte Ökonomie kann sich auch anderswo Absatzmärkte suchen als in der eigenen Bevölkerung.

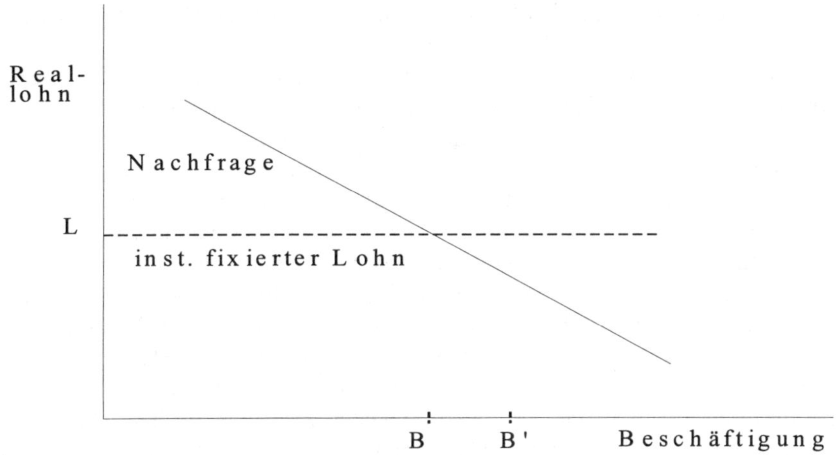

Abb. 2: Der Arbeitsmarkt bei starrem Lohn

Dem Konzept der demographisch bedingten Arbeitslosigkeit liegt die Verabsolutierung einer Marktseite, nämlich der des Arbeitskräfteangebots, zu Grunde. Dies führt auf einen schon genannten Kritikpunkt, der regelmäßig von neoklassischer Seite angeführt wird: Preise sind dem ökonomischen Prozess nicht exogen vorgegeben, sie werden von den Wirtschaftssubjekten selbst gemacht, die dabei ihre Interessen verfolgen. Wieso sollten Arbeitslose nicht versuchen, mit der Unterbietung der herrschenden Löhne doch eine Beschäftigung zu erhalten? Ist der Lohnabschlag groß genug, so könnte es sich für die Firmen lohnen, auf arbeitsintensivere Produktionstechniken umzusteigen und mehr Arbeitskräfte zu beschäftigen. In diesem Fall würde die Arbeitslosigkeit ohne wirtschaftspolitischen Eingriff verschwinden. Von keynesianischer Seite ist immer gegen eine solche Sichtweise eingewandt worden, dass Löhne und Preise nicht vollständig flexibel sind. Dafür sind jedoch jeweils Gründe anzugeben, ein bloßer Verweis auf demographische Effekte reicht nicht hin, um Arbeitslosigkeit zu erklären. Ein anderes Argument entspricht der keynesianischen Logik. Danach sind mit einer wachsenden Bevölkerung zusätzliche Nachfrageimpulse verbunden. Betrachten wir den Fall von Migranten. Diese haben oft einen hohen "Nachholbedarf" im Konsum. Zusätzliche Nachfrageimpulse erhöhen das Aktivitätsniveau der Ökonomie und reduzieren die Arbeitslosigkeit.

Angebotsseitige Faktoren wirken u. U. in die gleiche Richtung: Sind Immigranten auf dem Arbeitsmarkt keine Konkurrenten von einheimischen Arbeitskräften, ihr Arbeitskräfteangebot also nicht substitutiv, sondern komplementär zu letzteren, kann sich für einheimische Arbeitskräfte im Falle der Immigration sogar eine relativ niedrigere Arbeitslosenquote ergeben, da für die Ökonomie höhere Wachstumspfade erreichbar werden. Dies wird der Fall sein, wenn Immigranten in Jobs tätig sind, für die einheimische Arbeitskräfte nicht qualifiziert sind oder keine Bereitschaft zeigen, derartige Arbeitsplätze anzunehmen. Bei Immigranten handelt es sich meist um eine spezifische Auswahl besonders junger und leistungsbereiter Personen (Klauder 1993).

24.1.1.4 Demographische Prozesse in neoklassischen Standardmodellen

Von Siebert (1994: 38) wird ähnlich wie von Franz argumentiert, dass die Nachfrage nach Arbeitskräften keine Naturkonstante sei. Er führt die Arbeitslosigkeit u. a. auf institutionelle Hemmnisse zurück, die eine entsprechende Lohnreaktion, insbesondere eine angemessene Differenzierung der Löhne verhindert haben. Letztlich wird also argumentiert, dass eine demographische Arbeitslosigkeit nicht stabil sein könnte. Andere Faktoren sind für die Entstehung von Arbeitslosigkeit verantwortlich.

In komparativ-statischen Marktmodellen des einfachen neoklassischen Typs würde der Lohn solange fallen, bis ein Marktgleichgewicht bei Vollbeschäftigung eingetreten ist. Dies wird durch Abb. 3 demonstriert. Die demographisch bedingte Ausweitung des Arbeitskräfteangebots von B auf B' führt zu einer Steigerung der Beschäftigung von B auf B' und zu einem Absinken des Lohnniveaus. Die betreffenden Modelle sind durch sehr strikte Annahmen belastet, insbesondere herrscht "vollständige Konkurrenz", d. h., unendlich viele Anbieter und Nachfrager stehen sich gegenüber; sie konkurrieren alle anfallenden Profite sofort weg. Eine weitere zentrale Voraussetzung derartiger Modelle ist die Substituierbarkeit zwischen Arbeit und anderen Produktionsfaktoren. Unter diesen Bedingungen ist gewährleistet, dass mehr Arbeit eingesetzt wird, wenn ihr Preis fällt.

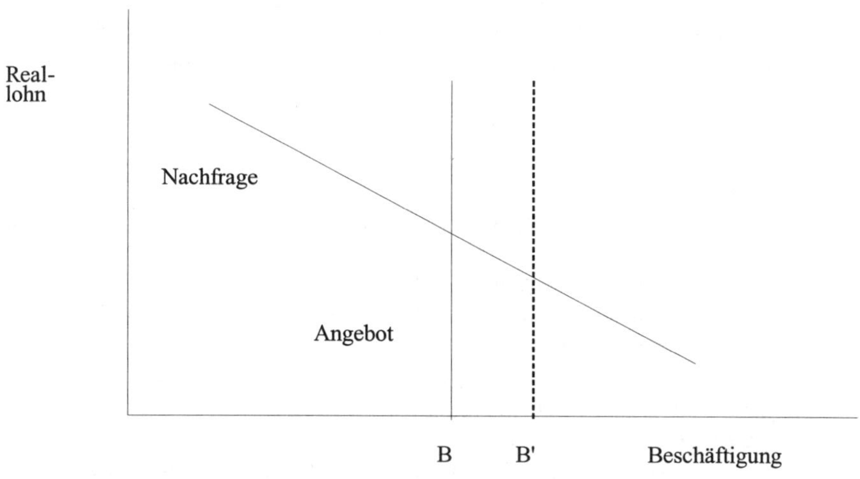

Abb. 3: Der Arbeitsmarkt im neoklassischen Standardmodell

Sind derartige Modelle für die kurze Frist konstruiert, ist die neoklassische Wachstumstheorie für sehr weite Zeithorizonte gedacht. Die Theorie, deren Grundversion auf Solow (1956) zurückgeht, ist unmittelbar mit demographischen Prozessen verknüpft. Sie geht davon aus, dass sich die Volkswirtschaft an die Entwicklung der Bevölkerung exakt anpaßt.

Ausgangspunkt sind wieder die üblichen Annahmen abstrakter neoklassischer Modelle: Substituierbarkeit der Produktionsfaktoren und vollständige Konkurrenz. In dem dazu entwickelten formalen Modell wächst die Volkswirtschaft genau mit der Rate, die die Abschreibungen des gesamtwirtschaftlichen Produktionsapparates und das Wachstum des Arbeitskräftepotentials sowie die Wirkungen des technischen Fortschritts ausgleicht. Abstrahiert man von den Wirkungen des technischen Fortschritts, ist das Lohnniveau konstant. Erhöht sich das Wachstum des Arbeitskräftepotentials, z. B. durch einen dauerhaft auftretenden Zustrom von Arbeitskräften,[4] fällt wiederum der Lohn. In der Konsequenz wird sich ein neues Wachstumsgleichgewicht einstellen, das durch höhere Wachstumsraten für Kapital, Arbeit und für das Sozialprodukt gekennzeichnet ist, sich jedoch durch einen niedrigeren Pfad für das Lohnniveau auszeichnet.[5]

Wir sehen somit erneut, dass die Folgerungen für den Zusammenhang von Demographie und Arbeitsmarkt sich stark von jenen unterscheiden, die in Modellen keynesianischer Prägung entwickelt werden. Eine Gemeinsamkeit ist allerdings, dass in jedem Fall jene Arbeitskräfte die (negativen) Folgen z. B. von Migration zu tragen haben, deren Konkurrenzposition durch die zusätzlich auftretenden Arbeitskräfte geschwächt wird. Die Kritik an den neoklassischen Standardmodellen hat insbesondere an ihren offenkundig unrealistischen Annahmen angesetzt. Vollständige Konkurrenz und die Voraussetzung von Arbeitsmarktgleichgewichten können nicht als treffende Ausgangspunkte für die Beschreibung empirischer Volkswirtschaften dienen. Das Problem der Arbeitslosigkeit wird geradezu wegdefiniert. Es hat darum auch nicht an Fortentwicklungen gefehlt, bei denen verschiedene Annahmen der Modelle modifiziert wurden.

24.1.2 Ein allgemeines makroökonomisches Modell

24.1.2.1 Effizienzlohn- und Verhandlungsansätze

Die Weiterentwicklungen der neoklassischen Basismodelle sollen hier nicht betrachtet werden. Stattdessen wird das sog. "Europäische Arbeitsmarktmodell" vorgestellt, das sich auf verschiedenen Ebenen um empirische Anwendbarkeit bemüht und nicht eindeutig in die Dichotomie Keynesianismus/Neoklassik einzuordnen ist. Der u. a.

---

4 Eine Erweiterung der Wachstumstheorie durch die Behandlung interregionaler Mobilität wurde von Borts und Stein (1964) vorgelegt. Hier hat das Lohngefälle zwischen Regionen Wanderungen zur Konsequenz, die zur beschleunigten Herstellung eines einheitlichen Lohnniveaus beitragen.

5 Nach einem großen Boom in der Wachstumstheorie insbesondere im Anschluß an die Publikation von Solows grundlegenden Artikel und in den 60er Jahren wandte sich die ökonomische Wissenschaft an-deren Problemen zu. Zum Ende der 80er Jahre gab es jedoch eine Renaissance, die sich aus zwei Quellen speiste: Barro et al. (vgl. Barro und Sala-i-Martin 1995) betrieben empirische Untersuchungen zu Zentralaussagen der Theorie. Theorien des endogenen Wachstums bemühten sich um eine Erklärung des technischen Fortschritts als "Motor" des Wachstums (Lucas 1988; Romer 1986). Dabei wurden zwar ein-zelne Annahmen der Theorie modifiziert, insbesondere jene der vollständigen Konkurrenz, und die be-schriebenen Beziehungen zwischen demographischer Entwicklung und Wachstum bleiben jedoch in den meisten Modellvarianten erhalten.

von Layard et al. (1991, 1994; Carlin, Soskice 1990) entwickelte theoretische Ansatz hat in der Literatur einen Status als "Konsensus"-Modell (Möller 1992: 118; Blanchflower et al. 1990), da er zu Beginn der Neunzigerjahren weithin verbreitet und akzeptiert wurde. Ein von Franz (1992) entwickeltes Modell ist formal fast identisch, eines von Vogt (1995a, b) eng verwandt. Über Wolfgang Franz (Franz 1995) haben derartige Konzepte auch Eingang in die Position des Sachverständigenrates zur Begutachtung der gesamtwirtschaftlichen Entwicklung gefunden. Wagner (1995) verwendet den Ansatz als Hintergrund für seine Diskussion demographischer Arbeitslosigkeit, ohne diese jedoch explizit in ihn einzuführen.

In den betreffenden Modellen sind die Löhne in bestimmtem Grade flexibel. Sie sinken jedoch nicht auf ein markträumendes Niveau, weil entweder das Kalkül der Firmen oder die Marktmacht von Gewerkschaften dies verhindert. Die Arbeitslosigkeit hat die Wirkung, die Ansprüche der verschiedenen Kategorien von Wirtschaftssubjekten kompatibel zu machen. Ist die Arbeitslosigkeit hoch, wird die Seite der Arbeitskräfte geschwächt. Es fällt ihnen schwer, ihre Ansprüche, insbesondere im Hinblick auf die Höhe des Lohns, zu realisieren. Bei hoher Arbeitslosigkeit kommt somit die Seite der Firmeneigner, der Kapitalbesitzer, stärker zum Zug. Bei niedrigen Arbeitslosenquoten müssen zwei verschiedene Möglichkeiten diskutiert werden. Diese unterscheiden sich danach, welche Gruppe von Wirtschaftssubjekten primär für Lohnerhöhungen verantwortlich ist. In so genannten Verhandlungsansätzen sind die Gewerkschaften verantwortlich. Sie setzen die Interessen der abhängig Beschäftigten an höheren Löhnen direkt durch. Die Verhandlungsposition von Gewerkschaften, aber auch von einzelnen Arbeitern, variiert direkt mit der Arbeitslosigkeit. Ist diese hoch, sinkt die Durchsetzungsfähigkeit. Im Rahmen der Verhandlungsansätze sind die Gewerkschaften der aktive Part, der Lohnerhöhungen vorwärts treibt.

Im Falle der so genannten Effizienzlohnmodelle ist es das Eigeninteresse der Firmen, das zu Lohnerhöhungen führt. Im Falle dieses Ansatzes verhalten sich hohe Löhne und Arbeitslosigkeit substitutiv im Hinblick auf das Problem der Firmen, sich eine stabile und leistungsfähige Belegschaft zu sichern. In diesem Fall zahlen Firmen bei niedriger Arbeitslosigkeit aus eigenem Interesse relativ hohe Löhne. In den betreffenden theoretischen Ansätzen wird Effizienzlöhnen die Funktion zugeschrieben, Arbeitskräfte zu hohen Leistungen anzuregen und ihre Fluktuation zu senken. Vier Argumente können unterschieden werden:

- In jenem Ansatz, der auf Arbeitsplatzwechsel abstellt ("Labour Turnover Approach", Schlicht 1978) ist Ausgangspunkt der Überlegungen, dass bei niedriger Arbeitslosigkeit die Beschäftigten einer Firma auch anderswo eine neue Stelle finden können. In diesem Fall würden dem betreffenden Betrieb wertvolle betriebsspezifische Qualifikationen verloren gehen. Er versucht aus diesem Grund, potenzielle Konkurrenten mit relativ hohen Löhnen zu überbieten, um eine Belohnung für Betriebstreue zu bieten;
- In jenem Ansatz, der betriebliche Rekrutierungsvorgänge untersucht ("Labour Selection Approach", Weiß 1980), muss ein Betrieb bei Vollbeschäftigung vergleichsweise hohe Löhne zahlen, um qualifizierte und leistungsfähige Arbeitskräfte anzulocken;

- In der Variante der Effizienzlohnansätze, die das Leistungsverhalten der Arbeitskräfte betrachtet ("Shirking Approach", Shapiro, Stiglitz 1984), dienen hohe Löhne dazu, rationale Arbeitskräfte zu besonders hoher Leistung zu motivieren. Arbeitsverträge legen das Niveau der Arbeitsleistung nur sehr allgemein fest. Ein Grundproblem betrieblicher Personalpolitik ist demgemäß, Leistungsanreize zu bieten;
- Auch im Falle der vierten Variante steht die Leistungsintensität der Arbeit im Vordergrund. Abweichend vom letztgenannten Ansatz wird der Zusammenhang von Lohn und Leistung hier durch von Betrieben und Beschäftigten geteilte normative Ansprüche erklärt: Hohe Leistung "verdient" hohen Lohn ("Gift Exchange Approach", Akerlof 1982). Dieses Verhalten ist nicht rational, wird aber in Tests bestätigt, die mit den Mitteln der experimentellen Ökonomie durchgeführt wurden (Fehr et al. 1996).

Zumindest im Fall der ersten drei Ansätze lohnt es sich für Betriebe, relativ hohe Löhne zu zahlen, lediglich im vierten Ansatz zahlen sie gut, obwohl sich dies für sie nicht auszahlt. Die so festgelegten Löhne sind u. U. höher als mit Vollbeschäftigung vereinbar wäre. Hingegen entfällt bei Arbeitslosigkeit die Notwendigkeit für die Betriebe, überdurchschnittliche Löhne zu zahlen, wie man sich anhand der Turnover-Variante verdeutlichen kann: die Fluktuation der Arbeitskräfte sinkt ohnehin aus Mangel an Alternativen. Im Endeffekt entsteht ein Gleichgewicht, d. h., ein stabiler Zustand, der durch konstante Größen für Arbeitslosigkeit, Lohn und Leistung charakterisiert ist.

Damit werden zwei grundlegende Ansätze gefunden, in denen Löhne und Arbeitslosigkeit aneinander gekoppelt sind: Effizienzlohn- und Verhandlungsansätze. Diese Ansätze sind nun in das makroökonomische Modell von Layard et al. zu integrieren, das dann seinerseits verwendet wird, um die Effekte demographischer Veränderungen zu beschreiben.

24.1.2.2 Integration in ein Gesamtmodell und Formalisierung

Das Makromodell (Layard et al. 1991) liegt in Gleichungsform vor, seine Parameter a und b sind jeweils als größer als Null definiert. Das Lohnsetzungsverhalten wird durch folgende Gleichung beschrieben:

$$\ln w = a_0 + \ln p^e - a_1 U \tag{1}$$

Hier ist U die Arbeitslosenquote, w der Lohn, p das gesamtwirtschaftliche Preisniveau. ln bezeichnet den Logarithmus, a_0 ist ein Parameter, der Verteilungsansprüche bezeichnet, die über den Ausgleich der Preissteigerungen (d. h., $w = p^e$) hinausgehen. Mit einem e bezeichnete Variable zeigen ex ante erwartete Werte an. Hinter Gleichung (1) stehen die beschriebenen Effizienzlohn- und Verhandlungsansätze: Hohe Arbeitslosigkeit wirkt sich vermittelt über den Parameter a_1 negativ auf das Lohnniveau aus.

Mit dieser Lohnsetzungskurve korrespondiert eine Preissetzungskurve, in der b_0 wiederum einen eigenen autonomen Verteilungsanspruch darstellt:

$$\ln p = b_0 + \ln w^e + b_1'D \tag{2'}$$

Hier ist D die gesamtwirtschaftliche Nachfrage, die am einfachsten über eine "Okuns Gesetz" genannte Beziehung mit der Arbeitslosigkeit U in Verbindung gebracht werden kann:

$$D = -cU \tag{3}$$

Somit ergibt sich für die Preissetzungskurve, wenn $b_1 = cb_1'$

$$\ln p = b_0 + \ln w^e - b_1 U \tag{2}$$

Sind die Ansprüche der beiden Marktseiten kompatibel, gilt $p = p^e$ und $w = w^e$. Die Arbeitslosenquote kann somit als gleichgewichtig interpretiert werden. Aus (1) und (2) ergibt sich:

$$U^* = (a_0 + b_0)/(a_1 + b_1) \tag{4}$$

Gleichgewicht bedeutet hier nicht Vollbeschäftigung, sondern nur, dass keine Gruppe von Wirtschaftssubjekten Anlass hat, ihr Verhalten zu ändern. Gleichung (4) beschreibt die inflationsstabile Arbeitslosenquote NAIRU ("non-accelerating-inflation-rate-of-unemployment"). Das dazu passende Lohnniveau ergibt sich durch Einsetzen von (3) in (2).

Außerhalb des Gleichgewichtszustands kann für die Arbeitslosigkeit allgemein angegeben werden:

$$U = U^* - [(\ln p - \ln p^e) + (\ln w - \ln w^e)]/(a_1 + b_1) \tag{5}$$

Ist U ungleich U^*, sind die Pläne der verschiedenen Kategorien von Wirtschaftssubjekten nicht miteinander kompatibel. Dies führt zu steigenden (wenn $U < U^*$) bzw. fallenden (wenn $U > U^*$) Inflationsraten, wie in folgender Weise gezeigt werden kann: Wenn die tatsächlichen Löhne von den erwarteten in der gleichen Weise abweichen, wie die erwarteten Preise von den tatsächlichen, ergibt sich aus (5):

$$p - p^e = (a_1 + b_1)(U^* - U)/2$$

Hat die Inflation keinen Entwicklungstrend, ist eine rationale Prognose für die Inflation der laufenden Periode (wenn -1 als Index die Vorperiode bezeichnet):

$$p^e - p_{-1} = \Delta p_{-1}.$$

Daraus folgt:

$$p - p^e = p - p_{-1} - \Delta p_{-1}$$

oder:

$$\Delta p - \Delta p_{-1} = (a_1 + b_1)(U^* - U)/2 \tag{6}$$

Abbildung 4 zeigt den Arbeitsmarkt im Modell von Layard et. al. Die Lohnsetzungskurve entspricht Gleichung (1), die Preissetzungskurve Gleichung (2). Die Höhe der gleichgewichtigen Arbeitslosigkeit (NAIRU) entspricht Gleichung (4), die den Schnittpunkt der beiden Kurven angibt. Für die Beschreibung des Arbeitsmarktgleichgewichts ist nicht die absolute Höhe der Beschäftigung maßgeblich, sondern eine bestimmte Arbeitslosenquote, die in der Abbildung invers als Beschäftigtenanteil $B = 1 - U$ ausgedrückt wird.

Mit dem Modell kann der kurzfristige Effekt einer demographisch bedingten Erhöhung des Arbeitskräfteangebots demonstriert werden. Eine solche Erhöhung führt dazu, dass die Arbeitslosigkeit ansteigt, während der Beschäftigtenanteil auf $B' < B(NAIRU)$ fällt. Bei diesem Beschäftigungsniveau werden die Arbeitskräfte niedrigere Lohnsteigerungen akzeptieren, als die Firmen erwarten. In der Konsequenz sinken die Inflationsraten und die Beschäftigung steigt bis die NAIRU erreicht ist.

In dieser einfachsten Fassung des Modells stellt sich der anfängliche Zustand nach einer Anpassungszeit wieder her, Löhne und Arbeitslosigkeit erreichen das gleiche Niveau wie vorher, das absolute Niveau der Beschäftigung ist jedoch gestiegen.[6]

6 Es gibt allerdings gute Gründe anzunehmen, daß die NAIRU ihrerseits nicht stabil ist (Vogt 1995a, b; Schlicht 1995). Bei Einstellungen bevorzugen die Firmen Arbeitskräfte mit Merkmalen, die als günstig betrachtet werden, umgekehrt häufen sich unter den Arbeitslosen im Zeitablauf immer stärker Personen mit von den Firmen als "ungünstig" betrachteten Eigenschaften. Im Extremfall stellen die Arbeitslosen keine Konkurrenz mehr für die bereits beschäftigten Arbeitskräfte dar, weil sie keine oder veraltete Qualifikationen aufweisen, schon relativ alt sind, gesundheitliche Einschränkungen etc. haben. In diesem Fall wird die NAIRU weiter ansteigen (hysteretischer Prozeß), bis wieder "genug" Arbeitskräfte arbeitslos sind, die die bereits Beschäftigten unter Konkurrenzdruck setzen. Dies deckt sich mit empirischen Untersuchungen, in denen für die angeblich längerfristig stabile NAIRU kurzfristige Variationen nachgewiesen werden (s. die Diskussion im Journal of Economic Perspectives 1997, No 1), insbesondere für die Bundesrepublik Deutschland ergibt sich ein treppenförmiger Verlauf, die NAIRU steigt mit jedem Konjunkturzyklus an (Lüschow, Untiedt 1996: 137; Franz, Gordon 1993).

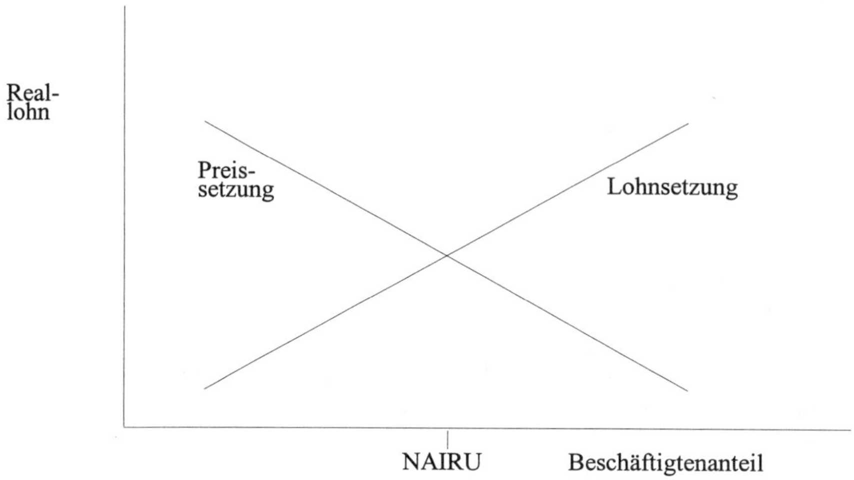

Abb. 4: Der Arbeitsmarkt im Modell von Layard et al. (1991)

Kritisch für dieses Modellverhalten ist jedoch Okuns Gesetz, formuliert in der Gleichung (3). Dahinter stehen konstante Skalenerträge des Faktors Arbeit. Dies kann man sehen, wenn man das dahinterstehende Kalkül der Firma explizit macht. Danach maximiert eine repräsentative Firma ihren Gewinn, wenn sie die Einsatzmenge von Arbeit und den Produktpreis simultan nach folgender Gleichung bestimmt:

$$w^e/p = F'(n)/\mu(U)$$

Man erkennt den Einfluss der Grenzproduktivität (Produktionsfunktion F, Beschäftigung in einem Betrieb n), hier allerdings modifiziert durch einen Preiszuschlag μ, dessen Höhe sich durch den Monopolgrad des betreffenden Marktes bestimmt und von der Aktivität der Ökonomie, gemessen durch die Arbeitslosenquote abhängt (also $\mu' < 0$). Logarithmiert man die Gleichung und linearisiert sie als Näherung, ergibt sich im Aggregat:

$$\ln w^e - \ln p \approx f'(G - GU) - b_1 U \qquad (2'')$$

Dabei ist $f' = \ln F'$ und $\ln \mu(U) - b_1 U$, G ist das gesamte Erwerbspersonenpotential, wobei $G - GU = \sum' n = N$. Die dadurch gegebene Darstellung der Preissetzungsfunktion hat, bis auf einen Skalierungsfaktor, wiederum den in Abb. 4 gegebenen Verlauf. Allerdings wird jetzt deutlich, dass die Lage der Kurve von der Gesamtmenge an Beschäftigung abhängt.

Für einen demographisch bedingten Zustrom von Arbeitskräften lassen sich die Konsequenzen in Abhängigkeit der Gestalt von F' entwickeln:

- Ist F' konstant, kann ein Zustrom von Migranten durch die Ökonomie ohne weitere Probleme absorbiert werden. Nach einer gewissen Anpassungszeit mit erhöhter Arbeitslosigkeit kehrt die Ökonomie zu der Beschäftigungssituation wie vorher zurück, die durch B(NAIRU) gegeben ist;
- Ist F' kleiner Null, verschiebt sich durch einen Zustrom von Arbeitskräften die Preissetzungskurve in Abb. 4 nach unten. In diesem Fall können zusätzliche Arbeitskräfte nur durch die Besetzung weniger produktiver Arbeitsplätze beschäftigt werden, es entsteht zusätzliche Arbeitslosigkeit ($B(NAIRU)_{neu} < B(NAIRU)_{alt}$);
- Ist F' größer Null, tritt die umgekehrte Situation ein. Ein Zustrom von Arbeitskräften mobilisiert neue Produktionsmöglichkeiten, die Produktivität und die Qualität der Arbeitsplätze steigt. Dies ist der schon (in Kap. 24.1.1.3 als Kritik an den Ansätzen demographisch bedingter Arbeitslosigkeit) angesprochene Fall einer niedrigeren Arbeitslosigkeit z. B. als Konsequenz von Zuwanderung, wenn die neu besetzten Arbeitplätze komplementär zu den bereits vergebenen sind: Die langfristige Arbeitslosenquote sinkt ($B(NAIRU)_{neu} > (NAIRU)_{alt}$).

Damit wird deutlich, dass das durch (2") modifizierte Modell von Layard et al. die Effekte demographisch bedingter Ausweitungen des Erwerbspersonenpotentials nicht determiniert. Die Art der Effekte bleibt eine empirische Frage. Trotzdem können auf der Basis des Modells einige Konsequenzen entwickelt werden, die im Folgenden darzulegen sind.

24.1.2.3 Endogene Entstehung von Arbeitslosigkeit und demographische Effekte

Eine zentrale Botschaft des theoretischen Modells ist, dass Vollbeschäftigung nicht von Dauer sein wird, langfristig stellt sich vielmehr immer ein bestimmten Niveau der Arbeitslosigkeit ein, das durch die NAIRU gegeben ist. Dies hat eine wichtige Konsequenz: Ist den Wirtschaftssubjekten unbekannt, dass *keine* Bedingungskonstellation dauerhaft Vollbeschäftigung garantieren kann, mag eintreten, dass einzelne Gruppen von Arbeitskräften für eine Arbeitslosigkeit 'verantwortlich' gemacht werden, obwohl diese endogen aus dem gesamten ökonomischen Prozess selbst heraus entstanden ist. Dies kann am Beispiel der Frühverrentungen verdeutlicht werden. Werden solche Maßnahmen durchgeführt, um ältere Arbeitskräfte auszugliedern und stattdessen jüngere Arbeitskräfte zu integrieren, so mag diese Maßnahme vollständig wirkungslos sein, wenn die Arbeitslosigkeit gerade der NAIRU entspricht (und Okuns Gesetz (3) gilt). In diesem Fall haben die Frühverrentungen lediglich den Effekt, den Gesamtpool der Arbeitskräfte zu verringern. Nach einer kurzen Zeit der Anpassung erreicht die Arbeitslosigkeit wieder die vorherige Höhe. Wird dieser Prozess einige Male wiederholt, kann die Erwerbsquote der Gesamtbevölkerung (und mit ihr das Bruttosozialprodukt) deutlich absinken, ohne dass die Arbeitslosenquote reduziert wird.

In ähnlicher Weise ist möglich, dass statt älterer Arbeitskräfte, die "keinen Platz für jüngere machen wollen", Ausländer, Frauen oder andere Gruppen von Arbeitskräften für das Auftreten von Arbeitslosigkeit verantwortlich gemacht werden, ohne dass die Ausgliederung dieser Gruppen im Geringsten etwas an der Arbeitslosigkeit ändern würde.

24.1.2.4 Empirische Evidenz

Für den empirischen Stellenwert des skizzierten Makromodells liefert Abb. 1 erste Anhaltspunkte in Form simpler bivariater Abschätzungen. Hier scheint ein Zusammenhang zwischen Entlohnung und Arbeitslosigkeit der theoretisch entwickelten Art aufzutreten. In den Zeiten hoher Arbeitslosigkeit 1982–1990 fiel die bereinigte Lohnquote (d. h., der Anteil der Bruttoeinkommens aus unselbstständiger Arbeit am Volkseinkommen, bereinigt um Veränderungen der relativen Anzahl der abhängig Beschäftigten) von einem Spitzenwert 72,5% auf einen Tiefstand von 65,0% (Institut der Deutschen Wirtschaft 1994: Tab. 40). In der gleichen Zeit nahm im Übrigen die Zahl der sozialversicherungspflichtig Beschäftigten um 1,97 Mio. (+ 9,6%) zu. Davon waren 1,18 Mio. Frauen (+ 14,7%) (Amtliche Nachrichten der Bundesanstalt für Arbeit, Jahreszahlen 1993: 10 f.).

Der Zustrom von zusätzlichen Arbeitskräften (aus dem Ausland, von Frauen etc.) auf den Arbeitsmarkt, der erklärt, wieso die Beschäftigung derart stabil blieb, obwohl die Zahl der Arbeitslosen sogar geringfügig von 1,83 (Quote: 7,5%) auf 1,88 Mio. (Quote: 7,2%) anstieg, scheint zunächst für die Idee der demographischen Arbeitslosigkeit zu sprechen. Vor dem Hintergrund des skizzierten Makromodells stellt sich dies jedoch anders dar: Der Zustrom sorgte für Arbeitslosigkeit, diese drückte das Lohnniveau, die Folge war eine stetige Entwicklung der Wirtschaft mit steigenden Beschäftigungszahlen. Hätte es keinen Zustrom gegeben, wäre die Arbeitslosenquote kurzfristig niedriger ausgefallen. Dies hätte zu einem sekundären Ansteigen der Löhne und einem Wiederansteigen der Arbeitslosigkeit geführt. Der lange Aufschwung in den Achtzigerjahren wird in dieser Sichtweise geradezu durch den Zustrom von Arbeitskräften erklärt.

Versucht man, die einfachen bivariaten Vergleiche durch komplexere Analysen zu ergänzen, folgen keine eindeutigen Ergebnisse im Hinblick auf eine Bestätigung oder Widerlegung des Makromodells. Möller (1992, 1995) unternimmt empirische Untersuchungen, die sich an dem hier skizzierten Grundansatz orientieren. Er findet nur schwache Auswirkungen der Arbeitslosigkeit auf das Lohnniveau. Sie sind z. T. nicht einmal signifikant. Immerhin erweisen sich Veränderungen der Arbeitslosigkeit als wirksam. In international vergleichenden Analysen finden Krueger und Pischke (1997) Belege dafür, dass die Bevölkerungsentwicklung den Arbeitsmarkt in dem Sinne beeinflusst, wie es nach der demographischen Analyse mit dem beschriebenen Makromodell zu erwarten wäre. Das Ansteigen der Beschäftigung in den USA folgt demnach großenteils der Vergrößerung des Erwerbspersonenpotentials, allerdings um den Preis relativ niedriger Lohnsteigerungen (Borjas et al. 1997).

In jüngster Zeit wurden Ergebnisse intensiver empirischer Untersuchungen vorgelegt, die sich an der Theorie der so genannten "Lohnkurve" orientieren. Diese wurde von Blanchflower und Oswald eingeführt (1990, 1994) und entspricht der hier so bezeichneten Lohnsetzungskurve (Gleichung 1). Der Unterschied liegt nur darin, dass sich eine Lohnkurve nicht auf eine ganze Volkswirtschaft, sondern auf einzelne

Regionen bezieht. Für die Bundesrepublik ergaben sich uneinheitliche empirische Ergebnisse. Gefunden wurden starke (Blanchflower, Oswald 1994: Elastizität des regionalen Lohnniveaus im Hinblick auf die regionale Arbeitslosigkeit, ermittelt mit ALLBUS-Daten: -0,26), mittlere (Schwarze 1995 mit Aggregatdaten: -0,13; Gerlach, Wagner 1995 mit Daten der BiBB/IAB-Erhebung: -0,13; Bellmann, Blien 1996 mit Daten des Betriebspanels: -0,1), schwache (Gerlach, Wagner 1995 mit Daten des Sozio-ökonomischen Panels (SOEP): -0,06 bzw. (nicht signifikante) -0,05; Blien 1995 mit Daten der Beschäftigtenstatistik: -0,05) bzw. überhaupt keine Effekte (Rendtel, Schwarze 1996 mit Daten des SOEP). Der Nachweis des Zusammenhangs hängt offensichtlich stark von der angezielten Regionaleinheit und der Wahl des betreffenden Modells ab. Es ergeben sich signifikante Effekte der Arbeitslosigkeit auf den Lohn (mit einer Elastizität von -0,07), wenn man die Endogenität der Arbeitslosigkeit berücksichtigt (Baltagi, Blien 1998, Blien 1999). Beim derzeit erreichten Stand der Diskussion sprechen die meisten Befunde für die Existenz eines Lohnkurvenzusammenhangs, der jedoch schwächer ausgeprägt zu sein scheint als in anderen Ländern.

In Simulationsstudien des IFO-Instituts wurde eine starke zeitliche Variabilität des Effekts von Migration gefunden. Ein Zustrom auswärtiger Arbeitskräfte hat eine anfängliche Erhöhung der inländischen Arbeitslosigkeit zur Folge, die nach etwa 5 Jahren abklingt. Anschließend sinkt die inländische Arbeitslosigkeit sogar, bis sie nach ca. 20 Jahren wieder das anfängliche Niveau erreicht (Koll et al.1993; Klauder 1993). Empirische Untersuchungen von Velling (1995a, b) erbrachten, dass die starke Immigration in die Bundesrepublik zur Wende der Neunzigerjahre nur moderate Auswirkungen auf die Arbeitslosigkeit hatte. Damit kann ein Fazit für den möglichen Einfluss demographischer Veränderungen im Kontext allgemeiner ökonomischer Modelle gezogen werden: Theoretische Analysen und empirische Ergebnisse sprechen dafür, dass demographische Entwicklungen zwar Auswirkungen auf die Arbeitslosigkeit haben. Diese werden jedoch durch Preiseffekte abgeschwächt und verschwinden u. U. in der längeren Frist.

24.1.2.5 Folgerungen für populationsspezifische Teilarbeitsmärkte

Ein etwas modifiziertes Bild von demographischen Veränderungen ergibt sich, wenn berücksichtigt wird, dass der Arbeitsmarkt nicht homogen ist, sondern in einzelne Teilsegmente zerfällt (vgl. dazu allg. Doeringer, Piore 1971; Sengenberger 1987; für einen Überblick vgl. Blien 1986), zwischen denen Übergänge nur beschränkt möglich sind. In diesem Fall hat die Modellformulierung separat für jeden Teilarbeitsmarkt zu erfolgen.

Eine wichtige Unterscheidung erfolgt nach Geschlecht, da davon auszugehen ist, dass tendenziell mindestens der Zugang von Frauen zu jenen Arbeitsplätzen beschränkt ist, die üblicherweise mit Männern besetzt werden; umgekehrt gibt es auch Jobs, die eher Frauen reserviert sind (Jonung 1996). Die Folge: kontrolliert man in multivariaten Analysen persönliche Merkmale wie Berufsgruppe, Qualifikation, Stellung im Beruf und betriebliche Merkmale wie Branche und Betriebsgröße, bleiben erhebliche Lohnunterschiede zwischen Männern und Frauen bestehen. Die Unterschiede betrugen 1989 im Bereich der sozialversicherungspflichtigen Beschäftigung (alte Bundesrepublik) über 20% (Blien 1995: 160). Andererseits unterscheiden sich die Arbeitslosenquoten für Männer und Frauen erheblich. Sie betrugen im gleichen Jahr 6,9 und 9,4%, 1979 waren die relativen Unterschiede noch größer gewesen, die Quoten beliefen sich auf 2,9 bzw. 5,2% (Durchschnittswerte). Besonders groß ist der Unterschied in Ostdeutschland, wo ca. zwei Drittel der Arbeitslosen in den Jahren 1991–1994 Frauen waren.

Folgt man den Ansätzen von Layard et al. (1991), kann zumindest ein Teil der Lohndiskriminierung von Frauen somit auf die Wirkung des Arbeitskräfteüberschusses auf dem frauenspezifischen Teilarbeitsmarkt zurückgeführt werden. Dies bestätigt sich auch in empirischen Untersuchungen (Blien, Mederer 1998). Damit wird deutlich, dass sich die in der Vergangenheit zu registrierende Erhöhung der Erwerbsneigung der Frauen in erster Linie für ihren Teilarbeitsmarkt ausgewirkt hat. Frauen sind auf dem Arbeitsmarkt Konkurrentinnen anderer Frauen. Auf Grund der Segmentation der Märkte sind Männer nur zu einem niedrigeren Grad betroffen.

Zu den Arbeitsmarktwirkungen der Immigration ausländischer Arbeitskräfte liegen mehrere Untersuchungen vor. Vellings (1995a, b) Resultat, dass Zuwanderung nur geringe Auswirkungen auf die inländische Arbeitslosigkeit hat, wurde schon genannt. Im Hinblick auf das Lohnniveau von Inländern fanden DeNew und Zimmermann (1993) schwache negative Effekte von Zuwanderung, bei anderen Untersuchungen wurden keine oder vernachlässigbar geringe Effekte festgestellt (Haisken-DeNew, Zimmermann 1995; Bauer 1997). In Übereinstimmung mit dem Argument einer Arbeitsmarktspaltung findet Bauer, dass Zuwanderer Lohneffekte für die eigene Gruppe haben. Man sieht also, dass sich Veränderungen auf der demographischen Seite nicht unbedingt auf den Arbeitsmarkt insgesamt auswirken, sondern u. U. auf Teilarbeitsmärkte mehr oder minder beschränkt bleiben.

24.1.2.6 Fazit für die Konsequenzen demographischer Veränderungen

Auf der Grundlage des Makromodells für den Arbeitsmarkt wurden bereits verschiedene Konsequenzen demographischer Veränderungen dargelegt. Diese werden vor dem Hintergrund der erörterten empirischen Ergebnisse folgendermaßen kurz zusammengefasst:

- Die Ökonomie reagiert elastischer als erwartet auf demographische Veränderungen. Arbeitslosigkeit ergibt sich nicht einfach als Saldo exogen vorgegebener Größen von Angebot und Nachfrage;
- Arbeitslosigkeit kann nicht einfach dem (zusätzlichen) Auftreten bestimmter Gruppen von Arbeitskräften (Frauen, Ausländern) zugeschrieben werden;
- Umgekehrt kann das Ausgliedern bestimmter Kategorien von Arbeitskräften und ihre Überführung in marktferne Statusarten, z. B. durch Frühverrentungen, die Folge haben, dass das gesamtwirtschaftliche Produkt sinkt, die Arbeitslosigkeit sich jedoch nicht nennenswert verändert;
- Ein demographisch bedingter Zustrom von Arbeitskräften wirkt in kurzer Frist lohnsenkend und hat eine erhöhte Arbeitslosigkeit zur Folge. In längerer Frist verschwinden diese Effekte tendenziell wieder. Ob sich eine längerfristig Erhö-

hung der Arbeitslosigkeit ergibt, war theoretisch nicht zu klären. Es gibt sogar Argumente dafür, dass die Arbeitslosenrate als Folge z. B. von Immigrationsprozessen sogar relativ niedrig ausfällt;

- Die genannten Prozesse betreffen in erster Linie bestimmte Teilarbeitsmärkte und erst sekundär den gesamten Arbeitsmarkt. Tritt eine Gruppe von Arbeitskräften zusätzlich auf dem Arbeitsmarkt auf, ist stets zu bedenken, mit wem sie konkurriert.

24.2 Konsequenzen der alternden Gesellschaft für den Arbeitsmarkt

24.2.1 Einführung

Der Zusammenhang zwischen Bevölkerungsentwicklung und Arbeitsmarkt wurde in den letzten Jahren am stärksten in der Diskussion um die Folgen einer zukünftig zu erwartenden "Überalterung" der Gesellschaft für das Arbeitsangebot deutlich. Danach wird eine demographische Veränderung, nämlich die Abnahme der Geburtenhäufigkeit, zu einer Verschiebung der Altersstruktur des Erwerbspersonenpotentials und im weiteren Verlauf zu einer Abnahme der Bevölkerung führen. Dies hat Konsequenzen für den Arbeitsmarkt, da das Arbeitskräfteangebot abnimmt und die Zunahme des Anteils älterer Arbeitskräfte mit erheblichen qualitativen Veränderungen verbunden ist. Der Geburtenrückgang, der Basis des ganzen Prozesses ist, betrifft nicht nur die Bundesrepublik, sondern nahezu alle europäischen Staaten. In der EU der 12 nahm die Nettoreproduktionsrate 1960–1991 von 1,27 auf 0,72 ab (Deutscher Bundestag 1994: 25). Um eine Abschätzung der künftigen Auswirkungen des Prozesses zu ermöglichen, muss auf Bevölkerungsprognosen zurückgegriffen werden.

24.2.2 Bevölkerungsprognosen als Basis der Beurteilung

An dieser Stelle soll lediglich auf die Ergebnisse der achten koordinierten Bevölkerungsvorausberechnung des Statistischen Bundesamtes eingegangen werden, da diese Modellierung von staatlicher Seite vorrangig als Handlungsgrundlage herangezogen wird. (Deutscher Bundestag 1994). Die Darstellung beschränkt sich dabei auf die mittlere Variante, deren Annahmen üblicherweise nach Meinung der Autoren der zukünftigen Entwicklung am nähesten kommen. Anzumerken ist hier allerdings, dass selbst Modellrechnungen mit höchst unrealistischen Prämissen, die eine radikale Trendwende gegenwärtiger Entwicklungen beinhalten, bezüglich der zu erwartenden Altersstruktur nicht zu grundlegend anderen Ergebnissen kommen (Dinkel, Lebok 1994; Schulz 1995; Schwarz 1995; Thon 1995). Als Basis für die Abschätzung zukünftiger Bevölkerungszahlen werden Annahmen zur Entwicklung der Fertilität, der Mortalität und der Wanderungsbewegungen gebildet. Die achte Bevölkerungsvorausberechnung des Statistischen Bundesamtes geht von folgenden Veränderungen der Komponenten bis zum Jahr 2040 aus (Sommer 1994: 497 f.):

- Geburtenentwicklung: auf Grund der weitgehenden Stabilität der Geburtenziffern während der letzten beiden Jahrzehnte im früheren Bundesgebiet werden hier die alterspezifischen Geburtenziffern von 1992 als konstant zu Grunde gelegt. Für die neuen Bundesländer wird zunächst von einem Absinken der Geburtenhäufigkeit bis 1996 und dann einer Angleichung an die westdeutschen Werte bis spätestens 2010 ausgegangen;
- Lebenserwartung: basierend auf dem gegenwärtigen Trend wird für das frühere Bundesgebiet ein weiterer Anstieg der Lebenserwartung Neugeborener um über 1,5 Jahre bis zum Jahr 2000 angenommen, danach sollen diese Werte konstant bleiben. Für die neuen Bundesländer wird ein zweistufiger Anpassungsprozess zu Grunde gelegt, wobei bis zum Jahr 2005 die derzeitigen westdeutschen Werte und bis zum Jahr 2030 die ab der Jahrtausendwende für die westlichen Bundesländer vermuteten Werte erreicht werden sollen;
- Außenwanderungssaldo: in der hier ausgewählten mittleren Variante der Vorausberechnung wird für den Zeitraum 1993–2040 ein Zuwanderungsgewinn von etwas mehr als 12 Mio. Menschen erwartet, wobei bis zum Jahr 2000 die jährlichen Wanderungssalden auf 200.000 sinken und dann konstant bleiben sollen.

Nach der mittleren Variante der Bevölkerungsvorausberechnung des Statistischen Bundesamtes steigt die Zahl der bundesdeutschen Bevölkerung noch bis zum Jahr 2003 auf knapp 84 Mio. und fällt dann kontinuierlich bis auf 72 Mio. (also knapp 90% des derzeitigen Bevölkerungsbestands) zur Mitte des nächsten Jahrhunderts (Tab. 1). Für den Arbeitsmarkt ist aber weniger die Entwicklung der Gesamtbevölkerung als diejenige der Personen im erwerbsfähigen Alter von Bedeutung (zu den Arbeitsmarktkonsequenzen vgl. u. a. Buttler 1990). Die gesonderte Betrachtung der Altersgruppe der 20- bis unter 60-jährigen zeigt einen etwas anderen Zeitverlauf als bei der Gesamtbevölkerung: hier sinken die absoluten Zahlen bis zum Jahr 2000 leicht ab, steigen infolge der höheren absoluten Geburtenzahlen bei den geburtenstarken Jahrgängen (um das Geburtsjahr 1960) bis etwa zum Jahr 2010 wieder etwas an und fallen dann kontinuierlich bis zum Ende des beobachteten Zeitraums, wobei der Rückgang stärker als in der Gesamtbevölkerung ist (im Jahr 2040 gibt es knapp ein Viertel weniger Personen im Alter von 20- bis unter 60 Jahren als 1992). Während sich heute etwa drei Fünftel der Bundesbürger im erwerbsfähigen Alter befinden, wird es Mitte des nächsten Jahrhunderts nur noch die Hälfte sein.

Tab. 1: Bevölkerungsentwicklung 1992–2040 nach der Bevölkerungsvorausberechnung des Statistischen Bundesamtes

Jahr (jeweils 31.12.)	Bevölkerung insgesamt (in Tsd.)	Entwicklung (1992=100)	Bevölkerung im Alter 20–60 Jahre (in Tsd.)	Entwicklung (1992=100)	Anteil der 20– 60-Jährigen an der Bevölkerung (in %)
1992	80.974,6	100	47.072,8	100	58,1
2000	83.740,5	103	46.662,1	99	55,7
2010	83.433,0	103	47.129,1	100	56,5
2020	81.183,4	100	44.356,4	94	54,6
2030	77.413,5	96	38.370,2	82	49,6
2040	72.413,0	89	36.217,1	77	50,0

(Quelle: Sommer 1994: 501 (nur Variante 2))

Auch diese Zahlen drücken jedoch die Dynamik des gesellschaftlichen Alterungsprozesses nur unzureichend aus. Deutlicher wird der Prozess, wenn man beispielsweise die Zahl der unter 20-jährigen in Relation zu den über 60-jährigen betrachtet: während Mitte der 90er-Jahre dieses Verhältnis noch in etwa 1:1 ist, werden nach der vorgestellten Prognose im Jahr 2040 mehr als doppelt so viele ältere als jüngere Menschen in der Bundesrepublik Deutschland leben. In der Gesamtbevölkerung steigt dabei innerhalb dieses Zeitraums das Durchschnittsalter um etwa zehn Jahre an (Schulz 1995). Für das Erwerbssystem würde das zunächst bedeuten, dass unabhängig von der tatsächlichen Erwerbsbeteiligung immer weniger junge Menschen dem Arbeitsmarkt zur Verfügung stehen können. Dies gilt selbst dann, wenn erheblich höhere Zuwanderungsraten angenommen werden, da auch die anderen westeuropäischen Länder einem ähnlichen Alterungsprozess unterliegen und deshalb Wanderungsbewegungen innerhalb der Europäischen Gemeinschaft kaum zu Veränderungen der Altersstruktur führen können (Klauder 1993a, b; Golini et al. 1991). Diese Anmerkungen machen schon deutlich, dass der Prognose der Altersstruktur eine vergleichsweise gute Verlässlichkeit unterstellt werden kann: “Sprechen doch Bevölkerungswissenschaftler gern von 'demographischer Trägheit' und meinen damit die Erkenntnis, dass bevölkerungsmäßige Entwicklungen ...im Ganzen gesehen keine abrupten Veränderungen aufweisen und daher einmal angelegte Strukturen eine große Beharrlichkeit zeigen” (Thon 1995: 290; Fuchs 1997). Dies liegt zum einen daran, dass das Heranwachsen neuer Generationen sich nach Jahrzehnten bemisst. Zudem ändert sich das generative Verhalten nur relativ langsam, sofern einige Rahmenbedingungen stabil bleiben, die insbesondere die Grundstruktur der Marktwirtschaft und der Sozialversicherung betreffen. Umbruchsituationen, wie sie die Bevölkerung der ehemaligen DDR betrafen, führen hingegen zu Brüchen im generativen Verhalten. Die Geburtenrate auf dem Gebiet der heutigen neuen Länder halbierte sich von 1989 (1,57) bis 1992 (0,80) (Deutscher Bundestag 1994: 23). Die grundlegende Annahme hinter den Bevölkerungsprognosen ist also die Strukturkonstanz. Allerdings sind Wanderungen erheblich schwieriger einzubeziehen, da sie von politischen Ereignissen in anderen Ländern etc. abhängen. Hier haben alle Prognosemodelle eine "offene Flanke", wie jene leicht zeigen, die vor der deutschen Vereinigung entstanden sind.

Festzuhalten ist jedoch, dass alternative Annahmen zu den Wanderungsszenarien die Verschiebung der Altersstruktur zwar betreffen, aber nicht zu grundsätzlich anderen Ergebnissen führen: "Erst wenn jedes Jahr ausschließlich 0,5 Mio. Jugendliche zuwandern würden (Dinkel, Lebok Var. 1) wird der Alterungsprozess drastisch verringert, aber auch dann nicht völlig gestoppt" (Klauder 1993b). Die verwendete Methode der Prognose selbst hat kaum Einfluss auf die Resultate. Dies zeigt ein Vergleich zwischen den Arbeiten verschiedener Institutionen, die sich trotz konzeptioneller Unterschiede weitgehend ähneln (Birg, Koch 1987; Dinkel, Lebok 1993; Maretzke, Blach 1994; Schulz 1993, 1995; Sommer 1994).

24.2.3 Projektion des Arbeitskräftepotentials

Die reine Betrachtung von Altersgruppen kann nur bedingt Aufschluss über das dem Arbeitsmarkt zukünftig zur Verfügung stehende Arbeitskräftepotential geben, da hierzu zusätzlich das individuelle Angebotsverhalten beachtet werden muss. In den letzten Jahren wurde das Erwerbsverhalten der Bundesbürger vor allem durch zwei zentrale Veränderungstrends geprägt: zum einen führte die zunehmende Höherqualifizierung zu einer stetigen Verlängerung der Verweildauer im Bildungssystem und dadurch zu einer Verringerung der Erwerbsbeteiligung jüngerer Personen, zum anderen bemühten sich vor allem Frauen mittleren Alters verstärkt um den Verbleib bzw. die Rückkehr ins Erwerbsleben, was wiederum die Erwerbsbeteiligung von Personen mittleren Alters stark erhöht hat. Berücksichtigt werden solche Aspekte individuellen Verhaltens in der *Arbeitskräfte-Potentialrechnung* des Instituts für Arbeitsmarkt- und Berufsforschung (IAB). Bei der Erstellung präziser Vorausberechnungen ergeben sich allerdings im Unterschied zu den längerfristigen Bevölkerungsprognosen aufgrund kurzfristiger konjunkturell bedingter Schwankungen am Arbeitsmarkt größere Schwierigkeiten. Die IAB-Projektionen beziehen sich deshalb jeweils auf das bei Hochkonjunktur maximal verfügbare Potential und rechnen sowohl die Konjunktureinflüsse heraus als auch das nur durch einschneidende strukturelle Veränderungen verfügbar zu machende Potential (Klauder 1988a). Neben den für eine Vorausberechnung der Bevölkerungsentwicklung notwendigen Annahmen müssen für Erwerbspotentialschätzungen zusätzlich alters- und geschlechtsspezifische Entwicklungstrends bei der Berechnung berücksichtigt werden. Die zentralen Annahmen der nur auf das frühere Bundesgebiet beschränkten langfristigen Potentialprojektion von 1991 lauten (Thon 1995):[7]

[7] Die Beschränkung auf das frühere Bundesgebiet begründet sich aus der Tatsache, daß Trendfortschreibungen wegen fehlender Daten und der außergewöhnlichen Arbeitsmarktentwicklung im Transformationsprozeß der neuen Bundesländer noch nicht möglich sind. Allerdings wurden frühzeitig erste Projektionsversuche auch für das Beitrittsgebiet vorgelegt (vgl. Fuchs et al. 1991; Vogler-Ludwig 1991).

- Wanderungssaldo: zwischen 1991 und 2010 wird mit einer Zuwanderung von insgesamt 4,3 Mio. Personen ausgegangen, danach werden nur noch natürliche Bevölkerungsveränderungen berücksichtigt;
- Rentengrenze: die schrittweise Anhebung der Altersgrenze auf 65 Jahren bis zum Jahr 2010 ist in der Berechnung enthalten;
- Erwerbsquoten: bis zum Jahr 2010 werden die geschlechts- und altersspezifischen Veränderungen trendgemäß fortgeschrieben und danach konstant gehalten.

Unter Verwendung dieser Projektionsvorgaben kann bis zum Jahr 2010 für Gesamtdeutschland mit einem leichten, kontinuierlichen Anstieg des Erwerbspersonenpotentials (von 41 Mio. auf knapp 41,5 Mio.) gerechnet werden. Mit den erwähnten Modifikationen der Projektion – keine weitere Zuwanderungen und Stabilität der Erwerbsquoten – ist in den folgenden zwei Jahrzehnten dann allerdings ein rapider Rückgang um rund 20% zu erwarten. Mittelfristig zumindestens ist jedoch weniger die Veränderung der absoluten Höhe des Erwerbspersonenpotentials, sondern dessen altersmäßige Zusammensetzung von besonderer Bedeutung (Abb. 5): Bis etwa zum Jahr 2000 wird der Anteil der 30–49-Jährigen um etwa 10% steigen und gleichzeitig der Anteil jüngerer von einem Drittel auf etwa ein Fünftel zurückgehen. In den ersten zwei Jahrzehnten des nächsten Jahrhunderts nimmt dann voraussichtlich der Anteil der über 50-jährigen zulasten der mittleren Altersgruppe um etwa den selben Prozentsatz zu. Ab 2020 ist erneut eine Trendwende zu erwarten, mit einem sinkenden Anteil der älteren und einem erneuten Anstieg der mittleren Altersgruppe. Die Prognose des Erwerbspersonenpotentials ist insgesamt mit höheren Unsicherheiten verbunden als die Prognose der Bevölkerungsentwicklung, da Verhaltensannahmen nicht nur das generative Verhalten insgesamt betreffen, sondern auch die Entscheidung über die Aufnahme einer Erwerbstätigkeit. All diese Entscheidungen hängen von ökonomischen Rahmenbedingungen ab, z. B. von den Nachfragebedingungen auf Märkten, die sich in Preisen und Löhnen ausdrücken. Dennoch ist die Prognose des Erwerbspersonenpotentials von relativ hoher Reliabilität, da die Arbeitskräfte z. B. des Jahres 2010 heute zumindest bereits geboren sein müssen.

Zur Lösung des Problems, dass die Nachfragebedingungen auf dem Arbeitsmarkt zunächst unbekannt sind, könnte eine Prognose dieser Marktseite verwendet werden. Längerfristige Prognosen der Wirtschaftsentwicklung sind allerdings mit noch wesentlich größeren Unsicherheitskomponenten verbunden als die Vorausberechnung der Bevölkerungs- bzw. Erwerbspotentialentwicklung. Die Konkurrenzfähigkeit z. B. der deutschen Automobilindustrie im Jahre 2005 oder gar im Jahre 2030 hängt von derart vielen Faktoren ab, dass Vorhersagen höchst unsicher sind.

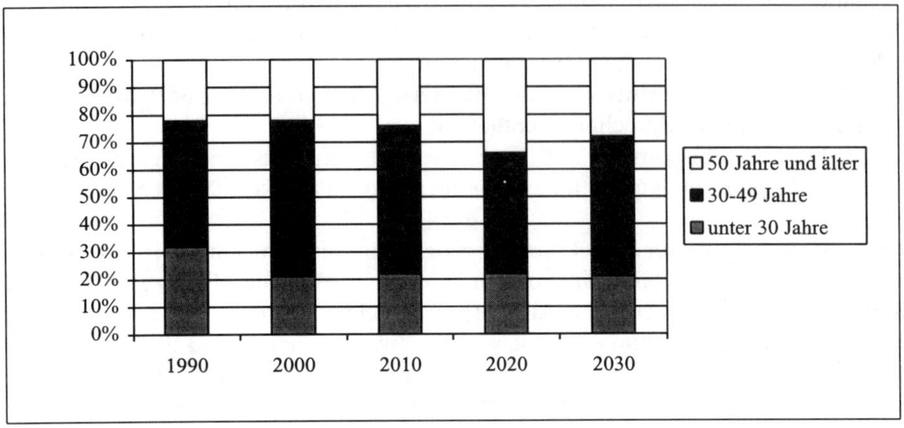

Abb. 5: Altersstruktur des Erwerbspersonenpotentials 1990–2030 nach der IAB-Potentialprojektion

(Quelle: Thon 1995: 295)

Ambitionierte Versuche einer kompletten Projektion der zukünftigen Arbeitslandschaft wurden in der Bundesrepublik Deutschland vor allem von der PROGNOS AG im Auftrag der Bundesanstalt für Arbeit und in enger Kooperation mit dem Institut für Arbeitsmarkt- und Berufsforschung unternommen (Rothkirch, Weidig 1985; Hofer et al. 1989; Rothkirch 1993). An dieser Stelle ist eine ausführliche Darstellung der einzelnen Projektionsschritte aus Platzgründen jedoch nicht möglich.

24.2.4 Qualitative Auswirkungen auf dem Arbeitsmarkt

Die Verschiebung der Altersproportionen innerhalb des Erwerbspersonenpotentials zu Gunsten eines höheren Anteils der Älteren wird von erheblichen Konsequenzen für die Personalpolitik der Betriebe sein und wesentliche Rahmenbedingungen des Arbeitsmarktes beeinflussen.[8] Verschiedene Dimensionen sind anzusprechen (Sackmann 1998), die hier lediglich analytisch zu trennen, in der Realität jedoch miteinander verschränkt sind.

24.2.4.1 Direkte Produktivitätseffekte

Bei vielen Arbeiten nimmt die Leistungsfähigkeit mit höherem biologischen Alter ab. Bestimmte Tätigkeiten, die körperliche Schwerstarbeit erfordern, können nur für begrenzte Zeit in jüngeren Jahren ausgeübt werden. Mit höherem Alter sinkt nicht nur

---

8 Darüber hinaus treten generelle Veränderungen der Ökonomie auf, z. B. fällt u. U. als Auswirkung der Alterung der Bevölkerung die Sparquote (Miles 1999).

die körperliche Kraft – ein Effekt, der in fast allen Sportarten 60-jährige Olympiasieger verhindert – sondern auch Konzentrations- und andere "geistige" Fähigkeiten.

In vielen Berufen werden altersbedingte Leistungsbeschränkungen durch die Zunahme an Erfahrungen und Kenntnissen in bestimmtem Grade kompensiert. Das genaue Verhältnis der beiden Effekte ist unbekannt (Johnson, Zimmermann 1993: 10) es kann jedoch davon ausgegangen werden, dass ab einem bestimmten, fortgeschrittenen Alter der negative Effekt dominiert. Darüber hinaus werden ältere Arbeitskräfte häufiger krank. Dies reduziert ihre durchschnittliche Jahresproduktivität, bzw. erhöht die Kosten ihrer Beschäftigung. Ältere Arbeitskräfte werden außerdem nicht gewillt sein, bestimmte Tätigkeiten auszuüben (Buttler 1990: 451). Zusätzlich kann die Verschiebung der Altersproportionen dort zu einem Absinken der Produktivität führen, wo diese auf einer bestimmten Mischung von jungen und alten Arbeitskräften beruht, z. B. auf der Mischung von "Erfahrung" und besonderer "körperlicher Leistungsfähigkeit". Somit kann abschließend gefolgert werden, dass direkte Produktivitätseffekte in verschiedenen Bereichen zu Kostensteigerungen für die Betriebe führen werden. Insbesondere Arbeiten, die stark verschleißenden Charakter haben, werden mit älteren Arbeitskräften nicht mehr im gleichen Grade durchgeführt werden können wie bisher.

24.2.4.2 Die Entwicklung der Qualifikationsstruktur

Bisher konnten sich die Betriebe einen Nachschub an notwendigen neuen Qualifikationen, insbesondere denen, die höheren Anforderungen entsprechen, durch die Rekrutierung junger Absolventen des Bildungswesens verschaffen. Zum Teil bildeten sie die benötigten Fachkräfte im Rahmen des dualen Systems der Berufsausbildung auch selbst aus. Eine weitere Folge der demographischen Veränderung, d. h., der Verschiebung der Altersstruktur, für den Arbeitsmarkt ergibt sich als Konsequenz von technischem Fortschritt und Strukturwandel, die im Zeitablauf sich verändernde Qualifikationsanforderungen implizieren. In der Vergangenheit war zudem ein Trend zu höheren Qualifikationen feststellbar. Verschiedene Prognosen für die Entwicklung der Nachfrageseite des Arbeitsmarktes erwarten eine Fortsetzung dieses Trends. Die numerische Stärke der jungen Kohorten nimmt jedoch erheblich ab. Bleibt es bei der heutigen institutionellen Struktur des (Aus-)Bildungswesens und seiner Orientierung auf junge Menschen, so wird der Import an neuen Qualifikationen in die Betriebe stark verlangsamt werden (Johnson, Zimmermann 1993: 12 f.; Thon 1995). Eine andere Möglichkeit ist die Umorientierung auf ältere Arbeitskräfte. Dem steht entgegen, dass die Bereitschaft älterer Menschen, neue Qualifikationen zu erwerben, geringer ist als jene junger Personen, da eine Gewöhnung an bestimmte Tätigkeiten eingetreten ist und mit dem Lebensalter die Lernfähigkeit in bestimmtem Grade abnimmt.

Von der Humankapitaltheorie (Becker 1975) wird zudem betont, dass für Investitionen in Qualifikationen Ressourcen aufgewendet werden müssen, d. h. Kosten entstehen, deren Amortisationszeit sich bei älteren Arbeitskräften verkürzt. Die Kosten fallen zum Teil in der Form direkter Aufwendung für Ausbildung (für Ausbilder, Schulungsräume etc.) an, zum Teil ergeben sie sich in Form niedriger Erträge während der Dauer der Ausbildung, da z. B. ein Auszubildender während seiner Lehrzeit weniger als ein Facharbeiter produziert. Diese Investitionen werfen nach der Ausbildung Erträge ab. Ist die Arbeitskraft älter, reduziert sich genau jene Zeitspanne bis zum Ende des Erwerbslebens, während derer die Erträge anfallen. Aus diesem Grund lohnen sich Bildungsinvestitionen vor allem bei jungen Arbeitskräften. Bei älteren, die schon eine Qualifikation erworben haben, sind zudem die entgangenen Erträge in der Zeit der Ausbildung höher als bei jungen. Zum anderen erfordert die Requalifizierung Erwachsener neue Strukturen im (Aus-)Bildungswesen, die noch nicht existieren (Thon 1995). Der Bereich der beruflichen Erwachsenenbildung ist heute sehr stark als "Nothilfe" bei Arbeitslosigkeit entwickelt. Die Unterstützung durch öffentliche Mittel, vor allem durch die Bundesanstalt für Arbeit, orientiert sich an diesem Problem. Die Prognose erscheint jedoch nicht zu gewagt, dass hier eine Erweiterung der Aufgabenstellung eintreten wird. Auch die Betriebe werden sich gezwungen sehen, ihre eigenen Ausbildungsstrukturen umzustellen. Die künftige Anpassung der Qualifikationen kann nur über die Neuqualifizierung von Erwachsenen erfolgen. Dies wird durch die genannten Probleme (verkürzte Ertragszeit der Bildungsinvestitionen etc.) allerdings ungünstigere Kosten- Ertragsrelationen verursachen als die Ausbildung junger Personen.

Es sei angemerkt, dass sich auf Grund des genannten Effekts eine Verbesserung der Berufsaussichten von Personen ergeben könnte, die nach einer Erwerbsunterbrechung wieder eine Beschäftigung suchen. Dies sind in der Mehrzahl Frauen, die nach einer Familienphase zurückkehren oder zurückkehren wollen. In vielen Fällen ist die Qualifikation, die vorher erworben wurde, inzwischen im Wert gefallen, sei es, weil die Übung in der Zwischenzeit gefehlt hat, sei es, weil Kenntnisse vergessen wurden oder sei es, dass in dem betreffenden Beruf inzwischen neue Qualifikationen gefragt sind oder das betreffende Berufsbild inzwischen weitgehend geschwunden ist.

Je stärker der Mangel an jungem "Nachwuchs" in einem Beruf für die Betriebe fühlbar wird, umso eher werden sie an der Requalifizierung von Berufsrückkehrerinnen für diesen Bereich interessiert sein (Wagner 1990: 465).

24.2.4.3 Interne Arbeitsmärkte

In der Arbeitsmarkttheorie wird seit geraumer Zeit diskutiert, dass die Arbeitsplätze eines Betriebes oft in bestimmtem Grade vom externen Arbeitsmarkt abgeschottet sind (Doeringer, Piore 1971; Sengenberger 1987; für einen Überblick vgl. Blien 1986). Diese Form der Arbeitsmarktsegmentierung führt dazu, dass ein Teil der Arbeitsplätze nicht für betriebsexterne Personen zugänglich ist. Dabei handelt es sich oft um Tätigkeiten, für die bestimmte betriebsspezifische Kenntnisse erforderlich sind. Um den Qualifikationserwerb zu erleichtern, werden Arbeitsplätze dann i.d.R. in Form einer Mobilitätskette angeordnet (Piore 1975). Dabei bauen die im Verlauf der Arbeit normalerweise beiläufig erworbenen Qualifikationen aufeinander auf. Um die betreffenden Arbeitskräfte an den jeweiligen Betrieb zu binden, werden betriebsspezifisch ausgebildete Personen besser bezahlt.

Soweit betriebsinterne Arbeitsmärkte lediglich auf diesem Prinzip beruhen, hat es keine weiteren Folgen, wenn der Altersdurchschnitt der Beschäftigten steigt. Dies ist allerdings dann der Fall, wenn im Sinne des bereits genannten Arguments zur Komplementarität von Jung und Alt, die Arbeitsplätze für erfahrene Personen voraussetzen, dass auch unerfahrene und damit billige Arbeitskräfte vorhanden sind. Verfolgen die Arbeitskräfte die Erwartung, nach einer bestimmten Verbleibdauer im Betrieb auf besser bezahlte Positionen befördert zu werden, werden negative Effekte auf die Arbeitsmotivation eintreten, wenn diese Beförderung nicht erfolgt (Müller 1985; Nienhüser 1992; Naegele 1993; Köchling 1995). Dies verweist darauf, dass mit internen Arbeitsmärkten zusätzliche Leistungsanreize verbunden sind, die negativ betroffen werden, wenn keine neuen Arbeitskräfte in den Betrieb eintreten. Solches gilt in einem anderen Sinne für Muster der Entlohnung nach Betriebsseniorität, die unabhängig vom Qualifikationserwerb eingerichtet werden. In diesem Fall dient den Betrieben die im Zeitablauf steigende Entlohnung als reines Anreizinstrument (Edwards 1979; Lazear 1981). Jede Person, die in einem Betrieb neu eintritt, beginnt die Beschäftigung mit relativ niedrigem Lohn. Arbeitet sie mit der vom Betrieb gewünschten Leistung, steigert sich das Einkommen im Zeitablauf, auch wenn sich Qualifikationen und Arbeit nicht verändern. Der Arbeitsanreiz besteht somit darin, dass jeder, der über längere Zeit die geforderte Leistung erbringt, auf bessere Bezahlung hoffen kann. Derartige Systeme spielen in der Ökonomie der Bundesrepublik eine begrenzte Rolle (Löwenbein 1991; Bellmann 1986; Blien, Rudolph 1989). Sie basieren offensichtlich auf einer Mischung der Arbeitskräfte zwischen Alt und Jung, da das Altersmerkmal mit der Betriebsseniorität hoch korreliert. Gibt es zu wenig junge Arbeitskräfte, erhöhen sich die Durchschnittskosten einer Belegschaft, da ältere durchschnittlich teurer sind (Johnson, Zimmermann 1993: 9).

24.2.4.4 Mobilität und Mismatch

Jüngere Arbeitskräfte sind mobiler. Sie wechseln häufiger zwischen Betrieben, Regionen und Berufen. Eine Reihe von Argumenten dazu wurde schon genannt: Ältere haben bereits im höheren Grade teure Qualifikationen erworben, dies macht Berufswechsel kostspielig. Betriebsspezifische Qualifikationen sind außerhalb eines einzigen Betriebs wertlos. Familienbindungen und Gewöhnung an eine bestimmte Umgebung wirken als zusätzliche Mobilitätshemmnisse (Kap. 24.4). Der im Verlauf des Erwerbslebens durchgeführte Erwerb von Wohneigentum, das oft nicht leicht verkäuflich ist, beinhaltet ein weiteres Hindernis (Oswald 1996). Arbeitsrechtliche Regelungen bieten Arbeitskräften mit höherem Alter und langer Dauer der Betriebszugehörigkeit bei betriebsbedingten Kündigungen zusätzlichen Schutz (Däubler 1993). Bei langer Betriebszugehörigkeit müssen relativ hohe Abfindungen gezahlt werden. All dies führt dazu, dass die durchschnittliche Mobilität einer Bevölkerung mit einem höheren Anteil an älteren Personen abnimmt. Dementsprechend sinkt die Anpassungsfähigkeit der Ökonomie insgesamt, die Umsetzung von Strukturwandel und technischem Fortschritt verlangsamt sich. Die Kehrseite davon ist das Auftreten von Mismatcharbeitslosigkeit (Franz 1991: 221 f.). Dabei handelt es sich um eine Form der Arbeitslosigkeit, die durch qualitative Diskrepanzen von Angebot und Nachfrage auf dem Arbeitsmarkt definiert ist. Zwar sind genug Arbeitsplätze vorhanden, um einen Bestand von Arbeitslosen aufzunehmen, aus verschiedenen Gründen passen jedoch Arbeitslose und Arbeitsplätze nicht zusammen, da die Verteilungen nach Regionen und Qualifikationen jeweils zu unterschiedlich sind. Es gibt Anhaltspunkte, dass die Bedeutung von Mismatcharbeitslosigkeit in der jüngeren Vergangenheit erheblich gestiegen ist (Buttler, Cramer 1991), da sich die Arbeitsteilung der Ökonomie vertieft und die Spezialisierung der Tätigkeiten erhöht. Für das Jahr 1991 wird der Umfang der Mismatcharbeitslosigkeit vom Sachverständigenrat zur Begutachtung der wirtschafltichen Entwicklung auf ca. 500.000 Personen geschätzt (Franz 1995: 24). Damit sind gegenläufige Trends wirksam, die das Ausmaß der Mismatcharbeitslosigkeit in Zukunft wesentlich erhöhen können. Einerseits vertieft sich die Arbeitsteilung, andererseits sinkt die Mobilität der älter werdenden Erwerbsbevölkerung.

24.2.5 Erhöhung der langfristig sich einstellenden Arbeitslosigkeit

In Kap. 24.1 wurde mit einer Variante des so genannten "Europäischen Arbeitsmarktmodells" gezeigt, dass sich eine Ökonomie langfristig bei einer bestimmten Arbeitslosenquote einpendeln könnte, die NAIRU genannt wird. Ihre Höhe hängt u. a. von der institutionellen Struktur der Ökonomie ab. Die Verschiebung der Altersstruktur könnte sich hier ebenfalls niederschlagen, dies zeigt schon das Ansteigen der Mismatcharbeitslosigkeit. Zusätzlich sind Effekte im Rahmen der beiden theoretischen Ansätze zu bedenken, die die Grundlage des "Europäischen Arbeitsmarktmodells" darstellen. Sowohl beim Verhandlungs- als auch beim Effizienzlohnansatz ist wichtig, dass die Arbeitslosen in einer Konkurrenzbeziehung zu den beschäftigten Arbeitskräften stehen. Bei älteren Arbeitslosen sinken jedoch im Durchschnitt Mobilität und Flexibilität und damit auch ihre Konkurrenzfähigkeit. Die langfristig sich herstellende Arbeitslosigkeit wird sich auf einem Niveau oberhalb der heute geltenden NAIRU einspielen, in Abb. 4 sinkt der Beschäftigtenanteil B(NAIRU) tendenziell. Damit wird deutlich, dass Hoffnungen, die mit der künftigen, demographisch bedingten Reduktion des Erwerbspersonenpotentials sich teilweise verbinden, durchaus nicht oder nicht in dem kalkulierten Maße eintreffen könnten.

24.2.6 Einige Aspekte der aktuellen arbeitsmarktpolitische Praxis

Auf die aktuellen Arbeitsmarktprobleme und die sich abzeichnenden demographischen Trends reagierte die Politik mit einer Vielzahl von Initiativen mit allerdings widersprüchlichen Zielen. So wurden z. B. parallel Maßnahmen zur Verkürzung *und* zur Verlängerung der Lebensarbeitszeit diskutiert und z. T. umgesetzt (Schmähl 1988, 1989; Rosenow, Naschold 1994). Sowohl verschiedene tarifvertraglich vereinbarte Vorruhestandsregelungen als auch das von der Bundesregierung Mitte der Achtzigerjahre verabschiedete Vorruhestandsgesetz zielten auf eine Entlastung des Arbeitsmarktes für jüngere Arbeitnehmer und ermöglichten den besonders von Langzeitarbeitslosigkeit bedrohten älteren Arbeitnehmern ein frühzeitiges Ausscheiden aus dem Erwerbsleben ohne gravierende finanzielle Nachteile (Naegele 1987; Thon 1996; Wübbeke 1997). Das hierdurch sinkende durchschnittliche Rentenalter und die gleichzeitig weiter steigende Lebenserwartung führte zu einer "Entberuflichung des Alters" und begründete eine neue Lebensphase der "jungen Alten", welcher in den letzten Jahren auch von sozialwissenschaftlicher Seite erhöhte Aufmerksamkeit gewidmet wurde (Bäcker 1993; Bäcker, Naegele 1993a, b, c; Naegele, Frerichs 1996).

Diese Entwicklung steht in einem zunächst erstaunlichen Widerspruch zu den Intentionen des Anfang der 90er-Jahre verabschiedeten Rentenreformgesetzes, welches eine schrittweise Anhebung des Rentenalters ab dem Jahr 2001 auf das 65. Lebensjahr und dessen Koppelung an die Rentenhöhe vorsieht, sowie den noch weitergehenden Forderungen nach einer "Flexibilisierung der Altersgrenze", die eine (Weiter-)Beschäftigung von Erwerbstätigen nach der gesetzlichen Rentengrenze in Abhängigkeit von tarifvertraglichen und betrieblichen Vereinbarungen ermöglichen soll (Nullmeier, Rüb 1993). Bereits die Erhöhung des Rentenalters wird "stärkere mengenmäßige Rückwirkungen auf den Arbeitsmarkt als alle bisherigen Zuwanderungen" (Engelen-Kefer et l. 1995: 601 f.) haben. Dies könnte dazu führen, dass das Erwerbspersonenpotential bis in die Dreißigerjahre des nächsten Jahrhunderts größer ist als es im Jahr 1987 war. Das Ziel der kurzfristig wirksamen Maßnahmen zur Verkürzung der Lebensarbeitszeit war die Entlastung der derzeitig angespannten Arbeitsmarktlage, wobei negative Auswirkungen auf die Rentenversicherung mehr oder weniger bewusst in Kauf genommen wurden. Auf der anderen Seite kann die zur Kostendämpfung der Rentenversicherung angestrebte Erhöhung des Arbeitskräftepotentials durch die mittelfristige Anhebung des Rentenalters die beschriebenen und z. T. demographisch bedingten zukünftigen Arbeitsmarktprobleme verschärfen. Offensichtlich konkurrieren hier zwei unterschiedliche sozialpolitische Zielsetzungen miteinander, die entweder durch die Arbeitsmarktsituation *oder* die demographischen Entwicklung begründet sind. Inwieweit die jüngsten Änderungen durch das "Programm für mehr Wachstum und Beschäftigung" im Arbeitsförderungsreformgesetz (AFRG) und im Rentengesetz (wie z. B. die Altersteilzeitregelung) oder die in Folge der Kanzlerrunde 1996 diskutierten Maßnahmenbündel zur Halbierung der Arbeitslosenzahlen um die Jahrtausendwende (Senatsverwaltung für Arbeit, Berufliche Bildung und Frauen 1997), sowie die Maßnahmen der neuen Bundesregierung ab Oktober 1998 erfolgsversprechende Problemlösungsstrategien darstellen, kann an dieser Stelle nicht ausführlich diskutiert werden. Festzuhalten ist jedoch, dass neben den vorgestellten ökonomischen und demographischen Entwicklungen politische Entscheidungen zur Beschäftigungsförderung, zur Regelung der Zuwanderung oder zur sozialen Sicherung wesentlichen Einfluss auf den zukünftigen Arbeitsmarkt und die Konsequenzen der alternden Gesellschaft haben werden.

24.3 Regionale Differenzierung und räumliche Mobilität

24.3.1 Einführung

Regionale Unterschiede sind insbesondere durch die deutsche Vereinigung und die spezifischen Problemen des ostdeutschen Transformationsprozesses in den Mittelpunkt sozialwissenschaftlicher Forschungen getreten. Mit dem Beitritt der fünf neugegründeten Bundesländer entstanden innerhalb der Bundesrepublik Deutschland in einem bisher unbekannten Ausmaß regionale Disparitäten, die sehr weitgehend auf die systembedingten Entwicklungsunterschiede der beiden deutschen Staaten und die Probleme beim strukturellen Umbau Ostdeutschlands zurückzuführen sind. Gleichzeitig löste der Umbruch in Osteuropa massive Wanderungsbewegungen aus, der speziell in Westdeutschland zu deutlichen Veränderungen der Bevölkerungsstruktur geführt hat. Im Folgenden soll die bisherige Betrachtung der westdeutschen Entwicklung deshalb durch einige Ausführungen zu den neuen Bundesländern und der regionalen Differenzierung innerhalb Deutschlands ergänzt werden.

24.3.2 Die Entwicklung in den neuen Bundesländern

Die DDR hatte sich nicht nur im Hinblick auf ihre Ökonomie grundlegend von der alten Bundesrepublik unterschieden. Bezüglich der Bevölkerungsentwicklung traten bedeutende Abweichungen zwischen den beiden deutschen Staaten auf, die zumeist der unterschiedlichen Bevölkerungs- und Familienpolitik zugeschrieben wurden. Die Auswirkungen dieser Abweichungen sind heute noch deutlich fühlbar und werden auch in Zukunft relevant sein. Ohne hier im Einzelnen auf die Entwicklungstrends einzugehen, sollen an dieser Stelle ebenfalls einige zentrale Unterschiede zwischen den ehemaligen beiden deutschen Staaten aufgeführt werden:

- *Heirat und Scheidung:* Während in der DDR bis in die 80er-Jahre eine nahezu vollständige Verheiratung der Generationen erfolgte, ist in der Bundesrepublik bereits seit Beginn der 70er-Jahre ein deutliches Absinken der Heiratsneigung festzustellen gewesen. Gleichzeitig lagen jedoch auch die Scheidungsquoten in Ostdeutschland über den westdeutschen, wobei die Scheidungen zusätzlich in wesentlich kürzeren Abständen nach der Eheschließung erfolgten (Dorbritz 1994; Höhn, Dorbritz 1995);
- *Geburtenentwicklung:* In der DDR gab es praktisch keine freiwillige Kinderlosigkeit. Der Familienbildungsprozess begann weit vor dem 25 Lebensjahr durch eine sehr zeitige Eheschließung und eine frühe Geburt des ersten Kindes. Wesentlich häufiger als in der früheren Bundesrepublik lag die Geburt vor der Eheschließung, dauerhafte nicht eheliche Familien waren jedoch selten (Höhn, Dorbritz 1995). Andererseits wurde das Idealbild der Zwei-Kinder-Familie u. a. auf Grund der Familien- und Wohnungspolitik der DDR wesentlich konsequenter realisiert, was sich vor allem in einem niedrigeren Anteil der Familien mit vielen Kindern ausdrückt (Dinkel, Meinl 1991; Schwarz 1992);
- *Wanderungen:* Bekanntermaßen war die DDR vor allem zu Beginn (bis zum Bau der Mauer) und zum Ende ihrer Geschichte von massiven Wanderungsverlusten an das frühere Bundesgebiet in einer Größenordnung von bis zu knapp 500.000 Personen pro Jahr betroffen. Zwar konnte durch die Schließung der innerdeutsche Grenze diese Abwanderung weitgehend unterbunden und so zeitweise sogar ein positiver Nettowanderungssaldo erzielt werden, insgesamt hat sich die DDR-Bevölkerung jedoch bis 1987 auf Grund von Außenwanderungen um mehr als 3 Mio. Menschen verringert (Dinkel, Meinl 1991; Dinkel, Lebok 1994).

Insbesondere die frühere Familiengründung und konsequentere Realisierung der Zwei-Kind-Familie lassen einen Zusammenhang mit der Strukturierung der Ökonomie der DDR, speziell der staatlichen Beschäftigungsgarantie und der institutionellen Absicherung der Frauenerwerbstätigkeit, vermuten. Die Absicherung der Frauenerwerbstätigkeit erfolgte durch einen stärkeren Ausbau der Infrastruktur zur Kinderbetreuung, der sich nicht nur auf öffentliche Einrichtungen, sondern auch auf Großbetriebe stützte (Gysi 1989; Gensior et al. 1990; Geißler 1991). Auf der anderen Seite war die hohe Erwerbsbeteiligung der Frauen jedoch nicht nur ideologisch von der Parteiführung oder einstellungsbedingt von den Frauen selbst gewollt, sondern auf Grund der niedrigen Erwerbseinkommen zur finanziellen Absicherung der Familien notwendig. Während in Westdeutschland die Erwerbstätigkeit der Frau trotz deutlicher Veränderungstendenzen in den letzten Jahren in vielen Haushalten vornehmlich als "Nebenverdienst" (z. B. in Form von Teilzeit- oder Aushilfstätigkeiten) wahrgenommen wird, sind die DDR-Haushalte typischerweise "Doppelverdienerhaushalte" mit zwei Vollzeiterwerbstätigen gewesen, ohne dass allerdings die Einkommens- und Berufsstatusunterschiede zwischen den Geschlechtern vollständig verschwunden sind. Als abweichende Familienformen sind nicht eheliche Lebensgemeinschaften mit Kindern und allein erziehende Frauen (auf Grund der Unterschiede in der Familiengründungsphase und der höheren Scheidungsrate) häufiger als in Westdeutschland anzutreffen (Dorbritz 1994; Statistisches Bundesamt 1995). Der nach der Vereinigung der beiden deutschen Staaten stattfindende wirtschaftliche Umbau in den neuen Bundesländern hatte sowohl für den Arbeitsmarkt als auch für die Bevölkerungsentwicklung dramatische Folgen. Die Ökonomie der DDR erwies sich bei der Öffnung zum Weltmarkt als nicht konkurrenzfähig. Die schockartige Gestaltung des Prozesses (Hoffmann 1993) und die anderen Umstände der Vereinigung, insbesondere die Verpflanzung der Ökonomie in einen neuen Wirtschaftsraum, die drastische Aufwertung der Währung, die Umstellung der Ökonomie haben zu einer Arbeitsmarktkrise geführt, die in ihrem Ausmaß für Friedenszeiten in der westlichen Welt ohne Beispiel ist. Von 1989 bis 1993 reduzierte sich die Zahl der Arbeitsplätze um mindestens 42% (Blien, Hirschenauer 1994: 325). Die Arbeitslosenquoten konnten nur durch massive kompensatorische Maßnahmen der Bundesanstalt für Arbeit (u. a. ABM, Fortbildung) auf rund 15% beschränkt werden, sodass von einer "Beschäftigungskatastrophe" zu sprechen war (Kühl 1991; Autorengemeinschaft 1993, 1994; Gusinski 1994; Nickel et al. 1994; Brinkmann, Wiedemann 1995). Von den Arbeitsmarktproblemen besonders betroffen waren vor allem Frauen, die bis heute etwa zwei Drittel der Arbeitslosen stellen, und ältere Arbeitnehmer, die über Vorruhestandsregelungen nahezu vollständig aus dem Erwerbsleben ausgeschieden sind (Meyer 1997). Unmittelbar nach der deutschen Einheit hatte diese Arbeitsmarktentwicklung auch einen bedeutenden Einfluss auf die Ost-West-Migration gehabt: Insbesondere jüngere Männer konnten in der Anfangsphase auf Grund der günstigeren Nachfragesituation in den "alten" Bundesländern einen Arbeitsplatz finden und wegen den tariflichen Unterschieden zusätzlich höhere Entlohnungen erwarten. Zwischen 1989 und 1993 sind im Saldo mehr als 1 Mio. Menschen von Ost nach West über die (ehemalige) innerdeutsche Grenze gewandert und die Zahl der Berufspendler ist nach den Daten des Arbeitsmarktmonitors im selben Zeitraum auf über 500 Tsd. Personen angestiegen (Dorbritz 1994; Magvas 1993, 1995). Insgesamt ist in den ersten beiden Jahren nach der Einheit etwa die Hälfte des Arbeitskräfterückgangs auf Abwanderungen und Auspendeln zurückzuführen gewesen (Klauder, Kühlewind 1991). Auch die weiteren demographischen Entwicklungen waren alarmierend: zwischen 1989 und 1993 sank die zusammengefasste Geburtenziffer von 1,57 auf 0,80 und die Zahl der Eheschließungen von 131 auf 49 je 1.000 Einwohner (Dorbritz 1992, 1994; Zapf 1994; Höhn, Dorbritz 1995). In keinem der ehemaligen Ostblockstaaten kam es zu einem vergleichbaren Einbruch des generativen Verhaltens (Nauck, Joos 1995; UNICEF 1995). Der offensichtliche Zusammenhang mit dem gesellschaftlichen Umbau in den neuen Bundesländern ergibt sich nicht nur durch den Institutionentransfer, sondern ebenfalls durch die Probleme am Arbeitsmarkt und die daraus folgenden Verunsicherungen: So haben die aus Arbeitslosigkeit resultierenden ökonomischen Zwänge und die prekäre Arbeitsmarktsituation für Frauen viele junge Familien veranlasst, die Realisierung eines Kinderwunsches aufzuschieben (Dorbritz 1992; Dorbritz, Menning 1992; Meyer 1996).

Die durch den Zusammenbruch der DDR und den anschließenden Transformationsprozess ausgelösten demographischen Veränderungen in Ostdeutschland führen auch auf längere Sicht zu einer deutlich unterschiedlichen Entwicklung des Arbeitskräfteangebots in den neuen Bundesländern. Auf Basis der regionalen Erwerbspersonenprognose der Bundesanstalt für Landeskunde und Raumordnung sind bis zum Jahr 2010 folgende Trends zu erwarten (Maretzke, Blach 1994):

- In den neuen Bundesländern ist im Unterschied zu dem bereits vorgestellten Wachstum im früheren Bundesgebiet mit einem kontinuierlichen Rückgang des Arbeitskräfteangebots zu rechnen (Tab. 2). Auf Grund des derzeitigen Geburteneinbruchs wird sich die so entstandene "Deformation" der Altersstruktur ab dem Jahr 2005 bei den jüngeren Erwerbstätigenkohorten bemerkbar machen und zu einer weiteren Verschärfung des Arbeitskräfterückgangs führen;
- Dies hat unmittelbare Auswirkungen auf den gesellschaftlichen Alterungsprozess, der sich in Ostdeutschland grundsätzlich anders vollziehen wird als in Westdeutschland. Wird die Entwicklung in den Altbundesländern durch einen Anstieg zunächst der mittleren und dann der älteren Altersgruppen geprägt, so kennzeichnet die Veränderung in den neuen Bundesländern der überproportionale Rückgang zuerst der älteren und dann der jüngeren Altersjahrgänge. Bis zum Jahr 2010 ergibt sich also der Alterungsprozess im Westen durch eine Erweiterung des Arbeitskräfteangebots älterer und im Osten durch eine Reduktion des Arbeitskräfteangebots jüngerer Erwerbspersonen;
- Ursache für diese unterschiedliche Entwicklung ist primär die zu vermutende Veränderung der Erwerbsbeteiligung der Frauen: während im früheren Bundesgebiet von anfangs vergleichsweise niedrigen Frauenerwerbsquoten mit einem weiteren Anstieg (und einer weiter steigenden Erwerbsbeteiligung älterer Frauen) zu rechnen ist, muss im Beitrittsgebiet als Folge der Ausgrenzung vor allem jüngerer Frauen aus dem Erwerbssystem ein Rückgang der Erwerbsbeteiligung erwartet werden. Nach der Prognose der Bundesanstalt für Landeskunde und Raumordnung führen allein die Veränderungen der Erwerbsquoten in dem Zeitraum 1991–2010 zu einem Anstieg des Arbeitskräfteangebots um 2,4 Mio. im Westen und zu einem Rückgang von 1,5 Mio. in Ostdeutschland.

Tab. 2: Regionale Erwerbspersonenprognose der Bundesforschungsanstalt für Landeskunde und Raumordnung für Ost- und Westdeutschland 1991–2010

	1991[a)]	1995	2000	2010
	Erwerbspersonen absolut in Mio.			
Bundesrepublik insgesamt	40,3	40,5	40,9	42,1
früheres Bundesgebiet	30,4	31,3	31,8	33,1
Beitrittsgebiet	9,8	9,1	9,1	9,0
	Entwicklung (1991 = 100)			
Bundesrepublik insgesamt	100	101	102	105
früheres Bundesgebiet	100	103	104	109
Beitrittsgebiet	100	93	93	92

a) Grundlage der Berechnung ist eine regionalisierte Sonderauswertung von Mikrozensusdaten, wobei die hier für 1991 präsentierten Ergebnisse aus technischen Gründen von den veröffentlichten Daten der Bundesanstalt für Arbeit abweichen

(Quelle: Maretzke, Blach 1994: 889)

Für die Beurteilung der Zuverlässigkeit dieser Prognosen für Ostdeutschland gelten zwar im Grunde jene Argumente, die schon weiter oben für die Vorausschätzung des Arbeitskräftepotentials generell angeführt wurden. Zusätzlich ist jedoch anzumerken, dass die Prognose im vorliegenden Fall nicht von stabilen Trends ausgehen kann, sondern von einer Umbruchsituation. Insbesondere die Entwicklung der interregionalen Migration und der Erwerbsneigung von Frauen kann lediglich mit einigen plausiblen Annahmen vorausgeschätzt werden (so ist z. B. nach Umfrageergebnissen das Interesse der Frauen in den neuen Bundesländern an Fortsetzung der Erwerbstätigkeit ungebrochen groß; Beckmann, Engelbrech 1994). Insofern sind die betreffenden Prognosen in erheblich höherem Ausmaß mit Unsicherheiten belastet.

24.3.3 Regionale Differenzierung

Der einseitig auf die systembedingten Ost-West-Unterschiede gerichtete Blick übersieht die z. T. von administrativen Grenzen unabhängigen und in ihrem Umfang beträchtlichen regionalen Differenzierungen innerhalb Gesamtdeutschlands. Sowohl Bevölkerungsveränderungen als auch Arbeitsmarktentwicklungen erfolgen nicht in allen Gebieten Deutschlands gleichartig. So differierten z. B. die Arbeitslosenquoten in der Bundesrepublik Deutschland auf Kreisebene 1993 zwischen 3,3% (Kreis Garmisch-Partenkirchen, Bayern) und 25,3% (Kreis Pasewalk, Mecklenburg-Vorpommern). Selbst wenn die Betrachtung lediglich auf das frühere Bundesgebiet beschränkt wird, beträgt der Prozentunterschied zwischen dem Kreis mit der niedrigsten und dem mit der höchsten Arbeitslosenquote (Stadt Wilhelmshaven, Niedersachsen) immer noch 13,5% (Amtliche Daten der Bundesanstalt für Arbeit – Jahreszahlen

1993). Andere Arbeitsmarktindikatoren für Beschäftigungsentwicklung und Einkommen zeigen ebenfalls ausgeprägte regionale Disparitäten (Blien et al. 1991; Hirschenauer 1994).

In Ostdeutschland hat der Transformationsprozess auf Grund von Strukturunterschieden die einzelnen Regionen nicht in derselben Art und Weise betroffen und ebenfalls zu recht unterschiedlichen Arbeitsmarktentwicklungen geführt (Grundmann 1993; Blien, Hirschenauer 1994, 1995; Genosko 1996). Wäre es nicht zynisch, könnte man von einem großmaßstäblich durchgeführten sozialwissenschaftlich-ökonomischen "Experiment Vereinigung" (Giesen, Leggewie 1991) sprechen, da sich als Folge einer singulären Veränderung u. a. regionale Disparitäten auf den Arbeitsmärkten innerhalb Ostdeutschlands herausbildeten, die deutlich stärker ausgeprägt sind als in Westdeutschland (Strubelt 1996). Regionale Differenzierungsprozesse, die sonst lange dauern, wurden extrem beschleunigt. Auf der Ebene von Arbeitsmarktregionen schwankt der Beschäftigungsabbau 1989 und 1993 zwischen 18% (Potsdam) und 50% (Klötze, Salzwedel) (Blien, Hirschenauer 1995: 15). Wegen der ökonomischen Disparitäten und den sich daraus ergebenden spezifischen Problemlagen einzelner Gebiete muss der Arbeitsmarkt kleinräumlich betrachtet werden.

Auch bei den wichtigsten Bevölkerungskennziffern sind beträchtliche regionale Unterschiede erkennbar: die Anzahl von Geburten je 1.000 Einwohner variierte 1986 in Westdeutschland beispielsweise zwischen 7.7 (Kreis Ostholstein, Schleswig-Holstein) und 14.2 (Kreis Emsland, Niedersachsen) (zu den Daten Bertram, Bayerm, Bauereiß 1993). Der in der Öffentlichkeit als "Gebährverweigerung" (Fooken, Lind 1994: 38) bezeichnete dramatische Einbruch der Geburtenzahlen in Ostdeutschland hat nicht alle Gebiete gleichermassen betroffen: während in den großen Ballungszentren (speziell in Berlin) zwischen 1988 und 1991 die Total Fertility Rate (TFR) um ein Drittel gesunken ist, betrug der Rückgang in den besonders stark durch Beschäftigungsabbau geprägten ländlichen Regionen von Brandenburg und Mecklenburg-Vorpommern fast 50% (Bundesforschungsanstalt für Landeskunde und Raumordnung 1995). Bezüglich der Familienformen und der Lebensbedingungen von Kindern in Ost- und Westdeutschland ist auf die erheblichen regionalen Unterschiede hingewiesen worden (Nauck 1993, 1995; Meyer, Crow 1995; Bertram 1996).

In der Erwerbspersonenprognose der Bundesforschungsanstalt für Landeskunde und Raumordnung wird versucht, sowohl die regionale Bevölkerungs- als auch die Arbeitsmarktentwicklung unter Berücksichtigung von kleinräumlich erhobenen Migrations-, Altersstruktur-, Erwerbsbeteiligungs- und Bevölkerungsreproduktionseffekten abzubilden. Auf Basis des gegenwärtigen Niveaus der Unterbeschäftigung und der vorausberechneten Entwicklung der Erwerbspersonenzahlen werden die verschiedenen Regionen bezüglich der zukünftig zu erwartenden Be- oder Entlastung ihrer Arbeitsmarktsituation klassifiziert.

Als Ergebnis dieser Vorausberechnung ist festzuhalten, dass sich Überlastungserscheinungen bis zum Jahr 2010 vermutlich auf einige Regionen in Niedersachsen, Hessen und Nordrhein-Westfalen konzentrieren werden, während in der Mehrzahl der ostdeutschen Regionen von spürbaren Entlastungen der Arbeitsmärkte auf Grund der demographischen Entwicklung ausgegangen werden kann. Vergleichsweise geringe Arbeitsmarktprobleme sind insbesondere in einigen norddeutschen Regionen (Schleswig-Holstein und die Großräume Hamburg, Schwerin und Rostock), in einem sich von West nach Ost erstreckenden Gebiet in der Mitte Deutschlands (die Großräume Trier, Bonn, Wiesbaden, Frankfurt, Mittel- und Ostthüringen sowie Dresden) und in den Süddeutschen Ballungszentren Stuttgart, München und Nürnberg zu erwarten. Zur Problematik solcher Prognosen wurde das notwendige schon ausgeführt.

24.3.4 Erwerbstätigkeit und Wanderungsbewegungen

Obwohl regionale Disparitäten des Arbeitsmarktes als eine wesentliche Determinante von Migrationsbewegungen anzusehen sind, führen (und führten) Wanderungsbewegungen innerhalb Deutschlands nicht zu einem Ausgleich der regionalen Arbeitsmärkte. Für Westdeutschland kann sogar gezeigt werden, dass sich im Vergleich der verschiedenen Geburtskohorten die Wohngeschichte zunehmend von der Erwerbsbiographie entkoppelt hat (Wagner 1989). Beruflich bedingte Migrationen finden in erster Linie zu Beginn des Erwerbslebens (speziell im Alter von 20–24 Jahren) und zumeist kleinräumlich statt. Mit zunehmendem Alter überwiegen nichtökonomische Wanderungsmotive, die insbesondere mit dem Familienzyklus in engem Zusammenhang stehen. Speziell die Eheschließung stellt den Beginn einer räumlich immobileren Lebensphase dar, wenn von intraregionalen Stadt-Land-Wanderungen oder Wohnungswechsel im Zuge der Familienerweiterung einmal abgesehen wird. Mit der Familiengründung sind also offensichtlich mobilitätshemmende Faktoren verbunden, die verhindern, dass in Familien lebende Individuen auf lokale Engpässe des Arbeitsmarktes durch räumliche Mobilität reagieren können. Solche Faktoren sind sowohl wohnungsbezogene Merkmale wie beispielsweise der Erwerb von Wohnungseigentum oder die bei einem Wohnortwechsel anfallenden hohen Umzugskosten als auch haushaltsbezogene Merkmale wie etwa die Erwerbstätigkeit oder die räumlichen Präferenzen der anderen Haushaltsmitglieder. Für den Ehepartner bedeutet eine berufsbedingte Migration häufig die Unterbrechung der eigenen Erwerbstätigkeit (in der Regel gilt dies für die "mitwandernden" Frauen). Umgekehrt können nichterwerbstätige Frauen in Arbeitslosigkeitsphasen des Ehemanns durch das Angebot ihrer Arbeitskraft wirtschaftliche Engpässe des Haushalts auffangen und so zur Vermeidung einer arbeitsmarktbedingten Migration beitragen.

Diese Befunde verweisen auf zwei wesentliche, in der bisherigen Darstellung vernachlässigte Aspekte, auf die im folgenden Kapitel eingegangen werden soll. Makroökonomische Modelle des Arbeitsmarktes bedürfen einer mikroanalytischen Fundierung, die individuelle Entscheidungsprozesse sowohl bezüglich der Erwerbsbeteiligung als auch des generativen Verhaltens und der Migrationsentscheidungen erklären können. Die Annahmen über das Verhalten von Individuen in den vorgestellten Prognosemodellen sind das Ergebnis von Trendfortschreibungen.

Wenn es beispielsweise nicht zu der für Westdeutschland erwarteten steigenden Erwerbsbeteiligung der Frauen kommt, so wird dies dies massiv die Schätzungen der Erwerbspersonenzahlen beeinflussen. Auf der anderen Seite hat die stark sinkende Geburtenrate zu Beginn der 70er-Jahre (in Verbindung mit der steigenden Lebenserwartung) den nun verstärkt einsetzenden gesellschaftlichen Alterungsprozess und die daraus folgenden Probleme am Arbeitsmarkt erst verursacht. Insbesondere der dramatische Geburtenrückgang in Ostdeutschland zum Vereinigungszeitpunkt belegt auch hier die Bedeutung individueller Entscheidungen, die von gesellschaftlichen Veränderungen stark beeinflusst werden und umgekehrt einen tiefgreifenden, langfristig wirksamen Wandlungsprozess auslösen können.

Die Determinanten individueller Entscheidungen sowohl zur Erwerbsbeteiligung als auch zum generativen Verhalten sind wie bei der Vorstellung der Ergebnisse zum Migrationsverhalten angedeutet nicht über den gesamten Lebenslauf stabil. In bestimmten Lebensphasen können unterschiedliche Ziele wie z. B. der Wunsch eines eigenen Kindes und das Streben nach einer beruflichen Karriere in Konflikt geraten. Aus diesem Grund müssen sowohl demographische als auch arbeitsmarktrelevante Entscheidungsprozesse auf der Mikroebene im Kontext des Lebensverlaufs betrachtet werden. Auf diesbezügliche Forschungsergebnisse soll nun am Beispiel der Veränderung der Erwerbsbeteiligung von Frauen näher eingegangen werden.

24.4 Der Konflikt zwischen Familie und Beruf im Lebenslauf von Frauen

24.4.1 Einführung

In den vorgestellten Prognosemodellen zur Entwicklung von Bevölkerungs- und Erwerbspersonenzahlen werden an verschiedenen Punkten explizit Annahmen über individuelle Verhaltensweisen und -änderungen gemacht. Dabei handelt es sich um Fortschreibung der in der Vergangenheit feststellbaren Entwicklungstrends. Diese Vorgehensweise impliziert, dass die einen Trend konstituierenden gesellschaftlichen Rahmenbedingungen über die Zeit konstant bleiben und unterschiedliche Veränderungen einzelner Verhaltensweisen voneinander unabhängig sind bzw. sich in gleicher Art und Weise wie früher gegenseitig beeinflussen. Einige der Annahmen betreffen im Besonderen die zukünftigen Verhaltensweisen von Frauen: die bei Bevölkerungsprognosen verwendeten Geburtenraten legen ein bestimmtes generatives Verhalten (bzw. dessen Veränderung) zu Grunde, während bei Erwerbspotentialschätzungen über alters- und geschlechtsspezifische Erwerbsquoten Vorausberechnungen zur zukünftigen Erwerbsbeteiligung vorgenommen werden. Beide Verhaltensweisen werden in den Projektionen unabhängig voneinander berechnet, obwohl sie in bestimmten Lebensphasen der Frauen miteinander verknüpft sind und häufig konfliktbehaftete individuelle Entscheidungen zwischen Familie und Beruf verursachen.

Die Alternative "Kind oder Karriere" erhält ihre Ausschließlichkeit in erster Linie durch den zeitlichen Zusammenhang und die konkurrierenden Anforderungen des Erwerbs- und des Familiensystems. Aus diesem Grund soll hier auf diese spezifische Problemkonstellation unter Verwendung der Lebensverlaufsperspektive eingegangen werden, die explizit individuelles Verhalten nicht nur in Abhängigkeit situativer Entscheidungen, sondern als zusammenhängenden Prozess innerhalb der persönlichen Biografie begreift, der von gesellschaftlichen Rahmenbedingungen in bestimmter Art und Weise geprägt wird. Dargestellt werden sollen dabei zum einen Faktoren, welche in der Vergangenheit die steigende Erwerbsbeteiligung von Frauen gefördert haben, und zum anderen die mögliche Auswirkungen der wachsenden Erwerbsorientierung auf das zukünftige generative Verhalten.

24.4.2 Die Perspektive der Lebensverlaufsforschung

Die Lebensverlaufsperspektive ist in den letzten Jahren sowohl bei mikroanalytischen Untersuchungen demographischer Veränderungen (Diekmann, Weick 1993) als auch bei der Betrachtung von Arbeitsmarktprozessen (vgl. als Überblick Blossfeld 1990) immer stärker in den Vordergrund gerückt. Im Zentrum des Forschungsinteresses steht dabei die gesellschaftliche Institutionalisierung und Deinstitutionalisierung zentraler Lebensereignisse im Lebensverlauf und deren Auswirkungen auf das Verhalten sowie die Lebenschancen von Individuen (Kohli 1978; Weymann 1989; Mayer 1990; Heintz 1991). Die Beteiligung am Erwerbsleben wird als durch eine Vielzahl unterschiedlicher sozialer Normierungen wie z. B. dem Verbot von Kinderarbeit und der Schulpflicht, dem drei geteilten Schul- und dem dualen Bildungssystem sowie dem gesetzlich geregelten Rentenalter und den branchenspezifischen (Vor-)Ruhestandsvereinbarungen über die gesamte Lebensspanne als zeitlich strukturiert angesehen. Dagegen haben beim generativen Verhalten neben sozialen Normen zusätzlich biologische Faktoren, speziell die Fruchtbarkeitsphase der Frauen, eine wichtige Bedeutung.

Im zeitlichen Kontext des Lebensverlaufs orientieren sich sowohl das Familien- wie auch das Erwerbssystem an standardisierten, zwischen verschiedenen Zuständen Übergänge innerhalb bestimmter Zeiträume fordernden “Normalbiographien” und sanktionieren bei übermäßigen Verzögerungen dieser Statusveränderungen das “Fehlverhalten” der Individuen durch Exklusion oder dauerhafte Benachteiligung gegenüber den sich konform verhaltenden Personen. Im Erwerbssystem ist das “Lebenslaufregime” trotz erkennbarer Veränderungstendenzen auf Grund der seit Jahren angespannten Arbeitsmarktsituation (Mutz et al. 1995) immer noch durch die charakteristische Dreiteilung in Vorbereitungs-, Aktivitäts- und Ruhephase geprägt (Kohli 1985, 1988). Nach einer schulischen und beruflichen Bildungsphase, die sich im Zuge der Bildungsexpansion seit den Siebzigerjahren im Durchschnitt stetig verlängert hat (zu den Folgen der Bildungsexpansion für den Lebensverlauf s. Blossfeld 1989), wird von den Erwerbstätigen eine kontinuierliche Bereitstellung der eigenen Arbeitskraft auf dem Arbeitsmarkt bis zur durch Vorruhestandsregelungen zeitlich flexibler gewordenen Rentengrenze verlangt. Die freiwillige Unterbrechung des Arbeitsangebots führt z. B. zu Sperrzeiten beim Bezug von Unterstützungsleistungen aus der Arbeitslosenversicherung und ist lediglich im Falle einer Mutterschaft institutionell abgesichert (Bäcker, Stolz-Willig 1994). Zusätzlich sind Arbeitgeber daran interessiert, mittels betrieblicher Bildungsinvestitionen für ihre spezifischen Arbeitsaufgaben nur diejenigen Arbeitnehmer zu qualifizieren, die ihre Arbeitskraft dauerhaft dem Betrieb zur Verfügung stellen und dafür bereit, diesen Arbeitnehmern spezifische Vergünstigungen in Form höherer Entlohnung, Arbeitsplatzsicherheit und besserer Arbeitsbedingungen zukommen zu lassen. Die Zugangschancen zu den sich auf diese Weise herausbildenden “betriebsinternen Arbeitsmärkten” sind deshalb u. a. von der Antizipation eines Erwerbsunterbrechungsrisikos durch den Arbeitgeber abhängig und können zu einer Abdrängung stigmatisierter oder tatsächlich zur Begrenzung ihres Arbeitsangebots in der Aktivitätsphase bereiten Arbeitnehmer in marginalisierte, instabile Beschäftigungsverhältnisse führen (Offe 1977; Büchtemann 1984; Sengenberger 1987; Andress 1989; Karr, John 1989; Ludwig-Mayerhofer 1996).

Auf der anderen Seite werden die für Veränderungen der Bevölkerungsstruktur wichtigen individuellen Entscheidungen im Lebenslauf durch die verschiedenen Phasen des "Familienzyklus" geprägt, dessen Institutionalisierung und Standardisierung ebenfalls dem sozialen Wandel unterliegt (vgl. zum Konzept des Familienzyklus Feichtinger 1978; Glick 1978). So haben sich z. B. sowohl die Eintrittswahrscheinlichkeiten, die zeitliche Abfolge als auch die Altersstufen, an denen zentrale Übergänge wie der Auszug aus dem Elternhaus, die (Erst-)Heirat oder die Geburt des ersten und die von weiteren Kindern im Familienentwicklungsprozess stattfinden in den letzten Jahren deutlich verändert und zu einer als "Individualisierung" oder "Entstandardisierung" interpretierten Differenzierung der Verlaufsformen geführt. Das unter demographischen Gesichtspunkten wichtigste Ereignis der Geburt von Kindern bleibt jedoch trotz aller gesellschaftlicher Veränderungen auf Grund der biologischen Fruchtbarkeitsphase auf einen Zeitraum von etwa dreißig Jahren innerhalb des Lebenslaufs der Frauen begrenzt. Sowohl ein bildungs- oder berufs- als auch ein einstellungsbedingter Aufschub der Entscheidung zum Kind führt bei Frauen immer zu einer Verkürzung dieser Phase und schränkt dadurch die generativen Handlungsoptionen ein.

Die unterschiedlichen Anforderungen des Familien- und des Erwerbssystems konkurrieren deshalb insbesondere für Frauen in bestimmten Lebensabschnitten miteinander, wenn z. B. Entscheidungen über die Familiengründung zeitgleich mit der Aufnahme einer Berufstätigkeit oder dem Besuch einer höheren Bildungseinrichtung anstehen, die Geburt eines Kindes zu einer temporären Unterbrechung der Erwerbstätigkeit und damit eventuell zu reduzierten Karrierechancen im weiteren Berufsleben führt oder bei einer Scheidung die (Wieder-)Aufnahme einer Erwerbstätigkeit zur ökonomischen Absicherung des Familienhaushalts notwendig wird und mit dem Betreuungsbedarf von Kleinkindern in Konflikt gerät (Wagner et al. 1989). In solchen Fällen kann die Unvereinbarkeit der verschiedenen Anforderungen von Familie und Beruf zu einem zeitlichen Aufschub der weniger stark präferierten Alternative führen, die im Extremfall entweder eine dauerhafte Exklusion vom Arbeits- oder vom Heiratsmarkt bzw. ein Ablaufen der "biologischen Uhr" und dadurch erzwungene Kinderlosigkeit zur Folge haben kann. Sowohl aus der Perspektive der Arbeitsmarktforschung als auch der Bevölkerungswissenschaft wird deshalb den Lebensverläufen von Frauen besondere Aufmerksamkeit gewidmet (Tölke 1989; Mayer et al. 1991; Lauterbach 1994; Lauterbach et al. 1994).

24.4.3 Historische Entwicklung der Erwerbsbeteiligung von Frauen

Historisch gesehen ist die Trennung von Familie und Arbeitsbereich sowie die immer stärkere Integration der Frauen in den Arbeitsmarkt eine neuere Entwicklung in Deutschland, die ihren Ausgangspunkt etwa zu Beginn dieses Jahrhunderts hat und erst seit den 50er-Jahren zu einem umfassenden Wandel führte (Mayer 1980; Müller et al. 1983; Lauterbach 1991). Mit Ausnahme mithelfender Ehefrauen in Familienbetrieben beteiligten sich bis zum zweiten Weltkrieg fast ausschließlich junge, ledige Frauen am Erwerbsleben und die Eheschließung bedeutete zugleich den dauerhaften, lediglich in ökonomischen Notsituationen der Haushalte von einem geringen Teil der Frauen unterbrochenen Rückzug vom Arbeitsmarkt. Bis 1950 lag die arbeitsmarktbezogene Erwerbsquote verheirateter Frauen unter 10%, während immerhin mehr als zwei Drittel der ledigen Frauen im erwerbsfähigen Alter außerhäuslich erwerbstätig waren, was verdeutlicht, "dass der familiäre Bezug um die Jahrhundertwende eine prägende Kraft hinsichtlich der Erwerbsmöglichkeiten der Frauen hatte" (Lauterbach 1991: 27). Die ersten tiefgreifenden Veränderungen ergaben sich durch den zweiten Weltkrieg und seine Folgen in der unmittelbaren Nachkriegszeit, die zu einem Umbruch der Erwerbsmuster für die Kohorte der zwischen 1911 und 1920 geborenen Frauen und zu einer Verschiebung des Austritts aus dem Erwerbsleben auf den Zeitpunkt der Geburt von Kindern führte (Willms-Herget 1985). Gleichzeit kehrten auf Grund der günstigen Arbeitsmarktbedingungen zu Beginn der 60er-Jahre nach der Kinderbetreuungsphase zum ersten Mal in größerem Umfang Frauen dieser Geburtskohorte wieder ins Erwerbsleben zurück.

In der Geschichte der Bundesrepublik hat sich dann trotz Verlängerung der durchschnittlichen Bildungsphase die Erwerbsbeteiligung verheirateter Frauen weiter erhöht und zu einem deutlichen Rückgang sowohl des Anteils der in der mittleren Lebensphase nichterwerbstätigen Ehefrauen als auch der durchschnittlichen Dauer ihrer Erwerbsunterbrechungen geführt (Engelbrech 1987; Maier 1993; Fooken, Lind 1994; Holst, Schupp 1996). Besonders in dem Zeitraum zwischen 1965 und 1975, als die Geburtenrate nicht nur auf Grund der günstigen Arbeitsmarktsituation, sondern auch wegen der gestiegenen Planbarkeit des generativen Verhaltens durch die Einführung neuer und sicherer Kontrazeptiva dramatisch sank, ist die Erwerbsquote verheirateter Frauen stark gestiegen (Birg, Felber, Flöthmann 1984).

Die Ursachen für die stärkere Beteiligung verheirateter Frauen an der marktvermittelten Erwerbstätigkeit im zwanzigsten Jahrhundert sind nicht nur in dem durch die Industrialisierung ausgelösten prinzipiellen Strukturwandel der Arbeit von den vorrangig im Haushaltskontext ausgeübten landwirtschaftlichen Tätigkeiten zur außerhäuslichen abhängigen Lohnarbeit, sondern auch in den vom demographischen Übergang verursachten Veränderungen in der Familienentwicklung zu sehen. Erst die Verlängerung der Lebenserwartung und die durch Beschränkung der Kinderzahlen bedingte Reduzierung des Betreuungszeitraums auf eine vergleichsweise kurze Lebensspanne ließ eine Phase der "nachelterlichen Gefährtenschaft" (Willms-Herget 1985: 84) der Ehepartner entstehen, in der die Frauen von ihren traditionellen Bindungen an den Familienhaushalt weitgehend befreit sind und die von ihnen zu einer Wiederaufnahme der Berufstätigkeit genutzt werden konnte.

Auf Grund der Zunahme von Teilzeitarbeitsplätzen seit Beginn der 60er-Jahre haben sich zudem am Arbeitsmarkt auch für Frauen mit Kindern verbesserte Chancen für eine kontinuierliche Erwerbsbeteiligung ergeben (Eckart 1986, 1990; Brinkmann, Kohler 1989; Tölke 1989: 138 ff.). Insgesamt änderte sich so die Struktur der erwerbstätigen Frauen in diesem Jahrhundert grundlegend: "War die typische, nicht häuslich erwerbstätige Frau früher jung und ledig, so ist sie heute eher verheiratet und mittleren Alters" (Ostner 1990: 47).

24.4.4 Ursachen der steigenden Erwerbsorientierung von Frauen und mögliche Folgen für das generative Verhalten

Die Erwerbsbeteiligung von Frauen hat innerhalb der Familie eine wichtige ökonomische Funktion, auch wenn die erzielten Einkommen weiterhin im Durchschnitt erheblich unter denen der Männer liegen und sie im Haushaltskontext häufig als Zusatzverdienst eingestuft werden. Durch einen weiteren Verdiener im Haushalt kann insbesondere das im Falle von Arbeitslosigkeit mit der Haushaltsgröße und der Zahl der Kinder steigende Verarmungsrisiko der Familie deutlich reduziert werden (Klein 1987a, b; Berntsen 1992; Andress 1996). Speziell für kinderreiche Familien ist deshalb die Erwerbsbeteiligung von Frauen wesentlich auf materielle Gründe (vor allem unter Berücksichtigung der dramatisch gestiegenen Unterhaltskosten für Kinder) und nicht allein auf individuelle Präferenzen und Berufsorientierungen zurückzuführen (Engelbrech 1987; Erler et al. 1988).

Allerdings ergaben sich in den letzten Jahren auch deutliche Einstellungsveränderungen bezüglich einer Erwerbsbeteiligung bei den Frauen. In der individuellen Lebensplanung hat die Zentralität der Familie an Bedeutung verloren, weil zum einen die mangelnde gesellschaftliche Anerkennung von Haus- und Erziehungsarbeit sowie die daraus folgende finanzielle Abhängigkeit und unzureichende soziale Sicherung von den Frauen immer weniger akzeptiert wird und zum anderen bietet die gestiegene Bildungsbeteiligung verbesserte Erwerbschancen und damit eine größere Unabhängigkeit vom (Ehe-)Partner. Auf Grund der längeren Verweildauer im Bildungssystem fällt nun zudem die Familiengründungsphase mit der Integration in das Erwerbssystem zusammen und verursacht nicht nur ein “biografisches Dilemma zwischen Erwerbsarbeit und Familie”, sondern verändert auch die Perspektiven einer eigenständigen Lebensführung entscheidend: “Die jungen Frauen betrachten nicht mehr die Eheschließung als Ausweis des Erwachsenseins, sondern sie sind zunächst am Gelingen des Übergangs in das Erwerbssystem und an einer Lösung von der Herkunftsfamilie interessiert” (Geissler 1990: 58; Blossfeld, Jaenichen 1990; Huinink, Lauterbach 1991; Huinink 1992).

Die Veränderungen der Erwerbsbeteiligung und -orientierung der Frauen haben auf die Entscheidung, in einer bestimmten Lebensphase Kinder zu bekommen, einen wichtigen Einfluss (Bertram 1983; Beck-Gernsheim 1988; Hoffmann-Nowotny 1988; Backmund 1992). So können nicht nur die Gefahren einer übermäßigen finanziellen Belastung des Familienhaushalts, sondern auch die durch negative Arbeitsmarktentwicklungen zusätzlich verringerten Chancen einer Rückkehr der Frauen ins Erwerbsleben zu einem Aufschub von Kinderwünschen führen. Arbeitslos gewordene Frauen haben gegenüber Männern eine nur etwa halb so große Wiederbeschäftigungschance und ein höheres Risiko, nach der Wiederbeschäftigung erneut arbeitslos zu werden. Wenn die Arbeitslosigkeit in unmittelbarem Anschluss an eine Kinderbetreuungs- oder Haushaltstätigkeit erfolgt, sinkt die Wiederbeschäftigungschance gegenüber den vorher erwerbstätigen Frauen sogar auf 23% (Klein 1990). Zwar können sich verheiratete Frauen wegen der Erwerbstätigkeit des Mannes im Durchschnitt längere Phasen der “Sucharbeitslosigkeit” erlauben und so berufliche Abstiege bei der Rückkehr ins Erwerbssystem eher vermeiden als ledige Frauen, gerade in typischen Frauenberufen sind sie allerdings einem hohen Dequalifizierungsrisiko ausgesetzt und müssen bei einer Erwerbsunterbrechung Einbußen bezüglich ihrer Verdienstmöglichkeiten und Karrierechancen gegenüber den kontinuierlich erwerbstätigen Frauen in Kauf nehmen (Galler 1987; Engelbrech 1987, 1989; Mayer 1991).

Wenn die Erwerbsbeteiligung von Frauen nicht nur aus individuellen Bedürfnissen, sondern auf Grund des Alterungsprozesses zunehmend auch einem gesellschaftlichen Bedarf folgend wie in den vorgestellten Prognosemodellen vorausberechnet steigen wird (vgl. zur Projektion der Arbeitsmarktentwicklung für Frauen Beckmann, Engelbrech 1994), so besteht – falls der grundlegende Konflikt zwischen Familie und Beruf im weiblichen Lebensverlauf nicht entschärft wird – die Möglichkeit weiter sinkender Geburtenraten, die sich in Zukunft vermutlich stärker in einem Anstieg des Anteils kinderloser Frauen als in einem weiteren Rückgang der Kinderzahlen ausdrücken würden. Ohne solche Veränderungen könnte auf der anderen Seite eine pronatalistische Bevölkerungspolitik bestenfalls die Erwerbsunterbrechung einer anteilsmäßig immer kleiner werdenden Gruppe von Frauen fördern und schlimmstenfalls dem Arbeitsmarkt ein dringend benötigtes Erwerbspotential dauerhaft entziehen.

Ein Vertrauen auf die Selbstregulierungskräfte des Arbeitsmarktes ist nur bedingt berechtigt, da die in den Gruppenverhandlungen von Arbeitgeber- und Arbeitnehmervertretungen repräsentierten Partialinteressen bisher nur selten einen direkten familienpolitischen Bezug hatten. Zwar können von den derzeit diskutierten strukturellen Veränderungen des Erwerbssystems in Richtung einer Flexibilisierung der Arbeitszeit und einem weiteren Ausbau der Teilzeitbeschäftigung positive Impulse ausgehen, wenn sie jedoch zu einer Verringerung der Planbarkeit von Beschäftigung und Einkommen ohne grundsätzliche Aufhebung der "Standardbiographie" dauerhafter Erwerbstätigkeit sowie den daraus resultierenden Sanktionen abweichender Verlaufsformen (durch niedrigere Erwerbseinkommen oder höhere Beschäftigungsunsicherheit) führen, so wird sich das ökonomische Risiko der Realisierung eines Kinderwunsches eher weiter erhöhen. Auch der gesellschaftliche Alterungsprozess wird nur dann positive Impulse zur Lösung des Grundkonflikts zwischen Familie und Beruf im weiblichen Lebensverlauf geben, wenn Arbeitsmarktrisiken und Benachteiligungen von Frauen im Erwerbssystem abgebaut werden können.

Die "Kinderfeindlichkeit" der bundesdeutschen Gesellschaft drückt sich bisher in nicht unerheblichem Maße in der gegenüber familialen Aufgaben wenig kompromissbereiten Leistungsorientierung des Erwerbssystems aus, der durch staatliche Transferleistungen und familienpolitische Maßnahmen nur ungenügend entgegengewirkt wurde. Eine Rückkehr zur weitgehenden Exklusion der Frauen von der Erwerbstätigkeit und Festlegung auf ihre traditionelle Rolle als Hausfrau und Mutter wird nicht nur aus politischen oder moralischen, sondern angesichts der Herausforderungen einer alternden Gesellschaft zunehmend auch aus ökonomischen Gründen von vielen Seiten als negativ bewertet.

25

Modelle zur Messung und Erklärung personeller Einkommensverteilungen

Henriette Engelhardt[1]

Einleitung

Einkommen ist eine zentrale Determinante der in der Bevölkerungswissenschaft thematisierten Prozesse (Nuptilität, Natalität, Mortalität und Mobilität). In anderen Sozialwissenschaften hat die Verteilung der Einkommen insbesondere im Zusammenhang mit der Problematik sozialer Ungleichheit reichlich Anlass zur Diskussion gegeben. Als Beispiel sei hier auf die funktionale Theorie der Schichtung von Davis und Moore (1945) und auf Dahrendorfs (1957) Konflikttheorie verwiesen. In neueren Arbeiten besteht die Analyse der Einkommensverteilungen vor allem in der Erklärung der faktischen Verteilung von Einkommen auf Individuen oder soziale Gruppen (Haushalte, ethnische Gruppen, Geschlecht). Diese Verteilung wird *personelle Einkommensverteilung* genannt. Die zur personellen Einkommensverteilung komplementäre Theorie der *funktionalen Einkommensverteilung* betrachtet, wie sich das gesamte Volkseinkommen auf die einzelnen Produktionsfaktoren aufteilt. Die einzelnen Einkommensempfänger werden dabei entsprechend ihrer Funktion im Wirtschaftsprozess danach untergliedert, über welche Produktionsfaktoren (nach Adam Smith: Land, Arbeit, Kapital) sie verfügen.[2] Die funktionale Einkommensverteilung stand im Mittelpunkt des Interesses klassischer Ökonomen (Adam Smith, David Ricardo, John Stuart Mill) und auch deren Kritiker Marx (Mehrwertlehre). Heute wird die funktionale Einkommensverteilung im Rahmen der neoklassischen Analyse hergeleitet und als "Vorstufe" der personellen Einkommensverteilung betrachtet (Ramser 1987: 1).

Die Theorie der personellen Einkommensverteilung fragt dagegen nach dem Gesamteinkommen, das eine individuelle Person oder eine Personengruppe (z. B. ein Haushalt) innerhalb einer Zeitperiode erhält, unabhängig von der Herkunft des Einkommens (z. B. Lohneinkommen, Vermögenseinkommen). Personelle und funktio-

---

1 Für wertvolle Hinweise und kritische Kommentare danke ich Norman Braun, Josef Brüderl, Peter Hartmann und Andreas Diekmann.

2 Ein kurzer Überblick über die Theorien der funktionalen Einkommensverteilung findet sich in Shanahan und Tuma (1994); ausführlicher in Blümle (1975), Ramser (1987) und Siebke (1988).

nale Einkommensverteilung sind identisch, wenn alle Personen nur eine Einkommensart erhalten.

Gegenstand der vorliegenden Arbeit ist die personelle Einkommensverteilung. Im Mittelpunkt stehen dabei die Fragen nach der Messung von Einkommensungleichheit sowie nach Erklärungsansätzen theoretischer Einkommensverteilungen. Ausgeblendet werden Fragen nach statistischen Aspekten der Einkommensverteilung wie den Datenquellen und der Erhebung von Einkommen in Bevölkerungsumfragen (s. Hansen 1980; Krupp 1979 sowie den Beitrag von Schmid in diesem Handbuch). Gleichfalls vernachlässigt wird die Diskussion um Äquivalenzskalen, welche dazu verwendet werden, die Einkommen von Haushalten unterschiedlicher Zusammensetzung vergleichbar zu machen (Faik 1995). Nicht berücksichtigt ist zudem die Diskussion über die Messung von Armut. Hierzu sei auf den Übersichtsartikel von Kanbur (1984) sowie auf die Monographien von Leu et al. (1997) und Sen (1997) verwiesen. Zu der ebenso vernachlässigten Frage nach Verteilungsgerechtigkeit s. Jasso (1999), Roemer (1996) sowie Amiel und Cowell (1998). Weiter beschränkt sich die vorliegende Arbeit ausschließlich auf statische Einkommensverteilungen. Zur deskriptiven Analyse der Einkommensmobilität sei auf Fields und Ok (1996), Shorrocks (1978) und Yaari (1988) verwiesen; einen Überblick über die dynamische Analyse von Einkommensverläufen anhand von Längsschnittdaten geben Brüderl (1990) und Atkinson et al. (1992). Im Folgenden wird zunächst als stilisiertes Faktum die rechtsschiefe Einkommensverteilung sowie deren graphische Präsentation thematisiert (Kap. 25.1). Fortgesetzt werden die Überlegungen zur personellen Einkommensverteilung mit der Diskussion der Messung von Einkommensungleichheit (Kap. 25.2). Der Präsentation von theoretischen Einkommensverteilungen (Kap. 25.3) folgt abschließend eine Erörterung einschlägiger Erklärungsansätze (Kap. 25.4).

25.1 Graphische Darstellung der Einkommensverteilung

Ausgangspunkt der Betrachtung personeller Einkommensverteilungen bildet die Verteilung der absoluten Häufigkeiten. Wird die Einkommenshöhe und die Zahl der zugehörigen Einkommensbezieher in einem Koordinatensystem abgetragen, ergibt sich typischerweise die in Abb. 1 dargestellte rechtsschiefe geglättete Einkommensverteilung mit den Mittelwerts-Eigenschaften: Modus < Median < arithmetisches Mittel. Diese Verteilungsform ist unempfindlich gegenüber Änderungen in der Definition des Einkommensbegriffes (Mandelbrot 1960: 85 ff.). Generell befindet sich der größte Teil der Einkommensbezieher in der unteren Hälfte der Einkommensverteilung. Höhere Einkommen werden von relativ wenigen Personen bezogen. Die Einkommensverteilungen zweier Gruppen unterscheiden sich neben der Lage von Modus, Median und arithmetischem Mittelwert durch die Streuungen der Einkommenswerte.

Da Einkommen nicht – wie in Abb. 1 unterstellt – beliebig fein gemessen werden können, handelt es sich bei der Einkommensverteilung um eine diskrete Verteilung. Für die graphische Darstellung der Verteilung sowie zur Berechnung einiger Ungleichheitsmaße ist es manchmal wünschenswert, die Dichteverteilung zu kennen. Die Einkommensdichte kann durch eine geeignete Wahl der Kernel-Funktion aus den beobachteten Häufigkeiten geschätzt werden. Eine ausführliche Beschreibung des Verfahrens gibt Silverman (1986); ein Überblick findet sich bei Cowell (1995: 157).

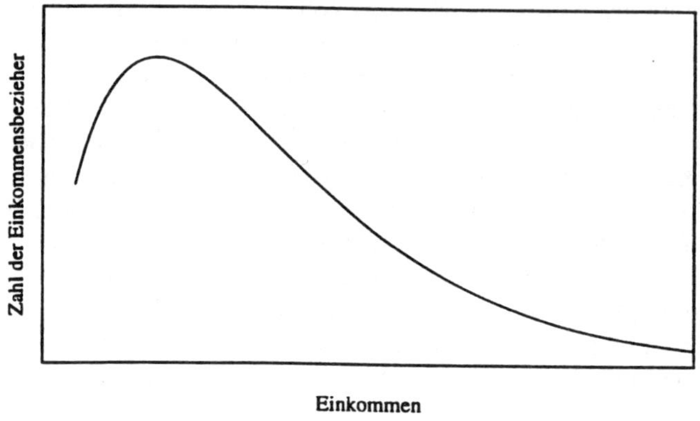

Abb. 1: Kurvenverläufe der personellen Einkommensverteilung

25.1.1 Lorenzkurve

Die wohl gebräuchlichste Darstellungsweise der Konzentration von Einkommen ergibt sich durch die Lorenz-Kurve (Lorenz 1905): Auf der Abszisse wird der kumulierte Anteil der Einkommensbezieher abgetragen. Die Ordinate gibt den prozentualen Anteil dieser Personen am Gesamteinkommen wieder. Dabei werden die Individuen in aufsteigender Einkommensreihenfolge kumuliert. Sind alle Einkommen identisch, ist die Lorenzkurve mit der Hauptdiagonalen identisch. Bei Gleichverteilung der Einkommen hätten x % der Einkommensbezieher immer auch x % des gesamten Einkommens. Faktisch läuft die Lorenzkurve unterhalb der Diagonalen, da die unteren Einkommensbezieher einen relativ geringeren Einkommensanteil haben. Die Abweichung zwischen den beiden Kurven ist umso größer, je stärker die Einzeleinkommen voneinander abweichen. Bei maximaler Konzentration (ein Einzelner bezieht 100% des Einkommens) besteht die Lorenzkurve aus der Abszisse und der Senkrechten darauf am Skalenende. Sollen Lorenzkurven aus verschiedenen Einkommensverteilungen verglichen werden, ist darauf zu achten, dass sich die Lorenzkurven nicht schneiden. Bei zwei sich nicht schneidenden Lorenzkurven ist diejenige als gleichverteilter einzustufen, deren Kurve näher bei der Gleichverteilungsgeraden liegt.[3] Schneiden sich die Kurven wie in Abb. 2, dann kann nach dem sog. Lorenzkriterium nicht mehr eindeutig beurteilt werden, welche der beiden Verteilungen gleichmäßiger ist (Atkinson 1975: 46 ff.; Hartmann 1985: 86 ff.). Die Ordnung von Ungleichheitszuständen nach dem Lorenzdiagramm ist also nicht mehr vollständig.[4]

3 Einen internationalen Vergleich von Lorenzkurven findet sich bei Atkinson et al. (1995).

4 Sen (1997: 5) spricht in diesem Zusammenhang von der Ungleichheit als einer Quasi-Ordnung. Ein Vorschlag Lorenzkurven simultan nach Ungleichheit und Einkommenshöhe zu ordnen, findet sich bei Shorrocks (1983).

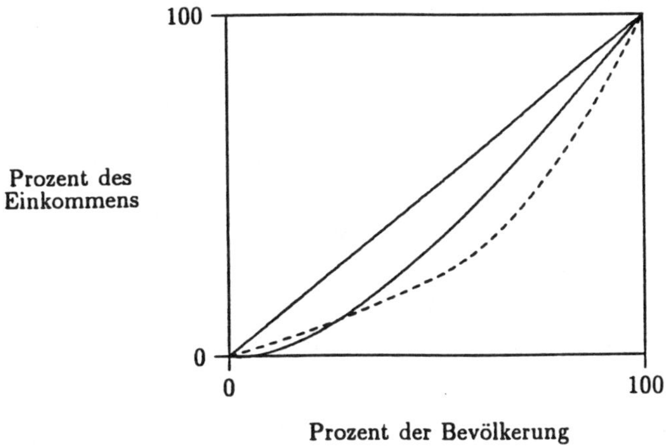

Abb. 2: Lorenzkurven

25.1.2 Pens Parade

Eine weitere (allerdings weniger verbreitete) Möglichkeit zur graphischen Darstellung der Einkommenskonzentration ist die Pen-Parade (Pen 1971: 48 ff.). Die Idee der Pen-Parade ist es, die Einkommensempfänger als Teilnehmer einer Parade darzustellen. Die "Größen" der Teilnehmer ergeben sich durch ihre Einkommenshöhe. Man stellt sich vor, dass die Teilnehmer dieser Größe nach aufgestellt werden und innerhalb eines bestimmten Zeitintervalls, z. B. innerhalb einer Stunde, vor den Augen des Betrachters vorbeiziehen. Die Pen-Parade ergibt sich durch eine Abtragung der kumulierten relativen Häufigkeiten der Teilnehmer der Parade sowie der absoluten Einkommen in einem Diagramm (Abb. 3).[5] Typischerweise wird für die graphische Darstellung der Verlauf durch einen glatten Graphen approximiert. Die Kurve beginnt mit dem höchsten negativen Einkommen (z. B. verschuldete Personen), steigt mit zunehmender Zahl der Einkommensempfänger rasch an und erreicht dann positive Einkommen (Schnitt mit der Abszisse). Wegen der Schiefe der Verteilung marschiert erst nach der Hälfte der Paradedauer das Individuum mit dem Durchschnittseinkommen μ am Betrachter vorbei. Bei den Teilnehmern am Ende der Parade steigt die Kurve dann steil an.

5 Zu einer empirischen Anwendung der Pen-Parade s. Polasek (1994: 254 f.).

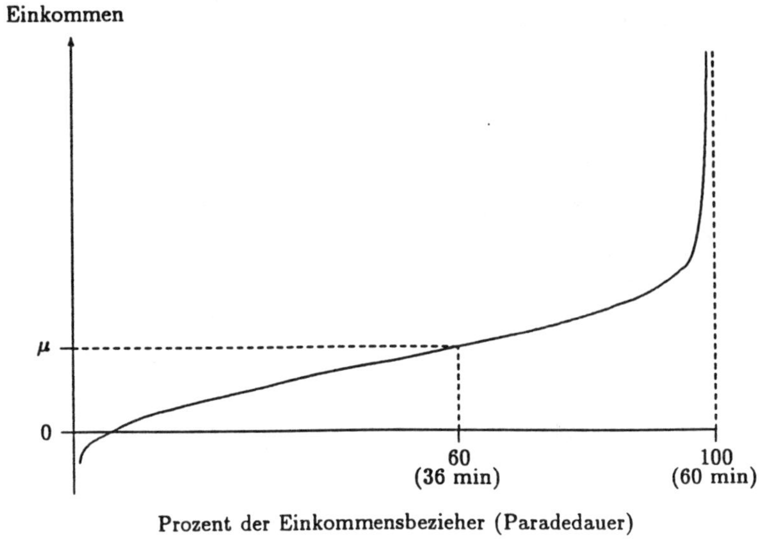

Abb. 3: Pens Parade

Im Gegensatz zur Lorenzkurve, deren Darstellungsart extreme Einkommen weniger betont, lenkt Pens Parade die Aufmerksamkeit des Betrachters auf die extrem hohen und niedrigen Einkommen. Insbesondere erlaubt Pens Parade auch die graphische Darstellung negativer Einkommen. Allerdings ist die Parade zum Vergleich verschiedener Verteilungen weniger geeignet, da sie im Unterschied zur Lorenzkurve nicht auf einer Normierung durch Prozentuierung beruht (Blümle 1975: 33).

25.2 Messung der Einkommensungleichheit

Wegen der zentralen Bedeutung der Ungleichheitsdiskussion in den Sozialwissenschaften stellt sich die Frage, wie Einkommensungleichheit gemessen werden kann. In diesem Kapitel werden zunächst einige zentrale in der Literatur vorgeschlagene "positive" Maßzahlen der Ungleichheit diskutiert. Positiv sind die Verteilungsmaße in dem Sinne, dass sie die empirische Einkommensverteilung rein quantitativ beschreiben. Damit ist aber nicht ausgeschlossen, dass die jeweiligen Maßzahlen das Augenmerk auf bestimmte Verteilungsfragen lenken (Sen 1997: 2 f.). Ramser (1987: 16 ff.) spricht deshalb von ad hoc-Verteilungsmaßen. Eine tiefere Begründung liegt den Kennzahlen aus der Informationstheorie und Kombinatorik zu Grunde, die im Anschluss kurz vorgestellt werden. Dann folgt eine kurze Darstellung "normativer" Maße. Als normativ werden Verteilungsmaße bezeichnet, die auf einer sozialen Wohlfahrtsfunktion beruhen. Unabhängig jedoch, ob wir ad hoc-Maße, informationstheoretisch abgeleitete oder normative Verteilungsmaße betrachten, sollten die Maßzahlen bestimmten Kriterien genügen. In der Literatur werden u. a. folgende Anforderungen an ein Verteilungsmaß gestellt:

" Tab. 1: Maßzahlen der Einkommensungleichheit und ihre Eigenschaften

	Principle of Population	Bresciani-Turroni	Pigou-Dalton	Strong Principle	Negative u. Nullwerte
Relative Spannweite *S*	ja	ja	nein	nein	ja
Relative mittlere Abweichung *A*	ja	ja	nein	nein	ja
Varianz σ^2	ja	nein	ja	ja	ja
Variationskoeffizient *V*	ja	ja	ja	nein	nein
Logarithmische Varianz *L*	ja	ja	nein	nein	nein
Varianz der Logarithmen L^*	ja	ja	nein	nein	nein
Gini-Koeffizient *G*	ja	ja	ja	nein	ja
normierter Gini-Koeffizient G^*	ja	ja	ja	nein	ja
Theils Entropie-Maß *T*	ja	ja	ja	ja	nein
Colemans Hierarchie-Maß T^*	ja	ja	ja	ja	nein
Herfindahl-Index *H*	nein	ja	ja	ja	nein
normierter Herfindahl-Index H^*	nein	ja	ja	ja	nein
Daltons Ungleichheitsindex D_ε	nein	nein	ja	nein	ja
Atkinsons Vergleichsindex A_ε	ja	ja	ja	nein	ja

(Quelle: Cowell (1995: 66) sowie eigene Berechnungen)

a) *Principle of Population"*: Das Verteilungsmaß sollte unabhängig von der Anzahl der Einkommensbezieher sein. Das Ungleichheitsmaß sollte sich also bei einer Veränderung der Bevölkerungsgröße bei gleicher Verteilung der absoluten Einkommen nicht ändern (Sen 1997: 58 ff.; Cowell 1995: 56 f.);
b) "*Bresciani-Turroni-Bedingung"*: Das Ungleichheitsmaß sollte gegenüber Änderungen von Einkommensrelationen sensibel reagieren, nicht aber gegenüber absoluten Änderungen (z. B. einer Verdoppelung aller Einkommen) (Blümle 1975: 38; Coulter 1989: 18 f.; Cowell 1995: 54 ff.);
c) *"Pigou-Dalton-Bedingung"* (auch: "weak principle of transfers"): Jeder Einkommenstransfer von einem Reicheren zu einem Ärmeren sollte – sofern der Empfänger nach dem Transfer nicht reicher ist als der Spender – vom Verteilungsmaß als ein Gleichmäßigerwerden der Verteilung wiedergespiegelt werden (Dalton 1920: 351; Pigou 1912: 24). Damit sollte ein Ungleichheitsmaß sensibel auf Transfers an jeder Stelle der Verteilung reagieren, ungeachtet dessen, ob der Transfer ober- oder unterhalb des arithmetischen Mittels stattfindet oder zwischen gegenüberliegenden Seiten des arithmetischen Mittels. Die Pigou-Dalton-Bedingung impliziert zwar ein Werturteil, jedoch findet sich in der Literatur einheitlich Zustimmung zu der Bedingung (Sen 1997: 27 f.; Coulter 1989: 17 f.; Cowell 1995: 55 f.);
d) *"Strong Principle of Transfers"*: Cowell (1995: 61 ff.) fordert neben dem Pigou-Dalton-Prinzip, dass die Reduktion der Maßzahl einhergeht mit der relativen Ein-

kommensdistanz der am Transfer beteiligten Personen, unabhängig davon, wo sich diese in der Verteilung lokalisieren.[6]

e) Schließlich sollte ein Verteilungsmaß eine gewisse Anschaulichkeit aufweisen sowie negative Merkmalswerte und Nullwerte zulassen (Coulter 1989: 26 ff.).

In den folgenden Kapiteln werden die gebräuchlichsten Ungleichheitsmaße vorgestellt und z. T. hinsichtlich der obigen Anforderungen diskutiert. Dass die Maße diesen höchst unterschiedlich genügen, zeigt Tab. 1 im Überblick. Die Darstellung der Ungleichheitsmaße erfolgt – aus datentechnischen Gründen – einheitlich für diskrete Verteilungen. Für stetige Verteilungen findet sich ein Teil der Formeln bei Cowell (1995: 142).

25.2.1 "Ad hoc"-Verteilungsmaße

Die einfachste und verbreiteste Messmethode von Einkommensungleichheit liegt in der Berechnung von "Ad hoc"-Verteilungsmaßen. Diese Kennzahlen basieren auf der Abweichung der einzelnen Einkommensmesswerte von einem bestimmten Vergleichswert.

Relative Spannweite

Das einfachste Maß einer gegeben Einkommensverteilung von n Personen ist die relative Spannweite. Ist y_i das (positive oder negative) Einkommen von Person i ($i = 1, ..., n$) und $\mu = 1/n \; \Sigma_i y_i$ das arithmetische Mittel, so definiert sich die relative Spannweite S durch

$$S = \frac{1}{\mu}(max\; y_i - min\; y_i),$$

wobei max y_i und min y_i der höchste respektiv niedrigste Einkommensmesswert ist.

Die relative Spannweite nimmt Werte zwischen 0 und n an: Hat jede Person das gleiche Einkommen, wird $S = 0$. Erhalten aber alle Personen bis auf eine Ausnahme kein Einkommen, ist $S = n$. Da die relative Spannweite nur die Extremwerte, nicht aber die Form der Einkommensverteilung berücksichtigt, dient sie lediglich der groben Charakterisierung. Dennoch ist sie durch die Berücksichtigung des arithmetischen Mittels unempfindlicher gegenüber statistischen Ausreissern als die absolute Spannweite.

Relative mittlere lineare Abweichung

In die Berechung der relativen mittleren linearen Abweichung A fließt dagegen die gesamte Verteilung ein. Dazu werden die Absolutbeträge der Differenzen zwischen arithmetischem Mittel und den Einzelnen (positiven und negativen) Einkommens-

6 Kolm (1976) wünscht darüber hinaus die Sensitivität des Ungleichheitsmaßes gegenüber der Einkommenshöhe, in der der Transfer stattfindet. Diese Forderung wird kontrovers diskutiert (Coulter 1989: 17 f.).

messwerten aufsummiert und durch das Gesamteinkommen der n Personen relativiert:

$$A = \frac{1}{n\mu} \sum_i |\mu - y_i|$$

Die relative mittlere Abweichung nimmt Werte im Intervall $[0,2(n-1)/n]$ an. Bei Gleichverteilung der Einkommen ist $A = 0$ und bei maximaler Ungleichheit ist $A = 2(n-1)/n$. Der wesentliche Einwand gegen die Verwendung dieser Maßzahl besteht in der Verletzung der Pigou-Dalton-Bedingung. Für die relative mittlere lineare Abweichung können sich für unterschiedliche Verteilungen durchaus dieselben Werte für A ergeben. Dazu eine Illustration: Bei einem Durchschnittseinkommen μ = 4 Tsd. DM und den Einkommenswerten von 2 und 3 Tsd. DM ergibt die Summe der absoluten Differenzen 3 Tsd. DM (= 4 – 2 + 4 – 3). Das gleiche Ergebnis resultiert aus den Einkommenswerten 2.5 und 2.5 (= 4 – 2.5 + 4 – 2.5). Damit spiegelt der Wert von A nicht die Ungleichheit in Einkommensverteilungen wieder, die sich nur durch diese beiden Messwerte unterscheiden. Häufiger finden sich in der Literatur die beiden nachfolgenden Kenngrößen, welche der Pigou-Dalton-Bedingung genügen.

Varianz und Variationskoeffizient

Werden statt der Absolutbeträge der Differenzen deren Quadrate aufsummiert, und durch die Anzahl der Beobachtungen geteilt, ergibt sich das in der empirischen Sozialforschung übliche Maß der Streuung – die Varianz σ^2:

$$\sigma^2 = \frac{1}{n} \sum_i (\mu - y_i)^2$$

σ^2 variiert im Intervall $[0, \mu^2(n-2)]$: bei Gleichverteilung der Einkommen nimmt σ^2 den Wert null an und bei maximaler Ungleichheit den Wert $\mu^2(n-2)$.

Die Quadratwurzel der Varianz liefert die Standardabweichung σ, welche in den Einheiten der tatsächlichen Messwerte interpretiert werden kann. Durch die Quadrierung erhalten größere Abweichungen vom Mittelwert ein stärkeres Gewicht. Durch diese mathematische Operation umgeht diese Maßzahl dem Vorwurf Sens an den Kennwert A: größere und kleinere Abweichungen auf der selben Seite des arithmetischen Mittels können sich nicht gegenseitig aufheben. Allerdings verletzt die Varianz die Bresciani-Turroni-Bedingung: verändern sich die absoluten Einkommen bei gleichen Einkommensrelationen, so ändert die Varianz ihren Wert. Die anderen genannten Bedingungen an Ungleichheitsmaße werden allerdings von der Varianz erfüllt.

Da die Varianz von der duchschnittlichen Einkommenshöhe abhängt, ist sie zum Vergleich von Einkommensverteilungen (z. B. Männer-, Fraueneinkommen, internationale Einkommensvergleiche) weniger geeignet. Streuungen von verschiedenen Einkommensverteilungen werden vergleichbar durch den Variationskoeffizient V.

Dieser ist definiert durch den Quotienten der Standardabweichung durch den Mittelwert:

$$V = \frac{\sigma}{\mu}$$

Je heterogener und ungleichmäßiger die Einkommen verteilt sind, umso größer fällt der Wert des Variationskoeffizienten aus; V variiert denn auch im Intervall $[0, (n-1)^{1/2}]$. Allerdings hat V die Eigenschaft, Einkommenstransfers bei verschiedenen Einkommenshöhen dasselbe Gewicht beizumessen, d. h. "the impact of a small transfer from a person with income y to one with income $(y-d)$ is the same, irrespective of the value of y" (Sen 1997: 28). Maßzahlen, die Einkommenstransfers bei niedrigem Niveau (Beispiel: Einkommensübertragung von 1.100 DM zu 1.000 DM) ein größeres Gewicht beimessen als bei Einkommenstransfers am oberen Ende der Skala (Beispiel: Einkommenstransfer von 100.100 DM zu 100.000 DM) sind die logarithmische Varianz sowie die Varianz der Logarithmen.

Logarithmische Varianz und Varianz der Logarithmen

Durch eine logarithmische Transformation der Einkommensmesswerte wird die Einkommensskala am unteren Ende gestreckt und am oberen Ende stark gestaucht (Abb. 4). Damit bekommen Einkommenstransfers am unteren Ende der Einkommensskala ein größeres Gewicht. Darüber hinaus beseitigt der Logarithmus die Maßeinheiten: Verändert sich eine Original-Maßeinheit multiplikativ um den Faktor c, so ist dem Logarithmus die Konstante c additiv hinzuzufügen. Beim paarweisen Vergleich der Differenzen fällt c heraus. Es bietet sich also an, Ungleichheitsmaße auf der Basis logarithmisch transformierter Einkommenswerten zu konstruieren.

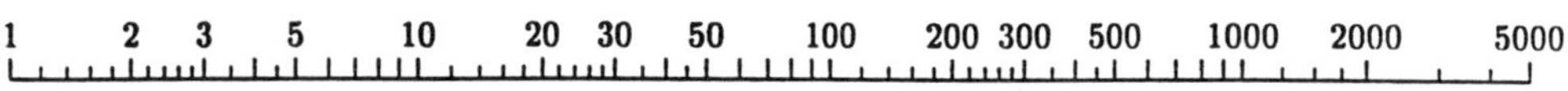

Abb. 4: Logarithmische Skala

In der statistischen Literatur findet sich denn auch als Maßzahl (in Analogie zur Varianz) die Abweichung der logarithmierten Einkommenswerte vom geometrischen Mittel μ^* – die Varianz der Logarithmen (Cowell 1995: 24):

$$L^* = \frac{1}{n}\sum_i (\log \mu^* - \log y_i)^2 \; mit \; \mu^* = \left(\prod_i y_i\right)^{\frac{1}{n}}$$

Gängiger scheint jedoch die logarithmische Varianz L zu sein, welche auf der Abweichung der logarithmierten Messwerte vom arithmetischen Mittel beruht (Sen 1997: 29):

$$L = \frac{1}{n} \sum_i (\log \mu - \log y_i)^2$$

Durch die logarithmische Transformation der Messwerte für L und L^* werden zwar Einkommensunterschiede am unteren Ende der Skala stärker betont, zugleich wird aber durch die Stauchung der höheren Einkommen das Ausmaß der Ungleichheit im Allgemeinen abgeschwächt.

Für beide Maßzahlen gilt, "dass sich in einem unteren Bereich ein gegebener Transfer von einem höheren zu einem niedrigeren Einkommen umso stärker auswirkt, je niedriger das begünstigte Einkommen ist" (Ramser 1987: 17). Einkommenstransfers im oberen Bereich können allerdings zu unplausiblen Resultaten führen, da es möglich ist, dass die Ungleichheitskennzahl zunimmt (Cowell 1995: 24 f.). Dieser Effekt tritt dann auf, wenn der ärmere Transferempfänger ein Einkommen von $e\mu$ bzw. $e\mu^*$ ($e = 2.71828$) oder mehr hat (Cowell 1995: 149; Schmid 1991: 159). Die logarithmische Varianz und die Varianz der Logarithmen verletzen somit die Pigou-Dalton-Bedingung. Creedy (1997) zeigt allerdings, dass dies bei empirischen Einkommensverteilungen sehr unwahrscheinlich ist. Die Bedingung kann nämlich nur bei solchen Einkommenstransfers verletzt werden, nach denen sowohl der Spender als auch der Empfänger ein Einkommen über μ^* haben.

Neben der Nichterfüllung der Pigou-Dalton-Bedingung weisen die Ungleichheitsmaße weitere Nachteile auf: Da Logarithmen von 0 und negativen Zahlen nicht definiert sind, gestatten L und L^* nicht die Erfassung von Verlusten. Werden positive Einkommen zugelassen, die beliebig nahe bei 0 liegen, können die beiden Kennzahlen über alle Maßen ansteigen. Die möglichen Werte liegen denn auch im Intervall $[0, \infty)$.

Gini-Koeffizient

Ein gängiges Verteilungsmaß ist der von Gini (1912) entwickelte Gini-Koeffizient G. Basierend auf der Lorenzkurve misst G die Ungleichheit anhand des Verhältnisses der Fläche zwischen den beiden Kurven zur Fläche unterhalb der Hauptdiaonalen. Dieses Verteilungsmaß ist der Gini-Koeffizient G, der für Stichproben üblicherweise wie folgt definiert wird:

$$G = \frac{\sum_i \sum_j \left| y_i - y_j \right|}{2n^2 \mu}.$$

Bei Gleichverteilung der Einkommen nimmt G den Wert Null an. Bei extremer Ungleichverteilung wird G allerdings nur bei sehr großen Stichproben annähernd gleich eins. Verfügt ein einzelnes Individuum über das gesamte Einkommen, erreicht der Gini-Koeffizient maximal den Wert $(n-1)/n$. Zur Normierung ist G mit dem Kehrwert des maximalen Koeffizienten zu multiplizieren (Polasek 1994: 241 f.):

$$G^* = \frac{\sum_i \sum_j \left| y_i - y_j \right|}{2n^2 \mu} \frac{n}{n-1}.$$

Der korrigierte Gini-Koeffizient G^* nimmt nun Werte im Intervall [0, 1] an. Je größer der Gini-Koeffifzient, desto größer ist die Abweichung der empirischen Verteilung von der Gleichverteilung. Im Gegensatz zu den oben vorgestellten Maßen σ^2, V und H, die auf den Abweichungen der Messwerte vom arithmetischen Mittel basieren, stellt der Gini-Koeffizient die Differenzen aller möglichen Einkommenspaare in Rechnung. Der Gini-Koeffizient stellt somit ein sehr direktes Ungleichheitsmaß dar, der die Einkommensdifferenzen jeder möglichen Paarkombination von Einkommensbeziehern berücksichtigt. Ferner lässt sich zeigen, dass das Maß der Pigou-Dalton-Bedingung genügt (Hartmann 1985: 96 ff.).[7]

Ein Nachteil des Gini-Koeffizienten besteht allerdings darin, dass er nicht die Form der Lorenzkurve berücksichtigt. Bei den in Abb. 5 dargestellten Lorenzkurven beträgt der Gini-Koeffizient jeweils 0.5. Da die Interpretation jedoch völlig unterschiedlich ist, sollte der Koeffizient immer zusammen mit der Lorenzkurve betrachtet werden. Beim Vergleich zweier Einkommensverteilungen anhand G ist darauf zu achten, dass sich die Lorenzkurven nicht schneiden.

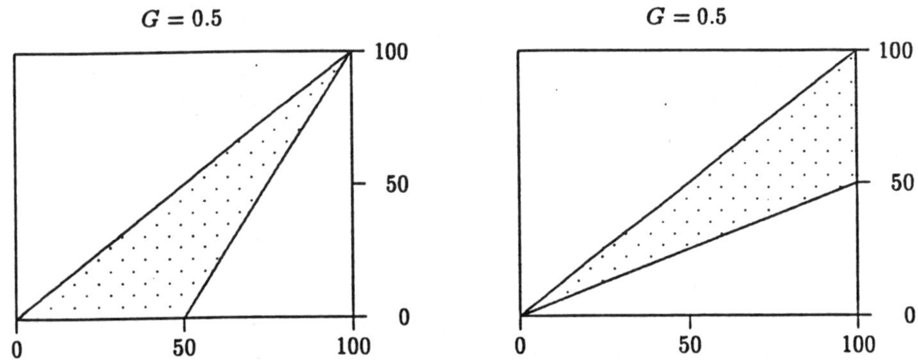

Abb. 5: Gleiche Gini-Koeffizienten bei unterschiedlichen Lorenzkurven (modifiziert nach Polasek (1994: 245)

25.2.2 Informationstheoretische und kombinatorische Verteilungsmaße

Die auf den Entropiebegriff in der Informationstheorie zurückgehenden Verteilungsmaße sind in ihrer Motivierung ebenso unterschiedlich zu den ad hoc-Maßen wie die auf der Kombinatorik beruhenden Ungleichheitsmaße. Aus beiden Gruppen wird im Folgenden je eine Kennzahl vorgestellt. Die Auswahl fiel dabei auf zwei relativ anschauliche Maße: aus der Informationstheorie Theils Entropie-Maß und aus der

7 Ein internationaler Vergleich von Einkommensungleichheit anhand Gini-Koeffizienten findet sich bei Gottschalk und Smeeding (1997) sowie Korzeniewicz und Moran (1997).

Kombinatorik der Herfindahl-Index. Eine Vielzahl weiterer Maßzahlen aus beiden Bereichen finden sich in Coulter (1989).

Theils Entropie-Maß

Der physikalische Begriff der Entropie bezieht sich allgemein auf das Ausmaß der Unordnung in einem System. In Shannons informationstheoretischen Konzept bezeichnet Entropie ein Maß der Ungewissheit oder Unsicherheit. Sind allc interessierenden Ereignisse gleichwahrscheinlich, erreicht die Entropie ihr Maximum; strebt jedoch die Wahrscheinlichkeit eines Ereignisses gegen eins, so nähert sich die Entropie dem Wert null an. Werden die Wahrscheinlichkeiten mit p_i bezeichnet, dann definiert sich die gewöhnliche Entropie $H(p)$ durch:[8]

$$H(p) = -\sum_i p_i \log p_i$$

welche Werte im Intervall von [0, log n] annimmt.

Zur Verwendung der Entropie als Ungleichheitsmaß ist eine Neuinterpretation der Wahrscheinlichkeiten p_i als Einkommensproportionen $p_i = y_i / \Sigma_i y_i$ bzw. relative Einkommensanteile $p_i = y_i / \mu$ nötig. Theil (1967) hat nun an Stelle der gewöhnlichen Entropie, welche Gleichheit misst, eine komplementäre Maßzahl zur Messung der Konzentration vorgeschlagen, die auf der Differenz des Wertes der gewöhnlichen Entropie ($H(p)$) von ihrem maximal möglichen Wert (log n) beruht:

$$T = \log n - H(p) = \sum_i p_i \log np_i$$

Wie das gewöhnliche Entropie-Maß nimmt Theils Index Werte im Interval [0, log n] an. Der Wert 0 zeigt Gleichverteilung an, der Wert log n maximale Konzentration.[9]

In Analogie zur logarithmischen Varianz kann das Maß von Theil wie folgt formuliert werden:

$$T = \frac{1}{n\mu} \sum_i y_i (\log y_i - \log \mu).$$

Wie auch die Standardabweichung der Logarithmen und die Logarithmische Standardabweichung kann das Maß von Theil negative Einkommen sowie Null-Einkommen nicht exakt handhaben, da die entsprechenden Logarithmen nicht definiert sind. Da $\lim_{yi \to 0} y_i \log y_i = 0$, setzt man in der Praxis bei Null-Einkommen den Wert $y_i \log y_i$ gleich null (Lüthi 1981: 40). Eine Umverteilung von reich nach arm

8 Das gewöhnliche Entropie-Maß kann allerdings auch aus kombinatorischen Überlegungen abgeleitet werden; siehe hierzu Coleman (1964: 442, Fußnote 5).

9 Für eine empirische Anwendung des Theil-Indizes s. Korzeniewicz und Moran (1997).

senkt den Wert von T und enspricht somit der Pigou-Dalton-Bedingung (Coulter 1989: 50; Cowell 1995: 53).

Eine Normierung von T mit dem Wert bei maximaler Konzentration ergibt Colemans Hierarchiemaß (Coleman 1964: 442):

$$T^* = \frac{\log n - H}{\log n}$$

welches Werte im Intervall [0, 1] annimmt. Die Eigenschaften von T^* entsprechen den Eigenschaften von T.

Herfindahl-Index

Als Maß für die absolute Konzentration hat sich der Herfindahl-Index H durchgesetzt (Herfindahl 1950).[10] Der Index ergibt sich aus Überlegungen zu multinomialen Wahrscheinlichkeiten. "The combinatorial procedure on which [the Herfindahl-Index] (H.E.) is based implicitly compares every randomly selected pair, while taking into account the component in which a unit is located. This means that it implicitly compares random selection probabilities in terms of existing component frequencies" (Coulter 1989: 71).

Der Herfindahl-Index H ist definiert durch die Summe der Quadrate der Merkmalswerte dividiert durch das Quadrat der Merkmalssumme:

$$H = \frac{\sum_i y_i^2}{\left(\sum_i y_i\right)^2}$$

und nimmt Werte im Intervall [1/n, 1] an. Eine Normierung des Herfindahl-Index ergibt sich als (Coulter 1989: 71):

$$H^* = 1 - \frac{1 - H}{1 - 1/n} = \frac{H - (1/n)}{1 - (1/n)} = \frac{nH - 1}{n - 1}$$

H^* nimmt bei Gleichverteilung der Einkommen den Wert null an und variiert somit im Intervall [0, 1]. Weiter ist H proportional zum quadrierten Variationskoeffizienten V (Polasek 1994: 238):

$$H^* = \frac{V^2}{n-1} = \frac{\sigma^2}{\mu^2 (n-1)}$$

---

[10] Der Index wird in der Literatur auch Herfindahl-Hirschmann-Index genannt (vgl. Coulter 1989: 69 ff.). Zum Zusammenhang zwischen diesem und Theils Maß s. Cowell (1995: 52 f.).

Ein Nachteil von H bzw. H^* ist allerdings, dass negative Merkmalswerte und Nullwerte auf Grund der Quadrierung nicht berücksichtigt werden können. Die weiteren genannten Anforderungen an Ungleichheitswerte werden von H resp. H^* erfüllt.

25.2.3 Soziale Verteilungsmaße

Die als "normativ" bezeichneten sozialen Verteilungsmaße beruhen auf einer sozialen Wohlfahrtsfunktion. Im Gegensatz zu den ad hoc-Verteilungsmaßen macht das Konzept dieser Verteilungsmaße durch die Wahl der Wohlfahrtsfunktion explizit deutlich, welches Werturteil der Ungleichheitsbeurteilung zu Grunde liegt. Die Schwierigkeit sozialer Ungleichheitsmaße liegt in der Konstruktion der "richtigen" sozialen Wohlfahrtsfunktion: nach dem Arrow-Paradoxon ist durch Aggregation der individuellen Präferenzen bei Erfüllung von einigen schwachen Anforderungen an das Entscheidungsverfahren nicht immer die Existenz einer widerspruchsfreien sozialen Präferenzordnung gewährleistet (Arrow 1951; Müller 1989).

Dessen ungeachtet findet das Konzept der sozialen Wohlfahrtsfunktion (SWF) Verwendung. Eine SWF hat dabei allgemein folgende Bedingungen zu erfüllen (Cowell 1995: 36 f.):

a) Die SWF ist individualistisch und nicht abnehmend im Einkommen, d. h.

$$W = W(y_1, y_2, \ldots, y_n) \quad und \quad \frac{\partial W}{\partial y_i} \geq 0$$

b) Die SWF ist symmetrisch für jeden Zustand, d. h.

$$W = (y_1, y_2, \ldots, y_n) = (y_2, y_1, \ldots, y_n) = (y_n, y_1, \ldots, y_{n-1})$$

c) Die SWF ist additiv, d. h.

$$W = \sum_i u(y_i)$$

d) Die SWF ist strikt konkav, d. h. es gilt:

$$\frac{\partial u(y_i)}{\partial y_i} > 0 \quad und \quad \frac{\partial^2 u(y_i)}{\partial y_i^2} < 0$$

e) Die SWF hat eine konstante Elastizität ε. Es gilt:

$$u(y_i) = \begin{cases} \frac{1}{1-\varepsilon} y_i^{1-\varepsilon} \; für \varepsilon \geq 0, \varepsilon \neq 1 \\ \ln y_i \; für \; \varepsilon = 1 \end{cases}$$

Konstante Elastizität meint, dass ein Einkommenszuwachs von 1% mit einem Nutzengewinn von (1 – ε) % einhergeht (ε ≠ 1). Dabei kann ε als konstante Abneigung gegenüber relativer Ungleichheit interpretiert werden. Der Koeffizient ε ist also ein Maß der "Ungleichheits-Aversion". Je größer ε, desto größer ist die gesellschaftliche Präferenz für Gleichheit (Ramser 1987: 20). Der soziale Grenznutzen ergibt sich durch: ∂u(yi) / ∂ yi = yi-ε.

Bei einer Umverteilung des Einkommens von Reich nach Arm (gemäß der Pigou-Dalton-Bedingung) muss – bei Konstanthaltung der sozialen Wohlfahrt – auf Grund des größeren sozialen Grenznutzens des Armen nur ein Teil des Betrages, der vom Reichen genommen wird, an den Armen weitergegeben werden. Der Ungleichheits-Aversionsparameter ε gibt an, um wie viel die Einkommenssumme bei einem Transfer von einem Reichen zu einem Armen abnehmen darf, damit sich die soziale Wohlfahrt nicht ändert. Ist z. B. bei ε = 0.5 eine Person hundertmal reicher als eine andere, so bleibt die gesellschaftliche Wohlfahrt dann konstant, wenn man der ärmeren Person eine Geldeinheit gibt und zugleich der reicheren Person zehn Geldeinheiten ($100^{0.5}$ = 10) wegnimmt. Für ε = ∞ werden beliebig große Verluste des Bessergestellten akkzeptiert. In diesem Fall wird die soziale Wohlfahrt allein vom schlechtergestellten Individuum bestimmt ("Maximin"-Kriterium, Rawls 1971).

Eine Schwierigkeit dürfte allerdings sein, den Aversionsparameter ε zu bestimmen. Meines Wissens wird dieser nicht empirisch ermittelt, sondern ad hoc festgelegt. Lüthi (1981) und Buhmann (1988) setzen z. B. für die Schweiz ε = 0.5. Besser wäre allerdings, das soziale Verteilungsmaß für ein Intervall von ε durchzurechnen, um so die Sensitivität der Ergebnisse zu prüfen.

Daltons Ungleichheitsindex

Daltons (1920) Maß beruht auf einem Vergleich der durchschnittlichen gesellschaftlichen Wohlfahrt

$$\frac{1}{n}\sum_i U(y_i) = \frac{1}{n(1-\varepsilon)}\sum_i y_i^{1-\varepsilon}$$

mit der maximalen gesellschaftlichen Wohlfahrt

$$\frac{1}{n}U(\mu) = \frac{1}{1-\varepsilon} y^{1-\varepsilon}$$

Mit diesen beiden Ausdrücken wird Daltons Ungleichheitsindex D_ε definiert durch:

$$D_\varepsilon = 1 - \frac{U(y_i)}{U(\mu)} = 1 - \frac{1}{n}\sum_i y_i^{1-\varepsilon}\,\mu^{1-\varepsilon}$$

Für $0 < \varepsilon < 1$ nimmt Werte $D\varepsilon$ im Intervall [0, 1] an. Bei absoluter Gleichverteilung erreicht D_ε den Wert null. Mit zunehmender Ungleichheit strebt D_ε gegen eins. Für $\varepsilon > 1$ ergeben sich für Daltons D_ε negative Werte, welche bei maximaler Ungleichheit gegen $-\infty$ streben (Lüthi 1981: 52). Atkinson (1970) weist darauf hin, dass sich Daltons Maß bei positiven linearen Transformationen der Nutzenfunktion verändert. Je nach Spezifizierung der Nutzenfunktion nimmt D_ε einen anderen Wert an. Allerdings bleibt die Rangfolge der Nutzenwerte – und dies ist das Wesentliche – dadurch erhalten. Desweiteren erfüllt Daltons Maß die Anforderungen, die wir an ein Ungleichheitsmaß gestellt haben.[11]

Atkinsons Vergleichsindex

Atkinson (1970) definiert Daltons Maß so um, dass es invariant gegenüber Transformationen der Wohlfahrtsfunktion wird. Dazu führt Atkinson den Begriff des "gleich verteilten äquivalenten Einkommens" (equally distributed equivalent income) y_e ein. Dieses wird definiert durch die Höhe des Pro-Kopf-Einkommens, das bei einer hypothetischen Gleichverteilung aller Einkommen dasselbe Wohlfahrtsniveau wie die Summe der tatsächlichen individuellen Einkommen erzeugen würde. Für y_e ergibt sich (zur Herleitung s. Atkinson 1970: 255, Lüthi 1981: 48):

$$y_e = \begin{cases} \left(\frac{1}{n}\sum_i y_i^{1-\varepsilon}\right)^{1/(1-\varepsilon)} & \textit{für}\ \varepsilon \geq 0, \varepsilon \neq 1 \\ \left(\prod_i y_i\right)^{1/n} & \textit{für}\ \varepsilon = 1 \end{cases}$$

Unter der Annahme einer konkaven Wohlfahrtsfunktion folgt, dass y_e nicht größer als das Durchschnittseinkommen μ sein kann. Je gleichmäßiger die Einkommensverteilung ist, desto näher liegen die beiden Werte y_e und μ zusammen. Atkinsons Maß A_ε beruht nun auf einem Vergleich von y_e und μ und ist definiert durch (Atkinson 1970: 248 ff.):

$$A_\varepsilon = 1 - \frac{y_e}{\mu}$$

Je nach Wahl von ε folgt für A_ε:

---

[11] Zur graphischen Darstellung von Daltons und Atkinsons Kennzahlen s. Cowell (1995: 44 ff.).

$$A_\varepsilon = \begin{cases} 1 - \frac{1}{\mu}\left(\frac{1}{n}\sum_i y_i^{1-\varepsilon}\right)^{1/(1-\varepsilon)} & \text{für } \varepsilon \geq 0, \varepsilon \neq 1 \\ 1 - \frac{1}{\mu}\left(\prod_i y_i\right)^{1/n} & \text{für } \varepsilon = 1 \end{cases}$$

A_ε variiert im Intervall [0, 1]: im Fall absoluter Gleichverteilung ($y_e = \mu$) wird A_ε gleich null. Mit zunehmender Ungleichheit strebt A_ε gegen eins. Für $\varepsilon \neq 1$ existiert eine einfache Beziehung zwischen D_ε und A_ε:

$$1 - D_\varepsilon = (1 - A_\varepsilon)^{1-\varepsilon}$$

Im Gegensatz zu Daltons Ungleichheitsindex ist das Atkinson-Maß für jede beliebige Verteilung von der Wahl von ε abhängig: Je größer ε gewählt wird, desto größer wird der Wert der Ungleichheit. Daltons Maß strebt dagegen für $\varepsilon = 0$ und $\varepsilon = 1$ gegen Null (Cowell 1995: 148 f.). D_ε und A_ε fallen bei gleicher Verteilung umso unterschiedlicher aus, je größer ε gewählt wird (Lüthi 1981: 215).

Neben Atkinsons und Daltons Wohlfahrtsmaßen existieren eine Vielzahl weiterer sozialer Verteilungsgrößen, die hier jedoch nicht weiter diskutiert werden. An dieser Stelle sei auf Coulter (1989: 115 ff.) verwiesen.

25.3 Theoretische Einkommensverteilungen

Die Grundlage jeder Einkommensungleichheitsmessung ist die empirische Häufigkeitsverteilung in einer bestimmten Population. Wenn unterstellt werden kann, dass solche empirischen Verteilungen auf jeweils hinreichend großen Stichproben beruht, lassen sich die personellen Einkommensverteilungen durch rechtsschiefe Dichteverteilungen approximieren.

In der Literatur werden eine Vielzahl von rechtsschiefen Verteilungen diskutiert. Beispiele sind die Pareto-Verteilung, Lognormalverteilung, Beta-Verteilung, Gamma-Verteilung, Champernowne-Verteilung, Yule-Verteilung u. a. m. (Cowell 1995: 141 ff., 170 ff.).

Im Folgenden werden die Pareto-Verteilung und die Lognormalverteilung diskutiert. Beide Verteilungen sind aus inhaltlichen Überlegungen ableitbar (Kap. 25.4).

25.3.1 Paretos Verteilungsgesetz

Auf Grund der Übereinstimmung graphischer Darstellungen verschiedener personeller Einkommensverteilungen glaubte Pareto (1897) eine allgemeine Gesetzmäßigkeit gefunden zu haben. Ein Verteilungsgesetz beschreibt aber lediglich die rechte Seite der Dichtefunktion in Abb. 1 näherungsweise; Pareto war nämlich auf Grund mangelnder statistischer Daten – er verfügte über Einkommenssteuerdaten – gezwungen, sich auf den oberen Teil der Einkommensverteilung zu beschränken. Obwohl heute Daten vorliegen, die auch den unteren Bereich der Verteilung beschreiben, ist Paretos Verteilungsgesetz weiterhin von Interesse. Es gibt nämlich theoretische Erklärungsansätze, mit deren Hilfe sich eine Einkommensverteilung herleiten lässt, welche mit Paretos Verteilungsgesetz kompatibel ist (Kap. 25.4.2 und 25.4.3).[12]

Die Verteilung der Einkommen x, die eine Mindesthöhe von z überschreiten, werden nach Pareto durch die Dichtefunktion

$$f(x) = \begin{cases} \alpha z^{\alpha} x^{-\alpha-1} & \textit{für } x \geq z, \alpha > 0 \\ 0 & \textit{sonst} \end{cases}$$

beschrieben. In logarithmischer Darstellung bildet diese Dichtefunktion eine Gerade mit der Steigung $-\alpha-1$. Ist P die Anzahl aller Einkommensbezieher, dann ergibt sich die Anzahl der Personen, die ein Einkommen von x und darüber beziehen durch

$$N = P \int_x^{\infty} \alpha \, z^{\alpha} \xi^{-\alpha-1} d\xi = P z^{\alpha} x^{-\alpha}$$

Durch Logarithmieren eribt sich die in Abb. 6 graphisch dargestellte Beziehung zwischen der logarithmierten Anzahl der Einkommensempfänger und den logarithmierten Einkommenshöhen:

$$\log N = \log P + \alpha \log z - \alpha \log x.$$

Die Einkommensverteilung wird somit durch die Parameter z und α beschrieben. Die Differenzierung der Einkommen über dem Mindesteinkommen lässt sich mittels des Koeffizienten α bestimmen. Eine Gleichverteilung der Einkommen führt zu einer vertikalen Verteilungsgeraden. Je ungleicher die Einkommen verteilt sind, desto *flacher* wird die Pareto-Gerade und desto kleiner wird α.[13] Für nahezu alle der von Pareto betrachteten Einkommensverteilungen von verschiedenen Ländern des 19. Jahrhunderts wie England, Italien, Preußen und Sachsen schwankt die Steigung der Geraden nur in geringem Maße um einen Wert von $\alpha = 1.5$. Pareto glaubte daraufhin, auf eine allgemeine Gesetzmäßigkeit der Stabilität von Einkommensungleichheit schliessen zu können. Ferner ist der Koeffizient α sehr anschaulich interpretierbar: Nimmt das Einkommen x um 1% zu, so sinkt der Anteil der Personen, deren Einkommen mindestens x beträgt, um α %. Ist $\alpha > 1$ gibt es relativ mehr Personen mit einem geringen Einkommen bzw. relativ weniger Personen mit einem hohen Einkommen.

---

[12] Die Darstellung in diesem Abschnitt folgt Neumann (1994: 310 f.).

[13] Unter der Vorraussetzung einer Pareto-Verteilung läßt sich mit Hilfe des Pareto-α auch der Gini-Koeffizient in der einfachen Form $G = 1/(2\alpha-1)$ notieren.

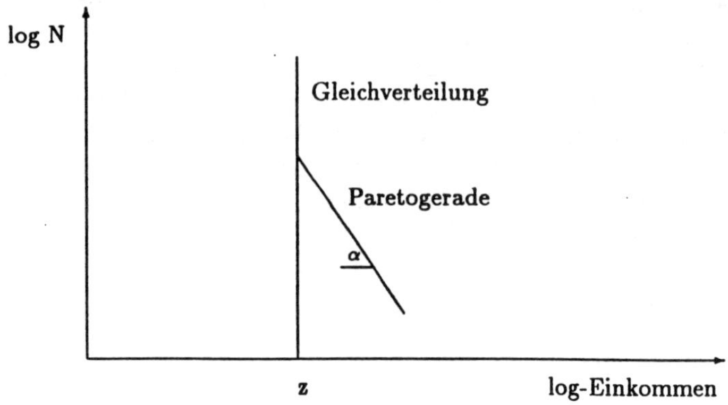

Abb. 6: Paretos Verteilungsgesetz

25.3.2 Lognormalverteilung

Ein Versuch der Darstellung der personellen Einkommensverteilung durch die Normalverteilung wurde von Gibrat (1931) unternommen. Werden in einer Häufigkeitsverteilung an Stelle der absoluten die logarithmierten Einkommen auf der Abszisse abgetragen, werden die entsprechenden Verteilungen symmetrischer und ähneln in der Regel einer Normalverteilung. Gibrat nahm daher an, die personelle Einkommensverteilung könne durch die Lognormalverteilung dargestellt werden. Die Dichtefunktion der Lognormalverteilung lautet (Aitchison, Brown 1957):

$$f(x) = \begin{cases} \dfrac{1}{\sqrt{2\pi}\,\sigma x} exp\left\{ -\dfrac{(ln\, x - \mu)^2}{2\sigma^2} \right\} & für\; x > 0 \\ 0 & sonst \end{cases}$$

Im Folgenden werden drei theoretische Ansätze dargestellt, mit dem das Verteilungsgesetz von Pareto bzw. die Lognormalverteilung begründet werden kann.

25.4 Erklärungsansätze

Die Erklärungsansätze der personellen Einkommensverteilung zeichnen sich durch das Bemühen aus, die typische Unregelmäßigkeit und Schiefe der empirischen Verteilung (Abb. 1) herzuleiten und zu deuten. Im Folgenden werden drei theoretische Modelle dargestellt, die aufsteigend bezüglich der Beeinflussbarkeit der Einkommensbezieher geordnet sind. Die stochastischen Ansätze (25.4.1) führen die Verteilung auf Zufallsprozesse zurück. Das Hierarchiemodell (25.4.2) behandelt die Verteilung als Resultat von Organisationsstrukturen. Die Humankapitaltheorie (25.4.3) bezieht sich dagegen auf die individuelle Investitionsentscheidung als zentralen Bestimmungsgrund des personellen Einkommens.[14]

25.4.1 Stochastische Ansätze

Die ältesten Erklärungsansätze zur typischen rechtsschiefen Gestalt der personellen Einkommensverteilung sind stochastischer Art. Damit sind Theorien gemeint, die die Verteilung ganz- oder teilweise auf Zufallsprozesse zurückführen. Diese Idee geht auf Gibrat's (1931) "Gesetz der proportionalen Effekte" zurück. Die gängigsten stochastischen Ansätze sind mehr oder weniger Modifikationen der Gibratschen Konzeption (Brown 1976: 77 ff.). Gibrat hatte beobachtet, dass mittlere Einkommen lognormal verteilt sind. In seinem "Gesetz der proportionalen Effekte" nutzte Gibrat den auf Galton (1879) zurückgehenden Befund, dass eine lognormal verteilte Zufallsvariable aus dem Produkt einer großen Zahl stochastisch unabhängiger Zufallsvariablen resultieren kann.[15] Dazu nahm er an, dass das Einkommen Y_t zufälligen Schwankungen Z_t unterworfen ist:

$$Y_t = Y_{t-1} Z_t$$

Basierend auf der Hypothese eines "random-walk"-Zufallsprozesses erklärt die Gibratsche Konzeption das Einkommen zu einem Zeitpunkt t als Sequenz stochastisch unabhängiger Zufallsgrößen Z_j :

$$\ln Y_t = \ln Y_{t-1} + \ln Z_t = \ln Y_0 + \sum_{j=1}^{t} \ln Z_j$$

Ungeachtet der Ausgangsverteilung von Y_0 ergibt sich für große t eine logarithmische Normalverteilung der Einkommen Y_t, die wie die Pareto-Verteilung eine rechtsschiefe Gestalt aufweist (Abb. 2). Gegenüber der Pareto-Verteilung erfasst die lognormale Verteilung allerdings auch den aufsteigenden Ast der Verteilung sowie den Bereich des Maximums der Einkommenskurve. Wenig plausibel bei Gibrats Erklärung ist, dass sich die Varianz der logarithmierten Einkommen mit zunehmendem t vergrößert. Auf lange Sicht ist eher das Gegenteil zu erwarten. Durch verschiedene Modellrestriktionen versuchte man, dieses Problem zu lösen (Kalecki 1945; Champernowne 1953; Steindl 1965; Überblick in Brown 1976, Sahota 1978). Weiter wird in der Literatur die Markov-Eigenschaft des Zufallsprozesses kritisiert: Jedes Individuum mit dem gleichen Einkommen zum Zeitpunkt t hat identische Zukunftsaussichten, unabhängig von der Entwicklung der Einkommen bis zum Zeitpunkt t–1. Der Hauptkri-

14 Weitere Modelle sind referiert in Blümle (1975); Sahota (1978); Scheele (1980); Neumann (1982); Ramser (1987).

15 Dieses Ergebnis folgt aus dem Zentralen Grenzwertsatz, da durch Logarithmieren das Produkt der Zufallsvariablen als Summe darstellbar ist.

tikpunkt jedoch ist, dass mit der Annahme eines stochastischen Prozesses letztlich auf eine "Erklärung" der Verteilung verzichtet wird (Blinder 1974).

25.4.2 Hierarchiemodell

Ein eigenständiger Erklärungsansatz thematisiert die innerbetriebliche Lohn- und Gehaltsstruktur in hierarchisch gegliederten Organisationen. Diese sog. Hierarchiemodelle gehen zurück auf Simon (1957), Lydall (1968) und Beckmann (1971, 1974). Letzterer geht von der plausiblen Annahme aus, dass in hierarchisch strukturierten Organisationen die Anzahl der Beschäftigten mit zunehmender Hierachiestufe abnehmen, die Einkommen hingegen zunehmen. Weiter nimmt Beckmann an, dass das Einkommen einer Person auf einer bestimmten Hierarchiestufe in einem konstanten Verhältnis zu der Anzahl der unmittelbar Untergegebenen und deren Durchschnittseinkommen steht (konstante "Kontroll"- und "Gehaltsspanne").

Die Kontrollspanne sei mit c bezeichnet und die Hierarchiestufe mit δ. Dann besagt die Annahme der konstanten Kontrollspanne, dass:

$$\frac{n_{\delta-1}}{n_\delta} = c, c = const. > 1$$

oder

$$n_\delta = n_0 c^{-\delta} \tag{1}$$

wobei n_δ bzw. n_0 die Anzahl Angestellter auf der δ-ten bzw. untersten Hierarchiestufe sind. Sind y_δ bzw. y_0 die Löhne auf der δ-ten bzw. untersten Hierarchiestufe, dann besagt die Annahme der konstanten Gehaltsspanne, dass

$$\frac{y_{\delta+1}}{y_\delta} = g, g = const. > 1$$

oder

$$y_\delta = y_0 g^{\delta} \tag{2}$$

Der Parameter δ kann nun in (1) mittels (2) und umgekehrt eliminiert werden. Die Anzahl Angestellter auf der δ-ten Stufe ergibt sich dann als:

$$n_\delta = n_0 \left(\frac{y_0}{y_\delta} \right)^{\beta}, \beta := \ln c / \ln g$$

Unter der Annahme einer konstanten Kontroll- und Gehaltsspanne resultiert somit in der betrachteten Hierarchie eine Dichtefunktion einer Pareto-Verteilung mit dem Koeffizienten $\alpha = \beta - 1$.[16] Mit einer Reduktion der Gehaltsspanne (und deren Logarithmus) ist eine Vergrößerung von α verbunden und damit eine Nivellierung der Einkommensdiskrepanzen. Die Pareto-Verteilung in einer Volkswirtschaft folgt durch einfache Aggregation über Organisationen. Wie bei Paretos Verteilungsmodell wird in dem Hierarchiemodell nur die Verteilung mittlerer und hoher Einkommen erklärt. Der aufsteigende Ast der Verteilung von Erwerbseinkommen kann mit diesem Ansatz nicht erklärt werden: Arbeitseinkommen von Personen, die keine Führungsaufgaben wahrnehmen, werden gar nicht betrachtet.[17]

25.4.3 Humankapitalmodell

Die ungleiche Verteilung der Arbeitseinkommen lässt sich zum Teil auf ungleiches Arbeitsvermögen (Humankapital) von Personen zurückführen. Die Humankapitaltheorie, die in ihrem Kern auf die Arbeiten von Schultz (1961), Mincer (1958, 1974) und Becker (1967) zurückgeht, argumentiert auf der Grundlage der neoklassischen Arbeitsmarkttheorie,[18] gibt jedoch die Annahme der Homogenität und Flexibilität der auf dem Arbeitsmarkt angebotenen Arbeitskraft zu Gunsten der Vorstellung auf, dass die Produktivität einer Arbeitskraft mit zunehmender Qualifikation steigt. Den sehr einfachen Grundgedanken der Humankapitaltheorie beschreibt Becker wie folgt (1993: 11): "This study is concerned with activities that influence future monetary and psychic income by increasing the resources in people. These activities are called investments in human capital."

Individuen investieren – ähnlich wie Firmen in Realkapital – auf Grund zukünftiger monetärer und nichtmonetärer Erträge in ihr Humankapital. Als Investitionen werden vor allem alle Arten der Bildung wie Schulbildung, Aus- und Weiterbildung, aber auch "on the job-training" betrachtet. Ein höheres Humankapitalniveau verbessert die Qualifikation und führt somit zu einem höheren Einkommen. Dies wird damit begründet, dass die formal qualifizierteren Arbeitskräfte produktiver sind, und somit das Grenzprodukt ihrer Arbeit höher ist als das der weniger Qualifizierten. Das Einkommen entspricht somit einer "Verzinsung" des Humankapitals.

In einem einfachen Modell geht Mincer (1958: 281 f.) davon aus, dass die Entscheidung zu investieren, durch Abwägen der Investitionskosten mit den Erträgen erfolgt. Die Kosten bestehen aus den direkten Aufwendungen für die Ausbildung sowie

---

16 Zur genauen Herleitung der Pareto-Verteilung s. Ramser (1987: 31.)

17 Eine kritische Diskussion der Hierarchiemodelle findet sich bei Blinder (1974: 11) und Blümle (1975: 65 ff.).

18 Die Hauptelemente der neoklassischen Arbeitsmarkttheorie beruhen auf der mikroökonomischen Grenzproduktivitätstheorie und dem Grenznutzentheorem. Das individuelle Arbeitsangebot ergibt sich aus Grenznutzenüberlegungen, die Arbeitsnachfrage durch die Grenzproduktivität. Es wird angenommen, dass alle Arbeitskräfte im Hinblick auf ihre potentielle Produktivität hinreichend homogen und damit substituierbar sind. Der Lohn einer Arbeitskraft entspricht dann dem Wert ihrer Grenzproduktivität. Eine ausführliche Darstellung der neoklassischen Arbeitsmarktheorie findet sich in Ehrenberg, Smith (1982). Zum Humankapitalansatz s. auch den Überblicksartikel von Mincer (1970).

aus den Opportunitätskosten der entgangenen Entlohnung während der Ausbildung und somit durch die Ausbildungsdauer s. Die Investitionen sind dann rentabel, wenn im Laufe eines Erwebslebens die diskontierten (monetären oder psychischen) Nutzenzuwächse die Investitionskosten (z. B. Ausbildungskosten) übersteigen. Ferner wird angenommen, dass nach dieser Ausbildung die Bildungsinvestitionen abgeschlossen sind und dass das Einkommen y während des Berufslebens konstant bleibt.

Wird die Humankapitalrendite mit r und die gesamte Berufsdauer mit n bezeichnet, lässt sich die Summe aller diskontierter Erträge einer Bildungsinvestition – der Kapitalwert V – zum Zeitpunkt s in kontinuierlicher Form wie folgt notieren (Blümle 1975: 60):

$$V = y \int_{s}^{s+n} e^{-rt} dt = \frac{y}{r} e^{-rs} (1 - e^{-rn})$$

Haben alle Individuen identische Humankapitalrenditen und gleichen Kapitalwert, ergibt sich für das Verhältnis zweier Einkommen:

$$\frac{y_2}{y_1} = \frac{e^{-rs_1}(1 - e^{-rn_1})}{e^{-rs_2}(1 - e^{-rn_2})}$$

Bezeichnen wir weiter das Einkommen, das ohne Ausbildung in n_0 erzielbar ist, mit y_0 und verwenden es als Bezugsgröße. Unter der Annahme, dass s_i im Vergleich zu n_i klein ist oder die individuellen n_i annähernd identisch sind, folgt für die Einkommensverteilung:

$$y = y_0 e^{rs}$$

bzw.

$$\log y = \log y_0 + rs$$

Gemäß letzter Beziehung kann bei konstantem r die Einkommensverteilung als Resultat der Streuung der Ausbildungsdauer bestimmt werden. Ist die Länge der Ausbildungszeiten zwischen den Individuen normalverteilt (oder auch leicht rechtsschief verteilt), resultiert sich die Lognormalverteilung bzw. im letzteren Fall die Pareto-Verteilung der Einkommen.[19] Allerdings ist das Modell nicht in der Lage zu erklären, warum einige Personen (bei gleichen Fähigkeiten und gleichem Wissen über die Zukunft) mehr in Ausbildung investieren als andere. Damit können mit Mincers Version (1958) auch keine Einkommensverteilungen prognostiziert werden.

---

19 Mincer diskutiert die Möglichkeit einer rechtsschiefen Verteilung der Ausbildungszeiten nicht. Zur Ableitung der Pareto-Verteilung s. aber Neumann (1994: 314 f.).

Durch Zufügen eines Störterms u zu letzterer Gleichung folgt ein leicht zu schätzendens Regressionsmodell mit der exogenen Variable "Schuljahre". Die "rate of return" der Bildungsinvestitionen r ergibt sich dann aus dem Anstieg der Regressionsgeraden. Mincer (1974) ermittelte für die Vereinigten Staaten auf Grund von Daten des Jahres 1959 für das Jahreseinkommen eine durchschnittliche Ertragrate pro zusätzlichem Bildungsjahr von 7%. Der Anteil der erklärten Varianz von $\ln y$ durch die Länge der Schulzeit beträgt 6.7%.

Chiswick (1968) führt die Schlussfolgerungen Mincers aus diesem einfachen Modell bezüglich der Verteilung insofern weiter, indem er die Streuung der Ertragsraten r_i betrachtet. Die individuellen Renditen sind nach Chiswick Resultat der persönlichen Fähigkeiten, Humankapital in Einkommen umzusetzen. So können sich auch bei gleichen Humankapitalinvestitionen durch unterschiedliche Fähigkeiten Einkommensdifferenzen resultieren. Je größer die Varianz der Ertragsraten r, desto größer wird auch die Einkommensstreuung sein. Desweiteren führen Unterschiede in den Fähigkeiten bei höherem Ausbildungsniveau zu größeren Einkommensunterschieden als bei niedrigem Bildungsniveau.

Becker (1964) verallgemeinert Mincers Modell durch die Aufgabe von zwei unrealistischen Annahmen. Zum einen ist die Akkumulation von Humankapital im Allgemeinen nicht mit der schulischen Ausbildung abgeschlossen und die Einkommen bleiben für die Dauer des Berufslebens auch nicht konstant. Das Einkommen abzüglich der gegenwärtigen Bildungsinvestitionen (das sog. "Nettoeinkommen") eines Individuums i zum Zeitpunkt j ergibt sich nach Becker in diskreter Schreibweise als

$$y_{ij} = x_{ij} + \sum_{t=0}^{j-1} r_{it} c_{it} - c_{ij}$$

wobei x_{ij} das ohne Investitionen realisierbare Einkommen ist und c_{it} die Kosten der Investitionen in Periode t darstellen. Mincers "schooling"-Modell ist als Spezialfall in Beckers Modell enthalten.

Die Folgerungen aus diesem Modell für die Einkommensverteilung sind weit reichender als die Implikationen des Mincer-Modells (Mincer 1970: 9): (1) Sind die Ertragsraten r_{it} sowie die Investitionskosten c_{it} unabhängig und symmetrisch verteilt, resultiert die rechtsschiefe Einkommensverteilung durch die Multiplikation beider Verteilungen. Sind die beiden Komponenten positiv korreliert – ein realistisches Szenario – nimmt die Schiefe der Verteilung zu. (2) Die Schiefe der Verteilung nimmt mit der Höhe des akkumulierten Humankapitals, d. h. mit den Bildungsausgaben zu. (3) Die Schiefe der Verteilung nimmt mit zunehmendem Alter zu, da im jungen Lebensalter die Kosten der laufenden Bildungsinvestitionen c_{ij} im Vergleich zum bereits erworbenen Humankapital höher sind.

Mincer (1974) schlug eine Erweiterung seines einfachen "schooling"-Modells vor, das den konkaven Alters-Einkommensprofilen Rechnung trägt. Die Funktion ist unter verschiedenen Annahmen (Vollzeitausbildung in Schule und Hochschule, mit der Berufsdauer linear fallender Zeitaufwand für "on the job-training" usw.) aus einem individuellen Investitionskalkül ableitbar:[20]

$$\ln y = b_0 + b_1 s + b_2 x + b_3 x^2, \text{mit}\, b_1, b_2 > 0, b_3 < 0$$

Diese Funktion gilt als zentrale Einkommensgleichung der Humankapitaltheorie. Die (logarithmierte) Entlohnung steigt linear mit der Dauer der schulischen Ausbildung (s) und der nachschulischen Ausbildung (x). Der quadrierte Wert bringt einen mit zunehmender Länge der Berufserfahrung abnehmenden Ertragszuwachs zum Ausdruck. Die – aus theoretischen sowie datenanalytischen Gründen – semilogarithmische Spezifikation der Einkommensfunktion hat sich weitgehend durchgesetzt und wird in zahlreichen Arbeiten zur Schätzung von Einkommen herangezogen. Mit dieser Spezifikation lassen sich die Koeffizienten (approximativ) als prozentuale Effekte auf das Einkommen interpretieren. Absolute Veränderungen in den unabhängigen Variablen haben relative Veränderungen der abhängigen Variablen zur Folge. Daher lassen sich die Koeffizienten als Ertragsraten von Humankapital interpretieren.

Konfrontiert mit einem recht hohen Maß unerklärter Varianz bei der Einkommensschätzung argumentiert Becker (1993: 111 ff.), dass es gar nicht darauf ankomme, mit den genannten Variablen die gesamte Einkommensvarianz zu erklären. Vielmehr ist ein großer Anteil unerklärter Varianz theoretisch mit seinem um Angebot und Nachfrage von Bildungsinvestitionen erweiterten Modell vereinbar. Da die Angebots- und Nachfragekurven für Humankapital individuell unterschiedlich sind, ergeben sich unterschiedliche Gleichgewichtspunkte. So variiert die Lage der Angebotskurve mit der finanziellen Unterstützung seitens der Eltern, die Lage der Nachfragekuve mit der Lernfähigkeit. Aus den differierenden Gleichgewichtspunkten folgt unmittelbar, dass nicht alle Individuen bei gleicher Ausstattung die gleiche Rendite auf ihr Humankapital erzielen. Diese Streuung der Renditen führt notwendigerweise zu einer unerklärten Variation in Mincers Lohnfunktion.

Zusammenfassend sind nach der Humankapitaltheorie Einkommensunterschiede auf unterschiedliche Produktivitäten und somit unterschiedliche Humankapitalausstattungen zurückzuführen. U. a. diese strikte Verknüpfung von Ausbildung, Produktivität und Einkommen hat der Humankapitaltheorie zahlreiche Kritik eingebracht (Granovetter 1981; Willis 1986):

Erstens wird der direkte Zusammenhang von Ausbildung und Produktivität bezweifelt. Nach den Screening- und Signallingmodellen (Stiglitz 1975; Spence 1973) besteht zwischen der formalen Qualifikation und der Produktivität kein direkter Zusammenhang. Der Bildung wird nur zugestanden, ein Signal für die Produktivität zu sein. Den Arbeitgebern wird durch dieses Signal die Auswahl zwischen den Bewerbern erleichtert. Die Entscheidung für einen bestimmten Bewerber erfolgt letztlich unter Unsicherheit. Damit wird im Gegensatz zur Humankapitaltheorie eine unvollständige Markttransparenz angenommen.

---

20 Für eine Herleitung im diskreten Fall s. Franz (1991: 102 ff.); eine stetige Herleitung findet sich bei Willis (1986: 529 ff.).

Zweitens wird der direkte Zusammenhang von Produktivität und Einkommen in Frage gestellt. So betont die strukturalistische Arbeitsmarktforschung, dass die Ertragsraten nicht zuletzt von der Arbeitsmarktposition der Beschäftigten abhängen (z. B. die Diskussion interner- und Teilarbeitsmärkte bei Sengenberger 1987; Thurows Theorie des Arbeitsplatzwettbewerbs 1978; Sørensens Vakanzkettentheorie 1984).

Trotz des einseitigen Blickwinkels des Lohnbildungsprozesses ermöglicht die humankapitaltheoretisch fundierte Einkommensfunktion die Rückführung der Einkommensunterschiede von sozialen Gruppen (z. B. Männer, Frauen; Inländer, Ausländer; Alterskohorten) auf Differenzen in den Humankapitalausstattungen. Lohnunterschiede zwischen sozialen Gruppen, die nicht auf Humankapitaldifferenzen beruhen, werden in der ökonomischen Literatur oft als Lohndiskriminierung bezeichnet (Cain 1986).

Die Gleichsetzung von Diskriminierung mit dem unerklärten Teils der Lohndifferenz ist freilich nicht unproblematisch. Denn zum einen wird die Produktivität wohl kaum durch die jeweils berücksichtigten Ausstattungsmerkmale vollständig erfasst. Zweitens können auch die Ausstattungsunterschiede teilweise als Folge vorhergehender Diskriminierungsprozesse aufgefasst werden. Und drittens werden in der Literatur verschiedene Diskriminierungsmasse vorgeschlagen, deren Schätzungen im Allgemeinen nicht übereinstimmen (Oaxaca 1973; Blinder 1973; Diekmann, Engelhardt 1995). Entsprechend stark variieren denn auch Diskriminierungsschätzungen, selbst wenn sich die zu Grunde gelegten Daten auf das gleiche Land und den gleichen Zeitraum beziehen.

26

Konsum und Vermögen

Georgios Papastefanou

Einleitung

Das vorliegende Kapitel beschäftigt sich mit dem Zusammenhang von Konsum bzw. Vermögen und Bevölkerungsstruktur, als einem Anwendungsbereich der konsumsoziologischen Analyse (Kutsch, Wiswede 1986). In Anlehnung an die Sozialstrukturforschung (Hradil 1987) kann man mehrere grundlegende Dimensionen unterscheiden, die zur Gliederung einer Bevölkerung mit weit reichenden individuellen und sozialen Folgen auch im Bereich von Konsum und Vermögen beitragen. Es handelt sich hierbei insbesondere um Geschlecht, Alter, Kohorte, soziale Schichtung, Haushaltsstruktur und ethnische Zugehörigkeit (Nicosia, Mayer 1976; Kutsch, Wiswede 1986). Hinsichtlich der Konsum- und Vermögensdifferenzierung einer Bevölkerung können verschiedene interdisziplinäre Aspekte des Güternutzens unterschieden werden. Bezieht man nun soziodemographische Dimensionen und ausgabenbezogene Aspekte aufeinander, so erhält man das Anwendungsfeld der soziodemographischen Analyse des Verbrauchs privater Haushalte im Sinne einer Mehrfeldertafel.

Da an dieser Stelle nicht der gesamte Anwendungsbereich dargestellt werden kann, beschränkt sich dieses Kapitel auf soziale Schichtung und Haushaltsdemographie als den zentralen Dimensionen der Bevölkerungsdifferenzierung sowie auf einige wichtige Entwicklungslinien im Konsum- und Vermögensbereich nach 1945. Außerdem wird auf besondere Schwerpunkte der soziodemographischen Konsumforschung eingegangen. Am Ende werden Datenmaterialien beschrieben, die die Möglichkeit für sekundäranalytische Untersuchungen zum Thema Konsum und Bevölkerung bieten.

26.1 Konsum in einer interdisziplinären Perspektive

Angesichts der vielfältigen Zusammenhänge, in denen Konsum betrachtet wird, scheint es angebracht zu sein, auf die verschiedenen disziplinären Bedeutungen und Definitionen von Konsum hinzuweisen. Scherhorn (1977: 194) verweist darauf, dass unter Konsum prinzipiell zweierlei verstanden werden kann: einerseits bedeutet Konsum Verzehr von Verbrauchsgütern, die unmittelbar der Befriedigung menschlicher

Bedürfnisse dienen, aber auch die Inanspruchnahme von Dienstleistungen und die Be- und Abnutzung von Gebrauchsgütern. Andererseits wird mit Konsum die Marktentnahme von Gütern und Dienstleistungen gemeint, das heißt er umfasst den Erwerb von Gütern und Dienstleistungen unabhängig davon, ob und in welcher Weise diese Waren und Dienste tatsächlich verbraucht werden. In letzterem Sinne wird in der wirtschaftswissenschaftlichen Sichtweise (Wingen, Cornelius 1989: 255; Brown, Deaton 1972; Ferber 1973; Davis 1976; Jacoby et al. 1976), die insbesondere an der Versorgung von Haushalten interessiert ist, unter Konsum die Verwendung des verfügbaren Einkommens zum Erwerb von Gütern und Dienstleistungen verstanden. Dieses Konsum- bzw. Kaufverhalten der Haushaltsmitglieder wird als die mehr oder weniger bewusste und zielorientierte Entscheidung für eine optimale Erfüllung ihrer Bedürfnisse unter gegebenen finanziellen, institutionellen und sonstigen Rahmenbedingungen (Ballerstedt, Wiegand 1980: 386) verstanden.

Im Rahmen der mikroökonomischen Theorie der Haushaltsproduktion (Glatzer 1986; Schöll 1985) wird weiterhin unterschieden zwischen:

a) Ausgaben für den laufenden Lebensunterhalt insgesamt;
b) Ausgaben für den elementaren Bedarf, bzw. Verbrauchsgüter und Reparaturen (Ernährung, Bekleidung, Wohnen, Energie). Diese Ausgaben werden auch als nicht-elastische Nachfrage bezeichnet, da sie auf starren, notwendigerweise zu befriedigenden Bedürfnissen beruht;
c) Ausgaben für den variablen Bedarf, für Wohnungsausstattung, Urlaub, Freizeit, Unterhaltungs- und Bildungsangebot. Diese Ausgaben gelten im ökonomischen Denken auch als elastische Nachfrage, da sie sich der Einkommenslage stärker anpassen. Hier wird zusätzlich unterschieden zwischen Gebrauchsgütern mittlerer Lebensdauer und langlebigen, hochwertigen Gebrauchsgütern.

In einer soziopsychologischen Sichtweise (Nicosia 1969; Ward 1974; Ölander, Lindhoff 1975; McGuire 1976; insbesondere zur Kritik der ökonomischen Sichtweise s. Scitovsky 1976: 94 f.) wird nach den psycho-sozialen Funktionen differenziert, die die erworbenen bzw. käuflichen Güter und Dienstleistungen für Personen und Haushalte haben. Hierbei kann man unterscheiden zwischen:

a) Waren, die Zugehörigkeit zu bestimmten sozialen Gruppen und Lebensstilen und zugleich die Abgrenzung von anderen sozialen Gruppen symbolisieren (Bourdieu 1982);
b) Waren, die den erreichten Status anzeigen (Simmel 1904);
c) Waren, die als Gatekeeper zu bestimmten Statusgruppen wirken;
d) Waren, die allgemein zu Trägern von Werten und Bedeutungen werden, die dem Käufer die gültigen Identitäts- und Rollenkonzepte (Belk 1982, 1984; Solomon 1983) vermitteln bzw. verstärken (McCracken 1992).

Unter Betrachtung des konkreten Kaufverhaltens von privaten Haushalten hat Sobel (1981) auf der Basis von faktoranalytischen Untersuchungen vier Konsumstile identifiziert, und zwar:

a) Visible-success-Konsum, der prestigeorientiert ist und die Ausgaben für Haushaltsdekoration, Kleidung, Mitgliedschaften in Vereinen, Klubs, Urlaub usw. umfasst;
b) Maintenance-Konsum, in dem die Ausgaben zur Aufrechterhaltung des täglichen Lebens zusammengefasst sind wie Ausgaben für Stoffe, Kleider, Möbel, Nahrung, Lesen etc.;
c) High-life-Konsum, worunter Ausgaben für die nicht-familiale, auf Erlebnis gerichtete Unterhaltung fallen;
d) Home-life-Konsum, der die auf Familie und Haushalt bezogenen Ausgaben zusammenfasst.

Mit Blick auf die Bedürfnisse und Werte, die für den Konsum eine Rolle spielen wenn der Verbraucher sich vom normativ definierten Grundnutzen befreit und am Zusatznutzen orientiert, gelangt Haseloff (1992: 150) zu multiplen, sozial orientierten Güternutzen. Demnach kauft sich der Verbraucher bestimmte Produkte:

a) Um zu einem exklusiven Kreis zu gehören und an dessen herausgehobener Wertschätzung teilzuhaben (z. B. Premium-Marken, exotische Reiseziele, exklusiver Golfklub);
b) um Urbanität, Zivilisiertheit und Höflichkeit zu signalisieren, aber auch um Selbstkontrolle und Selbstbeherrschung zu gewinnen und damit von den von der Gruppe geforderten Konsumregeln nicht abzuweichen (z. B. bürgerliche Kreise, in denen es verpönt ist, Videos aus Videotheken zu leihen);
c) um seine Individualität durch Kennerschaft, gesteigerter Erlebnisfähigkeit, Selektivität des Verhaltens zu zeigen;
d) um gemeinsam mit Menschen ähnlicher Sensitivität und gleicher Werte zu kommunizieren (z. B. gemeinsames besonderes Essen und Trinken);
e) um sich selbst durch Kennerschaft, Sensibilität und speziellen Besitz zu definieren und seinem Anspruch nach Authentizität und Selbstverwirklichung einzulösen (z. B. Duftprodukte, Produkte der Körperpflege);
f) um Kreativität und persönliche Problemlösung einzuüben und so neue individuelle Ausdrucksformen zu gewinnen (z. B. bei der Kleidung das Interesse an Kombinationsmoden und Accessoires, ebenso bei Möbeln und Wohnungseinrichtung, insbesondere die Gestaltung von Küche und Bad);
g) um Wissen zu erwerben und interessiert und verstehend an den gesellschaftsgestaltenden innovativen Entwicklungen teilzuhaben (z. B. die gesundheitliche Wertigkeit von Produkten, Zusammensetzung, ökologische Verträglichkeit);
h) um sich über spielerischen Spaß selbst zu verwirklichen (z. B. Shopping, Kauf von Hi-Fi-Anlage, Videokamera).

26.2 Konsum und soziale Schichtung

Zur Differenzierung der Bevölkerung nach sozialer Schicht wird meist das Einkommen des Haushaltes bzw. des Haushaltsvorstandes als Indikator gewählt. Man kann deshalb vermuten, dass Schichtunterschiede im Konsumverhalten überwiegend auf die unterschiedliche Kaufkraft zurückzuführen sind. Frühe Studien (Lipset, Zetterberg 1956; Hamilton 1965, 1968) haben jedoch gezeigt, dass auch bei gleichen Einkommensverhältnissen unterschiedliche Konsum- und Lebensstile existieren. Schon Halbwachs (1913) stellte fest, dass Arbeiter bei gleichem Einkommen mehr für Lebensmittel aufwenden als Angestellte, aber weniger für Miete. In einer schichtsoziologischen Betrachtungsweise wird deshalb auf das spezifische Schichtmilieu abgehoben, das z. B. bei der unteren Schicht eher gegenwartsbezogen als zukunftsbezogen, eher familistisch als individualistisch, mehr autokratisch als demokratisch, eher passivistisch als aktivistisch und eher unüberlegt als überlegt-rational beschrieben wird (Kutsch, Wiswede 1986: 218). Schichtunterschiede könnten möglicherweise auf Bildungsunterschieden beruhen, allerdings liegen keine empirischen Studien vor, die nachgewiesen hätten, in welchem Maße der Bildungshintergrund einer Familie bestimmend für das Konsumverhalten ist. In älteren Studien (Schrader 1966) wurde festgestellt, dass von Familien mit weniger Einkommen die höchsten Preise für bestimmte langlebige Güter (z. B. Fernsehapparate, Waschmaschinen) bezahlt werden. Als Gründe dafür nennt Caplowitz (1963, 1967) Befunde, dass arme Familien sich leichter zum bequemen aber teureren Abzahlungskauf entschließen, dass sie dazu tendieren, in jederzeit erreichbaren Läden der Nachbarschaft mit tendentiell höheren Preisen zu kaufen. Es wurde vermutet, dass solche Unterschiede mit Unterschieden im Bildungsgrad und der damit verbundenen Fähigkeit und Bereitschaft zusammenhängen, Sorgfalt und Umsicht im Kaufverhalten einzusetzen, produktive Umwege einzuschlagen und auch Kosten der Rationalität in Kauf zu nehmen. In einer Untersuchung hat Schaninger (1981) überprüft, welcher Zusammenhang zwischen Einkommen, sozialer Schicht, einer Kombination von Einkommen und sozialer Schicht und der Verbrauchshäufigkeit, Nutzung von Konsumgütern und anderen Konsumverhaltensweisen besteht. Er hat festgestellt, dass:

a) bei Nahrungsmitteln, vor allem Fertiggerichten, Wein, Getränken, Einkaufsverhalten und Fernsehkonsum die Zugehörigkeit zur sozialen Schicht besser unterscheidet als das Einkommen;
b) die Unterschiede an Besitz von elektrischen Hausgeräten, Softdrinks, Mixgetränken und hochprozentigen alkoholischen Getränken besser durch das Einkommen erklärt wird;
c) bei Make-up, Kleidung, Autos und Fernsehgeräten die Kombination von Einkommen und sozialer Schicht die Unterschiede besser erklärt.

Vor dem Hintergrund der sozialen Entwicklung ist die Erfassung der Konsumungleichheiten durch Schichtmodelle immer schwieriger geworden (Wiswede 1991: 443). Merz (1980) hat in einer Analyse über strukturelle Determinanten des Erwerbs und der Ausgabenhöhe von dauerhaften Konsumgütern im Jahr 1969 festgestellt, dass die soziale Stellung offenbar keinen spezifischen Beitrag (d. h. nach Kontrolle von Haushaltseinkommen, Alter des Haushaltsvorstandes, Haushaltsgröße, Spar- und Wertpapiervermögen) liefert zur Erklärung von Ausstattungsunterschieden (Merz 1980: 140), jedoch deutlich zur Differenzierung in der Ausgabenhöhe führt (bei Kontrolle von Alter des Haushaltsvorstands, Haushaltsgröße, Erwerbstätigkeit der Haushaltsmitglieder, Zahl der Kinder bis 15 Jahre und über 16 Jahre, Haushaltseinkommen, Bildung) (Merz 1980: 156). Es ist zu vermuten, dass ungleichheitsspezifische Differenzierungen weniger beim Kaufverhalten und eher beim Verwendungsverhalten zu erwarten sind. Früh schon wurde darauf hingewiesen (Warner 1952; Lipset, Zetterberg 1956), dass das Verwendungsverhalten in Form unterschiedlichen Kulturkonsums selbst zur Ungleichheit beiträgt. Zum Mittel der Unterscheidung und Abhebung der sozialen Schichten wird verstärkt die "Kennerschaft" und weniger die bloßen "Kaufmöglichkeiten". Andererseits hat Wiswede (1972: 150) die These aufgestellt, dass das Konsumverhalten eine kompensative Funktion im Schichtgefüge erhalten kann, wenn bei Statusinkonsistenzen, wie z. B. bei hohem Einkommen und niedrigerem Bildungsniveau, Individuen dazu tendieren, kompensatorisches, übersteigertes Konsumieren, d. h. Gütererwerb, zeigen. Dies gilt besonders für Güter, die man im Sinne von Hirsch (1980) als Positionsgüter bezeichnen kann, da ein Großteil der Positionsgüter im Konsumgüterbereich angesiedelt sind. Nur der Besitz von Positionsgütern, die nicht beliebig vermehrbar und käuflich sind (Oldtimer, Haus am Waldrand oder See, Ölgemälde eines berühmten Malers), würde demnach noch am ehesten Abhebungsmöglichkeiten verschaffen. In dem Maße, wie die üblichen Wohlstandsgüter (Waschmaschine, Spülmaschine, Zweitauto, Videokamera) nicht mehr als Luxusgüter zu betrachten sind, sondern zur Normalausstattung gehören, ist mit ihrem Besitz keine besondere Wertschätzung verbunden.

In der Lebensstilforschung gibt es verschiedene Ansätze, (Hradil 1987; Gluchowski 1988), die das Verhältnis von struktureller Lage und subjektiver bzw. subkulturrell ausgeformter Lebens- und Konsumgestaltung zu erfassen suchen. An dieser Stelle soll der Ansatz von Bourdieu (1982) exemplarisch dargestellt werden (s. auch Müller 1986). Bourdieu unterscheidet zwischen sozialen Positionen und Lebensstilen. Soziale Positionen ergeben sich auf Grund der Verfügung über ökonomisches Kapital (Einkommen, Vermögen), soziales Kapital (Kontakte, Beziehungen) und kulturelles Kapital (Bildung, Geschmack, Fertigkeiten). Soziale Klassen differenzieren sich durch Unterschiede in Volumen, Art und zeitlicher bzw. biografischer Veränderung (z. B. im Verlauf der Berufskarriere) des soziologischen Kapitals. Lebensstile entstehen einerseits durch die Praktiken der Güterverwendung, mit denen eine besondere Geschmackskultur gezeigt und symbolisiert werden soll, andererseits wirken sie auf den Auf- und Abbau des Kapitalstocks der sozialen Position. Soziale Positionen und Lebensstile sind durch den Habitus der Individuen verbunden, einer Art Wahrnehmungs-, Denk- und Interpretationsschema, das durch Randbedingungen der Kapitalverfügung in eine soziale Position geformt wird.

26.3 Konsum und Haushaltsdemographie

Konsumverhalten wird mit seinen Anregungs-, Verarbeitungs- und Verhaltensprozessen meist auf der Ebene individueller Käufer untersucht. Es hat sich aber gezeigt, dass der Haushaltskontext einer Person eine bestimmende Größe beim Verständnis der Konsumdifferenzierung in einer Bevölkerung darstellt. In der Literatur wird üblicherweise vom Familienzyklus gesprochen, dessen Phasen meist durch eine Kombination von demographischen Variablen wie Zahl und Alter der Haushaltsmitglieder spezifiziert werden (Kroeber-Riel 1990: 457). Das Familienzykluskonzept ist in verschiedenen Varianten entwickelt worden (Müller-Hagedorn 1984). Untenstehende Übersicht gibt eine zusammenfassende Beschreibung der einzelnen Phasen und der Ausgabenstruktur des Haushalts (Kamenz 1987).

Tab. 1: Die Ausgabenstruktur nach haushaltsdemographischen Familienzyklusphasen (Kamenz 1987)

Familienzyklusphasen	Typisches Konsumverhalten
Ehephase 1: "Leeres Nest" Gemeinsam wirtschaftendes Paar ohne Kinder	– hohe Sparneigung – Kauf von Ausstattungs- und Einrichtungsgegenständen – hohe Ausgaben für Urlaubsreisen und Bekleidung – Kauf eines Autos – ungünstige Einkaufseffizienz (auf Grund der Erwerbstätigkeit beider Partner)
Familienphase 1: "Volles Nest" Gemeinsam wirtschaftendes Paar mit Kindern im Vorschulalter	– größte Gesamtausgaben im Lebenszyklus – hohe Ratenkreditaufnahme – kinderspezifische Anschaffungen – erhöhte Ausgaben für Ernährung und Kleidung – hoher Waschmittelverbrauch – hohe Einkaufseffizienz – Erwerb von Wohneigentum
Familienphase 2: "Volles Nest" Gemeinsam wirtschaftendes Paar mit Kindern im Schulalter	– höchster Einkommensstand im Familienzyklus – hohe Ausbildungskosten für die Kinder – ansteigende Gesundheitskosten – höherwertige Konsum- und Gebrauchsgüter – Ersatzbeschaffungen von Auto und langlebiger Gebrauchsgüter – hoher Bestand an Wohneigentum
Gattenehephase 2: "Leeres Nest" Gemeinsam wirtschaftendes Paar mit Kindern, die außerhalb des elterlichen Haushaltes leben	– hohe Gesundheitskosten – Ausgaben für diätetische Nahrungsmittel – hohe Ausgaben für Freizeit und Hobby – hohe Ausgaben für Urlaubsreisen – Ersatzbeschaffung langlebiger Gebrauchsgüter

(Quelle: Kamenz 1987: 45)

Kamenz (1987) hat anhand von langfristigen Wirtschaftsrechnungen festgestellt, dass die Gesamtausgaben im Familienzyklus zunächst steigen und dann wieder fallen. Im Verlauf der Ehe geht der Anteil der Nahrungsmittelausgaben kontinuierlich zurück, der Anteil in Bildungsausgaben steigt zunächst an und sinkt dann wieder. Dies ist vor allem auf die Bedürfnisstruktur der im Haushalt lebenden Kinder zurückzuführen. Allerdings haben Wingen, Cornelius (1989: 255 ff.) gezeigt, dass vor allem die Anzahl der Kinder von großer Bedeutung ist. Je mehr Kinder in einem Haushalt vorhanden sind, umso größer ist der Anteil der Ausgaben für elementare Güter (bes. Nahrungsmittel), während der Anteil für den variablen Verbrauch auch bei hohen Einkommensgruppen von 46% bei einem Kind auf 35% bei vier Kindern sinkt. Scheffter (1991: 131) bestätigt dieses Ergebnis indem er feststellt, dass Haushalte mit Kindern höhere Ausgaben für den Mindestkonsum aufweisen als kinderlose Haushalte. Der Mindestkonsum als einkommensunabhängiger Anteil am Gesamtkonsum der Familienhaushalte erhöht sich bis zu einem Alter der Kinder von 18 Jahren und sinkt ab 19 Jahre wieder ab, wobei die Zunahme des Mindestkonsums in der Altersphase der Kinder von 13-18 Jahren besonders deutlich ist.

Ein weitergehender Vergleich von erweiterten Phasenschemata des Familienzyklus unter Berücksichtigung von zusätzlichen Indikatoren zeigt, dass die Höhe der Ausgaben auch innerhalb des Familienzyklus vor allem einkommensabhängig ist. Dagegen ist die Ausgabenstruktur eher von der Lebensphase abhängig, das Haushaltseinkommen hat darauf fast keinen Einfluss. Der Bestand langlebiger Gebrauchsgüter wird hauptsächlich durch das Alter der Ehepartner bestimmt. Allgemein kann man mit Galler, Ott (1993: 137) festhalten, dass die Merkmale "Alter des ältesten Kindes" sowie "Erwerbstätigkeit von Ehefrau und Kindern", die als einzelne Merkmale nur geringe Erklärungskraft haben, als Indikatoren in einem Familienzyklusschema die Trennschärfe der Phasen erhöhen. Diese Merkmale scheinen also gute Indikatoren für das Nachfrageverhalten der Haushalte zu sein.

In neueren Arbeiten sind Versuche unternommen worden, das Familienzykluskonzept den familienstrukturellen Veränderungen anzupassen und seine Reichweite zu erhöhen, indem auch Alleinstehende und unverheiratete Paare als Phase integriert worden sind (Kroeber-Riel 1990: 457 f.). Diese Erweiterung basiert auf den demographischen Variablen Alter, Familienstand und Vorhandensein von Kindern (Müller-Hagedorn 1984; Derrick, Lehfeld 1980), teilweise ergänzt um das Merkmal "nicht eheliche Partnerschaft" (Wachenfels 1987).

26.4 Vermögensaspekte

Für eine Beschreibung von Vermögensbeständen nach demographischen Gesichtspunkten ist es sinnvoll, die wesentlichen Arten von Vermögen zu unterscheiden. Eine differenzierte Betrachtung findet sich etwa bei Schlomann (1993) oder in den Ergebnisberichten der Deutschen Bundesbank (Deutsche Bundesbank 1997). Demnach kann man als Vermögensformen unterscheiden zwischen Bargeld, Sichtguthaben, Guthaben bei Lebensversicherungen, Ansprüchen an Pensionsfonds, Sparguthaben, Sparbriefen, Bausparguthaben, Termingeldern, Rentenwerten, Aktien und Investmentsfonds. Je nach Fragestellung wird man unterschiedliche Kombinationen dieser

Vermögensformen heranziehen, um Vermögensbestand und -verteilung in der Bevölkerung zu beschreiben. Insbesondere weisen die genannten Komponenten des Vermögens eine unterschiedliche Fungibilität auf und sind damit auch in unterschiedlichem Maße zur Abdeckung bestimmter Risiken und Konsumoptionen geeignet. Eine besonders hohe Fungibilität weist das Sparguthaben bei Banken auf, auf das im folgenden näher eingegangen wird.

Wie in Abb. 8 ersichtlich wird, hat sich die Sparquote privater Haushalte in Westdeutschland in einer stetigen Entwicklung von ca. 3% 1950 auf 15% 1975 erhöht. Dem folgte ein allgemeiner Entwicklungstrend mit sinkender Sparquote, der Mitte der 80er-Jahre von einer wieder langsam steigenden Bereitschaft zum Sparen abgelöst wurde. Die Höhe der Sparguthaben privater Haushalte variiert mit verschiedenen Merkmalen des Haushalts wie Haushaltsgröße und Alter der Bezugsperson. Nach den Ergebnissen der EVS (Einkommens- und Verbrauchsstichprobe) von 1988 (Statistisches Bundesamt 1991) besaßen Ein-Personen-Haushalte Sparguthaben in Höhe von 8.000 DM, Haushalte mit zwei Personen 13.700, Haushalte mit drei Personen 11.800 DM, Haushalte mit vier oder fünf und mehr Personen ca. 11.400 bzw. 12.400 DM. Betrachtet man sich die Altersverteilung der Sparguthaben, so kann man feststellen, dass das Sparguthaben von 6.400 DM bei Haushalten mit einer Bezugsperson unter 35 Jahren linear auf 15.000 DM bei Haushalten mit einer Bezugsperson zwischen 65 und 69 Jahren steigt. Bei Haushalten mit einer Bezugsperson über 69 Jahren beträgt das Sparguthaben 12.600 DM. Diese demographischen Variationen der Vermögensverteilung sind Ausdruck von Unterschieden in der Einkommensverteilung, aber auch lebenszyklisch variierenden Dispositionen zu spezifischen Konsumausgaben. Ein zentraler theoretischer Zusammenhang wurde von Modigliani (1966) in der Lebenszyklushypothese formuliert. Diese Theorie wird in neueren ökonomischen Arbeiten auch empirisch umfassender untersucht (Börsch-Supan, Stahl 1991; Börsch-Supan 1995)

26.5 Konsumentwicklung nach 1945

Die Entwicklung des Konsumverhaltens seit Ende des Zweiten Weltkrieges kann man einerseits als die Abfolge mehrerer Phasen beschreiben (Szallies 1991: 44), andererseits aber als Ausdruck spezifischer Entwicklungslinien. Im Folgenden soll beides berücksichtigt werden, wobei die Darstellung auf die westdeutsche Bevölkerung beschränkt bleibt. Über das Konsumverhalten der ostdeutschen Bevölkerung nach der Vereinigung wird weiter unten eingegangen werden, Konsumentwicklungen in der DDR müssen hier ganz ausgespart bleiben.

26.5.1 Entwicklungsphasen

Ende der 40er-Jahre war das Verbrauchsverhalten der Bevölkerung nach einer Zeit der materiellen Entbehrungen hauptsächlich durch die Befriedigung grundlegender Bedürfnisse wie Nahrung und Bekleidung geprägt. Dafür gab der durchschnittliche Haushalt ca. 74% seines Einkommens aus, das damals etwa 300 DM pro Monat betrug. Erst ab Mitte der 50er-Jahre war diese Phase der Grundbedürfnisse überwunden (1953 wurde die Konsum-Brot-Subventionierung aufgehoben, d. h. der Verbraucher war in der Lage, sich einen nicht vom Staat unterstützten Brotpreis zu leisten). Diese Situation kann man z. B. an Kaufentscheidungen bezüglich Kühlschränken kennzeichnen. Ein Kühlschrank kostete in dieser Zeit ein knappes Monatsgehalt, die Anschaffung eines Kühlschrankes war dementsprechend für 60% reiner Luxus, 20% hielten den Stromverbrauch für zu hoch und 13% hatten gar keinen Platz für einen Kühlschrank.

Die 50er-Jahre erlebten die so genannte "Fresswelle" als ersten Ausdruck von Luxuserfahrung, indem die Konsumenten auch bei der Befriedung von Grundbedürfnissen wie Ernährung, die Möglichkeiten hatten, sich mehr als nur satt zu essen.

In den 60er-Jahren waren die Verbraucher in der Lage, sich Anschaffungen zu leisten, die zehn Jahre vorher als purer Luxus gegolten haben, insbesondere im Bereich langlebiger Gebrauchsgüter. 70% der Haushalte besaßen einen Staubsauger, 55% hatten nun einen Kühlschrank und 30% ein Auto. Hier drückt sich augenfällig die Entwicklung in Richtung Demokratisierung des Luxus aus. Allerdings gab es auch Güter, die noch einer kleinen Bevölkerungsgruppe vorbehalten blieben, z. B. verfügten nur ca. 14% über ein Telefon.

Die nachfolgende Entwicklung war bestimmt durch weitere Verbreitung von langlebigen Gebrauchsgütern wie Fernseher und Auto. Anfang der 70er-Jahre zeigten sich Einflüsse der wachsenden Freizeit auf das Konsumverhalten. In den 70er-Jahren kombinierten sich für den Verbraucher ein hohes verfügbares Einkommen mit vermehrter Freizeit zu neuen Formen der Freizeitgestaltung und zu Bedürfnissen nach entsprechenden Freizeitgütern. Bis zum Ende der 70er-Jahre war das Verbraucherverhalten ausgerichtet auf die Befriedigung ständig neuer und veränderter Bedürfnisse, mit einer Orientierung an einem ungebrochen wachsenden Lebensstandardniveau.

Zu Beginn der 80er-Jahre gab es eine erste Zäsur durch gedämpfte Zukunftserwartungen, durch anhaltend hohe Arbeitslosigkeit und verminderte Einkommenszuwächse, die zu einer deutlichen Nachfrageminderung zwischen 1981 und 1984 führte. Erst 1986 erreichte der bundesdeutsche Einzelhandel das Niveau von 1979.

26.5.2 Entwicklungslinien

Wiswede (1991: 435) nennt die Veränderungen im Verbraucherverhalten nach dem Zweiten Weltkrieg als Trends:

a) Vom puritanischen Ethos mit asketischem Konsum zur Genussmoralität;
b) Vom passiven Konsumenten zum Prosumenten;
c) Vom Besitzdenken zur postmaterialistischen Einstellung gegenüber der Warenwelt;
d) Vom Lebensstandard zum verfeinerten Lebensstil;
e) Vom demonstrativen Konsum zur selektiven, kalkulierten Bescheidenheit bzw. zum selektiven Luxus;
f) Vom genormten Verbrauch zum individualisierten Konsum.

Diese Veränderungen im Konsumverhalten der Bevölkerung sind Ausdruck verschiedener struktureller Entwicklungen. Immer mehr Einkommen und Vermögen steht zur Verfügung und immer mehr Freizeit wurde möglich und verstärkte die Freizeitorientierung mit eigenem Wertgewicht (Inglehart 1977; Klages 1984). Hinzu kamen soziodemographische Strukturveränderungen im Haushalts- und Familienbereich: wachsende Zahl von Ein-Personen-Haushalten, Doppelverdienern, berufstätigen Frauen mit qualifizierter Ausbildung, wohlhabenden Empty-Nest-Haushalten und älteren Menschen, auch mit überdurchschnittlichem Einkommen. Zusammenfassend kann man diese Entwicklungen als "Demokratisierung des Wohlstandes" bezeichnen, in dessen Rahmen das Spektrum des Konsumverhaltens größer wird und Konsumansprüche multioptional und individualisiert werden. Dies bedeutet z. B., dass auch gegensätzliche Verhaltensweisen, wie Konsum von Luxus und kalkulierte Bescheidenheit, in verschiedenen Bevölkerungsgruppen, aber auch in der Person eines Konsumenten, festzustellen sind. Ebenso relevant ist hier auch eine Verhaltensweise, die als "Compartmentlization" bezeichnet wird und besonders hohe Ausgaben in spezifische, meist hochwertige Güter, bei gleichzeitiger Vernachlässigung anderer, eher primärer Güter, umfasst (z. B. der Hi-Fi-Fan, der fast sein ganzes Geld für teuerste Anlagen ausgibt).

Vor dem Hintergrund eines seit Ende der 70er-Jahre sich entfaltenden Wohlstandes werden Waren vermehrt zum Zwecke des Selbstausdrucks und des Statusgefühls eingesetzt. Wohlstand wird als gegebene Selbstverständlichkeit gesehen, sodass beim Konsum das Kauferlebnis in den Vordergrund rückt (Schulze 1992). Man kann von der Abnutzung des so genannten "demonstrativen Konsums" sprechen, da der prestigevermittelnde Grenznutzen des Konsums geringer geworden ist (Kutsch, Wiswede 1986: 223). Im Bereich der Verwendung signalisiert das Konsumverhalten vor allem Kultivierung des Geschmacks, statt bloßes Besitztum gilt die Kennerschaft als Unterscheidungs- bzw. Abhebungsmerkmal. Insgesamt kann man feststellen, dass unterschiedliche Konsumschichten sich heute eher auf der horizontalen und weniger auf der vertikalen Ebene der Sozialstruktur finden lassen.

26.5.3 Konsum in den neuen Bundesländern

Über das Konsumverhalten in der Bevölkerung der neuen Bundesländer im Kontext ihrer sozialen Strukturierung gibt es bislang wenig empirische Arbeiten. Im Folgenden sollen deshalb die Ergebnisse einer neueren Studie detaillierter berichtet werden.

In der Untersuchung von Ebert et al. (1993) haben die Autoren die Frage verfolgt, ob in den neuen Ländern bereits Tendenzen im Konsumverhalten sichtbar werden, die denen in den alten Bundesländern entsprechen. Sie haben insbesondere abgehoben auf Qualitätsbewusstsein, Preisbewusstsein, Markenbewusstsein, Designorientierung und auf das Verhalten gegenüber Ostprodukten. Mit ihrer Erhebung von Konsumpräferenzen bei ca. 1.000 Männern und Frauen in den neuen Bundesländern konnten Ebert et al. feststellen, dass für ostdeutsche Konsumenten das Qualität-Preis-Verhältnis bei allen untersuchten Sortimenten (Lebensmittel, Genussmittel, Bekleidung, Wohnung, Freizeit, Haushalt) dominantes Kaufkriterium war (bei ca. 90% der Befragten). Die Orientierung an Markennamen hingegen war bei allen vier Sortimenten, insbesondere aber bei Bekleidung und Wohnungs- und Freizeitgütern das letztrangige Kaufkriterium (bei Lebensmitteln und Genussmitteln gaben 43% bzw. 52% dieses Kriterium an, und bei Bekleidung bzw. Wohnung, Freizeit, Haushalt 18% bzw. 28%). Deutlich wurde auch, dass die Hinwendung, nach der fast völligen Abkehr unmittelbar nach der wirtschaftlichen Einigung, zu Ostprodukten besonders stark bei Lebensmitteln ausgeprägt ist. Darüber hinaus ist festzuhalten, dass bei Bekleidungsgütern und Gütern des Wohnungs-, Freizeit- und Haushaltsbereichs eine deutliche Mehrheit (60% bzw. 70% der Befragten) auf umweltverträgliche Erzeugnisse achtet.

Mittels einer Clusteranalyse der Kaufkriterien konnten Ebert et al. (1993: 44 f.) eine Polarisierung des Kaufverhaltens von zwei Gruppen identifizieren: die eine Gruppe ist sehr stark qualitätsbewusst, sehr am Preis-Qualitäts-Verhältnis orientiert, besonders markenbewusst, stark engagiert für den Kauf von Ostprodukten und achtet wenig auf Sonderangebote und preisgünstige Güter. Ebert et al. (1993: 44) verorten diese Bevölkerungsgruppe im "mittleren und oberen Teil der ostdeutschen Gesellschaft". Es handelt sich hierbei um kleinere Haushalte. Die andere Gruppe ist überdurchschnittlich an preisgünstigen Erzeugnissen und Sonderangeboten und weniger an Markenartikeln orientiert, und setzt sich überwiegend aus Fünf- und Mehr-Personen-Haushalten unterer Einkommensgruppen, Arbeitslosen, Vorruheständlern und in der Landwirtschaft Tätigen zusammen. Ebert et al. (1993: 48) erkennen tendenziell, dass diese bei Lebens- und Genussmitteln beobachtete Differenzierung auch bei Bekleidungserzeugnissen und Gütern des Wohnungs-, Freizeit-, Haushaltssortiments typisch ist.

26.6 Datenquellen

Im Folgenden werden einige Erhebungsprogramme der empirischen Sozialforschung, der amtlichen Statistik und der kommerziellen Marktforschung beschrieben, die ein besonderes Potential für Sekundäranalysen bieten.

26.6.1 Daten der empirischen Sozialforschung

Es handelt sich hierbei in erster Linie um die Allgemeine Bevölkerungsumfrage der Sozialwissenschaften (ALLBUS), das Sozioökonomische Panel (SOEP) und die Wohlfahrtssurveys. Eine Sonderstellung nimmt in diesem Zusammenhang das System sozialer Indikatoren ein, weil es auf der Basis von veröffentlichten Daten aufbereitete Kennwerte zur Verbrauchsstruktur bereitstellt. Im ALLBUS (Braun, Mohler 1991) werden, neben einem umfangreichen Einstellungs- und Soziodemographieprogramm, folgende Merkmale der Einkommenslage erfasst: das Haushalts- und individuelle Nettoeinkommen (ab 1980 alle zwei Jahre), der überwiegende Lebensunterhalt (1988), Vermögen über 10.000 DM im letzten Jahr (1980, 1982). Hinsichtlich der Ausstattung mit langlebigen Gebrauchsgütern wurden folgende Merkmale erfasst: Besitz und Benutzung technischer Geräte (1986), Besitz und Benutzung Auto (1986), Telefon im Haushalt (seit 1980 alle zwei Jahre).

Beim Sozioökonomischen Panel (SOEP) (Projektgruppe SOEP 1991) handelt es sich um eine Wiederholungsbefragung, bei der seit 1984 in jährlichem Abstand Informationen über alle Mitglieder von ursprünglich etwa 6.000 privaten Haushalten erhoben werden. Seit 1990 wird die Erhebung durch eine entsprechende Stichprobe von 1.500 Privathaushalten in den neuen Bundesländern ergänzt. Erhoben werden im SOEP relativ detailliert soziodemographische Strukturmerkmale, Informationen zum arbeitsmarktbezogenen Verhalten, zur Gesundheit, zu Leistungen privater Haushalte an andere, zum Bildungs- und Qualifikationsverhalten, zur Grundorientierung, Partizipation und Integration sowie zum Wohnen und der Einkommenssituation von Personen. Insbesondere der Einkommensbereich wird relativ detailliert erfasst, und zwar mit Daten über Einkommensarten und Transfers, Bezug von Haushaltstransfers, Vermögensarten, Haushaltsnettoeinkommen.Auch hinsichtlich der Ausgabenseite im Budget von Haushalten und Personen sind im SOEP Informationen verfügbar, und zwar über Wohnkosten, geleistete Zahlungen und Unterstützung an Personen, Steuern, Rentenversicherung, Krankenversicherung und Haushaltsausstattung mit PKW, Motorrad, Telefon, Farb-TV, Gefrierschrank, Waschmaschine, Wochenendgrundstück.

Gegenstand der Wohlfahrtssurveys (Mohr 1986: 8), die in den Jahren 1978, 1980, 1984, 1988, 1990 (nur in den neuen Ländern) und 1993 durchgeführt wurden, ist die Erhebung der individuellen Lebensbedingungen in den wichtigsten Lebensbereichen sowie deren Wahrnehmung und Bewertung. Befragt wurde jeweils eine repräsentative Stichprobe von Personen aus der Bevölkerung in Privathaushalten zu ihren objektiven Lebensbedingungen und ihrem subjektiven Wohlbefinden (Zufriedenheit) bezüglich der wichtigsten Lebensbereiche. Bezüglich der Einnahmenseite werden im Wohlfahrtssurvey folgende Merkmale erfasst: Bruttoverdienst des Befragten, Netto-Haushaltseinkommen, eigenes Einkommen der einzelnen Haushaltsmitglieder, Erbschaften (Haus, Grund, Nettogeldwert). Im Wohlfahrtssurvey des Jahres 1993 (Spellerberg 1996) wurde erstmals der Versuch gemacht, durch Selbsteinschätzung der Personen, Indikatoren der alltäglichen Lebensführung (in Ost- und Westdeutschland) zu messen. Hierzu wurden erfasst: Lebensziele, Musikinteressen, Fernsehinteressen, Leseinteressen, Interesse an Zeitungsrubriken, Interesse an Zeitschriften, bevorzugte Informationsquellen, subjektiver Kleidungsstil, subjektiver Möbel- und Einrichtungsstil sowie eine subjektive Einschätzung des eigenen Lebensstils.

26.6.2 Daten der amtlichen Statistik

Bei den Daten der amtlichen Statistik handelt es sich in erster Linie um die Einkommens- und Verbrauchsstichprobe des Statistischen Bundesamtes als dem zentralen Erhebungsprogramm von Haushaltsbudgets. Durch die Vereinigung der beiden deutschen Staaten sind zudem auch Datenproduktionen der DDR in Betracht zu ziehen, insbesondere die Einkommensstichprobe und die Haushaltsbudgetstatistik. Daneben sind auch spezielle Sondererhebungen der DDR-Statistik zu erwähnen, sofern sie thematisch relevant erscheinen. Ziel der vom Statistischen Bundesamt durchgeführten Einkommens- und Verbrauchsstichprobe (EVS) war und ist es, sämtliche Einnahmen und Ausgaben von privaten Haushalten in der BRD zu erfassen (Euler

1982). Der Stichprobenumfang der EVS ist gesetzlich auf max. 0,3% aller privaten Haushalte festgelegt. 1978 z. B. waren dies ca. 60.000 Haushalte. Nicht in die Stichprobe einbezogen werden Haushalte mit einem Monatseinkommen von mehr als 25.000 DM, Haushalte von Ausländern und die so genannte Anstaltsbevölkerung. In der Erhebung von 1993 sind erstmals auch Haushalte mit ausländischen Bezugspersonen in die Stichprobe aufgenommen worden. Das Erhebungsverfahren gliedert sich in Grundinterview, Schlussinterview, laufende Monatsanschreibungen und Feinanschreibungen. Im Grundinterview werden Angaben über den Haushalt und die Haushaltsmitglieder, über die Ausstattung des Haushalts mit ausgewählten, langlebigen Gebrauchsgütern und allgemeine Angaben über die Wohnverhältnisse u. Ä.. erfasst. In den laufenden Monatsanschreibungen werden alle Einkommen und Einnahmen sowie ausgewählte Positionen des privaten Verbrauchs, der geleisteten Übertragungen und der Ersparnisbildung erfasst. In den Feinanschreibungen werden die nicht in den Monatsanschreibungen erfassten Gütergruppen, insbesondere Nahrungs- und Genussmittel erfasst. Im Schlussinterview werden Vermögensbestände und Schulden erfasst.

Die laufenden Wirtschaftsrechnungen stellen, neben den Volkszählungen, das älteste Informationsinstrument zu Haushaltsbudgets dar. Seit 1949 werden für bestimmte Haushaltstypen die Einnahmen und Ausgaben ermittelt (Reddies 1965; Euler 1987). Grundlage ist eine kleine Stichprobe von Haushalten, die jeweils einem eng abgegrenzten Haushaltstyp entsprechen, nämlich Zwei-Personen-Haushalte von Renten- und Sozialhilfeempfängern mit niedrigem Einkommen, Vier-Personen-Haushalte von Angestellten und Arbeitern mit mittlerem Einkommen der alleinverdienenden Bezugsperson, Vier-Personen-Haushalte von Angestellten und Beamten mit höherem Einkommen (Euler 1987: 944). Erhoben wurden für die einzelnen Haushaltstypen jeweils die Ausstattung der Haushalte mit langlebigen Gebrauchsgütern und die Höhe und Struktur der Einnahmen und Ausgaben der Haushalte. Ergebnisse zu Einkommen und Verbrauch in den neuen Ländern werden vom Statistischen Bundesamt in einer besonderen Reihe veröffentlicht (Statistisches Bundesamt 1993).

26.6.3 Daten der kommerziellen Marktforschung

Die Datenproduktion der kommerziellen Marktforschung ist naturgemäß auf die Erfassung von konkreten und spezifischen Geldverwendungsentscheidungen privater Haushalte gerichtet. Die Erhebungen geschehen in überwiegendem Maße im Auftrag von privatwirtschaftlichen Unternehmen, die Daten gehen in der Regel in das Eigentum der Auftraggeber über. Es gibt jedoch eine Reihe großer Erfassungsprogramme, die als Serviceleistung der gesamten Wirtschaft bzw. spezifischer Branchen angeboten werden. Es erscheint von daher sinnvoll, diese Datensätze auch im Sinne der Auswertungsinteressen der Sozialwissenschaften in Betracht zu ziehen. In erster Linie handelt es sich hierbei um die Media-Analyse der Arbeitsgemeinschaft Media-Analyse, die Allensbacher Werbeträgeranalyse des Instituts für Demoskopie, die Verbraucheranalyse vom Springer Verlag und der Verlagsgruppe Bauer, das Konsumentenpanel der Nielsen GmbH, und die Typologie der Wünsche der Burda Marktforschung.

Die Media-Analyse ist eine im Bereich der kommerziellen Marktforschung weit genutzte Erhebung, die im Auftrag der Arbeitsgemeinschaft Media-Analyse (AGMA) regelmäßig in Haushalten mit deutscher Bezugsperson durchgeführt wird. Das Erhebungsprogramm der Media-Analyse erfasst neben detaillierten Informationen zur Mediennutzung auch demographische Angaben für alle Haushaltsmitglieder, sowie differenzierte Informationen zur Ausstattung mit langlebigen Gebrauchsgütern, Wohnsituation, Präferenzen, Einkaufsgewohnheiten und Freizeitverhalten. Die Erhebung erfolgt anhand eines seit 1973 unveränderten Konzeptes über das Jahr verteilt, um auch saisonale Unterschiede mit zu erfassen. Die Stichprobe beruht auf dem ADM-Stichprobensystem und umfasste im Jahr 1991 für die Pressemedien ca. 18.000 und für die elektronischen Medien ca. 26.000 Haushalte. Die Daten dieser Erhebung sind im Zentralarchiv für Empirische Forschung, Köln, archiviert und können, nach einer entsprechenden Genehmigung, auch für Forschungszwecke genutzt werden.

Die Allensbacher Werbeträgeranalyse wird vom Institut für Demoskopie in Allensbach regelmäßig jährlich als eine Erhebung zur Mediennutzung der deutschen Bevölkerung durchgeführt (IfD 1985: Allensbacher Werbeträgeranalyse, Allensbach). Sie umfasst z. B. 1985 ca. 8.900 Personen auf der Basis einer Quotenstichprobe. Neben der Mediennutzung wird auch das Kaufverhalten und die Freizeitaktivitäten detailliert erfasst. Das Datenmaterial kann nach Erwerb der Nutzungsrechte ausgewertet werden.

Bei der Verbraucheranalyse handelt es sich um eine im Auftrag von Großverlagen regelmäßig durchgeführte Erhebung bei einer Zufallsauswahl von Personen (Verbraucheranalyse 90, 1990, Axel Springer Verlag und Verlagsgruppe Bauer (Hg.), Hamburg). Erhoben wird für die deutsche Bevölkerung in Privathaushalten, neben demographischen Informationen einerseits, die Mediennutzung, aber auch das Konsumverhalten und die Ausstattung der Haushalte mit Gebrauchsgütern, wobei Letzteres durch einen hinterlegten schriftlichen Fragebogen erfasst wird. Das Datenmaterial kann auch von Benutzern aus der wissenschaftlichen Forschung ausgewertet werden.

In den Konsumentenpanels (G+I Forschungsgemeinschaft für Marketing, A.C. Nielsen GmbH) werden bei 10.000 bzw. 12.000 Haushalten, neben soziodemographischen Merkmalen und der Ausstattung, Einkaufsdaten, Fernsehverhalten sowie die Nutzung von Medien erhoben. Es ist derzeit unklar, welche Zugangsmöglichkeiten für die Wissenschaft verfügbar sind. Die Erhebung der "Typologie der Wünsche" ist eine Befragung, die von der Burda Marktforschung, Offenbach, in Auftrag gegeben wird. Es handelt sich hierbei um eine Zufallsstichprobe nach dem ADM-Mastersample von deutschsprachigen Personen ab 14 Jahren, die in Privathaushalten leben. Insgesamt werden ca. 8.000 Personen befragt, und zwar nach Konsumneigung, Mediennutzung und Besitz von Wirtschaftsgütern und quantitativer Erfassung von Gebrauchsgewohnheiten. Eine vergleichbare, aber nicht in allen Fragen identische Erhebung wurde 1990 auch in den neuen Bundesländern und Ostberlin bei 1.950 Personen durchgeführt. Beide Datensätze sind beim Zentralarchiv (ZA) Köln, archiviert sowie Untersuchungen in der Reihe "Typologie der Wünsche" aus den Jahren 1980, 1986, 1987 und 1989.

26.7 Ausgewählte Zeitreihen zur Konsum- und Vermögensentwicklung in der Bundesrepublik Deutschland

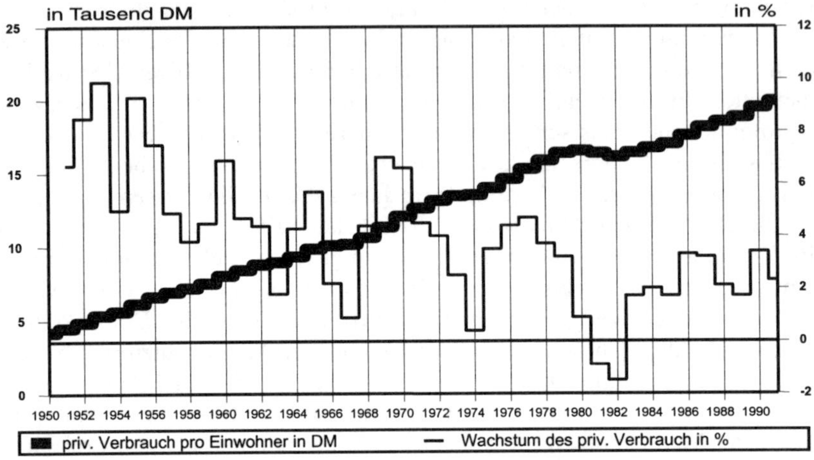

Abb. 1: Privater Verbrauch pro Einwohner in konstanten Preisen in Westdeutschland

(Quelle: Statistisches Bundesamt)

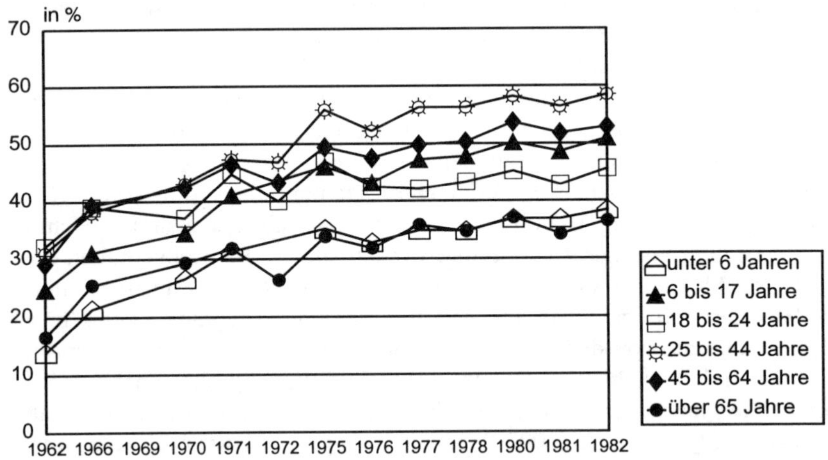

Abb. 2: Anteil der Urlaubsreisenden - nach Alter. Anteil der Personen an der Wohnbevölkerung, die eine Reise mit einer Dauer von fünf Tagen und mehr zum Zwecke der Entspannung, Erholung oder Rekonvaleszenz unternommen haben.

(Quelle: Statistisches Bundesamt)

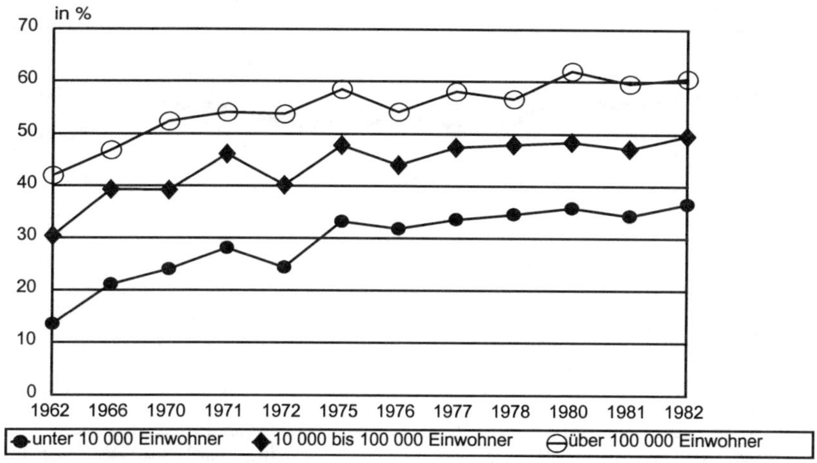

Abb. 3: Anteil der Urlaubsreisenden nach Wohnortgröße. Anteil der Personen an der Wohnbevölkerung, die eine Reise mit einer Dauer von fünf Tagen und mehr zum Zwecke der Entspannung, Erholung oder Rekonvalenszenz unternommen haben.

(Quelle: Statistisches Bundesamt)

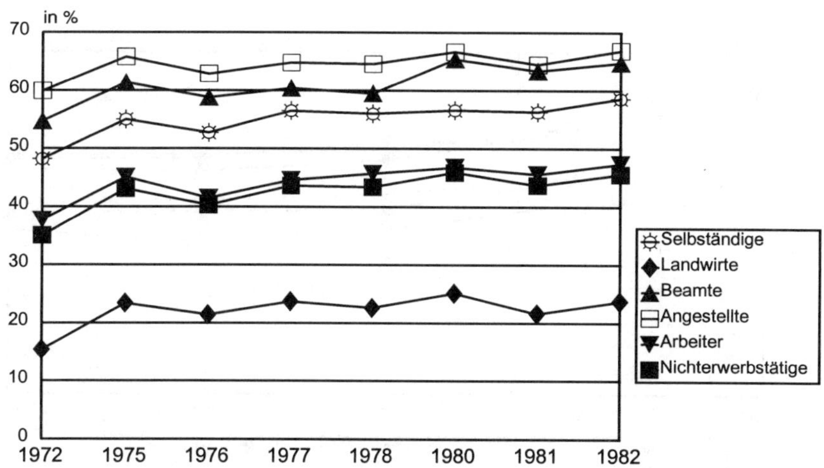

Abb. 4: Anteil der Urlaubsreisenden - nach Beruf . Anteil der Personen an der Wohnbevölkerung, die eine Reise mit einer Dauer von fünf Tagen und mehr zum Zwecke der Entspannung, Erholung oder Rekonvaleszenz unternommen haben.

(Quelle: Statistisches Bundesamt)

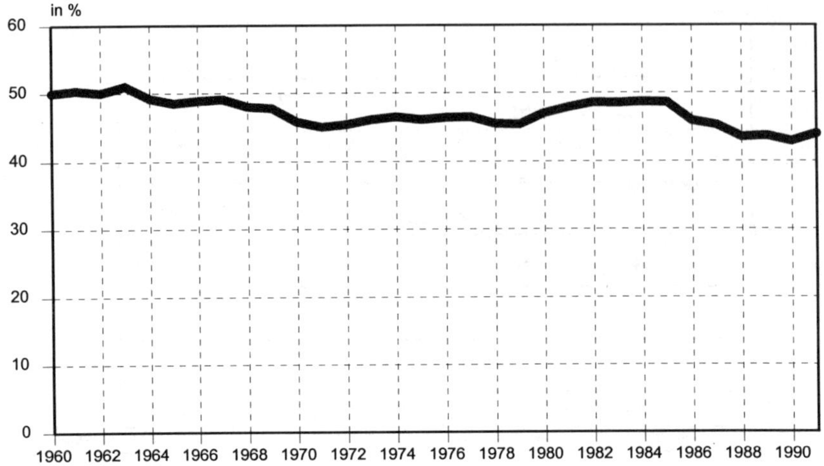

Abb. 5: Restituitiver Einkommenanteil – Haushalte ingesamt (VGR). Durchschnittlicher Anteil am verfügbaren Haushaltseinkommen, der für restituitive Funktionen (Ernährung, Bekleidung, Wohnung) verwendet wird.

(Quelle: Statistisches Bundesamt)

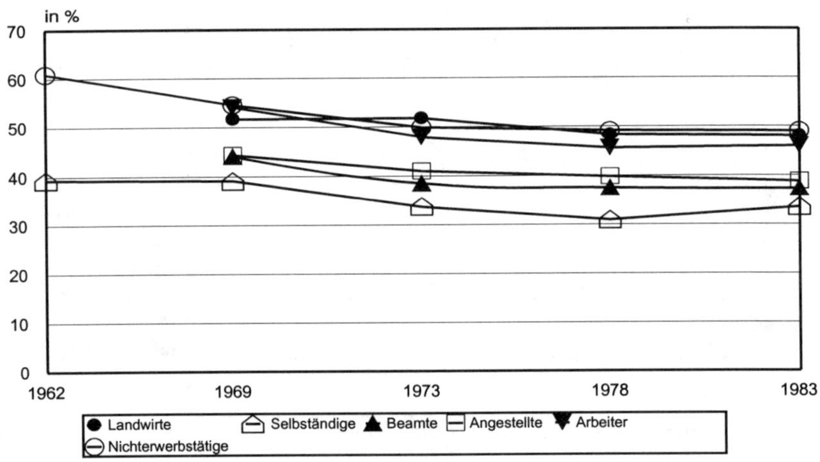

Abb. 6: Restituitiver Einkommenanteil – nach Haushaltsgröße

(Quelle: Statistisches Bundesamt)

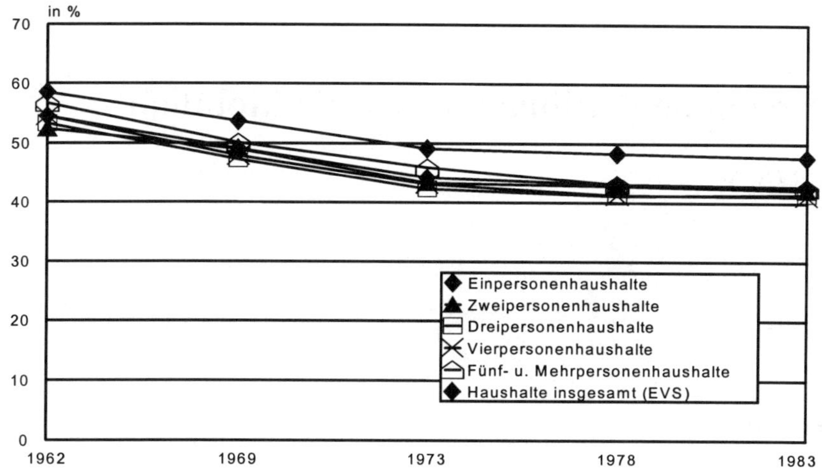

Abb. 7: Restituitiver Einkommenanteil – nach Berufen.

(Quelle: Statistisches Bundesamt)

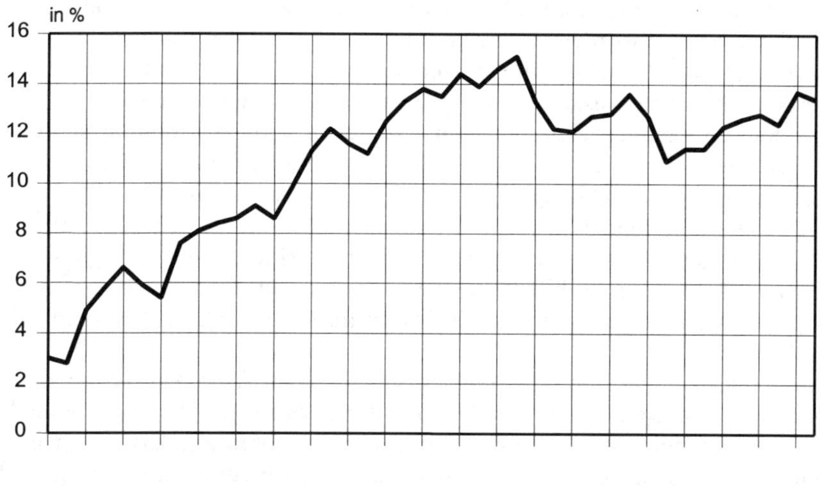

Abb. 8: Sparquote privater Haushalte – Haushalte insgesamt (VGR). Anteil an Ersparnis am verfügbaren Einkommen

(Quelle: Statistisches Bundesamt)

27

Differentielle Fertilität und soziale Mobilität

Johann Handl

Einleitung

Die Beziehung zwischen differentieller Fertilität und dem Umfang beobachtbarer sozialer Mobilität ist für die Bevölkerungswissenschaft in zweierlei Hinsicht von großem Interesse. Zum einen natürlich unter dem inhaltlichen Gesichtspunkt ihrer gegenseitigen Abhängigkeit und Beeinflussung, zum andern aber auch deshalb, da über die Bearbeitung der inhaltlichen Problemstellung eine intensive methodische Diskussion in Gang gesetzt worden ist, die zu Innovationen geführt hat, welche für den methodischen Standard der Mobilitätsforschung und über diese wiederum für die empirische Sozialforschung insgesamt von großer Bedeutung geworden sind.

Rein logisch kann der Zusammenhang zwischen sozialer Mobilität und differentieller Fruchtbarkeit, wenn man von der trivialen Möglichkeit absieht, dass zwischen beiden gegenseitige Unabhängigkeit postuliert wird, unter drei Gesichtspunkten diskutiert werden: So können Aspekte der sozialen Mobilität als Ursache differentieller Fruchtbarkeit gesehen werden, diese kann umgekehrt als direkte oder indirekte Voraussetzung für soziale Mobilität gesehen werden und als Letztes schließlich mag auch eine gegenseitige, wechselweise Beeinflussung postuliert werden (Kasarda, Billy 1985: 306).

Eine wechselseitige Beeinflussung zwischen beiden Aspekten ist vor allem in einer den gesamten Lebenslauf einer Person oder eines Paares ins Auge fassenden Perspektive theoretisch nahe liegend. Paare revidieren ihren Kinderwunsch in Abhängigkeit von der sich verändernden ökonomischen Situation, und bereits geborene Kinder haben wiederum Einfluss auf die zu treffenden beruflichen Entscheidungen (Bumpass, Westoff 1970). Die empirische Überprüfung einer wechselweisen Beeinflussung ist dennoch bislang erst in Ansätzen versucht worden, da ein solches Vorhaben Längsschnittdaten voraussetzt, die der Forschung in größerem Umfang erst seit kurzer Zeit zur Verfügung stehen (Huinink 1990: 252 f.).

Es ist deswegen nicht verwunderlich, dass in der überwiegenden Mehrzahl der Fälle jeweils nur die Abhängigkeiten nach der einen oder der anderen Richtung betrachtet worden sind. Dabei greifen Arbeiten, in denen differentielle Fertilität als die unabhängige Variable betrachtet wird, häufig auf eine Argumentation zurück, die sich erstmals bei Dumont (1890) findet. Danach ist die Kleinhaltung der Familie,

d. h. eine geringe Zahl von Kindern, eine der notwendigen Bedingungen für den sozialen Aufstieg. Die Implikationen dieser These – nicht nur in Hinblick auf die Größe bestimmter Bevölkerungsgruppen, sondern auch in ihren Auswirkungen auf die "Qualität" von Bevölkerungssegmenten – sind bereits von Eugenikern, wie Galton (1900) und Fisher (1930), unter biologistischen Gesichtspunkten intensiv diskutiert worden. In der Folge des ideologisch motivierten Missbrauchs solcher Überlegungen – vor allem auch durch die Bevölkerungswissenschaft des Dritten Reiches – ist die Thematik jedoch weitgehend aus der wissenschaftlichen Literatur der Nachkriegszeit verschwunden. Es finden sich auch im internationalen Kontext – wenn man von der immer wieder aufflackernden Diskussion (Herrnstein, Murray 1994; Quitzow 1990; Snyderman, Rothman 1990; Niemitz 1987; Eysenck 1975; Skowronek 1973) um die Begabungsunterschiede zwischen verschiedenen ethnischen Gruppen absieht – nur noch vergleichsweise wenige Studien zu diesem Thema. Die dafür erbrachten empirischen Belege sind zudem wenig überzeugend (Bean, Swicegood 1979). Weitaus häufiger finden sich in der Literatur Untersuchungen, die sich mit den Auswirkungen sozialer Mobilitätsprozesse auf die Fertilität befassen. Diese sind dann oftmals in Analysen eingebettet, die neben der differentiellen Fruchtbarkeit eine Vielzahl von Indikatoren, wie politische Einstellungen und Verhaltensweisen, psychische Belastungsphänomene u. Ä., betrachten (Herz 1976; Segal, Knoke 1974; Weakliem 1992; Knoke 1978; Kessin 1971; Thompson 1971).

Bereits in mehreren den Stand der Forschung resümierenden Überblicksdarstellungen (Tien 1961; Perucci 1967; Jackson 1972; Herz 1976; Bean, Swicegood 1979; Stevens 1981; Kasarda, Billy 1985) wurde bislang der Versuch unternommen, die inhaltlichen Ergebnisse dieser Arbeiten und die ihnen zu Grunde liegenden theoretischen Annahmen darzustellen. Trotz aller Unterschiede in einzelnen Aspekten findet sich dabei in Hinblick auf die Gliederung, nach der die theoretischen Ansätze gruppiert werden, eine sehr hohe Übereinstimmung. So gliedert Stevens (1981) die von ihm besprochenen Arbeiten danach, ob sie von der Sozialisations-Hypothese, der Stress-Hypothese, der Isolations-Hypothese, der Status-Verbesserungs-Hypothese oder der Easterlin-Hypothese des "relativen ökonomischen Status" ausgehen. In ähnlicher Weise gliedern auch Bean und Swicegood (1979) sowie Kasarda und Billy (1985) das von ihnen resümierte Material, während Herz (1976), im einzigen in deutscher Sprache erschienenen Überblicksartikel zum Thema, nur zwischen der Spannungs-These, der Kompensations-These und der Akkulturations-These unterscheidet.

Im Folgenden sollen sowohl die inhaltlichen Aussagen, die zum Verhältnis von Fertilität und sozialer Mobilität formuliert worden sind, als auch die wichtigsten empirischen Forschungsbefunde und die zentralen Entwicklungslinien der methodischen Diskussion, die dabei stattgefunden hat, dargestellt werden.

27.1 Ausgangshypothesen für Untersuchungen des Zusammenhanges zwischen sozialer Mobilität und differentieller Fertilität

Ganz allgemein unterstellen jene Arbeiten, die Prozesse sozialer Mobilität als die unabhängigen, verursachenden Kräfte sehen, bestimmte psychische Befindlichkeiten des Akteurs oder seine rationale Beurteilung der gegebenen Situation, die zu einem bestimmten Verhalten, wie der Begrenzung der Zahl der Kinder, führt.

Die "Sozialisationshypothese" sieht dabei die Fertilitäts-Unterschiede zwischen mobilen und immobilen Ehepaaren durch Sozialisationsunterschiede bedingt. Während immobile Personen den Wertvorstellungen ihrer Schicht folgen können, sind mobile Personen gezwungen, zwischen den möglicherweise unterschiedlichen Normen ihrer Herkunfts- und ihrer Zielschicht einen Kompromiss zu finden. Dies sollte dazu führen, dass für sie die Zahl der Kinder zwischen den Werten für immobile Paare aus beiden Schichten liegt.

Die Thesen von "Stress und Dissorientation" sowie von "sozialer Isolation" beziehen sich beide auf die Folgen bereits realisierter Mobilitätsprozesse. Sie sehen diese allerdings in je unterschiedlicher Weise wirksam. So postuliert die "Streß"-These, dass die mit der Bewegung von einer sozialen Schicht zur anderen verknüpften Belastungen zu einer Verringerung der Kinderzahlen führen, die These "sozialer Isolation", die in der Soziologie vor allem durch die wichtige Arbeit von Blau und Duncan (1967) bekannt geworden ist, argumentiert dagegen, dass die Verringerung der sozialen Kontakte durch Mobilitätsvorgänge zu einer größeren Konzentration der sozialen Beziehungen auf die eigene Familie und auf diesem Weg zu einer Erhöhung der Kinderzahlen führt.

Im Gegensatz zu diesen beiden Thesen geht die "status enhancement" Theorie von der Überlegung aus, dass nicht die bereits realisierte Mobilität, sondern der Wunsch zur Statusverbesserung und zum sozialen Aufstieg die Triebfeder für die Begrenzung der Kinderzahl ist. Die empirischen Arbeiten, die diesem Ansatz folgen, sind zu einem großen Teil innerhalb, oder im Zusammenhang mit einer Reihe von an der Universität Indianapolis (Kantner, Kiser 1954; Riemer, Kiser 1954) und Princeton (Westoff et al. 1961: 1963) durchgeführten Fertilitätsstudien entstanden. Die entscheidende Rolle spielt in diesem Ansatz nicht ein tatsächliches Verhalten, sondern die dahinter stehende psychologische Komponente. Der Ansatz ist damit ein sozialpsychologischer, der die differentielle Fruchtbarkeit und die sie möglicherweise begleitenden Mobilitätsprozesse durch eine gemeinsame, in der psychischen Disposition der Individuen wurzelnde Ursache bedingt sieht. So einleuchtend diese Überlegung für die Erklärung von Aufstiegsprozessen ist, so problematisch erweist sie sich für die Erklärung von Abstiegsprozessen. Wird der Ansatz beibehalten, so muss nämlich davon ausgegangen werden, dass nicht nur Aufstiege, sondern auch Abstiege einer psychischen Disposition entsprechen, was schwierig vorzustellen ist.

Die Konzeption des "relative economic status" als erklärende Größe für kohortenspezifische differentielle Fruchtbarkeit ist ursprünglich von Easterlin (1973, 1978, 1980) formuliert worden. In diesem Ansatz spielt die Mobilität eigentlich nur eine intervenierende Rolle; primär entscheidend ist die unterschiedliche und zyklisch schwankende Größe der einzelnen Geburtskohorten, die für die Kohortenmitglieder zu unterschiedlichen Chancen am Arbeitsmarkt und damit auch zu unterschiedlich hoher Mobilität und Einkommen führt. In Wechselwirkung mit den während der Kindheit und Jugend geprägten "tastes", die als Konsumansprüche und -präferenzen verstanden werden können, führen diese variierenden Chancenstrukturen dazu, dass in bestimmten Kohorten höhere Kinderzahlen, in anderen wiederum niedrigere Kinderzahlen zu beobachten sind. Wenn der erreichte Status und das Einkommen im Vergleich mit den Konsumansprüchen hoch ist, erhöht sich die Kinderzahl, verhält es sich umgekehrt, so sinkt die Kinderzahl. Die Überprüfung der Easterlin-Hypothese für die USA und eine Reihe von anderen Ländern hat unterschiedliche Ergebnisse gebracht. Sie ist für die USA erklärungskräftig, versagt jedoch für England und die Bundesrepublik Deutschland (Ermisch 1979; Gyarfas 1983).

Wie diese kurze Skizze zeigt, ist man sich in der Forschung nicht nur über die Richtung einer Einflussnahme zwischen Mobilitäts- und Fertilitätsprozessen uneins, sondern – was vielleicht noch mehr überrascht – es bestehen auch völlig unterschiedliche Annahmen darüber, was denn nun die eigentliche Ursache der in einer bestimmten Richtung wirkenden Effekte sei und in welcher Weise – ob im positiven oder im negativen Sinn – sie sich äußern. Es mag sein, dass diese unbefriedigende Situation auch dadurch zu Stande gekommen ist, dass die Vermutung eines Wirkungszusammenhanges zwischen Aspekten der sozialen Mobilität und differentieller Fertilität erst vergleichsweise spät als Erklärung für die empirisch gesicherten Unterschiede in den schichtspezifischen Fertilitätsraten angeboten worden ist. Solche schichtspezifischen Unterschiede finden sich – wie vor allem die Daten aus dem Bereich der amtlichen Statistik (Proebsting 1983; Höhn 1978; Schwarz 1964, 1992; Rückert 1979, 1976; Linke 1975) belegen – nicht nur für die Vergangenheit, sondern auch für die Gegenwart der meisten einer Beobachtung zugänglichen Populationen (Andorka 1978; Matras 1973, 1977) und sie haben auch den demographischen Übergang der Industriegesellschaften (Glass, Eversley 1965; Freedman 1979; Schmid 1984; Coale, Watkins 1986) in deutlicher Weise geprägt. Beim Versuch, diesen negativen bzw. U-förmigen Zusammenhang zu erklären, wurde die intervenierende Rolle sozialer Mobilitätsvorgänge entdeckt und in zwei unterschiedlichen Versionen thematisiert. Nach der strengen Fassung der "Mobilitätshypothese" erklärt sich die differentielle Fruchtbarkeit in den sozialen Schichten und Klassen zur Gänze aus der unterschiedlichen Fruchtbarkeit der immobilen und der mobilen Bevölkerungsteile. Nach der weicheren Fassung der Hypothese sind Mobilitätsprozesse als eine erklärende Größe neben anderen anzusehen. Der Versuch, diese Hypothese einer empirischen Überprüfung zuzuführen, hat beachtliche Forschungsanstrengungen auf sich gezogen und zu einer Reihe von methodischen Innovationen geführt.

27.2 Methodische Ansätze, um differentielle Fruchtbarkeit als Folge sozialer Mobilität zu erkennen

Für die Bemühungen, schicht- und statusspezifische Differenzen der Fertilität als Ergebnis der Auswirkungen von Mobilitätsprozessen zu erklären und diese These auch einer empirischen Überprüfung zugänglich zu machen, waren in den 60er-Jahren Überlegungen von Blalock (1966, 1967) und die vorhin schon erwähnte Arbeit von Blau und Duncan (1967) von ganz entscheidender Bedeutung. In einer kritischen

Aufarbeitung und Reanalyse vorliegender Arbeiten (Berent 1952; Tien 1961), die sich darauf beschränken, einfache Fertilitätsziffern zwischen mobilen und immobilen Personen zu vergleichen, formulierte schließlich Duncan (1966) ein mathematisches Modell, das eine exakte Behandlung des Problems erlauben sollte. Er bricht dabei mit der Tradition, mobile und immobile Personengruppen zu vergleichen, und macht stattdessen den Vorschlag, den Mobilitätseffekt im Rahmen eines varianzanalytischen Modells zu bestimmen. Von einem solchen soll nur dann gesprochen werden, wenn ein additives Design, das soziale Herkunft und die jeweils erreichte Schichtposition in Rechnung stellt, die abhängige Variable – eine bestimmte Fertilitätsziffer, für die meist die realisierte Kinderzahl gewählt wird – im statistischen Sinn nicht genau genug erklären kann. Nur wenn in diesem additiven Modell statistisch signifikante Abweichungen zu den Beobachtungsdaten auftreten, ist ein "Mobilitätseffekt" wirksam, der in seiner Größenordnung dem Interaktionseffekt zwischen den beiden unabhängigen Variablen entspricht. Dieses "square additive"-Modell Duncan's ist damit in seiner grundlegenden Struktur dem Modell statistischer Unabhängigkeit, wie es in der Mobilitätsforschung und in vielen anderen Bereichen verwendet wird, völlig analog. Interaktionseffekte, die in diesem Zusammenhang inhaltlich für Fertilitätseffekte stehen, können in diesem Modell nicht nur für Personen auftreten, die entweder sozial auf- oder abgestiegen sind, sondern auch für solche, die immobil in ihrer Herkunftsschicht verbleiben.

Gegen dieses SA-Modell von Duncan hat Hope (1971, 1975, 1981) in verschiedenen Arbeiten sein "halfway model" bzw. sein "diamond model" gestellt. Er geht dabei in grundsätzlicher Übereinstimmung mit Duncan ebenfalls von einem additiven, varianzanalytischen Design aus. Er unterstellt in seinen Modellen jedoch, dass sich die Kategorien der Herkunfts- und der Zielvariablen in ihren Effekten nicht unterscheiden dürfen, sondern jeweils identisch sind. Diese Annahme ist restriktiver als im Modell von Duncan, sie widerspricht ihr jedoch nicht. In dem auf dem "halfway model" aufbauenden "diamond model" wird zusätzlich noch eine Rotation der Datenstruktur vorgenommen, die eine Schätzung verschiedener Distanz-Effekt im Mobilitätsraum ermöglicht. Beide Modelle sind ursprünglich nur als Alternative zur Schätzung des Einflusses der sozialen Mobilität auf die Fruchtbarkeit vorgeschlagen worden. In der Zwischenzeit hat Hope (1981, 1984) das Modell auch als Alternative zu den üblichen Modellen in der inter- und intragenerationalen Mobilitätsforschung empfohlen. Um die Angemessenheit der von Hope vorgeschlagenen Modelle hat in der Literatur eine breite Diskussion (Hope 1984; Clogg, Shockey 1984) stattgefunden. Sie soll aber, da sie sich immer stärker auf die Fragestellungen und Probleme der Mobilitätsforschung im engeren Sinn konzentrierte und den hier betrachteten Kontext weitgehend aus den Augen verloren hat, nicht mehr dargestellt werden.

Ergänzt werden soll nur noch, dass an Stelle des DA (diamond additive) Modells von Hope und des SA (square additive) Modells Duncan's von Sobel (1981) ein neues "diagonal" Modell vorgeschlagen worden ist. In einer weiteren Arbeit (Sobel 1985) ist dieses Modell noch dahingehend erweitert worden, dass es neben jenen Variablen, die den Mobilitätsraum bestimmen, noch weitere exogene Variablen in die Analyse einbeziehen kann. Eine breitere Anwendung und Diskussion dieses Modells – das nicht mit den von Goodman (1972) für die Analyse von Mobilitätstabellen vorgeschlagenen Diagonal-Modellen gleichgesetzt werden darf – steht im Gegensatz zu den von Duncan und Hope vorgeschlagenen Ansätzen bislang allerdings noch aus.

Fast alle empirischen Arbeiten, die sich der vorhin erwähnten Modelle bedienen, um Mobilitätseffekte auf die Fertilität nachzuweisen (Stevens 1981; Sobel 1981; Herz 1976), sind zu einem negativen Ergebnis gelangt, d. h. es war kein über den additiven Einfluss von Herkunfts- und Zielkategorie hinausgehender Effekt festzustellen. Ob die Prüfung der "Mobilitäts"-Hypothese in dieser methodisch engen Fassung auch der ursprünglichen inhaltlichen Intention in angemessener Weise gerecht wird, soll hier nicht weiter diskutiert werden. Es bleibt festzuhalten, dass auch dieses Vorgehen nicht unwidersprochen geblieben ist (Zimmer 1981; Westoff 1981), dass aber bei Anwendung der beschriebenen Methoden die These, wonach sich soziale Mobilität auf die Fertilität auswirkt, negativ beantwortet wurde.

27.3 Die Diskussion um die inhaltlichen Aspekte differentieller Fertilität

Neben dieser Diskussion um die Effekte sozialer Mobilität hat auch die Gegenthese, dass differentielle Fertilität ihrerseits für die soziale Mobilität von Bedeutung sei, in der Bevölkerungswissenschaft und der Schichtungs- und Mobilitätsforschung große Aufmerksamkeit gefunden.

Die Mobilitätsforschung und auch die Bevölkerungswissenschaft hat sich seit dem Ende des Zweiten Weltkriegs mit dieser These – worauf vorhin schon hingewiesen worden ist – allerdings weniger unter inhaltlichen Gesichtspunkten beschäftigt. Sie wurde vielmehr als Teil eines methodischen Problems diskutiert, nämlich dem Versuch einer Zerlegung der beobachtbaren Mobilitätsraten in zwei Komponenten: Einen Teil, der als strukturell durch die Wirkung der differentiellen Fertilität und den technologischen Strukturwandel der Gesellschaft bedingt gesehen wurde, und einen darüber hinausgehenden Teil freiwilliger oder circulärer Mobilität. In der Zeit vor dem Zweiten Weltkrieg war diese These dagegen vor allem als inhaltliches Problem diskutiert worden. Dabei ist die Auseinandersetzung um die eugenischen Konsequenzen des Geburtenrückganges noch bis weit nach der Jahrhundertwende im internationalen Rahmen (Harmsen, Lohse 1936; Kroll 1989; Lenz 1983; Biervliet 1980) und in wissenschaftlich durchaus seriöser Weise geführt worden. Die ideologische Vereinnahmung der deutschen Bevölkerungswissenschaft durch den Nationalsozialismus (Weingart et al. 1988; Becker 1988; Schuster 1987) und die Verfremdung der inhaltlichen Diskussion durch rassistisches Gedankengut haben dann aber entscheidend zur Desavouierung der Bevölkerungswissenschaft beigetragen und die demographische Forschung in der Bundesrepublik der Nachkriegszeit massiv behindert. Der Nachweis und die Aufarbeitung der in die Bevölkerungswissenschaften – und wenn man so will, auch in die Mobilitätsforschung – eingedrungenen ideologisch bedingten Verirrungen, ist am überzeugendsten wohl in den nach Kriegsende publizierten Arbeiten von Mackenroth (1953) geleistet worden. Mit ihnen war dann auch die Diskussion um die inhaltlichen Aspekte differentieller Fertilität in der Mobilitätsforschung beendet, während sie in der bildungspolitischen Diskussion der Bundesrepublik weiterhin noch punktuell Erwähnung fand (Müller 1949, 1956).

Die Arbeit von Mackenroth (1953) ist nicht nur wegen ihrer Aufarbeitung und Zurückweisung biologistischer Irrtümer von Interesse, sondern auch deshalb, da sich in seinem Werk eine intensive und inhaltlich begründete Verknüpfung zwischen der Bevölkerungswissenschaft (Demographie) und der Mobilitätsforschung findet. Ausgangspunkt seiner Argumentation ist die Überlegung, dass sich die Zusammensetzung sozialer Schichten in offenen Gesellschaften als Resultat des Zusammenwirkens differentieller Fruchtbarkeit und inter- sowie intragenerationaler Mobilitätsbewegungen ergibt, während in geschlossenen Gesellschaften nur die Komponente der differentiellen Fruchtbarkeit von Bedeutung ist. Nur innerhalb geschlossener Gesellschaften tritt für Mackenroth das Problem der Sicherung der "Qualität einer Bevölkerung" (z. B. in Hinblick auf das Begabungs- und Leistungsniveau innerhalb der sozialen Schichten) überhaupt erst auf. Und selbst für diesen Fall steht die Antwort, die er gibt, im Gegensatz zu den Befürchtungen der Bevölkerungswissenschaft des Dritten Reiches. Nach Mackenroth (1953: 236) ergibt das geschichtliche und zeitgenössische Material folgende Antwort: "Fruchtbarkeitsdifferenzen und Differenzen des Generationenabstandes treten typisch zugleich auf, doch werden sie in der Regel kompensiert von gegensinnigen Differenzierungen der Sterblichkeit, sodass die Aufwuchsleistungen schichtenspezifisch viel weniger voneinander abweichen als die Fruchtbarkeitsleistungen". Damit ist das alte, in der NS-Ideologie zentrale Problem der "Qualitätssicherung einer Bevölkerung" auch unter der (unrealistischen) Voraussetzung geschlossener Schichtungsstrukturen erledigt. Unter der realistischeren Annahme, dass das Schichtungssystem nicht geschlossen, sondern mehr oder weniger offen ist, wirkt neben der "Auslese", die sich über differentielle Fertilität und Mortalität äußert, noch der Faktor der "Siebung", d. h. die durch inter- bzw. intragenerationale Mobilität vorgenommene Neuverteilung einer Bevölkerung auf funktionell verschiedene Sozialschichten. In der gegenwärtigen Gesellschaft realisiert sich diese Komponente über die berufliche Mobilität und das Konnubium. Ein "sozialbiologischer Interpretationsversuch" der Schichtungsstruktur moderner Gesellschaften muss deshalb nach Mackenroth immer auch die "Siebungskomponente" berücksichtigen. Dafür jedoch, dass die verschiedenen Formen sozialer Mobilität über vererbliche körperliche und geistig-seelische Merkmale gesteuert werden, fehle aber jeglicher Beweis (Mackenroth 1953: 295). Damit ist nicht nur die krude, sondern auch die realitätsnähere Version einer "sozialbiologischen Erklärung" der Schichtungsstruktur einer Gesellschaft zu verwerfen. Es gilt vielmehr, "soziale Mobilität" und "differentielle Fruchtbarkeit", oder in der Begrifflichkeit von Mackenroth "Auslese" und "Selektion", jeweils in ihrer wechselseitigen Verschränkung zu untersuchen. Dieser Vorschlag ist allerdings bislang nicht, oder nur in Ansätzen, aufgenommen worden.

Es wurde stattdessen – wie schon vorhin erwähnt – in der Bundesrepublik Deutschland, ähnlich wie im internationalen Kontext, die Frage nach den inhaltlichen Auswirkungen differentieller Fruchtbarkeit vor allem unter dem methodischen Gesichtspunkt, den Gesamtumfang der in einer Mobilitätstabelle beobachtbaren Bewegung in mehrere Komponenten zu zerlegen, bearbeitet.

27.4 Differentielle Fertilität als methodisches Randproblem der Mobilitätsforschung

Schon sehr früh hat man in der Mobilitätsforschung gesehen, dass der Umfang sozialer Mobilität in einer Gesellschaft nicht nur die Offenheit des Schichtungssystems widerspiegelt, sondern auch von der Schnelligkeit des technologischen Wandels, der zu Veränderungen in der Beschäftigungsstruktur führt, und von unterschiedlichen Reproduktionsraten innerhalb der einzelnen sozialen Schichten abhängig ist (Sorokin 1959). Um hier zu einer ersten Trennung der Wirkungsgrößen zu kommen, wurde der Versuch unternommen, zwischen erzwungener (oder strukturell bedingter) Mobilität, die technisch durch Differenzen in den Randverteilungen einer inter- oder intragenerationalen Mobilitätstabelle zu Stande kommt, und der darüber hinausgehenden (freiwilligen oder circulären) Mobilität zu unterscheiden. Die Strukturmobilität ergibt sich über die Größe des Dissimilaritätsindex zwischen der Herkunfts- und Zielverteilung und kann auch als Nettoveränderung in der über die Randverteilungen abgebildeten positionalen Zuordnung verstanden werden. Freiwillige Mobilität ergibt sich als residuale Größe zwischen der Strukturmobilität und den im Übergangsmuster einer Tabelle auffindbaren Bewegungen (Bruttoveränderungen). Die technischen Details der Berechnung solcher Mobilitätskomponenten und die Vielzahl von Mobilitätsindizes, die auf dieser grundlegenden Zerlegung aufbauen, sind in verschiedenen Überblicksdarstellungen zur sozialen Mobilität eingehend dargestellt (Yasuda 1964; Müller 1975; Handl 1988).

In dem schon vorhin erwähnten Artikel von Duncan (1966) ist dann allerdings ausgearbeitet worden, dass diese Zerlegung in erzwungene und freiwillige Mobilität theoretisch unsinnig ist. Der wichtigste Grund dafür liegt darin, dass die Herkunftsrandverteilung einer Mobilitätstabelle u. a. wegen des Faktums differentieller Fruchtbarkeit nicht als Abbildung der tatsächlich zu einem früheren Zeitpunkt vorhandenen Berufsstruktur angesehen werden kann. Im Anschluss an diese kritische Neubewertung wurde in der Mobilitätsforschung in der überwiegenden Zahl der Arbeiten davon abgesehen, die alten, "inhaltlich missverständlichen" Maßzahlen zu berechnen, und man versuchte stattdessen für die Mobilitätsmuster im Inneren einer Tabelle Messziffern zu finden, die von den Randverteilungen der Tabelle selbst unbeeinflusst sein und sich damit für den historischen oder auch den internationalen Vergleich eignen sollten. Ein erster Vorschlag, der den bekannten Assoziationskoeffizienten ablöste, wurde mit der Messziffer Q von Tyree (1966) vorgelegt. Diese Kennziffer wurde dann jedoch sehr bald durch die log-lineare Modelltechnik und der in ihr verwendeten Perspektive der Odds-Ratios abgelöst. Diesen Zugangsweg verfolgt auch das vorhin erwähnte SA-Modell, das sich als wichtiger Ausgangspunkt für die Entwicklung einer Vielzahl statistisch immer anspruchsvollerer log-linearer und log-multiplikativer Modellfamilien erwies.

Damit hatte sich der Mainstream der Mobilitätsforschung endgültig von der Frage nach den inhaltlichen Auswirkungen differentieller Fruchtbarkeit verabschiedet. Die neuen Kennziffern und Modelle betrachteten diese nur noch als exogen vorgegebene Struktur, die die Chancenstrukturen von Personen unterschiedlicher sozialer Herkunft prägt. Doch trotz dieser Umorientierung der Mobilitätsforschung auf die Chancenverhältnisse von Personen mit unterschiedlicher sozialer Herkunft, die in der loglinearen Modelltechnik dann jeweils als relative Muster (oder social fluidity) bestimmt werden, ist die Zerlegung der Gesamtmobilität in eine erzwungene und eine circuläre Komponente doch immer wieder in der Literatur aufgetaucht. In einem Artikel hat Sobel (1983) deshalb einen erneuten Anlauf unternommen, dieses Konzept, das durch das von Hope vorgeschlagene "diamond"-Modell eine neue Stützung erhalten hat, aus der Mobilitätsforschung zu verbannen. Seinem Vorschlag wurde jedoch unmittelbar widersprochen (Jones 1985a) und wenig später haben Krauze und Slomczynski (1986) eine umfangreiche Arbeit publiziert, in der sie statt der loglinearen Modelltechnik ein auf "linearer Programmierung" beruhendes Verfahren zu einer neuen inhaltlichen Bestimmung von "circulärer" Mobilität vorgeschlagen haben. Obwohl ihrem Vorschlag von Sobel et al. (1986) und wenig später dann von Hauser und Grusky (1988) entschieden widersprochen wurde, so war mit dieser Diskussion doch das Thema nicht begraben, sondern ganz im Gegenteil zu neuer Aktualität gekommen (vgl. auch die Kontroverse Jones 1985b; Hauser 1986). Slomczynski und Krauze (1986) versuchten mit ihrem eigenen Verfahren die Unhaltbarkeit der Befunde früherer Arbeiten nachzuweisen. Dagegen wandten sich wiederum Hauser und Grusky (1988) unter Rückgriff auf ein neues QS-Modell ("quasi-symmetry"), das von Sobel und Hout und Duncan bereits 1985 vorgestellt und von Yamaguchi (1987) und Hout (1988) angewandt worden war. Aber auch mit diesem Modell-Vorschlag wird wohl ein endgültiger Abschluss der Debatte nicht herbeigeführt werden können (Cobalti 1988, 1989; Marks et al. 1996).

27.5 Probleme der Konzeptualisierung von "Fertilität" und "Mobilität"

Im Vorhergehenden sind vor allem unterschiedliche Techniken, mit deren Hilfe versucht worden ist, Zusammenhänge zwischen differentieller Fertilität und sozialer Mobilität nachzuweisen, diskutiert worden. Die diesem Schritt vorgelagerte Phase der theoretischen Abgrenzung der Konstrukte und die dabei vorhandenen Probleme sind dabei fast völlig unberücksichtigt geblieben. Dabei wird aber hier der Rahmen vorgegeben, innerhalb dessen mit den besprochenen statistisch-methodischen Verfahren die inhaltlich diskutierten Effekte überhaupt erst nachgewiesen werden können.

Zur Definition und Operationalisierung von "sozialer Mobilität" ist unter diesem Gesichtspunkt hier nachzutragen, dass diese bislang fast ausschließlich – und in Anlehnung an die Tradition der Mobilitätsforschung – als berufliche Mobilität gesehen wurde, die dann überwiegend als intergenerationale und weniger häufig als intragenerationale Bewegung erfasst worden ist. Auch dort wo Aspekte der Heiratsmobilität in den Blickpunkt rücken, ist diese als Verknüpfung der beruflichen Platzierung der Eheleute bzw. ihrer Eltern untersucht worden. Nur in wenigen Fällen (z. B. Stevens 1981) wurde gesehen, dass auch dann, wenn "soziale Mobilität" auf "berufliche Mobilität" eingegrenzt wird, diese mehrere Dimensionen umfasst, die in ihrer Auswirkung auf die Fertilität unabhängig sein können. So sind etwa Prozesse horizontaler Mobilität kaum analysiert worden und nur in vergleichsweise wenigen Fällen (z. B. Perruci 1967) sind die den Mobilitätsprozess jeweils steuernden Variablen, wie z. B. Bildungsabschlüsse, direkt berücksichtigt worden.

Für die Untersuchung des hier interessierenden Abhängigkeitsverhältnisses ist auch die Diskussion, die sich im Rahmen der Mobilitätsforschung im engeren Sinn um die angemessene Zuordnung von Frauen zu sozialen Schichten bzw. Klassenlagen entfaltet hat, von Bedeutung. Es ist nicht einzusehen, weshalb bei zunehmender Emanzipation der Frauen von traditionellen Rollenmustern, die sich über ihre Bildungs- und Erwerbsbeteiligung abzeichnet, die generativen Entscheidungen davon unberührt bleiben sollten und die "Mobilitätserfahrungen des männlichen Partners in einer Beziehung" die allein entscheidende Größe sein sollte. Insofern müsste – zumindestens in entwickelten westlichen Industriegesellschaften – das gesamte Untersuchungsdesign dahingehend erweitert werden, die Situation der beiden Elternteile gemeinsam zu berücksichtigen.

Entsprechendes gilt auch für die theoretische Konzeption und Operationalisierung von "Fertilität". Schon der frühe Artikel von Tien (1961), der keine Bestätigung für den postulierten Zusammenhang zwischen Mobilität und Fruchtbarkeit festzustellen vermochte, führte zum Vorschlag, nicht "Fruchtbarkeit als solche", sondern die Zeitintervalle zwischen Heirat und Geburt des ersten Kindes bzw. des ersten und den folgenden Kindern als abhängige Variable zu betrachten. Bean und Swicegood (1979) haben vorgeschlagen, zwischen beabsichtigter und unbeabsichtigter Fruchtbarkeit zu unterscheiden.

Mit den in zunehmend größerem Umfang zur Verfügung stehenden Längsschnittdaten, die nicht nur eine kontinuierliche Verfolgung des Familienbildungsprozesses und der darin eingebetteten generativen Entscheidungen erlauben, sondern diese auch in Abhängigkeit und in ihrer Wechselwirkung mit den übrigen Lebensbereichen zu sehen vermögen, besteht nicht nur die Möglichkeit, solche Vorschläge einer Differenzierung der Konzepte von "Mobilität" und "Fertilität"aufzunehmen, sondern sie erlauben erstmals auch eine Verfolgung des Prozesses, in welchem die Entscheidungen für Kinder getroffen werden und lösen damit das Problem der Bestimmung der kausalen Abhängigkeiten. Ob mit dem Lebensverlaufsansatz aber auch eine zunehmende Kumulation von Forschungsergebnissen und ein definitiver Abschluss der Diskussion erreicht werden kann, ist allerdings nicht von vorneherein garantiert. Auch er setzt ein Minimum an Kontinuität und gegenseitiger Abstimmung der empirischen Forschungsarbeiten voraus.

28

Wohnungsmarkt und Bevölkerungsentwicklung

Jürgen Friedrichs und Robert Kecskes

Einleitung

Die Haushaltsentwicklung und die Veränderungen auf den Wohnungsmarkt stehen in einem engen Interdependenzverhältnis. Auf dem ersten Blick scheint dabei die Frage nach der Kausalität eindeutig beantwortbar: eine veränderte Haushaltsstruktur, oder besser, eine veränderte Nachfrage nach Wohnungen hat ein verändertes Angebot zur Folge. Bei genauer Betrachtung lässt sich jedoch nicht immer beantworten, was Ursache und was Folge ist. So kann beispielsweise Wohnungsknappheit zu einer Verzögerung des Auszugs aus dem Elternhaus beitragen, d. h. der eigene Haushalt wird später gegründet. Hohe Mieten können zu gemeinschaftlichen Wohnprojekten „zwingen", da allein eine Wohnung nicht finanzierbar wäre. In beiden Fällen hätte die Entwicklung auf dem Wohnungsmarkt Effekte auf die Haushaltsstruktur. Da also die Kausalität nicht immer eindeutig ist, werden wir zunächst die Veränderungen der Haushaltsstruktur und Entwicklungen auf dem Wohnungsmarkt getrennt darstellen (s. die folgenden Kap.). Im Kap. 28.4 wird dann am Beispiel neuerer Phänomene der sozialräumlichen Gliederung von Städten eine Verknüpfung hergestellt.

Hinsichtlich der Nachfragerstruktur sind prinzipiell vier unterschiedliche Ursachen einer Verschiebung auf dem Wohnungsmarkt denkbar. *Erstens* können sie auf natürliche Bevölkerungsentwicklungen zurückgeführt werden, d. h. auf ein sich wandelndes Verhältnis von Lebendgeborenen zu Gestorbenen. Die Entwicklung des natürlichen Bevölkerungssaldos ist für die Bestimmung von Veränderungen der Nachfrage nach Wohnraum allerdings kaum verwendbar, denn der Saldo bezieht sich auf Individuen. Nachfrager auf dem Wohnungsmarkt sind dagegen Haushalte. Haushaltstypen und deren Häufigkeiten sind über reine Bevölkerungsstatistiken aber nicht zu erhalten. Wir werden uns daher nicht weiter mit der natürlichen Bevölkerungsentwicklung beschäftigen.

Eine Verschiebung der Nachfragerstruktur auf bestimmten Wohnungsteilmärkten kann *zweitens* durch Migrationsströme zwischen verschiedenen Raumeinheiten verursacht sein. Zu nennen sind hier Wanderungen zwischen Nationen, Wanderungen zwischen Regionen eines Landes und schließlich Wanderungen innerhalb von Regionen bzw. städtischen Agglomerationen. Auch bei der Erfassung von Migrationsströmen haben wir es in der Regel mit Individuen und nicht mit Haushalten zu tun, doch zeigen Studien zur Migration und residentiellen Mobilität, dass es sich häufig um selektive Haushaltswanderungen handelt, d. h. es sind bestimmte und bestimmbare Haushalte, die in spezifischen Richtungen wandern. Um das Ausmaß und die Effekte dieser Wanderungen zu verdeutlichen, werden wir uns etwas intensiver mit Prozessen der Migration und residentiellen Mobilität beschäftigen. Zwei relativ gut erforschte Phänomene werden dabei im Mittelpunkt stehen: Prozesse der Suburbanisierung (Kap. 28.3) und der Wiederaufwertung innenstadtnaher Wohngebiete (Kap. 28.4).

Aus den Salden der natürlichen Bevölkerungsbewegung und der Wanderung zwischen Staaten ergibt sich die Bevölkerungszahl in einem Land zu einem gegebenen Zeitpunkt. In Westdeutschland waren bis Mitte der 80er Jahre gegenläufige Entwicklungen zu beobachten; auf der einen Seite ein negativer natürlicher Bevölkerungssaldo (d. h. Sterbeüberschuss), auf der anderen Seiten ein positiver Migrationssaldo. Dabei überwogen die Verluste, so dass die Bevölkerungszahl zwischen 1980 und 1985 von 61,7 Mio. auf 61,0 Mio. sank. Seit Ende der 80er Jahre sind beide Salden positiv, wodurch die Bevölkerungszahl über 63,7 Mio. 1990 auf 66,0 Mio. 1994 stieg. In Ostdeutschland sinkt dagegen die Bevölkerungszahl seit 1985 kontinuierlich (1980 und 1985 jeweils ca. 16,7 Mio.; 1990: 16,0 Mio.; 1993: 15,6 Mio.). Während bis Ende der 80er Jahre leichte Geburtenüberschüsse zu verzeichnen waren, ist der natürliche Bevölkerungssaldo seit Anfang der 90er Jahre zunehmend negativ. Wie wenig diese Entwicklungen über die Nachfrage nach Wohnungen aussagt, zeigt die Tatsache, dass in Westdeutschland während der Phase des Bevölkerungsverlustes zwischen 1980 und 1985 die Anzahl der Haushalte von 24,8 Mio. auf 26,4 Mio. zunahm. Setzt man die jeweilige Anzahl von 1980 auf 100%, dann ist zwar die Bevölkerungszahl bis 1994 in Westdeutschland auf 107% gestiegen, die Anzahl der Haushalte stieg jedoch im gleichen Zeitraum auf 121%. Dies macht deutlich, dass wir nach weiteren Entwicklungen suchen müssen, um Veränderungen der Nachfrage nach Wohnungen erklären zu können.

Drittens soll daher ein kultureller Wandel, der Verschiebungen der Nachfrage auf verschiedenen Wohnungsteilmärkten verursacht hat, behandelt werden. Von besonderer Bedeutung ist der Wandel von Wertvorstellungen, der sich auf der Verhaltensebene in neue Lebensstile und Haushaltstypen niederschlägt. Im folgenden können wir uns nicht mit der theoretischen Begründung der Entstehung von neuen Haushaltstypen beschäftigen, wir wollen jedoch einige Trends aufdecken, um sie später mit der Entwicklung des Wohnungsangebotes zu konfrontieren.

Wenngleich sich die Diskussion um neue Haushaltstypen hauptsächlich auf quantitative Verschiebungen zwischen diesen Lebensformen richtet, so leitet sie doch schon auf die Frage nach Verschiebungen der Nachfrage auf unterschiedliche Wohnungsteilmärkte über. Trotzdem sollen neben dem Wandel von Lebensstilen und Haushaltsformen *viertens* sozial-strukturelle Entwicklungen näher berücksichtigt werden. So verweisen einige Forscher und vor allem Politiker großer Städte darauf, dass ein Teil der Bevölkerung zusehends verarmt und in spezifische Aktivitätsräume abgedrängt wird. Es würden sogenannte Armutsinseln in den Städten entstehen, die zu einer sozialen Exklusion der dort lebenden Bevölkerungsgruppen aus der Gesellschaft führen können. Wir kommen auf diesen Punkt im Kap. 28.4 zurück.

Der Wohnungsmarkt ist ein reglementierter Markt und durch „marktfremde" Mechanismen beeinflussbar. Als Beispiele seien die gesetzlichen Eingriffe über das Wohnbaugesetz, das Gesetz zur Regelung der Miethöhe oder die Zweckentfremdungs-Verordnung genannt. Daneben haben aber auch Novellierungen von anderen Gesetzen (z. B. Einkommenssteuergesetz und Wohngeldgesetz) Effekte auf die Produktion bzw. das Angebot an Wohnungen. Wohnungen sind zudem an einen bestimmten Standort gebunden. Der Wohnungsmarkt zerfällt daher in regionale und lokale Teilmärkte. Die Wohnungen weisen außerdem sehr unterschiedliche Ausstattungen und Wohnlagen auf. Der Wohnungsmarkt ist also kein einheitlicher Markt; vielmehr lassen sich zumindest drei Teilmärkte unterschieden: der öffentlich geförderte Wohnungsbau, der freifinanzierte Mietwohnungs-Markt und der Markt der Eigentumswohnungen und -häuser. Auf Entwicklungen in einigen Teilmärkten gehen wir im Kap. 28.2 ein.

28.1 Bevölkerungsentwicklung und Haushaltsstruktur

Die Haushaltsstruktur in der alten Bundesrepublik hat sich in Laufe der letzten Jahrzehnte gewandelt. Die Zahl der Privathaushalte nahm zwischen 1980 und 1994 von 24,8 Mio. auf 29,9 Mio. zu, der Anteil der Einpersonenhaushalte von 30,2% auf 35,8%. Während auch der Anteil der Zweipersonenhaushalten zunahm (von 28,7% auf 31,5%), nahmen alle anderen Haushaltsgrößen ab. Absolut stieg die Anzahl der Einpersonenhaushalte in der alten Bundesrepublik zwischen 1980 und 1994 von 7,5 Mio. auf 10,7 Mio. Dementsprechend sank die durchschnittliche Haushaltsgröße von 2,48 Personen 1980 auf 2,23 Personen 1994. In Großstädte ist die durchschnittliche Haushaltsgröße nochmals bedeutend niedriger (1994 knapp zwei Personen je Haushalt).

Nach wie vor stellen Männer und Frauen im Alter von über 65 Jahren den größten Anteil der Einpersonenhaushalte, wobei in dieser Altersgruppe die Frauen deutlich überwiegen. Rd. 40% der Einpersonenhaushalte entfallen auf die über 65-Jährigen, weitere 28% auf die 25–45-Jährigen, also jene Gruppe, die häufig als „Singles" bezeichnet wird. Der Anteil alter Menschen an allen Einpersonenhaushalten nimmt leicht ab, während der Anteil junger Menschen zunimmt. Neben der starken Zunahme der Einpersonenhaushalte ist auch die Zunahme der nichtehelichen Lebensgemeinschaften erwähnenswert. So ist die absolute Anzahl dieses Haushaltstyps in Westdeutschland zwischen 1972 und 1995 von 173 Tsd. auf 1,3 Mio. gestiegen. Der Anteil der kinderlosen nichtehelichen Lebensgemeinschaften an allen nichtehelichen Lebensgemeinschaften stieg dabei zwischen 1972 und 1990 von 82% auf 89%, um dann bis 1995 wieder auf 80% zu fallen. In der gesamten Bundesrepublik stieg die Anzahl der nichtehelichen Lebensgemeinschaften von 1,4 Mio. 1991 auf 1,7 Mio. 1995, wobei der Anteil der kinderlosen nichtehelichen Lebensgemeinschaften durchgehend bei ca. 73% lag. Interessanterweise nahm unter den nichtehelichen Lebensgemeinschaften der Anteil der Haushalte, in denen beide Partner erwerbstätig sind, von 67% 1991 auf 64% 1995 ab.

Vor dem Hintergrund dieser Entwicklungen wird in den Sozialwissenschaften häufig von der Verbreitung neuer Haushaltstypen gesprochen. Da es aber die „neuen"

Haushaltstypen ohne Zweifel immer gab, sollte der Terminus „neu“, um Missverständnisse zu vermeiden, spezifiziert werden: das Neue ist nicht ihre Existenz, sondern ihre Verbreitung und damit der Verlust des Stigmas der Abweichung, d. h. die Menge der wählbaren Alternativen hat zugenommen. Es soll daher von einer Pluralisierung von Haushaltstypen im Sinne einer Zunahme nicht negativ sanktionierter Alternativen gesprochen werden. Wir schließen uns Nave-Herz (1989: 216) an, die darauf hinweist, dass die Verbreitung von nichtehelichen Lebensgemeinschaften das Resultat der Abnahme struktureller Zwänge zur Eheschließung ist, „denn nur über eine Heirat waren bestimmte bedürfnisbefriedigende Leistungen erreichbar“. Als Beispiel hierfür kann die Abschaffung des Kuppeleiparagraphen 1973 angeführt werden.

Mit Hilfe der Analyse der ALLBUS-Daten 1980–1996 sind wir der Hypothese einer Pluralisierung von Haushaltsformen etwas genauer nachgegangen. Wir haben die Befragungspersonen nach vier Haushaltstypen unterschieden: ledige, die allein leben („ledig, allein“); Personen, die mit ihrem Partner ohne Kinder zusammenleben, wobei sie nicht mit dem Partner verheiratet sind („Partner, o. Kind“); Personen, die mit ihrem Ehepartner ohne Kinder zusammenleben („Ehepartner, o. Kind“); Personen, die mit ihrem Ehepartner mit Kind(ern) zusammenleben („Ehepartner, m. Kind“). Prozentuiert wurde auf alle Haushaltstypen, so dass die Summe der Prozentwerte der vier Typen kleiner 100% ist, da es sich nur um einen Ausschnitt aller empirisch aufgetretenen Haushaltstypen handelt. Allerdings lebten in Westdeutschland zwischen 69% (1986) und 74% (1992) und in Ostdeutschland zwischen 70% (1996) und 77% (1992) in einen dieser Haushaltstypen.

In Westdeutschland zeigt sich der schon beschriebene Trend. Die Anteile der Haushaltstypen „ledig, allein“ und „Partner, o. Kind“ nehmen zu, während der Anteil des Haushaltstyps „Ehepartner, m. Kind” abnimmt. Doch nach wie vor ist ein ehepartnerschaftlicher Haushaltstyp dominierend. Aufgrund der kurzen Zeitreihe lassen sich für Ostdeutschland nur begrenzt Aussagen machen. Deutlich ist aber auch hier die Abnahme des Typs „Ehepartner, m. Kind“. Auch mit den ALLBUS-Daten zeigt sich also – zumindest für Westdeutschland – eine quantitative Zunahme „neuer“ Haushaltstypen.

Es drängt sich nun die Frage auf, ob die Wahl einer als „neu“ bezeichneten Haushaltsformen in allen Bevölkerungsgruppen zugenommen hat oder ob sie nur von spezifischen Bevölkerungsgruppen gewählt werden. Da wir von einer Zunahme von Handlungsoptionen ausgehen, die bei der Bildung eines eigenen Haushalts auftreten, haben wir uns bei der Analyse auf die Altersgruppen der 18–35-Jährigen und der 36–45-Jährigen, die in einem eigenen Haushalt leben, beschränkt. Die beiden Altersgruppen haben wir nochmals nach der Bildung in höchsten Realschulabschluss und mindestens Fachabitur differenziert.

In der Gruppe der 18–35-Jährigen mit mindestens Fachabitur in Westdeutschland ist der Pluralismus von Haushaltsformen am stärksten ausgeprägt. Während in allen anderen Gruppen der Haushaltstyp „Ehepartner, mit Kind(ern)“ eindeutig dominiert, hat hier der Typ „ledig, allein“ in etwa das gleiche Gewicht. *Beide* Haushaltstypen haben seit 1980 sogar noch an Bedeutung zugenommen. Trotz Pluralismus kann für diese Gruppe daher keinesfalls von einer Abnahme des Stellenwerts des Haushaltstyps „Ehepartner, m. Kind“ gesprochen werden, denn er ist 1996 stärker denn je ver-

(1980: 0,5%; 1996: 13,3%), während der Anteil des Typs „Ehepaare, o. Kind" nach einer Talsohle zwischen 1986 und 1990 wieder den Stand von 1980/82 erreicht hat (Abb. 1). Damit haben sich die Anteile der beiden kinderlosen partnerschaftlichen Lebensformen angeglichen.

Insgesamt deuten die Ergebnisse für die Gruppe der 18–35-Jährigen mit mindestens Fachabitur in Westdeutschland darauf hin, dass nicht (mehr) das Zusammenziehen mit dem Partner eine Heirat voraussetzt, sobald jedoch Kinder in den partnerschaftlichen Beziehungen geboren werden, die Eheschließung vorgenommen wird. Da nun diese Alters- und Bildungsgruppe stark zugenommen hat, ist die Zunahme „neuer" Haushaltstypen aufgrund dieser Ergebnisse durch zwei Effekte zu erklären. Erstens durch eine zeitliche Überlagerung von Demographie- und Bildungseffekten, die dazu führten, dass eine Gruppe, in der die als neu bezeichneten Haushaltsformen stets ein relativ starkes Gewicht hatten, ab den frühen 80er Jahren geballt nach Wohnungen nachfragt. Zweitens scheint aber auch ein Wandel in den Vorstellungen der gemeinsamen Lebensführung nachweisbar, denn die Haushaltsform „Partner, ohne Kinder" gewann erst im Laufe der 80er Jahre in dieser Gruppe an Bedeutung.

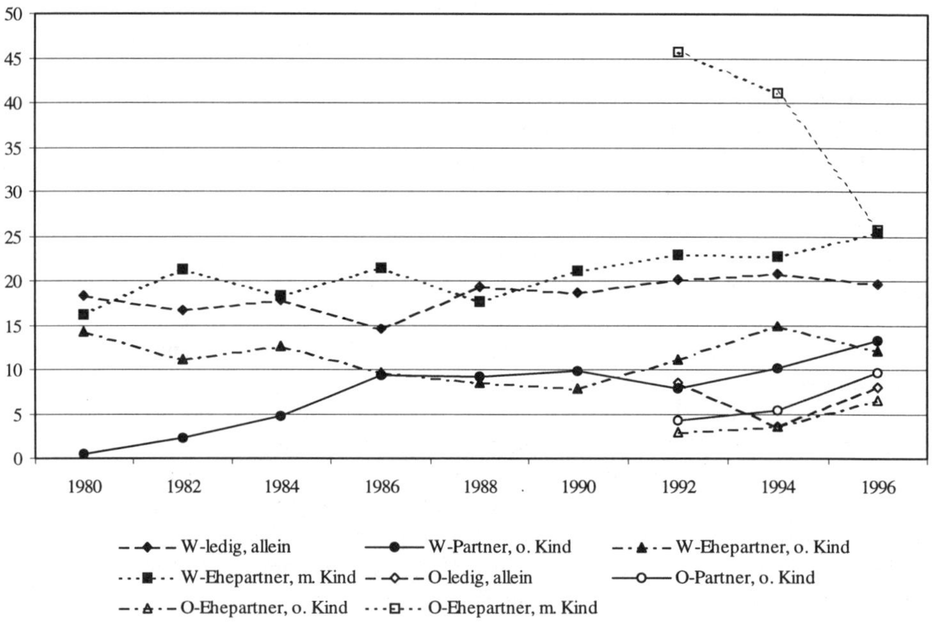

Abb. 1: Entwicklung von Haushaltstypen, 18–35 Jahre, mindestens Fachabitur

Etwas anders ist die Entwicklung in Ostdeutschland (Abb. 1). Hier scheint der noch immer dominierende Haushaltstyp „Ehepartner, m. Kind" in der Gruppe der 18–35-Jährigen bildungshohen Personen an Bedeutung zu verlieren und das Alleinleben nicht an Bedeutung zu gewinnen. Dagegen gewinnen die beiden kinderlosen partnerschaftlichen Lebensformen an Attraktivität.

In der Gruppe der 18–35-Jährigen mit höchstens Realschulabschluss dominiert sowohl in Westdeutschland als auch in Ostdeutschland zu allen Zeitpunkten die Haushaltsform „Ehepartner, m. Kind". In Westdeutschland schwankt der Anteil zwischen 35,0% 1988 und 42,9% 1992 (Abb. 2). Die Anteile der drei anderen betrachteten Haushaltstypen sind dagegen vergleichsweise niedrig. Allerdings fand zwischen ihnen in den Jahren eine Angleichung der Anteile statt. Durch eine Zunahme der Haushaltsform „ledig, allein" und einer stärkeren Zunahme der partnerschaftlichen Haushalte ohne Kinder, liegen die Anteile seit 1994 für alle drei Haushaltstypen zwischen 10 und 12%. Auch in dieser Gruppe lässt sich damit in Westdeutschland durchaus eine Pluralisierung von Haushaltsformen verzeichnen, ohne dass damit aber der Stellenwert des Haushaltstyps „Ehepartner, m. Kind" verloren hätte. Obgleich auch in Ostdeutschland dieser Haushaltstyp in der Gruppe der 18–35-Jährigen mit höchsten Realschulabschluss überwiegt, hat er doch seit 1992 deutlich abgenommen. Zugenommen haben dagegen die ehepartnerschaftliche Haushaltsform ohne Kinder und das ledige Alleinleben (Abb. 2).

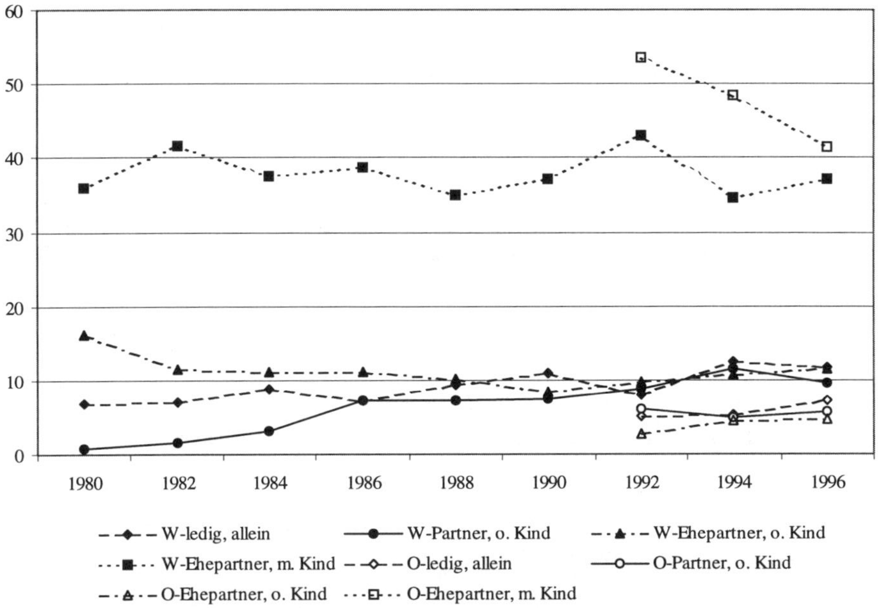

Abb. 2: Entwicklung von Haushaltstypen, 18–35 Jahre, höchstens Realschule

Für die Gruppe der 18–35-Jährigen können wir also festhalten, dass in Ostdeutschland der Haushaltstyp „Ehepartner, m. Kind" an Gewicht verloren hat, während diese Entwicklung in Westdeutschland nicht zu beobachten ist. Allerdings kam es hier zu einer Angleichung der beiden betrachteten kinderlosen partnerschaftlichen Haushaltsformen. Wenn überhaupt von einer Abnahme des Haushaltstyps „Ehepartner, m. Kind" in Westdeutschland gesprochen werden kann, dann in der Altersgruppen der 36–45-Jährigen. Doch überwiegt mit einem jeweiligen Anteil von knapp über 60% dieser Haushaltstyp in beiden Bildungsgruppen auch 1996 noch eindeutig. In beiden

Gruppen der 36–45-Jährigen haben die Anteile der Formen „ledig, allein" und „mit Partner, o. Kinder" zugenommen. Während 1996 in der bildungshöheren Gruppe das Alleinleben den zweiten Platz einnimmt, haben sich die Anteile der drei Haushaltsformen angeglichen. Insgesamt ist in der Gruppe der 36–45-Jährigen in Westdeutschland damit eine Hinwendung zu den neuen Haushaltstypen zu beobachten, ohne dass davon allerdings der „traditionelle" Typ stark betroffen ist. In Ostdeutschland hat dagegen der traditionelle Haushaltstyp „Ehepartner, m. Kind" 1992 noch weiter zugenommen. Diese Lebensform dominiert in Ostdeutschland bei den 36–45-Jährigen mehr denn je (vgl. Abb. 3 und Abb. 4).

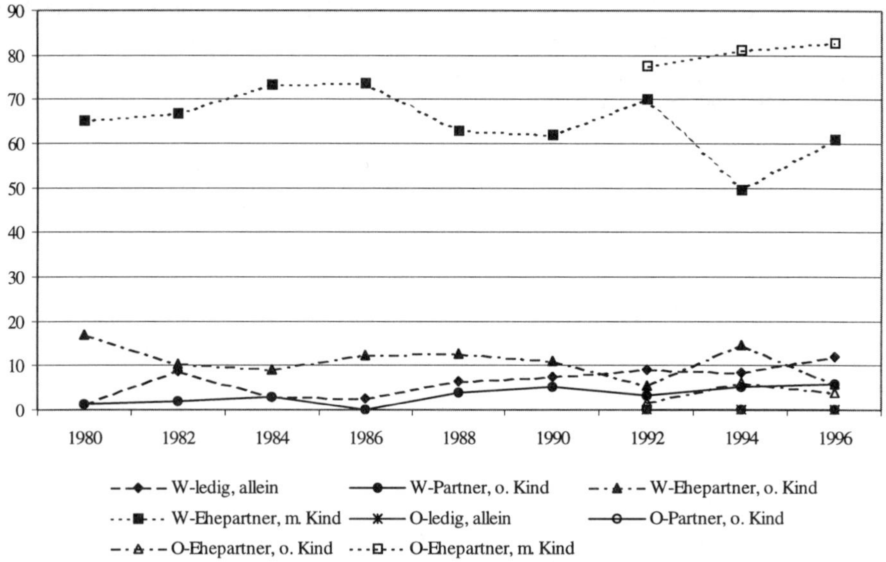

Abb. 3: Entwicklung von Haushaltstypen, 36–45 Jahre, mindestens Fachabitur

28.2 Wohnungsmarktentwicklung

28.2.1 Öffentlich geförderter Wohnungsbau

Der Wohnungsmarkt der Bundesrepublik Deutschland unterscheidet sich von den Wohnungsmärkten anderer hoch entwickelter Länder sowohl aktuell als auch bezüglich seiner historischen Entwicklung in vielerlei Hinsicht. Neben spezifischen rechtlichen Rahmenbedingungen, die auf eine Reglementierung des freien Wohnungsmarktes zielen, sind der soziale Wohnungsbau und die Folgen der Kriegszerstörung von besonderer Bedeutung. Schließlich konnte speziell in den innenstadtnahen Wohngebieten durch den im sozialen Wohnungsbau stattgefundenen Wiederaufbau preisgünstiger Wohnraum mit zeitgemäßen Ausstattungsstandards geschaffen werden, der entscheidend zur Entstehung sozial relativ heterogen besetzter Wohngebiete beitrug. Die sozialräumlichen Verteilungsmuster in den Städten der Bundesrepublik sind daher bedeutend ausgeglichener als z. B. die Verteilungsmuster in den Städten der USA. Auch eine „Verslumung" größerer innenstadtnaher Wohnquartiere konnte verhindert werden.

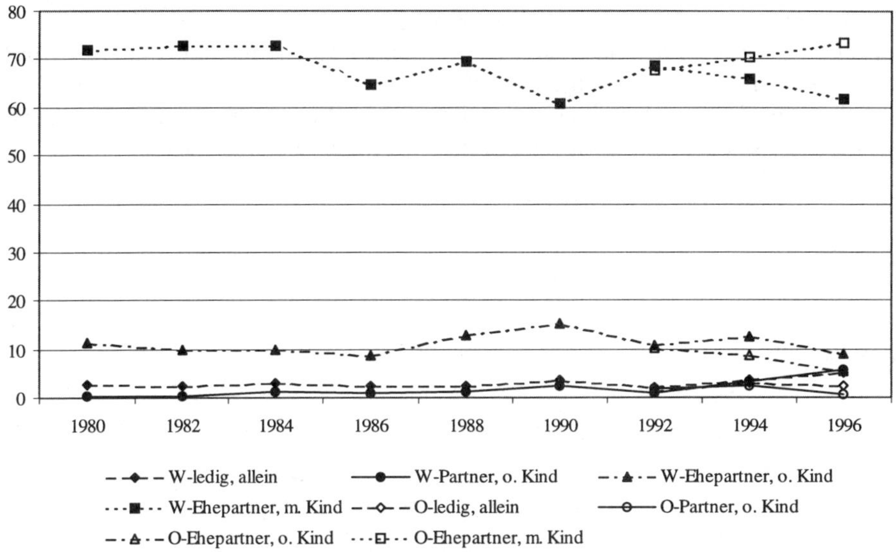

Abb. 4: Entwicklung von Haushaltstypen, 36–45 Jahre, höchstens Realschule

Trotz eines Rückgangs des Sozialwohnungsbestandes und zunehmender Marktkompatibilität der Förderungsinstrumentarien sind die Sozialwohnungen noch heute der wichtigste Sektor zur Wohnungsversorgung von Haushalten mit niedrigen Einkommen. Der soziale Wohnungsbau stellt damit einen Wohnungsteilmarkt dar, in dem durch eine „marktunabhängige" Regulierung der Mietpreise und eine Ausgrenzung einkommensstarker Haushalte qualitativ wie quantitativ ausreichend Wohnraum für einkommensschwache Bevölkerungsgruppen sichergestellt werden soll. Im Unterschied zu anderen Ländern ist jedoch der Anteil des *unmittelbar* in öffentlicher Hand befindlichen Wohnungsbaus in der Bundesrepublik immer sehr niedrig gewesen. Der soziale Wohnungsbau besteht vielmehr aus einem System von öffentlichen Zuwendungen, mit denen die jeweiligen Bauherren subventioniert werden und die an bestimmte Auflagen (Mietpreis- und Belegungsbindungen) geknüpft sind.

Dieses mit dem ersten Wohnungsbaugesetz von 1950 für den sozialen Wohnungsbau geschaffene und seitdem modifizierte und erweiterte Förderungssystem in der Bundesrepublik Deutschland zielte damit nie auf die Einrichtung zeitlich unbegrenzter Mietpreis- und Belegungsbindungen ab. Die Bindungen wurden vielmehr mit den Laufzeiten der öffentlichen Baudarlehen gekoppelt. Damit beinhaltet das Förderungssystem des sozialen Wohnungsbaus von Beginn an eine nur temporäre Mietpreis- und Belegungsbindung. Nach Rückzahlung der staatlichen Förderung kann die dann ehemalige Sozialwohnung auf dem freien Wohnungsmarkt angeboten werden und unterliegt nur noch den dort vorherrschenden Reglementierungen. Von dieser Entwicklung sind zunehmend die großen Baujahrgänge der 50er und 60er Jahre betroffen. Verstärkt wird dieser Prozess durch den zunehmenden Umfang von vorzeitigen Darlehensrückzahlungen seit Anfang der 80er Jahre, wodurch die Bindungszeiten verkürzt werden. Auch hier sind wieder vor allem zunächst die älteren Sozialwohnungen betroffen. Schließlich wurde die Entwicklung eines beschleunigten Abgangs an preiswertem Wohnraum für einkommensschwache Haushalte durch die Abschaffung der Wohngemeinnützigkeit zum 1. Januar 1990 verstärkt. Daneben wurde mit dem zweiten Wohnungsbaugesetz 1956 eine Umorientierung der Förderung von Mietwohnungs- in Eigenheimbau eingeleitet. Schließlich stellte der Bund zwischen 1986 und 1989 die Subventionen für den sozialen Mietwohnungsbau ein.

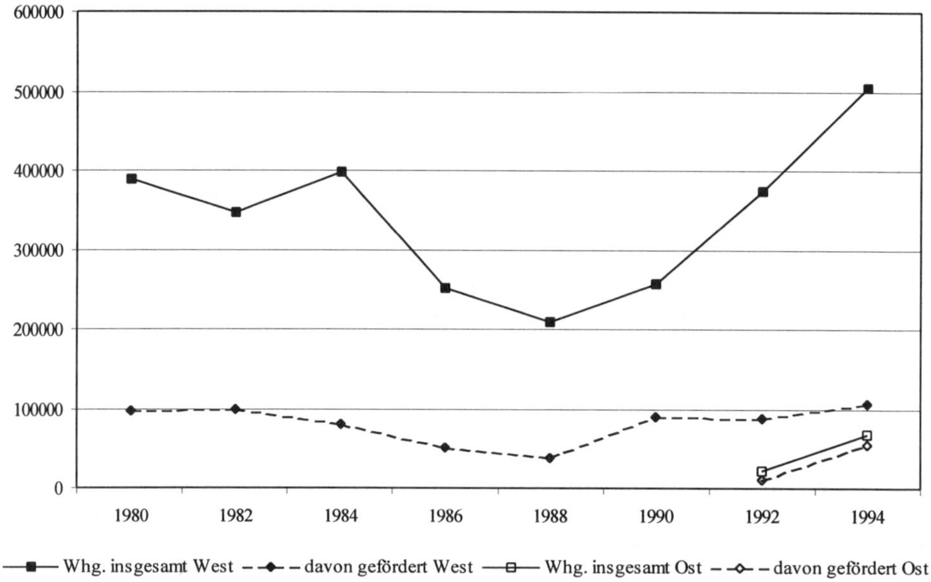

Abb. 5: Fertiggestellte sowie im sozialen Wohnungsbau geförderte (bewilligte) Wohnungen (Quelle: Datenreport 1997)

Aus Abb. 5 werden die Auswirkungen dieser Politik deutlich. So ging in Westdeutschland die Anzahl der jährlich im sozialen Wohnungsbau fertiggestellten Wohnungen auf 38.900 im Jahr 1988 zurück.

Danach hat die Wohnungsbautätigkeit sowohl im frei finanzierten als auch im sozialen Wohnungsbau wieder zugenommen. Allerdings nahm der Anteil der geförderten Wohnungen an allen fertiggestellten Wohnungen stark ab. Betrug er 1990 noch 35%, lag er 1994 nur noch bei 21%.

In Ostdeutschland ist die Entwicklung eine andere. Hier hat die Anzahl der Fertigstellungen seit 1991 erheblich zugenommen, wobei der Anteil der fertiggestellten Sozialbauwohnungen an allen Wohnungen 1994 bei 82% lag.

Für die Entwicklung der Wohnungsbautätigkeit sind, neben dem Zinsniveau, die Entwicklung der Grundstückspreise und Baukosten von besonderer Bedeutung. Sowohl die Grundstückspreise als auch die Baukosten sind in den letzten Jahrzehnten erheblich gestiegen. So stiegen nach Kronawitter (1994) in München die Bodenpreise zwischen 1961 und 1992 um durchschnittlich 1680% und die Baukosten um 500%, während die Lebenshaltungskosten um 350% stiegen. Die Entwicklung der Baukosten pro Quadratmeter Wohnfläche in West- und Ostdeutschland gibt Abb. 6 wieder.

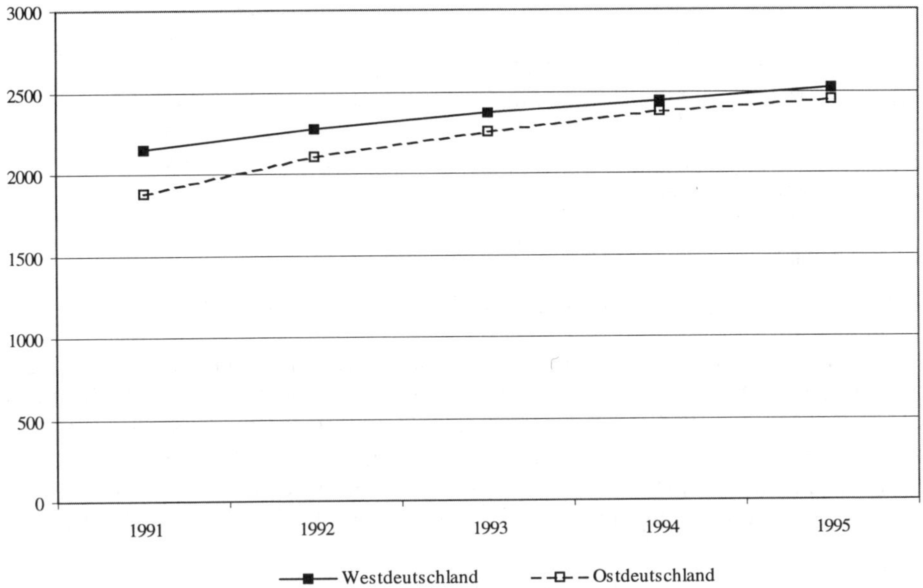

Abb. 6: Kosten je Quadratmeter Wohnfläche in DM (Quelle: Datenreport 1997)

Insgesamt haben sich die Preise für die Errichtung von Wohngebäuden um 17,1% erhöht. Die Preise für die Lebenshaltung aller privaten Haushalte sind im gleichen Zeitraum um 14,8% und damit weniger stark gestiegen (Datenreport 1997: 335). Neben einer zunehmenden Nachfrage nach Wohnraum sind diese Steigerungsraten der Gründstückspreise und Baukosten für den Anstieg der Wohnungsmieten verantwortlich. Abgefangen werden die dadurch entstehenden erheblichen Mehrbelastungen vor allem für einkommensschwächere Haushalte (siehe Tab. 4) durch Wohngeldzahlungen und den öffentlich geförderten Wohnungsbau. Trotz des Anstiegs der Fertigstellungen von Sozialwohnungen in den letzten Jahren, wird jedoch der Bestand an Sozialmietwohnungen in vielen Regionen Deutschlands sehr schnell abgebaut. Der wichtigste Grund hierfür ist der Abgang von Sozialmietwohnungen durch Erreichen des Bindungsende. Tabelle 1 zeigt diese Entwicklung für die Stadt Köln zwischen 1988 und 1995. Der Neubau kann nicht mit dem Abgang an Sozialmietwohnungen Schritt halten. Insgesamt verlor die Stadt Köln zwischen 1989 und 1995 dadurch 25.263 Sozialmietwohnungen.

Tab. 1: Bestand, Zugang und Abgang an Sozialmietwohnungen in Köln 1988–1995

Jahr	Bestand	Zugang durch Neubau	Abgang durch Bindungsende	ausgestellte Abgeschlossenheits-bescheinigungen	Umwandlungen von Miet- in Eigentums-wohnungen
1988	*	122	*	200	19
1989	106.908	566	*	544	625
1990	104.187	934	1.820	57	168
1991	101.615	1.335	2.465	102	61
1992	97.972	1.285	3.801	401	149
1993	94.551	1.718	3.944	935	315
1994	86060	1.627	5.568	88	267
1995	81645	1.684	6.193	132	77

* keine Daten angegeben

(Quelle: Stadt Köln, Statistisches Jahrbuch 1992/93: 91; Statistisches Jahrbuch 1994/95: 72)

Vor dem Hintergrund einer gleichzeitigen Zunahme von Haushalten (+16.197 Haushalte zwischen 1990 und 1995), Arbeitslosen (+9.006 arbeitslos gemeldete Personen zwischen 1990 und 1995) und Sozialhilfeempfängern (+3.409 Haushalte zwischen 1990 und 1995), wiegt dieser Abgang an preisgünstigem Wohnraum besonders schwer. Durch die prognostizierten weiteren Abgänge in den nächsten Jahren (vgl. Tab. 2), wird sich die Situation für einkommensschwache Haushalte noch verschärfen.

Tab. 2: Das Ende der Sozialmietwohnungen in Köln (Kreibich 1990: 191)

Jahr der Baugenehmigung	An das Wohnbindungsgesetz gebunden bis ...	
	bei planmäßigen Rückzahlungen	bei vorzeitigen Rückzahlungen
1948–1957	1997	1996
1958–1963	2024	2008
1964–1968	2028	2017
1969–1976	2082	2024
1977–1985	2082	2033

Nun ist der Abgang der Sozialwohnungen nicht in allen Vierteln der Städte gleich stark. Zunächst ist der innenstadtnahe Sozialwohnungsbestand betroffen, da die in innenstadtnahen Wohnvierteln liegenden Sozialmietwohnungen relativ alt sind; der weitaus überwiegende Teil ist zwischen 1948 und 1965 erbaut worden. Dementsprechend wird hier sehr früh ein großer Teil der noch vorhandenen Sozialmictwohnun-

gen durch das Erreichen des Bindungsendes dem freien Wohnungsmarkt zugeführt, erst später werden die Stadtrandgebiete betroffen sein.
Mit dem Bindungsende sind die Wohnungen nicht mehr einkommensschwachen Haushalten vorbehalten. Durch Mieterhöhungen bis zum Vergleichsmietniveau werden die Auszugswahrscheinlichkeiten der ansässigen Bewohner der dann ehemaligen Sozialwohnungen steigen. Gleichzeitig werden sich bei einer Neuvermietung viele einkommensschwache Haushalte die Wohnung nicht mehr leisten können. Zudem hat der Vermieter nun Belegungsfreiheit, d. h. er kann sich seine neuen Mieter frei wählen. Viertel in innenstadtnaher Lage und mit gut ausgestatteten Wohnungen werden einem verstärkten Wandlungsdruck ausgesetzt. Die Wahrscheinlichkeit, dass die neuen Bewohner einen bedeutend höheren sozialen Status als die alten Bewohner haben werden nimmt damit zu. Speziell für innenstadtnahe Wohngebiete ist dieser Prozess nachzuweisen und als „Gentrification“ bekannt.

28.3.2 Freifinanzierter Mietwohnungsbau

Tabelle 3 zeigt die Mietentwicklung bei der Neuvermietung einer 2 1/2– bis 3 Zimmer-Wohnung mit ca. 70 qm Wohnfläche in Köln zwischen 1988 und 1995 (ohne öffentlich geförderten Wohnungsneubau), die auf Angaben des Rings Deutscher Makler beruht. Danach sind in Köln die Nettokaltmieten für neu erstellte Wohnungen um 67% bzw. 80% gestiegen. Für eine 70 qm große Neubauwohnung musste demnach 1995 im Durchschnitt zwischen 1.260 und 1.400 DM nur für die Nettokaltmiete aufgebracht werden. Rechnet man die ebenfalls gestiegenen Betriebs- und Heizkosten hinzu, ist eine Neubauwohnung für einen Dreipersonenhaushalt mit durchschnittlichem Einkommen kaum noch erschwinglich. Aber auch die Mieten der Bestandswohnungen sind bei Neuvermietung stark gestiegen (zwischen 60% und 88%). Damit wird es auch in diesem Wohnungssegment für einkommensschwache Haushalte immer schwieriger, eine finanzierbare Wohnung zu finden. Allerdings zeigt Tab. 3 auch, dass seit 1993/94 keine Steigerung der Mieten zu beobachten ist. Bei Neubauten nimmt die Netto-Kaltmiete sogar leicht ab. Dennoch ändert dies nichts an den noch immer hohen Mietbelastungen der Haushalte, vor allem bei Berücksichtigung der kontinuierlich gestiegenen Mietnebenkosten.

Nach Berechnungen des DIW lag im Jahr 1996 die durchschnittliche Mietbelastung der westdeutschen Haushalte bei 25,1%, bei Haushalten mit Arbeitslosen bei 31,0% und Haushalten von Alleinerziehenden bei 29,4%. Diese Werte werden jedoch in den Großstädten überschritten. Absolut sind alle Mieterhaushalte von den steigenden Mietpreisen betroffen, betrachtet man jedoch die relative Mietbelastung, ist eine deutliche Asymmetrie in der Lastenverteilung erkennbar.

Tab 3: Nettokaltmieten bei Neuvermietung 1988 bis 1995 in Köln (DM/qm für eine 2½ bis 3-Zimmer-Wohnung mit ca. 70 qmWohnfläche)

Jahr	Baujahr vor 1949 Wohnwert			Baujahr nach dem 01.01.1949 Wohnwert			Baujahr im Berichtsjahr Wohnwert	
	Einfacher	mittlerer	guter	einfacher	mittlerer	guter	mittlerer	guter
1988	5,0	7,0	9,0	6,0	8,0	10,0	10,0	12,0
1989	5,5	8,0	9,8	6,5	8,8	11,0	12,0	14,0
1990	6,0	9,0	11,0	6,5	9,5	12,0	13,0	16,0
1991	7,2	9,8	13,0	7,8	10,5	15,0	16,0	18,0
1992	7,5	9,8	13,0	9,0	12,0	15,0	18,0	21,0
1993	9,0	12,0	16,0	10,0	14,0	16,0	19,0	21,0
1994	9,0	13,0	16,0	10,0	15,0	16,0	19,0	21,0
1995	9,0	13,0	16,0	10,0	15,0	16,0	18,0	20,0
% Diff. 88–95	80,0	85,7	77,8	66,7	87,5	60,0	80,0	66,7

(Quelle: Ring Deutscher Makler; Stadt Köln, Statistisches Jahrbuch 1992/93: 89; Statistisches Jahrbuch 1994/95: 72)

Tab. 4: Wohnverhältnis und Mietbelastung nach dem monatlichen Haushaltsnettoeinkommen 1987 und 1993 in Köln (in %)

Haushaltsnettoeinkommen in DM	Wohnverhältnis				Mietbelastung	
	Eigentum 1987	1993	Miete 1987	1993	1987	1993
unter 1000 DM	1	2	7	6	56,7	67,4
1000–2000 DM	21	9	38	22	26,2	39,4
2000–3000 DM	17	13	24	24	18,6	29,0
3000–4000 DM	22	18	20	24	17,1	24,5
4000–5000 DM	15	17	6	11	16,0	19,3
über 5000 DM	24	41	5	13	15,8	16,4

(Quelle: „Leben in Köln“ – Umfrage 1993 (Kommunaler Mikrozensus); Stadt Köln, Statistisches Jahrbuch 1992/93: 90)

Wie Tab. 4 zeigt, sind die Mietbelastungen (ohne Heizkosten) zwar für alle Haushalte gestiegen, jedoch mit zunehmendem Haushaltsnettoeinkommen in geringerem Maße. Am größten ist die Belastung für Haushalte mit einem Haushaltsnettoeinkommen von unter 1.000 DM. Mussten sie 1987 schon knapp 57% ihres Einkommens für die Miete aufbringen, stieg die Belastung bis 1993 nochmals um mehr als 10 Prozentpunkte auf gut 67%. Noch höher, jedoch bei niedrigerem Ausgangsniveau, war die Zunahme der Mietbelastung für Haushalte mit einem Haushaltsnettoeinkommen zwischen 1.000 DM und 2.000 DM (Steigerung: 13,2 Prozentpunkte). Danach nimmt die Zunahme der Mietbelastung wieder stark ab. Für Haushalte mit einem Haushaltsnettoeinkommen von über 5000 DM ist die Mietbelastung zwischen 1987 und 1993 schließlich nur noch um 0,6 Prozentpunkte gestiegen. Damit haben sich die schon 1987 bestehenden starken Ungleichgewichte in den Mietbelastungen zwischen Haushalten mit unterschiedlichen Einkommen bis 1993 nochmals sehr deutlich vergrößert. Da vor allem Haushalte mit niedrigen und mittleren Einkommen gezwungen sind, einen immer größeren Anteil ihres Einkommens für die Miete aufzubringen, trägt die Wohnungsmarktentwicklung dazu bei, dass viele Menschen räumlich ins Abseits gedrängt werden, da sich für sie der finanzierbare Wohnungsmarkt zusehends einengt.

28.2.3 Umwandlungen von Miet- in Eigentumswohnungen

Bisher haben wir uns ausschließlich mit Veränderungen innerhalb des Mietwohnungssegmentes und deren Effekte beschäftigt. In der Diskussion um die Wohnungsmarktentwicklung spielt daneben das Ausmaß der Umwandlungen von Miet- in Eigentumswohnungen eine zentrale Rolle. Wir wollen uns daher abschließend diesem Aspekt zuwenden.

Als entscheidendes Datum einer Forcierung an Umwandlungen von Miet- in Eigentumswohnungen wird allgemein das Jahr 1977 gesehen. Im Zuge einer Umorientierung von einer Neubau- auf eine Bestandspolitik wurde mit der Übertragung der Eigentumsförderung auf Gebrauchtimmobilien auch der Erwerb bestehender Wohnbauten steuerlich begünstigt (§ 7b, heute § 10e Einkommenssteuergesetz). Bis dahin wurde die private Eigentumsbildung nur im Neubau mit Sonderabschreibungen und Vergünstigungen bei der Grunderwerbssteuer gefördert. Ab 1977 gelten die steuerlichen Anreize auch für die Eigentumsbildung im Wohnungsbestand.

Als Folge nahmen Umwandlungen von Miet- in Eigentumswohnungen in vielen großen Städten Westdeutschlands zu. So wurden lt. Holtmann und Killisch (1993: 9) „in München in den achtziger Jahren über 50.000 preisgünstige Mietwohnungen umgewandelt, in Nürnberg waren es über 10.000“. Räumlich konzentrierten sich die Umwandlungen auf den innenstadtnahen Wohnbereich und dort vor allem auf die Altbauquartiere. Dadurch veränderte sich die Bewohnerstruktur, denn ein nicht geringer Teil statusniedriger Haushalte wurde durch junge statushohe Haushalte ersetzt.

Dieser Trend, der mit der Novellierung des § 7b Einkommenssteuergesetz im Jahr 1977 in Gang gesetzt wurde, ist keineswegs abgeschlossen. Um vor allem die Umwandlungen von Altbaumietwohnungen zu reduzieren, setzten die Kommunen 1988 die sogenannte „Münchener Linie“ durch. Mit ihr wurde die Entscheidungspraxis bei der Erteilung von Abgeschlossenheitsbescheinigungen, die für Umwandlungen von Miet- in Eigentumswohnungen notwendig sind, geändert. Abgeschlossenheitsbescheinigungen wurden nur noch dann erteilt, wenn die Räumlichkeiten den aktuellen Anforderungen an den Brand-, Wärme- und Schallschutz entsprachen. Da die meisten Altbauten den aktuell gültigen baurechtlichen Normen nicht entsprechen, wurden damit in vielen Fällen die Kosten von Umwandlungen wegen nun erforderlicher bautechnischer Nachrüstungen stark erhöht. Durch die Bestätigung dieser Praxis durch den Bayerischen Verwaltungsgerichtshof, den Bundesverwaltungsgerichtshof und das Bundesverfassungsgericht kamen die Umwandlungen zwischen 1989 und 1991 fast zum Erliegen. Nachdem jedoch der Gemeinsame Senat der obersten Gerichtshöfe die „Münchener Linie" in seinem „Umwandlungsurteil" vom 30.9.1992 verwarf, ist die Zahl der Anträge auf Erteilung von Abgeschlossenheitsbescheinigungen in den großen bundesdeutschen Städten sprunghaft und stark angestiegen. Kronawitter (1994: 119) schätzt für München, der Stadt mit den höchsten Miet- und Wohnungspreisen, ein Potential von fast 200.000 Altbaumietwohnungen, „die nach und nach in teure Eigentumswohnungen (vielfach als Kapitalanlage) umgewandelt werden können". Mit einem Ende der Umwandlungen von Miet- in Eigentumswohnungen ist also auch in nächster Zukunft nicht zu rechnen. Es ist damit davon auszugehen, dass zu den 12,5 Mio. Eigentümerwohnungen 1993 vor allem in den Großstädten weitere hinzukommen.

28.3 Suburbanisierung

Während Fernwanderungen in der Regel arbeitsplatzbedingt sind, lassen sich Wanderungen bzw. Umzüge innerhalb einer Stadt oder einer Stadtregion auf das Wohnungsangebot zurückführen. Unter Stadtregion werden die Kernstadt und das zu ihr gehörende Umland bezeichnet. Verknappt sich das Wohnungsangebot in der Kernstadt, werden Haushalte einen Wohnstandort außerhalb der Kernstadt, im Umland, nachfragen. Dabei kann es sich um Haushalte handeln, die zuvor in der Kernstadt gewohnt haben als auch um solche, die von außerhalb der Stadtregion zuziehen. Das Wohnraumangebot und die individuelle Motorisierung sind die wichtigsten Ursachen der Suburbanisierung.

Haushalte nehmen dann eine Güterabwägung vor; in die Kalkulation gehen die Höhe der Miete, die Kosten für den Erwerb von Eigentum, die Größe der Wohnung bzw. des Hauses und das Vorhandensein von Grün oder einem Garten und die Pendelkosten (bzw. allgemeiner: die Transportkosten) ein. Wie die empirischen Studien übereinstimmend zeigen, wird insbesondere von Haushalten mit einem oder mehreren Kind(ern) der Nutzen des Erwerbs von Eigentum und eines Gartens im Umland höher beurteilt als die Mietkosten und die gemeinhin geringere Wohnfläche einer Wohnung in der Kernstadt. Mit steigender Nachfrage nach Häusern oder Baugrundstücken im Umland erhöhen sich die Preise und die Nachfrager sind gezwungen, in einer immer größeren Entfernung von der Kernstadt zu wohnen.

Die mit der Suburbanisierung verbundene intraregionale Verlagerung der Bevölkerung ist am Beispiel der Stadtregion Hamburg gut zu dokumentieren. Die Daten in Tab. 5 zeigen, dass bis 1985 die Zonen bis 10 km Einwohner verloren, die Zone 10–20 km stagnierte, während Gebiete, die weiter als 20 km entfernt lagen, beträchtliche Bevölkerungsgewinne aufwiesen. Während Hamburg Einwohner verlor, gewann das Umland, so dass die Einwohnerzahl der Stadtregion fast konstant blieb.

Tab. 5: Bevölkerungsveränderung in der Stadtregion Hamburg, nach Entfernungszonen, 1970–1995

Jahr/Merkmal	Entfernungszonen (in km)					insgesamt	
	–5	5–10	10–20	20–30	30–40	Hamburg	Region
1970							
Bevölkerung insg.	564.070	735.031	762.650	299.971	242.828	1.793.823	2.604.550
Anteil	21,7	28,2	29,3	11,5	9,3	68,9	100,0
1980							
Bevölkerung insg.	466.600	687.299	821.817	365.865	280.107	1.645.095	2.621.688
Anteil	17,8	26,2	31,3	14,0	10,7	62,7	100,0
1985							
Bevölkerung insg.	432.529	655.429	826.000	380.637	285.725	1.579.884	2.580.320
Anteil	15,6	23,6	29,8	13,7	10,3	57,0	100,0
1990							
Bevölkerung insg.	456.727	674.808	858.658	388.402	293.538	1.652.363	2.672.133
Anteil	17,1	25,3	32,1	14,5	11,0	61,8	100,0
1995							
Bevölkerung insg.	475.043	684.680	898.103	416.325	321.752	1.707.901	2.795.903
Anteil	17,0	24,5	32,1	14,9	11,5	61,1	100,0
Veränd. 70–95 (%)	–15,8	–6,9	+17,8	+38,8	+32,5	–4,8	+7,3

(Quelle: Statistisches Landesamt Hamburg, Statistische Berichte, Reihe Z: Regionalstatistik, Ausgaben vom 20.10.1982, 24.10.1988, 25.11.1993, 29.4.1997)

Nach 1985 verändert sich der Prozess durch die hohen Zuwanderungen in die BRD. Alle Teilgebiete der Stadtregion gewinnen Einwohner, doch bleibt die Tendenz einer stärkeren Zunahme in den entfernteren Zonen erhalten. Betrachtet man den gesamten Zeitraum 1970–1995, so verliert Hamburg 4,8%, während die Einwohnerzahl im Umland um 34,2% zunimmt.

Die Dynamik dieser Veränderungen lässt sich am Beispiel der Jahre 1994/1995 beschreiben. Die Zahl der Einwohner Hamburgs nahm insgesamt um 1.987 Personen zu. Dieser Zuwachs ist das Ergebnis eines positiven Wanderungsaldos von 6.392 Personen, abzüglich eines negativen natürlichen Saldos von – 4.405 Personen. Das Umland gewann 12.902 Einwohner, 259 durch einen positiven natürlichen Saldo, da hier – im Gegensatz zur Kernstadt – aufgrund der Haushalts- und Altersstruktur die Zahl der Geburten die der Sterbefälle übersteigt. Der restliche Wanderungsgewinn betrug 12.643 Personen, von denen 7.791 auf den positiven Wanderungssaldo mit Hamburg zurückgehen. Rd. 62% des Nettogewinns an Einwohnern kommt demnach im Falle der Stadtregion Hamburg aus der Kernstadt. Die Verflechtung von Kernstadt und Umland entsteht vor allem durch die Berufspendler. Aus den Umlandgemeinden der sechs Hamburger Randkreise in 1993 pendelten 155.700 Personen nach Hamburg, aber nur 38.800 Pendler aus Hamburg in Umlandgemeinden (Erdmann, 1994).

Auch der Zusammenhang von Wanderungsgewinnen und Wohnraumangebot sei am Beispiel eines Jahres für die Stadtregion Hamburg dargestellt. Im Jahre 1985 wurden insgesamt 9.112 Wohnungen in der Stadtregion Hamburg fertiggestellt. Davon entfielen auf die ersten beiden Entfernungszonen 22,8%, auf die Zone 10–20 km der höchste Anteil mit 46,4%, und auf die beiden folgenden Zonen 17,4% und 13,4%. Getrennt nach Hamburg und Umland, entfielen etwa gleich viele Wohnungen auf beide Teile der Stadtregion, von den 4.046 Wohnungen in Ein- und Zweifamilienhäusern wurden jedoch 68% im Umland errichtet.

28.5 Haushaltsstruktur, Wohnungsmarkt und sozialräumliche Gliederung der Städte

Die Entwicklung der Haushaltsstruktur und des Wohnungsmarktes sind nicht unabhängig voneinander. So hat vor allem die Verbreitung der „neuen" Haushaltstypen und ihre Nachfrage nach qualitativ hochwertigen innenstadtnahen Wohnungen Effekte auf das Angebot, denn hier boten und bieten sich den Anbietern von Wohnungen hohe Renditeaussichten. Investitionen in den innenstadtnahen Wohnungsbestand wurde durch die Aussicht auf hohe Mieten oder Verkaufspreise wieder ökonomisch attraktiv. Durch die Modernisierungen wechselten die Wohnungen häufig die Qualitätsklasse und konnten zu einem bedeutend höheren Preis angeboten werden.

Durch Modernisierungsmaßnahmen werden die Wohnung, das Wohngebäude und letztlich auch das Wohnviertel in ihrer baulichen Substanz aufgewertet, was wiederum eine Zunahme der Nachfrage bewirkt und damit weitere Mieterhöhungen ermöglicht. Mit der schnellen Zunahme einkommensstarker Nachfrager bekommt nun auch das Auslaufen der Sozialbindungen seine Brisanz, denn erst diese Zunahme ermöglicht starke Mieterhöhungen, sobald die Wohnungen auf dem freien Mietwohnungsmarkt angeboten werden. Für viele private Anbieter öffentlich geförderter Wohnungen stellt sich die Frage, ob es bei der gegebenen Nachfrageentwicklung nicht rentabler ist, das erhaltene Darlehen vorzeitig zurückzuzahlen. Gerade bei den älteren, innenstadtnahen Sozialwohnungen wird dies häufig der Fall sein, da die Entschuldung ohnehin schon weit fortgeschritten, die zu zahlende Summe mithin inzwischen relativ gering ist. Der Bevölkerungsaustausch wird hierdurch nochmals beschleunigt.

Schließlich wurde mit der Novellierung des Einkommenssteuergesetzes 1977 durch die steuerliche Begünstigung des Erwerbs von Bestandswohnungen die Nachfrage nach Eigentumswohnungen erhöht. Für viele junge, einkommensstarke Haushalte, die Träger des Aufwertungsprozesses, stellte sich die Frage nach der Bildung von Wohneigentum jedoch erst mit dem starken Anstieg der Mietpreise. Da in dieser Gruppe zur Realisierung der beruflichen Karriere eine sehr hohe räumliche Mobilität verlangt wird und zudem häufig der Schritt zur Familiengründung noch nicht stattgefunden hat, werden viele von ihnen am Anfang ihrer Berufskarriere eine Mietwohnung vorziehen, da sie durch diese räumlich weniger stark gebunden sind. Mit der veränderten Nachfragestruktur, den starken Mietpreissteigerungen und der steuerlichen Begünstigung des Eigentumserwerbs von Bestandswohnungen verändert sich für sie jedoch die Nutzenkalkulation. Inzwischen sind die Mieten so stark gestiegen, dass es für sie ökonomisch günstiger ist, eine Wohnung zu kaufen. Gleichzeitig vermindert sich das Risiko eines finanziellen Verlustes bei einem Wiederverkauf nach einem beruflich bedingten oder wegen einer Familiengründung notwendig gewordenen Auszug. Schließlich versprechen auch die durch eine Vermietung der Wohnung zu erlangenden Mieteinnahmen rentabel zu sein.

Aufgrund der Bevölkerungsprognosen der Bundesanstalt für Landeskunde und Raumordnung (Bucher und Kocks, 1994; Bucher, Kocks und Siedhoff, 1994) ist anzunehmen, dass sich die Situation auf den großstädtischen Wohnungsmärkten verschärfen wird. Die Autoren gehen bis zum Jahre 2010 von einer Zunahme der Bevölkerung um 5,5 Millionen aus, davon 4 Mio. Ausländer, die vermutlich zum größten Teil Wohnraum in den Großstädten nachfragen werden. Der „Siedlungsdruck" wird sich dieser Prognose zufolge vor allem auf die Verdichtungsregionen (+ 5,8% Bevölkerungszunahme) und die suburbanen Gebiete (+ 9,4%) richten.

Am stärksten wird die Zahl der Zwei-Personen-Haushalte zunehmen (+21%), danach die Ein-Personen-Haushalte (+12%). Die Ein- und Zwei-Personen-Haushalte werden in den Großstädten rd. 70% aller Haushalte ausmachen. Ein großer Teil dieser Haushalte wird um Wohnungen im gleichen Teilmarkt preiswerter Mietwohnungen konkurrieren. Diese erhöhte Nachfrage erfordert einen Netto-Zugang an Wohnungen von rd. 500.000 im Westen und 100.000 im Osten Deutschlands.

Es ist daher auch in Zukunft mit einem Nachfrageüberhang im mittleren Mietwohnungssegment, mit zunehmendem Abgang von Sozialwohnungen in innenstadtnahen Wohnvierteln und Umwandlungen von Miet- in Eigentumswohnungen zu rechnen. Schon heute sind nicht mehr ausschließlich innenstadtnahe Viertel von der Entwicklung betroffen, auch in anderen Stadtvierteln zeigen sich Aufwertungstendenzen.

Gleichzeitig nimmt aufgrund der wirtschaftlichen Bedingungen die Zahl der Armen zu. Im Jahre 1994 bezogen 1.150.900 Haushalte (darunter 265.800 Haushalte von Alleinerziehenden) laufende Hilfe zum Lebensunterhalt; in Personen waren es 1.812.600 Deutsche und 445.200 Ausländer. Unter der Armutsgrenze von 50% des Durchschnittseinkommens (Äquivalenzeinkommen) befanden sich 1995 in Westdeutschland 13,0% der Bevölkerung; bei den Ausländern lag der Wert bei 26% (Datenreport 1997: 219 f., 515–518).

Die räumliche Verteilung der Armut, gemessen über den Anteil der Sozialhilfeempfänger in einem Stadtteil, ist sehr ungleich, wie die Ergebnisse von Studien in Duisburg, Essen, Hamburg, Köln und München zeigen. Wenngleich die Armut in fast allen Stadtteilen zunimmt, konzentriert sie sich doch zumeist in wenigen Stadtteilen; es sind innenstadtnahe Arbeiterwohngebiete in der Nähe alter Produktionsbetriebe und vor allem periphere Neubausiedlungen der 60er und 70er Jahre, mit einem hohen Anteil öffentlich geförderter Wohnungen und kommunalem Belegungsrecht. Dieser Sachverhalt ist auch in anderen europäischen Großstädten zu beobachten: Es entstehen benachteiligte Wohngebiete mit einer Kumulation von sozialer Probleme.

Zusammenfassend kommt man nach der Betrachtung aller aufgezeigten Entwicklungen kaum umhin, den Prognosen einiger Stadtforscher und Kommunalpolitiker zu folgen, dass die Städte eine steigende interne soziale und räumliche Differenzierung oder gar Polarisierung aufweisen werden. Gleichzeitig ist davon auszugehen, dass auch die Suburbanisierung weiter zunehmen wird.

29

Bevölkerungsstruktur und Religionszugehörigkeit

Gerald Kretzschmar

Einleitung

Gegenwärtig wird in Bezug auf die religiöse Lage in den deutschsprachigen Ländern vielfach von dem Schlagwort des "religiösen Pluralismus" Gebrauch gemacht. Betrachtet man die religiöse Wirklichkeit der Großstädte dieser Länder, so ist es in der Tat berechtigt, zunächst von "religiösem Pluralismus" zu reden. In einer Großstadt wie beispielsweise Hamburg sind gegenwärtig weit über 100 Religionsgemeinschaften anzutreffen (Grünberg et al. 1995: 5). Oftmals wird in der Öffentlichkeit jedoch der Eindruck erweckt, es handle sich auch bei dem gegebenen "religiösen Pluralismus" um ein Resultat eines für diese Gesellschaften charakteristischen allgemeinen Pluralisierungsprozesses, an dem alle Glieder der Gesellschaft teilhaben. Diese Auffassung muss für den Bereich des religiösen Lebens jedoch entschieden zurückgewiesen werden. Vielmehr verhält es sich so, dass nur ein verschwindend kleiner Teil der deutschen, österreichischen oder schweizerischen Bevölkerung von einem so verstandenen religiösen Pluralisierungsprozess betroffen ist. So steht einem nominellen "religiösen Pluralismus" die Tatsache gegenüber, dass der größte Teil der Bevölkerung nach wie vor einer der drei großen Konfessionen des westlichen Christentums angehört. Sie sind es, die die religiöse Wirklichkeit der deutschsprachigen Länder maßgeblich bestimmen. Wird das Schlagwort des "Pluralismus" auf die religiösen Verhältnisse in diesen Ländern angewandt, muss diese Tatsache stets berücksichtigt werden.[1]

Die folgenden Ausführungen über die Religionsgemeinschaften in der Bundesrepublik Deutschland fühlen sich der Auffassung eines kritisch verstandenen "religiösen Pluralismus" verpflichtet. Dies spiegelt sich im Aufbau des Artikels wider. So ist es das Ziel des ersten Kapitels, die religiöse Lage in der Bundesrepublik Deutschland zu skizzieren. Hierbei soll deutlich werden, dass sich das Spektrum von Religionsgemeinschaften in der Bundesrepublik nicht in den beiden großen Kirchen erschöpft. Unter besonderer Berücksichtigung historischer Entwicklungen seit Kriegsende werden unterschiedliche religiöse und kirchliche Organisationen als eigenständige Bereiche der Sozialstruktur vorgestellt. Das zweite Kapitel hat die Beschreibung gegen-

---

1 Zur Kritik am Schlagwort des "religiösen Pluralismus" formulierte Matthes kürzlich weitere Argumente (Matthes 1995).

wärtiger sozialer und demographischer Strukturen im Bereich von Religionsgemeinschaften zum Inhalt. Aus Platzgründen und auf Grund begrenzter Möglichkeiten des Datenzugangs muss hierbei exemplarisch verfahren werden und eine Beschränkung auf den Bereich der beiden großen Kirchen erfolgen. Die hervorragende gesellschaftliche Bedeutung beider großer Kirchen rechtfertigt diese Vorgehensweise jedoch zusätzlich. Zwei Exkurse knüpfen an die ersten beiden Kapitel an. *Exkurs 1* beschäftigt sich mit dem demographischen Profil der Evangelischen Kirche in der DDR, das durch den vergleichenden Blick auf die Verhältnisse in der alten Bundesrepublik herausgestellt wird. *Exkurs 2* skizziert die religiösen Verhältnisse in der Schweiz und Österreich, wobei der Vergleich mit der Bundesrepublik ebenfalls berücksichtigt wird. Mit den Tendenzen auf dem Gebiet der bevölkerungswissenschaftlichen Erforschung von Religionsgemeinschaften beschäftigt sich das darauf folgende dritte Kapitel. Die Frage nach dem Forschungskontext solcher Forschung steht hierbei im Vordergrund. Das vierte Kapitel schließlich informiert über wichtige Datenquellen und Datenzugänge im Bereich der Religionsgemeinschaften. Ein Anhang mit ausgewähltem statistischen Material beendet den Artikel.
Abschließend sei darauf hingewiesen, dass sich – abgesehen von Exkurs 1 über das demographische Profil der Evangelischen Kirche in der DDR – sämtliche Ausführungen dieses Artikels auf den Bereich der alten Bundesrepublik beziehen. Die unterschiedlichen historischen und kulturellen Entwicklungen beider deutscher Staaten seit Kriegsende sowie die sehr schlechte Datenlage bezüglich des religiösen Lebens in der ehemaligen DDR erlauben es nicht, an dieser Stelle in wissenschaftlich verantwortbarer Weise über die Strukturen des religiösen Lebens in Ostdeutschland zu berichten.[2]

29.1 Die religiöse Lage in der Bundesrepublik Deutschland unter besonderer Berücksichtigung ihrer wichtigsten historischen Entwicklungslinien seit Kriegsende

Ziel dieses Abschnitts ist es, die wichtigsten in der Bundesrepublik existierenden Religionsgemeinschaften vorzustellen. Die Entwicklung der Mitgliedszahlen und wesentliche Charakteristika der einzelnen Gemeinschaften finden hierbei stets Berücksichtigung. So weit es auf Grund der jeweiligen Datenlage möglich ist, werden bei all dem die wichtigsten historischen Entwicklungen im Kontext der einzelnen Religionsgemeinschaften hervorgehoben.

Für die alte Bundesrepublik lieferte die Volkszählung aus dem Jahr 1987 die bislang zuverlässigsten Daten über das religiöse Leben. Auch wenn sich seither religions- und bevölkerungsstatistisch gesehen einiges geändert hat – 1991/92 stieg die Zahl der Austritte aus den beiden großen Kirchen sprunghaft an; außerdem hat sich die Bevölkerungszahl in Westdeutschland von 1987 bis 1992 um 4,1 Mio. Menschen

2 Zu den Strukturen religiösen Lebens in der DDR sei auf den sehr informativen Artikel hierüber von Daiber verwiesen (1988b); dort wird auch eine Fülle weiterführender Literatur geboten. Konkret zur Lage der Evangelischen Kirche in der DDR informieren Henkys (1989) und in bislang umfassendster Weise Pollack (1994).

erhöht – spiegeln diese Daten die Strukturen des gegenwärtigen religiösen Lebens zumindest in seinen Grundzügen wider.

Tab. 1: Bevölkerung nach Religionszugehörigkeit am 25. Mai 1987, alte Bundesländer

Religionsgemeinschaft	Angehörige insgesamt	Anteil an der Gesamtbevölkerung (in %)
Römisch-katholische Kirche	26.232.004	42,9
Evangelische Kirche	25.412.572	41,6
Evangelische Freikirche	388.235	0,6
Islam. Religionsgemeinschaft	1.650.952	2,7
Andere Religionsgesellschaften	1.203.286	1,9
Keiner Religionsgesellschaft rechtlich zugehörig	4.912.260	8,0

(Quelle: Statistisches Bundesamt (Hrsg.): Bevölkerung und Erwerbstätigkeit. Volkszählung vom 25. Mai 1987. Fachserie 1, Heft 6, Religionszugehörigkeit der Bevölkerung, Bonn 1990)

Für die nun folgenden Ausführungen stellt die Tabelle eine grobe Gliederungsgrundlage dar. So werden die hier verwendeten Kategorisierungen von Religions- und Glaubensgemeinschaften näher erläutert. Dabei soll – abgesehen von den beiden großen Kirchen – erklärt werden, welche konkreten Religionsgemeinschaften und religiösen bzw. außerreligiösen Phänomene durch die in der Tabelle verwendeten Kategorisierungen bezeichnet werden.

29.1.1 Die katholische und evangelische Kirche

29.1.1.1 Die Mitglieder – Entwicklung der Mitgliedszahlen, Kirchenaustritte und regionale Präsenz der beiden großen Kirchen

Den beiden großen Kirchen kommt, dies zeigen bereits die in Tab. 1 angeführten Zahlen, eine "Monopolstellung" im religiösen Leben der Bundesrepublik Deutschland zu. Gehörten 1987 zusammengenommen knapp 85% der Bevölkerung einer der beiden großen Kirchen an, so waren es in den Anfangsjahren der Bundesrepublik noch ca. 96% (Gabriel 1990: 255). Überblickt man die Entwicklung der Mitgliederzahlen entlang der Zeitachse von 1949 bis zur Gegenwart, so ist zunächst festzustellen, dass die Entwicklung der Mitgliederzahlen von katholischer und evangelischer Kirche tendenziell parallel verläuft.[3]

Liegen die Mitgliederzahlen der evangelischen Kirche in den 50er-Jahren etwas über denen der katholischen Kirche, so entwickeln sich die Zahlen seit Ende der 70er-Jahre zu Gunsten der katholischen Kirche. Von 1949 bis zur Gegenwart bewegen sich die Mitgliederzahlen beider Kirchen kontinuierlich um die 25 Millionenmarke.

[3] Die Datentabelle zur folgenden Abb. befindet sich im Anhang des Artikels.

Ihren Höhepunkt hatten die Mitgliederzahlen infolge von Geburtenüberschüssen und Zuwanderung um 1967 herum erreicht. Seit 1969 sind die Mitgliederzahlen bei der evangelischen, seit 1973 auch die der katholischen Kirche rückläufig. Dies ist auf die Ende der 60er-Jahre einsetzende Kirchenaustrittswelle und die degressive natürliche Bevölkerungsentwicklung zurückzuführen (EKD 1994: 4 f.).

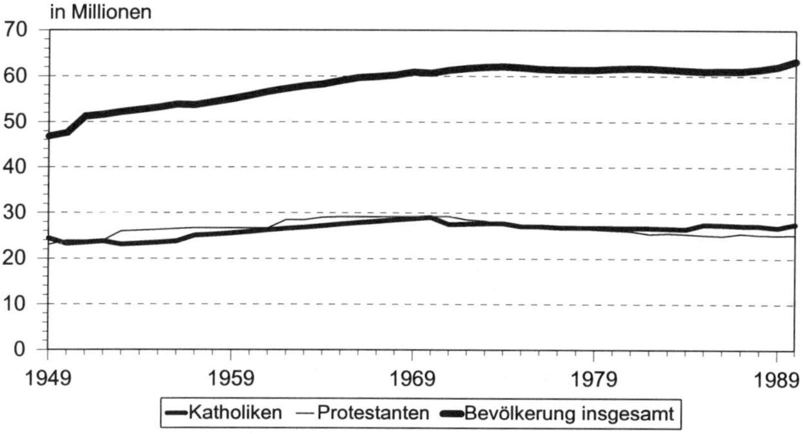

Abb. 1: Entwicklung der Mitgliedszahlen beider großer Kirchen 1949 bis 1990, alte Bundesländer

(Quelle: Statistische Jahrbücher)

Seitdem der Kirchenaustritt 1918 faktisch für jedermann möglich wurde, stellt er in der Geschichte der beiden großen Kirchen in Deutschland eine konstante Größe dar. Bezeichnend hierbei ist, dass es in der Vergangenheit immer wieder zu regelrechten Austrittswellen kam. Auch wenn die Zahlen gemessen an der Gesamtheit der Kirchenmitglieder auf den ersten Blick gering erscheinen, ist das Thema Kirchenaustritt dennoch von entscheidender Bedeutung für das kirchliche Selbstverständnis und die Stellung der beiden Kirchen in Öffentlichkeit und Gesellschaft. Die Intensität des Kirchenaustritts gilt als wichtiger Indikator für Religiosität und die Haltung der Bevölkerung zu kirchlichen Institutionen und deren Aktivitäten (Thinnes 1988: 211).[4]
Die Abb. 2 zeigt zunächst deutlich, dass die Kirchenaustrittszahlen im Bereich der evangelischen Kirche höher sind als im Bereich der katholischen Kirche. In den Anfangsjahren der Bundesrepublik bewegen sich die Austrittszahlen auf einem vergleichsweise niedrigen Niveau. Liegt die Zahl der ausgetretenen Katholiken 1961 lediglich ein Drittel niedriger als die der Protestanten, ist sie 1967 nur noch halb so hoch. 1968 kündigt sich eine regelrechte Austrittswelle an, auf deren Gipfel in den Jahren 1970 und 1974 die evangelischen Austrittszahlen fast dreimal so hoch sind wie die katholischen. Ab 1976 beruhigt sich die Situation etwas, wobei sich die Austrittszahlen allerdings konstant auf einem relativ hohen Niveau halten. Eine neue Austrittswelle kündigt sich im Jahr 1989 besonders beim Blick auf die Austrittszahlen der katholischen Kirche an. Das Jahr 1991 bringt dann für beide Kirchen einen

4 Die Datentabelle zur folgenden Abb. befindet sich im Anhang des Artikels.

bislang nicht dagewesenen explosionsartigen Anstieg der Kirchenaustritte; dieser setzt sich auch 1992 fort. Seit 1993 sinken die Zahlen wieder, sie bewegen sich aber immer noch auf einem sehr hohen Niveau. Für die letzten Jahre zeigt sich, dass etwa doppelt so viele Protestanten aus ihrer Kirche austreten wie Katholiken.

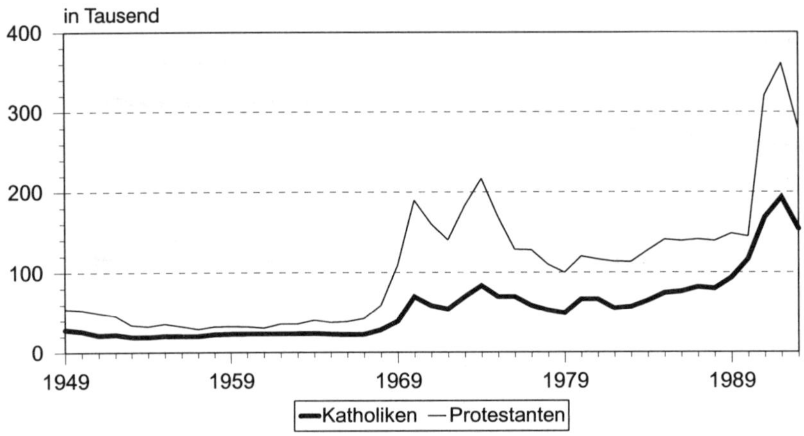

Abb. 2: Die Entwicklung der Kirchenaustrittszahlen von 1949 bis 1993, alte Bundesländer

(Quelle: Statistische Jahrbücher)

Wie für sämtliche bislang erfolgten Austrittswellen gilt auch für die jüngste, dass die Ursachen hierfür vielfältig sind. Von großer Bedeutung für die Austrittswelle Anfang der 90er-Jahre dürfte jedoch die Einführung des Solidaritätszuschlags sein. Über tieferliegendere Ursachen kann an dieser Stelle jedoch nicht berichtet werden (EKD 1994: 8; Thinnes 1988: 211). Abschließend muss zum Thema Kirchenaustritt noch festgehalten werden, dass die Kirchenaustrittszahlen in großstädtisch geprägten Ballungsräumen am höchsten sind, während sie in ländlichen Gegenden vergleichsweise niedrig ausfallen. Neben Kirchenaustritten gibt es auch Aufnahmen in die beiden großen Kirchen. Diese stellen allerdings nur einen geringen Ausgleich zu den Kirchenaustritten dar; ihre Zahl liegt ca. um eine Zehnerpotenz niedriger als die der Austritte.

Wichtige Veränderungen seit Kriegsende haben sich im Bereich der beiden großen Kirchen auch in Bezug auf ihre Präsenz in den unterschiedlichen Regionen der Bundesrepublik ergeben. Versucht man die Entwicklung bis in die Gegenwart prägnant zu beschreiben, so bietet sich an, von der "Auflösung konfessionell geschlossener Räume" zu sprechen (Schmitt 1984: 217 ff.). Trotz dieser neueren Entwicklung ist die "Konfessionskarte" (Statistisches Bundesamt 1990: 15), wie sie auf Grund der Folgen der Reformation in Deutschland und den daraus resultierenden historischen Entwicklungen entstanden ist, in ihren Grundzügen bis heute erhalten geblieben.

Tab. 2: Bevölkerung am 25. Mai 1987 nach Religionszugehörigkeit und Ländern

Land	Einwohner insgesamt	davon Angehörige der evangelischen Kirche (in %)	davon Angehörige der katholischen Kirche (in %)
Schleswig-Holstein	2.554.241	73,3	6,2
Niedersachsen	7.162.103	65,2	19,6
Bremen	660.084	61,0	10,0
Hessen	5.507.777	51,7	30,4
Hamburg	1.592.770	50,2	8,6
Berlin (West)	2.012.709	48,3	12,8
Baden-Württemberg	9.286.387	40,7	45,3
Rheinland-Pfalz	3.630.823	37,2	54,4
Nordrhein-Westfalen	16.711.845	35,2	49,4
Bayern	10.902.643	23,9	67,2
Saarland	1.055.660	21,7	72,7
früheres Bundesgebiet	61.077.042	41,6	42,9

(Quelle: Statistisches Jahrbuch 1995)

Die Tabelle zeigt, dass es trotz aller Bevölkerungsumschichtungen nach 1945 eine disproportionale Verteilung von Katholiken und Protestanten im Bundesgebiet gibt. So sind der Norden und Berlin überwiegend protestantisch; das Saarland und Bayern, gefolgt von Nordrhein-Westfalen und Rheinland-Pfalz überwiegend katholisch. Trotzdem darf nicht übersehen werden, dass die beträchtlichen Bevölkerungsverschiebungen seit Kriegsende bis in die kleinsten Gemeinden hinein zu einer räumlichen Vermischung der Konfessionen geführt haben. Vor allem die administrative Zuweisung der Heimatvertriebenen und Flüchtlinge in konfessionell anders strukturierte Gebiete hat für eine Durchmischung gesorgt. Aber auch abgesehen vom räumlichen Faktor kommt es seit 1945 zu einer Auflösung konfessioneller Grenzen. Dies lässt sich deutlich an der Entwicklung des Zahlenverhältnisses von konfessionell einheitlichen zu konfessionell gemischten Ehen ablesen. So hat sich beispielsweise in Baden-Württemberg zwischen 1953 und 1980 der Anteil derjenigen Ehen, die Angehörige der jeweils gleichen Konfession miteinander eingingen, von 71 auf 58% reduziert, während der Anteil gemischt-konfessioneller Ehen deutlich gestiegen ist (Schmitt 1984: 219). Auch auf Bundesebene ist dieser Trend klar erkennbar: Der Anteil evangelischer Trauungen zwischen Ehepartnern, die beide der evangelischen Kirche angehören, ist von 1963 bis 1992 um rd. 20% gesunken, während der Anteil gemischt konfessioneller Trauungen im gleichen Zeitraum um etwa 10% gestiegen ist (EKD 1995: 15).

29.1.1.2 Äußerungen kirchlichen Lebens – lebensbegleitende Riten und Gottesdienstbesuch

Um ein möglichst vollständiges Bild von den beiden großen Kirchen in der Bundesrepublik skizzieren zu können, reicht die bisher eingenommene Perspektive auf den Mitgliederbestand nicht aus. Beide Kirchen profilieren ihre gesellschaftliche Gestalt erst dadurch, dass es ganz bestimmte Formen von Äußerungen kirchlichen Lebens gibt. Für die katholische und die evangelische Kirche bestehen die wichtigsten Äußerungen kirchlichen Lebens in den lebensbegleitenden Riten der Taufe, der Konfirmation bzw. Firmung, der Trauung und der Beerdigung, aber auch im Gottesdienstbesuch. Im Folgenden soll auf diese Äußerungen kirchlichen Lebens unter Berücksichtigung historischer Entwicklungslinien.näher eingegangen werden.

Die Taufe nimmt unter den Äußerungen kirchlichen Lebens eine sehr bedeutende Stellung ein. Im Jahr 1992 haben 92% aller Eltern in Westdeutschland ihr Kind taufen lassen (Statistisches Bundesamt 1992: 604). Zugleich gehen in der Geschichte der Bundesrepublik die Taufzahlen deutlich zurück. Dies ist allerdings vor allem dadurch bedingt, dass die Höhe der Taufzahlen von der allgemeinen Entwicklung der Geburtenzahlen abhängt: Im Bereich der EKD beispielsweise war die Zahl der Taufen im Jahr 1985 um 53,5% niedriger als 1963; für die entsprechende Zahl der Geburten gilt im gleichen Zeitraum eine Verminderung von ebenfalls etwa 53% (Thinnes 1988: 208). Seit 1969 nehmen die Taufen im Bereich der evangelischen Kirche in Relation zu den Geburten stärker ab als in der katholischen Kirche (Tab. 6).

Auch die Zahl der Konfirmationen und Firmungen hängt direkt mit der demographischen Entwicklung der Bevölkerung zusammen und ist somit rückläufig. 1992 wurden in den westlichen Gliedkirchen der EKD ca. 221.000 Jugendliche konfirmiert. Im Bereich der katholischen Kirche fanden im gleichen Jahr rd. 191.000 Firmungen statt (EKD 1995: 11; Sekretariat der Deutschen Bischofskonferenz 1994: 13). Wohl für beide Kirchen gilt, dass nahezu alle Kinder, die getauft wurden, auch konfirmiert bzw. gefirmt werden (EKD 1995: 12).[5]

Die kirchlichen Trauungen sind in ihrer quantitativen Entwicklung abhängig von der Entwicklung der Zahl standesamtlicher Eheschließungen. Auf diese wiederum haben u. a. der Altersaufbau der Bevölkerung und die Einstellung der Bevölkerung zur Ehe Einfluss (EKD 1995: 13). Für den Zeitraum der letzten 50 Jahre ist für beide großen Kirchen gemessen an der Gesamtzahl von Eheschließungen ein deutlicher Rückgang der Trauzahlen erkennbar (Tab. 7). Dieser ist in der katholischen Kirche weniger stark ausgeprägt als in der evangelischen. Im Jahr 1964 wurden noch 80,4% aller Ehepaare von einer der beiden großen Kirchen getraut, wobei 39,9% auf die evangelische und 40,5% auf die katholische Kirche entfielen. 1989 entschieden sich

5 Exemplarisch sei dies für den Bereich der evangelischen Kirche am Konfirmandenjahrgang 1992 illustriert. Im Jahr 1992 wurden ca. 221.000 Jugendliche konfirmiert. Vergleicht man diese Zahl mit der 14 Jahre zurückliegenden Taufzahl von ca. 217.000 (einschließlich Spättaufen), so läßt sich für das Jahr 1992 ein Konfirmandenanteil an den Getauften des Jahres 1978 von 101,9% ermitteln. Der Wert über 100% erklärt sich durch Konfirmationen von Jugendlichen, die durch die Taufstatistik des Jahrs 1978 nicht erfaßt wurden wie z. B. Ausländer und Aussiedler, die nicht in der Bundesrepublik getauft wurden. Für die Konfirmationsjahrgänge ab 1977 ermittelt das Statistikreferat der EKD ebenfalls Anteile von ca. 100% der 14 Jahre zuvor getauften Kinder (EKD 1995: 11 f.).

dagegen nur noch 53,8% aller Ehepaare für die kirchliche Trauung. Hiervon entfielen auf die katholische Kirche 28,4% und auf die evangelische 25,4% (eigene Berechnung, Datengrundlage: Statistisches Bundesamt 1994: 35, 172 f.).

Über die kirchliche Bestattung lässt sich Ähnliches sagen wie über die Taufe: Auch ihr kommt unter den Äußerungen kirchlichen Lebens eine bedeutende Rolle zu. Im Zeitvergleich ist eine auffällige Konstanz in Bezug auf den Anteil der kirchlichen Bestattungen gemessen an der Gesamtsumme aller Sterbefälle erkennbar. Im Jahr 1989 gab es in der Bundesrepublik insgesamt 698.000 Sterbefälle. In 40,3% aller Fälle fand eine katholische, in 46,0% eine evangelische Bestattung statt. Zum Vergleich die Zahlen des Jahres 1970: Damals wurden 40,2% aller Verstorbenen katholisch bestattet und 50,2% evangelisch (eigene Berechnung; Datengrundlage: Statistisches Bundesamt 1994: 30, 172 f.). Der kontinuierlich hohe Prozentsatz kirchlicher Bestattungen zeigt, dass diese Äußerung kirchlichen Lebens in ihrer Bedeutung für das religiöse Leben in der Bundesrepublik nicht zu unterschätzen ist (Tab. 8).

Zuletzt soll von den unterschiedlichen Formen der Äußerungen kirchlichen Lebens auf den Gottesdienstbesuch eingegangen werden. Der Besuch des Gottesdienstes gilt in beiden großen Kirchen als wesentliche Form der Teilnahme am kirchlichen Leben. Der hohen Bedeutung, die dem Gottesdienst gemessen an kirchlichen Normen zukommt, entsprechen die Gottesdienstbesucherzahlen jedoch nicht. Auch der historische Rückblick zeigt, dass die Gottesdienstbesucherzahlen gemessen an den Zahlen über andere Formen von Äußerungen kirchlichen Lebens auffallend niedrig sind. Die Entwicklung der Gottesdienstbesucherzahlen zeigt im Zeitvergleich erhebliche Unterschiede zwischen katholischer und evangelischer Kirche. Sind die Werte auf evangelischer Seite von 1970 bis 1993 nur leicht gesunken – von 5,3 auf 4,4% –, so gingen sie im Bereich der katholischen Kirche drastischer zurück – von 35,1 auf 19,6% (Tab. 5). Hinsichtlich der Gottesdienstbesucherzahlen kann für beide Kirchen von einem "Süd-Nord-Gefälle" gesprochen werden (Thinnes 1988: 211). So besuchten 1992 durchschnittlich nur 2% der Berliner Protestanten den sonntäglichen Gottesdienst. In Württemberg dagegen waren es 7,5% aller Protestanten (EKD 1995: 17). Von den Katholiken des Bistums Berlin gingen 1992 durchschnittlich 14,2% sonntags zur Kirche, während dies im Bistum Regensburg 31,5% taten (Sekretariat der Deutschen Bischofskonferenz 1995: 34 f.). Schließlich dürfte auch eine Differenzierung nach Gemeindegrößen sinnvoll sein. In Großstädten fallen die Zahlenwerte des durchschnittlichen Gottesdienstbesuchs erheblich niedriger aus als in eher dörflich strukturierten Gemeinden.

29.1.1.3 Weitere Angaben zu Organisationsstruktur und einigen Spezifika der beiden großen Kirchen

Im Rahmen der sozialwissenschaftlichen Beschäftigung mit den beiden großen Kirchen findet in der Regel eine Beschränkung auf die Untersuchung des Mitgliederbestandes und der Äußerungen des kirchlichen Lebens statt. Dies hat im Kontext spezifischer Forschungsaktivitäten seine Berechtigung. Dennoch darf diese Beschränkung nicht zu der Annahme verleiten, dass das, was über die beiden großen Kirchen – auch im sozialwissenschaftlichen Forschungsdiskurs – zu sagen wäre, auf die genannten

Themenschwerpunkte beschränkt werden könnte. Einige Angaben zur Organisationsstruktur und zu weiteren Spezifika der beiden großen Kirchen sollen daher die Ausführungen über die katholische und evangelische Kirche im Rahmen des ersten Abschnittes beenden. Die Zahl der katholischen Pfarreien und sonstigen Seelsorgestellen betrug 1993 gut 13.000 (Statistisches Jahrbuch 1995: 99). Auf dem Gebiet der Bundesrepublik Deutschland war die katholische Kirche im Jahr 1991/92 in insgesamt 23 Diözesen und 4 ihnen gleichgestellte Jurisdiktionsbezirke (eine apostolische Administratur und drei bischöfliche Ämter, die einem apostolischen Administrator unterstellt sind) gegliedert. Letztgenannte befanden sich auf dem Gebiet der östlichen Bundesländer. Seit kurzem jedoch ist die Neuordnung mit dem Ziel der Schaffung eigenständiger Diözesen auf dem Gebiet der ehemaligen DDR und im Norden Deutschlands (Hamburg) abgeschlossen, sodass nun insgesamt 27 Diözesen auf dem Gebiet der Bundesrepublik Deutschland existieren. Das größte Bistum ist Köln (1992 ca. 2,4 Mio. Kirchenmitglieder), die kleinste organisatorische Einheit der katholischen Kirche ist die bisherige apostolische Administratur in Görlitz (1992 ca. 51.000 Mitglieder). Sitz der Deutschen Bischofskonferenz ist Bonn (Sekretariat der Deutschen Bischofskonferenz 1994: 9, 34 f.).

Die evangelische Kirche in Deutschland (EKD) besteht seit der Vereinigung Deutschlands aus insgesamt 24 Gliedkirchen, die 1992 zusammengenommen rd. 18.000 Kirchengemeinden umfassten (Statistisches Jahrbuch 1995: 98). Die EKD schließt lutherische, reformierte und unierte Landeskirchen in sich. Unter ihnen ist die Hannoversche Landeskirche die größte (1992 ca. 3,4 Mio. Mitglieder), die kleinste ist die Schaumburg-Lippesche (1992 ca. 64.000 Mitglieder). Die EKD hat ihren Sitz in Hannover (EKD 1994: 4).

Zu den wichtigen Spezifika, die das Profil der beiden großen Kirchen prägen, gehört die Tatsache, dass es über die schon genannten Äußerungen kirchlichen Lebens hinaus zahlreiche weitere Möglichkeiten gibt, sich aktiv am Leben der Kirche zu beteiligen. Hier seien u. a. Bibelkreise, Arbeitskreise für Ökumene, Frauen- und Mütterkreise, Besuchsdienstkreise, Seniorenkreise und Kirchenchöre genannt. In den westlichen Gliedkirchen der EKD beispielsweise nahmen im Jahr 1992 über 2 Mio. Menschen an mindestens einem Kreis teil. Neben bestimmten ständigen Kreisen bieten die Gemeinden auch ein vielfältiges Angebot an weiteren Veranstaltungen und Seminaren; dies vor allem im Bereich der Erwachsenenbildung (EKD 1995: 19 f.).

Um die gesellschaftliche Bedeutung der beiden großen Kirchen angemessen erfassen zu können, gilt es weiterhin zu berücksichtigen, dass die Kirchen zu den größten Arbeitgebern in der Bundesrepublik Deutschland zählen. Zum einen verfügen sie über eine beachtliche Zahl an Pfarr- und Seelsorgestellen – die evangelische Kirche über rd. 25.000[6], die katholische über ca. 13.000[7] – zum anderen aber ist hier vor allem an die zahlreichen Arbeitsplätze zu denken, die die Kirchen als Träger der freien Wohlfahrtspflege unterhalten. Das Diakonische Werk der EKD beschäftigte 1990 ca. 250.000 hauptberufliche Mitarbeiter, der Deutsche Caritasverband in etwa genau so viele (Schäfers 1990: 305 f.; Diakonisches Werk 1994: 11). Von den beiden genann-

6 Hierbei gilt es zu berücksichtigen, daß ca. 5.000 Stellen von Frauen besetzt sind. Quelle: Statistikreferat des Kirchenamtes der EKD in Hannover.

7 Quelle: Deutsche Bischofskonferenz, Referat Statistik, Bonn.

ten kirchlichen Wohlfahrtsverbänden werden vor allem Krankenhäuser, Heime der Jugend-, Alters-, Familien- und Behindertenhilfe und unterschiedliche psychosoziale Dienste betrieben (Sekretariat der Deutschen Bischofskonferenz 1995: 10).

Geht es darum, Spezifika des öffentlichen Profils der Kirche zu benennen, so muss auch auf die Ordensgemeinschaften in der Bundesrepublik Deutschland eingegangen werden. Ordensgemeinschaften sind eine typisch römisch-katholische Erscheinung. Im öffentlichen Leben der Bundesrepublik treten sie besonders durch ihr Engagement im karitativen Bereich hervor. Zu den hauptamtlichen Mitarbeitern in den Einrichtungen der Caritas zählen ca. 24.000 Ordensangehörige (Schäfers 1990: 306). Derzeit gibt es in der Bundesrepublik Deutschland ca. 250 Ordensgemeinschaften (Schreiner 1993; Holtz 1984), denen rd. 50.000 Ordensleute, davon etwa 43.000 Ordensfrauen, in zusammen mehr als 3.300 klösterlichen Niederlassungen angehören.[8]

29.1.2 Die Freikirchen

Nach den beiden großen Kirchen soll nun auf die Freikirchen in der Bundesrepublik Deutschland eingegangen werden. Im Jahr 1987 gehörten etwa 0,6% der Bevölkerung einer freikirchlichen Religionsgemeinschaft an. Als Freikirche wird eine Anzahl recht unterschiedlicher, meist protestantischer Kirchen und Bewegungen bezeichnet. Gemeinsam ist den freikirchlichen Religionsgemeinschaften, dass sie sich in Bekenntnis, Organisationsstruktur, aber auch Frömmigkeitsstil von den Gliedkirchen der EKD – und im Falle der altkatholischen Kirche von der römisch-katholischen Kirche – unterscheiden und sich durch eine strikt durchgehaltene Unabhängigkeit vom Staat auszeichnen (Schwarz 1983).[9]

In Nordrhein-Westfalen, Baden-Württemberg und Niedersachen gibt es mit Abstand die meisten Mitglieder freikirchlicher Religionsgemeinschaften (jeweils zwischen ca. 50.000 und 100.000 Mitglieder). Im Saarland und Bremen sind sie dagegen kaum vertreten (rund 5.000 bzw. 3.000 Mitglieder). Der relativ geringe Verbreitungsgrad freikirchlicher Religionsgemeinschaften in der Bundesrepublik darf allerdings nicht über die Tatsache hinwegtäuschen, dass es sich bei einigen von ihnen um weltweit gesehen sehr große protestantische Kirchen handelt (Gasper et al. 1990: 309 f.). Die folgende Auflistung nennt die größten Freikirchen in der Bundesrepublik Deutschland und informiert über deren wichtigste Strukturdaten (Stand 1995):[10]

---

8 Die hier angegebenen Mitgliedszahlen wurden dem Verfasser von der Vereinigung Deutscher Ordensobern in Bamberg mitgeteilt; zu den angegebenen Mitgliedszahlen vgl. auch Schreiner 1993: 10. Zu den Ordensgemeinschaften in der Bundesrepublik Deutschland vgl. ferner Elm (1995) und Frank (1992).

9 Für die Beschäftigung mit den Freikirchen in Deutschland, aber auch im allgemeinen, ist Schwarz' Artikel grundlegend; er enthält eine umfangreiche Literaturliste. Die aktuellste Untersuchung zum Thema "Freikirchen" ist die Dissertation von Niethammer (1995). Es handelt sich hierbei um eine kirchensoziologische Studie über die Evangelisch-Methodistische Kirche in Deutschland, die wertvolle Informationen nicht nur über diese spezielle Freikirche, sondern auch generell über Freikirchen enthält.

10 Die im folgenden verwendeten Daten wurden vom Arbeitskreis Christlicher Kirchen in Deutschland e.V. (ACK) zusammengetragen und 1995 in einem Faltblatt veröffentlicht. Erhältlich sind die Daten direkt beim ACK in Frankfurt a.M. Neben den Daten der Volkszählung und den hier verwendeten liegen über die statistische Bedeutung der Freikirchen keine gesicherten Daten vor (Thinnes 1988: 204).

- *Bund Evangelisch-Freikirchlicher Gemeinden in Deutschland (Baptisten):* 87.000 Gemeindemitglieder; 13 Vereinigungen; 808 Gemeinden bzw. Zweiggemeinden; 555 Pastoren und Pastorinnen;
- *Evangelisch-Methodistische Kirche in Deutschland:* ca. 68.000 Kirchenglieder und -angehörige; 10 Distrikte; 650 Gemeinden; 372 Pastoren und Pastorinnen;
- *Selbstständige Evangelisch-Lutherische Kirche (SELK):* ca. 41.000 Mitglieder; 4 Sprengel; 11 Kirchenbezirke (Superintendenturen); 293 Gemeinden und Predigtplätze; 152 Pfarrer;
- *Bund Freier Evangelischer Gemeinden:* 28.000 Mitglieder; 21 Bundeskreise; 350 Gemeinden; 1 Präses; 310 Pastoren;
- *Katholisches Bistum der Altkatholiken in Deutschland:* 25.000 Mitglieder; 5 Dekanate; 160 Pfarreien und Gemeinden; 1 Bischof; 84 Priester; 9 Diakone und Diakoninnen.[11]

Neben diesen großen gibt es in der Bundesrepublik noch zahlreiche kleinere Freikirchen. Hierunter befinden sich historisch gesehen sehr wichtige Gemeinschaften wie z. B. die *Herrnhuter Brüdergemeinde* oder die *Quäker. A*ber auch die *Evangelisch-Altreformierte Kirche in Niedersachsen*, die *Evangelisch-Lutherische Kirche in Baden*, die *Arbeitsgemeinschaft Mennonitischer Gemeinden in Deutschland* und die *Heilsarmee in Deutschland* sind hier zu nennen. Hinsichtlich der historischen Entwicklung im freikirchlichen Bereich seit Kriegsende kann davon ausgegangen werden, dass sich die Mitgliedszahlen von Kriegsende bis Ende der 70er-Jahre auf einem konstanten Niveau gehalten haben, in den 80er Jahren aber dann deutlich wahrnehmbar gestiegen sind (z. B. besonders bei der evangelisch-methodistischen Kirche).

29.1.3 Die Religionsgemeinschaften der Zuwanderer

Zur Deckung des hohen Arbeitskräftebedarfs in der alten Bundesrepublik wurden während der 60er-Jahre bis zum Anwerbestop 1973 ausländische Arbeitskräfte angeworben. Sie stammten vor allem aus den Ländern Türkei, Italien, Griechenland, Spanien und dem ehemaligen Jugoslawien (Statistisches Bundesamt 1994: 589). Seit 1961 hat sich der Anteil der in der Bundesrepublik lebenden Ausländer kontinuierlich erhöht: 1992 betrug der Ausländeranteil an der Bevölkerung des früheren Bundesgebietes 9,5%. Rd. 59% von ihnen lebten bereits zehn Jahre oder länger auf dem Gebiet der alten Bundesrepublik (Statistisches Bundesamt 1994: 37). Die Gruppe der ausländischen Mitbürger ist somit fester Bestandteil der bundesdeutschen Gesellschaft. Auf Grund dieser Tatsache haben Religionsgemeinschaften, die früher kaum in Deutschland vertreten waren, an Bedeutung gewonnen; sie gehören zum Bild des

---

[11] Es mag verwundern, daß das katholische Bistum der Altkatholiken an dieser Stelle genannt wird. Schließlich handelt es sich nicht wie bei den zuvor aufgelisteten Religionsgemeinschaften um eine evangelische Freikirche. Da es sich beim Bistum der Altkatholiken aber um eine in struktureller Hinsicht mit den evangelischen Freikirchen verwandte Religionsgemeinschaft handelt, ist die Nennung zusammen mit letzteren durchaus vertretbar.

religiösen Lebens in der Bundesrepublik Deutschland. Auf die wichtigsten dieser Religionsgemeinschaften – die islamischen und einige orthodoxe Kirchen – soll nun kurz eingegangen werden.

Unter den Religionsgemeinschaften der Zuwanderer ist die Gruppe der Muslime die bei weitem größte. Die Volkszählung von 1987 ermittelte rd. 1,7 Mio. Personen (2,7% der Gesamtbevölkerung), die einer islamischen Religionsgemeinschaft angehörten (Statistisches Bundesamt 1990: 21). Es ist jedoch anzunehmen, dass sich die Zahl der in der Bundesrepublik lebenden Muslime seit 1987 weiter erhöht hat.

Für die soziodemographische Untersuchung islamischer Religionsgemeinschaften sind zwei Aspekte von hervorragender Bedeutung. Zum einen muss die regionale Herkunft der Mitglieder dieser Religionsgemeinschaften berücksichtigt werden. So stammt der weitaus größte Teil der in Deutschland lebenden Muslime aus der Türkei (ca. 80%); der verbleibende Teil aus dem ehemaligen Jugoslawien (ca. 7%), aus anderen arabischen Ländern (ca. 5%), aus Afrika und Fernost (ca. 2%) und aus dem Iran (ca. 1%).[12] Zum anderen ist eine differenzierte Betrachtung der unterschiedlichen islamischen Religionsgemeinschaften erforderlich. Die wichtigsten islamischen Gemeinschaften in der Bundesrepublik sind die Sunniten und die Schiiten. Die große Mehrheit der Muslime (ca. 95%) bekennt sich zum sunnitischen Islam, der verbleibende Teil zum schiitischen. Letzterer ist wiederum in zahlreiche Erscheinungsformen untergliedert wie beispielsweise den Zwölferschiismus, die Ismailiten, die Zaiditen oder Aleviten. Daneben existieren Derwischorden, Sufigemeinschaften und die Moslembruderschaft und die Jama'at-i-Islami (Abdullah 1981a: 78; Thinnes 1988: 206).

In der Bundesrepublik gab es 1988 rd. 1.000 Moscheengemeinden. Dennoch fällt beim Islam in Deutschland der extrem niedrige Organisationsgrad auf. Lediglich 5% der Muslime waren 1979 in den Mitgliedslisten der islamischen Religionsgemeinschaften eingetragen. Die aktive Teilnahme am religiösen Leben ist dagegen weitaus intensiver: Der Anteil an regelmäßigen Moscheebesuchern lag ebenfalls im Jahr 1979 bei rd. 70% (Abdullah 1981a: 79). Unter Jugendlichen ist die Teilnahme am religiösen Leben jedoch signifikant geringer; sie nehmen gegenüber den religiösen Praktiken der älteren Generation eine eher distanzierte Haltung ein (Thinnes 1988: 207). Köln ist das Zentrum islamischer Aktivitäten in Westeuropa. Zahlreiche islamische Vereinigungen und Verbände haben hier ihren Sitz.[13] Als weitere Religionsgemeinschaften unter den Zuwanderern sind neben den islamischen Religionsgemeinschaften vier große orthodoxe Kirchen zu nennen. Besondere Bedeutung kommt unter ihnen der *griechisch-orthodoxen Kirche* zu; aber auch die *serbisch-orthodoxe*, die *syrisch-orthodoxe* und die *russisch-orthodoxe Kirche* stellen wichtige Religionsge-

---

[12] Die genannten Prozentwerte sind Schätzungen. Da keine aktuelleren Daten verfügbar sind, basieren sie auf Zahlenangaben, die 1981 von Abdullah veröffentlicht wurden (Abdullah 1981a: 77 f.). Es ist jedoch davon auszugehen, daß die prozentuale Verteilung der Muslime auf die unterschiedlichen Herkunftsländer zumindest tendenziell unverändert blieb.

[13] Zu nennen sind beispielsweise die "Türkisch-Islamische Union der Anstalt für Religion", der "Verband Islamischer Kulturzentren" und die "Islamische Union Europa" (Thinnes 1988: 206 f.).

meinschaften der Zuwanderer dar. Weit über eine Million Menschen gehören in der Bundesrepublik einer der genannten orthodoxen Kirchen an.[14]

29.1.4 Jüdische Gemeinden

Der Wiederaufbau jüdischen Lebens in der Bundesrepublik Deutschland war nach dem Zweiten Weltkrieg nicht einfach. Dennoch hatte man schon bald ein Netz jüdischer Organisationen geschaffen, zu dem in erster Linie die jüdischen Gemeinden zählten. Heute existieren ca. 65 jüdische Gemeinden in der Bundesrepublik Deutschland (Hart 1991: 46). Bei der Volkszählung 1987 gaben ca. 32.000 Personen an, der jüdischen Religionsgesellschaft anzugehören (Statistisches Bundesamt 1990: 20 f.). Durch die verstärkte Zuwanderung von Juden aus Osteuropa und ganz besonders aus den Ländern der ehemaligen Sowjetunion ist die Zahl von Angehörigen der jüdischen Religionsgesellschaft seither jedoch ständig im Steigen begriffen. Die größten jüdischen Gemeinden befinden sich in Berlin (6.800 Mitglieder), Frankfurt (4.900 Mitglieder) und München (4.000 Mitglieder). Die jüdischen Gemeinden sind in 16 Landesverbänden zusammengeschlossen, die gemeinsam den Zentralrat der Juden in Deutschland bilden (Hart 1991: 46 f.).

29.1.5 Sekten und neue Jugendreligionen

Um das Bild des religiösen Lebens in der Bundesrepublik Deutschland zu vervollständigen, soll hier zuletzt auf Sekten und neue Jugendreligionen eingegangen werden. Beide zeichnen sich durch eine Wiederbelebung der Spiritualität aus, die als Gegenbewegung zu einem rational-verwissenschaftlichten Weltbild verstanden wird. Sekten unterscheiden sich jedoch dadurch von den neuen Jugendreligionen, dass in ihnen – ähnlich wie auch in den etablierten Kirchen – die Traditionsweitergabe stark an familiäre Strukturen gebunden ist. Bei Sekten und neuen Jugendreligionen handelt es sich um verschiedenartige Versuche, auf die Sinn- und Identitätsproblematik der fortgeschrittenen Industriegesellschaften zu reagieren. Ein strenger Dualismus von "verderbter" Welt und "reinen" göttlichen Mächten und Kräften prägt die religiösen Systeme von Sekten und neuen Jugendreligionen. Inhaltliche Anknüpfungspunkte hierzu finden sich im individuellen Bereich auch in zahlreichen Phänomenen des "Newage" (Schorsch et al. 1990: 738 ff.).

Zunächst soll auf Sekten eingegangen werden, die eine längere Tradition in der Bundesrepublik Deutschland aufweisen. Statt der Formulierung "Sekte", die im Allgemeinen negative Konnotationen hervorruft, kann auch die inhaltlich weiter gefasste Formulierung "religiöse Sondergemeinschaft" verwendet werden. Sie bezieht sich auf das gleiche Phänomen, ist aber weniger emotional geladen (Valentin 1990: 950). Das gemeinsame Selbstverständnis von Sekten bzw. religiösen Sondergemeinschaften ist geprägt von einem schroffen Gegenüber zu den beiden großen Kirchen: Sie

---

14 Weitere Strukturzahlen zu den orthodoxen Kirchen bietet das Faltblatt des Arbeitskreises Christlicher Kirchen (1995); bzgl. der serbisch-orthodoxen Kirchen informiert Eggenberger ausführlicher (1983: 29).

begreifen sich als Verkörperung der wahren Christenheit und lehnen anders als die Freikirchen jede Zusammenarbeit auf der Grundlage gegenseitiger Anerkennung ab. Oftmals werden christliche Tradition und außerbiblische Wahrheit miteinander verknüpft, woraus in der Regel Protest gegen Staat, Gesellschaft und herrschende Schichten resultiert (Hach 1980: 110). Die wichtigsten Beispiele solcher Sekten sind für den Bereich der Bundesrepublik Deutschland die *"Gemeinschaft der Siebenten-Tags-Adventisten"*[15], die *"Kirche Jesu Christi der Heiligen der letzten Tage (Mormonen)"*, die *"Neuapostolische Kirche"*, die *"Christengemeinschaft"* und die *"Zeugen Jehovas"*. Insgesamt gehörten 1983 den genannten Vereinigungen in der Bundesrepublik über 500.000 Mitglieder an.[16] Hinsichtlich soziodemographischer Merkmale und Besonderheiten liegen bislang keine empirischen Daten für die genannten Sekten bzw. Sondergemeinschaften vor.

Neben den Sondergemeinschaften, die schon länger in der Bundesrepublik vorfindbar sind, gibt es eine Reihe religiös-spiritueller Gruppenphänomene, die erst in den 70er-Jahren zunächst in den USA, nach kurzer Zeit dann aber auch in Westeuropa aufgetreten sind. Da sich diese Organisationen vornehmlich aus Jugendlichen und jungen Erwachsenen zusammensetzen, bezeichnet man sie mit den Sammelbegriffen "neue Jugendreligionen" bzw. "Jugendsekten" (Seifert 1988: 183 f.).[17]

Trotz der schlechten Datenlage über die neuen Jugendreligionen kann gesagt werden, dass nur ein geringer Teil der Jugendlichen mit diesen Gruppierungen in Beziehung steht. In der Bundesrepublik liegt die Mitgliederzahl insgesamt wahrscheinlich nicht über 5.000 (Seifert 1988: 186). In sozialstruktureller Hinsicht wurden bislang keine besonderen Auffälligkeiten bei den Sektenmitgliedern festgestellt, abgesehen von der Tatsache, dass der weitaus größte Teil der Mitglieder aus Jugendlichen und jungen Erwachsenen besteht und die jeweiligen Sektenführer in der Regel (ältere) Erwachsene sind (Seifert 1988:186 f.). Die wichtigsten Gruppierungen sind die *"Kinder Gottes (Family of Love)"*, *"Hare Krishna"*, *"Vereinigungskirche (Mun-Sekte)"*, *"Scientology"*, *"Transzendentale Meditation"*, *"Neo-Sannyas"*, *"Divine Light Mission"* und *"Ananda Marga"*. Für alle genannten Gruppierungen gilt, dass sie in der Öffentlichkeit auf Grund ihres von vielen behaupteten jugendgefährdenden Charakters höchst umstritten sind. Gerichte, Ermittlungsbehörden und parlamentarische Ausschüsse befassen sich immer wieder mit ihnen.[18]

---

15 Diese religiöse Sondergemeinschaft unterscheidet sich von anderen dadurch, daß sie auch zum Dialog mit anderen Religionsgemeinschaften bereit ist. Hierfür spricht die Tatsache, daß sie den Status eines Gastmitglieds im Arbeitskreis Christlicher Kirchen in Deutschland e.V. (ACK) innehat.

16 Die hier abgedruckte Zahlenangabe ist ein sehr grober Schätzwert. Sie beruht auf Werten, die die unterschiedlichen Vereinigungen selbst angegeben haben (vgl. Eggenberger 1983 zum jeweiligen Stichwort). Die Schwierigkeit der quantitativen Erfassung von Sekten zeigt ein Vergleich zwischen den von Eggenberger und den von Hach (1980) angegebenen Zahlenwerten. Für die "Zeugen Jehovas" beispielsweise gibt Hach (1980: 112) eine Mitgliedszahl von ca. 220.000 an, Eggenberger dagegen nur ca. 100.000. Auch die Mitgliedszahlen der übrigen im Text genannten Sondergemeinschaften differieren bei beiden Autoren sehr stark.

17 Haack erläutert prägnant die spezifischen Charakteristika der neuen Jugendreligionen (1991: 5 f.).

18 Seifert skizziert die einzelnen Gruppierungen in bezug auf die wichtigsten Datenangaben, organisationsstrukturellen Merkmale und Ideologien in knapper und sehr informativer Weise (Seifert 1988: 187).

29.2 Exemplarische Darstellung gegenwärtiger sozialstruktureller und demographischer Besonderheiten im Bereich der beiden großen Kirchen

Während im vorangehenden Abschnitt ein Überblick über die religiöse Lage in der Bundesrepublik Deutschland unter besonderer Berücksichtigung der wichtigsten historischen Entwicklungslinien gegeben wurde, sollen nun anhand zweier ausgewählter Beispiele soziodemographische Besonderheiten im Bereich der beiden großen Kirchen vorgestellt werden. So wird zunächst der Frage nachgegangen, ob auffällige Unterschiede zwischen Protestanten und Katholiken vorzufinden sind. Im Anschluss daran werden Protestanten und Katholiken, die sich jeweils durch einen hohen Grad an Kirchlichkeit auszeichnen, mit solchen verglichen, die sich durch einen geringen Grad an Kirchlichkeit auszeichnen. Die Beschränkung auf diese beiden Themenbereiche erfolgt aus einem pragmatischen und aus einem sachlichen Grund. So bietet sich die Analyse soziodemographischer Merkmale unter den Mitgliedern der beiden großen Kirchen auf Grund ihres hohen Organisationsgrades und der damit einhergehenden guten Datenlage ganz besonders an. Außerdem, das haben die bisherigen Ausführungen gezeigt, handelt es sich bei den beiden großen Kirchen und ihrer Mitgliederschaft um die wichtigsten Repräsentanten des religiösen Lebens in der Bundesrepublik, sodass die bevölkerungswissenschaftliche Erforschung von Religionsgemeinschaften in der Bundesrepublik am sinnvollsten hier einsetzen sollte.

Mit den "Allgemeine Bevölkerungsumfrage der Sozialwissenschaften (ALLBUS)"-Erhebungen[19] liegt qualitativ hochwertiges und aktuelles Datenmaterial für demographische wie sozialstrukturanalytische Untersuchungen im Bereich der beiden großen Kirchen vor. Alle im Text vorkommenden Zahlenangaben basieren daher auf ALLBUS-Daten.

29.2.1 Die Mitgliederschaft der beiden großen Kirchen – Ein soziodemographischer Vergleich

Geht man von der Tatsache aus, dass der größte Teil der bundesdeutschen Bevölkerung einer der beiden großen Kirchen angehört, so könnte hieraus die Vermutung resultieren, dass die demographische Struktur wie auch die Sozialstruktur der bundesdeutschen Bevölkerung innerhalb der beiden Religionsgemeinschaften jeweils in verkleinertem Maßstab abgebildet wird. Dies trifft auf wichtige demographische Merkmale wie z. B. das Alter oder das Geschlecht auch zu. Bei einigen anderen Merkmalen jedoch wurden in der Vergangenheit immer wieder beachtliche Unterschiede zwischen den Mitgliedern der beiden Kirchen erhoben. Bekanntestes Beispiel hierfür ist der der Weberschen "Kapitalismusthese" zu Grunde liegende und seither kontinuierlich thematisierte empirische Befund vom "ganz vorwiegend protestantischen Charakter des Kapitalbesitzes und Unternehmertums sowohl, wie der oberen

[19] Die ALLBUS-Erhebungen stellen die Datengrundlage wichtiger sozialwissenschaftlicher Periodika wie beispielsweise des vom Statistischen Bundesamt herausgegebenen Datenreports dar (Statistisches Bundesamt 1992, 1994).

gelernten Schichten der Arbeiterschaft, namentlich aber des höheren technisch oder kaufmännisch vorgebildeten Personals der modernen Unternehmungen" (Weber 1988: 18). Neben Unterschieden in der Berufsstruktur wurden auch Unterschiede in der Bildungsstruktur (Schmitt 1984: 224) und in der Siedlungsstruktur (Matthes 1969: 52) festgestellt. Schließlich wurde auch immer wieder ein Zusammenhang zwischen Konfession und dem Bereich von Ehe und Familie behauptet – man denke etwa an die Rede vom "Kinderreichtum" katholischer Familien. Inwieweit die in der Vergangenheit beobachteten Unterschiede und Eigenarten auch in der Gegenwart noch bestehen, ob sie sich verlagert haben oder ganz verschwunden sind, zeigen die folgenden Vergleiche von Katholiken und Protestanten anhand einiger ausgewählter soziodemographischer Merkmale.

Ein Blick auf die gegenwärtige Berufsstruktur der Mitgliederschaft von katholischer und evangelischer Kirche zeigt, dass sich seit Max Webers Beobachtung vom Anfang des Jahrhunderts einiges geändert hat. Die folgende Tabelle zeigt, dass Webers Befund in der Gegenwart nicht mehr bestätigt werden kann.

Nach Weber wäre bei den Selbstständigen ein Überschuss zu Gunsten der Protestanten zu erwarten. Wie die Tabelle zeigt, ist das Gegenteil der Fall. Bei differenzierterer Betrachtung zeigt sich, dass lediglich im Bereich der freien akademischen Berufe häufiger Protestanten anzutreffen sind als Katholiken. Die Selbstständigen in Landwirtschaft, Handel, Gewerbe und Industrie sind viel öfter Katholiken als Protestanten. Von einem "vorwiegend protestantischen Charakter des Kapitalbesitzes" kann in der Gegenwart offensichtlich nicht mehr die Rede sein – die Rede vom "katholischen Charakter des Kapitalbesitzes" entspräche eher dem aktuellen empirischen Befund. Aber auch der Blick auf die Berufsgruppen der Beamten und Angestellten zeigt deutliche Veränderungen im Vergleich mit dem Befund vom Anfang des Jahrhunderts. Nach Webers These müssten gerade die höheren Positionen innerhalb der Beamtenschaft und unter den Angestellten auffallend häufiger von Protestanten besetzt sein. Auch dies ist für die Gegenwart nicht zutreffend. Die Tabelle 3 zeigt hier eine Gleichverteilung auf die beiden Subpopulationen.

Tab. 3: Verteilung von Katholiken und Protestanten auf unterschiedliche Berufsgruppen in den westlichen Bundesländern im Jahr 1994 (Angaben in %)

Berufsgruppe	Katholiken	Protestanten	Sonstige
– Selbstständige insgesamt	50,0	30,9	19,1
akademisch freie Berufe	36,0	32,0	32,0
landwirtschaft	54,8	38,7	6,5
Selbstständige in Handel, Gewerbe, Industrie u. a.	52,1	28,1	19,8
– Beamte insgesamt	39,6	39,6	20,8
einfacher Dienst	33,3	55,6	11,1
mittlerer Dienst	41,2	41,2	17,6
gehobener Dienst	35,3	29,4	35,3
höherer Dienst	45,8	45,8	8,3
– Angestellte insgesamt	39,6	39,3	21,1
Industrie- u. Werkmeister im Angestelltenverhältnis	42,9	28,6	28,6
Angestellte mit einfacher Tätigkeit	40,2	39,2	20,6
Angestellte, die schwierige Aufgaben nach allg. Anweisung selbstständig erledigen	41,5	39,9	18,5
Angestellte, die selbstständige Leistungen in verantwortungsvoller Tätigkeit erbringen	37,6	39,4	23,0
Angestellte mit umfassenden Führungsaufgaben	36,7	36,7	26,7
– Arbeiter insgesamt	44,5	34,8	20,6

(Quelle: ALLBUS 1994, eigene Berechnungen)

Lediglich im Bereich der Arbeiterschaft zeigen sich noch deutliche Unterschiede zwischen Katholiken und Protestanten. Hier fällt die Verteilung so aus, dass die Katholiken innerhalb der Arbeiterschaft klar überrepräsentiert sind. Auch die gegenwärtige Einkommensstruktur von Katholiken und Protestanten zeigt, dass von einem "protestantischen Charakter des Kapitalbesitzes" auf empirischer Grundlage nicht mehr gesprochen werden kann. Das monatliche Nettoeinkommen von Protestanten und Katholiken fällt in etwa gleich aus. Dies gilt auch für die höheren Einkommensgruppen. So sind rd. 40% derjenigen, die über ein monatliches Nettoeinkommen zwischen 3.000 und 4.000 DM verfügen, Protestanten und ebenfalls rd. 40% von ihnen Katholiken. Auch in den darüberliegenden Einkommensgruppen sind Protestanten und Katholiken ungefähr gleich stark vertreten: Zwischen 4.000 und 5.000 DM verdienen 39,3% Katholiken und 36,1% Protestanten; von denjenigen, die 5.000 DM und mehr pro Monat verdienen, sind 36,2% Katholiken und 37,9% Protestanten (Quelle: ALLBUS 1994, eigene Berechnungen).

In der Vergangenheit wurden bei Katholiken und Protestanten auch Unterschiede in der Bildungsstruktur festgestellt (vgl. für das 19. Jahrhundert Rösener 1992; für das 20. Jahrhundert Dahrendorf 1965). Man sprach in diesem Zusammenhang von einem sog. "Schul- und Bildungsdefizit" unter Katholiken (Matthes 1969: 52), das ebenfalls in einem Kausalzusammenhang mit dem "protestantischen Charakter des

Kapitalbesitzes" gesehen wurde. Die Auswertung aktueller Daten zeigt, dass nach wie vor von einem "Schul- und Bildungsdefizit" unter den Katholiken gesprochen werden kann. 47,9% derjenigen, deren höchster allgemeinbildender Schulabschluss ein Volks- bzw. Hauptschulabschluss ist, sind Katholiken; der Anteil von Protestanten an dieser Subpopulation beträgt dagegen nur 38,7%. Dagegen überwiegen die Anteile von Protestanten an den Subpopulationen, die sich durch höhere Schul- und Bildungsabschlüsse auszeichnen, in beachtlichem Maße. Von denjenigen, die über das Abitur bzw. die Hochschulreife verfügen, sind 41,3% Protestanten und 34,2% Katholiken. Unter den Hochschulabsolventen ist die Differenz noch größer: 30,4% von ihnen sind Katholiken, 42,7% dagegen Protestanten (Quelle: ALLBUS 1994, eigene Berechnungen). Ebenfalls im Kontext der Weberschen "Kapitalismusthese" wurden Besonderheiten in der Siedlungsstruktur von Protestanten und Katholiken thematisiert. Konkret handelte es sich hierbei um den empirischen Befund, wonach Katholiken eher in ländlichen Gebieten, d. h. in Dörfern leben, Protestanten dagegen eher in Städten. Matthes redet auf Grund dieses Befundes – Groner referierend – von einem "Sozialdefizit" der Katholiken (Matthes 1969: 52). Tendenziell ist dieser Befund auch für die Gegenwart zu ermitteln. In kleineren Wohnorten mit bis zu 5.000 Einwohnern überwiegt der Anteil an Katholiken deutlich: er liegt hier bei 52,7%. Der Anteil von Protestanten beträgt in dieser Gemeindegrößenklasse 39,4%. In größeren Städten mit Einwohnerzahlen zwischen 100.000 und 500.000 leben dagegen häufiger Protestanten. Sie bilden im Durchschnitt 43,7% der Einwohnerschaft solcher Städte, 35,7% aller Einwohner größerer Städte sind Katholiken. In Städten mit einer Einwohnerzahl über 500.000 ist das Verhältnis dann jedoch wieder zu Gunsten der Katholiken gestaltet: 34,5% der Einwohner sind hier katholisch, 28,9% dagegen protestantisch (Quelle: ALLBUS 1994; eigene Berechnungen). Ob dieser Befund in der Gegenwart noch dahingehend interpretiert werden kann, von einem "Sozialdefizit" der Katholiken zu reden, muss jedoch in Frage gestellt werden.

Den Vergleich zwischen Katholiken und Protestanten abschließend soll nun untersucht werden, inwieweit die Zugehörigkeit zu einer der beiden Konfessionen aber auch die Konfessionslosigkeit den Bereich von Ehe und Familie prägt. Diese Fragestellung ist deshalb von Bedeutung, weil es sich bei Ehe und Familie um stark religiös besetzte Lebensbereiche handelt, die in unserem kulturellen Kontext außerordentlich durch christliche und darüber hinaus durch konfessionelle Traditionen profiliert sind. Zur Beantwortung der aufgeworfenen Fragestellung werden drei für den Bereich von Ehe und Familie wichtige Aspekte herausgegriffen. Vergleicht man zunächst Katholiken, Protestanten und Konfessionslose hinsichtlich ihres Alters zum Zeitpunkt der ersten Eheschließung, können keine bedeutenden Unterschiede ausgemacht werden. Für alle drei Subpopulationen gilt, dass die meisten Ehen im Alter zwischen 19 und 22 Jahren (ca. 30%) bzw. 23 und 26 Jahren (ca. 38%) geschlossen werden. Fast 90% der verheirateten oder früher einmal verheirateten Katholiken, Protestanten und Konfessionslosen geben an, mit 30 Jahren verheiratet gewesen zu sein (Quelle: ALLBUS 1991, eigene Berechnungen). Auch in Bezug auf das Alter zum Zeitpunkt der Geburt des ersten Kindes[20] gibt es keine grundsätzlichen Unterschiede zwischen Katholiken, Protestanten und Konfessionslosen. Tendenziell ist al-

20 Die folgenden Angaben beziehen sich grundsätzlich auf Kinder, die im elterlichen Haushalt leben.

lerdings erkennbar, dass Protestanten ihr erstes Kind etwas später bekommen als Katholiken: Bis zum 26. Lebensjahr haben bereits 44,7% der Katholiken ihr erstes Kind, während dies zum gleichen Zeitpunkt erst bei 40,7% der Protestanten der Fall ist. Mit zunehmendem Alter gleichen sich Protestanten und Katholiken dann wieder an, sodass 71% beider Gruppen mit 30 Jahren ihr erstes Kind haben. Von den Konfessionslosen diesen Alters haben dagegen erst 66,4% ihr erstes Kind (Quelle: ALLBUS 1996, eigene Berechnungen). Richtet man den Blick schließlich auf die Familiengröße von Katholiken, Protestanten und Konfessionslosen, sind anders als bei den bisher genannten Aspekten deutliche Unterschiede wahrnehmbar. Die Häufigkeitsverteilung von Einkindfamilien über die drei Subpopulationen hinweg führt die Unterschiede besonders gut vor Augen. So leben 43,4% der Katholiken mit nur einem Kind im gemeinsamen Haushalt, unter den Protestanten sind es 50,1% und von den Konfessionslosen gar 67,3%. Die Zahlen zeigen eindrücklich, dass in Bezug auf die Familiengröße ein konfesssioneller Unterschied, in viel stärkerem Maße aber ein Unterschied zwischen Kirchenmitgliedern einerseits und Konfessionlosen andererseits, vorhanden ist. Dies gilt, wenn auch in abgeschwächter Weise, für die Zweikindfamilie ebenso. Hier liegen Katholiken und Protestanten mit 42,9 bzw. 39,8% relativ dicht beisammen, während die Häufigkeit von Zweikindfamilien bei den Konfessionslosen mit 26,5% sehr gering ist, wodurch sie sich auch in dieser Familiengrößenklasse deutlich von den Kirchenmitgliedern abheben.

Der Blick auf Familien mit drei und mehr Kindern zeigt, dass hier alle drei Vergleichsgruppen relativ schwach vertreten sind: 13,8% Katholiken, 10,1% Protestanten und 6,2% Konfessionslose (Quelle: ALLBUS 1996, eigene Berechnungen). Den hier vorgenommenen soziodemographischen Vergleich zwischen Katholiken und Protestanten resümierend kann festgehalten werden, dass gravierende Unterschiede zwischen beiden Gruppen nicht mehr auszumachen sind. So kann weder der empirische Befund, der Weber Anfang dieses Jahrhunderts zur Formulierung seiner "Kapitalismusthese" veranlasste, in der damaligen Eindeutigkeit ermittelt werden. Noch ist es möglich über allenfalls tendenzielle Unterschiede hinaus, eine konfessionelle Prägung des religiös stark besetzten Bereichs von Ehe und Familie nachzuweisen. Dass dieser Bereich jedoch nach wie vor stark religiös besetzt ist, darauf weisen deutlich die aufgezeigten Unterschiede zwischen Kirchenmitgliedern und Konfessionslosen in Bezug auf die Familiengröße hin.

29.2.2 Hoher versus niedriger Kirchlichkeitsgrad – ein Vergleich soziodemographischer Merkmale

Nach dem direkten Vergleich von Katholiken und Protestanten bietet es sich an, die differenziertere Frage zu stellen, inwiefern bestimmte soziodemographische Merkmale mit unterschiedlichen Graden der Kirchlichkeit korrelieren. Widmet man sich der Beantwortung dieser Frage, so stellt sich in Bezug auf die gegenwärtigen Strukturen heraus, dass es beachtliche "Unterschiede gibt zwischen kirchennahen und kirchendistanzierten Katholiken einerseits und kirchennahen und kirchendistanzierten Protestanten andererseits, und dass kirchennahe Protestanten und kirchennahe Katholiken einander näher sind als die jeweilige Distanziertengruppe zur Gruppe der

Nahen" (Daiber 1988a: 69). Dieser Befund soll im folgenden ebenfalls mittels der Auswertung aktueller empirischer Daten illustriert werden. Konkret erfolgt dies wieder durch die Betrachtung ausgewählter Merkmale.

Zuvor muss jedoch kurz Rechenschaft darüber abgelegt werden, was konkret gemeint ist, wenn hier von unterschiedlichen Kirchlichkeitsgraden die Rede ist. Zunächst ist dazu festzuhalten, dass die Ermittlung bestimmter Kirchlichkeitsgrade auf dem Wege der Indexbildung erfolgt. Hierbei kann der Index "Kirchlichkeit" aus einer Reihe unterschiedlicher Indikatoren gebildet werden. Diese Indikatoren wiederum lassen sich in zwei Gruppen untergliedern: Die *objektiven* und die *subjektiven* Kirchlichkeitsindikatoren. Im Kontext der hier angestellten Untersuchungen muss auf Grund der Datenlage jedoch eine Beschränkung auf die objektiven Kirchlichkeitsindikatoren stattfinden. Beispiele für objektive Kirchlichkeitsindikatoren sind u. a. die *Kirchenzugehörigkeit*, die *finanzielle Unterstützung der Kirche*, die *Inanspruchnahme von Amtshandlungen*, der *Gottesdienstbesuch*, die *Teilnahme an Abendmahl oder Kommunion*, die *Teilnahme an den kirchlichen Veranstaltungen* u. a. m. (Becker 1968: 40 ff.). Wenn nun zum Zwecke des soziodemographischen Vergleichs zweier Subpopulationen die beiden Indizes "Kirchennähe" und "Kirchendistanz" gebildet werden, dann setzen sich diese Indizes aus den Indikatoren "Kirchenzugehörigkeit", "finanzielle Unterstützung der Kirche"[21] und "Gottesdienstbesuch" zusammen. Bei der hier erfolgenden Indexbildung stellt der Indikator "Gottesdienstbesuch" das differenzierende Moment dar, das den Grad bzw. die Richtung der Kirchlichkeit bestimmt. Umfasst der Indikator "Gottesdienstbesuch" die Kategorien "mehr als einmal in der Woche", "einmal in der Woche" oder "ein- bis dreimal im Monat" wird er dem Index der "Kirchennähe" zugeordnet; beinhaltet er dagegen die Kategorien "seltener" oder "nie", wird er dem Index der "Kirchendistanz" zugerechnet (ebd.: 48 ff.). Werden die Indizes "Kirchennähe" und "Kirchendistanz" auf die hier geschilderte Weise gebildet, können aus den Befragten des ALLBUS 1994 zwei Subpopulationen herausgestellt werden: "kirchennahe" Mitglieder (N=477; dies entspricht 24,8% aller befragten Katholiken und Protestanten) und "kirchendistanzierte" Mitglieder (N=970; dies entspricht 50,4% aller befragten Katholiken und Protestanten).

Der soziodemographische Vergleich zwischen kirchennahen und kirchendistanzierten Kirchenmitgliedern ergibt, anders als bei dem vorangehenden Vergleich zwischen Protestanten und Katholiken, dass bedeutsame Unterschiede hinsichtlich der Alters- und Geschlechterstruktur zwischen den beiden Subpopulationen bestehen. Gemessen an der Altersstruktur der Gesamtbevölkerung bzw. der Gesamtheit aller Befragten des ALLBUS 1994 sind "distanzierte" Kirchenmitglieder häufiger Angehörige der jüngeren Altersgruppen, während "kirchennahe" Befragte eher unter den Angehörigen der höheren Altersgruppen zu finden sind.

---

21 Unter den Bedingungen der kirchlichen Verhältnisse in der Bundesrepublik Deutschland ist mit der formalen Kirchenmitgliedschaft auch zwangsläufig die finanzielle Unterstützung der Kirche in Gestalt der obligatorischen Entrichtung der Kirchensteuer verbunden.

Tab. 4: Die Altersstruktur "nahestehender" und "distanzierter" Kirchenmitglieder im Vergleich zur Altersstruktur der Gesamtbevölkerung (Angaben in %). "Nahestehende": Gottesdienstbesuch mehr als einmal im Monat. "Distanzierte": Gottesdienstbesuch "selten" oder "nie"

Altersgruppe	Nahestehende	Distanzierte	Bevölkerung insgesamt
18–29 Jahre	11,1	27,8	22,2
30–44 Jahre	23,3	29,6	30,5
45–59 Jahre	25,4	22,5	24,9
60–74 Jahre	30,3	15,9	17,3
75–89 Jahre	9,7	4,1	4,9
90 Jahre u. älter	0,2	0,1	0,2

(Quelle: ALLBUS 1994, eigene Berechnungen)

Aber auch die Geschlechterstrukturen beider Subpopulationen weisen deutliche Unterschiede auf. Gliedert sich die Gesamtstichprobe des ALLBUS 1994 zu 51,6% in Männer und 48,4% in Frauen, so ist der Anteil der Frauen unter den "kirchennahen" Befragten gemessen daran mit 56,2% auffallend hoch. "*Frauen erscheinen in vieler Hinsicht als die aktiveren, engagierteren Kirchenmitglieder. Das gilt für Katholikinnen ebenso wie für evangelische Frauen. Frauen zeigen ganz allgemein ein höheres Maß an ‚Kirchlichkeit' als Männer*" (Lukatis 1990: 119). Die Geschlechterstruktur der "distanzierten" Kirchenmitglieder entspricht dagegen ungefähr derjenigen der Gesamtbevölkerung.

Bezüglich der Struktur des Familienstandes beider Subpopulationen gibt es auffallende Unterschiede, die u. a. durch die o.g. Spezifika der Altersstrukturen beider Vergleichsgruppen erklärt werden können. So fällt unter den "kirchennahen" Befragten der mit 17,6% besonders hohe Anteil verwitweter Personen auf, unter den "kirchendistanzierten" Befragten dagegen der mit 27,2% ebenfalls hohe Anteil lediger Personen. Zum Vergleich: Von der Gesamtheit aller Befragten sind lediglich 8,4% verwitwet und 22,9% ledig. Berücksichtigt man jedoch den hohen Anteil älterer Menschen unter den "kirchennahen" und den hohen Anteil jüngerer Menschen unter den "kirchendistanzierten" Befragten, erscheinen die genannten Spezifika hinsichtlich der unterschiedlichen Strukturen des Familienstandes sehr plausibel.

Die Gesamtbevölkerung als Maßstab zu Grunde legend ist auch die Siedlungsstruktur besonders bei der Gruppe der "kirchennahen" Befragten in spezifischer Weise profiliert. Ein Großteil dieser Befragten (57,7%) lebt in kleineren Gemeinden, d. h. in Dörfern und Kleinstädten mit bis zu 20.000 Einwohnern. Betrachtet man dagegen die Siedlungsstruktur der Gesamtheit aller Befragten, ist festzustellen, dass die meisten Menschen (57,8%) in Gemeinden mit mehr als 20.000 Einwohnern leben. Geht man von dem oben schon geschilderten Befund aus, dass unter den "kirchennahen" Befragten auffallend häufig Frauen anzutreffen sind, muss es nicht überraschen, wenn sich diese Gruppe auch hinsichtlich der Berufstätigkeit signifikant von der Gesamtstichprobe unterscheidet. So fällt einerseits der relativ niedrige Anteil derjenigen Befragten auf, die angeben, ganztags erwerbstätig zu sein: Hier stehen 36,6% der "kirchennahen" Befragten 49,9% der Gesamtheit aller Befragten gegenüber. Andererseits ist der Anteil der Nichterwerbstätigen unter den "nahe stehenden" Befragten mit 52,3% auffallend hoch. Von der Gesamtheit aller Befragten geben lediglich 38,0% an, nicht erwerbstätig zu sein. Die Gruppe der "kirchendistanzierten" Befragten unterscheidet sich in Bezug auf die Berufstätigkeit dagegen nicht von der Gesamtstichprobe.

Richtet man nun den Blick auf die berufstätigen Befragten, fällt eine weitere Besonderheit der "kirchennahen" Befragten auf: Von ihnen gehören mehr zur Beamtenschaft (12,5%), als dies zu erwarten wäre, wenn man von dem Beamtenanteil der Gesamtheit aller Berufstätigen ausgehen würde (7,7%). Differenziert man die Beamtenschaft weiter, so sind es vor allem die Beamten im gehobenen bzw. höheren Dienst, die unter den "kirchennahen" Befragten anzutreffen sind. Neben den Beamten ist aber auch die Gruppe der Landwirte in beachtlicher Weise unter dieser Subpopulation vorfindbar: Hier sind es 6,5%, während die Gesamtstichprobe gerade 2,3% Landwirte einschließt. Die "kirchendistanzierten" Befragten sind mit 46,6% besonders häufig Angestellte, wobei hier zu berücksichtigen ist, dass sich dieser Wert kaum von dem Wert des Angestelltenanteils an der Grundgesamtheit unterscheidet (46,1%). Von den "kirchennahen" Befragten sind dagegen nur 40,7% Angestellte.

Fasst man die geschilderten Unterschiede zwischen "kirchennahen" und "kirchendistanzierten" Befragten zusammen, so kann festgehalten werden, dass es besonders die erstgenannte Gruppe ist, die sich in soziodemographischer Hinsicht spezifisch profiliert. Dies könnte durch Analysen der Einkommens- und Bildungsstruktur sicherlich weiter illustriert werden. Die Gruppe der "kirchendistanzierten" Befragten unterscheidet sich dagegen kaum von der Gesamtbevölkerung. Auf dem Felde der Theoriebildung sollte der hier vorgestellte Befund verstärkt Beachtung finden. Hierbei müssten allerdings Indikatoren subjektiver Kirchlichkeit berücksichtigt werden, um eine tragfähige Interpretation der oben präsentierten Analyseergebnisse zu ermöglichen.

Exkurs 1:

Das demographische Profil der Evangelischen Kirche in der DDR[22]

1950, ein Jahr nach Gründung der beiden deutschen Nachkriegsstaaten, gehörten in der DDR etwa 94% der Einwohner einer christlichen Kirche an – der weitaus größte Teil von ihnen der evangelischen. Damit war der Anteil der Kirchenmitglieder an der Gesamtbevölkerung beiderseits der Grenze etwa gleich groß. Bis zum Ende der DDR im Jahr 1990 hat sich hieran grundlegendes geändert: Betrug der Anteil der Kirchenmitglieder in Westdeutschland zu diesem Zeitpunkt ca. 82,3%, so waren es in Ostdeutschland nur noch etwa 25% (Henkys, Schweitzer 1996: 493 f.). Geht man davon aus, dass Anfang der 50er-Jahre die demographischen Strukturen im Bereich der Kirche in beiden Teilen Deutschlands ebenso identisch waren wie die Mitgliedszahlen, dann muss die Frage gestellt werden, welche Auswirkungen die repressive SED-

22 Aus sachlichen Gründen müßte die katholische Kirche im Bereich der ehemaligen DDR an dieser Stelle ebenfalls Erwähnung finden. Auf Grund ihres Minderheitenstatus in Ostdeutschland - der Anteil der Katholiken an der ostdeutschen Bevölkerung betrug 1996 ca. 5% - und der damit einhergehenden schlechten Datenlage ist dies jedoch leider nicht möglich.

Kirchenpolitik (Besier 1993; Henkys, Schweitzer 1996) auf die demographischen Strukturen der Kirche in der DDR mit sich führte. Im Folgenden werden zur Beantwortung dieser Frage in exemplarischer Weise die Alters- und Geschlechterstruktur der ostdeutschen Mitgliederschaft der evangelischen Kirche dargestellt und zu den westdeutschen Strukturen in Beziehung gesetzt.[23] Wurde in Bezug auf die alte Bundesrepublik festgehalten, dass die Alters- und Geschlechterstruktur der Mitglieder beider großer Kirchen derjenigen der Gesamtbevölkerung entspricht, so kann dies im Jahr 1991 für die Mitgliederschaft der evangelischen Kirche auf dem Gebiet der ehemaligen DDR nicht gesagt werden. Unter ihren Mitgliedern sind die Männer gemessen an der ostdeutschen Gesamtbevölkerung stark unterrepräsentiert: 36,6% männliche Kirchenmitglieder stehen einem Männeranteil von 46,7% an der Gesamtbevölkerung gegenüber. Für die Frauen gilt das Gegenteil: 65,4% weibliche Kirchenmitglieder stehen einem Anteil von 53,3% Frauen an der Bevölkerung insgesamt gegenüber. Die Altersstruktur der evangelischen Kirchenmitglieder profiliert sich besonders durch einen hohen Anteil älterer Menschen und einen niedrigen Anteil jüngerer Menschen. Sind 52% der Bevölkerung zwischen 18 und 44 Jahren alt, so sind es unter den Protestanten nur 34,6%. In der Altersgruppe der über 60-jährigen sind sie dagegen mit 36,7% im Vergleich zu einem Anteil dieser Altersgruppe von 21,6% an der Gesamtbevölkerung deutlich unterrepräsentiert (Quelle: ALLBUS Baseline 1991, eigene Berechnungen). Verlässt man die Gesamtebene evangelischer Kirchenmitglieder und vergleicht ost-und westdeutsche Kirchenmitglieder, die der Kirche nahe stehen[24], miteinander, so sind keine demographischen Unterschiede feststellbar. In Ost wie West gilt, dass kirchennahe Mitglieder gemessen an der Bevölkerung insgesamt häufiger unter den Angehörigen älterer Altersgruppen zu finden sind und Frauen grundsätzlich ein höheres Maß an Kirchlichkeit zeigen als Männer.

Die Darstellung demographischer Strukturen der evangelischen Kirche in der ehemaligen DDR zeigt deutlich, dass es während des 40-jährigen Bestehens der DDR unter demographischen Gesichtspunkten zu einer Auflösung ehemals volkskirchlicher Strukturen gekommen ist. In der alten Bundesrepublik dagegen haben sich die traditionell und kulturell vorgegebenen volkskirchlichen Strukturen auch in demographischer Hinsicht bis zur Gegenwart durchgehalten. Parallel haben sich demgegenüber während der Teilung Deutschlands die demographischen Strukturen innerhalb der Gruppe nahe stehender Kirchenmitglieder entwickelt.

Exkurs 2:

Die religiöse Lage in der Schweiz und in Österreich

Gerade die Konzentration dieses Beitrags auf die religiösen Verhältnisse in der Bundesrepublik Deutschland erfordert einen Seitenblick auf die beiden (zum Teil) deutschsprachigen Nachbarländer Schweiz und Österreich. Dieser Exkurs informiert daher skizzenhaft über die religiösen Verhältnisse in beiden Ländern und stellt, verglichen mit den religiösen Verhältnissen in Deutschland, prägnante demographische

23 Mit den ALLBUS-Baseline-Daten des Jahres 1991 stehen empirische Daten zur Verfügung, die die Strukturen gesellschaftlicher Wirklichkeit der ehemaligen DDR noch sehr gut erkennen lassen; sie stellen die Datenbasis für die folgenden Ausführungen dar.

24 Zum Index der Kirchennähe vgl. Abschn. 29.2.2.

Eigenarten, aber auch Gemeinsamkeiten heraus. Ebenso wie die Bundesrepublik ist auch die *Schweiz* durch zwei konfessionelle Kulturen geprägt. So erklärte sich 1990 die überwiegende Mehrheit der schweizerischen Wohnbevölkerung der evangelisch-reformierten Kirche (40%) und der römisch-katholischen Kirche (46,2%) zugehörig. 7,4% der Wohnbevölkerung waren konfessionslos und ca. 4,5% gehörten einer anderen Religionsgemeinschaft an – 2,2% davon dem Islam (Bundesamt für Statistik 1997: 365). Die Schweiz zeichnet sich ähnlich wie auch die Bundesrepublik durch eine konfessionelle Durchmischung der Bevölkerung aus. Trotzdem ist auch in der Schweiz die "Konfessionskarte", wie sie sich im Gefolge der Reformation entwickelt hat, in ihren Grundzügen bis heute erhalten geblieben (Weibel 1996:149 f.). Die Zusammenhänge zwischen Konfessionszugehörigkeit und sozialen bzw. demographischen Merkmalen sind gering. Ausnahmen bilden die starke Überalterung der protestantischen Bevölkerung (Bundesamt für Statistik 1997: 364) und Unterschiede bezüglich der wirtschaftlichen Position: katholische Kantone gehören mehrheitlich zu den mittel bis schwach entwickelten und die reformierten zu den hoch entwickelten. An dieser Stelle bestehen offensichtlich Differenzen zwischen der Schweiz und der Bundesrepublik, wo die genannten Zusammenhänge nicht feststellbar sind. Anders als in der Schweiz und der Bundesrepublik gehörte 1991 – historisch bedingt durch die Folgen der Gegenreformation – der weitaus größte Teil der Wohnbevölkerung Österreichs der römisch-katholischen Kirche an (77,8%). Zur evangelischen Kirche rechneten sich dort dagegen nur 5%. Vom verbleibenden Teil der Bevölkerung gaben 8,6% an, ohne Religionsbekenntnis zu sein, und 4,8%, einer anderen Religionsgemeinschaft anzugehören – 2,0% davon dem Islam (Österreichisches Statistisches Zentralamt 1996: 22; Puza 1995: 101). Verglichen mit den religiösen Verhältnissen in der Bundesrepublik ist ein Zusammenhang zwischen Konfessionszugehörigkeit und einem demographischen Merkmal besonders interessant: Es handelt sich um die Stadt-Land-Verteilung von Katholiken und Protestanten. So ist der Anteil der katholischen Bevölkerung in den Städten (z. B. Wien 57% und Linz 65%) deutlich geringer als auf dem Land (90%). Hierin ähneln sich österreichische und deutsche Katholiken, die traditionellerweise ebenfalls überdurchschnittlich häufig in ländlichen Gebieten leben. Die österreichischen Protestanten leben dagegen fast ausschließlich in Städten (Puza 1995: 100). Der kurze Blick auf Österreich und die Schweiz zeigt bereits deutlich, dass diese Länder bezogen auf die religiösen Verhältnisse verglichen mit der Bundesrepublik in spezifischer Weise geprägt sind. Zum tiefergehenden Verständnis von demographisch feststellbaren Unterschieden und Gemeinsamkeiten der religiösen Verhältnisse in den drei deutschsprachigen Ländern ist das Hinzutreten historischer Analysen jedoch unabdingbar.

29.3 Tendenzen der Forschung

Überblickt man die neuere Literatur zur Demographie der Bundesrepublik Deutschland, so fällt auf, dass es – anders als in Dahrendorfs grundlegendem Werk über die frühe Bundesrepublik – keine Versuche mehr gibt, die Bedeutung von religiöser Orientierung, Konfessionalität und Kirchlichkeit für die Struktur und Entwicklung der

Gesellschaft herauszuarbeiten (Schäfers 1990: 296).[25] Aktuellstes Beispiel für diesen Befund ist Geißlers Darstellung der Sozialstruktur Deutschlands. Auch er verzichtet auf die Berücksichtigung der genannten Themenstellung (Geißler 1992). Für die Ausklammerung des religiösen Aspekts aus sozialstrukturellen und insbesondere auch bevölkerungswissenschaftlichen Untersuchungen mag es mannigfaltige Gründe geben. So dürfte es zumindest in formaler Hinsicht vor allem von dem jeweils gewählten Verständnis von Sozialstrukturanalyse bzw. Bevölkerungswissenschaft abhängen, ob religiöse Phänomene Berücksichtigung finden oder nicht.[26] Wichtiger für die Erklärung der Vernachlässigung des religiösen Aspekts ist m.E. aber eine weithin verbreitete Unsicherheit und Unklarheit bezüglich der wissenschaftstheoretischen Verortung demographischer und sozialstruktur-analytischer Forschungen über Religion(-sgemeinschaften). Sollen für die bevölkerungswissenschaftliche Forschung im Bereich von Religion und Religions-gemeinschaften Tendenzen und Perspektiven dargestellt werden, ist der Frage nach dem wissenschaftstheoretischen Ort solcher Forschung nachzugehen.

Ihren Ursprung verdanken demographische Forschungen im Bereich von Religion und Religionsgemeinschaften der sog. Kirchenkunde des 19. Jahrhunderts. Deskription konkreter Eigenarten kirchlichen Lebens, nicht dagegen streng theoriegeleitete Zusammenordnung von Einzelphänomenen zu einem konsistenten System, war die Aufgabe der Kirchenkunde. Expliziten Wissenschaftscharakter erhielt die Kirchenkunde daher erst durch die Einbettung in spezifische Theoriegebäude (Rau 1996). Dies gilt auch für ihre moderne Nachfolgerin, die bevölkerungswissenschaftliche Analyse von Religionsgemeinschaften.

Will man die Tendenzen demographischer Forschungen zum Thema Religion und Religionsgemeinschaften von Kriegsende bis zur Gegenwart nachzeichnen, so ist die Verortung dieser Forschungen im Kontext der Religionssoziologie von entscheidender Bedeutung. Es sind vor allem die theoretischen Kontroversen innerhalb dieser Disziplin, die den Stellenwert demographischer Analysen von Religion- und Religionsgemeinschaften maßgeblich bestimmt haben.

So ging man in der jungen Bundesrepublik der 50er-Jahre fest davon aus, Religion exakt zu vermessen, wenn man das kirchlich-institutionell definierte Religionsverständnis zu Grunde lege. Demographische Analysen waren auf Grund der hervorragenden Bedeutung gesellschaftlich institutionalisierter Religion für die Religionssoziologie dieser Jahre unentbehrlich (vgl. zu dieser Phase religionssoziologischer Forschung den bilanzierenden Sammelband von Goldschmidt et al. 1960). Dies änderte sich nach Luckmanns fundamentaler Kritik am religionssoziologischen Selbstverständnis der 50er-Jahre grundsätzlich. Die Vorwürfe der "Verengung" zur Kirchensoziologie, der Dominanz pastoralsoziologischer und kirchenpolitischer Interessen sowie der ungenügenden Verankerung in der allgemeinen soziologischen Theorie (Luckmann 1960) veranlassten die Zuwendung der Religionssoziologie zu einem all-

---

[25] Ausnahmen bilden neben Schäfers' (1990) Sozialstrukturkonzept dasjenige von Hettlage (1990) und das Konzept des Datenreports (Statistisches Bundesamt 1994). Hier liegt ein weites Konzept von Sozialstruktur zugrunde, das den religiösen Bereich einschließt.

[26] Die drei gängigsten Auffassungen darüber, was mit dem Begriff "Sozialstruktur" bezeichnet wird, sind bei Geißler dargestellt (1992: 15).

gemeinen Religionsbegriff. Religion wurde fortan ohne Bezug zur expliziten christlichen Tradition in Gestalt der Kirchen identifiziert (Luckmann 1991). Unter dieser Voraussetzung wurden demographische Fragestellungen für die Religionssoziologie in zunehmendem Maße uninteressant. Die unbestimmte, a priori vorhandene Religiosität des einzelnen, nicht die gesellschaftlich identifizierbare, stand nun im Mittelpunkt des religionssoziologischen Interesses.

Daran hat sich auch im Blick auf neuere religionssoziologische Theorieentwürfe wie z. B. denjenigen der kritischen Theorie im Gefolge der Frankfurter Schule (vgl. Mörth 1983), dem Konzept des symbolischen Interaktionismus (vgl. Berger, Luckmann 1969) und dem *systemtheoretischen Ansatz* (vgl. Luhmann 1977) nichts geändert. Die Kirchen und Religionsgemeinschaften, gerade auch in ihren jeweiligen geschichtlich erlangten Eigenheiten, haben kaum eine Subjektstellung in diesen Theorien (Rau 1996: 601). Angesichts dieser Sachlage stellt sich die Frage, wo zukunftsfähige Perspektiven bevölkerungswissenschaftlicher Forschung im Bereich von Religionsgemeinschaften zu verorten sind. Wo können sie in Zukunft beheimatet werden?

Wie die Ausführungen zur religiösen Lage bereits gezeigt haben, ist die Bundesrepublik Deutschland ein Land, das sich im religiösen Bereich hauptsächlich durch die Existenz zweier großer christlicher Kirchen auszeichnet, denen der größte Teil der Bevölkerung angehört. Dies ist historisch bedingt und von herausragender Bedeutung für das kulturelle Profil unseres Landes. In zukünftigen religionssoziologischen Theorieentwürfen sollte dieses Faktum wieder stärker wahrgenommen werden, als dies in der Vergangenheit geschehen ist. Hiermit soll jedoch nicht eine Restauration der Kirchensoziologie der 50er-Jahre gefordert werden. Es geht vielmehr darum, von historisch Gewachsenem auszugehen und den Ausgangspunkt religionssoziologischen Forschens nicht in einem religiösen Apriori des Individuums, das sich jeglicher wissenschaftlicher Erfassung entzieht, zu suchen. Mit der vorwissenschaftlichen Grundentscheidung zu Gunsten eines individuellen religiösen Apriori und zu Ungunsten historisch gewachsener Formen religiösen Lebens, wie es in Gestalt manifester Religionsgemeinschaften vorliegt, hat die Religionssoziologie der letzten Jahrzehnte ihren historisch-gesellschaftlichen Bezugspunkt verloren und ist in eine wissenschaftliche Sackgasse geraten. Nicht zuletzt hierdurch nimmt ihre Bedeutung im soziologischen Fächerkanon ab. Gerade die – zunächst isolierte – Beschäftigung mit Demographie und Sozialstruktur der Religionsgemeinschaften in der Bundesrepublik Deutschland aber macht deutlich, dass historisch-gesellschaftliche Bezugspunkte religionssoziologischer Forschung nach wie vor vorhanden sind und das Ausweichen auf einen allgemein individuellen Religionsbegriff keineswegs notwendig ist. Es wäre besonders die Aufgabe der Religionssoziologie, sich diesem historisch-gesellschaftlichen Bezugspunkt wieder zuzuwenden. Denn nur auf diese Weise ist einerseits ein Rückfall in die kirchlich-institutionell normierte Kirchensoziologie der 50er-Jahre zu verhindern und andererseits der Bezug religionssoziologischer Forschung zur allgemeinen soziologischen Theoriebildung zu Gewähr leisten. Für die bevölkerungswissenschaftliche Analyse der Religionsgemeinschaften wäre eine religionssoziologische Neubesinnung in der hier geschilderten Weise mit einem deutlichen Bedeutungsgewinn verbunden. Auf dem Wege interdisziplinärer Forschungsarbeit – zu denken ist hier vor allem an die Disziplinen Soziologie, Theologie, Psychologie, Religionswissenschaft und die Geschichtswissenschaft – wäre es dann auch möglich, ausgehend vom Befund zunächst empirisch erhobener sozialer und demographischer Strukturen weiter nach individuellen, nichtinstitutionalisierten Formen von Religion zu forschen. Die religionssoziologischen Schriften Webers führen den Erfolg solchen methodischen Vorgehens auch heute noch eindrücklich vor Augen.

29.4 Datenquellen und Datenzugang

Die Qualität der Datenlage ist für den Bereich der Religionsgemeinschaften in der Bundesrepublik Deutschland ganz vom Ausmaß der gesellschaftlichen Repräsentanz der einzelnen Religionsgemeinschaften abhängig. So ist die Datenlage für die beiden großen Kirchen gut. Aber schon für den Bereich der Freikirchen, erst recht aber bezüglich der Religionsgemeinschaften der Zuwanderer und der Sekten bzw. neuen Jugendreligionen kann von einer außerordentlich schlechten Datenlage gesprochen werden – und dies ganz besonders, wenn es um soziodemographische Merkmale der Mitglieder, der Mitarbeiter und der Amtsträger geht.

Im Folgenden werden zunächst die Datenquellen und -zugänge der offiziellen Statistik vorgestellt. Im Anschluss daran werden dann die wichtigsten Erhebungen und empirischen Untersuchungen zum Thema Religion und Religionsgemeinschaften genannt und hinsichtlich ihrer wichtigsten Charakteristika skizziert. Bei all dem wird der Frage, inwieweit die Datenquellen für die bevölkerungswissenschaftliche Analyse von Religionsgemeinschaften nutzbar sind, besondere Aufmerksamkeit geschenkt.

29.4.1 Die offizielle Statistik

Die wichtigsten offiziellen Datenzugänge für Auskünfte über die beiden großen Kirchen stellen die *Statistikabteilung der EKD* in Hannover und das *Statistikreferat des Sekretariats der Deutschen Bischofskonferenz* in Bonn dar. Hier werden die wichtigsten Daten des kirchlichen Lebens gesammelt und regelmäßig publiziert. Für den Bereich der evangelischen Kirche geschieht die Publikation statistischen Materials im Rahmen der regelmäßig erscheinenden *statistischen Beilagen zum Amtsblatt der EKD*. Die katholische Kirche veröffentlicht maßgebliche Daten in den im Zweijahresturnus erscheinenden *kirchlichen Handbüchern*. Darüber hinaus geben die katholische und die evangelische Kirche die von ihnen regelmäßig ermittelten Daten über das kirchliche Leben an das statistische Bundesamt weiter, welches diese in den jährlich erscheinenden S*tatistischen Jahrbüchern* veröffentlicht. Die genannten Datenquellen beziehen sich ganz besonders auf kirchendemographische Entwicklungen und die wichtigsten Äußerungen des kirchlichen Lebens. Für die Zwecke bevölkerungswissenschaftlicher Forschung im Bereich der beiden großen Kirchen stellen sie die unentbehrliche Grundlage dar. Die bislang zuverlässigsten Daten über die Religionsgemeinschaften in der Bundesrepublik Deutschland wurden durch die *Volkszählung* des Jahres 1987 ermittelt. Sie wurden im Rahmen der Publikationsreihe des statistischen Bundesamtes zur Volkszählung in einem gesonderten Heft zusammengetragen (Statistisches Bundesamt 1990). Für die demographische Analyse der Religionsgemeinschaften bietet diese Publikation den Vorzug, dass sie sich nicht nur auf die beiden großen Kirchen bezieht, sondern auch weitere Religionsgemeinschaften wie z. B. die Freikirchen und die islamische Religionsgemeinschaft berücksichtigt. Ferner setzt sie die Mitgliederschaft der einzelnen Religionsgemeinschaften und ausgewählte demographische Merkmale in Beziehung zueinander. Weitere Zugänge zu offiziellen Daten über die Religionsgemeinschaften der Zuwanderer, die Freikirchen und unterschiedliche Sekten sind nicht vorhanden. Dennoch seien abschließend drei Wege genannt, auf denen relativ verläßliche statistische Angaben über kleinere Religionsgemeinschaften zu beziehen sind.

Für den Bereich der islamischen Religionsgemeinschaften kann das *Zentralinstitut Islam-Archiv Deutschland* in Soest genannt werden. Des Weiteren sammelt der *Arbeitskreis Christlicher Kirchen in Deutschland e.V. (ACK)* in Frankfurt zentrale Daten über die Freikirchen und einige orthodoxe Kirchen. Schließlich ist es möglich, bei den Sektenbeauftragten der beiden großen Kirchen Informationen über Sekten und neue religiöse Bewegungen zu erhalten.

29.4.2 Repräsentative Erhebungen nichtkirchlicher und kirchlicher Auftraggeber

Auch für den Bereich bevölkerungswissenschaftlicher Analysen der Religionsgemeinschaften stellen die vom *Zentralinstitut für Empirische Sozialforschung an der Universität zu Köln (ZA)* gesammelten und der Öffentlichkeit zur Verfügung gestellten Daten empirischer Erhebungen eine wesentliche Forschungsgrundlage dar. Hier sind es besonders die regelmäßig durchgeführte *Allgemeine Bevölkerungsumfrage der Sozialwissenschaften (ALLBUS)*, das *International Social Survey Program (ISSP)* und für den Osten Deutschlands die seit 1990 jährlich replizierte Untersuchungsreihe *"Leben Ostdeutschland"*, die dem Forscher eigenständige demographische Primär- und Sekundäranalysen im Bereich von Religionsgemeinschaften erlauben. Ein Nachteil speziell für die demographische Analyse kleinerer Religionsgemeinschaften besteht allerdings darin, dass diese stets in Form von Sammelkategorien erfasst werden, was eine differenzierte Analyse leider unmöglich macht. Umfassendes religions- und kirchensoziologisches Material, das wichtige soziodemographische Informationen über die Mitglieder der beiden großen Kirchen enthält, liegt in den seit 1972 in kirchlichem Auftrag durchgeführten Repräsentativerhebungen vor.

Die erste – und auf katholischer Seite bislang einzige – dieser Erhebungen wurde 1972 zur Vorbereitung der gemeinsamen Synode der Bistümer in der Bundesrepublik Deutschland durchgeführt (Schmidtchen 1972). Dieser Erhebung folgte auf evangelischer Seite eine repräsentative Befragung der Mitglieder der Vereinigten evangelisch-lutherischen Kirche Deutschlands (VELKD) – ebenfalls 1972 (Schmidtchen 1973). Die krisenhafte Zuspitzung der Kirchenaustritte Ende der 60er-Jahre veranlasste die EKD, eine umfassende Analyse der kirchlichen Situation in Auftrag zu geben. Auch diese Erhebung fand 1972 statt (Hild 1974) und wurde jeweils Anfang der 80er (Hanselmann 1984) und 90er-Jahre (EKD Studien- und Planungsgruppe 1993) repliziert.

29.5 Anhang: Ausgewähltes statistisches Material

Tab. 5: Durchschnittlicher Anteil von Teilnehmerinnen und Teilnehmern am sonntäglichen Gottesdienst gemessen an der Gesamtheit aller Kirchenmitglieder der westlichen Gliedkirchen der EKD und der katholischen Kirche von 1970 bis 1993 (in %)

Jahr	evangelische Kirche	katholische Kirche
1970	5,3	35,1
1975	5,5	32,6
1980	5,5	29,1
1985	5,4	25,8
1990	4,9	21,9
1991	4,8	20,9
1992	4,8	20,4
1993	4,4	19,6

(Quelle: Evangelische Kirche in Deutschland, Statistische Beilage Nr. 90 zum Amtsblatt der EKD, Heft 1, Januar 1995:16; Statistische Jahrbücher; eigene Berechnungen)

Tab. 6: Entwicklung der Tauf- und Geburtenzahlen von 1949 bis1993

Jahr	katholische Taufen	evangelische Taufen	Geburten insgesamt
1949	419.997	377.462	812.200
1950	392.825	358.733	812.835
1951	385.752	362.729	776.144
1952	390.831	356.280	781.029
1953	372.919	361.556	778.206
1954	382.932	361.780	798.479
1955	386.400	362.146	820.128
1956	403.195	374.577	838.401
1957	434.157	393.716	874.365
1958	441.322	401.000	885.659
1959	463.492	419.100	930.944
1960	470.600	425.100	968.629
1961	494.900	442.400	1.012.687
1962	496.600	462.300	1.018.552
1963	511.900	475.600	1.054.123
1964	513.500	483.300	1.065.437
1965	502.600	476.100	1.044.328
1966	500.200	475.800	1.050.345
1967	480.300	462.900	1.019.459
1968	452.100	441.100	969.825
1969	421.800	399.200	903.456
1970	369.852	345.994	810.808
1971	344.335	317.754	778.526
1972	309.409	283.103	701.214
1973	272.288	244.481	635.633
1974	263.651	227.932	626.373
1975	251.847	217.104	609.512
1976	249.821	217.540	602.851
1977	245.934	217.249	582.344
1978	243.166	216.512	576.468
1979	247.406	213.673	581.984
1980	257.584	221.982	620.657
1981	265.324	227.025	624.557
1982	265.882	229.974	621.173
1983	258.603	223.831	594.177
1984	256.185	224.241	584.157
1985	254.090	223.798	586.155
1986	264.752	231.535	625.963
1987	270.168	239.127	642.010
1988	279.113	248.076	677.259
1989	282.221	251.842	681.537
1990	294.600	257.312	727.199
1991	299.228	299.504	722.250
1992	287.069	282.939	720.794
1993	281.612	273.611	717.915

(Quelle: Statistische Jahrbücher)

Tab. 7: Kirchliche Trauungen und standesamtliche Eheschließungen insgesamt von 1949 bis 1993

Jahr	katholische Trauungen	evangelische Trauungen	Eheschließungen insgesamt
1949	196.461	182.421	487.318
1950	199.176	186.733	516.282
1951	200.081	187.914	503.310
1952	189.473	177.460	463.912
1953	179.290	167.006	443.404
1954	176.013	162.812	435.307
1955	176.796	165.758	443.439
1956	185.665	173.501	459.310
1957	193.873	177.930	462.668
1958	199.421	186.500	473.804
1959	207.058	195.400	483.300
1960	212.400	203.500	500.318
1961	217.500	205.900	529.901
1962	216.900	214.600	530.640
1963	208.400	203.900	507.644
1964	204.600	202.400	506.182
1965	195.300	195.700	492.128
1966	188.900	190.900	484.562
1967	182.400	183.800	483.101
1968	172.300	174.800	444.150
1969	166.900	166.000	446.586
1970	163.600	142.500	444.415
1971	165.031	145.093	432.030
1972	155.441	133.834	415.132
1973	143.798	118.125	394.603
1974	137.300	108.416	377.265
1975	135.069	107.079	386.681
1976	135.069	99.359	365.728
1977	126.039	97.069	358.487
1978	119.205	88.697	328.215
1979	121.340	90.134	344.823
1980	125.329	94.447	361.809
1981	121.459	91.533	359.658
1982	120.317	91.692	361.966
1983	115.479	92.454	369.963
1984	115.863	93.231	364.140
1985	113.006	93.195	364.661
1986	110.470	93.800	372.112
1987	114.175	97.254	382.564
1988	115.199	101.409	397.595
1989	113.258	100.682	398.608
1990	114.332	103.627	414.475
1991	106.739	102.056	403.762
1992	103.112	100.026	405.196
1993	97.416	5.929	393.353

(Quelle: Statistische Jahrbücher)

Tab. 8: Kirchliche Bestattungen und Sterbefälle insgesamt von 1949 bis 1993

Jahr	katholische Bestattungen	evang. Bestattungen	Verstorbene insgesamt
1949	239.843	226.914	489.696
1950	225.071	231.122	489.696
1951	230.289	258.575	502.527
1952	231.318	240.233	517.002
1953	234.163	261.299	517.618
1954	220.691	251.938	549.376
1955	232.046	263.460	524.994
1956	239.034	270.355	551.346
1957	251.381	282.301	567.206
1958	240.121	276.600	565.000
1959	244.647	278.400	563.910
1960	259.300	296.200	570.952
1961	254.400	288.200	606.609
1962	260.400	320.100	627.561
1963	271.500	335.000	644.819
1964	259.700	321.100	673.069
1965	274.500	338.800	644.128
1966	276.600	343.900	677.628
1967	278.200	342.700	686.321
1968	296.700	367.500	687.349
1969	298.300	366.600	734.048
1970	295.771	369.390	744.360
1971	292.739	360.227	734.692
1972	292.039	359.566	730.670
1973	293.059	357.937	731.264
1974	291.461	357.473	731.028
1975	300.705	368.192	727.511
1976	300.705	359.072	749.260
1977	282.887	343.577	733.140
1978	292.719	350.911	704.922
1979	286.960	345.792	723.218
1980	288.135	347.498	711.732
1981	290.043	350.368	714.117
1982	288.264	346.560	722.192
1983	292.259	342.406	715.857
1984	281.849	330.825	718.337
1985	285.983	335.302	696.118
1986	285.059	331.003	704.296
1987	278.439	323.808	701.890
1988	277.513	332.286	687.516
1989	281.460	321.166	697.730
1990	289.860	326.514	713.335
1991	294.711	391.528	708.818
1992	288.882	375.154	695.268
1993	292.289	375.218	711.625

(Quelle: Statistische Jahrbücher)

Datentabelle zu Abb. 1: Entwicklung der Mitgliedszahlen beider großer Kirchen von 1949 bis 1990

Jahr	Katholiken	Protestanten	Bevölkerung insgesamt
1949	24.366.520	22.963.000	46.777.500
1950	23.195.080	23.878.000	47.518.500
1951	23.493.320	23.878.000	51.193.600
1952	23.763.950	23.878.000	51.603.700
1953	23.012.000	25.900.000	52.199.000
1954	23.246.000	26.100.000	52.690.600
1955	23.461.000	26.250.000	53.181.500
1956	23.740.240	26.450.000	53.800.300
1957	24.973.000	26.650.000	53.702.100
1958	25.222.000	26.650.000	54.383.600
1959	25.476.000	26.650.000	54.992.600
1960	25.796.000	26.650.000	55.785.000
1961	26.208.000	26.650.000	56.589.000
1962	26.498.000	28.410.000	57.247.000
1963	26.817.000	28.404.000	57.865.000
1964	27.123.000	28.978.000	58.266.000
1965	27.500.000	29.100.000	59.012.000
1966	27.816.000	29.078.000	59.638.000
1967	28.100.000	29.100.000	59.873.000
1968	28.413.000	29.202.000	60.184.000
1969	28.730.000	29.202.000	60.848.000
1970	28.951.000	29.202.000	60.651.000
1971	27.441.000	29.201.000	61.302.000
1972	27.578.000	28.480.000	61.672.000
1973	27.697.000	28.210.000	61.976.000
1974	27.648.000	27.427.000	62.054.000
1975	26.998.000	27.184.000	61.829.000
1976	26.998.000	26.942.000	61.531.000
1977	26.787.000	26.719.000	61.400.000
1978	26.749.000	26.507.000	61.327.000
1979	26.732.000	26.309.000	61.359.000
1980	26.710.000	26.104.000	61.566.000
1981	26.707.000	25.898.000	61.682.000
1982	26.625.000	25.316.000	61.638.000
1983	26.491.000	25.501.000	61.423.000
1984	26.395.000	25.316.000	61.175.000
1985	27.470.000	25.106.000	61.024.000
1986	27.333.000	24.913.000	61.066.000
1987	27.177.000	25.401.000	61.077.000
1988	27.146.000	25.174.000	61.450.000
1989	26.746.000	25.132.000	62.063.000
1990	27.535.000	25.156.000	63.254.000

(Quelle: Statistische Jahrbücher)

Datentabelle zu Abb. 2: Entwicklung der Kirchenaustrittszahlen von 1949 bis 1993

Jahr	Katholiken	Protestanten
1949	28.425	54.243
1950	26.021	53.058
1951	21.324	49.287
1952	22.024	45.743
1953	19.193	34.121
1954	19.163	32.547
1955	20.511	35.427
1956	20.200	32.275
1957	20.371	28.864
1958	22.387	32.149
1959	23.244	32.251
1960	23.280	32.077
1961	23.285	30.568
1962	23.332	35.488
1963	23.332	35.488
1964	23.604	40.362
1965	22.791	37.473
1966	22.043	38.213
1967	22.499	42.270
1968	27.995	58.547
1969	38.712	108.844
1970	69.455	189.134
1971	58.361	159.980
1972	53.829	139.818
1973	69.448	182.389
1974	83.172	216.217
1975	69.370	168.639
1976	69.370	128.394
1977	58.206	127.774
1978	52.273	109.797
1979	48.763	99.653
1980	66.438	119.814
1981	66.438	116.022
1982	54.962	113.375
1983	56.623	113.006
1984	64.435	127.002
1985	74.172	140.553
1986	75.919	138.981
1987	81.598	140.638
1988	79.562	138.700
1989	93.010	147.753
1990	116.530	144.143
1991	167.933	320.635
1992	192.766	361.151
1993	153.753	279.971

(Quelle: Statistische Jahrbücher)

30

Überblick über moderne Bevölkerungsgeschichte nach Weltregionen

Thomas Büttner

Einleitung

Die Bevölkerungsentwicklung der Neuzeit ist – historisch betrachtet – das Ergebnis einer Gleichgewichtsstörung. Vor der industriellen Revolution waren Geburten- und Sterberaten auf nahezu dem gleichen Niveau, während in der Gegenwart diese vitalen Raten weiter auseinander liegen denn je. Für den Zeitraum 1990 bis 1995 schätzten die UN eine globale Geburtenrate von 25,0 Geburten per 1.000 Menschen im jährlichen Durchschnitt. Dem steht eine Sterberate von nur 9,3 Gestorbenen pro 1.000 Menschen im jährlichen Durchschnitt gegenüber, d. h. die Wachstumsrate der Weltbevölkerung beträgt 15,7 pro 1.000 der Bevölkerung (United Nations 1995c). Oder, in absoluten Zahlen: Einer Gesamtzahl von 687,4 Mio. Geburten stehen 255,8 Mio. Sterbefälle gegenüber. Daraus ergibt sich ein Bevölkerungszuwachs von knapp 431,6 Mio. Menschen zwischen 1990 und 1995. Das ist immerhin ein durchschnittlicher jährlicher Zuwachs von 86,3 Mio. Menschen, mehr als 236 Tsd. pro Tag.

Das Bevölkerungswachstum der jüngeren Geschichte hat viele Kontroversen hervorgebracht. So ist es als Vehikel für die verschiedensten Weltuntergangsszenarien benutzt worden, wobei eine Vielzahl sozialer, ökonomischer und ökologischer Probleme mit dem Bevölkerungswachstum erklärt worden sind. Dies mag unter anderem auch damit zusammenhängen, dass die "Bevölkerung", d. h. die Entwicklung der Bevölkerung in Raum und Zeit, als ein simpler und vertrauter Vorgang erscheint. Hinzu kommt eine vergleichsweise gute Datenverfügbarkeit, die in den anderen sozialen Bereichen wie z. B. der Ökonomie, so nicht gegeben ist – nur die Geografie verfügt noch über vollständigere globale Daten. Schließlich ist es wegen des großen inneren Momentums der Bevölkerungsentwicklung auch vergleichsweise einfach, hinreichend stabile Bevölkerungsprojektionen für mittelfristige Zeiträume zu erstellen. Damit wird dann die künftige Bevölkerungsentwicklung schnell zum Anker, an dem andere Entwicklungen festgelegt werden.

Gleichzeitig ist dem Bevölkerungswachstum aber auch jede Relevanz in den vorher genannten Bereichen abgesprochen worden, wie es in der (radikal gewandelten) Haltung der Regierung der USA zum Bevölkerungsproblem anlässlich der Weltbevölkerungskonferenz 1984 in Mexiko-City zum Ausdruck kam (McIntosh, Finkle 1995).

Diese Diskussionen werden hier aber nicht aufgenommen. Stattdessen wird versucht, die jüngere demographische Geschichte, zusammen mit wahrscheinlichen Trends der weiteren Entwicklung, in ihrem globalen Kontext mithilfe ausgesuchter demographischer Indikatoren abzubilden. Anders nämlich als noch vor einigen Jahrzehnten ist heute relativ detailliert und genau bekannt, wie viel Menschen auf der Erde leben, wie viel Kinder von Frauen im Durchschnitt geboren werden, wie viel Kinder bereits im ersten Lebensjahr sterben, welche Lebenserwartung Männer und Frauen haben. Wir sind damit heute besser in der Lage, die Menschen in ihrer Verschiedenheit hinter den Zahlen zu erkennen.

30.1 Vier Jahrhunderte Bevölkerungswachstum

Kingsley Davis hat vor 50 Jahren die Geschichte der Weltbevölkerungsentwicklung einmal mit einer langen, dünnen Zündschnur verglichen, die langsam, manchmal stockend, durch die Jahrtausende brannte, bis sie, ungefähr zeitgleich mit der industriellen Revolution, das sprichwörtliche Pulverfass erreichte und explodierte (Davis 1945). Dabei ist diese viel zitierte Bevölkerungsexplosion dann doch eher still und zunächst sogar unerkannt verlaufen. So sind die (rekonstruierten) historischen Wachstumsraten in den 200 Jahren seit dem Einsetzen der industriellen Revolution um 1750 im langfristigen Mittel zwar stetig angestiegen, bis etwa 1940 aber im Durchschnitt nicht größer als 0,75% gewesen. Die Explosivkraft liegt hier auch eher in den Eigenschaften exponentiellen (Bevölkerungs-)Wachstums, wonach selbst kleine Wachstumsraten *langfristig* zu völlig unrealistischen Beständen führen. So würde sich z. B. eine Bevölkerung mit dem genannten jährlichen Wachstum von nur 0,75% alle 92 Jahre im Bestand verdoppeln.

Kingsley Davis und Frank Notestein (1945) haben wegen der langfristig unrealistischen Konsequenzen aus anhaltendem Bevölkerungswachstum geschlossen, dass das gegenwärtige Bevölkerungswachstum nur eine historische Episode sein kann. Das beobachtete Bevölkerungswachstums ist demnach ein Übergangsphänomen, die Folge einer demographischen Transition der Komponenten der Bevölkerungsentwicklung.

Abbildung 1 zeigt den historischen Trend des Bevölkerungswachstums anschaulich. Seit 1750 kommt, Jahrzehnt um Jahrzehnt, eine ständig wachsende Anzahl von Menschen zur Weltbevölkerung hinzu. Betrug der Zuwachs in der Dekade 1750 bis 1760 nur etwa 34 Mio. Menschen, so war er in der Dekade von 1950 bis 1960 bereits eine halbe Milliarde. Im Jahrzehnt 1990 bis 2000 wird die Erdbevölkerung um mehr als 873 Mio. Menschen zunehmen. Von diesem Zuwachs werden ca. 42 Mio. aus den entwickelten Regionen stammen, und mehr als 831 Mio. aus den weniger entwickelten Regionen der Welt. Nach der mittleren Projektionsvariante der UN wird der absolute Zuwachs der Weltbevölkerung nach der Jahrtausendwende dann zurückgehen – auf wichtige Faktoren dieses erwarteten Rückgangs wird noch einzugehen sein.

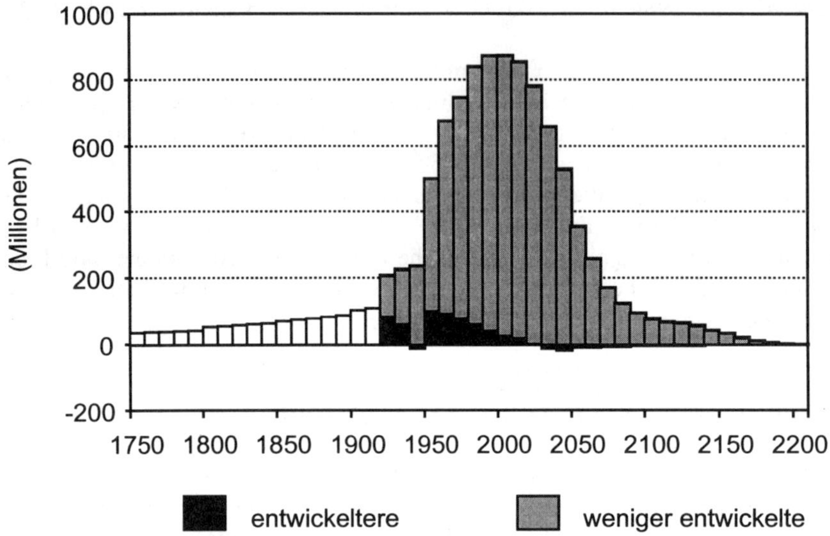

Abb. 1: Bevölkerungszuwächse für Dekaden zwischen 1750 und 2200

Das Modell der sog. "demographischen Transition" hat sich in den letzten 50 Jahren als zusammenfassende Beschreibung einer dramatischen Änderung der Bevölkerungsweise während der vergangenen rd. 200 Jahre bewährt. Dargestellt wird der Übergang von einer vorindustriellen/vormodernen demographischen Reproduktion mit hoher Sterblichkeit und Fruchtbarkeit zu einem modernen Reproduktionstyp mit niedriger Sterblichkeit und niedriger Fruchtbarkeit. Vor und nach der Transition ist das Bevölkerungswachstum gering, die Komponenten des Bevölkerungswachstums befinden sich in einem langfristigen Equilibrium. Während des Übergangs kommt es zu mehr oder weniger starkem Bevölkerungswachstum. Dies ist dann wesentlich dadurch zu erklären, dass sich Fruchtbarkeit und Sterblichkeit während des Übergangs nicht "phasengleich" verhalten, d. h. die Sterblichkeit sinkt i.d.R. zunächst schneller als die Fruchtbarkeit. Daraus folgt dann zwangsläufig, dass die Bevölkerungszahl wächst. Bei der Darstellung der jüngeren Bevölkerungsgeschichte, die vor allem die Geschichte hohen globalen Bevölkerungswachtums ist, reicht es offensichtlich nicht aus, nur die Entwicklung der Bevölkerungszahl zu verfolgen. Um das Bevölkerungswachstum zu verstehen, müssen seine demographischen Komponenten einbezogen werden.

Die Wachstumsrate der Bevölkerung wird durch Geburten- und Sterberate bestimmt: Die Differenz zwischen Geburten- und Sterberate bestimmt die Höhe des Bevölkerungswachstums (gegebenenfalls ist der Wanderungssaldo zu berücksichtigen) . Diese Kennziffern werden direkt von hochaggregierten statistischen Massen (Bevölkerungszahl, Geburten; Sterbefälle, Wanderungssaldo) gewonnen; sie gehören damit der *Aggregats- oder Bevölkerungsebene* an. Die "vitalen Raten" der Aggregatsebene selbst werden, in Verbindung mit der jeweils gegebenen Altersstruktur der Bevölkerung, durch das Niveau von Sterblichkeit und Fruchtbarkeit auf der *Individu-*

al- oder Verhaltensebene bestimmt. Die Niveauindikatoren der Sterblichkeit bzw. Fruchtbarkeit dieser Ebene beziehen sich auf ein durchschnittliches Individuum und sind folglich nicht durch die Altersstruktur der Bevölkerung beeinflusst. Im Folgenden werden Fruchtbarkeits- und Sterblichkeitsniveau mit den gebräuchlichen Kennziffern Gesamtfruchtbarkeitsrate und Lebenserwartung abgebildet.

Der demographische Übergang von hoher Fruchtbarkeit und hoher Sterblichkeit zu niedriger Fruchtbarkeit und niedriger Sterblichkeit wird meist anhand von (rohen) Geburten- und Sterberaten, auf der Aggregatsebene also, dargestellt. Eine solche Darstellungsform wird bei der Zusammenfassung des globalen Bevölkerungstrends (Kap. 2.3.) sowie bei der Beschreibung der Bevölkerungsentwicklung in deutschsprachigen Ländern (Kap. 3) verwendet. Ein Nachteil der traditionellen Darstellungsweisen ist, dass das wahre Niveau der Fertilität oder Mortalität wegen der beteiligten Altersstruktureffekte verborgen bleibt. Deshalb wird im Folgenden eine Darstellungsform der demographischen Transition gewählt, die von Tabah vorgeschlagen wurde (United Nations 1989). An Stelle der auf die Gesamtbevölkerung bezogenen vitalen Raten werden Niveauindikatoren der Fruchtbarkeit (Gesamtfruchtbarkeitsrate) und Sterblichkeit (Lebenserwartung bei der Geburt) verwendet, die sich auf ein (durchschnittliches) Individuum beziehen.

Tabah hat für eine vereinfachende quantitative Darstellung der demographischen Transition vier Stufen des demographischen Übergangs unterschieden (United Nations 1989: 64; s. auch Tab. 1). Sie fassen Fruchtbarkeit und Sterblichkeit in typische Wertebereiche zusammen, die so in zahlreichen Ländern und in regionalen Durchschnitten beobachtet wurden (Witthauer 1973; Bongaarts, Potter 1983: 104; Bähr 1983: 195).

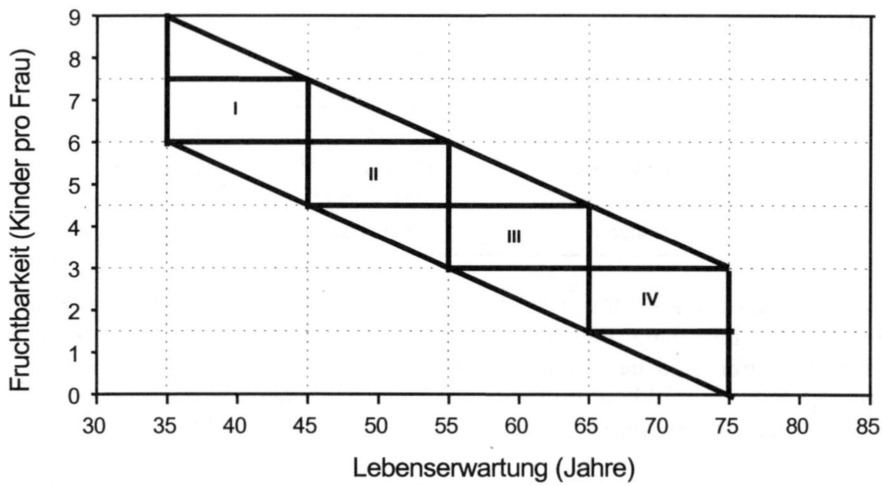

Abb. 2: Stufenschema der demographischen Transition

Erste Stufe: Phase der Vortransition. Sie ist gekennzeichnet durch hohe Sterblichkeit und Fruchtbarkeit. Die Lebenserwartung liegt unter 45 Jahren; die Gesamtfruchtbarkeitsrate hat Werte von mehr als sechs Kinder pro Frau. Diese Stufe der demographischen Transition steht damit für den Zustand *vor* dem Übergang. In Abb. 2 ist dieser Bereich mit I gekennzeichnet. Afghanistan, Guinea, Sierra Leone und Uganda sind Anfang der 90 Jahre noch auf dieser Stufe zu finden.

Zweite Stufe: Phase der Frühtransition. Die Sterblichkeit beginnt zu sinken, gefolgt von der Fruchtbarkeit. Die Lebenserwartung bei der Geburt beträgt hier im Durchschnitt zwischen 45 und 55 Jahre; die Gesamtfruchtbarkeitsrate bewegt sich zwischen 6 und 4,5 Kinder pro Frau. Bevölkerungen auf dieser Stufe des Übergangs sind im Rechteck II zu finden.

Dritte Stufe: Mittlere Phase der Transition (Mitteltransition, Rechteck III). Der Rückgang von Sterblichkeit und Fruchtbarkeit setzt sich beschleunigt fort. Die Lebenserwartung steigt auf Werte zwischen 55 und 65 Jahre; die Gesamtfruchtbarkeitsrate sinkt auf Werte zwischen 4,5 und 3,0 Kinder pro Frau.

Vierte Stufe: Phase der Spät- oder Nachtransition (Rechteck IV). Sterblichkeit und Fruchtbarkeit befinden sich auf niedrigem Niveau, d. h. die Lebenserwartung ist jetzt höher als 65 Jahre, und die Fruchtbarkeit (Gesamtfruchtbarkeitsrate) unter 3,0 Kinder pro Frau.

Tab. 1: Wertebereiche demographischer Indikatoren im demographischen Stufendiagramm

Transitionsstufe	Fertilität Kinder pro Frau	Mortalität Lebenserwartung (in Jahren)	Bemerkung
I	mehr als 6	unter 45	Vortransition
II	4,5 bis unter 6	45 bis unter 55	Frühtransition
III	3 bis unter 4,5	55 bis unter 65	Mitteltransition
IV	weniger als 3	65 und mehr	Spättransition

Sowohl Vor- als auch Spättransition sind im verwendeten Stufendiagramm als abgeschlossene Bereiche dargestellt. Dies ist eine grobe Vereinfachung, denn beide Stufen der Transition sind natürlich nach "vorne" bzw. "hinten" offene Bereiche. Da sich die globale Entwicklung im hier betrachteten Zeitraum durchaus im gegebenen Schema bewegte, kann auf eine Diskussion der Vor- bzw. Nachtransition verzichtet werden. In dem Maße aber, wie die einzelnen Länder und Großräume ihren demographischen Übergang vollziehen, wird die Analyse der Nachtransitionsphase in einem globalen Kontext wichtiger. Für die entwickelten Länder Europas gibt es bereits eine umfangreiche Literatur hierzu (van de Kaa 1987; Cliquet 1991; Lesthaeghe 1992).

30.2 Regionale und globale Bevölkerungsentwicklungen seit 1950

30.2.1 Datenquellen und geographische Gruppierungen

Noch vor wenigen Jahrzehnten waren hinreichend verlässliche und detaillierte Angaben über Bevölkerungsprozesse für einen großen Teil der Länder der Erde nicht verfügbar. So waren etwa Anfang der 50er-Jahre, als die ersten systematischen Bevölkerungsprojektionen der Vereinten Nationen (UN) erschienen, die Schätzungen für die meisten Regionen der Welt beschränkt auf die Gesamtbevölkerung (United Nations 1951). Fehlende oder mangelhafte bevölkerungsstatistische Informationen, insbesondere über Niveau und Entwicklungstendenzen der Komponenten der Bevölkerungsentwicklung, haben u. a. dazu geführt, dass die ersten UN-Projektionen den Sterblichkeitsrückgang in weiten Teilen Asiens und in Afrika deutlich unterschätzten (Frejka 1983). Im Ergebnis fiel in den ersten globalen Bevölkerungsprojektionen die Weltbevölkerung für das Jahr 1980 mit knapp 3,3 Mrd. Menschen deutlich zu klein aus – tatsächlich betrug sie 1980 bereits 4,4 Mrd. Menschen.

Die Autoren der globalen Bevölkerungsschätzungen und -projektionen waren sich der Defizite der frühen Schätzungen und Projektionen durchaus bewusst. Es dauerte aber immerhin noch bis Mitte der 60er-Jahre, bis die UN-Projektionen, in ihrer vierten Runde, erstmals die Verhaltenskomponenten Mortalität und Fertilität für einzelne Länder in ihre Annahmen einbezogen (United Nations 1966). In der Zwischenzeit waren erste Fortschritte in zwei Richtungen erzielt worden. Zum einen verbesserte sich die verfügbare Datenbasis durch gezielte Fallstudien, Vereinheitlichung von bevölkerungsstatistischen Konzepten und Erhebungsmethoden und die Unterstützung der Entwicklungsländer bei der Vorbereitung und Durchführung von Volkszählungen. Gleichzeitig waren sowohl Methoden zur indirekten Schätzung wichtiger demographischer Parameter unter Bedingungen unzureichender oder fehlender Informationen sowie parameterisierte Modelle der Sterblichkeits- und Fruchtbarkeitsmuster entwickelt worden. Damit waren wichtige Voraussetzungen geschaffen, von den relativ groben Extrapolationsmethoden der ersten Jahre zu Kohorten-Komponenten-Projektionen einzelner Länder überzugehen. Schrittweise wurden dann immer mehr und immer detailliertere Informationen über die demographische Situation in einzelnen Ländern verfügbar. Nicht zuletzt haben groß angelegte und international koordinierte repräsentative Erhebungen wie "World Fertility Survey" (WFS) und der neuere "Demographic and Health Survey" (DHS) die Möglichkeiten der Einschätzung von wichtigen demographischen Parametern erheblich verbessert.

Für die nachfolgenden Darstellungen der jüngsten globalen und regionalen Bevölkerungstrends wurden die umfangreichen Ergebnisse der 94er-Revision[1] Grundannahmen der UN-World Population Prospects benutzt (United Nations 1995c). Dieser Datensatz ist das Ergebnis der bereits vierzehnten Runde von globalen Bevölkerungsschätzungen und -projektionen. Er enthält für 181 Länder der Welt mit mehr als

[1] Die UN aktualisiert ihre globalen Bevölkerungsprojektionen in einem zweijährigen Rhythmus. Die hier verwendete 1994er Revision reflektiert also damaligen Kenntnisstand und Grundannahmen. Spätere Revisionen mit anderen numerischen Ergebnissen können deshalb unter Umständen zu anderen Schlußfolgerungen gelangen.

150 Tsd. Einwohnern im Jahre 1990 konsistente Schätzungen eines umfangreichen Satzes demographischer Indikatoren. Für 47 Länder sind lediglich die Bevölkerungsgrößen insgesamt eingeflossen; sie wurden als zu klein eingestuft, um eine Kohorten-Komponenten-Projektion zu rechtfertigen.

Angaben zum Bevölkerungstand sind, beginnend mit dem Jahre 1950, in fünfjährigen Abständen gegeben, also für die Jahre 1950, 1955, 1960, usw., jeweils zur Jahresmitte. Dieses Datenformat zieht es nach sich, dass die Komponenten des Bevölkerungswachstums – die demographischen Flussgrößen oder vitalen Ereignisse – nur in fünfjährigen Durchschnitten zur Verfügung stehen. So bezieht sich also die Gesamtfruchtbarkeitsrate auf den Durchschnitt der Jahre 1950 bis 1955, 1955 bis 1960, usw. Ein solches Datenformat ist für Überblicksdarstellungen selbst für Länder mit entwickelten statistischen Systemen nicht unüblich, für die Mehrheit der Entwicklungsländer aber gegenwärtig nicht weiter zu verfeinern. Dieser Umstand ist somit bei der nachfolgenden Darstellung zu beachten. Die Situation ist vergleichbar mit der Fernerkundung der Erdoberfläche, bei der die (Längen-) Auflösung der verwendeten Kameraausrüstung die gerade noch sichtbaren Details bestimmt. Ähnlich hier: Mit einer zeitlichen Auflösung von 5 Jahren stellen sich die demographischen Ablaufe nur in einem groben (zeitlichen) Raster dar.

Die 94er-Revision der UN-World Population Prospects umfasst für die Periode 1950 bis 1990 retrospektive Schätzungen, und für die Zeitspanne 1990 bis 2050 Projektionen nach drei Varianten. Da die jüngste Bevölkerungsgeschichte im Folgenden für den Zeitraum 1990 bis 1995 dargestellt wird, wurden die retrospektiven Zeitreihen für den Zeitraum 1990 bis 1990 mit der mittleren Variante der Bevölkerungsprojektionen für den Zeitraum 1990 bis 1995 ergänzt. Die Angaben für einzelnen Länder sind sowohl nach geografischen Gesichtspunkten als auch nach dem Entwicklungstand zusammengefasst, wobei sich die folgenden Darstellungen auf demographische Trends für Großräume, die den “major areas” der UN-Daten entsprechen, konzentrieren. Sie sind den in der Geografie üblichen Kontinenten ähnlich und gliedern die Erde in 6 Großräume, die weiter in insgesamt 20 Regionen unterteilt sind (Tab. A13).

30.2.2 Entwicklungen nach Großräumen

Die jüngsten demographischen Trends werden, nach den 6 geografischen Großräumen und abschließend für die Welt insgesamt, einheitlich unter Verwendung eines ausgewählten Satzes demographischer Indikatoren dargestellt. Begonnen wird mit einer kurzen Beschreibung des jeweiligen Großraumes und seiner regionalen Gliederung, gefolgt von der Bevölkerungsentwicklung des Großraumes sowie ausgewählter Länder zwischen 1950 und 1995. Danach wird der Verlauf der demographischen Transition für den Großraum insgesamt wie auch für ausgewählte Länder mit Kennziffern der Individualebene skizziert. Hier finden die Gesamtfruchtbarkeit, die Lebenserwartung bei der Geburt für beide Geschlechter zusammen und die Säuglingssterblichkeit Verwendung.

30.2.2.1 Afrika

Afrika ist mit 30,3 Mio. qkm Fläche und einem Anteil von 22,3% an der Gesamtfläche der Erde der zweitgrößte der hier dargestellten Großräume; 1995 lebten aber lediglich etwa 12% der Weltbevölkerung in ihm (Tab. A4). Insgesamt befinden sich in Afrika heute 56 Länder, fast ausnahmslos unabhängige Staaten. Afrika ist in 5 Regionen unterteilt. Es sind dies, mit Bevölkerungsangaben für 1995 (Tab. 2):

- Ostafrika mit 21,0% der Fläche und 31,2% der Bevölkerung Afrikas;
- Mittelafrika mit 21,8% der Fläche und 11,3% der Bevölkerung;
- Nordafrika mit 28,1% der Fläche und 22,1% der Bevölkerung;
- Südliches Afrika mit 8,8% der Fläche und 6,5% der Bevölkerung;
- Westafrika mit 20,3% der Fläche und 28,9% der Bevölkerung.

Bevölkerungsentwicklung

1950 lebten in Afrika knapp 224 Mio. Menschen; 1995 waren es bereits geschätzte 728 Mio. Menschen. Mit einem Zuwachs von mehr als eine halbe Milliarde Menschen zwischen 1950 und 1995 hat sich damit Afrikas Bevölkerungszahl in 45 Jahren mehr als verdreifacht. Afrika hat damit mit 15,8% zur Zunahme der Erdbevölkerung im gleichen Zeitraum beigetragen. Obwohl Afrika das höchste relative Bevölkerungswachstum aller Großräume aufwies, wurde es beim absoluten Bevölkerungszuwachs jedoch von den beiden bevölkerungsreichsten Ländern der Erde – China und Indien – noch übertroffen. Aber selbst bei der Einwohnerzahl war ganz Afrika Anfang der 90er-Jahre noch kleiner als jedes dieser beiden Länder (s. 30.2.2.2).

Tab. 2: Bevölkerungsentwicklung in Afrika und seinen Regionen 1950 und 1995

Gebiet und Region	Landfläche	Anzahl Länder	Bevölkerung 1950	1995	Zuwachs zwischen 1950 und 1995	
	1.000qkm		in 1.000		in 1.000	um %
Afrika	30.306	56	223.967	728.074	504.107	225,1
Ostafrika	6.356	18	65.618	227.107	161.490	246,1
Mittelafrika	6.613	9	26.316	82.326	56.010	212,8
Nordafrika	8.525	7	53.302	160.582	107.279	201,3
Südliches Afrika	2.675	5	15.581	47.396	31.816	204,2
Westafrika	6.138	17	63.151	210.663	147.512	233,6

Alle afrikanischen Regionen haben ihre ursprüngliche Bevölkerungszahl zwischen 1950 und 1995 mindestens verdreifacht. Den größten absoluten Bevölkerungszuwachs wies Ostafrika mit mehr als 161 Mio. Menschen (32% des Gesamtzuwachses) auf, gefolgt von Nordafrika (107 Mio. oder 21%), Mittelafrika (56 Mio. oder 11%) und schließlich südliches Afrika (32 Mio. oder 6%).

Die demographische Situation in Afrika wird von wenigen bevölkerungsreichen Staaten dominiert. Nigeria war 1995 mit fast 112 Mio. Einwohnern das bevölkerungsreichste Land in Afrika mit immerhin 15,2% der Bevölkerung des Großraumes. Danach folgen Ägypten (knapp 63 Mio. Einwohner, 8,6% Anteil) und Äthiopien (55 Mio. Einwohner, 7,6%). Knapp 63% der afrikanischen Bevölkerung leben in den 10 bevölkerungsreichsten Ländern (Tab. 3). Obwohl Nigeria den höchsten absoluten Bevölkerungszuwachs zwischen 1950 und 1995 aufwies, lag es erst an zwanzigster Position bei der relativen Zunahme. Andere Länder sind deutlich schneller gewachsen. So ist die Bevölkerung der Westsahara zwischen 1950 und 1995 auf mehr als das Zwanzigfache angestiegen, nicht zuletzt auch wegen anhaltender Zuwanderung aus Marokko. Ebenfalls sehr große relative Zuwächse werden für Dschibuti (um 831%), Libyen (um 425%) und Cote d'Ivoire (414%) ausgewiesen. Die geringsten Zuwächse für die afrikanischen Flächenstaaten haben Äquatorialguinea (Zunahme um 77%) und Guinea-Bissau (um 113%).

Tab. 3: Bevölkerungsentwicklung in den 10 größten Ländern in Afrika zwischen 1950 und 1995

Land	Region	Bevölkerung		Zuwachs		Fläche	Dichte
		1950 in 1.000	1995	1950–1995 in 1.000	in %	1.000 qkm	1995 Ew./qkm
Nigeria	Westafrika	32.935	111.721	78.786	239,2	923.768	121
Ägypten	Nordafrika	21.834	62.931	41.097	188,2	1.001.449	63
Äthiopien	Ostafrika	18.434	55.053	36.619	198,7	1.104.300	50
Zaire	Mittelafrika	12.184	43.901	31.718	260,3	2.344.858	19
Südafrika	Südliches Afrika	13.683	41.465	27.781	203,0	1.221.037	34
Tansania	Ostafrika	7.886	29.685	21.798	276,4	945.087	31
Kenia	Ostafrika	6.265	28.261	21.997	351,1	580.367	49
Sudan	Nordafrika	9.190	28.098	18.908	205,8	2.505.813	11
Algerien	Nordafrika	8.753	27.939	19.186	219,2	2.381.741	12
Marokko	Nordafrika	8.953	27.028	18.075	201,9	446.550	61

Afrikas Bevölkerungsdichte liegt unter dem globalen Durchschnitt (Tab. A2). 1950 war sie mit 7 Menschen pro qkm deutlich geringer als in Europa (24 Einwohner/qkm) oder Asien (44 Einwohner/qkm), nur in Ozeanien lag sie noch mit 1 Einwohner pro qkm darunter. Zwischen 1950 und 1995 ist die Bevölkerungsdichte dann auf 24 Einwohner pro qkm angestiegen; damit hatte Afrika 1995 ein Niveau erreicht, wie Europa es vor 45 Jahren hatte. Damit rangierte Afrika 1995 bereits hinter Asien und Europa an dritter Stelle. Ostafrika und Westafrika weisen mit 35,7 und 34,3 Einwohnern pro qkm überdurchschnittliche Bevölkerungsdichten auf, während Nordafrika (18,8), das Südliche Afrika (17,2) und Mittelafrika (12,5) unter dem afrikanischen Durchschnitt liegen. Unter den afrikanischen Flächenstaaten sind die einander benachbarten Länder Burundi und Ruanda in Ostafrika am dichtesten besiedelt. Bereits für 1950 werden Bevölkerungsdichten von 88 Einwohnern pro qkm für Burundi und 96 Einwohner für Ruanda ausgewiesen. Bis 1995 verdreifachte sich die

Bevölkerungsdichte in Ruanda auf 302 Menschen pro qkm; in Burundi stieg sie auf 230 Einwohner pro qkm.

Demographische Transition

Afrika befand sich in den frühen 50er-Jahren mit einer durchschnittlichen Lebenserwartung von lediglich 38 Jahren (37,8) und einer Gesamtfruchtbarkeitsrate von 6,6 Kinder pro Frau (1950-1955) noch in der Vortransitionsphase (Abb. 3).

Die niedrige Lebenserwartung war ganz wesentlich durch extrem hohe Sterblichkeit in den ersten Lebensjahren zu erklären. Im afrikanischen Durchschnitt starben Anfang der 50er-Jahre von 1.000 gleichzeitig Lebendgeborenen 186 Kinder vor Vollendung ihres ersten Lebensjahres. Für immerhin 19 Länder werden Säuglingssterblichkeiten von über 200‰ geschätzt, d. h. weniger als 80% aller geborenen Kinder überlebten das erste Lebensjahr. Zwischen höchster (Madagaskar mit 245‰) und niedrigster Säuglingssterblichkeit (Südafrika mit 96‰) spannte sich eine beträchtliche Differenz.

Trotzdem unterscheiden sich die 52 afrikanischen Länder relativ wenig in ihren jeweiligen Sterblichkeitsniveaus. Noch 49 Länder befanden sich Anfang der 50er-Jahre mit Lebenserwartungen von 45 Jahren oder weniger noch auf Stufe I der demographischen Transition; für 15 afrikanische Staaten werden sogar Werte von unter 35 Jahren Lebenserwartungen geschätzt. Die niedrigsten Lebenserwartungen werden für Angola, Gambia und Sierra Leone mit 30 Jahren ausgewiesen. Lediglich drei Länder – Reunion (52,0 Jahre), Mauritius (51,0 Jahre) und Kap Verde (48,5 Jahre) – hatten bereits die zweite Stufe der Mortalitätstransition erreicht. Von den kontinentalen Flächenstaaten Afrikas waren lediglich Südafrika (knapp 45 Jahre) und Tunesien (44,6 Jahre) im Begriff, die Vortransitionsphase zu verlassen. Insgesamt war die Spanne zwischen höchster und niedrigster geschätzter Lebenserwartung mit knapp 23 Jahren relativ gering. Nur Europa und Nordamerika wiesen zu gleichen Zeit geringere Unterschiede auf.

Ähnlich stellt sich die Situation bei der Fruchtbarkeit dar. Fast alle afrikanischen Länder waren zu Beginn der 50er-Jahre auf frühen Stufen der Fertilitätstransition anzutreffen. 42 Länder hatten eine Gesamtfruchtbarkeit von 6 und mehr Kindern (Stufe I); 11 Länder wiesen sogar einen Wert von mehr als 7 Kinder auf, wobei Kenia mit 7,5 Kindern den Spitzenplatz einnahm. Lediglich 9 Länder hatten eine durchschnittliche Fruchtbarkeit zwischen 4,5 und 6 Kindern pro Frau (Stufe II), und nur Gabun war bereits auf Stufe III des Übergangs. Die Differenz von 3,4 Kinder pro Frau zwischen höchster und niedrigster Fruchtbarkeit ist die geringste von allen Großräumen.

Zwischen 1950 und 1995 ist die demographische Transition in Afrika fast ausschließlich von einer Verringerung der Sterblichkeit getragen worden, während eine Fruchbarkeitstransition weitgehend ausgeblieben ist. Die Lebenserwartung stieg in diesem Zeitraum um mehr als 15 Jahre auf 53 Jahre und rückte damit auf Stufe II der demographischen Transition vor. Diese Entwicklung war wesentlich auch einer signifikanten Reduzierung der Säuglingssterblichkeit zu verdanken. Ihr Niveau hat sich innerhalb von 45 Jahren von 186‰ auf knapp 93‰ halbiert; damit hat der afrikanische Großraum nach 45 Jahren im Durchschnitt das Niveau erreicht, das Südafrika Anfang der 50er-Jahre als Land mit dem damals niedrigsten Wert aufwies. Die

Fruchtbarkeit ist dagegen im Durchschnitt Afrikas lediglich um 0,8 Kinder pro Frau auf 5,8 Kinder pro Frau zurückgegangen. Das demographische Stufendiagramm (Abb. 3) verdeutlicht diese Dynamik: Bis in die späten 60er bzw. frühen 70er-Jahre verläuft die Trajektorie des Übergangs zunächst fast horizontal. Erst seit den 70er-Jahren werden in Afrika nennenswerte Fertilitätsrückgänge im Aggregat sichtbar; die Transitionstrajektorie verläuft seitdem mehr in der Diagonalen.

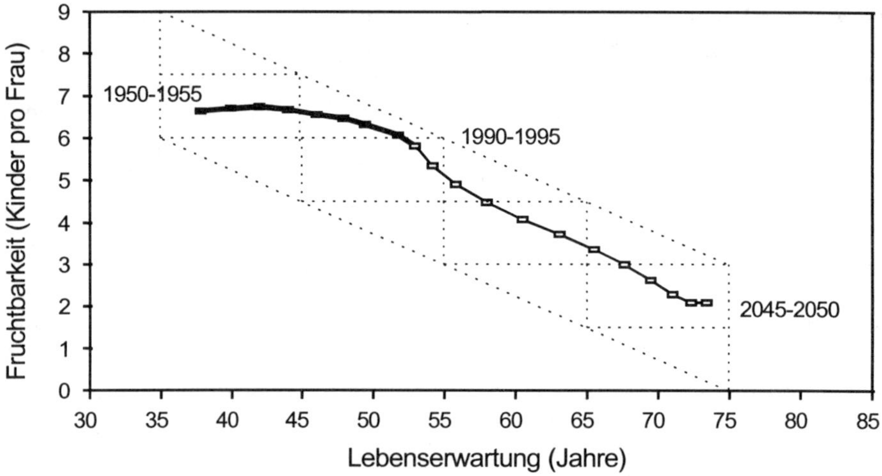

Abb. 3: Demographische Transition in Afrika, 1950–1995 und 1995–2050

Es wäre jedoch irreführend, von der durchschnittlichen Entwicklung des Großraumes auf eine generelle Entwicklungsverzögerung afrikanischer Länder zu schließen. So finden sich in Afrika Länder mit durchaus bemerkenswerten Fortschritten bei der demographischen Transition neben solchen, die auf frühen Entwicklungsstufen verharrten.

In Nigeria (Westafrika) z. B. (Abb. 4) hat die Fruchtbarkeitstransition bis Anfang der 90er-Jahre noch nicht eingesetzt, die Gesamtfruchtbarkeit blieb unverändert auf einem Wert von 6,5 Kinder pro Frau. Für die Lebenserwartung ist dagegen ein Anstieg von knapp 14 Jahren geschätzt worden.

In Botsuana (südliches Afrika) dagegen hat die demographische Transition bereits deutlich begonnen, mit phasenverschobenem Einsetzen der Fruchtbarkeits- und Sterblichkeitstransition. Während eine stetige Senkung der Sterblichkeit zu einem Anstieg der Lebenserwartung von 42,5 auf 64,9 führte, hatte die Fruchtbarkeit zunächst leicht zugenommen und begann erst in den 70er-Jahren zu sinken. Insgesamt hat Botsuana eine moderate Fertiltätsreduktion von knapp 1,7 Kinder pro Frau erzielt.

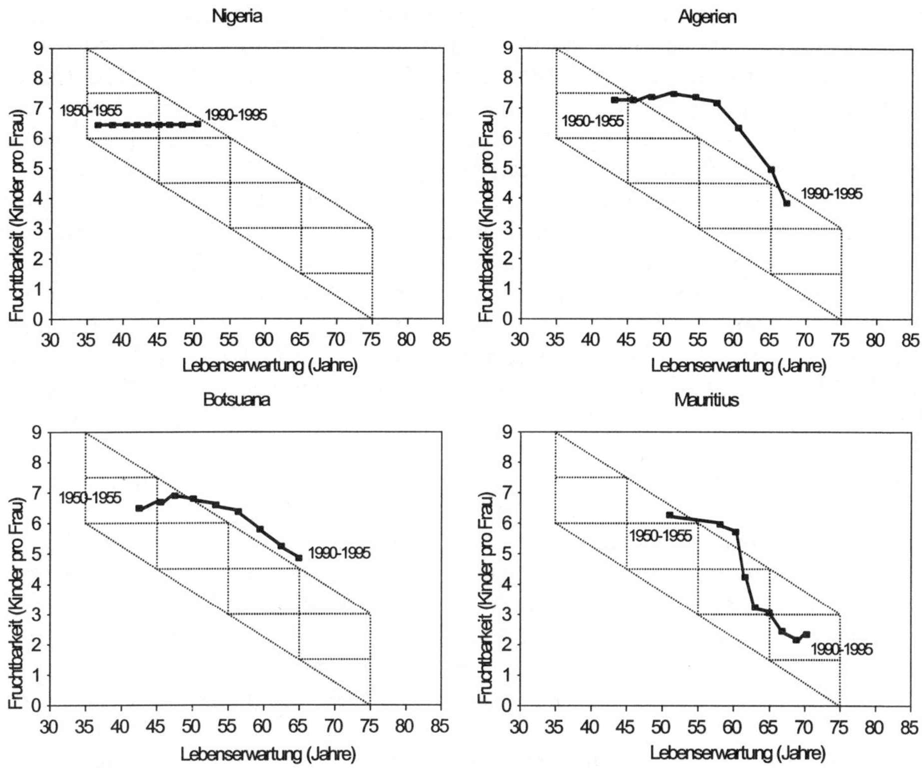

Abb. 4: Demographische Transition ausgewählter Länder in Afrika, 1950–1995

Algerien (Nordafrika) hatte Anfang der 50er-Jahre mit 7,3 Kindern pro Frau ein deutlich höheres Fruchtbarkeitsniveau als Nigeria und Botsuana, hat aber zwischen 1950 und 1995 eine bedeutende Strecke der Fertilitätstransition zurücklegen können und befindet sich mit knapp 3,9 Kinder pro Frau Anfang der 90er-Jahre bereits auf Stufe III der Fertilitätstransition. Noch größer ist der Sterblichkeitsrückgang ausgefallen, hier bewegte sich Algerien von Stufe I auf Stufe IV der Mortalitätstransition, d. h. es konnte seine durchschnittliche Lebenserwartung von 43,1 auf 67,1 Jahre erhöhen, ein bemerkenswerter Zugewinn von 24 Jahren.

Mauritius (Ostafrika) befand sich Anfang der 50er-Jahre auf einer Transitionsposition, die der Nigerias Anfang der 90er-Jahre entsprach. Anfänglich war auch in Mauritius die Fertilitätstransition ausgeblieben, in den späten 60er-Jahren setzte dann aber einer der schnellsten Fruchtbarkeitsrückgänge in Afrika ein. Allein zwischen 1965/69 und 1970/75 sank die Gesamtfruchtbarkeit um fast 2,5 Kinder pro Frau. Insgesamt ging die Fruchtbarkeit zwischen 1950 und 1995 in Mauritius um 3,9 Kinder pro Frau zurück, während die Lebenserwartung um 19 Jahre zunahm.

Sechs afrikanische Länder (Algerien, Tunesien, Botsuana, Lesotho, Swasiland und Ägypten) haben ihre Lebenserwartung um mehr als 50% steigern können. Auf der anderen Seite des Spektrums gab es vier Länder in Afrika, für die Zuwächse von weniger als 10 Jahre ausgewiesen sind. Uganda markiert hier den letzten Platz; in 45 Jahren ist die Lebenserwartung nur geringfügig um 4,9 Jahre (um 12%) gestiegen.

Insgesamt wird für 25 afrikanische Länder eine stagnierende oder sogar (leicht) steigende Fertilität zwischen 1950 und 1995 angegeben. Beispiele für Länder mit einem zeitweiligen Fruchtbarkeitsanstieg auf über 8 Kinder pro Frau während der demographischen Transition sind Kenia, Ruanda oder Niger. Dem stehen aber auch Länder mit außerordentlich großen Fruchtbarkeitsreduzierungen gegenüber. Immerhin ist in fünf Ländern die Fruchtbarkeit um mehr als drei Kinder im Durchschnitt gesunken. Anfang der 90er-Jahre befindet Afrika sich damit deutlich in einem Übergangsprozess. Da die demographische Transition in den einzelnen Ländern zu verschiedenen Zeiten einsetzt, unterschiedlich schnell abläuft und auch unterschiedlichen Trajektorien folgen kann, muss eine Zunahme der Variabilität in den demographischen Parametern nicht verwundern. In der Tat haben während der hier betrachteten Zeitspanne die demographischen Unterschiede zwischen den afrikanischen Ländern zugenommen.

Die enorme Variabilität wird aus Abb. 5 deutlich, die die Länder Afrikas am Anfang der 90er-Jahre über alle vier Stufen der demographischen Transition verteilt zeigt. Die Mehrheit der Länder hatte eine Kombination von sehr hoher Fruchtbarkeit mit Lebenserwartungen von über 45 Jahren. Kenia, Madagaskar und Libyen vereinten z. B. sogar eine Fruchtbarkeit der Vortransitionsphase mit einem Sterblichkeitsniveau, wie es für die Stufe III charakteristisch ist, d. h. mit Lebenserwartungen von über 55 Jahren. Nur die beiden kleinen Inselländer Mauritius und Reunion befanden sich Anfang der 80er-Jahre bereits auf der vierten Stufe des demographischen Übergangs.

Die einzelnen afrikanischen Länder haben an der deutlichen Erhöhung der Lebenserwartung im afrikanischen Durchschnitt sehr unterschiedlich partizipiert. Nach 45 Jahren ist die Differenz zwischen höchster (Reunion mit 73,5 Jahre) und niedrigster Lebenserwartung (Sierra Leone mit 39 Jahren) von knapp 23 Jahren Anfang der 50er-Jahre auf mehr als 34 Jahre angestiegen; nur für Asien werden noch größere Unterschiede geschätzt. Dagegen haben sich die Unterschiede hinsichtlich des Niveaus der Säuglingssterblichkeit nur marginal vergrößert. Vor dem Hintergrund eines allgemeinen, aber differenzierten Rückgangs schwankt die Säuglingssterblichkeit Anfang der 90er-Jahre immer noch beträchtlich: Länder mit noch sehr hoher Säuglingssterblichkeit – Sierra Leone mit 167‰ und Mali 159‰ z. B. – stehen solchen mit niedriger – Botsuana und Tunesien mit 43‰, Mauritius mit 18‰ und Reunion sogar 8‰ – gegenüber.

Ebenfalls deutlich zugenommen hat die Variabilität der Fruchtbarkeit. Immerhin 25 Länder hatten eine Gesamtfruchtbarkeit von mehr als 6 Kindern pro Frau, und waren damit noch der ersten Transitionsstufe zuzuordnen; für 11 Länder werden sogar immer noch mehr als 7 Kinder pro Frau geschätzt, unter ihnen Cote d'Ivoire und Niger mit 7,4 Kinder pro Frau. Von den afrikanischen Flächenstaaten hatte Tunesien Anfang der 90er-Jahre die niedrigste Fruchtbarkeit mit knapp 3,2 Kindern pro Frau. Insgesamt ist die Spannweite zwischen höchster und niedrigster Fruchtbarkeit damit von 3,4 Anfang der 50er-Jahre auf 5,1 Kinder angestiegen.

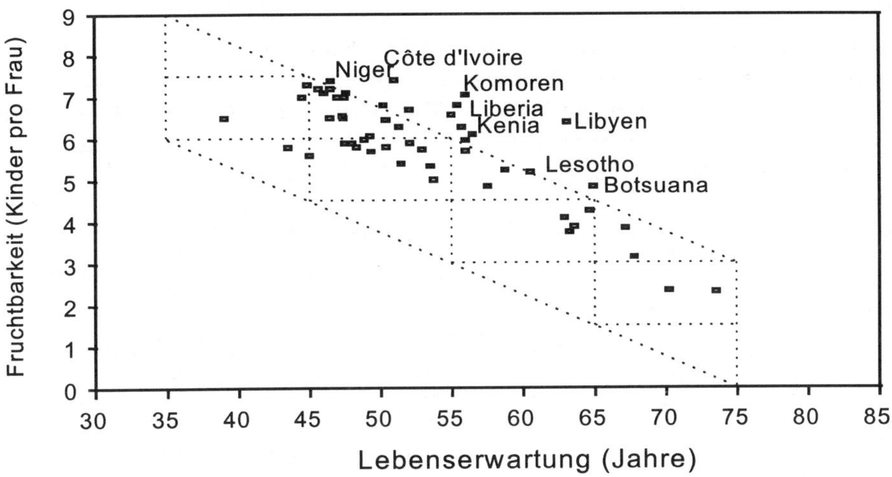

Abb. 5: Position afrikanischer Länder im demographischen Stufendiagramm, 1990–1995

Seit den späten 80er-Jahren mehren sich die Anzeichen für einen nun einsetzenden Rückgang der Fertilität auch in solchen Ländern, die bisher unverändert hohe Fruchtbarkeit hatten. Der angenommene weitere Verlauf der demographischen Transition für Afrika unterstellt dann auch eine schnellere Fruchtbarkeitsreduzierung für die Zukunft – die Trajektorie in Abb. 3 neigt sich stärker nach unten. Nach der mittleren Variante der UN-Projektionen wird erwartet, dass Afrika im Durchschnitt nach dem Jahre 2030 auf Stufe IV der demographischen Transition angekommen sein wird. Zum Vergleich: Asien wird bereits in der zweiten Hälfte der 90er-Jahre – und damit mehr als 30 Jahre früher – die vierte Stufe der demographischen Transition erreichen.

30.2.2.2 Asien

Asien ist mit 31,8 Mio. qkm der größte Großraum mit 23,4% der Landfläche der Erde. Zwei Länder – Russland und die Türkei – erstrecken sich über Asien und Europa. In der hier zugrundegelegten UN-Gliederung wird Russland Europa zugerechnet und die Türkei ist Asien zugeordnet[2]. Insgesamt werden gegenwärtig (1996) 50 Länder oder Gebiete in Asien unterschieden, die wiederum in 4 Regionen zusammengefasst sind. Es sind dies (Bevölkerungsangaben für 1995 s. Tab. 4):

- Ostasien mit 37,0% der Fläche und 41,2% der Bevölkerung Asiens;
- Südostasien mit 14,2% der Fläche und 14,0% der Bevölkerung Asiens;
- Südzentralasien mit 33,9% der Fläche und 39,9% der Bevölkerung Asiens;
- Westasien mit 14,9% der Fläche und 4,9% der Bevölkerung Asiens.

2 Mit dem asiatischen Teil Rußlands ergibt sich eine Gesamtfläche Asiens von 44.4 Mio. qkm (oder 32.7% der Landfläche der Erde).

Bevölkerungsentwicklung

Der asiatische Kontinent hat zwischen 1950 und 1995 am stärksten zur enormen Zunahme der Weltbevölkerung beigetragen. Die Bevölkerung des Großraumes wuchs in dieser historisch kurzen Zeitspanne von 1,4 Mrd. Menschen um knapp 2,1 Mrd. auf knapp 3,5 Mrd. Menschen, eine Steigerung um 146,5%. Das sind immerhin fast zwei Drittel des globalen Bevölkerungszuwachses (64,3%) in diesem Zeitraum.

Tab. 4: Bevölkerungsentwicklung in Asien und seinen Regionen, 1950 und 1995

Gebiet und Region	Landfläche	Anzahl Länder	Bevölkerung 1950	1995	Zuwachs zwischen 1950 und 1995	
	1.000 qkm		in 1.000		in 1.000	in %
Asien	31.764	50	1.402.725	3.457.957	2.055.232	146,5
Ostasien	11.762	7	671.391	1.424.155	752.763	112,1
Südzentralasien	10.776	14	498.845	1.381.160	882.315	176,9
Südostasien	4.495	11	182.035	484.252	302.217	166,0
Westasien	4.731	18	50.453	168.390	117.937	233,8

Von den vier Regionen Asiens stellte Südzentralasien mit 882 Mio. Menschen den größten Anteil des Gesamtzuwachses (43%), gefolgt von Ostasien mit 753 Mio. (knapp 37%), Südostasien mit 302 Mio. (15%) und schließlich Westasien mit einem Zuwachs von 118 Mio. Menschen (6%). Die Bevölkerungsverteilung in Asien ist geprägt durch wenige Länder mit extrem großen Bevölkerungen. Die 6 Länder mit Einwohnerzahlen von mehr als 100 Mio. Menschen in 1995 machten fast 80% der Gesamtbevölkerung Asiens aus (s. Tab. 5). In Asien sind auch die beiden bevölkerungsreichsten Länder der Welt zu finden: China, mit mehr als 1,2 Mrd. Einwohner, und Indien mit knapp 936 Mio. Menschen in 1995. Diese beiden Staaten allein machen mehr als 62% der gesamten Bevölkerung Asiens oder knapp 38% der gesamten Weltbevölkerung aus. Fast 61% der gesamten Bevölkerungszunahme des Großraumes stammen aus China (32,4%) und Indien (28,1%) zusammengenommen. Diese beiden Länder haben zwischen 1950 und 1995 zusammen fast 39% des globalen Bevölkerungszuwachses hervorgebracht.[3] Asien ist von den Großräumen am dichtesten besiedelt (Tab. A2). Zwischen 1950 und 1995 ist die Bevölkerungsdichte von 44 auf 109 Einwohner pro qkm angestiegen und hat sich damit in weniger als 50 Jahren verdoppelt. Ostasien war 1995 mit 57 Einwohner pro qkm am dichtesten und Westasien mit lediglich 11 Einwohner pro qkm am dünnsten besiedelt. Hinter den Durchschnitten verbergen sich extreme Unterschiede: So findet man in Asien mit der Mongolei ein Land mit der geringsten Bevölkerungsdichte weltweit – lediglich 1,5 Einwohner pro qkm – und gleichzeitig das Gebiet mit der höchsten Besiedlungsdichte überhaupt – Macau, mit 22.803 Einwohner pro qkm. Macau wird von Hongkong gefolgt, das aber mit 5.612 Einwohner pro qkm nur auf ein Viertel der Bevölkerungsdichte von

3 Afrikas absoluter Bevölkerungszuwachs im gleichen Zeitraum war in der Größenordnung von 87,2% des indischen oder 75,6% des chinesischen Zuwachses.

Macau kommt. Von den großen Flächenstaaten in Asien hat Bangladesch mit 853 Einwohnern pro qkm die höchste Bevölkerungsdichte.

Tab. 5: Bevölkerungsentwicklung in den 10 größten Ländern in Asien zwischen 1950 und 1995

Land	Region	Bevölkerung 1950	1995	Zuwachs 1950–1995		Fläche	Dichte 1995
		in 1.000		in 1.000	in %	1.000 qkm	Ew./qkm
China	Ostasien	554.760	1.221.462	666.702	120,2	9.596.961	127
Indien	Südzentralasien	357.561	935.744	578.184	161,7	3.287.590	285
Indonesien	Südostasien	79.538	197.588	118.050	148,4	1.904.569	104
Pakistan	Südzentralasien	39.513	140.497	100.984	255,6	796.095	176
Japan	Ostasien	83.625	125.095	41.470	49,6	377.801	331
Bangladesch	Südzentralasien	41.783	120.433	78.650	188,2	143.998	836
Vietnam	Südostasien	29.954	74.545	44.592	148,9	331.689	225
Philippinen	Südostasien	20.988	67.581	46.593	222,0	300.000	225
Iran	Südzentralasien	16.913	67.283	50.370	297,8	1.648.000	41
Türkei	Westasien	20.809	61.945	41.136	197,7	779.452	79

Demographische Transition

Asien befand sich Anfang der 50er-Jahre, ähnlich wie Afrika, noch auf einer frühen Stufe der demographischen Transition: Mit einer geschätzten durchschnittlichen Lebenserwartung von 41,3 Jahren und einer durchschnittlichen Kinderzahl pro Frau von 5,9 war Asien insgesamt auf Stufe I der Mortalitätstransition, hatte aber bereits den Übergang zu Stufe II der Fertilitätstransition vollzogen. Damit wies Asien nur einen geringfügigen "Entwicklungsvorsprung" vor Afrika auf (Abb. 8). Der asiatische Großraum war und ist durch besonders große Unterschiede zwischen niedrigster und höchster Sterblichkeit gekennzeichnet. Anfang der 50er-Jahre betrug die Spannweite 37 Jahre, die größte Differenz aller Großräume. Am unteren Ende der Rangskala befanden sich 1950/55 Osttimor (30 Jahre), Afghanistan (31,6 Jahre), Jemen (32,1 Jahre) und Bhutan (35,2 Jahre). Insgesamt fielen 21 Länder von den 48 hier behandelten asiatischen Ländern Anfang der 50er-Jahre in einen Sterblichkeitsbereich von weniger als 45 Jahren (Stufe I). Zwei Länder – Zypern mit 67 Jahren Lebenserwartung und Israel mit 65,4 Jahren – hatten zu diesem Zeitpunkt die Mortalitätstransition bereits weitgehend vollzogen; sie befanden sich bereits auf Stufe IV. Immerhin 14 Länder wiesen bereits Sterblichkeitsniveaus der dritten Stufe aus mit Lebenserwartungen zwischen 55 und 65 Jahren. Asiens sehr hohes durchschnittliches Sterblichkeitsniveau zu Beginn der 50er-Jahre wurde auch in einer sehr hohen Säuglingssterblichkeit reflektiert: mit durchschnittlich 180 pro 1.000 Lebendgeborenen war sie nur wenig niedriger als in Afrika im gleichen Zeitraum. Für immerhin 8 Länder wurden Säuglingssterblichkeiten von über 200‰ geschätzt, wobei Osttimor (264‰), Jemen (241‰) und die Türkei (233‰) die höchsten Werte aufwiesen. Gleichzeitig hatten aber auch schon drei Länder ein Niveau der Säuglingssterblichkeit erreicht, wie es für diesen Zeitraum im westeuropäischen Durchschnitt beobachtet wird: Japan (51‰), Armenien (59‰) und Israel (41‰).

Anfang der 50er-Jahre bestand eine relativ große Spannweite zwischen Ländern mit hoher und solchen mit bereits niedriger Fruchtbarkeit; die Differenz betrug mit 4,9 Kinder pro Frau deutlich mehr als in Afrika (3,4) für den gleichen Zeitraum. Insgesamt werden 11 Länder mit einer Periodenfruchtbarkeit von 7 und mehr Kindern pro Frau für 1950 bis 1955 gezählt. Jemen (7,61), Jordanien (7,38) und die Philippinen (7,2) markieren das Maximum. Zur gleichen Zeit befinden sich bereits zwei Länder – Georgien mit 3 Kinder pro Frau und Japan mit 2,75 Kinder pro Frau – auf der vierten Transitionsstufe. Ähnlich wie in Afrika waren auch in Asien Fortschritte in der Erhöhung der Lebenserwartung zunächst begleitet von einer auf hohem Niveau stagnierenden Fruchtbarkeit. Eine markante Trendwende setzte dann jedoch in den späten 70er-Jahren ein. Die Fruchtbarkeit ging nun deutlich zurück, während die Lebenserwartung weiterhin anstieg. Bis zum Anfang der 90er-Jahre stieg in Asien die Lebenserwartung auf 64,5 Jahre, und war damit im Begriff, Stufe IV der demographischen Transition zu erreichen. In den 45 Jahren zwischen 1950 und 1995 hat damit das durchschnittliche Sterblichkeitsniveau mehr als zwei Stufen der demographischen Transition passiert: Anfang der 90er-Jahre Geborene hatten damit eine um mehr als 23 Jahre höhere Lebenserwartung als diejenigen, die nur zwei Generationen zuvor geboren wurden. Kein anderer Großraum hat ähnlich große absolute oder relative Zuwächse erzielt (Tab. A7). Die markante Senkung der Säuglingssterblichkeit von 180‰ auf 65‰ hat wesentlich zu diesem Zuwachs an Lebenserwartung beigetragen. Ein bemerkenswerter Fruchtbarkeitsrückgang um 2,8 Kinder auf durchschnittlich noch drei Kinder pro Frau brachte die Fruchtbarkeit ebenfalls in den Bereich der vierten Stufe.

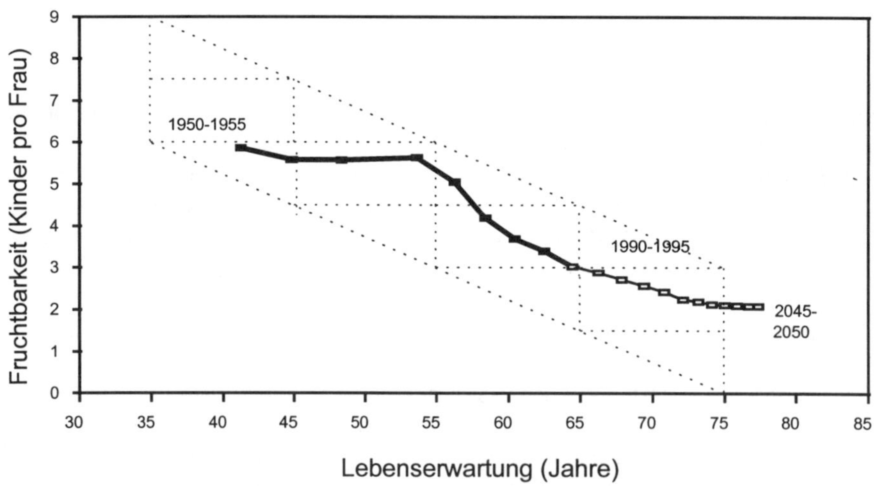

Abb. 6: Demographische Transition in Asien, 1950–1995 und 1995–2050

Asiens durchschnittlicher Transitionsverlauf ist wesentlich durch die Entwicklungen in China und Indien bestimmt worden. Beide Länder haben zwischen 1950 und 1995 mehrere Stufen der demographischen Transition passiert.

China (Ostasien) hat sich von der Phase der Vortransition (Stufe I) in einer vergleichsweise äußerst kurzen Zeitspanne in den Bereich der Nachtransition (Stufe IV) bewegt. Insgesamt ist die Lebenserwartung in China von knapp 42 Jahren um bemerkenswerte 28 Jahre auf 68,5 Jahre angestiegen, begleitet von einer Senkung der Säuglingssterblichkeit auf weniger als ein Viertel des Ausgangsniveaus, d. h. sie sank von 195‰ auf 45‰. Bemerkenswert war aber auch der Fruchtbarkeitsrückgang von 6,1 Kinder pro Frau um mehr als 4 Kinder auf 1,95 Kinder pro Frau Anfang der 90er-Jahre. Der zeitliche Ablauf der Transition erscheint irregulär, mit zunächst sehr großen Sterblichkeitsrückgängen bei gleichzeitig leichtem Anstieg der Fruchtbarkeit vor 1970. Erst seit den 70er-Jahren hat in China die eigentliche Fertilitätstransition eingesetzt, massiv befördert durch die antinatalistische “Ein-Kind”-Politik der chinesischen Regierung.

Indien (Südzentralasien) weist einen durchschnittlichen, regulären Transitionsverlauf auf; seit den 60er-Jahren liegt die Transitionstrajektorie immer nahe der Hauptdiagonalen des Stufendiagramms. Bis Anfang der 90er-Jahre war Indien bis auf Stufe III der demographischen Transition gekommen. Hinter dieser Tatsache steht ein Zuwachs von knapp 22 Jahren Lebenserwartung auf 60,4 Jahre Anfang der 90er-Jahre; Indien liegt damit im Durchschnitt des Großraumes. Zugleich bedeutet dies aber auch, dass der Abstand Indiens von China in diesem Zeitraum um ca. 6 Jahre zugenommen hat. Ebenfalls vergrößert hat sich Indiens Abstand hinsichtlich der Säuglingssterblichkeit, trotz einer Reduzierung auf deutlich weniger als die Hälfte (sie fiel von 190‰ auf 85‰). Während Indiens und Chinas Säuglingssterblichkeiten Anfang der 50er-Jahre noch fast gleich waren, ist Indiens Säuglingssterblichkeit Anfang der 90er-Jahre fast doppelt so hoch wie die Chinas. Auch der Fruchtbarkeitsrückgang um 2,2 Kinder pro Frau fiel in Indien deutlich geringer aus als in China, er blieb selbst unter dem Durchschnitt des Großraumes.

Pakistan (Südzentralasien) und Saudi-Arabien (Westasien) gehören zu der Gruppe von Ländern mit deutlichen oder sogar überdurchschnittlichen Sterblichkeitssenkungen, aber nur geringfügigen Rückgängen im Fruchtbarkeitsniveau. Sie sind ein Beispiel dafür, wie weit die Entkoppelung von Sterblichkeit und Fruchtbarkeit tatsächlich gehen kann. Ihr Beispiel zeigt auch, dass beträchtliche Sterblichkeitsreduzierungen unter den Bedingungen sehr hoher Fruchtbarkeit über längere Zeiträume möglich sind. Wie Abb. 7 ausweist, ist in diesen beiden islamischen Ländern eine Fruchtbarkeitstransition weitgehend ausgeblieben bzw. hat zögernd erst in den 80er-Jahren begonnen. So ist in Pakistan die Gesamtfruchtbarkeit Anfang der 90er-Jahre mit knapp 6,2 Kinder pro Frau nur um ca. 0,3 Kinder geringer als Anfang der 50er-Jahre. Dagegen ist im gleichen Zeitraum die Lebenserwartung um knapp 23 Jahre auf 61,5 Jahre angestiegen. In Saudi-Arabien, mit einer sehr hohen Fruchtbarkeit von mehr als 7 Kinder pro Frau Anfang der 50er-Jahre, ist die Gesamtfruchtbarkeit um 0,8 Kinder auf immer noch sehr hohe 6,4 Kinder gefallen. Gleichzeitig wurde eine außergewöhnliche Erhöhung der Lebenserwartung um fast 30 Jahre auf knapp 70 Jahre und eine Senkung der Säuglingssterblichkeit von 200‰ auf 29‰ erreicht.

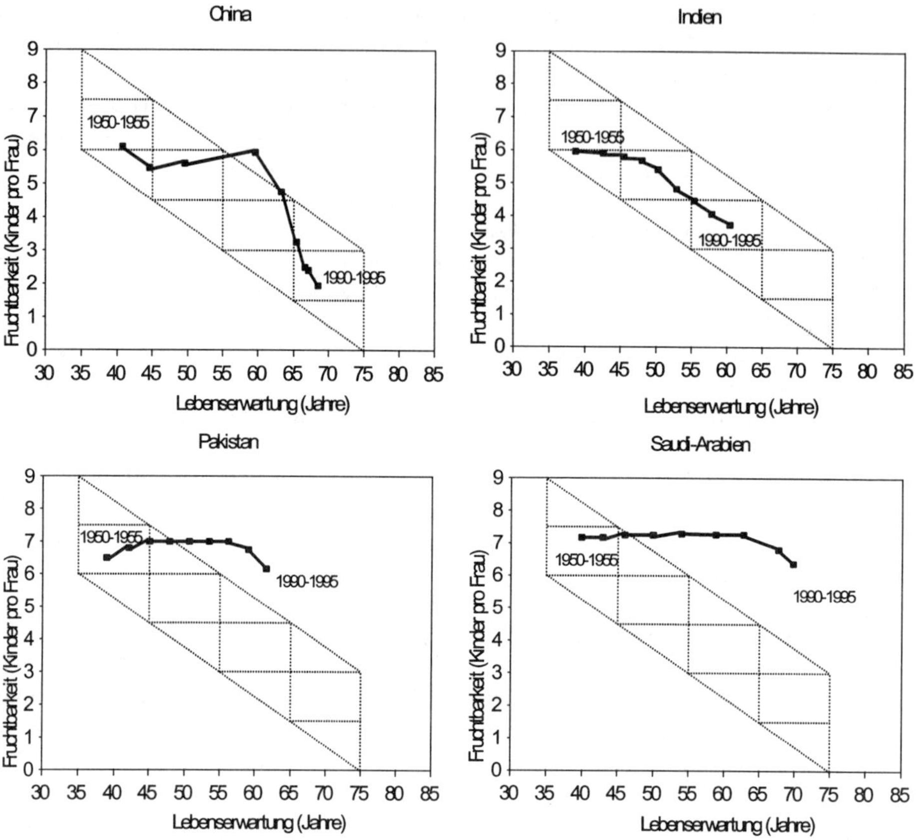

Abb. 7: Demographische Transition ausgewählter Länder in Asien, 1950–1995

Schließlich wäre noch Japan zu erwähnen. Anfang der 50er-Jahre war das Niveau der Lebenserwartung mit knapp 64 Jahren noch unter dem europäischen Durchschnitt von 66 Jahren; noch größer war der Abstand vom westeuropäischen Durchschnitt (67,6 Jahre) oder Norwegen, das damals die höchste durchschnittliche Lebenserwartung weltweit mit 72,7 Jahren hatte. Selbst in Asien hatten Zypern und Israel niedrigere Sterblichkeit. Anfang der 90er-Jahre nimmt Japan dann nach einer Steigerung der Lebenserwartung um 15,6 Jahre auf 79,5 Jahre die Spitzenposition in der Welt ein. Möglich wurde dieser bemerkenswerte Erfolg nicht zuletzt durch eine beträchtliche Senkung der Säuglingssterblichkeit. In der Tat hat Japan, zusammen mit Hongkong, Singapur und der Republik Korea in 45 Jahren die Säuglingssterblichkeit um mehr als 90% reduzieren können; sie fiel von 50,6‰ auf 4,3‰ und ist damit auf weniger als ein Zehntel zurückgegangen. Auch hinsichtlich der Fruchtbarkeit hatte Japan bereits Anfang der 50er-Jahre die demographische Transition mit durchschnittlich 2,75 Kinder pro Frau im Wesentlichen abgeschlossen. In der zweiten Hälfte der 50er-Jahre fiel die japanische Gesamtfruchtbarkeit bereits unter das Ersatzniveau, Anfang der 90er-Jahre war das Fruchtbarkeitsniveau mit 1,5 Kindern pro Frau auf westeuropäischem Niveau. Sowohl die Mortalitätstransition als auch die Fertilitätstransition ist in Asien schneller vorangekommen als in Afrika.

Während in Asien die Lebenserwartung durchschnittlich um 23,2 Jahre anstieg und gleichzeitig die Fruchtbarkeit um 2,8 Kinder pro Frau sank, ist in Afrika die Lebenserwartung um 13,3 Jahre angestiegen, während die Fruchtbarkeit nur um geringe 0,8 Kinder pro Frau sank.

Wie auch in Afrika waren in Asien zu Beginn der 90er-Jahre Länder in allen Stadien der demographischen Transition anzutreffen (Abb. 8). In nur wenigen Ländern des Großraumes hatte Anfang der 90er-Jahre die Fertilitätstransition noch nicht begonnen. Insgesamt sieben Länder – unter ihnen Jemen, Oman und Afghanistan – hatten noch ein Fertilitätsniveau von 6 und mehr Kindern pro Frau und waren damit noch auf der ersten Stufe der Fruchtbarkeitstransition. Neun Länder befanden sich im Bereich der Stufe II mit durchschnittlichen Kinderzahlen zwischen 4,5 bis unter 6 pro Frau. Mit 17 Ländern auf Stufe III (zwischen 3,0 bis unter 4,5 Kinder pro Frau) und 15 Ländern bereits auf Stufe IV (weniger als drei Kinder pro Frau) waren die beiden letzten Stufen annähernd gleich stark besetzt. Und bereits fünf Länder, die der vierten Stufe zugerechnet sind, waren mit ihrem Fruchtbarkeitsniveau unter das Ersatzniveau gefallen (Georgien, Thailand, China, Republik Korea, Singapur und Japan). Zwischen der niedrigen Gesamtfruchtbarkeitsrate von 1,2 in Hongkong und den extrem hohen 7,6 Kindern pro Frau in Jemen liegt eine Differenz von knapp 6,4 Kindern; damit ist die Spannweite seit Anfang der 50er-Jahre, als sie 4,9 Kinder pro Frau betrug, angestiegen. Anfang der 90er-Jahre hatten bereits 34 Länder in Asien eine Lebenserwartung von 65 Jahren und mehr erreicht (Stufe IV). Damit hatte die Mehrheit der hier betrachteten 48 Länder wesentliche Stufen der Mortalitätstransition passiert.

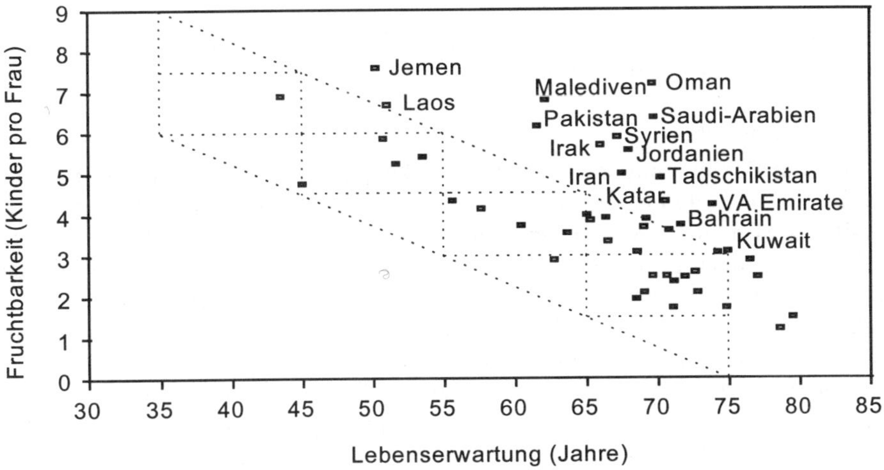

Abb. 8: Position asiatischer Länder im demographischen Stufendiagramm, 1990–1995

Insbesondere westasiatische Länder waren durch eine Kombination von hoher Fruchtbarkeit mit relativ niedriger Sterblichkeit gekennzeichnet. Dagegen befanden sich noch zwei Länder – Afghanistan und Osttimor – auf Stufe I der Mortalitätstransition, d. h. sie hatten Anfang der 90er-Jahre noch Lebenserwartungen von unter 45 Jahren. Afghanistan hatte mit geschätzten 163‰ auch die deutlich höchste Säuglingssterblichkeit in Asien.

Während die Mortalitätstransition in Afrika von einer Zunahme der Spannweite zwischen niedrigster und höchster Lebenserwartung begleitet war, brachte die insgesamt schnellere Sterblichkeitsreduzierung in Asien jedoch keine Erhöhung der Variabilität zwischen den extremen Sterblichkeitsniveaus mit sich. Anfang der 90er-Jahre war der Unterschied zwischen höchster und niedrigster Lebenserwartung mit 36 Jahren – verglichen mit der Situation am Anfang der 50er-Jahre – sogar leicht zurückgegangen. Die UN unterstellt, dass sich die gerade skizzierten Tendenzen in Asien in der Zukunft fortsetzen. Noch vor dem Ende diesen Jahrhunderts wird Asien im Durchschnitt damit auf Stufe IV (Nachtransition) der demographischen Transition erwartet.

30.2.2.3 Lateinamerika

Lateinamerika umfasst den südlichen Teil des amerikanischen Doppelkontinents und besteht in der hier verwendeten Klassifizierung aus allen Ländern südlich der Vereinigten Staaten von Amerika. Mit 20,5 Mio. qkm und einem Anteil von 15,1% an der gesamten bewohnten Erdoberfläche ist dies der zweitkleinste Großraum. Insgesamt besteht dieser Großraum aus 46 Ländern. Sie werden in drei Regionen zusammengefasst. Es sind dies (Bevölkerungsangaben 1995, s. Tab. 6):

- Die Karibik mit lediglich 0,2% der Fläche, aber 7,4% der Bevölkerung Lateinamerikas;
- Zentralamerika mit 12,1% der Fläche und 26,2% der Bevölkerung;
- Südamerika mit 86,8% der Fläche und 66,3% der Bevölkerung.

Bevölkerungsentwicklung

Lateinamerikas Bevölkerung wird für 1950 auf knapp 165,7 Mio. geschätzt (Tab. 6). Zwischen 1950 und 1995 ist die Bevölkerung dieses Großraumes um 316 Mio. Menschen auf 482 Mio. gewachsen. Damit hat der amerikanische Subkontinent ca. 10 % der globalen Bevölkerungszunahme zwischen 1950 und 1995 gestellt. Südamerika ist in diesem Zeitraum/Periode um 208 Mio. Menschen gewachsen, Zentralamerika um mehr als 89 Mio. Menschen und die Karibik um knapp 19 Mio.. Der größte relative Zuwachs wird für Zentralamerika ausgewiesen, seine Bevölkerungszahl ist um 242% gestiegen und hat sich damit zwischen 1950 und 1995 mehr als verdreifacht.

Brasilien ist das bei weitem bevölkerungsreichste Land; die knapp 162 Mio. Einwohner in 1995 machten ein Drittel der gesamten Bevölkerung dieses Großraumes aus. Das der Bevölkerungszahl nach zweitgrößte Land Mexiko stellte mit 93,7 Mio. Einwohnern Mitte der 90er-Jahre immerhin mehr als 19% der Gesamtbevölkerung Lateinamerikas. Insgesamt lebten damit 53% der Bewohner Lateinamerikas in diesen beiden Ländern. Nur 10 der insgesamt 46 Länder hatten mehr als 10 Mio. Einwohner; zusammen machten diese größeren Länder aber fast 87% der gesamten Bevölkerung des Großraumes aus. Die Mehrzahl der Länder hat dagegen eher geringere Einwohnerzahlen. Hierfür stehen insbesondere die zahlreichen Inselstaaten der Karibik. Von den 24 Ländern der Karibik hatten 10 Länder Bevölkerungen von unter 100 Tsd. Einwohnern, und 18 blieben mit ihrer Bevölkerungsgröße noch unter einer halben Mio. Brasilien hatte zwischen 1950 und 1995 eine Bevölkerungszunahme von 108 Mio. Menschen aufzuweisen; damit hat es seine Bevölkerungszahl zwischen 1950 und 1995 mehr als verdreifacht.

Höheres relatives Bevölkerungswachstum wurde vor allem in kleineren Ländern beobachtet; so ist Venezuelas Bevölkerung auf das Vierfache seines Bestandes von 1950 angestiegen. Das höchste Bevölkerungswachstum zwischen 1950 und 1995 wurde in Französisch Guyana mit einem Anstieg auf 487% der Bevölkerungszahl von 1950 beobachtet (von 25 Tsd. auf 147 Tsd.).

Tab 6: Bevölkerungsentwicklung in Lateinamerika und seinen Regionen, 1950 und 1995

Großraum oder Region	Landfläche	Anzahl Länder	Bevölkerung 1950	1995	Zuwachs zwischen 1950 und 1995	
	1.000 qkm		in 1.000		in 1.000	in %
Lateinamerika	20.533	46	165.658	482.005	316.347	191,0
Karibik	235	24	17.040	35.796	18.756	110,1
Zentralamerika	2.480	8	36.928	126.419	89.491	242,3
Südamerika	17.819	14	111.690	319.790	208.100	186,3

Lateinamerikas zahlreiche kleine Inselstaaten sind oft dicht besiedelt. Die bei weitem höchste Bevölkerungsdichte mit knapp 609 Einwohnern pro qkm wies Barbados auf, gefolgt von Puerto Rico (413 Einwohner/qkm). Barbados gehörte zugleich zu den am dichtesten besiedelten Ländern der Welt (14. Rangplatz weltweit); seine Bevölkerungsdichte ist größer als die der Niederlande oder San Marinos. Dagegen sind die großen und bevölkerungsreichen Flächenstaaten Brasilien und Mexiko nur relativ dünn besiedelt (Tab. 7).

Demographische Transition

Lateinamerika befand in den frühen 50er-Jahren bereits auf der zweiten Stufe des demographischen Übergangs. Die durchschnittliche Lebenserwartung betrug 51,4 Jahre; die Gesamtfruchtbarkeitsrate lag mit 5,9 Kindern pro Frau an der oberen Grenze dieser Transitionsstufe. Mit einer um 10 Jahre höheren Lebenserwartung als Asien hatte Lateinamerika einen deutlichen Entwicklungsvorsprung, obwohl beide Großräume die gleiche durchschnittliche Fertilität hatten.

Bereits Anfang der 50er-Jahre waren lateinamerikanische Länder auf allen vier Transitionsstufen zu finden. Für 6 Länder wurden Lebenserwartungen von unter 45 Jahren ausgewiesen (Vortransition); die niedrigste Lebenserwartung ist für Haiti mit 37,6 Jahren festgestellt worden, gefolgt von Bolivien mit 40,4 Jahren. Dem stehen Uruguay mit 66,1 Jahren und Puerto Rico mit 64,8 Jahren gegenüber. Die Spannweite zwischen den Extremwerten der Sterblichkeit betrug damit 28,5 Jahre – ein vergleichsweise mittlerer Wert.

Tab. 7: Bevölkerungsentwicklung in den 10 größten Ländern in Lateinamerika zwischen 1950 und 1995

Land	Region	Bevölkerung 1950	Bevölkerung 1995	Zuwachs 1950–1995		Fläche 1995	Dichte
		in 1.000		in 1.000	in %	1.000 qkm	Ew./qkm
Brasilien	Südamerika	53.444	161.790	108.346	202,7	8.511.965	19
Mexiko	Zentralamerika	27.740	93.674	65.934	237,7	1.958.201	48
Kolumbien	Südamerika	11.946	35.101	23.154	193,8	1.138.914	31
Argentinien	Südamerika	17.150	34.587	17.436	101,7	2.766.889	13
Peru	Südamerika	7.632	23.780	16.148	211,6	1.285.216	19
Venezuela	Südamerika	5.094	21.844	16.751	328,9	912.050	24
Chile	Südamerika	6.068	14.262	8.194	135,0	756.945	19
Ecuador	Südamerika	3.387	11.460	8.073	238,3	283.561	40
Kuba	Karibik	5.850	11.041	5.191	88,7	110.861	100
Guatemala	Zentralamerika	2.969	10.621	7.652	257,7	108.889	98

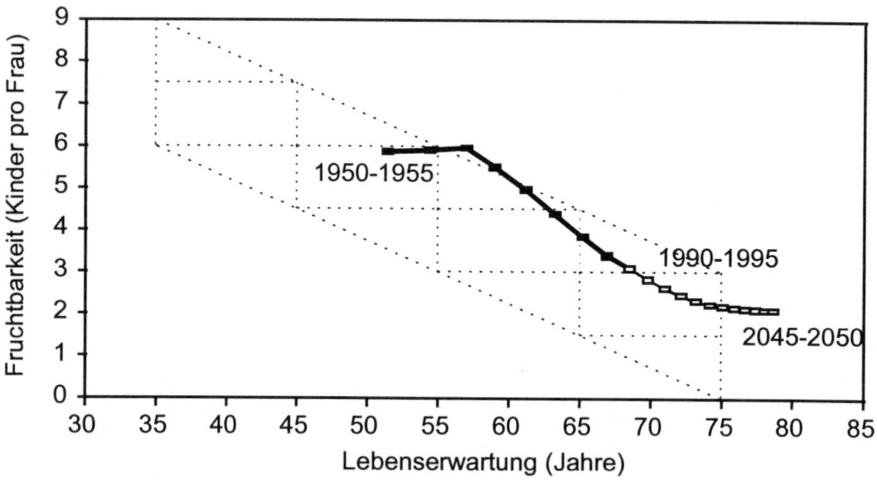

Abb. 9: Demographische Transition in Lateinamerika, 1950–1995 und 1995–2050

Die Säuglingssterblichkeit war um 1950 in Lateinamerika mit 125 gestorbenen Säuglingen pro 1.000 Lebendgeborenen zwar deutlich niedriger als in Afrika (186‰) oder Asien (180‰), aber eben auch mehr als viermal höher als z. B. in Nordamerika. Besonders hohe Säuglingssterblichkeiten von über 150‰ werden für Haiti (220‰), Bolivien (176‰), Honduras (169‰), Nicaragua (167‰), Peru (158‰) und El Salvador (151‰) angegeben. Die Hälfte aller Länder hatte eine Säuglingssterblichkeit von mehr als 100‰. Relativ niedrige Säuglingssterblichkeiten zwischen 50‰ und 70‰ wurden für Uruguay, Puerto Rico, Martinique, Argentinien und Guadeloupe festgestellt.

Anfang der 50er-Jahre reichten die Werte für die Gesamtfruchtbarkeit von 7,5 Kinder pro Frau in Honduras zu 2,73 in Uruguay; die Spanne zwischen höchster und geringster Fruchtbarkeit war damit mit 4,8 Kindern in etwa so groß wie in Asien oder Ozeanien. Insgesamt befanden sich Anfang der 50er-Jahre noch 18 Länder auf der ersten Fertilitätsstufe mit mehr als 6 Kindern pro Frau. Besonders hohe Werte von mehr als sieben Kindern pro Frau wiesen, neben Honduras, noch Nicaragua (7,4), die Dominikanische Republik (7,4) und Guatemala (7,1) auf. Lediglich Argentinien hatte 1950 bis 1955 bereits die vierte Stufe der Fertilitätstransition erreicht.

Der durchschnittliche Verlauf der demographischen Transition in Lateinamerika (Abb. 9) zeigt ein bekanntes Entwicklungsmuster: Zunächst verringerte sich bis Mitte der 60er-Jahre allein die Sterblichkeit, während die Fruchtbarkeit auf relativ hohem Niveau stagnierte. Nach 1965 setzte jedoch ein relativ schneller Rückgang der Fruchtbarkeit ein, die bis Anfang der 90er-Jahre bis auf 3,1 Kinder pro Frau und damit in die unmittelbare Nähe der Transitionsstufe IV fiel. Der Rückgang der Sterblichkeit resultierte in einem Zuwachs an Lebenserwartung von 17,1 Jahre auf insgesamt 68,5 Jahre bis Anfang der 90er-Jahre. Das durchschnittliche Niveau der Säuglingssterblichkeit konnte bis 1990/95 auf 45‰, d. h. fast ein Drittel des Wertes vom Anfang der 50er-Jahre, gesenkt werden. Insgesamt weist der lateinamerikanische Subkontinent eine konsistente Abweichung vom Stufenschema der demographischen Transition auf; die Fruchtbarkeit war auf dem jeweiligen Sterblichkeitsniveau stets höher als der globale Durchschnitt.

Auch in diesem Großraum folgen einzelne Länder durchaus unterschiedlichen Transitionspfaden. Die hier ausgewählten vier Länder (Brasilien, Mexiko, Guatemala und Kuba) zeigen z.T. deutlich verschiedene Verläufe, stehen jedoch nicht für bestimmte Übergangstypen, sondern sollen lediglich die existierende Vielfalt verdeutlichen (Abb. 10).

Brasilien (Südamerika) und Mexiko (Zentralamerika) ist ein relativ spätes Einsetzen der Fruchtbarkeitstransition gemeinsam. Beide Länder hatten Anfang der 50er-Jahre mit 6,15 (Brasilien) und 6,75 Kinder pro Frau (Mexiko) noch eine sehr hohe Fruchtbarkeit, die zunächst auch kaum zurückging. Mitte der 60er (Brasilien) bzw. Anfang der 70er-Jahre (Mexiko) begann dann ein schneller Rückgang der Gesamtfruchtbarkeit bis in den Bereich der Transitionsstufe IV. Insgesamt haben beide Länder zwischen 1950 und 1995 ihre Fruchtbarkeit um deutlich mehr als 3 Kinder pro Frau gesenkt (Brasilien um 3,3 und Mexiko um 3,5 Kinder pro Frau). Dieser Rückgang der Fruchtbarkeit erfolgte unter Bedingungen relativ niedriger Sterblichkeit, da beide Länder sich Anfang der 50er-Jahre bereits im Bereich der Stufe II der Sterblichkeitstransition mit Lebenserwartungen von knapp 51 Jahren befanden. Brasiliens Lebenserwartung ist dann bis 1995 um 15 Jahre auf 66,3 Jahre angestiegen, und die Lebenserwartung Mexikos stieg sogar um 20 Jahre auf knapp 71 Jahre.

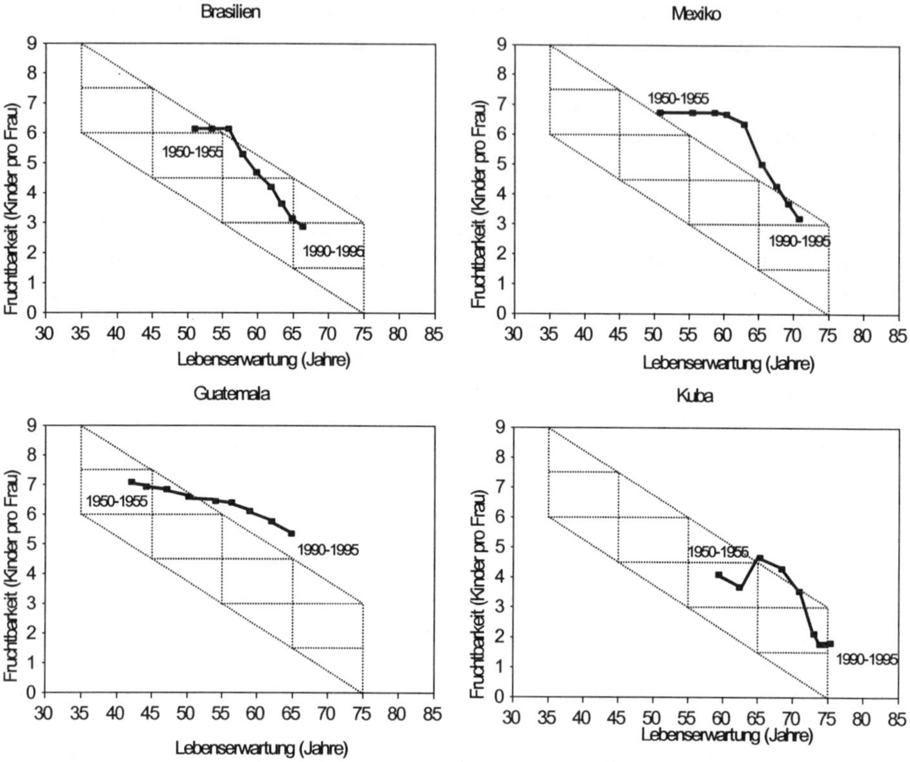

Abb. 10: Demographische Transition ausgewählter Länder in Lateinamerika, 1950–1995

Guatemala (Zentralamerika) zeigt eine Variante der demographischen Transition, die einen langsamen, aber stetigen Fruchtbarkeitsrückgang mit gleichzeitig deutlichem Sterblichkeitsrückgang verbindet. Im Ergebnis bewegt sich die Transitionstrajektorie immer weiter aus dem Bereich der Hauptdiagonale heraus und damit in Bereiche, die durch hohe Lebenserwartungen mit überdurchschnittlich hoher Fruchtbarkeit gekennzeichnet sind. So ist der Anstieg der Lebenserwartung um fast 23 Jahre auf knapp 65 Jahre Anfang der 90er-Jahre markant, nur Honduras, Nicaragua und die Dominikanische Republik hatten noch größere Gewinne an Lebenserwartung im gleichen Zeitraum aufzuweisen. Dagegen ging die Fruchtbarkeit nur sehr langsam zurück, zwischen 1950 und 1995 insgesamt nur um 1,7 auf immer noch hohe 5,4 Kinder pro Frau. Diese Kombination von hoher Fruchtbarkeit und vergleichsweise niedriger Fruchtbarkeit bewirkt ein hohes Wachstumspotential der Bevölkerung. Verglichen mit Brasilien, das eine ähnlich hohe Lebenserwartung, aber eine um 2,5 Kinder pro Frau niedrigere Fruchtbarkeit Anfang der 90er-Jahre hatte, wächst die Bevölkerung Guatemalas um mehr als einen Prozentpunkt schneller.

Schließlich steht Kuba (Karibik) hier für ein lateinamerikanisches Land, das bereits Anfang der 50er-Jahre mit einer durchschnittlichen Lebenserwartung von 59,4 Jahren und einer Gesamtfruchtbarkeit von 4,1 Kinder pro Frau auf der dritten Stufe der demographischen Transition anzutreffen war. Der Transitionsverlauf in Kuba zeigt u. a., dass Abweichungen vom Durchschnittsablauf auch noch in späten Phasen der demographischen Transition auftreten können, ein Umstand, der weiter unten bei den entwickelten Ländern Europas und Nordamerikas noch zu sehen sein wird. Anfang der 90er-Jahre war die demographische Transition in Kuba bereits abgeschlossen. Die Fruchtbarkeit befand sich mit 1,9 Kindern pro Frau unterhalb des Ersatzniveaus, die Lebenserwartung war mit mehr als 75 Jahren bereits so hoch wie z. B. in Deutschland zum gleichen Zeitpunkt.

Die Länder Lateinamerikas waren Anfang der 90er-Jahre deutlich weniger stark über den Bereich der demographischen Transition gestreut als z. B. die Länder Afrikas und Asiens; fast alle Länder befanden sich im Bereich der dritten oder vierten Transitionsstufe. Von den fünf Ländern, die sich noch auf Stufe II Fruchtbarkeitstransition befinden, d. h. in einem Bereich zwischen 4,5 und 6 Kindern pro Frau, sind drei bereits auf Stufe III der Mortalitätstransition (Haiti, Bolivien und Guatemala), zwei (Nicaragua und Honduras) findet man sogar schon auf Stufe IV. Insgesamt ist die Mehrzahl (28 von 31) der lateinamerikanischen Länder bereits auf Stufe IV der Mortalitätstransition zu finden, d. h. sie haben Lebenserwartungen von 65 und mehr Jahren, von denen aber nur 17 sich auch gleichzeitig auf der vierten Stufe der Fertilitätstransition mit weniger als durchschnittlich drei Kindern pro Frau befinden. Neun der 28 Länder vereinen dagegen Lebenserwartungen der Stufe IV mit überdurchschnittlichen Fruchtbarkeitsniveaus der Stufen II und III.

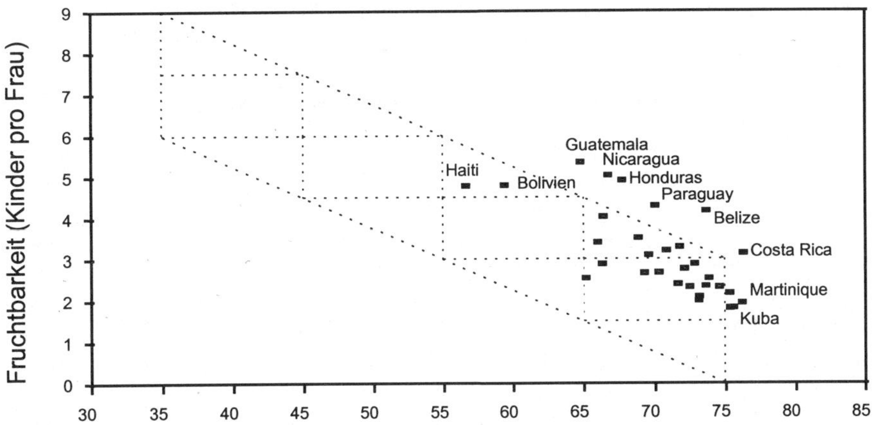

Abb. 11: Position lateinamerikanischer Länder im demographischen Stufendiagramm, 1990–1995

Insgesamt haben sich die demographischen Unterschiede zwischen den Ländern in Lateinamerika zwischen 1950 und 1990 verringert. So ist zwischen 1950 und 1990 die Differenz zwischen höchster und niedrigster Lebenserwartung von fast 29 auf knapp 20 Jahre zurückgegangen; damit sind nur noch in Europa die Unterschiede mit 11 Jahren geringer. Nur noch 6 Länder werden Anfang der 90er-Jahre mit einer Säuglingssterblichkeit von mehr als 50‰ ausgewiesen, andererseits haben zwei Länder (Barbados und Martinique) bereits Werte von unter 10‰ erreicht. Von den Flächenstaaten Südamerikas hatte Uruguay mit 20‰ Anfang der 90er-Jahre den niedrigsten Wert. Ähnlich ist die Situation bei der Streuung der Fruchtbarkeit. Sie ist von 4,8 Kinder pro Frau (1950/55) auf 3,5 Kinder (1990/95) zurückgegangen und liegt damit gemeinsam mit Ozeanien deutlich unter den Werten für Afrika und Asien. Nach der UN-Bevölkerungsprojektion wird der lateinamerikanische Subkontinent wahrscheinlich bereits vor der Jahrhundertwende die vierte Stufe der demographischen Transition erreicht haben.

30.2.2.4 Ozeanien

Ozeanien umfasst neben zahlreichen Inseln und Inselgruppen des Pazifiks die größeren Flächenstaaten Australien, Neuseeland und Papua-Neuguinea. Mit 8,5 Mio. qkm Fläche ist Ozeanien der bei weitem kleinste hier betrachtete Großraum. Sein Anteil an der Landfläche der Erde beträgt lediglich 6,3%. Insgesamt werden 24 Länder oder Gebiete in Ozeanien unterschieden, die in vier Regionen zusammengefasst sind. Es sind dies (Bevölkerungsangaben für 1995 s. Tab. 8):

- Australien-Neuseeland mit 93,5% der Fläche und 75,9% der Bevölkerung Ozeaniens;
- Melanesien mit 6,3% der Fläche und 20,4% der Bevölkerung;
- Mikronesien mit weniger als 1% der Fläche und 1,7% der Bevölkerung;
- Polynesien mit weniger als 1% der Fläche und 2,1% der Bevölkerung.

Tab. 8: Bevölkerungsentwicklung in Ozeanien und seinen Regionen, 1950 und 1995

Gebiet und Region	Landfläche	Anzahl Länder	Bevölkerung 1950	1995	Zuwachs zwischen 1950 und 1995	
	1.000 qkm		in 1.000		in 1.000	in %
Ozeanien	8.537	24	12.612	28.549	15.937	126,4
Australien-Neuseeland	7.984	2	10.127	21.663	11.536	113,9
Melanesien	541	5	2.095	5.813	3.719	177,5
Mikronesien	3	7	153	482	329	215,7
Polynesien	9	10	237	591	353	149,0

Bevölkerungsentwicklung

Von den insgesamt 24 Ländern sind nur für 10 auch detailliertere demographische Angaben verfügbar. Für die Vielzahl der kleinen und kleinsten Länder und Gebiete mit z.T. sehr geringen Einwohnerzahlen sind im hier verwendeten UN-Datensatz lediglich Angaben zur Bevölkerungszahl insgesamt erhältlich.

Mit einer Bevölkerungszahl von 12,6 Mio. Menschen in 1950 hatte Ozeanien die bei weitem geringste Bevölkerungszahl unter den hier betrachteten Großräumen. Der Beitrag Ozeaniens zur globalen Bevölkerungszunahme daher auch bescheiden; zwischen 1950 und 1995 ist die Einwohnerzahl dieses Großraumes um knapp 16 Mio.

auf 28,5 Mio. Menschen gestiegen; damit kam weniger als 1% des globalen Zuwachses aus Ozeanien. In den drei Flächenstaaten des Großraumes – Australien, Papua-Neuguinea und Neuseeland – leben mehr als 90% der gesamten Bevölkerung Ozeaniens; diese Länder dominieren daher die demographischen Entwicklungen im Aggregat.

Das größte Land des Großraumes – Australien – hat zugleich, mit nur 2 Einwohnern pro qkm, die geringste Bevölkerungsdichte (Tab. 9). Selbst Papua-Neuguinea (9 Einwohner/qkm) oder Neuseeland (13 Einwohner/qkm) sind unter den Flächenstaaten des Großraumes noch deutlich dichter besiedelt. Die höchsten Besiedlungsdichten sind unter den kleinen Inselländern zu finden. Nauru nimmt hier Anfang der 90er-Jahre den Spitzenplatz in Ozeanien mit 517 Einwohner pro qkm); dies ist zugleich der 16. Platz weltweit.

Tab. 9: Bevölkerungsentwicklung in den 10 größten Ländern in Ozeanien zwischen 1950 und 1995

Land	Region	Bevölkerung 1950	Bevölkerung 1995	Zuwachs 1950–1995	Zuwachs	Fläche	Dichte 1995
		in 1.000		in 1.000	in %	1.000 qkm	Ew./qkm
Australien	Australien-Neuseeland	8.219	18.088	9.869	120,1	7.713.364	2
Papua-Neuguinea	Melanesien	1.613	4.302	2.688	166,6	462.840	9
Neuseeland	Australien-Neuseeland	1.908	3.575	1.667	87,4	270.986	13
Fidschi	Melanesien	289	784	495	171,1	18.274	43
Salomonen	Melanesien	90	378	288	321,1	28.896	13
Französisch Polynesien	Polynesien	61	220	159	262,1	4.000	55
Neukaledonien	Melanesien	55	181	126	228,8	18.575	10
Samoa	Polynesien	84	171	88	104,9	2.831	61
Vanuatu	Melanesien	48	169	122	255,0	12.189	14
Guam	Mikronesien	60	150	90	151,3	541	277

Demographische Transition

Zu Beginn der 50er-Jahre befand sich Ozeanien insgesamt auf der dritten Stufe der demographischen Transition. Die Lebenserwartung betrug bereits 60,9 Jahre, und die durchschnittliche Kinderzahl wurde auf 3,8 geschätzt. Kurzfristig stieg die Fruchtbarkeit bis Anfang der 60er-Jahre an, um dann deutlich um mehr ein als Kind auf 2,5 Kinder pro Frau Anfang der 90er-Jahre zu fallen. Die Lebenserwartung stieg im gleichen Zeitraum um fast 13 Jahre auf 72,8 Jahre. Damit war Ozeanien auf Stufe IV der demographischen Transition vorgerückt.

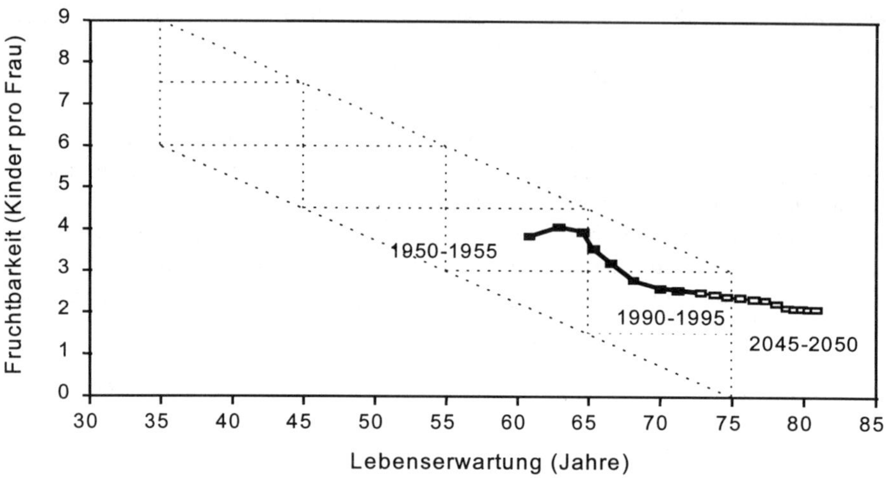

Abb. 12: Demographische Transition in Ozeanien, 1950–1995 und 1995–2050

Die beträchtlichen Spannweiten bei Mortalität und Fruchtbarkeit Anfang der 50er-Jahre signalisieren noch große Disparitäten in Entwicklungsbedingungen und ökonomischen Entwicklungsniveaus. Zwischen Samoa mit einer Fruchtbarkeit von 8,2 Kindern pro Frau, und Australien, das einen Wert von 3,2 pro Frau aufwies, spannte sich mit 5 Kindern pro Frau die größte Differenz von allen Großräumen. Mit mehr als 34 Jahren war der Unterschied zwischen höchster (Neuseeland mit knapp 70 Jahren) und niedrigster Lebenserwartung (Papua-Neuguinea mit 35 Jahren) ebenfalls außerordentlich groß; nur Asien wies einen größeren Wert auf.

Bis Anfang der 90er-Jahre hatte dann die Differenz zwischen den Extremwerten von Fruchtbarkeit und Sterblichkeit deutlich abgenommen. Das Land mit der höchsten Fruchtbarkeit (die Inselgruppe der Salomonen mit 5,4 Kinder pro Frau) und das Land mit der niedrigsten Fruchtbarkeit (Australien mit 1,87 Kinder pro Frau) trennte nur noch 3,5 Kinder pro Frau voneinander. Im gleichen Zeitraum hat sich auch die Spanne zwischen höchster (Australien, 77,6 Jahre) und niedrigster Lebenserwartung (Papua-Neuguinea, 55,8 Jahre) verringert; sie betrug noch 21,8 Jahre. Abbildung 14 illustriert dies. Ähnlich wie in Lateinamerika befindet sich auch in Ozeanien kein Land mehr auf der ersten Transitionsstufe, dagegen sind fast alle Länder mit Ausnahme von Papua-Neuguinea in der Mortalitätstransition bis auf Stufe IV vorgerückt.

Die beiden großen und entwickelten Länder des Großraumes – Australien und Neuseeland – sind in ihren demographischen Merkmalen und Verlaufsmustern den europäischen und nordamerikanischen Ländern ähnlich (s. Abb. 13 für den Transitionsverlauf Australiens). Anfang der 50er-Jahre hatten beide Länder mit knapp 70 Jahren Lebenserwartung und sehr niedriger Säuglingssterblichkeit (Australien mit 23,6‰, Neuseeland 26,3‰) die Mortalitätstransition im Wesentlichen durchlaufen. Die Fruchtbarkeit war in beiden Ländern Anfang der 90er-Jahre mit Werten von über drei Kindern pro Frau (3,2 Kinder pro Frau in Australien, bzw. 3,5 Kinder pro Frau in Neuseeland) noch auf der dritten Stufe des demographischen Übergangs und damit auf einem ähnlichen Niveau wie die USA, aber über dem europäischen Durchschnitt. Der weitere Verlauf der demographischen Entwicklung führte in beiden Ländern zu Erhöhungen der Lebenserwartung; bis Anfang der 90er-Jahre sind Zuwächse zwischen 6 und 8 Jahren auf 77,6 Jahre für Australien und 75,5 Jahre Lebenserwartung für Neuseeland ausgewiesen. Damit hatten beide Länder Lebenserwartungen, die höher als in Deutschland im gleichen Zeitraum waren.

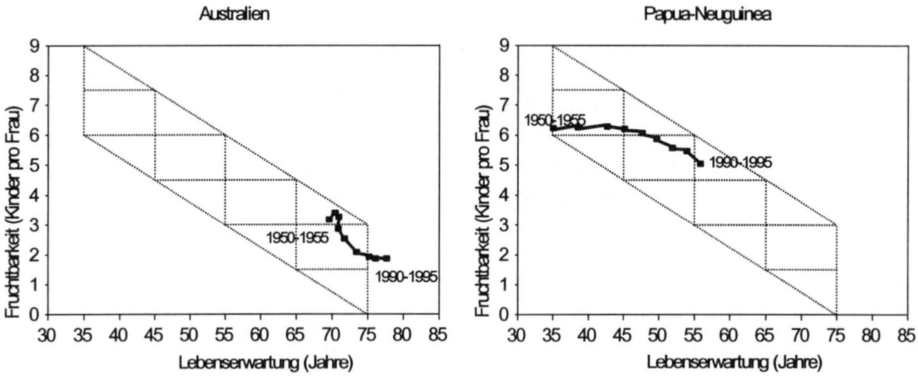

Abb. 13: Demographische Transition ausgewählter Länder in Ozeanien, 1950–1995

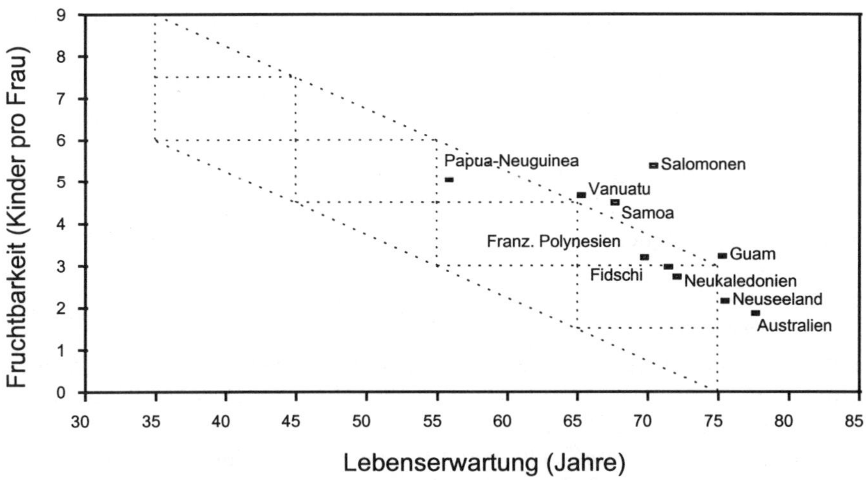

Abb. 14: Position der Länder in Ozeanien im demographischen Stufendiagramm, 1990–1995

Kurzfristige Erhöhungen der Fruchtbarkeit zwischen 1950 und 1995 waren nicht auf Europa beschränkt; der Übergangpfad Australiens zeigt ganz deutlich ebenfalls die Spuren eines Baby Booms. Im mittelfristigen Trend ist die Fruchtbarkeit bis auf Werte nahe dem Ersatzniveau (Neuseeland) oder darunter (Australien) gefallen.

Papua-Neuguinea (Melanesien) dagegen befand sich Anfang der 50er-Jahre noch in der Phase der Vortransition: die kombinierte Lebenserwartung betrug lediglich 35 Jahre, und die Fruchtbarkeit war mit mehr als 6 Kindern pro Frau doppelt so hoch wie in Australien. Damit war Papua-Neuguinea auf einer ähnlichen Position wie z. B. Nigeria zum gleichen Zeitpunkt. Bis Anfang der 90er-Jahre erhöhte sich die Lebenserwartung erheblich auf 55,8 Jahre – eine Steigerung um fast 21 Jahre. Die Säuglingssterblichkeit fiel im gleichen Zeitraum um 122 pro 1.000 Lebendgeborene auf 68‰. Trotzdem verbleibt Papua-Neuguinea damit auf der Position mit der höchsten Sterblichkeit des Großraumes.

30.2.2.5 Europa und Nordamerika

Europa weist in strikt geografischer Abgrenzung eine Landfläche von 10,5 Mio. qkm auf und ist damit deutlich kleiner als Lateinamerika und Karibik. In dem hier zugrundegelegten Datensatz der UN wird jedoch die gesamte Russische Föderation, unter Einschluss ihres asiatischen Teils, Europa zugeordnet. Aus demographischer Sicht macht das durchaus Sinn, leben doch ca. Zweidrittel der Einwohner Russlands tatsächlich im europäischen Teil des Landes. Der flächenmäßig wesentlich größere asiatische Teil Russlands ist dagegen nur sehr dünn besiedelt und fällt daher aus demographischer Sicht weniger ins Gewicht. In dieser Klassifikation erhöht sich jedoch die Fläche Europas auf immerhin knapp 23 Mio. qkm. Europa wird damit zum drittgrößten hier behandelten Großraum. Insgesamt werden gegenwärtig 47 Länder oder Gebiete in Europa unterschieden, die wiederum in vier Regionen zusammengefasst sind. Es sind dies (Bevölkerungsangaben 1995 s. Tab. 10):

- Osteuropa (einschließlich Russland) mit 81,8% der Fläche und 42,5% der Bevölkerung Europas;
- Nordeuropa mit 7,6% der Fläche und 12,9% der Bevölkerung;
- Südeuropa mit 5,7% der Fläche und 19,8% der Bevölkerung;
- Westeuropa mit lediglich 4,8% der Fläche, aber 24,9% der Bevölkerung.

Mit 21,5 Mio. qkm ist Nordamerika der drittgrößte Erdteil, sein Anteil an der besiedelten Gesamtfläche der Erde beträgt 15,9%. Nordamerika besteht aus Kanada, den Vereinigten Staaten von Amerika sowie den Inseln Grönland, Bermuda (eine britische Kronkolonie) und Saint Pierre und Miquelon (französisches "Collectivité Territorale") vor der Küste Kanadas. Der Großraum wird von den beiden Flächenstaaten Kanada, mit 46,4% der Gesamtfläche und 10% der Bevölkerung, und den USA, mit 43,5% der Gesamtfläche und 90% der Bevölkerung, geprägt. Wegen der großen ökonomischen, sozialen und nicht zuletzt demographischen Ähnlichkeiten zwischen Europa und Nordamerika werden beide Großräume hier zusammen dargestellt.

Die Darstellung der jüngsten demographischen Geschichte Europas und Nordamerikas ist hier auf grobe Konturen beschränkt. Da für die Länder beider Großräume wesentlich umfangreichere und tiefer gegliederte Bevölkerungsstatistiken zur Verfügung stehen, ist das bei den anderen Großräumen angelegte Darstellungsraster – mit der begrenzten zeitlichen Auflösung von 5 Jahren und einer sehr geringen Zahl von demographischen Indikatoren, hier eher ungeeignet. Um aber die realen Kontraste und Unterschiede in den globalen Bevölkerungstrends auszuleuchten, kann auf die Darstellung der beiden entwickelten Großräume nicht verzichtet werden.

Bevölkerungsentwicklung

Europa und Nordamerika hatten gemeinsam um 1950 die demographische Transition bereits weitgehend abgeschlossen. Deshalb ist es nicht verwunderlich, dass das Bevölkerungswachstum in beiden Großräumen nur relativ gering ausgefallen ist. Europa hat zwischen 1950 und 1995 seine Einwohnerzahl nur noch um 178 Mio. erhöht. 88 Mio. dieses Zuwachses, oder fast die Hälfte (49,4%) des Gesamtzuwachses, kam dabei aus Osteuropa. Den zweitgrößten absoluten Bevölkerungszuwachs innerhalb Europas hatte Westeuropa mit knapp 40 Mio. Menschen (22%), gefolgt von Südeuropa mit knapp 35 Mio. Menschen (20%) und Nordeuropa mit 15 Mio. Menschen (9%). Nordamerika ist im gleichen Zeitraum um immerhin noch 127 Mio. Menschen gewachsen, nicht zuletzt dadurch, dass die USA und Kanada beide Einwanderungsländer sind.

Tab. 10: Bevölkerungsentwicklung in Europa und seinen Regionen sowie in Nordamerika, 1950 und 1995

Gebiet und Region	Landfläche	Anzahl Länder	Bevölkerung 1950	1995	Zuwachs zwischen 1950 und 1995	
	1.000 qkm		in 1.000		in 1.000	in %
Europa	22.986	47	548.711	726.999	178.288	32,5
Osteuropa	18.813	10	220.690	308.709	88.019	39,9
Nordeuropa	1.749	13	78.093	93.542	15.449	19,8
Südeuropa	1.316	15	109.012	143.922	34.910	32,0
Westeuropa	1.107	9	140.916	180.826	39.910	28,3
Nordamerika	21.516	5	166.075	292.841	126.766	76,3

Das bevölkerungsreichste Land Europas ist mit Abstand die Russische Föderation (Russland) mit 147 Mio. Einwohnern. Danach folgen Deutschland (81,6 Mio.), Großbritannien (58,3 Mio.), Frankreich (knapp 58 Mio.) und Italien (57,2 Mio.), die zusammen 55,3% der Bevölkerung Europas ausmachen. Sehr hohes Bevölkerungswachstum kommt in Europa oder Nordamerika kaum noch vor. Wenn man von dem besonderen Fall der sehr kleinen Länder wie Andorra und Liechtenstein einmal absieht, dann ist Albanien zwischen 1950 und 1995 am schnellsten gewachsen. Immerhin hat es in diesem Zeitraum seine Bevölkerungszahl nahezu verdreifacht (von 1,230 Mio. auf 3,441 Mio. oder um 180%). Ein beträchtliches Wachstum war auch für Kanada festzustellen. Vor allem durch Immigration bedingt, wuchs Kanadas Bevölkerung in den hier betrachteten 45 Jahren um 115% von 13,7 Mio. auf 29,5 Mio. Einwohner. Geringe relative Zuwächse sind für Österreich und Ungarn ausgewiesen: Ungarns Bevölkerung wuchs zwischen 1950 und 1995 lediglich um 8% von 9,3 auf 10,1 Mio.; in Österreich stieg die Bevölkerung von 6,9 Mio. auf knapp 8,0 Mio., d. h.

um 15%. Europa und Nordamerika liegen mit ihren Bevölkerungsdichten unter dem globalen Durchschnitt. Mit 32 Einwohnern pro qkm folgt Europa Asien (109 Einwohner/qkm) in beträchtlichem Abstand (1995). Dabei weist Europa aber ein beträchtliches Gefälle von Westen nach Osten und von Süden nach Norden auf. Mit 163 Einwohnern pro qkm ist Westeuropa der am dichtesten besiedelte Großraum der Welt, deutlich höher als Südzentralasien oder Ostasien. Es existieren in Europa, ähnlich wie in Asien beobachtet, extreme Unterschiede zwischen den Bevölkerungsdichten. So befindet sich Monaco (21,3 Tsd. Einwohner/qkm) als eines der am dichtesten besiedelten Länder der Welt in Europa. Der europäische Flächenstaat mit der größten Bevölkerungsdichte waren 1995 die Niederlande mit 380 Einwohner pro qkm. Andererseits gibt es in Europa auch Länder, die zu denen mit weltweit den geringsten Bevölkerungsdichten gehören: Island mit 2,6 Einwohner pro qkm gehört dazu, aber auch Russland, das – allerdings unter Einschluss seines asiatischen Teils – nur 8,6 Einwohner pro qkm aufweist.

Tab. 11: Bevölkerungsentwicklung in den 10 größten Ländern in Europa sowie in den USA und Kanada zwischen 1950 und 1995

Land	Region	Bevölkerung 1950	Bevölkerung 1995	Zuwachs 1950–1995		Fläche	Dichte 1995
		in 1.000	in 1.000	in 1.000	in %	1.000 qkm	Ew./qkm
Russ. Föderation	Osteuropa	103.283	147.000	43.717	42,3	17.075.400	9
Deutschland	Westeuropa	68.376	81.591	13.215	19,3	356.733	229
Grossbritannien	Nordeuropa	50.616	58.258	7.642	15,1	244.100	239
Frankreich	Westeuropa	41.829	57.981	16.152	38,6	551:500	105
Italien	Südeuropa	47.104	57.187	10.083	21,4	301.268	190
Ukraine	Osteuropa	37.024	51.380	14.355	38,8	603.700	85
Spanien	Südeuropa	28.009	39.621	11.612	41,5	504.782	78
Polen	Osteuropa	24.824	38.388	13.564	54,6	323.250	119
Rumänien	Osteuropa	16.311	22.835	6.524	40,0	237.500	96
Niederlande	Westeuropa	10.114	15.503	5.389	53,3	40.844	380
USA	Nordamerika	152.271	263.250	110.979	72,9	9.363.520	28
Kanada	Nordamerika	13.737	29.463	15.726	114,5	9.976.139	3

Demographische Transition

Europa hatte im Durchschnitt bereits Mitte des 20. Jahrhunderts den demographischen Übergang beendet. Mit einer durchschnittlichen Lebenserwartung von 66,1 Jahren und einer Gesamtfruchtbarkeit von 2,6 Kindern pro Frau befand sich Europa auf Stufe IV der demographischen Transition. Im europäischen Durchschnitt blieb das Fruchtbarkeitsniveau bis in die Mitte der 60er-Jahre nahezu unverändert bei mehr als 2,5 Kindern; erst nach 1965 erfolgte dann ein (erneuter) Abschwung. Die durchschnittliche Kinderzahl pro Frau sank bis Anfang der 90er-Jahre um ca. 1 Kind pro auf 1,6 Kinder pro Frau und damit deutlich unter das Ersatzniveau der Elterngenerationen. Im gleichen Zeitraum stieg die Lebenserwartung um weitere 6,8 Jahre auf 72,9 Jahre an (Abb. 15).

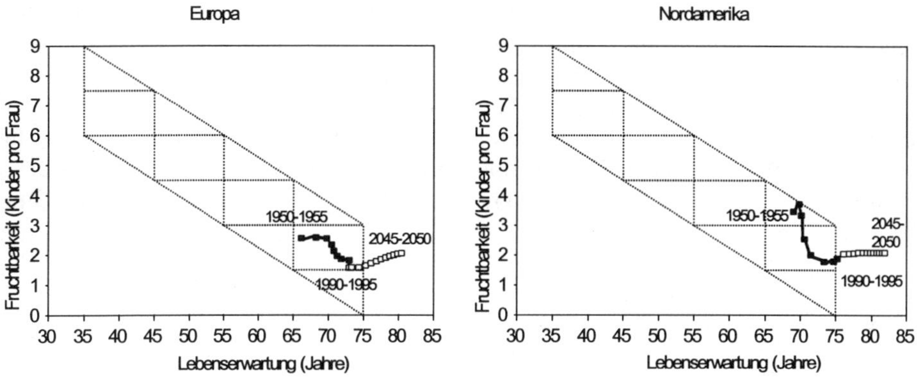

Abb. 15: Demographische Transition in Europa und Nordamerika, 1950–1995 und 1995–2050

Nordamerika hatte Anfang der 50er-Jahre mit durchschnittlich 3,5 Kindern pro Frau eine um fast ein Kind höhere Fruchtbarkeit als Europa, gleichzeitig war die Lebenserwartung mit durchschnittlich 69 Jahren um 2,8 Jahre höher als die für Europa. Der nordamerikanische Transitionsverlauf – wegen des Gewichts der USA wesentlich mit dem der USA identisch – zeigt den Anstieg der Fertilität im sog. Baby Boom, gefolgt von einem steilen Rückgang bis Mitte der 70er-Jahre, als das Ersatzniveau unterschritten wurde. In den späten 80er-Jahren ist dann wieder eine leichte Erhöhung des Fruchtbarkeitsniveaus bis in die Nähe des Ersatzniveaus sichtbar. Die Lebenserwartung erhöhte sich um mehr als 7 Jahre auf mehr als 76 Jahre. Damit hat Nordamerika seinen Vorsprung von ca. 3 Jahren behaupten können.

Europa und Nordamerika folgten bei Sterblichkeit und Fruchtbarkeit deutlich einem Trend zur Homogenisierung. Betrug die Spannweite zwischen höchster und niedrigster Lebenserwartung zum Beginn der 50er-Jahre (1950-1955) noch knapp 19 Jahre (18,9 Jahre), so wird diese Differenz für den Anfang der 90er-Jahre auf nur ca. 11 Jahre geschätzt – der niedrigste Wert für alle hier betrachteten Großräume. Ähnliche Tendenzen finden sich bei der Säuglingssterblichkeit. Gab es Anfang der 50er-Jahre noch insgesamt 6 Länder mit mehr als 100 gestorbenen Säuglingen pro 1.000 Lebendgeborenen, denen gleichzeitig sieben Länder mit Werten unter 30‰ gegenüberstanden, so haben 40 Jahre später alle Länder Werte unter 30‰. Mehr als die Hälfte der Länder hatte sogar Werte unter 10‰ erreicht.

Auch die Fruchtbarkeit folgte einer Tendenz zu geringerer Variabilität zwischen den Ländern: Anfang der 50er-Jahre wird noch eine Differenz ausgewiesen, die mit 3,6 Kindern pro Frau sogar etwas größer war als in Afrika (allerdings auf wesentlich niedrigerem Niveau). Der Bogen spannte sich von 5,6 Kindern pro Frau in Albanien zu knapp 2,0 Kindern pro Frau in Luxemburg. Bis Anfang der 90er-Jahre war diese Spannweite dann auf 1,6 Kinder pro Frau gefallen – Europa hat damit die homogenste Fruchtbarkeitsverteilung von allen Großräumen. Nur zwei Länder – Albanien mit einer Gesamtfruchtbarkeit von 2,85 und Island mit einem Wert von 2,23 – befanden sich überhaupt noch deutlich oberhalb des Ersatzniveaus. Die USA und Kanada lagen mit ihrem durchschnittlichen Niveau der Fruchtbarkeit ebenfalls unterhalb des Ersatzniveaus (USA 2,08 und Kanada 1,86 Kinder pro Frau).

Stellt man die demographische Entwicklung entwickelter Länder im demographischen Stufendiagramm dar, dann fallen zunächst die relativ geringen Wegstrecken auf, die von ihnen zwischen 1950 und 1995 zurückgelegt wurden. Weder Fruchtbarkeit noch Mortalität weisen Veränderungen in Größenordnungen auf, wie sie für viele Entwicklungsländer typisch sind. Bei Lebenserwartungen von mehr als 65 Jahren und durchschnittlichen Kinderzahlen pro Frau von weniger als 3,5 Kinder pro Frau bleiben offensichtlich dramatische Veränderungen der demographischen Indikatoren begrenzt.

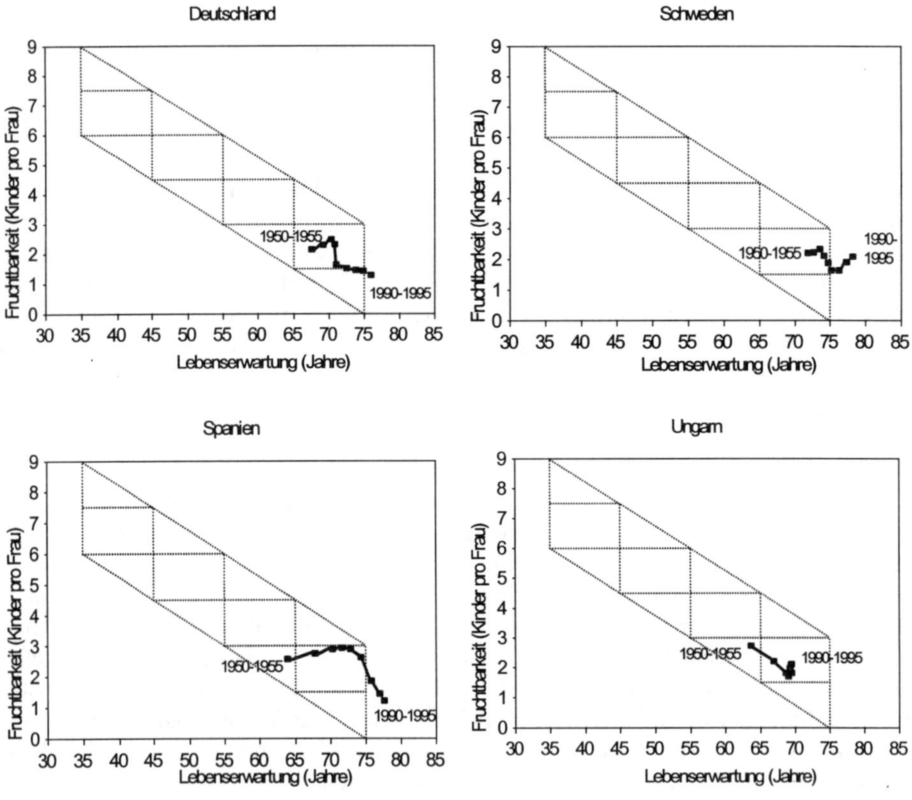

Abb. 16: Demographische Transition ausgewählter Länder in Europa, 1950–1995

Diese Beobachtungen deuten in der Tat auf eine Phase *nach* der Transition hin. Reduzierungspotentiale der Sterblichkeit scheinen sich nur noch evolutionär zu erschließen. Ein wichtiger Grund für das geringere Tempo der Mortalitätsreduktion liegt darin, dass sich die Möglichkeiten zur weiteren Senkung der Säuglings- und Kindersterblichkeit weitgehend erschöpft haben. Im europäischen Durchschnitt sterben Anfang der 90er-Jahre nur noch 1% aller Lebendgeborenen vor Vollendung ihres

ersten Lebensjahres. Säuglingstod ist damit zu einem seltenen Ereignis geworden. Zuwächse an Lebenserwartung sind nun in wachsendem Maße durch die Senkung der Sterblichkeit in höheren Altersgruppen zu gewinnen.
Auch bei der Fruchtbarkeit sind die Veränderungspotentiale zurückgegangen. Mit einer durchschnittlichen Fruchtbarkeit in Europa von knapp 1,6 Kinder pro Frau (1990/95) und seit langem ausbleibenden Anzeichen für eine Rückkehr zu deutlich höheren Werten ergeben sich keine großen Schwankungsbereiche mehr. Es ist eine triviale Feststellung, aber der Bereich zwischen Null-Reproduktion, d. h. es werden überhaupt keine Kinder mehr geboren, und Null-Wachstum der Bevölkerung beträgt nur wenig mehr als 2 Kinder pro Frau. Ein realistischer Schwankungsbereich des Fruchtbarkeitsniveaus wird sogar etwa nur ein Kind pro Frau im Durchschnitt betragen, d. h. zwischen einem und zwei Kindern im Durchschnitt. Außer Albanien befanden sich auch alle europäischen und nordamerikanischen Länder in dem engen Bereich zwischen Ersatzniveau und einem Kind pro Frau (Einzelkind).

Abbildung 16 zeigt die demographischen Entwicklungen in Spanien (Südeuropa), Schweden (Nordeuropa), Ungarn (Osteuropa) und Deutschland (Westeuropa) seit 1950 im demographischen Stufendiagramm. Es muss noch einmal betont werden, dass die Auswahl gerade dieser Länder eher willkürlich ist, aber auch, dass die verwendeten Daten die wirklichen Entwicklungen nur annähernd, als grobes Raster fünfjähriger Durchschnitte, darstellen.

Spaniens Entwicklung ist wegen seiner relativ großen Veränderungen der demographischen Parameter seit 1950 eher untypisch. Die Lebenserwartung stieg zwischen 1950 und 1995 von knapp 64 Jahren um fast 14 Jahre auf 77,6 Jahre; damit war Spanien von Stufe III der Mortalitätstransition in die Spitzengruppe europäischer Staaten vorgedrungen. Bemerkenswert auch die großen Veränderungen bei der Fruchtbarkeit: Zunächst stieg sie von knapp 2,6 Kinder auf 2,9 Kinder pro Frau in den 70er-Jahren an, um dann aber in den 80er-Jahren steil zurückzugehen. Anfang der 90er-Jahre wurde die durchschnittliche Kinderzahl in Spanien auf 1,2 Kinder pro Frau geschätzt – zugleich die niedrigste Fruchtbarkeit in Europa und einer der niedrigsten Werte weltweit. Selbst die Kohortenfruchtbarkeit scheint sich noch auf einem Abwärtstrend zu befinden (Sardon 1994).

Schweden ist ein rares Beispiel für ein Land mit einem längeren Fruchtbarkeitsanstieg seit Ende der 70er-Jahre, nachdem die Fruchtbarkeit seit Mitte der 60er-Jahre deutlich unter das Ersatzniveau zurückgegangen war. Die Entwicklung der Generationenfruchtbarkeit deutet an, dass die Fruchtbarkeit zumindest mittelfristig in der unmittelbaren Nähe des Ersatzniveaus bleiben könnte (Sardon 1994).

Ungarn dagegen ist ein Land, in dem die demographische Entwicklung scheinbar zum Stillstand gekommen ist. Seit der Mitte der 60er-Jahre sind kaum noch Veränderungen in Fruchtbarkeit und Sterblichkeit aufgetreten; die Lebenserwartung stagniert bei 69 Jahre und die Fruchtbarkeit bewegt sich seit 1960 in einem engen Band zwischen 2,1 und 1,8 Kinder pro Frau.

Deutschlands demographische Entwicklung wird weiter unten noch etwas ausführlicher dargestellt. Seine Entwicklung im demographischen Stufendiagramm ist aber aus Vergleichsgründen hier aufgenommen worden: Wieder zeigt sich die Spur des unerwarteten Fruchtbarkeitsanstieges zwischen 1955 und 1965, sowie der nachfolgende unvermittelte und steile Fall auf einen durchschnittlichen Wert von 1,64

Kinder pro Frau Anfang der 70er-Jahre. Seitdem ist die Fruchtbarkeit langsam weiter gesunken, und gehörte Anfang der 90er-Jahre zu den niedrigsten der Welt.

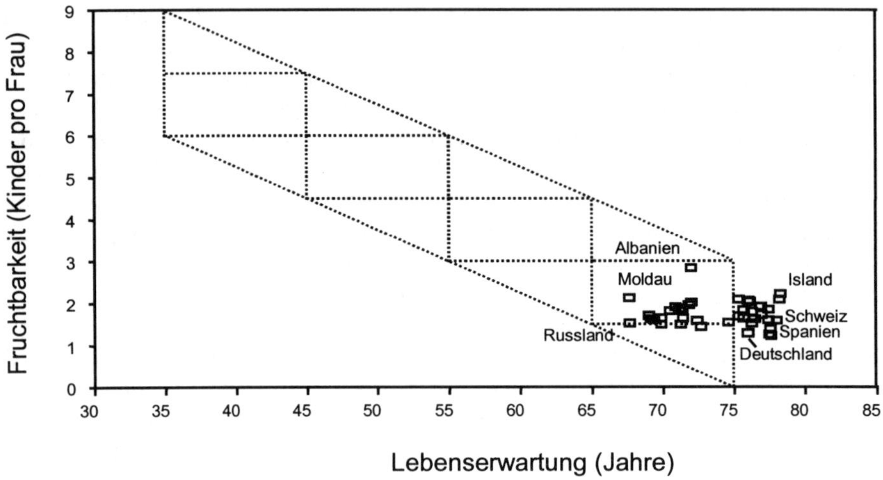

Abb. 17: Position europäischer und nordamerikanischer Länder im demographischen Stufendiagramm, 1990-1995

30.2.3 Der globale Trend – eine Zusammenfassung

Zwischen 1950 und 1995 wuchs die Weltbevölkerung um 3,2 Mrd. Menschen auf 5,7 Mrd. Einwohner, hat sich in diesem historisch kurzen Zeitraum also mehr als verdoppelt. Noch nie zuvor in der Geschichte der Menschheit ist die Bevölkerung so schnell gewachsen. Dabei haben entwickeltere Regionen (more developed regions) und weniger entwickeltere Regionen (less developed regions) deutlich unterschiedlich zu diesem globalen Zuwachs beigetragen. So sind die entwickelteren Regionen im Durchschnitt zwischen 1950 und 1995 nur um 44% gewachsen, während die Bevölkerungszahl der weniger entwickelten Regionen im gleichen Zeitraum um 166% zunahm. Deutlicher wird der dominante Beitrag der Entwicklungsländer, wenn man die absoluten Beiträge gegenüberstellt: Der absolute Bevölkerungszuwachs der entwickelteren Regionen betrug 358 Mio. Menschen, während die weniger entwickelten Länder mit 2,8 Mrd. Menschen 89% des Weltbevölkerungswachstums hervorbrachten (Tab. 12). Dieses differentielle Wachstum hat dazu geführt, dass der Anteil der Bevölkerung in den entwickelteren Regionen an der Weltbevölkerung von 32% in 1950 auf 20% in 1995 zurückgegangen ist.

Bevölkerungswachstum wird durch die Differenz zwischen Geburten und Sterbefällen "erzeugt", die Rate des natürlichen Bevölkerungswachstums durch die Differenz von Geburten- und Sterberate (ggf. ist Außenwanderung einzubeziehen). Eine Darstellungsform der Bevölkerungsdynamik, wie sie sich aus dem Wechselspiel zwischen Geburten- und Sterberaten ergibt, ist von Witthauer als demographisches Ablauf- bzw. Vergleichsdiagramm entwickelt worden (1971: 129). In ihnen repräsentieren Abszisse (Sterberate) und Ordinate (Geburtenrate) die beiden Hauptkomponenten des Bevölkerungswachstums. An den Schnittpunkten der Koordinatenpaare sind diagonale Linien gleicher natürlicher Zunahme zu finden, wobei die natürliche Zunahme wieder einfach die Differenz aus Geburten und Sterberate ist. Folgt man diesen Diagonalen, dann wird klar, dass eine beliebige Rate des natürlichen Zuwachses sich aus ganz unterschiedlichen Kombinationen von Geburten und Sterberate ergeben kann.

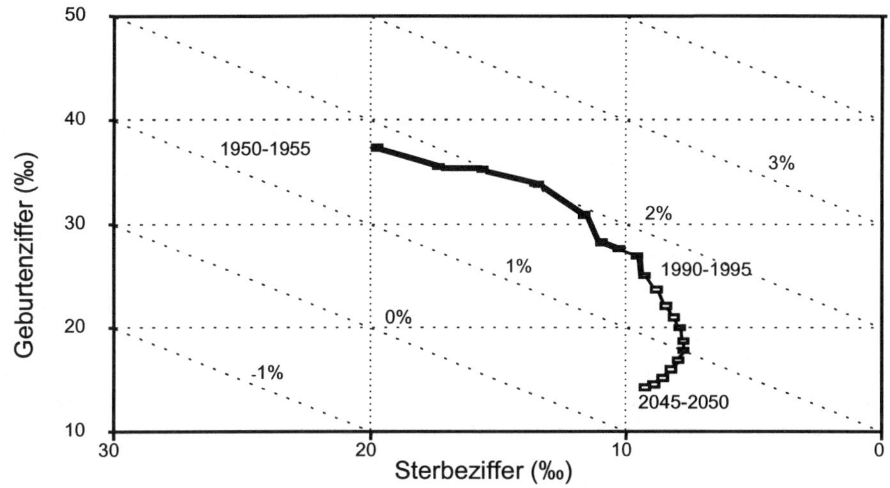

Abb. 18: Demographisches Ablaufdiagramm, Welt insgesamt, 1950–2050

Abbildung 18 stellt diesen Sachverhalt für das globalen Bevölkerungswachstum für den Zeitraum 1950 bis 2050 dar, unter Einbeziehung der mittleren Projektionsvariante der UN also. Anfang der 50er-Jahre "erzeugten" eine globale Geburtenrate von 37,4‰ und eine globale Sterberate von 19,8‰ einen Bevölkerungszuwachs von 17,6‰, d. h. die Weltbevölkerung wuchs im jährlichen Durchschnitt um 1,76%. Nach einer zeitweiligen Erhöhung der Wachstumsrate auf knapp über 2% zwischen 1965 und 1970 ging die globale Wachstumsrate der Weltbevölkerung bis 1990/95 auf 1,57% zurück. Damit ist das Bevölkerungswachstum Anfang der 90er-Jahre nur wenig geringer als 40 Jahre früher. So würde sich die Bevölkerungszahl mit dem um 1950 geschätzten Wachstum alle 39 Jahre verdoppelt haben; mit dem etwas geringeren Wachstum Anfang der 90er-Jahre würde eine Verdopplung dann 44 Jahre dauern. Wirklich dramatische Veränderungen hat es aber in diesem Zeitraum in den vitalen Raten gegeben. So ist die globale Geburtenrate um ein Drittel auf 25‰ gefallen; die globale Sterberate fiel im gleichen Zeitraum sogar um mehr als die Hälfte auf 9,3‰.

Zwischen 1950 und 1995 haben sich, bedingt durch regional unterschiedliche Wachstumsraten, deutliche Veränderungen in den Anteilen der einzelnen Großräume an der Weltbevölkerung vollzogen. Europas Anteil war dabei den größten Veränderungen unterworfen. Betrug sein Anteil an der Weltbevölkerung 1950 noch mehr als ein Fünftel (21,8%), so war er nach nur 45 Jahren auf 12,7% gefallen, trotz eines gleichzeitigen absoluten Bevölkerungszuwachses von mehr als 178 Mio. Menschen. Der Anteil Nordamerikas an der Weltbevölkerung ging ebenfalls zurück, allerdings geringer als der Europas. Ozeaniens insgesamt sehr geringer Anteil an der Weltbevölkerung von 0,5% blieb weitgehend unverändert. Ein leichter Anstieg im Anteil an der Weltbevölkerung von 6,6% auf 8,4% ist für Lateinamerika zu registrieren.

Tab. 12: Bevölkerungsentwicklung in der Welt insgesamt und nach Entwicklungsstand, 1950 und 1995

Gebiet oder Region	Landfläche	Anzahl Länder	Bevölkerung 1950	Bevölkerung 1995	Zuwachs zwischen 1950 und 1995	
	1.000 qkm		in 1.000		in 1.000	in %
Welt insgesamt	135.641	228	2.519.748	5.716.426	3.196.678	126,9
Entwickeltere Regionen	52.863	55	808.538	1.166.598	358.060	44,3
Weniger entwickelte Regionen	82.778	173	1.711.210	4.549.828	2.838.618	165,9
Am wenigsten entw. Länder	19.797	47	192.801	575.407	382.606	198,4

Große Veränderungen sind für Asien und Afrika zu eingetreten. Bereits 1950 waren mit einem Anteil von 55,7% deutlich mehr als die Hälfte aller Menschen in Asien beheimatet. Bis 1995 ist Asiens Gewicht an der Weltbevölkerung dann sogar noch auf mehr als 60% gestiegen. Die größten Veränderungen sind für Afrika zu verzeichnen. Wegen seiner außerordentlichen Bevölkerungsdynamik hat dieser Großraum seinen Anteil an der Weltbevölkerung deutlich erhöht. War Afrika im Jahr 1950 mit 8,9% der Weltbevölkerung noch hinter Asien und Europa auf dem dritten Rangplatz hinsichtlich der Bevölkerungszahl, so hatte es 1995 bereits Europa knapp überholt und war mit einem Anteil von 12,7% zum zweitgrößten Großraum geworden.

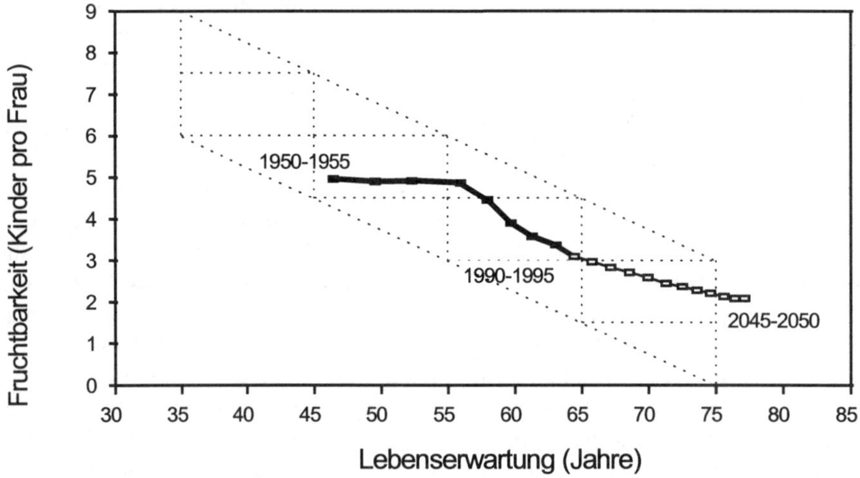

Abb. 19: Demographische Transition, Welt insgesamt, 1950–1995 und 1995–2050

Zwischen 1950 bis 1955 und 1990 bis 1995 ist der demographische Übergang im Weltdurchschnitt deutlich, von Stufe II auf Stufe III, vorangekommen (Abb. 19). In diesem Zeitraum ging die durchschnittliche Kinderzahl von knapp 5 Kindern pro Frau auf 3.1 Kinder pro Frau zurück. Die Lebenserwartung stieg im gleichen Zeitraum von durchschnittlich 46,4 auf 64,4 Jahre an.

Gleichzeitig ist erkennbar, dass bis in die 70er-Jahre hinein die Transitionsdynamik fast ausschließlich durch eine Erhöhung der durchschnittlichen Lebenserwartung gekennzeichnet war, während die durchschnittliche Fruchtbarkeit im wesentlichen stagnierte. Erst seit den 70er-Jahren setzte dann eine mehr oder weniger parallele Entwicklung von Lebenserwartung und Fruchtbarkeit ein. Für die Zukunft wird eine Fortsetzung dieser Tendenz erwartet, sodass nach dem Jahr 2005 für die Welt insgesamt die vierte Stufe des demographischen Übergangs erreicht sein sollte.

Zugleich ist der globale Trend selbst das Ergebnis äußerst unterschiedlicher Konstellationen der Komponenten des Bevölkerungswachstums in den einzelnen Ländern. Abbildung 20 zeigt die Position aller Länder der Welt Anfang der 90er-Jahre im demographischen Vergleichsdiagramm, das ähnlich dem Ablaufdiagramm aufgebaut ist. Die Punktewolke zeigt eine Momentaufnahme der jeweiligen Länder im Prozess der demographischen Transition. Die Abbildung zeigt, in anderer Form, was bereits bei der Position einzelnen Länder im demographischen Stufendiagramm deutlich wurde: Die demographische Transition ist bei weitem noch nicht abgeschlossen. Anfang der 90er-Jahre lassen sich Länder auf allen Stufen des demographischen Übergangs antreffen. Die Abbildung zeigt Länder mit sehr hohen Geburten- und Sterberaten zusammen mit solchen, die niedrige Geburtenraten mit ebenfalls niedrigen Sterberaten vereinen.

Obwohl Abb. 20 die Position aller Länder der Welt Anfang der 90er-Jahre darstellt, repräsentiert dieser Schnappschuss der demographischen Transition auch so etwas wie ein historisches Gedächtnis, weist auf eine Regelhaftigkeit des demographischen Übergangs von hohen Geburten- und Sterberaten zu niedrigen Geburten- und Sterberaten hin, wie sie bereits in Abb. 19 im realen historischen Ablauf erkannt werden kann. Deutlich lässt sich nämlich ein Muster erkennen: Bis zu einem bestimmten Wert sind sinkende Geburtenraten von ebenfalls sinkenden Sterberaten begleitet, danach sind niedrigere Geburtenraten dann jedoch mit wieder steigenden Sterberaten kombiniert. Dies kommt dadurch zu Stande, dass diese Kennziffern Entwicklungen auf der Aggregatsebene abbilden, also die Wirkungen der Altersstruktur der Bevölkerung beinhalten. Letztlich ist der Anstieg der Sterberaten bei fallenden Geburtenraten demnach der Alterung der Bevölkerung geschuldet.

Noch etwas wird deutlich: eine beliebige natürlichen Wachstumsrate (die Diagonalen im demographischen Vergleichsdiagramm) kann sich aus ganz unterschiedlichen Kombinationen von Geburten- und Sterberate ergeben. So hatten z. B. Sierra Leone, Bangladesch, die Philippinen und Bahrain Anfang der 90er-Jahre eine ähnliche natürliche Zuwachsrate von 24 pro 1.000 Einwohner. Hinter dieser ähnlichen Zuwachsrate stehen aber ganz unterschiedliche demographische Konstellationen: Sierra Leones Wachstumsrate ist das Ergebnis einer außerordentlich hohen Geburtenrate (49,1‰) und einer ebenfalls sehr hohen Sterberate (25,2‰). Bahrain dagegen erreicht den gleichen natürlichen Zuwachs mit deutlich niedrigerer Geburten- und Sterberate (28,1‰ und 4,0‰).

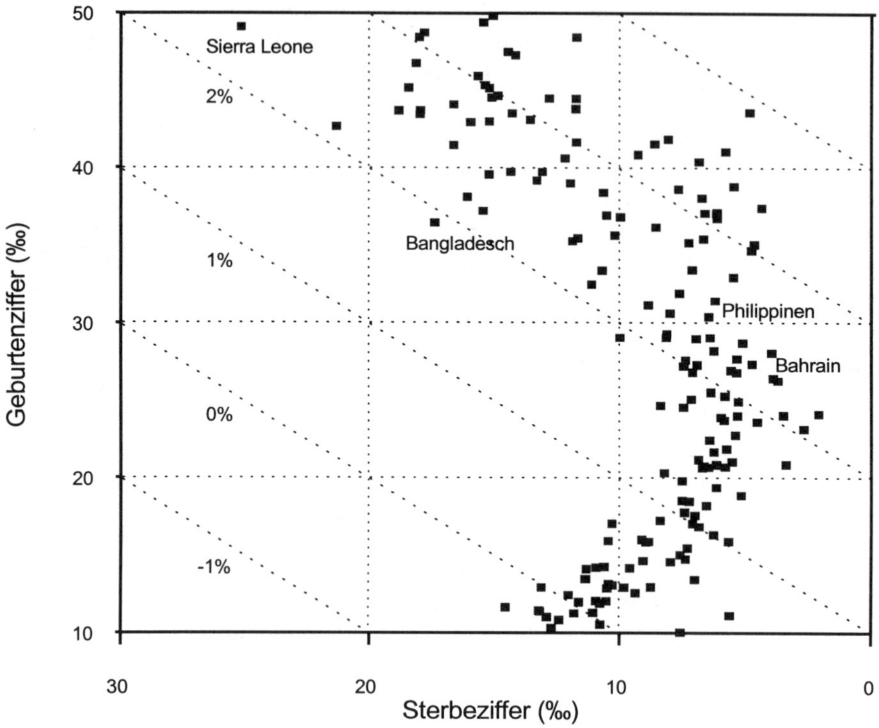

Abb. 20: Länder der Welt im demographischen Vergleichsdiagramm, 1990–1995

Die Bevölkerungsprojektionen der UN berücksichtigen die tatsächliche Vielfalt der jeweiligen demographischen Konstellationen, indem für jedes Land separat wahrscheinliche zukünftige Trends ermittelt werden. Regionale und globale Bevölkerungstrends sind demzufolge die Zusammenfassung der vielfältigen demographischen Trends der beteiligten Länder. Abbildung 21 zeigt die wahrscheinliche weitere globale Bevölkerungsentwicklung, wie sie in der 94er-UN-Revision ausgewiesen ist. Die Projektionen, die im Jahre 1990 beginnen und bis in die Mitte des 21. Jahrhunderts reichen, umfassen drei Varianten[4]: Eine hohe, niedrige und mittlere Variante. Die Unterschiede zwischen den Varianten sind durch unterschiedliche Fruchtbarkeitsniveaus bestimmt; es wird nur eine allen Varianten gemeinsame Sterblichkeitsentwicklung unterstellt.

Nach der mittleren Variante wird sich die Weltbevölkerung von 5,28 Mrd. Menschen bis 2050 auf 9,8 Mrd. Menschen erhöhen. In 60 Jahren werden damit weitere 4,5 Mrd. Menschen zur globalen Bevölkerung hinzukommen, das entspricht der Einwohnerzahl der Erde Anfang der 80er-Jahre.

---

4 Zusätzlich wird noch ein Szenario mit konstanter Fruchtbarkeit der Periode 1990 bis 1995 zu Vergleichszwecken berechnet.

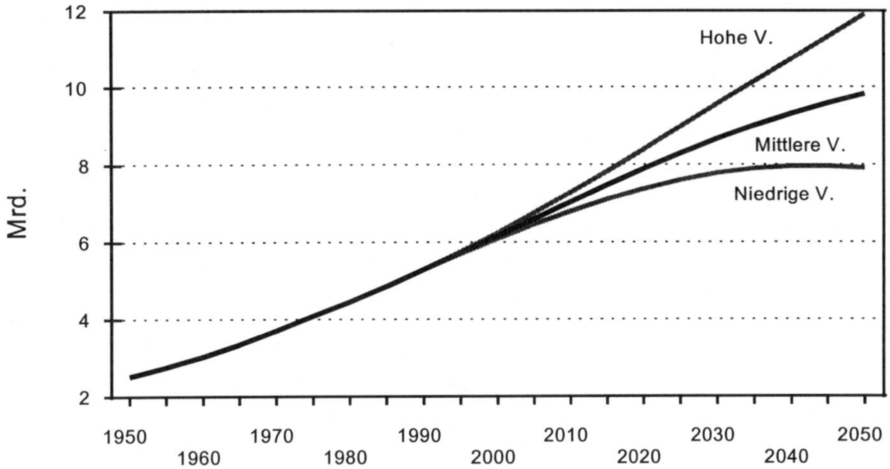

Abb. 21: Entwicklung der Weltbevölkerung, 1950–1990 und 1990–2050

Nach der Variante mit den niedrigen Fruchtbarkeitsannahmen wird die Weltbevölkerung immerhin bis zum Jahre 2050 auf 7,9 Mrd. Menschen ansteigen, ein Zuwachs von 2,6 Mrd. Dieser Zuwachs ist vergleichbar mit der Einwohnerzahl der Erde Mitte der 50er-Jahre. Schließlich wäre die hohe (Fruchtbarkeits-)Variante mit einer Bevölkerungszahl von knapp 12 Mrd. Menschen im Jahre 2050 zu nennen. Die von der UN erwartete künftige Bevölkerungsentwicklung wird u. a. die Gewichte der einzelnen Großräume an der Weltbevölkerung weiter verschieben. Afrikas Bevölkerung wird bis zum Jahre 2050 auf 2,1 Mrd. Menschen angewachsen sein und damit dann seinen Anteil an der Weltbevölkerung auf 21,8% erhöht haben – den Anteil, den Europa 1950 innehatte. Europa wird dagegen bis zum Jahre 2050 voraussichtlich nicht nur einen absoluten Bevölkerungsrückgang um fast 50 Mio. auf dann 678 Mio. Menschen erlebt haben; gleichzeitig wird Europas Anteil an der Weltbevölkerung dann auf unter 7% gefallen sein. Asiens Bevölkerung wird zwischen 1995 und 2050 noch einmal um 2,0 Mrd. Menschen auf 5,7 Mrd. Menschen wachsen. Damit werden in der Mitte des nächsten Jahrhunderts in Asien voraussichtlich so viel Menschen beheimatet sein wie 1995 auf der ganzen Welt. Trotz dieses erheblichen Bevölkerungszuwachses wird Asiens Anteil an der Weltbevölkerung dann sogar leicht auf 58,4% zurückgegangen sein. Lateinamerikas Anteil an der Bevölkerung der Erde wird sich bis 2050 dagegen kaum verändern. Allerdings stehen hinter einem relativ konstanten Anteil von ca. 8,5% ein deutlicher Zuwachs von 356,5 Mio. auf 838,0 Mio. Menschen. Nordamerika wird nach der mittleren Projektionsvariante der UN zwischen 1995 und 2050 noch um 96 Mio. Menschen anwachsen. Ein nicht unerheblicher Faktor an diesem Zuwachs ist die in der Projektion unterstellte anhaltende positive Wanderungsbilanz. Ozeaniens Anteil an der Weltbevölkerung wird, trotz weiteren Bevölkerungswachstums um 17,5 Mio. auf 46 Mio. Menschen in 2050 nahezu unverändert auf einem halben Prozent verbleiben.

30.3 Exkurs: Bevölkerungsentwicklung in deutschsprachigen Ländern

Die jüngere Bevölkerungsgeschichte deutschsprachiger Länder ist in die außerordentlich turbulente Entwicklung Europas der letzten 120 Jahre eingebettet. Während dieser Zeit erfolgten in alle Lebensverhältnisse tief eingreifende Wandlungen der ökonomischen Grundlagen und sozialen Strukturen der Gesellschaft, die begleitet wurden von Wandlungen der Bevölkerungsweise und generativen Strukturen. Waren die Grundlinien der historischen Entwicklung für die hier betrachteten deutschsprachigen Länder im Wesentlichen ähnlich, so gibt es doch auch deutliche Unterschiede zwischen ihnen. So erfolgte die Bildung moderner Nationalstaaten für Deutschland (1871) und Österreich (1918) erst relativ spät, und sie änderten in ihrer relativ kurzen Geschichte mehrfach Staatsform und Grenzen. Die Schweiz und das kleine Fürstentum Liechtenstein dagegen bildeten – verglichen mit Deutschland und Österreich – Inseln der Stabilität und Kontinuität.

Im Folgenden wird für die deutschsprachigen Länder Deutschland, Österreich, Schweiz[5] und Liechtenstein ihre demographische Entwicklung in Umrissen dargestellt. Gerade wegen der komplexen und widersprüchlichen Verwicklungen der Bevölkerungsentwicklungen in die Turbulenzen der jüngeren Geschichte kann hier ihre Bevölkerungsgeschichte nicht in ihrem historischen Bedingungsgefüge entwickelt werden. Vielmehr werden lediglich wichtige Eckpunkte ausgewählter demographischer Trends in den vier Ländern skizziert, wobei die Diskussion sich im Wesentlichen auf die bereits im zweiten Kap. verwendeten demographischen Indikatoren beschränkt. Anders als in Kap. 2 sind im Folgenden jedoch die demographischen Statistiken zumeist nationalen statistischen Publikationen entnommen. Als zeitlicher Rahmen wird der Zeitraum seit den 70er-Jahren des 19. Jahrhunderts gewählt, wobei die demographischen Entwicklungen zwischen 1870 und dem Ende des 2. Weltkrieges nur als notwendiger Hintergrund für die Entwicklungen seit 1950 skizziert werden.

30.3.1 Deutschland

Reichsgründung bis zum Ende des 2. Weltkrieges (1871–1945)

Als 1871 mit dem Deutschen Reich ein moderner Nationalstaat entstand, befand sich Deutschland in einem tiefgreifenden und umfassenden Transformationsprozess zu einer entwickelten Industriegesellschaft, ein Prozess, der durch hohes Bevölkerungswachstum begleitet wurde. Bereits zwischen 1816 und 1871 wuchs die Bevölkerung in Deutschland (Gebietsstand 1910) mit einer durchschnittlichen jährlichen Wachstumsrate von 0,9; die Einwohnerzahl erhöhte sich in diesem Zeitraum von knapp 25 Mio. auf 41 Mio., ein Zuwachs von 16 Mio. Menschen.

Die eigentlich demographische Transition begann in Deutschland jedoch nicht vor 1865; sie wurde eingeleitet durch spektakuläre Erfolge im Kampf gegen die noch extrem hohe Säuglingssterblichkeit (Marschalck 1987: 23). Die unmittelbar nach der

[5] Nach dem schweizerischen Zensus von 1990 wurde Deutsch von fast zwei Dritteln (64%) der Bevölkerung als Muttersprache gesprochen, gefolgt von Französisch (19%) und Italienisch (8%).

Reichsgründung (1872) gemessene Säuglingssterblichkeit von 251‰ – ein Viertel aller Neugeboren starb im ersten Lebensjahr – war bereits deutlich niedriger als in den vorangegangenen anderthalb Jahrhunderten, als Werte zwischen 300‰ und 500‰ vorherrschend waren. Der nun folgende stetige Rückgang der Säuglingssterblichkeit bis auf 162‰ im Jahre 1910 bewirkte, zusammen mit weniger ausgeprägten Rückgängen der Sterblichkeit in höheren Altersgruppen, insgesamt einen kontinuierlichen Anstieg der Lebenserwartung. Die Lebenserwartung, die zwischen 1871 und 1881 mit 35,58 Jahren für Männer und 38,45 Jahren für Frauen noch deutlich unter 40 Jahren lag, stieg bis in die Zeit vor dem 1. Weltkrieg um ca. 10 Jahre auf 44,8 Jahre für Männer und auf 48,3 Jahre für Frauen. Obwohl die oberen sozialen Schichten bereits in der ersten Hälfte des 19. Jahrhunderts Nachwuchsbeschränkung praktizierten, wurde ein Fruchtbarkeitsrückgang im Aggregat erst im letzten Jahrzehnt des 19. Jahrhunderts sichtbar. Allein zwischen 1889 und 1913 ging die durchschnittliche Kinderzahl pro Frau (Periodenfruchtbar-keit) von durchschnittlich 5 auf 3,5 Kinder zurück, eine Reduzierung von 1,5 Kinder pro Frau in nur 15 Jahren. Der Rückgang der Sterblichkeit nach 1870 wurde in sinkenden (rohen) Sterberaten reflektiert, während die Geburtenraten zunächst noch auf hohem Niveau verharrten (Abb. 23). Damit öffnete sich die charakteristische Schere zwischen den vitalen Raten, die zwischen 1871 und 1910 zu einem schnellen Bevölkerungswachstum von jährlich etwas mehr als 1% führte. Im Ergebnis nahm die Bevölkerung zwischen 1871 und 1910 um fast 24 Mio. auf 65 Mio. Einwohner zu. Dieser beträchtliche Zuwachs entstand vor allem in den weniger entwickelten agrarischen Gebieten im Osten des Landes, der kaum zusätzliche Arbeitsplätze bot. Der dadurch entstehende Bevölkerungsdruck löste sich partiell durch Auswanderung nach Übersee. Ungefähr 2,5 Mio. Deutsche emigrierten in der Zeit von der Reichsgründung bis 1900; ca. 90% davon in die Vereinigten Staaten von Amerika. Damit war vor Ausbruch des 1. Weltkrieges der demographische Übergang in Deutschland bereits relativ weit vorangekommen. Die Fertilitätstransition war bereits bis auf Stufe drei (Mitteltransition) vorgerückt, während die Mortalitätstransition sich noch auf Stufe zwei befand.

Der erste und 2. Weltkrieg haben in besonderer Weise die Bevölkerungsentwicklung beeinflusst. Nicht nur hatten beide Kriege unmittelbar eine große Zahl von Verletzten und Toten unter Militärangehörigen und – im 2. Weltkrieg – der Zivilbevölkerung zur Folge, sondern Gebietsabtretungen und dadurch ausgelöste Wanderungsbewegungen großen Ausmaßes, kriegsbedingte Geburtenausfälle und Langzeitwirkungen erhöhter Morbidität haben ebenfalls nachhaltige Wirkungen auf die Bevölkerungsentwicklung gehabt. Für den 1. Weltkrieg werden unmittelbare deutsche Verluste (militärische Verluste) von 2,4 Mio. Personen geschätzt (wobei weniger als 1,9 Mio. tatsächlich registriert worden sind). Die (hypothetischen) Geburtenausfälle sind auf ca. 2,2 Mio. geschätzt worden; als Folge von Gebietsabtretungen verringerte sich die Bevölkerungszahl sich um weitere 6,8 Mio. Einwohner (Marschalck 1984: 148, Tab. 1.6). Damit markierte der 1. Weltkrieg nicht nur das Ende hohen Bevölkerungswachstums, er hat auch unmittelbar zu einem Rückgang der Bevölkerungszahl geführt. So betrug die Bevölkerungszahl Deutschlands zum Zeitpunkt der ersten Volkszählung nach dem 1. Weltkrieg im Jahre 1925 nur noch 62,4 Mio. Menschen.

Zwischen 1925 und 1939 wuchs die Bevölkerung im jährlichen Durchschnitt noch mit 0,75%, und damit nur etwa halb so schnell wie noch zwischen 1900 und 1910, als die Wachstumsrate 1,4% betrug. Insgesamt stieg die Bevölkerung in Deutschland (Gebietsstand vom 31.12.1937) bis 1939 auf knapp 70 Mio. Menschen an; davon lebten 43 Mio. auf dem späteren Territorium der Bundesrepublik (vor der Wiedervereinigung), 16,75 Mio. auf dem späteren Gebiet der DDR und fast 9,6 Mio. außerhalb der deutschen Nachkriegsgrenzen.

Nach dem 1. Weltkrieg war die Fruchtbarkeitstransition in Deutschland im Wesentlichen vollzogen. Kohortenanalysen zeigen, dass die zwischen 1900 und 1925 geborenen Generationen alle bereits eine endgültige Fruchtbarkeit unterhalb des Ersatzniveaus hatten. Nun begannen die Periodenfruchtbarkeiten stärkere Fluktuationen zu zeigen, bewirkt durch Veränderungen in der zeitlichen Einordnung von Eheschließung und Geburt von Kindern in die biografischen Abläufe. Zunächst stieg die Periodenfruchtbarkeit zwischen 1918 und 1923 von den sehr niedrigen Werten während des Krieges auf 2,62 Kinder pro Frau an, setzte danach jedoch seinen langfristigen Abwärtstrend, mit Fluktuationen, fort. Bis 1933 sank die Gesamtfruchtbarkeit auf 1,58 Kinder pro Frau, wobei diese niedrige Niveau ganz wesentlich durch die Auswirkungen der Weltwirtschaftskrise zu erklären ist. Umgekehrt ist der nachfolgende Anstieg der Periodenfruchtbarkeit auf Werte von 2,44 am Ende der 30er-Jahre im Wesentlichen als Kompensation, und teilweise auch als Reaktion auf die pronatalistischen Maßnahmen des nationalsozialistischen Staates, zu verstehen (Marschalck 1984: 80).

In der Zeit zwischen den beiden Weltkriegen ging das allgemeine Sterblichkeitsniveau weiter zurück. Die Lebenserwartung stieg bis Anfang der 30er-Jahre (1932/34) auf 59,86 Jahre für Männer und auf 62,81 Jahre für Frauen. Im gleichen Zeitraum ging die Säuglingssterblichkeit von 131‰ (1920) um beträchtliche 63‰ auf 68 gestorbene Säuglinge pro 1.000 Lebendgeborene in 1935 zurück.

Zweistaatlichkeit und Wiedervereinigung (1945 bis 1995)

Der 2. Weltkrieg hat, nicht nur in Europa, verheerende Auswirkungen gehabt und seine Spuren auch in bevölkerungsgeschichtlichen Abläufen hinterlassen. In bisher nicht gekannten Größenordnungen traten nicht nur militärische Verluste, sondern auch Opfer unter der Zivilbevölkerung auf. Zudem hatte die mit dem 2. Weltkrieg eng verbundene faschistische "Rassenpolitk" mit dem Ziel der Ausrottung der europäischen jüdischen Bevölkerungen diesem Krieg eine gänzlich neue Dimension gegeben. Auf deutscher Seite hat der 2. Weltkrieg deutlich mehr Opfer als der 1. Weltkrieg gefordert. Insgesamt sind 3,8 Mio. militärische Verluste geschätzt worden, zusätzlich gab es mit 3,1 Mio. Toten fast ebenso viele durch unmittelbare Kriegseinwirkungen verursachte Opfer unter der Zivilbevölkerung. Damit sind fast 7 Mio. Menschen direkt dem 2. Weltkrieg zum Opfer gefallen. Wegen des bereits niedrigeren Fruchtbarkeitsniveaus in Deutschland fiel der (fiktive) Verlust durch Geburtenausfälle mit ca. 1,7 Mio. geringer aus als im 1. Weltkrieg (Marschalck: 1984: 149). Neben den unmittelbaren Wirkungen hat der 2. Weltkrieg auch mittel- und langfristige Wirkungen auf die Bevölkerungsentwicklung gehabt. So setzte er eine bedeutende Ost-West-Verschiebung der deutschen Bevölkerung in Bewegung, die zunächst als

Massenflucht vor den nahenden Fronten begann. Nach dem Ende des Krieges folgten dann die massenhafte Vertreibung und, nach dem Potsdamer Abkommen, die systematische Ausweisung und Umsiedlung der deutschen Bevölkerung aus den ehemaligen deutschen Gebieten östlich von Oder und Neiße und aus der Tschechoslowakei.

Die 18 Monate nach Kriegsende im Oktober 1946 durchgeführte Volkszählung ergab ein erstes Bild über die unmittelbaren Auswirkungen des Krieges: Auf dem Gebiet der westlichen Besatzungszonen wurden 46,2 Mio. Menschen, auf dem Gebiet der sowjetischen Besatzungszone 18,5 Mio. Menschen gezählt. Damit befanden sich in den vier Besatzungszonen mit 64,5 Mio. Einwohnern fast 5 Mio. Menschen mehr auf dem gleichen Territorium als vor dem Krieg (mit 59,7 Mio. Einwohnern) festgestellt wurde. Insgesamt 9,7 Mio. Menschen stammten aus den ehemaligen deutschen Ostgebieten. Zwischen 1945 und 1950 kamen fast 11 Mio. Vertriebene und Umsiedler nach Deutschland.

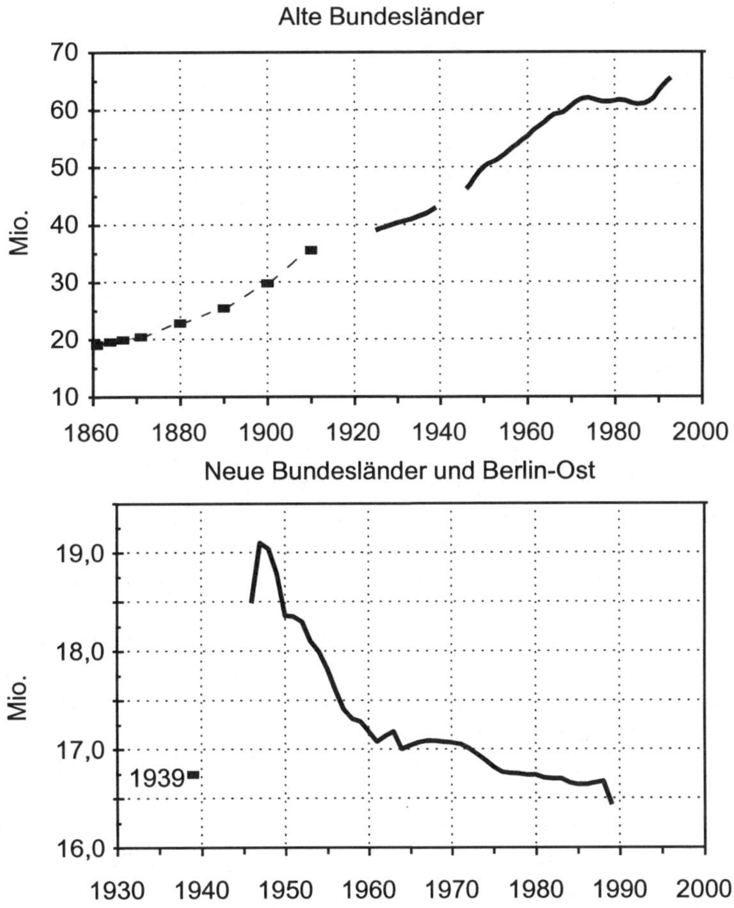

Abb. 22: Entwicklung der Bevölkerungszahl in Deutschland, Gebiet der alten Bundesländer 1860–1995 und neuen Bundesländer und Berlin Ost, 1939 und 1946–1995

Mit dem zweiten Weltkrieg wurde auch die Szene gesetzt für einen mehr als vierzigjährigen Ost-West-Konflikt, der sich insbesondere auch in der durch ihn bewirkten deutschen Zweistaatlichkeit äußerte. Letztlich haben der 2. Weltkrieg mit seinen direkten Folgen und verdeckten Fernwirkungen die Bedingungen der Bevölkerungsgeschichte bis mindestens zur deutschen Wiedervereinigung mitbestimmt. Die äußerst bewegte Bevölkerungsgeschichte dieser Periode war wesentlich durch die Existenz und Konkurrenz der beiden deutschen Staaten mit unterschiedlichen Wirtschafts- und Sozialsystemen geprägt.

In der nachfolgenden Darstellung der Bevölkerungsentwicklung in Deutschland wird auf das Gebiet der früheren Bundesrepublik vor der Vereinigung als Bundesrepublik oder kurz BRD Bezug genommen, nach der Vereinigung als alte Bundesländer. Ähnlich wird die ehemalige DDR zwischen 1950 und 1990 kurz als DDR und nach 1990 als neue Bundesländer und Berlin-Ost geführt. Deutschland bezeichnet die gesamte Bundesrepublik nach der Wiedervereinigung.

Bevölkerungsentwicklung in der Bundesrepublik zwischen 1950 und 1990

In der Bevölkerungsentwicklung[6] der Bundesrepublik lassen sich zwischen 1950 und 1990 grob zwei Phasen unterscheiden. Die erste Phase von 1950 bis 1973 war durch ein ununterbrochenes Bevölkerungswachstum gekennzeichnet, während im nachfolgenden Zeitraum von 1974 bis 1989 die Bevölkerungsentwicklung im Wesentlichen stagnierte. Zwischen 1950 und 1973 nahm die Bevölkerung der Bundesrepublik von 49,6 Mio. auf 62,1 Mio. Einwohner zu, ein Wachstum um etwas mehr als 25%. Mehr als die Hälfte (knapp 52%) der Zunahme von mehr als 12,5 Mio. stammten aus einem positiven Wanderungsgewinn vor allem aus der DDR, während der beträchtliche Rest aus einem saldierten Geburtenüberschuss von 6 Mio. stammte. Bis 1971 war die Zahl der Lebendgeborenen stets größer gewesen als die der Gestorbenen; insgesamt ergab sich bis zum Jahre 1971 ein Geburtenüberschuss von zusammen knapp 6,2 Mio.

In der Zeit der offenen Grenze zwischen den beiden deutschen Staaten wurden in der Bundesrepublik 3,854 Mio. Übersiedler aus der DDR in der früheren Bundesrepublik offiziell registriert, davon 67% im sog. Notaufnahmeverfahren. Dem standen Fortzüge in die DDR von etwas mehr als 400 Tsd. Menschen gegenüber. Damit ergibt sich für den Zeitraum 1950 bis 1961 ein saldierter Wanderungsgewinn gegenüber der DDR von 3,454 Mio. Menschen.

Der nach dem Bau der Berliner Mauer weiterbestehende hohe Bedarf an Arbeitskräften in der BRD konnte nicht mehr mit einer Zuwanderung aus der DDR gedeckt werden, sodass verstärkt ausländische Arbeitskräfte angeworben wurden. Deren Zustrom verdeckte dann auch zunächst den in der Mitte der 60er-Jahre einsetzenden Rückgang des Geburtenüberschusses. Insgesamt erhöhte sich die Zahl der in der Bundesrepublik lebenden Ausländer schnell: Von 686 Tsd. im Jahre 1961 wuchs deren Zahl bis 1970 auf mehr als 2,4 Mio. Trotz Schließung der Grenze im Jahre 1961 durch die DDR hörte die Abwanderung aus der DDR nie gänzlich auf. So wurde zwi-

6 Die Bevölkerungsangaben beziehen sich im folgenden jeweils auf den Jahresanfang, dadurch können sich Abweichungen zu der ÜberblicksTab. A9 ergeben, die Jahresmittelwerte enthält.

schen 1961 und 1973 in der BRD ein Wanderungsgewinn gegenüber der DDR von fast 255 Tsd. erzielt.

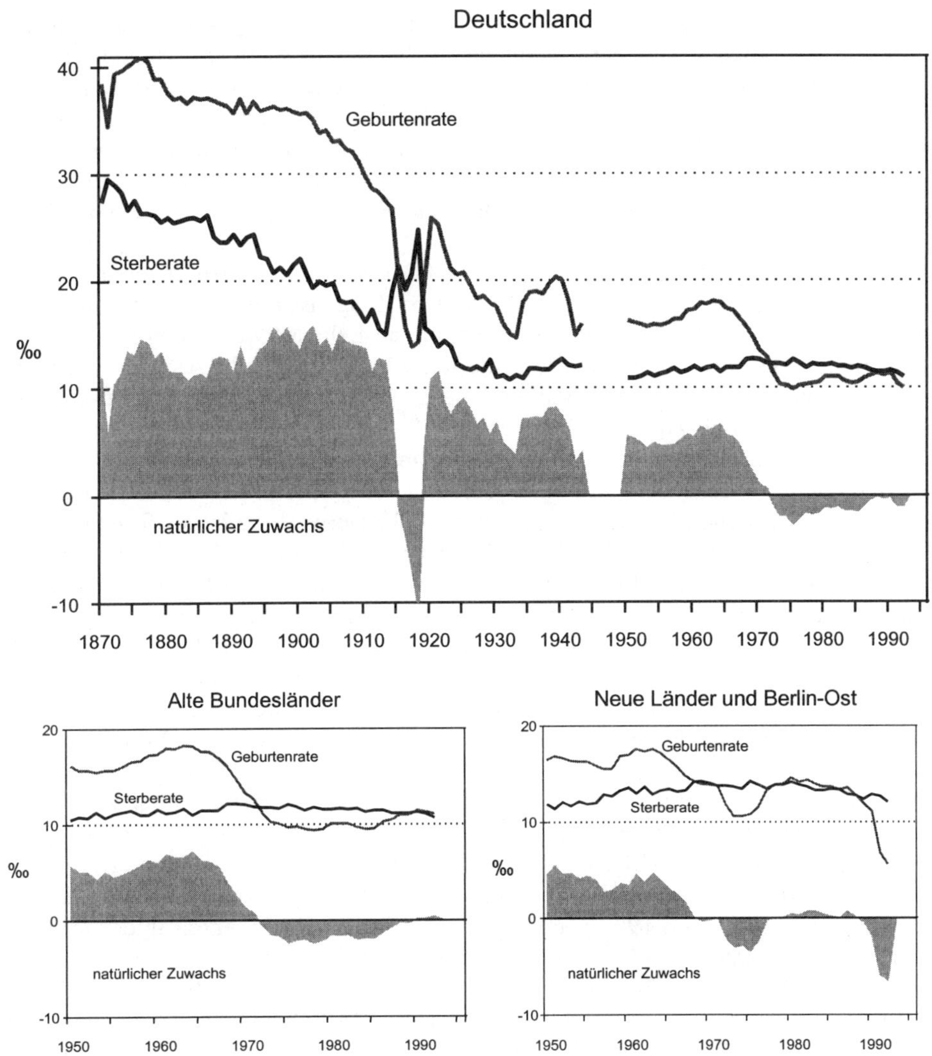

Abb. 23: Komponenten der Bevölkerungsentwicklung, Deutschland 1870–1995; alte Bundesländer, neue Bundesländer und Berlin-Ost, 1945-1995

Zwischen 1974 und 1989 erlebte die Bundesrepublik dann eine Phase geringen und zeitweilig sogar rückläufigen Bevölkerungswachstums. Da 1972 der Geburtenüberschuss von einem Sterbefallüberschuss abgelöst wurde, hatte der im Jahre 1973 erfolgte Anwerbestopp ausländischer Arbeitskräfte sofortige Konsequenzen für die Bevölkerungsentwicklung. Bis 1978 ging die Zahl der Ausländer in der Bundesrepublik dann auch zurück, stieg danach aber als Folge von Familienzusammenführungen und eines insbesondere in den 80er-Jahren verstärkt einsetzenden Zustroms von Asylbewerbern wieder an. Insgesamt stand während dieses Zeitraumes ein Sterbefallüberschuss von insgesamt knapp 1,6 Mio. ein positiver Wanderungssaldo von mehr als 2,1 Mio. Menschen gegenüber. Damit nahm die Bevölkerung der Bundesrepublik zwischen 1974 und 1989 nur um knapp 580 Tsd. Personen auf 62,7 Mio. Einwohner zu. Es ist zu berücksichtigen, dass in der Bevölkerungszahl vom Jahresende 1989 bereits die großen Flüchtlings- und Übersiedlerzahlen aus der DDR des Jahres 1989 von 383 Tsd. Personen enthalten sind. Insgesamt wurden zwischen 1974 und 1989 knapp 685 Tsd. Übersiedler aus der DDR in die BRD gezählt, viele von ihnen Flüchtlinge.

Die Entwicklung der Sterblichkeit seit 1950 kann, wie in vielen anderen Ländern Europas, grob in drei Phasen unterteilt werden: Zunächst konnten rasch, bis in die Mitte der 60er-Jahre hinein, deutliche Gewinne an Lebenserwartung erzielt werden. Danach verlangsamte sich bis in die Mitte der 70er-Jahre der Prozess der Sterblichkeitsreduzierung zeitweilig. Insgesamt ist die Lebenserwartung für Frauen in der früheren Bundesrepublik zwischen 1950 und 1975 von 68,5 auf 74,8 Jahre, und, etwas geringer, bei Männern von 65,6 auf 68,3 Jahre angestiegen. Seit Mitte der 70er -Jahre hat sich dann die Lebenserwartung für beide Geschlechter ungebrochen weiter verbesserte: Im jährlichen Durchschnitt stieg die Lebenserwartung in der früheren Bundesrepublik zwischen 1975 und 1992 jährlich um 0,28 Jahre, auf 79,5 für Frauen und 73,1 für Männer. Insgesamt ist die Lebenserwartung zwischen 1950 und 1992 in der Bundesrepublik um 8,5 Jahre bei Männern und 11 Jahre bei Frauen angestiegen, wobei Frauen größere Gewinne zu verzeichnen hatten. Als Folge sind die Unterschiede zwischen männlicher und weiblicher Lebenserwartung von 3,9 auf 6,4 angestiegen.

Die Entwicklung der Gesamtfruchtbarkeit verlief in den beiden deutschen Staaten bis in die frühen 70er-Jahre erstaunlich ähnlich (Abb. 24); zwischen Mitte der 50er-Jahre und 1976 war sie sogar fast identisch. Die Gesamtfruchtbarkeit stieg in der früheren Bundesrepublik bis Mitte der 60er-Jahre von 2.1 (1950) auf über 2,5 Kinder pro Frau. Diesem zeitweiligen Babyboom folgte ein steiler Rückgang der Periodenfruchtbarkeit bis in die Mitte der 70er-Jahre, wobei um 1970 letztmalig eine Gesamtfruchtbarkeitsrate ermittelt wurde, die den Ersatz der Elterngenerationen langfristig sichern würde. Nach 1975 pendelte sich die Gesamtfruchtbarkeit in der früheren Bundesrepublik dann auf Werte unter 1,5 Kinder pro Frau ein.

Insgesamt hat die Bevölkerung der Bundesrepublik zwischen 1950 und 1990 um fast 13,1 Mio. Menschen zugenommen, wobei zwei Drittel davon aus einen positiven Wanderungssaldo und ein Drittel aus einem Geburtenüberschuss, der jedoch im Wesentlichen auf die Zeit vor 1972 beschränkt war, stammten.

Bevölkerungsentwicklung in der DDR zwischen 1950 und 1990

Für die Bevölkerungsentwicklung der DDR lassen sich ebenfalls zwei deutlich unterschiedliche Etappen unterscheiden, die durch Wanderungsbewegung zwischen den beiden deutschen Staaten geprägt sind. In der ersten Phase zwischen 1950 und 1961 erfolgte ein beispielloser Bevölkerungsverlust der DDR durch Abwanderung in die BRD; nach dem Bau der Berliner Mauer bis 1989 waren Übersiedlungen in die BRD äußerst beschränkt, und die demographischen Tendenzen bin beiden deutschen Staaten begannen sich zunehmend zu entkoppeln.

In der Zeit der offenen Grenzen[7] war die Bevölkerungsentwicklung der DDR durch einen massiven Bevölkerungsabfluss in die Bundesrepublik geprägt. Obwohl während des gesamten Zeitraumes ein Geburtenüberschuss zu verzeichnen war, ging die Einwohnerzahl wegen der Abwanderungen dramatisch zurück. Allerdings ist es ganz offensichtlich schwierig, im Nachhinein das genaue Ausmaß der Wanderungsbewegungen zwischen 1950 und 1961 festzustellen. So finden sich in der Literatur unterschiedliche Angaben: Bethlehem (1982: 26) und Marschalck (1984: 87) geben einen saldierten Wanderungsverlust der DDR gegenüber der früheren BRD von 3,095 Mio. Menschen an.[8] Höhn, Mammey und Wendt (1990: 163) kommen auf einen leicht höheren saldierten Wanderungsverlust der DDR von insgesamt 3,45 Mio. Menschen[9] an. Diese Angaben basieren auf den Ergebnissen der in der Bundesrepublik speziell für diesen Zweck geschaffenen Registrierverfahren. In der DDR wurden internationale Migrationsstatistiken nicht veröffentlicht. Die einzige bekannt gewordene Schätzung des Umfangs der Anwanderung aus der DDR in die Bundesrepublik von Lungwitz (1974) schätzte einen saldierten Wanderungsverlust von lediglich 2,1 Mio. für die DDR.[10] Eigene Berechnungen des Autors auf der Grundlage der inzwischen vollständiger zu Verfügung stehenden offiziellen DDR Statistiken (Statistisches Bundesamt 1993) ergeben zunächst einen rechnerischen Wanderungsverlust von 2,59 Mio. Menschen zwischen 1950 und 1961. Es ist jedoch zu berücksichtigen, dass Wanderungen im Allgemeinen statistisch wesentlich schwerer zu erfassen sind als die vitalen Ereignisse Geburt und Tod. Die offizielle Bevölkerungsfortschreibung der DDR zwischen 1950 und 1961 wird also relativ unzuverlässig gewesen sein. Die im Jahre 1964 in der DDR durchgeführte Volkszählung lässt dann auch auf einen Fortschreibungsfehler von mehr als 240 Tsd. Personen schließen, der jedoch offiziell nicht bekannt gegeben wurde. Deutlich überhöht erscheint auch die Bevölkerung, die für den Jahresanfang 1950 angegeben wird. Beschränkt man sich deshalb auf den Zeitraum 1952 bis zur Volkszählung im Jahre 1964, dann ergeben sich die folgen Werte: Zwischen 1951 und 1964 betrug der Geburtenüberschuss in der DDR knapp über eine Mio. (1.001 Mio.). Da die Bevölkerungszahl um 1,356 Mio. Menschen zurückging, ergibt sich ein rechnerischer Wanderungssaldo von –2,358 Mio. Menschen. Dem steht ein in der früheren BRD für den gleichen Zeitraum registrierter Wanderungsgewinn aus der DDR von 3,281 Mio. Personen gegenüber. Damit ergibt sich ein Fehlbetrag von 923 Tsd. Personen.[11]

Mit den bislang vorliegenden bevölkerungsstatistischen Angaben ist es jedoch schwierig, die Ursachen für diese Diskrepanzen eindeutig zu identifizieren. Erfassungs- und Fortschreibungsfehler, insbesondere unter Bedingungen hoher Wande-

---

7 Obwohl die DDR bereits 1952 ihre Grenze zur Bundesrepublik schloß und im Jahre 1957 ein Gesetz über "Republikflucht" erließ, blieb die Grenze zwischen Ost- und Westberlin bis 1961 offen und durchlässig.

8 Diese Zahl ergibt sich aus einer Abwanderung von insgesamt 3.58 Mio. Menschen aus der DDR in die BRD, und einem Zuzug von 487 Tsd. aus der früheren BRD in die DDR.

9 Ergibt sich aus 3.85 Mio. Wegzügen aus der DDR und ca. 400 Tsd. Zuzügen in die DDR.

10 Lungwitz hat dabei vermutlich das Jahr 1950 nicht vollständig einbezogen; ihm standen offensichtlich auch keine Statistiken der Zu- und Abwanderungen zur Verfügung.

11 Das sind immerhin mehr als 5% der Bevölkerungszahl am Jahresende 1964.

rungsintensitäten, sind in beiden deutschen Staaten aufgetreten. Bislang sind durchgängig bereinigte Zeitreihen sowohl für die DDR als auch für Bundesrepublik nicht erstellt worden. So enthalten die Zeitreihen der amtlichen Statistik über die Entwicklung der Bevölkerungszahl Deutschlands seit 1950 zumindest teilweise diese Fehler. Was die Gesamtzahl der DDR-Flüchtlinge und Übersiedler angeht, so ist zu vermuten, dass ihre Erfassung in beiden deutschen Staaten mit Fehlern behaftet war.[12] Offensichtlich sind weitere Analysen erforderlich, um die demographischen Zeitreihen in Deutschland seit 1945 zu konsolidieren.

Nach dem Bau der Mauer im Jahre 1961 ging die Bevölkerung der DDR tendenziell weiter zurück, wenn auch deutlich langsamer. Insgesamt sank die Einwohnerzahl der DDR in diesem Zeitraum von 17,1 Mio. auf 16,4 Mio. Menschen. Mit Ausnahme der Jahre 1972 bis 1976, in denen ein deutlicher Sterbefallüberschuss auftrat, war diese Periode durch fast gleichgroße Geburten- und Sterberaten gekennzeichnet; das natürliche Bevölkerungswachstum war nahezu Null. Insgesamt wurde damit der leichte Geburtenüberschuss von 140 Tsd. zwischen 1962 und 1989 einem saldierten Wanderungsverlust von knapp 800 Tsd. Menschen in diesem Zeitraum deutlich überkompensiert. Zwischen 1961 und Mitte 1989 waren die Möglichkeiten des Verlassens der DDR sehr begrenzt und wurden von den DDR-Behörden restriktiv gehandhabt. Andere Wege, wie die Flucht über die militärisch gesicherte Grenze, waren mit Lebensgefahr verbunden. Trotzdem waren die Wanderungsbewegungen zwischen den beiden deutschen Staaten nie gänzlich unterbunden. Zwischen 1962 und 1988 wurden in der früheren Bundesrepublik knapp 626 Tsd. Zuzüge aus der DDR registriert (Höhn et al. 1990: 163), ca. 30% davon als Flüchtlinge.

Wie in der BRD stieg die Lebenserwartung in der DDR in den 2 Jahrzehnten nach dem zweiten Weltkrieg relativ rasch an. Zwischen 1952 und 1975 ist die Lebenserwartung für Frauen um 6 Jahre, von 68,0 Jahre auf 74,0 Jahre, angestiegen; bei Männern stieg die Lebenserwartung von 63,9 auf 68,5 Jahre – ein Zuwachs von 4,6 Jahren. Danach jedoch verlangsamte sich die Erhöhung der Lebenserwartung in der DDR. Insgesamt stieg die Lebenserwartung in der DDR für Frauen bis 1990 auf 76.4 Jahre, und für Männer auf 70,1 Jahre. Damit war der Abstand zwischen Ost und West zum Zeitpunkt der Wiedervereinigung mit knapp 3 Jahren (2,9 Jahre bei Frauen und 2.8 Jahren bei Männern) der größte seit 1950.

Die Gesamtfruchtbarkeit stieg in der DDR bis in die Mitte der 50er-Jahre schnell bis auf 2,4 Kinder pro Frau, fiel dann aber wieder leicht. Danach kam es zu einem erneuten Anstieg bis in die Mitte der 60er-Jahre, der bei mehr als 2,5 Kinder pro Frau kulminierte (Abb. 24). Wie auch in der BRD folgte dann ein steiler und weitgehend unerwarteter Rückgang der Periodenfruchtbarkeit bis in die Mitte der 70er-Jahre. Nach 1975 stieg die Periodenfruchtbarkeit in der DDR bis Anfang der 80er-Jahre deutlich an. Der Anstieg der Periodenfruchtbarkeit in der DDR zwischen 1975 und 1985 kann – zumindest teilweise – der aktiv pronatalistischen Politik der DDR zugeschrieben werden (Büttner, Lutz 1990b). Deren Wirkungen waren jedoch begrenzt; ihre Effekte schwächten sich bald ab.

---

[12] So wird z. B. anläßlich der Volkszählung von 1971 in der BRD ein Fortschreibungsfehler von 859 Tsd. Personen festgestellt (Dinkel und Meinl 1991: 118).

In den späten 80er-Jahren befand sich die Gesamtfruchtbarkeit der DDR bereits wieder auf einem deutlichen Abwärtstrend und erreichte im Jahre 1989 mit einer Gesamtfruchtbarkeit von 1,57 Kindern pro Frau fast den Stand von 1975.

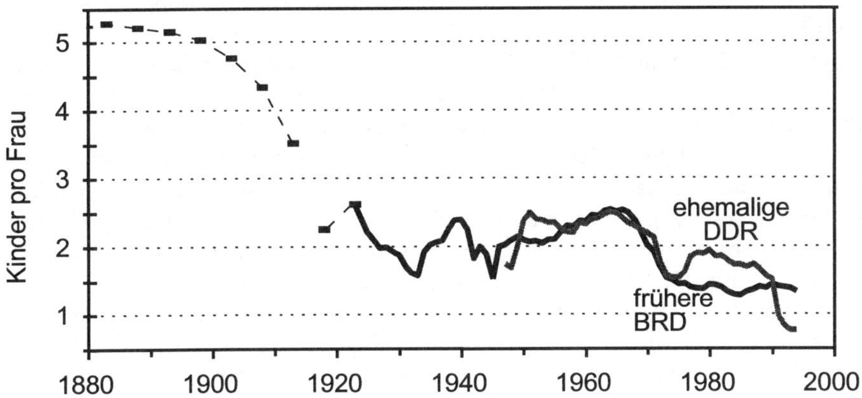

Abb. 24: Entwicklung der Periodenfruchtbarkeit, Deutschland

In den späten 80er-Jahren hatte sich in der DDR eine politische und ökonomische Krise entwickelt, die sich u. a. in einem ständig zunehmenden Ausreisedruck äußerte. Als im Sommer 1989 Ungarn den Eisernen Vorhang an seiner Grenze zu Österreich öffnete, wuchs die Zahl der DDR-Flüchtlinge dramatisch an. Selbst die Erhöhung der legalen Übersiedlerkontingente seitens der DDR-Behörden zwischen Mai und Oktober konnte den Zusammenbruch der DDR nicht mehr aufhalten. Insgesamt haben im Jahre 1989 ca. 344 Tsd. Menschen die DDR verlassen, davon allein bis Oktober ca. 167 Tsd., von denen 40% als Flüchtlinge eingestuft wurden. Im November 1989 fiel die Berliner Mauer, knapp ein Jahr später trat die DDR dem Grundgesetz bei.

Insgesamt hat die Bevölkerung der DDR zwischen 1950 (Jahresanfang) und 1989 (Jahresende) um fast 2,36 Mio. Einwohner abgenommen, von knapp 18,8 Mio. auf 16,4 Mio. Einwohner. Da die DDR in diesem Zeitraum insgesamt einen Geburtenüberschuss von 1,016 Mio. aufwies, war der tatsächliche Verlust durch Wanderung (Nettowanderung) deutlich größer als 3,3 Mio. Menschen.

Bevölkerungstrends seit der Wiedervereinigung

Als am 3. Oktober 1990 die DDR der Bundesrepublik Deutschland beitrat, wurde Deutschland nach der Bevölkerung zum zweitgrößten Land in Europa nach der Russischen Föderation.

Das wieder vereinigte Deutschland lag mit seinen 79,4 Mio. Einwohnern deutlich vor Großbritannien (57,6 Mio.), Frankreich (56,7 Mio.) und Italien (56,7 Mio.). Mit 79,365 Mio. Einwohnern und einer Fläche von 356.959 qkm war Deutschland zugleich das mit Abstand größte und, mit einer Bevölkerungsdichte von 222 Einwohner pro qkm, das am dichtesten besiedelte deutschsprachige Land. Knapp 80% oder

63.244 Mio. Menschen lebten in den alten Bundesländern, die 70% der Gesamtfläche des wieder vereinigten Deutschlands einnahm. In der DDR lebten zum Zeitpunkt der Vereinigung auf 108.327 qkm 16,111 Mio. Einwohner.

Seit 1990 haben die alten Bundesländer wieder eine beträchtliche Bevölkerungszunahme zu verzeichnen. Zwischen 1990 und 1994 hat die Bevölkerung um mehr 3,3 Mio. Menschen auf insgesamt 66,0 Mio. (Jahresende 1994) zugenommen. Kurzfristig trat zwischen 1990 und 1993 auch wieder ein Geburtenüberschuss auf, insgesamt aber wurde die Zunahme wieder fast nur durch Wanderungsgewinne von knapp 3,2 Mio. bewirkt. Allein zwischen 1990 und 1994 kamen insgesamt 1,29 Mio. Aussiedler, überwiegend aus den Nachfolgestaaten der ehemaligen Sowjetunion.

In den neuen Bundesländern ist bereits seit 1989 die Bilanz der Geburten und Sterbefälle negativ. Zwischen 1990 und 1994 (Jahresende) wurde ein Sterbefallüberschuss von 18 Tsd. registriert, während gleichzeitig hohe Wanderungsverluste von 884 Tsd. Personen – insbesondere gegenüber den alten Bundesländern – auftraten. Im Ergebnis ging die Bevölkerungszahl der neuen Bundesländer weiter von 16,4 Mio. auf 15,5 Mio. Einwohner zurück. Die Bevölkerung in den neuen Bundesländern hat auf die tiefe Krise des Jahres 1989 und die folgenden Ungewissheiten der Vereinigung außerordentlich schnell und deutlich reagiert. Nirgendwo ist das so sichtbar geworden wie in der Periodenfruchtbarkeit. Obwohl die Periodenfruchtbarkeit bereits seit 1987 wieder deutlich zurückgegangen war, fiel sie seit 1990"im freien Fall" auf bisher in Deutschland niemals zuvor beobachtete Werte von 0,77 Kinder pro Frau (1993, 1994), und verblieb auf diesem Niveau zunächst (Dorbritz, Gärtner 1995). Dieser dramatische Einbruch wird allgemein als Anpassungsreaktion an die veränderten Lebensumstände und als eine erste Phase im Übergang der generativen Strukturen zu Mustern, wie sich in den alten Bundesländern in den letzten Jahrzehnten herausgebildet haben, verstanden (Münz, Ulrich 1994).

Zwischen 1950 und 1990 hat die Bevölkerung Deutschlands in seinen jetzigen Grenzen um fast 11 Mio. Menschen, von 68,4 Mio. auf 79,4 Mio. Einwohner, zugenommen. Das entspricht einem durchschnittlichen jährlichen Wachstum von 0,37%: Damit hatte Deutschland von den deutschsprachigen Flächenstaaten das zweithöchste Bevölkerungswachstum nach der Schweiz (0,88%) und vor Österreich (0,27%). Die Bevölkerungszunahme dieses Zeitraumes war nahezu gleichmäßig auf einen Geburtenüberschuss (51%) und eine positive Wanderungsbilanz (49%) verteilt, wobei die natürliche Komponente des Bevölkerungswachstums ausschließlich auf die Zeit vor 1972 beschränkt war. Tendenziell hat daher das Gewicht der internationalen Wanderung an der Bevölkerungsbilanz Deutschlands zugenommen.

30.3.2 Österreich

Die Republik Österreich (Österreich) ist mit 7,7 Mio. Einwohnern und einer Fläche von 83.853 qkm das zweitgrößte deutschsprachige Land. Mit 92 Einwohnern pro qkm hat das Alpen- und Donauland unter den vier hier dargestellten Ländern die geringste Bevölkerungsdichte.

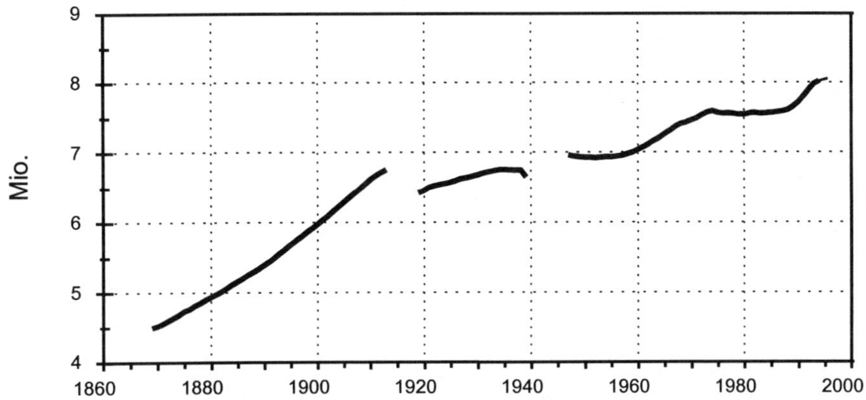

Abb. 25: Entwicklung der Bevölkerungszahl, Österreich

Erste moderne Volkszählung bis Ende des zweiten Weltkrieges (1869–1945)

Österreichs Bevölkerung ist zwischen 1869, als die erste umfassende Volkszählung stattfand, und der letzten Volkszählung im Jahre 1991, von knapp 4,5 Mio. auf nahezu 7,8 Mio. Einwohner angewachsen. In den dazwischen liegenden 120 Jahren hat sich die Bevölkerung also nahezu verdoppelt. Relativ hohes und stetiges Bevölkerungswachstum war jedoch auf die Zeit vor dem ersten Weltkrieg beschränkt. Danach wechselten Phasen geringen oder rückläufigen Wachstums mit Perioden signifikanter Zunahme ab.

Zwischen 1869 und 1910 stieg die Bevölkerungszahl auf dem heutigen Territorium von 4,5 Mio. auf 6,6 Mio. Menschen, d. h. um knapp 48%. Mit einer durchschnittlichen jährlichen Wachstumsrate von 0,95% wird zugleich das höchste Bevölkerungswachstum in der Geschichte Österreichs beobachtet. Knapp zwei Drittel des Bevölkerungszuwachses stammten aus einem Geburtenüberschuss. Dieser kam, trotz sinkender Geburtenraten, wegen der deutlich schneller sinkenden Sterberaten zu Stande. Ein beträchtlicher Teil (754 Tsd. oder 35%) der Bevölkerungszunahme stammten dabei aus einem positiven Wanderungssaldo. Unter den deutschsprachigen Ländern hatte nur Deutschland im gleichen Zeitraum mit 1,17% noch ein höheres Bevölkerungswachstum.

Der 1. Weltkrieg mit seinen unmittelbaren Verlusten und tiefgreifenden politischen Auswirkungen hat die demographische Situation Österreichs und seiner Nachbarstaaten nachhaltig beeinflusst. An direkten Verlusten hat der 1. Weltkrieg ca. 190 Tsd. Kriegstote gefordert, darüber hinaus trat zwischen 1914 und 1918 ein Sterbefallüberschuss von insgesamt knapp 32 Tsd. auf. Die Auflösung der Österreichisch-Ungarischen Doppelmonarchie im letzten Jahr des ersten Weltkrieges hatte ebenfalls tiefgreifende Folgen, nicht zuletzt traten an die Stelle der alten Monarchie vier unabhängige Staaten: Ungarn, die Tschechoslowakei, Jugoslawien und die Republik Österreich.

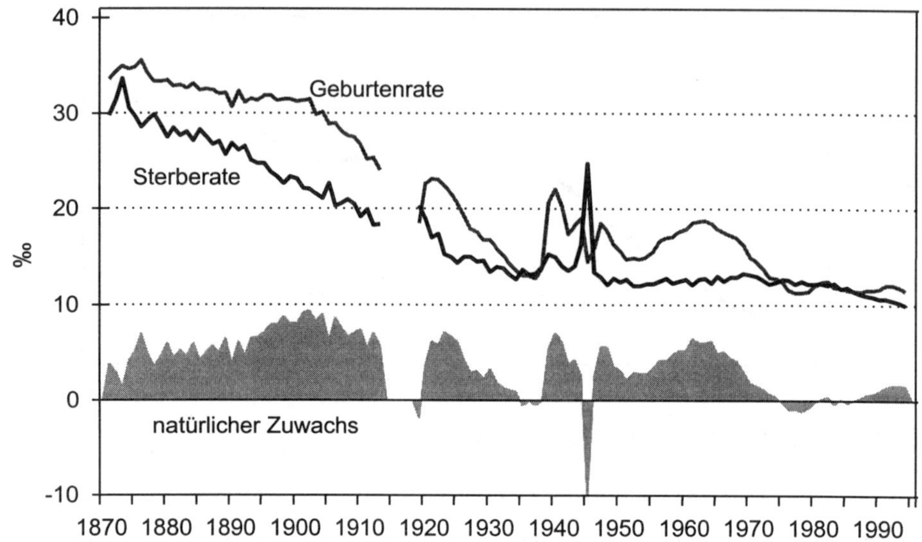

Abb. 26: Komponenten der Bevölkerungsentwicklung, Österreich

Insgesamt wurden in der ersten Volkszählung nach dem Weltkrieg im Jahre 1923 mit ca. 6,5 Mio. Menschen fast 114 Tsd. Menschen weniger als 1910 gezählt. Wegen der bereits seit längerem fallenden Fruchtbarkeit und auch wegen der nun unbedeutenden Beiträge der Zuwanderung wuchs die österreichische Bevölkerung bis zum Ende der 30er-Jahre nun deutlich weniger, ging seit 1936 sogar zurück (Abb. 25). Im Jahre 1939 ist die Einwohnerzahl Österreichs mit 6,653 Mio. Einwohnern nur 3% größer gewesen als 1920.

In der zweiten Hälfte des 19. Jahrhunderts war das allgemeine Sterblichkeitsniveau in Österreich noch außerordentlich hoch. Mit Lebenserwartungen von 32,7 Jahren für Männer und 36,2 Jahren für Frauen (1869/71) befand sich Österreich noch im Bereich der Vortransition. Die Säuglingssterblichkeit war ebenfalls noch sehr hoch: von 1.000 Lebendgeborenen erreichten 290 das erste Lebensjahr nicht. Damit hatte Österreich zugleich die höchste Säuglingssterblichkeit unter den deutschsprachigen Ländern (für Liechtenstein liegen keine Angaben vor).

Eine nachhaltige Mortalitätsreduktion setzte dann Ende des 19. Jahrhunderts ein. Um 1909/12 wurde die untere Grenze der zweiten Stufe der Mortalitätstransition überschritten, Anfang der 30er-Jahre, mit einer männlichen Lebenserwartung von 54,5 Jahren und einer weiblichen Lebenserwartung von 58,5 Jahren (1930/33), bereits die dritte Stufe. Die Säuglingssterblichkeit, deren Senkung eine wichtige Komponente der allgemeinen Sterblichkeitsreduzierung war, fiel Anfang der 30er-Jahre (1933) erstmalig auf Werte unter 100‰, war aber zugleich fast doppelt so hoch wie die der Schweiz zur gleichen Zeit.

Österreich hatte den Übergang zu niedriger Fruchtbarkeit bereits recht früh vollzogen. Um 1900 wird für die sog. Alpenländer eine Gesamtfruchtbarkeitsrate von 4,1 Kinder pro Frau ausgewiesen, die dann bis 1910 auf 3,5 Kinder pro Frau weiter zurückging. Damit war Österreich um die Jahrhundertwende bereits auf Stufe III der demographischen Transition angelangt. Bis zum Ende der 20er-Jahre war die durchschnittliche Kinderzahl auf 2 Kinder pro Frau (1928) gefallen und damit bereits deutlich unter dem Ersatzniveau; bis 1937 sank die Fruchtbarkeit dann sogar weiter auf den sehr niedrigen Wert von 1,55 Kinder pro Frau.

Bevölkerungsentwicklung seit 1945

Insgesamt brachte der 2. Weltkrieg Verluste von ca. 247 Tsd. Kriegstoten und 24 Tsd. Toten unter der Zivilbevölkerung, d. h. 4% der Bevölkerung von 1939 (Findl, Helczmanovszki 1977: 28). Österreich war auch durch den Krieg ausgelöste Wanderungsbewegungen betroffen, sowohl als Ziel- wie auch als Durchgangsland. So passierten bis zum Ende des Jahres 1950 ungefähr 1 Mio. Flüchtlinge Österreich, und die Volkszählung von 1951 zeigte einen Wanderungsgewinn von ca. 153 Tsd. Personen seit der letzten Volkszählung im Jahre 1934 (Findl, Helczmanovszki 1977: 79).

Nach dem zweiten Weltkrieg war Österreichs Bevölkerung mit knapp 7 Mio. Einwohnern nur wenig größer als vor dem zweiten Weltkrieg. Zunächst stagnierte die Bevölkerungszahl in den 50er-Jahren, wobei eine negative Wanderungsbilanz (im Wesentlichen gegenüber Deutschland und der Schweiz) wesentlich dazu beitrug. Zwischen 1961 und 1975 wuchs dann die Bevölkerung erneut deutlich um mehr als eine halbe Mio. Menschen. In diesem Zeitraum wirkten ein deutlicher Geburtenüberschuss (Baby Boom) und ein positiver Wanderungssaldo, hervorgerufen durch die Zuwanderung von ausländischen Arbeitskräften, in die gleiche Richtung. Darauf folgte bis 1987 erneut eine Phase der Stagnation, der eine zweite Einwanderungswelle von ausländischen Arbeitskräften und deren Familien folgte; zwischen 1988 und 1992 nahm die Bevölkerung um 320 Tsd. Menschen zu.

In Österreich war Anfang der 50er-Jahre, mit einer durchschnittlichen Lebenserwartung von über 65 Jahren und einer Säuglingssterblichkeit von 60 pro 1.000 Lebendgeborenen, die Mortalitätstransition im Wesentlichen vollzogen. Wie in anderen europäischen Ländern auch, können in Österreich drei charakteristische Entwicklungsphasen der Sterblichkeit ausgemacht werden. Zunächst stieg die Lebenserwartung bis Anfang der 60er-Jahre deutlich an: zwischen 1951 und 1961 erhöhte sich die Lebenserwartung der Männer um 4,1 Jahre auf 66,47 Jahre, die der Frauen um 5,1 Jahre auf 72,84. Dem folgte dann in den 60er-Jahre eine Phase langsamerer Verbesserungen; für Männer stagnierte die Lebenserwartung sogar. In den 70er-Jahren setzte dann erneut ein Trend deutlicher Mortalitätsreduzierungen ein. So stieg zwischen 1970 und 1994 die männliche Lebenserwartung um fast 7 Jahre auf 73,4 Jahre, die der Frauen erhöhte sich um 6,3 Jahre auf 79,7 Jahre.

Wesentliche Fortschritte konnten nach 1950 bei der Senkung der Säuglingssterblichkeit erzielt werden. Insgesamt ging die Säuglingssterblichkeit bis auf 6,3 pro 1.000 Lebendgeborene in 1994 zurück. Damit ist die allgemeine Mortalitätsentwicklung zugleich in immer geringerem Maße von der Säuglingssterblichkeit abhängig. Noch in den 70er-Jahren waren rd. in Österreich ein Drittel der Gewinne an Lebenserwartung einer Reduzierung der Säuglingssterblichkeit geschuldet. Wegen des insgesamt sehr niedrigen Niveaus der Säuglingssterblichkeit können weitere deutliche Zuwächse an Lebenserwartung nicht mehr von dramatischen Reduzierungen der

Säuglingssterblichkeit erwartet werden. Stattdessen spielt gegenwärtig die Reduzierung/Senkung der Erwachsenen- und Altensterblichkeit eine zunehmend wichtiger werdende Rolle.

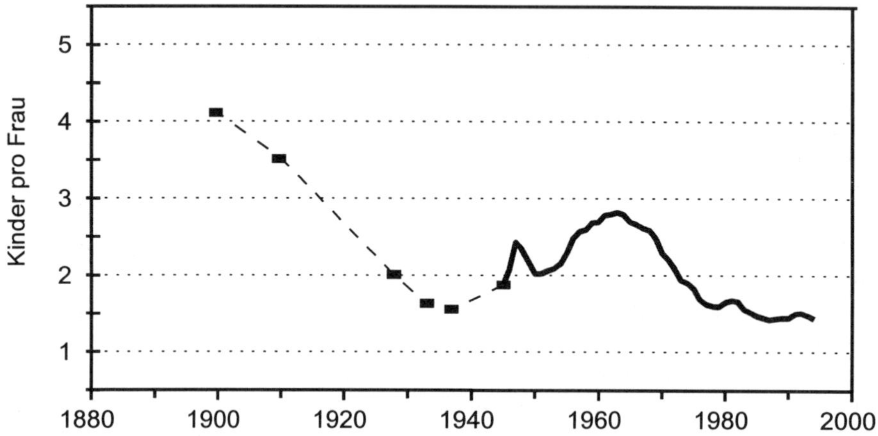

Abb. 27: Entwicklung der Periodenfruchtbarkeit, Österreich

Die Fruchtbarkeitsentwicklung nach dem Ende des zweiten Weltkrieges begann in Österreich mit einer kurzen Nachholphase, in der die Periodenfruchtbarkeit schnell auf einen Wert von 2,43 im Jahre 1947 anstieg, gefolgt von einem Rückgang bis 1950 auf einen Wert von 2,0. Danach folgte, wie in anderen Ländern auch, ein überraschender Fruchtbarkeitsanstieg bis in die frühen 60er-Jahre hinein, der im Jahre 1963 mit einer Gesamtfruchtbarkeit von 2,82 seinen Höhepunkt erreichte. Zu einem nicht geringen Teil ist dieser Fruchtbarkeitsanstieg durch Periodeneffekte wie steigende Heiratshäufigkeiten, frühere Eheschließungen und frühere Erstgeburt, verursacht worden (Holzer, Münz 1996: 70). Danach setzte die Fruchtbarkeit ihren langfristigen Abwärtstrend (säkularen Trend) fort und erreicht im Jahre 1987 ihren bislang niedrigsten mit 1,43 Kinder pro Frau. Seit Anfang der 80er-Jahre scheint sich die Periodenfertilität mit einem Wert um 1,5 Kinder pro Frau zumindest mittelfristig stabilisiert zu haben. Insgesamt wuchs die Bevölkerung Österreichs zwischen 1950 und 1990 um 783 Tsd. Damit ist die Einwohnerzahl Österreichs unter den deutschsprachigen Ländern mit 0,27% im jährlichen Durchschnitt zwischen 1950 und 1990 am geringsten gewachsen.

Es stammten 84% des Bevölkerungszuwachses des Zeitraumes 1950 bis 1990 (jeweils Jahresanfang) aus einem Geburtenüberschuss, und 16% waren einer positiven Wanderungsbilanz mit dem Ausland geschuldet. Dabei waren nennenswerte Geburtenüberschüsse, wie auch in Deutschland, auf die Zeit vor 1970 beschränkt. Seitdem spielt die Zuwanderung eine zunehmend große Rolle. Im Jahrzehnt 1980 bis 1990 stammten z. B. bereits 93% des gesamten Bevölkerungszuwachses aus der Wanderung, und nur noch 7% aus einem Geburtenüberschuss.

30.3.3 Schweiz

Die Schweizerische Eidgenossenschaft (Schweiz) war im Jahre 1990 mit 7 Mio. Einwohnern das drittgrößte deutschsprachige Land. Mit einer Fläche von 41.293 Tsd. qkm ist die Schweiz nur knapp halb so groß wie Österreich, hat aber mit 163 Einwohnern pro qkm eine höhere Bevölkerungsdichte als das östliche Nachbarland.

Bevölkerungsentwicklung zwischen 1870 und 1945

Die Einwohnerzahl der Schweiz ist zwischen den Volkszählungen in den Jahren 1870 und 1990 von knapp 2,7 Mio. auf 6,7 Mio. Einwohner gestiegen, damit ist sie in den dazwischenliegenden 120 Jahren auf das zweieinhalbfache der Zahl von 1870 angestiegen. Verglichen mit den Bevölkerungstrends in Österreich oder Deutschland zeigt die Entwicklung der Bevölkerung bis in die 70er-Jahre des 20. Jahrhunderts in der Schweiz wesentlich mehr Kontinuität. Da es von den beiden Weltkriegen des 20. Jahrhundert verschont geblieben ist, fehlen die gewaltsamen Diskontinuitäten demographischer Trends hier fast vollständig. Trotzdem lassen sich Phasen unterschiedlichen Wachstums erkennen: Zwischen 1870 und 1888 ist das Bevölkerungswachstum mit einer Wachstumsrate von einem halben Prozent zunächst deutlich geringer als in Deutschland und Österreich, nimmt dann aber schnell auf 1,14% zwischen 1888 und 1910 zu und ist damit größer als in Österreich (1,02%), aber immer noch niedriger als in Deutschland (1,36%) im gleichen Zeitraum. Von knapp 2,7 Mio. Einwohnern in 1870 nimmt die Bevölkerung der Schweiz in den 40 Jahren bis 1910 um knapp 1,1 Mio. Personen auf insgesamt 3,75 Mio. Einwohner zu.

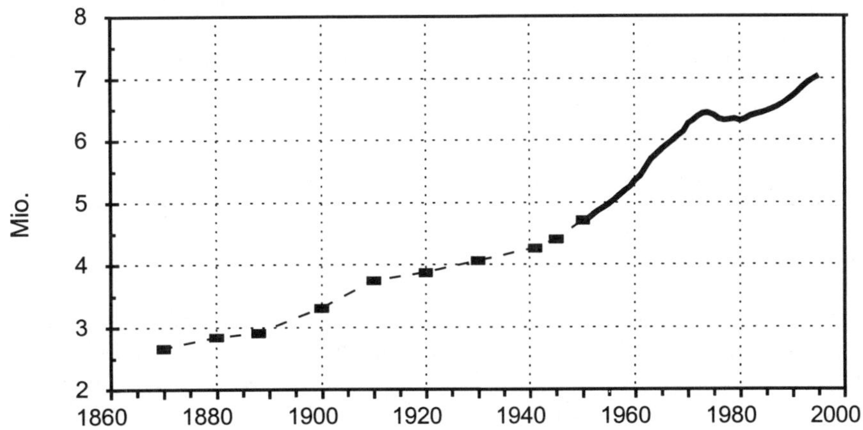

Abb. 28: Entwicklung der Bevölkerungszahl, Schweiz

Mit dem ersten Weltkrieg beginnt dann eine vorübergehende Phase schwächeren Wachstums, die bis in die 40er-Jahre andauert. Der 1. Weltkrieg beeinflusst die neutrale Schweiz nicht direkt, den durch den Krieg hervorgerufenen ökonomischen Problemen und Unsicherheiten konnte sie sich aber nicht vollständig entziehen. So fallen in der Zeit während des ersten Weltkrieges die Geburtenraten deutlich, während sich die Sterberaten zunächst kaum veränderten. Im Ergebnis sank die Rate des natürlichen Wachstums. Als 1918 die Sterberate plötzlich um mehr als 40% ansteigt, weist die Schweiz zum ersten und bislang letzten Mal einen Sterbefallüberschuss aus.

In den etwa 2 Jahrzehnten zwischen erstem und zweitem Weltkrieg nimmt die Bevölkerung der Schweiz nur noch um 385 Tsd. Personen zu (1920-1941), das entspricht einer Wachstumsrate von etwas weniger als einem halben Prozent im Mittel der Jahre. Beginnend in den 40er-Jahren beginnt dann in der Schweiz eine Phase verstärkten Bevölkerungswachstums, die bis in die Mitte der 70er-Jahre anhalten sollte. Zwischen 1941 und 1950 wächst die Bevölkerung, u. a. im Ergebnis eines früh einsetzenden Baby Booms (s. u.), bis 1950 mit 1% im jährlichen Durchschnitt – und damit doppelt so schnell wie in den beiden Jahrzehnten davor – auf 4,7 Mio. Einwohner an.

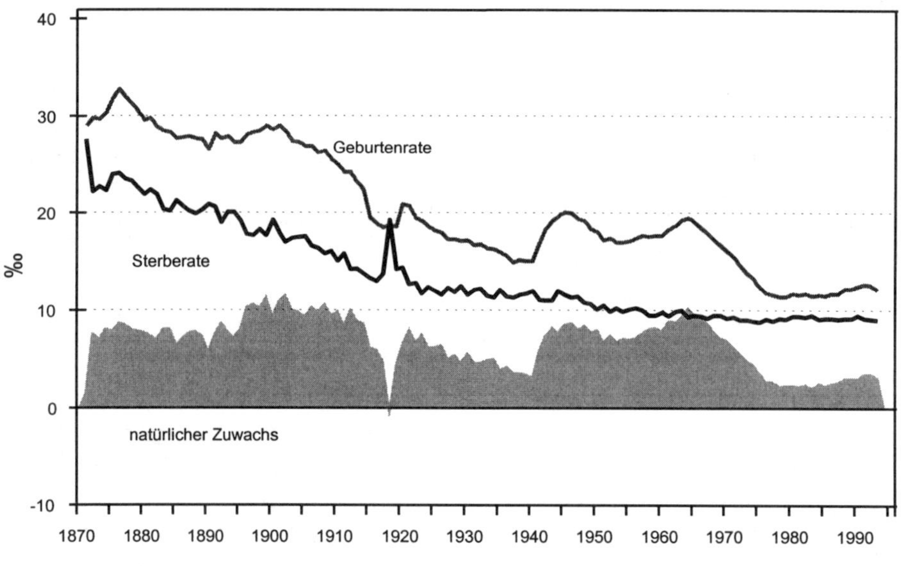

Abb. 29: Komponenten der Bevölkerungsentwicklung, Schweiz

Die Entwicklung der Lebenserwartung ist in den vergangenen 120 Jahren einem deutlichen und nahezu kontinuierlichen Aufwärtstrend gefolgt. In den späten 70er-Jahren des 19. Jahrhunderts war das Sterblichkeitsniveau in der Schweiz – wie in den anderen europäischen Ländern auch – noch außerordentlich hoch. Die schweizerische Sterbetafel für die Jahre 1876/80 weist eine männliche Lebenserwartung von lediglich 40,64 Jahren aus; die der Frauen ist mit 43,24 Jahren nur geringfügig höher. Bis zur Mitte des 20. Jahrhunderts (1948/53) steigt die männliche Lebenserwartung dann um 25,72 Jahre auf 66,36 Jahre. Diese Zunahme um 63,3% bedeutet, dass sich im Durchschnitt die Lebenserwartung männlicher Neugeborener alle 10 Jahre um mehr als 3,5 Jahre erhöhte. Die Zunahme an weiblicher Lebenserwartung verlief noch etwas schneller; sie stieg um 27,61 Jahre auf mehr als 70 Jahre (70,85) – eine Steigerung um 63,9%. Pro Jahrzehnt ist damit die Lebenserwartung von Frauen im Durchschnitt um 3,8 Jahre angestiegen.

Die Zurückdrängung der anfänglich sehr hohen Sterblichkeit war wesentlich durch starke Senkungen der Säuglingssterblichkeit bewirkt worden. Um 1870 (1871/75) betrug die Säuglingssterblichkeit 198‰, d. h. fast jedes fünfte Kind starb in seinem ersten Lebensjahr. Dieses hohe Sterblichkeitsniveau war aber zugleich schon deutlich geringer in Deutschland und Österreich im gleichen Zeitraum, wo noch mehr als jedes vierte Neugeborene vor Vollendung des ersten Lebensjahres starb. Wichtiger noch: Die Schweiz sollte ihren Vorsprung in der Senkung der Sterblichkeit während des gesamten hier skizzierten Zeitraumes beibehalten.

In den folgenden Jahrzehnten sank die Säuglingssterblichkeit deutlich; bereits um 1910 ist sie bis auf 115‰ (1906/10) gefallen, und in den späten 20er-Jahren sterben nur noch ca. 54 Säuglinge pro 1.000 Lebendgeborene (1926/30). Bis 1950 ist die Säuglingssterblichkeit schließlich bis auf 31,2‰ gefallen und damit nur halb so hoch wie in Deutschland oder Österreichs zur gleichen Zeit.

Die durchschnittliche Fruchtbarkeit war in der Schweiz bereits zu Beginn des 20. Jahrhunderts mit 3,8 Kindern pro Frau (1902) deutlich niedriger als in Deutschland und Österreich, deren durchschnittliches Fruchtbarkeitsniveau mit 4,8 bzw. 4,9 Kindern pro Frau zur gleichen Zeit noch um mehr als ein Kind über dem der Schweiz lag. Die weitere Entwicklung folgt bis in die späten 30er-Jahre weitgehend ungebrochen dem säkularer Trend der Nachwuchsbeschränkung. Bis 1928 war die Gesamtfruchtbarkeitsrate bereits auf 2,1 Kinder pro Frau gefallen, und bis 1937 wird der bis dahin niedrigste Wert von 1,76 Kindern pro Frau erreicht. Danach steigt die Fruchtbarkeit schnell wieder auf Werte an, wie sie zuletzt zwischen 1910 und 1920 beobachtet wurden, und erreicht im Jahr 1946 mit mehr als 2,6 Kindern pro Frau den Höhepunkt dieses ersten Baby Booms (Abb. 30).

Bevölkerungsentwicklung zwischen 1950 bis 1990

In der Bevölkerungsentwicklung der Schweiz setzte sich nach 1950 das hohe Bevölkerungswachstum, das bereits in den 40er-Jahren einsetzte, bis ca. 1975 fort. Die Bevölkerung wuchs im Jahrzehnt 1950 bis 1960 mit einer Rate von knapp 1,3% und damit noch schneller als zwischen 1900 und 1910. Die folgende Dekade zwischen 1960 und 1970 weist dann mit 1,56% die höchste durchschnittliche Wachstumsrate seit 1870 überhaupt auf. Um die Mitte der 70er-Jahre erfolgt dann eine abrupte Trendwende, die bis Anfang der 80er-Jahre anhielt. Während dieser kurzen Phase stagniert die Bevölkerungszahl oder ging sogar leicht zurück, ausschließlich bewirkt durch eine negative Wanderungsbilanz gegenüber dem Ausland. Seit den 80er-Jahren wächst dann die Einwohnerzahl der Schweiz wieder und erreichte 1990 6,7 Mio. Einwohner.

Die Sterblichkeit setzt nach 1950 ihren Abwärtstrend fort. Lediglich in den 60er-Jahren zeigt sich auch in der Schweiz jene Entwicklungsverzögerung, die bereits für Österreich beobachtet worden ist. Wie auch in anderen europäischen Ländern setzte aber nach dieser Phase erneut ein Trend deutlicher Erhöhung der Lebenserwartung ein. Insgesamt hat die Lebenserwartung zwischen 1950 und 1990 bei Männern um 7,7 Jahre und bei Frauen um 10 Jahre zugenommen.

Damit hat die Schweiz zu Beginn der 90er-Jahre (1990/91) mit 74,10 Jahren für Männer und 80,90 Jahren für Frauen unter den deutschsprachigen Ländern ihre Position als das Land mit dem niedrigsten Sterblichkeitsniveau behauptet.

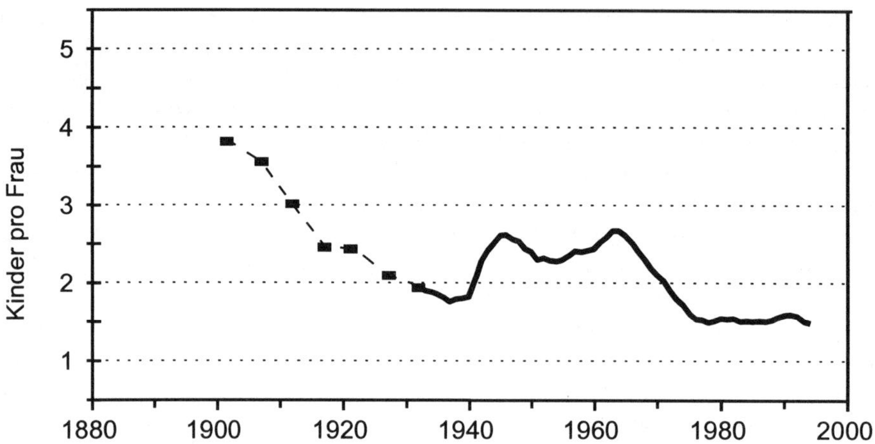

Abb. 30: Entwicklung der Periodenfruchtbarkeit, Schweiz

Abbildung 30 zeigt, dass dem ersten Baby Boom in den 40er-Jahren schnell ein Zweiter folgte. Nach einem Rückgang der Gesamtfruchtbarkeit auf 2,3 Kinder pro Frau zwischen 1951 bis 1953 steigt sie erneut auf mehr als 2,6 Kinder pro Frau zwischen 1963 und 1964 an. Damit ist dann der ungewöhnlich lange Fruchtbarkeitsanstieg der Nachtransitionsphase in der Schweiz beendet. Danach fällt in etwas mehr als 10 Jahren die Periodenfruchtbarkeit bis Mitte der 70er-Jahre von 2,6 auf 1,5 Kinder pro Frau. In den folgenden 20 Jahren hat sich die Periodenfruchtbarkeit immer in einem engen Bereich um den Wert von 1,5 Kinder pro Frau bewegt. Bereits seit 1970 ersetzen die Kindergenerationen auf längere Sicht nicht mehr die Elterngenerationen.

Insgesamt hat die Einwohnerzahl zwischen 1950 und 1990 um etwas mehr als 2 Mio. Einwohner zugenommen. Mit einer durchschnittlichen jährlichen Wachstumsrate von 0,88% nahm die Bevölkerung der Schweiz unter den deutschsprachigen Ländern – mit der Ausnahme Liechtensteins – am schnellsten zu. Während des gesamten Zeitraumes hat es in der Schweiz fast ununterbrochen einen Geburtenüberschuss gegeben; und mit der Ausnahme der Periode 1973 bis 1980 wurde auch stets eine positive Wanderungsbilanz registriert. Insgesamt stammten knapp zwei Drittel des Bevölkerungszuwachses aus dem Geburtenüberschuss (64%), und mehr als ein Drittel (36%) der Bevölkerungszunahme sind dem positiven Wanderungssaldo geschuldet. Wegen des hohen Gewichts der internationalen Wanderungsströme an der Bevölkerungsentwicklung wächst – wie in den anderen deutschsprachigen Ländern auch – der Anteil der ständigen ausländischen Bevölkerung. Bis 1994 ist diese Bevölkerungsgruppe in der Schweiz auf mehr als 1,3 Mio. Personen angestiegen und beträgt damit 19% der gesamten Bevölkerung der Schweiz.

30.3.4 Liechtenstein

Das Fürstentum Liechtenstein (Liechtenstein), zwischen Österreich und der Schweiz gelegen, ist mit einer Fläche von nur 160 qkm und lediglich 29 Tsd. Einwohnern das bei weitem kleinste deutschsprachige Land, hat jedoch mit 181 Einwohnern pro qkm die zweitgrößte Bevölkerungsdichte nach Deutschland.

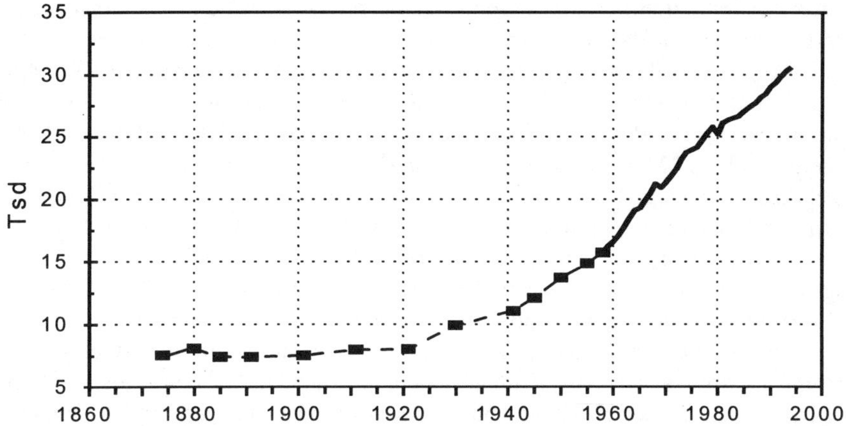

Abb. 31: Entwicklung der Bevölkerungszahl, Liechtenstein

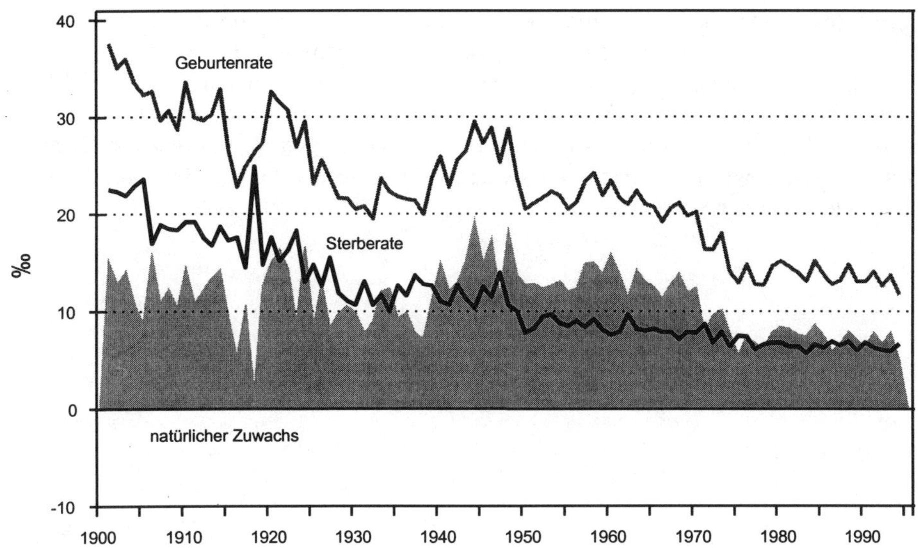

Abb. 32: Komponenten der Bevölkerungsentwicklung, Liechtenstein

Die Bevölkerungsentwicklung Liechtensteins ist durch zwei unterschiedliche Wachstumsphasen charakterisiert. Zunächst blieb die Bevölkerungszahl zwischen 1874 und 1921 nahezu unverändert, sie nahm nur von 7.556 auf 8.034 Einwohner zu. Ein wichtiger Grund hierfür ist eine ständig negative Wanderungsbilanz gewesen. Immerhin bewegte sich der Netto-Wanderungsverlust zwischen 1900 und 1921 in der Größenordnung von 70% des Geburtenüberschusses. Nach 1921 setzte dann eine bis in die Gegenwart andauernde Phase deutlichen Bevölkerungswachstums ein, das durch das Zusammenwirken eines Geburtenüberschusses und einer zumeist positiven Wanderungsbilanz zu Stande gekommen ist. Die positive Nettowanderung hat zu einer hohen Zahl von Ausländern in Liechtenstein geführt; bereits 1930 beträgt ihr Anteil an der Bevölkerung 17%. Bis 1950 ist die Bevölkerung dann auf 13.757 Einwohner angestiegen und hat sich damit seit den 70er-Jahren des 19. Jahrhunderts nahezu verdoppelt (182%). Zwischen 1950 und 1990 ist dann die Bevölkerung mit durchschnittlich knapp 1,9% jährlichem Wachstum unter den deutschsprachigen Ländern mit Abstand am schnellsten gewachsen. Zwischen 1960 und 1970 wurde die höchste durchschnittliche Wachstumsrate seit 1874 mit 2,5% registriert.

Insgesamt ist die Einwohnerzahl Liechtensteins zwischen 1950 und 1990 von 13.757 auf 29.032 angestiegen und hat sich damit in 40 Jahren mehr als verdoppelt. Die Bevölkerungszunahme stammt zu 55% aus einem durchgehenden Geburtenüberschuss und zu 45% aus einem Wanderungsgewinn gegenüber dem Ausland. Im Ergebnis ist der Anteil der Ausländer nach der Wohnbevölkerung weiter angestiegen und betrug 1990 knapp 38%.

Offizielle Statistiken der Lebenserwartung und der Gesamtfruchtbarkeit sind für Liechtenstein nicht erhältlich: wegen der geringen Bevölkerungsgröße und der geringen Zahl der Vitalereignisse wären diese Kennziffern zu sehr von Zufallseinflüssen gestört. Man kann aber wohl davon ausgehen, dass Liechtenstein sowohl in seinem Sterblichkeits- als auch Fruchtbarkeitsniveau den anderen deutschsprachigen Ländern ähnlich ist. Eine solche Annahme wird auch durch die Säuglingssterblichkeit gestützt, die hier der besseren numerischen Stabilität wegen als fünfjährige Durchschnitte berechnet wurde. Danach war sie seit 1950 immer auf einem Niveau, das nahe oder unter dem der Schweiz war.

Anhang

Tab. A1: Gliederung der Welt in Großräume und Regionen, Bevölkerung 1950 und 1995

Großraum oder Region	Landfläche	Anzahl Länder	Bevölkerung 1950	1995	Zuwachs zwischen 1950 und 1995	
	1.000 qkm		in 1.000		in 1.000	in %
– Welt insgesamt	135.641	228	2.519.748	5.716.426	3.196.678	126,9
entwickeltere Regionen	52.863	55	808.538	1.166.598	358.060	44,3
weniger entwickelte Regionen	82.778	173	1.711.210	4.549.828	2.838.618	165,9
am wenigsten entw. Länder	19.797	47	192.801	575.407	382.606	198,4
– Afrika	30.306	56	223.967	728.074	504.107	225,1
Ostafrika	6.356	18	65.618	227.107	161.490	246,1
Mittelafrika	6.613	9	26.316	82.326	56.010	212,8
Nordafrika	8.525	7	53.302	160.582	107.279	201,3
Südliches Afrika	2.675	5	15.581	47.396	31.816	204,2
Westafrika	6.138	17	63.151	210.663	147.512	233,6
– Asien	31.764	50	1.402.725	3.457.957	2.055.232	146,5
Ostasien	11.762	7	671.391	1.424.155	752.763	112,1
Südzentralasien	10.776	14	498.845	1.381.160	882.315	176,9
Südostasien	4.495	11	182.035	484.252	302.217	166,0
Westasien	4.731	18	50.453	168.390	117.937	233,8
– Europa	22.986	47	548.711	726.999	178.288	32,5
Osteuropa	18.813	10	220.690	308.709	88.019	39,9
Nordeuropa	1.749	13	78.093	93.542	15.449	19,8
Südeuropa	1.316	15	109.012	143.922	34.910	32,0
Westeuropa	1.107	9	140.916	180.826	39.910	28,3
– Lateinamerika	20.533	46	165.658	482.005	316.347	191,0
Karibik	235	24	17.040	35.796	18.756	110,1
Zentralamerika	2.480	8	36.928	126.419	89.491	242,3
Südamerika	17.819	14	111.690	319.790	208.100	186,3
– Nordamerika	21.516	5	166.075	292.841	126.766	76,3
– Ozeanien	8.537	24	12.612	28.549	15.937	126,4
Australien-Neuseeland	7.984	2	10.127	21.663	11.536	113,9
Melanesien	541	5	2.095	5.813	3.719	177,5
Mikronesien	3	7	153	482	329	215,7
Polynesien	9	10	237	591	353	149,0

Tab. A2: Bevölkerungsdichte nach Großräumen, 1950, 1995 und 2050, nach Projektionsvarianten

Großraum oder Region	Bevölkerungsdichte (Einwohner/qkm)				
	1950	1995	2050		
			mittlere	hohe	niedrige
			Projektionsvariante		
– Welt insgesamt	19	42	72	88	58
entwickeltere Regionen	15	22	23	28	19
weniger entwickelte Regionen	21	55	104	126	84
am wenigsten entw. Länder	10	29	83	98	69
– Afrika	7	24	71	84	58
Ostafrika	10	36	115	135	96
Mittelafrika	4	12	44	52	36
Nordafrika	6	19	40	49	32
Südliches Afrika	6	18	40	47	34
Westafrika	10	34	110	130	91
– Asien	44	109	181	220	144
Ostasien	57	121	155	190	117
Südzentralasien	46	128	248	298	204
Südostasien	40	108	189	234	150
Westasien	11	36	84	100	70
– Europa	24	32	29	35	24
Osteuropa	12	16	15	18	13
Nordeuropa	45	53	57	66	45
Südeuropa	83	109	94	112	81
Westeuropa	127	163	150	175	126
– Lateinamerika	8	23	41	51	32
Karibik	73	153	251	310	203
Zentralamerika	15	51	97	125	77
Südamerika	6	18	30	38	24
– Nordamerika	8	14	18	22	14
– Ozeanien	1	3	5	7	4
Australien-Neuseeland	1	3	4	5	3
Melanesien	4	11	24	28	20
Mikronesien	49	156	396	466	333
Polynesien	28	69	139	168	114

Tab. A3: Bevölkerung nach Großräumen 1950-2050; 1995-2050 mittlere Projektionsvariante (in 1.000)

Jahr	Afrika	Asien	Europa	Latein-]amerika	Nord-]amerika	Ozeanien	Welt insgesamt
1950	223.967	1.402.725	548.711	165.658	166.075	12.612	2.519.748
1955	250.360	1.542.761	575.790	189.458	181.742	14.085	2.754.196
1960	282.136	1.702.760	605.252	216.947	198.663	15.728	3.021.485
1965	320.485	1.901.387	635.233	249.125	214.076	17.514	3.337.821
1970	364.206	2.147.491	656.441	283.214	226.480	19.310	3.697.141
1975	413.988	2.405.987	676.389	319.893	239.289	21.438	4.076.985
1980	475.664	2.642.110	692.995	358.437	252.461	22.685	4.444.352
1985	548.800	2.903.763	706.377	398.416	264.523	24.455	4.846.334
1990	632.669	3.186.446	721.734	439.716	277.838	26.428	5.284.832
1995	728.074	3.457.957	726.999	482.005	292.841	28.549	5.716.426
2000	831.596	3.735.846	729.803	523.875	306.280	30.651	6.158.051
2005	945.044	4.003.212	729.886	564.637	318.896	32.728	6.594.403
2010	1.069.378	4.263.948	728.741	603.843	331.571	34.814	7.032.294
2015	1.203.919	4.515.814	726.474	641.098	344.695	36.924	7.468.925
2020	1.347.789	4.744.481	722.574	676.399	357.584	39.028	7.887.856
2025	1.495.772	4.959.987	718.203	709.785	369.566	41.027	8.294.341
2030	1.642.251	5.156.470	711.939	742.001	375.663	42.289	8.670.614
2035	1.780.666	5.334.417	704.296	771.000	380.099	43.399	9.013.877
2040	1.905.564	5.492.658	695.609	796.686	383.321	44.390	9.318.226
2045	2.022.302	5.628.078	686.515	819.039	386.108	45.275	9.587.317
2050	2.140.844	5.741.005	677.764	838.527	388.997	46.070	9.833.208

Tab. A4: Anteil der Bevölkerungen in Großräumen an der Weltbevölkerung 1950-2050; 1995-2050 mittlere Projektionsvariante (in %)

Jahr	Afrika	Asien	Europa	Latein-]amerika	Nord-]amerika	Ozeanien	Welt insgesamt
1950	8,9	55,7	21,8	6,6	6,6	0,5	100,0
1955	9,1	56,0	20,9	6,9	6,6	0,5	100,0
1960	9,3	56,4	20,0	7,2	6,6	0,5	100,0
1965	9,6	57,0	19,0	7,5	6,4	0,5	100,0
1970	9,9	58,1	17,8	7,7	6,1	0,5	100,0
1975	10,2	59,0	16,6	7,8	5,9	0,5	100,0
1980	10,7	59,4	15,6	8,1	5,7	0,5	100,0
1985	11,3	59,9	14,6	8,2	5,5	0,5	100,0
1990	12,0	60,3	13,7	8,3	5,3	0,5	100,0
1995	12,7	60,5	12,7	8,4	5,1	0,5	100,0
2000	13,5	60,7	11,9	8,5	5,0	0,5	100,0
2005	14,3	60,7	11,1	8,6	4,8	0,5	100,0
2010	15,2	60,6	10,4	8,6	4,7	0,5	100,0
2015	16,1	60,5	9,7	8,6	4,6	0,5	100,0
2020	17,1	60,1	9,2	8,6	4,5	0,5	100,0
2025	18,0	59,8	8,7	8,6	4,5	0,5	100,0
2030	18,9	59,5	8,2	8,6	4,3	0,5	100,0
2035	19,8	59,2	7,8	8,6	4,2	0,5	100,0
2040	20,4	58,9	7,5	8,5	4,1	0,5	100,0
2045	21,1	58,7	7,2	8,5	4,0	0,5	100,0
2050	21,8	58,4	6,9	8,5	4,0	0,5	100,0

Tab. A5: Komponenten des Bevölkerungswachstums, Welt insgesamt

Zeitraum	Lebend-geborene	Gestorbene	Natürlicher Zuwachs	Lebend-geborene	Gestorbene	Natürlicher Zuwachs
	in 1.000			auf 1.000 mittlere Bevölkerung		
1950–1955	493.164	260.701	232.463	37,4	19,8	17,6
1955–1960	513.457	250.486	262.971	35,6	17,3	18,2
1960–1965	560.806	247.804	313.002	35,3	15,6	19,7
1965–1970	595.080	235.683	359.397	33,8	13,4	20,4
1970–1975	601.509	226.515	374.994	30,9	11,7	19,3
1975–1980	602.979	233.807	369.172	28,3	11,0	17,3
1980–1985	641.351	239.365	401.986	27,6	10,3	17,3
1985–1990	681.627	243.130	438.497	26,9	9,6	17,3
1990–1995	687.422	255.830	431.593	25,0	9,3	15,7
1995–2000	703.680	262.056	441.625	23,7	8,8	14,9
2000–2005	706.434	270.083	436.351	22,2	8,5	13,7
2005–2010	716.260	278.369	437.891	21,0	8,2	12,9
2010–2015	724.266	287.637	436.630	20,0	7,9	12,0
2015–2020	717.529	298.596	418.932	18,7	7,8	10,9
2020–2025	720.794	314.309	406.485	17,8	7,8	10,0
2025–2030	714.627	338.386	376.241	16,8	8,0	8,9
2030–2035	709.162	365.947	343.215	16,0	8,3	7,8
2035–2040	697.515	393.227	304.288	15,2	8,6	6,6
2040–2045	690.793	421.774	269.019	14,6	8,9	5,7
2045–2050	696.005	450.187	245.818	14,3	9,3	5,1

Tab. A6: Gesamtfruchtbarkeit nach Großräumen und Regionen, 1950-1955 und 1990-1995

Großraum oder Region	Gesamtfruchtbarkeit 1950–1955	1990–1995	Veränderung absolut	relativ
	Kinder pro Frau			in %
– Welt insgesamt	4,97	3,10	–1,87	–37,6
entwickeltere Regionen	2,77	1,70	–1,06	–38,5
weniger entwickelte Regionen	6,13	3,48	–2,65	–43,2
am wenigsten entw. Länder	6,55	5,80	–0,75	–11,5
– Afrika	6,64	5,80	–0,85	–12,7
Ostafrika	6,90	6,47	–0,43	–6,3
Mittelafrika	5,91	6,45	0,54	9,1
Nordafrika	6,82	4,19	–2,63	–38,6
Südliches Afrika	6,46	4,21	–2,25	–34,8
Westafrika	6,58	6,54	–0,04	–0,6
– Asien	5,86	3,03	–2,83	–48,2
Ostasien	5,61	1,91	–3,69	–65,9
Südzentralasien	6,08	4,12	–1,96	–32,3
Südostasien	6,03	3,29	–2,74	–45,4
Westasien	6,37	4,41	–1,95	–30,7
– Europa	2,56	1,58	–0,98	–38,3
Osteuropa	2,69	1,62	–1,07	–39,7
Nordeuropa	2,32	1,84	–0,48	–20,6
Südeuropa	2,65	1,42	–1,24	–46,6
Westeuropa	2,39	1,51	–0,88	–36,6
– Lateinamerika	5,87	3,09	–2,78	–47,3
Karibik	5,22	2,76	–2,46	–47,1
Zentralamerika	6,79	3,52	–3,27	–48,2
Südamerika	5,69	2,97	–2,72	–47,8
– Nordamerika	3,47	2,06	–1,41	–40,7
– Ozeanien	3,84	2,51	–1,33	–34,7
Australien–Neuseeland	3,25	1,92	–1,33	–40,9
Melanesien	6,34	4,68	–1,66	–26,1
Mikronesien	6,82	4,36	–2,46	–36,1
Polynesien	7,23	3,74	–3,48	–48,2

Tab. A7: Lebenserwartung, für beide Geschlechter gemeinsam, nach Großräumen und Regionen, 1950–1955 und 1990–1995

Großraum oder Region	Lebenserwartung 1950–1955	Lebenserwartung 1990–1995	Zuwachs absolut	Zuwachs relativ
	in Jahren		in Jahren	in %
– Welt insgesamt	46,4	64,4	18,0	38,7
entwickeltere Regionen	66,5	74,4	7,9	11,8
weniger entwickelte Regionen	40,9	62,3	21,3	52,0
am wenigsten entw. Länder	35,7	51,2	15,5	43,3
– Afrika	37,8	53,0	15,3	40,4
Ostafrika	36,3	49,7	13,4	36,8
Mittelafrika	36,0	51,3	15,3	42,6
Nordafrika	41,8	62,2	20,4	48,7
Südliches Afrika	44,2	62,6	18,4	41,8
Westafrika	35,6	49,8	14,2	39,8
– Asien	41,3	64,5	23,2	56,1
Ostasien	42,9	69,7	26,7	62,3
Südzentralasien	39,3	60,3	21,1	53,7
Südostasien	40,5	63,6	23,1	57,0
Westasien	45,2	66,5	21,3	47,0
– Europa	66,1	72,9	6,8	10,3
Osteuropa	65,5	68,9	3,4	5,1
Nordeuropa	69,2	75,7	6,6	9,5
Südeuropa	63,3	76,2	12,8	20,3
Westeuropa	67,6	76,5	8,9	13,2
– Lateinamerika	51,4	68,5	17,1	33,2
Karibik	52,0	69,2	17,2	33,0
Zentralamerika	49,3	69,9	20,7	41,9
Südamerika	52,1	67,9	15,8	30,3
– Nordamerika	69,0	76,1	7,1	10,4
– Ozeanien	60,8	72,8	12,0	19,7
Australien-Neuseeland	69,5	77,3	7,7	11,1
Melanesien	37,9	59,1	21,2	55,8
Mikronesien	49,4	67,7	18,3	37,0
Polynesien	45,7	68,1	22,3	48,8

Tab. A8: Säuglingssterblichkeit nach Großräumen und Regionen, 1950–1955 und 1990–1995

Großraum oder Region	Säuglingssterblichkeit		Veränderung	
	1950–1955	1990–1995	absolut	relativ (in %)
– Welt insgesamt	156,4	63,6	–92,7	–59,3
entwickeltere Regionen	58,7	10,5	–48,2	–82,2
weniger entwickelte Regionen	178,7	69,9	–108,8	–60,9
am wenigsten entw. Länder	194,0	110,1	–83,8	–43,2
– Afrika	186,1	92,9	–93,3	–50,1
Ostafrika	183,8	106,2	–77,6	–42,2
Mittelafrika	187,2	95,4	–91,8	–49,0
Nordafrika	189,7	66,7	–122,9	–64,8
Südliches Afrika	103,5	54,5	–49,0	–47,3
Westafrika	202,9	97,3	–105,7	–52,1
– Asien	179,5	64,7	–114,8	–64,0
Ostasien	181,1	40,9	–140,2	–77,4
Südzentralasien	185,7	83,0	–102,7	–55,3
Südostasien	154,3	54,7	–99,6	–64,5
Westasien	188,7	56,7	–132,0	–70,0
– Europa	71,8	12,5	–59,3	–82,6
Osteuropa	91,0	18,3	–72,8	–79,9
Nordeuropa	32,9	7,6	–25,3	–77,0
Südeuropa	76,1	10,9	–65,2	–85,6
Westeuropa	45,5	6,6	–38,9	–85,4
– Lateinamerika	124,9	44,9	–79,9	–64,0
Karibik	124,1	42,3	–81,7	–65,9
Zentralamerika	121,6	8,3	–83,4	–68,5
Südamerika	126,2	48,3	–77,8	–61,7
– Nordamerika	28,6	8,6	–20,0	–69,9
– Ozeanien	68,9	26,6	–42,3	–61,4
Australien–Neuseeland	24,2	7,1	–17,1	–70,6
Melanesien	170,6	59,0	–111,6	–65,4
Mikronesien	116,0	40,7	–75,3	–64,9
Polynesien	148,5	42,0	–106,5	–71,7

Tab. A9: Bevölkerungsentwicklung in deutschsprachigen Ländern, 1950–1990

Jahr	Deutschland			Österreich	Schweiz	Liechtenstein
	insgesamt	BRD	DDR			
1950	68.377	49.989	18.388	6.935	4.694	13.8
1955	70.326	52.382	17.944	6.947	4.980	14.9
1960	72.674	55.433	17.241	7.047	5.362	16.6
1965	75.647	58.619	17.028	7.271	5.856	19.3
1970	77.709	60.651	17.058	7.467	6.267	21.4
1975	78.697	61.847	16.850	7.579	6.405	23.9
1980	78.275	61.538	16.737	7.549	6.319	25.2
1985	77.619	60.975	16.644	7.558	6.470	27.1
1990	79.365	63.254	16.111	7.718	6.712	29.0
1995	81.818	66.342	15.476	8.053	7.040	NA
	1950 = 100					
1950	100	100	100	100	100	100
1955	103	105	98	100	106	108
1960	106	111	94	102	114	121
1965	111	117	93	105	125	140
1970	114	121	93	108	134	155
1975	115	124	92	109	136	174
1980	114	123	91	109	135	183
1985	114	122	91	109	138	197
1990	116	127	88	111	143	211
1995	120	133	84	116	150	NA

Tab. A10: Entwicklung der Lebenserwartung in deutschsprachigen Ländern, 1950–1990

	Deutschland			Österreich	Schweiz	Deutschland			Österreich	Schweiz
	insg.	BRD	DDR			insg.	BRD	DDR		
	Männer					Frauen				
1950		64,56	63,90	62,38	66,40		68,48	67,96	67,75	70,90
1955			65,78	64,66				69,92	70,44	
1960		66,86	66,49	65,40	69,50		72,39	71,35	71,93	74,80
1965		67,58	67,97	66,58			73,48	72,96	72,97	
1970		67,25	68,10	66,46	70,20		73,56	73,31	73,38	76,80
1975		68,30	68,52	67,66			74,81	74,04	74,70	
1980		69,90	68,67	69,01	72,40		76,59	74,61	76,08	79,00
1985		71,54	69,52	70,40	73,60		78,10	75,42	77,36	80,30
1990	72,00	72,90	70,13	72,50	74,10	78,70	79,29	76,38	79,02	80,90
1995	73,62	74,07	71,77	73,90	76,20	79,98	80,21	79,02	80,20	82,30
			1950 = 100							
1950		100	100	100	100		100	100	100	100
1955			103	104				103	104	
1960		104	104	105	105		106	105	106	106
1965		105	106	107			107	107	108	
1970		104	107	107	106		107	108	108	108
1975		106	107	108			109	109	110	
1980		108	107	111	109		112	110	112	111
1985		111	109	113	111		114	111	114	113
1990		113	110	116	112		116	112	117	114
1995		115	112	118	115		117	116	118	116

Tab. A11: Entwicklung der Säuglingssterblichkeit in deutschsprachigen Ländern, 1950–1990

	Deutschland insg.	BRD	DDR	Österreich	Schweiz	Liechtenstein
1950	60,2	55,3	72,2	66,1	31,2	30,0
1955	43,7	41,9	48,9	45,6	26,5	25,5
1960	35,0	33,8	38,8	37,5	21,1	20,2
1965	24,1	23,8	24,8	28,3	17,8	17,3
1970	22,5	23,4	18,5	25,9	15,1	11,8
1975	18,9	19,7	15,9	20,5	10,7	11,6
1980	12,4	12,7	12,1	14,3	9,1	5,8
1985	9,1	8,9	9,6	11,2	6,9	4,8
1990	7,1	7,0	7,3	7,8	6,8	3,1
1995	5,3	5,3	5,5	5,4	5,1	NA
	1950 = 100					
1950	100	100	100	100	100	100
1955	73	76	68	69	85	85
1960	58	61	54	57	68	67
1965	40	43	34	43	57	58
1970	37	42	26	39	48	39
1975	31	36	22	31	34	39
1980	21	23	17	22	29	19
1985	15	16	13	17	22	16
1990	12	13	10	12	22	10
1995	9	10	8	8	16,3	NA

Tab. A12: Entwicklung der Gesamtfruchtbarkeitsrate in deutschsprachigen Ländern, 1950–1990

	Deutschland insg.	BRD	DDR	Österreich	Schweiz
1950	NA	2,10	2,40	2,02	2,40
1955	NA	2,11	2,35	2,29	2,30
1960	2,37	2,37	2,33	2,69	2,44
1965	2,50	2,51	2,48	2,70	2,61
1970	2,03	2,02	2,19	2,29	2,10
1975	1,48	1,45	1,54	1,83	1,61
1980	1,56	1,44	1,94	1,65	1,55
1985	1,37	1,28	1,73	1,47	1,51
1990	1,45	1,45	1,52	1,45	1,59
1995	1,25	1,34	0,80	1,40	1,48
	1950 = 100				
1950	NA	100	100	100	100
1955	NA	100	98	113	96
1960	NA	113	97	133	102
1965	NA	119	104	134	109
1970	NA	96	91	113	88
1975	NA	69	64	90	67
1980	NA	69	81	82	65
1985	NA	61	72	73	63
1990	NA	64	33	69	62

Tab. A13: Länder der Welt nach Großräumen und Regionen[13]

Afrika Ostafrika	Mittelafrika	Nordafrika	Südliches Afrika	Westafrika
Äthiopien	Angola	Ägypten	Botsuana	Benin
Burundi	Äquatorialguinea	Algerien	Lesotho	Burkina Faso
Dschibuti	Gabun	Libyen	Namibia	Kap Verde
Eritrea	Kamerun	Marokko	Südafrika	Côte d'Ivoire
Kenia	Kongo	Sudan	Swasiland	Gambia
Komoren	Sao Tome und Principe	Tunesien		Ghana
Madagaskar	Tschad	Westsahara*		Guinea
Malawi	Zaire			Guinea-Bissau
Mauritius	Zentralafrikanische Republik			Liberia
Mosambik				Mali
Reunion				Mauretanien
Ruanda				Niger
Sambia				Nigeria
Seychellen*				St. Helena*
Simbabwe				Senegal
Somalia				Sierra Leone
Tansania				Togo
Uganda				

Asien Ostasien	Südzentralasien	Südostasien	Westasien
China[14]	Afghanistan	Brunei	Armenien
Hongkong	Bangladesch	Indonesien	Aserbaidschan
Japan	Bhutan	Kambodscha	Bahrain
Korea, Dem. Volksrepublik	Indien	Laos	Gazastreifen*
Korea, Republik	Iran	Malaysia	Georgien
Macau*	Kasachstan	Myanmar	Irak
Mongolei	Kirgisistan	Osttimor	Israel
	Malediven	Philippinen	Jemen
	Nepal	Singapur	Jordanien
	Pakistan	Thailand	Katar
	Sri Lanka	Vietnam	Kuwait
	Tadschikistan		Libanon
	Turkmenistan		Oman
	Usbekistan		Saudi-Arabien
			Syrien
			Türkei
			Vereinigte Arabische Emirate
			Zypern

Europa Osteuropa	Nordeuropa	Südeuropa	Westeuropa
Bulgarien	Dänemark	Albanien	Belgien
Polen	Estland	Andorra*	Deutschland

13 Für Länder mit weniger als 150 Tsd. Einwohnern in 1990 sind im verwendeten UN-Datensatz lediglich Angaben über die Bevölkerungsgröße insgesamt verfügbar. Diese Länder sind mit einem Stern gekennzeichnet.

14 Einschließlich Taiwan

Fortsetzung Tab. A13: Länder der Welt nach Großräumen und Regionen

Europa Osteuropa	Nordeuropa	Südeuropa	Westeuropa
Republik Moldau	Färörer*	Bosnien-Herzegowina	Frankreich
Rumänien	Finnland	Gibraltar*	Liechtenstein*
Russ. Föderation	Großbritannien[15]	Griechenland	Luxemburg
Slowakei	Insel Man*	Italien	Monaco*
Tschech. Republik	Irland	Jugoslawien	Niederlande
Ukraine	Island	Kroatien	Österreich
Ungarn	Kanalinseln*	Malta	Schweiz
Weißrussland	Lettland	Ehem. jug. Republik Mazedonien	
	Litauen	Portugal	
	Norwegen	San Marino*	
	Schweden	Slowenien	
		Spanien	
		Vatikanstadt*	

Lateinamerika Karibik	Nordamerika Zentralamerika	Südamerika	
Niederländische Antillen	Belize	Argentinien	Bermuda*
Anguilla*	Costa Rica	Bolivien	Grönland*
Antigua und Barbuda*	El Salvador	Brasilien	Kanada
Aruba*	Guatemala	Chile	Saint Pierre und Miquelon*
Bahamas	Honduras	Ecuador	Vereinigte Staaten von Amerika
Barbados	Mexiko	Falklandinseln*	
Cayman-Inseln*	Nicaragua	Französisch]Guyana*	
Dominica*	Panama	Guyana	
Dominikanische Republik		Kolumbien	
Grenada*		Paraguay	
Guadeloupe		Peru	
Haiti		Suriname	
Am.Jungferninseln*		Uruguay	
Brit.Jungferninseln *		Venezuela	
Jamaika			
Kuba			
Martinique			
Montserrat*			
Puerto Rico			
St. Kitts und Nevis*			
St. Lucia*			
St. Vincent und die Grenadinen*			
Trinidad und Tobago*			
Turks- und Caicos-Inseln*			

[15] Großbritannien und Nordirland

Fortsetzung Tab. A13: Länder der Welt nach Großräumen und Regionen

Ozeanien Australien-Neuseeland	Melanesien	Mikronesien	Polynesien
Australien	Fidschi	Guam	Cookinseln*
Neuseeland	Neukaledonien	Kiribati*	Niue*
	Papua-Neuguinea	Marshallinseln*	Französisch Polynesien
	Salomonen	Föderierte Staaten von Mikronesien	Pitcairn*
	Vanuatu		Amerikanisch-Samoa*
		Nauru*	Samoa
		Nördliche Marianen*	Tokelau*
		Palau*	Tonga*
			Tuvalu*
			Wallis und Futuna*

Literaturverzeichnis

Aalen, O.O. (1987): Dynamic Modeling and Causality. Scandinavian Actuarial Journal, 177–190.

Aase, A. (1992): The Changing Geography of Mortality in Norway 1969–1989. Norsk Geografisk Tidsskrift 46, 47–62.

Abbott, G. (1909): A Study of the Greeks in Chicago. American Journal of Sociology 15, 379–393.

Abdullah, M.S. (1981): Als Türke in Deutschland. Eine Umfrage. Altenberge.

Abernethy, V., Yip, R. (1990): Parent characteristics and sex differential infant mortality: The case in Tennessee. Human Biology 62, 279–290.

Achen, C.H., Shively, W.P. (1995): Cross-Level Inference. Chicago. University of Chicago Press.

Agena, G. (1938): Grundbesitz, Beispruch und Anerbenrecht in Ostfriesland. Abhandlungen der rechts- und staatswissenschaftlichen Fakultät Göttingen. 23. Heft. Leipzig.

Agresti, A. (1990): Categorical Data Analysis. New York: Wiley.

Ahlboom, A. (1993): Biostatistics for Epidemiologists. Boca Raton: Lewis.

Ahlboom, A., Norell, S. (1984): An Introduction to Modern Epidemiology. Chestnut Hill: Epidemiology Resources.

Aitchison, J., Brown, J.A.C. (1957): The Lognormal Distribution. London: Cambridge University Press.

Ajzen, I. (1988): Attitudes, Personality and Behavior. Milton Keynes: Open University Press.

Ajzen, I. (1991): The Theory of Planned Behavior. Organizational Behavior and Human Decision Processes 50, 179–211.

Ajzen, I.(1985): From Intentions to Actions: A Theory of Planned Behavior. S. 11–39. In: Kuhl, J., Beckmann, J. (Eds.): Action Control – From Cognition to Behavior. Berlin.

Ajzen, I., Fishbein, M. (1980): Understanding Attitudes and Predicting Social Behavior. Englewood Cliffs: Prentice Hall.

Akder, A.H. (1994): A Means to Closing Gaps: Disaggregated Human Development Index. Human Development Report Office. Occasional Paper 18. New York: UNDP, UN.

Akerlof, G.A. (1982): Labor Contracts as Partial Gift Exchange. Quarterly Journal of Economics 97, 4, 543–569.

Alba, R., Müller, W., Schimpl-Neimanns, B. (1994): Secondary Analysis of Official Microdata. In: Borg, I., Mohler, P. (Eds.): Trend and Perspectives in Empirical Social Research. Berlin: de Gruyter.

Alberman, E. (1988): Maternal Age and Spontaneous Abortion. S. 77–89. In: Bennett, M.J., Edmonds, D.K. (Eds.): Spontaneous and Recurrent Abortion. Oxford: Blackwell.

Albrecht, G. (1972): Soziologie der geographischen Mobilität. Zugleich ein Beitrag zur Soziologie des sozialen Wandels. Stuttgart: Enke.

Alexander, R.D. (1979): Darwinism and Human Affairs. Seattle London: University of Washington Press.

Alexander, R.D. (1988): Über die Interessen der Menschen und die Evolution von Lebensläufen. S. 129–171. In: Meier, H. (Hg.): Die Herausforderung der Evolutionsbiologie. München Zürich: Piper.

Allen, P., Sanglier, M. (1979): A dynamic Model of Growth in a Central Place System. Geographical Analysis 11, 256–272.

Allen, P.M. Evolution, Population Dynamics, and Stability. Proceedings of the National Academy of Sciences of the USA, 73 No. 3, 665–668, March 1976.

Amato, P.R., Keith, B. (1991): Parental Divorce and Adult Well-Being: A Meta-Analysis. Journal of Marriage and the Family 53, 43–59.

Amersfoort, H. van (1995): From Workers to Immigrants: Turks and Maroccans in The Netherlands, 1965–1992. S. 308–312. In: Cohen, R. (Eds.): The Cambridge Survey of World Migration. Cambridge: Cambridge University Press.

Amiel, Y., Cowell, F.A. (1998): Thinking about Inequality. Cambridge: Cambridge University Press.

Amtliche Daten der DDR und der neuen Bundesländer (1993): Informationsquelle für die Sozialwissenschaften. Tagungsdokumentation. Mannheim.

Anand, S., Sen, A.K. (1994): Human Development Index: Methodology and Measurement. Human Development Report Office: Occasional Paper 12. New York: UNDP, UN.

Anderberg, M.R. (1973): Cluster Analysis for Applications. New York: Academic Press.

Anderson, J. (1979): A Theoretical Foundation for the Gravity Equation. The American Economic Review 69, 106–116.

Anderson, M. (1988): Population Change in North-Western Europe 1750–1850. London: Macmillan.

Anderson, O., Schaffranek, M., Stenger, H., Szameitat, K. (1983): Bevölkerungs- und Wirtschaftsstatistik. Berlin.

Anderson, T.R. (1955): Intermetropolitan Migration: A Comparison of the Hypotheses of Zipf and Stouffer. American Sociological Review 20, 287–291.

Andersson, A., Holmberg, I. (1978): Migration and Settlement Patterns in Sweden: Description, Explanation and Policy. WP-78-38. Laxenburg: International Institute for Applied Systems Analysis.

Andersson, M. (1994): Sexual Selection. Princeton University Press, Princeton.

Andorka, R. (1978): Determinants of Fertility in Advanced Societies. London Methuen.

Andreß, H.J. (1989): Instabile Erwerbskarrieren und Mehrfacharbeitslosigkeit. Ein Vergleich mit der Problemgruppe der Langzeitarbeitslosen. Mitteilungen aus der Arbeitsmarkt- und Berufsforschung 22, 1, 17–32.

Andreß, H.J. (1992): Einführung in die Verlaufsdatenanalyse. Köln: Zentrum für historische Sozialforschung.

Andreß, H.J. (1996): Analysen zum unteren Einkommensbereich – Auf- und Abstiege. Ereignisse, Reaktionen und subjektives Wohlbefinden. S. 321–347. In: Zapf, W., Schupp, J. Habich, R. (Hg.): Lebenslagen im Wandel. Sozialberichterstattung im Längsschnitt. Frankfurt New York: Campus.

Andrews, K.R. (1984): Trade, Plunder and Settlement. Maritime Enterprise and the Genesis of the British Empire, 1480–1630. Cambridge New York Melbourne: Cambridge University Press.

Anweiler, O. u. a. (1990): Vergleich von Bildung und Erziehung in der Bundesrepublik Deutschland und in der Deutschen Demokratischen Republik. Materialien zur Lage der Nation. Bundesministerium für innerdeutsche Beziehungen. Köln.

Arabie, P., Hubert, L.J., de Soete G. (1996): Clustering and Classification. Singapore. World Scientific.

Arbeitsgemeinschaft Media-Analyse (1991): Dokumentation Media-Analyse. Frankfurt: Media-Micro-Census GmbH.

Arbeitskreis Christlicher Kirchen in Deutschland (ACK) (1995): Faltblatt 1995. Frankfurt.

Aries, P. (1975): Geschichte der Kindheit. München: Hanser Verlag.

Arin, C. (1982): Ausländerpolitik. Neuer Kurs – alte Tradition. Moderne Zeiten 5/6, 45–47.

Arl, A. (1996): Methodische Ansätze kleinräumiger differenzierender Bevölkerungsfortrechnung, Akademie für Raumforschung und Landesplanung Hannover.

Arminger, G. (1995): Specification and Estimation on Mean Structures: Regression Models. S. 77–183. In: Arminger, G., Clogg, C., Sobel, M.E. (Eds.): Handbook of Statistical Modeling for the Social and Behavioral Sciences. New York: Plenum.

Arminger, G., Galler, H.P. (1991): Demographisch relevante Modellrechnungen, Simulations- und Analyseverfahren auf der Basis empirischer Erhebungen. Wiesbaden: Bundesinstitut für Bevölkerungsforschung.

Arnold, F. et al. (1975): The Value of Children: A Cross-National Study. Introduction and Comparative Analysis. Vol. I. Honolulu: East-West Population Institute University Press of Hawaii.

Arrow, K.J. (1951) (1963): Social Choice and Individual Values. 2. Aufl. New York: Wiley.

Arthur, W.B. (1982): Review of A Treatise on the Family. Population and Development Review 8, 393–398.

Atkinson, A., Rainwater, L., Smeeding, T.M. (1995): Income Distribution in Advanced Economics: The Evidence from the Luxembourg Income Study (LIS). Luxembourg Income Study Working Paper No. 120. Walferdange, Luxembourg: CEPS/INSTEAD.

Atkinson, A.B. (1970): On the Measurement of Inequality. Journal of Economic Theory 2, 244–263.

Atkinson, A.B. (1975) (1983): The Economics of Inequality. 2. Aufl. Oxford: Clarendon Press.

Atkinson, A.B., Bourguignon, F., Morrisson, C. (1992): Empirical Studies of Earnings Mobility. Chur: Harwood Academic Publisher.

Atteslander, P. (1995): Methoden der empirischen Sozialforschung. 8. Aufl. Berlin: de Gruyter.

Autorengemeinschaft (1988): Kurzfristige Arbeitsmarktanalysen und -prognosen. Konzepte, Methoden, Ergebnisse und Probleme. In: Mertens, D. (Hg.): Konzepte der Arbeitsmarkt- und Berufsforschung. Eine Forschungsinventur des IAB, 226–245 (BeitrAB 70). Nürnberg: Bundesanstalt für Arbeit.

Autorengemeinschaft (1993): Der Arbeitsmarkt 1993 und 1994 in der Bundesrepublik Deutschland. Mitteilungen aus der Arbeitsmarkt- und Berufsforschung 26, 4, 445–466.

Autorengemeinschaft (1994): Der Arbeitsmarkt 1994 und 1995 in der Bundesrepublik Deutschland. Mitteilungen aus der Arbeitsmarkt- und Berufsforschung 27, 4, 269 ff.

Axel Springer Verlag AG, Verlagsgruppe Bauer (Hg.) (1990): Verbraucheranalyse 90. Hamburg.

Axinn, W., Thornton, A. (1992): The Relationship Between Cohabitation and Divorce: Selectivity or Causal Influence? Demography 29, 357–374.

Babbie, E. (1995): The Practice of Social Research. 7. Aufl. Belmont, Cal.: Wadsworth.

Bach, R.L., Smith, J. (1977): Community Satisfaction, Expectations of Moving, and Migration. Demography 14, 147–167.

Bachi, R. (1963): Standard Distance Measures and Related Methods for Spatial Analysis. Papers and Proceedings Regional Science Assoc. 10, 83–132.

Bachmann, R. (1992): Singles. Zum Selbstverständnis und zum Selbsterleben von 30- bis 40-jährigen partnerlos alleinlebenden Männern und Frauen. Frankfurt: Lang.

Bäcker, G. (1993): Im Übergang vom Erwerbsleben in den Ruhestand. Beschäftigungsperspektiven älterer Arbeitnehmer zwischen demographischen Wandel und anhaltender Arbeitslosigkeit. Aus Politik und Zeitgeschichte B44, 16–26.

Bäcker, G., Naegele, G. (1993a:) Alternde Gesellschaft und Erwerbstätigkeit. Modelle zum Übergang vom Erwerbsleben in den Ruhestand. Köln: Bund-Verlag.

Bäcker, G., Naegele, G. (1993b:) Alternde Gesellschaft und Erwerbsarbeit im Alter. Anforderungen an Beschäftigungssicherung und -förderung. S. 95–120. In: Klose, H.U. (Hg.): Altern der Gesellschaft. Köln: Bund-Verlag.

Bäcker, G. Naegele, G. (1993c): Geht die Entberuflichung des Alters zu Ende? Perspektiven einer Neuorganisation der Alterserwerbstätigkeit. S. 135–157. In: Naegele, G., Tews, H.P. (Hg.): Lebenslagen im Strukturwandel des Alters. Opladen: Westdeutscher Verlag.

Backmund, V. (1992): Entscheidung Kind Ja oder Nein und berufliche Orientierung. Geschlechtstypische Differenzierungen. S. 139–155. In: Brüderl, L., Paetzold, B. (Hg.): Frauen zwischen Familie und Beruf, Weinheim: Juventa.

Bacon, L. (1971): Poverty Among Interregional Rural-To-Urban Migrants. Rural Sociology 36, 125–140.

Bade, K.J. (1983): Population Labour and Migration in 19. and 20. Century Germany. German Historical Perspectives. Leamington Spa Hamburg New York: Berg.

Bade, K.J. (1984): Auswanderer – Wanderarbeiter – Gastarbeiter. Bevölkerung, Arbeitsmarkt und Wanderung in Deutschland seit der Mitte des 19. Jahrhunderts. 2 Bände. Ostfildern: Scripta-Mercaturae.

Bade, K.J. (1992): Deutsche im Ausland – Fremde in Deutschland. Migration in Geschichte und Gegenwart. München: Beck.

Baggs, I., Freedman, H.I. (1990): A Mathematical Model for the Dynamics of Interactions between a Unilingual and a Bilingual Population: Persistence versus Extinction. Journal of Mathematical Sociology 16, 51–75.

Bähr, J. (1977): Zur Entwicklung der Faktorökologie mit dem Beispiel einer sozialräumlichen Strukturanalyse der Stadt Mannheim. Mannheimer Geogr. Arb. 4. Mannheim.

Bähr, J. (1983): Bevölkerungsgeographie: Verteilung und Dynamik der Bevölkerung in globaler, nationaler und regionaler Sicht. Stuttgart: UTB 1249. 3. Aufl. 1997.

Bähr, J. (1988): Bevölkerungsgeographie. Geogr. Rundschau 40, 2, 6–13.

Bähr, J. (1994): Frauen in der Weltbevölkerung. Geogr. Rundschau 46, 174–179.

Bähr, J. (1995): Internationale Wanderungen in Vergangenheit und Gegenwart. Geogr. Rundschau 47, 398–404.

Bähr, J., Gans, P. (1990): Regionale Differenzierung der Fertilität in Entwicklungsländern. Zeitschrift für Bevölkerungswissenschaft 16, 3–28.

Bähr, J., Jentsch, C., Kuls, W. (1992): Bevölkerungsgeographie. Lehrbuch der Allgemeinen Geographie 9. Berlin New York: de Gruyter.

Bahrdt, H.P. (1994): Schlüsselbegriffe der Soziologie. Eine Einführung mit Lehrbeispielen. München: Beck.

Bahrenberg, G. (1974): Zur Frage optimaler Standorte von Gesamthochschulen in Nordrhein-Westfalen. Erdkunde 28, 101–114.

Bahrenberg, G., Giese, E. (1975): Statistische Methoden und ihre Anwendung in der Geographie. Studienbücher der Geographie. Stuttgart: Teubner.

Bailar, B.A. (1989): Information Needs, Surveys, and Measurement Errors. In: Kasprzyk, D., Duncan, G., Kalton, G., Singh, M.P. (Eds.): Panel Surveys. New York: Wiley.

Bailey, K.D. (1975): Cluster Analysis. San Francisco: Jossey-Bass.

Bailey, R.C., Jenike, M.R., Ellison, P.T., Bentley, G.R., Harrigan, A.M., Peacock, N.R. (1992): The Ecology of Birth Seasonality among Agriculturalists in Central Africa. Journal of Biosocial Science 24, 393–412.

Bales, R.F. (1950): Interaction Process Analysis. Reading Massachusetts: Addison-Wesley.

Ballerstedt, E., Wiegand, E. (1980): Einkommensverwendung und Versorgung. In: Zapf, W. (Hg.): Lebensqualität in der Bundesrepublik. Frankfurt: Campus.

Baltagi, B.H., Blien, U. (1998): The Gennan Wage Curve: Evidence from the LAB Employment Sample. In: Economics Letters (forthcoming).

Barkow, J., Cosmides, L., Tooby, J. (Eds.) (1992): The Adapted Mind – Evolutionary Psychology and the Generation of Culture. New York Oxford: Oxford University Press.

Barnes, J.A. (1954): Class and Committee in a Norwegian Island Parish. Human Relations 7.

Barro, R. (1991): Economic Growth in a Cross-Section of Countries. Quarterly Journal of Economics 106, 467–474.

Barro, R., Becker, G.S. (1989): Fertility Choice in a Model of Economic Growth. Econometrica 57, 481–501.

Barro, R.J., Sala-i-Martin, X. (1995): Economic Growth. New York: McGraw Hill.

Barron, D.N. (1992): The Analysis of Count Data: Overdispersion and Autocorrelation. Sociological Methodology 22, 179–220.

Bartel, A.P. (1979): The Migration Decision: What Role does Job Mobility Play? The American Economic Review 69, 775–786.

Bartels, D. (1968): Zur wissenschaftstheoretischen Grundlegung einer Geographie des Menschen. Erdkundl. Wissen 19. Wiesbaden: Steiner.

Barth, A., Klauder, W. (1994): Arbeitsmarkttendenzen bis zum Jahr 2000. Ergebnisse auf der Basis eines makroökonomischen Modells. Beihefte der Konjunkturpolitik 42, 55–83.

Bartholomew, D.J. (1967): Stochastic Models for Social Processes. London: Wiley.

Bartlett, M.S. (1960): Stochastic Population Models in Ecology and Epidemiology. London Methuen New York: Wiley.

Bartlett, M.S., Gower, J.C., Leslie, P.H. (1960): A Comparison of Theoretical and Empirical Results for Some Stochastic Population Models. Biometrika 47, 1–11.

Bartunek, E. (1986): Zur Datenlage der Erwerbsstatistik. Statistische Nachrichten 41, 3, 178.

Batten, D., Casti, J., Johansson, B. (Eds.) (1985): Economic Evolution and Structural Adjustment. S. 293. In: Lecture Notes in Economics and Mathemetical Systems. Springer.

Batty, M. (1970): Models and Projections of the Space Economy: A Subregional Study in Northwest England. Town Planning Review 41, 121–148.

Batty, M., Mackie, S. (1972): The Calibration of Gravity, Entropy and Related Models of Spatial Interaction. Environment and Planning 4, 4, 205–233.

Bauer, A., Pfeiffer, C. (1997): 4,3 Prozent der Österreicher sind Singles. Beziehungsweise. Informationsdienst des Österreichischen Instituts für Familienforschung 1.

Bauer, T. (1997): Lohneffekte der Zuwanderung: Eine empirische Untersuchung für Deutschland. Mitteilungen aus der Arbeitsmarkt- und Berufsforschung 30, 3, 652–656.

Baumann, R. (1983): Die Deutsche Siedlung im Osten. Kulturbringer zwischen Oder, Pregel und Peipus-See. S. 12–40. In: Engel, H.U. (Hg.): Deutsche unterwegs. Von der mittelalterlichen Ostsiedlung bis zur Vertreibung im 20. Jahrhundert. München Wien: Olzog.

Bavelas, A. (1948): A Mathematical Model for Group Structure. Applied Anthropology 7.

Bavelas, A. (1950): Communication Patterns in Task-Oriented Groups. Journal of the Acoustical Society of Amerika 22.

Beach, S.R.H., Tesser, A. (1988): Love in Marriage. A Cognitive Account. S. 153–196. In: Sternberg, R.J., Barnes, M.L. (Eds.): The Psychology of Love. New

96. In: Sternberg, R.J., Barnes, M.L. (Eds.): The Psychology of Love. New Haven London: Yale University Press.
Beals, R., Krantz, D.H., Tversky, A. (1968): Foundations of Multidimensional scaling. Psychological Review 75, 172–142.
Bean, F.D., Swicegood, C.G. (1979): Intergenerational Occupational Mobility and Fertility: A Reassesment. American Sociological Review 44, 608–619.
Beaujeu-Garnier, J. (1956 und 1958): Géographie de la Population. 2 Bände. Paris: Librairie de Medicis.
Beaujot, R. (1990): The Family and Demographic Change in Canada: Economic and Cultural Interpretations and Solutions. Journal of Comparative Family Studies 21, 25–38.
Beck, U. (1986): Risikogesellschaft. Auf dem Weg in eine andere Moderne. Frankfurt: Suhrkamp.
Beck, U., Beck-Gernsheim, E. (1990): Das ganz normale Chaos der Liebe. Frankfurt: Suhrkamp.
Becker, G.S. (1960): An Economic Analysis of Fertility. S. 209–231. In: Coale, A.J. (Ed.): National Bureau of Economic Research: Demographic and Economic Change in Developed Countries. Princeton: Princeton University Press.
Becker, G.S. (1962): Investment in Human Capital: A Theoretical Analysis. Journal of Political Economy 70, 9–49.
Becker, G.S. (1964) (1975) (1993): Human Capital. 3. Edition. Chicago: University of Chicago Press, New York: Columbia University Press.
Becker, G.S. (1965): A Theory of the Allocation of Time. Economic Journal 75, 493–517.
Becker, G.S. (1967): Human Capital and the Personal Distribution of Income. Ann Arbor: University of Michigan.
Becker, G.S. (1971): The Economics of Discrimination. 2. Edition. Chicago: University of Chicago Press.
Becker, G.S. (1974): A Theory of Marriage. S. 299–344. In: Schultz, T.W. (Ed.): Economics of the Family. Marriage, Children, and Human Capital. Chicago London: University of Chicago Press.
Becker, G.S. (1974): A Theory of Social Interactions. Journal of Political Economy 82, 1063–1093.
Becker, G.S. (1975): Human Capital. New York London: Columbia University Press.
Becker, G.S. (1976): The Economic Approach to Human Behavior. Chicago London: University of Chicago Press.
Becker, G.S. (1981): A Treatise on the Family. Cambridge. London: Harvard University Press.
Becker, G.S. (1988): Family Economics and Macro Behavior. American Economic Review 78, 1–13.
Becker, G.S. (1989): Family. S. 64–76. In: Eatwell, J., Milgate, M., Newman, P. (Eds.): The New Palgrave: Social Economics. New York: Norton.
Becker, G.S. (1991): A Treatise on the Family. Enlarged Edition. Cambridge: Harvard University Press.
Becker, G.S. (1996): Accounting for Tastes. Cambridge: Harvard University Press.

Becker, G.S., Barro, R. (1988): A Reformulation of the Economic Theory of Fertility. Quarterly Journal of Economics 53, 1–25.
Becker, G.S., Landes, E.M., Michael, R.T. (1977): An Economic Analysis of Marital Instability. Journal of Political Economy 85, 1141–1187.
Becker, G.S., Lewis, H.G. (1973): On the Interaction between Quantity and Quality of Children. Journal of Political Economy 81, 279–288.
Becker, G.S., Murphy, K.M., Tamura, R. (1990): Human Capital, Fertility, and Economic Growth. Journal of Political Economy 98, 12–37.
Becker, G.S., Tomes, N. (1976): Child Endowments and the Quantity and Quality of Children. Journal of Political Economy 84, 1141–1187.
Becker, G.S., Tomes, N. (1986): Human Capital and the Rise and Fall of Families. Journal of Labor Economics 4, 1–39.
Becker, P.E. (1988): Zur Geschichte der Rassenhygiene: Wege ins Dritte Reich. Stuttgart New York: Thieme.
Becker, R.W. (1968): Religion in Zahlen. Ursprung und Wege der quantifizierenden Erforschung religiöser Orientierungs- und Verhaltensweisen. Heidelberg.
Becker, S. (1993): The Determinants of Adolescent Fertility with Special Reference to Biological Variables. S. 21–49. In: Gray, R. (Ed.): Biomedical and Demographic Determinants of Reproduction. Oxford: Clarendon.
Beck-Gernsheim, E. (1983): Vom Dasein für andere zum Anspruch auf ein Stück eigenes Leben: Individualisierungsprozesse im weiblichen Lebenszusammenhang. Soziale Welt 34.
Beck-Gernsheim, E. (1984): Vom Geburtenrückgang zur neuen Mütterlichkeit? Über private und politische Interessen am Kind. Frankfurt: Fischer.
Beck-Gernsheim, E. (1986): Von der Liebe zur Beziehung? Veränderungen im Verhältnis von Mann und Frau in der individualisierten Gesellschaft. S. 209–233. In: Berger, J. (Hg.): Die Moderne – Kontinuitäten und Zäsuren. Göttingen: Schwartz.
Beck-Gernsheim, E. (1988): Die Kinderfrage. Frauen zwischen Kinderwunsch und Unabhängigkeit. München: Beck.
Beck-Gernsheim, E. (1988): Von der Pille zum Retortenbaby: Neue Handlungsmöglichkeiten, neue Handlungszwänge im Bereich des generativen Verhaltens. S. 201–215. In: Lüscher, K., Schultheis, F., Wehrspaun, M. (Hg.): Die postmoderneFamilie. Konstanz: Universitätsverlag.
Beck-Gernsheim, E. (1989): Die Kinderfrage. Frauen zwischen Kinderwunsch und Unabhängigkeit. München: Beck.
Beck-Gernsheim, E.(1994): Auf dem Weg in die postfamiliale Familie. S. 115–138. In: Beck, U., Beck-Gernsheim, E. (Hg.): Riskante Freiheiten. Individualisierung in modernen Gesellschaften. Frankfurt: Suhrkamp.
Beckmann, M.J. (1971): Klassen, Einkommensverteilung und die Struktur bürokratischer Organisationen. Kyklos 24, 660–666.
Beckmann, M.J. (1974): Personelle Einkommensverteilung in hierarchischen Organisationen. In: Bombach, G., Frey, B.S., Gahlen, B. (Hg.): Neue Aspekte der Verteilungstheorie. Tübingen: Mohr.
Beckmann, P., Engelbrech, G. (Hg.) (1994): Arbeitsmarkt für Frauen 2000. Ein Schritt vor oder ein Schritt zurück? Kompendium zur Erwerbstätigkeit von

Frauen. Nürnberg: Bundesanstalt für Arbeit (BeitrAB 179).
Beijer, G. (1969): Wanderungen. S. 1261–1269. In: Bernsdorf, W. (Hg.): Wörterbuch der Soziologie. Stuttgart: Enke.
Beirat für Wirtschafts- und Sozialfragen (Hg.) (1998): Qualifikation 2000. Wien.
Belk, R.W. (1982): Acquring, Possessing, and Collecting: Fundamental Processes in Consumer Behavior. S. 185–190. In: Bush, R.F., Hunt S.G. (Eds.): Marketing Theory: Philosophy of Science Perspectives. Chicago: American Marketing Association.
Belk, R.W. (1984): Cultural and Historical Differences in Concepts of Self and their Effects on Attitudes Toward Having and Giving. S. 753–760. In: Advances in Consumer Research 11. Provo/UT. Association for Consumer Research.
Bellmann, L. (1986): Senioritätsentlohnung, betriebliche Hierarchie und Arbeitsleistung. Eine theoretische und empirische Untersuchung zur Lohnstruktur. Frankfurt New York: Campus.
Bellmann, L., Blien, U. (1996): Die Lohnkurve in den neunziger Jahren. Der Zusammenhang zwischen regionalen Durchschnittslöhnen und regionaler Arbeitslosigkeit in einer Mehrebenenanalyse mit dem IAB-Betriebspanel. Mitteilungen aus der Arbeitsmarkt- und Berufsforschung 3, 467–470.
Belsky, J., Steinberg, L., Draper, P. (1991): Childhood Experience, Interpersonal Development, and Reproductive Strategy: An Evolutionary Theory of Socialization. Child Development 62, 647–670.
Bennett, N.G., Bloom, D.E., Craig, P. (1989): The Divergence of Black and White Marriage Patterns. American Journal of Sociology 95, 692–722.
Ben-Porath, Y. (1975): First Generation Effects on Second Generation Fertility. Demography 12, 397–406.
Ben-Porath, Y. (1980): The F-Connection: Families, Friends, and Firms and the Organization of Exchange. Population and Development Review 6, 1–30.
Ben-Porath, Y. (1982): Economics and the Family – Match or Mismatch? A Review of Becker's A Treatise on the Family. Journal of Economic Literature 20, 52–64.
Ben-Porath, Y.(1974): Notes on the Micro-Economics of Fertility. International Social Science Journal 26, 302–314.
Benz, W. (1995): Fünfzig Jahre nach der Vertreibung. S. 8–15. In: Benz, W. (Hg.): Flucht und Vertreibung. Frankfurt: Fischer.
Berent, J. (1952): Fertility and Social Mobility. Population Studies 5, 244–260.
Berger, P.L., Luckmann, T (1969): Die gesellschaftliche Konstruktion der Wirklichkeit. Eine Theorie der Wissenssoziologie. Frankfurt: Fischer.
Bergstrom, T. (1989): A Fresh Look at the Rotten Kid Theorem – And Other Household Mysteries. Journal of Political Economy 97, 1138–1159.
Berk, R. (1983): An Introduction to Sample Selection Bias in Sociological Data. American Sociological Review 48, 386–398.
Berk, R. (1989): Household Production. S. 130–135. In: Eatwell, J., Milgate, M., Newman, P. (Eds.): The New Palgrave: Social Economics. New York: Norton.
Berkowitz, S.D. (1982): An Introduction to Structural Analysis. Toronto.
Berkowitz, S.D., Heil, G. (1980): Dualities in Methods of Social Network Analysis. Discussion Paper.

Berkson, J. (1955): The Statistical Study of Association Between Smoking and Lung Cancer. Proc. Staff Meet. Mayo Clin. 30 319–348.

Bernard, H.R. et al. (1984): The Problem of Informant Accuracy: The Validity of Retrospective Data. Annual Review of Anthropology 13, 495–517.

Bernard, H.R., Johensen, E.C., Killworth, P.D., McCarty, C., Shelley, G.A., Robinson, S. (1990): Comparing Four Different Methods for Measuring Personal Social Networks. Social Networks 12, 179–215.

Bernardelli, H. (1941): Population Waves. Journal of the Burma Research Society 31, 1–18.

Berntsen, R. (1992): Dynamik in der Einkommensverteilung. Frankfurt New York: Campus.

Bertram, H. (1983): Berufsorientierung erwerbstätiger Mütter. Zeitschrift für Sozialisationsforschung und Erziehungssoziologie 1, 29–40.

Bertram, H. (1990): Dokumentation zu den Inhalten der Regionaldatenbank am Deutschen Jugendinstitut. München: DJI Verlag.

Bertram, H. (1991): Die Familie in Westdeutschland. Stabilität und Wandel familialer Lebensformen. Opladen: Leske und Budrich.

Bertram, H. (1994): Die Stadt, das Individuum und das Verschwinden der Familie. Aus Politik und Zeitgeschichte B29–30, 15–35.

Bertram, H. (1996): Familienentwicklung und Haushaltsstrukturen. S. 183–216. In: Strubelt, W., Genosko, J., Bertram, H., Friedrichs, J., Gans, P., Häußermann, H., Herlyn, U., Sahner, H. (Hg.): Städte und Regionen. Räumliche Folgen des Transformationsprozesses. Opladen: Leske und Budrich.

Bertram, H., Bayer, H., Bauereiß, R. (1993): Familien-Atlas. Lebenslagen und Regionen in Deutschland. Karten und Zahlen. Opladen: Leske und Budrich.

Bertram, H., Dannebeck, C. (1990): Pluralisierung von Lebenslagen und Individualisierung von Lebensführung. Zur Theorie und Empirie regionaler Disparitäten in der Bundesrepublick Deutschland. In: Berger, P.A., Hradil S. (Hg.): Lebenslagen, Lebensläufe, Lebensstile. Göttingen.

Bertram, H., Kreher S. (1996): Lebensformen und Lebensläufe in diesem Jahrhundert. Aus Politik und Zeitgeschichte, B 42, 18–30.

Beshers, J.(1967): Population Process in Social Systems. New York London: The Free Press.

Besier, G. (1993): Der SED-Staat und die Kirche. Der Weg in die Anpassung. Band 1. München.

Bethlehem, S. (1982): Heimatvertreibung, DDR-Flucht, Gastarbeiterzuwanderung. Stuttgart: Klett-Cotta.

Betzig, L. (1988): Mating and Parenting in Darwinian Perspective. S. 3–20. In: Betzig. L., Borgerhoff Mulder, M., Turke, P. (Eds.): Human Reproductive Behaviour – A Darwinian Perspective. Cambridge: Cambridge University Press.

Betzig, L.L. (1986): Despotism and Differential Reproduction – A Darwinian View of History. Aldine, New York.

Bideau, A. (1980): A Demographic and Social Analysis of Widowhood and Remarriage: The Example of the Castellany of Thoissey-en-Dombes 1670–1840. Journal of Family History 5, 28–43.

Bielby, W.T., Bielby, D.D. (1992): I Will Follow Him: Family Ties, Gender-Role

Beliefs, and Reluctance to Relocate for a Better Job. American Journal of Sociology 97, 1241–1267.
Bielicki, T., Waliszko, A., Hulanicka, B., Kotlarz, K. (1986): Social-Class Gradients in Menarchal Age. Annals of Human Biology 13, 1–11.
Bien, W. (1983) Network Analysis and Demographic Research: Possible Applications of Relational Analysis. Population Studies Center. Research Report 83, 39. Ann Arbor.
Bien, W. (1983) Network Analysis: An Application in Migration Research. Population Studies Center. Research Report 83, 40. Ann Arbor.
Bien, W. (1996): Familie an der Schwelle zum neuen Jahrtausend. Wandel und Entwicklung familialer Lebensformen. Opladen: Leske und Budrich.
Bien, W., Bender, D. (1995): Was sind Singles? Ein alltagstheoretischer Zugang zur Problematik. S. 61–90. In: Bertram, H. (Hg.): Das Individuum und seine Familie. Opladen: Leske und Budrich.
Bien, W., Marbach (1991): Haushalt – Verwandtschaft – Beziehungen: Familienleben als Netzwerk. S. 3–44. In: Bertram, H. (Hg.): Die Familie in Westdeutschland. Opladen: Leske und Budrich.
Bierhoff, H.W., Grau, I. (1993): Die Bedeutung der physischen Attraktivität für interpersonelle Attraktion und Liebe. S. 201–233. In: Hassebrauck, M., Niketta, R. (Hg.): Physische Attraktivität. Göttingen: Hogrefe.
Biervliet, H. et al. (1980): Biologism, Racism and Eugenics in the Anthropology and Sociology of the 1930s, The Netherlands. Journal of Sociology 16, 69–92.
Biftl, G. (1988): Arbeitsmarkt 2000. Forschungsgebiete aus Sozial- und Arbeitsmarktpolitik 21.
Biftl, G. (1991): Beschäftigung und Bildung im Wandel. WIFO. Monatsberichte 6, 368 ff.
Birdsall, N. (1980): Population Growth and Poverty in the Third World. Population Bulletin 35. Washington, D.C.
Birg, H. (1976): Interregional Population Forecasting on the Basis of an Optimization Model for the Federal Republic of Germany. Paper presented at the Iiasa-Conference on Human Settlement Systems (13.–16.12.) Laxenburg.
Birg, H. (1990): Analyse und Prognose der Bevölkerungsentwicklung in der Bundesrepublik Deutschland und in ihren Regionen bis zum Jahr 1990. Deutsches Institut für Wirtschaftsforschung 35 (1975).
Birg, H. (1996): Die Weltbevölkerung. Beck´sche . Reihe 2050. München.
Birg, H., Felber, W., Flöthmann, E.J. (1984): Arbeitsmarktdynamik, Familienentwicklung und generatives Verhalten. Eine biographietheoretische Konzeption für Untersuchungen demographisch relevanter Verhaltensweisen. Bielefeld: Institut für Bevölkerungsforschung und Sozialpolitik. IBS-Materialien Nr. 16.
Birg, H., Filip, D., Flöthmann, E.J. (1990): Paritätsspezifische Kohortenanalyse des generativen Verhaltens in der Bundesrepublik Deutschland nach dem 2. Weltkrieg. Materialien des Instituts für Bevölkerungsforschung und Sozialpolitik. Band 30. Bielefeld: IBS Universität Bielefeld.
Birg, H., Filip, D., Hilge, K. (1983): Verflechtungsanalyse der Bevölkerungsmobilität zwischen den Bundesländern von 1950–1980. IBS-Materialien 8, Uni-

versität Bielefeld.
Birg, H., Flöthmann, E.J., Heins, F., Reiter, I. (1993): Migrationsanalyse. Empirische Längsschnitt- und Querschnittsanalysen auf der Grundlage von Mikro- und Makromodellen für die Bundesrepublik Deutschland. Bundesforschungsanstalt für Landeskunde und Raumplanung (Hg.): Forschungen zur Raumentwicklung 22. Bonn.
Birg, H., Flöthmann, E.J., Reiter, I. (1991): Biographische Theorie der demographischen Reproduktion. Frankfurt New York: Campus.
Birg, H., Flöthmann, E.J. (1993): Bevölkerungsprojektionen für das vereinigte Deutschland bis zum Jahr 2010 – unter besonderer Berücksichtigung von Wanderungen – Studienbericht im Auftrag der Enquete-Kommission Schutz der Erdathmosphäre des Deutschen Bundestages.
Birg, H., Huinink, J., Koch, H., Vorholt, H. (1984): Kohortenanalytische Darstellung der Geburtenentwicklung in der Bundesrepublik Deutschland. IBS-Materialien 10. Universität Bielefeld.
Birg, H., Koch, H. (1987): Der Bevölkerungsrückgang in der Bundesrepublik Deutschland. Langfristige Bevölkerungsvorausschätzungen auf der Grundlage des demographischen Kohortenmodells und der biographischen Theorie der Fertilität. Frankfurt New York: Campus.
Bischof, N. (1985): Das Rätsel Ödipus – Die biologischen Wurzeln des Urkonflikts zwischen Intimität und Autonomie. München: Piper.
Blacker, C.P. (1947): Stages in Population Growth. Eugenics Review.
Blake, J. (1968): Are Babies Consumer Durables? A Critique of the Economic Theory of Reproduction Motivation. Population Review 22, 5–25.
Blake, J. (1981): Family Size and the Quality of Children. Demography 18, 421–442.
Blalock, H.M. jr. (1966): The Identification Problem and Theory Building. The Case of Status Inconsistency. American Sociological Review 31, 52–61.
Blalock, H.M. jr. (1967): Status Inconsistency, Social Mobility, Status Integration and Structural Effects. American Sociological Review 32, 790–801.
Blanchflower, D.G., Oswald, A.J. (1990): The Wage Curve. Scandinavian Journal of Economics 92, 2, 215–235.
Blanchflower, D.G., Oswald, A.J. (1994): The Wage Curve. Cambridge Massachusetts London: MIT Press.
Blanchflower, D.G., Oswald, A.J., Garrett, M.D. (1990): Insider Power in Wage Determination. Economica 57, 143–70.
Blanco, C. (1964): Prospective Unemployment and Interstate Population Movements. The Review of Economics and Statistics 46, 221–222.
Blasius, J. (1988): Indizes der Segregation. S. 410–431. In: Friedrichs, J. (Hg.): Soziologische Stadtforschung. Opladen: Westdeutscher Verlag.
Blasius, J. (1993): Gentrification und Lebensstile. Wiesbaden: Deutscher Universitätsverlag.
Blau, P.M. (1977): Inequality and Heterogeneity. New York: Free Press.
Blau, P.M. (1983): A Macrosociological Theory of Social Structure. American Journal of Sociology.
Blau, P.M. (1993): Multilevel Structural Analysis. Social Networks 15, 201–215.

Blau, P.M. (1994): Structural Contexts of Opportunities. Chicago London: University of Chicago Press.

Blau, P.M., Duncan, O.D. (1967): The American Occupational Structure. New York: Free Press.

Blaug, M. (1980): The Methodology of Economics or How Economists Explain. Cambridge: Cambridge University Press.

Blaug, M. (1985): Economic Theory in Retrospect. 4. Edition. Cambridge: Cambridge University Press.

Blayo, Y. (1975): La Mortalité en France de 1740 à 1829. Population 30, 123–141.

Bleichrodt, W. (1994): Heterologe Insemination. Münchner Ärztliche Anzeigen 33, 8–10.

Bley, H. (1968): Kolonialherrschaft und Sozialstruktur in Deutsch-Südwestafrika 1894–1914. Hamburg: Leibniz.

Blien, U. (1986): Unternehmensverhalten und Arbeitsmarktstruktur. Eine Systematik und Kritik wichtiger Beiträge zur Arbeitsmarkttheorie. Nürnberg: Bundesanstalt für Arbeit (BeitrAB 103).

Blien, U. (1995): Die Lohnkurve von 1989. Eine Mehrebenenanalyse zum Zusammenhang von regionalen Durchschnittslöhnen und der regionalen Arbeitslosenquote. Mitteilungen aus der Arbeitsmarkt- und Berufsforschung 28, 2, 155–170.

Blien, U. (1999): Arbeitslosigkeit und Entlohnung auf regionalen Arbeitsmärkten. Theoretische Analyse, ökonometrische Methode, empirische Evidenz und wirtschaftspolitische Schlussfolgerungen für die Bundesrepublik Deutschland. Habilitationsschrift. In: Beiträge zur Arbeitsmarkt- und Berufsforschung Nürnberg: Bundesanstalt für Arbeit.

Blien, U., Hirschenauer, F. (1994): Die Entwicklung regionaler Disparitäten in Ostdeutschland. Mitteilungen aus der Arbeitsmarkt- und Berufsforschung 27, 4, 323–337.

Blien, U., Hirschenauer, F. (1995): Weder Konvergenz noch Mezzogiorno – Zur Entwicklung regionaler Disparitäten in Ostdeutschland. Beschäftigungsobservatorium Ostdeutschland 16/17, 14–17.

Blien, U., Koller, M. (1995): Arbeitslosigkeit. S. 35–40. In: Akademie für Raumforschung und Landesplanung (ARL) (Hg.): Handwörterbuch der Raumordnung. Hannover: ARL.

Blien, U., Koller, M., Schiebel, W. (1991): Indikatoren zur Neuabgrenzung der Förderregionen. Mitteilungen aus der Arbeitsmarkt- und Berufsforschung 24, 1, 1–24.

Blien, U., Mederer, A. (1997): Regional Determinants of Gender Specific Wages. In: Stönner, O. (Ed.): Aspects of the Distribution of Income. Marburg: Metropolis.

Blien, U., Mederer, A. (1998): Die Regionaldimension geschlechtsspezifischer Entlohnung. S. 37–54. In: Jahrbuch für Regionalwissenschaft 18, 1.

Blien, U., Papastefanou, G. (1988): Der Informationsbedarf in den Sozialwissenschaften. CR 11, 935 ff.

Blien, U., Rudolph, H. (1989): Einkommenseffekte bei Betriebswechsel und Betriebsverbleib im Vergleich. Empirische Ergebnisse aus der Beschäftigten-

stichprobe des IAB für die Gruppe der Arbeiter. Mitteilungen aus der Arbeitsmarkt- und Berufsforschung 22, 4, 553–567.
Blien, U., Wiedenbeck, M., Arminger, G. (1994): Reconciling Macro and Micro Perspectives by Multilevel Models: An Application to Regional Wage Differences. In: Borg, I., Mohler, P. (Eds.): Trends and Perspectives in Empirical Social Research. Berlin: de Gruyter.
Blinder, A.S. (1973): Wage Discrimination: Reduced Form and Structural Estimates. Journal of Human Resources 8, 436–455.
Blinder, A.S. (1974): Toward an Economic Theory of Income Distribution. Cambridge Massachusetts: MIT Press.
Blossfeld, H.P. (1989): Kohortendifferenzierung und Karriereprozess Eine Längsschnittstudie über die Veränderung der Bildungs- und Berufschancen im Lebenslauf. Frankfurt New York: Campus.
Blossfeld, H.P. (1990): Berufsverläufe und Arbeitsmarktprozesse. Ergebnisse sozialstruktureller Längsschnittuntersuchungen. S. 118–145. In: Mayer, K.U. (Hg.): Lebensverläufe und sozialer Wandel. Opladen: Westdeutscher Verlag.
Blossfeld, H.P. (Hg.) (1995): The New Role of Women. Family Formation in Modern Societies. Boulder: Westview Press.
Blossfeld, H.P., Hamerle, A., Mayer, K.U. (1989): Event History Analysis. Statistical Theory and Applications in the Social Sciences. Hillsdale: Lawrence Erlbaum.
Blossfeld, H.P., Hamerle, A., Mayer, K.U. (1986): Ereignisanalyse. Frankfurt.
Blossfeld, H.P., Huinink, J. (1889): Die Verbesserung der Bildungs- und Berufschance von Frauen und ihr Einfluss auf den Prozess der Familienbildung. Zeitschrift für Bevölkerungswissenschaft 15, 383–404.
Blossfeld, H.P., Huinink, J., Rohwer, G. (1993): Wirkt sich das steigende Bildungsniveau der Frauen tatsächlich negativ auf den Prozess der Familienbildung aus? S. 216–233. In: Diekmann, A., Weick, S. (Hg.): Der Familienzyklus als sozialer Prozess. Bevölkerungssoziologische Untersuchungen mit den Methoden der Ereignisanalyse. Berlin: Duncker und Humblot.
Blossfeld, H.P., Jaenichen, U. (1990): Bildungsexpansion und Familienbildung. Wie wirkt sich die Höherqualifikation der Frauen auf ihre Neigung zu heiraten und Kinder zu bekommen aus? Soziale Welt 41, 454–476.
Blossfeld, H.P., Jaenichen, U. (1993): Bildungsexpansion und Familienbildung. S. 165–193. In: Diekmann, A., Weick, S. (Hg.): Der Familienzyklus als sozialer Prozess. Bevölkerungssoziologische Untersuchungen mit den Methoden der Ereignisanalyse. Berlin: Duncker und Humblot.
Blossfeld, H.P., Klijzing, E., Pohl, K., Rohwer, G. (1996): Modellierung paralleler und interdependenter Prozesse in der Bevölkerungswissenschaft. Zeitschrift für Bevölkerungswissenschaft 21, 29–56.
Blossfeld, H.P., Rohwer, G. (1995): Techniques of Event History Modeling. New Approaches to Causal Analysis. Mahwah NJ: Lawrence Erlbaum.
Blumen, I., Kogan, M., McCarthy, P.J. (1955): The Industrial Mobility of Labor as a Probability Process. New York: Cornell University Studies of Industrial Labor Relations.
Blümle, G. (1975): Theorie der Einkommensverteilung. Eine Einführung. Berlin:

Springer.

Blurton J. N., Sibly, R.M. (1978): Testing the Adaptiveness of Culturally Determined Behavior: Do Bushman Women Maximize Their Reproductive Success by Spacing Births Widely and Foraging Seldom? S. 135–157. In: Jones, B.N., Reynolds, V. (Eds.): Human Behavior and Adaptation. London: Taylor and Francis.

Blurton J. N. (1986): Bushman Birth Spacing: A Test for Optimal Interbirth Intervals. Ethology and Sociobiology 7, 91–105.

Bobek, H. (1948): Stellung und Bedeutung der Sozialgeographie. Erdkunde 2, 118–125.

Bock, J., Toutenburg, H. (1991): Sample Size Determination in Clinical Research. S. 515–538. In: Rao, C.R., Chakraborty R. (Eds.): Handbook of Statistics. Statistical Methods in Biological and Medical Sciences. Vol. 8. Amsterdam: North-Holland.

Bogue, D.J. (1969): Principles of Demography. New York: Wiley.

Bogue, D.J. (1977): A Migrant's-Eye View of the Costs and Benefits of Migration to a Metropolis. S. 167–182. In: Brown, A.A., Neuberger, E. (Hg.): Internal Migration. A Comparative Perspective. New York: Academic Press.

Bogue, D.J., Arriaga, E.E., Anderton, D.L. (Eds.) (1993): Readings in Population Research Methodology. Vol. I–VIII. Published for the United Nations Population Fund. Chicago: Social Development Center.

Bogue, D.J., Thompson, W.S. (1949): Migration and Distance. American Sociological Review 14, 236–244.

Böhm, H. (1979): Bevölkerungsstruktur und Bevölkerungsbewegungen in der zweiten Hälfte des 19. Jahrhunderts unter besonderer Berücksichtigung der Preußischen Rheinprovinz. Innsbrucker Geogr. Studien 5, 173–198.

Böhm, H. (1985): Demographische Strukturen deutscher Mittel- und Großstädte in der Hochindustrialisierungsperiode. Colloquium Geographicum 18, 16–49. Bonn.

Böhm, H., Kemper, F.J., Kuls, W. (1975): Studien über Wanderungsvorgänge im innerstädtischen Bereich am Beispiel von Bonn. Arb. z. Rhein. Landeskunde 39. Bonn.

Böhning, W.R. (1984): Arbeitsmigration. S. 32–35. In: Auernheimer, G. (Hg.): Handwörterbuch Ausländerarbeit. Weinheim Basel: Beltz.

Boissevain, J. (1974): Friends of Friends. Oxford.

Boissevain, J., Mitchell, J.D. (1973): Network Analysis. The Hague.

Bolle, F. (1991): On Love and Altruism. Rationality and Society 3, 197–214.

Bollen, K.A. (1989): Structural Equations with Latent Variables. New York: Wiley.

Bollen, K.A., Jackman, R. (1990): Regression Diagnostics: An Expository Treatment of Outliers and Influential Cases. S. 257–291. In: Fox, J., Long, J.S. (Eds.): Modern Methods of Data Analysis. Newbury Park: Sage.

Bolte, K.M. (1967): Mobilität. S. 224–234. In: König, R. (Hg.): Soziologie. Umgearbeitete und erweiterte Neuausgabe. Frankfurt: Fischer.

Bolte, K.M., Hradil, S. (1984): Soziale Ungleichheit in der Bundesrepublik Deutschland. Opladen: Leske und Budrich.

Bolte, K.M., Kappe, D., Schmid, J. (1980): Bevölkerung. Statistik, Theorie,

Geschichte und Politik des Bevölkerungsprozesses. 4. Aufl. Opladen: Leske und Budrich.

Böltken, F. (1991): Wohnbedingungen und ihre Bewertung in der Bundesrepublik Deutschland am Jahresende 1990. Ergebnisse eines Ost-West-Vergleichs. S. 277–300. Bundesforschungsanstalt für Landeskunde und Raumordnung (Hg.): Regionale Disparitäten in der Wohnungsversorgung. Informationen zur Raumentwicklung. Heft 5, 6.

Bomsdorf, E. (1993): Generationensterbetafel Geburtsjahrgang 1987 und Periodensterbetafel 1986/88, S. 265–276. In: Deutsche Gesellschaft für Versicherungsmathematik. Band XXI, Heft 2.

Bomsdorf, E. (1993/94): Zur künftigen Entwicklung von Mortalität und Lebenserwartung der Geburtsjahrgänge 1903 bis 1993. Zeitschrift für Bevölkerungswissenschaft 1, 93–103.

Bongaarts, J. (1980): Does Malnutrition Affect Fecundity? A Summary of Evidence. Science 208, 564–569.

Bongaarts, J. (1994): Global and Regional Population Projections to 2025. Paper prepared for Round Table on Population and Food in the Early 21. Century. IFPRI, Washington, DC, February 14–16.

Bongaarts, J., Potter, R.G. (1983): Fertility, Biology and Behavior: An Analysis of the Proximate Determinants. New York: Academic Press.

Boone III, J.L. (1986): Parental Investment and Elite Family Structure in Preindustrial States: A Case Study of Late Medieval-Early Modern Portuguese Genealogies. American Anthropologist 88, 859–878.

Boos-Nünning, U. (1974): Soziale Schicht und Religiostität. S. 100–115. In: Spiegel, Y. (Hg.): Kirche und Klassenbindung. Frankfurt.

Booth, A., Welch, S., Johnson, D.R. (1976): Crowding and Urban Crime Rates. Urban Affairs Quarterly 11, 13–63.

Boots, B.N. (1979): Population Density, Crowding, and Human Behaviour. Progress in Human Geography 3, 13–63.

Borg, I. (1981): Anwendungsorientierte Multidimensionale Skalierung. Berlin.

Borg, I. (1981): Multidimensional data. Ann Arbor, Mi.

Borgatti, S.P., Everett, M.G., Freeman, L.C. (1992,) UCINET IV: Network Analysis Software. Connections 15, ½, 12–15.

Borgerhoff Mulder, M. (1987): On Cultural and Reproductive Success: Kipsigis Evidence. American Anthropologist 89, 617–634.

Borgerhoff Mulder, M. (1989a): Menarche, Menopause and Reproduction in the Kipsigis of Kenya. Journal of Biosocial Science 21, 179–192.

Borgerhoff Mulder, M. (1989b): Early Maturing Kipsigis Women have Higher Reproductive Success than Later Maturing Women, and Cost More to Marry. Behavioral Ecology and Sociobiology 24, 145–153.

Borgerhoff Mulder, M. (1990): Kipsigis Women's Preferences for Wealthy Men: Evidence for Female Choice in Mammals? Behavioral Ecology and Sociobiology 27, 255–264.

Borgerhoff Mulder, M. (1991): Human Behavioral Ecology. S. 69–98. In: Krebs, J.R., Davies, N.B. (Eds.): Behavioural Ecology – An Evolutionary Approach. 3. Edition. Oxford: Blackwell.

Borgerhoff Mulder, M. (1992): Reproductive Decisions. S. 339–374. In: Smith, E.A., Winterhalder, B. (1992): Evolutionary Ecology and Human Behavior. New York: Aldine de Gruyter.

Borjas, G. (1990): Friends or Strangers: The Impact of Immigrants on the U.S. Economy. New York: Basic Books.

Borjas, G. (1995): The Economic Analysis of Immigration. S. 27–39. In: Tommasi, M., Ierulli, K. (Eds.): The New Economics of Human Behavior. Cambridge: Cambridge University Press.

Borjas, G.J., Freeman, R.B., Katz, L.F. (1997): How Much do Immigration and Trade Affect Labour Market Outcomes? S. 1–90. In: Brookings Papers on Economic Activity.

Börsch, D. (Hg.) (1993): Bevölkerung und Raum. Handbuch des Geographieunterrichts 2. Köln: Aulis Verlag.

Borscheid, P. (1994): Von Jungfern, Hagestolzen und Singles. Die historische Entwicklung des Alleinlebens. S. 23–54. S. 23–54. In: Gräbe, S. (Hg.): Lebensform Einpersonenhaushalt. Herausforderung an Wirtschaft, Gesellschaft und Politik. Frankfurt: Campus.

Börsch-Supan, A. (1995): Household Savings in Germany. In: Poterba, J. (Ed.): International Comparisons of Household Savings. Chicago.

Börsch-Supan, A.; Stahl, K. (1991): Life Cycle Savings and Consumption Constraints. Journal of Population Economics, 233–255.

Bortkiewicz, L. von (1911): Sterblichkeit und Sterblichkeitstafeln. S. 930–944. In: Conrad, J., Elster, L., Loenig, E., Lexis, W. (Hg.): Handwörterbuch der Staatswissenschaften. Band 7, 3. Aufl. Jena.

Borts, G.H., Stein, J.L. (1964): Economic Growth in a Free Market. New York London: Columbia University.

Bortz, J., Döring, N. (1995): Forschungsmethoden und Evaluation. 2. Aufl. Berlin: Springer.

Bossel, H. (1994): Modellbildung und Simulation. 2. Aufl. Braunschweig: Vieweg.

Bott, E. (1955): Urban Families: Conjugal Roles and Social Networks. Human Relations 8.

Bott, E. (1956): Urban Families: The Norm of Conjugal Roles. Human Relations 9.

Bott, E. (1957): Family and Social Network. London.

Boudon, R. (1980): Die Logik gesellschaftlichen Handelns. Neuwied Darmstadt: Luchterhand.

Boudon, R. (1986): Theories of Social Change. A Critical Appraisal. Cambridge: Polity Press.

Bourdelais, P. (1996): Pour un Renouvellement de la Démographie Historique. Annales de Démographie Historique 9–11.

Bourdieu, P.(1982): Die feinen Unterschiede. Kritik der gesellschaftlichen Urteilskraft. Frankfurt.

Bourdieus (Pierre) Theorie soziokultureller Ungleichheit. Forschungsberichte Universität der Bundeswehr. München.

Bourgeois-Pichat, J. (1951): La Mesure de la Mortalité Infantile. Population 6, 233–248.

Bourgeois-Pichat, J. (1994): La Dynamique des Populations. Populations Stables,

Semi-stables, Quasi-stables. Paris.
Boustedt, O. (1975): Grundriss der empirischen Regionalforschung. Teil 2, Bevölkerungsstrukturen. Taschenbücher zur Raumplanung 5. Hannover.
Boyd, J.P. (1969): The Algebra of Group Kinship. Journal of Mathematical Sociology 6.
Boyd, R., Richerson, P.J. (1985): Culture and the Evolutionary Process. Chicago London: University of Chicago Press.
Boye-Moller, M. (1983): Einwanderer als Bewohner Stockholm. S. 119–134. In: Arin, C. (Hg.): Ausländer im Wohnbereich. Dokumentation eines Seminars der Internationalen Bauausstellung Berlin. Berlin: EXpress Edition.
Braun, M. (1991): Differentialgleichungen und ihre Anwendungen. 2. Aufl. Berlin Heidelberg New York: Springer.
Braun, M. u. a. (1990): Allbus-Biographie. ZUMA-Arbeitsbericht.
Braun, M., Mohler, P.P. (1991): Die Allgemeine Bevölkerungsumfrage der Sozialwissenschaften (ALLBUS). Rückblick und Ausblick in die neunziger Jahre. ZUMA-Nachrichten 29, 7–28.
Braun, M., Trometer, R., Wiedenbeck. M. (1988): Allbus-Methodenbericht. ZUMA-Arbeitsbericht.
Braun, W., Proebsting, H. (1985): Heiratstafeln für ledige Deutsche 1980/83. Wirtschaft und Statistik 12, 921–931.
Bravais, A., (1846): Analyse Mathematique Sur les Probabilite´s des Erreurs de Situation de Point. S. 255–332. In: Memoires Presentes par Divers Savants a l' Academie des Sciences de l' Institut de France 9.
Breen, R. (1985): A Framework for Comparative Analyses of Social Mobility. Sociology 19, 93–107.
Breen, R. (1996): Regression Models: Censored, Sample Selected, or Truncated Data. Thousand Oaks: Sage.
Brehm, U. (1992): Regionale Disparitäten der Mortalität in West-Malaysia. Bremer Asien-Pazifik Studien 9. Münster Hamburg.
Breiger, R.L. (1990): Social Mobility and Social Structure New York: Cambridge University Press.
Breitenbach, B. von (1982): Italiener und Spanier als Arbeitnehmer in der Bundesrepublik Deutschland. Eine vergleichende Untersuchung. München: Kaiser, Mainz: Günwald.
Brennecke, R., Schelp, F.P.(1993): Sozialmedizin. Stuttgart: Enke.
Brentano, L. (1909): Die Malthus´sche Lehre und die Bevölkerungsbewegung der letzten Dezennien. S. 565–625. In: Abhandlungen der historischen Klasse der Königlich Bayerischen Akademie der Wissenschaften 24. XXIV. Band III. München: Verlag der Königlich Bayerischen Akademie der Wissenschaft.
Brentano, L. (1910): The Doctrine of Malthus and the Increase of Population During the Last Decades. The Economic Journal 20, 371–393.
Breslow, N.E., Day, N.E. (1980): Statistical Methods in Cancer Research. The Analysis of Case-Control Studies. Vol. I. Lyon: IARC.
Bretz, M. (1986): Bevölkerungsvorausberechnungen: Statistische Grundlagen und Probleme. Wirtschaft und Statistik 4, 233–260.
Bretz, M., Niemeyer, F. (1992): Private Haushalte gestern und heute. Wirtschaft und

Statistik 2, 73–81.

Bright, M.L., Thomas, D.S. (1941): Interstate Migration and Intervening Opportunities. American Sociological Review 6, 773–783.

Brinkmann, C., Kohler, H. (1989): Teilzeitarbeit und Arbeitsvolumen. Mitteilungen aus der Arbeitsmarkt- und Berufsforschung 22, 4, 472 ff.

Brinkmann, C., Wiedemann, E. (1995): Arbeitsmarktrisiken im ostdeutschen Transformationsprozess. Ergebnisse des Arbeitsmarkt-Monitors 1989 bis 1994. Mitteilungen aus der Arbeitsmarkt- und Berufsforschung 28, 3, 323–338.

Bronson, F.H. (1995): Seasonal Variation in Human Reproduction: Environmental Factors. Quarterly Review of Biology 70, 141–164.

Broström, G. (1985): Practical Aspects on the Estimation of the Parameters in Coale´s Model for Marital Fertility. Demography 22, 625–631.

Brown, A., Deaton, A. (1972):. Models of Consumer Behavior: A Survey. The Economic Journal 82.

Brown, J.A.C. (1976): The Mathematical and Statistical Theory of Income Distribution. In: Atkinson, A.B. (Ed.): The Personal Distribution of Incomes. London: Allen and Unwin.

Brown, L., Moore, E. (1970): The Intra-Urban Migration Process: A Perspective. Geografiska Annaler 52 BI, 1–13.

Brown, S.R., Melamed, L.E. (1990): Experimental Design and Analysis. Newbury Park: Sage.

Brübach, N. (1994): Seefahrt und Handel sind die fürnembsten Säulen eines Estats – Brandenburg-Preißen und der transatlantische Sklavenghandel im 17. und 18. Jahrhundert. S. 11–42. In: Zoller, R. (Hg.): Amerikaner wider Willen. Beiträge zur Sklaverei in Lateinamerika und ihre Folgen. Frankfurt: Vervuert.

Brüderl, J. (1990): Zur Analyse von Einkommensverläufen mit Längsschnittdaten. Allgemeines Statistisches Archiv 74, 213–222.

Brüderl, J. (1991): Mobilitätsprozesse in Betrieben. Dynamische Modelle und empirische Befunde. Frankfurt: Campus.

Brüderl, J., Diekmann, A. (1994): Bildung, Geburtskohorte und Heiratsalter. Zeitschrift für Soziologie 23, 56–73.

Brüderl, J., Diekmann, A. (1995): The Log-Logistic Rate Model. Two Generalizations with an Application to Demographic Data. Sociological Methods Research 24, 158–186.

Brüderl, J., Diekmann, A., Engelhardt, H. (1997): Erhöht eine Probeehe das Scheidungsrisiko? Eine empirische Untersuchung mit dem Familiensurvey. Kölner Zeitschrift für Soziologie und Sozialpsychologie 49, 205–222.

Brüderl, J., Klein, T. (1991): Bildung und Familiengründung: Institutionen versus Niveaueffekt. Zeitschrift für Bevölkerungswissenschaft 17, 323–335.

Brüderl, J., Klein, T. (1993): Bildung und Familiengründungsprozess deutscher Frauen: Humankapital- und Institutioneneffekt. S. 194–215. In: Diekmann, A., Weick, S. (Hg.): Der Familienzyklus als sozialer Prozess. Bevölkerungssoziologische Untersuchungen mit den Methoden der Ereignisanalyse. Berlin: Duncker und Humblot.

Brüderl, J., Preisendörfer, P., Ziegler, P. (1996): Der Erfolg neugegründeter Betriebe. Berlin: Duncker und Humblot.

Bryant, W.K. (1992): The Economic Organization of the Household. Cambridge: Cambridge University Press.

Bryk, A.S., Raudenbush, S.W. (1992): Hierarchical Linear Models. Newbury Park: Sage.

Büchel, F., Schwarze, J. (1994): Die Migration von Ost- nach Westdeutschland. Arbeitsmarkt- und Berufsforschung 27, 43–52.

Bucher, H. (1995): Die Binnenwanderungen im BfLR – Modell, Unterlage zur Tagung der Deutschen Gesellschaft für Bevölkerungswissenschaft. Jahrestagung 1995.

Bucher, H., Gatzweiler, H.P., Schmalenbach, I. (1984): Das regionale Bevölkerungsprognosemodell der BfLR. Prognose der regionalen Bevölkerungsentwicklung bis zum Jahr 2000. Bundesforschungsanstalt für Landeskunde und Raumentwicklung (Hg.): Informationen zur Raumentwicklung. Heft 12, 1129–1180.

Bucher, H., Kocks, M. (1994): Die privaten Haushalte in den Regionen der Bundesrepublik Deutschland. Eine Prognose bis zum Jahr 2010. Informationen zur Raumentwicklung 12, 853–880.

Bucher, H., Kocks, M., Siedhoff, M. (1994): Die künftige Bevölkerungsentwicklung in den Regionen Deutschlands bis 2010. Annahmen und Ergebnisse einer BfLR-Bevölkerungsprognose. Bundesforschungsanstalt für Landeskunde und Raumordnung. Informationen zur Raumentwicklung 12, 815–852. Raumordnungsprognose 2010. Erste Ergebnisse: Bevölkerung, Haushalte und Erwerbspersonen.

Buchignani, N. et al. (1985): Continuous Journey: A Social History of South Asians in Canada. Toronto: McClelland and Stewart.

Buchmann, M. (1998): The Script of Life in Modern Society. Entry into Adulthood in a Changing World. Chicago London.

Buchmann, M., Charles, M. (1995): Organizational and Institutional Factors in the Process of Gender Stratification: Comparing Social Arrangements in Six European Countries. In: Boje, T.B. (Ed.): Welfare State and Labour Market in a Changing Europe: Consequences for Citizenship, Work and Gender. New York: Sharpe Publisher.

Büchtemann, C.F. (1984): Der Arbeitslosigkeitsprozess. Theorie und Empirie strukturierter Arbeitslosigkeit in der Bundesrepublik Deutschland. S. 53–105. In: Bonß, W., Heinze, R.G. (Hg.): Arbeitslosigkeit in der Arbeitsgesellschaft. Frankfurt: Suhrkamp.

Bugos, P.E. jr., McCarthy, L.M. (1984): Ayoreo Infanticide: A Case Study. S. 503–520. In: Hausfater, G., Hrdy, S.B. (Eds.): Infanticide: Comparative and Evolutionary Perspectives. Hawthorne: Aldine de Gruyter.

Buhmann, B. (1988): Wohlstand und Armut in der Schweiz. Grüsch: Rüegger.

Bull, H.P., Dammann, U. (1986): Wissenschaftliche Forschung und Datenschutz. DÖV 6, 215.

Bumpass, L.L., Castro Martin, T., Sweet, J.A. (1991): The Impact of Family Background and Early Marital Factors on Marital Disruption. Journal of Family Issues 12, 22–42.

Bumpass, L.L., Sweet, J.A. (1989): National Estimates of Cohabitation. Demogra-

phy 26, 615–625.
Bumpass, L.L., Sweet, J.A., Cherlin, A.J. (1991): The Role of Cohabitation in Declining Rates of Marriage. Journal of Marriage and the Family 53, 913–917.
Bumpass, L.L., Westoff, C.F. (1970): The Later Years of Childbearing. Princeton: Princeton University Press.
Bundesamt für Statistik (Hg.) (1977): Stastistisches Handbuch der Schweiz. Zürich.
Bundesamt für Statistik (Hg.) (1990): Bundesamt für Statistik kurz erklärt. Bern
Bundesamt für Statistik (Hg.) (1991): Kischer, K., Engstler, H.: Formen der Familiengründung in der Schweiz. Bern.
Bundesamt für Statistik (Hg.) (1997): Statistisches Handbuch der Schweiz 1997. Zürich.
Bundesärztekammer (Hg.) (1996): Berufsordnung für die deutschen Ärzte. Deutsches Ärzteblatt A 93, 7, 407–419.
Bundesforschungsanstalt für Landeskunde und Raumordnung (1994): Wohnungsbestand, Wohnungsversorgung, Wohnkosten. Ergebnisse der BfLR-Forschung zur Entwicklung der Wohnbedingungen in Ost und West. Informationen zur Raumentwicklung Heft 10/11.
Bundesforschungsanstalt für Landeskunde und Raumordnung (1995): Regionalbarometer neue Länder. Zweiter zusammenfassender Bericht. Materialien zur Raumentwicklung Heft 69. Bonn: Bundesforschungsanstalt
Bundesministerium für Familie, Senioren, Frauen und Jugend (Hg.) (1995): Fünfter Familienbericht. Familien und Familienpolitik im geeinten Deutschland. Bonn.
Bundesministerium für Raumordnung, Bauwesen und Städtebau (1994): Raumordnungsbericht 1993. Bonn.
Bundesregierung, Presse- und Informationsamt (Hg.) (1996): Leben und Wohnen in Deutschland. Sozialpolitische Umschau 232, 18.
Bundestagsdrucksache (1980): Bericht über die Bevölkerungsentwicklung in der Bundesrepublik Deutschland. Analyse der bisherigen Bevölkerungsentwicklung und Modellrechnungen zur künftigen Bevölkerungsentwicklung. Teil 1, 8, 4437.
Bungard, W. (1984): Sozialpsychologische Forschung im Labor. Göttingen: Hogrefe.
Bungard, W., Lück, H.E. (1974): Forschungsartefakte und nicht-reaktive Messverfahren. Stuttgart: Teubner.
Burch, T.K. (1996): Icons, Straw Men and Precision: Reflections on the Demographic Theories of Fertility Decline. The Sociological Quarterly 37, 59–81.
Burda GmbH Marktforschung (1981): Kaufeinflüsse. Offenbach.
Bureau of the Census (1978) (1987) (1988): Reference Manual on Population and Housing Statistics from the Bureau of the Census. Washington.
Bureau of the Census: Current Population Report, Washington (diverse Jahrgänge).
Bureau of the Census: Population Profile of the United States. Washington (jährlich, seit 1974).
Bureau of the Census: Population Projections of the United States by Age, Sex, Race, and Hispanic Origin (1996): 1995 to 2050. Current Population Reports 25–1130. Washington: US Department of Commerce.
Burgert, C. (1991): Was hat künstliche Insemination mit Reproduktionstechnologien

zu tun? Überlegungen zum Kinderwunsch lesbischer Frauen. S. 55–70. In: Streib, U. (Hg.): Von nun an nannten sie sich Mütter. Lesben und ihre Kinder. Berlin: Orlanda Frauenverlag.

Burgess, E.W. (1925): The Growth of the City: An Introduction to a Research Project. S. 47–62. In: Park, R.E., Burgess, E.W., McKenzie, R.D. (Eds.): The City. Chicago: The University of Chicago Press.

Burt, R.S. (1976): Positions in Social Networks. Social Forces 55.

Burt, R.S. (1977): Positions in Multiple Network Systems, Part One and Part Two. Social Forces 56.

Burt, R.S. (1979): A Structural Theory of Interlocking Corporate Directorates. Social Networks 1.

Burt, R.S. (1980): Power in Social Topology. Social Sience Research 6, 1–83

Burt, R.S., Schott, T. (1990): Structure Reference Manual New York: Columbia University.

Buslei, H. (1995): Vergleich langfristiger Bevölkerungsvorausberechnungen für Deutschland. ZFW Dokumentation 01.

Buss, D.M. (1989): Sex Differences in Human Mate Preferences: Evolutionary Hypotheses Tested in 37 Cultures. Behavioral and Brain Sciences 12, 1–14.

Buss, D.M., Schmitt, D.P. (1993): Sexual Strategies Theory: An Evolutionary Perspective on Human Mating. Psychological Review 100, 204–232.

Buss, D.P. (1994): Die Evolution des Begehrens. Hamburg: Kabel Verlag.

Buttler, F., Cramer, U. (1991): Entwicklung und Ursachen von Mis-Match-Arbeitslosigkeit in Westdeutschland. Mitteilungen aus der Arbeitsmarkt- und Berufsforschung 24, 3, 483–500.

Buttler, G. (1990): Arbeitsmarktreserven bei schrumpfender Bevölkerung. In: Felderer, B. (Hg.): Bevölkerung und Wirtschaft. Jahrestagung des Vereins für Sozialpolitik – Gesellschaft für Wirtschaft und Sozialwissenschaften in Wien 1989. Berlin: Duncker und Humblot.

Büttner, T., Lutz, W. (1990a): Vergleichende Analyse der Fertilitätsentwicklungen in der BRD, DDR und Österreich. Acta Demographica. Band 1. Heidelberg: Physica Verlag.

Büttner, T., Lutz, W. (1990b): Estimating Fertility Responses to Policy Measures in the German Democratic Republic. Population and Development Review 16, 3.

Cade, C. (1991): Lesbische Mütter in Kalifornien. S. 147–158. In: Streib, U. (Hg.): Von nun an nannten sie sich Mütter. Lesben und ihre Kinder. Berlin: Orlanda Frauenverlag.

Cadwallader, M. (1989): A Synthesis of Macro- and Micro Approaches to Explaining Migration. Geografiska Annaler, 71 B, 85–94.

Cain, G.G. (1986): The Economic Analysis of Labor Market Discrimination: A Survey. In: Ashenfelter, O., Layard, R. (Eds.): Handbook of Labor Economics. Vol. I. Amsterdam: North-Holland.

Caldwell, J. (1973): The World Fertility Survey.

Caldwell, J.C. (1982a): The Theory of Fertility Decline. London New York: Academic Press.

Caldwell, J.C. (1982b): The Wealth Flows Theory of Fertility Decline. S. 169–188. In: Höhn, C., Mackensen, R. (Eds.): Determinants of Fertility Trends: Theories

Re-Examined. Proceedings of a Seminar Held in Bad Homburg (Germany) 14.–17. April 1980. Liège: Ordina.

Caldwell, J.C. (1996): Demography and Social Science. Population Studies 50, 305–333.

Calot, G. (1988): Fertility and Nuptiality in Austria England and Wales, Federal Republic of Germany, France, GDR and Switzerland, Over the Last 40 Years. S. 91–213. In: Höhn, C. (Hg.): Demographie in der Bundesrepublik Deutschland: 4 Jahrzehnte Statistik, Forschung und Politikberatung. Boppard am Rhein: Boldt.

Campbell, B. (1987): Ökologie des Menschen. Unsere Stellung in der Natur von der Vorzeit bis heute. Berlin: Ullstein.

Campbell, B.C., Udry, J.R. (1995): Stress and Age at Menarche of Mothers and Daughters. Journal of Biosocial Science 27, 127–134.

Campbell, D.T. (1957): Factors Relevant to the Validity of Experiments in Social Settings. Psychological Bulletin 54, 297–312.

Campbell, D.T., Stanley, J.C. (1963): Experimental and Quasi-Experimental Designs for Research. Chicago: Rand McNally.

Campbell, J.L. et al. (1991): Governance of the American Economy New York: Cambridge Academic Press.

Campbell, K.E., Lee, B.E. (1991): Name Generators in Surveys of Personal Networks. Social Networks 13, 203–221.

Campbell, K.L., Wood, J.W. (1988): Fertility in Traditional Societies. S. 39–69. In: Diggory, P., Potts, M., Teper, S. (Eds.): Natural Human Fertility: Social and Biological Determinants. London: Macmillan.

Cani, J.S. de (1961): On the Construction of Stochastic Models of Population Growth and Migration. Journal of Regional Science 3, 2, 1–14.

Caplowitz, D. (1963): The Poor Pay More. London. Ebd. (1967): New York.

Carlin, W., Soskice, D. (1990): Macroeconomics and the Wage Bargain. A Modern Approach to Employment, Inflation and the Exchange Rate. Oxford: Oxford University Press.

Carlsson, G. (1966): The Decline of Fertility. Innovation or Adjustment Process. Population Studies 20, 149–174.

Carson, C. et al. (1994): Age-Standardization in Epidemiological Data. International Journal of Epidemiology 23, 643–644.

Cartwright, D., Harary, F. (1956): Structural Balance: A Generalization of Heider´s Theory Psychological Review, 63, 277–293.

Cartwright, D., Zander, A. (1953): Groups Dynamics. London.

Case, R.A.M. et al. (1962): The Chester Beatty Research Institute Serial Abridged Life Table. England and Wales 1841–1960. Part 1, Tables, Preface and Notes. London: The Chester Beatty Research Institute.

Casetti, E., King, L. (1975): Testing for the Spatial Spread of Demographic Change in Modern Europe. Annals of Regional Science 9, 8–13.

Casimir, M.J., R.A. (1992): Kulturziele und Fortpflanzungsunterschiede: Aspekte der Beziehung zwischen Macht, Besitz und Reproduktion bei den nomadischen Bakkarwal im westlichen Himalaya. S. 270–289. In: Voland, E. (Hg.): Natur und Kultur im Wechselspiel – Versuch eines Dialogs zwischen Biologen

und Sozialwissenschaftlern. Frankfurt: Suhrkamp.
Caspar, W. (1998): Leitfaden der Demographie. Unveröffentlichtes Manuskript. Berlin.
Cass, D. (1965): Optimum Growth in an Aggregative Model of Capital Accumulation. Review of Economic Studies 32, 233–240.
Cate, R.M., Lloyd, S.A. (1988): Courtship. S. 409–427. In: Duck, S. (Ed.): Handbook of Personal Relationships. New York.
Cebula, R.J. (1979): The Determinants of Human Migration. Lexington Massachusetts: Lexington Books.
Centraal Bureau voor de Statistiek (1992a): Overlevingstafels naar Burgerlijke Staat 1986–1990. s'Gravenhage: cbs Publikaties.
Centraal Bureau voor de Statistiek (1992b): Maandstatistiek van de Bevolking 1986–1990. s'Gravenhage: cbs Publikaties.
Chacón-Puignau, G.C., Jaffé, K. (1996): Sex Ratio at Birth Deviations in Modern Venezuela: The Trivers-Willard-Effect. Social Biology 43, 257-270.
Chagnon, N.A. (1979): Is Reproductive Success Equal in Egalitarian Societies? S. 374–401. In: Chagnon, N.A., Irons, W. (Eds.): Evolutionary Biology and Human Social Behavior – An Anthropological Perspective. Duxbury, North Scituate.
Chagnon, N.A. (1988): Life Histories, Blood Revenge, and Warfare in a Tribal Population. Science 239, 985–992.
Chahnazarian A. (1988): Determinants of the Sex Ratio at Birth: Review of Recent Literature. Social Biology 35, 214–235.
Champernowne, D.G. (1953): A Model of Income Distribution. Economic Journal 63, 318–351.
Charlesworth, B. (1994): Evolution in Age–Structured Populations. 2. Aufl. Cambridge: Cambridge University Press
Chartrand, G. (1977): Graphs as Mathematical Models. Boston.
Chasiotis, A., Keller, H. (1993): Die menschliche Kindheit und die Kindheit der Menschheit: Die ersten Lebensjahre aus psychobiologischer Perspektive. S. 190–209. In: Voland, E. (Hg.): Evolution und Anpassung: Warum die Vergangenheit die Gegenwart erklärt. Stuttgart: Hirzel.
Chatterjee, S., Hadi, A.S. (1988): Sensitivity Analysis in Linear Regression. New York: Wiley.
Chemers, M.M., Ayman, R., Werner, C. (1978): Expectancy Theory Analysis of Migration. Journal of Population 1, 42–56.
Cherlin, A.J. (1981): Marriage, Divorce, Remarriage. Cambridge, London: Harvard University Press.
Cherlin, A.J. (1990): The Polls – A Review. Public Opinion Quarterly 54, 117–124.
Cherlin, A.J. (1991): Marriage, Divorce, Remarriage. Revised and Enlarged Edition. Cambridge, London: Harvard University Press.
Chernenko, I.V. (1989): Kontseptual'naya i matematicheskaya modeli processov obshchestbennogo proizvodstva (A Conceptual and a Mathematical Model of Social Production). Kapitel V.2, S. 173–181. In: Paniotto, V.I. (Ed.): Opyt modelirovaniya social'nykh processov (voprosy metodologii i metodiki postroeniya modelej) (Experiences in Modeling Social Processes – Methodologi-

cal and Methodical Problems of Model Building), Naukova dumka. Kiev.
Chesnais, J.C. (1992): The Demographic Transition. Stages, Pattern, and Economic Implications. A Study of Sixty-Seven Countries Covering the Period 1720–1984. Oxford: Clarendon Press.
Chiang, C.L. (1984): The Life Table and Its Applications. Malabar (Florida): R. Krieger Publ.
Chiappori, P.A. (1988): Nash-Bargained Household Decisions: A Comment. International Economic Review 29, 791–797.
Chisholm, J.S. (1993): Death, Hope, and Sex – Life History and the Development of Reproductive Strategies. Current Anthropology 34, 1–24.
Chiswick, B. (1995): The Economics of Discrimination: A Primer. S. 15–26. In: Tommasi, M., Ierulli, K. (Hg.): The New Economics of Human Behavior. Cambridge: Cambridge University Press.
Chiswick, B.R. (1968): The Average Level of Schooling and the Intra-Regional Inequality of Income: A Clarification. The American Economic Review 58, 495–500.
Choukroun, J.M. (1975): A General Framework for the Development of Gravity Type Trip Distribution Models. Regional Science and Urban Economics 5, 177–202.
Chowdhury, A.K.M.A., Huffman. S.L., Curlin, G.T. (1977): Malnutrition, Menarche, and Marriage in Rural Bangladesh. Social Biology 74, 316–325.
Christaller, W. (1933): Die zentralen Orte in Süddeutschland. Jena: Fischer.
Chung, R. (1970): Space-Time Diffusion of the Transitional Model. S. 220–239. In: Demko, G.J., Rose, H.M., Schnell, G.A. (Hg.): Population Geography. New York: McGraw Hill.
Clark, A. B. (1978): Sex Ratio and Local Resource Competition in a Prosimian Primate. Science 201, 163–165.
Clark, C. (1951): Urban Population Densities. Journal Royal Stat. Society 114 A, 490–496.
Clark, C.W. (1990): Mathematical Bioeconomics. 2. Edition. New York: Wiley.
Clark, W.A.V. (1982): Recent Research on Migration and Mobility: A Review and Interpretation. Progress in Planning 18, 1–56.
Clark, W.A.V. (1986): Human Migration. Beverly Hills: Sage.
Clark, W.A.V., Lierop, W.F.J. van (1986): Residential Mobility and Household Location Modelling. S. 97–132. In: Nijkamp, P. (Hg.): Handbook of Regional and Urban Economics. Vol. I. Amsterdam: North-Holland.
Clarke, J.I. (1960): Persons per Room. Tijdschrift voor Econ. en Soc. Geografie 51, 257–260.
Clarke, J.I. (1965): Population Geography. 2. Aufl. 1972. Oxford: Pergamon Press.
Cleland, J., Rodríguez, G. (1988): The Effect of Parental Education on Marital Fertility in Developing Countries. Population Studies 42, 419–442.
Cleland, J., Scott, C.H. (1987): The World Fertility Survey. Oxford.
Cleland, J., Wilson, C. (1987): Demand Theories of the Fertility Transition: An Iconoclastic View. Population Studies 41, 5–30.
Cliquet, R.L. (1991): The Second Demographic Transition: Fact of Fiction? Population Studies 23. Council of Europe Straßburg.

Clogg C.C., Shockey, J.W. (1984): A Note on Two Models for Mobility Tables. Comparative Social Research 7, 443–462.

Clogg, C.C. (1991): Standardization and Decomposition of Group Differences. In: Bogue, D. et al. (Eds.): Readings in Population Research Methodology. Basic Tools. Vol. I, Chapter 6. Chicago: United Nations Population Fund by Social Development Center.

Clogg, C.C., Petkova, E., Hariton, A. (1995): Statistical Methods for Comparing Regression Coefficients Between Models. American Journal of Sociology 100, 1261–1293.

Clogg, C.C., Shihadeh, E.S. (1994): Statistical Models for Ordinal Data. Thousand Oaks: Sage.

Clutton-Brock, T.H. (1991): The Evolution of Parental Care. Princeton University Press, Princeton.

Clutton-Brock, T.H., Albon, S.D., Guinness, F.E. (1984): Maternal Dominance, Breeding Success and Birth Sex Ratios in Red Deer. Nature 308, 358–360.

Clutton-Brock, T.H., Guinness, F.E., Albon, S.D. (1983): The costs of reproduction to red deer hinds. Journal of Animal Ecology 52, 367–383.

Clutton-Brock, T.H., Iason, G.R. (1986): Sex Ratio Variation in Mammals. Quarterly Review of Biology 61, 339–374.

Coale, A.J. (1971): Age Patterns of Marriage. Population Studies 25, 193–214.

Coale, A.J. (1972): The Growth and Structure of Human Population: A Mathematical Investigation. Princeton: Princeton University Press.

Coale, A.J. (1973): The Demographic Transition. S. 53–72. In: IUSSP (Hg.): International Population Conference. Vol. 1, Liege.

Coale, A.J. (1986): The Decline of Fertility in Europe since the Eighteenth Century as a Chapter of Human Demographic History. S. 1–30. In: Coale, A.J., Watkins, S.C. (Hg.): The Decline of Fertility in Europe. Princeton: Princeton University Press.

Coale, A.J. (1989): Demographic Transition. In: Eatwell, J., Milgate, M., Newman, P. (Hg.): The New Palgrave: Social Economics. New York: Norton, 16–23.

Coale, A.J., Demeny, P. (1969): Regional Model Life Tables and Stable Populations. Princeton: Princeton University Press.

Coale, A.J., McNeil, D. (1972): The Distribution by Age of the Frequency of First Marriage in a Female Cohort. Journal of the American Statistical Association 67, 743–749.

Coale, A.J., Treadway R. (1986): A Summary of the Changing Distribution of Overall Fertility, Marital Fertility, and the Proportion Married in the Provinces of Europe. S. 31–181. In: Coale, A.J., Watkins, S.C. (Hg.): The Decline of Fertility in Europe. Princeton N.J.: Princeton University Press.

Coale, A.J., Trussell, T.J. (1974): Model Fertility Schedules: Variations in the Age Structure of Childbearing in Human Populations. Population 40, 185–258.

Coale, A.J., Trussell, T.J. (1978): Technical Note: Finding the Two Parameters that Specify a Model Schedule of Marital Fertility. Population 44, 203–213.

Coale, A.J., Watkins, S.C. (Hg.) (1986): The Decline of Fertility in Europe. Princeton N.J.: Princeton University Press.

Coase, R.H. (1988): The Firm, the Market, and the Law. Chicago: University of

Chicago Press.
Cobaldi, A. (1988): Alternative Conceptual Frameworks for the Analysis of Mobility Tables and Log-Linear Models. Quality and Quantity 22, 31–47.
Cobaldi, A. (1989): A Relative Mobility Table. Quality and Quantity 23, 205–220.
Cohen, R. (Hg.) (1995): The Cambridge Survey of World Migration. Cambridge: Cambridge University Press.
Cole, J.W.L., Grizzle, J.E. (1966): Applications of Multivariate Analysis of Variance to Repeated Measurement Experiments. Biometrics 22, 810–828.
Coleman, J.S. (1961): The Adolescent Society. New York: Free Press.
Coleman, J.S. (1964): Introduction to Mathematical Sociology. London: The Free Press of Glencoe.
Coleman, J.S. (1986.): Die asymmetrische Gesellschaft. Vom Aufwachsen in unpersönlichen Systemen. Weinheim: Juventa.
Coleman, J.S. (1990): Foundations of Social Theory. Cambridge Massachusetts: Harvard University Press.
Coleman, J.S., Katz, E., Menzel, H. (1957): The Diffusion of an Innovation Among Physicans. Sociometry 20, 253–270.
Coleman, J.S., Katz, E., Menzel, H. (1966): Medical Innovation: a Diffusion Study. Indianapolis.
Coleman, T. (1972): Passage to America: A History of Emigrants from Great Britain and Ireland. London: Hutchinson.
Colson, E. (1960): Migration in Africa: Trends and Possibilities. In: Lorimer, F., Karp, M. (Hg.): Population in Africa. Boston: Boston University Press.
Constantine, S. (1991): Empire Migration and Social Reform 1880–1950. S. 62–83. In: Pooley, C.G., Whyte, I.D. (Hg.): Migrants, Emigrants and Immigrants. A Social History of Migration. London New York: Routledge.
Cook, D.R., Weisberg, S. (1994): An Introduction to Regression Graphics. New York: Wiley.
Cook, T.D., Campbell, D.T. (1976): The Design and Conduct of Quasi-Experiments and True Experiments in Field Setting. In: Dunette, D. (Hg.): Handbook of Industrial and Organizational Psychology. Chicago: Rand McNally.
Cook, T.D., Campbell, D.T. (1979): Quasi-Experimentation. Design and Analysis for Field Settings. Chicago: Rand McNally.
Cook, T.D., Leviton, L.C., Shadish, W.R. (1985): Program Evaluation. In: Lindzey, G., Aronson, E. (Hg.): Handbook of Social Psychology. Vol. I, 3. Aufl. New York: Random House.
Cook, T.D., Shadish, W.R. (1994): Social Experiments: Some Developments over the past fifteen Years. Annual Review of Psychology 45, 545–580.
Cooper, H.M. (1989): The Integrative Research Review: A Social Science Approach. Beverly Hills: Sage.
Cooper, H.M., Hedges, L.V. (Hg.) (1994): The Handbook of Research Synthesis. New York: Russell Sage Foundation.
Cordey-Hayes, M. (1975): Migration and the Dynamics of Multiregional Population Systems. Environment and Planning A 7, 793–814.
Cornelius, I. (1996): Bevölkerungsbilanz und natürliche Bevölkerungsentwicklung. In: Statistisches Landesamt Baden-Württemberg (Hg.): Baden-Württemberg in

Wort und Zahl. Statistische Monatshefte 44/9. Stuttgart.
Cortese, C.F., Falk, R.F., Cohen, J.K. (1976): Further Considerations on the Methodological Analysis of Segregation Indices. Amer. Sociol. Review 41, 630–637.
Coulson, M.R.C. (1968): The Distribution of Population Age Structures in Kansas City. Annals of the Association of American Geographers 58, 155–176.
Coulter, P.B. (1998): Measuring Inequality: A Methodological Handbook. London: Westview Press.
Council of Europe (1990): Cohort Fertility in Member States of the Council of Europe. Population Studies 21. Strasbourg: Council of Europe Press
Council of Europe (1993): Recent Demographic Developement in Europe and North America 1992. Strasbourg: Council of Europe Press
Council of Europe (1994): Recent Demographic Developement in Europe and North America 1994. Strasbourg: Council of Europe Press
Courchenne, T.J. (1970): Interprovincial Migration and Economic Adjustment. Canadian Journal of Economy 3, 551–576.
Courgeau, D. (1985): Migrants and Migrations. Population Selected Papers. Editions de l'I.N.E.D., Paris.
Courgeau, D. (1995): Event History Analysis of Household Formation and Dissolution. S.185–202. In: Imhoff, E. et al. (Eds.): Household Demography and Household Modeling. New York: Plenum Press.
Courgeau, D. (1995): Migration Theories and Behavioural Models. Intern. Journal of Population Geography 1, 19–27.
Courgeau, D., Lelièvre, E. (1992): Event History Analysis in Demography. Oxford: Clarendon Press.
Cowan, H.J. (1961): British Emigration to British North America. The first 100 Years. Toronto: University of Toronto Press.
Cowell, F.A. (1977) (1995): Measuring Inequality. 2. Edition. London: Prentice Hall.
Cowles, M., Davis, C. (1987): The Subject Matter of Psychology: Volunteers. British Journal of Social Psychology 26, 289–294.
Cox, D.R. (1972): Regression Models and Life-Tables. Journal of the Royal Statistical Society 34, 187–220.
Cox, D.R. (1975): Partial Likelihood. Biometrika 62, 269–276.
Cox, D.R., Oakes, D. (1984): Analysis of Survival Data. London New York: Chapman and Hall.
Cox, D.R., Snell, E.J. (1968): A General Definition of Residuals. Journal of the Royal Statistical Society B 30, 248–275.
Crain, R.L, Mahard, R.E. (1983): The Effect of Research Methodology on Desegregation-Achievement Studies: A Meta-Analysis. American Journal of Sociology 88, 839–854.
Creedy, J. (1977): The Principle of Transfers and the Variance of Logarithms. Oxford Bulletin of Economics and Statistics 39, 152–158.
Crenshaw, E. (1998): The Demographic Regime of Western Europe in the Early Modern Period: A Review of Literature. Journal of Family History 14, 177–189.

Critescu, M. (1975): Differential Fertility Depending on the Age of Puberty. Journal of Human Evolution 4, 521–524.

Cromm, J. (1988): Bevölkerung – Individuum – Gesellschaft. Theorien und soziale Dimensionen der Fortpflanzung. Opladen: Westdeutscher Verlag.

Cromm, J. (1994): Alleinerziehende. Zur Entwicklung der Einelternfamilie in Deutschland seit dem 19. Jahrhundert. S. 55–79. In: Meyer, S., Schulze, E. (Hg.): Soziale Lage und soziale Beziehungen. Beiträge aus der Soziologie und angrenzender Disziplinen. Boppard: Boldt.

Cronk, L. (1989): Low Socioeconomic Status and Female-Biased Parental Investment: The Mukogodo Example. American Anthropologist 91, 414–429.

Cronk, L. (1991a): Human behavioral ecology. Annual Review of Anthropology 20, 25–53.

Cronk, L. (1991b): Preferential parental investment in daughters over sons. Human Nature 2, 387–417.

Cruijsen, H., Keilmann, N. (1992): A Comparative Analysis of the Forecasting Process. S. 3 ff. In: Keilmann, N., Cruijsen, H. (Hg.): National Population Forecasting in Industrialized Countries. Amsterdam.

Curtin, P.D. (1969): The Atlantic Slave Trade. Madison: University of Wisconsin Press.

Cutler, W.B., Garcia, C.R., Krieger, A.M. (1979): Infertility and Age at First Coitus: A Possible Relationship. Journal of Biosocial Science 11, 425–432.

Da Vanzo, J. (1976): Why Families Move: A Model of the Geographic Mobility of Married Couples. Santa Monica: Rand.

Da Vanzo, J. (1981a): Microeconomic Approaches to Studying Migration Decisions. S. 90–129. In: De Jong, G.F., Gardner, R.W. (Hg.): Migration Decision Making. New York: Pergamon Press.

Da Vanzo, J. (1981b): Repeat Migration, Information Costs, and Location-Specific Capital. Population and Environment 4, 45–73.

Dacey, M.F. (1962): Analysis of Central Place and Point Patterns by a Nearest-Neighbourhood Method. Lund Studies in Geography 24 B. Lund, 55–75.

Dahlmann, D. (1994): „Operation erfolgreich durchgeführt". Die Deportation der Wolgadeutschen 1941. S. 201–226. In: Streibel, R. (Hg.): Flucht und Vertreibung. Wien: Picus.

Dahlmann, D. (1995): Die Deportationen der deutschen Bevölkerungsgruppe in Rußland und in der Sowjetunion 1915 und 1941. Ein Vergleich. S. 103–113. In: Gestrich, A., Hirschfeld, G., Sonnabend, H. (Hg.): Ausweisung und Deportation. Formen der Zwangsmigration in der Geschichte. Stuttgart: Steiner.

Dahrendorf, R. (1957): Soziale Klassen und Klassenkonflikt in der industriellen Gesellschaft. Stuttgart: Enke.

Dahrendorf, R. (1965): Gesellschaft und Demokratie in Deutschland. München.

Daiber, K.F. (1988a): Religiöse Orientierungen und Kirchenmitgliedschaft in der Bundesrepublik Deutschland. S. 61–74. In: Kaufmann, F.X., Schäfers, B. (Hg.): Religion, Kirchen und Gesellschaft in Deutschland. Gegenwartskunde Sonderheft 5. Opladen.

Daiber, K.F. (1988b): Kirche und religiöse Gemeinschaften in der DDR. S. 75–88. In: Kaufmann, F.X., Schäfers, B. (Hg.): Religion, Kirchen und Gesellschaft in

Deutschland. Gegenwartskunde Sonderheft 5. Opladen.
Daiber, K.F., Luckmann, T. (Hg.) (1983): Religion in den Gegenwartsströmungen der deutschen Soziologie. München.
Dale, A., Arber, S., Proctor, S. (1988): Doing Secondary Analysis. London: Unwin.
Dallos, R. (1996): Change and transformations of relationships. S. 214–265. In: Miell, D., Dallos, R. (Eds.): Social Interaction and Personal Relationships. London: Sage.
Dalton, H. (1920) (1949): Some Aspects of the Inequality of Incomes in Modern Communities. London: Routledge.
Daly, M., Wilson, M. (1981): Abuse and Neglect of Children in Evolutionary Perspective. S. 405–416. In: Alexander, R.D., Tinkle, D. W. (Eds.): Natural Selection and Social Behavior – Recent Research and New Theory. New York, Concord: Chiron.
Daly, M., Wilson, M. (1983): Sex, Evolution, and Behavior. 2. Edition. Boston: Grant.
Daly, M., Wilson, M. (1984): A Sociobiological Analysis of Human Infanticide. S. 487–502. In: Hausfater, G., Hrdy, S.B. (Eds.): Infanticide – Comparative and Evolutionary Perspectives. Hawthorne: Aldine de Gruyter.
Daly, M., Wilson, M. (1988a): The Darwinian Psychology of Discriminative Parental Solitude. S. 91–143. In: Leger, D.W. (Ed.): Comparative Perspectives in Modern Psychology. Lincoln London: University of Nebraska Press.
Daly, M., Wilson, M. (1988b): Homicide. Hawthorne: Aldine de Gruyter.
Daly, M., Wilson, M. (1991): A Reply to Gelles: Stepchildren are Disproportionately Abused, and Diverse Forms of Violence can Share Causal Factors. Human Nature 2, 419–426.
Daly, M., Wilson, M. (1995): Discriminative Parental Solicitude and the Relevance of Evolutionary Models to the Analysis of Motivational Systems. S. 1269–1286. In: Gazzaniga, M.S. (Ed.): The Cognitive Neurosciences. Cambridge Massachusetts London: MIT Press.
Dangschat, J. (1985): Residentielle Segregation von Altersgruppen in Warschau. Geogr. Zeitschrift 73, 81–105.
Dangschat, J. et al. (1985): Phasen der Landes- und Stadtentwicklung. S. 3–148. In: Friedrichs, J. (Hg.): Stadtentwicklungen in West- und Osteuropa. Berlin New York: de Gruyter.
Danker-Hopfe, H. (1986): Menarchal age in Europe. Yearbook of Physical Anthropology 29, 81–112.
Danker-Hopfe, H., Delibalta, K. (1990): Menarchal Age of Turkish Girls in Bremen. Anthropologischer Anzeiger 48, 1–14.
Das Gupta, M. (1987): Selective Discrimination Against Female Children in Rural Punjab, India. Population and Development Review 13, 77–100.
Das Sozio-ökonomische Panel (1991): Lebenslagen im Wandel: Basisdaten und -analysen zur Entwicklung in den neuen Bundesländern. Frankfurt.
DasGupta, P. (1993): An Inquiry into Well-Being and Destitution. Oxford: Oxford University Press.
Däubler, W. (1992): Das Arbeitsrecht 2. 9. Aufl. Reinbek: Rowohlt
Davidson, B. (1966): Afrika. Geschichte eines Erdteils. Frankfurt: Ariel.

Davis, D., Holt, C. (1993): Experimental Economics. Princeton: Princeton University Press.

Davis, D.B. (1984): Slavery and Human Progress. New York: Oxford University Press.

Davis, H. (1976): Decision Making within the Household. S. 241–260. In: Consumer Research 2, 4.

Davis, J.A. (1963): Structural Balance, Mechanical Solidarity, and Interpersonal Relations. American Journal of Sociology, 68, 444–463.

Davis, J.A. (1967): Clustering and Structural Balance in Graphs. Human Relations 20.

Davis, J.A. (1968): Structural Balance, Mechanical Solidarity and Interpersonal Relations. American Journal of Sociology 68.

Davis, J.A., Leinhardt, S. (1972): The Structure of Positive Interpersonalrelations in Small Groups. Sociological Theories in Progress 2. Boston.

Davis, K. (1945): The World Demographic Transition. The Annals of the American Academy of Political and Social Science 273 (January).

Davis, K. (1963): The Theory of Change and Response in the Modern Demographic History. Population Index 29, 345–266.

Davis, K. (1964): Social Demography. S. 204. In: Berelson, B. (Hg.): The Behavioral Sciences Today. New York: Harper.

Davis, K. (1974): The Migration of Human Populations. Scientific American, Sept., 91–105.

Davis, K., Blake, J. (1956): Social Structure and Fertility: An Analytical Framework. Economic Development and Cultural Change 4, 211–235.

Davis, K., Moore, W.E. (1945): Some Principles of Social Stratification. American Sociological Review 10, 242–249.

Dawkins, R. (1976): The Selfish Gene. Oxford University Press, New York und Oxford. Deutsch (1978): Das egoistische Gen. Berlin: Springer.

Dawkins, R. (1982): The Extended Phenotype – The Gene as the Unit of Selection. Oxford, San Francisco: Freeman.

Day, L.H. (1992): The Future of Low-Birthrate Populations. London New York: Routledge.

De Beer, J. (1992): Methods of Fertility Projections and Forecasts. S. 27 ff. In: Keilmann, N., Cruijsen, H. (Hg.): National Population Forecasting in Industrialized Countries. Amsterdam.

De Jong, G.F., Fawcett, J.T. (1981): Motivations for Migration: An Assessment and a Value-Expectancy Research Model. S. 13–58. In: De Jong, G.F., Gardner, R.W. (Hg.): Migration Decision Making. New York: Pergamon Press.

De Jong, G.F. et al. (1986): Migration Intentions and Behavior: Decision Making in a Rural Philippine Province. S. 41–62. In: Fawcett, J.T. (Hg.): Migration Intentions and Behavior. Population and Environment 8.

De La Barra (1990): Integrated Land Use and Transport Modelling. Cambridge: Cambridge University Press.

De Tray, D.N. (1973): Child Quality and the Demand for Children. Journal of Political Economy 81, 70–95.

Deal, J.E., Anderson, E.R. (1995): Reporting and Interpreting Results in Family Research. Journal of Marriage and the Family 57, 1040–1048.

Deane, G.D. (1990): Mobility and Adjustment: Paths to the Resolution of Residential Stress. Demography 27, 65–79.

Deaton, A., Muellbauer, J. (1988): Economics and Consumer Behavior. Cambridge: Cambridge University Press.

Deci, E.L., Ryan, R.M. (1985): Intrinsic Motivation and Self-Determination in Human Behavior. New York: Plenum Press.

Delaisi de Parseval, Geneviève; Janaud, Alain (1986): Ein Kind um jeden Preis. Weinheim: Beltz

Delbeke, J. (1985): Long-Wave Research: The State of the Art. Anno 1983. In: Bianchi et al. (Eds.): Collaborative Paper, CP 9. Laxenburg.

Delbrück, C., Raffelhüschen, B. (1993): Die Theorie der Migration. Jahrbücher für Nationalökonomie und Statistik 212, 341–356.

Delgado, H.L., Hurtado, E., Valverde, V. (1985): Physical Growth, Age at Menarche and Age at First Union in Rural Guatemala. Ecology of Food and Nutrition 16, 127–133.

Dendrinos, S.D., Mulally, H. (1985): Urban Evolution – Studies in the Mathematical Ecology of Cities. Oxford: University Press.

DeNew, J., Zimmermann, K. (1993): Native Wage Impacts of Foreign Labour: A Random Effects Panel Analysis. Journal of Population Economics 7, 177–192.

Derrick, F.W., Lehfeld, A.K. (1980): The Family Life Cycle: An Alternative Approach. The Journal of Consumer Research 7, 214–217.

Desbarats, J. (1983): Constrained Choice and Migration. Geografiska Annaler 65 B, 11–22.

Desoge, H. (1966): Die Binnenwanderung in Österreich 1951–1964. Statistische Nachrichten 21.

Deutsche Bundesbank (1997): Ergebnisse der gesamtwirtschaftlichen Finanierungsrechnung für Deutschland 1990 bis 1996. Statistische Sonderveröffentlichung 4. Frankfurt.

Deutscher Bundestag (1994): Zwischenbericht der Enquete-Kommission Demographischer Wandel – Herausforderungen unserer älter werdenden Gesellschaft an den einzelnen und die Politik. Bundestagsdrucksache 12/7876.

Deutsches Institut für Wirtschaftsforschung (DIW) (1990): Privathaushalte und Wohnungsbedarf in Deutschland bis zum Jahr 2000. Wochenbericht 42.

Deutsches Institut für Wirtschaftsforschung (DIW) (1993): Bevölkerungsentwicklung in Deutschland bis zum Jahr 2010 mit Ausblick auf 2040. Wochenbericht 29.

Deutsches Institut für Wirtschaftsforschung (DIW) (1995): Alternde Gesellschaft. Zur Bedeutung von Zuwanderungen für die Altersstruktur in Deutschland. Wochenbericht 33.

Deutsches Institut für Wirtschaftsforschung (DIW) (1995): Perspektiven der längerfristigen Wirtschaftsentwicklung in Deutschland. Wochenbericht 36.

Diakonisches Werk der Evangelischen Kirche in Deutschland (EKD) (Hg.) (1994): Die Entwicklung der Diakonie von 1970 bis 1990 in Zahlen. Stuttgart.

Dickemann, M. (1979): Female Infanticide, Reproductive Strategies, and Social Stratification: A Preliminary Model. S. 321–367. In: Chagnon, N.A., Irons, W.

(Eds.): Evolutionary Biology and Human Social Behavior – An Anthropological Perspective. North Scituate: Duxbury.

Dickemann, M. (1981): Paternal Confidence and Dowry Competition: A Biocultural Analysis of Purdah. S. 417–438. In: Alexander, R.D., Tinkle, D.W. (Eds.): Natural Selection and Social Behavior: Recent Research and New Theory. New York, Concord: Chiron.

Dieckmann, A., Weick, S. (Hg.) (1993): Der Familienzyklus als sozialer Prozess. Berlin: Duncker und Humblot.

Diekmann, A. (1987): Determinanten des Heiratsalters und Scheidungsrisikos. Eine Analyse soziodemographischer Umfragedaten mit Modellen und statistischen Schätzmethoden der Verlaufsanalyse. Unveröffentlichte Habilitationsschrift Universität München.

Diekmann, A. (1992): Sex-Ratio, Divorce, and Labor Force Participation: An Analysis of International Aggregate Data. S. 283–293. In: Haag, G., Mueller, U. ,Troitzsch, K.G. (Hg.): Economic Evolution and Demographic Change. Berlin: Springer.

Diekmann, A. (1993): Auswirkungen der Kohortenzugehörigkeit, der schulischen Bildung und der Bildungsexpansion auf das Heiratsverhalten. S. 136–164. In: Diekmann, A., Weick, S. (Hg.): Der Familienzyklus als sozialer Prozess. Bevölkerungssoziologische Untersuchungen mit den Methoden der Ereignisanalyse. Berlin: Duncker und Humblot.

Diekmann, A. (1994): Hat das steigende Ehescheidungsrisiko das berufliche Engagement von Frauen gefördert? Soziale Welt 45, 83–97.

Diekmann, A. (1995): Empirische Sozialforschung: Grundlagen, Methoden, Anwendungen. Reinbek: Rowohlt.

Diekmann, A., Engelhardt, H. (1995): Einkommensungleichheit zwischen Frauen und Männern. Eine ökonometrische Analyse der Schweizer Arbeitskräfteerhebung. Schweizerische Zeitschrift für Volkswirtschaft und Statistik 131, 57–83.

Diekmann, A., Mitter, P. (1983): The Sickle-Hypothesis: A Time Dependent Poisson Model with Applications to Deviant Behavior and Occupational Mobility. Journal of Mathematical Sociology 9, 85–101.

Diekmann, A., Mitter, P. (1984a): Methoden zur Analyse von Zeitverläufen. Stuttgart: Teubner.

Diekmann, A., Mitter, P. (1984b): A Comparison of the Sickle Function with Alternative Stochastic Models of Divorce Rates. S. 123–153. In: Diekmann, A., Mitter, P. (Eds.): Stochastic Modelling of Social Processes. New York: Academic Press.

Diekmann, A., Mitter, P. (1990): Stand und Probleme der Ereignisanalyse. S. 404–441. In: Mayer, K.U. (Hg.): Lebensverläufe und sozialer Wandel. Opladen: Westdeutscher Verlag.

Diekmann, A., Weick, S. (Hg.) (1993): Der Familienzyklus als sozialer Prozess. Bevölkerungssoziologische Untersuchungen mit den Methoden der Ereignisanalyse. Berlin: Duncker und Humblot.

Dienel, P. (1962): Die Freiwilligkeitskirche, dargestellt anhand der Ergebnisse einer empirisch-soziogischen Untersuchung fünf evangelisch-freikirchlicher Gemeinden. Münster.

Dinkel, R.H. (1984): Sterblichkeit in Perioden- und Kohortenbetrachtung. Zeitschrift für Bevölkerungswissenschaft 10, 4, 477–500.

Dinkel, R.H. (1989): Demographie. Bevölkerungsdynamik. Band 1. München: Vahlen.

Dinkel, R.H. (1992): Kohortensterbetafeln für die Geburtsjahrgänge 1900 bis 1992 in den beiden Teilen Deutschlands. Zeitschrift für Bevölkerungswissenschaft 18, 1.

Dinkel, R.H. (1996): Kohortensterbetafeln: Ein Überblick über Logik, Konstruktionsverfahren und Anwendungsmöglichkeiten. In: Dinkel, R.H. et al.

Dinkel, R.H. (Hg.) (1996): Sterblichkeitsentwicklung – unter besonderer Berücksichtigung des Kohortenansatzes. München: Boldt.

Dinkel, R.H., Lebok, U. (1993): Die langfristige Entwicklung des Erwerbspersonenpotentials bei alternativen Annahmen über die (Netto)Zuwanderung nach Deutschland. Arbeitsmarkt- und Berufsforschung 26, 4, 495–506.

Dinkel, R.H., Lebok, U. (1994): Demographische Aspekte der vergangenen und zukünftigen Zuwanderung nach Deutschland. Aus Politik und Zeitgeschichte. Beilage zur Wochenzeitung Das Parlament B 48, 27–36.

Dinkel, R.H., Meinl, E. (1991): Die Komponenten der Bevölkerungsentwicklung in der Bundesrepublik Deutschland und der DDR zwischen 1950 und 1987. Zeitschrift für Bevölkerungswissenschaft 17, 2, 115–134.

Dinkel, R.H., Milenovic, I. (1992): Die Kohortenfertilität von Männern und Frauen in der Bundesrepublik Deutschland. Eine Messung mit Daten der empirischen Sozialforschung. Kölner Zeitschrift für Soziologie und Sozialpsychologie 44, 55–75.

DiPrete, T.A., Forristal, J.D. (1994): Multilevel Models: Methods and Substance. Annual Review of Sociology 20, 331–357.

Dixit, A. (1990): Optimization in Economic Theory. 2. Edition. New York, Oxford: Oxford University Press.

Dodd, S.C. (1950): The Interactance Hypothesis. A Gravity Model Fitting Physical Masses and Human Groups. American Sociological Review 15, 245–256.

Doeringer, P.B., Piore, M.J. (1971): Internal Labor Markets and Manpower Analysis. Lexington Massachusetts: Heath.

Dogan, M., Kasarda, J.D. (Hg.) (1987): The Metropolis Area. Vol. 1: A World of Giant Cities. Nebury Park Beverly Hills London New Delhi: Sage.

Doll, R. (1995): Sir Austin Bradford Hill: A Personal View of his Contribution to Epidemiology. Journal of the Royal Statistical Society A 158, 155–163.

Doll, R., Hill, A.B. (1952): A study of the aetiology of carcinoma of the lung. British Medical Journal 2, 1271–1286.

Domencich, T.A., McFadden, D. (1975): Urban Travel Demand: A Behavioural Analysis. Amsterdam: North-Holland.

Domrös, M. (1984): Indien. Bevölkerungsexplosion und demographischer Wandel. Geogr. Rundschau 36, 48–55.

Dooley, D. (1990): Social Reseach Methods. 2. Aufl. Englewood Cliffs: Prentice Hall.

Dorbritz, J. (1992): Nuptilität, Fertilität und familiale Lebensformen in der sozialen Transformation. Übergang zu einer neuen Bevölkerungsweise in Ostdeutsch-

land? Zeitschrift für Bevölkerungswissenschaft 18, 2, 167–196.
Dorbritz, J. (1994): Bericht 1994 über die demographische Lage in Deutschland. Zeitschrift für Bevölkerungswissenschaft 19, 4, 393–474.
Dorbritz, J., Gärtner, K. (1995): Bericht 1995 über die demographischen Lage in Deutschland. Zeitschrift für Bevölkerungswissenschaft 20, 4.
Dorbritz, J., Menning, S. (1992): Wandel des generativen Verhaltens und der Familienbildung in den neuen Bundesländern infolge des Austausches der Wirtschafts- und Sozialordnung und der sozialstrukturellen Transformation. KSPW-Arbeitsgruppe 6. Berlin.
Doreian, P. (1970):Mathematics and the Study of Social Relations. London.
Doreian, P. (1980): On the Evolution of Group and Network Structure. Social Networks 2
Dreitzel, H.P. (1986): J.P. Süssmilchs Beitrag zur politischen Diskussion der Deutschen Aufklärung. S. 29–141. In: Birg, H. (Hg.): Ursprünge der Demographie in Deutschland. Leben und Werk Johann Peter Süssmilchs (1707–1767). Frankfurt: Campus.
Drewe, P. (1976): Migration in the Netherlands: Policies and Models. Paper presented at the Iiasa-Conference on Dynamics of Human Settlement Systems (13.–16.12.). Laxenburg.
Dubin, J., Rivers, D. (1989): Selection Bias in Linear Regression, Logit, and Probit Models. Sociological Methods and Research 18, 360–390.
Dülmen, R. van (1990): Kultur und Alltag in der Frühen Neuzeit. Das Haus und seine Menschen 16.–18. Jahrhundert. München: Beck.
Dumon, W. (1993): Changing family patterns in Western Europe. S. 16–21. In: Changing Families in Changing Societies. Materialien zur Bevölkerungswissenschaft. Bundesinstitut für Bevölkerungsforschung. Sonderheft 21. Wiesbaden.
Dumont, A. (1890): Depopulation et civilisation. Etude demographique. Paris: Lecrosnier & Babe.
Dunbar, R.I.M. (1995): Are you lonesome tonight ? New Scientist 145, 1964, 26–31.
Duncan, O., Perrucci, C.C. (1976): Dual Occupation Families and Migration. American Sociological Review 41, 252–261.
Duncan, O.D. (1957): The Measurement of Population Distribution. Population Studies 11, 27–45.
Duncan, O.D. (1959): Human Ecology and Population Studies. S. 678–716. In: Hauser, P.M., Duncan, O.D. (Hg.): The Study of Population. An Inventory and Appraisal. Chicago: University of Chicago Press.
Duncan, O.D. (1966): Methodological Issues in the Analysis of Social Mobility. S. 51–97. In: Smelser, H.J. S.M. Lipset (Hg.): Social Structure and Mobility in Economic Development. Chicago: Aldine.
Duncan, O.D., Duncan, B. (1955): A Methodological Analysis of Segregation Indexes. Amererican Sociological Review 20, 210–217.
Duncan, O.D., Duncan, B. (1957): The Negro Population of Chicago. Chicago: Chicago University Press.
Dunstan, J. (1979): The Effect of Crowding on Behaviour. Urban Studies 16, 299–307.

07.
Dupâquier, J. (1979): La population rurale du Bassin Parisien à l'époque de Louis XIV. Paris.
Dupâquier, J., Lachiver, M. (1969): Sur les débuts de la contraception en France ou les deux malthusianismes. Annales E.S.C. 24, 1391–1406.
Dupâquier, J., Lachiver, M. (1981): Du contresens à l´illusion technique, suivi d´une réponse de John Knodel à Jacques Dupâquier. Annales E.S.C 36, 489–494.
Duquenne, V. (1987):Contextual Implications between Attributes and some Representational Properties for Finite Lattices. Mannheim.
Durdik, C. (1973): Bevölkerungs- und Sozialstatistik in Österreich im 18. und 19. Jahrhundert. S. 225 ff. In: Helczmanorszki, H. (Hg.): Beiträge zur Bevölkerungs- und Sozialgeschichte Österreichs. Wien.
Durham, W.H. (1991): Coevolution: Genes, Culture, and Human Diversity. Stanford University Press.
Durkheim, E. (1921): La Famille conjugale. Revue Philosophique 91, 1–14.
Durkheim, E. (1938):The Rules of the Sociological Method. (Original 1895) New York: Free Press.
Durkheim, E. (1947):The Division of Labor in Society. (Original 1893) New York: Free Press.
Durkheim, E. (1976): Die Regeln der soziologischen Methode. 5. Aufl. Original: 1895. Darmstadt Neuwied: Luchterhand.
Durkheim, E. (1992): Über soziale Arbeitsteilung: Studie über die Organisation höherer Gesellschaften. Frankfurt: Luchterhand.
Dürr, H. (1972): Empirische Untersuchungen zum Problem der sozialgeographischen Gruppe. Der aktionsräumliche Aspekt. Münchener Studien zur Sozial- und Wirtschaftsgeographie 8, 71–81.
Easterlin, R.A. (1961): The American Baby Boom in Historical Perspective. American Economic Review 51, 869–911.
Easterlin, R.A. (1966): Economic-Demographic Interactions and Long Swings in Economic Growth. American Economic Review 56, 1063–1104.
Easterlin, R.A. (1968): Population, Labor Force, and Long Swings in Economic Growth. New York: Columbia University Press.
Easterlin, R.A. (1973): Relative Economic Status and the American Fertility Swing. S.170–233. In: Sheldon, E.B. (Hg.): Family Economic Behavior: Problems and Prospects. Philadelphia, Toronto: Lippicott.
Easterlin, R.A. (1975): An Economic Framework for Fertility Analysis. Studies in Family Planning 6, 54–63.
Easterlin, R.A. (1978): The Economics and Sociology of Fertility: A Synthesis. S. 57–133. In: Tilly, C. (Hg.): Historical Studies of Changing Fertility. Stanford: Princeton University Press.
Easterlin, R.A. (1980): Birth and Fortune. The Impact of Numbers on Personal Welfare. New York: Basic Books.
Easterlin, R.A. (1981): Why Isn't the Whole World Developed? Journal of Economic History 41, 1–19.
Easterlin, R.A. (1989): Fertility. S. 77–89. In: Eatwell, J., Milgate, M., Newman, P. (Hg.): The New Palgrave: Social Economics. New York: Norton.

Easterlin, R.A., Crimmins, E.M. (1985): The Fertility Revolution. A Supply-Demand-Analysis. Chicago London: University of Chicago Press.

Easterlin, Richard A. (1966): Economic-Demographic Interactions and Long Swings in Economic Growths. American Economic Review, 56, 1063–1104.

Ebert, E., Grunert, R., Hinz, S, (1993): Einkommen und Konsum im Übergang von sozialistischer Plan- in soziale Marktwirtschaft. Manuskript.

Eckart, C. (1986): Halbtags durch das Wirtschaftswunder. Die Entwicklung der Teilzeitarbeit in den sechziger Jahre. In: Kramer, H., Eckart, C., Riemann, I., Walser, K. (Hg.): Grenzen der Frauenlohnarbeit. Frankfurt New York: Campus.

Eckart, C. (1990): Der Preis der Zeit. Eine Untersuchung der Interessen von Frauen an Teilzeitarbeit. Frankfurt: Campus.

Edwards, R.C. (1979): Contested Terrain. New York: Basic Books.

Effinger, H., Grossmann, S. (1987): Static Structure Function of Turbulent Flow from the Navier-Stokes Equation. Zeitschrift Physics, B 66, 289–304.

Eggenberger, O. (1983): Die Kirchen, Sondergruppen und religiösen Vereinigungen. Ein Handbuch. 3.Aufl. Zürich.

Ehlers, E. (1984): Bevölkerungswachstum – Nahrungsspielraum – Siedlungsgrenzen der Erde. Studienbücher Geogr. Frankfurt.

Ehrenberg, R.G., Smith, R.S. (1982): Modern Labor Economics. Theory and Public Policy. Glenview, Illinos: Scott Foresman.

Ehrenberg, R.G., Smith, R.S. (1991): Modern Labor Economics. 4. Edition. New York: Harper Collins.

Eiben, O.G. (1972): Genetische und demographische Faktoren und Menarchealter. Anthropologischer Anzeiger 33, 205–212.

Eichwalder, R., Klein, K. (1988): Geänderte Erfassung von Arbeitslosigkeit im Mikrozensus. Statistische Nachrichten 43, 9, 665 ff.

Eigen, M., Schuster, P. (1979): The Hypercycle. A Principle of Natural Self-Organization. Berlin Heidelberg New York: Springer.

Eisenstadt, S.N. (1954): The Absorption of Immigrants. London.

Elandt-Johnson, R.C., Johnson, N. (1980): Survival Models and Data Analysis. New York: Wiley.

Elaydi, S.N. (1996): An introduction to difference equations. Springer.

Elder, G.H., O'Rand, A.M. (1995): Adult Lives in a Changing Society. In: Cook, K.S. (Ed.): Sociological Perspectives on Social Psychology. Boston.

Ellison, P.T. (1990): Human ovarian function and reproductive ecology: New hypotheses. American Anthropologist 92, 933–952.

Ellison, P.T. (1994): Advances in human reproductive ecology. Annual Review of Anthropology 23, 255–275.

Ellison, P.T., Peacock, N.R., Lager, C. (1989): Ecology and ovarian function among Lese women of the Ituri Forest, Zaire. American Journal of Physical Anthropology 78, 519–526.

Elm, K. (1995): Art. „Orden I“. S.315–326 in: Theologische Realenzyklopädie 25. Berlin New York.

Elster, J. (1987): Subversion der Rationalität. Frankfurt: Campus.

Eltis, W.A. (1984): Malthus's Theory of Effective Demand and Growth. Oxford

Economic Papers 32, 19–56.
Elwert, G., Marcusson, H. (1987): Sterblichkeit und Lebenserwartung. Berlin.
Emlen, S.T. (1991): Evolution of cooperative breeding in birds and mammals. S. 301–337. In: Krebs, J.R., Davies, N.B. (Eds.): Behavioural Ecology – An Evolutionary Approach, 3. Edition. Oxford: Blackwell.
Engel, H.U. (Hg.) (1983): Deutsche unterwegs. Von der mittelalterlichen Ostsiedlung bis zur Vertreibung im 20. Jahrhundert. München Wien: Olzog.
Engelbrech, G. (1987): Erwerbsverhalten und Berufsverlauf von Frauen: Ergebnisse neuerer Untersuchungen im Überblick. Mitteilungen aus der Arbeitsmarkt- und Berufsforschung 20, 2, 181–196.
Engelbrech, G. (1989): Erfahrungen von Frauen an der „dritten Schwelle". Schwierigkeiten bei der beruflichen Wiedereingliederung aus der Sicht der Frauen. Mitteilungen aus der Arbeitsmarkt- und Berufsforschung 22, 1, 100–113.
Engelen-Kefer, U., Kühl, J., Peschel, P., Ullmann, H. (1995): Beschäftigungspolitik. Köln: Bund-Verlag.
Engeln, H. (1997): Die Evolution der Liebe. Geo 1, 30–42.
England, P.K., Stanek, B. (1990): Market, Marriage, and Other Mates: The Problem of Power. S. 163–188. In: Friedland, R., Robertson, A.F. (Eds.): Beyond the Marketplace. Rethinking Economy and Society. New York: Aldine de Gruyter.
Eppmann, H., Schäfer, J. (1991): Volkszählung '87. Eine Untersuchung zur Qualität der Ergebnisse. Statistische Rundschau Nordrhein-Westfalen 4, 192–200.
Epstein, E., Guttman, R. (1984): Mate selection in man; Evidence, theory, and outcome. Social Biology 31, 243–278.
Erdmann, T. (1994): Sozialversicherungspflichtig beschäftigte Pendler in der Region Hamburg im Juni 1993. Hamburg in Zahlen 9, 296–297.
Erler, G., Jaeckel, M., Pettinger, R., Sass, J. (1988): Kind? Beruf? Oder beides? München: Kösel.
Erler, Michael (1995): Alleinerziehende. Die „Ein-Eltern-Familie" zwischen Unvollständigkeit und Alternative. Sozialmagazin, 7/8, 52–56.
Ermisch, J. (1979): The Relevance of the Easterlin Hypothesis and the New Home Economics to Fertility Movements in Great Britain. Population Studies 33, 39–58.
Ernst, C. (1991): Künstliche Zeugung. S. 437–452. In: Fleiner-Gerster, T., Gilliand, P., Lüscher, K. (Hg.): Familien in der Schweiz. Freiburg: Universitätsverlag.
Esenwein-Rothe, I. (1982): Einführung in die Demographie. Stat. Studien 10. Wiesbaden: Steiner.
Espenshade, T.J. (1977): The Value and Cost of Children. Population Bulletin 32, 3–47.
Esser, H. (1979): Methodische Konsequenzen gesellschaftlicher Differenzierung. Zeitschrift für Soziologie 8, 14–27.
Esser, H. (1989): Verfällt die soziologische Methode? Soziale Welt 40, 57–75.
Esser, H. (1990): Habits, Frames und Rational Choice. Die Reichweite von Theorien der rationalen Wahl (am Beispiel der Erklärung des Befragtenverhaltens). Zeitschrift für Soziologie, 19, 231–247.
Esser, H. (1991): Alltagshandeln und Verstehen. Zum Verhältnis erklärender und

verstehender Soziologie am Beispiel von Alfred Schütz und Rational Choice. Tübingen: Mohr.
Esser, H. (1993): Soziologie. Allgemeine Grundlagen. Frankfurt New York: Campus.
Esser, H. (1996): Soziologie. Allgemeine Grundlagen. 2. Aufl. Frankfurt: Campus.
Esser, H., Grohmann, H., Müller, W., Scheiffer, K.A. (1989): Mikrozensus im Wandel. Schriftenreihe Forum Bundesstatistik. Stuttgart.
Essock-Vitale, S.M., McGuire, M.T. (1988): What 70 million years hath wrought: Sexual histories and reproductive success of a random sample of American women. S. 221–235. In: Betzig, L.L., Borgerhoff Mulder, M., Turke, P.W. (Eds.): Human Reproductive Behavior – A Darwinian Perspective. Cambridge: Cambridge University Press.
Euler, L. (1736): Solutis Problematis Ad Geometriam Situs Pertinantis. Commentarii Academiae Scientiarum Imperialis Petropoitanae 8, 128–140.
Euler, M. (1982): Budget ausgewählter Haushalte, Ergebnisse laufender Wirtschaftsrechnung. In: Wirtschaft und Statistik 12, 944–948.
Euler, M. (1982): Die Einkommens- und Verbrauchsstichprobe 1983. Wirtschaft und Statistik 6, 433–437.
Euler, M. (1993): Einkommens- und Verbrauchsstichprobe 1993. Wirtschaft und Statistik 7, 463–470.
Evangelische Kirche in Deutschland (Hg.) (1993a): Fremde.Heimat.Kirche. Ansichten ihrer Mitglieder. Erste Ergebnisse der dritten EKD-Umfrage über Kirchenmitgliedschaft. Studien- und Planungsgruppe Hannover.
Evangelische Kirche in Deutschland (Hg.) (1993b): Statistik über Äußerungen des kirchlichen Lebens in den Gliedkirchen der EKD in den Jahren 1990 und 1991. Statistische Beilage Nr. 88 zum Amtsblatt der EKD, Heft 11 vom 15. November. Hannover.
Evangelische Kirche in Deutschland (Hg.) (1994): Kirchenzugehörigkeit in Deutschland – Was hat sich verändert? Evangelische und katholische Kirche im Vergleich. Statistische Beilage Nr. 89 zum Amtsblatt der EKD, Heft 10 vom 15. Oktober. Hannover.
Evangelische Kirche in Deutschland (Hg.) (1995): Statistik über Äußerungen des kirchlichen Lebens in den Gliedkirchen der EKD im Jahre 1992. Statistische Beilage Nr. 90 zum Amtsblatt der EKD, Heft 1 vom 15. Januar. Hannover.
Everett, M.G. (1982): A Graph Theoretic Blocking Procedure for Social Networks. Social Networks 4.
Everett, M.G. (1985): Role Similarity and complexity in social networks. Social Networks 7, 353–359.
Everett, M.G., Boyd, J. P., Borgatti, S.P. (1990): Ego-Centered and Local Roles. Journal of Mathematical Sociology 15, 3–4, 163–172.
Everitt, B. (1980): Cluster Analysis. Quality and Quantity 14, 74–100.
Evers, G.H.M. (1989): Simultaneous Models for Migration and Commuting: Macro and Micro Economic Approaches. S. 177–197. In: Dijk, J. van, Folmer, H., Herzog, H.W., Schlottman, A.M. (Hg.): Migration and Labor Market Adjustment. Dordrecht: Kluwer.
Eysenck, H.J. (1975): Die Ungleichheit der Menschen. München: Paul List Verlag.

Fahlbusch, E. (1979): Kirchenkunde der Gegenwart. Stuttgart.

Fahrmeir, L., Tutz, G. (1994): Multivariate Statistical Modelling Based on Generalized Linear Models. New York: Springer.

Faik, J. (1995): Äquivalenzskalen. Theoretische Erörterung, empirische Ermittlung und verteilungsbezogene Anwendung für die Bundesrepublik Deutschland. Berlin: Duncker und Humblot.

Fairchild, H.P. (1925): Immigration. A World Movement and its American Significance. New York: Macmillan.

Faltin, S. (1987): Die Auswanderung aus der Pfalz nach Nordamerika im 19. Jahrhundert. Unter besonderer Berücksichtigung des Landkommissariats Bergzabern. Bern Frankfurt New York Paris: Lang.

Fassmann, H., Münz, R. (1995): European East-West Migration, 1945–1992. S.470–480. In: Cohen, R. (Hg.): The Cambridge Survey of World Migration. Cambridge: Cambridge University Press.

Faulbaum, F., Bentler, P.M. (1994): Causal Modeling. Some Trends and Perspectives. In: Borg, I., Mohler, P. (Hg.): Trends and Perspectives in Empirical Social Research. Berlin: de Gruyter.

Fawcett, J.T. (1986): Migration Psychology: New Behavioral Models. S. 5–13. In: Fawcett, J.T. (Hg.): Migration Intentions and Behavior. Population and Environment 8.

Fazio, R.H., Zanna, M.P. (1981): Direct Experience and Attitude-Behaviour Consistency. S. 161–202. In: Berkovitz, L. (Ed.): Advances in Experimental Social Psychology 51.

Fechner, G.T. (1877): In Sachen der Psychophysik. Leipzig: Breitkopf und Härtel.

Federkeil, G., Strohmeier, K.P. (1993): Familiale Lebensformen, Lebenslagen und Familienalltag im internationalen Vergleich. Ergebnisbericht für das Bundesministerium für Familie und Senioren. Bielefeld

Feeney, G. (1973): Two Models for Multiregional Population Dynamics. Environment and Planning A 5, 31–44.

Feeney, G., Lutz, W. (1991): Distributional Analysis of Period Fertility. In: Lutz, W. (Ed.): Future Trends in Europe and North America. What can we assume today? London New York: Academic Press.

Feger, H. (1977): Die Anwendung cliquen-entdeckender und clusteranalytischer Verfahren zur Analyse sozialer Structuren. Unveröffentl. Arbeitsbericht. RWTH Aachen.

Feger, H. (1987): Netzwerkanalyse in Kleingruppen: Datenarten, Strukturregeln und Strukturmodelle. In: Pappi, F.U. (1987).

Feger, H., Neulen, I. (1978):Analyse asymetrischer Sympathiebeziehungen. Unveröffentl. Arbeitspapier. RWTH Aachen.

Fehr, E., Kirchsteiger, G., Riedl, A. (1996): Involuntary unemployment and non-compensation wage differentials in an experimental labour market. The Economic Journal 106, 434, 106–121.

Feichtinger, G. (1971): Stochastische Modelle Demographischer Prozesse. Lecture Notes in Operations Research and Mathematical Systems, Vol. 44.

Feichtinger, G. (1972a): Neue Entwicklungen der Formalen Demo-Graphie. Mitteilungsblatt der Österreichischen Gesellschaft für Statistik Informatik 5, 23–29.

Feichtinger, G. (1972b): Neue Entwicklungen der Formalen Demo-Graphie II. Mitteilungsblatt der Österreichischen Gesellschaft für Statistik und Informatik 6, 53–64.

Feichtinger, G. (1973): Bevölkerungsstatistik. Berlin New York.

Feichtinger, G. (1978): Altersstrukturen, Lebenserwartung und Familienzyklus. Grundlagen aus der Demographie. S. 127–163. In: Rosenmayr, L. (Hg.): Die menschlichen Lebensalter. Kontinuität und Krisen. München: Piper und Co.

Feichtinger, G. (1979): Demographische Analyse und populationsdynamische Modelle. Grundzüge der Bevölkerungsmathematik. Wien New York.

Feichtinger, G., Hartl, R.F. (1986): Optimale Kontrolle ökonomischer Prozesse: Anwendungen des Maximumprinzips in den Wirtschaftswissenschaften. Berlin New York: de Gruyter.

Feick, J. (1980): Wirkungsforschung in den USA. Soziale Welt 31, 396–412.

Feige, A. (1990): Kirchenmitgliedschaft in der Bundesrepublik Deutschland. Zentrale Perspektiven empirischer Forschungsarbeit im problemgeschichtlichen Kontext der deutschen Religions- und Kirchensoziologie nach 1945. Gütersloh.

Feinberg, S.E., Mason, W.M. (1978): Identification and Estimation of Age-Period-Cohort Models in the Analysis of Discrete Archival Data. In: Schuessler, K.F. (Hg.): Sociological Methodology. San Francisco: Jossey-Bass.

Feingold, A. (1988): Matching for attractiveness in romantic partners and same-sex friends: A meta-analysis and theoretical critique. Psychological Bulletin 104, 226–235.

Feingold, A. (1992): Gender differences in mate selection preferences: A test of the parental investment model. Psychological Bulletin 112, 125–139.

Feld, S.L. (1981): The focused organization of social ties. American Journal of Sociology 86, 1015–1035.

Felderer, B. (Hg.) (1986): Beiträge zur Bevölkerungsökonomie. Berlin: Duncker und Humblot.

Felderer, B. (Hg.) (1990): Bevölkerung und Wirtschaft. Jahrestagung des Vereins für Socialpolitik – Gesellschaft für Wirtschaft und Sozialwissenschaften in Wien 1989. Berlin: Duncker und Humblot.

Felderer, B., Homburg, S. (1994): Makroökonomik und neue Makroökonomik. 6. verbesserte Aufl. Berlin Heidelberg New York: Springer.

Felderer, B., Sauga, M. (1988): Bevölkerung und Wirtschaftsentwicklung. Frankfurt New York: Campus.

Ferber, R. (1973): Family Decision Making and Economic Behavior. A Review. In: Sheldon, E.B. (Ed.): Family Economic Behavior: Problems and Prospects. Philadelphia.

Ferber, R., Hirsch, W.Z. (1979): Social Experiments in Economics. Journal of Econometrics 11, 77–115.

Festy, P. (1979): La Fecondite des Pays Occidenteaux de 1870 a 1970. Paris: Presses Universitaires de France.

Fialová, L., Pavlík, Z., Vereš, P. (1990): Fertility Decline in Czechoslovakia during the Last Two Centuries. Population Studies 44, 89–106.

Fielding, N.G., Fielding, J.L. (1986): Linking Data. Beverly Hills: Sage.

Fields, G.S., Ok, E.A. (1996): The Meaning and Measurement of Income Mobility. J. of Economic Theory 71, 349–377.

Final Report of the Seattle-Denver Income Maintenance Experiment (1983b): Administration. Vol. 2. SRI International Washington, DC: U.S. Government Printing Office.

Final Report of the Seattle-Denver Income Maintenance Experiment. (1983a): Design and Results. Vol. 1. SRI International Washington, DC: U.S. Government Printing Office.

Finch, C.E., Rose, M.R. (1995): Hormones and the Physiological Architecture of Life History Evolution. Quarterly Review of Biology 70, 1–52.

Findl, P. (1991): L'Autriche/Austria. S. 225–236. In: Rallu, J.L., Blum, A.

Findl, P., Hanika, A. (1990): Bevölkerungsvorausschätzung 1990–2015 des Österreichischen Statistischen Zentralamtes für Österreich und die Bundesländer, sowie Modellrechnungen bis 2050. Statistische Nachrichten 45, 9, 635 ff.

Findl, P., Hanika, A. (1991): Bevölkerungsvorausschätzung 1991–2030 des ÖSTZ für Österreich und die Bundesländer, sowie Modellrechnung bis 2050. Statistische Nachrichten 46, 9, 800–811.

Findl, P., Helczmanovszki, H. (1977): The Polulation of Austria. 1974 World Population Year. Austrian Academy of Sciences. Vienna.

Findlay, A.M., Graham, E. (1991): The Challenge Facing Population Geography. Progress in Human Geography 15, 149–162.

Findley, S.E. (1987): An Interactive Contextual Model of Migration in Ilcos Norte, The Philippines. Demography 24, 163–190.

Fine, M.A. (1986): Perceptions of stepparents: Variation in stereotypes as a function of current family structure. Journal of Marriage and the Family 48, 3, 537–543.

Fischer, C.S. (1982): To Dwell Among Friends. Chicago.

Fischer, M., Haag, G., Sonis, M., Weidlich, W. (1988): Account of Different Views in Dynamic Choice Processes. WSG Discussion Paper 1/88. Wirtschaftsuniversität Wien.

Fischer, M.M., Nijkamp, P., Papageorgiou, Y.Y. (1990): Spatial Choices and Processes. Amsterdam New York Oxford: North-Holland.

Fischer, W., Krengel, J., Wietog, J. (1981): Sozialgeschichtliches Arbeitsbuch. München

Fischer, W., Marhold, W. (1983): Das Konzept des Symbolischen Interaktionismus in der deutschen Religionssoziologie. S. 157–181. In: Daiber, K.F., Luckmann, T. (Hg.): Religion in den Gegenwartsströmungen der deutschen Soziologie. München.

Fischer, W., McInnis, M., Schneider, J. (Hg.) (1986): The Emergence of a World Economy 1500–1914, Part I: 1500–1800. Beiträge zur Wirtschafts- und Sozialgeschichte Bd. 33,1. Stuttgart: Steiner Wiesbaden.

Fishbein, M. (1972): Toward an Understanding of Family Planning Behavior. Journal of Applied Psychology 214–227.

Fishbein, M., Ajzen, I. (1975): Belief, Attitude, Intension and Behavior: An Introduction to Theory and Research. Reading Massachusetts: Addison-Wesley.

Fisher, R.A. (1930): The Genetical Theory of Natural Selection. Oxford: Clarendon (reprint New York: Dover).

Fitzpatrick, D. (1985): Marriage in post-famine Ireland. In: Cosgrove, A. (Ed.): Marriage in Ireland. Dublin: College Press.

Flaskämper, P. (1962): Bevölkerungsstatistik. Hamburg: Meiner.

Fleming, A.F., Briggs, N.D., Rossiter, C.E. (1985): Growth during pregnancy in Nigerian teenage primigravidae. British Journal of Obstetrics and Gynecology Suppl. 5, 32–39.

Flemmig, J. (Hg.) (1995): Moderne Makroökonomik: Eine kritische Bestandsaufnahme. Marburg: Metropolis.

Fleury, M., Henry, L. (1965): Nouveau manuel de dépouillement et d'exploitation de l'état civil. Paris.

Flinn, M.V. (1981): Uterine versus agnatic kinship variability and associated cousin marriage preferences: An evolutionary biological analysis. S. 439–475. In: Alexander, R.D., Tinkle, D.W. (Eds.): Natural Selection and Social Behavior – Recent Research and New Theory. Concord, New York: Chiron.

Flinn, M.V. (1988): Step- and genetic parent/offspring relationships in a Caribbean village. Ethology and Sociobiology 9, 335–369.

Flinn, M.V. (1989): Household composition and female reproductive strategies in a Trinidadian village. S. 206–233. In: Rasa, A.E., Vogel, C., Voland, E. (Eds.): The Sociobiology of Sexual and Reproductive Strategies. London New York: Chapman and Hall.

Flinn, M.V., Low, B.S. (1986): Resource distribution, social competition, and mating patterns in human societies. S. 217 – 243. In: Rubenstein, D.I., Wrangham, R.W. (Eds.): Ecological Aspects of Social Evolution – Birds and mammals. Princeton: Princeton University Press.

Flora, P. (1974): Modernisierungsforschung. Opladen: Westdeutscher Verlag.

Foa, E.B., Foa, U.G. (1980): Resource Theory. S. 77–101. In: Gergen, K.J., Greenberg, M.S., Willis, R.H. (Eds.): Social Exchange. Advances in Theory and Research. New York London: Plenum.

Foa, U.G., Foa, E.B. (1974): Societal Structures of the Mind. Springfield: Charles C. Thomas.

Foerster, H. von (1959): Some remarks on changing populations. In: Stohlman, F. (Hg.): The kinetics of cellular proliferations. New York.

Foggin, P., Bissonnette, F. (1976): La Structure d'Age au Saguenay-Lac-Saint-Jean, Quebec. Rev. Géogr. Montréal 30, 253–261.

Fooken, I., Lind, I. (1994): Vielfalt und Widersprüche weiblicher Lebensmuster. Frauen im Spiegel sozialwissenschaftlicher Forschung. Frankfurt New York: Campus.

Ford, T.R., Jong, G.F. de (1970): An analytical Approach. S. 3–16. In: Ford, T.R., Jong, G.F. de (Hg.): Social Demography, Englewood Cliffs: Prentice Hall.

Forrest, J., Johnston, R.J. (1981): On the Characterization of Urban Sub-Areas According to Age Structure. Urban Geography 2, 31–40.

Fotheringham, A.S., O'Kelly, M.E. (1989): Spatial Interaction Models: Formulations and Applications. Dordrecht: Kluwer Academic Publishers.

Fourastié, J. (1954): Die größte Hoffnung des Zwanzigsten Jahrhunderts. Köln: Bund-Verlag.

Fox, J. (1991): Regression Diagnostics. Newbury Park: Sage.

Fraker, T., Maynard, R. (1987): Evaluating the Adequacy of Comparison Group Designs for Evaluation of Employment-related Programs. Journal of Human Resources 22, 194–227.

Frank, K.S. (1992): Art. „Orden und Kongregationen“. Sp. 892–906. In: Evangelisches Kirchenlexikon III. Göttingen.

Franz, P. (1984): Soziologie der räumlichen Mobilität. Campus Studium 556. Frankfurt New York: Campus.

Franz, P. (1989): Stadtteilentwicklung von unten. Zur Dynamik und Beeinflussbarkeit ungeplanter Veränderungsprozesse auf Stadtteilebene. Basel: Birkhäuser.

Franz, W. (1991): Arbeitsmarktökonomik. Berlin: Springer.

Franz, W. (1992): Arbeitslosigkeit: Ein makrotheoretischer Analyserahmen. In: Franz, W., Bellmann, L., Schnur, P., Spitznagel, E (Hg.): Mikro- und makroökonomische Aspekte der Arbeitslosigkeit. Nürnberg: Bundesanstalt für Arbeit (BeitrAB 165).

Franz, W. (1995): Ursachen der Arbeitslosigkeit: Einige Ergebnisse der Arbeitsmarktanalyse im Jahresgutachten 1994/95 des Sachverständigenrates. In: Franz, W., Steiner, V. (Hg.): Der westdeutsche Arbeitsmarkt im strukturellen Anpassungsprozess. ZEW-Wirtschaftsanalysen. Band 3. Baden-Baden: Nomos

Franz, W., Gordon, R. J. (1993): German and American wage and price dynamics. Differences and common themes. European Economic Review 37, 4, 719–762.

Freedman, R. (1975): The sociology of human fertility. An annotated bibliography. New York: Wiley.

Freedman, R. (1979): Theories of Fertility Decline: A Reappraisal. Social Forces 58, 1–17.

Freeman, L.C. (1979): Centraly in Social Networks: I. Conceptual Clarification. Social Networks 1.

Freeman, L.C. (1980): The Gatekeeper, Pair Dependency and Structural Centrality. Quality and Quantity 14.

Freeman, L.C. (1983): Spheres, Cubes and Boxes:Graph Dimensionality and Network Structure. Social Networks 5.

Freeman, L.C. (1988): Computer Programs and Social Network Analysis. Connections, 11, 2, 26–31.

Freeman, L.C., Thompson, C.R. (1989): Estimating Acquaintanceship Volume: Ablex Publishing.

Freeman, L.C., White, D.R. (1992): Using Galois lattices to represent network data. Paper presented on the Sunbelt Network Conference. San Diego.

Freeman, L.C., White, D.R., Kimball Romney, A. (1989): Research Methods in Social Network Analysis. Fairfax: Georg Mason University Press.

Freiden, A. (1974): The U.S. Marriage Market. S. 352–371. In: Schultz, T.W. (Ed.): Economics of the Family. Marriage, Children, and Human Capital. Chicago London: University of Chicago Press.

Frejka, T. (1983): Weltbevölkerungsvorausschätzungen: Einknapper geschichtlicher Überblick. Zeitschrift für Bevölkerungswissenschaft 9, 1.

French, J.R.P. (1956): A Formal Theory of Social Power. Pschological Review 63, 181–194

Frey, B.S. (1990): Ökonomie ist Sozialwissenschaft. Die Anwendung der Ökonomie auf neue Gebiete. München: Vahlen.

Friedl, I. (1988): Stieffamilien. Ein Literaturbericht zu Eigenart, Problemen und Beratungsansätzen. München: DJI Verlag.

Friedland, K. (1991): Die Hanse. Stuttgart: Kohlhammer.

Friedman, D., Hechter, M., Kanazawa, S. (1994): A Theory of the Value of Children. Demography 31, 375–401.

Friedrich, K. (1994a): Intraregionale und interregionale Muster und Prinzipien der Mobilität älterer Menschen. Expertise für die Enquete-Kommission "Demographischer Wandel" des Deutschen Bundestags. Kommissions-Drucksache 12. Wahlperiode 0201. Bonn.

Friedrich, K. (1994b): Person-Umwelt-Interaktionen als Gegenstand geographischer Altersforschung. Geogr. Zeitschrift 82, 239–256.

Friedrich, K. (1995): Altern in räumlicher Umwelt. Darmstadt.

Friedrichs, J. (1977): Stadtanalyse. Soziale und räumliche Organisation der Gesellschaft. Reinbek: Rowohlt.

Friedrichs, J. (1990): Aktionsräume von Stadtbewohnern verschiedener Lebensphasen. S. 161–178. In: Bertels, L., Herlyn, U. (Hg.): Lebenslauf und Raumerfahrung. Biographie und Gesellschaft 9. Opladen.

Friedrichs, J. (1990a): Methoden empirischer Sozialforschung, 14. Aufl. Opladen: Westdeutscher Verlag.

Friedrichs, J. (1995): Stadtsoziologie. Opladen: Leske und Budrich.

Friedrichs, J., Stolle, M., Engelbrech, G. (1993): Rational-Choice-Theorie: Probleme der Operationalisierung. Zeitschrift für Soziologie 22, 2–15.

Frisancho, A.R., Matos, J., Bollettino, L.A. (1984): Role of Gynecological Age and Growth Maturity Status in Fetal Maturation and Penatal Growth of Infants Born to Young Still-Growing Adolescent Mothers. Human Biology 56, 583–593.

Frisbie, W.P., Poston, D.L. jr. (1975): Components of Sustenance Organization and Nonmetropolitan Population Change: A Human Ecological Investigation. American Sociological Review 40, 773–784.

Frisch, R.E. (1988): Fatness and Fertility. Scientific American 258, 3, 70–77.

Fuchs, J. (1997): Die Alterung des Arbeitskräfteangebots in Deutschland. In: Klose, H.U. (Hg.): Perspektiven der alternden Arbeitsgesellschaft. Bonn.

Fuchs, J., Magvas, E., Thon, M. (1991): Erste Überlegungen zur künftigen Entwicklung des Erwerbspersonenpotentials im Gebiet der neuen Bundesländer. Modellrechnungen bis 2010 und Ausblick bis 2030. Mitteilungen aus der Arbeitsmarkt- und Berufsforschung 24, 4, 689–705.

Fuller, T., Lightfoot, P., Kamnuansilpa, P. (1986): Mobility Plans and Mobility Behavior: Convergences and Divergences in Thailand. S. 15–40. In: Fawcett, J.T. (Hg.): Migration Intentions and Behavior. Population and Environment 8.

Fürst, G. (1972): Bevölkerung und Wirtschaft 1872 – 1972. Statistisches Bundesamt. Stuttgart.

Furstenberg, F.F. (1987): Fortsetzungsehen. Ein neues Lebensmuster und seine Folgen. Soziale Welt 38, 29–39.

Fuster, V. (1986): Illegitimacy and infant mortality variation in Northwest Spain. S.

83–89. In: Wind, J., Reynolds, V. (Eds.): Essays in Human Sociobiology.Vol. 2. Brüssel: V.U.B.
Fux, B. (1989): Der Prozess des jüngeren Geburtenrückgangs in der Schweiz. Zeitschrift für Bevölkerungswissenschaft 15, 59–88.
Gabler, S., Voland, E. (1994): Fitness of twinning. Human Biology 66, 699–713.
Gabriel, K. (1983): Religionssoziologie als Soziologie des Christentums. S. 182–198. In: Daiber, K.F., Luckmann, T. (Hg.): Religion in den Gegenwartsströmungen der deutschen Soziologie. München.
Gabriel, K. (1990): Von der Vordergründigen zur Hintergründigen Religion. S. 255–279. In: Hettlage, R. (Hg.): Die Bundesrepublik. Eine historische Bilanz. München.
Gadenne, V. (1976): Die Gültigkeit psychologischer Untersuchungen. Stuttgart: Kohlhammer.
Gadenne, V. (1979): Die Unvollständigkeit sozialwissenschaftlicher Hypothesen. Eine Analyse des Problems der Exhaustion. S. 95–116. In: Albert, H., Stapf, K.H. (Hg.): Theorie und Erfahrung. Stuttgart: Klett-Cotta.
Gail, M. (1975): A Review and Critique of Some Models Used in Competing Risk Analysis. Biometrics 31, 209–222.
Galler, H., Ott, N. (1990): Zur Bedeutung familienpolitischer Maßnahmen für die Familienbildung – eine verhandlungstheoretische Analyse familialer Entscheidungsprozesse. S. 111–134. In: Felderer, B. (Hg.): Bevölkerung und Wirtschaft. Berlin: Duncker und Humblot.
Galler, H.P. (1979): Die Methode der Bevölkerungsvorausberechnung des SPES-Projektes. S. 183 ff. In: Elsner, E. (Hg.): Demographische Planungsinformationen. Berlin.
Galler, H.P. (1987): Opportunitätskosten familialer Entscheidungen. S. 183 ff. In: Felderer, B. (Hg.): Demographische Entwicklung und Familienlastenausgleich. Berlin.
Galler, H.P., Ott, N. (1993): Empirische Haushaltsforschung.Erhebungskonzepte und Analyseansätze angesichts neuer Lebensformen. Frankfurt New York: Campus.
Galloway, P.R. (1988): Basic patterns in annual variations in fertility, nuptiality, mortality, and prices in pre-industrial Europe. Population Studies 42, 275–303.
Galor, O., Weil, D.N. (1996): The Gender Gap, Fertility, and Growth. American Economic Review 86, 374–387.
Galton, F. (1879): The Geometric Mean in Vital and Social Statistics. Proceedings of the Royal Society of London 29.
Galton, F. (1900): Hereditary Genius: An Inquiry into its Laws and Consequences. New York: Appleton.
Gangestad, S.W., Buss, D.M. (1993): Pathogen prevalence and human mate preferences. Ethology and Sociobiology 14, 89–96.
Gans, P. (1983): Raumzeitliche Eigenschaften und Verflechtungen innerstädtischer Wanderungen in Ludwigshafen zwischen 1971 und 1978. Kieler Geogr. Schriften 59. Kiel.
Gans, P. (1984): Innerstädtische Wohnungswechsel und Veränderung in der Verteilung der ausländischen Bevölkerung in Ludwigshafen/Rhein. Geogr.

Zeitschrift 72, 81–98.
Gans, P., Kemper, F.J. (Hg.) (1995): Mobilität und Migration in Deutschland. Erfurter Geogr. Studien 3. Erfurt.
Gans, P., Tyagi, V.K. (1994): Spatio-temporal Variations in Population Growth in India since 1901. Petermanns Geogr. Mitteilungen 138, 287–296.
Gardner, R.W. (1981): Macrolevel Influences on the Migration Decision Process. S. 59–89. In: De Jong, G.F., Gardner, R.W. (Hg.): Migration Decision Making. New York: Pergamon Press.
Gardner, R.W., De Jong, G.F., Arnold, F., Cariño, B.V. (1986): The Best-Laid Schemes: An Analysis of Discrepancies Between Migration Intentions and Behavior. S. 63–77. In: Fawcett, J.T. (Hg.): Migration Intentions and Behavior. Population and Environment 8.
Garn, S.M., LaVelle, M. (1986): Implications of low weight, low fat, and a low fat-free mass for growth, maturation, reproduction, and mortality. S. 303–317. In: Cohen, S.A. (Ed.): The Underweight Infant, Child, and Adolescent. Norwalk: Appleton-Century-Crofts.
Garn, S.M., LaVelle, M., Pesick, S.D., Ridella, S.A. (1984): Are pregant teenagers still in rapid growth? American Journal of Diseases of Children 138, 32–34.
Gärtner, K. (1995a): Die Entwicklung der Sterblichkeit in Deutschland vor und nach der Wiedervereinigung. In: Dorbritz, J., Gärtner, K.: Bericht 1995 über die demographische Lage in Deutschland. Zeitschrift für Bevölkerungswissenschaft 4, 339–448.
Gärtner, K. (1995b): Sterblichkeitstrends in ausgewählten Industrieländern. Zeitschrift für Bevölkerungswissenschaft 1, 101–124.
Gasper, H. et al. (Hg.) (1990): Lexikon der Sekten, Sondergruppen und Weltanschauungen. Freiburg.
Gatter, H.P. (1986): Übergangsratenmodelle bei Ereignissen. Statistische Hefte 24, 1–22.
Gatzweiler, H.P. (1975): Zur Selektivität interregionaler Wanderungen. Forschungen zur Raumentw. 1. Bonn.
Gaulin, S.J., Boster, J.S. (1990): Dowry as female competition. American Anthropologist 92, 994–1005.
Gaulin, S.J., Robbins, C.J. (1991): Trivers-Willard effect in contemporary North American society. American Journal of Physical Anthropology 85, 61–69.
Gaulin, S.J.C. (1980): Sexual dimorphism in the human post-reproductive life-span: Possible causes. Journal of Human Evolution 9, 227–232.
Gause, G.F. The Struggle for Existence. Williams & Wilkins, Baltimore, 1934.
Gause, G.F. Verifications experimentelles de la theorie mathematique de la lutte pour la vie. Hermann, Paris, 1935.
Gautier, E., Henry, L. (1958): La population de Crulai, paroisse normande. Etude historique. Paris.
Gehan, E. A. (1969): Estimating Survival Functions from the Life Table. Journal of Chronic Diseases 21, 629–644.
Gehrmann, R. (1979): Einsichten und Konsequenzen aus neueren Forschungen zum generativen Verhalten im demographischen Ancien Régime und in der Transitionsphase. Zeitschrift für Bevölkerungswissenschaft 5, 455–485.

Gehrmann, R. (1984): Leezen 1720–1870 – Ein historisch-demographischer Beitrag zur Sozialgeschichte des ländlichen Schleswig-Holstein. Neumünster: Wachholtz.

Gehrmann, R.(1997): Sozioökonomische und demographische Strukturmerkmale holsteinischer Städte um 1800. Zeitschrift der Gesellschaft für Schleswig-Holsteinische Geschichte 122, 52–74.

Geissler, B. (1990): Erwerbschancen und Lebensplanung junger Frauen. S. 57–72. In: Dressel, W., Heinz, W.R., Peters, G., Schober, K. (Hg.): Lebenslauf, Arbeitsmarkt und Sozialpolitik. Nürnberg: Bundesanstalt für Arbeit (BeitrAB 133).

Geißler, R. (1991): Soziale Ungleichheit zwischen Frauen und Männern im geteilten und im vereinten Deutschland. Aus Politik und Zeitgeschichte B14–15, 13–24.

Geißler, R. (1992): Die Sozialstruktur Deutschlands. Ein Studienbuch zur gesellschaftlichen Entwicklung im geteilten und vereinten Deutschland. Opladen.

Geller, H. (1974): Die Schichtzugehörigkeit der Pfarrgemeinderatsmitglieder. S. 84–92. In: Spiegel, Y. (Hg.): Kirche und Klassenbindung. Frankfurt.

Gelles, R.J. (1995): Contemporary Families. A Sociological View. Thousand Oaks: Sage.

Genosko, J. (1995): Interregionale Migration zwischen Ost- und Westdeutschland. Eine ökonomische Analyse. Erfurter Geogr. Studien 3, 19–28.

Genosko, J. (1996): Regionale Differenzierung der Wirtschaftsstrukturen. S. 111–142. In: Strubelt, W., Genosko, J., Bertram, H., Friedrichs, J., Gans, P., Häußermann, H., Herlyn, U., Sahner, H. (Hg.): Städte und Regionen. Räumliche Folgen des Transformationsprozesses. Opladen: Leske und Budrich.

Gensior, S., Maier, F., Winter, G. (Hg.) (1990): Soziale Lage und Arbeit von Frauen in der DDR. SAMF-Arbeitspapier 6. Paderborn.

George, P. (1965): Géographie de la Population. Paris.

Gerlach, K., Wagner, J. (1995): Regionale Lohnunterschiede und Arbeitslosigkeit in Deutschland. S. 94–116. In: Gerlach, K., Schettkat, R. (Hg.): Determinanten der Lohnbildung. Theoretische und empirische Untersuchungen. Berlin: Edition Sigma.

Gestrich, A., Hirschfeld, G., Sonnabend, H. (Hg.) (1995): Ausweisung und Deportation. Formen der Zwangsmigration in der Geschichte. Stuttgart: Steiner.

Gibrat, R. (1931): Les inégalités économiques. Paris: Recueil Sirey.

Gies, F., Gies, J. (1987): Marriage and the Family in the Middle Ages. New York: Harper and Row.

Giesen, B., Leggewie, C. (Hg.) (1991): Experiment Vereinigung. Ein sozialer Großversuch. Berlin: Rotbuch.

Gilly, M.C., Enis, B.M. (1982): Recycling the Family Life Cycle: A Proposal for Redefinition. Advances in Consumer Research 9, 271–276.

Gini, C. (1912): Variabilità e mutabilità. Bologna.

Glass, D.V., Eversley, D.E.C. (Hg.) (1965): Population in History. Essays in Historical Demography. London: Edward Arnold Publishers.

Glatzer, W. (1986): Haushaltsproduktion, wirtschaftliche Stagnation und sozialer Wandel. In: Glatzer, W., Berger-Schmidt, R. (Hg.): Haushaltsproduktion und Netzwerkhilfe. Die alltäglichen Leistungen der Haushalte und Familien.

Glatzer, W., Dörr, G., Hübinger, W., Prinz, K., Bös, M., Neumann, U. (1991): Haushaltstechnisierung und gesellschaftliche Arbeitsteilung.

Gleave, D. (1975): The Utility and Compatibility of Simple Migration Models. Rr-75-10. International Institute for Applied Systems Analysis. Laxenburg.

Gleave, D., Cordey-Hayes, M. (1977): Migration Dynamics and Labour Market Turnover. Progress in Planning 8, 1–95.

Glenn, N.D. (1976): Cohort Analysts' Futile Quest: Statistical Attempts to Separate Age, Period, and Cohort Effects. American Sociological Review 4, 900–904.

Glenn, N.D. (1977): Cohort Analysis. London Berverly Hills: Sage.

Glenn, N.D. (1982): Interreligous Marriage in the United States: Patterns and Recent Trends. Journal of Marriage and the Family 44, 555–566.

Glick, P.C. (1978): Neue Entwicklungen im Lebenszyklus der Familie. S. 140–153. In: Kohli, M. (Hg.): Soziologie des Lebenslaufs. Neuwied Darmstadt: Luchterhand.

Gluchowski, P. (1988): Freizeit und Lebensstile. Plädoyer für eine integrierte Analyse von Freizeitverhalten. Erkrath.

Goldschmidt, D., Greiner, F., Schelsky, H. (Hg.) (1960): Soziologie der Kirchengemeinde. Stuttgart.

Goldschmidt, S. (1995): Familien im Zeitalter der Fortpflanzungstechnologie. Familiendynamik 20, 3, 275–290.

Goldstein, H. (1987): Multilevel Models in Educational and Social Research. London: Griffin.

Goldstein, H. (1991): Nonlinear Multilevel Models, with an Application to Discrete Response Data. Biometrica 78, 45–51.

Golini, A., Cantalini, B., Lori, A. (1991): Population Changes in Europe. Labour 5/2, 3–35.

Goméz de Leon, J., Texmon, L. (1992): Methods of Mortality Projections and Forecasts. In: Keilmann, N., Cruijsen, H. (Hg.): National Population Forecasting in industrialized Countries. Amsterdam, 61 ff.

Goodall, C. (1990): A Survey of Smoothing Techniques. In: Fox, J., Long, J.S. (Hg.): Modern Methods of Data Analysis. Newbury Park: Sage, 126–176.

Goode, W.J. (1993): World Changes in Divorce Patterns. New Haven: Yale University Press.

Goodman, L.A. (1968): Stochastic Models for the Population Growth of the Sexes. Biometrika 55, 469–487.

Goodman, L.A. (1969): The Analysis of Population Growth When the Birth and Death Rates Depend Upon Several Factors. Biometrics 25, 659–681.

Goodman, L.A. (1972): Some Multiplicative Models for the Analysis of Cross-classified Data. S. 649–696. In: Neymann, J.(Hg.): Proceedings of the Sixth Berkley Symposium on Mathematical Statistics and Probability. Berkley: University of California Press.

Gorschenek, G. (Hg.) (1976): Katholiken und ihre Kirche in der Bundesrepublik Deutschland. München Wien.

Gottschalk, P., Smeeding, T.M. (1997): Cross-National Comparisons of Earnings and Income Inequality. Journal of Economic Literature 35, 633–657.

Gough, K. (1961): Nayar: North Kerala. S. 385–404. In: Schneider, D.M., Gough,

K. (Eds.): Matrilineal Kinship. Berkeley, Los Angeles: University of California Press.

Gould, W.T.S., Brown, M.S. (1996): A Fertility Transition in Sub-Saharan Africa? Intern. Journal of Population Geography 2, 1–22.

Gowaty, P.A. (1993): Differential dispersal, local resource competition, and sex ratio variation in birds. American Naturalist 141, 263–280.

Graber, J.A., Brooks-Gunn, J., Warren, M.P. (1995): The antecedents of menarcheal age: Heridity, family environment, and stressful life events. Child Development 66, 346–359.

Graff, T.O., Wiseman, R.F. (1990): Changing Pattern of Retirement Counties since 1965. Geogr. Rev. 80, 239–251.

Granger, C.W.J. (1969): Investigating Causal Relations by Econometric Models and Cross-Spectral Methods. Econometrica 37, 424–438.

Granger, C.W.J. (1980): Testing for Causality: A Personal Viewpoint. Journal of Economic Dynamics and Control 2, 239–352.

Granovetter, M. (1973): The Strength of Weak Ties. American Journal of Sociology 78.

Granovetter, M.S. (1981): Toward a Sociological Theory of Income Differences. In: Berg, I. (Hg.): Sociological Perspectives On Labor Markets. New York: Academic Press.

Greenberg, M.S. (1980): A Theory of Indebtedness. S. 3–26. In: Gergen, K.J., Greenberg,M.S., Willis, R.H. (Eds.): Social Exchange. Advances in Theory and Research. New York London: Plenum.

Greenberg, R.G. (1993): Medical Epidemiology. Norwalk (Connecticut): Appleton and Lange.

Greene, W. (1933): Econometric Analysis. New York: MacMillan.

Greene, W. (1995): LIMDEP Version 7.0 User's Manual. Bellport: Econometric Software.

Greenwood, M.J. (1975): Research on Internal Migration in the United States: A Survey. Journal of Economic Literature 13, 397–433.

Greenwood, M.J. (1985): Human Migration: Theory, Models, and Empirical Studies. Journal of Regional Science 25, 521–544.

Griffith D.A. (1982) Dynamic Characteristics of Spatial Economic Systems. Economic Geography 58, 178–196.

Griswold, R.L. (1993): Fatherhood in America. A History. New York: Basic Books.

Gronau, R. (1986): Home Production: A Survey. S. 273–304. In: Ashenfelter, O., Layard, R. (Hg.): Handbook of Labor Economics. Vol. I. Amsterdam: North-Holland.

Gröner, G. (1987): Einige Bemerkungen zum Alter der Heiratenden – dargestellt an Daten aus Baden-Württemberg. Zeitschrift für Bevölkerungswissenschaft 13, 269–277.

Gross, P., Honer, A. (1990): Multiple Elternschaften. Neue Reproduktionstechniken, Individualisierungsprozesse und die Veränderung von Familienkonstellationen. Soziale Welt 41, 97–116.

Grossbard-Shechtman, S. (1993): On the Economics of Marriage – A Theory of Marriage, Labor and Divorce. Boulder: Westview Press.

Grossbard-Shechtman, S. (1995): Marriage Market Models. S. 92–112. In: Tommasi, M., Ierulli, K. (Hg.): The New Economics of Human Behavior. Cambridge: Cambridge University Press.

Grotzky, J. (1993): Balkankrieg. Der Zerfall Jugoslawiens und die Folgen für Europa. München Zürich: Piper.

Grözinger, G. (Hg.) (1994): Das Single. Gesellschaftliche Folgen eines Trends. Opladen: Leske und Budrich.

Grünberg, W., Slabaugh, D.L., Meister-Karanikas, R. (Hg.) (1995): Lexikon der Hamburger Religionsgemeinschaften. Hamburg.

Grundmann, S. (1993): Regionale Aspekte des Strukturwandels in Ostdeutschland. S. 49–78. In: Reißig, R. (Hg.): Rückweg in die Zukunft. Über den schwierigen Transformationsprozess in Ostdeutschland. Frankfurt New York: Campus.

Grünewald, W. (1992): Projektionsverfahren privater Haushalte nach Haushaltsgruppen. Allgemeines Statistisches Archiv 76, 208–225.

Grusky, D.B., Hauser, R.M. (1984): Comparative Social Mobility Revisited: Models of Convergence and Divergence in 16 Countries. American Sociological Review 49, 19–38.

Gunn, J.B. (1964): Oscillations in Semiconductor Devices. IBM Res. Development 8, 141.

Gunsinski, G. von (1994): Umbruch der Arbeitsmarktstrukturen in den neuen Ländern und Berlin-Ost. S. 127–148. In: Merk, H.G. (Hg.): Wirtschaftsstrukturen und Arbeitsplätze im Wandel der Zeit. Stuttgart: Metzler-Poeschel.

Günther, E. (1973): Zum Thema heterologe Insemination. Zeitschrift für ärztliche Fortbildung 67, 17, 884–886.

Günther, E. (1987): Nationales ADI-Register "Sterilität in der Ehe". Zentralblatt für Gynäkologie 109, 20, 1255–1257.

Günther, H.L. (1995): Juristische Aspekte: Embryonenschutzgesetz (ESchG). S. 21–28. In: Tinneberg, H.R., Ottmar, C. (Hg.): Moderne Fortpflanzungsmedizin. Stuttgart: Thieme.

Guseman, P.K., Ladewig, H.W., McIntosh,W.A., Ritter, W.F. (1985): Four Decades of innovation diffusion: age, cohort and period influences on farm practices. Association paper. Texas A&M University College Station.

Güßefeldt, J. (1996): Regionalanalyse. München Wien: Oldenbourg.

Gustafson, S. (1991): Neoklassische ökonomische Theorien und die Lage der Frau: Ansätze und Ergebnisse zu Arbeitsmarkt, Haushalt und der Geburt von Kindern. S. 408–421. In: Mayer, K.U., Allmendinger, J., Huinink, J. (Hg.): Vom Regen in die Traufe: Frauen zwischen Beruf und Familie. Frankfurt New York: Campus.

Gustafsson, L., Pärt, T. (1990): Acceleration of senescence in the collared flycatcher, Ficedula albicolis, by reproductive costs. Nature 347, 279–281.

Gutman, L. (1968): A General Non-Metric Technique for Finding the Smallest Coordinate Space for a Configuration of Points. Psychometrika 33.

Gutmann, M.P. (1991): How Do Urban and Rural Industrial Populations Grow? Migration and Natural Increase in Verviers and its Hinterland. S. 411–440. In: Historiens et populations. Liber amicorum Etienne Hélin. Ed. par la Société Belge de Démographie. Louvain-la-Neuve.

Gutschmidt, Gunhild (1994): Single mit Kind. Alleinerziehen – wie es die anderen machen. Freiburg i.B.: Herder
Guttentag, M., Secord, P.F. (1983): Too many Women? The Sex-Ratio Question. Beverly Hills: Sage.
Gyarfas, G. (1983): Ein familienökonomischer Ansatz zur Erklärung der Fertilitätsentwicklung. Eine Überprüfung seiner Erklärungskraft und Prognoseeignung für die Bundesrepublik Deutschland. S. 179–222. In: Birg, H. (Hg.): Demographische Entwicklung und gesellschaftliche Planung. Frankfurt: Campus.
Gysi, J. (1989): Frauen- und Familienentwicklung in der DDR. S. 93–116. In: Timmermann, H. (Hg.): Sozialstruktur und sozialer Wandel in der DDR. Saarbrücken-Scheidt: Dadder.
Gysi, J. (Hg.) (1989): Familienleben in der DDR. Zum Alltag von Familien mit Kindern. Berlin: Akademie Verlag.
Haack, F.W. (1979): Jugendreligionen. Ursachen. Trends. Reaktionen. München.
Haack, F.W. (1990) (1991): Die neuen Jugendreligionen. Teil 5, Gruppenbewegungen und Psychokulte. Durchblicke und Informationen. München.
Haag G. (1989): Dynamic Decision theory: Application to Urban and Regional Topics. Dordrecht: Kluwer Academic Publishers.
Haag G., Weidlich W. (1984): A Stochastic Theory of Interregional Migration. Geographical Analysis 16, 331–357.
Haag, G. (1991): Nested Decicions. Forthcoming Haag, G., Weidlich, W. (1984): A Stochastic Theory of Interregional Migration. Geographical Analysis 16, 331–357.
Haag, G. (1994): Mastergleichungen als dynamische Netzwerkmodelle. In: WISDOM VIII, 3/4, 23–37.
Hach, J. (1980): Gesellschaft und Religion in der Bundesrepublik Deutschland. Heidelberg.
Häder, M. (1990): Denken und Handeln in der Krise. Berlin.
Hagmann, H.M. (1991): La Suisse, Switzerland. S. 237–255. In: Rallu, J.L., Blum, A.
Haisken-DeNew, J.P. (1996): Migration and the Inter-Industry Wage Structure in Germany. Berlin: Springer.
Haisken-DeNew, J.P., Zimmermann, K. (1995): Wage and Mobility Effects of Trade and Migration. CEPR Discussion Paper No. 1318. London.
Hajnal, J. (1954): Age at Marriage and Proportions Marrying. Population Studies 7, 111–136.
Hajnal, J. (1966): European marriage patterns in perspective. S. 101–143. In: Glass, D.V., Eversley, D.E.C. (Eds.): Population in History. London: Arnold.
Haken, H. (1982): Order and Chaos. Springer Ser. Synergetics. Vol. 17. Berlin Heidelberg New York: Springer.
Haken, H. (1983): Advanced Synergetics. Berlin Heidelberg New York: Springer.
Haken, H. (Ed.) (1981): Chaos and Order in Nature. Springer Ser. Synergetics. Vol. 11. BerlinHeidelberg New York: Springer.
Hakim, C. (1982): Secondary Analysis in Social Research. London: Allen and Unwin.
Hakim, C. (1987): Research Design: Strategies and Choices in the Design of Social

Research. London: Allen and Unwin.
Halbwachs, M. (1913): La classe ouvriere et les niveuax de al vie. Paris
Haller, M. (1981): Marriage, Women, and Social Stratification: A Theoretical Critique. American Journal of Sociology: 86, 766–795.
Halli, S.S., Rao, K.V. (1992): Advance Techniques of Population Analysis. London New York: Plenum Press.
Hallinan, M.D. (1974): The structure of positive sentiment. Amsterdam.
Hamilton, J.D. (1994): Time Series Analysis. Princeton N.J.: Princeton University Press.
Hamilton, R.F. (1965): Affluence and the Worker. The West-German Case. American Journal of Sociology 71.
Hamilton, R.F. (1968): Einkommen und Klassenstruktur. Kölner Zeitschrift für Soziologie und Sozialpsychologie 20.
Hamilton, W.D. (1964a): The genetical evolution of social behaviour. I. Journal of Theoretical Biology 7, 1–16.
Hamilton, W.D. (1964b): The genetical evolution of social behaviour. II. Journal of Theoretical Biology 7, 17–52.
Hamm, B. (Hg.) (1979): Lebensraum Stadt. Frankfurt New York: Campus.
Hammond, E.C., Horn, D. (1954): The relationship between human smoking habits and death rates: a follow-up study of 187,766 men. Journal of the American Medical Association 154, 1316–1328.
Hammond, E.C., Horn, D.(1958): Smoking and death rates: report on forty-four months of follow-up of 187,783 men. Journal of the American Medical Association 166, 1159–1172, 1294–1308.
Hance, W.A. (1970): Population, Migration and Urbanization in Africa. New York London: Columbia University Press.
Handl, J. (1988a): Berufschancen und Heiratsmuster von Frauen. Empirische Untersuchungen zu Prozessen sozialer Mobilität. Frankfurt: Campus.
Handl, J. (1988b): Der langfristige Geburtenrückgang in Deutschland: Heiratskohorten1920–1960. Zeitschrift für Bevölkerungswissenschaft 14, 295–317.
Handlin, O. (1951): The Uprooted: The Epic Story of the Great Migrations that Made the American People. Boston: Little Brown.
Hanefeld, U. (1987): Das Sozio-oekonomische Panel. Grundlagen und Konzeption. Frankfurt: Campus.
Hanika, A. (1991): Aktualisierte Vorausschätzung der Haushalte bis 1015 nach Bundesländern. Statistische Nachrichten 46, 3, 215 ff.
Hannan, M.T. (1982): Families, Markets, and Social Structure. Journal of Economic Literature 20, 65–72.
Hanselmann, J. (Hg.) (1984): Was wird aus der Kirche? Gütersloh.
Hansen, A. (1980): Einkommensverteilung III: Statistik. In: Handwörterbuch der Wirtschaftswissenschaften (HdWW). Stuttgart: Fischer.
Harary, F. (1959): Graph Theoretic Methods in the Management Sciences. Management Science 5, 387–403.
Harary, F. (1969): Graph Theory. Reading Massachusetts.
Harary, F., Norman, R., Cartwright, D. (1965): Structural models: An introduction to the theory of directed graphs. New York.

Harary, F., Norman, R.Z. (1953):Graph Theory as a Mathematical Model in Social Science. Ann Arbor Massachusetts.

Harbach, H. (1979): Internationale Schichtung und Arbeitsmigration. Reinbek: Rowohlt.

Hardy, M. (1993): Regression With Dummy Variables. Newbury Park: Sage.

Harenberg, W. (Hg.) (1968): Was glauben die Deutschen? München Mainz.

Harmsen, H., Lohse, F. (Hg.) (1936): Bevölkerungsfragen: Bericht des Internationalen Kongresses für Bevölkerungswissenschaft. München: J.F. Lehmanns Verlag.

Harper, S., Laws, G. (1995): Rethinking the Geography of Ageing. Progress in Human Geography 19, 199–221.

Harris, J.R., Todaro, M.P. (1970): Migration, Unemployment and Development: A Two-Sector Analysis. The American Economic Review 60, 126–142.

Harris, M. (1989): Kulturanthropologie. Frankfurt New York: Campus.

Harris, M., Ross, E.B. (1987): Death, Sex, and Fertility. Population Regulation in Preindustrial and Developing Societies. New York: Columbia University Press.

Harsanyi, J.C. (1977): Rational Behavior and Bargaining Equilibrium in Games and Social Situations. Cambridge: Cambridge University Press.

Hart, J. (1991): Jüdische Organisationen in Deutschland. Bundeszentrale für politische Bildung (Hg.): Deutsche Juden – Juden in Deutschland. Bonn.

Hart, J. (1991): Jüdische Organisationen in Deutschland. S.46 f. in: Bundeszentrale für politische Bildung (Hg.), Deutsche Juden – Juden in Deutschland. Bonn.

Hart, N. (1998): Beyond Infant Mortality: Gender and Stillbirth in Reproductive Mortality before the Twentieht Century. Population Studies 52, 215–229.

Härtel, U. (1988): Die unterschiedliche Sterblichkeit von Männern und Frauen, mit Beispielen aus der Bundesrepublik Deutschland. Sozial- und Präventivmedizin 33, 135–139.

Hartig, K.H. (1990): Übersicht über die Datenbasis der amtlichen Statistik der ehemaligen DDR zu ausgewählten Kennziffernkomplexen aus der Sicht der sozialwissenschaftlichen Analyse und Forschung. Mannheim (unveröffentlicht).

Härtl, M. (1996): „Nesthocker" und „Nestflüchter". DJI Bulletin. Dezember, 4–5.

Hartmann, P.H. (1985): Die Messung sozialer Ungleichheit. Pfaffenweiler: Centaurus.

Hartung, J. (1982): Polygyny and the inheritance of wealth. Current Anthropology 23, 1–12.

Hartwig, K. H. (1993): Partnerschaften – Ökonomie der zwischenmenschlichen Beziehungen. S. 33–61. In: Ramb, B.T., Tietzel, M. (Hg.): Ökonomische Verhaltenstheorie. München: Vahlen.

Harvey, A. (1990): The Econometric Analysis of Time Series. 2. Aufl. New York: Philip Allan.

Haseloff, O.W. (1992): Personale und soziale Funktionen des privaten Verbrauchs. In: Rosenberger, G. (Hg.): Konsum 2000. Veränderungen im Verbraucheralltag.

Hassebrauck, M., Niketta, R. (Hg.) (1993): Physische Attraktivität. Göttingen: Ho-

grefe.
Hastings, A. (1996): Population Biology. Concepts and Models. New York: Springer.
Haub, C. (1994): Population Change in the former Soviet Republics. Population Bulletin 49, 4. Washington, DC: Population Reference Bureau.
Hauck, W.W. (1979): The large sample variance of the Mantel-Haenszel estimator of a common odds ratio. Biometrics 35, 817–819.
Hauer, J., Timmermans, H., Wrigley, N. (1988): Urban Dynamics and Spatial Choice Behaviour. Kluwer Academic Publishers.
Haug, W. (1990): Bevölkerungsstatistik. In: Bohley, P., Jase, A. (Hg.): Einführung in die Wirtschafts- und Sozialstatistik. Bern: Haupt.
Hauptverband der Sozialversicherungen: Handbuch der österreichischen Sozialversicherung. Wien (jährlich).
Hauptverband der Sozialversicherungen: Statistische Daten aus der Sozialversicherung (monatlich).
Hauser, R.M. (1986): Reinventing the Oxcart: Jones´ Obsolete Proposal for Mobility Analysis. Social Forces 64, 1057–1065.
Hauser, R.M., Grusky, D.B. (1988): Cross-national Variation in Occupational Distributions, Relative Mobility Chances, and Intergenerational Shifts in Occupational Distributions. American Sociological Review 53, 723–741.
Hausmanns, U. (1996): Die Ärmsten wandern vorläufig zu den Armen, nicht zu den Reichen. Das Parlament 15, 5.
Hawkes, K., O'Connell, J.F., Blurton Jones, N.G. (1989): Hardworking Hadza Grandmothers. S. 341–366. In: Standen, V., Foley, R.A. (Eds.): Comparative Socioecology – The Behavioural Ecology of Humans and Other Animals. Oxford: Blackwell.
Hawley, A.H. (1968): Ecology: Human Ecology. S. 328–337. In: Sills, D. (Hg.): International Encyclopedia of the Social Sciences. New York: Crowell, Collier, Macmillan.
Hay, D.A., Morris, D.J. (1991): Industrial Economics and Organization. 2. Edition. Oxford: Oxford University Press.
Haynes, K.E., Fotheringham, A.S. (1984): Gravity and Spatial Interaction Models. Beverly Hills: Sage Publisher.
Heap, S.H., Hollis, M., Lyons, B., Sugden, R., Weale, A. (1992): The Theory of Choice: A Critical Guide. Oxford, Cambridge: Blackwell.
Heaton, T., Frederickson, C., Fuguitt, G.V., Zuiches, J.J. (1979): Residential Preferences, Community Satisfaction and the Intention to Move. Demography 16, 565–573.
Heckman, J.J. (1979): Sample Selection Bias as a Specification Error. Econometrica 47, 153–161.
Heckman, J.J., Hotz, V.J. (1989): Choosing Among Alternative Nonexperimental Methods for Estimating the Impact of Social Programs: The Case of Manpower Training. Journal of the American Statistical Association 84, 862–874.
Heckman, J.J., Hotz, V.J., Dabos, M. (1987): Do We Need Experimental Data to Evaluate the Impact of Manpower Training on Earnings? Evaluation Review 11, 395–427.

Heckman, J.J., Robb, R. (1985): Alternative Methods for Evaluating the Impact of Interventions. In: Heckman, J.J., Singer, B. (Hg.): Longitudinal Analysis of Labor Market Data. Cambridge: Cambridge University Press.

Heckman, J.J., Robb, R. (1989): The Value of Longitudinal Data for Solving the Problem of Selection Bias in Evaluating the Impact of Treatments on Outcomes. In: Kasprzyk, D., Duncan, G., Kalton, G., Singh, M.P. (Hg.): Panel Surveys. New York: Wiley.

Heckmann, F. (1992): Ethnische Minderheiten, Volk und Nation. Soziologie interethnischer Beziehungen. Stuttgart: Enke.

Hedges, L.V., Olkin, I. (1985): Statistical Methods for Meta-Analysis. New York: Academic Press.

Heer, D.M., Grigsby, J.S. (1992): Society and Population. 3. Edition. Englewood Cliffs: Prentice Hall.

Heffernan, M. (1995): French Colonial Migration. S. 33–38. In: Cohen, R. (Hg.): The Cambridge Survey of World Migration. Cambridge: Cambridge University Press.

Heider, F. (1946): Attitudes and Cognitive Orientation. Journal of Psychology 21.

Heiler, B. (1985): Das Schulwesen in Österreich in den letzten 60 Jahren. Statistische Nachrichten 40, 11, 757 ff.

Heilig, G. (1985): Die Heiratsneigung lediger Frauen in der Bundesrepublik Deutschland 1950–1984. Zeitschrift für Bevölkerungswissenschaft 11, 519–547.

Heilig, G., Büttner, T. (1990): Selected Demographic Aspects of a United Germany. IIASA Working Paper 90–33. Laxenburg.

Heilig, G., Büttner, T., Lutz, W. (1990): Germany's Population: Turbulent Past, Uncertain Future. Population Bulletin 45, 4. Washington, DC: Population Reference Bureau.

Heimberger, J. (1933): Deportation. In: Elster, A., Lingemann, H. (Hg.): Handwörterbuch der Kriminologie und der anderen strafrechtlichen Hilfswissenschaften. Bd. 1. Berlin: de Gruyter.

Heinsohn, G., Knieper, R., Steiger, O. (1979): Menschenproduktion. Allgemeine Bevölkerungstheorie der Neuzeit. Frankfurt: Suhrkamp.

Heintz, P. (1968): Einführung in die soziologische Theorie. Stuttgart: Enke.

Heintz, W.R. (Hg.) (1991): Theoretical Advances in Life Course Research. Weinheim: Deutscher Studienverlag.

Heller, W., Bürkner, H.J. (1995): Bisher vernachlässigte theoretische Ansätze zur Erklärung internationaler Arbeitsmigration. Erfurter Geogr. Studien 3, 175–196.

Helvig, M. (1990): Transportation, Settlement Structure und Journey to Work in Western Norway. Norsk Geografisk Tidsskrift 44, 61–75.

Hendrickx, J., Schreuder, O., Ultee, W. (1994): Die konfessionelle Mischehe in Deutschland (1901–1986) und den Niederlanden (1914–1986). Kölner Zeitschrift für Soziologie und Sozialpsychologie 46, 619–645.

Henkys, J., Schweitzer, F. (1996): Atheismus – Religion – Indifferenz. Zur Situation der Jugend in beiden Teilen Deutschlands vor und nach dem Fall der Mauer. Pastoraltheologie 85, 490–507.

Henkys, R. (1989): Die Evangelische Kirche in der DDR. S. 193–202. In: Weidenfeld, W., Zimmermann, H. (Hg.): Deutschland-Handbuch. Eine doppelte Bilanz 1949–1989. Bonn.
Hennig, C. (1994): Adoption – Problem oder pädagogische Chance? Frankfurt: Lang.
Henry, G.T. (1990): Practical Sampling. London: Sage.
Henry, L. (1953): Une richesse en friche: les registres paroissiaux. Population 8, 281–290.
Henry, L. (1972): Démographie, analyse et modèles. Paris.
Henry, L. (1980): Techniques d'analyse en démographie historique. Paris.
Henry, L., Blayo, Y. (1975): La population de la France de 1740 à 1840. Population 30, 71–122 .
Henry, L., Blum, A. (1988): Techniques d´analyse en démographie historique. 2. Aufl. Paris.
Herberger, L. (1985): Aktualität und Genauigkeit der repräsentativen Statistik der Bevölkerung und des Erwerbslebens. Allgemeines Statistisches Archiv 69, 16–55.
Herfindahl, O.C. (1950): Concentration in Steel Industry. Dissertation. N.Y.: Columbia University.
Hermalin, A.I., Walle, E. van de (1977): The Civil Code and nuptiality: Empirical investigation of a hypothesis. S. 71–111. In: Lee, R.D. (Ed.): Population Patterns in the Past. New York San Francisco London: Academic Press.
Hernes, G. (1972): The Process of Entry into First Marriage. American Sociological Review 37, 173–182.
Hernes, G. (1976): Structural Change in Social Processes. American Journal of Sociology 82, 513–547.
Herrnstein, R.J., Murray, C.A. (1994): The Bell Curve. New York: Free Press.
Herz, T.A. (1976): Effekte beruflicher Mobilität. Zeitschrift für Soziologie 5, 4–16.
Heßler, H.W. (Hg.) (1976): Protestanten und ihre Kirche in der Bundesrepublik Deutschland. München Wien.
Hettlage, R. (Hg.) (1990): Die Bundesrepublik. Eine historische Bilanz. München.
Hettner, A. (1947): Die Menschheit. Allgemeine Geographie des Menschen. Band 1. posthum von Schmitthenner, H. (Hg.): Stuttgart.
Hewlett, B.S. (1991): Demography and childcare in preindustrial societies. Journal of Anthropological Research 47, 1–37.
Hewlett, B.S. (1992): Husband-wife reciprocity and the father-infant relationship among Aka pygmies. S. 153–176. In: Hewlett, B.S. (Ed.): Father-Child Relations – Cultural and Biosocial Contexts. New York: Aldine de Gruyter.
Hicks, J.R. (1963): The Theory of Wages. (zuerst: 1932). London: Macmillan.
Hild, H. (Hg.) (1974): Wie stabil ist die Kirche?. Gelnhausen, Berlin.
Hill, E.M., Low, B.S. (1992): Contemporary abortion patterns: A life history approach. Ethology and Sociobiology 13, 35–48.
Hill, K. (1993): Life history theory and evolutionary anthropology. Evolutionary Anthropology 2, 78–88.
Hill, K., Hurtado, A.M. (1991): The evolution of premature reproductive senescence and menopause in human females. An evaluation of the „Grandmother hy-

pothesis“. Human Nature 2, 313–350.
Hill, P.B. (1992): Emotionen in engen Beziehungen: Zum Verhältnis von Commitment, Liebe und „Rational-Choice“. Zeitschrift für Familienforschung 4, 125–146.
Hill, P.B., Kopp, J. (1995): Einführung in die Familiensoziologie. Stuttgart: Teubner.
Hill, P.B., Kopp, J. (1997a): Familie in der Krise? Heirat und Familienbildung im Vergleich verschiedener Geburtskohorten. Informationsdienst Soziale Indikatoren (ISI) 17, 1–4.
Hill, P.B., Kopp, J. (1997b): Heiratsverhalten und Fertilität im intergenerationalen Vergleich. In: Becker, R. (Hg.): Generation und sozialer Wandel. Generationsdynamik, Generationenbeziehungen und Differenzierung von Generationen. Opladen: Leske und Budrich.
Hinde, A. (1998): Demographic Methods. London: Arnold.
Hiraiwa-Hasegawa, M. (1993): Skewed birth sex ratios in primates: Should high-ranking mothers have daughters or sons? Trends. Ecology and Evolution 8, 395–400.
Hirsch, F. (1980): Die sozialen Grenzen des Wachstums (Orig. 1970). Reinbek:Rowohlt.
Hirschenauer, F. (1994): Indikatoren zur Neuabgrenzung des regionalpolitischen Fördergesetzes 1993. Mitteilungen aus der Arbeitsmarkt- und Berufsforschung 27, 2, 108–129.
Hirschman, A.O. (1974): Abwanderung und Widerspruch. (Original 1970). Tübingen: Mohr.
Hirschman, C. (1994): Why Fertility Changes. Annual Review of Sociology 20, 203–233.
Hirschmann, C., Guest, P. (1990): The Emerging Demographic Transitions in Southeast Asia. Population and Development Review 16, 309–323.
Hirshleifer, J. (1977): Shakespeare vs. Becker on Altruism: The Importance of Having the Last Word. Journal of Economic Literature 15, 500–502.
Hobcraft, J., Menken, J., Preston, S. (1982): Age, Period, and Cohort Effects in Demographie: A Review. Population Index 48, 4–43.
Hoem, B., Hoem, J.M. (1988): The Swedish Family. Aspects of Contemporary Develoments. Journal of Family Issues 9, 397–424.
Hoem, J.M., Jensen, U.F. (1982): Multistate Life Table Methodology: A Probabilist Critique. In: Land, K.C., Rogers A. (Eds.): Multidimensional Mathematical Demography. London New York: Academic Press.
Hof, B. (1994): Möglichkeiten und Grenzen der Eingliederung von Zuwanderern in den deutschen Arbeitsmarkt. Aus Politik und Zeitgeschichte. Beilage zur Wochenzeitung Das Parlament, B 48, 11–25.
Hof, B. (1995): Zuwanderungsbedarf der Länder der Europäischen Union. S. 7–28. In: Forschungsinstitut der Friedrich-Ebert-Stiftung. Abt. Arbeits- und Sozialforschung (Hg.): Europäische Einwanderungspolitik. Gesprächskreis Arbeit und Soziales Nr. 45. Bonn.
Hof, B. (1996): Szenarien künftiger Zuwanderungen und ihre Auswirkungen auf Bevölkerungsstruktur, Arbeitsmarkt und soziale Sicherung. Allgemeines Sta-

tistisches Archiv 80, 109–145.

Hofbauer J., Sigmund, K. (1984): Evolutionstheorie und dynamische Systeme. Mathematische Aspekte der Selektion. Parey Berlin Hamburg.

Hofer, P., Weidig, I., Wolff, H. (1989): Arbeitslandschaft bis 2010 nach Umfang und Tätigkeitsprofilen. Nürnberg: Bundesanstalt für Arbeit (BeitrAB 131.1 und 131.2).

Hoffman, L.W., Hoffman, M.L. (1973): The Value of Children to the Parents. S. 19–76. In: Fawcett, J.T. (Ed.): Psychological Perspectives on Population. New York: Basic Books.

Hoffman, L.W., Manis, J.D. (1979): The Value of Children in the United States: A New Approach to the Study of Fertility. Journal of Marriage and the Family 3, 583–596.

Hoffmann, L. (1993): Warten auf den Aufschwung. Eine ostdeutsche Bilanz. Regensburg: Transfer.

Hoffmann-Nowotny, H.J. (1970): Migration. Ein Beitrag zu einer soziologischen Erklärung. Stuttgart: Enke.

Hoffmann-Nowotny, H.J. (1988): Ehe und Familie in der modernen Gesellschaft. Aus Politik und Zeitgeschichte B 13, 3–13.

Hoffmann-Nowotny, H.J. (1988): Weibliche Erwerbstätigkeit und Kinderwunsch. In: Gerhardt, U., Schuetze, Y. (Hg.): Frauensituation. Veränderungen in den letzten zwanzig Jahre. Frankfurt: Suhrkamp.

Hoffmann-Nowotny, H.J. (1991): Lebensformen und Lebensstile unter den Bedingungen der (Post-)Moderne. Familiendynamik 16, 299–321.

Hoffmann-Nowotny, H.J. (1995a): Soziologische Aspekte internationaler Migration. Geogr. Rundschau 47, 410–414.

Hoffmann-Nowotny, H.J. (1995b): Switzerland: A Non-Immigration Immigration Country. S. 302–307. In: Cohen, R. (Hg.): The Cambridge Survey of World Migration. Cambridge: Cambridge University Press.

Hoffmann-Riem, C. (1988): Fragmentierte Elternschaft: technologischer Fortschritt und familiale Verarbeitung. S. 216–233. In: Lüscher, K., Schultheis, F., Wehrspaun M. (Hg.): Die postmoderne Familie. Konstanz: Universitätsverlag.

Hoffmeyer-Zlotnik, J. (1979): Eine Analyse des sozialökologischen Prozesses der Bevölkerungssukzession. S. 114–136. In: Hamm, B. (Hg.): Lebensraum Stadt. Frankfurt New York: Campus.

Hoffmeyer-Zlotnik, J. (1995): Der Einfluss des städtischen Wohnquartiers auf das soziale Milieu in den alten und neuen Bundesländern. Dargestellt anhand der Daten des DJI-Jugendsurveys. SWS-Rundschau 3, 271–294.

Hofstätter, P.R., Wendt, D. (1967): Quantitative Methoden der Psychologie. München.

Hogan, D.P, Astone, N.M. (1986): The Transition to Adulthood. Annual Review of Sociology 12, 109–130.

Hogarth, R.M., Reder, M.W. (Hg.) (1986): Rational Choice: The Contrast Between Economics and Psychology. Chicago: University of Chicago Press.

Hogg, R.V., Tanis, E.A.(1988): Probability and Statistical Inference, 2. Edition. New York: Macmillan.

Hohlstein, M. (1992): Demographisch bedingte Arbeitslosigkeit. Eine Analyse des

Einflusses von Bevölkerungsveränderungen auf den Arbeitsmarkt. Tübingen: Francke.
Höhn, C. (1978): Kinderzahl ausgewählter Bevölkerungsgruppen. Ergebnisse des Mikrozensus 1976. Wirtschaft und Statistik 5, 278–284.
Höhn, C. (1985): Familienzykluskonzept und Kohortenanalyse. Zeitschrift für Bevölkerungswissenschaft 11, 147–164.
Höhn, C. (1988): Von der Großfamilie zur Kernfamilie? – Zum Wandel der Familienformen während des demographischen Übergangs. Zeitschrift für Bevölkerungswissenschaft 14, 237–250.
Höhn, C. (1991): L'Allemagne/Germany. S. 83–111. In: Rallu, J.L., Blum, A.
Höhn, C. (1992): Aktuelle Bevölkerungsfragen in Europa und in den anderen Industrieländern. Zeitschrift für Bevölkerungswissenschaft 18, 3.
Höhn, C. (1996): Kohortensterblichkeit unter besonderer Berücksichtigung der Weltkriege. S. 45–66. In: Dinkel, R.H., Höhn, C., Scholz, R.D. (Hg.): Sterblichkeitsentwicklung – unter besonderer Berücksichtigung des Kohortenansatzes. München: Boldt.
Höhn, C., Dorbritz, J. (1995): Zwischen Individualisierung und Institutionalisierung. Familiendemographische Trends im vereinten Deutschland. S. 149–176. In: Nauck, B., Onnen-Isemann, C. (Hg.): Familie im Brennpunkt von Wissenschaft und Forschung. Neuwied: Luchterhand.
Höhn, C., Mammey, U., Wendt, H. (1990): Bericht 1990 zur demographischen Lage: Trends in beiden Teilen Deutschlands und Ausländer in der Bundesrepublik Deutschland. Zeitschrift für Bevölkerungswissenschaft 16, 2.
Höhn, C., Pollard, J.H. (1990): Analyse der Sterblichkeit in beiden Teilen Deutschlands in den Jahren 1976 bis 1986. Zeitschrift für Bevölkerungswissenschaft 3/4, 365–381.
Holland, P.W., Leinhardt, S. (1973): The structural implications of measurement error in sociometry. Journal of Mathematical Sociology 3, 85–111.
Holland, P.W., Leinhardt, S. (1977a): A Method for Detecting Structure in Sociometric Data. New York: Academic Press.
Holland, P.W., Leinhardt, S. (1977b): Transitivity in Structural Models of Small Groups. New York: Academic Press.
Holland, P.W., Leinhardt, S. (1979): Perspectives on Social Network Research New York: Academic Press.
Holland, P.W., Rubin, D.B. (1988): Causal Inference in Retrospective Studies. Evaluation Review 12, 203–231.
Holst, E., Schupp, J. (1996): Wandel der Erwerbsorientierung von Frauen. Zum Prozess der Erwerbsbereitschaft und der Eingliederung in den Arbeitsmarkt. S. 162–192. In: Zapf, W., Schupp, J., Habich, R. (Hg.): Lebenslagen im Wandel. Sozialberichterstattung im Längsschnitt. Frankfurt New York: Campus.
Holtmann, E., Killisch, W. (1993): Wohnungspolitik im geeinten Deutschland. Problemlagen und Entwicklungsperspektiven. Aus Politik und Zeitgeschichte, Beilage zur Wochenzeitung Das Parlament, B8–9, 3–15.
Holtz, L. (Hg.) (1984): Männerorden in der Bundesrepublik Deutschland. Zürich Einsiedeln Köln.
Holzer, W., Münz, R. (1996): Kinderwunsch in Österreich. Zeitschrift für Bevölk-

erungswissenschaft 21, 16, 69–102.
Homans, G.C. (1964): Bringing Man Back. American Sociological Review 29, 809–818.
Homans, G.C., Schneider, D.M. (1962): Marriage, Authority, and Final Causes. A Study of Unilateral Cross-Cousin Marriage. S. 202–256. In: Homans, G.C.: Sentiments and Activities. Essays in Social Sciences. New York: Free Press.
Hope, K. (1971): Social Mobility and Fertility. American Sociological Review 36, 1019–1032.
Hope, K. (1975): Models of Status Inconsistency and Social Mobility Effects. American Sociological Review 40, 322–343.
Hope, K. (1981): Vertical Mobility in Britain: A Structural Analysis. Sociology 15, 19–55.
Hope, K. (1984): Comparative Mobility: Can the Structural Model Cope? Comparative Social Research 7, 427–441.
Höpflinger, F. (1991): Neue Kinderlosigkeit – Demographische Trends und gesellschaftliche Spekulationen. S. 81–100. In: Buttler, G., Hoffmann-Nowotny, H.J., Schmitt-Rink, G. (Hg.): Acta Demographica. Heidelberg: Physika.
Hosmer, D., Lemeshow, W.S. (1989): Applied Logisitc Regression. New York: Wiley.
House, J.S. (1978): Facets and Flaws of Hope`s Diamond Model. American Sociological Review 43, 439–442.
Hout, M. (1988): More Universalism, Less Structural Mobility: The American Occupational Structure in the 1980s. American Journal of Sociology 93, 1358–1400.
Howard, J.A., Blumstein, P., Schwartz, P. (1987): Social or Evolutionary Theories? Some Observations on Preferences in Human Mate Selection. Journal of Personality and Social Psychology 53, 194–200.
Howell, N. (1979): Demography of the Dobe !Kung. New York: Academic Press.
Hox, J.J., Kreft, I.G.G. (1994): Multilevel Analysis Methods. Sociological Methods and Research 22, 283–299.
Hoyle, R.H. (Hg.) (1995): Structural Equation Modeling: Concepts, Issues, and Applications. Thousand Oaks: Sage.
Hradil, S. (1987): Sozialstrukturanalyse in einer fortgeschrittenen Gesellschaft. Von Klassen und Schichten zu Lagen und Milieus. Opladen.
Hradil, S. (1995): Die Single – Gesellschaft. Schriftenreihe des Bundeskanzleramts. Band 17. München: Beck.
Hrdy, S.B. (1992): Fitness tradeoffs in the history and evolution of delegated mothering with special reference to wet-nursing, abandonment, and infanticide. Ethology and Sociobiology 13, 409–442.
Hsiao, C. (1995): Panel Analysis for Metric Data. In: Arminger, G., Clogg, CC., Sobel, M.E. (Hg.): Handbook of Statistical Modeling for the Social and Behavioral Sciences. New York: Plenum Press.
Hubbard, W.H. (1983): Familiengeschichte. Materialien zur deutschen Familie seit dem Ende des 18. Jahrhunderts. München: Beck.
Hughes, A.L. (1980): Preferential first-cousin marriage and inclusive fitness. Ethology and Sociobiology 1, 311–317.

Hughes, A.L. (1986): Reproductive success and occupational class in eighteenth-century Lancashire, England. Social Biology 33, 109–115.
Hughes, H.L. (1993): Metropolitan Structure and the suburban hierarchy. American Sociological Review 58, 3 417–433.
Hui, O.J. (1995): Chinese Indentured Labour: Coolies and Colonies. S. 51–56. In: Cohen, R. (Hg.): The Cambridge Survey of World Migration. Cambridge: Cambridge University Press.
Huinink, J. (1987): Soziale Herkunft, Bildung und das Alter bei der Geburt des ersten Kindes. Zeitschrift für Soziologie 16, 367–384.
Huinink, J. (1988): Die demographische Analyse der Geburtenentwicklung mit Lebensverlaufsdaten. Allgemeines Statistisches Archiv 72, 359–377.
Huinink, J. (1989a): Ausbildung, Erwerbsbeteiligung von Frauen und Familienbildungsprozesse im Kohortenvergleich. S. 136–148. In: Wagner, G., Ott, N., Hoffmann-Nowotny, H.J. (Hg.): Familienbildung und Erwerbstätigkeit im demographischen Wandel. Berlin Heidelberg: Springer.
Huinink, J. (1989b): Mehrebenensystem-Modelle in den Sozialwissenschaften. Wiesbaden: Deuter Universitätsverlag.
Huinink, J. (1989c): Das zweite Kind. Sind wir auf dem Weg zur Ein-Kind-Familie? Zeitschrift für Soziologie 18, 192–207.
Huinink, J. (1990): Familie und Geburtenentwicklung. S.239–271. In: Mayer, K.U. (Hg.): Lebensverläufe und sozialer Wandel. Kölner Zeitschrift für Soziologie und Sozialpsychologie, Sonderheft 31.
Huinink, J. (1992): Die Analyse interdependenter Lebensverlaufsprozesse zum Zusammenhang von Familienbildung und Erwerbstätigkeit bei Frauen. S. 343–366. In: Andress, H.J., Huinink, J., Meinken, H., Rumianek, D., Sodeur, W., Sturm, G. (Hg.): Theorie, Daten, Methoden: Neue Modelle und Verfahrensweisen in den Sozialwissenschaften. München: Kösel.
Huinink, J. (1995): Familienentwicklung und Haushaltsgründung in der DDR: Vom traditionellen Muster zur instrumentellen Lebensplanung? S. 39–55. In: Nauck, B., Schneider, N.F., Tölke, A. (Hg.): Familie und Lebensverlauf im gesellschaftlichen Umbruch. Stuttgart: Enke.
Huinink, J. (1996): Warum noch Familie ? Zur Attraktivität von Partnerschaft und Elternschaft in unserer Gesellschaft. Frankfurt: Campus.
Huinink, J., Lauterbach, W. (1991): Bedingungen des Erwerbsangebots verheirateter Frauen. S. 63–90. In: Helberger, C., Bellmann, L., Blaschke, D. (Hg.): Erwerbstätigkeit und Arbeitslosigkeit. Analysen auf der Grundlage des Sozioökonomischen Panels. Nürnberg: Bundesanstalt für Arbeit (BeitrAB 144).
Huinink, J., Mayer, K.U. (1995a): Einleitung. In: Huinink, J., Mayer, K.U. (Hg.): Kollektiv und Eigensinn. Lebensveräufe in der DDR und danach. Berlin: Akademie Verlag.
Huinink, J., Mayer, K.U. (Hg.): (1995b): Kollektiv und Eigensinn. Lebensveräufe in der DDR und danach. Berlin: Akademie Verlag.
Huinink, J., Wagner, M. (1988): Regionale Lebensbedingungen, Migration und Familienbildung. Kölner Zeitschrift für Soziologie und Sozialpsychologie 41, 669–689.
Hullen, G., Schulz, R. (1994): Bericht 1993 zur demographischen Lage in Deutsch-

land. Zeitschrift für Bevölkerungswissenschaft 19, 1.

Hummell, H.J. (1972): Probleme der Mehrebenenanalyse. Stuttgart: Teubner.

Hummell, H.J., Sodeur, W. (1987): Strukturbeschreibung von Positionen in sozialen Beziehungsnetzen. In: Pappi, F.U. (1987).

Hummell, H.J., Sodeur, W. (1987): Triaden- und Triplettzensus als Mittel der Strukturbeschreibung. In: Pappi, F.U. (1987).

Hummell, H.J., Ziegler, R. (Hg.) (1976): Korrelation und Kausalität. 3 Bände. Stuttgart: Enke.

Hummon, N.P., Carley, K. (1993): Social networks as normal science. Social Networks 15, 71–106.

Hummon, N.P., Doreian, P. (1990): Computational Methods for Social Network Analysis. Social Networks 12, 273–288.

Hunt, M. (1991): Die Praxis der Sozialforschung: Reportagen aus dem Alltag. Frankfurt: Campus.

Hunter, J.E., Schmidt, F.L. (1990): Methods for Meta-Analysis. Newbury Park: Sage.

Huriot, J.M., Thisse, J. (1984): Distance in Spatial Analysis. Institute de Mathematiques Economques. LATEC L.A., CNRS 342 Université de Dijon.

Husa, K. (1986): Räumliche Mobilitätsprozesse in Metropolen von Entwicklungsländern. Das Beispiel Bangkok. S. 321–354. In: Husa, K., Vielhaber, C., Wohlschlägl, H. (Hg.): Beiträge zur Bevölkerungsforschung. Wien.

IHK 1990, Die Wirtschaftsregion Stuttgart, Strukturen und Entwicklungen. Industrie- und Handelskammer der Region Stuttgart.

IHK 1991, Stuttgart im Standortwettbewerb, acht Städte und Regionen im Vergleich. Industrie- und Handelskammer der Region Stuttgart.

Illingworth, D.R. (1975): Disaggregation and Extension of Demographic Accounts: An Example Involving Socio-Economic Groups. Working Paper 118. Department of Geography University of Leeds. Leeds:

Imhof, A.E. (1977): Einführung in die Historische Demographie. München: Beck.

Imhof, A.E. (1981): Die gewonnenen Jahre. München: Beck.

Imhof, A.E. (1981): Unterschiedliche Säuglingssterblichkeit in Deutschland 18. bis 20. Jahrhundert – Warum? Zeitschrift für Bevölkerungswissenschaft 7, 343–382.

Imhof, A.E. (1986): Historische Demographie. S. 32–63. In: Schieder, W., Sellin, V. (Hg.): Sozialgeschichte in Deutschland. Entwicklungen und Perspektiven im internationalen Zusammenhang. Band 2. Göttingen.

Imhof, A.E. (1988): Die Lebenszeit. Vom aufgeschobenen Tod und von der Kunst des Lebens. München: Beck.

Imhof, A.E. (1990): Lebenserwartungen in Deutschland vom 17. bis 19. Jahrhundert. Weinheim: VCH Acta humaniora.

Infratest (1989): DJI-Familiensurvey: Methodenbericht. München: Infratest Sozialforschung.

Inglehart, R. (1977): The silent Revolution: Changing Values and Politicals Styles among Western Publics. New York, Princeton: Princeton New York: University Press.

Inglehart, R. (1998): Kultureller Umbruch. Wertwandel in der westlichen Welt.

Frankfurt: Campus.
Inkori, J., Engerman, S.L. (Hg.) (1992): The Atlantic Slave Trade: Effects on Economies, Societies and Peoples in Africa, the Americas, and Europe. Durham NC: Duke University Press.
Institut für Arbeitsmarkt- und Berufsforschung der Bundesanstalt für Arbeit, Arbeitsmarktstatistik, (Literaturdokumentation), wird in regelmäßigen Abständen herausgegeben.
Institut für Demoskopie Allensbach (1985): Allensbacher Werbeträgeranalyse. Allensbach.
Institut für Medizinische Datenverarbeitung und Statistik (1983): Mortalitätsstatistik 1985/86 (Systematisches Verzeichnis (Handbuch). Berlin.
Institut für Medizinische Statistik und Datenverarbeitung (1988): Mitteilungen: Mortalitätsstatistik 1985/86, 24. Jhg.
Institut für Medizinische Statistik und Datenverarbeitung (1989): Das Gesundheitswesen – DDR 1989. Berlin.
Institut für Medizinische Statistik und Datenverarbeitung (1990): Sterbetafeln 1986/89 DDR und Bezirke. Mitteilungen 26. Jhg. Sonderheft. Berlin.
Institut für Sozialhygiene und Organisation des Gesundheitswesens (Hg.) (1982): Das Gesundheitswesen der DDR, S. 341. Berlin.
International Statistical Institute: WFS Occational Papers. Voorburg (diverse Reihen).
International Statistical Institute: WFS Technical Bulletins. Voorburg (diverse Reihen).
Intriligator, M. (1971): Mathematical Optimization and Economic Theory. Englewood Cliffs: Prentice Hall.
Ipsen, D. (1980): Wohnungsteilmärkte. Kassel: Gesamthochschule Kassel.
Ipsen, D. (1981): Segregation, Mobilität und die Chancen auf dem Wohnungsmarkt. Zeitschrift für Soziologie 10, 256–272.
Ipsen, G. (1972): Die preußische Bauernbefreiung als Landesausbau. 154–189. In: Köllmann, W., Marschalck, P. (Hg.): Bevölkerungsgeschichte. Köln.
Irle, M. (1975): Lehrbuch der Sozialpsychologie. Göttingen: Hogrefe.
Isbell, E.C. (1944): Internal Migration in Sweden and Intervening Opportunities. American Sociological Review 9, 627–639.
Isupov, A. (1987): The United Nations manuals for population analysis. Population Bulletin of the United Nations. Nos. 19/20 1986, p. 90–96. Sales No. E.87.XIII.2. New York: United Nations.
Jaccard, J., Turrisi, R., Wan, C. (1990): Interaction Effects in Multiple Regression. Newbury Park: Sage.
Jackson, E.F., Curtis, R.F. (1972): Effects of Vertical Mobility and Status Inconsistency: A Body of Negative Evidence. American Sociological Review 37, 701–713.
Jackson, J.A. (Hg.) (1969): Migration. Cambridge: Cambridge University Press.
Jacoby, J., Szybillo, G.J., Berning, C.K. (1976): Time and Consumer Behavior. An Interdisciplinary Overview. Journal of Consumer Research 2.
Jaeggi, E. (1994): Ich sag´ mir selber Guten Morgen: Single – eine moderne Lebensform. München: Piper.

James, W.H. (1994): Parental Dominance / Social Status, Hormone Levels, and Sex Ratio of Offspring. S. 63–74. In: Lee, E. (Ed.): Social Stratification and Socioeconomic Inequality. Reproductive Aspects of Dominance and Status. Vol. 2. Westport. London: Praeger.

Jankuhn, H. (1986): Haithabu. Ein Handelsplatz der Wikingerzeit. 8. Aufl. Neumünster: Karl Wachholtz.

Jansen, C. (1969): Some Sociological Aspects of Migration. S. 60–73. In Jackson, J.A. (Hg.): Migration. Cambridge: Cambridge University Press.

Jardine, N., Sibson, R. (1968): The construction of hierachic and non-hierarchic clssifications. Computer Journal 11, 117–184.

Jasienska, G., Ellison, P.T. (1993): Heavy workload impairs ovarian function in Polish peasant women. American Journal of Physical Anthropology 16, 117–118.

Jasso, G. (1999): How much Injustice is there in the World? Framework for Constructing a Justice Index, with Theoretical and Empirical Illustration. American Sociological Review (im Druck).

Johnson, C.N. (1988): Dispersal and the sex ratio ar birth in primates. Nature 332, 726–728.

Johnson, N.L., Kotz, S. (1970): Continuous Univariate Distributions 1. New York: John Wiley and Sons.

Johnson, P., Zimmermann, K. (1993): Ageing and the European labour market: public policy issues. In: Johnson, P., Zimmermann, K. (Hg.): Labour Markets in an ageing Europe, 1–25. Cambridge: Cambridge University.

Jones, F.L. (1985a): Structural and Circulation Mobility are Alive and Well: A Critical Comment on Sobel's Premature Obituary Notice. Sociology 19, 139–142.

Jones, F.L. (1985b): New and (Very) Old Mobility Ratios: Is There Life After Benini? Social Forces 63, 838–850.

Jones, H.R. (1981): A Population Geography. 2. Aufl. 1990. London: Harper and Row.

Jonung, C. (1996): Economic theories of occupational segregation by sex. Implications for change over time. In: Beckmann, P., Engelbrech, G. (Hg.): Gender Specific Occupational Segregation. Nürnberg: Bundesanstalt für Arbeit (BeitrAB 188).

Jöreskog, K.G. (1970): A general method for analysis of covariance structures. Biometrika 57, 239–251.

Judge, G., Griffiths, W.E., Carter-Hill, R., Lütkepohl, H., Lee, T. (1952): The Theory and Practice of Econometrics. New York: Wiley.

Jürgens, H.W. (1975): Zur Lage der Bevölkerungswissenschaft in der Bundesrepublik Deutschland. Zeitschrift für Bevölkerungswissenschaft 1, 1, 6–18.

Jürgens, U. (1993): Räumliches Umfeld und Aktionsraum alter Menschen in Alten- und Pflegeheimen am Beispiel der Stadt Kiel. Kieler Arbeitspapiere zur Landeskunde und Raumordnung 28, 27–59.

Kaa, D.J. van de (1987a): Europe's Second Demographic Transition. Population Bulletin 42, 1.

Kaa, D.J. van de (1987b): The Second Demographic Transition. Population Bulletin

42, 3–57.
Kabat, G.C., Stellman, S.D., Wynder, E. (1995): Relation between Exposure to Environmental Tobacco Smoke and Lung Cancer in Lifetime Nonsmokers. American Journal of Epidemiology 142, 141–148.
Kagel, J.H., Roth, A.E. (1995): The Handbook of Experimental Economics. Princeton N.J.: Princeton University Press.
Kagel, J.H., Roth, A.E. (Hg.) (1995): Handbook of Experimental Economics. Princeton: Princeton University Press.
Kagitcibasi, C. (1982): Sex Roles, Value of Children, and Fertility. S. 151–180. In: Kagitcibasi, C. (Ed.): Sex Roles, Family, and Community in Turkey. Bloomington: Indiana University Turkish Press.
Kahn, J.R., London, K. (1991): Premarital Sex and the Risk of Divorce. Journal of Marriage and the Family 53, 845–855.
Kahn, J.R., Udry, J.R. (1986): Marital Coital Frequency: Unnoticed Outliers and Unspecified Interactions Lead to Erroneous Conclusions. American Sociological Review 51, 734–737.
Kahneman, D., Slovic, P., Tversky, A. (1982): Judgement under Uncertainty: Heuristics and Biases. Cambridge: Cambridge University Press.
Kalbfleisch, J.D., Prentice, R.L. (1980): The Statistical Analysis of Failure Time Data. New York: Wiley.
Kalecki, M. (1945): On the Gibrat Distribution. Econometrica 13, 171–70.
Kalmijn, M. (1991): Shifting Boundaries: Trends in Religious and Educational Homogamy. American Sociological Review 56, 786–800.
Kaloussis, D. (1935): Der griechisch-türkische Bevölkerungsaustausch in den Jahren 1922–23. Wien: Dissertation.
Kalter, F. (1993): Zur Rationalität von Wanderungsentscheidungen. S. 127–142. In: Giffinger, R. (Hg.): Beiträge des 9. deutschsprachigen Kolloquiums für Theorie und quantitative Methoden in der Geographie. Klagenfurter Geographische Schriften, Heft 11.
Kalter, F. (1994): Pendeln statt Migration? Die Wahl und Stabilität von Wohnort-Arbeitsort-Kombinationen. Zeitschrift für Soziologie 23, 460–476.
Kalter, F. (1994): Sequentielle Wanderungsentscheidungen. Die Bedeutung und Erklärung von Wanderungserwägungen. S. 97–95. In: Münz, R., Korte, H., Wagner, G. (Hg.): Internationale Wanderungen. 28. Arbeitstagung der Deutschen Gesellschaft für Bevölkerungswissenschaft in Bochum. Tagungsband. Demographie aktuell, Nr. 5. Berlin.
Kalter, F. (1997): Wohnortwechsel in Deutschland. Ein Beitrag zur Migrationssoziologie und zur empirischen Anwendung von Rational-Choice-Modellen. Opladen: Leske und Budruch.
Kalter, F. (1998): Partnerschaft und Migration. Zur theoretischen Erklärung eines empirischen Effekts. Kölner Zeitschrift für Soziologie nd Sozialpsychologie 50, 283–309.
Kamenz, U. (1987): Einkommensverwendung im Familienzyklus. Methodische und empirische Untersuchung für die Bundesrepublik Deutschland unter besonderer Berücksichtigung der Erwerbstätigkeit der Familienmitglieder. Frankfurt.
Kanbur, R. (1984): The Measurement and Decomposition of Inequality and Poverty.

In: Ploeg, F. van der (Hg.): Mathematical Models in Economics. New York: Wiley.

Kant, E. (1946): Den Inre Omflyttningen i Estland i Samband med de Estnika Städernas Omland. Svensk Geografisk Arsbok 22, 83–124.

Kantner, J.F., Kiser, C.V. (1954): The Interrelation of Fertility, Fertility Planning, and Intergenerational Mobility. Milbank Memorial Fund Quarterly Health Soc. 32, 69–103.

Kao-Lee, L. (1975): A Discrete-Time Dynamic Analysis of Interregional Population Systems. Geographical Analysis 7, 227–244.

Kao-Lee, L. (1978): Dynamic Properties of the 1966–1971 Canadian Spatial Population System. Environment and Planning A 10, 389–398.

Kaplan, E.L., Meier, P. (1958): Nonparametric Estimation from Incomplete Observations. Journal of the American Statistical Association 53, 457–481.

Kaplan, H.S. (1996): A Theory of Fertility and Parental Investment in Traditional and Modern Human Societies. Yearbook of Physical Anthropology 39, 91–135.

Kaplan, H.S., Lancaster, J.B., Bock, J.A., Johnson, S.E. (1995): Fertility and fitness among Albuquerque men: A competitive labour market theory. S. 96–136. In: Dunbar, R.I.M. (Ed.): Human Reproductive Decisions – Biological and Social Perspectives. Houndsmills London St. Martin's, New York: Macmillan.

Kaplan, J.L., Yorke, J.A. (1979): Functional Differential Equations and Approximations of Fixed Points. In: Peitgen, H.O., Walther, H.O. (Eds.): Lecture Notes in Mathematics, 730.

Kappelhoff, P. (1987): Blockmodellanalyse: Positionen, Rollen und Rolenstrukturen. Manuskript Kiel.

Kappelhoff, P. (1987): Cliquenanalyse. Die Bestimmung von intern verbundenen Teilgruppen in Netzwerken. Manuskript Kiel.

Kappelhoff, P. (1987): Die Triade als System dichotomer Variablen. Kiel.

Kappelhoff, P. (1993): Soziale Tauschsysteme. Strukturelle und dynamische Erweiterungen des Marktmodells. München: Oldenbourg.

Kappelhoff, P., Pappi, F.U. (1981): The Political Subsystem of a Community Elite: Blockmodelling the Power Structure. Analyse sozialer Netzwerke. Kiel.

Kappelhoff, P. ,Pappi, F.U. (1982,) Restricted exchange in Altneustadt. Analyse sozialer Netzwerke. Kiel.

Karr, W., John, K. (1989): Mehrfacharbeitslosigkeit und kumulative Arbeitslosigkeit. Mitteilungen aus der Arbeitsmarkt- und Berufsforschung 22, 1, 1–16.

Kasarda, J.D., Billy, J.O. (1985): Social Mobility and Fertility, Annual Sociological Review 11, 305–328.

Katzorke, T. (1989): Diskussion in der Bundesrepublik: Sozialer kontra genetischer Vater. Sexualmedizin 2, 89–90.

Katzorke, T. (1995): Heterologe Insemination. S. 142–147. In: Tinneberg, H.R., Ottmar, C. (Hg.): Moderne Fortpflanzungsmedizin. Stuttgart: Thieme.

Katzorke, Thomas (1989): Diskussion in der Bundesrepublik: Sozialer kontra genetischer Vater. Sexualmedizin 2, 89–90.

Katzorke, Thomas (1995): Heterologe Insemination. S. 142–147. In: Hans-Rudolf Tinneberg, Christoph Ottmar (Hg.): Moderne Fortpflanzungsmedizin. Stutt-

gart: Thieme.
Kaufman, R.L. (1996): Comparing Effects in Dichotomous Logistic Regression: A Variety of Standardized Coefficients. Social Science Quarterly 77, 90–109.
Kaufmann, F.X. (1988): Familie und Modernität. S. 391–416. In: Lüscher, K., Schultheis, F., Wehrspaun, M. (Hg.): Die postmoderne Familie – Familiale Strategien und Familienpolitik in einer Übergangszeit. Konstanz: Universitätsverlag.
Kaufmann, F.X. (1990): Zukunft der Familie. Stabilität, Stabilitätsrisiken und Wandel der familialen Lebensformen sowie ihre gesellschaftlichen und politischen Bedingungen. München: Beck.
Kaufmann, F.X. (1995): Zukunft der Familie im vereinten Deutschland. Gesellschaftliche und politische Bedingungen. München: Beck.
Kecskes, R. (1994): Abwanderung, Widerspruch, Passivität. Oder: Wer zieht wann um? Zeitschrift für Soziologie 23, 129–144.
Kehrer, G. (1976): Das religiöse Bewusstsein des Industriearbeiters. München.
Keiding, N. (1987): The method of expected number of Deaths, 1786–1886–1986. International Statistical Review 55, 1–20.
Keil, U. (1986): Sozialmedizinische Probleme der Krankheitsverhütung. S. 89–102. In: Blohmke, M. (Hg.): Sozialmedizin. Stuttgart: Enke.
Kelley, H.H. (1983): Love and Commitment. S. 265–314. In: Kelley, H. et al.: Close Relationships. New York: Freeman.
Kemper, F.J. (1985): Die Bedeutung des Lebenszyklus-Konzepts für die Analyse intraregionaler Wanderungen. Colloquium Geographicum 18, 180–212. Bonn.
Kemper, F.J. (1991): Ursachen, Abläufe und Folgen von Wanderungen in Westdeutschland. Ber. zur dt. Landeskunde 65, 149–174.
Kemper, F.J. (1995): Determinanten der Wohnmobilität in Ost- und Westdeutschland. Erfurter Geogr. Studien 3, 41–49.
Kemper, F.J. u. a. (1979): Das Bevölkerungspotential der Bundesrepublik Deutschland. Raumf. und Raumordnung 37, 177–183.
Kemper, F.J., Kosack, K. (1988): Bevölkerungsgeographische Skizze der Stadt Bonn. Arb. z. Rhein. Landeskunde 58, 19–44. Bonn.
Kemper, F.J., Thieme, G. (1992): Zur Entwicklung der Sterblichkeit in den alten Bundesländern. Inf. z. Raumentwicklung 701–708.
Kendall, D.G. (1949): Stochastic Processes and Population Growth. Journal of the Royal Statistical Society Series B 11, 230–264.
Kenrick, D.T., Keefe, R.C. (1992): Age preferences in mates reflect sex differences in human reproductive strategies. Behavioral and Brain Sciences 15, 75–133.
Kerckhoff, A.C., Davis, K.E. (1962): Value consensus and need complementarity in mate selection. American Sociological Review 27, 295–303.
Kerlinger, F.N. (1973): Foundations of Behavioral Research. 2. Aufl. New York: Holt, Rinehart and Winston.
Kershaw, D., Fair, J. (1976): The New Jersey Income-Maintenance Experiment. Vol. 1. New York: Academic Press.
Kessin, K. (1971): Social and Psychological Consequences of Intergenerational Occupational Mobility. American Journal of Sociology 77, 1–18.
Keyfitz, N. (1968): Introduction to the Mathematics of Population. Reading Massa-

chusetts: Addison-Wesley.
Keyfitz, N. (1971): On the Momentum of Population Growth. Demography 8, 71–80.
Keyfitz, N., Flieger, W. (1968): World Population: an Analysis of Vital Data. Chicago London: University of Chicago Press.
Keyfitz, N., Flieger, W. (1971): Population: Facts and Methods of Demography. San Francisco: Freedman.
Keyfitz, N., Flieger, W. (1990): World Population Growth and Aging. Demographic Trends in the Late 20th Century. Chicago London: University of Chicago Press.
Khorev, B.S., Likhoded, V.N. (1983): Rural-Urban Commuting in the USSR. Soviet Geography 24, 570–586.
Kiecolt, K.J., Nathan, L.E. (1985): Secondary Analysis of Survey Data. Beverly Hills: Sage.
Kiefl, W., Schmid, J: (1985): Empirische Studien zum generativen Verhalten. Erklärungsbefunde und theoretische Relevanz. Boppard: Boldt.
Killworth, P.D., Bernard, H.R., McCarty, C. (1984): Measuring Patterns of Acquaintanceship. Current Anthropology 23, 381–397
Killworth, P.D., Johnsen, E.C., Bernard, H.R., Shelley, G., McCarty, C. (1989): Estimating the Size of Personal Networks.
Kindleberger, C.P. (1967): Europs Postwar growth. Cambridge: Harvard University Press.
King, G. (1992): Event Count and Duration Regression. Maple Valley: Aptech Systems.
Kirchengast, S. (1991): Das Menopausenalter im interethnischen und interrassischen Vergleich. Mitteilungen der Anthropologischen Gesellschaft 121, 221–237.Wien.
Kirchengast, S. (1993a): Sexualhormonkonzentrationen und Körperdimensionen postmenopausaler Frauen als Korrelate ihres Menarchealters. Anthropologischer Anzeiger 51, 251–265.
Kirchengast, S. (1993b): Anthropological aspects of the age at menopause. Homo 44, 263–277.
Kirk, D. (1996): Demographic Transition Theory. Population Studies 50, 361–387.
Kitagawa, E.M. (1955): Components of a difference between two rates. Journal of the American Statistical Association 50, 1168–1194.
Klages, H. (1984): Wertorientierungen im Wandel. Rückblick, Gegenwartsanalyse, Prognosen. Frankfurt New York: Campus.
Klages, H., 1984, Wertorientierungen im Wandel. Rückblick, Ggenwartsanalyse, Prognosen. Frankfurt New York
Klages, H., Hippler, H.J., Herbert, W. (Hg.) (1992.): Werte und Wandel. Frankfurt: Campus.
Klar, C.; Sardei-Biermann, S. (1996): Lebensbedingungen Alleinerziehender. S. 140–149. In: Bien, W. (Hg.): Familie an der Schwelle zum neuen Jahrtausend – Wandel und Entwicklung familialer Lebensformen. Opladen: Leske und Budrich.
Klauder, W. (1988a): Arbeitskräfte-Potentialrechnung. S. 103–122. In: Mertens, D.

(Hg.): Konzepte der Arbeitsmarkt- und Berufsforschung. Eine Forschungsinventur des IAB. Nürnberg: Bundesanstalt für Arbeit (BeitrAB 70).

Klauder, W. (1988b): Der methodische Ansatz des IAB zur längerfristigen Vorausschätzung des Arbeitsmarktes. S. 202–211. In: Mertens, D. (Hg.): Konzepte der Arbeitsmarkt- und Berufsforschung. Eine Forschungsinventur des IAB. Nürnberg: Bundesanstalt für Arbeit (BeitrAB 70).

Klauder, W. (1993): Zu den demographischen und ökonomischen Auswirkungen der Zuwanderung in die Bundesrepublik Deutschland. MittAB 4, 477–494.

Klauder, W. (1993a): Ausreichend Mitarbeiter für Tätigkeiten von morgen? Europäisches Arbeitskräftepotential und demographiebedingte Engpässe des Arbeitsmarktes. S. 22–31. In: Bullinger, H.J., Volkholz, V., Betzl, K., Köchling, A., Risch, W. (Hg.): Alter und Erwerbsarbeit der Zukunft. Arbeit und Technik bei veränderten Alters- und Belegschaftsstrukturen. Berlin: Springer.

Klauder, W. (1993b): Zu den demographischen und ökonomischen Auswirkungen der Zuwanderung in die Bundesrepublik in Vergangenheit und Zukunft. Mitteilungen Arbeitsmarkt- und Berufsforschung 26, 4, 477–494.

Klauder, W., Kühlewind, G. (1991): Arbeitsmarkttendenzen und Arbeitsmarktpolitik in den neunziger Jahren. Aus Politik und Zeitgeschichte, B34–35, 3–13.

Klauder, W., Schnur, P., Zika, G. (1996): Strategien für mehr Beschäftigung. Simulationen bis 2005 am Beispiel Westdeutschland. Nürnberg: IAB-Kurzbericht 7.

Klein, C. (1997): Ledige Mutterschaft. Frauen, die sich bewusst für ein Kind ohne Mann entscheiden. Eine explorative Studie anhand von Einzelfalldarstellungen. Unver. Diplomarbeit. Universität Bamberg.

Klein, K., Datenangebot im Ausland – Beispiel Österreich. In: 3. Wiesbadener Gespräch Leben und Arbeiten 2000. Herausforderungen an den Mikrozensus. Wiesbaden.

Klein, T. (1987a): Familiale Verarmung durch Arbeitslosigkeit. Zum Einfluss des Familienzusammenhangs auf die soziale Stellung bei Arbeitslosigkeit. Kölner Zeitschrift für Soziologie und Sozialpsychologie 39, 3, 534–549.

Klein, T. (1987b): Verarmung und sozialer Abstieg von Familien durch Arbeitslosigkeit. Eine mikroanalytische Untersuchung für die Bundesrepublik Deutschland. Frankfurt New York: Campus.

Klein, T. (1988): Zur Abhängigkeit zwischen konkurrierenden Mortalitätsrisiken. Allgemeines Statistisches Archiv 72, 248–258.

Klein, T. (1989): Divergierende Familiengrößen und Neue Kinderlosigkeit. Zeitschrift für Familienforschung 1, 5–26.

Klein, T. (1990a): Arbeitslosigkeit und Wiederbeschäftigung im Erwerbsverlauf. Theorieansätze und empirische Befunde. Kölner Zeitschrift für Soziologie und Sozialpsychologie 42, 4, 688–705.

Klein, T. (1990b): Wiederheirat nach Scheidung in der Bundesrepublik Deutschland. Kölner Zeitschrift für Soziologie und Sozialpsychologie 42, 60–80.

Klein, T. (1993): Bildungsexpansion und Geburtenrückgang. S. 285–307. In: Diekmann, A., Weick, S. (Hg.): Der Familienzyklus als sozialer Prozess. Bevölkerungssoziologische Untersuchungen mit den Methoden der Ereignisanalyse. Berlin: Duncker und Humblot.

Klein, T. (1993): Marriage Squeeze und Heiratsverhalten. S. 234–258. In: Diekmann, A., Weick, S. (Hg.): Der Familienzyklus als sozialer Prozess. Bevölkerungssoziologische Untersuchungen mit den Methoden der Ereignisanalyse. Berlin: Duncker und Humblot.

Klein, T., Lauterbach, W. (1994): Bildungseinflüsse auf Heirat, die Geburt des ersten Kindes und die Erwerbsunterbrechung von Frauen. Eine empirische Analyse familienökonomischer Erklärungsmuster. Kölner Zeitschrift für Soziologie und Sozialpsychologie 46, 278–298.

Klein, T., Wunder, E. (1996): Regionale Disparitäten und Konfessionswechsel als Ursache konfessioneller Homogamie. Kölner Zeitschrift für Soziologie und Sozialpsychologie 48, 96–125.

Klein-Allermann, E. (1992): Adoptierte Kinder und ihre Eltern: Familien eigener Art. S. 250–288. In: Hofer, M., Klein-Allermann, E., Noak, P. (Hg.): Familienbeziehungen. Eltern und Kinder in der Entwicklung. Göttingen: Hogrefe.

Kleinbaum, D.G. (1994): Logistic Regression. A Self-Learning Text. Heidelberg: Springer.

Kleinbaum, D.G., Kupper L.L., Morgenstern, H. (1982): Epidemiologic Research. Principles and Quantitative Methods. Belmont (California): Lifetime Learning Publications.

Klindworth, H., Voland, E. (1995): How did the Krummhörn elite males achieve above-average reproductive success ? Human Nature 6, 221–240.

Klingbeil, D. (1978): Aktionsräume im Verdichtungsraum. Münchener Geogr. Hefte 41.

Klose, H.U. (1997) (Hg.): Perspektiven der alternden Arbeitsgesellschaft. Bonn.

Klose, H.U. (Hg.): Altern hat Zukunft. Bevölkerungsentwicklung und dynamische Wirtschaft. Opladen: Westdeutscher Verlag.

Knipscheer, C.P.M., Antonucci, T.C. (1990): Social Network Research Amsterdam: Swets und Zeitlinger.

Knodel, J. (1974): The Decline of Fertility in Germany, 1871–1939. Princeton NJ.

Knodel, J. (1978): Natural Fertility in Pre-industrial Germany. Population Studies 32, 481–510.

Knodel, J., Kintner, H. (1977): The Impact of Breast Feeding Patterns on the Biometric Analysis of Infant Mortality. Demography 14, 391–409.

Knodel, J., Lynch, K.A. (1984): The Decline of Remarriage: Evidence from German Village Populations in the Eighteenth and Nineteenth Centuries. Research Rep. No. 84–57. University of Michigan: Population Studies Center.

Knodel, J., Walle, E. van de (1967): Breat feeding, fertility and infant mortality: An analysis of some early German data. Population Studies 21, 109–131.

Knodel, J., Walle, E. van de (1979): Lessons from the Past: Police Implications of Historical Fertility Studies. Population and Development Review 5, 217–245.

Knodel, J.E. (1988): Demographic Behavior in the Past. A Study of Fourteen German Village Populations in the Eighteenth and Nineteenth Centuries. Cambridge.

Knoke, D. (1978): Intergenerational Occupational Mobility and the Political Party Preferences of American Men. American Journal of Sociology 78, 1448–1468.

Knoke, D. (1990): Political Networks. New York: Cambridge University Press.

Knoke, D., Hout, M. (1974): Social and Demographic Factors in American Political Party Affiliation 1952–72. American Sociological Review 39, 700–713.

Knoke, D., Hout, M. (1976): Reply to Glenn. American Sociological Review 41, 905–908.

Knoke, D., James K., Kuklinski, H. (1982): Network analysis Beverly Hills: SAGE.

Köchling, A. (1995): Wie Betriebe heute mit Altersstrukturen (nicht mit Älteren) umgehen. Anforderungen an die Zukunft. Mitteilungen Arbeitsmarkt- und Berufsforschung 28, 3, 437–453.

Kocka, J., Ditt, K., Mooser, J., Reif, H., Schüren, R. (Hg.) (1980): Familie und soziale Plazierung. Opladen: Westdeutscher Verlag.

Kohli, M. (1985): Die Institutionalisierung des Lebenslaufs. Historische Befunde und theoretische Argumente. Kölner Zeitschrift für Soziologie und Sozialpsychologie 37, 1, 1–29.

Kohli, M. (1986): Gesellschaftszeit und Lebenszeit. Der Lebenslauf im Strukturwandel der Moderne. S. 183–208. In: Berger, J. (Hg.): Die Moderne – Kontinuität und Zäsuren. Göttingen: Schwartz.

Kohli, M. (1988): Normalbiographie und Individualität. Zur institutionellen Dynamik des gegenwärtigen Lebenslaufregimes. S. 34–54. In: Brose, H.G., Hildenbrand, B. (Hg.): Vom Ende des Individuums zur Individualität ohne Ende. Opladen: Leske und Budrich.

Kohli, M. (Hg.) (1978): Soziologie des Lebenslaufs. Darmstadt Neuwied: Luchterhand.

Koll, R., Ochel, W., Vogler-Ludwig, K. (1993): Auswirkungen der internationalen Wanderung auf Bevölkerung, Arbeitsmarkt und Infrastruktur. ifo-Schnelldienst 6, 7–17

Köllmann, W. (1976): Bevölkerungsgeschichte 1800–1970. S. 9–50. In: Aubin, H., Zorn, W. (Hg.): Handbuch der deutschen Wirtschafts- und Sozialgeschichte. Band 2. Stuttgart.

Köllmann, W. (1988): Bevölkerungsgeschichtliche Forschung in der Bundesrepublik Deutschland. S. 29–36. In: Höhn, C., Linke, W., Mackensen, R. (Hg.): Demographie in der Bundesrepublik Deutschland. Festschrift für Karl Schwarz. Boppard.

Kolm, S.C. (1976): Unequal Inequalities. Teil I und II: Journal of Economic Theory 12, 416–442; 13, 83–111.

König, D. (1936): Theorien der endlichen und unendlichen Graphen. Leipzig.

König, R. (1946): Materialien zur Soziologie der Familie. Bern: Francke.

König, R. (1985): Der Wandel in der Problematik der sozialen Klassen und Minoritäten. S. 11–28. In: Hradil, S. (Hg.): Sozialstruktur im Umbruch. Opladen: Leske und Budrich.

Kontopoulos, K. M. (1992): The Logics of Social Structure. New York: Cambridge University Press.

Kopp, J., Diefenbach, H. (1994): Demographische Revolution, Transformation oder rationale Anpassung? Zur Entwicklung von Geburtenzahlen, Eheschließungen und Scheidungen in der (ehemaligen) DDR. Zeitschrift für Familienforschung 6, 45–63.

Korzeniewiczs, R.P., Moran, T.P. (1997): World-Economic Trends in the Distribution of Income 1965–1992. American Journal of Sociology 102, 1000–1039.
Kosinski, L.A. (1984): The Roots of Population Geography. S. 11–24. In: Clarke, J.I. (Hg.): Geography and Population. Oxford.
Krackow, S. (1995): Potential mechanism for sex ratio adjustment in mammals and birds. Biological Review 70, 225–241.
Kraeger, P. (1991): Early Modern Population Theory – A Reassessment. Population and Development Review 17, 207–228.
Krähenbühl, V., Jellouschek, H., Kohaus-Jellouschek, M. (1987): Stieffamilien. Freiburg: Lambertus.
Kraus, A. (1980) (Bearb.): Quellen zur Bevölkerungsstatistik Deutschlands. In: Köllmann, W. (Hg.): Boppard.
Kraut, C. (1982): Vergleichsstudien zum Allbus 1980. ZUMA-Arbeitsbericht 14.
Krauze, T.K., Slomczynski, K.M. (1986): Matrix Representation of Structural and Circulation Mobility. Sociological Methods and Research 14, 247–269.
Krebs, J.R., Davies, N.B. (1978): Behavioural Ecology – An Evolutionary Approach. Blackwell, Oxford.
Kreft, I.G.G., De Leeuw, J. (1994): The Gender Gap in Earnings. A Two-Way Nested Multiple Regression Analysis With Random Effects. Sociological Methods and Research 22, 319–341.
Kreibich, V. (1979): Zum Zwangscharakter räumlicher Mobilität. Urbs et regio 13, 153–210. Kassel.
Kreibich, V. (1985): Wohnversorgung und Wohnstandortverhalten. S. 181–195. In: Friedrichs, J. (Hg.): Die Städte in den 80er Jahren. Demographische, ökonomische und technologische Entwicklungen. Opladen: Westdeutscher Verlag.
Kreibich, V. (1990): Wohnungsbedarf heute und in den 90er Jahren. S. 179–196. In: Norton, A., Novy, K. (Hg.): Soziale Wohnpolitik der 90er Jahre. Probleme und Handlungsansätze aus britisch-deutscher Sicht. Basel: Birkhäuser.
Kreienbrock, L., Schach, S. (1995): Epidemiologische Methoden. Stuttgart: Fischer.
Krelle, W. (1985): Theorie des wirtschaftlichen Wachstums. Berlin Heidelberg New York: Springer.
Kreps, D.M. (1989): Notes on the Theory of Choice. Boulder: Westview Press.
Kriedte, P., Medick, H., Schlumbohm, J. (1992): Sozialgeschichte in der Erweiterung – Proto-Industrialisierung in der Verengung? – Demographie, Sozialstruktur, moderne Hausindustrie: eine Zwischenbilanz der Proto-Industrialisierungsforschung. Teil I. Geschichte und Gesellschaft 18, 70–87.
Kritz, M.M., Keely, C.B. (1983): Introduction. S. xiii–xxxi. In: Kritz, M.M., Keely, C.B., Tomasi, S.M. (Hg.): Global Trends in Migration: Theory and Research on International Population Movements. Staten Island NY: Center for Migration Studies.
Kroeber-Riel, W. (1984) (1990): Konsumentenverhalten. Muenchen: Vahlen.
Kroll, J. (1989): Zwischen Prozenten, Pult und Politik. Zeitschrift für Bevölkerungswissenschaft 15, 163–175.
Kromrey, H. (1995): Empirische Sozialforschung. 7. Aufl. Opladen: Leske und Budrich.
Kronawitter, G. (1994): Wohnen und Mieten in München. S. 107–128. In: Kro-

nawitter, G. (Hg.): Rettet unsere Städte jetzt! Das Manifest der Oberbürgermeister. Düsseldorf: Econ.

Krueger, A.B., Pischke, J.S. (1997): Observations and Conjectures on the U.S. Employment Miracle. Massachusetts Institute of Technology and NBER: Princeton University.

Krug, W., Nourney, M. (1987): Wirtschafts- und Sozialstatistik: Gewinnung von Daten. München.

Krüger, D. (1990): Alleinleben in einer paarorientierten Gesellschaft. Pfaffenweiler: Centaurus.

Krüger, Dorothea (1990): Alleinleben in einer paarorientierten Gesellschaft. Pfaffenweiler: Centaurus

Krupp, H.J. (1979): Probleme der Messung von Einkommen und Vermögen als Hintergrundmerkmale für allgemeine Bevölkerungsumfragen. In: Pappi, F.U. (Hg.): Sozialstrukturanalysen mit Umfragedaten. Frankfurt: Athenäum.

Krupp, H.J., Preissl, B. (1998): Die Neufassung des BDSG und die Wissenschaftliche Forschung. CR Heft 2, 121 (Auswahl).

Kuczynski, R.R. (1932): Fertility and Reproduction. New York: Falcon Press.

Kühl, J. (1991): Arbeitsmarktpolitik unter Druck. Arbeitsplatzdefizit und Kräftemangel im Westen, Beschäftigungskatastrophe im Osten. S. 389–419. In: Blaschke, B., Wallmann, H. (Hg.): Die alte Bundesrepublik. Kontinuität und Wandel. Opladen: Westdeutscher Verlag.

Kuijster, A. (1995): Recent Trends in Household and Family Structures in Europe: An Overview. S. 53–84. In: Imhoff, E. van, Kuijster, A., Hooimeijer, P., Wissen, L. van (Eds.): Household Demography and Household Modeling. New York London: Plenum Press.

Kuls, W. (1979): Regionale Unterschiede im generativen Verhalten. Innsbrucker Geogr. Studien 5, 215–228. Innsbruck.

Kuls, W. (1980): Bevölkerungsgeographie. 2. Aufl. zus. mit Kemper, F.J. (1993): Studienbücher d. Geogr. Stuttgart: Teubner.

Kuls, W. (1982): Bevölkerungsgeographie als Zweig der Geographie des Menschen. Geographie und Schule 4, 20, 1–9.

Kultusministerkonferenz (1989): Prognose der Studienanfänger, Studenten und Hochschulabsolventen bis 2010. Statistische Veröffentlichungen der Kultusministerkonferenz 106, April.

Kuritz, S.J., Landis J.R., Koch, G.K. (1988): A general overview of Mantel-Haenszel methods: applications and recent developments. Annals Review Public Health 9, 123–160.

Kurland, J.A. (1979): Paternity, mother's brother, and human sociality. S. 145–180. In: Chagnon, N.A., Irons, W. (Eds.) (1979): Evolutionary Biology and Human Social Behavior – An Anthropological Perspective. North Scituate: Duxbury.

Kutsch, T., Wiswede, G. (1986): Wirtschaftssoziologie. Stuttgart: Enke.

Kutter, E. (1972): Demographische Determinanten städtischen Personenverkehrs. Braunschweig.

Kytir, J. (1986): Die verzögerte Modernisierung. Räumliche Aspekte des ehelichen Fruchtbarkeitsrückganges in den Bundesländern Tirol und Vorarlberg in den sechziger und siebziger Jahren. Demographische Informationen 45–61.

Laine, E.J. (1995): Learning Second National Languages. A Research Report, Scandinavian University Studies in the Humanities and Social Sciences. Vol. 8. Frankfurt Bern: Lang.

LaLonde, R.J. (1986): Evaluating the Econometric Evaluations of Training Programs with Experimental Data. American Economic Review 76, 604–620.

LaLonde, R.J., Maynard, R. (1987): How Precise are Evaluations of Employment and Training Experiments: Evidence from a Field Experiment. Evaluation Review 11, 428–451.

Lancaster, K.J. (1966): A New Approach to Consumer Behavior. Journal of Political Economy 22, 56–66.

Lancaster, K.J. (1966): A New Approach to Consumer Theory. Journal of Political Economy 74, 132–157.

Lancaster, T. (1985): Generalised Residuals and Heterogeneous Duration Models. Journal of Econometrics 28, 155–169.

Lancaster, T. (1990): The Econometric Analysis of Transition Data. Cambridge, London, New York: Cambridge University Press.

Lancaster, T., Chesher, A. (1987): Residuals, Tests and Plots with a Job Matching Illustration. S. 59–87. In: Crouchley, R. (Ed.): Longitudinal Data Analysis. Aldershout: Avebury.

Land, K.C. (1986): Methods for National Population Forecasts: A Review. Journal of the American Statistical Association 81, 396.

Land, K.C., Rogers, A. (Eds.) (1982): Multidimensional Mathematical Demography. London New York: Academic Press.

Landale, N.S. (1989): Agricultural opportunity and marriage: The United States at the turn of the century. Demography 26, 203–218.

Landale, N.S., Guest, A.M. (1985): Constraints, Satisfaction, and Residential Mobility: Speare's Model Reconsidered. Demography 22, 199–222.

Landeshauptstadt Stuttgart (Hg.) (1997): Modellgestützte Analyse und Prognose der Stadt Stuttgart. Endbericht. Studie im Auftrag des Statistischen Amtes der Landeshauptstadt Stuttgart.

Landry, A. (1909): Le trois théories principale de la population. Scientia.

Lange, N. de (1991): Bevölkerungsgeographie. Grundriss allgemeine Geographie 5. Paderborn.

Langenheder, W. (1968): Ansatz zu einer allgemeinen Verhaltenstheorie in den Sozialwissenschaften. Dargestellt und überprüft an Ergebnissen empirischer Untersuchungen über Ursachen von Wanderungen. Köln Opladen: Westdeutscher Verlag.

Lansing, J.B., Mueller, E. (1967): The Geographic Mobility of Labor. Ann Arbor: Survey Research Center University of Michigan.

Lapiere, R.T. (1934): Attitudes vs. Actions. Social Forces 13, 230–237.

Laska-Mierzejewska, T. (1970): Effect of ecological and socio-economic factors on the age at menarche, body height and weight of rural girls in Poland. Human Biology 42, 284–292.

Laslett, P. (1976): Familie und Industrialisierung: eine starke Theorie. S. 13–31. In: Conze, W. (Hg.): Sozialgeschichte der Familie in der Neuzeit Europas. Stuttgart: Klett.

Laue, E. (1997): Adoption 1995. Wirtschaft und Statistik 6, 409–414.

Laumann, E.D., Pappi, F.U. (1973): New Directions in the Study of Community Elites. American Sociological Review 38, 212–230.

Laumann, E.D., Pappi, F.U. (1976): Networks of collective action: A perspective on community influence systems. New York.

Laumann, E.O., Gagnon, J.H., Michael, R.T., Michaels, S. (1994): The Social Organization of Sexuality. Chicago London: University of Chicago Press.

Lauterbach, W. (1991): Erwerbsmuster von Frauen. Entwicklungen und Veränderungen seit Beginn dieses Jahrhunderts. S. 23–56. In: Mayer, K.U., Allmendinger, J., Huinink, J. (Hg.): Vom Regen in die Traufe. Frauen zwischen Beruf und Familie. Frankfurt New York: Campus.

Lauterbach, W. (1994): Erwerbsverläufe von Frauen. Erwerbsbeteiligung, Erwerbsunterbrechung und Wiedereintritt. Frankfurt: Campus.

Lauterbach, W. (1995): Die gemeinsame Lebenszeit von Familiengenerationen. Zeitschrift für Soziologie 24, 22–41.

Lauterbach, W., Huinink, J., Becker, R. (1994): Erwerbsbeteiligung und Berufschancen von Frauen. Theoretische Ansätze, methodische Verfahren und empirische Ergebnisse aus der Lebensverlaufsperspektive. S. 175–208. In: Beckmann, P., Engelbrech, G. (Hg.): Arbeitsmarkt für Frauen 2000. Ein Schritt vor oder ein Schritt zurück? Kompendium zur Erwerbstätigkeit von Frauen. Nürnberg: Bundesanstalt für Arbeit (BeitrAB 179).

Laux, H.D. (1982): Forschungsschwerpunkte und Zukunftsaufgaben der historischen Geographie. Bevölkerung. Erdkunde 36, 103–108.

Lawless, J.F. (1982): Statistical Models and Methods for Lifetime Data. New York: Wiley.

Lawlor, L.R. (1976): Molting, growth and reproductive strategies in the terrestrial isopod, Armadillidium vulgare. Ecology 57, 1179–1194.

Layard, R., Nickell, S., Jackman, R. (1991): Unemployment. Macroeconomic Performance and the Labour Market. Oxford: Oxford University Press.

Layard, R., Nickell, S., Jackman, R. (1994): The Unemployment Crisis. Oxford: Oxford Univiversity Press.

Lazear, E.P. (1981): Agency, Earnings Profiles, Productivity, and Hours Restrictions. American Economic Review, 606 ff.

Lazear, E.P. (1986): Retirement from the Labor Force. S. 305–358. In: Ashenfelter, O., Layard, R. (Hg.): Handbook of Labor Economics. Vol. I. Amsterdam: North-Holland.

Lee, E.S. (1966): A Theory of Migration. Demography 3, 47–57.

Lee, E.S. (1972): Eine Theorie der Wanderung. S. 115–129. In: Széll, G. (Hg.): Regionale Mobilität. München: Nymphenburger Verlagshandlung. Deutsche Fassung (1966): A Theory of Migration. Demography 3, 47–57.

Lee, M.L., Loschky, D. (1987): Malthusian Population Oscillations. Economic Journal 97, 737–739.

Lee, R. (1974): The Formal Dynamics of Controlled Populations and the Echo, the Boom and the Bust. Demography 11, 563–585.

Lee, R.D. (1985): Inverse Projection and Back Projection: A Critical Appraisal, and Comparative Results for England, 1539 to 1871. Population Studies 39, 233–248.

Lee, R.D. (1993): Inverse Projection and Demographic Fluctuations: A Critical Assessment of New Methods. In: Reher, D.S., Schofield, R. (Eds.): Old and New Methods in Historical Demography 7–28.

Lehrer, E., Nerlove, M. (1986): Female Labor Force Behavior and Fertility in the United States. Annual Review of Sociology 12, 181–204.

Leib, J., Mertins, G. (1983): Bevölkerungsgeographie. Das Geogr. Seminar. Braunschweig: Westermann.

Leibenstein, H. (1957): Economic Backwardness and Economic Growth. New York: Wiley.

Leibenstein, H. (1974): An Interpretation of the Economic Theory of Fertility: Promising Path or Blind Alley? Journal of Economic Literature 12, 457–479.

Leibenstein, H. (1975): The Economic Theory of Fertility Decline. Quarterly Journal of Economics 89, 1–31.

Leidy, L.E. (1994): Biological aspects of menopause: Across the lifespan. Annual Review of Anthropology 23, 231–253.

Leinhardt, S. (1977): Social Networks New York: Academic Press.

Leisering, L. (1992): Sozialstaat und demographischer Wandel. Frankfurt: Campus.

Leitner, H. (1983): Gastarbeiter in der städtischen Gesellschaft. Segregation, Integration und Assimilation von Arbeitsmigranten. Am Beispiel Jugoslawischer Gastarbeiter in Wien. Frankfurt New York: Campus

Leitner, W. (1959): Die Verteilung der Bevölkerung nach natürlichen Landschaften in der Steiermark. Mitt. Österr. Geogr. Ges. 101, 72–85.

Lempp, R. (1993): Vorwort. S. 11–12. In: Hoksbergen, R.A.C., Textor, M.R. (Hg.): Adoption: Grundlagen, Vermittlung, Nachbetreuung, Beratung. Freiburg: Lambertus.

Lendl, E. (1954/55): Zur Frage der Berechnung der agraren Dichte. Geogr. Taschenbuch 424–425.

Lennartz, K. (1988): Verarbeitung personenbezogener Daten zu wissenschaftlichen Zwecken. RDV 3, 132 ff.

Lenski, G., Lenski, J. (1987): Human Societies. An Introduction to Macrosociology. 5. Edition. New York: McGraw Hill.

Lenz, K. (1982): Vorindustrielle Großfamilie – Ein ahistorisches Konzept. Schweizerische Zeitschrift für Soziologie 8, 423–450.

Lenz, K. (1983): Die Bevölkerungswissenschaft im Dritten Reich. Materialien zur Bevölkerungswissenschaft, Heft 35. Wiesbaden: Bundesinstitut für Bevölkerungswissenschaft.

Leslie, P.H. (1945): On the Use of Matrices in Certain Population Mathematics. Biometrika 33, 183–212.

Leslie, P.H. (1948): Some Further Notes on the Use of Matrices in Population Mathematics. Biometrika 35, 213–245.

Leslie, P.W., Fry, P.H. (1989): Extreme seasonality of births among nomadic Turkana pastoralists. American Journal of Physical Anthropology 79, 103–115.

Lessels, C.M. (1991): The evolution of life histories. S. 32–68. In: Krebs, J.R., Davies, N.B. (Eds.): Behavioural Ecology – An Evolutionary Approach. 3. Edi-

tion. Oxford: Blackwell.
Lesthaeghe, R. (1977): The Decline of Belgian Fertility, 1800–1970. Princeton N.J.
Lesthaeghe, R. (1983): A Century of Demographic and Cultural Change in Western Europe: An Exploration of Underlying Dimensions. Population and Development Review 9, 411–435.
Lesthaeghe, R. (1992): Der zweite demographische Übergang in den westlichen Ländern: Eine Deutung. Zeitschrift für Bevölkerungswissenschaft 18, 3.
Lesthaeghe, R. (1993): Der zweite demographische Übergang in den westlichen Ländern: Eine Deutung. Zeitschrift für Bevölkerungswissenschaft 18, 313–354.
Lesthaeghe, R. (1996): The Second Demographic Transition in Western Countries: An Interpretation. S. 17–62. In: Oppenheim-Mason, K., Jensen, A.M. (Hg.): Gender and Family in Industrialized Countries. Oxford: Clarendon Press.
Lesthaeghe, R., Meekers, D. (1986): Value Changes and the Dimensions of Familism in the European Community. European Journal of Population 2, 225–268.
Lesthaeghe, R., Syrkyn, J. (1988): Cultural Dynamics and the Economic Theories of Fertility Change. Population and Development Review 14, 1–45.
Leu, R.E., Burri, S., Priester, T. (1997): Lebensqualität und Armut in der Schweiz. Bern: Haupt.
Levasseur E. (1909): La répartition de la race humaine, Bulletin de l'Institut International de Statistiques, XVIII, 2, 57.
Levin, R.J. (1987): Human Sex Pre-Selection. Oxford Reviews of Reproductive Biology 9, 161–191.
Levine, J.H. (1972): The Sphere of Influence. American Sociological Review 37, 14–27.
Levinger, G. (1983): Development and Change. S. 315–359. In: Kelley, H. et al.: Close Relationships. New York: Freeman.
Levinger, G., Snoek, J.D. (1977): Attraktion in Beziehungen: Eine neue Perspektive in der Erforschung zwischenmenschlicher Anziehung. S. 108–139. In: Mikula, G., Stroebe, W. (Hg.): Sympathie, Freundschaft und Ehe. Bern Stuttgart Wien: Huber.
Lévi-Strauss, C. (1981): Die elementaren Strukturen der Verwandtschaft. Frankfurt: Suhrkamp.
Levy, R. (1996): Toward a Theory of Life Course Institutionalization. S. 83–108. In: Weymann, A., Heinz, W.R. (Eds.): Society and Biography. Interrelationships between Social Structure, Institutions and the Life Course. Weinheim: Deutscher Studien Verlag.
Lewin, K. (1936):Principles of Topological Psychology. New York.
Lewin, K. (1951): Field Theory in Social Science. New York: Harper and Row.
Lewis, E.G. (1942): On the Generation and Growth of A Population. Sankhya 6, 93–96.
Lewis, R.A., Spanier, G.B. (1979): Theorizing about the quality and stability of marriage. S. 268–294. In: Wesley Burr et al. (Eds.): Contemporary Theories about the Family. Vol. I. New York London: Free Press.
Ley, K. (1991): Die neue Vielfalt familialer und alternativer Lebensformen. S. 225–

241. In: Fleiner-Gerster, T., Cilliand, P., Lüscher, K. (Hg.): Familien in der Schweiz. Fribourg: Universitätsverlag.

Liao, T.F. (1994): Interpreting Probability Models: Logit, Probit, and Other Generalized Linear Models. Thousand Oaks: Sage.

Libowitzky, H. (1993): Regionale Prognosen – Stand und weiterer Ausbau des Prognosesystems. Statistische Monatshefte Rheinland-Pfalz 46, 9.

Liestøl, K., Rosenberg, M., Walløe, L. (1988): Lactation and post-partum amenorrhoea: A study based on data from three Norwegian cities 1860–1964. Journal of Biosocial Science 20, 423–434.

Liljeberg, Madlon (1994): Alleinerziehende in den neuen Bundesländern. Ein Beitrag zur veränderten Lebenssituation nach der Wende. Nachrichtendienst des Deutschen Vereins für öffentliche und private Fürsorge (NDV), 8, 300–306.

Lillard, L.A., Brien, M.J., Waite, L.J. (1995): Premarital Cohabitation and Subsequent Marital Dissolution: A Matter of Self-Selection? Demography 32, 437–457.

Linde, H. (1984): Therie der säkularen Nachwuchsbeschränkung 1800 bis 2000. Frankfurt: Campus.

Linde, H. (1988): Das sozialökonomische Gefälle der ehelichen Fruchtbarkeit im Prozess der Nachwuchsbeschränkung in Deutschland. S. 169–186. In: Höhn, C., Linke, W., Mackensen, R. (Hg.): Demographie in der Bundesrepublik Deutschland. Boppard.

Linde, H. (1988): Die Bedeutung von Th. Robert Maltus für die Bevölkerungssoziologie. S. 176–190. In: Kritische Emiprie. Beiträge zur Soziologie und Bevölkerungswissenschaft 1937–1987. Opladen: Leske und Budrich.

Lindenberg, S. (1981): Erklärung als Modellbau: Zur soziologischen Nutzung von Nutzentheorien. S. 20–35. In: Schulte, W. (Hg.): Soziologie der Gesellschaft. Bremen: Universität Bremen.

Lindenberg, S. (1983): The New Political Economy: Its Potential and Limitations for the Social Sciences in General and for Sociology in Particular. S. 7–66. In: Sodeur, W. (Hg.): Ökonomische Erklärung sozialen Verhaltens. Duisburg: Sozialwissenschaftliche Kooperative.

Lindenberg, S. (1985): Die Verteilung gemeinsamer Güter: Wer bekommt welchen Anteil? S. 83–114. In: Büschges, G., Raub, W. (Hg.): Soziale Bedingungen, Individuelles Handeln, Soziale Konsequenzen. Frankfurt Bern New York: Lang.

Lindenberg, S. (1986): Individual Economic Ignorance versus Social Production Functions and Precarious Enlightenment. Journal of Institutional and Theoretical Economics (ZgS) 142, 20–26.

Lindenberg, S. (1989)a: Social Production Functions, Deficits, and Social Revolutions. Prerevolutionary France and Russia. Rationality and Society 1, 51–77.

Lindenberg, S. (1989b): Choice and Culture. The Behavioral Basis of Cultural Impact on Transactions. S. 175–200. In: Haferkamp, H. (Hg.): Social Structure and Culture. Berlin: de Gruyter.

Lindenberg, S. (1990): Rationalität und Kultur. Die Verhaltenstheoretische Basis des Einflusses von Kultur auf Transaktionen. S. 249–287. In: Haferkamp, H. (Hg.): Sozialstruktur und Kultur. Frankfurt.

Lindenberg, S. (1991): Die Methode der abnehmenden Abstraktion: Theoriegesteuerte Analyse und empirischer Gehalt. S. 29–78. In: Esser, H., Troitzsch, K.G. (Hg.): Modellierung sozialer Prozesse. Neuere Ansätze und Überlegungen zur soziologischen Theoriebildung. Bonn: Informationszentrum Sozialwissenschaften.

Lindenberg, S. (1998): Normen und die Allokation sozialer Wertschätzung. S. 169–192. In: Todt, H. (Hg.): Normengeleitetes Verhalten in den Sozialwissenschaften. Berlin: Duncker und Humblot.

Lindert, H. van (1991): Fast schon ein lesbischer Baby-Boom. S. 169–177. In: Streib, U. (Hg.): Von nun an nannten sie sich Mütter. Lesben und ihre Kinder. Berlin: Orlanda Frauenverlag.

Lingoes, J.C. (1980): Testing regional hypotheses in multidimensional scaling. In: Diday, E. et al. (Eds.): Data analysis and informatics. North-Holland.

Lingoes, J.C., Roskam, E.E., Borg, I. (1979): Geometric Representations of Relational Data. Ann Arbor, MI: Mathesis Press.

Lingoes, J.C.,Roskam, E.E. (1973): A Mathematical and Empirical Analysis of two Multidimensional Scaling Algorithms. Richmond: Willam Byrd Press.

Linke, W. (1975): Veränderungen der Kinderzahl verheirateter Frauen von 1966 bis 1971. Zeitschrift für Bevölkerungswissenschaft 1, 54–79.

Lipset, S.M., Zetterberg, H.L. (1956): A theory of social mobility. In: ISA (Ed.): Transactions of the Third Word Congress of Sociology. Vol. 3, London.

Livi-Bacci, M. (1977): A History of Italian Fertility during the Last Two Centuries. Princeton N.J.

Livi-Bacci, M. (1986): Social-Group Forerunners of Fertility Control in Europe. S. 182–200. In: Coale, A.J., Watkins, S.C. (Hg.): The Decline of Fertility in Europe. Princeton: Princeton University Press.

Livi-Bacci, M. (1992): A Concise History of World Population. Cambridge Massachusetts.

Lohse, J.M. (1967): Kirche ohne Kontakte? Stuttgart.

Long, L. (1988): Migration and Residential Mobility in the United States. New York: Russell Sage Foundation.

Longford, N.T. (1995): Random Coefficient Models. In: Arminger, G., Clogg, C., Sobel, M.E. (Hg.): Handbook of Statistical Modeling for the Social and Behavioral Sciences. New York: Plenum Press.

Look, L.W (1993): Indentured Labour, Caribbean Sugar: Chinese and Indian Migrants to the British West Indies. Baltimore: Johns Hopkins.

Lorenz, M. (1905): Methods of Measuring the Concentration of Wealth. Journal of the American Statistical Association 9, 209–219.

Lorrain, F., White, H.C. (1971): Structural Equivalence of Individuals in Social Networks. Journal of Mathematical Sociology 1, 49–80.

Losh-Hesselbart, S. (1987): Development of Gender Roles. S. 535–563. In: Sussman, S., Steinmetz, S.K. (Eds.): Handbook of Marriage and the Family. New York London: Plenum Press.

Lotka, A. (1932): The Growth of Mixed Populations: Two Species Competing for a common Food Supply. In: Sado, F. (Ed.) (1978): The Golden Age of Theoretical Ecology. Heidelberg: Springer.

Lotka, A.J. (1907): Mode of Growth of Material Aggregates. American Journal of Science 24, 199–216.

Low, B.S. (1989): Cross-cultural patterns in the training of children: An evolutionary perspective. Journal of Comparative Psychology 103, 311–319.

Low, B.S. (1990): Marriage systems and pathogen stress in human societies. American Zoologist 30, 325–339.

Low, B.S. (1991): Reproductive life in nineteenth century Sweden: An evolutionary perspective on demographic phenomena. Ethology and Sociobiology 12, 411–448.

Low, B.S. (1993): Ecological demography: A synthetic focus in evolutionary anthropology. Evolutionary Anthropology 1, 177–187.

Löwenbein, O. (1991): Einkommensanalysen auf der Basis von Paneldaten. Wetzlar: Jungarbeiterinitiative an der Werner-von-Siemens-Schule.

Lowry, I.S. (1966): Migration and Metropolitan Growth: Two Analytical Models. San Francisco: Chandler.

Loy, G. (1981): Theoretische Ansätze zur Erkärung des veränderten generativen Verhaltens in der Bundesrepublik Deutschland. Materialien zur Bevölkerungswissenschaft 25. Wiesbaden.

Lucas, R.E. (1988): On the Mechanics of Economic Development. Journal of Monetary Economics 22, 3–42.

Lucas, R.E.B. (1983): International Migration: Economic Causes, Consequences and Evaluations. 84–109. In: Kritz, M.M., Keely, C.B., Tomasi, S.M. (Hg.): Global Trends in Migration: Thoery and Research on International Population Movements. Staten Island NY: Center for Migration Studies.

Luce, R.D., Perry, A.D. (1949): A method of matrix analysis of group structure. Psychometrica 14, 95–116.

Luckmann, T. (1960): Neuere Schriften zur Religionssoziologie. Kölner Zeitschrift für Soziologie und Sozialpsychologie: 315–326.

Luckmann, T. (1991): Die unsichtbare Religion. Frankfurt.

Ludwig-Mayerhofer, W. (1996): Was heißt, und gibt es kumulative Arbeitslosigkeit? Untersuchungen zu Arbeitslosigkeitsverläufen über 10 Jahre. S. 210–239. In: Zapf, W., Schupp, J., Habich, R. (Hg.): Lebenslagen im Wandel. Sozialberichterstattung im Längsschnitt. Frankfurt New York: Campus.

Luhmann, N. (1977): Funktion der Religion. Frankfurt.

Luhmann, N. (1988): Sozialsystem Familie. S. 196–217. In: ders. Soziologische Aufklärung 5. Opladen.

Lukatis, I. (1982): Empirische Religions- und Kirchensoziologie in Deutschland. Entwicklung, Stand und zukünftige Aufgaben eines Forschungsbereiches. Zeitschrift für Evangelische Ethik 26, 306–327.

Lukatis, I. (1983): Empirische Forschung zum Thema Religion in Westdeutschland, Österreich und der deutschsprachigen Schweiz. S. 199–220. In: Daiber, K.F., Luckmann, T. (Hg.): Religion in den Gegenwartsströmungen der deutschen Soziologie. München.

Lukatis, I. (1990): Empirirsche Religions- und Kirchensoziologie in Deutschland in den 80er Jahren. Zeitschrift für Evangelische Ethik 34, 303–317.

Lukatis, I. (1990): Frauen und Männer als Kirchenmitglieder. S. 119–148. In: Matthes, J. (Hg.): Kirchenmitgliedschaft im Wandel. Gütersloh.

Lundberg, S., Pollak, R.A. (1993): Separate Spheres Bargaining and the Marriage Market. Journal of Political Economy 101, 988–1010.

Lundberg, S., Pollak, R.A. (1994): Non-cooperative Bargaining Models of Marriage. American Economic Review. Papers and Proceedings 84, 132–137.

Lundberg, S.,. Pollak, R.A. (1996): Bargaining and Distribution in Marriage. Journal of Economic Perspectives 10, 139–158.

Lungwitz, K. (1974): Die Bevölkerungsbewegung in der DDR und der BRD zwischen 1945 und 1970 – eine komparative Untersuchung. Jahrbuch für Wirtschaftsgeshichte. Teil 1. Berlin: Akademie Verlag.

Lüschow, J., Untiedt, G. (1996): Regionales Wachstum und regionale Arbeitslosigkeit: Okun's Law in den Ländern der Bundesrepublik Deutschland (West) 1960–1993. Seminarberichte der Gesellschaft für Regionalforschung 37, 131–154.

Lüthi, A.P. (1981): Messung wirtschaftlicher Ungleichheit. Berlin: Springer.

Lutz, W. (1994): Literate Life Expectancy. Proposing a Powerful New Indicator of Social Development. POPNET 26, 1–5.

Lützeler, R. (1994): Räumliche Unterschiede der Sterblichkeit in Japan. Bonner Geogr. Abh. 89. Bonn.

Lüüs, H.P. (1995a): Adoptionen 1993. Wirtschaft und Statistik 3, 234–242.

Lüüs, H.P. (1995b): Erzieherische Hilfen außerhalb des Elternhauses 1993. Wirtschaft und Statistik 7, 557–565.

Lydall, H.F. (1968): The Structure of Earnings. Oxford: Clarendon Press.

Lyn, N., Dayton, P., Greenwald, P. (1978): Analyzing the instrumental use of relations in the context of social structure. Sociological Methods and Research 149–166.

Lynch, L.K. (1971): A Model for Intercounty Commuting. Southeastern Geographer 11, 9–18.

Maag, G. (1991): Gesellschaftliche Werte. Strukturen, Stabilität und Funktion. Opladen: Westdeutscher Verlag.

MacGill, S.M. (1977): Theoretical Properties of Biproportional Matrix Adjustments. Environment and Planning A 9, 687–701.

MacGill, S.M. (1979): Convergence and Related Properties for a Modified Biproportional Matrix Problem. Environment and Planning A 11, 499–506.

Machina, M.J. (1987): Choice under Uncertainty: Problems Solved and Unsolved. Journal of Economic Perspectives 1, 121–154.

Machina, M.J. (1989): Dynamic Consistency and Non-Expected Utility Models of Choice under Uncertainty. Journal of Economic Literature 27, 1622–1668.

Mackenroth, G. (1953): Bevölkerungslehre. Theorie, Soziologie und Statistik der Bevölkerung. Berlin Heidelberg Göttingen: Springer.

Mackenroth, G. (1955): Bevölkerungslehre. In: Gehlen, A., Schelski, H. (Hg.): Soziologie. Ein Lehr- und Handbuch zur modernen Gesellschaftskunde. Düsseldorf.

Mackenroth, G. (1955): Die generative Struktur von Bevölkerungen und Sozialschichten. Weltwirtschaftliches Archiv 75, 1–18.

Mackensen, R. (1975): Das generative Verhalten im Bevölkerungsrückgang. S. 82–

104. In: Kaufmann, F.X. (Hg.): Bevölkerungsbewegung zwischen Quantität und Qualität. Stuttgart: Enke.

Mackensen, R., Meyer, S., Schulze, E. (1988): Neue Typen der privaten Haushalte in Berlin. Kurzfassung. Abgeordnetenhaus von Berlin. Drucksache 11, 30, 12–39.

Mackensen, R., Vanberg, M., Krämer, K. (1975): Probleme regionaler Mobilität. Göttingen.

Mackey, W.C. (1993): Relationships between the human sex ratio and the woman´s microenvironment: Four tests. Human Nature 4, 175–198.

Macklin, E.D. (1986): Nontraditional Family Forms. S. 317–353. In: Sussman, M.B., Steinmetz, S.K. (Eds.): Handbook of Marriage and the Family. New York: Plenum Press.

Magvas, E. (1993): Große Bewegungen auf dem Arbeitsmarkt. Ergebnisse aus der sechsten Befragungswelle des Arbeitsmarkt-Monitors vom November 1992. Nürnberg: IAB-Kurzbericht.

Magvas, E. (1995): Pendlerstrom von Ost nach West reißt nicht ab. Ergebnisse des letzten Arbeitsmarkt-Monitors vom November 1994. Nürnberg: IAB-Kurzbericht.

Mahadevan, K., Sumangala, M. (1987): Social Development, Cultural Change and Fertility Decline. A Study of Fertility Change in Kerala. New Dehli.

Maier, F. (1993): Zwischen Arbeitsmarkt und Familie. Frauenarbeit in den alten Bundesländern. S. 257–279. In: Helwig, G., Nickel, H.M. (Hg.): Frauen in Deutschland 1945–1992. Bonn: Bundeszentrale für politische Bildung.

Malcolm, L.A. (1970): Growth and development of the Bundi child of the New Guinea Highlands. Human Biology 42, 293–328.

Malthus, T.R. (1798): An Essay on the Principle of Population, as it Affects the Future Improvement of Society. Reprint 1. Edition 1926. London: Bensley.

Malthus, T.R. (1803): An Essay on the Principle of Population; or, a View of its Past and Present Effects on Human Happiness. 2. Aufl. London.

Malthus, T.R. (1872): An Essay on the Principle of Population or A View of its Past and Present Effects on Human Happiness. Reprint 7. Edition 1958. London: J.M. Dent.

Malthus, T.R. (1924) (zuerst 1798): : Eine Abhandlung über das Bevölkerungsgesetz. 2 Bände. In: Waentig, H. (Hg.): Jena: Fischer.

Mandelbrot, B. (1960): The Pareto-Levy Law and the Distribution of Income. International Economic Review 1, 79–106.

Mankiw, N.G., Romer, D., Weil, D.N. (1992): A Contribution to the Empirics of Economic Growth. Quarterly Journal of Economics 107, 407–437.

Mann, J. (1992): Nurturance or negligence: Maternal psychology and behavioral preference among preterm twins. S. 367–390. In: Barkow, J.H., Cosmides, L., Tooby, J. (Eds.): The Adapted Mind – Evolutionary Psychology and the Generation of Culture. New York Oxford: Oxford University Press.

Manser, M., Brown, M. (1980): Marriage and Household Decision-Making: A Bargaining Analysis. International Economic Review 21, 31–44.

Manshard, W. (1984): Bevölkerung, Ressourcen, Umwelt und Entwicklung. Geogr. Rundschau 36, 538–543.

Mantel, N., Haenszel, W. (1959): Statistical aspects of the analysis of data from restrospective studies of disease. Journal of the National Cancer Institute 22, 719–748.

Marbach, J., Bien, W., Bender, D. (1996): Vergleich der Lebensformen in den alten und neuen Bundesländern zwischen 1988 und 1994. S. 28–37. In: Bien W. (Hg.): Familie an der Schwelle zum neuen Jahrtausend. Opladen: Leske und Budrich.

Mare, R.D. (1991): Five Decades of Educational Assortative Mating. American Sociological Review 56, 15–32.

Maretzke, S., Blach, A. (1994): Das Arbeitskräfteangebot in den Regionen Deutschlands bis 2010. Informationen zur Raumentwicklung 12, 881–902.

Margulis, S.W., Altmann, J., Ober, C. (1993): Sex-biased lactational duration in a human population and its reproductive costs. Behavioral Ecology and Sociobiology 32, 41–45.

Marini, M.M. (1984): Age and Sequencing Norms in the Transition to Adulthood. Social Forces 63, 229–244.

Markl, H. (1983): Wie unfrei ist der Mensch? Von der Natur in der Geschichte. S. 11–50. In: Markl, H. (Hg.): Natur und Geschichte. München Wien: Oldenbourg.

Marks, G.N., Pittelkow, Y.E., Jones, F.L. (1996): Structural Changes and Association in Mobility Tables: An Integration and Extension of Existing Approaches. Quality and Quantity 30, 61–86.

Marrus, M.R. (1985): The Unwanted. European Refugees in the Twentieth Century. New York: Oxford University Press.

Marschalck, P. (1973): Deutsche Überseewanderung im 19. Jahrhundert. Ein Beitrag zur soziologischen Theorie der Bevölkerung. Stuttgart: Klett.

Marschalck, P. (1984): Bevölkerungsgeschichte Deutschlands im 19. und 20. Jahrhundert. Frankfurt: Suhrkamp.

Marschalck, P. (1987): The Age of Demographisc Transition: Mortality and Fertility. S. 15–58. In: Bade, K.J. (Hg.): Population, Labour and Migration in 19th and 20th Century Germany. New York: Berg Publishers Ltd.

Marsden, P.V. (1990): Network Data and Measurement. Annual Reviews in Sociology 16, 453–463.

Marsiglio, W. (Ed.) (1995): Fatherhood. Contemporary Theory, Research, and Social Policy. Thousand Oaks: Sage.

Martin, E. (1983): Surveys as Social Indicators: Problems in Monitoring Trends. In: Rossi, P.H., Wright, J.D., Anderson, A.B. (Hg.): Handbook of Survey Research. Orlando: Academic Press.

Martin, S. (1996): Advanced Industrial Economics. Oxford, Cambridge: Blackwell.

Marx, K. (1974) (1876): Das Kapital. Band 1. Marx Engels Werke. Band 23. Berlin: Dietz.

Maryanski, A. (1991): Network Analysis. Belmont, CA: Wadsworth.

Mascie-Taylor, C.G.N. (1988): Assortative mating for anthropometric characters. S. 61–82. In: Mascie-Taylor, C.G.N., Boyce, A.J. (Eds.): Human Mating Patterns. Cambridge: Cambridge University Press.

Mas-Colell, A., Whinston, M.D., Green, J. (1995): Microeconomic Theory. New

York, Oxford: Oxford University Press.
Mason, W.M., Fienberg., S.E. (1985): Cohort Analysis in Social Research: Beyond the Identification Problem. New York: Springer.
Massey, D.S. et al. (1993): Theories of International Migration. Population and Development Review 19, 431–466.
Matanoski, G., Kanchanaraksa, S., Lantry D., Chang Y. (1995): Characteristics of nonsmoking women in NHANES I and NHANES I epidemiologic follow-up study with exposure to spouses who smoke. American Journal of Epidemiology 142, 149–157.
Matis, J.H., Kiffe, T.R., Parthasarathy, P.R. (1998): On cumulants of populaton size for the stochastic power law logistic model. Theoretical Population Biology 51, 16–29.
Matras, J. (1973): Populations and Societies. Englewood Cliffs: Prentice Hall.
Matras, J. (1977): Introduction to Population. A Sociological Approach. Englewood Cliffs: Prentice Hall.
Mattes, J. (1995): Ich will ein Kind, und zwar allein. Ein Handbuch für Frauen, die sich für eine Mutterschaft ohne Vater entscheiden. Düsseldorf: Econ.
Mattes, Jane (1995): Ich will ein Kind, und zwar allein. Ein Handbuch für Frauen, die sich für eine Mutterschaft ohne Vater entscheiden. Düsseldorf: Econ
Matthes, J. (1968): Kirche und Gesellschaft. Einführung in die Religionssoziologie II. Reinbek.
Matthes, J. (1968): Kirche und Gesellschaft. Einführung in die Religionssoziologie II. Reinbek.
Matthes, J. (1995): Geleitwort zum Lexikon der Hamburger Religionsgemeinschaften. S. 8–10. In: Grünberg, W. u. a. (Hg.): Lexikon der Hamburger Religionsgemeinschaften. Hamburg.
Mau, S. (1994): Der demographische Wandel in den neuen Bundesländern. Familiengründung nach der Wende: Aufschub oder Verzicht? Zeitschrift für Familienforschung 6, 197–220.
Mayer, K.U. (1980): Sozialhistorische Materialien zum Verhältnis von Bildungs- und Beschäftigungssystem bei Frauen. S. 60–79. In: Beck, U., Hörning, K.H., Thomssen, W. (Hg.): Bildungsexpansion und betriebliche Beschäftigungspolitik. Frankfurt: Campus.
Mayer, K.U. (1987): Lebensverlaufsforschung. S. 51–73. In: Voges, W. (Hg.): Methoden der Biographie- und Lebensverlaufforschung. Opladen.
Mayer, K.U. (1989): Bevölkerungswissenschaft und Soziologie. S. 255–280. In: Mackensen, R., Thill-Thouet, L., Stark, U. (Hg.): Bevölkerungsentwicklung und Bevölkerungstheorie in Geschichte und Gegenwart. Frankfurt: Campus.
Mayer, K.U. (1991): Berufliche Mobilität von Frauen in der Bundesrepublik Deutschland. S. 57–90. In: Mayer, K.U., Allmendinger, J., Huinink, J. (Hg.): Vom Regen in die Traufe. Frauen zwischen Beruf und Familie. Frankfurt New York: Campus.
Mayer, K.U. (1996): Lebensverläufe und gesellschaftlicher Wandel. S. 43–72. In: Behrens, J., Voges, W. (Hg.): Kritische Übergänge. Frankfurt: Campus.
Mayer, K.U. (Hg.) (1990): Lebensverläufe und sozialer Wandel. Opladen: Westdeutscher Verlag.

Mayer, K.U. (Hg.) (1990): Materialien zur Bildungsforschung, Nr. 35. Kölner Zeitschrift für Soziologie und Sozialpsychologie. Sonderheft 31. 3 Bände zu den Bereichen Methoden, Felderhebung, Vercodung. Max-Planck-Institut für Bildungsforschung 1989. Berlin.

Mayer, K.U., Allmendinger, J., Huinink, J. (Hg.) (1991): Vom Regen in die Traufe. Frauen zwischen Beruf und Familie. Frankfurt New York: Campus.

McCaa, R. (1989): Populate: A Microcomputer Projection Package for Aggregative Data Applied to Norway, 1736–1970. Annales de Démographie Historique, 287–298.

McCaa, R., Vaupel, J.W. (1992): Comment la projection inverse se comporte-t-elle sur des données simulées? S. 129–146. In: Blum, A., Bonneuil, N., Blanchet, D. (Eds.): Modèles de la démographie historique. Paris.

McCloskey, D.N., Ziliak, S.T. (1996): The Standard Error of Regressions. Journal of Economic Literature 34, 97–114.

McCracken, G. (1992): Die Geschichte des Konsums: ein Literaturüberblick und Leseführer. In: Rosenberg, G. (Hg.): Konsum 2000, Veränderungen im Verbraucherverhalten. Frankfurt New York: Campus.

McElroy, M.B. (1990): The Empirical Content of Nash-Bargained Household Behavior. Journal of Human Resources 25, 559–583.

McElroy, M.B., Horney, M.J. (1981): Nash-Bargained Household Decisions: Towards a Generalization of the Theory of Demand. International Economic Review 22, 333–349.

McElroy, M.B., Horney, M.J. (1990): Nash-Bargained Household Decisions: Reply. International Economic Review 31, 237–242.

McGinnis, R. (1968): A Stochastic Model of Social Mobility. American Sociological Review 33, 712–722.

McGuire, W.J. (1976): Some Internal Psychological Factors Influencing Comsumer Choice. Journal of Consumer Research 2.

McHugh, K.E. (1984): Explaining Migration Intentions and Destination Selection. Professional Geographer 36, 315–325.

McHugh, K.E., Gober, P., Reid, N. (1990): Determinants of Short- and Long-Term Mobility. Expectations for Home Owners and Renters. Demography 27, 81–95.

McIntosh, C.A., Finkle, J.L. (1995): The Cairo Conference on Population and Development: A new paradigm? Population and Development Report 21, 223–260.

McKaughan, M. (1990): Kinder ja, aber später. Der Kinderwunsch in der Lebensplanung von Frauen. München: Kösel.

McKendrick, A.G. (1926): Applications of mathematics to medical problems. Proceedings Edinburgh Mathematics Society 44, 98–130.

McKenzie, R.B., Tullock, G. (1984): Homo Oeconomicus. Ökonomische Dimensionen des Alltags. Frankfurt New York: Campus.

McLaughlin, S.D. et al. (1988): The Changing Lives of American Women. Chapel Hill London: University of North Carolina Press.

McRae, V. (1980): Die Gastarbeiter. Daten, Fakten, Probleme. München: Beck.

Mealey, L., Mackey, W. (1990): Variation in offspring sex ratio in women of dif-

fering social status. Ethology and Sociobiology 11, 83–95.
Medick, H. (1996): Weben und Überleben in Laichingen 1650–1900. Lokalgeschichte als Allgemeine Geschichte. Göttingen.
Melbeck, C. (1980): Die soziale Integration kommunaler Eliten. Schriftliche Hausarbeit zur Erlangung eines Magister Artium. Kiel.
Menard, S. (1995): Applied Logistic Regression Analysis. Thousand Oaks: Sage.
Merz, J. (1980): Die Ausgaben privater Haushalte. Ein mikroökonometrisches Modell für die Bundesrepublik Deutschland. Frankfurt: Campus.
Meyer, F. (1936): Probleme und Methoden der Binnenwanderungsforschung. Archiv für Bevölkerungswissenschaften und Bevölkerungspolitik 6, 212–231.
Meyer, K.U., Huinink, J. (1990): Alters-, Perioden- und Kohorteneffekte in der Analyse von Lebensverläufen oder: Lexis ade? S. 442–459. In: Meyer, K.U. (Ed.): Lebensverläufe und sozialer Wandel. Kölner Zeitschrift für Soziologie und Sozialpsychologie, Sonderheft 31.
Meyer, P.W., Hermanns, A. (1995): Panel-Untersuchungen. In: Roth, E., Heidenreich, K. (Hg.): Sozialwissenschaftliche Methoden. Lehr- und Handbuch für Forschung und Praxis. 4. Aufl. München: Oldenbourg.
Meyer, S., Schulze, E. (1989): Balancen des Glücks. Neue Lebensformen: Paare ohne Trauschein, Alleinerziehende und Singles. München: Beck.
Meyer, S., Schulze, E. (1992): Familie im Umbruch. Studie im Auftrag des Bundesministeriums für Familie und Senioren. Schriftenreihe Bd 7. Stuttgart: Kohlhammer.
Meyer, T. (1992): Modernisierung der Privatheit. Differenzierungs- und Individualisierungsprozesse des familialen Zusammenlebens. Opladen: Westdeutscher Verlag.
Meyer, W. (1987): Was leistet die ökonomische Theorie der Familie. S. 11–45. In: Todt, H. (Hg.): Die Familie als Gegenstand sozialwissenschaftlicher Forschung. Berlin: Duncker und Humblot.
Meyer, W. (1996): Die demographische Entwicklung in den neuen Bundesländern und ihre Auswirkungen auf Kinder. S. 196–204. In: Bien, W. (Hg.): Familie an der Schwelle zum neuen Jahrtausend. Wandel und Entwicklung familialer Lebensformen. Opladen: Leske und Budrich.
Meyer, W. (1997): Individuelle Erwerbschancen in Ostdeutschland. Auswirkungen des wirtschaftsstrukturellen Wandels. Wiesbaden: Deutscher Universitätsverlag.
Meyer, W., Crow, K. (1995): Regionale Disparitäten familialer Lebensbedingungen in Ostdeutschland. S. 172–189. In: Nauck, B., Schneider, N.F., Tölke, A. (Hg.): Familie und Lebensverlauf im gesellschaftlichen Umbruch. Stuttgart: Enke.
Meynen, E., Hammerschmidt, A. (1967): Die Bevölkerungsdichte in der Bundesrepublik Deutschland nach naturräumlichen Einheiten. Ber. zur dt. Landeskunde 39, 138–170.
Michael, R.T., Becker, G.S. (1973): On the New Theory of Consumer Behavior. Swedish Journal of Economics 75, 378–395.
Michael, R.T., Gagnon, J.H., Laumann, E.O., Kolata, G. (1994): Sexwende. Liebe in den 90ern. Der Report. München: Knaur.

Michael, R.T., Tuma, N.B. (1985): Entry into Marriage and Parenthood by Young Men and Women: The Influence of Family Background. Demography 22, 515–544.

Miegel, M., Wahl, S. (1993): Das Ende des Individuums. Die Kultur des Westens zerstört sich selbst. München.

Mikula, G., Stroebe, W. (1991): Theorien und Determinanten der zwischenmenschlichen Anziehung. S. 61–104. In: Amelang, M., Ahrens, H.J., Bierhoff, H.W. (Hg.): Attraktion und Liebe. Formen und Grundlagen partnerschaftlicher Beziehungen. Göttingen: Hogrefe.

Miles, D. (1999): Modelling the Impact of Demographic Change Upon the Economy. Economic Journal 109, 1–36.

Milgram, S. (1967): The small world problem. Psychology Today 1, 60–67.

Mill, J.S. (1880): Über die Frauenemancipation. Gesammelte Werke. Band 12. Vermischte Schriften Band 2. In: Gompertz, T. (Hg.): Leipzig.

Mill, J.S. (1881): Grundsätze der politischen Ökonomie. Gesammelte Werke. Band 5. In: Gompertz., T. (Hg.): Leipzig.

Miller, B.C.(1987): Marriage, Family, and Fertility. S. 565–595. In: Sussman, M., Steinmetz, S.K. (Eds.): Handbook of Marriage and the Family. New York London: Plenum Press.

Miller, E. (1973a): Is Out-Migration Affected by Economic Conditions? The Southern Economic Journal 39, 396–405.

Miller, E. (1973b): Return and Nonreturn In-Migration. Growth and Change 4, 3–9.

Mincer, J. (1958): Investment in Human Capital and Personal Income Distribution. Journal of Political Economy 66, 281–302.

Mincer, J. (1963): Market Prices, Opportunity Costs, and Income Effects. S. 67–82. In: Christ, C.F. (Hg.): Measurement in Economics: Studies in Mathematical Economics and Econometrics in Memory of Yehuda Grunfeld. Stanford: Stanford University Press.

Mincer, J. (1970): The Distribution of Labor Incomes: A Survey. With Special Reference to the Human Capital Approach. The Journal of Economic Literature 8, 1–26.

Mincer, J. (1974): Schooling, Experience and Earnings. New York: Columbia University Press.

Mincer, J. (1978): Family Migration Decisions. Journal of Political Economy 86, 749–773.

Mincer, J., Polachek, S. (1974): Family Investments in Human Capital: Earnings of Women. Journal of Political Economy 82, 76–108.

Mintz, B., Schwartz, M. (1985): The Power Structure of American Business. Chicago.

Mitterauer, M. (1981): Zur Kritik von Familienideologien aus historischer Sicht. S. 42–56. In: Mannzmann, A. (Hg.): Geschichte der Familie oder Familiengeschichte? Königstein i. Taunus: Skriptor.

Mitterauer, M. (1983): Ledige Mütter. Zur Geschichte illegitimer Geburten in Europa. München: Beck.

Mitterauer, M. (1989): Entwicklungstrends der Familie in der europäischen Neuzeit. S. 179–194. In: Nave-Herz, R., Markefka, M. (Hg.): Handbuch der Familien-

und Jugendforschung. Band 1. Familienforschung. Neuwied Frankfurt: Luchterhand.
Mitterauer, M. (1990): Historisch-anthropologische Familienforschung. Fragestellungen und Zugangsweisen. Wien Köln: Böhlau.
Mitterauer, M. (1991): Der Mythos von der vorindustriellen Großfamilie. S. 46–47. In: Mitterauer, M., Sieder, R. (Hg.): Vom Patriarchat zur Großfamilie. Zum Strukturwandel der Familie. 4. Aufl. München: Beck.
Mizruchi, M.S., Schwartz, M. (1988): Intercorporate Relations New York: Cambridge University Press.
Modigliani, F. (1966): The Life Cycle Hpothesis of Saving, The Demand for Wealth and the Supply of Capital. Social Research 33.
Modigliani, F., 1966, The Life Cycle Hpothesis of Saving, The Demand for Wealth and the Supply of Capital, Social Research 33
Modigliani, F., Ando, A. (1963): The Life Cycle Hypothesis of Saving: Aggregate Implications and Tests. American Economic Review 53, 55–84.
Moffitt, T.E., Caspi, A., Belsky, J., Silva, P.A. (1992): Childhood experience and the onset of menarche: A test of a sociobiological model. Child Development 63, 47–58.
Mohr, H.M. (1986): Die Wohlfahrtssurveys: Eine Trenduntersuchung mit drei Befragungszeitpunkten und drei ergänzenden Befragungen. ZA-Information 8, 8–14.
Mokken, R.J. (1977): Cliques, clubs and clans. Methoden en Data Nieuwsbrief van de Sociaal Wetenschappelijke Sectie. Vereniging voor Statistiek 2.
Molho, I. (1986): Theories of Migration: A Review. Scottish Journal of Political Economy 33, 396–419.
Möller, J. (1992): Lohnbildung und Beschäftigung – Neuere makroökonomische Evidenz. In: Franz, W., Bellmann, L., Schnur, P., Spitznagel, E. (Hg.): Mikro- und makroökonomische Aspekte der Arbeitslosigkeit. Nürnberg: Bundesanstalt für Arbeit (BeitrAB 165).
Möller, J. (1995): Empirische Analyse der Regionalentwicklung. In: Gahlen, B., Hesse, H., Ramser, H.J. (Hg.): Standort und Region. Tübingen: Mohr.
Mols, R. (1955): Introduction à la démographie historique des villes d'Europe du XIVe au XVIIIe siècles. Bd. 2. Louvain.
Mombert, P. (1907): Studien zur Bevölkerungsbewegung in Deutschland in den letzten Dezennien. Karlsruhe.
Monfort, A., Dijk, H. van (1995): Simulation-Based Econometrics. S. 1–20. In: Dijk, H. van, Monfort, A., Brown, B. (Hg.): Econometric Inference Using Simulation Techniques. Chichester: Wiley.
Monk, J., Momsen, J. (1995): Geschlechterforschung und Geographie in einer sich verändernden Welt. Geogr. Rundschau 47, 214–221.
Montesquieu, C. (1934): The spirit of the Laws (Original 1748) London 1900, Colonial Press.
Montgomery, M., Trussell, J. (1986): Models of Marital Status and Childbearing. S. 205–271. In: Ashenfelter, O., Layard, R. (Hg.): Handbook of Labor Economics. Vol. I. Amsterdam: North-Holland.
Moore, W.E. (1963): Sociology and Demography. S. 832–851. In:. Hauser, P.M,

Duncan, O.D. (Hg.): The Study of Population. Chicago: The University of Chicago Press.
Morawska, E. (1995): East Europeans on the Move. S. 97–102. In: Cohen, R. (Hg.): The Cambridge Survey of World Migration. Cambridge: Cambridge University Press.
Moreno, J. (1934) Who Shall Survive? Foundations of Sociometry,Group Psychotherapy,and Soziodrama Rreprinted 1953 New York: Beacon House.
Morgan, C. (1974): A Note on a Perennial Question in Migration Analysis. Growth and Change 5, 43–47.
Morgan, S., Teachman, J. (1988): Logistic Regression: Description, Examples, and Comparisons. Journal of Marriage and the Family 50, 929–936.
Morrison, P.A. (1967): Duration of Residence and Prospective Migration: Further Evidence. Demography 6, 133–140.
Mörth, I. (1983): Religionssoziologie als kritische Theorie. S. 38–85. In: Daiber, K.F., Luckmann, T. (Hg.): Religion in den Gegenwartsströmungen der deutschen Soziologie. München.
Mosekilde, E., Thomsen, J.S., Larsen, E.R., Sterman, J. (1991): Nonlinear Interactions in the Economy. Paper presented at the Interdisciplinary Colloquium on Forecasting for Systems with Chaotic Evolution. Stuttgart.
Moulton, B.R. (1990): An Illustration of a Pitfall in Estimating the Effects of Aggregate Variables on Micro Units. Review of Economics and Statistics 32, 334–338.
Mueller, U. (1993a): Bevölkerungsstatistik und Bevölkerungsdynamik. Methoden und Modelle der Demographie für Wirtschafts-, Sozial- Biowissenschaftler und Mediziner. Berlin New York: de Gruyter.
Mueller, U. (1993b): Social Status and Sex. Nature 363, 490.
Mühlfeld, C. (1976): Familiensoziologie. Eine systematische Einführung. Hamburg: Hoffmann und Campe.
Mühlfeld, Claus (1976): Familiensoziologie. Eine systematische Einführung. Hamburg: Hoffmann und Campe.
Muir, C., Waterhouse, J., Mack, T., Powell, J., Whelan, S. (Eds.) (1987): Cancer Incidence in Five Continents. Vol. 5. Lyon: International Agency for Research on Cancer.
Müller, A. (1984): Regionale Unterschiede der Geburtenhäufigkeit der deutschen Bevölkerung. Stat. Rundschau f. d. Land Nordrhein-Westfalen 36, 580–592.
Müller, A. (1987): Zur Prognosegüte von Bevölkerungsprognosen – Prognose-/Realisations-Untersuchungen mit dem regionalen Prognosemodell in Nordrhein–Westfalen. Zeitschrift für Bevölkerungswissenschaft 13, 3, 345–378.
Müller, D.C. (1998): Public Choice. Cambridge: Cambridge University Press.
Müller, E.J. (1952): Grundzüge der Stellung des Flüchtlings im geltenden Völkerrecht. Dissertation Freiburg, Schweiz.
Müller, H. (1988): Kinder in den Ländern der Erde. Eine isodemographische Weltkarte. Praxis Geographie 18, 4, 8–9.
Müller, H.P. (1986): Klassen, Klassifikationen und Lebensstile. Pierre Bourdieus Theorie soziokultureller Ungleichheit. Forschungsberichte Universität der Bundeswehr. München.

Müller, K.V. (1949): Die Begabung in der sozialen Wirklichkeit. Göttingen: Vandenhoeck und Ruprecht.
Müller, K.V. (1956): Begabung und soziale Schichtung in der hochindustrialisierten Gesellschaft. Köln Opladen: Westdeutscher Verlag.
Müller, W. (1975): Familie, Schule und Beruf. Soziale Mobilität und Prozesse der Statuszuweisung in der Bundesrepublik Deutschland. Köln Opladen: Westdeutscher Verlag.
Müller, W. (1985): Mobilitätsforschung und Arbeitsmarkttheorien. S. 17–40. In: Knepel, H., Hujer, R. (Hg.): Mobilitätsprozesse auf dem Arbeitsmarkt. Frankfurt New York: Campus.
Müller, W. u. a. (1991): Die faktische Anonymität von Mikrodaten. Stuttgart.
Müller, W., Hauser, R. (1987): Der Bedarf der Wissenschaft an anonymisierten Einzelangaben. Statistisches Bundesamt (Hg.): Nutzen von anonymisierten Einzeldaten aus den Daten der amtlichen Statistik. Stuttgart.
Müller, W., Willms, A., Handl, J. (Hg.) (1983): Strukturwandel der Frauenerwerbstätigkeit 1880–1980. Frankfurt, New York: Campus.
Müller-Hagedorn, L. (1984): Die Erklärung des Käuferverhaltens im Lebenszykluskonzept. Zeitschrift für betriebswirtschaftliche Forschung 30, 106–124.
Mumford, L. (1961): Die Stadt. Geschichte und Ausblick. Köln Berlin: Kiepenheuer und Witsch.
Münnich, M. (1992): Laufende Wirtschaftsrechnungen. Schriftenreihe Forum der Bundesstatistik 22.
Münster, T. (1969): Zigeuner-Saga. Von Geigern, Gauklern und Galgenvögeln. Freiburg Basel Wien: Herder.
Münz, R., Ulrich, R. (1994): Demographische Entwicklung in Ostdeutschland und in ausgewählten Regionen. Analyse und Prognose bis 2010. Zeitschrift für Bevölkerungswissenschaft 19, 4.
Murray, C., Lopez, A. (Eds.) (1994): The Golbal Burden of Disease. Harvard Center for Population and Development Studies.
Murray, J.D. (1993): Mathematical Biology. 2. Corrected Edition. Berlin Heidelberg New York: Springer.
Murstein, B.I. (1976): Who will marry whom? Theories and research in marital choice. New York: Springer.
Murstein, B.I. (1977): Die Stimulus-Werthaltungs-Rollentheorie der Ehepartnerwahl. S. 166–193. In: Mikula, G., Stroebe, W. (Hg.): Sympathie, Freundschaft und Ehe. Bern Stuttgart Wien: Huber.
Murstein, B.I. (1986): Paths to Marriage. Beverly Hills: Sage.
Muth, R.F. (1966): Household Production and Consumer Demand. Econometrica 34, 699–708.
Mutz, G., Ludwig-Mayerhofer, W., Koenen, E.J., Eder, K., Bonß, W. (1995): Diskontinuierliche Erwerbsverläufe. Analyse zur postindustriellen Arbeitslosigkeit. Opladen: Leske und Budrich.
Naegele, G. (1993): Produktiv arbeiten können mit älteren Arbeitnehmern. S. 144–149. In: Bullinger, H.J., Volkholz, V., Betzl, K., Köchling, A., Risch, W. (Hg.): Alter und Erwerbsarbeit der Zukunft. Arbeit und Technik bei veränderten Alters- und Belegschaftsstrukturen. Berlin: Springer.

Naegele, G. (Hg.) (1987): Theorie und Praxis des Vorruhestandsgesetzes. Augsburg: Maro.

Naegele, G., Frerichs, F. (1996): Situation und Perspektiven der Alterserwerbsarbeit in der Bundesrepublik Deutschland. Aus Politik und Zeitgeschichte, B35, 33–45.

Nakamura, K. (1975): J. Phys. Soc. Jpn. 38, 46.

Namboodiri, K. (1991): Demographic Analysis. A Stochastic Approach. London New York London: Academic Press.

Namboodiri, K.(1996): A Primer of Population Dynamics. New York London: Plenum.

Namboodiri, K., Suchindran, C. (1987): Life Table Techniques and their Applications. New York: Academic Press.

Nash, J.F. (1950): The Bargaining Problem. Econometrica 18, 155–162.

Nash, J.F. (1951): Non-Cooperative Games. Annals of Mathematics 54, 286–295.

Nauck, B. (1987): Migration and Reproductive Behavior in Turkish Migrant Families. S. 336–345. In: Kagitcibasi, C. (Hg.): Growth and Progress in Cross-Cultural Psychology. Lisse: Berwyn.

Nauck, B. (1988): Zwanzig Jahre Migrantenfamilien in der Bundesrepublik. Familiärer Wandel zwischen Situationsanpassung, Akkulturation und Segregation. S. 279–297. In: Nave-Herz, R. (Hg.): Wandel und Kontinuität der Familie in der Bundesrepublik Deutschland. Stuttgart: Enke.

Nauck, B. (1989): Individualistische Erklärungsansätze in der Familienforschung: die rational-choice-Basis von Familienökonomie, Ressourcen- und Austauschtheorie. S. 45–61. In: Nave-Herz, R., Markefka, M. (Hg.): Handbuch der Familien- und Jugendforschung. Band 1. Familienforschung. Neuwied Frankfurt: Luchterhand.

Nauck, B. (1993): Regionale und sozialstrukturelle Differenzierung der Kindschaftsverhältnisse in Deutschland. Zeitschrift für Pädagogik 39, 6; 353–369.

Nauck, B. (1993): Sozialstrukturelle Differenzierungen der Lebensbedingungen von Kindern in West- und Ostdeutschland. S. 143–163. In: Markefka, M., Nauck, B. (Hg.): Handbuch der Kindheitsforschung. Neuwied: Luchterhand.

Nauck, B. (1995): Regionale Milieus von Familien in Deutschland nach der politischen Vereinigung. S. 91–122. In: Nauck, B., Onnen-Isemann, C. (Hg.): Familie im Brennpunkt von Wissenschaft und Forschung. Neuwied: Luchterhand.

Nauck, B., Bertram, H. (Hg.) (1995): Kinder in Deutschland. Opladen: Leske und Budrich.

Nauck, B., Joos, M. (1995): East joins West. Child Welfare and Market Reforms in the Special Case of the Former GDR. Florenz: Innocenti Occassional Papers, Economic Policy Series No. 48.

Nave-Herz, R. (1988): Kontinuität und Wandel in der Bedeutung, in der Struktur und Stabilität von Ehe und Familie in der Bundesrepublik Deutschland. S. 61–94. In: Nave-Herz, R. (Hg.): Wandel und Kontinuität der Familie in der Bundesrepublik Deutschland. Stuttgart: Enke.

Nave-Herz, R. (1992): Ledige Mutterschaft: eine alternative Lebensform? Zeitschrift für Sozialisationsforschung und Erziehungssoziologie, 12, 3, 219–232.

Nave-Herz, R. (1994): Familie heute. Wandel der Familienstrukturen und Folgen für die Erziehung. Darmstadt: Wissenschaftliche Buchgesellschaft.

Nave-Herz, R. (1998): Zeitgeschichtlicher Bedeutungswandel von Ehe und Familie in der Bundesrepublik Deutschland. S. 211–222. In: Nave-Herz, R., Markefka, M. (Hg.): Handbuch der Familien- und Jugendforschung. Band 1. Familienforschung. Neuwied Frankfurt: Luchterhand.

Nave-Herz, R. et al. (1990): Scheidungsursachen im Wandel. Eine zeitgeschichtliche Analyse des Anstiegs der Ehescheidungen in der Bundesrepublik Deutschland. Bielefeld: Kleine Verlag.

Nave-Herz, R.; Krüger, D. (1992): Ein-Eltern-Familien. Eine empirische Studie zur Lebenssituation und Lebensplanung alleinerziehender Mütter und Väter. Bielefeld: Kleine

Neff, J.A., Constantine, R.J. (1979): Community Dissatisfaction and Perceived Residential Alternatives: An Interactive Model of the Formulation of Migration Plans. Journal of Population 2, 154–165.

Nellessen-Schumacher, T. (1969): Sozialstruktur und Ausbildung der deutschen Katholiken. Weinheim.

Neubauer, E. (1994): Alleinerziehende in den zwölf Ländern der EG. Familienform mit wachsender Bedeutung. Aus Politik und Zeitgeschichte, B7–8, 14–21

Neumann, M. (1994): Theoretische Volkswirtschaftslehre III, Wachstum, Wettbewerb und Verteilung. 2. überarbeitete Aufl. München: Vahlen.

Neumann, M. (1995): Theoretische Volkswirtschaftslehre II, Produktion, Nachfrage und Allokation. 4. überarbeitete Aufl. München: Vahlen.

Neumann, M. (1996): Theoretische Volkswirtschaftslehre I, Makroökonomische Theorie: Beschäftigung, Inflation und Zahlungsbilanz. 5. überarbeitete Aufl. München: Vahlen.

Nickel, H.M., Kühl, J., Schenk, S. (Hg.) (1994): Erwerbsarbeit und Beschäftigung im Umbruch. Berlin: Akademie Verlag.

Nicosia, F. M., 1969, Consumer Research: Problems and Perspectives. In: Journal of Consumer Affairs, 3

Nicosia, F.M. (1969): Consumer Research: Problems and Perspectives. Journal of Consumer Affairs 3.

Nicosia, F.M., Mayer, R.N. (1976): Toward a Sociology of Consumption. Journal of Consumer Research 3.

Niederberger, J.M. (1982): Die politisch-administrative Regelung von Einwanderung und Aufenthalt in der Schweiz – Strukturen, Prozesse, Wirkungen. S. 11–123. In: Hoffmann-Nowotny, H.J., Hondrich, K.O. (Hg.): Ausländer in der Bundesrepublik Deutschland und in der Schweiz: Segregation und Integration. Eine vergleichende Untersuchung. Frankfurt New York: Campus.

Niedercorn, J.H., Bechdolt, B.V. (1969): An Economic Derivation of the Gravity Law of Spatial Interaction. Journal of the Regional Science 9, 273–282.

Niehans, J. (1963): Economic Growth with Two Endogenous Factors. Quarterly Journal of Economics 77, 349–371.

Niemeyer, F. (1994): Nichteheliche Lebensgemeinschaften und Ehepaare – Formen der Partnerschaft gestern und heute. Wirtschaft und Statistik 7, 504–517.

Niemitz, C. (Hg.) (1987): Erbe und Umwelt: Zur Natur von Anlage und Selbstbestimmung des Menschen. Frankfurt: Suhrkamp.

Nienhüser, W. (1992): Wirkungsanalyse und Gestaltung betrieblicher Personalstrukturen am Beispiel der Altersstruktur. Zeitschrift für Personalforschung 1, 75 ff.

Niepel, G. (1994): Alleinerziehende. Abschied von einem Klischee. Opladen: Leske und Budrich.

Niethammer, H.M. (1995): Kirchenmitgliedschaft in der Freikirche. Kirchensoziologische Studie aufgrund einer empirischen Befragung unter Methodisten. Göttingen.

Nijkamp, P. (Ed.) (1985): Technological Change, Employment and Spatial Dynamics. In: Lecture Notes in Economics and Mathemetical Systems 270. Springer.

Nijkamp, P., Reggiani, A. (1992): Interaction, Evolution and Chaos in Space. Berlin: Springer.

Nipper, J. (1975): Mobilität der Bevölkerung im Engeren Informationsfeld einer Solitärstadt. Gießener Geogr. Schriften 33. Gießen.

Nogle, J.M. (1994): The System approach to international migration: An application of network analysis methods. International migration 32, 2, 329–340.

Noin, D. (1979): Géographie de la Population. 2. Aufl. 1988. Paris: Masson.

Noin, D. (1991): La Baisse de la Fécondité dans le Monde. Annales de Géographie 100, 257–272.

Norusis, M. (1993): SPSS for Windows: Base System User's Guide. Release 6.0. Chicago: SPSS Inc.

Notestein, F.W. (1945): Population – the Long View. S. 36–57. In: Schultz, T.W. (Ed.): Food for the World. Chicago: Universtity of Chicago Press.

Notestein, F.W. (1950): The Population of the World in the Year 2000. Journal of the American Statistical Association 45, 335–345.

Notestein, F.W. (1953): Economic Problems of Population Change. S. 15–18. In: 8th International Conference of Agricultural Economists. London: Oxford University Press.

Nugent, W.T. (1992): Crossings. The Great Transatlantic Migrations 1870–1914. Bloomington Ind.: Indiana University Press.

Nullmeier, F., Rüb, F. (1993): Die Transformation der Sozialpolitik. Vom Sozialstaat zum Sicherungsstaat. Frankfurt New York: Campus.

Nur noch beim Kaufen fühlen sich die Menschen frei (1993): Ein Gespräch mit dem Konsumforscher Professor Gerhard Scherhorn über süchtiges Kaufen und die Armut des Überflusses. Psychologie Heute 20, 1, 22–26.

Nur, N. (1984): The consequences of brood size for breeding blue tits. I. Adult survival, weight change and the cost of reproduction. Journal of Animal Ecology 53, 479–496.

Nutzinger (1993): Philanthropie und Altruismus. S. 365–386. In: Ramb, B.T., Tietzel, M. (Hg.): Ökonomische Verhaltenstheorie. München: Vahlen.

O'Loughlin, J., Glebe, G. (1984): Intraurban Migration in West German Cities. Geogr. Rev. 74, 1–23.

O'Rourke, D. (1972): A Stocks and Flows Approach to a Theory of Human Migration with Examples from Past Irish Migration. Demography 9, 263–274.

Oaxaca, R. (1973): Sex Discrimination in Wages. In: Ashenfelter, O. Rees, A. (Hg.): Discrimination in Labor Markets. Princeton, NJ.: Princeton University Press.

Öberg, S (1990): Spatial Mapping of Sex Ratios. Popnet 18, 5–10.

Oberloskamp, H. (1993): Das deutsche Adoptionsrecht: seine geschichtliche Entwicklung und seine gegenwärtige Ausgestaltung. S. 14–29. In: Hoksbergen, R.A.C., Textor, M.R. (Hg.): Adoption: Grundlagen, Vermittlung, Nachbetreuung, Beratung. Freiburg: Lambertus.

OECD (1990): Labour Force Statistics. Paris (jährlich seit 1961).

OECD Quarterly Labour Force Statistics. Paris (vierteljährlich).

Oeppen, J. (1993): Generalized Inversed Projection. S. 29–39. In: Reher, D.S., Schofield, R. (Eds.): Old and New Methods in Historical Demography. Oxford.

Offe, C. (Hg.) (1977): Opfer des Arbeitsmarktes. Neuwied: Luchterhand.

Okun, B.S. (1994): Evaluating Methods for Detecting Fertility Control: Coale and Trussell´s Model and Cohort Parity Analysis. Population Studies 48, 193–222.

Ölander, F., Lindhoff, H. (1975): Consumer Action Research: A Review of the Consumerism Literature and Suggestions for New Directions in Research. Social Science Information 14.

Ölander, F.; Lindhoff, H., 1975, Consumer Action Research: A Review of the Consumerism Literature and Suggestions for New Directions in Research. In: Social Science Information, 14

Olsen, R.J. (1994): Fertility and the Size of the U.S. Labor Force. Journal of Economic Literature 32, 60–100.

Opp, K.D. (1985): Sociology and Economic Man. Journal of Institutional and Theoretical Economics 141, 213–243.

Oppenheimer, V.K. (1988): A Theory of Marriage Timing. American Journal of Sociology 94, 563–591.

Orcutt, G. u. a. (1961): Microanalysis of Socioeconomic Systems: A Simulation Study. New York.

Orcutt, G. u. a. (1976): Policy Exploration Through Microeconomic Simulation. Washington.

Orians, G.H. (1969): On the evolution of mating systems in birds and mammals. American Naturalist 103, 589–603.

Orne, M.T. (1962): On the Social Psychology of the Psychological Experiment: With Particular Reference to Demand Caracteristics and their Implications. American Psychologist 17, 776–783.

Orne, M.T. (1969): Demand Characteristics and the Concept of Quasi-controls. In: Rosenthal, R., Rosnow, R.L. (Hg.): Artifact in Behavioral Research. New York: Academic Press.

Osiander, F.B. (1795): Denkwürdigkeiten für die Heilkunde und Geburtshilfe. Band 2. Göttingen.

Österreichisches Statistisches Zentralamt (Hg.) (1996): Statistisches Jahrbuch für die Republik Österreich. Wien.

Österreichisches Statistisches Zentralamt: Bericht über das Gesundheitswesen in Österreich (diverse Jahrgänge).

Österreichisches Statistisches Zentralamt: Statistische Nachrichten. (diverse Jahrgänge).

Österreichisches Statistisches Zentralamt: Statistisches Handbuch Österreich. (diverse Jahrgänge).

Österreichisches Statistisches Zentralamt: Statistisches Jahrbuch für die Republik Österreich. (div. Jahrgänge).

Ostner, I. (1990): Frauen im Erwerbsleben. Integration durch Segregation. In: Ostner, I. (Hg.): Weibliche Identität im Wandel. Vorträge im Wintersemester 1989/90. Heidelberg: Heidelberger Verlagsanstalt.

Oswald, A.J. (1996): A Conjecture on the Explanation for High Unemployment in the Industrialized Nations. Part l. University of Warwick.

Ott, N. (1980): Die Fortschreibung demographischer Prozesse mit dem Mikrosimulationsmodell des sfb 3, Version 86.0. Arbeitspapier Nr. 213.

Ott, N. (1989): Familienbildung und familiale Entscheidungsfindung aus verhandlungstheoretischer Sicht. S. 97–116. In: Wagner, G., Ott, N., Hoffmann-Nowotny, H.J. (Hg.): Familienbildung und Erwerbstätigkeit im demographischen Wandel. Berlin Heidelberg: Springer.

Ott, N. (1991): Die Längsschnittanalysen von Haushalten und Familien im Sozioökonomischen Panel – Methodische Probleme dargestellt am Beispiel der Analyse von Lebensgemeinschaften. Manuskript vorgelegt zum ZUMA-Workshop Ereignisanalyse. Februar.

Ott, N. (1992): Intrafamily Bargaining and Household Decisions. Berlin Heidelberg New York: Springer.

Otto, J. (1993): Weltbevölkerung – bisherige Entwicklungen, gegenwärtige Strukturen und zukünftige Trends. Zeitschrift für Bevölkerungswissenschaft 19, 323–363.

Paaß, U., Wauschkuhn, U., (1985): Datenzugang, Datenschutz und Anonymisierung, Analysepotential und Identifizierbarkeit von anonymisierten Individualdaten. München.

Paffen, K. (1959): Stellung und Bedeutung der physischen Anthropogeographie. Erdkunde 13, 354–372.

Palmore, E. (1978): When can Age, Period, and Cohort be Separated? Social Forces 57, 282–295.

Pampel, F.C. (1993): Relative Cohort Size and Fertility: The Socio-Political Context of the Easterlin Effect. American Sociological Review 58, 496–514.

Panter-Brick, C., Lotstein, D.S., Ellison, P.T. (1993): Seasonality of reproductive function and weight loss in rural Nepali women. Human Reproduction 8, 684–690.

Papastefanou, G. (1980): Zur Güte von retrospektiven Daten. Sonderforschungsbereich 3 Mikroanalytische Grundlagen der Gesellschaftspolitik. Arbeitspapier Nr. 29. Frankfurt Mannheim.

Papastefanou, G. (1986): Veränderungen des Heiratsalters in der Bundesrepublik Deutschland seit dem zweiten Weltkrieg. MPI für Bildungsforschung. Unveröffentlichtes Manuskript. Berlin.

Papastefanou, G. (1990): Familiengründung im Lebenslauf. Stuttgart: Klett-Cotta.

Pappi, F.U. (1987): Die Netzwerkanalyse aus soziologischer Sicht.

Pappi, F.U. (1987a): Methoden der Netzwerkanalyse. München: Oldenbourg.

Pappi, F.U., Kappelhoff, P., Perner, R. (1979,) Change and stability of the power structure of a community. Arbeitspapier. Analyse sozialer Netzwerke. Kiel.

Pappi, F.U., Stelck, K. (1987b): SONIS: Ein Datenbanksystem zur Netzwerkanalyse. In Pappi, F.U. (1987).

Pareto, V. (1897): Cours d'économy politique. G.H. Bousquet, G. Busino (Hg.) (1964): Geneva: Librairie Droz.

Park, C.B., Cho, N.H. (1995): Consequences of Son Preference in a Low-Fertility Society. Imbalance of the Sex Ratio at Birth in Korea. Population and Development Review 21, 59–84.

Park, R.E. (1936): Succession, an Ecological Concept. American Sociological Review 1, 171–179.

Parseval, D. de, Janaud, A. (1986): Ein Kind um jeden Preis. Weinheim: Beltz.

Parsons, T. (1943): Das Verwandschaftssystem in den Vereinigten Staaten. In: Rüschemeyer, D. (Hg.): Soziologische Theorie. Darmstadt Neuwied: Luchterhand.

Parsons, T. (1965): The Normal American Family. S. 31–50. In: Farber, S.M., Mustachi, P., Wilson , R. (Hg.): The Family's Search for Survival. New York: McGraw Hill.

Parsons, T. (1975): Gesellschaften. Evolutionäre und komparative Perspektiven. Frankfurt: Suhrkamp.

Patry, J.L. (1982): Laborforschung – Feldforschung. In: Patry, J.L. (Hg.): Feldforschung. Bern: Huber.

Patterson, O. (1982): Slavery and Social Death. Cambridge Massachusetts.: Harvard University Press.

Pattison, P. (1996): Algebraic Models for Social Networks. New York: Cambridge University Press.

Paul, A., Kuester, J. (1990): Adaptive significance of sex ratio adjustment in semi-free-ranging barbary macaques (Macaca sylvanus) at Salem. Behavioral Ecology and Sociobiology 27, 287–293.

Paul, A., Kuester, J., Arnemann, J. (1992): Maternal rank affects reproductive success of male Barbary macaques (Macaca sylvanus): Evidence from DNA finterprinting. Behavioral Ecology and Sociobiology 30, 337–341.

Pavelka, M.S.M., Fedigan, L.M. (1991): Menopause: A comparative life history perspective. Yearbook of Physical Anthropology 34, 13–38.

Peacock, N. (1991): An evolutionary perspective on the patterning of maternal investment in pregnancy. Human Nature 2, 351–385.

Pedersen, F.A. (1991): Secular Trends in Human Sex Ratios: Their Influence on Individual and Family Behavior. Human Nature 2, 271–291.

Pen, J. (1974): Income Distribution. 2. Edition. Harmondsworth: Pengiun.

Penck, A. (1925): Das Hauptproblem der physischen Antrophogeographie. Zeitschrift für Geopolitik 2, 330–348.

Pentzos-Daponte, A., Grefen-Peters, S. (1984): Das Menarchealter der Mädchen aus Thessaloniki, Griechenland. Anthropologischer Anzeiger 42, 219–225.

Perruci, C.C. (1967): Social Origins, Mobility Patterns and Fertility. American Sociological Review 32, 615–625.

Pérusse, D. (1993): Cultural and reproductive success in industrial societies: Testing the relationship at the proximate and ultimate levels. Behavioral and Brain Sciences 16, 267–322.

Pérusse, D. (1994): Mate choice in modern societies – Testing evolutionary hypotheses with behavioral data. Human Nature 5, 255–278.

Peter-Habermann, I. (1967): Kirchgänger – Image und Kirchgangsfrequenz. Meisenheim.

Petersen, R.R. (1996a): A Re-Evaluation of the Economic Consequences of Divorce. American Sociological Review 61, 528–538.

Petersen, R.R. (1996b): Statistical Errors, Faulty Conclusions, Misguided Policy: Reply to Weitzman. American Sociological Review 61, 539–540.

Petersen, T. (1985): A Comment on Presenting Results from Logit and Probit Models. American Sociological Review 50, 130–131.

Petersen, W. (1958): A General Typology of Migration. American Sociological Review 23, 256–266.

Petersen, W. (1975): Population. New York: Macmillan.

Petry, G. (1978): Eine Messung des Entwicklungsstandes von Regionen, Analyse und empirische Untersuchung der Stadt- und Landkreise in Baden-Württemberg. IAW-Forschungsberichte, Serie A, 19. Tübingen.

Peuckert, R. (1962) (1991) (1996): Familienformen im sozialen Wandel. Opladen: Leske und Budrich.

Pfister, C. (1994): Bevölkerungsgeschichte und historische Demographie 1500–1800. Enzyklopädie Deutscher Geschichte. Band 28. München: Oldenbourg.

Pflanz, M. (1973): Allgemeine Epidemiologie. Stuttgart: Thieme.

Phelps, E.S. (1967): Golden Rules of Economic Growth. Amsterdam, New York: North-Holland.

Philipson, T.J., Posner, R.A. (1993): Private Choices and Public Health: The AIDS Epidemic in an Economic Perspective. Cambridge: Harvard University Press.

Phillips, R. (1980): Family breakdown in late eighteenth century France – Divorces in Rouen 1792 – 1803. Oxford: Clarendon.

Pigou, A.C. (1912): Wealth and Welfare. London: Macmillan.

Pindyck, R.S., Rubinfeld, D.L. (1991): Econometric Models and Economic Forecasts. New York: McGraw Hill.

Piore, M.J. (1975): Notes for a Theory of Labor Market Stratification. In: Edwards, R.C., Reich, M., Gordon, D.M. (Hg.): Labor Market Segmentation. Lexington Massachusetts: Heath.

Pobell, F. (1983): Das Verhalten von Flüssigkeiten als Beispiel für getriebene nichtlineare dissipative Systeme – auf dem Weg zum Chaos. Paper presented at the Ferienkurs 1983 Nichtlineare Dynamik. KFA Jülich.

Pohl, K. (1992): Nichtehelichenquote in Deutschland: Tendenz steigend. BiB-Mitteilungen 4, 8–11.

Pohl, K. (1994): Singles im Alltag. Sozio-demographische Aspekte der Lebenssituation Alleinstehender. S. 41–64. In: Grözinger, G. (Hg.): Das Single. Gesellschaftliche Folgen eines Trends. Opladen: Leske und Budrich.

Pol, F. van de, Langeheine, R. (1988): Mover-Stayer Models, Mixed Markov Models and the EM Algorithm. Voorburg: Centraal bureau voor de statistiek.

Polasek, W. (1994): EDA. Explorative Datenanalyse. Einführung in die deskriptive Statistik. 2. Aufl. Berlin: Springer.

Pollack, D. (1994): Kirche in der Organistionsgesellschaft. Zum Wandel der gesellschaftlichen Lage der evangelischen Kirchen in der DDR. Stuttgart Berlin Köln.

Pollak , R.A. (1987): A Reformulation of the Two-Sex Problem. Demography 23, 247–259.

Pollak, R.A. (1985): A Transaction Cost Approach to Families and Households. Journal of Economic Literature 23, 581–608.

Pollak, R.A., Wachter, M.L. (1975): The Relevance of the Household Production Function and its Implications for the Allocation of Time. Journal of Political Economy 83, 255–277.

Pollard, J.H. (1966): On the Use of the Direct Matrix Product in Analysing Certain Stochastic Population Models. Biometrika 53, 397–415.

Pollard, J.H. (1969a): Continuous-Time and Discrete-Time Models of Population Growth. Royal Statistical Society Series A 132, 80–88.

Pollard, J.H. (1969b): A Discrete-Time Two-Sex Age-Specific Stochastic Population Program Incorporating Marriage. Demography 6, 185–221.

Pollard, J.H. (1973): Mathematical Models for the Growth of Human Populations. Cambridge: Cambridge: University Press.

Pollard, J.H. (1988): On the decomposition of changes in expectation of life and differentials in life expectancy. Demography 25, 265–276.

Poole, I. de S.,Kochen, M. (1978): Contacts and Influence Social Networks 1, 5–51.

Poor, D.D.S. (1973): Analysis of Variance for Repeated Measurement Designs: Two Approaches. Psychological Bulletin 80, 204–209.

Popper, K.R. (1979): Das Elend des Historizismus. Fünfte, verbesserte Aufl. Tübingen: Mohr.

Population Reference Bureau (1996): World Population Data Sheet 1995. Washington, DC.

Porst, R. (1982): Systematische Variablenübersicht und erste Ansätze zu einer Kritik des Fragenprogramms. ZUMA-Arbeitsbericht 12.

Portes, A. (1969): The economic sociology of Immigration: essays on networks, ethnicity, and entrepreneurship. New York:Russell Sage Foundation.

Pörtner, R. (1987): Die Wikinger-Saga. Düsseldorf: Econ.

Posner, R.A. (1992): Sex and Reason. Cambridge: Harvard University Press.

Posner, R.A. (1995): Aging and Old Age. Chicago: University of Chicago Press.

Poulain, M. (1981): Contribution à l´analyse spatiale d´une matrice de migrations internes. Cabay, Bruyland, Brussels.

Praxton (1990): The Stateman's Yearbook 1990, 91. Berlin New York: de Gruyter.

Pregibon, D. (1981): Logistic Regression Diagnostics. The Annals of Statistics 9, 705–724.

Preisendörfer, P. (1994): Das Zeitpfeil-Verfahren. Eine Methode zur retrospektiven Erfassung lebensgeschichtlicher Daten. München Rostock: Mimeo.

Prentice, A.M., Whitehead, R.G. (1987): The energetics of human reproduction. Symposia of the Zoological Society of London 57, 275–304.

Prentice, R.L., Pyke, R. (1979): Logistic disease incidence models and case-control

studies. Biometrika 66, 403–411.
Press, H.W. et al. (1998): Numerical Recipes. Cambridge, Melbourne: Cambridge University Press.
Preston, H., Coale, A.J. (1982): Age Structure, Growth, Attrition, and Accession: A New Synthesis. Population Index 48, 2, 217–259.
Preston, S.H. (1987): Changing Values and Falling Birth Rates. S. 176–195. In: Kingsley, D., Bernstam, M.S., Ricardo-Campbell, R. (Eds.): Below-Replacement Fertility in Industrial Societies. Causes, Consequences, Policies. Cambridge: Cambridge University Press.
Prigogine, I., Nicolis, G. (1977): Self-Organization in Nonequilibrium Systems. From Dissipative Structures to Order Through Fluctuations. Wiley, New York.
Proebsting, H. (1983): Kinderzahl ausgewählter Bevölkerungsgruppen. Ergebnisse des Mikrozensus 1981 Wirtschaft und Statistik 11, 858–868.
PROGNOS (1985): Die Zukunft der Arbeitslandschaft – Zum Arbeitskräftebedarf nach Umfang und Tätigkeiten bis zum Jahr 2000. Nürnberg: Bundesanstalt für Arbeit (BeitrAB 94).
PROGNOS (1995): Prognos-Gutachten 1995. Perspektiven der gesetzlichen Rentenversicherung für Gesamtdeutschland vor dem Hintergrund veränderter politischer und ökonomischer Rahmenbedingungen. Verband deutscher Rentenversicherungsträger. DRV-Schriften Band 4. Basel.
Projektgruppe „Das Sozioökonomische Panel“ (Hg.) (1991): Lebenslagen im Wandel: Basisdaten und Analysen. Frankfurt.
Pschyrembel (1997): Klinisches Wörterbuch. Berlin: de Gruyter.
Psychologie Heute (1993): Nur noch beim Kaufen fühlen sich die Menschen frei. Ein Gespräch mit dem Konsumforscher Prof. Gerhard Scherhorn über süchtiges Kaufen und die Armut des Überflusses. Psychologie Heute 20, 1, 22–26.
Pumain, D., Haag, G. (1991): Urban and Regional Dynamics – Towards an Integrated Approach. Environment and Planning A 23, 1301–1313.
Pumain, D., Saint-Julien, T. (1989): Migration et changement urban en France 1975–82. Revue d'Economie Régionale et Urbaine 3, 509–530.
Puu, T. (1983): A Simplified Model of Spatio-Temporal Population Dynamics. Umea Economic studies, 139.
Puza, R. (1995): Art. „Österreich“. S. 94–103. In: Theologische Realenzyklopädie 25. Berlin New York.
Quitzow, W. (1990): Intelligenz – Erbe oder Umwelt? Stuttgart: Metzler'sche Verlagsbuchhandlung.
Rabin, M. (1996): Psychology and Economics. Department of Economics, University of California, Berkeley.
Radcliffe-Brown, A.R. (1940): On Social Structure. Journal of the Royal Anthropological Society of Great Britain 70, 1–12.
Raftery, A. (1995): Bayesian Model Selection in Social Research. Sociological Methodology 25, 111–163.
Rahman, O., Menken, J. (1993): Age at Menopause and Fecundity Preceeding Menopause. S. 65–84. In: Gray, R. (Ed.): Biomedical and Demographic Determinants of Reproduction. Oxford: Clarendon.

Rallu, J.L., Blum, A. (Hg.) (1991): European Population I. Country Analysis. Paris: Libbey.

Ramser, H.J. (1987): Verteilungstheorie. Berlin: Springer.

Ramsey, F.P. (1928): A Mathematical Theory of Saving. Economic Journal 38, 543–559.

Rao, V. (1993): Dowry 'inflation' in rural India: A statistical investigation. Population Studies 47, 283–293.

Rapoport, A. (1957): Contribution to the Theory of Random and Biased Nets. Bulletin of Mathematical Biology 19, 257–277.

Rasmusen, E. (1994): Games and Information: An Introduction to Game Theory. 2. Edition. Cambridge, Oxford: Blackwell.

Rau, G. (1974): Die soziale Zusammensetzung evangelischer Kirchenräte und Synoden. S. 66–84. In: Spiegel, Y. (Hg.): Kirche und Klassenbindung. Frankfurt.

Rau, G. (1996): Art. „Kirchenkunde". S. 599–602. In: Theologische Realenzyklopädie 18. Berlin New York.

Raum, B. (1991): Informationsrecht, Grundseminar, Datenschutz und Datensicherung. Unveröffentlichtes Manuskript. Bonn.

Ravenstein, E.G. (1972a): Die Gesetze der Wanderung I. S. 41–64. In: Széll, G. (Hg.): Regionale Mobilität. München: Nymphenburger Verlagshandlung (Original: 1885).

Ravenstein, E.G. (1972b): Die Gesetze der Wanderung II. S. 65–94. In: Széll, G. (Hg.): Regionale Mobilität. München: Nymphenburger Verlagshandlung. (Original: 1889).

Ravenstein, E.G. (1885): The Laws of Migration. Journal of the Statistical Society 48, 167–235.

Rawls, J. (1971): A Theory of Justice. Cambridge Massachusetts: Harvard University Press.

Reddies, Hannelore, 1965, Das Verfahren der laufenden Wirtschaftsrechnungen von 1950 bis 1964 und ab 1965.

Reed, L.J., Merrell, M. (1939): A Short Method for Constructing an Abridged Life Table. American Journal of Hygiene 30, 33–62.

Rees, P.H. (1972): The Distribution of Social Groups Within Cities: Models and Accounts. S. 165–216. In: Wilson, A.G. (Ed.): Patterns and Processes in Urban and Regfional Systems. Vol. 3. London: London Papers in Regional Science.

Rees, P.H. (1973): A Revised Notation for Spatial Demographic Accounts and Models. Environment and Planning A 5, 147–155.

Rees, P.H. (1974): A Family of Demographic Accounts. Working Papers 68. Leeds: Department of Geography, University of Leeds.

Rees, P.H. (1975): Spatial Demographic Accounts. Paper presented at the Iiasa-Workshop on Migration and Settlement (12.–13.12.) Laxenburg.

Rees, P.H. (1978): Migration and Settlement in the United Kingdom: Dynamics and Policy, Wp-78-36. Laxenburg: International Institute for Applied Systems Analysis.

Rees, P.H., Smith, A.P., King, J.R. (1977): Population Models. S.49–129. In: Wilson, A.G., Rees, P.H., Leigh, C.M. (Eds.): Models of Cities and Regions.

Theoretical and Empirical Developments. Chichester: Wiley.

Rees, P.H., Wilson, A.G. (1973a): Accounts and Models for Spatial Demographic Analysis 1, Aggregate Population. Environment and Planning A 5, 61–90.

Rees, P.H., Wilson, A.G. (1973b): Population Statistics and Spatial Demographic Accounts. Working Paper 53. Leeds: Department of Geography, University of Leeds.

Rees, P.H., Wilson, A.G. (1975): A Comparison of Available Models of Population Change. Regional Studies 9, 39–61.

Reinberg, A., Fischer, G., Schweizer, C., Tessaring, M. (1995): Demographische Grenzen der Bildungsexpansion. MittAB 1, 5–31.

Reinders-Düselder, C. (1993): Haushaltsstrukturen, Heirat und soziale Ungleichheit – Das Beispiel der Dammer Berge 1650–1850. S. 181–194. In: Schlumbohm, J. (Hg.): Familie und Familienlosigkeit: Fallstudien aus Niedersachsen und Bremen vom 15. bis 20. Jahrhundert. Hannover: Hahn.

Reiner, R., Munz M., Haag G., Weidlich W. (1986): Chaotic Evolution of Migratory Systems'. Geographical Analysis 16, 331–357.

Reiss, I.L. (1960): Toward a Sociology of the Heterosexual Love Relationship. Marriage and Family Living 22, 139–145.

Reller, H. (Hg.) (1978): Handbuch Religiöse Gemeinschaften. Gütersloh.

Rendtal, U. (1988): Panelmortalität. Eine Analyse der Antwortausfälle beim SOEP in der 2. und 3. Befragungswelle. Vierteljahreshefte zur Wirtschaftsforschung 1 (Auswahl).

Rendtel, U., Schwarze, J. (1996): Schätzungen von Lohnkurven für Westdeutschland mit einem verallgemeinerten Varianz-Komponenten-Modell. Mitteilungen aus der Arbeitsmarkt- und Berufsforschung 29, 3, 491–493.

Reynaud, J. (1841): Villes. Encyclopédie Nouvelle, t. VIII: 670–687.

Rheubottom, D.B. (1988): Sisters first: Betrothal order and age at marriage in fifteenth-century Ragusa. Journal of Family History 13, 359–376.

Ribbe, W., Henning, E. (1995): Taschenbuch für Familiengeschichtsforschung. Begr. von Wecken, F., 11. erw. und verb. Aufl. Neustadt an der Aisch.

Richards, W.D., Seary, A. (1992): MULTINET. In: Presentation on SUNBELT XIII, Tampa Fl.

Richter, R., Furubotn, E. (1996): Neue Institutionenökonomik: Eine Einführung und kritische Würdigung. Tübingen: Mohr.

Riecken, H.W., Boruch, R.F. (1978): Social Experiments. Annual Review of Sociology 4, 511–532.

Riemer, R., Kiser, C.V. (1954): Economic Tension and Social Mobility in Relation to Fertility Planning and Size of Planned Family. Milbank Memorial Fund Quarterly. Health Soc. 32, 167–231.

Rihegge, H. (1993): Ökonomische Theorie der Familie. S. 63–87. In: Ramb, B.T., Tietzel, M. (Hg.): Ökonomische Verhaltenstheorie. München: Vahlen.

Riker, W.H., Ordeshook, P.C. (1973): An Introduction to Positive Political Theory. Englewood Cliffs: Prentice Hall.

Riley, A.P., Samuelson, J.L., Huffman, S.L. (1993): The relationship of age at menarche and fertility in undernourished adolescents. S. 50–64. In: Gray, R. (Ed.): Biomedical and Demographic Determinants of Reproduction. Oxford: Claren-

don.
Rimm, A., Hartz, A.J., Kalbfleisch, J.H., Anderson, A.J., Hoffmann, R.G. (1980): Basic Biostatistics in Medicine and Epidemiology. New York: Appleton-Century-Crofts.
Rindfuss, R.R., Heuvel, A. van den (1990): Cohabitation: A Precursor to Marriage or an Alternative to Being Single? Population and Development Review 16, 703–726.
Rindfuss, R.R., Morgan, P.S., Swicegood, G. (1988): First Birth in America. Changes in the Timing of Parenthood. Berkeley: Universtiy of California Press.
Rindfuss, R.R., Sweet, J.A. (1977): Postwar Fertility trends and Differentials in the United States. New York: Academic Press.
Ritchey, P.N. (1976): Explanations of Migration. Annual Review of Sociology 2, 363–404.
Roberts, F.S. (1979):Measurement Theory. Reading Massachusetts.
Robic M.C. (1982): Cent ans avant Christaller... une théorie des lieux centraux. Espace Géographique 11, 1, 1–12.
Robinson, W.S. (1950): Ecological Correlations and Behavior of Individuals. American Sociological Review 15, 351–357.
Rodgers, W.L. (1982): Estimable Functions of Age, Peridod, and Cohort Effects. American Sociological Review 47, 774–787.
Roemer, J.E. (1996): Theories of Distributive Justice. Cambridge: Harvard University Press.
Roffo, A.H. (1937): Der Tabak als krebserzeugendes Agens. Deutsche Medizinische Wochenzeitschrift 63, 1267–1271.
Roffo, A.H. (1939): Krebserzeugendes Benzpyren gewonnen aus Tabakteer. Zeitschrift für Krebsforschung 49, 588–597.
Rogan, W.J., Gladen B. (1978): Estimating prevalence from the results of a screening test. American Journal of Epidemiology 107, 71–76.
Rogers, A. (1966a): Methods of Population Analysis. Journal of the American Institute of Planners 32, 40–44.
Rogers, A. (1966b): The Multi-Regional Matrix Growth Operator and the Stable Interregional Age Structure. Demography 3, 537–544.
Rogers, A. (1967): Matrix Analysis of Inter-Regional Population Growth and Distribution.Papers and Proceedings of the Regional Science Association 18, 177–196.
Rogers, A. (1968): Matrix Analysis of Interregional Population Growth and Distribution. Berkeley, California: University of California Press.
Rogers, A. (1969): On Perfect Aggregation in the Matrix Cohort Survival Model of Inter-Regional Population Growth. Journal of Regional Science 9, 417–424.
Rogers, A. (1971): Matrix Methods in Urban and Regional Analysis. San Francisco: Holden Day.
Rogers, A. (1973): The Mathematics of Multiregional Demographic Growth. Environment and Planning A 5, 3–29.
Rogers, A. (1975a): Introduction to Multiregional Mathematical Demography. New York: Wiley.

Rogers, A. (1975b): Spatial Migration Expectancies. Rm-75-57. Laxenburg: International Institute for Applied System Analysis.

Rogers, A. (1976a): Aggregation and Decomposition in Population Projection. Rm-76-11. Laxenburg: International Institute for Applied System Analysis.

Rogers, A. (1976b): Migration and Settlement. Paper presented at the Iiasa-Conference on Human Settlement Systems (13.–16.12) Laxenburg.

Rogers, A. (1976c): Shrinking Large-Scale Population-Projection Models By Aggregation and Decomposition. Environment and Planning A 8, 515–541.

Rogers, A., Castro, L.J. (1976d): „Model Multiregional Life Tables and Stable Populations", Rr-76-9. Laxenburg: International Institute for Applied Systems Analysis.

Rogers, A., Raquillet, R., Castro, L.J. (1978): Model Migration Schedules and Their Applications. Environment and Planning A 10, 475–502.

Rogers, A., Willekens, F.J. (1976): Spatial Population Dynamics. Papers and Proceedings of the Regional Science Association 36, 1–32.

Rogers, A., Willekens, F.J. (1978): The Spatial Reproductive Value and the Spatial Momentum of Zero Population Growth. Environment and Planning A 10, 503–518.

Rogers, A., Woodward, J.A. (1992): Tempos of Elderly Age and Geographical Concentration. Professional Geographer 44, 72–83.

Rogers, A.R. (1992): Resources and population dynamics. S. 375–402. In: Smith, E.A., Winterhalder, B. (Eds.): Evolutionary Ecology and Human Behavior. Hawthorne: Aldine de Gruyter.

Rogers, E. M., Kincaid, D. L. (1981): Communication Networks. New York: The Free Press.

Rolfes, M. (1996): Regionale Mobilität und akademischer Arbeitsmarkt. Osnabrücker Studien zur Geogr. 17. Osnabrück.

Romer, P.M. (1986): Increasing returns and long-run growth. Journal of Political Economy 94, 5, 1002–1038.

Roncek, D. (1991): Using Logit Coefficients to Obtain the Effects of Independent Variables on Changes in Probabilities. Social Forces 70, 509–518.

Ronning, G. (1991): Mikroökonometrie. Berlin: Springer.

Ronzani, S. (1980): Arbeitskräftewanderung und gesellschaftliche Entwicklung. Königstein: Anton Hain.

Rose, A.M. (1958): Distance of Migration and Socioeconomic Status of Migrants. American Sociological Review 23, 420–423.

Rose, K. (1984): Grundlagen der Wachstumstheorie. 4. unveränderte Aufl. Göttingen: Vandenhoeck und Ruprecht.

Roseman, C.C. (1971): Migration as a Spatial and Temporal Process. Annals Assoc. Amer. Geogr. 61, 589–598.

Roseman, C.C. (1983): A Framework for the Study of Migration Destination Selection. Population and Environment 3, 151–165.

Rosen, S. (1989): Human Capital. S. 136–155. In: Eatwell, J., Milgate, M., Newman, P. (Hg.): The New Palgrave: Social Economics. New York: Norton.

Rosenbaum, H. (1982): Formen der Familie: Untersuchungen zum Zusammenhang von Familienverhältnissen, Sozialstruktur und sozialem Wandel in der deutschen Gesellschaft des 19. Jahrhunderts. Frankfurt: Suhrkamp.

Rosenbaum, P.R. (1984): From Association to Causation in Observational Studies: The Role of Tests of Strongly Ignorable Treatment Assignment. Journal of the American Statistical Association 79, 41–48.

Rosenberg, A. (1992): Economics – Mathematical Politics or Science of Diminishing Returns? Chicago: University of Chicago Press.

Rösener, W. (1992): Das Katholische Bildungsdefizit im Deutschen Kaiserreich – ein Erbe der Säkularisierung von 1803? S. 104–127. In: Historisches Jahrbuch der Görres-Gesellschaft 112.

Rosenkranz, D. (1998): Konsummuster privater Lebensformen. Analysen zum Verhältnis von familiendemographischem Wandel und privater Nachfrage. Opladen: Westdeutscher Verlag.

Rosenow, J., Naschold, F. (1994): Die Regulierung von Altersgrenzen. Berlin: Edition sigma.

Rosenstiel, L. von, et al. (1986): Einführung in die Bevölkerungspsychologie. Darmstadt: Wissenschaftliche Buchgesellschaft.

Rosenthal, R. (1964): The Effect of the Experimenter on the Results of Psychological Research. In: Maher, B.A. (Hg.): Progress in Experimental Personality Research. Vol. 1. New York: Academic Press.

Rosenthal, R. (1966): Experimenter Effects in Behavioral Research. New York: Meredith.

Rosenthal, R. (1991): Meta-Analytic Procedures for Social Research. Beverly Hills: Sage.

Rosenzweig, M.R., Stark, O. (Hg.) (1997): Handbook of Population and Family Economics. 2 Bde. Amsterdam: North-Holland.

Rosetta, L. (1995): Nutrition, physical workloads and fertility regulation. S. 52–75. In: Dunbar, R.I.M. (Ed.): Human Reproductive Decisions – Biological and Social Perspectives. Houndsmills London St. Martin's New York: Macmillan.

Røskaft, E., Wara, A., Viken, Å. (1992): Reproductive success in relation to resource-access and parental age in a small Norwegian farming parish during the period 1700–1900. Ethology and Sociobiology 13, 443–461.

Roskam, E.E. (1975): Nonmetric Data Analysis. General Methodology and Technique. Paper presented for the U.S.-Japan seminar on Theory, Methods and Applikations of MDS and Related Techniques. San Diego.

Ross, J. A. (Ed.) (1982): International Encyclopedia of Population. New York London: The Free Press.

Rossi, P.H. (1980): Why Families Move. 2. Edition. Beverly Hills London: Sage.

Rossi, P.H., Freeman, H.E. (1993): Evaluation. A Systematic Approach. 5. Aufl. London: Sage.

Rossi, P.H., Lyall, K.C. (1976): Reforming Public Welfare: A Critique of the Negative Income Tax Experiment. New York: Russell Sage Foundation.

Roth, E., Heidenreich, K. (Hg.) (1995): Sozialwissenschaftliche Methoden. Lehr- und Handbuch für Forschung und Praxis. 4. Aufl. München: Oldenbourg.

Rothenberg, J. (1977): On the Microeconomics of Internal Migration. S. 183–205. In: Brown, A.A., Neuberger, E. (Hg.): Internal Migration. A Comparative Persepctive. New York: Academic Press.

Rothkirch, C. von (1993): Langfristige Perspektiven der Arbeitsmarktentwicklung bis 2010. Sozialer Fortschritt 42, 178–183.

Rothkirch, C. von, Weidig, I. (1985): Die Zukunft der Arbeitslandschaft. Zum Arbeitskräftebedarf nach Umfang und Tätigkeiten bis zum Jahr 2000. Nürnberg: Bundesanstalt für Arbeit (BeitrAB 94.1 u. 94.2).

Royston, P. (1993): Exact Conditional and Unconditional Sample Size for Pair Matched Studies with Binary Outcome: a Practical Guide. Statistics in Medicine 12, 699–712.

Rubin D.B. (1986): Which Ifs have Causal Answers? Journal of the American Statistical Association 81, 961–962.

Rückert, G.R. (1976): Die Kinderzahl der Ehen in der Bundesrepublik Deutschland im Intergenerationenvergleich. Zeitschrift für Bevölkerungswissenschaft 2, 36–52.

Rückert, G.R. (1979): Schicht-Indikatoren des generativen Verhaltens, S. 137–154. In: Bundesminister für Jugend, Familie und Gesundheit (Hg.): Ursachen des Geburtenrückganges. Aussagen, Theorien und Forschungsansätze zum generativen Verhalten. Band 63. Stuttgart: Kohlhammer.

Rückert, G.R., Lengsfeld, W., Henke, W. (1979): Partnerwahl. Boppard: Boldt.

Rückert, G.R., Schmiedehausen, D. (1975): Bestimmungsgründe der regionalen Unterschiede der Geburtenhäufigkeit. S. 68–97. Veröff. d. Akad. f. Raumf. und Landespl. Forschungs- und Sitzungsber. 95. Hannover.

Ruppert, K., Schaffer, F. (1969): Zur Konzeption der Sozialgeographie. Geogr. Rundschau 21, 205–214.

Rusbult, C.E. (1980): Commitment and Satisfaction in Romantic Associations: A Test of the Investment Model. Journal of Experimental Social Psychology 16, 172–186.

Rusbult, C.E. (1983): A longitudinal test of the investment model: the development (and deterioration) of satisfaction and commitment in heterosexual involvements. Journal of Personality and Social Psychology 45, 101–117.

Rushton, J.P. (1988): Genetic similarity, mate choice, and fecundity in humans. Ethology and Sociobiology 9, 329–333.

Rutz, W. (1979): Das Bevölkerungszentrum der Erde. Die Erde 110, 299–308.

Rychtaríková, J., Dzúrová, D. (1992): Les Disparités Géographiques de la Mortalité en Tchécoslovaquie. Population 47, 617–644.

Ryder, N.B, Westhoff, C.F. (1977): The Contraceptive Revolution. Princetion: Princeton University Press.

Ryder, N.B. (1965): The Cohort as a Concept in the Study of Social Change. American Sociological Review 30, 843–861.

Ryder, N.B. (1968): Cohort Analysis. S. 546–550. In: Sills, D.E. (Hg.): International Encyclopaedia of the Social Sciences. New York: Macmillan.

Sackmann, R. (1998): Konkurrierende Generationen auf dem Arbeitsmarkt. Wiesbaden: Opladen.

Sahota, G.S. (1978): Theory of Personal Income Distribution. Journal of Economic Literature 14, 1–55.

Samuelson, L. (1985): On the Independence from Irrelevant Alternatives in Probabilistic Choice Models. Journal of Economic Theory 35, 376–389.

Samuelson, P.A. (1956): Social Indifference Curves. Quarterly Journal of Economics 70, 1–22.
Samuelson, P.A. (1976): An Economist's Non-Linear Model of Self-Generated Fertility Waves. Population Studies 30, 243–247.
Sandell, S.H. (1977): Women and the Economics of Family Migration. The Review of Economics and Statistics 59, 406–414.
Sanders, L. (1992): Système de Villes et Synergétique. Paris: Économica.
Sandhop, A. (1981): Stiefeltern: Eine soziologische Analyse der „rekonstruierten" Familie. In: Bundesinstitut für Bevölkerungsforschung (Hg.): Materialien zur Bevölkerungswissenschaft Heft 21. Wiesbaden.
Sandhop, A. (1981): Stiefeltern: Eine soziologische Analyse der rekonstruierten Familie. Bundesinstitut für Bevölkerungsforschung (Hg.): Materialien zur Bevölkerungswissenschaft 21. Wiesbaden .
Sandler, D.P., Wilcox, A.J., Horney, L.F. (1984): Age at menarche and subsequent reproductive events. American Journal of Epidemiology 19, 765–774.
Santel, B. (1995): Migration in und nach Europa. Erfahrungen. Strukturen. Politik. Opladen: Leske und Budrich.
Saporiti, A. (1989): Historical Changes in the Family's Reproductive Patterns. S. 191–215. In: Boh, K. et al. (Eds.): Changing Patterns of European Family Life. A Comparative Analysis of 14 European Countries. London New York: Routledge.
Sardon, J.P. (1994): Fécondité générale. Paris: INED.
Sauberer, M. (1978): Migration and Settlement in Austria. Paper presented at the Iiasa-Conference on Migration and Settlemen (19.-22.09) Laxenburg.
Saviranta, J. (1970): Der Einpendelverkehr von Turku. Fennia 100, 4. Helsinki.
Saw, S.H. (1967): Errors in Chinese Age Statistics. Demography 4, 859–875.
Saxe, L., Fine, M. (1981): Social Experiments: Methods for Design and Evaluation. Beverly Hills: Sage.
Scally, R. (1995): The Irish and the 'Famine Exodus' of 1847. S. 80–84. In: Cohen, R. (Hg.): The Cambridge Survey of World Migration. Cambridge: Cambridge University Press.
Scanzoni, J.H. (1975): Sex Roles, Life Styles, and Childbearing. New York: Free Press.
Scanzoni, J.H., Szinovacz, M. (1980): Family Decision-Making: A Developmental Sex Role Model. Beverly Hills.
Schäfers, B. (1990): Gesellschaftlicher Wandel in Deutschland. Ein Studienbuch zur Sozialstruktur und Sozialgeschichte der Bundesrepublik. Stuttgart.
Schaik, C. van, Hrdy, S.B. (1991): Intensity of local resource competition shapes the relationship between maternal rank and the sex ratios at birth in cercopithecine primates. American Naturalist 138, 1555–1562.
Schaninger, C.M. (1981): Social Class Versus Income Revisited: An Empirical Investigation. Journal of Marketing Research 18, 192–208.
Scharpf, F.W. (1992): Koordination durch Verhandlungssysteme: Analytische Konzepte und institutionelle Lösungen. S. 51–96. In: Benz, A., Scharpf, F.W., Zintl, R (Hg.): Horizontale Politikverflechtung. Frankfurt: Campus.
Scheele, E. (1980): Einkommensverteilung I: Verteilungstheorie. In: Handwörter-

buch der Wirtschaftswissenschaften. Stuttgart: Fischer.
Scheffter, M. (1991): Haushaltsgröße und Privater Verbrauch. Zum Einfluss einer steigenden Kinderzahl auf den Privaten Verbrauch. Frankfurt: Lang.
Scheler, B. (1991): Arbeitsunterlagen und Daten zur Bevölkerungsstatistik in den neuen Bundesländern. 5. Wiesbadener Gespräch. Volkszählung 2000 – oder was sonst. Dezember. Tischvorlage.
Scheler, M. (1963): Bevölkerungsproblem als Weltanschauungsfrage. In: Schriften zu Soziologie und Weltanschauungslehre. München.
Scherhorn, G (1994): Konsumentenverhalten und Wertewandel. Wandel oder Dichotomie?. In: Henze, M. Kaiser, G. (Hg.): Öko-Dialog.
Scherhorn, G. (1977): Konsum. In: König, R. (Hg.): Handbuch der empirischen Sozialforschung. Freizeit, Konsum. Band 11.
Scherhorn, G. (1995): Kurzer Bericht über zentrale Ergebnisse des Projekts Konsumverhalten und postmaterielle Werthaltungen. Jahrbuch für Ökologie.
Scherhorn, G., Grunert, S.C., Kaz, K., Raab, G. (1988): Kausalitätsorientierung und konsumrelevante Einstellungen. Bericht über die erste Phase des Porjekts Konsumentenverhalten und postmaterielle Werthaltungen. Arbeitspapier 44. Stuttgart.
Scherhorn, Gerhard, 1977, Konsum. In: König, R. (Hg.): Handbuch der empirischen Sozialforschung. Band 11, Freizeit, Konsum.
Schiefenhövel, W. (1989): Reproduction and sex-ratio manipulation through preferential female infanticide among the Eipo in the Highlands of West New Guinea. S. 170–193. In: Rasa, A.E., Vogel, C., Voland, E. (Eds.): The Sociobiology of Sexual and Reproductive Strategies. London New York: Chapman und Hall.
Schimpel-Neimanns, B., Sutter C., Wirth, H. (1993): Mikrodaten der amtlichen Statistik der DDR bis 1990 – Bestandsaufnahme und Nutzungsmöglichkeiten für Sekundäranalysen über soziale Ungleichheit. Mannheim.
Schimpl-Neimanns, B. (1998) Jenseits von Klasse und Schicht, Entwicklungstendenzen sozialer Ungleichheit seit Anfang der 60er Jahre. Workshop über zeitlich vergleichende Analysen mit Mikrodaten der amtlichen Statistik. Mannheim (unveröffentlicht).
Schinz, A. (1964): Berlin. Stadtschicksal und Städtebau. Braunschweig: Westermann.
Schlegel, T. (1996): Zur Wirksamkeit von Ersatzmutterschaftsverträgen und deren Rechtsfolgen für das Kind. Familie und Recht 2, 116–118.
Schlesselman, J.J. (1982): Case-Control Studies. Design, Conduct, Analysis. New York: Oxford University Press.
Schlicht, E. (1978): Labor Turnover, Wage Structure, and Natural Unemployment. Zeitschrift für die gesamte Staatswissenschaft 134, 2, 337–346.
Schlittgen, R., Streitberg, B.H.J. Zeitreihenanalyse 1984. München Wien: Oldenbourg.
Schlomann, H. (1993): Die Entwicklung der Vermögensverteilung in Westdeutschland. In: Huster, E.U. (Hg.): Reichtum in Deutschland. Frankfurt.
Schlumbohm, J. (1992): Sozialstruktur und Fortpflanzung bei der ländlichen Bevölkerung Deutschlands im 18. und 19. Jahrhundert. Befunde und Erk-

lärungsansätze zu schichtspezifischen Verhaltensweisen. S. 322–346. In: Voland, E. (Hg.): Fortpflanzung: Natur und Kultur im Wechselspiel – Versuch eines Dialogs zwischen Sozialwissenschaftlern und Biologen. Frankfurt: Suhrkamp.

Schlumbohm, J. (1994): Lebensläufe, Familien, Höfe. Die Bauern und Heuersleute des osnabrückischen Kirchspiels Belm in proto-industrieller Zeit 1650–1860. Göttingen.

Schmähl, W. (1989): Erwerbstätigkeit, Arbeitsmarkt und Alterssicherung. Kritisches und Positives zur Diskussion über die Zukunft der gesetzlichen Rentenversicherung.S. 71–87. In: Buttler, F., Kühlewind, G. (Hg.): Erwerbstätigkeit und Generationenvertrag. Perspektiven bis 2010. Nürnberg: Institut für Arbeitsmarkt- und Berufsforschung, AB 130.

Schmähl, W. (Hg.) (1988): Verkürzung oder Verlängerung der Erwerbsphase? Tübingen: Mohr.

Schmid, F. (1991): Zur Sensitivität von Disparitätsmaßen. Allgemeines Statistisches Archiv 75, 155–167.

Schmid, J. (1976): Einführung in die Bevölkerungssoziologie. Reinbek: Rowohlt.

Schmid, J. (1984): Bevölkerung und soziale Entwicklung. Der demographische Übergang als soziologische und politische Konzeption. Boppard: Boldt.

Schmid, J. (1985): Strukturwandel oder Finis Germaniae. Klassische Bevölkerungsstrukturen in Auflösung. S. 249–264. In: Hradil, S. (Hg.): Sozialstruktur im Umbruch. Opladen: Leske und Budrich.

Schmid-Hempel, P. (1992): Lebenslaufstrategien, Fortpflanzungsunterschiede und biologische Optimierung. S. 74–103. In: Voland, E. (Hg.): Fortpflanzung, Natur und Kultur im Wechselspiel – Versuch eines Dialogs zwischen Biologen und Sozialwissenschaftlern. Frankfurt: Suhrkamp.

Schmidt, B. (1975): Bevölkerungsprognose, Migration und Markov-Ketten. Berichte Zur Orts-, Regional- und Landes-Planung, No. 33. Orts-, Regional- und Landesplanung der ETH-Zürich.

Schmidt, I. (1992): Die West-Migration aus Berlin (Ost) – Von der Übersiedlung bis zur Binnenwanderung. Berlin: KSPW.

Schmidtchen, G. (1972): Zwischen Kirche und Gesellschaft. Freiburg.

Schmidtchen, G. (1973): Gottesdienst in einer rationalen Welt. Stuttgart Freiburg.

Schmitt, K. (1984): Die Mitgliedschaft der Religionsgemeinschaften – Entwicklung und soziales Profil. S. 207–231. In: Sproll, H., Thierfelder, J. (Hg.): Die Religionsgemeinschaften in Baden-Württemberg. Stuttgart.

Schmitt-Rink, G. (1986): Demographische Variablen in der ökonomischen Wachstumstheorie. S. 65–83. In: Felderer, B. (Hg.): Beiträge zur Bevölkerungsökonomie. Berlin: Duncker und Humblot.

Schnabel-Schüle, H. (1995): Die Strafe des Landesverweises in der Frühen Neuzeit. S. 73–82. In: Gestrich, A., Hirschfeld, G., Sonnabend, H. (Hg.): Ausweisung und Deportation. Formen der Zwangsmigration in der Geschichte. Stuttgart: Steiner.

Schneewind, K.A., Vaskovics, L.A., Backmund, V., Buba, H.P., Rost, H., Schneider, N.F., Sierwald, W., Vierzigmann, G. (1992): Optionen der Lebensgestaltung junger Ehen und Kinderwunsch. Schriftenreihe des Bundesministeriums

für Familie und Senioren, Band 9. Stuttgart: Kohlhammer.
Schneider, H. (1991): Verweildaueranalyse mit GAUSS. Frankfurt: Campus.
Schneider, N.F. (1994): Familie und private Lebensführung in West- und Ostdeutschland. Stuttgart: Enke.
Schneider, N.F. (1996a): Partnerschaften mit getrennten Haushalten in den neuen und alten Bundesländern. S. 88–97. In: Bien, W. (Hg.): Familie an der Schwelle zum neuen Jahrtausend. Opladen: Leske und Budrich.
Schneider, N.F. (1996b): Nichtkonventionelle Lebensformen – Zwischen Individualisierung und Institutionalisierung. Zeitschrift für Frauenforschung 4, 12–24.
Schneider, NF., Rosenkranz, D., Limmer, R. (1998): Nichtkonventionelle Lebensformen. Opladen: Leske und Budrich.
Schnell, R. (1991): Wer ist das Volk? Zur faktischen Grundgesamtheit bei allgemeinen Bevölkerungsumfragen: Undercoverage, Schwerereichbare und Nichtbefragbare. Kölner Zeitschrift für Soziologie und Sozialpsychologie 43, 106–137.
Schnell, R. (1994): Graphisch gestützte Datenanalyse. München: Oldenbourg.
Schnell, R., Hill, P., Esser, H. (Hg.) (1999): Methoden der empirischen Sozialforschung. 6. Aufl. München Wien: Oldenbourg
Schnore, L.F. (1958): Social Morphology and Human Ecology. The American Journal of Sociology 63, 620–635.
Schoen, R. (1985): Population Growth and the Birth Squeeze. Social Science Research 14, 251–265.
Schoen, R. (1988): Modelling Multigroup Populations. London New York: Plenum Press.
Schoen, R., Urton, W., Woodrow, K., Baj, J. (1985): Marriage and Divorce in Twentieth Century American Cohorts. Demography 22, 101–114.
Schofield, R., Reher, D., Bideau, A. (Hg.) (1991): The Decline of Mortality in Europe. Clarendon, Oxford.
Schöfthaler, T. (1983): Religion paradox: Der systemtheoretische Ansatz in der deutschsprachigen Religionssoziologie. S. 136–156. In: Daiber, K.F., Luckmann, T. (Hg.): Religion in den Gegenwartsströmungen der deutschen Soziologie. München.
Schöll, W. (1985): Konsumentenverhalten in der Bundesrepublik Deutschland 1958–1982, eine empirische Untersuchung der Sättigungshypothese. Frankfurt: Harri Deutsch.
Schöller, P. (1968): Leitbegriffe zur Charakterisierung von Sozialräumen. Münchner Studien zur Sozial- und Wirtschaftsgeographie 4, 177–184.
Schöller, P. (1970): Probleme der Bevölkerungsgeographie in Japan und Deutschland. Geogr. Zeitschrift 58, 35–40.
Schöningh, I., Aslanidis, M., Faubel-Diekmann, S. (1991): Alleinerziehende Frauen. Zwischen Lebenskrise und neuem Selbstverständnis. Opladen: Leske und Budrich.
Schorsch, C. et al. (1990): Art. „New Age“. Sp. 738–746. In: Gasper, H. et al. (Hg.): Lexikon der Sekten, Sondergruppen und Weltanschauungen. Fakten. Hintergründe Klärungen. Freiburg Basel Wien.
Schott, J. (1992): Zur Analyse der Fertilität in der DDR im Zeitraum 1968–1986. S.

223–235. In: Buttler, G., Heilig, G., Schmitt-Rink, G. (Hg.): Acta Demographica 1992. Heidelberg: Physika.

Schott, J., Bergmann, K.E., Wiesner, G. (1995): Der Lebensverlängerungsprozess – ein Vergleich zwischen Ost- und Westdeutschland. Zeitschrift für Bevölkerungswissenschaft 20, 2.

Schrader, A. (1966): Die soziale Bedeutung des Besitzes in der modernen Konsumgesellschaft. Köln Opladen.

Schreiner, C. (Hg.) (1993): Frauenorden in Deutschland. Fulda Paderborn.

Schreiner, H. (1993): Adoption – warum nicht offen? Idstein: Schulz-Kirchner.

Schultz, H.D. (1980): Die deutschsprachige Geographie von 1800 bis 1970. Abh. d. Geogr. Inst. – Anthropogeogr. 29. Berlin.

Schultz, T.P. (1981): The Economics of Population. Reading: Addison-Wesley.

Schultz, T.W. (1959): Investment in Man: An Economist's View. The Social Service Review 33, 109–117.

Schultz, T.W. (1961): Investment in Human Capital. American Economic Review 51, 1–17.

Schulz, E. (1993): Bevölkerungsentwicklung in Deutschland bis zum Jahr 2010 mit Ausblick auf 2040. DIW-Wochenbericht 29. Berlin.

Schulz, E. (1995): Alternde Gesellschaft. Zur Bedeutung von Zuwanderungen für die Altersstruktur der Bevölkerung in Deutschland. DIW-Wochenbericht 33. Berlin.

Schulz, G.V. (1995): Die Auswirkungen der demographischen Entwicklung auf die Arbeitslosigkeit. Zeitschrift für Bevölkerungswissenschaft 20, 4, 485–496.

Schulze, G. (1992): Die Erlebnisgesellschaft.

Schumacher, J., Vollmer, R. (1982): Differenzierungs- und Entdifferenzierungsprozesse im Familiensystem. S. 210–352. In: Hondrich, K.O. (Hg.): Soziale Differenzierung. Frankfurt.

Schuster, H. (1987): Theorien, Utopien und rassistische Abgründe sozialwissenschaftlicher Bevölkerungsforschung zwischen wilhelminischem Mitteleuropa-Modell und SS-Generaplan Ost. S. 316–344. In: Klingemann, C. (Hg.): Rassenmythos und Sozialwissenschaft in Deutschland. Opladen: Westdeutscher Verlag.

Schütz, M.W. (1985): Die Trennung von Jung und Alt in der Stadt. Eine vergleichende Analyse der Segregation von Altersgruppen in Hamburg und Wien. Beiträge zur Stadtforschung 9. Hamburg.

Schwab, W.A. (1992): The Sociology of Cities. Englewood Cliffs: Prentice Hall.

Schwartz, J. E. (1990): Penetrating differentation. Cambridge: Cambridge University Press.

Schwarz, H. (1983): Art. „Freikirche". S. 558–563. In: Theologische Realenzyklopädie 11. Berlin New York.

Schwarz, K. (1964): Die Kinderzahlen in den Ehen nach Bevölkerungsgruppen. Ergebnisse des Mikrozensus 1962. Wirtschaft und Statistik 2, 71–77.

Schwarz, K. (1981): Die Haushalte der Unverheirateten und der verheiratet-getrennt Lebenden. Zeitschrift für Bevölkerungswissenschaft 7, 447–479.

Schwarz, K. (1982): Kinderzahl der Ehen nach Bevölkerungsgruppen im Jahr 1981.Zeitschrift für Bevölkerungswissenschaft 8, 575–587.

Schwarz, K. (1984): Eltern und Kinder in unvollständigen Familien. Zeitschrift für Bevölkerungswissenschaft 10, 1, 3–36.

Schwarz, K. (1992): Geburtenentwicklung und Familienpolitik in der (früheren) DDR. Beispiel einer pro-natalistischen Politik. Zeitschrift für Familienforschung 4, 248–262.

Schwarz, K. (1993): Die Frauen in Westdeutschland nach der Kinderzahl im Jahr 1990. BiB-Mitteilungen 1, 9–14.

Schwarz, K. (1995): Die Zukunft ist schon geboren. Demographische Strukturen von morgen und ihre Wirkungen auf die Entwicklung von Arm und Reich. S. 37–49. In: Anforderungen an die Gesellschaft vor dem Hintergrund demographischer Veränderungen. Agrarsoziale Gesellschaft e.V. Göttingen. Hamburg.

Schwarz, K. (1996): Die Kinderzahl der Ausländer und ihre Bedeutung für die Bevölkerungsentwicklung in den alten Bundesländern. Zeitschrift für Bevölkerungswissenschaft 21, 1, 57–67.

Schwarz, N. (1985): Theorien konzeptgesteuerter Informationsverarbeitung in der Sozialpsychologie. S. 269–291. In: Frey, D., Irle, M. (Hg.): Theorien der Sozialpsychologie. Bern.

Schwarze, J. (1995): Neue Befunde zur Lohnkurve in Deutschland: Eine Analyse mit Paneldaten für Raumordnungsregionen 1985 und 1989. DIW Diskussionspapier 119. Berlin.

Schweitzer, W. (1978): Modelle zur Erfassung von Wanderungsbewegungen. Meisenheim am Glan: Anton Hain.

Schweitzer, W., Müller, G. (1979): Interregionale Wanderungen in der Bundesrepublik. Zeitschrift für Bevölkerungswissenschaft 5, 439–453.

Schymik, F. (1980): Bevölkerungsgeographische Forschungsperspektiven und raumbezogene Informationsverarbeitung. Rhein-Mainische Forschungen 92. Frankfurt.

Scitovsky, T. (1976): Psychologie des Wohlstands. Die Bedürfnisse des Menschen und der Bedarf des Verbrauchers. Frankfurt New York: Campus.

Scott, J. (1991):Social Network Analysis. A Handbook. London: Sage.

Scrimshaw, S.C.M. (1984): Infanticide in Human Populations: Societal and Individual concerns. S. 439–462. In: Hausfater, G., Hrdy, S.B. (eds.): Infanticide – Comparative and Evolutionary Perspectives. New York: Aldine.

Seber, G., Wild, C. (1989): Nonlinear Regression. New York: Wiley.

Seel, B. (1991): Ökonomik des privaten Haushalts. Stuttgart: Ulmer.

Segal, D.R., Knoke, D. (1974): Auswirkungen von sozialer Schichtung, sozialer Mobilität und Statuskonsistenz auf die Infrastruktur des Parteiwesens in der Bundesrepublik Deutschland. Kölner Zeitschrift für Soziologie und Sozialpsychologie 26, 371–387.

Segalen, M. (1990): Die Familie. Geschichte, Soziologie, Anthropologie. Frankfurt New York: Campus.

Segalen, M., Richard, P. (1986): Marrying kinsmen in Pays Bigouden Sud, Brittany. Journal of Family History 11, 109–130.

Seibt, F. (1983): Die Deutsche Siedlung im Osten – Täger bürgerlicher Lebensart in Schlesien, Böhmen und Südosteuropa. S. 41–73. In: Engel, H.U. (Hg.): Deutsche unterwegs. Von der mittelalterlichen Ostsiedlung bis zur Vertreibung im 20. Jahrhundert. München Wien: Olzog.

Seifert, M.J. (1988): Jugendsekten in modernen Industriegesellschaften. S. 183–199. In: Kaufmann, F.X., Schäfers, B. (Hg.): Religion, Kirchen und Gesellschaft in Deutschland. Gegenwartskunde Sonderheft 5. Opladen.

Sekretariat der Deutschen Bischofskonferenz (Hg.) (1994): Kirchliches Handbuch. Statistisches Jahrbuch der Bistümer und ihnen gleichgestellten kirchlichen Gebietskörperschaften im Bereich der Deutschen Bischofskonferenz. Band XXXII 1991 und 1992. Bonn.

Sekretariat der Deutschen Bischofskonferenz (Hg.) (1995): Katholische Kirche in Deutschland. Statistische Daten 1994. Bonn.

Sell, R.R., De Jong, G.F. (1982): Deciding Whether to Move: Mobility, Wishful Thinking, and Adjustment. Sociology and Social Research 67, 146–165.

Sen, A. (1973) (1997): On Economic Inequality. Enl. Ed. Oxford: Clarendon Press.

Sen, A. (1982): Modeling Spatial Flows. Unpublished Manuscript. School of Urban Planning and Policy. University of Illinois at Chicago, Ill.

Sen, A., Pruthi, R.K. (1983): Least Squares Calibration of Gravity Model Parameters when Intrazonal Flows are Unknown. Environment and Planning A15, 1545–1550.

Sen, A., Pruthi, R.K. 1983, Least Squares Calibration of Gravity Model Parameters when Intrazonal Flows are Unknown, Environment and Planning A 15, 1545–1550

Senatsverwaltung für Arbeit, Berufliche Bildung und Frauen (Hg.) (1997): Berliner Memorandum: Innovation, Beschäftigung, Wachstum und Wettbewerb. Strategien zur Halbierung der Arbeitslosigkeit, erarbeitet vom erweiterten Beirat Arbeitsmarktpolitik. Berlin: Senatsverwaltung für Arbeit, Berufliche Bildung und Frauen.

Sengenberger, W. (1987): Struktur und Funktionsweise von Arbeitsmärkten. Die Bundesrepublik Deutschland im internationalen Vergleich. Frankfurt New York: Campus.

Shanahan, S.E., Tuma, N.B. (1994): The Sociology of Distribution and Redistribution. In: Smelser, N.J., Swedberg, R. (Hg.): The Handbook of Economic Sociology. Princeton N.J.: Princeton University Press.

Shapiro, C., Stiglitz, J.E. (1984): Equilibrium Unemployment as a Worker Discipline Device. American Economic Review 73, 3, 433–444.

Sharpe, F.R., Lotka, A.J. (1911): A problem in age-distribution. Philosophical Magazine 6, 21, 435–438.

Shaw, R.P. (1975): Migration Theory and Fact. A Review and Bibliography of Current Literature. Philadelphia, Pennsylvania: Regional Science Research Institute.

Shepard, T.H., Fantel, A.G. (1979): Embryonic and early fetal loss. Clinics in Perinatology 6, 219–243.

Sheppard, E.S. (1978): Theoretical Underspinnings of the Gravity Hypothesis. Geographical Analysis 10, 386–401.

Shevky, E., Bell, W. (1955): Social Area Analysis. Stanford: The Stanford University Press.

Shields, G.M., Shields, M.P. (1989): The Emergence of Migration Theory and a Suggested New Direction. Journal of Economic Surveys 3, 277–304.
Shihadeh, E.S. (1991): The Prevalence of Husband-Centered Migration: Employment Consequences for Married Mothers. Journal of Marriage and the Family 53, 432–444.
Shine, R. (1980): Costs of reproduction in reptiles. Oecologia 46, 92–100.
Shorrocks, A. (1978): Income Inequality and Income Mobility. Journal of Economic Theory 19, 376–393.
Shorrocks, A. (1983): Ranking Income Distributions. Economica 50, 3–17.
Shorter, E. (1975): The Making of the Modern Family. New York: Basic Books.
Shorter, E. (1998): Einige demographische Auswirkungen des postmodernen Familienlebens. Zeitschrift für Bevölkerungswissenschaft 51, 221–223.
Shryock, H.S., Siegel, J.S. (1976): The Methods and Materials of Demography. Condensed Edition by Stockwell, E.G. San Diego: Academic Press.
Sieber, E. (1949): Kolonialgeschichte der Neuzeit. Die Epochen der europäischen Ausbreitung über die Erde. Bern: Francke.
Siebert, H. (1993): Internationale Wanderungsbewegungen – Erklärungsansätze und Gestaltungsfragen. Schweizerische Zeitschrift für Volkswirtschaft und Statistik 129, 229–255.
Siebert, H. (1994): Geht den Deutschen die Arbeit aus? Neue Wege zu mehr Beschäftigung. München: Bertelsmann.
Siebert, H. (1995): Internationale Migrationen aus wirtschaftswissenschaftlicher Sicht. Geogr. Rundschau 47, 405–409.
Siebke, J. (1988): Verteilung. In: Vahlens Kompendium der Wirtschaftstheorie und Wirtschaftspolitik. 3. Aufl. München: Vahlen.
Sieder, R. (1987): Sozialgeschichte der Familie. Frankfurt: Suhrkamp.
Sieff, D.F. (1990): Explaining Biased Sex Ratios in Human Populations. Current Anthropology 31, 25–48.
Siegwart (1992): Cohorts, Social Productions Functions and the Problem of Self-Command. S. 283–308. In: Becker, H.A. (Ed.): Dynamics of Cohort and Generations Research. Amsterdam.
Silk, J.B. (1980): Adoption and kinship in Oceania. American Anthropologist 82, 799–820.
Silk, J.B. (1987): Adoption among the Inuit. Ethos 15, 320–330.
Silverman, B.W. (1986): Density Estimation for Statistical and Data Analysis. London: Chapman and Hall.
Simmel, G. (1904): Philosophie des Geldes. München Leipzig.
Simmel, G. (1908): Sociology: Studies in Form of Sociation.
Simmel, G. (1923): Soziologie. Leipzig.
Simmel, G. (1998): Philosophie des Geldes. In: Frisby, D.P., Köhnke, C.K. (Hg.): Frankfurt: Suhrkamp.
Simmons, A.B. (1986): Recent Studies on Place-Utility and Intention to Migrate: An International Comparison. S. 120–140. In: Fawcett, J.T. (Hg.): Migration Intentions and Behavior. Population and Environment 8.
Simon, H.A. (1955): A Behavioral Model of Rational Choice. Quarterly Journal of Economics 59, 99–118.

Simon, H.A. (1956): Rational Choice and the Structure of the Environment. Psychological Review 63 : 129–138.
Simon, H.A. (1957a): Models of Man. New York: Wiley.
Simon, H.A. (1957b): The Compensation of Executives. Sociometry 20, 32–35.
Simon, H.A. (1987): Causality in Economic Models. In: Eatwell, J., Milgate, M., Newman, P. (Hg.): The New Palgrave: Econometrics. New York: Norton and Company.
Simon, J.L. (1974): The Effects of Income on Fertility. Chapel Hill: University of North Carolina Press.
Sjastaad, L.A. (1962): The Costs and Returns of Human Migration. The Journal of Political Economy 70, 80–93.
Skeldon, R. (1990): Population Mobility in Developing Countries. London New York.
Skowronek, H. (Hg.) (1973): Umwelt und Begabung. Stuttgart: Klett.
Skvoretz, J. (1991):Theoretical and methodological models of networks and relations. Social Networks, 13, 275–300.
Slomcynski, K.M., Krauze, T.K. (1987): Cross-national Similarity in Social Mobility Patterns: A Direct Test of the Featherman-Jones-Hauser Hypothesis. American Sociological Review 52, 598–611.
Sly, D.F. (1972): Migration and the Ecological Complex. American Sociological Review 37, 615–628.
Sly, D.F., Tayman, J. (1977): Ecological Approach to Migration Reexamined. American Sociological Review 42, 783–795.
Sly, D.F., Wrighley, J.M. (1986): Migration Decision Making and Migration Behavior in Rural Kenya. S. 78–97. In: Fawcett, J.T. (Hg.): Migration Intentions and Behavior. Population and Environment 8.
Smith, A. (1776): An Inquiry into the Nature and Causes of the Wealth of Nations. Reprint 1937, New York: Modern Library.
Smith, D.P. (1992): Formal Demography. London New York: Plenum Press.
Smith, E.A. (1992a): Human Behavioral Ecology I. Evolutuionary Anthropology 1, 20–25.
Smith, E.A. (1992b): Human Behavioral Ecology II. Evolutuionary Anthropology 1, 50–55.
Smith, E.A., Smith, S.A. (1994): Inuit sex ratio variation: Population control, ethnographic error, or parental manipulation ? Current Anthropology 35, 595–624.
Smith, E.A., Winterhalder, B. (Eds.) (1992): Evolutionary Ecology and Human Behavior. New York: Aldine de Gruyter.
Smith, H.L., Mason, W.M., Fienberg, S.E. (1982): More Chimeras of the Age-Period-Cohort Accounting Framework: Comment on Rodgers. American Sociological Review 47, 787–793.
Smith, M.J. (1964): Group selection and kin selection. Nature 201, 1145–1147.
Smith, M.S., Hish, B.S., Crawford, C.B. (1987): Inheritance of wealth as human kin investment. Ethology and Sociobiology 8, 171–182.
Smith, P.C. (1983): The impact of age at marriage and proportions marrying on fertility. S. 473–531. In: Bulatao, R.A., Lee, R.D. (Eds.): Determinants of Fertility in Developing Countries. Fertility Regulation and Institutional Influences.

Vol. 2. New York: Academic Press.
Snowden, R., Mitchell, G., Snowden, E.M. (1985): Artifizielle Reproduktion. Stuttgart: Enke.
Snyderman, M., Rothman, S. (1990): The IQ Controversy, the Media and Public Policy. New Brunswick London: Transaction Publishers.
Sobel, M. (1981): Lifestyle and social structure. New York.
Sobel, M.E. (1981): Diagonal Mobility Models: A Substantively Motivated Class of Designs for the Analysis of Mobility Effects. American Sociological Review 46, 893–906.
Sobel, M.E. (1983): Structural Mobility, Circulation Mobility and the Analysis of Occupational Mobility: A Conceptual Mismatch. American Sociological Review 48, 721–727.
Sobel, M.E. (1985): Social Mobility and Fertility Revisited: Some New Models for the Analysis of the Mobility Effects Hypothesis. American Sociological Review 50, 699–712.
Sobel, M.E. (1995): Causal Inference in the Social and Behavioral Sciences. S. 1–38. In: Arminger, G. Clogg, C., Sobel, M.E. (Hg.): Handbook of Statistical Modeling for the Social and Behavioral Sciences. New York: Plenum.
Sobel, M.E., Hout, M., Duncan, D. (1986): Saving the Bath Water. Sociological Methods and Research 14, 271–284.
Sobel, M.E., Hout, M., Duncan, O.D. (1985): Exchange, Structure, and Symmetry in Occupational Mobility. American Journal of Sociology 91, 359–372.
Solomon, M. (1983): The role of products as social stimuli: A symbolic interactionism persepctive. Journal of Consumer Research 10, 319–329.
Solomon, R.L. (1949): An Extansion of Controlgroup Design. Psychological Bulletin 46, 137–150.
Solow, R.M. (1956): A Contribution to the Theory of Economic Growth. The Quarterly Journal of Economics 70, 1, 65–94.
Soltau, H. (1993): Pfeifen aufs Duett. Von Singles, Alleinstehenden und anderen Solisten. Köln: Kiepenheuer und Witsch.
Sombart, W. (1928): Der moderne Kapitalismus. München Leipzig: Duncker und Humblot.
Somermeijer, W.H. (1966): Specificatie van Economische Relaties. Reprint 126. Econometrisch Instituut, Erasmus University Rotterdam.
Sommer, B. (1994): Entwicklung der Bevölkerung bis 2040. Ergebnis der achten koordinierten Bevölkerungsvorausberechnung. Wirtschaft und Statistik 7, 497–503.
Sonis, M., Dendrinos, S.D. (1990): Multistock-multilocation relative Volterra-Lotka dynamics are degenerate. Sistemi Urbani 1, 7–15.
Sørensen, A.B. (1984): Interpreting Time Dependency in Carrer Processes. In: Diekmann, A., Mitter, P. (Hg.): Stochastic Modelling of Social Processes. Orlando: Academic Press.
Sorokin, P.A. (1959): Social and Cultural Mobility. New York: The Free Press.
Sorrentino, C. (1990): The Changing Family in International Perspective. Monthly Labor Review 113, 41–58.
Soto, C.B. de (1960): Learning a Social Structure Journal of Abnormal and Social

Psychology 60, 417–421.
South, S.J., Lloyd, K.M. (1992): Marriage Opportunities and Family Formation: Further Implications of Imbalanced Sex Ratios. Journal of Marriage and the Family 54, 440–451.
Spaich, H. (1981): Fremde in Deutschland. Unbequeme Kapitel unserer Geschichte. Weinheim Basel: Beltz.
Speare, A. (1971): A Cost-Benefit Model of Rural to Urban Migration in Taiwan. Population Studies 25, 117–130.
Speare, A. (1974): Residential Satisfaction as an Intervening Variable in Residential Mobility. Demography 11, 173–188.
Speare, A., Goldstein, S., Frey, W. (1975): Residential Mobility, Migration, and Metropolitan Change. Cambridge Massachusetts: Ballinger Publishing.
Spector, P.E. (1981): Research Designs. Beverly Hills: London.
Spellerberg, A. (1996): Soziale Differenzierung durch Lebensstile. Opladen.
Spence, M. (1973): Job Market Signalling. Quarterly Journal of Economics 87, 355–374.
Spencer, H. (1892): Sociology. New York: Appleton and Co.
Spiegelman, R.G., Yeager, K.E. (1980): Overview. Journal of Human Resources 15, 463–479.
Sporrek, A. (1985): Food Marketing and Urban Growth in Dar Es Salaam. Lund Studies in Geography 51 B. Lund.
Sproll, H., Thierfelder, J. (Hg.) (1984): Die Religionsgemeinschaften in Baden-Württemberg. Stuttgart.
Srikantan, K.S., Blumstein, A. (1977): Policy Applications of Population Models: A Comparative Review. Socio-Economic Planning Sciences 11, 1–11.
Staatliche Zentralverwaltung für Statistik, Zentrales Zählbüro (Hg.) (1979): Offizielle Erklärung der damaligen DDR-Regierung. In: Zusammenfassende Darstellung von Materialien zu den Volks-, Berufs-, Wohnraum- und Gebäudezählungen der Deutschen Demokratischen Republik. Teil 1. Berlin.
Staatliche Zentralverwaltung für Statistik; Ministerrat der DDR-Statistik, Sterbetafeln 1963, 66; April 1968
Staatliches Zentralamt für Statistik, Definitionen für Planung, Rechnungsführung und Statistik, Berlin 1980
Stapf, K.H. (1995): Laboruntersuchungen. In: Roth, E., Heidenreich, K. (Hg.): Sozialwissenschaftliche Methoden. Lehr- und Handbuch für Forschung und Praxis. 4. Aufl. München: Oldenbourg.
Stark, O. (1991): Migration of Labor. Oxford, Cambridge: Blackwell.
Statistical Data Bank and Information Dissemination Division, Office of the Prime Minister (1992): Key Statistics of Thailand. Bangkok: National Statistical Office.
Statistisches Amt der DDR: Bevölkerungsstatistische Übersichten – Lebendgeborene. Berlin (jährlich).
Statistisches Amt der DDR: Bevölkerungsstatistischen Übersichten – Eheschliessungen und Ehescheidungen. Berlin (jährlich).
Statistisches Amt der DDR: Jahrbuch der Deutschen Demokratischen Republik. Berlin (diverse Jahrgänge).

Statistisches Amt der DDR: Kennziffernsammlung Sozialstatistik. Berlin (diverse Jahrgänge).

Statistisches Amt der DDR: Übersicht über die regelmäßigen repräsentativen Bevölkerungsbefragungen des Statistischen Amtes der DDR 1990. Berlin.

Statistisches Amt der DDR: Zeitverwendung der Arbeiter und Angestellten 1974, 1980, 1985 (Broschüre).

Statistisches Amt der Europäischen Gemeinschaften: Bevölkerungsstatistik. Luxemburg (jährlich).

Statistisches Amt der Europäischen Gemeinschaften: Bevölkerungsstatistik. Abschnitt I: Bevölkerungsvorausschätzungen. Luxemburg 1996, 198–212.

Statistisches Amt der Europäischen Gemeinschaften: Demographic and Labour Force Analysis based on European Databanks. Luxemburg 1988.

Statistisches Amt der Europäischen Gemeinschaften: Eurostat Revue. Luxemburg (diverse Jahrgänge)

Statistisches Amt der Europäischen Gemeinschaften: Eurostatistiken. Luxemburg (monatlich).

Statistisches Bundesamt (1972): Bevölkerung und Wirtschaft 1872–1972. Herausgegeben anlässlich des 100jährigen Bestehens der zentralen amtlichen Statistik. Stuttgart Mainz: Kohlhammer.

Statistisches Bundesamt (1976): Bevölkerung und Kultur. Fachserie A, Reihe 2. Sonderbeitrag Allgemeine Sterbetafel für die Bundesrepublik Deutschland 1970/72. Stuttgart Mainz: Kohlhammer.

Statistisches Bundesamt (1981): Das Arbeitsgebiet der Bundesstatistik. Berlin.

Statistisches Bundesamt (1985): Bevölkerung gestern, heute und morgen. Wiesbaden: Kohlhammer.

Statistisches Bundesamt (1985): Datennotstand – Datenschutz, Ergebnisse des ersten Wiesbadener Gesprächs am 30., 31. Oktober 1984. Stuttgart.

Statistisches Bundesamt (1987) (1989): Bevölkerung und Erwerbstätigkeit. Fachserie 1, Reihe 1, Gebiet und Bevölkerung.

Statistisches Bundesamt (1987): Schlagwortverzeichnis, Volkszählung '87. Dortmund.

Statistisches Bundesamt (1988): Katalog der Statistiken zum Arbeitsgebiet der Bundesstatistik. Mainz: Kohlhammer.

Statistisches Bundesamt (1990): Bevölkerung und Erwerbstätigkeit. Religionszugehörigkeit der Bevölkerung. Heft 6. Stuttgart.

Statistisches Bundesamt (1991): Wirtschaftsrechnungen: Einkommens- und Verbrauchsstichprobe 1988, 2, Vermögensbestände und Schulden privater Haushalte. Wiesbaden.

Statistisches Bundesamt (1993): Bevölkerungsstatistische Übersichten 1946 bis 1989. Soderreihe mit Beiträgen für das Gebiet der ehemaligen DDR, Heft 3.

Statistisches Bundesamt (1993): Einnahmen und Ausgaben ausgewählter privater Haushalte in den neuen Ländern und Berlin-Ost, 1. Halbjahr 1992. Arbeitsunterlage Wiesbaden.

Statistisches Bundesamt (1993): Einnahmen und Ausgaben privater Haushalte 1985 bis 1990. Wiesbaden.

Statistisches Bundesamt (1995): Im Blickpunkt: Familien heute. Stuttgart: Metzler-

Poeschel.
Statistisches Bundesamt (1998): Informationen über die Bundesstatistik 1, 14. Detaillierte rechtliche Grundlagen können ebenfalls dieser Quelle entnommen werden.
Statistisches Bundesamt (Hg.) (1990): Bevölkerung und Erwerbstätigkeit, Heft 6, Religionszugehörigkeit der Bevölkerung. Stuttgart.
Statistisches Bundesamt (Hg.) (1991): Wirtschaftsrechnungen: Einkommens- und Verbrauchsstichprobe 1988, 2, Vermögensbestände und Schulden privater Haushalte. Wiesbaden.
Statistisches Bundesamt (Hg.) (1993): Einnahmen und Ausgaben ausgewählter privater Haushalte in den neuen Ländern und Berlin-Ost, 1. Halbjahr 1992. Wiesbaden Arbeitsunterlage.
Statistisches Bundesamt (Hg.): (diverse Jahrgänge): Datenreport. Zahlen und Fakten über die Bundesrepublik Deutschland. Schriftenreihe. Bonn: Bundeszentrale für politische Bildung.
Statistisches Bundesamt (jährlich): Statistisches Jahrbuch der Bundesrepublik Deutschland. Wiesbaden.
Statistisches Bundesamt : Wirtschaft und Statistik (diverse Jahrgänge).
Statistisches Bundesamt: (jährlich): Veröffentlichungsverzeichnis. Stuttgart.
Statistisches Bundesamt: Aufwendungen privater Haushalte für den privaten Verbrauch. Fachserie 15 Heft 5.
Statistisches Bundesamt: Aufwendungen privater Haushalte für Nahrungs- und Genussmittel; Mahlzeiten außer Haus. Fachserie 15 Heft 3.
Statistisches Bundesamt: Ausstattung privater Haushalte mit ausgewählten langlebigen Gebrauchsgütern. Fachserie 15, Heft 1.
Statistisches Bundesamt: Bevölkerung und Kultur. Fachserie A, Reihe 3. Wanderungen 1959 – 1974, ab 1975 Fachserie 1 Bevölkerung und Erwerbstätigkeit, Reihe 2 Bevölkerungsbewegung
Statistisches Bundesamt: Einnahmen und Ausgaben privater Haushalte. Fachserie 15 Heft 4.
Statistisches Jahrbuch der Bundesrepublik Österreich (jährlich).
Statistisches Jahrbuch der Schweiz (jährlich).
Statistisches Jahrbuch für das Deutsche Reich (1900).
Statistisches Landesamt (1994): Kleinräumige Bevölkerungsvorausrechnung bis 2005. Schriftenreihe Statistik von Baden-Württemberg 483. Stuttgart.
Statistisches Landesamt Familienwissenschaftliche Forschungsstelle im Baden Württemberg (1990): Materialien und Berichte: Grundzüge einer phasenorientierten Familienstrukturbeobachtung auf Basis der amtlichen Statistik. Stuttgart.
Stearns, S.C. (1992): The Evolution of Life Histories. Oxford University Press Oxford.
Steinberg, L. (1988): Reciprocal relation between parent-child distance and pubertal maturation. Developmental Psychology 24, 122–128.
Steindl, J. (1965): Random Processes and the Growth of Firms: A Study of the Pareto Law. New York: Hafner Press.
Steinmann, G. (1986): Bevölkerungsentwicklung und technischer Fortschritt. S. 85–

115. In: Felderer, B. (Hg.): Beiträge zur Bevölkerungsökonomie. Berlin: Duncker und Humblot.
Stenger, H. (1986): Stichprobentheorie. Würzburg: Physica.
Stephan, P. (1987): Wodurch wurde die Fruchtbarkeit in menschlichen Populationen früherer Jahrhunderte reduziert? Biologisches Zentralblatt 106, 21–32.
Stephan, P. (1990): Menarche- und Heiratsalter in früheren Jahrhunderten. Ärztliche Jugendkunde 81, 41–54.
Stephan, P. (1992): Wie egoistisch sind menschliche Gene? – Versuch einer Deutung von Differenzen in der Lebenserwartung von Kindern mit und ohne Stiefmutter. Wissenschaftliche Zeitschrift der Humboldt-Universität zu Berlin. Reihe Medizin 41, 2, 75–76.
Sterman, J.D. (1986): The Economic Long Wave. System Dynamics Review 2, 87–125.
Stevens, G. (1981): Social Mobility and Fertility: Two Effects in One. American Sociological Review 46, 573–585.
Stewart, J.Q. (1942): A Measure of the Influence of a Population at a Distance. Sociometry 6, 63–71.
Stewart, J.Q. (1947): Suggested Principles of „Social Physics“. Science 106, 179–180.
Stewart, J.Q. (1948): Demographic Gravitation: Evidence and Application. Sociometry 1, 31–58.
Stewman, S. (1988): Organizational Demography. Annual review of Sociology 14, 173–202.
Stiehler, S. (1997): Allein mit Kind(ern) – Probleme und Chancen einer verbreiteten Lebensform. S. 199–212. In: Böhnisch, L., Lenz, K. (Hg.): Familien. Eine interdisziplinäre Einführung. Weinheim: Juventa.
Stigler, G.J. (1962): Information in the Labor Market. The Journal of Political Economy 70, 94–105.
Stigler, G.J., Becker, G.S. (1977): De Gustibus Non Est Disputandum. American Economic Review 67, 76–90.
Stiglitz, J.E. (1975): The Theory of Screening, Education and the Distribution of Income. American Economic Review 65, 283–300.
Stöckl, R. (1952): Die Bevölkerungsdichte und verwandte Begriffe. Petermanns Geogr. Mitteilungen 96, 168–179.
Stockman, F., Sprenger, K. (1993): GRADAP SUNBELT XIII, Tampa Fl.
Stocks, P., Karn, M. (1933): A co-operative study of the habits, home life, dietary and family histories of 450 cancer patients and of an equal number of control patients. Ann. Eugen. 5, 237.
Stokols, D. (1972): A Social-Psychological Model of Human Crowding Phenomena. Journal Amer. Inst. of Planners 38, 72–83.
Stolarz, H., Friedrich, K., Winkel, R. (1993): Wohnen und Wohnumfeld im Alter. Expertisen zum ersten Altenbericht der Bundesregierung. Berlin.
Stolzenberg, R., Relles, D. (1990): Theory Testing in a World of Constrained Research Design. Sociological Methods and Research 18, 395–415.
Stönner, O. (1997): Aspects of the Distribution of Income (im Erscheinen). Marburg: Metropolis.

Stouffer, S.A. (1962a): Intervening Opportunities: A Theory Relating Mobility and Distance. S. 69–91. In: Stouffer, S.A. (1940): Social Research to Test Ideas. Glencoe. Nachdruck aus: American Sociological Review 5, 845–867.

Stouffer, S.A. (1962b): Intervening Opportunities and Competing Migrants. S. 91–112. In: Stouffer, S.A., Social Research to Test Ideas. Glencoe. Nachdruck aus Journal of Regional Science 1960, 2, 1–26.

Strang, D., Tuma, N.B. (1990): Spatial and temporal heterogeneity in diffusion. Association paper. Dept. of Sociology, University of Iowa Iowa City.

Straubhaar, T. (1988): On the Economics of International Labor Migration. Beiträge zur Wirtschaftspolitik Bd. 49. Bern, Stuttgart: Haupt.

Strodtbeck, F.L. (1949): Equal Opportunity Intervals: A Contribution to the Method of Intervening Opportunity Analysis. American Sociological Review 14, 490–497.

Strodtbeck, F.L. (1950): Population, Distance and Migration from Kentucky. Sociometry 14, 123–130.

Stroheker, K.F. (1965): Germanentum und Spätantike. Stuttgart: Artemis.

Strohmeier P. (1994): Strukturen familialer Entwicklung – ein europäischer Vergleich. Unveröff. Manuskript eines Vortrags auf dem 1. Europäischen Fachkongress „Familienforschung“ im Oktober in Bamberg.

Strohmeier, K.P. (1989): “Movers” and “Stayers”. Räumliche Mobilität und Familienentwicklung. S. 165–188. In: Herth, A., Strohmeier, K.P. (Hg.): Lebenslauf und Familienentwicklung. Opladen.

Strohmeier, K.P., Schulze, H.J. (1995a): Die Familienentwicklung der achtziger Jahre in Ost- und Westdeutschland im europäischen Kontext. S. 26–38. In: Nauck, B., Schneider, N.F., Tölke, A. (Hg.): Familie und Lebensverlauf im gesellschaftlichen Umbruch. Stuttgart: Enke.

Strohmeier, K.P., Schulze, H.J. (1995b): Erwerbstätigkeit und Familienbildungsprozess im gesellschaftlichen Umbruch. Materialien zur Bevölkerungswissenschaft, Familienbildung und Kinderwunsch in Deutschland. Heft 82c. Wiesbaden.

Strubelt, W. (1996): Regionale Disparitäten zwischen Wandel und Persistenz. S. 11–110. In: Strubelt, W., Genosko, J., Bertram, H., Friedrichs, J., Gans, P., Häußermann, H., Herlyn, U., Sahner, H. (Hg.): Städte und Regionen. Räumliche Folgen des Transformationsprozesses. Opladen: Leske und Budrich.

Studien/Darstellungen/Lexikonartikel

Stys, W. (1957/58): The influence of economic conditions on the fertility of peasant women. Population Studies 11, 136–148.

Surbey, M.K. (1990): Family composition, stress, and the timing of human menarche. S. 11–32. In: Ziegler, T.E., Bercovitch, F.B. (Eds.): Socioendocrinology of Primate Reproduction. New York: Wiley-Liss.

Surra, C.A. (1990): Research and Theory on Mate Selection and Premarital Relationships in the 1980s. Journal of Marriage and the Family 52, 844–865.

Susanne, C., Lepage, Y. (1988): Assortative mating for anthropometric characters. S. 83–99. In: Mascie-Taylor, C.G.N., Boyce, A.J. (Eds.): Human Mating Patterns. Cambridge: Cambridge University Press.

Süssmilch, J.P. (1761–62): Die göttliche Ordnung in den Veränderungen des menschlichen Geschlechts, aus der Geburt, dem Tode und der Fortpflanzung desselben erwiesen. Berlin.

Süssmilch, J.P. (1972): Göttliche Ordnung. S. 20–21. In: Köllmann, W., Marschalck, P. (Hg.): Bevölkerungsgeschichte. Köln: Kiepenheuer und Witsch.

Swan, T.W. (1956): Economic Growth and Capital Accumulation. Economic Record 32, 334–361.

Swedlund, A.C. (1988): Mating Distance and Historical Population Structures: A Review. S. 15–29. In: Mascie-Taylor, C.G.N., Boyce, A.J. (Eds.): Human Mating Patterns. Cambridge: Cambridge University Press.

Sweet, J.A., Bumpass, L.L. (1987): American Families and Households. New York: Russell Sage.

Symington, M.M. (1987): Sex ratio and maternal rank in wild spider monkeys: When daughters disperse. Behavioral Ecology and Sociobiology 20, 421–425.

Symons, D. (1979): The Evolution of Human Sexuality. Oxford University Press, New York und Oxford.

Szallies, R. (1991): Zwischen Luxus und kalkulierter Bescheidenheit – Der Abschied von Otto Normalverbraucher. Ein Rück- und Ausblick über 50 Jahre Konsumentenverhalten. S. 41–46. In: Szallies, R., Wiswede, G. (Hg.): Wertewandel und Konsum. Fakten, Perspektiven und Szenarien für Markt und Marketing.

Szreter, S. (1993): The Idea of Demographic Transition. Population and Development Review 19, 659–702.

Tabah, L. (1990): From one demographic transition to another. In: Population Bulletin of the United Nations 28, 1989, 1–24. Sales No. E.90.XIII.3., Department of International Economic and Social Affairs. New York: United Nations.

Taft, D.R. (1936): Human Migration. A Study of International Movements. New York. The Ronald Press Company.

Tamura, R. (1995): Human Capital, Fertility, and Economic Growth. S. 77–91. In: Tommasi, M., Ierulli, K. (Hg.): The New Economics of Human Behavior. Cambridge: Cambridge University Press.

Tarski, A. (1941): On the calculus of relations. The Journal of Symbolic Logic 6, 73–89.

Taylor, R.C. (1969): Migration an Motivation: A Study of Determinants and Types. S. 99–133. In: Jackson, J.A. (Hg.): Migration. Cambridge: Cambrigde University Press.

Teachman, J.D. (1983): Analyzing Social Processes: Life Tables and Proportional Hazards Models. Social Science Research 12, 263–301.

Teachman, J.D., Polonko, K.A., Scanzoni, J. (1987): Demography of the Family. S. 3–36. In: Sussman, M., Steinmetz, S.K. (Eds.): Handbook of Marriage and the Family. New York London: Plenum Press.

Teitelbaum, M.S., Mantel, N. (1971): Socio-economic factors and the sex ratio at birth. Journal of biosocial Science 3, 23–41.

Thaler, R. (1980): Toward a Positive Theory of Consumer Choice. Journal of Economic Behavior and Organization 1, 39–60.

Theil, H. (1967): Economics and Information Theory. Amsterdam: North-Holland.

Theurl, E. (1991): Regionale Unterschiede der Mortalität in Österreich. S. 169–203.

In: Fickl, S. (Hg.): Bevölkerungsentwicklung und öffentliche Haushalte. Frankfurt New York.

Thibaut, J.W., Kelley, H.H. (1959): The Social Psychology of Groups. New York: Wiley.

Thinnes, P. (1988): Sozialstatistik zum kirchlichen und religiösen Leben in der Bundesrepublik Deutschland. S. 203–218. In: Kaufmann, F.X., Schäfers, B. (Hg.): Religion, Kirchen und Gesellschaft in Deutschland. Gegenwartskunde Sonderheft 5. Opladen.

Thomale, E. (1972): Sozialgeographie. Marburger Geogr. Schriften 53. Marburg.

Thomas, V.J. (1969): A Stochastic Population Model Related to Human Populations. Royal Statistical Society Series A, 132, 89–104.

Thompson, K.H. (1971): Upward Social Mobility and Political Orientation: A Reevaluation of the Evidence. American Sociological Review 36, 223–235.

Thompson, M.S. (1929): Population. American Journal of Sociology 34, 959–975.

Thomson, E., Colella, U. (1992): Cohabitation and Marital Stability: Quality or Commitment? Journal of Marriage and the Family 54, 259–267.

Thon, M. (1991a): Neue Modellrechnungen zur Entwicklung des Erwerbspersonenpotentials im bisherigen Bundesgebiet bis 2010 mit Ausblick auf 2030. MittAB 4, 673–688.

Thon, M. (1991b): Neue Modellrechnungen zur Entwicklung des Erwerbspersonenpotentials im Gebiet der neuen Bundesländer Modellrechnungen bis 2010 und Ausblick bis 2030. MittAB 4, 689–705.

Thon, M. (1991c): Perspektiven des Erwerbspersonenpotentials in Gesamtdeutschland bis zum Jahr 2030. MittAB 4, 706–712.

Thon, M. (1995): Demographische Aspekte der Arbeitsmarktentwicklung. Die Alterung des Erwerbspersonenpotentials. Mitteilungen aus der Arbeitsmarkt- und Berufsforschung 28, 3, 290–299.

Thon, M. (1996): Demographische Entwicklung und rechtliche Grundlagen. Frühverrentung und Beschäftigung. Teil 1. Nürnberg: IAB-Kurzbericht 8.

Thornhill, N.W. (1990): The evolutionary significance of incest rules. Ethology and sociobiology 11, 113–129.

Thornhill, N.W. (1991): An evolutionary analysis of rules regulating human inbreeding and marriage. Behavioral and Brain Sciences 14, 247–293.

Thornhill, N.W. (1992): Evolutionsbiologie und historische Wissenschaften. S. 216–238. In: Voland, E. (Hg.): Fortpflanzung: Natur und Kultur im Wechselspiel. Frankfurt: Suhrkamp.

Thornhill, R., Gangestad, S.W. (1993): Human facial beauty: Averageness, symmetry, and parasite resistance. Human Nature 4, 237–269.

Thornhill, R., Thornhill, N.W. (1987): Human rape: The strength of the evolutionary perspective. S. 269–291. In: Crawford, C., Smith, M., Krebs, D. (Eds.): Sociobiology and Psychology: Ideas, Issues and Applications. London Hillsdale: Erlbaum.

Thornhill, R., Thornhill, N.W. (1992): The evolutionary psychology of men's coercive sexuality. Behavioral and Brain Sciences 15, 363–421.

Thurow, L.C. (1978): Die Arbeitskräfteschlange und das Modell des Arbeitsplatzwettbewerbs. In: Sengenberger, W. (Hg.): Der gespaltene Arbeitsmarkt. Frank-

furt: Campus.
Tien, H.H. (1961): The Social Mobility/Fertility Hypothesis Reconsidered: An Empirical Study. American Sociological Review 26, 247–257.
Tijdens, K.C. (1996): Segregationprocesses by gender. In: Beckmann, P. Engelbrech, G. (Hg.): Occupational Segregation in Western Europe. Nürnberg (BeitrAB 188).
Tinker, H. (1974): A New System of Slavery: The Export of Indian Labour Overseas. London: Oxford University Press.
Tinker, H. (1995): The British Colonies of Settlement. S. 14–20. In: Cohen, R. (Hg.): The Cambridge Survey of World Migration. Cambridge: Cambridge University Press.
Tobin, J. (1958): Estimation of Relationships for Limited Dependent Variables. Econometrica 26, 24–36.
Todaro, M.P. (1969): A Model for Labor Migration and Urban Unemployment in Less Developed Countries. American Economic Review 59, 138–148.
Tölke, A. (1985): Zuverlässigkeit retrospektiver Verlaufsdaten. SFB 3, Arbeitspapier Nr. 30. Frankfurt Mannheim.
Tölke, A. (1989): Lebensverläufe von Frauen. Familiäre Erreignisse, Ausbildungs- und Erwerbsverhalten. München: DJI Verlag.
Tölke, A. (1991): Partnerschaft und Eheschließung – Wandlungstendenzen in den letzten fünf Jahrzehnten. S. 113–157. In: Bertram, H. (Hg.): Die Familie in Westdeutschland. Stabilität und Wandel famlialer Lebensformen. Opladen: Leske und Budrich.
Tölke, A. (1993): Erste Partnerschaften und Übergang zur Ehe. S. 109–135. In: Dieckmann, A., Weick, S. (Hg.): Der Familienzyklus als sozialer Prozess. Berlin: Duncker und Humblot
Tommasi, M., Terulli, K. (1995): The New Economics of Human Behavior. Cambridge: Cambridge University Press.
Tracer, D.P. (1991): Fertlity-related changes in maternal body composition among the Au of Papua New Guinea. American Journal of Physical Anthropology 85, 393–405.
Travers, J., Milgram, S. (1969): An Experimental Study of the Small World Problem. Sociometry 32, 425–443.
Treas, J. (1995): Older Americans in the 1990s and Beyond. Population Bulletin 50, 2. Washington, DC: Population Reference Bureau.
Trewartha, G.T. (1953): A Case for Population Geography. Annals Assoc. Amer. Geogr. 43, 71–97.
Trewartha, G.T. (1969): A Geography of Population. New York.
Trivers, R.L. (1972): Parental investment and sexual selection. S. 136–179. In: Campbell, B. (Ed.): Sexual Selection and the Decent of Man 1871–1971. Aldine, Chicago.
Trivers, R.L. (1985): Social Evolution. Benjamin, Cummings, Menlo Park etc.
Trivers, R.L., Willard, D.E. (1973): Natural Selection of Parental Ability to Vary the Sex Ratio of Offspring. Science 179, 90–92.
Troitzsch, K.G. (1990): Modellbildung und Simulation in den Sozialwissenschaften. Opladen: Westdeutscher Verlag.

Troitzsch, K.G. (1994): The evolution of technologies. In Jim Doran and G. Nigel Gilbert (eds): Simulating Societies: the Computer Simulation of Social Phenomena, S. 41–62. London: University College Press London.

Trost, J. (1988): Nichteheliche Lebensgemeinschaften. S. 363–374. In: Nave-Herz, R., Markefka, M. (Hg.): Handbuch der Familien- und Jugendforschung. Neuwied: Luchterhand.

Tsai, S.-s. H. (1986): The Cinese Experience in America. Bloomington, Ind.: Indiana University Press.

Tsiatis, A. (1975): A Nonidentifiability Aspect of the Problem of Competing Risks. Proceedings of the National Academy of Science (USA) 72, 20–22.

Tuljapurkar, S. D. (1989): An Uncertain Life: Demography in Random Environments. Theoretical Population Biology 35, 227-294.

Tuljapurkar, S. D. (1990): Population Dynamics in Variable Environments. New York: Springer.

Tuljapurkar, S. D., Caswell, H. (1997): Structured-Population Models in Marine, Terrestrial, and Freshwater Systems. New York: Chapman & Hall.

Tuljapurkar, S. D., Orzack, S.H. (1980): Population Dynamics in Variable Environments I: Long-run Growth and Extinction. Theoretical Population Biology 18: 314-342

Tuma, N.B., Hannan, M.T., Groeneveld, L.P. (1979): Dynamic Analysis of Event Histories. American Journal of Sociology 84, 820–854.

Tuma, N.B., Huinink, J. (1987): Post-war fertility patterns in the Federal Republic of Germany. S. 510–554. In: Mayer, K.U., Brandon T.N. (Eds.): Applications of Event History Analysis in Life Course Research. Bildungsforschung Nr. 30. Berlin: Max-Planck-Institut für Bildungsforschung.

Tunzelmann, G.N. von (1986): Malthus's Total Population System: A Dynamic Reinterpretation. S. 65–95. In: Coleman, D., Schofield, R. (Hg.): The State of Population Theory: Forward from Malthus. Oxford: Oxford University Press.

Turke, P.W. (1988): Helpers at the nest: Children networks on Ifaluk. S. 173–188. In: Betzig, L.L., Borgerhoff Mulder, M., Turke, P.W. (Eds.): Human Reproductive Behaviour – A Darwinian Perspective. Cambridge: Cambridge University Press.

Tyree, A. (1973): Mobility Ratio and Association in Mobility Tables. Population Studies 27, 577–588.

Tzschaschel, S. (1986): Geographische Forschung auf der Individualebene. Münchener Geogr. Hefte 53.

Udry, J.R., Cliquet, R.L. (1982): A cross-cultural examination of the relationship between ages at menarche, marriage, and first birth. Demography 19, 53–63.

Ueberschär, G.R. (1994): Die Vertreibung der deutschen Bevölkerung aus dem Osten und die alliierten Grundsätze von der „besseren Welt". S. 21–41. In: Streibel, R. (Hg.): Flucht und Vertreibung. Wien: Picus.

Umweltmanager und Umweltschützer im Gespräch. Düsseldorf: Econ.

UNESCO (1972): Statistical Yearbook. Paris.

UNESCO (1982): Bibliography of Publications issued by UNESCO. Paris.

UNESCO (1982): Migration and Development. Paris.

UNESCO: Statistical Reports and Studies, Paris (diverse Jahrgänge).

Ungern-Sternberg, R. von (1932): Die Ursachen des Geburtenrückgangs im westeu-

ropäischen Kulturkreis. In: Veröffentlichungen aus dem Gebiete der Medizinalverwaltung 36.
Ungern-Sternberg, R. von, Schubnell, H. (1950): Grundriss der Bevölkerungswissenschaft (Demographie). Stuttgart: Piscator.
UNICEF (1995): Poverty, Children and Policy. Responses for a brighter future. Central and Eastern Europe in Transition. Public Policy and Social Conditions. In: Economics in Transition Studies, Regional Monitoring Report 3. Florenz: United Nations Childrens Fund, International Child Development Centre.
United Nations (1951): The past and future growth of worl population – a long range view. Population Bulletin 1.
United Nations (1962): Recent Trends of Mortality in the World. Population Bulletin No. 6.
United Nations (1966): World Populations Prospects as Assessed in 1963. Population Studies 41. Department of Economic and Socials Affairs. New York: United Nations.
United Nations (1973) (1978): The Determinants and Consequences of Population Trends. Vol. I und Vol. II Bibliograph. New York: Department of Economic and Social Affairs.
United Nations (1989): World Population at the Turn of the Century. Population Studies 111. Sales No. E.89.XIII.2. Department of International Economic and Social Affairs. New York: United Nations.
United Nations (1990): Correlates of fertility in selected developing countries. Population Bulletin of the United Nations 28, 1989, 95–106, Sales No. E.90.XIII.3. Department of International Economic and Social Affairs. New York: United Nations.
United Nations (1991): The World's Women 1970–1990. Trends and Statistics. Oxford, New York,Tokyo: Oxford University Press.
United Nations (1992): Long-Range World Population Projections: Two Centuries of Population Growth, 1950–2150. Department of International Economic and Social Affairs. New York: United Nations.
United Nations (1993): Expert Group Meeting on Population Growth and Demographic Structure. Population Bulletin of the United Nations 34/35, 102–119, Sales No. E.93.XIII.10. Department of Economic and Social Information and Policy Analysis. New York: United Nations.
United Nations (1994): The Least Developed Countries: 1993–1994 Report. Sales No. E.94.II.D.4. New York.
United Nations (1994): The Sex and Age Distribution of the World Population. The 1994 Revision. New York.
United Nations (1995): Concise Report on the World Population Situation in 1995. Sales No. E.95.XIII.14., Department of Economic and Social Information and Policy Analysis. New York. United Nations.
United Nations (1995): Population and Development 1. Programme of Action adopted at the International Conference on Population and Developement. Cairo, 5–13 September 1994. Sales No. E.95.XIII.7. Department of Economic and Social Information and Policy Analysis. New York: United Nations.
United Nations (1995): The Least Developed Countries: 1995 Report. Sales No.

E.95.II.D.2. New York.
United Nations (1995): World Population Prospects: The 1994 Revision. Sales No. E.95.XIII.16., Department of Economic and Social Information and Policy Analysis. New York: United Nations.
United Nations Population Fund (1995): National Perspectives on Population and Development. Synthesis of 168 national reports prepared for the International Conference on Population and Development 1994. New York.
United Nations Population Fund (1995): The State of World Population 1995. New York
United Nations Secretariat (1987): Forty years of population statistics at the United Nations. Population Bulletin of the United Nations. Nos. 19/20 – 1986. Sales No. E.87.XIII.2., p. 146–157. New York: United Nations.
United Nations. (1980): Principles and Recommendations of Population and Housing Censuses. Statistical Papers, Series M, No. 67. New York: United Nations.
United Nations: Demographic Yearbook. New York (jährlich).
United Nations: Department of International Social Affairs; Statistical Papers. New York (diverse Reihen).
United Nations: Statistical Yearbook. New York (jährlich).
United Nations: World Population Trends, Population and Development. New York (diverse Jahrgänge).
Uzawa, H. (1964): Optimal Growth in a Two-Sector Model of Capital Accumulation. Review of Economic Studies 31, 1–24.
Valentin, F. (1990): Art. Sekten. Sp. 949–957. In: Gasper, H. et al. (Hg.): Lexikon der Sekten, Sondergruppen und Weltanschauungen. Fakten. Hintergründe. Klärungen. Freiburg Basel Wien.
Vandenberg, S. (1972): Assortative Mating, or Who Marries Whom? Behavior Genetics 2, 127–157.
Vanderkamp, J. (1971): Migration Flows, their Determinants and the Effects of Return Migration. Journal of Political Economy 79, 1012–1031.
VanderPost, C. (1992): Regional Patterns of Fertility Transition in Botswana. Geography 77, 109–122.
Vanini, P. (1996): Dynamische Modelle der Ökonomie. Institut für empirische Wirtschaftsforschung. Universität Zürich.
Varian, H.R. (1992): Microeconomic Analysis. 3. Edition. New York: Norton.
Vasko, T. (1987): The Long-Wave Debate, Selected Papers. Berlin, Heidelberg, New York: Springer.
Vaskovics, L.A. (1990): Soziale Folgen der Segregation alter Menschen in der Stadt. S. 59–79. In: Bertels, L., Herlyn, U. (Hg.): Lebenslauf und Raumerfahrung. Biographie und Gesellschaft 9. Opladen.
Vaskovics, L.A., Garhammer, M., Schneider, N.F., Kabat vel Job, O. (1994): Familien- und Haushaltsstrukturen in der ehemaligen DDR und in der Bundesrepublik Deutschland von 1980 bis 1989. Ein Vergleich. Bundesinstitut für Bevölkerungsforschung (Hg.): Materialien zur Bevölkerungswissenschaft, Sonderheft 24. Wiesbaden.
Vaskovics, L.A., Rost, H., Rupp, M. (1997): Nichteheliche Elternschaft. Eine soziologische Untersuchung über die Lebenslage nichtehelicher Kinder. For-

schungsbericht im Auftrag des Bundesministeriums für Justiz (i. D.).
Vaskovics, L.A., Rupp, M. (1995): Partnerschaftskarrieren. Entwicklungspfade nichtehelicher Lebensgemeinschaften. Opladen: Westdeutscher Verlag.
Vaskovics, L.A.; Garhammer, Schneider, M., Norbert F., Kabat vel Job, O. (1994): Familien- und Haushaltsstrukturen in der ehemaligen DDR und in der Bundesrepublik Deutschland von 1980 bis 1989. Ein Vergleich. In: Bundesinstitut für Bevölkerungsforschung (Hg.): Materialien zur Bevölkerungswissenschaft. Sonderheft 24. Wiesbaden.
Vaskovics, L.A.; Rost, H., Rupp, M. (1997): Nichteheliche Elternschaft. Eine soziologische Untersuchung über die Lebenslage nichtehelicher Kinder. Forschungsbericht im Auftrag des Bundesministeriums für Justiz (i.D.)
Veall, M., Zimmermann, K.F. (1992): Performance Measures From Prediction-Realization Tables. Economics Letters 39, 129–134.
Veblen, T. (1986): Theorie der feinen Leute (orig. 1899). Frankfurt.
Velling, J. (1995a): Die Arbeitserlaubnis als Instrument der Arbeitsmarktpolitik zur Steuerung internationaler Zuwanderung auf den Arbeitsmarkt. Mannheim: ZEW Discussion Paper 95–16.
Velling, J. (1995b): Immigration und Arbeitsmarkt. Eine empirische Analyse für die Bundesrepublik Deutschland. Baden-Baden: Nomos.
Verlagsgruppe Bauer (Hg.) (1990): Verbraucheranalyse 90. Hamburg: Springer.
Vernier, B. (1984): Vom rechten Gebrauch der Verwandten und der Verwandtschaft: Die Zirkulation von Gütern, Arbeitskräften und Vornamen auf Karpathos (Griechenland). S. 55–110. In: Medick, H., Sabean, D. (Hg.): Emotionen und materielle Interessen – Sozialanthropologische und historische Beiträge zur Familienforschung. Göttingen: Vandenhoeck und Ruprecht.
Vickerman, R.W. (1984): Urban and Regional Change, Migration and Commuting – The Dynamics of Workplace, Residence and Transport Choice. Urban Studies 21, 15–29.
Vining, D.R. jr. (1986): Social versus reproductive success: The central problem of human sociobiology. Behavioral and Brain Sciences 9, 167–216.
Vogel, C. (1986): Populationsdichte-Regulation und individuelle Reproduktionsstrategien in evolutionsbiologischer Sicht. S. 11–30. In: Kraus, O. (Hg.): Regulation, Manipulation und Explosion der Bevölkerungsdichte. Göttingen: Vandenhoeck und Ruprecht.
Vogel, C., Sommer, V. (1992): Drum prüfe, wer sich ewig bindet.. In: Deutsches Institut für Fernstudien (Hg.): Funkkolleg: Der Mensch – Anthropologie heute, Studienbrief 3. DIFF., Tübingen.
Voges, W. (Hg.) (1987): Methoden der Biographie- und Lebenslaufforschung. Opladen: Leske und Budrich.
Voges, W., Schmidt, C. (1996): Lebenslagen, die Lebenszeit kosten – Zum Zusammenhang von sozialer Lage, chronischer Erkrankung und Mortalität im zeitlicher Verlauf. S. 379–401. In: Zapf, W., Schupp, J., Habich, R. (Hg.): Lebenslagen im Wandel: Sozialberichterstattung im Längsschnitt. Frankfurt: Campus.
Vogler-Ludwig, K. (Hg.) (1991): Perspektiven für den Arbeitsmarkt in den neuen Bundesländern. München: Institut für Wirtschaftsforschung.

Vogt, W. (1995a): Makroökonomische Auswirkungen von beschränkter Marktmacht auf dem Güter- und Arbeitsmarkt. In: Flemming, J. (Hg.): Moderne Makroökonomik. Eine kritische Bestandsaufnahme. Marburg: Metropolis.

Vogt, W. (1995b): Überlegungen zur makroökonomischen Modellbildung. In: Gahlen, B., Hesse, H., Ramser, H.J. (Hg.): Arbeitslosigkeit und Möglichkeiten ihrer Überwindung. Tübingen: Mohr.

Voigt, J.H. (1995): Die Deportation – ein Thema der deutschen Rechtswissenschaft und Politik im 19. und frühen 20. Jahrhundert. S. 84–101. In: Gestrich, A., Hirschfeld, G., Sonnabend, H. (Hg.): Ausweisung und Deportation. Formen der Zwangsmigration in der Geschichte. Stuttgart: Steiner.

Voit, H. (1992): Entwicklung der Privathaushalte bis 2010. Wirtschaft und Statistik 9, 620–626.

Voland, E. (1984): Human sex-ratio manipulation: Historical data from a German parish. Journal of Human Evolution 13, 99–107.

Voland, E. (1988): Differential Infant and Child Mortality in Evolutionary Perspective: Data from Late 17. to 19. Century Ostfriesland (Germany). S. 253–261. In: Betzig, L.L., Borgerhoff Mulder, M., Turke, P.W. (Eds.): Human Reproductive Behaviour: A Darwinian Perspective. Cambridge: Cambridge University Press.

Voland, E. (1990): Differential Reproductive Success Within the Krummhörn Population (Germany, 18. and 19. Centuries). Behavioral Ecology and Sociobiology 26, 65–72.

Voland, E. (1992): Fortpflanzung: Natur und Kultur im Wechselspiel. S. 347–366. In: Voland, E. (Hg.): Fortpflanzung: Natur und Kultur im Wechselspiel – Versuch eines Dialogs zwischen Sozialwissenschaftlern und Biologen. Frankfurt: Suhrkamp.

Voland, E. (1993): Grundriss der Soziobiologie. Stuttgart: Fischer.

Voland, E. (1995): Reproductive Decisions Viewed from an Evolutionarily Informed Historical Demography. S. 137–159. In: Dunbar, R.I.M. (Ed.): Human Reproductive Decisions – Biological and Social Perspectives. Houndsmills, London St. Martin's New York: Macmillan.

Voland, E. (1996): Konkurrenz in Evolution und Geschichte. Ethik und Sozialwissenschaften 6.

Voland, E. (1998): Evolutionary Ecology of Human Reproduction. Annual Review of Anthropology 27, 347–374.

Voland, E., Chasiotis, A. (1998): How Female Rproductive Decisions Cause Social Inequality in Male Reproductive Fitness: Evidence from Eighteenth and Nigteenth Century Germany. Seite 220–238. In: Strickland, S.S.; Shetty, P.S. (Eds.:) Human Biology and Social Inequality. Society for the Human Biology Symposium Series, Vol. 39. Cambridge University Press.

Voland, E., Dunbar, R.I.M. (1995): Resource Competition and Reproduction – The Relationship between Economic and Parental Strategies in the Krummhörn Population (1720–1874). Human Nature 6, 33–49.

Voland, E., Dunbar, R.I.M., Engel, C., Stephan, P. (1997): Population Increase and Sex-Biased Parental Investment in Humans: Evidence from 18th and 19th Century Germany. Cuurent Anthropology 38, 129-135.

Voland, E., Engel, C. (1989): Women's Reproduction and Longevity in a Premodern Population (Ostfriesland, Germany, 18th century). In: Anne E.R., Vogel, C., Voland, E. (Eds.): The Sociobiology of Sexual and Reproductive Strategies. London New York: Chapman and Hall.

Voland, E., Engel, C. (1990): Female Choice in Humans: A Conditional Mate Selection Strategy of the Krummhörn Women (Germany, 1720–1874). Ethology 84, 144–154.

Voland, E., Gabler, S. (1994): Differential Twin Mortality Indicates a Correlation Between Age and Parental Effort in Humans. Naturwissenschaften 81, 224–225.

Voland, E., Siegelkow, E., Engel, C. (1991): Cost/Benefit Oriented Parental Investment by High Status Families – The Krummhörn case. Ethology and Sociobiology 12, 105–118.

Vroom, V.H. (1964): Work and Motivation. New York.

Wachenfels, H. (1987): Freizeitverhalten und Marketing. Heidelberg.

Wachter, K.M., Straf, M.L. (Hg.) (1990): The Future of Meta-Analysis. New York: Russell Sage Foundation.

Wagner, A. (1984): Bevölkerungsbedingte Arbeitslosigkeit und Wachstumszyklen. S. 171–187 In: Bombach, G., Gahlen, S., Ott, A.E. (Hg.): Perspektiven der Konjunkturforschung. Tübingen.

Wagner, A. (1995): Modellierungen bevölkerungsbedingter Arbeitslosigkeit. Das Wirtschaftsstudium 7, 613–619.

Wagner, G. (1990): Bevölkerungsentwicklung und betrieblicher Personalbedarf aus volkswirtschaftlicher Sicht. In: Felderer, B. (Hg.): Bevölkerung und Wirtschaft. Jahrestagung des Vereins für Socialpolitik – Gesellschaft für Wirtschaft und Sozialwissenschaften in Wien 1989. Berlin: Duncker und Humblot.

Wagner, G., Ott, N., Hoffmann-Nowotny, H.J. (Hg.) (1989): Familienbildung und Erwerbstätigkeit im demographischen Wandel. Berlin, Heidelberg: Springer.

Wagner, G., Witte, J.C. (1993): Zur ökonomischen Rationalität des Geburtenrückgangs in Ostdeutschland. DIW Wochenbericht 60, 662–664.

Wagner, M. (1989): Räumliche Mobilität im Lebensverlauf. Eine empirische Untersuchung sozialer Bedingungen der Migration. Stuttgart: Enke.

Wagner, M. (1990): Wanderungen im Lebensverlauf. S. 212–238. In: Mayer, K.U. (Hg.): Lebensverläufe und sozialer Wandel. Kölner Zeitschrift für Soziologie und Sozialpsychologie, Sonderheft 31.

Wald. N.J., Boreham, J., Hayward, J.L., Bulbrook, R.D. (1984): Plasma Retinal, Beta-Carotene and Vitmain E Levels in Relation to the Future Risk of Breast Cancer. British Journal of Cancer 49, 321–324.

Wall, R. (1995): Historical Development of the Household in Europe. S. 19–52. In: Imhoff, E. van, Kuijster, A., Hooimeijer, P., Wissen, L. van (Eds.): Household Demography and Household Modeling. New York London: Plenum Press.

Walle, F. van de (1986): Infant Mortality and the European Demographic Transition. S. 201–233. In: Coale, A.J., Watkins, S.C. (Hg.): The Decline of Fertility in Europe. Princeton: Princeton University Press.

Waller, W.W. (1937): The Rating and Dating Complex. American Sociological Re-

view 2, 727–734.
Walper, S. (1993): Stiefkinder. S. 429–438. In: Marefka, M., Nauck , B. (Hg.): Handbuch der Kindheitsforschung. Neuwied: Luchterhand.
Ward, S. (1974): Consumer Socialization. Journal of Consumer Research 1.
Warner, W.L. (1942): Structure of American Life. Edinburgh.
Warnes, A.M. (1990): Geographical Questions in Gerontology. Progress in Human Geography 14, 24–56.
Wasmer, M., Koch, A., Wiedenbeck, M.: ZUMA-Arbeitsbericht 91, 13, 36 ff.
Wasser, S.K. (1990): Infertility, Abortion, and Biotechnology: When it's not Nice to Fool Mother Nature. Human Nature 1, 3–24.
Wasser, S.K., Isenberg, D.Y. (1986): Reproductive Failure among Women: Pathology or Adaptation? Journal of Psychosomatic Obstetrics and Gynaecology 5, 153–175.
Waterhouse, J. et al. (1976): Cancer Incidence in Five Continents. III, 436. Lyon: IARC.
Waterhouse, J., Muir, C., Shanmugaratnam, K., Powell, J. (Eds.) (1982): Cancer Incidence in Five Continents. Vol. IV (IARC Scientific Publications No. 42). Lyon: International Agency for Research on Cancer.
Weakliem, D.L. (1992): Does Social Mobility Affect Political Behaviour? European Sociological Review 8, 153–165.
Weber, A. (1909): Über den Standort der Industrien. Tübingen.
Weber, E. (1970): Gegenstand, Stellung und Aufgaben der Bevölkerungsgeographie. Wiss. Z. der Friedrich-Schiller-Univiversität Jena. Math.-Nat. Reihe 19, 781–794.
Weber, M. (1972): Wirtschaft und Gesellschaft. 5. revidierte Aufl. Tübingen: Mohr.
Weber, M. (1988): Gesammelte Aufsätze zur Religionssoziologie I. Tübingen.
Wedekind, C., Seebeck, T., Bettens, F., Paepke, A.J. (1995): MHC-dependent mate preferences in humans. Proceedings of the Royal Society London B 260, 245–249.
Wedel, E. (1991): Berufs- und Ausbildungspendler 1987. Ergebnisse der Volkszählung. Wirtschaft und Statistik 8, 522–530.
Weibel, R. (1996): Art. „Schweiz". Sp.149–155. In: Evangelisches Kirchenlexikon IV. Göttingen.
Weichhart, P. (1987): Wohnsitzpräferenzen im Raum Salzburg. Salzburger Geogr. Arb. 15. Salzburg.
Weichhart, P. (1993): Mikroanalytische Ansätze der Sozialgeographie. Innsbrucker Geogr. Studien 20. Innsbruck, 101–115.
Weick, S. (1993): Determinanten des Auszugs aus dem Elternhaus. S. 86–108. In: Diekmann, A., Weick, S. (Hg.): Der Familienzyklus als sozialer Prozess. Bevölkerungssoziologische Untersuchungen mit den Methoden der Ereignisanalyse. Berlin: Duncker und Humblot.
Weidlich W., Haag G. (1983): Concepts and Models of a Quantitative Sociology. The Dynamics of Interacting Populations. Springer-Series Synergetics Vol. 14. Berlin Heidelberg New York: Springer.
Weidlich W., Haag G. (1987): A Dynamic Phase Transition Model for Spatial Agglomeration Processes. Journal of Regional Science 27, 529–569.

Weidlich, W. (1991): Physics and social science – the approach of synergetics. Physics Reports, 204(1):1–163, 1991.
Weidlich, W., Haag, G. (Hg.) (1988): Interregional Migration. Dynamic Theory and Comparative Analysis. Berlin: Springer.
Weingart, P., J. Kroll, Bayertz, K. (1988): Rasse, Blut und Gene: Geschichte der Eugenik und Rassenhygiene in Deutschland. Frankfurt: Suhrkamp.
Weisberg, S. (1985): Applied Linear Regression. New York: Wiley.
Weiss, A. (1980): Job Queues and Layoffs in Labor Markets with Flexible Wages. Journal of Political Economy, 526 ff.
Weiss, V. (1993): Bevölkerung und soziale Mobilität – Sachsen 1550–1880. Berlin: Akademie Verlag.
Weitzman, L.J. (1985): The Divorce Revolution: The Unexpected Social and Economic Consequences for Women and Children in America. New York: The Free Press.
Weitzman, L.J. (1996): The Economic Consequences of Divorce are Still Unequal: Comment on Peterson. American Sociological Review 61, 537–538.
Weller, J., Sobeslavsky, I., Guzy, J. (1989): Wie entwickeln sich Partnerschaft und Kinder? Sexualmedizin 18, 2, 84–90.
Wellman, B., Berkowitz, A.D. (1988):Social Structures New York: Cambridge Academic Press.
Wellman, B., Frank, O., Espinoza, V., Lundquist, S.,Wilson, C. (1991): Integrating Individual, Relational and Strucural Analysis. Social Networks 13, 223–249.
Wendt, H. (1991): Geburtenhäufigkeit in beiden deutschen Staaten – zwischen Konvergenz und Divergenz. Zeitschrift für Bevölkerungswissenschaft 17, 3.
Weprek, A. (1992): Modellrechnungen zur langfristigen Entwicklung der Rentenbestände und Rentenausgaben der ArV und AnV – Aktuelle Ergebnisse über die demographische Entwicklung in einem vereinten Deutschland. DAngVers 2, 70–78.
Werlen, B. (1995): Landschaft, Raum und Gesellschaft. Entstehungs- und Entwicklungsgeschichte wissenschaftlicher Sozialgeographie. Geogr. Rundschau 47, 513–522.
Westendorp, R.G.J., Kirkwood, T.B.L. (1998): Human Longevity at the Cost of Reproductive Success. Nature 396, 743–746.
Westoff, C.F. (1981): Another Look at Fertility and Societal Mobility. Population Studies 35, 132–135.
Westoff, C.F., Potter, R.G. Sagi, P.C., Mishler, E.G. (1961): Family Growth in Metropolitan America. Princeton: Princeton University Press.
Westoff, C.F., Potter, R.G., Sagi, P.C. (1963): The Third Child: A Study in the Prediction of Fertility. Princeton: Princeton University Press.
Weymann, A. (Hg.) (1989): Handlungsspielräume. Untersuchungen zur Individualisierung und Institutionalisierung von Lebensläufen in der Moderne. Stuttgart: Enke.
WFS: Comparative Studies, Cross National Summaries. London.
WFS: First Country Reports. London (diverse Reihen).
Whelpton, P.K. (1946): Reproduction Rates Adjusted for Age, Parity, Fecundity and Marriage. Journal for the American Statistical Association 41, 501–516.

White, D., Reitz, K.P. (1983): Group and Semi-group Homomorphisms on Network of Relations.: Social Networks, 5.

White, H. (1980): A Heteroscedasticity-Consistent Covariance Matrix Estimator and a Direct Test for Heteroscedasticity. Econometrica 48, 817–838.

White, H.C., Boorman, S.A., Breiger, R.L. (1976): Social Structure from multiple networks. I Blockmodels of roles and positions. American Journal of Sociology, 81, 4, 730–780.

White, P., Jackson, P. (1995): (Re)theorising Population Geography. Intern. Journal of Population Geography 1, 111–123.

Whyte, M.K. (1990): Dating, Mating, and Marriage. New York: Aldine de Gruyter.

Wichmann, H.E., Lehmacher, W. (1991): Manual für die Planung und Durchführung epidemiologischer Studien. Stuttgart New York: Schattauer.

Wiedenbeck, M. (1982): Zum Problem repräsentativer Querschnitte von kleinen Teilgruppen der Bevölkerung am Beispiel des Projekts Lebensverläufe und Wohlfahrtsentwicklung. ZUMA-Nachrichten 10, 21–34.

Wiederman, M.W., Allgeier, E. R. (1992): Gender differences in mate selection criteria: Sociobiological or socioeconomic explanation? Ethology and Sociobiology 13, 115–124.

Willekens, F.J. (1976): Sensitivity Analysis. Rm-76-49. Laxenburg: International Institute for Applied Systems Analysis.

Willekens, F.J. (1980): Multivariate Analysis: Tables of Working Life. Environment and Planning. Series A 12, 563–588.

Willekens, F.J. (1992): National Population Forecasting: State-of-the-Art and Research Needs. S. 283 ff. In: Keilmann, N., Cruijsen, H. (Hg.): National Population Forecasting in industrialized Countries. Amsterdam.

Williams, G.C. (1957): Pleiotropy, natural selection, and the evolution of senescence. Evolution 11, 398–411.

Williams, G.C. (1966): Adaptation and Natural Selection. Princeton: Princeton University Press.

Williamson, O.E. (1985): The Economic Institutions of Capitalism. New York: Free Press.

Williamson, O.E., Winter, S.G. (Hg.) (1993): The Nature of the Firm. New York Oxford: Oxford University Press.

Willis, R.J. (1973): A New Approach to the Economic Theory of Fertility Behavior. Journal of Political Economy 81, 14–64.

Willis, R.J. (1986): Wage Determinants: A Survey and Reinterpretation of Human Capital Earnings Functions. S. 525–599. In: Ashenfelter, O., Layard, R. (Hg.): Handbook of Labor Economics. Vol. I. Amsterdam: North-Holland.

Willms-Herget, A. (1985): Frauenarbeit. Zur Integration der Frauen in den Arbeitsmarkt. Frankfurt New York: Campus.

Wilson A.G. (1967): A Statistical Theory of Spatial Distribution Models. Transportation Research 1, 253–269.

Wilson A.G. (1970): Entropy in Urban and Regional Modelling. London: Pion Books.

Wilson, A.G. (1981): The evolution of spatiale structure. In: Bennett, R.J. (Ed.): European Progress in Spatial Analysis. London: Pion Books.

Wilson, C., Oeppen, J., Pardoe, M. (1988): What is Natural Fertility? The Modelling of a Concept. Population Index 54, 4–20.

Wingen, M., Cornelius, I. (1998): Einkommenssituation und Konsumentenverhalten unterschiedlicher Familientypen. S. 241–264. In: Nave-Herz u. a. (Hg.): Band 1.

Wingen, M.; Cornelius, I., 1989, Einkommenssituation und Konsumentenverhalten unterschiedlicher Familientypen. S. 241–264. In: Nave-Herz u. a. (Hg.) Bd. 1.

Wingen, O. (1915): Die Bevölkerungstheorien der letzten Jahre. Berlin.

Winkelmann, R. (1994): Count Data Models. Berlin: Springer.

Winkelmann, R., Zimmermann, K.F. (1994): Count Data Models for Demographic Data. Mathematical Population Studies 4, 205–221.

Winkler, E.M., Kirchengast, S. (1993): Body dimensions and differential fertility in !Kung San males from Namibia. American Journal of Human Biology 6, 203–213.

Winkler, G. (1990a): Frauen-Report '90. Berlin.

Winkler, G. (1990b): Sozial-Report 1990. Berlin.

Winkler, U. (1994): Der unerfüllte Kinderwunsch. S. 70–134. München: Beck.

Winship, C. (1977): A Revaluation of Indexes of Residential Segregation. Social Forces 55, 1058–1066.

Winship, C., Mare, R.D. (1992): Models for Sample Selection Bias. Annual Review of Sociology 18, 327–350.

Wippler, R., Lindenberg, S. (1987): Collective Phenomena and Rational Choice. S. 135–152. In: Alexander, J.C. et al. (Ed.): The Micro-Macro Link. Berkeley: University of California Press.

Wirth, E. (1977): Die deutsche Sozialgeographie in ihrer theoretischen Konzeption und in ihrem Verhältnis zu Soziologie und Geographie des Menschen. Geogr. Zeitschrift 65, 161–187.

Wirth, E. (1981): Kritische Anmerkungen zu den wahrnehmungszentrierten Forschungsansätzen in der Geographie. Geogr. Zeitschrift 69, 161–198.

Wirth, H. (1996): Wer heiratet wen? Die Entwicklung der bildungsspezifischen Heiratsmuster in Westdeutschland. Zeitschrift für Soziologie 25, 371–394.

Wirtschaft und Statistik (1988): 5, 323 f. und (1998): 9, 599 ff.

Wiswede, G. (1972): Soziologie des Verbraucherverhaltens. Stuttgart.

Wiswede, G. (1991): Soziale Aspekte der Konsumtion. In: ders. Soziologie. Ein Lehrbuch für den wirtschafts- und sozialwissenschaftlichen Bereich 8. Ausgewählte Zeitreihen zur Konsum- und Vermögensentwicklung in der Bundesrepublik Deutschland.

Witt, U. (1987): Familienökonomik – Einige nicht-neoklassische Aspekte. S. 63–84. In: Todt, H. (Hg.): Die Familie als Gegenstand sozialwissenschaftlicher Forschung. Berlin: Duncker und Humblot.

Witte, J.C. (1992): Labor Force Integration and Marital Choice in the United States and Germany. Frankfurt.

Witthauer, K. (1969): Verteilung und Dynamik der Erdbevölkerung. Petermanns Geogr. Mitteilungen, Erg.heft 272. Gotha, Leipzig.

Witthauer, K. (1970): Bemerkung zur geographischen Differenzierung von Altersstrukturen. Petermanns Geogr. Mitteilungen 114, 63–65.

Witthauer, K. (1971): Bevölkerungszahlen im Wandel. VEB Hermann Haack. Geographisch-Kartographische Anstalt Gotha Leipzig.
Witthauer, K.(1973): Die geographische Differenzierung der mittleren Lebenserwartung. Geogr. Mitt. 117, 301–304.
Wolf, J. (1912): Der Geburtenrückgang. Die Rationalisierung des Sexuallebens in unserer Zeit. Jena.
Wolf, J. (1913): Die letzten Ursachen des Geburtenrückgangs unserer Tage. Archiv für Sozialwissenschaft 37.
Wolf, K.E. (1992): Begriffsanalytische Visualisierung mehrdimensionaler Kontingenztafeln. Preprint Fachhochschule Darmstadt
Wolfe, A.W. (1978): The rise of network thinking in anthropology. Social Networks 1, 53–64.
Wolfram, H. (1983): Geschichte der Goten von den Anfängen bis zur Mitte des sechsten Jahrhunderts. Sonderausgabe. München: Beck.
Wolpert, J. (1965): Behavioral Aspects of the Decision to Migrate. Papers and Proceedings of the Regional Science Association 15, 159–169.
Wolpert, J. (1966): Migration as an Adjustment to Environmental Stress. Journal of Social Issues 22, 92–102.
Wong, G.Y., Mason, W.M. (1985): The Hierarchical Logistic Regression Models for Multilevel Analysis. Journal of the American Statistical Association 80, 513–524.
Wood, J.W. (1994): Dynamics of Human Reproduction. Biology, Biometry, Demography. New York: Aldine de Gruyter
Wood, J.W., Johnson, P.L., Campbell, K.L. (1985): Demographic and endocrinological aspects of low natural fertility in Highland New Guinea. Journal of Biosocial Science 17, 57–79.
Wood, W.B. (1994): Forced Migration. Annals. Assoc. Amer. Geogr. 84, 607–634.
Wood. C.H., Carvalho, J.A.M. de (1988): The Demography of Inequality in Brazil. Cambridge: Cambridge Latin Amer. Studies 67.
Woods, R.I. (1979): Population Analysis in Geography. London New York: Longman.
Woods, R.I. (1982): Theoretical Population Geography. London New York: Longman.
Woods, R.I. (1986): Theory and Methodology in Population Geography. S. 13–34. In: Pacione, M. (Hg.): Population Geography. London: Croom Helm.
Woolf, B. (1955): On estimating the relation between blood group and disease. Ann. Hum. Genet. 10, 251.
World Bank (1993): World Development Report 1993. Oxford, New York,Tokyo: Oxford University Press.
World Bank, Sector Working Paper; Population Planing 1972, World Bank, International Development Association, Annual Report (Auswahl).
Worthman, C.M., Jenkins, C.L., Stallings, J.F., Lai, D. (1993): Attenuation of nursing-related ovarian suppression and high fertility in well-nourished, intensively breast-feeding Amele women of lowland Papua New Guinea. Journal of Biosocial Science 25, 425–443.
Wottawa, H., Thierau, H. (1990): Lehrbuch Evaluation. Bern: Huber.

Wrigley, E.A., Schofield, R.S. (1983): English Population History from Family Reconstitution: Summary Results 1600–1799. Population Studies 37, 157–184.

Wrigley, E.A., Schofield, R.S. (1989): The Population History of England 1541–1871, A Reconstruction. Cambridge etc., 2. Aufl. 1989.

Wrong, D. (1980): Class Fertility Trends in Western Nations. New York: Arno Press.

Wu, L.L. (1990): Simple Graphical Goodness-of-Fit Tests for Hazard Rate Models. S. 199. In: Mayer, K.U., Tuma N.B. (Eds.): Event History Analysis in Life Course Research. Madison (Wisconsin): University of Wisconsin Press.

Wübbeke, C. (1997): Der Übergang aus dem Erwerbsleben in den Ruhestand. Deskriptive Untersuchung der Entwicklungen im Zeitraum 1975 bis 1990 anhand der IAB-Beschäftigtenstichprobe. Nürnberg: IAB-Werkstattbericht 6.

Yaari, M. (1988): A Controversial Proposal Concerning Inequality Measurement. Journal of Economic Theory 24, 617–628.

Yamaguchi, K. (1987): Models for Comparing Mobility Tables: Toward Parsimony and Substance. American Sociological Review 53, 482–494.

Yasuda, S. (1964): A Methodological Inquiry into Social Mobility, American Sociological Review 29, 16–23.

Yellin, Samuelson (19974, 1977)

Yerushalmi, J. (1951): A Mortality Index for Use in Place of the Age-Adjusted Death Rate. American Journal of Public Health 41, 907–922.

Yorburg, B. (1983): Families and Societies. Survival or Extinction? New York: Columbia University Press.

Yoshimura J., Clark, C.W. (1991): Individual Adaptations in Stochastic Environments. Evolutionary Ecology 5, 173-192.

Yoshimura J., Clark, C.W. (1993): Adaptation in Stochastic Environments. Berlin, Heidelberg, New York: Springer.

Zachariah, K.C. u. a. (1994): Demographic Transition in Kerala in the 1980s. Trivandrum.

Zapf, W. (1994): Eine demographische Revolution in Ostdeutschland? S. 167–174. In: Zapf, W. (Hg.): Modernisierung, Wohlfahrtsentwicklung und Transformation. Soziologische Aufsätze 1987 bis 1994. Berlin: Edition sigma.

Zapf, W. (Hg.) (1972): Theorien sozialen Wandels. Köln Berlin: Kiepenheuer und Witsch.

Zapf, W., Breuer, S., Hampel, J., Krause, P., Mohr, H.M., Wiegand, E. (1987): Individualisierung und Sicherheit. München: Beck.

Zapf, W., Breuer, S., Hampel, J., Krause, P., Mohr, H.M., Wiegand, E. (1987): Individualisierung und Sicherheit. München: Beck.

Zapf, W., Mau, S. (1993): Eine demographische Revolution in Ostdeutschland? Dramatischer Rückgang von Geburten, Eheschließungen und Scheidungen. Informationsdienst Soziale Indikatoren. ZUMA 10, 1–5.

Zeitbild (1986): 28 Jhg.

Zelinsky, W. (1970): A Prologue to Population Geography. Foundations of Population Geography Series. London: Prentice Hall.

Zelinsky, W. (1971): The Hypothesis of the Mobility Transition. The Geographical Review 61, 219–249.

Zeng Yi, Tu Ping, Gu Baochang, Xu Yi, Li Bohua, Li Yongping (1993): Causes and Implications of the Recent Increase in the Reported Sex Ratio at Birth in China. Population and Development Review 19, 283–302.

Zentralarchiv (1991): ALLBUS: Basisumfrage 1991 in Gesamtdeutschland. Köln: Zentralarchiv für empirische Sozialforschung.

Zentralinformation für empirische Sozialforschung Universität zu Köln 24, 1989, S. 84 ff.

Zhang, J., Hoffman, S. (1993): Discrete-Choice Logit Models: Testing the IIA Property. Sociological Methods and Research 22, 193–213.

Ziegler, R. (1982): Marcet structure and cooperation. Arbeitsbericht. Analyse sozialer Netzwerke 8. Institit für Soziologie. Universität München.

Ziegler, R. (1983): Personal- und Kapitalverpflechtungen Deutscher und Österreichischer Wirtschaftsunternehmen. Das Netzwerk der Personen- und Kapitalverpflechtungen Deutscher und Österrreichischer Unternehmen 1976. Arbeitsbericht, Teilstudie. 12. In: Analyse sozialer Netzwerke. Institut für Soziologie. Universität München.

Ziegler, R. (1985): Bildungsexpansion und Partnerwahl. S. 85–106. In: Hradil, S. (Hg.): Sozialstruktur im Umbruch. Opladen: Leske und Budrich.

Ziegler, R. (1987):Personen in sozialen Räumen. Die multivariate Analyse multipler Netzwerke. In: Pappi, F.U. (1987).

Zimmer, B.G. (1981): The Impact of Social Mobility on Fertility: A Reconsideration. Population Studies 35, 120–131.

Zimmermann, E. (1972): Das Experiment in den Sozialwissenschaften. Stuttgart: Teubner.

Zimmermann, K. (1991): Ageing and the labor market. Age structure, cohort size and unemployment. Journal of Population Economics 4, 177–200.

Zimmermann, K.F. (1985): Familienökonomie. Theoretische und empirische Untersuchungen zur Frauenerwerbstätigkeit und Geburtenentwicklung. Berlin, Heidelberg, New York: Springer.

Zimmermann, K.F. (1986): Die ökonomische Theorie der Familie. S. 11–63. In: Felderer, B. (Hg.): Beiträge zur Bevölkerungsökonomie. Berlin: Duncker und Humblot.

Zimmermann, K.F. (1988): Wurzeln der modernen ökonomischen Bevölkerungstheorie in der deutschen Forschung um 1900. Jahrbücher für Nationalökonomie und Statistik 205, 2, 116–130.

Zimmermann, K.F. (1989): Die Konkurrenz der Genüsse: Ein Brentano-Modell des Geburtenrückgangs. Zeitschrift für Wirtschafts- und Sozialwissenschaften 109, 467–483.

Zimmermann, K.F. (Hg.) (1989): Economic Theory of Optimal Population. New York: Springer.

Zindler, H.J. (1980): Statistiken besser erschließen. Sonderdruck aus data report 15, 4, 14 ff. Wirtschaft und Statistik 1982, 5, 347 ff. und 1984, 12, 981 ff.

Zingg, W. (1986): Die Abgabe von Daten der Bevölkerungsstatistik in der Schweiz: Möglichkeiten und Bedingungen für die universitäre Forschung. Bundesinstitut für Bevölkerungswissenschaft 42.

Zipf, G.K. (1946): The P1·P2, D Hypothesis: On the Intercity Movement of Persons.

American Sociological Review 11, 677–686.
Zolberg, A.R. (1983): International Migrations in Political Perspective. S. 3–27. In: Kritz, M.M., Keely, C.B., Tomasi, S.M. (Hg.): Global Trends in Migration: Theory and Research on International Population Movements. Staten Island NY: Center for Migration Studies.
Zoller, R. (Hg.) (1994): Amerikaner wider Willen. Beiträge zur Sklaverei in Lateinamerika und ihre Folgen. Frankfurt: Vervuert.

Stichwortverzeichnis

Autorenverzeichnis

Druck: Weihert-Druck GmbH, Darmstadt
Bindearbeiten: Buchbinderei Schäffer, Grünstadt